de Gruyter Studienbuch
Handbuch der deutschen Wortarten

Handbuch der deutschen Wortarten

Herausgegeben von
Ludger Hoffmann

Walter de Gruyter · Berlin · New York

Dieser Band ist text- und seitenidentisch mit der 2007 erschienenen gebundenen Ausgabe.

∞ Gedruckt auf säurefreiem Papier
das die US-ANSI-Norm über Haltbarkeit erfüllt.

ISBN 978-3-11-021507-6

Bibliografische Information der Deutschen Nationalbibliothek

Die Deutsche Nationalbibliothek verzeichnet diese Publikation in der Deutschen Nationalbibliografie; detaillierte bibliografische Daten sind im Internet über http://dnb.d-nb.de abrufbar.

© Copyright 2009 by Walter de Gruyter GmbH & Co. KG, D-10785 Berlin.
Dieses Werk einschließlich aller seiner Teile ist urheberrechtlich geschützt. Jede Verwertung außerhalb der engen Grenzen des Urheberrechtsgesetzes ist ohne Zustimmung des Verlages unzulässig und strafbar. Das gilt insbesondere für Vervielfältigungen, Übersetzungen, Mikroverfilmungen und die Einspeicherung und Verarbeitung in elektronischen Systemen.

Printed in Germany

Satz: Fotosatz Voigt, Berlin
Font: Andron (Andreas Stötzner)
Umschlaggestaltung: deblik, Berlin

Vorwort

Als Schnittstelle zwischen Grammatik und Lexikon spielen Wortarten für die Sprachbeschreibung und die Sprachvermittlung eine zentrale Rolle. Dieses Handbuch gibt in 30 Artikeln einen umfassenden Überblick zu den deutschen Wortarten. Zielgruppe sind Lehrende und Lernende an Schulen und Hochschulen, Kolleginnen und Kollegen aus der Sprachwissenschaft und ihren Nachbardisziplinen.

Nach der Einleitung in **A**, die eine funktionale Zugangsweise skizziert, wird im Teil **B** zunächst die grundlegende Frage nach dem Wortbegriff behandelt. Es folgt eine historisch-kritische Rekonstruktion des Konzepts der Wortarten. Ohne ein Verständnis ihrer Geschichte kann man die gegenwärtigen Probleme und die Widerspenstigkeiten des überkommenen Kanons gegenüber Veränderungen kaum begreifen. In **B3** wird die gegenwärtig viel diskutierte Frage, inwieweit Wortarten oder ihre Basiskonzepte universell sind, aufgenommen.

Teil **C** enthält die Artikel zu den deutschen Wortarten. Auf dem Hintergrund des aktuellen Forschungsstands werden Form und Funktion systematisch dargestellt, so dass zentrale Aspekte der deutschen Grammatik deutlich werden. Einbezogen sind die Forschungsgeschichte und sprachhistorische Aspekte. Vergleiche mit anderen Sprachen machen die Besonderheiten des Deutschen deutlich.

Wortartensysteme geben eine grammatische Ordnung der Wörter einer Sprache. Dem Handbuch liegt die Wortartenklassifikation der „Grammatik der deutschen Sprache" von Zifonun / Hoffmann / Strecker et al. (1997) zugrunde. Dort gibt es das notorisch schwierige *Pronomen*, das Heterogenes umfasst, nicht mehr, stattdessen *Anapher, Persondeixis, Reflexivum* etc. Diese Kategorien finden sich auch im vorliegenden Handbuch. Der Übersichtsartikel *Pronomen* schlägt eine Brücke zum neuen Ansatz, indem er die Geschichte dieser Kategorie, die ursprünglichen Motivationen für sie wie auch ihre Widersprüche deutlich macht.

Die wichtigste Anwendung der Sprachwissenschaft ist die Sprachvermittlung. Im muttersprachlichen – heute oft zweitsprachenorientierten – wie im fremdsprachlichen Unterricht spielen die Wortarten eine zentrale Rolle für den Zugriff auf sprachliche Phänomene. Teil **D** setzt an bei der nicht immer einfachen Unterscheidungsproblematik und stellt die *Grenzgänger* unter den Wortarten vor. Abschließend wird eine Didaktik der Wortarten des Deutschen gegeben.

Der Anhang E enthält Sach- und Sprachenregister sowie eine Bibliographie zu den Wortarten.

Den Autorinnen und Autoren danke ich für die ausgezeichnete Zusammenarbeit, dem Verlag de Gruyter – insbesondere Dr. Heiko Hartmann und Angelika Hermann – für die vorzügliche Betreuung, Jasmin Hirschberg für ihre Hilfe bei den Korrekturen.

Dortmund, im Oktober 2007   *Ludger Hoffmann*

Inhalt

A	Einleitung: Wortarten *(Ludger Hoffmann)*	1
B	**Grundlegung**	
B1	Das Wort *(Clemens Knobloch / Burkhard Schaeder)*	21
B2	Zur Geschichte der Wortarten *(Konrad Ehlich)*	51
B3	Universalität von Wortarten *(Petra M. Vogel)*	95
C	**Systematischer Teil**	
C1	Abtönungspartikel *(Gabriele Diewald)*	117
C2	Adjektiv (und Adkopula) *(Ludwig M. Eichinger)*	143
C3	Adjunktor *(Frederike Eggs)*	189
C4	Adverb *(Ludger Hoffmann)*	223
C5	Anapher *(Manfred Consten / Monika Schwarz-Friesel)*.......	265
C6	Determinativ *(Ludger Hoffmann / Mitarbeit: Oksana Kovtun)*	293
C7	Gradpartikel *(Hans Altmann)*	357
C8	Indefinitum und Quantifikativum *(Helmut Frosch)*	387
C9	Intensitätspartikel *(Eva Breindl)*	397
C10	Interjektion und Responsiv *(Konrad Ehlich)*	423
C11	Interrogativum *(Anke Holler)*	445
C12	Konjunktor *(Angelika Redder)*	483
C13	Konnektivpartikel *(Kristin Bührig)*	525
C14	Modalpartikel *(Joachim Ballweg)*	547
C15	Negationspartikel *(Bruno Strecker)*	555
C16	Persondeixis, Objektdeixis *(Shinichi Kameyama)*	577
C17	Possessivum *(Gisela Zifonun)*	601
C18	Präposition *(Wilhelm Grießhaber)*	629
C19	Pronomen *(Gabriele Graefen)*	657
C20	Reflexivum *(Peter Siemund)*	707
C21	Relativum *(Karin Pittner)*	727
C22	Subjunktor *(Cathrine Fabricius-Hansen)*	759
C23	Substantiv *(Winfried Thielmann)*	791
C24	Verb *(Ursula Bredel / Cäcilia Töpler)*	823
D	**Supplemente**	
D1	Grenzgänger: Problemfelder aus didaktischer Sicht *(Angelika Storrer)*	905
D2	Didaktik der Wortarten *(Ludger Hoffmann)*	925
E	**Anhang**	
E1	Sachregister	953
E2	Sprachenregister	969
E3	Bibliographie (Auswahl)	971

> *Every linguist relies on these concepts but few if any are prepared to define them in an adequate, explicit, and revealing way.*
> (R. Langacker)

A Einleitung: Wortarten

1. Zum Handbuch
2. Wörter und Prozeduren
3. Wortarten
4. Literatur

A1. Zum Handbuch

Das Handbuch gibt im systematischen Teil (→ C) einen Überblick zu den deutschen Wortarten, der Forschungsstand und Forschungsgeschichte, kontrastive und historische Aspekte einbezieht. Da Wortarten an der Schnittstelle zwischen Wort und Satz liegen, spielen sie in jeder grammatischen Beschreibung eine wichtige Rolle. Doch wozu und wie klassifiziert man den Wortschatz? Sind die Unterscheidungskriterien sprachspezifisch bzw. ändern sie sich je nach Sprachtypus? Was ist sinnvoll, wenn Sprachen verglichen werden sollen? Reicht vielleicht ein Kriterium?

In Sprachen mit reicher Wortstruktur (Flexion, Wortbildung) wird der Blick auf morphologische Merkmale fallen, die sprachspezifisch sind. Da die Verwendung in Äußerungen Gegenstand der Grammatik ist, wird sie berücksichtigt werden müssen. Die Syntax kommt meist als Distributionsangabe ins Spiel. Traditionell waren abstrakte Inhaltskriterien wichtig. Heute wird eher der Beitrag zur Äußerungsbedeutung berücksichtigt, flankiert oder ersetzt durch eine Bestimmung der Funktionalität. Kognitive Ansätze und pragmatische Theorien streben eine Situierung in einem mentalen Raum an. In Grammatiken finden wir Merkmalsbündel, die sprachspezifische form- und funktionsbezogene Charakteristika enthalten. Für den Vergleich der Sprachen ist es aber wichtig, verallgemeinerungsfähige Funktionsbestimmungen zu versuchen und den Raum auszuloten, in dem Formen variieren können.

Wer über Wortarten redet, bedarf eines Begriffes vom Wort (→ B1). Die Wortartdiskussion ist kaum nachvollziehbar, wenn man die Wissenschaftsgeschichte nicht kennt (→ B2).

Die Universalität – wenigstens der Hauptwortarten – ist ein zentrales Thema von Sprachtypologie und Grammatiktheorie (→ B3). Wortarten sind auch für die Hochschullehre und die Schule von hohem Interesse, man braucht sie in jeder Art Sprachunterricht und für die Orthographie, für eine didaktische Skizze (→ D2). Sprachsysteme sind in stetiger Entwicklung, können Ausdruckseinheiten flexibel nutzen, grammatikalisieren und degrammatikalisieren. Das erschwert Abgrenzungen. Grund genug, sich in den Artikeln mit Bezeichnungsvarianten und „Grenzgängern" im Deutschen zu beschäftigen, die auch für die Didaktik ein Problem sind (→ D1).

A2. Wörter und Prozeduren

Alle Sprachen verfügen über Wörter. Ihre Funktion es ist, einen spezifischen Bedeutungsbeitrag oder eine spezifische Verarbeitungsleistung im Aufbau von Hörerwissen durch Äußerungen zu erbringen. Sprecher scheinen über einen guten intuitiven Zugang zu Wörtern zu verfügen (Sapir 1921: 33), der allerdings durch die Beherrschung der Schrift, in der sich seit dem Mittelalter Wortzwischenräume (Spatien) durchgesetzt haben, beeinflusst ist. In ihren vielfältigen Erscheinungsformen werden Wörter mit Standardkriterien wie minimale Form, positionale Variierbarkeit, Pausen, Grundbedeutung erfasst. Zur phonologischen Struktur gehören in vielen Sprachen Grenzmarkierungen (Trubetzkoy 1977^6), das Vorhandensein eines Hauptakzents, die Bildung einer Domäne für phonologische Regularitäten wie Ablaute oder Vokalharmonien, die auf Stämmen operieren. Schwer einzuordnen sind Klitika[1] wie *don't* oder *haste* – Wörter, denen es an einheitlicher phonologischer Form mangelt, ferner neustrukturierte und mit neuer Bedeutung ausgestattete Komposita, die mehr als einen Akzent haben können *(Dichter-Komponist)*, ferner als Einheit zu beschreibende diskontinuierliche Formen *(macht…blau)*. Pausen zwischen Wörtern macht man nur in *lento*-Sprechstilen und auch keineswegs in jeder Art von Diktat, manchmal ist eher die Silbe Bezugsgröße, in polysynthetischen und agglutinierenden Sprachen wird auch in der Wortmitte pausiert (vgl. Dixon/Aikhenvald 2002a: 11).

---

[1] Zur Typologie von Klitika Aikhenvald 2002a.

Einleitung

Für manche Sprachen bietet sich an, eine spezifische morphologische Struktur anzusetzen[2], in anderen sind Wörter als Elemente eines Paradigmas (aus kontaminierten Formen) ohne entsprechende Binnenstrukturierung zu fassen. Ein Wort kann aus einer Menge von phonologisch unterschiedlichen (affigierten, zusammengesetzten, lautvariierten etc.) Wortformen bestehen, die in der Kombinatorik von Äußerungen unterschiedliche Rollen einnehmen können. Wörter können ihre Rolle im Satz dadurch erkennen lassen, dass sie an spezifischen Abfolgepositionen (z.B. genau vor oder nach ihrem Bezugswort) realisiert werden, in einigen Sprachen sind sie nur positional zu klassifizieren. Ihre Verwendung in einer bestimmten Satzfunktion kann eine eigene Markierung durch ein Affix erfordern, so dass die passende Form des Paradigmas gewählt sein muss *(Peter-ø schläf-t – Peter-s Schlaf-ø)*.

Die Formseite ist sprachspezifisch zu beschreiben, als Bündel von Merkmalen phonologischer, morphologischer und syntaktischer Natur. Wörter bilden also einen Komplex von 1…n Wortformen, was in dem Terminus *Lexem* zum Ausdruck kommt (Abb. 1).

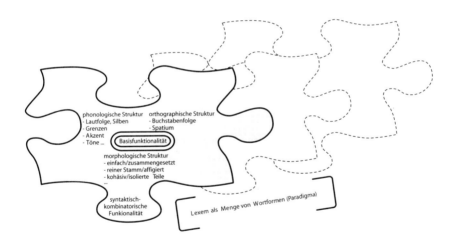

Abbildung 1: Wortform und Paradigma

---

[2] Der Morphembegriff ist nicht unproblematisch (Jacobs / Vennemann 1982); zur Morphologie statt anderer: Booij et al. (2000), Booij (2005), Matthews, P. H. (1991²).

Sprachenübergreifend bleibt auf der Formseite wenig, außer dass die Formen mindestens aus einer (im Aufbau sprachspezifischen) Silbe aufgebaut sein müssen (vgl. Dixon/Aikhenvald 2002a: 14). Das schließt allerdings neben anderen phonologischen Besonderheiten (z. B. Phonotaktik) viele Interjektionen aus (so auch Zifonun/Hoffmann/Strecker 1997: 362 ff., aber → C10). Schon Meillet (1909: 75) hat angemerkt, dass (bezogen aufs Indogermanische) das Wortkonzept „nicht eigentlich phonetisch, sondern in der Hauptsache morphologisch und syntaktisch" sei, so dass ein „phonologisches Wort" gegenüber einem „grammatischen Wort" sekundär ist. Charakteristisch für die einzelsprachbezogene, korpusorientierte grammatische Untersuchung ist die Vorgehensweise der strukturalistischen Distributionsanalyse[3]. Die Idee ist, dass (ursprünglich korpusbasiert) die Verteilung gegebener Ausdruckseinheiten auf syntaktische Umgebungen zum Kriterium gemacht wird. Wortformen derselben Verteilungsklasse sind derselben Kategorie zuzuweisen.

Umgebungsrahmen   **Einsatzkategorie**

A   [[Artikel Adjektiv ____]$_{NP}$ Verb$_{flektiert}$]$_S$ Substantiv
B   [[Artikel Adjektiv Substantiv]$_{NP}$ ____Adverb]$_S$ Verb
C   [Artikel ____ Substantiv]$_{NP}$ Adjektiv
D   [[Artikel Adjektiv Substantiv]$_{NP}$ Verb$_{flektiert}$ ____]$_S$ Adverb
E   [____ Adjektiv Substantiv]$_{NP}$ Artikel

Nimmt man konkrete Rahmen[4], ist die Einsetzung semantisch beschränkt:
C' [Das____Haus] → [Das alte/bunte/*müde/*schlafende/Haus].
Hier sind schon größere, abgeschlossene Einheiten (Satz, Nominalphrase) vorausgesetzt, die durch andere strukturelle Operationen (Verschieben, Ersetzen) gewonnen sein können. Problematisch bleibt immer noch, dass wir nicht durchgängig komplementäre Distribution haben:

- In den Rahmen A sind auch Substantivierungen einsetzbar: *das lustige Singen, die gesuchten Roten*; wenn das Adjektiv als Kopf fungiert, unterschiedliche attributive Formen: *die Kleinen dort/ in der Schule/, die in der Schule sind*;

---

[3] Die Grundidee findet man schon in der Antike.
[4] So Helbig/Buscha 2001: 19 f.

- Rahmen B erlaubt ein finites Verb, aber kein diskontinuierliches *(geht...spazieren, geht...fremd)*, für das eine weitere Position am Rahmenende nötig wäre; überhaupt ist die Anwendung auf das Deutsche im Verbbereich problematisch, denn es gibt bekanntlich Erst-, Zweit und Letztstellung;
- Rahmen C ist schon basal, erlaubt aber auch das Partizip I, das synchron meist zu den Adjektiven gerechnet wird, sowie das Partizip II, das sonst als infiniter Teil des Verbalkomplexes *(gefühlte Temperatur – habe gefühlt)* erscheint, ferner ein Nomen invarians *(ein Liter Wein)*;
- Rahmen D erlaubt u. a. die Einsetzung von Präpositionalphrasen und Verbteilen *(fährt nach Köln, macht blau, nimmt zur Kenntnis)*;
- in den Rahmen E kann neben einem weiteren Adjektiv eine Intensitätspartikel wie *recht* oder *sehr*, eine Gradpartikel wie *sogar* oder eine Präposition eingesetzt werden.

Viele Wortartelemente kommen in mehreren Positionen vor. Ordnet man sie dann verschiedenen Wortarten zu oder spricht man syntaktisch-etymologisch orientiert von Transpositionen? Bildet man Subklassen, wenn zwei Teilmengen einer Positionsklasse sich durch spezifische Formmerkmale unterscheiden? Reduziert man die Zahl der Klassen dadurch, dass man für jede mehrere Positionen zulässt? Muss man Rahmen für alle in einer Sprache möglichen Satztypen und für alle Positionen bilden, so dass sich eine Vielzahl von Klassen ergibt – und was legitimiert die üblichen Beschränkungen? Kombiniert man Position und syntaktische Funktion, kann man für das Deutsche 51 Wortarten erhalten (Bergenholtz/Schaeder 1977). Die Standardvarianten der Distributionsanalyse führen zu zahlreichen Wortklassen bzw. Subklassen, die nur dann einen konsistenten Zusammenhang bilden, wenn der jeweilige Beitrag zur Äußerungsbedeutung einbezogen ist, was ursprünglich gerade nicht vorgesehen war.

Angesichts der grammatischen Variation scheint die Worteinheit nur durch die Basisfunktionalität (bei Symbolfeldausdrücken: Grundbedeutung) im Rahmen eines Sprachsystems garantiert zu sein. Wenn Sprechen Handeln ist, so ist es nicht nur auf einer höheren Ebene wie der Illokution, die den Einbezug der situativen Konstellation, des Wissens und komplexer Mittelkonfigurationen erfordert, zu beschreiben, sondern auch in elementaren Akten und minimalen Prozeduren.⁵ Diese kleinsten Handlungseinheiten der Sprache fundieren Worteinheiten im analytischen Sinne, sie liegen ihnen als schon komplexen Größen (phonologisches / graphemisches, grammatisches Wort) voraus und konstituieren die Feldgliederung der sprachlichen Mittel, wie Bühler (1934) sie im Rahmen einer universalistischen Axiomatik der Sprache eingeführt hat. Elementar und zweifellos sprachhistorisch früh sind die folgenden Prozeduren:

(a) die deiktische Prozedur orientiert den Hörer (H) zeigend in einem „Verweisraum" (Ehlich) und konstituiert das **Zeigfeld** *(ich, da, der, so…)*, sie vermag unmittelbar als Schnittstelle zur wahrgenommenen Wirklichkeit oder zur Vorstellung zu fungieren. Das Zeigfeld hat eine dimensionale Struktur, im Deutschen die beiden Dimensionen Nähe versus Ferne *(hier – da / dort; ich – du)*, im Japanischen die drei Dimensionen Sprechernähe, Hörernähe und Ferne (→ C4, C16), in anderen Sprachen werden weitere (bis zu sieben) unterschieden.

(b) die symbolische, charakterisierende (nennende) Prozedur stellt für H eine über das Sprachwissen und die darin abgelegten Kategorien vermittelte Verbindung zur Wirklichkeit her; das **Symbolfeld** vereint Ausdrücke, die vielfach in sprachinternen Netzen organisiert sind, die in der Verwendung mental aktualisiert werden können (fast alle Substantiv-, Verb-, Adjektivstämme wie dt. *Kind-, schnell-, sing-* gehören hierher).

(c) die expeditive, unmittelbar mental bei H eingreifende Prozedur konstituiert Formen des **Lenkfelds**, z.B. Interjektionen (→ C10), Imperativendung, Vokativ); diese Formen sind nicht propositional.

(d) die expressive, H nuancierte Bewertungen bzw. Einstufungen durch lautliche Modulation, Gestik etc. übermittelnde Prozedur ist die Basis des **Malfelds,** das wir wohl auch sprachenübergreifend finden, das aber mehr oder weniger ausgeprägt erscheint (hierzu sind bestimmte Lautgesten, die Ideophone in einigen afrikanischen Sprachen zu rechnen).

Historisch später und komplexer – im Zuge von „Grammatikalisierungsprozessen" insbesondere aus symbolischen, seltener aus deiktischen Formen ausgebildet – ist

---

⁵ Das Konzept der Prozeduren hat Ehlich 2000² entwickelt, zur Anwendung auf die deutsche Grammatik: Zifonun / Hoffmann / Strecker (1997: 21 ff., 310 ff. und passim).

Einleitung

(e) die operative Prozedur, mit der die Verarbeitung des verbalisierten Wissens im Aufbau der Äußerungsbedeutung geleitet wird. Zum **Operationsfeld** werden Konjunktor, Subjunktor, Anapher, Relativum manche Flexionsendungen etc. gerechnet.

Felder und Prozeduren finden sich sprachenübergreifend, sind allerdings sprachspezifisch ausdifferenziert und mental verankert. Universal sein könnten allenfalls die Typen von Prozeduren.

Die Feldzugehörigkeit kann unmittelbar zu einer Klassifizierung sprachlicher Mittel und zum Sprachvergleich genutzt werden. Da sie vor einer Wortartzuordnung liegt, könnte der Fall denkbar sein, dass ein Feldelement oder -bereich in einer Sprache nicht als Wortart ausgeprägt ist, es also in dieser Sprache z.B. „pure Symbolfeldausdrücke" geben könnte, denen eine Wortart nicht zuzuweisen ist, oder eine Sprache, für die eine Klassifizierung nach Wortarten nicht sinnvoll ist (vgl. Redder 2005, Thielmann, in diesem Band → C23). Dabei ist allerdings die Frage nach dem Wortbegriff erneut aufzuwerfen, es müsste nämlich eine „Differenz zwischen einem Wort und seiner morphologischen, syntaktischen und intonatorischen Einbindung im konkreten Gebrauch" (Redder 2005: 51) gemacht werden. Das Wort wäre eine abstrakte Einheit (im Sinne der *langue*) jenseits dessen, was wir über seine Äußerung (in Wortformen) wissen und das müsste dann auch etwa für operative Prozeduren, die beispielsweise als Wortart Konjunktor erscheinen, gelten.

Dem gegenüber steht die Tradition, Wortarten im Blick auf die Grammatik zu fassen, also morphosyntaktisch und/oder funktional-syntaktisch zu definieren. Es sind dann über das Wort Basisprozeduren wie Zeigen, Nennen etc. mit syntaktischen Prozeduren verbunden. Dies sollte eine Unterscheidung fundieren.

Elementare funktional-syntaktische Prozeduren (vgl. Hoffmann 2003) sind:

- Integration: Funktionseinheit, in der die Funktion des einen auf die Funktion des anderen Mittels hingeordnet ist und diese Funktion unterstützt, ausbaut oder ausdifferenziert – die Integration ist die Grundlage der Phrasenbildung (Beispiel: *kleine Haie*);
- Synthese: Bildung einer Funktionseinheit höherer Stufe aus funktional unterschiedlichen und eigenständigen Funktionseinheiten – die Synthese bildet die propositionale Basis eines Satzes (Beispiel: *Sie singt*);

- Koordination: Verbindung von Funktionseinheiten mit sich überschneidendem Funktionspotenzial unter einer einheitlichen Funktion (Beispiel: *Haie und andere Fische*)
- Installation: Einbindung einer Funktionseinheit in eine funktional schon abgeschlossene Trägereinheit *(der faule Otto, Otto – ein fauler Typ)*.

Die Prozeduren arbeiten zeitlich linear, sie sind progressiv (im Deutschen die Determination: *das + Haus → das Haus*) oder regressiv (das schwed. Determinativsuffix *(böcker-na ‚die Bücher')*.

A3. Wortarten

Wenn in einer Sprache Wörter nach ihrem funktionalen Beitrag zu einer Äußerung, den sie in ihrer Form bzw. ihren Formen erbringen, zu klassifizieren sind, können für sie Wortartkategorien angenommen werden. Dieser Funktionalität entsprechen Merkmale der Oberflächenform, eine Positionsgebundenheit in der Realisierungsabfolge. Wenn man weiß, dass ein Wort W (mit seinen Formen WF1…Wfn) der Wortart WA zugehört, kennt man den basalen kombinatorischen Beitrag dieses Wortes zur Äußerungsbedeutung. Dieser Beitrag wird in Interaktion mit den Beiträgen anderer Ausdrücke ausdifferenziert. Die Kombination aus Basisfunktionalität und kombinatorischem Beitrag kann in anderen Sprachen aufgesucht werden und eine diese Sprachen übergreifende abstrakte Kategorisierung in Funktionsklassen begründen. Sie würde sich auf wenig mehr als Äquivalenz stützen können, denn die jeweilige Ausprägung wie die mentale Verarbeitung bleibt in vieler Hinsicht sprachspezifisch.

Eine systematische Schwierigkeit resultiert aus der Paradoxie:

I. Wortartensysteme wurden und werden konzipiert auf der Grundlage einer bestimmten Sprache (Griechisch, Latein, Englisch) und gleichwohl als universell postuliert.

Der Transfer birgt stets die Gefahr nicht sprachgerechter Anpassungen und Hilfsannahmen. Jede Einzelsprache muss in ihrer eigenen Form erkannt werden, was nicht trivial ist – nur wenige Sprachen kennen wir bislang gut genug. Im Blick darauf müssen ihre spezifischen Funktionen und mentalen Verarbeitungsweisen herausgearbeitet werden. Die Frage nach sprachenübergreifenden Ausdrucksklas-

Einleitung

sen oder gar Universalien bleibt schwierig. Vertretbar für den Bereich der Form erscheint allenfalls eine schwache Universalienhypothese:

II. Der Variationsraum für die Ausdrucksformen natürlicher Sprachen ist universell begrenzt.

Zu diesem Variationsraum gehören Möglichkeiten der Wortkonstitution wie der jeweiligen ‚Wahl' aus dem universellen Mittel-Repertoire von Konsonanten, Vokalen, (1...n) Silben und Tonmustern, des Einsatzes von Affixen und innerer Flexion, von Komposition und Derivation, Mittel wie Phrasen- und Satzbildung und die lineare Abfolge. Das resultierende System ist jeweils so organisiert, dass es funktionalen Differenzen eine Form gibt, die erkennbar bleibt und den Zugang zum Hörerwissen erlaubt.

Die Suche nach funktionalen Entsprechungen zielt auf den Sprachen gemeinsame Funktionstypen, nicht auf eine Identität der Funktionen oder mit ihnen verbundener Wissensprozessierungen. Wenn in allen Sprachen gezeigt wird, so doch in unterschiedlicher Ausprägung, auf der Grundlage eines unterschiedlich dimensionierten Zeigfelds und somit eines differierenden Sprachwissens.

III. Funktionale Universalien sind jene Funktionstypen, die in den Ausdruckssystemen aller natürlicher Sprachen verankert sind und sich in sprachspezifischen Formen ausgeprägt haben.

Das können basale Prozeduren wie das Nennen oder Zeigen, aber auch kombinatorische Prozeduren wie Integration, Synthese und Koordination sein.

Jüngere Arbeiten aus dem Bereich der „cognitive linguistics" und der „(radical) construction grammar" beziehen das Wissen ein, einen universell gedachten „conceptual space for parts of speech" (Croft 2001:92). Dieser universelle konzeptuelle Raum liegt den kategorialen „Karten" der Einzelsprachen voraus oder zugrunde. Vergleichbare Ansätze finden sich auch im Bereich der Pragmatik, beispielsweise in dem Versuch, den Wissensraum zu beschreiben, der Sätzen zugrunde liegt (Hoffmann 1996). Auch diese Versuche setzen bei Einzelsprachen an.

Für den propositionalen Bereich – den Gedanken, der Sätzen zugrunde liegt (Hoffmann 1996) – können wir ein Szenario ansetzen, das als Folie geteilten sprachlichen Wissens über den Zugang zu Aktionen und Prozessen gelegt werden kann (Abb. 2). Der Ausdruck Szenario soll den Entwurfscharakter wie die Feinstruktur verdeutlichen.[6] Epistemische Basis ist ein Beobachtungswissen, das Ereignisse (etymologisch: was vor die Augen kommt) kategorial erfasst und damit dem Verarbeitungswissen zugänglich macht. Zum Ereignisbereich gehören Aktionen/Handlungen und Prozesse, die einen Kern haben. Der Kern ist das, was in Anfang, Erstreckung, Resultatzustand etc. ein Verb versprachlicht (minimale Prädikation). Er wird durch Mitspieler als zeitliche bzw. räumliche Konstanten erweitert (ausgebaute Prädikation). Unter den Mitspielern ist einer (Subjekt) als Ansatz des (erweiterten) Kerns ausgezeichnet (Subjektion). Kern und Mitspieler können nach Art und Weise, Instrument und Richtung spezifiziert werden, das Ereignis nach Ort und Zeit, Frequenz und Dauer. Jedes Szenario ist im Wissen bewertet, es kann modalisiert, graduiert, negiert, evaluiert sein, es kann auf dem Hintergrund des von Sprecher oder Hörer Gewussten und Erwarteten ins Wissens eingeordnet sein (Abtönungspartikeln können dies sprachlich manifestieren). Andere Szenarios können als Begründung oder Ursache eingebunden und damit als Sachverhalte assertiert oder vorausgesetzt werden. Das Szenario kann mit anderen Szenarios unter einem funktionalen Dach (Handlungsfolge, Charakteristika eines Gegenstands etc.) zusammengeschlossen sein. Den Verbindungen entsprechen jeweils spezifische Relationen.

Wenn wir ein Grundinventar an Wortarten zusammenstellen, mit denen im Deutschen die im Szenario vorgesehenen Stellen besetzt werden können, ergibt sich Abb. 3. Die Rekonstruktion setzt bei dem an, was in einer Sprache vorliegt, und kommt dann zu abstrakteren Wissensräumen. Der umgekehrte Weg ist sprachphilosophisch gesehen problematisch. Die epistemischen Relationen werden in basalen syntaktischen Prozeduren manifest.

Hypothetisch können wir einen universellen Wissensraum für ein Szenario wie in Abb. 4 darstellen. Der szenische Kern enthält eine Aktion oder einen Prozess als symbolischen Kern, festgemacht an einem oder mehreren Mitspielern, die symbolisch genannt oder auf die gezeigt werden kann. Ob es jeweils spezifische Wortarten gibt, muss offen bleiben. In manchen Sprachen entscheidet sich erst in der Äußerung, ob ein symbolischer Ausdruck nominalen oder

---

[6] In Zifonun/Hoffmann/Strecker (1997) ist von „Sachverhaltsentwürfen" die Rede (entwickelt im Teil D von B. Strecker)

Einleitung 11

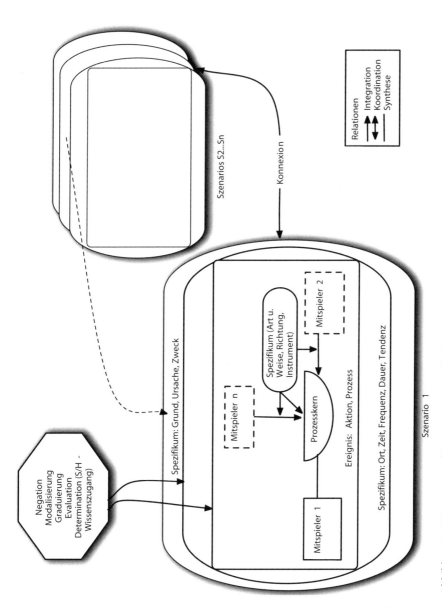

Abbildung 2: Wissensraum für ein sprachspezifisches Szenario (Deutsch)

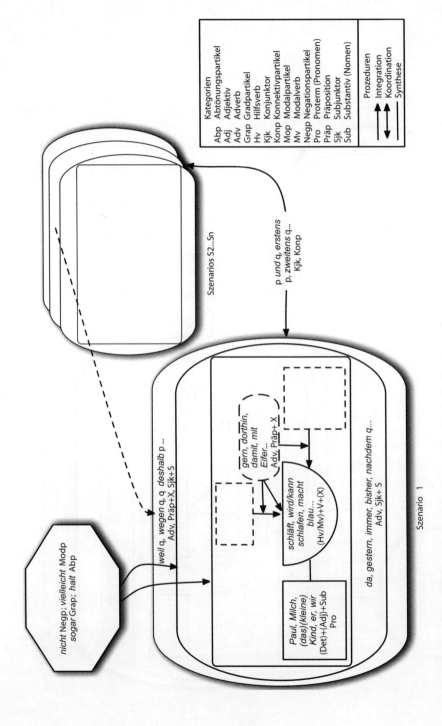

Abbildung 3: Wissensraum für ein Szenario mit Sprachmitteln des Deutschen

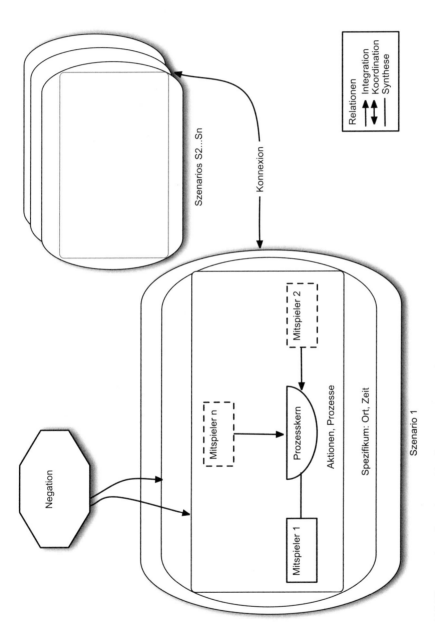

Abbildung 4: Sprachenübergreifender Wissensraum für ein Szenario

verbalen Status erhält. Die Mitspieler können in der Verbform oder separat, in Einzelwörtern – was wohl die ursprüngliche Form ist –, oder in differenzierenden Wortgruppen verbalisiert sein. Generell besteht die Möglichkeit, Aktion oder Prozess zu verzeitlichen oder zu lokalisieren, dies deiktisch, dann symbolisch, schließlich in einigen Sprachen quasideiktisch-parametrisch (→ C4). Irgendeine Form der Negation, z.B. als allgemeiner Operator oder lexikalisch, scheint in allen Sprachen möglich. Sätze können durch Juxtaposition oder spezifische Konnexionsmittel (Konjunktor, Konnektivpartikeln, verbale Formen wie Konverben) verbunden und semantisch-funktional aufeinander bezogen werden.

Wenn man auf prozeduraler Basis die Gegenstandskonstitution in den Blick nimmt und die Form, in der dies im Deutschen gemacht wird, einbezieht, können Wortarten wie in Abb. 5 unterschieden werden.

Zum einen gibt es im Deutschen wie sprachenübergreifend Ausdrücke, die autonom Gegenstandskonstitution ermöglichen: Eigennamen *(Petra)*, Stoffnamen *(Milch)*, Person- und Objektdeixeis *(ich; der)*, zum anderen sind da die Gattungsnamen, die sich im Deutschen nur kombinatorisch (mit Determinativ oder Pluralmarkierung) auf ein Individuum beziehen können: *das Rad, (m)ein Rad; Räder,* ansonsten abstrakt zu verstehen sind *(Volleyball macht Spaß)*. Das Adjektiv hat seine Primärfunktion in der Kombinatorik, als Integral: Es wird integriert, um den mit der Art aufgebauten Gegenstandsbereich einzuschränken (Restriktion als Unterart der Integration). Wenn eine Sprache diese Möglichkeit vorsieht, kann sich eine zweite ausbilden: per Adjektiv können zusätzliche Prädikationen installiert werden *(die freche Paula)*. Gleiches gilt für den Relativsatz. Was in manchen Sprachen adjektivisch realisiert wird, kann in anderen u.a. durch ein Nomen (vgl. auch Konstruktionen mit Erweiterungsnomen wie *Polizeirat Obermaier)* geleistet werden. Die mit dem Adjektiv verbalisierte Eigenschaft wiederum kann durch eine Intensitätspartikel *(sehr, ungemein)* abgestuft werden.

Als Wort hat der Ausdruck spezifische phonologische wie grammatische Eigenschaften: das deutsche Substantiv beispielsweise ein inhärentes Genus, das die Genuswahl bei Determinativ und Adjektiv regiert, so dass die Phrase als funktional kohärente gekennzeichnet ist. Oder den Kasus, der Rollen außerhalb der Subjektion markiert, etwa innerhalb der Prädikation (Komplement) oder einer

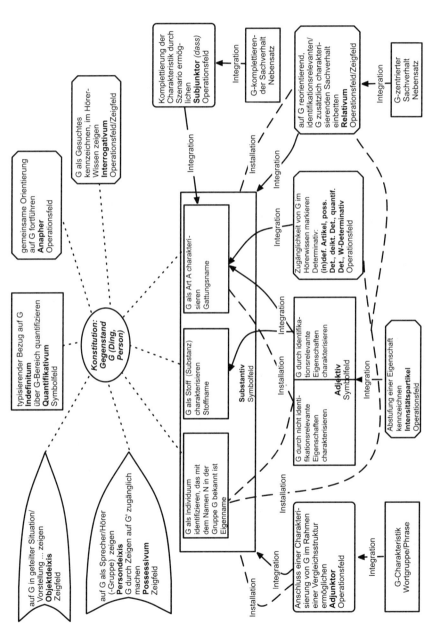

Abbildung 5: Elementare Formen der Gegenstandskonstitution

Nominal- oder Präpositionalphrase. Was als Pronomen oder Proterm (Zifonun / Hoffmann / Strecker 1997) gefasst wird und die Rolle eines Terms (formal einer NP) einnehmen kann, ist hier funktional getrennt; es handelt sich um deiktische (Persondeixis: *ich, ihr*, Possessivum 1 / 2: *meins, deins;* Objektdeixis: *das, diese),* operative (Anapher: *er, sie;* Relativum: *der,* mit noch deiktischem Anteil, Interrogativum: *was,* mit deiktischem Anteil) oder symbolische (Indefinitum: *etwas,* Quantifikativum: *alle)* Formen. Als einheitliche Klasse gefasst ist das Pronomen funktional, aber auch in vielen Formeigenschaften sehr heterogen (C19; C16, 17, 20, 21). Aus Gründen der Übersichtlichkeit sind Adverbien, von denen einige restriktiv zur Gegenstandsidentifikation beitragen können, und nominale Koordinationen nicht berücksichtigt.

Abb. 6 zeigt die Möglichkeiten, differenziert eine Aktion oder einen Prozess zu verbalisieren, sich auf einen Prozesskern zu beziehen. Der Kern wird verbal als Typ charakterisiert, eine Ausleuchtung (Kollustration) können Modal und Hilfsverben leisten. Das Verb erscheint im Deutschen nicht „pur", sondern

- deiktisch zeitdifferenziert (Präsens / Präteritum),
- operativ numerusbestimmt,
- deiktisch oder phorisch gegenstandsmarkiert.

In manchen Sprachen (z. B. Mandarin) wird Temporalität / Finitheit extraverbal markiert, die Gegenstandsmarkierung als innere Synthese bedarf in den sog. Pro-Drop-Sprachen keiner zusätzlichen äußeren Subjektion. Der Ausbau erfolgt auf verschiedenen Ebenen durch spezifizierende Adverbien. Der Prozesskern kann auch statisch bzw. resultativ verbalisiert sein durch die Kombination von Kopulaverb mit einer auf diese Struktur spezialisierten Adkopula *(ist pleite).* An der Adkopulaposition sind auch viele Adjektive in unflektierter Form *(ist groß;* **ist heutig)* möglich, aber auch Nominal- und Präpositionalphrasen sowie einige Adverbien. Typisch für das Deutsche ist ein Verbalkomplex aus Hilfsverb oder Modalverb und Vollverb. Hier sind nur die für Wortarten prototypischen kombinatorischen Beiträge auf der Basis ihrer Funktionalität dargestellt. Abtönungspartikel, Konjunktoren und Subjunktoren sind aus Gründen der Darstellbarkeit ausgespart (vgl. aber Abb. 3).

Einleitung

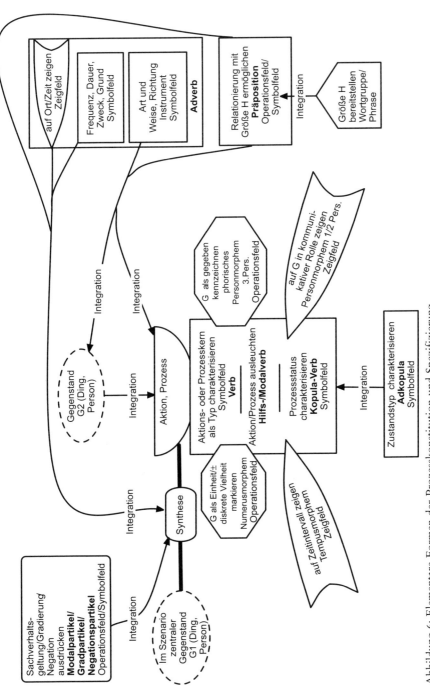

Abbildung 6: Elementare Formen der Prozesskonstitution und Spezifizierung

4. Literatur

Aikhenvald, A. Y. (2002a) Typological parameters for the study of clitics, with special reference to Tariana. In: Dixon, R. M. W./Aikhenvald, A. Y. (Hg.), 42–78
Booij, G. E. (2005) The Grammar of Words. Oxford: University Press
Booij, G. E./Lehmann, C./Mugdan, J. (Hg.) (2000) Morphologie. Ein internationales Handbuch zur Flexion und Wortbildung 1. Halbbd. HSK 17.1. Berlin/New York: de Gruyter
Bühler, K. (1999/1934) Sprachtheorie. Stuttgart: Urban & Fischer [UTB Bd. 1159]
Croft, W. (2001) Radical Construction Grammar. Oxford: University Press
Dixon, R. M. W./Aikhenvald, A. Y. (Hg.) (2002) Word. A Cross-Linguistic Typology. Cambridge: University Press
Dixon, R. M. W./Aikhenvald, A. Y. (2002a) Word: a typological framework. In: Dixon, R. M. W./Aikhenvald, A. Y. (Hg.), 1–41
Ehlich, K. (2000^2) Funktional-pragmatische Kommunikationsanalyse – Ziele und Verfahren. In: Hoffmann, L. (Hg.) Sprachwissenschaft. Ein Reader. Berlin/New York: de Gruyter, 183–202
Helbig, G./Buscha J. (2001) Deutsche Grammatik. München: Langenscheidt [Neuausgabe]
Hoffmann, L. (1996) Satz. In: Deutsche Sprache 3, 1996, 193–223
Hoffmann, L. (2003) Funktionale Syntax. Prinzipien und Prozeduren. In: Hoffmann, L. (Hg.) (2003) Funktionale Syntax. Berlin/New York: de Gruyter, 18–12
Jacobs, J./Vennemann T. (1982) Sprache und Grammatik. Darmstadt: Wissenschaftliche Buchgesellschaft
Matthews, P. H. (1991^2) Morphology. Cambridge: University Press
Meillet, A. (1909/1903) Einführung in die vergleichende Grammatik der indogermanischen Sprachen. Leipzig/Berlin: Teubner
Redder, A. (2005) Wortarten oder sprachliche Felder, Wortartenwechsel oder Feldtransposition? In: Knobloch, C./Schaeder, B. (Hg.), Wortarten und Grammatikalisierung. Berlin/New York: de Gruyter 43–66
Zifonun, G./Hoffmann, L./Strecker, B. et al. (1997) Grammatik der deutschen Sprache. Berlin/New York: de Gruyter

Ludger Hoffmann (Dortmund)

B Grundlegung

B1 Das Wort

1. Einleitung und Forschungsstand
2. Wort und Wortart
3. Wortart, Satzglied, Grammatikalisierung
4. Das Wort: medial
5. Das Wort: psychologisch
6. Das Wort: typologisch
7. Konklusion
8. Literatur

1. Einleitung und Forschungsstand

Die Frage „Was ist ein Wort?" ist oft gestellt und immer wieder aufs neue beantwortet worden. Jede Grammatik enthält ein Kapitel „Das Wort"; der 1. Halbband einer Grammatik trägt gar diesen Titel (Eisenberg 1998). Es gibt kein Handbuch der Linguistik, kein linguistisches Wörterbuch, in dem sich nicht das Stichwort „Wort" findet. Niemand hat allerdings bisher mit gleicher Gründlichkeit, wie Ries (1931) und Seidel (1935) sie an den Tag legten, als sie den Definitionen der Einheit „Satz" nachspürten und mehr als 200 fanden, alle Definitionen der Einheit „Wort" zusammengestellt. So lässt sich keine Zahl angeben, wohl aber behaupten, dass es einschließlich jener von engl. *word*, frz. *mot*, ital. *parola*, span. *palabra*, pol. *słowo* usw. weit mehr sein werden als 200.

Im ersten Halbband von „Lexikologie/Lexicology: ein internationales Handbuch zur Natur und Struktur von Wörtern und Wortschätzen" (Cruse/Hundsnurscher/Job/Lutzeier 2002) werden nach der Abhandlung von „Grundlagen und Grundfragen der Lexikologie" (Kapitel I), darunter auch die über „Das Wort als lexikalische Einheit" (Herbermann 2002), in mehreren Beiträgen Reflexionen über das Wort angestellt (Kapitel II) „Das Wort im alltäglichen Verständnis", „Das Wort in der philosophischen Sprachreflexion", „Words from a psychological perspective", „Das Wort in der Dichtung", „Das Wort in der sprachkritischen Reflexion", auch „Das Wort in der feministischen Sprachreflexion".

Es schließen sich Betrachtungen über „Das Wort im Kontext verschiedener Sprach-/Grammatiktheorien" (Kapitel III) an, von der inhaltsbezogenen Grammatik, dem amerikanischen und europäischen Strukturalismus über die generative, die Dependenz- und die Kategorialgrammatik bis hin zu funktional- und textgrammatischen Ansätzen und Theorien des sprachlichen Handelns.

Nach Ausführungen über „Die Formseite des Wortes" (Kapitel IV) folgen in großer Zahl solche über „Die Inhaltsseite des Wortes" (Kapitel VI–IX) sowie abschließend über „Die Beziehungen zwischen Form- und Inhaltsseite" (Kapitel X). In eigenen Kapiteln werden sodann Phraseologismen (Kapitel XI) und „Kurzwörter, Abkürzungen und sonstige lexikalische Einheiten mit wortähnlichem Status" behandelt, Grenzfälle also, die auf den ersten Blick größer bzw. kleiner als ein Wort zu sein scheinen und doch Eigenschaften besitzen, die Wörtern zugeschrieben werden. Wer all dies gelesen hat, ist zwar gewiss klüger als zuvor, wird aber feststellen müssen, dass er trotzdem keine klare Antwort auf die Frage, was denn eigentlich ein Wort ist, zu geben vermag. Dass dies nicht gelingt, ist nicht Schuld derer, die sich mit mehr oder weniger großem Einsatz im Definieren von „Wort" versucht haben; der Grund hierfür liegt vielmehr in der Sache selbst.

Ebenso wie Texte und Sätze gelten Wörter als elementare sprachliche Einheiten. In synthetischer Hinsicht fügen sich Wörter zu Sätzen und Sätze zu Texten zusammen. Aus analytischer Perspektive lassen sich Texte in Sätze und Sätze in Wörter zerlegen. Das Ergebnis solcher Übung ist allemal verschieden, weil umstritten ist, was ein Wort, aber auch, was ein Satz und ein Text ist.

2. Wort und Wortart

Die methodologischen Vorfragen einer jeden Wortartenklassifikation lauten:

Was wird klassifiziert? Mögliche Antworten sind: (a) Lexeme, Einheiten des Wortschatzes, der Lexemvorrat einer Sprache, oder: (b) Wortformen, morphologisch differente Einheiten, für sich betrachtet oder als Einheiten des Verlaufs, oder: (c) syntaktische Wörter, die Einheiten der syntagmatischen Verkettung im Redestrom.

Nach welchen Kriterien wird klassifiziert? Mögliche Antworten sind: (a) nach grammatisch-semantischen und semiotischen Kriterien (Deiktika vs. „wasbestimmte" Einheiten etc.), oder: (b) nach morphologischen Kriterien (flektierbar – ja oder nein? etc.), oder (c) nach syntaktischen Kriterien (Distribution, Satzgliedfähigkeit etc.), oder (d) mit einer Kombination aus diesen Kriterien.

Zu welchem Zweck wird klassifiziert? Mögliche Antworten sind: (a) für die Zwecke einer schulgrammatischen Beschreibung der Muttersprache, (b) für das Fremdsprachenlernen, (c) für die maschinelle Sprachverarbeitung, (d) für die linguistische Theorie, (e) für den typologischen Sprachvergleich, (f) für die Analyse und Modellierung des kindlichen Spracherwerbs, (g) zur Entwicklung eines sprachübergreifenden deskriptiven Instrumentariums, (h) zum Zwecke der Analyse und Beschreibung von Syntagmen bzw. Wortgruppen und Satzgliedern. Naturgemäß ist bei einer Klassifikation die Heterogonie der Zwecke am größten.

Diese Vorfragen sind nur begrenzt voneinander trennbar. Ihre fachliche Vorgeschichte ist unterschiedlich lang und unterschiedlich komplex. Viele Klassifikationsprobleme rühren daher, dass auf diese Vorfragen „Antworten" gegeben werden, die nicht zusammenpassen. Nicht selten z. B. ist es das erklärte Ziel, den Wortschatz zu klassifizieren; die angewandten Entdeckungsprozeduren zielen jedoch (da distributionell) auf das syntaktische Wort. Die „sekundären" Formen der großen Wortarten (insbesondere die des Verbs) gehören morphologisch und/oder syntaktisch oft nicht in die Lexemklasse: Das Partizip I ist morphologisch ein ganzes und syntaktisch ein (um die prädikative Funktion) reduziertes Adjektiv. Das Partizip II nimmt zwar an der Bildung komplexer Prädikate teil, ist aber darüber hinaus ebenfalls Adjektiv.[1] Der Infinitiv hat neben seinen „verbalen" Funktionen und Eigenschaften durchaus auch „nominale" etc.

Ein nachgerade klassischer Streitfall, der alle Dimensionen des Wortbegriffs zur Geltung bringt, betrifft weiterhin die sog. („trennbaren") Partikelverben des Deutschen und ähnliche Konstruktionen (vgl. Lüdeling 1999, van der Auwera 1999). Deren Erstelemente (*ab-, an-, ein-, durch-, auf-, aus-, vor-* etc.) verfügen über „freie" Gegenstücke mit unzweifelhaftem Wortstatus (meist Präposi-

---

[1] Dass die sekundären Funktionen der höheren Wortarten mit den primären Funktionen der „niederen" zusammentreffen, ist keineswegs erst eine strukturalistische Erkenntnis. Dass z. B. Partizipien qua Relation als Adpositionen fungieren, wusste in der Mitte des 19. Jahrhunderts bereits Max Wilhelm Götzinger (vgl. Schaeder/Knobloch 1992).

tionen und/oder Adverbien), sie werden in den Partikelverbkonstruktionen als syntaktische Wörter „getrennt" realisiert. Als Gesamtbildungen werden sie entweder der Derivation oder der Komposition oder (als partiell lexikalisierte Syntagmen) der Idiomatik zugerechnet. Sind die trennbaren Partikel in diesen Konstruktionen als syntaktische Wörter klassifizierbar? Verfügen sie selbst über relevante Worteigenschaften oder verfügen sie nur zusammen mit ihren Simplex-Verbbasen über Worteigenschaften? Sind sie (morphologische) Teile komplexer Verben oder (syntaktische) Teile von Idiomen oder Übergangserscheinungen zwischen beidem?

Die Kriterien der Klassifizierung sind bereits in der Schulgrammatik des 19. Jahrhunderts ausführlich problematisiert worden, kaum indes in der historisch-vergleichenden akademischen Hauptströmung der Sprachwissenschaft. Dort hat man das tradierte Instrumentarium der grammatischen Kategorien erst in der Zeit um 1900 in Frage gestellt.

> Die übliche Scheidung der Redeteile in den indogermanischen Sprachen, wie sie der Hauptsache nach von den antiken Grammatikern überkommen ist, beruht nicht auf konsequent durchgeführten logischen Prinzipien, sie ist vielmehr zu Stande gekommen unter Berücksichtigung sehr verschiedener Verhältnisse. Sie trägt daher den Charakter der Willkürlichkeit an sich. (Paul 1920: 352)

So lesen wir in der 5. Aufl. von Hermann Pauls „Prinzipien", und wenige Zeilen später folgt der Stoßseufzer: „Der Versuch, ein streng logisch gegliedertes System aufzustellen, ist überhaupt undurchführbar". Wenige Jahre vorher hatte Ludwig Sütterlin (1900) versucht, lexikalische, syntaktische und morphologische Klassifikation voneinander zu trennen, John Ries (1894 bzw. 1927) hatte die Zweckmäßigkeit und Schlüssigkeit dessen in Frage gestellt, was in den traditionellen Grammatiken „Syntax" heißt, der überlieferte Beschreibungsapparat, dessen harter Kern die antike Lehre von den partes orationis war, geriet in Bewegung.

Keineswegs neu ist auch die methodische Reflexion der merkwürdigen Doppelnatur des grammatischen Wortes, das zwar „intern" morphologisch konstituiert ist, sich aber „extern" unter bestimmten Bedingungen wie eine Phrase verhält. Die grundlegende Intuition der X-bar-Syntax formalisiert da ein Problem, dessen Wurzeln in die Zeit zurückreichen, da es eine separate Satzgliedlehre noch gar nicht gab (und die Wortartenlehre deren Aufgaben gewissermaßen mit versehen musste; hierzu Forsgren 1973 und besonders 1977). Hoch variabel von Sprache zu Sprache scheint dagegen die Ausgestaltung des Verhältnisses zwischen lexikalischen Einheiten und phrasaler Verwendung, die Morphologie hat da oft nur vermittelnde Funktionen.

Zu den skizzierten kanonischen Vorfragen der Wortartklassifikation haben sich in jüngster Zeit einige neue gesellt, die untereinander eng zusammenhängen. Dass unsere Arbeitsdefinition des syntaktischen Wortes durch die orthographische Norm des Spatiums und die „Einheit des Schriftbildes" mitbestimmt ist, die Worteinheit in dieser Hinsicht also durchaus im Medium der Schriftlichkeit fixiert, war bekannt. Versäumt hat man es jedoch bislang, aus dieser Erkenntnis systematische Schlussfolgerungen für die Wortartenlehre zu ziehen (vgl. Ágel / Kehrein 2002). Was hier die „magische Macht" des Spatiums genannt wird, äußert sich nicht zuletzt im lautstarken Unmut über Schreibungen, in denen sich das, was zwischen zwei Spatien steht, nicht mehr als syntaktisches Wort interpretieren lässt, z.B. die Groß- und Getrenntschreibung verbaler Pseudokomposita vom Typ *Eis laufen, er läuft Eis* (vgl. Eisenberg 1998: 325 f.). Die konstitutive Literalität unseres Wortbegriffs führt beinahe automatisch zu der Frage, ob in der tradierten Wortartenklassifikation mediale Oppositionen des Typs „orales Wort" vs. „literales Wort" übergangen und zugeschüttet worden sind bzw. wiederentdeckt werden können. Betroffen sind hier einmal schriftferne Einheiten wie „Rückkopplungssignale" und „Gesprächspartikeln", die nur lokal und „online" (Auer 2000) interpretiert werden können, weil sie keine „lexikalische" Bedeutung haben. Solche Elemente werden von der DUDEN-Grammatik (2005: 601) unter den „nichtflektierbaren Wortarten" geführt, während die IdS-Grammatik (Zifonun et al. 1997 I: 62 f.) sie wegen fehlender syntaktischer Feldfähigkeit als „interaktive Einheiten" von den Wortarten absetzt.[2] Betroffen ist

---

[2] Schon deskriptiv sind hier die Unklarheiten beträchtlich. Die DUDEN-Grammatik (2005: 604) ignoriert konsequent den nicht-lexikalischen Charakter solcher Elemente und versteigt sich in Sachen Medialität zu der Aussage: „sie können einen ganzen Satz bilden, der dann meist mit einem Ausrufezeichen abschließt". Und das wenige Zeilen nach Hervorhebung des mündlichen Charakters solcher „Interjektionen" und „Ausdruckspartikeln". Die IdS-Grammatik ignoriert umgekehrt, dass auch zweifelsfreie Lexeme ihre grammatische Feldfähigkeit einbüßen, wenn sie *als* „interaktive Einheiten" gebraucht werden.

aber auch die Frage, ob im herkömmlichen System der Wortarten Spuren der Opposition zwischen Mündlichkeit (etwa „Wortarten der Nähe") und Schriftlichkeit („Wortarten der Distanz") verborgen sein könnten.

In engem Zusammenhang mit der medialen Dimension des Wortbegriffes steht der psychologische Status der Worteinheit für die Sprachbenutzer, und insbesondere für die, welche als lernende Vorschulkinder nicht über die bequeme Eselsbrücke zum Wort verfügen, die das Spatium für lesende Zeitgenossen bereithält. Während die Spracherwerbsforschung traditionell die strukturelle Gliederung der Sprache als „gegeben" behandelt, befasst man sich sowohl in der Tradition der „Sprachbewusstheit" (Karpova 1977) als auch in der unmittelbaren Erwerbsforschung (seit Peters 1983) mit der Frage der operativen und der sekundären Ausgliederung „wortartiger" Einheiten aus dem Redestrom. Es versteht sich, dass gerade diese Perspektive dazu beitragen kann, die „vor-schriftlichen" Wurzeln des praktischen Wortbegriffs in der Ontogenese der Sprachfähigkeit freizulegen, dann jedenfalls, wenn man (z. B. mit Sapir 1961: 39) anerkennt, dass mündliche Kulturen eben über einen eigenen, praktischen Wortbegriff verfügen.[3] Neben erwartbaren Ergebnissen (dass z. B. tonschwache grammatische Einheiten ohne „Nennwert" an wenig exponierten Positionen der Redekette nur schwer „als Wörter" ausgliederbar sind, während saliente Nenneinheiten – oft zusammen mit ihren grammatischen „Anhängseln" – leicht ausgegliedert werden) gibt es hier durchaus auch strukturell aufschlussreiche Beobachtungen, z. B. über das Format „formulaic frames with analyzed slots" (Peters 1983: 4), das die praktische Relevanz der schrittweisen Dekomposition fester oder halbfester Formeln „auf dem Weg zum Wort" unterstreicht.

Was schließlich die typologische Dimension des Wortbegriffs (als Grundlage einer Wortartenklassifikation) angeht, so ist gleichfalls eingangs an Sapirs (1961: 37) Mahnung zu erinnern, wonach es unmöglich sei, das Wort unabhängig von der Einzelsprache seiner Funktion nach zu bestimmen, vielmehr sei das Wort eine einzelsprachliche „Form", ein „Gefäß", das mit wechselnden Kopplungen von Wurzelelementen und grammatischen Formelementen je nach dem „Genius" der Sprache aufgefüllt werde. Dem ist hinzuzufügen,

---

[3] Was allerdings durchaus problematisiert werden müsste, vgl. Scheerer (1996).

dass die linguistische Praxis der Kategorisierung von Wörtern zu Wortarten einmal natürlich der Analogie zum tradierten System der Antike, dann aber auch der einzelsprachlichen ausdrucksseitigen Ausprägung „fokaler Instanzen" innerhalb universeller Funktionskontinua (Seiler 1985) folgt. Im System des „Nomens" und seiner Determination überschneiden sich die gegenläufigen Funktionen von Referenz und Kategorisierung bzw. Referenzfestlegung und Inhaltsfestlegung, beides jeweils universelle Funktionen und Notwendigkeiten des Sprechens. Allerdings wäre hier eben auch die einzelsprachliche Basis derjenigen Einheiten zu berücksichtigen, die jeweils als „Wort" klassifiziert werden, vielleicht im prototypischen Sinne von Zentrum und Peripherie dergestalt, dass für unseren tradierten Wortbegriff die flexionssprachliche (oder womöglich indoeuropäische) Ausprägung „zentral", „polysynthetische" Wörter (mit ihren verschwimmenden Grenzen zu Satz und Phrase) oder „isolierende" Wörter (mit der tendenziellen Deckungsgleichheit von Wort und Morphem und der verschwimmenden Grenze zwischen Syntax und Morphologie) dagegen eher „peripher" wären.

Weiterhin gibt es eine relevante Tradition der Segmentierung des Wortbegriffs in die verschiedenen Ebenen der Sprachstruktur dergestalt, dass man zwischen phonologischem, morphologischem, syntaktischem, orthographischem, lexikalischem Wort etc. unterscheidet und dabei mit der Möglichkeit rechnet, dass die jeweils für eine Ebene spezifizierbaren Wortformate nicht deckungsgleich ausfallen. Objekt der Wortartklassifikation ist in der Regel das „grammatische" Wort bzw. dessen lexikalische Basis. Dominante Grundlage des spontanen Sprachbewusstseins ist dagegen das geschriebene bzw. das phonologische oder prosodische Wort (für eine typologische Diskussion des Verhältnisses zwischen grammatischem und phonologischem Wort vgl. Dixon/Aikhenvald 2002a).[4]

---

[4] Typische Fälle der Nichtübereinstimmung zwischen phonologischen und grammatischen Wörtern ist etwa die Klitisierung (ein phonologisches Wort – mehrere grammatische Wörter) oder die Komposition (ein grammatisches Wort – mehrere phonologische Wörter); hierzu Dixon/Aikhenvald (2002a: 27 ff.).

3. Wortart, Satzglied, Grammatikalisierung

Traditionell werden die „großen" Hauptwortarten auf dominante oder prototypische Satzgliedfunktionen bezogen. Das Verb gilt als bestimmt durch die Prädikatsfunktion, das Nomen durch die Realisierung von Argumenten eines Prädikats, das Adjektiv durch die attributive Modifizierung von Argumenten und Prädikaten.[5] Allerdings ist hier zu bedenken, dass in diesem Zusammenhang nicht immer hinreichend klar zwischen der Funktion der Wortart als Nukleus einer Phrase und der genuinen Satzgliedfunktion unterschieden wird. Die Struktur einer Phrase wird vom syntaktisch dominanten Wort (aszendent) bestimmt, der Satzgliedwert (deszendent) durch den Platz der Phrase in der Konstituentenstruktur des Satzes. Den intermediären Charakter des Wortes und der Wortarten unterstreicht der Umstand, dass es innerhalb der Hauptklassen ein Grammatikalitätsgefälle gibt, das vielfach auch zur Abtrennung der stärker grammatikalisierten Unterklassen in (tendenziell geschlossene) grammatische Wortarten führt (vgl. Lehmann 2005). Auxiliare sind stärker grammatikalisiert als lexikalische Verben, werden aber nur gelegentlich als eigene Wortklasse geführt. Substantivische Pronomina (bei Zifonun et al. (1997) als „Proterme" getrennt klassifiziert) sind stärker grammatisch als lexikalische Substantive, adjektivische Pronomina stärker als lexikalische Adjektive. Selbst innerhalb relativ grammatischer Klassen (wie der Präpositionen) gibt es mehr und weniger stark grammatikalisierte Elemente. *Von* ist stärker grammatisch als *bezüglich*.

An dieser suggestiven Optik sollte man jedoch einige Warnschilder anbringen. So ist die Argumentation, die die Hauptwortarten mit „ihren" Satzgliedwerten in Verbindung bringt, meist an die Flexion rückgekoppelt. Es sind die Kategorien der Finitheit, die das Verb für die Rolle des Prädikats prädestinieren, die (überwiegend adverbal zugeschnittenen) Kasus, die das Nomen für die Argumentfunktion

---

[5] Dabei sorgt der bekannte Umstand, dass die Mehrzahl der Adjektive im Deutschen ohne weitere morphologische Umstände auch adverbial gebraucht werden können, für die Querelen bei der Aufteilung dieses Bereiches. Wer syntaktisch denkt, postuliert eine Klasse Adjektiv/Adverb, wer morphologisch denkt, zieht die Grenze zwischen Adjektiven und Adverbien bei der Flexion, gerät aber dann in Schwierigkeiten bei flexionslosen Attributiva und bei den prädikativ beschränkten adjektivischen Ausdrücken, für die Zifonun et al. (1997 I: 55 f.) den Begriff der „Adkopula" einführen.

präparieren, und es sind die kongruenzpassiven Einheitenkategorien Genus, Kasus, Numerus, die den attributiven Charakter der Adjektive ausprägen. Übersehen wird dabei leicht, dass die Apparaturen der syntaktischen Derivation oft querstehen zur tradierten Auffassung dessen, was qua Flexion zu einer Hauptwortart gehört. Infinitive werden, wiewohl nominal verwendbar, durchaus in das Flexionsparadigma des Verbs gerechnet, Partizipien ebenfalls, wiewohl sie „eigentlich" Adjektive sind. Weiterhin ist es bei den aus Auxiliar und Partizip II (bzw. Infinitiv) zusammengesetzten „periphrastischen" Verbformen durchaus nicht klar, ob sie in die Formenbildung des Verbs gerechnet (und damit morphologisch als „Wortformen" interpretiert) werden sollen, oder ob sie als Syntagmen bzw. Phrasen zu gelten haben (vgl. Eisenberg 2005).[6] Und natürlich taugen auch deriverte Verbalabstrakta (etwa die auf *-ung*) dazu, verbale Bedeutungen in Termfunktionen einzufädeln. Der Genitiv ist im Gegenwartsdeutschen eigentlich fast ausschließlich Attributskasus, und wenn man die Möglichkeiten der syntaktischen Derivation qua Artikelwort (Nominalisierung) und qua Kopula (Prädikatstauglichkeit) hinzunimmt, dann stellt sich das Verhältnis der Wortarten zu den syntaktischen Satz- und Satzgliedfunktionen doch etwas differenzierter dar. Ernüchterer kommen jedenfalls eher zu dem folgenden Ergebnis: „Nouns, verbs, and adjectives can all be used as arguments, predicates, and modifiers" (Anward 2000: 3).

Auch die aszendente Analyse der Wortarten als grammatische Phrasenkerne bedarf der Relativierung. Während z. B. die innere Struktur nominaler Phrasen relativ konstant geordnet ist (und ihre außensyntaktische Einfügung in andere Phrasen oder sentenielle Formate qua Kasus geregelt ist), verfügt die Wortart „Verb" durch ihre sekundären Infinitformen über eine ganze Palette intermediärer Phrasenformate, in denen „Verbales", „Nominales" und „Adjektivisches" gemischt ist. Offenbar gibt es einen großen Bedarf an Formaten, welche die diffe-

---

[6] Diese Formen sind sicher nicht zufällig gekoppelt aus lexikalisch „verbalen" Beständen vom stark grammatikalisierten Pol der Verbalität einerseits und von der deverbalen syntaktischen Derivation in benachbarte Klassen andererseits. Wie schwierig und gegen die „bewährte" grammatische Intuition hier die Verhältnisse zu liegen scheinen, mag man daraus ersehen, dass es gute Argumente dafür gibt, das *haben*-Perfekt zu den analytischen Verbformen zu rechnen, das *sein*-Perfekt dagegen nicht (Teuber 2005), das dann vielmehr zu den Kopulasätzen gezählt wird. Reformulieren kann man das Problem auch hier, indem man nach der separaten oder gemeinsamen „Verrechnung" der syntaktischen Relationalität der beteiligten Formen fragt.

renzierte Einfügung propositionaler Information in Satz und Wortgruppe ermöglichen. Infinitivgruppen ermöglichen die Verwendung propositionaler Nominationen als Satzglieder, Partizipialgruppen arbeiten (Teile von) Propositionen als Attribute auf etc.

Die kategorialen Widersprüche zwischen Lexem, Wortform und syntaktischem Wort sind jedenfalls im Umkreis des Verbs am größten und im Umkreis des Substantivs am geringsten. Das Adjektiv liegt (wie immer) dazwischen. Man kann das mit dem Umstand in Verbindung bringen, dass Verben (qua Prädikat) inhärente Relationalität variabel ausgestalten, während Substantive (qua Nenneinheit) mangels inhärenter Relationalität syntaktische Nicht-Spezialisten sind, die sich in anderweitig gestiftete Relationen „einsetzen" lassen.

Insgesamt scheint die relevante Worteinheit in dieser Dimension des Problems einerseits bestimmt durch Grammatikalisierungstendenzen innerhalb der „großen" Lexemklassen, die zur Abspaltung meist kleiner und relativ geschlossener „grammatischer" Unterklassen führen, andererseits durch die spezifischen, einzelsprachlichen Techniken des flexiblen „recycling" der lexikalischen Bausteine in wechselnden syntaktischen Funktionen. Zu beiden Seiten finden wir fließende (und für die Kategorisierung problematische) Übergänge zwischen „gleicher" und „verschiedener" Wortartzugehörigkeit. Und zu beiden Seiten finden wir zusammengesetzte Formen, die zwischen „Verbformen" und „verbalen Syntagmen" changieren.

4. Das Wort: medial

Nicht neu, aber auch nicht wirklich grammatisch zu Ende gedacht ist der (keineswegs auf das Spatium begrenzte!) Gedanke von der medialen Präformation der Einheiten, die nach ihrer Wortart bestimmt werden sollen. Zweifellos neigt das tradierte System der Klassifikation den „Schreibzeichen" (Ágel/Kehrein 2002) zu und behandelt die „Sprechzeichen" nach deren Vorbild. Vielfach haben solche „Sprechzeichen" jedoch weder syntaktische Eigenschaften (sie nehmen nicht aktiv oder passiv qua Relationalität am Aufbau von Syntagmen teil) noch morphologische Eigenschaften noch lexikographisch sinnvoll präsentierbare Bedeutungen.[7] Als konsequente

---

[7] Hier sei noch einmal auf das Beispiel *ja* bei Ágel/Kehrein (2002) verwiesen.

Indizes gehen sie auf in den strikt lokalen Bezügen zum „interaktiven Text" des Gesprächs. Den subkutanen Einfluss von Schreibkonventionen kann man aber auch daran erkennen, dass die orthographische Konvention vielfach erfolgreich den Platz einer „intuitiven Analyse" der Worteinheit behauptet. Die Folgen dieser Tatsache sind alles andere als klar und eindeutig. Man kann sich keinesfalls auf die Position zurückziehen, das „Wort" sei bloßes Artefakt einer arbiträren Schreibkonvention, von der man sich lediglich freizumachen habe. Vielmehr kann uns eine sachgemäße Analyse der orthographischen Konvention darüber belehren, welche Kriterien die tradierte Schreibung selbst in unser intuitives Wortkonzept einführt, welche „mündlichen" Kriterien sie verstärkt, verändert oder konterkariert, welche strukturellen Unschärfen sie selbst in das System einbringt. Es gilt dabei die Einschränkung: „Writing conventions are unlikely to be absolutely consistent" (Dixon/Aikhenvald 2002a: 8).[8]

Beispielsweise scheint die Zusammenschreibung überkomplexer Nominalkomposita vom Typ *Donaudampfschifffahrtskapitänswitwe* der (offenbar auch durch das prosodische Wort geprägten) Intuition von Schreibnovizen zu widersprechen, sie stärkt jedoch zugleich die Nenneinheit als eine Basis des mündlichen Wortbegriffs. Weiterhin scheint in die intuitive Ausgliederung von Wörtern aus der Redekette durch die Schrift auch die Einheit der syntaktischen Relationalität einzufließen. So ist die Relationalität der Bestimmungswörter in der Nominalkomposition nicht mehr separat verfügbar, sondern, wenn überhaupt, nur als integrale Relationalität des Kompositums. Darum stören uns Syntagmen, die nur durch separate Relationalität eines Bestimmungswortes gerechtfertigt werden können wie *der Einführungstext in die Linguistik,* auch wenn der Gebrauch sie normalisieren kann. Da es selbstverständlich auch Nenn*syntagmen* gibt und auch Einheiten der syntaktischen Relationalität, die nicht zugleich Nenneinheiten sind, scheint für die Schreibkonvention das Kriterium der syntaktischen Relationalität höherrangig zu sein als das Nennkriterium. Dafür spricht auch das oben bereits erwähnte Unbehagen über Schreibwörter, die nicht als syntaktische Einheiten, wohl aber als Nenneinheiten und als prosodische Einheiten interpre-

---

8   Die Autoren verweisen in diesem Zusammenhang auf typologisch eng verwandte Bantusprachen, deren agglutinierte und über den Satz nominalklassenkongruente Präfixketten in manchen Schreibkonventionen graphisch vereinzelt, in anderen aber zu komplexen Schreibwörtern zusammengezogen werden.

tiert werden können *(Seil tanzen, Kopf stehen, Eis laufen)*. In syntaktischer Distanzstellung kann man die Erstelemente nur als separate syntaktische Wörter interpretieren, wenn sie denn möglich ist *(er steht Kopf, läuft Eis,* aber **er tanzt Seil)*.⁹

Überhaupt finden wir bei den Einheiten, deren Wortstatus für notorisch prekär gilt (etwa den o. g. Erstelementen der – morphologisch und / oder syntaktisch „trennbaren" – Partikelverben; vgl. auch Eisenberg 1998: 254 ff., 316 ff.)¹⁰ typischerweise ein Kontinuum, das zwischen relativer Erhaltung der eigenständigen syntaktischen Relationalität und vollständigem Verlust derselben aufgespannt ist. Wiewohl syntaktisch und morphologisch trennbar ist die Relationalität des „adverbialen Relators" (Lehmann 1995: 75 ff.) *-auf-* in den Verben *aufheben, aufhören* spurlos verschwunden.¹¹ Weder regiert *auf* ein Komplement noch modifiziert es erkennbar den Verbstamm. Dagegen kann man den Relator *-hinunter-* im Satz *er rollte den Berg hinunter* ebenso gut als relational selbständige Postposition interpretieren. Darauf deutet z. B., dass *den Berg hinunter geht es schneller* ein tadelloser Satz ist, den man nicht auf ein Verb *hinuntergehen* zurückführen kann. *Hinunter* ist (ebenso wie z. B. *zurück*) erststellenfähig, semantisch überwiegend kompositorisch und kann syntaktisch als Adverb interpretiert werden. Man vergleiche etwa die Reihe:

hinunterfallen, hinunterwerfen, hinunterbringen, hinunterklettern, hinunterschlucken, hinuntertragen, ...
zurückbleiben, zurückgeben, zurückgehen, zurückfallen, zurückerobern, zurückstecken, zurückweichen, ...

---

9   Wobei gegen diejenigen, die aus diesem Umstand einen Strick für die Rechtschreibreform drehen wollen (Eisenberg 1998: 326), festzuhalten ist, dass klein geschriebenes *er läuft eis* zwar nach dem Muster der Partikelverben auf *eislaufen* rückverweisen kann, aber das Problem einer syntaktisch nicht interpretierbaren Worteinheit auch nicht löst.

10 Diese Elemente finden wir typisch als freie Adverbien, als mehr oder minder stark grammatikalisierte Adpositionen, als Verbpartikel, als Verbpräfixe, als Bestandteile von Präpositional- oder Pronominaladverbien *(damit, davon, darauf, darunter, womit, wovon ...)*. Was mit diesen Elementen synchron und diachron passiert, das lässt sich als Grammatikalisierung und / oder Lexikalisierung der asymmetrischen Relationalität dieser Elemente deuten, die über Anschluss für eine „modifizierende" und eine „rektive" Relation verfügen; vgl. Lehmann (1991, 1995: 74 ff.).

11 In *Ich hebe die Zeitung auf* oder *Hört auf mit dem Lärm* etwa. Dagegen lässt sich *aufheben* im Sinne von ‚etwas vom Fußboden aufheben' durchaus als modifizierter Verbstamm von *heben* interpretieren. Charakteristische Begleiterscheinung des vollständigen Verlustes solcher Beziehbarkeit ist die Lexikalisierung solcher Bildungen, sie werden morphologisch undurchsichtig.

Zum prekären Wortstatus solcher Verbpartikel, die einmal als syntaktische Wörter, dann aber als Wortbestandteile auftreten, kommt weiterhin der Ausschluss von der Finitposition und die Unterbrechung ihrer Bindung an den Verbstamm durch „Präfixe" wie -ge- in *zurück-ge-gangen* und -zu- in *zurück-zu-gehen*. Nimmt man noch den Umstand hinzu, dass die Neigung deutlich zunimmt, solche Partikelverben auch in den infiniten Formen getrennt zu schreiben (jedenfalls dann, wenn die Partikel auch Wortstatus hat), dann kann man wirklich argwöhnen, dass es überwiegend die Schreibkonvention ist, die diese Vorgänge in die Ebene der Morphologie zwingt. Das Dilemma ist allerdings objektiv, da am anderen Ende des Kontinuums durchaus Partikelelemente und Bildungen stehen, die weder (potentiellen) Wortstatus noch separat verrechenbare Relationalität haben, etwa *ein-* in *einkaufen* oder *ab-* in *abhauen* etc.

Medial lässt sich das „Wort" als Einheit der Klassifikation natürlich nicht nur von der Schreibkonvention her problematisieren, sondern auch von den *on line*-Verhältnissen der genuinen Mündlichkeit (vgl. Auer 2000). Hier wäre es durchaus sinnvoll, das Wort als die kleinste Einheit zu definieren, die (nicht nur pragmatische, sondern auch) grammatische Erwartungen (bzw. für den Sprecher Verpflichtungen) begründet und / oder einlöst. Die „Spannungen" des Sprechens werden prosodisch, syntaktisch und semantisch aufgebaut und abgearbeitet. Das mündliche Wort ist als Strukturschema zweifellos weniger starr als das schriftliche. Es oszilliert um Einheiten, die prosodisch gepackt und relational schematisch sind. Während sich die Schrift für Klitisierungen sperrt, nimmt die Mündlichkeit sie gerne auf. [*wilst*] ist ein gutes mündliches Wort, das durchaus schematisierbare grammatische Sprecherverpflichtungen und Hörererwartungen kommandiert.

Über die prosodischen Strukturen des gesprochenen Wortes im Deutschen, über die enge Wechselwirkung zwischen (prosodischer) „Fußbildung" und Flexion, informiert Eisenberg (1998: 135 ff.). Hier unterscheiden sich die Hauptwortarten zuerst „in der Art und Weise, wie die Fußbildung, also die Verkettung nichtbetonbarer Silben mit der Stammsilbe, zur Kodierung morphologischer Information funktionalisiert wird" (Eisenberg 1998: 136). Der prosodische Kontrast zwischen den Grundformen und den übrigen Flexionsformen nimmt eine wortarttypische Gestalt an. Schwasilben, die nicht gänzlich zum Wortstamm gehören, signalisieren Flexion (und damit natürlich auch: Wortformgrenzen). Für die enorme „Wortrelevanz" der prosodischen Fußbildung spricht auch (wie Eisenberg 1998: 138 ff. zeigt) die recht systematische Fortsetzung der Fußbildungsregularitäten im Bereich der Derivationsmorpheme. Im Ergebnis ist festzuhalten:

> Der Wortakzent ist durch das Prinzip der Stammsilbenbetonung, die Notwendigkeit zur Fußbildung sowie die Verteilung von Voll- und Reduktionssilben vollständig determiniert. (Eisenberg 1998: 139)

Betrachten wir nun unseren Probefall, die (morphologisch und syntaktisch „trennbaren") Partikelverben, unter dem Gesichtspunkt der prosodischen Einheitsbildung, so imponieren die einfachen und adjazenten Finitformen *(dass er einkauft, aufgibt, zunimmt)* durchaus als prosodische Wörter, die allerdings den Hauptakzent nach dem Muster der Komposita *(Haustür, Tischbein, Dachstuhl ...)* auf das Partikelelement nehmen. Die syntaktisch getrennten Formen sind natürlich keine prosodischen Wörter, sie verteilen entweder zwei gleichstarke Akzente auf Partikel und finite Form *(er kauft ein)*, oder sie erteilen den Hauptakzent dem Partikel *(er kauft EIN)*. Eine umgekehrte Gewichtung ist so gut wie unmöglich *(* er KAUFT ein)*. Da Partikelverbbildungen durchaus auch mit Präfixverben möglich sind, deren Resultate dann ihr Partizip II nach dem Muster der Präfixverben ohne *ge-* bilden, entstehen bei Präfixverben auf *ge-* potentiell morphologisch uneindeutige Formen. *Zugehört* kann Partizip II von *zuhören* oder von *zugehören* sein. In diesem Zusammenhang entstehen dann auch Doppelformen, die bereitwillig Brennstoff für den Rechtschreibstreit liefern, aber prosodisch keineswegs eindeutig geschieden werden können (etwa mit *zusammen gehört* ..., das als Syntagma aus Adverb und Partizip II von *hören* oder – in Spitzenposition – als Partizip II von *zusammengehören* interpretiert werden kann).[12] Auch hier lässt sich keine eindeutige Entscheidung für oder gegen den Wortstatus der Partikelelemente erzwingen.

Offensichtlich sind es (erwartungsgemäß) recht heterogene Kriterien, die in die schriftliche Recodierung des Wortstatus einfließen:

---

[12] Wenn diese Befunde überhaupt als Argument im Rechtschreibstreit tauglich sind, dann als Argumente für eine generelle Getrenntschreibung der Partikelverben, die allerdings aus anderen systemischen Gründen ausscheidet.

Prosodische Einheit, morphologische und syntaktische Attraktion, Nenneinheit und Einheit der syntaktischen Relationalität.

5. Das Wort: psychologisch

Wenig präsent ist im linguistischen Fachdiskurs über das Wort die sprachpsychologische Diskussion über das Wort als operative Einheit des Sprechens und Verstehens und seine praktische Veränderung im Prozess des frühkindlichen Spracherwerbs. Wir können hier nur stichwortartig auf einige Probleme eingehen, die für die Herausbildung klassifizierbarer Einheiten im Bewusstsein der Sprachbenutzer relevant sind.

Protowörter können einmal Nenneinheiten sein, die auf Objektklassen orientieren und semantisch von ihrer fallweisen Verweisung im Gebrauch nicht abzusetzen sind (der bekannte Umstand, dass Vorschulkinder zwar per „Wort" auf Elemente der Situation orientiert werden können, aber nicht auf das Wort selbst). Es kann sich bei Protowörtern aber auch um rekurrente Segmente begrenzt variabler Formeln des Sprechens handeln, die dann als Träger mehr oder minder flexibler Konstruktionen dienen („item-based constructions": vgl. Tomasello 2005). Nach welchen Gesichtspunkten Kinder anfangen, Segmente aus der Sprechsprache ihrer Umgebung auszugliedern (saliente Position, Frequenz, Starkton, Kovariation mit „starken" Situationsreizen etc.) untersuchen die Arbeiten von Anne Peters (1983, 1985).

Wenn wir beim exemplarischen Fall der „trennbaren" Verbpartikel bleiben, so gilt es vielfach als ausgemacht, dass die Partikeln (als verbgrammatische Operatoren und Organisatoren) bereits vor der Elaboration ihrer Basisverben im aktiven Sprechen des Kindes auftauchen und zumindest in diesem Sinne separaten „Wortstatus" haben. Kombinationen aus Nennwörtern und den Operatoren *auf, aus, ab, rein, zu, weg* etc. gehören unweigerlich in die pivot- oder Zweiwortphase des kindlichen Spracherwerbs (hierzu Tracy 1991).[13] Nach allen Maßstäben von Anne Peters (1983, 1985) sind sie gut auslösbar aus dem Redestrom (dominierend Starkton und Endposi-

---

[13] Nicht systematisch untersucht, aber untersuchenswert ist der Umstand, dass alle diese Elemente sich in der Kindersprache gerne mit passepartout-Verben wie *gehen, machen* etc. verbinden lassen.

tion in typischen Erwachsenenäußerungen). Da platzfest und salient, taugen die Partikelelemente als „Steigbügel" (boot strapping) für den Aufbau verbgrammatischer Modelle. Semantisch sind sie, sofern interpretierbar, vielfach auf den Endzustand der laufenden (Verbal-) Handlung bezogen, was ihnen eine Schlüsselposition für den Erwerb verbaler Aktionsarten zuspielt (und zusätzlich die grammatisch-semantischen Parallelen zwischen Partikelverben und Resultativkonstruktionen unterstreicht). So gesehen haben die Verbpartikel konstruktionsgrammatisch den Status einer temporären Basis des Sprechens, der unterschiedlich eng angekoppelte Strukturschichten im Aufbau der Äußerung zugeordnet (und prosodisch untergeordnet) sind: *AUF-> das AUF -> das AUF machen -> will das AUF machen.*

Was daraus folgt, ist alles andere als klar. Festhalten kann man jedoch, dass Affinitäten dieser Elemente zu einem rein morphologischen Affixstatus sekundär und ontogenetisch „erworben" sind. Sie stehen nicht am Anfang des Grammatikerwerbs. Das ist bei den genuinen („untrennbaren") Präfixverben des Deutschen zweifellos anders. In deren Partizip II-Formen kann kein *ge-* gebraucht werden, vielmehr besetzt das Präfix selbst dessen Position *(um-FAhr-en vs. UM-ge-fahr-en)*.[14] Psychologisch scheint der Wortstatus eher mit Starkton und organisationaler „Aktivität" zu korrelieren, der Affixstatus aber eher mit Schwachton und „Passivität".[15] Distributionelle Eigenständigkeit (etwa die Klammerfunktion auch schwachtoniger Artikelwörter für die Nominalgruppe) stärkt dagegen den Wortcharakter auch derjenigen Elemente, die ansonsten zu „Passivität" neigen.

Insgesamt sind die Befunde der Psychologie des Wortes nicht eindeutig. Sie unterstreichen vielmehr noch einmal die Differenzierungen, die auch der strukturelle Blick nahe legt. Das Lexem als metasprachliche Einheit der Zuwendung des Sprechers zum Wort ist deutlich zu unterscheiden von der Einheit der Ausgliederung im Re-

---

[14] Interessant in diesem Zusammenhang sind irreguläre Partikelverben mit Präfixverben als Basis, z.B. *etwas mitbekommen.* Sie löschen den für *ge-* vorgesehenen slot, der bereits durch das Präfix *be-* besetzt ist. *Zu* dagegen bleibt verfügbar. *Er hofft, etwas mitzubekommen.* Kein Muttersprachler denkt darüber nach, dass es nach dem herrschenden Modell eigentlich heißen müsste: *Das hab ich nicht mit-ge-be-komm-en.*

[15] Wobei „Passivität" lediglich bedeutet, dass das Auftreten einschlägiger Elemente konstellativ automatisch mitkonditioniert wird.

destrom, von der operativen Einheit des Sprechprozesses und von der handgreiflichen Recodierung des syntaktischen Wortes in der Schreibkonvention.

6. Das Wort: typologisch

Dynamische Modelle der Ausdifferenzierung von Wortartensystemen (für eine neuere Diskussion vgl. Anward 2000) sind so angelegt, dass sie sich auch auf idealtypisch stilisierte Aneignungsprozesse projizieren lassen und mit ganz einfachen Oppositionen beginnen. So kann man vertreten, dass in der frühkindlichen Phase der Einwortäußerungen alle Elemente „Prädikate" sind, die sich mit „externen" situativen Argumenten verbinden lassen und deren Ausdifferenzierung durch die Architektonik der Einzelsprache gesteuert wird. Erst im Zusammenhang mit Zweiwortäußerungen lassen sich kategoriale Paare wie „Term – Prädikat", „Prädikat – Modifikator", „Term – Modifikator" unterscheiden, die im Kern aller Wortartsysteme recodiert sind.[16] Erst in der folgenden dritten Ebene können Termausdrücke, Prädikatsausdrücke und modifizierende Ausdrücke gekoppelt und dann auch selbst wieder modifiziert werden.

Mit der Ausdifferenzierung und „Vertiefung" solcher basalen Systeme verbunden sind (wie Anward 2000 schreibt) spezifische Techniken des „recycling" von lexikalischen Einheiten. Zweifellos ist (wenn wir bei unseren Beispielen bleiben) der multiple Gebrauch von Elementen wie *an, auf, durch, aus* etc., die vielfach zuerst als „Prädikate" auftreten, bevor sie als Adverbien (Modifikatoren von Prädikaten), als Präpositionen, als Verbpartikel rezirkuliert werden, ein solcher Fall. Und der Einsatz von lexikalischen „Verben" als Termausdrücke (Infinitive, *ung*-Ableitungen etc.) und als Termmodifikatoren (Partizipien) ebenfalls. So gesehen ist das „Wortproblem" der Wortartenklassifikation, wie schon lange bekannt, ein Problem der einzelsprachlichen Wechselbeziehung zwischen lexikalischen Bedeutungen und grammatischen Funktionen.

Die praktische Grammatikographie muss am Ende zu einer Entscheidung kommen, wie Elemente klassifiziert werden sollen. Das

---

[16] Recodiert sein können sie auf ganz verschiedene Weise, durch Flexions- und/oder Distributionsunterschiede, durch andere morphologische Markierungstechniken.

gilt für Elemente, denen Wortstatus zuerkannt wird, ebenso wie für morphologische Elemente. Für die (diesbezüglich uneindeutigen) „trennbaren" Verbpartikel des Deutschen kommt Eisenberg (1998: 258) zu dem Schluss, sie seien zu klassifizieren als eine Teilklasse der Affixe mit positionalen Besonderheiten (also weder Präfixe noch Suffixe), deren Elemente nach den syntaktischen Kategorien ihrer homonymen freien Formen als „Präpositionen", „Adjektive", „Substantive" unterteilt werden.[17] Im Grundsatz ähnlich verfahren Zifonun et al. (1997 I: 51 f.), wenn sie schreiben: „Als trennbare Verbbestandteile finden sich Elemente verschiedener Wortarten" und dann Beispiele wie die folgenden geben:

liebhaben → Adjektiv
blindschreiben → Adjektiv
hineinfahren → Adverb
vortragen → Präposition
teilnehmen → Substantiv
kennenlernen → Verb

Allerdings belegen solche Beispiele nicht nur die kategoriale Indifferenz des syntaktischen slot, den die Verbpartikel besetzen, sondern auch die dekategorisierende Wirkung, die mit dieser Position verbunden ist. Je stärker Idiomatisierungs- oder Lexikalisierungsprozesse vorrücken, desto unbefriedigender wird die Subklassifizierung der Partikelelemente nach ihren homonymen freien Formen.[18]

Nimmt man noch einmal seine Zuflucht bei den überlieferten Kriterien für den „Wortstatus" (syntaktisches Atom bzw. untrennbarer slot-filler" – „morphologisches Objekt" – listed item; vgl. zur Diskussion jetzt Lüdeling 1999: 61 ff.), so wird deren Widersprüchlichkeit deutlich. Nehmen wir die Partikelelemente selbst als „syntaktische Atome", so erscheint ihre Identität als rein distributionell. Die Anomalie besteht dann darin, dass kategorial vollkommen heterogene Formen (Verben, Substantive, Präpositionen, Adverbien ...) ein

---

[17] Wobei eine Restklasse der nur gebunden vorkommenden Verbpartikel bleibt: *entzwei-, empor-, zuwider-*.
[18] Einigermaßen irritierend und nicht ganz leicht erklärbar ist der Umstand, dass sich im Deutschen „trennbare" Partikelverben und „untrennbare" Präfixverben ungefähr gleich verhalten, was ihren Hang zu Produktivität und Reihenbildung auf der einen Seite, Lexikalisierung bzw. Idiomatisierung auf der anderen Seite betrifft (vgl. van der Auwera 1999). Erwarten sollte man, dass die syntaxnahe Partikelposition eher kompositionelle Effekte erzeugt, die morphologische Präfixposition eher lexikalisierende.

und denselben syntaktischen slot besetzen können. Nehmen wir dagegen die (je nach Sichtweise mehr oder weniger) lexikalische oder idiomatische Gesamtkonstruktion als „syntaktisches Atom", so wird die „trennbare" Distribution der Elemente zur Anomalie.

Das Besondere an der „Partikelposition" wäre demnach ihr tendenziell „dekategorisierender" Charakter, der (gleichfalls tendenziell) zur Herausbildung einer „Gesamtrelationalität" der Syntagmen bzw. Wörter führt.[19] Diese Tendenz ist wohlgemerkt unabhängig von der Tendenz zur Lexikalisierung / Idiomatisierung. Sie verträgt sich mit kompositionellen Verhältnissen ebenso wie mit idiomatischen. Eine solche Wortposition mit der inhärenten Tendenz, die syntaktischen Worteigenschaften zu löschen, haben wir auch in der (determinativen) Komposition.

Bezieht man diesen Befund auf die typologische Diskussion zum Wortbegriff (Vogel / Comrie 2000, Dixon / Aikhenvald 2002a), so trägt er zur Relativierung, aber auch zur Schärfung der einschlägigen Kriterien bei. Von der „Morphologisierung" syntaktischer Relationen (im engeren Sinne) spricht man dann, wenn es keine parallelen und homonymen freien Formen „zu" den Bauteilen komplexer Wörter und Wortformen gibt. Das ist durchweg der Fall bei den Sprachen, welche die traditionelle morphologische Typologie als „flektierend" und als „agglutinierend" bezeichnet (bei allen bekannten Unschärfen in dieser Begrifflichkeit). Für die „isolierenden" Sprachen ist dagegen charakteristisch, dass alle Formen minimal und „frei" sind, dass lexikalische und grammatische Funktionen in ein und derselben freien Form synchron koexistieren, und dass infolgedessen die grammatische Spezifizierung von „Redeteilen" und die Bildung komplexer Nenneinheiten erst auf der Ebene der Verkettung von Minimalzeichen im Satz und in der Phrase stattfindet. Wo er mit dem Begriff des Minimalzeichens (Morphem) extensional zusammenfällt, wird einer der beiden Begriffe sinnlos oder wenigstens redundant.

---

[19] Vgl. hierzu auch die Diskussion über mehr oder minder „grammatikalisierte" Wortartensysteme bei Vogel (2000), bei der die Festigkeit der Zuordnung zwischen Lexemen und syntaktischen slots eine wichtige Rolle spielt.

7. Konklusion

Wie deutlich geworden sein dürfte, wird unter „Wort" sehr Verschiedenartiges verstanden:

- Wort als Einheit der geschriebenen Sprache,
- Wort als Einheit der gesprochenen Sprache (phonologisches Wort),
- Wort als Einheit des sprachlichen Verlaufs (morphologisches Wort, syntaktisches Wort, grammatisches Wort, Textwort, Wortform, Lex, Token),
- Wort als Einheit des sprachlichen Systems (lexikalisches Wort, Lexikonwort, Wörterbuchwort, Lexem, Type).

Das „Wort als Einheit der geschriebenen Sprache" steht dem „Wort als Einheit der gesprochenen Sprache" gegenüber. Sowohl in der gesprochenen als auch in der geschriebenen Sprache lassen sich aber Verlauf und System unterscheiden, so dass die entsprechenden Unterscheidungen „grammatisches vs. lexikalisches Wort", „Textwort vs. Wörterbuchwort", „Lex vs. Lexem", „Token vs. Type" sowohl für die gesprochene als auch für die geschriebene Sprache gelten.[20]

Fest steht allein dies, dass „Wort" eine Größe darstellt, die zwischen Morphem und Syntagma rangiert. Aber auch dies ist nicht so sicher, da auf der einen Seite Einheiten der Größe „Wort" mit Einheiten der Größe „Morphem" zusammenfallen können (z.B. *und, wenn, dann*) und auf der anderen Seite Phraseologismen (weil aus mehr als einem Wort bestehend, auch „Wortgruppenlexeme" bzw. „Mehrwortlexeme" genannt) bisweilen Eigenschaften, nämlich semantische Eigenschaften, zugesprochen werden, die ansonsten einzelnen Wörtern eigen sind (z.B. *zur Kenntnis nehmen, Trübsal blasen, Knall auf Fall*).

In einigen neueren Untersuchungen (z.B. von Aikhenvald 1996: 488 f.) werden bisweilen allein „phonologisches Wort" (mit der zusätzlichen Differenzierung „metrical word" vs. „prosodic word") und „grammatisches Wort" (mit der zusätzlichen Differenzierung „categorial word" vs. „functional word") unterschieden. Häufiger – so u.a. in der Duden-Grammatik (2005: 129–135) – begegnet man

---

[20] Überblicke über Definitionen und Merkmale des Wortbegriffs bieten u.a. Juilland/Roceric (1972), Bergenholtz/Mugdan (1979: 12–29), Herbermann (1981), Bauer (2000), Wurzel (2000), Glinz (2002), Herbermann (2002).

der Unterscheidung: „lexikalisches Wort" (Lexem) vs. „syntaktisches Wort" (Wortform), aus der dann eine Unterscheidung von „lexikalischen Wortarten" und „syntaktischen Wortarten" folgt. So ist demnach das Partizip I *bellende* in *der bellende Hund* „ein adjektivisches syntaktisches Wort, das zu einem verbalen Lexem gehört" (Duden-Grammatik 2005: 134).

Die verschiedenen Wortbegriffe weisen unterschiedliche Merkmale auf. Für die Definition des Wortes als Einheit der gesprochenen Sprache (des phonologischen Wortes) werden (zumindest partiell) andere Merkmale benötigt als für die Definition des Wortes als Einheit der geschriebenen Sprache; für die Definition des Wortes als Einheit des sprachlichen Verlaufs (des syntaktischen bzw. grammatischen Wortes) werden (zumindest partiell) andere Merkmale gebraucht als für die Definition des Wortes als Einheit des sprachlichen Systems (des lexikalischen Wortes).

Zur Vorbereitung seiner eigenen Definition von „Wort" unternimmt es Reichmann (1976: 4–9) die gängigen Kriterien bisheriger Definitionen zusammenzustellen und im Hinblick auf ihre Leistungsfähigkeit zu prüfen:

a) Einheit des Schriftbildes,
b) feste phonologische und morphologische Prägung, wobei das Attribut ‚fest' bestimmte, durch das phonologische und morphologische Regelsystem sowie das Suppletivwesen bedingte, in ihrer Art genau angebbare Variationen nicht ausschließt,
c) Hervorhebbarkeit durch prosodische Mittel, etwa den Akzent,
d) Isolierbarkeit im kleinst möglichen Rahmen,
e) Substituierbarkeit im kleinst möglichen Rahmen,
f) Selbständigkeit im kleinst möglichen Rahmen, d.h. Fähigkeit, allein ausgesprochen zu werden,
g) Offenheit des Paradigmas,
h) Umstellbarkeit im kleinst möglichen Rahmen,
i) Vorhandensein einer einfachen, konventionalisierten Bedeutung,
j) Selbständigkeit der Bedeutung,
k) Referenzfähigkeit, d.h. Fähigkeit, im kleinst möglichen Rahmen Außersprachliches zu bezeichnen,
l) bestimmte syntaktische Funktion,
m) Teilhabe am Zustandekommen der Satzbedeutung.

Reichmann (1976: 5) konstatiert, dass diese Kriterien „in verschiedener Hinsicht (divergieren)". Vor allem gelte, dass „als Charakteristika, die ausschließlich für das Wort zuträfen, demnach die Einheit des Schriftbildes, die Isolierbarkeit, Substituierbarkeit, Selbständigkeit und Umstellbarkeit im kleinst möglichen Rahmen [also (a), (d), (e), (f) und (h); CK/BS] (verblieben) sowie bei Kombinationen von i, j und k das Vorhandensein einer einfachen, konventionalisierten selbständigen Bedeutung und die entsprechende Referenzfähigkeit"; mithin

- Einheit des Schriftbildes,
- Isolierbarkeit im kleinst möglichen Rahmen,
- Substituierbarkeit im kleinst möglichen Rahmen,
- Selbständigkeit im kleinst möglichen Rahmen, d.h. Fähigkeit allein ausgesprochen zu werden,
- Umstellbarkeit,
- Vorhandensein einer einfachen, konventionalisierten selbständigen Bedeutung und die entsprechende Referenzfähigkeit.

Bergenholtz/Mugdan (1979: 12–29) greifen diese Kriterien gebündelt, leicht variiert und differenziert auf und nehmen noch einmal kritisch unter die Lupe:

- orthographisches Kriterium,
- distributionelles Kriterium I: Isolierbarkeit,
- distributionelles Kriterium II: Kohäsion,
- phonologische Kriterien,
- semantische Kriterien.

Neuerdings hat Wurzel (2000) noch einmal die Frage „Was ist ein Wort?" gestellt, sich bei der Beantwortung der Frage allerdings auf die „Bestimmung von Wortformen, d.h. von morphologischen Wörtern" beschränkt. Auch er nimmt noch einmal die gängigen Definitionsmerkmale unter die Lupe. Dabei kommt er – wie auch schon andere vor ihm – zu dem Ergebnis, dass das graphematische bzw. orthographische Kriterium („Wörter sind Buchstabenfolgen zwischen Spatien") nicht taugt, weil es (a) nur die geschriebene Sprache betrifft, (b) nur für Alphabetschriften gilt, (c) von jeweils geltenden orthographischen Normen und/oder dem Schreibgebrauch abhängig ist, ob Einheiten, die ansonsten auch getrennt vorkommen, bisweilen auch zusammengeschrieben werden (müssen) (z.B. *mit Hilfe/mithilfe, (den Fluss) entlang gehen/entlanggehen*). Abgesehen davon ist ungeklärt, wie Schreibungen mit Bindestrich (z.B. *Berg-und-Tal-Bahn, Vorsatz* vs. *Vor-Satz*), mit Ergänzungsstrich (z.B. *Ein- und Ausfahrt*) und wie Abkürzungen zu werten sind. Hinzufügen lässt sich noch, dass es zumindest eine Sprache mit Alphabetschrift gibt, nämlich das Thai(ländische), in der Wortgruppen in der Regel, aber nicht notwendig zusammengeschrieben werden. Notwendig zusammenzuschreiben sind im Thai allein Komposita, notwenig getrennt dagegen Aufzählungen. Ähnlich fragwürdig wie die orthographischen bleiben die phonologischen Kriterien, die – abgesehen davon, dass sie eben nur für die gesprochene Sprache gelten – ebenso wenig klare Entscheidungen darüber ermöglichen, was ein Wort ist (außer Wurzel 2000: 31–32 vgl. auch Bergenholtz / Mugdan 1979: 22–27).

Zu den semantischen Kriterien zählt an erster Stelle das „Vorhandensein einer einfachen, konventionalisierten selbständigen Bedeutung und die entsprechende Referenzfähigkeit" (Reichmann 1976: 5). Auch wenn sich vielleicht Einigkeit darüber herstellen ließe, was mit „konventionalisiert" gemeint ist, bleibt ganz und gar unklar, was die Prädikate „einfach" und „selbständig" bedeuten. Wenn von „kleinsten, d.h. nicht mehr in kleinere Elemente zerlegbaren, bedeutungstragenden Einheiten der Sprache" die Rede ist, ist das die gängige Definition für Morpheme, bei denen dann zwischen lexikalischen und grammatischen Morphemen unterschieden wird. Für die grammatischen Morpheme gilt ebenso wie für jene lexikalischen, die als Synsemantika fungieren, dass sie nicht referenzfähig sind. Für Reichmann (1976: 7 f.) sind Synsemantika, zu denen „die deiktischen Angaben für Personen, Zeit, Umstände, ferner Präpositionen und Konjunktionen zählen" keine „eigentlichen Vollwörter", sondern „Pseudowörter", also sprachliche Einheiten, die so tun, als ob sie Wörter wären, in Wirklichkeit aber keine Wörter sind.

Nach eingehender Prüfung bleiben für Wurzel (2000: 39 f.) für die Bestimmung des morphologischen Wortes übrig:

- (A') Kriterium der Nichtunterbrechbarkeit (von ihm „Kohärenz" genannt): „Echte morphologische Wörter haben die Eigenschaft, daß sie nicht durch lexikalisches Material unterbrechbar sind; typische Phrasen haben diese Eigenschaft nicht."
- (B') Kriterium der einheitlichen Flexion: „Echte morphologische Wörter, die flektierbar sind, haben die Eigenschaft, dass sie über

eine einheitliche Flexion verfügen; typische Phrasen haben die Eigenschaft nicht."
- (C) Kriterium des syntaktischen Status: „Morphologische Wörter sind grammatische Einheiten, die auch syntaktisch Wortstatus haben."

Mithilfe dieser Kriterien definiert Wurzel (2000: 40):

- (D1) Definition von echten morphologischen Wörtern: „Grammatische Einheiten, die die Kriterien (A') und (B') erfüllen, sind echte morphologische Wörter; grammatische Einheiten, die nicht beide Kriterien erfüllen, dagegen nicht."
- (D2) Definition von morphologischen Semiwörtern: „Grammatische Einheiten, die das Kriterium (C) und eines der Kriterien (A') und (B') erfüllen, sind morphologische Semiwörter."

Bergenholtz / Mugdan (1979: 29) konnten am Ende ihrer Diskussion der Kriterien zur Definition des Wortes nur „das betrübliche Fazit ziehen, daß das Wort keine klar definierbare sprachliche Einheit darstellt". Zu diesem Ergebnis muss notwendig kommen, wer es unternimmt, eine allgemein gültige Definition für jene sprachliche Einheit zu formulieren, die man gemeinhin als „Wort" bezeichnet.

Wurzel (2000: 29) gibt gleich zu Beginn seiner Ausführungen zu bedenken, ob es sich angesichts der zahlreichen Definitionen „wirklich immer um das gleiche ‚Wort' handelt oder ob nicht vielmehr mehrere unterschiedliche, komponentenspezifische Wortbegriffe anzunehmen sind". Er selbst widmet sich der Bestimmung „von echten morphologischen Wörtern, die er u. a. von „Nichtwörtern" und „morphologischen Semiwörtern" abgrenzt. Am Ende gelangt Wurzel (2000: 41) zu einer „Skala der ‚Wortigkeit'": von „echtes morphologisches Wort" *(Mittwoch, radfahren)* über „Wort mit partiellen Phraseneigenschaften: morphologisches Semiwort" *((die) Langeweile / (der) Langenweile, (sie) fahren Rad)* und „Phrase mit partiellen Worteigenschaften" *(grüner Kloß, der Frau)* zu „typische Phrase" *(großer Kloß, des Mannes)*.

Zu einer verblüffenden These über Unterschiede und Zusammenhänge zwischen einer oralen und einer literalen Idee vom Wort kommen Ágel / Kehrein (2002) in ihren durch eine empirische Untersuchung über das bzw. die Sprechzeichen *ja* fundierten Betrachtungen zum Thema „Das Wort – Sprech- und / oder Schreibzeichen?", die nicht darauf zielen, erneut die Kriterien zur Bestimmung des Wortes zu diskutieren, sondern vielmehr „zu dem ‚Metadiskurs' um den Wortbegriff beitragen" sollen.

Zu Beginn ihrer Ausführungen erinnern Ágel/Kehrein (2002: 3 f.) an die oben aufgeführten 13 Kriterien von Reichmann (1976: 4 f.) und finden bei der Durchsicht einschlägiger Arbeiten genügend Belege dafür, dass jenes von der „Einheit des Schriftbildes [...] zu einer Art (meist) latentem Metakriterium avanciert ist"; Metakriterium deshalb, weil es den „anerkannten oder eben theoretisch abgelehnten (und trotzdem praktizierten) Bezugspunkt für die anderen Kriterien darstellt; latent deshalb, weil die moderne Sprachwissenschaft nicht offen bekennend, sondern eher insgeheim skriptizistisch, d.h. schriftsprachenorientiert ist.

Angesichts des Umstands, dass es Autoren (wie Ong 1987) gibt, die neben der literalen auch eine (in oralen Gesellschaften) nachweisbare orale Idee des Wortes annehmen, ist zu überlegen, wie sie sich unterscheiden. Ong (1987: 37 f.) vertritt die Auffassung, dass im oralen Verständnis Wörter „Klänge" sind, woraus Ágel/Kehrein (2002: 6 f.) schlussfolgern, dass die orale Idee des Wortes „dynamisch und prozessorientiert", die literale Idee des Wortes dagegen „statisch und prozessorientiert ist". Es gebe mithin „die Unterscheidung zwischen einem oralen Sprechzeichen, mit dem man handelt, und einem literalen Schreibzeichen, mit dem man beschreibt/referiert/repräsentiert".

Der Vergleich der im „Duden: Deutsches Universalwörterbuch" (4., neu bearb. und erw. Auflage, Mannheim 2001) zu *ja* angegebenen Bedeutungen mit den Ergebnissen einer empirischen Untersuchung von mündlich wiedergegebenen Belegen aus schriftlichen Texten, die die Partikel *ja* enthalten, führt Ágel/Kehrein (2002: 20) zu dem Schluss, dass sich auch in der Wörterbuchdarstellung wiederum die dominierende „skriptizistische Grundhaltung (bestätigt)". Ihr Plädoyer: „ein offenes Bekenntnis zu LIW [literale Idee des Wortes; CK/BS] mit der Konsequenz, dass wir das Sprachzeichen bei Literalisierten als ein Schreibzeichen mit interner Sprechzeichen-Gliederung definieren wollen".

Zusammenfassend lässt sich sagen, dass Fachleute wie Laien, Menschen in literalen wie oralen Sprachgemeinschaften, Sprecher und Schreiber von Sprachen mit oder ohne das Wortbildungsmittel der

Komposition, Schreiber von alphabetischen und nichtalphabetischen Schrifttypen zu wissen glauben, was ein Wort oder eine dem Wort vergleichbare Basiseinheit der Sprache ist. Dieser Umstand erlaubt den Schluss, dass es sich in all diesen Fällen wohl kaum um ein und denselben Wortbegriff handeln kann, es vielmehr eine Vielzahl mehr oder weniger sicher verfügbarer, mehr oder weniger gut begründeter, mehr oder weniger zweifelsfrei definierter Wortbegriffe gibt.

8. Literatur

Bibliographien

Juilland, A./Roceric, A. (1972) The linguistic concept of word. Analytic bibliography. The Hague/Paris: Mouton

Lutzeier, P. R. (1997) Lexikologie. Studienbibliographien Sprachwissenschaft 22. Tübingen: Stauffenburg [zuerst: Heidelberg: Groos]

Handbücher

Bauer, L. (2004) A glossary of morphology. Edinburgh: University Press

Booij, G. E./Lehmann, C./Mugdan, J. (Hg.) (2000/2004) Morphologie/ Morphology. Ein internationales Handbuch zur Flexion und Wortbildung/An international handbook on inflection and word-formation. 2 Teilbde. Berlin [u.a.]: de Gruyter (Handbücher zur Sprach- und Kommunikationswissenschaft, Bd. 17, 1–2)

Cruse, D. A./Hundsnurscher, F./Job, M./Lutzeier, P. R. (Hg.) (2002/03) Lexikologie/Lexicology. Ein internationales Handbuch zur Natur und Struktur von Wörtern und Wortschätzen/An international handbook on the nature and structure of words and vocabularities. 2 Bd. Berlin [u.a.]: de Gruyter (Handbücher zur Sprach- und Kommunikationswissenschaft, Bd. 21, 1–2)

Schwarze, C./Wunderlich, D. (Hg.) (1985) Handbuch der Lexikologie. Königstein: Athenäum

Grammatiken

Dudenredaktion (Hg.) (2005^7) Duden. Die Grammatik. Mannheim/Leipzig/Wien/Zürich: Dudenverlag (= Duden Bd. 4)

Eisenberg, P. (2004^2) Grundriß der deutschen Grammatik. Bd. 1: Das Wort. Stuttgart: Metzler

Engel, U. (1996^3) Deutsche Grammatik. Heidelberg: Groos

Glinz, H. (1973^6) Die innere Form des Deutschen. Eine neue deutsche Grammatik. Bern: Francke

Heidolph, K. E. / Flämig, W. / Motsch, W. et al. (1984²) Grundzüge einer deutschen Grammatik. Berlin: Akademie
Helbig, G. / Buscha, J. (1998¹⁸) Deutsche Grammatik. Ein Handbuch für den Ausländerunterricht. Leipzig: Langenscheidt, Enzyklopädie
Hentschel, E. / Weydt, H. (2003³) Handbuch der deutschen Grammatik. Berlin / New York: de Gruyter
Weinrich, H. (2005³) Textgrammatik der deutschen Sprache. Hildesheim: Olms 2005
Zifonun, G. / Hoffmann, L. / Strecker, B. et al. (1997) Grammatik der deutschen Sprache. 3 Bde. Berlin / New York: de Gruyter

Darstellungen

Ágel, V. / Gardt, A. / Haß-Zumkehr, U. / Roelcke, T. (Hg.) (2002) Das Wort. Seine strukturelle und kulturelle Dimension. Festschrift für O. Reichmann zum 65. Geburtstag. Tübingen: Niemeyer
Ágel, V. / Kehrein, R. (2002) Das Wort – Sprech- und / oder Schreibzeichen? In: Ágel, V. / Gardt, A. / Haß-Zumkehr, U. / Roelcke, T. (2002), 3–28
Aikhenvald, A. Y. (1996) Words, phrases, pauses and boundaries: Evidence from South American Indian Languages. In: Studies in Language 20, 487–518
Aitchison, J. (2003) Words in the mind. An introduction to the mental lexicon. 3. ed. Malden [u.a.]: Blackwell
Anward, J. (2000) A dynamic model of part-of-speech differentiation. In: Vogel, P. M. / Comrie, B. (2000), 1–45
Arntzen, H. (2002) Das Wort in der Dichtung. In: Cruse, D. A. / Hundsnurscher, F. / Job, M. / Lutzeier, P. R. (2002), 106–113
Auer, P. (2000) Online-Syntax – Oder: was es bedeuten könnte, die Zeitlichkeit der mündlichen Sprache ernst zu nehmen. In: Sprache und Literatur 85, 43–56
Barz, I. (Hg.) (2002) Das Wort in Text und Wörterbuch. Stuttgart [u.a.]: Hirzel
Bauer, L. (2000) Word. In: Booij, G. E. / Lehmann, C. / Mugdan, J. (2000 / 2004), 247–257
Bergenholtz, H. / Mugdan, J. (1979) Einführung in die Morphologie. Stuttgart [u.a.]: Kohlhammer (Urban-Taschenbücher, Bd. 296)
Bybee, J. (2002) Sequentiality as the basis of constituent structure. In: Givon, T. / Malle, B. F. (Hg.) The evolution of language out of pre-language. Amsterdam: Benjamins, 109–134
Bybee, J. / Hopper, P. (Hg.) (2001) Frequency and the Emergence of Linguistic Structure. Amsterdam: Benjamins
Dixon, R. M. W. / Aikhenvald, A. Y. (Hg.) (2002) Word. A cross-linguistic typology. Cambridge [u.a.]: University Press
Dixon, R. M. W. / Aikhenvald, A. Y. (Hg.) (2002a) Word: a typological framework. In: Dixon, R. M. W. / Aikhenvald, A. Y. (Hg.) (2002), 1–41
Eisenberg, P. (2005) Das Verb als Wortkategorie des Deutschen. Zum Verhältnis von synthetischen und analytischen Formen. In: Knobloch, C. / Schaeder, B. (Hg.) (2005), 21–41

Falkner, W. (1999) Words, lexemes, concepts – approaches to the lexicon. Studies in honour of L. Lipka. Tübingen: Narr
Forsgren, K.-A. (1973) Zur Theorie und Terminologie der Satzlehre. Ein Beitrag zur Geschichte der deutschen Grammatik von Adelung bis Becker, 1780–1830. Diss. Göteborg
Forsgren, K.-A. (1977) Wortdefinition und Feldstruktur. Zum Problem der Kategorisierung in der Sprachwissenschaft. Göteborg (Göteborger Germanistische Forschungen 16).
Gardt, A. (2002) Das Wort in der philosophischen Sprachreflexion: Eine Übersicht. In: Cruse, D. A. / Hundsnurscher, F. / Job, M. / Lutzeier, P. R. (2002), 89–100
Gauger, H.-M. (2002) Das Wort in der sprachkritischen Reflexion. In: Cruse, D. A. / Hundsnurscher, F. / Job, M. / Lutzeier, P. R. (2002), 113–121
Glinz, H. (2002) Das Wort im Kontext verschiedener Sprach- / Grammatiktheorien. In: Cruse, D. A. / Hundsnurscher, F. / Job, M. / Lutzeier, P. R. (2002), 129–138
Golinkoff, R. M. et al. (Hg.) (2000) Becoming a Word Learner: A Debate on Lexical Acquisition. New York: Oxford University Press
Heger, K. (1976^2) Monem, Wort, Satz und Text. Tübingen: Niemeyer
Herbermann, C.-P. (1981) Wort, Basis, Lexem und die Grenze zwischen Lexikon und Grammatik. Eine Untersuchung am Beispiel der Bildung komplexer Substantive. München: Fink
Herbermann, C.-P. (2002) Das Wort als lexikalische Einheit. In: Cruse, D. A. / Hundsnurscher, F. / Job, M. / Lutzeier, P. R. (2002), 14–33
Heusinger, S. (2004) Die Lexik der deutschen Gegenwartssprache. München: Fink (UTB 2491).
Karmiloff-Smith, A. (1992) Beyond modularity: A developmental perspective on cognitive science. Cambridge / MA: MIT
Karpova, S. N. (1977) The realization of the verbal composition of speech by preschool children. The Hague / Paris: Mouton
Kaznelson, S. D. (1974) Sprachtypologie und Sprachdenken. München: Hueber
Klein, W. / Perdue, C. (1989) The Learner's Problem of Arranging Words. In: MacWhinney, B. / Bates, E. (1989), 292–327
Klein, E. (Hg.) (1998) Betrachtungen zum Wort. Lexik im Spannungsfeld von Syntax, Semantik und Pragmatik. Tübingen: Stauffenburg
Knobloch, C. / Schaeder, B. (2000) Kriterien für die Definition von Wortarten. In: Booij / Lehmann / Mugdan (Hg.) (2000), 674–692
Knobloch, C. / Schaeder, B. (Hg.) (2005) Wortarten und Grammatikalisierung. Perspektiven in System und Erwerb. Berlin: de Gruyter
Lehmann, C. (1989) Grammatikalisierung und Lexikalisierung. In: ZPSK 42, 11–19
Lehmann, C. (1991) Relationality and the Grammatical Operation. In: Seiler, H. / Premper, W. (Hg.) Partizipation. Das sprachliche Erfassen von Sachverhalten. Tübingen: Narr, 13–28
Lehmann, C. (1995) Thoughts on grammaticalization. München / Newcastle: Lincom

Lehmann, C. (1995a) Synsemantika. In: Jacobs, J. et al. (Hg.) Syntax. Ein internationales Handbuch zeitgenössischer Forschung. 2. Halbbd. Berlin: de Gruyter, 1251–1266
Lehmann, C. (2005) Wortarten und Grammatikalisierung. In: Knobloch, C. / Schaeder, B. (2005), 1–20
Linke, A. (2002) Das Wort in der feministischen Sprachreflexion. In: Cruse, D. A. / Hundsnurscher, F. / Job, M. / Lutzeier, P. R. (2002), 121–128
Lutzeier, P. R. (1995) Lexikologie. Ein Arbeitsbuch. Tübingen. Stauffenburg
MacWhinney, B. / Bates, E. (Hg.) (1989) The Crosslinguistic Study of Sentence Perception. Cambridge: University Press
Mel'cuk, I. A. (1976) Das Wort. Zwischen Inhalt und Ausdruck. Herausgegeben und eingeleitet von J. Biedermann. München: Fink
Mereu, L. (Hg.) (1999) Boundaries between Morphology and Syntax. Amsterdam / Philadelphia: Benjamins
Miller, G. A. (1993) The science of words. Dt. Wörter: Streifzüge durch die Psycholinguistik. Heidelberg [u.a.]: Spektrum (Spektrum-Bibliothek, Bd. 36)
Ong, W. J. (1987) Oralität und Literalität. Die Technologisierung des Wortes. Opladen
Palmer, F. (1971) Grammar. Harmondsworth: Penguin. [Dt. Grammatik und Grammatiktheorie. München: Beck (1974)]
Paul, H. (1920^5) Prinzipien der Sprachgeschichte. Tübingen: Niemeyer
Peters, A. M. (1983) The units of language acquisition. Cambridge: University Press
Peters, A. M. (1985) Language Segmentation: Operating principles for the perception and analysis of language. In: Slobin, D. I. (Hg.) The Crosslinguistic Study of Language Acquisition. Vol. II: Theoretical Issues. Hillsdale / NJ: Erlbaum, 1029–1067
Porzig, W. (1959) Die Einheit des Wortes. In: Gipper, H. (Hg.) Sprache – Schlüssel zur Welt. Düsseldorf: Schwann
Reichling, A. (1935) Het woord: een studie omtrent de grondslag van taal en taalgebruik. Nijmegen: Berkhout
Reichmann, O. (1976^2) Germanistische Lexikologie. Stuttgart: Metzler
Ries, J. (1927^2) Was ist Syntax? Prag: Taussig / Taussig
Ries, J. (1931) Was ist ein Satz? Prag: Taussig / Taussig
Römer, C. / Matzke, B. (2005^2) Lexikologie des Deutschen. Tübingen: Narr
Sapir, E. (1961 [1921]) Die Sprache. Eine Einführung in das Wesen der Sprache. München: Hueber
Schaeder, B. / Knobloch, C. (Hg.) (1992) Wortarten. Beiträge zur Geschichte eines grammatischen Problems. Tübingen: Niemeyer
Scheerer, E. (1996) Orality, Literacy, and Cognitive Modelling. In: Velichkovsky, B. M. / Rumbaugh, D. M. (Hg.) Communicating Meaning. The Evolution and Development of Language. Mahwah / New York: Erlbaum, 211–256
Schippan, T. (1992) Lexikologie der deutschen Gegenwartssprache. Tübingen: Niemeyer

Schläfer, M. (2003) Lexikologie und Lexikographie. Eine Einführung am Beispiel deutscher Wörterbücher. Berlin: Schmidt (Grundlagen der Germanistik, Bd. 40)

Schwarze, C. / Wunderlich, D. (Hg.) Handbuch der Lexikologie. Königstein: Athenäum

Seidel, E. (1935) Geschichte und Kritik der wichtigsten Satzdefinitionen. Jena: Frommann

Seiler, H. (1985) Kategorien als fokale Instanzen von Kontinua: gezeigt am Beispiel der nominalen Determination. In: Schlerath, B. / Rittner, V. (Hg.) Grammatische Kategorien. Funktion und Geschichte. Wiesbaden, 435–448

Sobota, K. (2002) Das Wort im alltäglichen Verständnis: Eine Übersicht. In: Cruse, D. A. / Hundsnurscher, F. / Job, M. / Lutzeier, P. R. (2002), 84–89

Sütterlin, L. (1900) Die deutsche Sprache der Gegenwart. Leipzig: Voigtländer

Teuber, O. (2005) Analytische Verbformen im Deutschen. Hildesheim: Olms

Thieroff, R. et al. (Hg.) (2000) Deutsche Grammatik in Theorie und Praxis. Tübingen: Niemeyer

Tomasello, M. (2003) Constructing a Language. A Usage-Based Theory of Language Acquisition. Cambridge / Mass.: Harvard University Press

v. d. Auwera, J. (1999) Dutch Verbal Prefixes. Meaning and Form, Grammaticalization and Lexicalization. In: Mereu (1999), 121–126

Vogel, P. M. (2000) Grammaticalization and part-of-speech systems. In: Vogel, P. M. / Comrie, B. (2000), 259–284

Vogel, P. M. / Comrie, B. (Hg.) (2000) Approaches to the Typology of Word Classes. Berlin / New York: Mouton de Gruyter

Werner, H. / Kaplan, B. (1963) Symbol Formation. 2nd ed. New York: Wiley

Wurzel, W. U. (2000) Was ist ein Wort? In: Thieroff et al. (Hg.) (2000), 29–42

Zwitserlood, P. (2002) Words from a psychological perspective: An overview. In: Cruse, D. A. / Hundsnurscher, F. / Job, M. / Lutzeier, P. R. (2002), 101–106

Clemens Knobloch / Burkhard Schaeder (Siegen)

B2 Zur Geschichte der Wortarten

0. Vorbemerkung und Aufbau des Artikels
1. Methodologische Aspekte einer Geschichte der Wortartenlehre
1.1. „Wortart" als Bezeichnung
1.2. Historisch-kritische Rekonstruktion
1.3. Ausdrücke, Übersetzungen, Terminologien
2. Donatus und seine Voraussetzungen
2.1. Donatus
2.2. Die griechische Terminus-Gewinnung
2.3. Die Herausbildung des griechischen Systems der Wortarten
3. Die Wirkungsgeschichte der Lehre von den acht Redeteilen in der Zeit nach Donatus
3.1. Lateinisches Wissen nach Roms politischem Niedergang
3.2. Christliche Grammatik
3.3. Die partes orationis im Mittelalter
3.4. Das Ergebnis der Entwicklung der partes-orationis-Lehre: eine (Zwischen-)Bilanz
4. Die Konfrontation der Lehre von den partes orationis mit anderen Sprachen als denen, für die sie entwickelt wurde
4.1. Sprachbegegnungen als kategoriale Herausforderungen
4.2. hellenismos und latinitas
4.3. ʿarabiyya
4.4. Die nicht-lateinischen Sprachen des Westens
4.5. Kolonisatoren und Missionare
4.6. Linguistische Typologie als Antwort auf die kategorialen Herausforderungen
5. Neuzeitliche Differenzierungen und Stabilisierungen des Systems
5.1. Konstanz des Systems
5.2. Veränderungen
6. Wirkungsgeschichte als Aporetik
6.1. Unbehagen und Kritik
6.2. Kategoriale Ermüdung
6.3. Strategien des Umgangs mit dem Nicht-Verrechenbaren
7. Perspektiven einer systematisierten Wortartenkritik
8. Literatur

0. Vorbemerkung und Aufbau des Artikels

Dieser Artikel behandelt Hauptlinien in der Herausbildung des *Konzeptes* der Wortarten. Dies wird unter der Überschrift „Geschichte der Wortarten" verstanden, nicht hingegen die Herausbildung und Veränderung der sprachlichen Phänomene selbst, die als Wortarten konzeptualisiert werden. Es geht in diesem Artikel also nicht darum, wie sich in einzelnen Sprachen zum Beispiel adjektivische Strukturen von substantivischen differenziert haben, oder, umgekehrt, wie beide in einer neuen Struktur zusammenfallen. Es geht auch nicht darum, herauszuarbeiten, ob in einer Sprache Substantive und Adjektive vorliegen oder nicht. Vielmehr geht es darum, zu rekonstruieren, wie beispielsweise die *Kategorien* „Adjektiv" und „Substantiv" entstanden und fortentwickelt worden sind.

In den einzelnen Artikeln des vorliegenden Handbuches finden sich zum Teil ausführliche Darlegungen auch zur Geschichte der einzelnen Wortarten, die hier nicht zu wiederholen sind. Es sind dafür also jeweils auch diese einzelnen Beiträge mit heranzuziehen. *Dieser* Artikel hat vornehmlich das Ziel, in Grundzügen das *System* der Wortarten als solches in seiner Herausbildung, Entfaltung und seinen Anwendungsversuchen auf neue sprachliche Bereiche darzustellen.

Die folgenden kurzen Darlegungen können auf einen inzwischen hervorragend ausgearbeiteten Bestand von Überblicksartikeln wie von Detailausarbeitungen zur linguistischen Grammatikographie zurückgreifen. Besonders das „Handbuch zur Sprach- und Kommunikationswissenschaft" über die Geschichte der Sprachwissenschaft (Auroux / Koerner / Niederehe / Versteegh 2000) bietet eine detaillierte Geschichte der antiken und nach-antiken Grammatikschreibung und darin die Geschichte der Wortarten selbst. Außerdem sind dort umfängliche Literaturangaben enthalten, die, zusammengeschlossen, eine Bibliographie des gegenwärtigen Forschungsstandes ergeben. Auch andere Bände aus der gleichen Serie des de Gruyter-Verlages, zum Beispiel Booij u. a. (2000) zur Morphologie, gehören in denselben Zusammenhang, ebenso umfassende Sammelbände wie Taylor (1987), Auroux (1992), Swiggers, van Hoecke (1986), Schmitter (1991, 1996), Basset, Pèrennec (1994), Monographien wie Swiggers (1997) und Übersichtsartikel wie der sehr detaillierte zur „Grammatik" (über 80 Spalten) von Eggs (1996) im „Historischen Wörterbuch der Rhetorik". Detailstudien wie Lallot (1988) oder Matthaios (1999) ergänzen das Bild.

Diese Darstellungen folgen im Prinzip einem chronologischen Abfolgeschema. Dessen Ergebnis wird in einer von Robins entwickelten Tabelle gut sichtbar gemacht (Abb. 1). Diese Übersicht vermittelt den Eindruck, dass es sich beim System der Wortarten um einen einfachen Differenzierungsprozess handelt, der schließlich auf die bekannte Acht-Zahl der Wortarten hinausläuft. Diese Sichtweise ist

m. E. nicht wirklich geeignet, den Entstehungsprozess der Kategorien angemessen zu modellieren. Vielmehr ist eine andere, subtilere Rekonstruktionsmethode erforderlich, die sich auch in der folgenden Darstellung niederschlägt. Die Gründe dafür werden in Abschnitt 1 verdeutlicht.

In Abschnitt § 2 wird dann als Ausgangspunkt der Darstellung diejenige Fassung der sozusagen kanonisch gewordenen Wortartenlehre genommen, die sich bei Donatus findet (§ 2.1.). Von diesem Kanon der Wortarten aus wird zunächst retrograd dessen Ausbildung von der vorplatonischen Zeit (4. Jahrhundert vor Christus) bis zu Donatus (viertes nachchristliches Jahrhundert), also in einer Periode von über 700 Jahren, untersucht (§ 2.2. f.). Dabei wird aufgrund der Überlegungen von § 1.2. und § 1.3. an Beispielen besonders auf wichtige semantische Verschiebungen der terminologisch eingesetzten Ausdrücke durch ihre je unterschiedliche Wortfeldeinbindung geachtet.

Im nächsten Abschnitt § 3. wird dann, wiederum von Donatus ausgehend, nun aber über ihn hinaus nach vorn ein Blick auf die weitere Tradierung und Transformierung der Konzepte geworfen, die in der christlichen Zeit der ausgehenden Antike über das Mittelalter bis in die Neuzeit hin zu beobachten ist.

Ein systematisch bestimmter zusammenfassender Abschnitt (§ 3.4.) zieht ein Fazit aus den behandelten Herausbildungen und der Konsolidierung des Systems der Wortarten.

In Abschnitt § 4. wird der Blick dann auf die Konfrontation des entwickelten und tradierten Kategoriensystems mit anderen Sprachen als Griechisch und Latein, Sprachen, für die es entwickelt wurde, gerichtet.

Abschnitt § 5. umreißt das Umgehen der neueren Linguistik mit dem Wortartensystem.

Abschnitt § 6. behandelt eine Reihe offener Fragen, die sich aus den Problemen und zum Teil sogar Aporien des Systems für die heutige linguistische Arbeit ergeben, vor deren Hintergrund in Abschnitt § 7. Perspektiven einer systematisierten Wortartenkritik thematisiert werden.

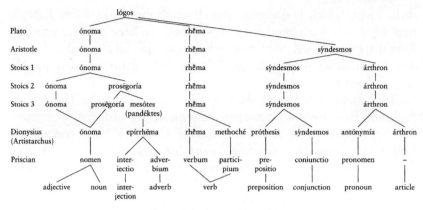

Abbildung 1: Entwicklung des Wortartensystems nach Robins (1966)

1. Methodologische Aspekte einer Geschichte der Wortartenlehre

1.1. „Wortart" als Bezeichnung

Die Verwendung des deutschen Ausdrucks *Wortart* ist im grammatischen Zusammenhang ausgesprochen jüngeren Datums (s. Grimm 1960a: 1545). Kaltz (2000: 694) führt den Terminus ins 17. Jahrhundert zurück. Das Grimmsche Wörterbuch (ebd.) verzeichnet Belege vom Beginn des 19. Jahrhunderts. Der Ausdruck *Wortart* wird mit den Ausdrücken *Wortgruppe* und *Wortklasse* zusammengestellt, deren Belege gleichfalls (Grimm 1960b: 1581; Grimm 1960c: 1587) auf den Beginn des 19. Jahrhunderts zurückgehen. Dabei fällt eine durchaus schwankende Nutzung auf. So spricht Scherer (1893) noch ganz alltagswissenschaftssprachlich: „wohin gehört eigentlich die lehre von den eigennamen ...? ich denke, in die syntax und zwar in die lehre von den wortclassen, speciell in die lehre von den arten der substantive." Die Wortgruppe wird offenbar erst im 20. Jahrhundert zu einem tatsächlichen „terminus der syntax" (Grimm 1960a: 1581).

Der darin verwendete Ausdruck „Art" hat eine in sich wiederum schwierige Etymologie, deren Aufhellung bisher nicht wirklich gelungen ist (s. Kluge 1989: 41): „Das Wort kann alt ererbt sein, doch ist auffällig, dass es in früherer Zeit unbelegt ist und erst später allgemein verbreitet wird." (vgl. Ehlich 1990) Ein zweiter Ausdruck „Art" für „Ackerbau" wird gelegentlich damit in Verbindung gebracht. Nach Paul (1992: 54) „bezeichnet [Art] zunächst eine durch Abstammung und infolge davon durch Übereinstimmung in den Eigenschaften zusammengehörige Gruppe von Menschen, Tieren, Pflanzen ...; [es] wird aber weiterhin gebraucht, wo nur die letztere vorhanden ist, demgemäß auch von leblosen Wesen, Zuständen und Vorgängen."

Noch im Campeschen Wörterbuch (1811) wird zum Stichwort „Wortart" gesagt: „besser Redetheil" (Paul 1992: 1059).

Dieser deutsche Terminus hat keine unmittelbare Entsprechung in anderen europäischen Wissenschaftssprachen. Vielmehr verwenden sie direkte Übersetzungen des überkommenen Terminus *pars orationis (part of speech, partie du discours)*. Die terminologische Differenzierung von *pars orationis/Redeteil* einerseits, *Wortart* andererseits hat freilich durchaus einen sachlichen Sinn, s.u. § 5.2.

Die Herausbildung und Entfaltung der Lehre von den *partes orationis* umfasst die gesamte Geschichte der europäischen Linguistik. Diese Lehre kann geradezu als Kernstück der Sprachwissenschaft angesehen werden, das zudem weit in die Allgemeinbildung hinein diffundiert ist. Für die Zwecke des Sprachunterrichts ist die Konzeption ebenso von weiterhin großer Bedeutung wie für die eigentlich linguistische Arbeit.

1.2. Historisch-kritische Rekonstruktion

Die weite Verbreitung des Konzepts der Wortarten entzieht dieses weitgehend einer historisch-kritischen Rekonstruktion und Reflexion. Gerade der außerordentliche Erfolg des Konzeptes erschwert die systematische Rekonstruktion seiner Geschichte. Diese Schwierigkeit wiederum macht einen systematisch-kritischen Umgang mit den Kategorien zu einem komplexen, schwierigen Unterfangen; dieses anzugehen ist freilich unabdingbar, will man zufällige historische Entstehungsbedingungen, die in die Kategorisierungen selbst Eingang gefunden haben, nicht einfach perpetuieren. Das ist besonders in zweierlei Hinsicht von Bedeutung: einerseits in Bezug auf den latenten Ethnozentrismus der Kategorien, andererseits in Bezug auf den unterschwelligen, aber zugleich um so wirksameren Konzeptualisierungseinfluss, der von den zur Präsupposition gewordenen Konzeptualisierungsvoraussetzungen ausgeht.

Eine weitere Konsequenz der erfolgreichen Konzeptkarriere *„partes orationis / Wortarten"* ist eine wenig beachtete retrograde Auswirkung in Bezug auf das Verständnis der Entstehungsgeschichte der Kategorien selbst: An den terminologisch eingesetzten Ausdrücken orientiert, neigt die Linguistikgeschichte der Wortartenlehre dazu, die heute mit den einzelnen Termini verbundenen Konzeptualisierungen in die früheren Nutzungen derselben Ausdrücke retrograd hineinzutragen. So entsteht dann leicht eine Art Konzept- als einfache Entfaltungs- und Differenzierungsgeschichte, in der insbesondere durch den Prozess der Ausfällung von Subtypen und deren Hinzufügung zum vermeintlichen Gesamtsystem ein sich kontinuierlich entwickelndes Konstrukt angenommen wird. Um diesen Zusammenhang an einem Beispiel zu illustrieren: Wenn Aristoteles neben *ónoma* („Name") und *rhêma* („das konkrete Gesagte" – der Ausdruck, der in der Folgezeit dann als ,Verb' bezeichnet werden sollte) noch ein *sýndesmos* hat (ein ,Zusammenbindendes'), so erscheint dies leicht als ein erstes Vorkommen der Wortart der Zusammenbindung, der *„con-iunctio"*, der Konjunktion. Eine solche Interpretation würde aber zentral verkennen, worum es beim *sýndesmos* geht, nämlich darum, eine Sammelbezeichnung für Wörter zu finden, die jenseits von *ónoma* und *rhêma* stehen.

Aber auch diese Bezeichnungen selbst haben innerhalb der aristotelischen Bestimmungen – und noch stärker bei seinem Vorgänger Plato – einen anderen Stellenwert als in einer achtteiligen Wortartenlehre, wie sie im Mittelalter allgemein verbreitet war und sich von dort aus in die Gegenwart fortgesetzt hat. Zwar ist der Ausdruck *ónoma* („Name'), als *nomen* ins Lateinische übertragen und von dort in die meisten europäischen Wissenschaftsterminologien transferiert, dem Ausdruck nach dasselbe wie das *ónoma* in den spätesten Fassungen der griechischen Grammatik. Durch die unterschiedliche theoretische und analytische Positionierung aber hat *ónoma* in der aristotelischen Bestimmung einen weitgehend anderen Stellenwert.

Diese Umstände sind zu beachten, wenn es darum geht, die Geschichte der Wortarten zu erfassen. Sie erweist sich unter dem hier genannten Gesichtspunkt als sehr viel weiter auseinandergezogen und diskontinuierlicher, als es auf den ersten, sich an den Ausdrücken selbst orientierenden Blick erscheint. Andererseits stellt sich das entwickelte System als ein jüngeres Transformationsprodukt heraus, dessen Kanonisierung erst am Ende der klassischen Zeit des *hellenismós* und der *latinitas* herausgebildet wurde und sich von dort aus tradierte. Diese Tradition hat zudem neben den genannten beiden sprachlichen Bereichen einen dritten aufzuweisen, der in der europäischen Theoriegeschichte lange fast völlig unbeachtet blieb, nämlich den „südlichen"; gemeint ist die über das Aramäisch-Syrische in die arabische Welt tradierte und dort transformierte Theoriegeschichte.

Selbstverständlich kann im Rahmen dieses Artikels die hierdurch sich ergebende Herausforderung nicht wirklich bearbeitet werden. Jedoch ist sie im Auge zu behalten, um die Geschichte der Wortarten nicht plan und zu stark aus der Sicht ihres schließlichen Resultates zu beschreiben.

1.3. Ausdrücke, Übersetzungen, Terminologien

Wie in Abschnitt 1.2. schon deutlich wird, verdankt sich die heutige Wortartenlehre den theoretisch-analytischen Bemühungen der antiken Grammatiker. Der Ausdruck „Antike" fasst dabei nicht nur eine Periode von mehr als tausend Jahren großzügig unter einem Oberbegriff zusammen. Er ist darüber hinaus gut geeignet, über erhebliche interkulturelle Probleme hinwegzutäuschen, die diese Antike kennzeichnen. Besonders das Verhältnis von Unterschieden und Gemeinsamkeiten der altgriechischen und der lateinischen Welt gerät darüber leicht aus dem Blick; zudem wird in Bezug auf die griechische Welt der massive kulturelle Bruch, der mit der makedonischen Königsbildung und ihrer Expansion in den Osten und Süden unter Alexander einherging, wenig beachtet. Sprachlich hatte er in der Herausbildung der Koiné (vgl. Bubeník 2000), einer für das Reich als ganzes nutzbaren, unterschiedliche regionale Varietäten vereinheitlichenden Sprache ebenso große Konsequenzen wie in einer interkulturellen Konfrontation verschiedener sprachlicher Welten, nicht zuletzt semitischer und hamitischer (Ägypten), mit dem zunächst siegreichen Griechentum – ein Umstand, der schließlich auch zur Reflexion der unterschiedlichen sprachlichen Strukturen beitragen sollte (vgl. Pohlenz 1939).

Die Übertragung der für das Griechische – zum Teil freilich aus der distanzierenden Perspektive anders gearteter, semitischer Sprachen –

herausgebildeten linguistischen Kategorien in das *Lateinische* führte lediglich ganz zu Beginn der lateinischen Tradition (Varro) zu einer ähnlich fruchtbaren analytischen Herausforderung. Die Folgezeit sah demgegenüber vielfältige Prozesse einer mehr oder minder direkten Übertragung der einmal gewonnenen Kategorien. Sie wurde durch die große strukturelle und auch zum Teil lexikalische Nähe der beiden sprachlichen Systeme massiv gefördert, wenn nicht überhaupt erst möglich gemacht. Zugleich wurde die selbstbewusst-bornierte Qualifizierung, dass man im *hellenismós* die eigentliche Sprache spreche, der gegenüber alles andere lediglich *brbr,* also barbarisch, sei, ohne allzu viele Umstände auf die *latinitas* übertragen – nur dass hier der *hellenismós* vom Barbarisch-Sein selbstverständlich ausgenommen blieb.

Die einfache Übertragung der am Griechischen gewonnenen Kategorien ging einher mit einer ersten Stufe von deren weitgehender Konsolidierung, die eine Verflüssigung durch die Konfrontation mit möglicherweise anderem sprachlichem Material nicht eben begünstigte.

Die Übertragung der griechischen Bestimmungen ins Lateinische aufgrund des weitgehend konsolidierten Erkenntnisstandes der wissenschaftlichen Ausgangssprache Griechisch führte zum Teil zu nicht unerheblichen Oberflächlichkeiten. Die Übersetzung griechischer Termini mündete teilweise in direkten Fehlern *(ptôsis aitiatiké/ casus accusativus).* Vor allem aber zeitigte sie eine Reihe von Beiträgen zur Konzeptentwicklung, die sich aus den Nicht-Übereinstimmungen und unterschiedlichen Expansionen der jeweiligen lexikalischen Bestände ergab. Wenn etwa das lateinische *verbum* sowohl für den griechischen *lógos* wie für das griechische *rhêma* eingesetzt wurde (ersteres in der sich entwickelnden christlichen Welt und Sprache, vgl. die Übersetzung von Johannes 1; letzteres in der Übertragung des grammatischen Terminus *rhêma* durch *verbum*), so bildeten sich hier zum Teil semantische Amalgame heraus, die in der Folgezeit kaum zu durchdringen waren und die bis heute unterschwellig in der Kategorienbildung weiterwirken. Auch diese terminologisch-theoretisch-translatorische Konfiguration gilt es nicht aus dem Auge zu verlieren.

Die grammatische Terminologie selbst wurde zudem in einer mit „Fremdwörtern" ausgearbeiteten Fassung weiterbenutzt. So wurde etwa der Ausdruck *grammatiké* als griechischer Ausdruck ins Lateinische übernommen, während dessen wörtliche Übersetzung *litteralis* im ursprünglichen semantischen Sinn von *grammatikós*, nämlich auf den Buchstaben, *gramma* bzw. *littera*, bezogen, ‚schriftlich‘, anderweitig eingesetzt wurde, eben zur Kennzeichnung von Schriftlichkeit. Andererseits wurde der Ausdruck *téchnē* durchaus ins Lateinische übersetzt: *ars*, und es entstand die Bezeichnung *ars grammatica*. Auch zahlreiche andere grammatische und insbesondere rhetorische Termini wurden als Fremdwort übernommen. Für die Wortartbezeichnungen bürgerten sich freilich weithin direkte Übersetzungen ein.

2. Donatus und seine Voraussetzungen

2.1. Donatus

Das entwickelte System der „partes orationis" findet sich in zwei Werken, die ohne Zweifel, so könnte man sagen, wirklich „Bestseller" der Wissenschaftsgeschichte sind (wenn nicht der Ausdruck „sell", also „verkaufen", erst in eine wesentlich spätere Etappe des Umgangs mit Büchern gehören würde). Es handelt sich um die „ars grammatica maior" und insbesondere um die „ars grammatica minor" des Donatus (vgl. Donatus 1864, Holtz 1981). Diesem Sprachwissenschaftler aus dem späten 4. Jahrhundert, Aelius Donatus, Lehrer des Hieronymus, gelang es, insbesondere in seiner „ars minor", den zu seiner Zeit vorherrschenden Wissensbestand im Bezug auf die Redeteile derartig gut für den Anfangsunterricht zu didaktisieren, dass die „ars minor" zum unangefochtenen grammatischen Einführungswerk schlechthin wurde, dem zugleich für die Vermittlung des Lateinischen im Mittelalter, in dem diese Sprache ja niemandes Muttersprache mehr war, eine zentrale Bedeutung zukam.

Dieses Werk beginnt mit der didaktischen Frage „partes orationis quot sunt?" (‚wie viele partes orationis gibt es?') und gibt gleich darauf selbst die Antwort ‚octo' (‚acht'). Nach der Frage „quae?" (‚welche?') folgt eine Aufzählung von einer unbestreitbaren „Modernität": „nomen pronomen verbum adverbium participium coniunctio praepositio interiectio".

Diese Aufzählung bedarf keiner Übersetzung, sind die Ausdrücke doch bis heute dem deutschen Leser und dem Leser vieler anderer europäischer Sprachen unmittelbar verständlich – lebendige Illustration für ihre erfolgreiche Wirkungsgeschichte.

So „didaktisch", wie der Text beginnt, setzt er sich fort. Dabei ist der Einzelaufbau der verschiedenen Artikel der „ars minor" interessant. Er lässt je *unterschiedliche Kriterien* der Wortartbestimmung erkennen, Kriterien, die auf einem eigenartigen Mischverfahren beruhen, das bis heute zu den hauptsächlichen Problemen der Wortartenlehre gehört. Donatus kombiniert nämlich drei Verfahren der näheren Bestimmung, wie bereits am ersten Artikel, dem über das Nomen, sichtbar wird: (a) Einerseits gibt er eine funktionale Bestimmung. Diese steht zu Beginn des Artikels, wo die „Was-heit", die „quidditas", der jeweiligen Wortart bezeichnet wird. Mit dieser funktionalen Bestimmung verbunden werden (b) formale Bestimmungen. Sie werden unter dem Stichwort des „accidere" aufgeführt. Die Lehre der „Akzidentien" innerhalb der Philosophie, wie sie bei Donatus vorausgesetzt werden kann, ist ausgesprochen komplex, war aber zu seiner Zeit bereits in einem allgemeinen Sinn von „Charakteristikum" zu einer eigenen Konsolidierung geraten und so in allgemeinerem Gebrauch. Den hatte bereits Porphyrius in seiner Lehrwerkbearbeitung der Aristotelischen Topik vorbereitet. War bei Aristoteles das Akzidenz (symbebēkós) etwas, das als „zur Bestimmung des Wesensbegriffs, zur Definition und mithin für wissenschaftliche Aussagen überhaupt unbrauchbar" galt (Baumgartner 1971: 72), so hatte sich die Einführung des Begriffs „in kritischer Absicht" (ebd.) weitgehend verloren.

Es sind die formalen Merkmale, die unter der Frage „nomini quot accidunt?" behandelt werden. Auch diese Frage findet zunächst eine Zahl als Antwort („sechs"). Erstaunlich scheint das, was dann kommt: „qualitas conparatio genus numerus figura casus". Während Genus, Numerus und Kasus aus dieser Aufzählung ähnlich vertraut sind wie die Reihe der „partes orationis" selbst, während *conparatio* gleichfalls (‚Vergleich'), wenn auch nur für eine Subgruppe der Nomina (nämlich die Adjektive), bis heute bekannt ist, so fallen „qualitas" und „figura" aus diesem heutigen Wissen heraus. Was Donatus mit der „qualitas nominum" meint, erläutert er mit der Feststellung: „aut enim unius nomen est et proprium dicitur, aut multorum et appellativum". Hier wie im ganzen Text ist misslich, dass die heute ja einigermaßen selbstverständliche Verwendung von Anführungszeichen, d.h. die Kennzeichnung dessen, was, sei es als

Beispiel, sei es als Terminus, markiert werden soll, damals noch nicht bekannt war. Donatus konstatiert eine Zweiteiligkeit der Qualität. Diese bezieht er in einer kaum noch ganz durchsichtigen Weise auf „unus" (‚eins') bzw. auf „multi" (‚viele'), und zwar jeweils im Genitiv. Was hier als „unus" bzw. als „multi" verstanden wird, wird selbst nicht erläutert. Donatus gibt lediglich Termini, Benennungen („dicitur", ‚es wird genannt'). Die Beziehung zwischen dem Nomen und dem, was als Einzel-Etwas oder als „viele" differenziert wird, bleibt unklar; es ist die Beziehung einer „Bedeutung" von etwas, das nicht näher spezifiziert wird. Das auf ein Einzelnes bezogene Nomen heißt „nomen proprium"; das auf viele bezogene „nomen appellativum". Erst ein genauerer Blick zeigt, welche kategorialen Fußangeln sich in diesen Zuweisungen verbergen.

Von der „figura" schließlich gibt es wiederum zwei, nämlich das „nomen simplex" (das ‚einfache Nomen') und das „nomen conpositum" (das ‚zusammengesetzte Nomen'). Wir befinden uns also im Bereich der Wortbildung, die dann auch noch weiter ausdifferenziert wird, und zwar in Bezug auf die „conpositio".

Neben den formalen und funktionalen Bestimmungen steht drittens (c) dann eine Reihe von Beispielen. Sie geben dem Kenner der Sprache die Möglichkeit, intuitiv zu erfassen, was der Autor bezeichnen will – was er freilich weder formal noch gar funktional weiter spezifiziert hat.

Während bei den „genera" der Nomina Donatus vier aufführt (neben *masculinum, femininum* und dem, „das keines von beidem ist" *(ne-utrum)*, steht als viertes Genus das „genus commune", das „weder dem maskulinen noch dem femininen" Paradigma zuzuschlagen ist, ohne doch neutrum zu sein (Bsp.: *sacerdos,* das im Lateinischen sowohl für den Priester *(hic sacerdos)* wie für die Priesterin *(haec sacerdos)* steht).

Die ausführlichste Darlegung findet sich zu den Kasus; auch hier werden immer wieder Beispiele angeführt: Paradigmen in einer linearen Darstellung.

Donatus kommt dann jeweils zu repetitiv-zusammenfassenden Formulierungen, z.B. zu „*magister*": „nomen appellativum generis masculini numeri singularis figurae simplicis casus nominativi et vocativi" (ein appellatives Nomen, des maskulinen Genus, Einzahl, einfacher Bildung, des nominativischen oder vokatischen Kasus);

daran schließt sich an „quod declinabitur sic" (‚was so dekliniert wird') – um weiter die Flexionsreihe aufzählend folgen zu lassen.

Für die Kasus wird nach den verschiedenen Nominalklassen, wie sie zum Stichwort „figurae nominum" aufgeführt waren, zum Abschluss des Abschnitts eine morphologisch bestimmte Aufzählung, eine Liste von Form-Endungen, gegeben.

Die drei Bestimmungskriterien *Funktionalität*, *Formalität* und *Exemplarizität* durchziehen die gesamte Darlegung. Während die Formklassen als bis heute weitgehend stabilisiert gelten können, sind die funktionalen Bestimmungen alles andere als durchsichtig.

Während Nomen, Pronomen und Verb umfangreiche Abschnitte erhalten, sind die Abschnitte etwa zur Konjunktion oder zur Präposition deutlich kürzer. Das Partizip bekommt einen eigenen, umfänglichen Abschnitt. Die „Akzidenz"-Bestimmungen sind dabei keineswegs einheitlich – und können es nicht sein, geht doch z.B. bei den flektierten Wortarten die jeweilige Flexionsstruktur zentral bestimmend mit ein.

Diese Orientierung an der Morphologie bestimmt die Donatinische Wortartenlehre weithin. Ist die Betrachtung der Flexion nicht ergiebig, so bleibt die Benennung weiterer Kennzeichen – etwa bei der Konjunktion neben der „figura" (einfache und zusammengesetzte Konjunktionen) „potestas" und „ordo (‚Ordnung')" – weniger ausgearbeitet. Die „potestas" (‚Macht, Vermögen'), also eigentlich eine semantisch-funktionale Kategorie, taucht durchaus bei den Akzidentien auf und umfasst Subkategorien wie „kopulativ" oder „disjunktiv". Diese Bestimmung steht neben der „quid"-Bestimmung, in der es lediglich heißt, die *coniunctio* sei eine „pars orationis adnectens ordinansque sententiam" (‚ein Redeteil, der den Satz verbindet und ordnet').

Zusammenfassend: Die bei Donatus zusammengestellte Liste von Wortarten verdankt sich sehr unterschiedlichen Kriterien. Die zentrale Orientierung erfolgt nach den morphologischen Gegebenheiten der lateinischen Sprache, die freilich von Anfang an als mit funktionalen verbunden erscheinen. Die Funktionsangaben sind spärlich. Um die Deskriptionen möglichst aussagekräftig zu machen, wird zudem auf das Mittel der Aufzählung bzw. Liste zurückgegriffen. Das Ganze wird in einer „didaktisierten" Form geboten, in der neben „Lehrerfragen" auch mit didaktischen Imperativen („da praepositiones casus ablativi", „gib (= nenne) die Präpositionen mit dem ablativischen Fall") gearbeitet wird, insbesondere, um die erforderlichen Listen abzurufen.

2.2. Die griechische Terminus-Gewinnung

Diese Darstellungsform friert lang anhaltende theoretische Debatten zur didaktischen Handhabbarkeit ein. Die intensiven Diskussionen scheinen allenfalls in einzelnen theoretischen Inkompatibilitäten auf, von denen Spuren noch zu erkennen sind. Sie erhebt zugleich einen – offenbar jedenfalls für die didaktischen Zielsetzungen hinreichenden – Erkenntnisanspruch in der Sache. Dieser aber ist zum Teil ausgesprochen problematisch. Das wird etwa an der Bestimmung des Pronomens deutlich, wo es zu Beginn heißt: „pronomen quid est?" (‚Was ist das Pronomen?') „pars orationis, quae pro nomine posita tantundem paene significat personamque interdum recipit" (‚ein Redeteil, der, für das Nomen gesetzt, beinahe so viel bedeutet und manchmal die Person annimmt')." Eine Angabe wie die eines „Beinahe-ebensoviel-Bedeutens" (tantumdem paene significare) bleibt naturgemäß ebenso vage wie das „Manchmal-die-Person-Annehmen". Vor allem aber wird im begleitenden Ablativ „pronomine posita" eine analytische Bestimmung aufgenommen, die durchaus schon im Namen „Pronomen" selbst angelegt – und problematisch – ist. Sie ist, linguistisch gesehen, kaum zulässig (Ehlich 1979: § 9.); denn das Pronomen steht allenfalls für eine Nominalphrase, nicht jedoch für das Nomen. (Der griechische Ausdruck „antonymía" war nicht ganz in derselben Verlegenheit, nahm er doch das „ónoma" nicht unmittelbar auf.)

Eine im Namen enthaltene analytische Bestimmung galt nun freilich in der Tradition, die Donatus zusammenfasst, durchaus auch im Fall der anderen Wortartbezeichnungen – aber jeweils mit ganz anderen semantischen Schwerpunkten. Denn anders als für die Nutzer der heutigen Sprachen, in die die Wortartenbezeichnungen als nur für die Zwecke der Grammatik verwendete Termini eingegangen sind, gehörten sowohl für das Griechische wie für das Lateinische diese Bezeichnungen zur „normalen" Sprache. Die in den Ausdrücken enthaltenen Bestimmungen sind in Tab. 1 zusammengefasst:

griechische Bezeichnung	lateinische Bezeichnung	„Bedeutung"
ónoma	nomen	‚Name'
hypokeímenon	substantivum	‚Zugrundeliegendes'
epítheton	adiectivum	‚Hinzugesetztes, Hinzugefügtes'
rhêma	verbum	‚Wort'
metoché	participium	‚Teilhabendes'
aperémphaton	infinitum, infinitivus	‚Unbestimmtes'
árthron	articulus	‚Gelenk'
antonymía	pronomen	‚was für den Namen / anstelle des Namens steht'
próthesis	praepositio	‚Vorangestelltes'
epírrhema	adverbium	‚zum Verb Gehöriges / Hinzukommendes'
sýndesmos	coniunctio	‚Zusammenbindendes'
–	interiectio	‚Dazwischengeworfenes'
–	particula	‚Teilchen'

Diese Benennungen folgen offensichtlich unterschiedlichen Bezeichnungswegen (zum Folgenden vgl. Ehlich 2002; zu den Problemen der Übersetzung Kürschner 1987). Einige von ihnen beziehen sich auf zweistellige (praepositio, adverbium) oder dreistellige (interiectio) *Relationen;* sie sind also topologischer Natur. Die Relationsangaben selbst bleiben dabei freilich semantisch vage, da – außer für das adverbium – die Bezugsgrößen der verschiedenen Relationen nicht benannt werden und auch aus den Bezeichnungen der Wortart nicht erschlossen werden können.

Anders verhält es sich mit einem Ausdruck wie *árthron / articulus,* ‚Gelenk' (oder auch ‚Knoten'). Er wird *metaphorisch* eingesetzt, wobei ein Ausdruck aus einem anderen Bildbereich zur Benennung der Wortart herangezogen wird. Dies unterscheidet diesen Terminus von den Bezeichnungen für die zwei Grundwortarten, Nomen und Verb. In diesen beiden Fällen handelt es sich um *Metonymien,* deren Entlehnungsrichtung jedoch jeweils umgekehrt ist. Im Fall von *nomen* wird die Bezeichnung nach der Figur „pars pro toto" eingesetzt: Die Bezeichnung für einen Teilbereich (die Eigennamen) wird für den gesamten Bereich (eben die Nomina) genutzt. Im Fall von *verbum* hingegen handelt es sich um ein „totum pro parte": Die letztlich alle Wörter umfassende Bezeichnung ‚Wort' wird in ihrer Bedeutung auf Elemente lediglich einer Teilgruppe der Wörter reduziert – ohne dass freilich diese Bedeutungsverengung explizit gemacht würde. Dies gilt insbesondere für das Lateinische. Im Griechischen ist mit dem Ausdruck *rhêma* (das ‚konkrete einzelne Gesagte') ein spezifischerer Terminus gewählt, der sich von dem allgemeinen Ausdruck für Wort, *lógos*, klar unterscheidet.

In beiden Fällen ergibt sich aber durch die metonymische Nutzung eine dauernde Gefahr der Verwechslung, denn, wie so häufig, ist in den Ausdrücken selbst keine „semantische Warnung" enthalten, die auf diese Gefahr hinweise.

Eine weitere Gruppe der Ausdrücke enthält *Funktionsangaben*. Dies gilt, wie eben bereits erörtert, für das *pronomen*. Auch *coniunctio* bezieht sich auf eine Funktion, die durch diese Ausdrücke realisiert wird – aber es bleibt unbestimmt, was hier zusammengebunden wird und ob es sich dabei um gleichartige oder unterschiedliche Einheiten handelt. Auch *participium* ist eine funktionale Bestimmung: Wörter dieser Klasse „haben Anteil" – wiederum aber ist nicht deutlich, an was. Gemeint ist wohl die Doppel-Partizipation an Nomen und Verb.

Andere Ausdrücke enthalten *ontologische* Bestimmungen – nämlich das *substantivum* und das *adiectivum*.

Die *particula* schließlich ist eine nahezu leere, *abstrakte* Bestimmung.

Insgesamt bieten sich die Wortartenbestimmungen und ihre Bezeichnungen also als eine ziemlich krude Ansammlung unterschiedlichster Klassifizierungsverfahren und -kriterien dar. Dies hat ihrer breiten Rezeption offenbar freilich nicht geschadet – um nicht zu sagen: möglicherweise sogar genutzt.

2.3. Die Herausbildung des griechischen Systems der Wortarten

In diese Bestimmungen sind nun jeweils spezifische Sedimentierungen, Ablagerungen eines mehrere Jahrhunderte umfassenden Prozesses, eingegangen, von dem hier nur einige hauptsächliche Stationen bezeichnet werden können (vgl. im einzelnen u.a. Robins 1966, 2000a, Kaltz 2000, 1983). Die bei *Dionysius Thrax* (2. Jahrhundert v. Chr.) erstmals in der Achtzahl „festgestellte" Menge der merē toŷ lógoy, der Teile des Logos, hat in ihrer Entwicklung eine Reihe von nicht unerheblichen Modifikationen erfahren. Sechs Phasen sind in der vorausgehenden Geschichte insbesondere zu unterscheiden, von denen drei der Entwicklungsgeschichte der griechischen *Stoa* zugehören. Ihr voraus liegt die von Plato und seinem Schüler Aristoteles vorgenommene Differenzierung, die die Ausgangsphase des noch ungeschiedenen *lógos* ab- und auslöst (vgl. Ehlich 2004). Dieses „frühe" Logos-Verständnis umfasst sowohl das Wort wie das, was später als „Satz" konzeptualisiert wird. In allen Etappen der nachfolgenden Erkenntnisbemühungen sind es jeweils unterschiedliche Erkenntnisinteressen, die sich in den Ausfällungen der Terminologie für unterschiedliche Ausdrucksklassen bzw. in ihrer Re-Interpretation niederschlagen.

Plato (vgl. Borsche 1991) ging es um eine elementare Unterscheidung von *ónoma*" und „*rhêma*". Sie berücksichtigt für das Verb bereits morphologische Eigenschaften. Doch die hauptsächliche Fragestellung bleibt am *ónoma* und seinem Verhältnis zu dem durch das *ónoma* „Benannten" orientiert (Schmitter 2000).

Auch *Aristoteles* (Arens 2000, Weidemann 1991) interessiert sich für die Charakteristika des *lógos* – wobei er eine stärkere Ausrichtung auf – im modernen Sinn – die Logik vornimmt (vgl. besonders seine Schrift „*perì hermeneîas*"). Die unterschiedlichen Behandlungsorte der „Teile" des Logos, der merē toŷ lógoy, und des Logos selbst in der Logik wie in der Poetik machen das noch durchaus Tastende der begrifflichen Bestimmungen erkennbar. Aristoteles ist es auch, der neben den beiden Elementen *ónoma* und *rhêma* ein drittes hinzufügt. Es wird von ihm ganz allgemein als „*syndesmos*" bezeichnet. Dieser Ausdruck sollte in der späteren Geschichte eine erhebliche Bedeutungsverengung erfahren, und zwar schon in der folgenden Phase der Kategorienbildung. Bei Aristoteles steht er für „a loosely knit set of what might today be called function words" (Robins 2000: 53, unter Bezug auf Aristoteles, rhetorica 3.5, 3.12). Arens geht so weit, für Aristoteles zu sagen: „Man kann ohne Übertreibung sein Verhältnis zur Sprache naiv nennen". (Arens 2000: 374).

Das platonische und das aristotelische Interesse war eines, das primär dem galt, was später als *„Philosophie"* bezeichnet wurde. Diese ist eine der griechischen Wurzeln für die Beschäftigung mit Sprache. Sie wirkte sich besonders für die Wortartenlehre aus. Zu einer eigentlich technischen Disziplin entwickelte sich das Interesse an Sprache aber in einem anderen Zusammenhang der griechischen Welt, der späterhin der *„grammatische"* genannt werden sollte. Mit ihm waren die „Freunde" *(phíloi)* nicht der Weisheit, der *sophía*, befasst, sondern die *phíloi* des *lógos*, die *Philologen*. Sie verwalteten und interpretierten die klassischen Texte, insbesondere „den" Homer, und bereiteten sie so für die je gegenwärtige Applikation und Nutzbarmachung vor. Dies taten sie durch genaue Beachtung sprachlicher Strukturen. Für die Wortartenlehre konnten sie dabei auf das philosophisch bereits Vorbehandelte zurückgreifen.

Die dritte Quelle der griechischen Beschäftigung mit Sprache lag in ihren Anfängen bereits vor den Philosophen. Es waren die *Rhetoriker*, die praktische Nutzungen der Sprache für die Zwecke des Überzeugens – oder eben auch des bloßen Überredens – sowie für die prachtvolle Entfaltung des Lobpreises einsetzten und diesen Einsatz auch lehren wollten (Schmitter 2000). Diese durch und durch utilitaristische Verwendung *von* Sprache bedurfte gerade in der Lehre auch einer Terminologie zur Verständigung *über* Sprache, einer linguistischen Metasprache; auch für diese konnte zunehmend auf die philosophisch entwickelten Kategorien zurückgegriffen werden. Insgesamt war in der Befassung mit Sprache in Bezug auf das, was später die Wortartenlehre werden sollte, das philosophische Interesse also durchaus führend.

Dies galt auch für die Zeit der *Stoa* (Egli 1987, Baratin 1991, Sluiter 2000), in der übergreifende Fragestellungen, die jenseits der Sprache selbst lagen, das Nachdenken über diese bestimmten. Diese philosophischen Interessen führten einerseits zu einer verstärkten Reflexion über die Morphologie. So wurde der nicht so recht durchsichtige aristotelische Terminus *ptôsis* (,Fall') für die Nominalflexion durch den Ausdruck *klísis* (,Neigung', ,Beugung') ergänzt und interpretiert – und dies auf dem Hintergrund der Bestimmung eines „eigentlichen", eines „richtigen" (*orthḗ*) oder „wohlgeformten" (*eytheîa*) Zustandes des Wortes, der durch die Einbindung in den Satz in allerlei „Abweichungen" geriet. Die morphologischen Kategorien gewannen für die genuin stoischen Reflexionsinteressen stärkere Beachtung.

Dies führte dazu, dass der *sýndesmos* in ein eigentliches Bindewort – die spätere Konjunktion, aber auch die Präposition – einerseits und ein Gelenkwort, eben das *árthron,* auseinandergenommen wurde. Kriterium war die An- oder Abwesenheit von Flexion.

Im *árthron* lagen der spätere Artikel und die *antonymía,* das spätere Pronomen, noch ungeschieden beieinander, erfüllten sie beide doch in gleicher Weise das genannte Kriterium der Flexion.

Bedeutsamer, weil sprachtheoretisch und damit philosophisch relevanter, war die Scheidung in der mittleren Stoa zwischen dem eigentlichen *ónoma,* dem Namen, und der *prosēgoría,* der aussagenden Nominalbezeichnung, eine Unterscheidung, die, nachdem in der jüngeren Stoa daraus die *mesótēs,* der „mittlere" Ausdruck, der später in das *epírrhēma,* das Adverb, überging, ausgesondert worden war, in der folgenden, nachphilosophischen Phase der Wortartbestimmung nicht als eigene Kategorie überdauerte.

Die Philosophie der Stoa fand keine allgemeine und kontinuierliche Akzeptanz. Anders als (Teile der) Werke des Aristoteles und Platos sind ihre Schriften nur bruchstückhaft überliefert; zum Teil müssen sie sogar aus den Polemiken ihrer Gegner erschlossen werden (von Arnim 1905–1924; Hülser 1987; Long/Sedley 1987). Dies erschwert die genaue Rekonstruktion ihrer Positionen und ihrer Argumentationen – eine Arbeit, die bis heute nicht abgeschlossen ist (vgl. Pohlenz 1939, 1948). Auch für die sprachwissenschaftlich relevanten Teile ihres Denkens gilt dies (vgl. Egli 1987; Sluiter 1990).

Die drei unterschiedlichen Quellen der griechischen Befassung mit Sprache gewannen durch die politischen Entwicklungen ab dem 3. Jahrhundert v. Chr. eine Reihe von neuen Funktionen. Das in der Welt des Griechentums lokalisierte, wenn im einzelnen auch differenzierte sprachliche Interesse erfuhr durch die griechische Expansion der alexandrinisch-nachalexandrinischen Zeit eine drastische Veränderung: Das „Griechisch-Sein", der „hellenismós", musste in einem „Griechisch-Machen", in einem „hellenízein", allererst hergestellt werden (vgl. Bubeník 2000, Schenkeveld 2000). Das heißt, die griechische Sprache musste an Lerner vermittelt werden, deren Muttersprache dieses Griechisch nicht war. Dieses neue Interesse führte zu einer zunehmenden *Didaktisierung* in der Befassung mit Sprache und setzte ein neues Interesse an einer umfassenden Beschreibung der griechischen Sprache voraus. In verschiedenen Teilen der Diadochenwelt entstanden Zentren dieser „neuen Philologie", so etwa im ägyptischen Alexandria, einer Neugründung Alexanders, in der dessen ägyptische Nachfolger eine der aufwendigsten Bibliotheken der Antike schaffen sollten (vgl. Ax 2000).

Der Bedarf an präzisen, gut aufgearbeiteten grammatischen Beschreibungen des Griechischen, wie er von Lehrern und Schülern dieser Sprache ausging, resultierte in einer eigenen, neuen Textart, eben der *téchnē grammatikḗ*. Eine der bekanntesten ist die dem Thraker *Dionysius* (Pauly 1979: II 71 f.; Robins 1986, Kemp 1987, di Benedetto 2000, Blank 2000) zugeschriebene, einem Schüler des Alexandriners *Aristarch* 217–145 vor Christus (s. Pauly 1979: I 554; Lambert 2000). Bei ihm gerinnt die Wortartenlehre zu ihrer für die Folgezeit festen Form: Neben dem *ónoma* und dem *rhêma* stehen das *epírrhēma* und die *metochḗ*; andererseits ist der *sýndesmos* nun in die *próthesis* („Präposition") und den eigentlichen *syndesmos* („Konjunktion") einerseits, die *antonymía* („Pronomen") und das *árthron* („Artikel") andererseits auseinandergelegt. Die Achtzahl der *merē toŷ lógoy* wird damit verbindlich. Bei Dionysios ist der propädeutische Charakter als Hauptzweck der grammatischen Analyse deutlich artikuliert (vgl. Robins 2000a: 56). Dieses griechische Elementarwerk (Dionysios Thrax 1883) ging in die folgende interkulturelle Konfrontation mit der lateinischen Welt als Grundlage ein und wurde von Priscian ebenso wie von Donat in der lateinischen Welt umgesetzt.

Ihm gegenüber konnten in den ersten Jahrhunderten der christlichen Zeit andere, analytisch und argumentativ komplexere Konzepte kaum auf eine vergleichbare Wirkung hoffen; dies gilt insbesondere für die ausführlichen Arbeiten des *Apollonius Dyskolos,* eines Grammatikers des zweiten nachchristlichen Jahrhunderts (Blank 2000). Seine 20 Titel sind weithin verloren; die erhaltenen (Apollonios Dyskolos 1878 ff.) zeigen, bis zu welcher Differenziertheit die grammatische Argumentation entwickelt worden war. Drei Werke gelten einzelnen Wortarten: den Pronomina, den Adverbien und den Konjunktionen. Auch das Werk „perì syntáxeos tôn toŷ lógoy mérôn" („Über die Zusammenstellung der *merē toŷ lógoy,* der Redeteile') behandelt im ersten der vier Bücher die Lehre von den Redeteilen selbst, bevor die Syntax des Artikels dargestellt wird. Die erhebliche Komplexität des streng nach der Lehre von der Analogie vorgehenden Apollonius brachte ihm seinen Beinamen ein, „dýskolos", „der Schwierige".

3. Die Wirkungsgeschichte der Lehre von den acht Redeteilen in der Zeit nach Donatus

3.1. Lateinisches Wissen nach Roms politischem Niedergang

Die Zeit ab dem 4. nachchristlichen Jahrhundert war durch zunehmende Umbrüche und Erschütterungen der römischen Welt bestimmt. Diese betrafen die äußeren politischen Bedingungen, aber auch die sozusagen inneren, ideologischen Konstellationen. Diese Umbrüche betrafen auch den Teil des Wissenssystems, der es mit Sprache zu tun hatte. Die Wortartenlehre als deren Kernstück erfuhr unterschiedliche Nachgeschichten in den drei Großräumen, die sich herausbildeten: dem Osten mit seinem Zentrum Konstantinopel/Byzanz, dem Westen mit seinem – verblassenden – Zentrum Rom (vgl. Amsler 2000) und einem Süden, der für die römisch-europäische Geschichte bis dahin lediglich im Schatten der bloßen Peripherie gelegen hatte. Lange blieb er dies auch für die Geschichtsschreibung, die sich aus den griechisch-römischen Zentrierungen kaum zu lösen verstand, auch als die Quellenlage besser erfasst und bearbeitet wurde. Auch daran hat(te) die Wortartenlehre in einem Umfang teil, der erstaunlich ist.

Während sich die byzantinische Welt weitgehend auf die Tradierung der „klassischen" Texte und Theorien bezog (Robins 2000b), insbesondere nach dem Niedergang Roms im 5. Jahrhundert, bildete sich für den Westen, also im lateinisch sprechenden Teil des Reiches, eine komplexe sprachenpolitische Situation heraus, die sich auf die Lehre von den Wortarten und ihre Kanonisierung ziemlich direkt auswirkte. Sie machte genau jene *Didaktisierungen* erforderlich, von denen in § 2.1. die Rede war: Das Lateinische musste gelehrt werden – und zwar sowohl für die über die Reichsgrenzen hereindringenden germanischen Invasoren wie für die weiterhin griechisch sprechenden östlichen Reichsteile, die sich trotz der zunehmenden Trennung und Entfremdung gegenüber dem Westen doch als Teil des römischen Reiches sahen. Zudem bedurfte der Schulbetrieb innerhalb der eigentlich römischen Welt gegenüber den sich herausbildenden „Vulgär-Varianten" der Vermittlung des „klassischen", des „unverdorbenen", des nicht durch Solözismen „verderbten" Latein (vgl. Desbordes 2000).

Neben den beiden didaktisierten Elementarbüchern des Donatus aus dem 4. nachchristlichen Jahrhunderts waren es zwei Werke des Priscian (s. Priscian 1859), eines Autors des 5. Jahrhunderts, denen hierfür erhebliche Bedeutung zukam, die *institutiones grammaticae* und eine *institutio de nomine pronomine et verbo*, die ca. 500 geschrieben wurden. „institutiones" waren Einführungs- und Lehrwerke, die durch einen gewissen systematischen Anspruch gekennzeichnet waren (Pauly II: 1416). Nach den rhetorischen institutiones des Quintilian (1. Jahrhundert nach Christus) gewann – neben den rechtlichen und theologischen derartigen Grundlagenbüchern – auch die Grammatik einen solchen „systematischen" Charakter – der freilich in Wahrheit eher der eines nach verschiedenen Kriterien „geordneten" Wissensmaterials war, wie es oben (§ 2.1.) am Beispiel des Donatus besprochen wurde.

3.2. Christliche Grammatik

In der lateinischen Welt war es in den zwei Jahrhunderten vor dem politischen Niedergang und Zerfall zu einer massiven ideologischen Veränderung der Grundlagen des gesellschaftlich akzeptierten Wissens gekommen. Mit der Entscheidung Konstantins, die bis dahin bekämpfte Religion des Christentums zur „Staatsreligion" zu machen, war ein mehr als zweihundert Jahre schwelender Konflikt in einer Weise aufgelöst worden, die sowohl für die bestehenden Wissenssysteme wie für das siegreiche Christentum von erheblicher Bedeutung war. Das heidnische Wissen geriet in eine zunehmend problematische Situation und wurde einer kritischen Revision unterzogen. Dieser Prozess war seit der Begegnung der jüdisch fundierten jungen christlichen Religion mit der Welt des hellenismós schon im ersten Jahrhundert in Gang gekommen. Er erreichte die drei Quellenbereiche der Befassung mit Sprache, den philosophischen, den rhetorischen und den philologischen, in unterschiedlicher Intensität und mit unterschiedlichen Folgen – zumal ja gerade der philosophische und der rhetorische in ihren Ansprüchen, die eigentliche Basistheorie zu sein, auch untereinander massiv im Streit lagen. Die neue Religion war eine besonders intensiv an Sprache orientierte Religion. Ein Kern ihrer Theologie war eine Theologie des Wortes, ja, ihr Zentrum selbst war „der lógos", wie es das Johannesevangelium provokativ formulierte (Joh. 1,1 ff.).

Für diese interkulturelle Auseinandersetzung musste die Sprache, mussten ihre Merkmale und ihre unterschiedlichen Elemente, eine fundamentale Bedeutung gewinnen. Zentral beherrschte die Frage nach dem Charakter des „lógos" die theologisch-theoretischen Auseinandersetzungen. Damit waren sowohl die Philosophen wie die Rhetoriker befasst und gefragt. Das Offenbarungsgeschehen in der Menschwerdung des lógos war seinerseits wieder in den Offenbarungstexten bezeugt. Auch diese waren Sprache. Sie bedurften der Auslegung. Die Befassung mit ihnen erforderte Kategorien der Beschreibung dessen, was sprachlich in ihnen vorlag. Dafür war die entwickelte und sich konsolidierende Lehre von den merē toŷ lógoy von einem erheblichen Interesse – und einer freilich zum Teil etwas ambivalenten Bedeutung. Denn gerade die philologische Technik war ja entwickelt worden für die Interpretation ganz anderer Texte, des Homer, der griechischen Tragiker, der Komödien – mit einem Wort: alles dessen, was als pagan, als heidnisch zu verurteilen war: Diese waren *mendacium, figmenta, fabulae* (,Lüge', ,Erfindungen', ,Fabeln') (Luhtala 2000: 511), sie waren das, wogegen sich bereits das frühe Christentum, das in die heidnisch-griechische Welt eintrat, massiv zur Wehr zu setzen hatte. Waren die Methoden und Kategorien, die der Analyse und Interpretation dieser Texte dienten, nicht dadurch eo ipso und von vornherein diskreditiert?

Die christliche Theologie gerade des Westens fand mehrere Antworten, durch die die Nutzung des sprachbezogenen Wissens der heidnischen Welt möglich wurde. Diese Antworten waren nicht zuletzt dadurch bedingt, dass bedeutende Denker aus einer rhetorischen Tradition heraus zum Christentum gekommen waren – so insbesondere Augustin. Sie brachten ihr vorgängiges Wissen in eine produktive Beziehung zu dem ein, was sie als christlich übernahmen. Für die Grammatik hatte bereits zuvor Hieronymus, der die autoritative lateinische Version der heiligen Texte herstellte (die Vulgata, 382–406 n. Chr.), sich der grammatisch-philologischen Erkenntnisse bedient und sie intensiv genutzt. Für die Folgezeit erwies es sich dabei als wichtig und folgenreich, dass sein literarischer und grammatische Lehrer – eben jener Donatus war, der die beiden *artes grammaticae* verfasste. Diese Werke gewannen durch diese Konfiguration eine frühe Dignität innerhalb der neuen, christlich geprägten Welt.

3.3. Die partes orationis im Mittelalter

Als mit dem Ende der römisch-lateinischen Welt und ihrem Übergang in das, was später „Mittelalter" genannt wurde (ca. 500), die lateinische Bildung einschließlich dessen, was in ihr aus der griechischen Welt erhalten blieb, als nunmehr christliches Wissenssystem weitergegeben und weiterentwickelt wurde, war die *partes-orationis*-Lehre als Kernstück der *ars grammatica* ein wesentlicher Teil davon. Die Auseinandersetzungen mit den drei tendenziell weiterhin des Heidentums verdächtigen Quellen der griechisch-lateinischen Befassung mit Sprache sollten zugleich damit weitergereicht werden und in der mittelalterlichen Folgezeit mit je anderen Akzentuierungen eine Rolle spielen. Doch der Tenor der Überlieferung der Wortartenlehre blieb der, dass sie als ein auch für die theologische Arbeit nützliches und wichtiges Werkzeug galten (Luhtala 2000).

So wurde sie als Elementarlehre in die neue, sich herausbildende Konzeption der das Mittelalter hindurch herrschenden Lehre von den *septem artes liberales* aufgenommen, und zwar als deren erster Teil. Zusammen mit der Rhetorik und der Dialektik bildete die Grammatik die „Dreiheit", das *trivium,* durch dessen Aneignung jeder Zugang zum komplexeren Wissen seinen Anfang nahm: Die Lehre von den Redeteilen wurde zum fundamentalen und elementaren Wissensgut. Diese Entwicklung verlieh ihr jene Wirksamkeit, die auch über die mittelalterliche Zeit hinaus anhielt. Sie wurde Teil des „stillschweigenden Wissens", das jeder, der sich überhaupt mit Wissen jenseits der unmittelbaren Tagesbedürfnisse befasste, als selbstverständlich sich erwerben musste und bei allen anderen als erworben unterstellen durfte. Die partes-orationis-Lehre wurde zum Präsuppositionsbestand der westlichen Bildung überhaupt. Das machte sie nahezu unantastbar.

Allerdings geriet sie durchaus in interessante innere Konflikte: Was, wenn die Heilige Schrift in ihrer Sprachlichkeit den Anforderungen der Grammatik nicht genügte? Nun, dann hatte sie – selbstverständlich – einen höheren Stellenwert. So wie die Philosophie die Magd der Theologie zu sein hatte, so noch mehr die Philologie. Es sollte Jahrhunderte dauern, bis in der Neuzeit diese Grundverhältnisse in Frage gestellt wurden.

Die Grundentscheidungen der mittelalterlichen Welt bedeuteten zugleich eine die immanenten Widersprüche befriedigende Überdeckung der Konfliktpotentiale, die aus der Geschichte überkommen waren. Hatte die partes-orationis-Lehre in sich bereits ein abgestumpftes Verhältnis zu den Differenzen und Widersprüchen, deren Spuren in ihren analytischen Sedimentierungen durchaus noch zu erkennen waren, so legte sich eine zweite Schicht der Immunisierung gegenüber jeglicher möglicher Kritik über diese erste. Die partes orationis waren als Kanon in den Kanon der mittelalterlichen Grundbildung übernommen und hatten damit teil an einem System, das fast nur innerhalb der überkommenen Wissensbestände, durch deren Rearrangements und durch die Ausleuchtung ihrer inneren Möglichkeiten, weiterentwickelt werden konnte, das vor allem aber eines erforderte und ermöglichte: die Weitergabe als solche.

Zu den inneren Entwicklungen gehörte es, dass das System der Wortarten in der spätmittelalterlichen Phase in einen Reflexionsbereich eintrat, der einerseits durch diese Grundbedingungen abgesteckt war, der andererseits doch über ihn hinausdrängte. Die partes orationis erhielten hier einen neuen Stellenwert in einer *philosophisch* determinierten Konfiguration. Die sogenannten „Modisten" eröffneten der Grammatik einen eigenen spekulativen Raum, und die Lehre von den partes orationis bekam hierfür eine besondere Bedeutung (Pinborg 1967, Kneepkens 2000). Im Versuch, die Zeichenlehre weiterzuentwickeln, suchten Denker wie Martinus von Dacien, Thomas von Erfurt oder Siger von Courtrai nach universalen Kategorien und fanden sie in den sprachlichen Strukturen. Die Wortarten zeigen, wie die – in der Semantik zu behandelnden – Archilexeme „betrachtet" werden: Sie stellen modi sigificandi, ,Weisen des durch Zeichen Bedeutens', dar. Diese ihre Eigenschaft grenzt freilich tendenziell die Zuweisung zu den Wortarten ein: Lediglich diejenigen, die in dieser Weise bedeutungsfähig sind, können überhaupt zu Wortarten werden, also insbesondere Nomen, Pronomen, Verb und Partizip. Präpositionen und Konjunktionen sind demgegenüber und für diese „universalistische" Fragestellung uninteressant. (Leiss 2007)

Die Folgezeit griff solche Überlegungen kaum weiter auf. Hier entwickelten sich für die Befassung mit der Sprache vielmehr andere Fragestellungen, die sich aus anderen Aufgaben ergaben.

3.4. Das Ergebnis der Entwicklung der partes-orationis-Lehre: eine (Zwischen-)Bilanz

Die Lehre von den partes orationis ist ein System sprachlicher Beschreibungskategorien, das für unterschiedliche Zwecksetzungen unter Nutzung unterschiedlicher Theoriehintergründe (Philosophie, Rhetorik, Philologie) zunächst für die griechische, dann für die lateinische Sprache entwickelt wurde. Sein Nutzen stellte sich für die daran interessierten Fragestellungen jeweils unterschiedlich dar. In interkulturellen Konstellationen, die sich sowohl innerhalb der koiné-griechischen wie innerhalb der römischen Welt ergaben, trat mit den Vermittlungserfordernissen der Sprache an die der jeweiligen hohen Sprachvarietät nicht Mächtigen oder an Sprecher anderer Muttersprachen ein vierter, schließlich dominanter Bereich zu Philosophie, Rhetorik und Philologie hinzu: die Didaktik.

Die Kategorienbildung orientierte sich primär an den Formbeständen der beiden Sprachen, wobei die griechische Sprache Orientierungspunkt auch für die kategoriale Beschreibung des Lateinischen blieb. Offensichtliche und nicht zu leugnende Unterschiede in den sprachlichen Sachverhalten selbst wurden zögerlich mit aufgenommen (*interiectio* statt *árthron*, um die kanonisierte Achtzahl der *partes orationis* aufrecht zu erhalten). Die unterschiedlichen Quellen des kategorialen Interesses setzten sich in der mehrhundertjährigen Geschichte mit unterschiedlicher Intensität durch, wobei Weiterentwicklungen in der griechischen Welt vor allem durch die Stoiker die partes-orationis-Lehre in einen größeren theoretischen Zusammenhang stellten. Solche Aktualisierungen und theoretischen Neupositionierungen erfolgten erst am Ende der mittelalterlichen Rezeption wieder – und verloren sich in der Folgezeit, wie dies zuvor schon bei den Stoikern der Fall gewesen war. Die linguistischen Kategorien blieben gegenüber ihrer theoretisch-philosophischen Inanspruchnahme spröde. Dadurch überdauerten sie auch jenseits des Endes der jeweiligen Theoriekonzepte.

Neben den theoretischen Erkenntnisinteressen wurden didaktische zunehmend wichtig. Diese drängten auf knappe, in der Lehre leicht einsetzbare und vermittelbare, kompendienartige Zusammenfassungen des Wissens in seinem status quo. Die beiden *artes* des Donatus (*ars grammatica minor* und *ars grammatica maior*) sowie die *institutiones* Priscians lieferten die Fassungen der Wortartenlehre, die geeignet waren, ihr einen festen Platz in einem mehrere Jahrhunderte gültigen Lehrkanon zu erobern: Die *ars grammatica* wurde zum Bestandteil der ersten Hälfte der theoretischen Grundbildung des Mittelalters, der *septem artes liberales* (der sieben freien „Künste") und eröffnete hier das sogenannte *trivium*. Die dadurch erfolgte „Trivialisierung" bedeutete, dass die partes-orationis-Lehre zu einem unangefochtenen Grundwissen mutierte, das in den Präsuppositionsbestand zunächst der mittelalterlichen, dann aber auch aller folgenden Beschäftigungen mit Sprache im Westen überging.

Das Resultat der Kategorienbildung war im wesentlichen ein Amalgam, das – in jeweils unterschiedlichen Mischungsverhältnissen – von den drei Kriterien bestimmt war, die zur Anwendung gelangten: einem funktionalen, einem formalen und einem exemplarischen (oder paradigmatischen). Dabei machten die formalen Gesichtspunkte den Mittelpunkt aus, denn sie bildeten auf leicht sichtbare Weise morphologische Grundmerkmale der beiden Sprachen, der griechischen wie der lateinischen, ab. Die dadurch nahegelegte Modellbildung war zudem gut als morphologisches Paradigma zu organisieren und konnte so mit dem exemplarischen Verfahren kombiniert werden. Letzteres hatte wiederum große didaktische Vorzüge, weil es sowohl mnemotechnisch wie didaktisch-analytisch einsetzbar war. Die die partes-orationis-Lehre begleitende Aufstellung von *kánones* bzw. *regulae* – Flexionstabellen – dienten diesen Zwecken.

Das Griechische wie das Lateinische sind hochflektierende Sprachen. Ihre morphologische Charakteristik gehört zu ihren herausstechenden Merkmalen. Insofern erschien die aufgefundene Kategorisierung als den sprachlichen Verhältnissen weitgehend angemessen. Mit der prima-vista-Angemessenheit und der didaktischen Praktikabilität erschöpfte sich das theoretische Interesse. Das Amalgam, das entstand, war so weitgehend „zweckentsprechend", dass die kanonische Verankerung sich als unproblematisch erwies – und zwar sogar um den Preis der Verdrängung offensichtlicher Widersprüche und nicht gelöster theoretischer Kontroversen.

Die gute Akzeptanz der partes-orationis-Lehre wurde zudem erleichtert durch die Termini, die in ihr zur Erfassung der sprachlichen Phänomene und zu ihrer Klassifizierung eingesetzt wurden. Diese Termini waren zunächst Ausdrücke der alltäglichen Sprache, die aufgrund der ihnen eigenen Semantik ein unproblematisches Verständnis nahelegten. Die semantischen Verschiebungen, die sich durch den allmählichen Aufbau dessen ergaben, was sich in den *octo partes orationis* dann als abschließendes und abgeschlossenes System darstellte, wurden ebenso wenig wahrgenommen wie die unterschiedlichen Bezugsbereiche, aus denen die Alltagsausdrücke entlehnt wurden, und die Verfahren, mit deren Hilfe diese Terminologisierungen erfolgten.

Im Ergebnis war mit dem Ausgang des Mittelalters in der Lehre von den *partes orationis* ein System entwickelt, das für theoretische wie praktisch-didaktische Zwecke als hinreichend erschien und das das Interesse an der Erfassung und Beschreibung sprachlicher Phänomene weitgehend befriedigte. Dass unter der Oberfläche dieser glatten, in systematisierter Form erscheinenden Lehre mehr Probleme verborgen lagen, als Lösungen zu finden gewesen wären, konnte angesichts der überwältigenden Rezeptionsgeschichte kaum auffallen. Es sollte denn auch einige Zeit dauern, bis sich die Risse auch in die Oberfläche selbst hin fortsetzten.

Mit der Lehre von den *partes orationis* war ein Werkzeug geschaffen, das seinen Entwicklern und seinen Anwendern eine hinreichende Erfassung und Beschreibung sprachlicher Strukturen der ihnen eigenen Sprache erlaubten, und dies für alle Zwecke, für die sie einer solchen Erfassung und Beschreibung bedurften. Im konsolidierten Wissensvermittlungssystem des Mittelalters wirkte es sowohl als Grundwissen über Sprache vor dem Hintergrund der Aneignung und Praktizierung der Bildungssprache wie für die philologisch-analytischen Bedürfnisse des Umgangs mit Texten wie für die rhetorisch-analytischen der Rhetorik, des zweiten Teils des Triviums. Durch seine weite Verbreitung in der gesamten westlichen Bildungswelt erreichte es einen Status der theoretischen Unangreifbarkeit, die durch die Aufnahme in den Präsuppositionenbestand des westlichen Denkens gegen Angriffe wie Eingriffe weithin gesichert war.

Da die Sprache, in der über die Sprache gesprochen wurde, mit der Sprache, die es zu beschreiben und zu analysieren galt, identisch war, wurde diese Absicherung um so leistungsfähiger. Zugleich wurde dabei der ethnozentrische Charakter des Systems durch diese Rückkoppelung von Objekt- und Metasprache um so weniger sichtbar, als diese Sprache weiterhin als *die* Sprache galt. Der Weg zu einem nicht nur praktischen, sondern auch zu einem theoretischen Universalismus mit dieser Sprache als *der* Sprache legte sich nahe. Auch dort, wo – wie bei den Modisten – die prinzipielle Ungleichheit einer jeden einzelnen, also auch der lateinischen, Sprache mit den universalistischen Strukturen anerkannt wurde, wurden die Metasprache und ihre Kategorisierungen weiter als universale genutzt – ein Zug, der sich im 20. Jahrhundert auf besonders drastische Weise in der sogenannten Universalgrammatik wiederholen sollte.

4. Die Konfrontation der Lehre von den partes orationis mit anderen Sprachen als denen, für die sie entwickelt wurden

4.1. Sprachbegegnungen als kategoriale Herausforderungen

Gerade der faktische oder offen proklamierte Universalismus war freilich keineswegs so selbstverständlich und unbestreitbar, wie es die Konzepte des hellenismós bzw. der latinitas propagierend unterstellten. Diese Konzepte selbst verwiesen in ihrer Normativität und in der Rigorosität ihrer Durchsetzung darauf, dass sie als solche nötig, also nicht unbestritten waren. Der darin enthaltene Ethnozentrismus war also durchaus ein Kampfbegriff, der Sprache in einer ihrer Varianten gegen die anderen und gegen die anderen Sprachen durchzusetzen hatte.

4.2. hellenismós und latinitas

Bereits die Konfrontation des Griechischen mit dem Lateinischen bzw. des Lateinischen mit dem Griechischen enthielt ein durchaus irritierendes Moment gegenüber dem Anspruch, die eine und einzige, richtige Sprache zu sein. Aufgrund der strukturellen Nähe der beiden Sprachen war die Bewältigung dieser Situation aber vergleichsweise einfach. Die Strategien zu ihrer Bearbeitung wurden oben benannt.

Gleichwohl blieb das Problem virulent. Die Übernahme des Wortartensystems aus dem Griechischen in das Lateinische erfuhr mit der Mischung von indigenen, zur Übersetzung herangezogenen Ausdrücken *(nomen* usw.) und latinisierten Termini *(grammaticus* usw.) eine zwar praktikable, aber zugleich mit zahlreichen Problemen behaftete Lösung *(verbum, pronomen)*. Durch die Einschmelzung der Differenzen und damit der Probleme im Prozess der Kanonisierung erlahmte das theoretische Interesse daran. Schließlich galten beide Sprachen als gleich.

In der kommunikativen Praxis hingegen erhielten sich die Schwierigkeiten durchaus. Es galt für beide ausgangssprachlichen Seiten, die jeweils andere Sprache auf hohem Niveau zu erwerben – was einen großen Teil der späteren grammatischen Literatur sowohl auf griechischer wie auf lateinischer Seite erzeugte.

4.3. ʿarabiyya

Die nächste Herausforderung ergab sich durch das Erstarken und die Ausbreitung der arabischen Welt ab der Mitte des 7. Jahrhunderts. Neben den hellenismós und die latinitas trat so die „ʿarabiyya" (Versteegh 1987). In einer ca. vierhundertjährigen Geschichte entwickelte sich hier in einer wohl durch das Aramäische vermittelten Form eine eigenständige Konfrontation von Teilen des überkommenen Systems mit den Fakten einer anderen Sprache. Für die Lehre von den Wortarten bedeutete dies eine weitgehende, ja drastische Veränderung: Es wurden im Prinzip nur noch drei Wortarten gesehen, das Nomen, das Verb und der Rest, die als Partikeln *(harf)* konzeptualisiert wurden (Sibawayhi, 2. Hälfte des 8. Jahrhunderts (vgl. Levin 2000)). Dies entsprach den morphologischen Gegebenheiten einer hochflektierenden Sprache mit einem morphologischen Übergewicht der Verbflexion bei einer zugleich starken nominalen morphologischen Veränderung durch die sogenannten „gebrochenen Plurale" und einer – bis in die Wortbildung hinein einfach zu greifenden – Andersartigkeit der (wenigen) Konjunktionen und Präpositionen (deren Basis mit den drei Konsonanten *b (in)*, *l (für)* und *k (wie)* aus dem Wortbildungsmechanismus deutlich heraus- und damit auffällt). Zudem bilden auch die Adverbien keine sehr ausgeprägte Klasse.

Ein solches gegenüber der kanonischen Achtzahl reduziertes System sollte später auch für europäische Sprachen durchaus attraktiv werden. Insbesondere gilt dies für die Kategorie der Partikel.

Aber auch bei der Terminologiebildung zeigten sich eigene Entwicklungen. So wurde zwar der Ausdruck für das Nomen, also *ónoma* im Griechischen, durchaus auch im Arabischen verwendet (*'ism*, das Wort für ‚Name'). Doch schon bei der Bezeichnung des Verbs wird eine andere Strategie verfolgt, indem ein Paradigmaverb zur Bezeichnung der Wortart eingesetzt wird (*faʿala*, ‚er macht'; was zu *fiʿl*, ‚Handlung' führt).

Die arabischen Entwicklungen mit einer Blüte der linguistischen Untersuchungen vom 9. bis ins 12. Jahrhundert wirkten sich – besonders im arabischen Spanien – auch für die Beschreibung des Hebräischen aus (Kaltz 2000: 702 f.), das freilich aus dem Horizont der aktiven Sprachaneignung im Westen seit Jahrhunderten herausgetreten war. Es sollte bis in die Zeit der Reformation dauern, dass es und seine eigene substantielle Beschreibung ein breites Interesse fanden – obwohl zwischenzeitlich unter Fachleuten ein durchaus lebendiger Spezialdiskurs geführt wurde (Schmidt-Riese 2004).

4.4. Die nicht-lateinischen Sprachen des Westens

Die erste massive Konfrontation des stabilisierten lateinischen Systems der Wortarten erfolgte mit den Sprachen der Völker aus dem Norden einerseits, mit den mündlichen Varietäten des Lateinischen selbst andererseits. Beide Sprachgruppen erfreuten sich keines hohen Prestiges. Ihre sprachliche Beschreibung geschah aus der Sicht einer Wissenstradition, die sich aufgrund ihres akzeptierten kanonischen Status jenseits jeder möglichen Infragestellung befand. Die Beschreibung der indigenen Sprachen in ihren beiden Gruppen konnte also nur in der möglichst weitgehenden Applikation der etablierten Kategorien auf die im Indigenen vorgefundenen sprachlichen Verhältnisse bestehen. Nur selten fanden sich Ausnahmen von dieser allgemeinen Verfahrensweise. Für beide Gruppen wurden – mit langen zeitlichen Abständen zwischen den einzelnen Versuchen – in der Folgezeit grammatische Beschreibungen unternommen, die sich der bekannten Wortarten-Bestimmungen bedienten. Dies führt zu einer Blüte der Grammatikschreibung für die verschiedenen *linguae vulgares,* die Volkssprachen, insbesondere ab dem 16. Jh. (Kaltz 2000: 697 f.). Ihre Grundlage und ihr methodologisches Werkzeug bleibt die kanonisierte Wortartenlehre. Die jeweilige eigene Sprachlichkeit, die sprachlichen Daten und Fakten, sind demgegenüber weithin nachgeordnet, wenn sie überhaupt Beachtung finden.

Die westliche Anwendung des kanonisierten Systems der Wortarten auf Sprachen jenseits des Lateinischen verfolgte zudem ein weiteres wichtiges Ziel. Diese Sprachen hatten nämlich für das überkommene Wissenssystem gravierende Mängel: Sie waren weithin mündliche Sprachen; es fehlte ihnen damit ein wichtiges Merkmal für eine ernstzunehmende Sprache. Weiter waren sie Sprachen, die jenseits der eigentlichen Bildungszusammenhänge gebraucht wurden. Schließlich gerieten sie vollends in die Defensive aufgrund ihres Abstandes zu den „heiligen Sprachen", insbesondere zum Lateinischen. Ihre Beherrschung und Beschreibung verdankte sich im religiösen Zusammenhang anfangs vor allem einem missionarisch-katechetischen Zweck für die zum Christentum zu Gewinnenden und in ihm durch Beichte und Predigt zu Festigenden.

Die sprachsoziologische Problematik wäre nun durch einen Aufweis anderer als der kanonischen und für die kanonisierte Sprache relevanten Wortartenaufteilungen geradezu dramatisch gesteigert worden. Andererseits: das Auffinden der *octo partes orationis* innerhalb solcher Sprachen und für ihre hinreichende Beschreibung trug zur Attribuierung eben jener Dignität bei, um deren Aufweis sie nachdrücklich kämpfen mussten. Diese sprachsoziologischen Zusammenhänge stabilisierten die Wortartenlehre also auch und gerade in ihrer Konfrontation mit weiteren Sprachen.

4.5. Kolonisatoren und Missionare

Dies gilt auch für einen neuen Bereich, in dem das Missverhältnis zwischen dem kategorialen Apparat der Wortartenlehre und den sprachlichen Verhältnissen wesentlich stärker war – und auch als solches zum Teil durchaus wahrgenommen wurde, nämlich in der Konfrontation mit den Sprachen von Völkern, die seit 1492 dem Westen zugänglich wurden.

Diese nächste, geradezu schockartige Begegnung mit einer anderen Sprachenwelt ergab sich durch die Erfahrungen der Eroberung und Kolonisierung der „Neuen Welt". Die Sprachen, die die Eroberer vorfanden, erlangten früh größeres Interesse (Schmidt-Riese 2004). Besonders wichtig wurde ihre Erfassung für die Missionare, die für die Christianisierung der unterworfenen Völker Kenntnisse von deren Sprachen brauchten. Der Versuch, diese Sprachen zu beschreiben, griff notgedrungen auf das vorhandene linguistische Wissen zurück und nutzte die bekannten Kategorien, um – sei's auch mehr schlecht als recht – mit den neuen sprachlichen Daten zurechtzukommen. Es entstanden verschiedene Sprachbeschreibungen, Grammatiken und Lexika solcher Sprachen. Bei ihrer Erstellung verfolgten die Verfasser – entsprechend ihrer Ausbildung – eine naheliegende Strategie: Sie versuchten, so viel wie irgend möglich nach den ihnen selbstverständlichen Verfahren zu „kategorisieren". So gewannen die Wortarten eine neuen Bedeutung in der Beschreibung von anderen als den überkommenen Sprachen.

Damit war ein Verfahren re-initiiert, das bereits beim analytisch-deskriptiven Umgang mit den nativen Sprachen in der nach-römischen Welt mit großem Einsatz verwendet worden war. Es sollte auch in der zweiten großen Phase der Kolonisierung von höchster Relevanz bleiben, nämlich in der Begegnung mit den asiatischen (besonders Chinesisch) und den afrikanischen Sprachen. Auch der Versuch, die Sprache der Inuit (Eskimos) zu beschreiben, wurde zunächst von Missionaren unternommen, denen zum Teil nicht einmal genauere Kenntnisse des Wortartensystems zur Verfügung standen, das auf andere Sprachen anzuwenden sie sich anschickten (vgl. Nowak 1999, 2005).

4.6. Linguistische Typologie als Antwort auf die kategorialen Herausforderungen

Die weitere Kolonialentwicklung verschärfte die Problematik zusehends. Je mehr Sprachen der europäischen Welt zugänglich wurden, um so stärker wurden die empirischen Daten, die sich den einfachen kategorialen Zuweisungen widersetzten.

Um 1800 herum führte diese Situation zu einer allmählichen Herausbildung von Typologien der Sprachen, die man vor- und auffand (Nowak 1994). Eine allgemeine Sprachtypologie entwickelte sich, die theoretisch vor allem von Wilhelm von Humboldt vorangetrieben wurde. Er war zugleich ein bedeutender Empiriker, der zudem für die Sprachenvielfalt Konzepte bereithielt bzw. entwickelte, die sich gegenüber anderen als den bekannten Strukturen als offen, ja neugierig zeigten. Die entstehende Sprachwissenschaft im neueren Sinn im 19. Jahrhundert entfernte sich von diesen Fragestellungen freilich bald wieder und konzentrierte sich auf die indoeuropäischen Sprachen. Diese zeigen Strukturen, die zu den graeco-latinischen eine große Nähe aufweisen – mit der Konsequenz für die Wortartenlehre, dass diese als kategoriales Raster eine große Anwendungsblüte erlebte. Die kritische Infragestellung durch andere als die Ausgangsstrukturen trat demgegenüber in den Hintergrund – und blieb in der Folgezeit dort.

5. Neuzeitliche Differenzierungen und Stabilisierungen des Systems

5.1. Konstanz des Systems

Die Neuzeit scheint sich auf die überkommenen Kategorien weithin verlassen zu können – auch in den – zunächst noch lateinisch verfassten – Beschreibungen zum Beispiel des Deutschen (Clajus) (Kaltz 1996). Melanchthons lateinische Grammatik brachte dieses Wissen in einer leicht handhabbaren Form auch in den Bereich der religiösen Umbrüche der Reformation ein, deren Hauptinteresse bei übersetzungspraktischen Fragen des Hebräischen und Griechischen lag, ohne dass die Vorherrschaft der latinisierten partes-orationis-Lehre dadurch einen großen theoretischen oder praktischen Wissensumschwung erfahren hätte.

5.2. Veränderungen

Wenige Ausnahmen versuchten in der Konfrontation mit den sprachlichen Fakten der europäischen Vulgärsprachen die Entwicklung neuer Kategorisierungen. Dies gilt im französischen Bereich vor allem für Ramus (1572), der eine Vierteilung auf der Basis morphologischer Kriterien erarbeitet – und dafür explizit auf die frühen Anfänge der noch nicht in der kanonisierten Fassung der griechischen Wortartenlehre eingebundenen lateinischen Grammatikschreibung Bezug nimmt, nämlich auf Varro (Kaltz 2000: 697).

Innerhalb der französischen Tradition (Kaltz 1996; Lecointre 2000) erfolgt auch die wohl wichtigste Innovation in Bezug auf die partes-orationis-Lehre, die für die Folgezeit gegen die Tradition und neben ihr folgenreich werden sollte: die Differenzierung von Wortarten und Satzteilen (vgl. Knobloch 1990). Dies belastete – und belastet – die Erfassung der Wortarten erheblich. Girard (1747) führte neben den Wortarten die „membres de frase" ein (Kaltz 2000: 698). Dies sollte in der deutschen Grammatikographie weiter stabilisiert werden: Die Unterscheidung von Wortarten und Satzteilen differenzierte das, was mit dem Kategoriensystem linguistisch bewerkstelligt werden sollte, in einer auch terminologisch handhabbaren Weise (Glinz 1947).

Detailmodifikationen betrafen vor allem den Nominalbereich. Hier wurde durch Adelung (1782) die Unterscheidung von Substantiv und Adjektiv mit nachhaltiger Wirkung für die Folgezeit durchgesetzt (Naumann 1986).

Die neueren Grammatiken arbeiten weithin innerhalb der so abgesteckten Rahmenbedingungen. Dies ist besonders auch im Umgang mit irritierenden Teilen des Systems (Interjektion) wie mit Blick auf in die grammatischen Beschreibungen aufzunehmende Elemente zu beobachten, insbesondere solche, die schriftlich eine geringe Rolle spielen (besonders deutlich am Beispiel der Behandlung der Partikeln seit den späten 60er Jahren des 20. Jahrhunderts in der deutschen Grammatikographie).

Auch werden Systematisierungen angestrebt, die aus den in ihrer Anwendungserstreckung problematisch gewordenen Kategorien abstraktere Bestimmungen extrahieren, etwa „Nominalität" gegenüber dem „Nomen" (vgl. die Darstellungen in Vogel → B3).

Von einer die empfundene Kritikwürdigkeit des gesamten Systems bearbeitenden Theoriebildung, die zu einer allgemeinen Anerkennung gefunden hätte, kann bisher nicht gesprochen werden. Die offenen, insbesondere aber die verdeckten Probleme, die die Theoriegeschichte kennzeichnen, sind weiter präsent und virulent.

6. Wirkungsgeschichte als Aporetik

6.1. Unbehagen und Kritik

Die linguistischen Entwicklungen in Bezug auf die hauptsächlich untersuchten europäischen Sprachen verzeichnen also vor allem eine große Kontinuität in der Nutzung des Wortartensystems, bei vergleichsweise geringfügigen Modifikationen. Unterschwellig blieben aber zugleich offenbar erhebliche Zweifel an dessen Verlässlichkeit und Leistungsfähigkeit. Dies betrifft zum Beispiel die Anzahl der Wortarten, wie gerade bei den Beschreibungen des Deutschen zu beobachten ist. Es betrifft aber vor allem auch die Kriterien, derer man sich verlässlich bedienen kann. Die Diffusität der Kriterien ist dem System inhärent, ja es verdankt seine Struktur weithin dieser Diffusität. In dem Maß, in dem die Linguistik auf strengere methodische Prinzipien und systematische Ableitungen ihrer Kategorien drängte, entwickelte sich zum Teil eine starke Kritik an der Wortartenlehre als ganzer. Diese freilich steht nicht selten wiederum in einem eklatanten Widerspruch zur grammatikographischen Praxis dieser Kritiker, wie Kaltz (2000) etwa am Beispiel von Tesnière zeigt.

Versuche, Wortarten nach einem einheitlichen Kriterium aus der Kriterienmenge des kategorialen Synkretismus, der die Tradition kennzeichnet, zu bestimmen, führen wiederum zu zum Teil barocken Konsequenzen. So resultiert die Anwendung eines rein syntaktischen Kriteriums etwa bei Bergenholtz und Schaeder (1977) in 51 Wortklassen für das Deutsche.

6.2. Kategoriale Ermüdung

Der Prozess des Umgangs mit den überkommenen Kategorien ist weiterhin in vollem Gang (vgl. z. B. Brøndahl 1948, Auroux 1988, Ossner 1989, Loukine 1999, Knobloch / Schaeder 2000, Evans 2000). Allerdings erfolgt er gegenwärtig in einer eher verhaltenen Form. Man verlässt sich weithin auf die erreichten Kategorien – und resigniert angesichts der in 1700 Jahren nicht gelösten, aber doch, wie es scheint, hinreichend pazifizierten Probleme. Mit dem überkommenen System scheint man zudem eine probate Verständigungsbasis zu haben, die sowohl für die linguistische Diskussion wie für die didaktischen Zwecke praktikabel ist. Der Präsuppositionenbestand wirkt.

Dies trägt nicht dazu bei, die schon unmittelbar unter der Oberfläche wirkenden oder gar die grundlegenden Probleme als solche kenntlich werden zu lassen. Deren Verdrängung ist vielmehr conditio sine qua non für eben jenes „Funktionieren" der überkommenen Kategorien im sprachbezogenen Diskurs.

6.3. Strategien des Umgangs mit dem Nicht-Verrechenbaren

Am wenigsten gelingt freilich die einfache Kontinuität solcher Verdrängung in der Konfrontation mit sprachlichen Daten, die mit den ethnozentrischen Voraussetzungen des Systems nicht verrechenbar sind. In der Begegnung mit sprachlichen Phänomenen, die in den überkommenen Wortarten-Kategorien nicht einfach aufgehen, lassen sich mehrere kognitive Strategien beobachten, die bis heute den Umgang mit diesen Kategorien prägen.

(a) Eine Strategie ist der Versuch, die unverrechenbaren Phänomene der fremden Sprache L_f den vorgegebenen Kategorien weitgehend anzupassen. Diese *adaptive Strategie* ist eine Verfahrensweise, die gerade in der einzelnen Konfrontation des linguistischen Ausgangssystems mit der neu zu erfassenden Sprache L_f neben und in der Differenzerfahrung zugleich deren Bearbeitungsmodus entdeckt. Die fremde Sprache L_f wird im Prozess der *Übersetzung* angeeignet. Die übersetzte andere Sprache $L_{t(f)}$ erscheint so als der eigenen L_e weitgehend kompatibel, so dass die Übersetzung als eine Art handliches Surrogat für die eigentlich zu erfassende fremde Sprache L_f genommen wird. Eine Wortart wird auf dieser Folie so bestimmt, dass sie in der fremden Sprache L_f überall dort ausgemacht wird, wo sie in der Übersetzung $L_{t(f)}$ in die eigene L_e vorkommt. Mittels dieses Verfahrens werden zum Beispiel dem Chinesischen bis heute alle jene Wortarten attestiert, die aus der konsolidierten Wortarten-Tradition heraus gefordert werden (Guder 1997).

(b) Eine zweite Strategie ist die *Eliminierung* der unbekannten Einheiten aus dem Gesamtbild der Beschreibung für die fremde Sprache L_f. Sie wird besonders in den Anfangsphasen der Begegnung mit einer fremden Sprache angewendet, in späteren Phasen aber auch für all jene – sozusagen alle Erwartungen übersteigenden – Elemente, die sich der Strategie (a) nicht einfach subsumieren lassen.

(c) Eine andere Strategie lässt den überkommen kategorialen Apparat möglichst weitgehend intakt, fügt ihm für damit nicht bearbeitbare sprachliche Erscheinungen aber einfach noch weitere Kategorien hinzu. Für diese unterbleibt meist auch schon der bloße Versuch, sie auf eine systematische Weise mit den bestehenden Kategorien zu verbinden. Der nomenklatorische Eklektizismus, die Beliebigkeit der Benennungen innerhalb der überkommen Wortarten-Tradition (vgl. oben § 2.2.), erleichtert dieses Verfahren einer *additiven Kategorienerweiterung*.

(d) Eine vierte Strategie verzichtet auf die kategorialen Bestimmungen selbst. Diese Strategie zieht aus dem Scheitern der bloßen Applikation der einmal gewonnenen Kategorien auf neue sprachliche Daten entweder die Konsequenz, dass *völlig neue kategoriale Bestimmungen* gefunden werden müssen, oder aber auch die eines generellen *Agnostizismus* in Bezug auf die Möglichkeit einer kategorialen Erfassung.

(e) Wieder anders verfährt eine Strategie, die die überkommen Kategorien der Wortarten als sozusagen notwendige unterstellt und in der neuen Sprache L_f dort, wo kein direktes Äquivalent zu finden ist, *supplementäre Strukturen* ausfindig macht, indem sie die Frage stellt: Was machen die Sprecher von L_f, um etwas auszudrücken, was in der eigenen Sprache L_e bzw. dem überkommenen kategorialen Apparat durch die Wortart der Kategorie K ausgedrückt wird?

(f) Eine verschärfte – und noch besser gegen Kritik immunisierte – Variante von (e) ist die Strategie, die überkommenen Kategorien als *universale* zu interpretieren (L_u). Die Abweichung der sprachlichen Wirklichkeit $L_{f1},\ldots,L_{fn}$ von L_u wird dann sei es als Defizit dieser Sprachen, sei es als Defizit der Erkenntnis dieser Sprachen, sei es als Deprivation von $L_{f1},\ldots,L_{fn}$ gegenüber L_u konzeptualisiert.

(g) Relativ selten erfolgt eine Bearbeitung der auftretenden Probleme durch eine detaillierte Kritik der überkommenen Kategorien auf der Basis von Daten aus nicht berücksichtigten Sprachen $L_{f1},\ldots,L_{fn}$ unter gleichzeitiger kritischer Reanalyse der Geschichte der überkommenen Kategorien selbst. Eine solche historisch-kritische Umgangsweise mit der Kategoriengeschichte enthält aber ein erhebliches Potential in sich. Sie ist aber durch den weithin präsuppositionellen Charakter der überkommenen Kategorien ebenso wie durch die Geschichtsvergessenheit der Linguistik sehr stark eingeschränkt, wenn nicht unmöglich gemacht.

7. Perspektiven einer systematisierten Wortartenkritik

Angesichts einer dermaßen verfestigten und immunisierten Geschichte, angesichts auch jener Ermüdung in der kritischen Befassung mit den Wortarten und der Geschichtsvergessenheit der linguistischen Disziplin, angesichts der scheinbaren Praktikabilität der Kategorien, denen man freilich fragend nicht zu nahe treten darf, angesichts ihrer internationalen Verbreitung und scheinbaren Allgemeinverständlichkeit, angesichts der vermeintlichen didaktischen Nützlichkeit, angesichts der präsuppositionellen Wirksamkeit dieses Systems, das kein wirkliches System ist, scheint es wenig aussichtsreich, über den status quo hinauskommen zu wollen. Wissenschaft freilich pflegt sich mit solcher Zufriedenheit nicht zufrieden zu geben.

Allerdings zeigt die Geschichte der Kategorien und ihrer Rezeption zugleich auch, dass es mit einfachen kritischen Deklarationen nicht getan ist. Eine kritische Bearbeitung der Kategorien verlangt, in einem analytischen wie einem an empirischen Daten aus unterschiedlichen Sprachen je neu geprüften Verfahren die Leistungsfähigkeit und Grenzen der einzelnen Bestimmungen herauszuarbeiten. Dafür wird es wichtig sein, analytisch-konzeptionelle Grundlagen aufzufinden, die einer systematischen Theorie von Sprache aus den Zwecken des sprachlichen Handelns verpflichtet ist und sich nicht einfach auf einzelne, vor allem formale, manifeste Ausfällungen dieses Handelns als ultima ratio verlässt (vgl. Redder 2005).

8. Literatur

Amsler, M. (2000) The role of linguistics in early medieval education. In: Auroux, S. / Koerner, E. F. K. / Niederehe, H.-J. / Versteegh, K. (Hg.) Geschichte der Sprachwissenschaften. Ein internationales Handbuch zur Entwicklung der Sprachforschung von den Anfängen bis zur Gegenwart. 1. Teilband. [HSK 18.1]. Berlin, New York: de Gruyter, 532–540

Apollonios Dyskolos (1878 ff.) Apollonii Dyscoli quae supersunt. Schneider, R., Uhlig, G. (Hg.) Leipzig: Teubner. Nachdruck Hildesheim: Olms

Arens, H. (2000) Sprache und Denken bei Aristoteles. In: Auroux, S. / Koerner, E. F. K. / Niederehe, H.-J. / Versteegh, K. (Hg.) Geschichte der Sprachwissenschaften. Ein internationales Handbuch zur Entwicklung der Sprachforschung von den Anfängen bis zur Gegenwart. 1. Teilband. [HSK 18.1]. Berlin, New York: de Gruyter, 367–375

Arnim, J. von (1905–1924) Stoicorum veterum fragmenta. 4 Bände. Leipzig: Teubner

Auroux, S. (1988) Les critères de definition des parties du discours. In: Langages 92, 109–112

Auroux, S. (1992) (Hg.) Histoire des idées linguistiques. Bd. II: Le développement de la grammaire occidentale. Liège, Bruxelles: Mardaga

Auroux, S. / Koerner, E. F. K. / Niederehe, H.-J. / Versteegh, K. (Hg.) Geschichte der Sprachwissenschaften. Ein internationales Handbuch zur Entwicklung der Sprachforschung von den Anfängen bis zur Gegenwart. 1. Teilband. [HSK 18.1]. Berlin, New York: de Gruyter

Ax, W. (1991) Sprache als Gegenstand der alexandrinischen und pergamenischen Philologie. In: Schmitter, P. (Hg.) Sprachtheorien der abendländischen Antike. Tübingen: Narr, 275–301

Baratin, M. (1991) Aperçu de la linguistique stoïcienne. In: Schmitter, P. (Hg.) Sprachtheorien der abendländischen Antike. Tübingen: Narr, 193–216

Basset, L. / Pèrennec, M. (Hg.) (1994) Les classes de mots: Traditions et perspectives. Lyon: Presses Universitaires de Lyon

Baumgartner, H. M. (1971) Art. „Accidens praedicabile". In: Ritter, J. u. a. (Hg.) Historisches Wörterbuch der Philosophie. Band 1. Darmstadt: Wissenschaftliche Buchgesellschaft, 72 f.
Bergenholtz, H./Schaeder, B. (1977) Die Wortarten des Deutschen. Stuttgart: Klett.
Blank, D. L. (2000) The organization of grammar in ancient Greece In: Auroux, S./Koerner, E. F. K./Niederehe, H.-J./Versteegh, K. (Hg.) Geschichte der Sprachwissenschaften. Ein internationales Handbuch zur Entwicklung der Sprachforschung von den Anfängen bis zur Gegenwart. 1. Teilband. [HSK 18.1]. Berlin, New York: de Gruyter, 400–417
Booij, G./Lehmann, C./Mugdan, J. (Hg.) (2000) Morphologie. Ein internationales Handbuch zur Flexion und Wortbildung. 1. Halbband [HSK 17.1]. Berlin, New York: de Gruyter
Borsche, T. (1991) Platon. In: Schmitter, P. (Hg.) Sprachtheorien der abendländischen Antike. Tübingen: Narr, 140–169
Brøndahl, V. (1948) Les parties du discours. Kopenhagen: Munskgaard
Bubeník, V. (2000) Variety of speech in Greek linguistics: The dialects and the koinè. In: Auroux, S./Koerner, E. F. K./Niederehe, H.-J./Versteegh, K. (Hg.) Geschichte der Sprachwissenschaften. Ein internationales Handbuch zur Entwicklung der Sprachforschung von den Anfängen bis zur Gegenwart. 1. Teilband. [HSK 18.1]. Berlin, New York: de Gruyter, 439–444
Desbordes, F. (2000) L'ars grammatica dans la période post-classique: le *Corpus grammaticorum latinorum*. In: Auroux, S./Koerner, E. F. K./Niederehe, H.-J./Versteegh, K. (Hg.) Geschichte der Sprachwissenschaften. Ein internationales Handbuch zur Entwicklung der Sprachforschung von den Anfängen bis zur Gegenwart. 1. Teilband. [HSK 18.1]. Berlin, New York: de Gruyter, 466–474
Di Benedetto, V. (2002) Dionysius Thrax and the *Tékhnē Grammatikē*. In: Auroux, S./Koerner, E. F. K./Niederehe, H.-J./Versteegh, K. (Hg.) Geschichte der Sprachwissenschaften. Ein internationales Handbuch zur Entwicklung der Sprachforschung von den Anfängen bis zur Gegenwart. 1. Teilband. [HSK 18.1]. Berlin, New York: de Gruyter, 394–400
Dionysios Thrax (1883) Dionysii Thracis Ars Grammatica. Uhlig, G. (Hg.) Grammatici Graeci VI.I,1 Leipzig: Teubner. Nachdruck Hildesheim: Olms
Donatus (1864) Probi Donati Servii qui feruntur de arte grammatica libri. Keil, H. (Hg.) Grammatici Latini IV. Leipzig: Teubner; vgl. auch http//:www.fh-augsburg.de/~harsch/Chronologia/Lpot04/Donatus/don_amin.html
Eggs, E. (1996) Art. „Grammatik". In: Historisches Wörterbuch der Rhetorik. Bd. 3: Eup – Hör. Hg. v. G. Ueding. Tübingen: Niemeyer, Sp. 1030–1112
Egli, U. (1987) Stoic Syntax and Semantics. In: Taylor, D. J. (ed.): The History of Linguistics in the Classical Period. Amsterdam: Benjamins, 107–132

Ehlich, K. (1979) Verwendungen der Deixis beim sprachlichen Handeln. Linguistisch-philologische Untersuchungen zum hebräischen deiktischen System. 2 Bände. Frankfurt am Main u. a.: Lang

Ehlich, K. (1990) ‚Textsorten' – Überlegungen zur Praxis der Kategorienbildung in der Textlinguistik. In: Mackeldey, R. (Hg.) Textsorten/Textmuster in der Sprech- und Schriftkommunikation. Leipzig: Universität, 17–30

Ehlich, K. (2002) Analytische Sedimente. In: Peschel, C. (Hg.) Grammatik und Grammatikvermittlung. Frankfurt am Main: Lang, 65–80

Ehlich, K. (2004) dābār und logos. In: Trabant, J. (Hg.) Sprache der Geschichte. München: Oldenbourg, 27–39

Evans, N. (2000) Word classes in the world's languages. In: Booij, G./Lehmann, C./Mugdan, J. (Hg.) Morphologie. Ein internationales Handbuch zur Flexion und Wortbildung. 1. Halbband [HSK 17.1]. Berlin, New York: de Gruyter, 708–732

Glinz, H. (1947) Geschichte und Kritik der Lehre von den Satzgliedern in der deutschen Grammatik. Bern: Büchler & Co

Grimm, J./Grimm, W. (1960) Art. „Wortart". In: Deutsches Wörterbuch. Vierzehnter Band, II. Abteilung: WILB – YSOB. Bearb. v. L. Sütterlin und den Arbeitsstellen des Deutschen Wörterbuchs zu Berlin und Leipzig. Leipzig: Hirzel, Sp. 1545 f.

Grimm, J./Grimm, W. (1960) Art. „Wortgruppe". In: Deutsches Wörterbuch. Vierzehnter Band, II. Abteilung: WILB – YSOB. Bearb. v. L. Sütterlin und den Arbeitsstellen des Deutschen Wörterbuchs zu Berlin und Leipzig. Leipzig: Hirzel, Sp. 1581 f.

Grimm, J./Grimm, W. (1960) Art. „Wortklasse". In: Deutsches Wörterbuch. Vierzehnter Band, II. Abteilung: WILB – YSOB. Bearb. v. L. Sütterlin und den Arbeitsstellen des Deutschen Wörterbuchs zu Berlin und Leipzig. Leipzig: Hirzel, Sp. 1588 f.

Guder, A. (1997) Sprachwissenschaftliche Terminologie im Deutschunterricht der Volksrepublik China. In: Ehlich, K./Redder, A. (Hg.) Schnittstelle Didaktik. Materialien Deutsch als Fremdsprache 45, Regensburg: FaDaF, 5–36

Holtz, L. (1981) (Hg.) Donat et la tradition de l'enseignement grammatical. Etude sur l'Ars Donati et sa diffussion (IVe–IXe) et édition critique. Paris: CNRS

Hülser, K. (1987) Die Fragmente zur Dialektik der Stoiker. 4 Bände. Stuttgart-Bad Cannstatt: Fromann-Holzboog

Kaltz, B. (1983) Zur Wortartenproblematik aus wissenschaftlicher Sicht. Hamburg: Buske

Kaltz, B. (1996) Syntaxtheoretische Ansätze in französischen und deutschen Grammatiken des 16. bis 19. Jahrhunderts. In: Schmitter, P. (Hg.) Sprachtheorien der Neuzeit II: Von der Grammaire de Port-Royal (1660) zur Konstitution moderner linguistischer Disziplinen. Tübingen: Narr, 319–351

Kaltz, B. (2000) Wortartensysteme in der Linguistik. In: Booij, G./Lehmann, C./Mugdan, J. (Hg.) Morphologie. Ein internationales Hand-

buch zur Flexion und Wortbildung. 1. Halbband [HSK 17.1]. Berlin, New York: de Gruyter, 693–707
Kemp, A. (1987) The *Tekhnē Grammatikē* of Dionysius Thrax: English Translation with Introduction and Notes. In: Taylor, D. J. (ed.): The History of Linguistics in the Classical Period. Amsterdam: Benjamins, 169–189
Kluge, Fr. (1989) Etymologisches Wörterbuch der deutschen Sprache, völlig neu bearbeitet von Seebold, E. Berlin, New York: de Gruyter
Kneepkens, C. H. (2000) Linguistic description and analysis in the Late Middle Ages. In: Auroux, S./Koerner, E. F. K./Niederehe, H.-J./Versteegh, K. (Hg.) Geschichte der Sprachwissenschaften. Ein internationales Handbuch zur Entwicklung der Sprachforschung von den Anfängen bis zur Gegenwart. 1. Teilband. [HSK 18.1]. Berlin, New York: de Gruyter, 560–565
Knobloch, C. (1988) Wortarten und Satzglieder in der deutschen Grammatik zwischen Adelung und Becker. In: Ders. (Hg.) Die Sprache als Technik der Rede: Beiträge zu einer Linguistik des Sprechens. Frankfurt am Main usw.: Lang, 89–130
Knobloch, C. (1990) Wortarten und Satzglieder. Theoretische Überlegungen zu einem alten Problem. In: Beiträge zur Geschichte der deutschen Sprache und Literatur 112, 173–199
Knobloch, C./Schaeder, B. (2000) Kriterien für die Definition von Wortarten. In: Booij, G./Lehmann, C./Mugdan, J. (Hg.) Morphologie. Ein internationales Handbuch zur Flexion und Wortbildung. 1. Halbband [HSK 17.1]. Berlin, New York: de Gruyter, 674–692
Kürschner, W. (1987) Probleme beim Übersetzten von antiken Grammatiken. In: Abraham, W./Århammar, R. (Hg.) Linguistik in Deutschland. Akten des 21. Linguistischen Kolloquiums, Groningen 1986. Tübingen: Niemeyer, 387–403
Lallot, J. (1988) Origines et développements de la théorie des parties du discours en Grèce. In: Langages 92, 11–23
Lambert, F. (2002) La linguistique grecque chez les alexandrins: Aristophane de Byzance et Aristarque. In: Auroux, S./Koerner, E. F. K./Niederehe, H.-J./Versteegh, K. (Hg.) Geschichte der Sprachwissenschaften. Ein internationales Handbuch zur Entwicklung der Sprachforschung von den Anfängen bis zur Gegenwart. 1. Teilband. [HSK 18.1]. Berlin, New York: de Gruyter, 385–394
Lecointre, N. (2000) Les transformations de l'héritage médiéval dans l'Europe du XVIIe siècle. In: Auroux, S./Koerner, E. F. K./Niederehe, H.-J./Versteegh, K. (Hg.) Geschichte der Sprachwissenschaften. Ein internationales Handbuch zur Entwicklung der Sprachforschung von den Anfängen bis zur Gegenwart. 1. Teilband. [HSK 18.1]. Berlin, New York: de Gruyter, 1002–1008
Leiss, E. (2007) Die Theorie der Wortarten in der Universalgrammatik des späten Mittelaters (Modisten) und ihre aktuelle Relevanz. München: mimeo
Levin, A. (2000) Sībawayhi. In: Auroux, S./Koerner, E. F. K./Niederehe, H.-J./Versteegh, K. (Hg.) Geschichte der Sprachwissenschaften. Ein in-

ternationales Handbuch zur Entwicklung der Sprachforschung von den Anfängen bis zur Gegenwart. 1. Teilband. [HSK 18.1]. Berlin, New York: de Gruyter, 252–263

Long, A. A./Sedley, D. N. (1987) The Hellenic Philosophers. 2 Bände. Cambridge: University Press

Loukine, O. W. (1999) Redeteil-Theorie zwischen formaler Logik und Sprachtypologie. In: Indogermanische Forschungen. Zeitschrift für Indogermanistik und allgemeine Sprachwissenschaft 104, 1–22

Luhtala, A. (2000) Linguistics and theology in the Early Medieval West. In: Auroux, S./Koerner, E. F. K./Niederehe, H.-J./Versteegh, K. (Hg.) Geschichte der Sprachwissenschaften. Ein internationales Handbuch zur Entwicklung der Sprachforschung von den Anfängen bis zur Gegenwart. 1. Teilband. [HSK 18.1]. Berlin, New York: de Gruyter, 510–525

Matthaios, S. (1999) Untersuchungen zur Grammatik Aristarchs: Texte und Interpretationen zur Wortartenlehre. Göttingen: Vandenhoeck & Ruprecht

Naumann, B. (1986) Grammatik der deutschen Sprache zwischen 1781 und 1856: Die Kategorien der deutschen Grammatik in der Tradition von Johann Werner Meiner und Johann Christoph Adelung. Berlin: Schmidt

Nowak, E. (1994) From the Unity of Grammar to the Diversity of Languages. Language Typology around 1800. In: Beiträge zur Geschichte der Sprachwissenschaft 4/1, 11–18

Nowak, E. (1999) Languages Different in All their Sounds ... Descriptive Approaches to Indigenous Languages of the Americas 1500–1850. Beiträge zum Studium der Sprachwissenschaft. Münster: Nodus

Nowak, E. (2005) A Mission for Grammar Writing. Early Approaches to Inuit (Eskimo) Languages. Berlin: Technische Universität, mimeo

Ossner, J. (1989) Wortarten: Form- und Funktionsklassen. Unter besonderer Berücksichtigung ihrer Behandlung in neueren Grammatiken. In: Zeitschrift für Literaturwissenschaft und Linguistik 76, 94–117

Paul, H. (1992) Deutsches Wörterbuch. 9. Aufl. Tübingen: Niemeyer

Pauly (1979) Der Kleine Pauly. Lexikon der Antike. Auf der Grundlage von Pauly's Realencyclopädie der classischen Altertumswissenschaft ... herausgegeben von K. Ziegler und W. Sontheimer. 5 Bände (zitiert als Pauly I ff.) München: dtv

Pinborg, J. (1967) Die Entwicklung der Sprachtheorie im Mittelalter. Münster/København: Aschendorff/Frost-Hanssen

Priscian (1859) Prisciani Grammatici caesariensis Institutionum Grammaticarum Libri XVIII, Hertz, M. (Hg.) Grammatici Latini II–III. Leipzig: Teubner

Pohlenz, M. (1939) Die Begründung der abendländischen Sprachlehre durch die Stoa. In: Nachrichten von der Gesellschaft der Wissenschaften zu Göttingen. Philologisch-Historische Klasse. Fachgruppe I: Altertumswissenschaft. Neue Folge, Bd. III, 6. Göttingen: Vandenhoeck & Ruprecht, 151–198

Pohlenz, M. (1948) Die Stoa. Geschichte einer geistigen Bewegung. Göttingen: Vandenhoeck & Ruprecht. 4. Aufl. 1970

Redder, Angelika (2005) Wortarten oder sprachliche Felder, Wortartenwechsel oder Feldtransposition? In: Knobloch, C. & Schaeder, B. (Hg.) Wortarten und Grammatikalisierung. Berlin: de Gruyter, 43–66

Robins, R. H. (1966) The Development of the Word Class System of the European Grammatical Tradition. In: Foundations of Language 2, 2–19

Robins, R. H. (1986) The *techne grammatike* of Dionysius Thrax in its Historical Perspective: The Evolution of the Traditional European Word Class System. In: Swiggers, P. / Van Hoecke, W. (Hg.) Mot et Parties du Discours. Leuven: Leuven University Press, 9–37

Robins, R. H. (2000a) Classical Antiquity. In: Booij, G. / Lehmann, C. / Mugdan, J. (Hg.) Morphologie. Ein internationales Handbuch zur Flexion und Wortbildung. 1. Halbband [HSK 17.1]. Berlin, New York: de Gruyter, 52–67

Robins, R. H. (2000b) Greek linguistics in the Byzantine Period. In: Auroux, S. / Koerner, E. F. K. / Niederehe, H.-J. / Versteegh, K. (Hg.) Geschichte der Sprachwissenschaften. Ein internationales Handbuch zur Entwicklung der Sprachforschung von den Anfängen bis zur Gegenwart. 1. Teilband. [HSK 18.1]. Berlin, New York: de Gruyter, 417–423

Schenkeveld, D. M. (2000) The impact of language studies on Greek society and education. In: Auroux, S. / Koerner, E. F. K. / Niederehe, H.-J. / Versteegh, K. (Hg.) Geschichte der Sprachwissenschaften. Ein internationales Handbuch zur Entwicklung der Sprachforschung von den Anfängen bis zur Gegenwart. 1. Teilband. [HSK 18.1]. Berlin, New York: de Gruyter, 430–438

Schmidt-Riese, R. (2004) Reducere ad artem. Zur Transformation grammatischer Kategorien am Diskursort Mission. Spanische, portugiesische und französische Amerindia 1547–1700. München, LMU mimeo (Habilitationsschrift)

Schmitter, P. (Hg.) (1991) Sprachtheorien der abendländischen Antike. 2. Aufl. 1996 (Geschichte der Sprachtheorie 2) Tübingen: Narr

Schmitter, P. (Hg.) (1996) Sprachtheorien der Neuzeit II: Von der Grammaire de Port-Royal (1660) zur Konstitution moderner linguistischer Disziplinen (Geschichte der Sprachtheorie 5). Tübingen: Narr

Schmitter, P. (2000) Sprachbezogene Reflexionen im frühen Griechenland. In: Auroux, S. / Koerner, E. F. K. / Niederehe, H.-J. / Versteegh, K. (Hg.) Geschichte der Sprachwissenschaften. Ein internationales Handbuch zur Entwicklung der Sprachforschung von den Anfängen bis zur Gegenwart. 1. Teilband. [HSK 18.1]. Berlin, New York: de Gruyter, 345–366

Sluiter, I. (1990) Ancient Grammar in Context: Contributions to the study of ancient linguistic thought. Amsterdam: VU University Press

Sluiter, I. (2000): Language and thought in Stoic philosophy. In: Auroux, S. / Koerner, E. F. K. / Niederehe, H.-J. / Versteegh, K. (Hg.) Geschichte der Sprachwissenschaften. Ein internationales Handbuch zur Entwicklung der Sprachforschung von den Anfängen bis zur Gegenwart. 1. Teilband. [HSK 18.1]. Berlin, New York: de Gruyter, 375–385

Swiggers, P. (1997) Histoire de la pensée linguistique. Analyse du langage et réflexion linguistique dans la culture occidentale, de l'Antiquité au XIXe siècle. Paris: Presses Universitaires de France

Swiggers, P. / Van Hoecke, W. (Hg.) (1986) Mot et Parties du Discours. Leuven: Leuven University Press
Taylor, D. J. (1987) (Hg.) The History of Linguistics in the Classical Period. Amsterdam: Benjamins
Taylor, D. J. (1991) Roman Language Science. In: Schmitter, P. (Hg.) Sprachtheorien der abendländischen Antike. Tübingen: Narr, 334–352.
Taylor, D. J. (2000) Varro and the origin of Roman linguistic theory and practice. In: Auroux, S. / Koerner, E. F. K. / Niederehe, H.-J. / Versteegh, K. (Hg.) Geschichte der Sprachwissenschaften. Ein internationales Handbuch zur Entwicklung der Sprachforschung von den Anfängen bis zur Gegenwart. 1. Teilband. [HSK 18.1]. Berlin, New York: de Gruyter, 455–458
Versteegh, K. (1987) Latinitas, Hellenismus, ʿArabiyya. In: Taylor, D. J. (ed.): The History of Linguistics in the Classical Period. Amsterdam: Benjamins, 251–274
Vogel, P. (2007) Universalität von Wortarten. (in diesem Band → B3)
Weidemann, H. (1991) Grundzüge der Aristotelischen Sprachtheorie. In: Schmitter, P. (Hg.) Sprachtheorien der abendländischen Antike. Tübingen: Narr, 170–192

Für Harald Weinrich
zum 80. Geburtstag
Konrad Ehlich (München / Berlin)

B3 Universalität von Wortarten

1. Einleitung
2. Kardinale Wortartensysteme
3. Weitere Überlegungen zu den Wortartensystemen
4. Wortartensysteme und Grammatikalisierung
5. Literatur
6. Abkürzungen

1. Einleitung

Noch bis in die zweite Hälfte des 20. Jahrhunderts wurde die Universalität der aus der Antike ererbten Wortarten im Prinzip unhinterfragt akzeptiert, v.a. in Bezug auf die kardinale Unterscheidung Nomen vs. Verb. Erst als man sich aus typologischer Sicht verstärkt mit der Struktur „exotischer", insbesondere nicht-indoeuropäischer, Sprachen zu beschäftigen begann, musste man erkennen, dass das Wortartenkonzept komplexer war als ursprünglich angenommen. In den traditionellen Wortarten ist nämlich ein Bündel semantischer, morphologischer und syntaktischer Eigenschaften auf eine spezifische Weise „gepackt", das sich nicht im Verhältnis 1:1 auf jede beliebige andere Sprache übertragen lässt, so dass es aufgelöst und eventuell anders „geknotet" werden muss. Erschwerend kommt hinzu, dass sowohl der Begriff „Wortart(en)" als auch die Termini für die einzelnen Wortarten selbst, also Substantiv, Verb, Adjektiv usw., an diese „Bündelung" geknüpft sind und damit ohne weitere Spezifizierung oder Modifikation im Zusammenhang mit anderen Sprachen irreführend sein können.

Unbestritten ist wahrscheinlich, dass es universale semantische Konzepte gibt, die wiederum prototypische Mitglieder haben, was durch die kognitive Erfassung der Welt durch den Menschen bedingt ist. Anward (2001: 727) gibt einen Überblick über diese semantisch-kognitive Strukturierung, indem er die Aristotelischen Kategorien mit den in Wierzbicka (1996) dargestellten Konzepten verknüpft:

Person / Thing: I, you, someone, something, people
Event: do, happen, think, say, know, feel, want
Place: where, above / under, this
Time: when, after / before
Relation: because, if / would, can / may; kind of, have parts; like; the same, other

Property: good, bad, big small
Quantity: no; one, two, many / much / very, all

Wierzbicka (1996) geht sogar so weit anzunehmen, dass es sich dabei nicht nur um semantische Primitiva, sondern sogar um lexikalische Universalen handele, d. h. dass jedes dieser Konzepte in jeder Sprache als eigenes Element existiere. Dass aber noch nicht einmal das zutrifft, zeigt sich z. B. im Hausa (Tschadisch), wo zwar das ‚bad'-Konzept als ein Wort lexikalisiert ist, das ‚good'-Konzept muss jedoch als Präpositionalphrase mit abstraktem Substantiv wiedergegeben werden: *da kyau* ‚with that.which.delights.the.eye' (Evans 2001: 715).

Aus linguistischer Sicht sind also nicht so sehr die semantischen Konzepte als solche interessant, sondern vielmehr, wie sie sich mit sprachlichen Mitteln, d. h. auf der Ebene von Morphologie und Syntax, manifestieren. Oder umgekehrt, wie viele und welche rein sprachlichen Kategorisierungen sich, auch unabhängig von semantischen Konzepten, aus typologischer oder Einzelsprachsicht beobachten lassen. In jedem Fall darf man nicht von vornherein davon ausgehen, dass alle Sprachen ein System besitzen, das der traditionellen, auf der antiken Grammatiktradition fußenden, Wortartenunterscheidung entspricht.

Im Folgenden wird dargestellt, welche Wortartensysteme sich auf der rein sprachlichen Ebene aus typologischer Sicht ergeben können. Dabei stehen die vier Wortarten, bzw. die entsprechenden Äquivalente, Nomen (Substantiv), Verb, Adjektiv und Eigenschaftsadverb (engl. *manner adverb*) im Vordergrund. Hinzu kommt, dass in vielen Sprachen der primäre, d. h. nicht mit Hilfe anderer Wortarten gebildete, Adjektiv- und Adverbbestand klein und geschlossen ist (zur Klasse Adjektiv siehe v. a. Dixon 1977). Die anderen traditionellen Wortarten sind grundsätzlich klein und geschlossen und können meist als Untergruppen anderer Wortarten betrachtet werden. Personalpronomina gehören im Allgemeinen zu den Substantiven, außer dass dort außer Kasus und Numerus auch Person und sozialer Status hinzukommen. Die minimale Ausstattung scheint dabei 1. und 2. Person zu sein wie in der Papua Neuguinea-Sprache Golin (Anward 2001: 729; s. a. oben zur Kategorie *Person/Thing*). Auch Numeralia stellen in den meisten Sprachen Subklassen von Substantiven oder von Substantiven und Adjektiven dar. Andere als Personalpronomina sowie Artikel gehören ebenfalls zu den Adjektiven. Anward (2001: 728 f.) fasst, abgesehen von Interjektionen, alles außer Verben, Substantiven und Personalpronomina zu einer großen Gruppe „modifier" zusammen, zu denen er neben Adverbien, Demonstrativa, Numeralia und Adjektiven auch Adpositionen und Konjunktionen ordnet.

root, situation	Interjection
predicate, event	Verb
predicate modifier, place	Adverb, Adposition, Conjunction
predicate modifier, time	Adverb, Adposition, Conjunction
predicate modifier, relation	Adverb, Adposition, Conjunction
predicate modifier, property	Adverb
argument modifier, place	Demonstrative
argument modifier, property	Adjective
argument modifier, quantity	Quantifier, Numeral
argument, person / thing	Pronoun, Noun

2. Kardinale Wortartensysteme

Noch 1985 ist Schachter (ebd. 3) der Meinung, dass es grundsätzlich in jeder Sprache mehrere „parts of speech" gäbe, d.h. „the major classes of words that are grammatically distinguished in a language". In jedem Falle, so postuliert er, würden mindestens zwei Wortartenkategorien existieren, denn „[t]he distinction between *nouns* and *verbs* is one of the few apparently universal parts-of-speech distinctions." (ebd. 6 f.). Darüber hinaus räumt er allerdings ein: „While all languages make parts-of-speech distinctions, there are rather striking differences between languages with regard to both the kind and the number of such distinctions that they make."

Der Aussage, dass es in allen Sprachen zumindest zwei Wortarten gäbe, widersprechen in den 90er Jahren aber andere Linguisten, allen voran Hengeveld (1992) und Sasse (1993a).

Hengeveld entwirft dabei ein Schema verschiedener Wortartensysteme, das sich an vier syntaktischen Kategoriendistinktionen orientiert, nämlich Head of predicate phrase, Head of referential phrase sowie Modifier of head of referential phrase und Modifier of head of predicate phrase (Hengeveld / Rijkhoff 2005: 406 f.). Dies entspricht bei Croft (z.B. 1990: 142) drei „discourse functions", nämlich „predication", „reference" und „modification". Sasse

(1993b: 651) hält fest, dass es sich zwar um „discourse functions" handele, die sich aber natürlich in syntaktischen Strukturen niederschlügen: „PREDICATION is that operation which allows a proposition to assume a self-contained linguistic form, a sentence. [...] REFERENCE is that operation which enables us to speak about specific objects [...] ATTRIBUTION is that operation by which we can combine concepts into more specifically modified ones."

Die Lexeme werden nun von Hengeveld hinsichtlich ihres Erscheinens in diesen syntaktischen Funktionen klassifiziert. Wenn die Mehrheit der Lexeme in zwei, drei oder gar vier der syntaktischen Funktionen auftauchen kann, liegt ein flexibles Wortartensystem vor. Die jeweiligen Lexeme sind also syntaktisch gesehen multifunktional und von einem Wortartwechsel qua Konversion oder Null-Derivation zu sprechen,[1] wäre unsinnig.

		Head of predicate phrase	Head of referential phrase	Modifier of head of referential phrase	Modifier of head of predicate phrase	
Flexible PoS systems	Type 1	contentive				Tongan
	Type 2	verb	non-verb			Quechua
	Type 3	verb	noun	modifier		Dutch

Tabelle 1: Flexible Wortartensysteme
    (Hengeveld / Rijkhoff 2005: 407, Hengeveld 1992: 69)

Auch semantisch gesehen sind die Lexeme ambig, ihre Spezifizierung erfolgt erst im konkreten syntaktischen Kontext. Broschart (1997: 158) spricht hier in Bezug auf Tonga auch von einer „type / token-language", in der der Unterschied zwischen unspezifizierten „lexical types" and syntaktisch spezifizierten „phrasal tokens" dominiert.

Neben den flexiblen Wortartensystemen stehen nach Hengeveld Sprachen mit rigiden Wortartensystemen. In rigiden Wortartensystemen ist eine Gruppe von Lexemen in traditioneller Weise jeweils auf eine einzige syntaktische Funktion beschränkt. Das Besondere ist allerdings, dass es nicht unbedingt vier unabhängige Konstruktionen für die vier syntaktischen Funktionen geben muss (Hengeveld

---

[1] Jüngst sogar „zero conversion" (‚Null-Konversion') (Evans / Osada 2005: 273).

spricht hier 1992: 69 noch von „Specialized parts-of-speech systems"). Im Extremfall kann auch nur eine Funktion Prädikation vorliegen, wie in einigen nordamerikanischen Indianersprachen, z. B. Tuscarora (Nord-Amerindisch). Die Diskursfunktionen Referenz und Modifikation kommen dann mit morphologischen Mitteln innerhalb der vorhandenen zum Ausdruck.

		Head of predicate phrase	Head of referential phrase	Modifier of head of referential phrase	Modifier of head of predicate phrase	
Rigid PoS systems	Type 4	verb	noun	adjective	adverb	English[2]
	Type 5	verb	noun	adjective		Wambon
	Type 6	verb	noun			!Xū/Hausa
	Type 7	verb				Tuscarora

Tabelle 2: Rigide Wortartensysteme
(Hengeveld / Rijkhoff 2005: 407 und Hengeveld 1992: 69)

Im Hinblick auf Typ 1 und Typ 7 kann es also auch nur eine einzige Wortart in einer Sprache geben, weshalb Hengeveld / Rijkhoff (2005: 406) davon ausgehen, „that there are no languages ‚without word classes' [...]. As a matter of fact, we believe that all natural languages have at least one lexical word class."

Das ist wie gesagt dann der Fall, wenn entweder alle bzw. der Großteil der Lexeme in allen syntaktischen Funktionen erscheinen können (flexibles Wortartensystem Typ 1) oder wenn es nur eine einzige syntaktische Funktion gibt (rigides Wortartensystem Typ 7).

Obwohl also im extremen Fall sowohl Tonga (Austronesisch) als auch Tuscarora (Nord-Amerindisch; Irokesisch) nur eine einzige Kategorie aufweisen, unterscheiden sie sich doch dahingehend, dass im Tonga vier, im Tuscarora aber nur eine syntaktische Funktion vorliegt. In den nachfolgenden Beispielen (Hengeveld 1992: 66 f.) werden im Übrigen absichtlich keine Übersetzungen der einzelnen Lexeme zu Beginn gegeben, da die Bedeutung ambig ist und mit der jeweiligen Übersetzung ins Englische, das ein anderes Wortartensystem aufweist, wechselt.

---

[2] Zum Englischen s. noch genauer Abschnitt 4.

Tonga

(i) *si'i* als Head of predicate phrase
Na'e   si'i   'ae   akó.
PAST   small   ABS   school:DEF
‚The school was small.'

(ii) *si'i* als Head of referential phrase
'i   'ene   si'i
in   POSS.3.SG   childhood.DEF
‚in his / her childhood'

(iii) *si'i* als Modifier of head of referential phrase
Na'e   ako   'ae   tamasi'i   si'i   iate   au.
PAST   study   ABS   child   little LOC   1.SG
‚The little child studies at my house.'

(iv) *si'i* als Modifier of head of predicate phrase
Na'e   ako   si'i   ,'ae   tamasi'i.
PAST   study   little ABS   child.DEF
‚The child studied little.'

Tuscarora

(i) *ra-kwá:tihs*
M.SBJ-young
‚boy' ([lit.] ‚He is young.')

(ii) *ka-téskr-ahs*
N.SBJ-stink-IMPF
‚goat' ([lit.] ‚It stinks'.)

(iii) *tá:ko:* Θ   *kv -he?*
cat   N.SBJ-dead
‚the dead cat' / ‚The cat is dead.' ([lit.] ‚(It is a) cat, it is dead.')

Am Beispiel des Tonga mit flexiblem Wortartensystem sehen wir außerdem deutlich, dass, obwohl mit *si'i* semantisch-kognitiv das prototypische Eigenschaftslexem *klein* vorliegt (s. oben die Aufstellung von Wierzbicka), dies letztendlich nichts darüber aussagt, ob und in wieviel anderen syntaktischen Funktionen und Bedeutungen das jeweilige Element noch auftauchen kann.

Einen Schritt weiter weisen zwar nach Hengeveld sowohl Quechua (Andisch; Typ 2) als auch Hausa (Tschadisch; Typ 6) zwei Wortarten, Verb und Non-Verb bzw. Verb und Nomen, auf. Aber während Quechua vier syntaktische Funktionen differenziert, auch wenn drei von ein und derselben Lexemgruppe besetzt werden können, hat Hausa wiederum nur zwei syntaktische Funktionen.

Quechua (Hengeveld 1992: 63)
(i) *alkalde / hatun* als Head of referential phrase
    Rikaška: *alkalde-ta.*
    see.PAST.1.SG mayor-ACC
    ‚I saw the mayor.'

    Rikaška: *hatun-ta.*
    see.PAST.1.SG big-ACC
    ‚I saw the big one.'

(ii) *alkalde / hatun* als Modifier of head of referential phrase
    chay   *alkalde*   *runa*
    DEM   mayor   man
    ‚that man who is mayor' [eigentlich: ‚that mayorly man']

    chay   *hatun*   *runa*
    DEM   big   man
    ‚that big man'

Hausa (ebd. 66)
Besitzanzeigende Präpositionalphrase mit Nomina als Ersatz für Modifier of head of referential phrase
    mutum   *mai*   *alheri / arziki / hankali*
    person   PROPR   kindness / prosperity / intelligence
    ‚a kind / prosperous / intelligent person'

Auch Niederländisch (Typ 3) und Wambon (Trans Neu Guinea; Typ 5) ähneln sich insofern, als hier drei Wortarten vorliegen, im ersten Fall teilen sich jedoch die beiden Modifierfunktionen eine Lexemgruppe, während im Wambon die Funktion eines modalen Adverbiales im der Prädikation aufgeht.

Niederländisch (ebd. 65)
(i) *mooi* als Modifier of head of referential phrase
    een   *mooi*   *kind*
    INDEF beautiful child
    ‚a beautiful child'

(ii) *mooi* als Modifier of head of predicate phrase
    Het   *kind*   *dans-t*   *mooi.*
    DEF   child   dance-PRES.3.SG beautifully
    ‚The child dances beautifully.'

Wambon (ebd.)
Mediale Verben als Ersatz für Modifier of head of predicate phrase
Jakhov-e   matet-mo   ka-lembo?
they-CONN   good-VR.SS   go-PAST.3.PL
‚Did they travel well?'

Im Gegensatz dazu hat Englisch nicht nur einen eigenen syntaktischen Rahmen ‚modales Adverbiale', sondern auch Lexeme, die nur dafür „reserviert" sind (vgl. *well*) bzw. eine eigene Markierung *-ly* für Transfers aus der Adjektivklasse.

verb	noun	adjective / adverb		Dutch
verb	noun	adjective	adverb	English
verb	noun	adjective		Wambon

Tabelle 3: Adjektiv und Adverb (Hengeveld 1992: 65)

3. Weitere Überlegungen zu den Wortartensystemen

Zum selben Typ 6 wie Hausa wird von Hengeveld (1992: 63 f.) auch Mandarin Chinesisch (Sino-Tibetisch) gezählt.

		Head of predicate phrase	Head of referential phrase	Modifier of head of referential phrase	Modifier of head of predicate phrase
Rigides Wortartensystem	Type 6	verb	noun		

Tabelle 4: Mandarin Chinesisch

Rein syntaktisch verhalten sich Lexeme, die Eigenschaften repräsentieren, wie Verben (ebd.).

(i) „Geschehens"wort als Verb
Neige   nühaizi   liaojie.
DEM   girl   understand
‚That girl understands.'

(ii) „Eigenschafts"wort als Verb
 Neige   nühaizi   piaolang.
 DEM   girl   beautiful
 ‚That girl is beautiful.'

Zusätzlich argumentiert Hengeveld (ebd.) aber auch, dass es keine eigene syntaktische Funktion Modifier of head of referential phrase gäbe, als Ersatz wird eine Konstruktion mit Relativelement gewählt.

(i) Relativkonstruktion mit „Eigenschafts"wort
 piaolang   de   nühaizi
 beautiful   REL   girl
 ‚a beautiful girl'

(ii) Relativkonstruktion mit „Geschehens"wort
 liaojie   de   nühaizi
 understand   REL   girl
 ‚a girl who understands'

In Anbetracht der Tatsache, dass im Chinesischen aber ein Großteil der hier Verb bzw. Nomen genannten Lexeme in beiden syntaktischen Funktionen auftauchen können, gilt Ähnliches wie für Tonga. Es geht also auch bei den rigiden Sprachen nicht nur darum zu untersuchen, wieviele Funktionen syntaktisch verwirklicht sind, sondern gleichzeitig auch darum zu sehen, ob die verbliebenen Funktionen an eine bestimmte Lexemgruppe gebunden sind oder nicht.

Zusätzlich zu den flexiblen und den rigiden Wortartensystemen müsste also eine Spalte rigid-flexible Wortartensysteme eingefügt werden (in der folgenden Tabelle 5 Typ 8 und 9). Außerdem bezieht Hengeveld nicht die Möglichkeit mit ein, dass es, unabhängig von der syntaktischen Funktion, morphologische Klassen geben kann, auch wenn der syntaktischen Ebene im Allgemeinen Priorität zugewiesen wird (Robins 1965: 226, nach Sasse 1993b: 647). Darauf weist z.B. explizit Sasse (1993a: 200) hin, indem er die Frage nach der lexikalischen Kategoriendistinktion von der nach der syntaktischen Kategoriendistinktion trennt und gleichzeitig nach einer möglichen Korrelation fragt (s. Tabelle 6). Die meisten europäischen (indo-europäischen) Sprachen wie Deutsch und Englisch gehören Typ A an, da die beiden Kategoriendistinktionen in einem 1:1-Verhältnis stehen. Cayuga (das wie Tuscarora Typ C repräsentiert) hat zwar lexikalische Kategorien, aber die Frage nach einer Korrelation ist nicht anwendbar, da nur eine syntaktische Kategorie existiert.

		Head of predicate phrase	Head of referential phrase	Modifier of head of referential phrase	Modifier of head of predicate phrase	
Flexible PoS systems	Type 1	**contentive**				Tongan
	Type 2	verb	**non-verb**			Quechua
	Type 3	verb	noun	**modifier**		Dutch
Specialized	Type 4	verb	noun	adjective	adverb	English
Rigid PoS systems	Type 5	verb	noun	adjective		Wambon
	Type 6	verb	noun			!Xū/Hausa
	Type 7	verb				Tuscarora
Rigid / Flexible PoS systems	Type 8	verb	**non-verb**			?
	Type 9	**contentive**				Mand. Chin.

Tabelle 5: Um rigid-flexible Wortartensysteme erweitertes Schema

	LEX.KAT.DIST.	SYNT.KAT.DIST.	KORRELATION	
TYP A	ja	ja	ja	europ. Sprachen
TYP B	ja	ja	nein	Tagalog / [Tonga]
TYP C	ja	nein	nicht anwendbar	Cayuga
TYP D	nein	ja	nicht anwendbar	Tonga [?]

Tabelle 6: Lexikalische und syntaktische Kategoriendistinktionen

Man könnte auch sagen, die lexikalische Kategoriendistinktion ist für die Syntax irrelevant, da die jeweiligen Elemente syntaktisch vorkategorisiert sind.

Dabei trennt Sasse (1993a: 206 f.) im Hinblick auf die lexikalische Kategorisierung zwei Wurzeltypen R1 und R2, die sich bezüglich ihrer Verknüpfung mit Affixen unterscheiden. Dabei lassen sich R1- im Gegensatz zu R2-Wurzeln nur mit einem Affix der 3. Person Singular Neutrum und einem Stativ-Suffix verbinden, nicht jedoch mit TAM-, d.h. Tempus-, Aspekt- und Modus-Elementen.

Cayuga
(i) R1-Wurzeln
-nhoh- ‚Tür' > ka-nhóh-a' ‚es ist eine Tür'

(ii) R2-Wurzeln
-ahta'- ‚sattwerd-' > ak-áht'a-ǫh ‚ich bin satt'

Damit korreliert nun zwar eine semantische Unterscheidung in Objekte (R1) und (dynamische oder statische) Sachverhalte (R2), das schlägt sich jedoch nicht auf der syntaktischen Ebene nieder und auf der morphologischen Ebene liegt mit R1 eher eine Unterkategorie von R2 als eine eigene Klasse vor.

Für Typ B nennt Sasse (1993a: 200) Tagalog, für Typ D Tonga. Broschart (1997) zufolge hat aber auch Tonga eine lexikalische Kategorisierung, so dass es genau genommen zu C gezählt weden sollte. Typ D in seiner reinsten Form wird z.B. vom klassischen Chinesisch repräsentiert.

In Typ C, zu dem wir hier neben Tagalog also auch Tonga zählen, korreliert die lexikalische nicht mit der syntaktischen Kategorisierung. Die verschiedenen Affixe können im Prinzip mit Wörtern jeder semantischen Kategorie kombinieren, und sind in ihrer Anwendung nicht an bestimmte syntaktische Verwendungen gebunden. So charakterisiert das Suffix -Canga im Tonga lediglich „some sort of domain where something is or takes place" (Broschart 1997: 146).

Tonga
'api ‚home' + -Canga   > 'apitanga ‚homestead / headquarter'
pule ‚govern' + -Canga > pule'anga ‚institution of governing /
government'

Obwohl der Derivationsprozess aus semantischer Sicht zu einer Nicht-Aktivität und damit einem „Substantiv" führt, kann pule'anga aufgrund der Flexibilität des Tonga-Wortartensystems als Prädikation fungieren (ebd. 145):

Tonga
'oku   'ikai   ke   pule'anga
PRES   not   SUBJUNCT   government
‚It does not belong to the government.' (lit. ‚It is not that it government-s.')

Die Struktur entspricht genau der, in der auch ein „Geschehens"wort steht (ebd.):

'oku   'ikai   ke   pule
[PRES   not   SUBJUNCT   govern]
‚he does not rule'

Im Gegensatz zum Tonga sind Derivationen z. B. im Deutschen typischerweise an die syntaktische Funktion gebunden, d. h. ein Wort wie *Regierung* hat nur Argumentfunktion bzw. benötigt eine Kopula, um im Prädikat erscheinen zu können: *Das ist die Regierung.* Fälle von Stämmen, die ohne jegliche Affigierung in eine andere morphologische und syntaktische Kategorie wechseln können (z. B. *wechsel-* > *Wechsel*) stellen die Ausnahme dar und sollten deshalb aus systematischen Gründen als Null-Derivation eingestuft werden (Vogel 2000: 271).

Ein spezielles Problem ergibt sich schließlich mit Sprachen wie Türkisch, Ungarisch oder Ostkuschitisch (z. B. Somali) (Sasse 1993 b: 658). Hier sticht die morphosyntaktische Ambivalenz der Stämme hervor, die offensichtlich ohne spezifische „Transfer"affixe in „fremden" morphologischen und syntaktischen Kategorien erscheinen können bzw. die Flexionsaffixe fungieren gleichzeitig als wortartenwechselnde Elemente. So beschreibt Sasse (ebd.) speziell die ostkuschitischen Sprachen als solche, „that have a highly developed N–V distinction and an enormous number of ambivalent roots". Nach den bisherigen Ausführungen bleibt jedoch nichts anderes übrig, als auch solchen Sprachen ein flexibles Wortartensystem zuzuweisen, auch wenn dies, zugegebenermaßen, nicht ganz befriedigend ist.

Häufig sind historische Gründe für solche Abweichungen von den kardinalen Wortartensystemen verantwortlich, wobei sich eine Sprache dann gerade von einem zu einem anderen Kardinalpunkt bewegt. Denkbar wäre zum Beispiel, dass eine Überproduktion von Derivationsaffixen zu deren Einordnung als Flexionselemente führt, woraus sich automatisch Stammambivalenz ergibt. Ein solcher Fall liegt wahrscheinlich auch mit den indo-europäischen Partizipialaffixen vor, die historisch der Adjektivderivation dienten. Da aber jedes Verb Partizipien bilden kann, sind sie heute im Allgemeinen gleichzeitig ins Verbalparadigma eingeordnet, was zu der leidigen Frage nach ihrem Wortartenstatus führt (und zu der bisweiligen Bezeichnung „Mittelwort"). Im nachfolgenden Abschnitt soll u. a. auch noch genauer auf Probleme mit Wortarten aufgrund historischer Prozesse eingegangen werden.

4. Wortartensysteme und Grammatikalisierung

Im Prinzip ist also die wesentliche Frage, ob Lexeme/Stämme an eine bestimmte syntaktische Funktion gebunden sind oder nicht. Falls ja, kann man nach Vogel (2000) von einer grammatikalisierten Wortart bzw. abhängig von der Menge der grammatikalisierten Wortarten, von maximal bis minimal grammatikalisierten Wortartensystemen sprechen. Im (erweiterten) Hengeveld-Schema befinden sich die am stärksten grammatikalisierten Wortartensysteme in der Mitte, die am wenigsten bis gar nicht grammatikalisierten am oberen bzw. unteren Rand.

	Lexeme syntaktisch gebunden?	Head of predicate phrase	Head of referential phrase	Modifier of head of referential phrase	Modifier of head of predicate phrase	
Flexible PoS systems	Type 1 nein	contentive				Tongan
	Type 2 ja	verb	non-verb			Quechua
	Type 3 ja	verb	noun	modifier		Dutch
Specialized	Type 4 ja	verb	noun	adjective	adverb	English
Rigid PoS systems	Type 5 ja	verb	noun	adjective		Wambon
	Type 6 ja	verb	noun			!Xū/Hausa
	Type 7 ja	verb				Tuscarora
Rigid/ Flexible PoS systems	Type 8 ja	verb	non-verb			?
	Type 9 nein	contentive				Mand. Chin.

Tabelle 7: Kardinale Wortartensysteme und Grad der Grammatikalisierung

Speziell für stark grammatikalisierte Wortartensysteme existiert auch eine gewisse Markierungskorrelation (morphologisch und syntaktisch) von semantischer Kategorie und pragmatischer / syntaktischer Funktion, wie Croft (z. B. 1990: 142) am Beispiel des Englischen zeigt.

	Reference	Modification	Predication
Objects	dog	dog's	**be** a dog
Properties	happi-**ness**	happy	**be** happy
Actions	fly-**ing**, **to** fly, **that** ... fly ..., fli-**ght**	fly-**ing**, fl-**own**, **which** ... fly ...	fly

Tabelle 8: Markierungskorrelation bzgl. semantischer Kategorie und pragmatischer / syntaktischer Funktion

Allerdings merkt Croft (1990: 141 f.) selbst an, dass übereinzelsprachlich gesehen genauso gut keine Markierungen vorliegen können, vgl. etwa die Kombination von „Object" und „Modification" im Kobon (Papua Neuguinea) (ebd. 142).

Kobon
Dumnab   ram
Dumnab   house
‚Dumnab's house'

Letztendlich ist also mit dem Schema in Tabelle 8 der Gewinn für die Beschreibung oder die Differenzierung anderer Wortartensysteme gering.

Dass es aber tatsächlich eine gewisse Markierungskorrelation hinsichtlich der Wortartenmitglieder gibt, zeigt Hengeveld (nach Hengeveld / Rijkhoff 2005: 406 f.).

(i) a verb (V) is a lexeme that can be used as the head of a predicate phrase ONLY;
(ii) a noun (N) is a lexeme that can be used as the head of a referential phrase;
(iii) an adjective (A) is a lexeme that can be used as a modifier of the head of a referential phrase;
(iv) a manner adverb (MAdv) is a lexeme that can be used as a modifier of the head of a predicate phrase.

Das heißt, wenn in einer Sprache eine Klasse Verb vorliegt, so ist ein Wechsel des entsprechenden Stammes / Lexems in eine andere syntaktische Funktion obligatorisch markiert (s. o. dt. V *regier-(en)* > S *Regier-ung*)[3] oder eventuell auch gar nicht existent. Alle anderen Wechsel können markiert sein oder auch nicht, dies sowie die jeweiligen Bedingungen müssen für die möglichen Transfers innerhalb einer Einzelsprache allerdings gesondert untersucht werden.

Was Sprachen mit nicht bzw. weniger grammatikalisierten Wortartensystemen angeht, so existiert hier noch das Problem, dass im Prinzip dieselbe Lexemgruppe in den entsprechenden syntaktischen Funktionen auftauchen können muss (s. a. Evans / Osada 2005: 366 f.). Im anderen Fall wären einzelne Lexeme an eine syntaktische Funktion gebunden und damit spezifiziert, die jeweilige Wortart also zumindest teilweise grammatikalisiert.

Das veranlasst Hengeveld / Rijkhoff (2005: 409), ein Schema aufzustellen, das neben ihren 7 Idealtypen auch 6 intermediäre Wortartensysteme enthält, d. h. mit „Fixierungsregionen" innerhalb der mehrere syntaktische Funktionen umfassenden Wortarten (s. Tabelle 9). Im Hinblick darauf, wie es dazu kommen kann, argumentieren Hengeveld / Rijkhoff (2005: 412), dass hier auch die Kommunikationssituation und der Bedarf nach einer bestimmten Verwendung eine große Rolle spielt: „Since there is no reason to assume that all our concepts are equally symmetrical with respect to predicating and referring functions in a particular language, we may expect certain flexible lexemes to occur more as predicates than as arguments, whereas other lexemes are used more often as arguments than as predicates." So stellen Evans / Osada (2005: 379) z. B. für Mundari (eine in Indien gesprochene austroasiatische Sprache) fest, dass bestimmte „nominale" Konzepte wie Eigen-, Tier-, Pflanzen- und Verwandtennamen sich nicht für die Verwendung in der Prädikation eignen. Hengeveld / Rijkhoff (2005: 409) klassifizieren Mundari deshalb auch als Typ 1 / 2-Sprache. Sie (ebd. 412) verweisen aber gleichzeitig auf Mosel / Hovdhaugen (1992: 77), die bezüglich des Samoanischen (Typ 1) feststellen müssen: „The more texts we analyzed, and included in our corpus, the more items were unexpectedly found in nominal or verbal function."

Offensichtlich können solche ursprünglich pragmatischen Einschränkungen auch „fix" werden und zu einem weniger flexiblen

---

[3] Dazu gehört auch der Sonderfall der Null-Derivation.

		Head of predicate phrase	Head of referential phrase	Modifier of head of referential phrase	Modifier of head of predicate phrase
Flexible PoS systems	Type 1	contentive			
	Type 1/2	contentive			
			non-verb		
	Type 2	verb	non-verb		
	Type 2/3	verb	non-verb		
				modifier	
	Type 3	verb	noun	modifier	
	Typ 3/4	verb	noun	modifier	
					adverb
Rigid Pos systems	Type 4	verb	noun	adjective	adverb
	Type 4/5	verb	noun	adjective	(adverb)
	Type 5	verb	noun	adjective	
	Type 5/6	verb	noun	(adjective)	
	Type 6	verb	noun		
	Type 6/7	verb	(noun)		
	Type 7	verb			

Tabelle 9: Kardinale und intermediäre Wortartensysteme

(bzw. stärker grammatikalisierten) Wortartensystem führen (s. a. Hengeveld/Rijkhoff 2005: 408), wobei unter Umständen immer mehr semantisch verwandte Elemente miteinbezogen werden. In dem Augenblick, da eine solche feste Bindung zwischen Lexemgruppe und syntaktischer Funktion existiert, können eigentlich syntaktische Marker (z. B. TAM-Elemente wie Tonga *te* FUT oder *na'e* PAST; Broschart 1007: 136) außerdem als an bestimmte Lexeme gebundene morphologische Flexionselemente interpretiert werden nach der Beobachtung von Givón (1971: 413) „Today's morphology is yesterday's syntax." Damit ist eine Korrelation zwischen lexikalischer und syntaktischer Kategorisierung „geboren".

So wie es historisch gesehen zu einer Grammatikalisierung von Wortarten, von syntaktisch fixierten Lexemen bzw. Stämmen kommen kann, gibt es wahrscheinlich auch den umgekehrten Prozess der Degrammatikalisierung, d.h. Wörter oder Stämme verlieren diese Bindung, indem die jeweiligen Marker verloren gehen und die Stämme dann unmarkiert in den jeweiligen syntaktischen Funktionen auftreten können, also diesbezüglich multifunktional erscheinen. Hengeveld (1992: 65) postuliert z.B. für Niederländisch (und ich ebenfalls für Deutsch) ein System, in dem es nur eine gemeinsame Kategorie „(Eigenschafts)Modifier" gibt, da die Stämme jeweils dieselben sind (zum Niederländischen s. auch oben).

		Head of predicate phrase	Head of referential phrase	Modifier of head of referential phrase	Modifier of head of predicate phrase	
Flexible PoS systems	Type 3	verb	noun	**modifier**		Dutch/ [German]

Tabelle 10: Deutsch und Niederländisch als Typ 3-Sprachen

Niederländisch (Hengeveld 1992: 65)
(i) *mooi* als Modifier of head of referential phrase
een   mooi[4] *kind*
INDEF beautiful child
‚a beautiful child'

(ii) *mooi* als Modifier of head of predicate phrase
Het   kind   dans-t   mooi.
DEF   child   dance-PRES.3.SG beautifully
‚The child dances beautifully.'

Deutsch
(i) *ein   schön-es Kind*
INDEF schön-SG.NOM.N

(ii) *Das   Kind   tanz-t   schön.*
DEF   tanz-PRES.3.SG

---
[4] Die allgemeine Adjektivendung im Niederländischen ist -*e*, viele Adjektive (z.B. die auf -*i*) sind jedoch unflektiert (Brachin 1987: 184).

Was die Entwicklung im Deutschen angeht, so wurden im Althochdeutschen manche Adjektivstämme in modal-adverbialer Funktion noch mit dem Suffix -*o* bzw. im Mittelhochdeutschen mit -*e* markiert, im Neuhochdeutschen trat jedoch ein Endungsverlust ein (Paul / Wiehl / Grosse 1998: 214).

Während dieser Einbruch vom „rechten" Rand her relativ unspektakulär ist, liegt im Englischen eine Situation vor, in der Teile der Nomen-Verb-Differenzierung zusammengebrochen sind bzw. zusammenbrechen. Eines der auffälligsten Merkmale im Englischen bezüglich Wortarten ist nämlich, dass der Anteil der Wechsel, die wie Null-Derivationen aussehen, stark gestiegen ist, und zwar sowohl von Verb zu Substantiv als auch von Substantiv zu Verb. Etwa seit dem 18. Jahrhundert kann im Prinzip jedes konkrete Substantiv transferiert werden, vgl. *to tape s. o., to bug a room, to taxi (to Scotland Yard), to microwave s.th.* etc. Seit dem frühen 20. Jahrhundert verstärkt sich auch der umgekehrte Wechsel von V zu N, also etwa *a hit, a buy, a pay, (to give) a shake, a wish, a frown, (to have) a pick* u. Ä.

Verantwortlich dafür ist m. E. der Abbau der Markierungen auf morphologischer Ebene. Zum einen verschwanden im Englischen im 12. / 13. Jahrhundert die Affixe, die z. B. noch im Deutschen N > V-Wechsel markieren, vgl. *Stuhl > be-stuhl-(en)* (z. B. Marchand 1969: 130 f.). Zum anderen bricht seit dem Mittelenglischen das Flexionssystem zusammen, so dass die einzigen Markierungen heute im (finiten) Verbbereich Präteritum und 3. Person Singular sowie im Substantivbereich Plural sind, wobei die letzten beiden Funktionen sogar äußerlich einheitlich mit -*s* markiert werden. Sehr viel ist also inzwischen in den syntaktischen Bereich ausgelagert.

In dem Augenblick aber, da Stämme ohne Derivationselemente gehäuft in substantivischen und verbalen syntaktischen Funktionen auftauchen können und auch im Bereich der Flexion kaum mehr markiert sind, erscheinen sie zunehmend multifunktional und die Wortart konsequenterweise als Non-verb.

Gleichzeitig kann aber das alte System erhalten bleiben, weshalb Hengeveld dem Englischen ein spezialisiertes Wortartensystem (Typ 4) zuweist.

Als besonders extremes Beispiel für eine Veränderung innerhalb des Wortartensystems nennt Sasse (1993b: 660 f.) in diesem Zusammenhang das Ostaramäische, das sich innerhalb der letzten 2000 Jahre von einer Sprache mit einem, in unserer Terminologie, grammatikalisierten Wortartensystem zu einer solchen mit einem nicht-grammatikalisierten Wortartensystem ähnlich Tonga und wieder zurück zu einer Sprache mit einem grammatikalisierten Wortartensystem entwickelt hat.

Letztlich ist also auch noch Tabelle 9 mit kardinalen und intermediären Wortartensystemen zu grob, da sich historisch gesehen zu bestimmten Zeiten sogar verschiedene Systeme überlagern können. Um Klarheit über das Wortartensystem einer Einzelsprache zu bekommen, muss die Struktur dieser Sprache im Detail in synchroner und diachroner Hinsicht untersucht werden. Das von Hengeveld entwickelte Schema bietet aber wichtige Anhaltspunkte zur Orientierung und erstmaligen groben Einordnung.

5. Literatur

Anward, J. (2001) Parts of speech. In: Haspelmath, M./König, E./Oesterreicher, W./Raible, W. (Hg.) Language typology and language universals/Sprachtypologie und sprachliche Universalien/La typologie des langues et les universaux linguistiques. Vol 1. Berlin/New York: de Gruyter, 726–735

Brachin, P. (1987) Die niederländische Sprache: Eine Übersicht. Hamburg: Buske

Broschart, J. (1997) Why Tongan does it differently: categorial distinctions in a language without nouns and verbs. In: Linguistic typology 1, 123–165

Croft, W. (1990) Typology and universals. Cambridge [u.a.]: University Press

Dixon, R. M. W. (1977) Where have all the adjectives gone? In: Studies in language, 19–80

Evans, N./Osada, T. (2005) Mundari: The myth of a language without word classes. In: Linguistic Typology 9, 351–390

Evans, N. (2000) Word classes in the world's languages. In: Booij, G. E./Lehmann, C./Mugdan, J. (Hg.) Morphologie/Morphology. Vol 1. Berlin/New York: de Gruyter, 708–732

Givón, T. (1971) Historical syntax and synchronic morphology: an archaeologist's field trip. In: Chicago Linguistic Society 7, 394–415

Hengeveld, K. (1992) Non-verbal predication: theory, typology, diachrony. Berlin/New York: Mouton de Gruyter

Hengeveld, K./Rijkhoff, J. (2005) Mundari as a flexible language. In: Linguistic typology 9, 406–431

Marchand, H. (1969) The categories and types of present-day English word-formation: A synchronic-diachronic approach. 2nd, completely revised and enlarged edition. München: Beck

Mosel, U. / Hovdhaugen, E. (1992) Samoan reference grammar. Oslo: Universitetsforlaget
Paul, H. (1998) Mittelhochdeutsche Grammatik. 24. Auflage. Neu bearbeitet von P. Wiehl und S. Grosse. Tübingen: Niemeyer
Robins, R. H. (1965) General linguistics: An introductory survey. London: Longmans Green
Sasse, H.-J. (1993a) Das Nomen – eine universale Kategorie? In: Sprachtypologie und Universalienforschung 46, 187–221
Sasse, H.-J. (1993b) Syntactic categories and subcategories. In: Jacobs, J. / v. Stechow, A. / Sternefeld, W. / Vennemann, T. (Hg.) Syntax. Vol 1. Berlin / New York: de Gruyter, 646–686
Schachter, P. (1985) Parts-of-speech systems. In: Shopen, T. (Hg.) Language typology and syntactic description. Vol 1. Cambridge: University Press, 3–61
Vogel, P. M. (2000) Grammaticalization and part-of-speech systems. In: Vogel, P. M. / Comrie, B. (Hg.) Approaches to the typology of word classes. Berlin / New York: Mouton de Gruyter, 259–284
Wierzbicka, A. (1996) Semantics: primes and universals. Oxford: University Press

6. Abkürzungen

A	adjective	PAST	past
ABS	absolutive	PL	plural
ACC	accusative	PoS	part-of-speech system(s)
Adv	adverb	POSS	possessive
CONN	connective	PRES	present
DEF	definite	PROPR	proprietive
DEM	demonstrative	REL	relative
IMPF	imperfective	SBJ	subject
INDEF	indefinite	SG	singular
LOC	locative	SS	same subject
M	masculine	SUBJUNCT	subjunctive
MAdv	manner adverb	V	verb
N	noun / neuter	VR	verbalizer
NOM	nominative		

Petra M. Vogel (Siegen)

C Systematischer Teil

C1 Abtönungspartikel

1. Zur Terminologie
2. Was sind Abtönungspartikeln? – Erste Abgrenzung
3. Abtönungspartikeln im Deutschen
3.1. Forschungsgeschichte
3.2. Klassifikation und Definition der Abtönungspartikeln
3.2.1. Kriterienlisten
3.2.2. Abtönungspartikeln als dialoggrammatische Klasse
3.2.3. Polysemie und kontextuelle Variation
4. Literatur

1. Zur Terminologie

Die Bezeichnung „Abtönungspartikel", die in Zifonun [u.a.] (1997: 58 f., 903 ff.) gewählt wird, geht auf Weydt (1969) zurück. Dort wird festgehalten, dass die ursprüngliche Herkunft des Begriffs nicht mehr festzustellen ist, dass jedoch verschiedene Schulbücher und Stilistiken von „Abtönung durch Adverbien und Partikeln" und „abtönen" sprechen (Weydt 1969: 19).

Als Alternativbezeichnungen finden sich „modale Partikeln" (Kriwonossow 1977: 40 ff.), „Modalpartikeln" (Bublitz 1978, Franck 1980: 3), „Satzpartikeln" (Hartmann 1979: 121), „Einstellungspartikeln" (Doherty 1985: 62 ff.), und – mit Bezug auf die Terminologie von U. Engel – „Existimatoren" (Thun 1984: 13).

2. Was sind Abtönungspartikeln? – Erste Abgrenzung

Zur ersten Orientierung eignet sich die von Weydt in der Frühphase der Partikelforschung gegebene „zusammenfassende Definition der Abtönungspartikeln":

> Abtönungspartikel [sic] sind unflektierbare Wörtchen, die dazu dienen, die Stellung des Sprechers zum Gesagten zu kennzeichnen. Diese Wörtchen können in gleicher Bedeutung nicht die Antwort auf eine Frage bilden und nicht die erste Stelle im Satz einnehmen. Sie beziehen sich auf den ganzen Satz; sie sind im Satz integriert. In anderer syntaktischer Stellung oder anders akzentuiert haben sie alle eine oder mehrere andere Bedeutungen.

In dieser anderen Verwendung gehören sie dann anderen Funktionsklassen an. (Weydt 1969: 68)

Unspezifisch wie sie ist, nennt diese Bestimmung doch wesentliche Kriterien zur Abgrenzung der Wortart „Abtönungspartikel", die seither, ergänzt durch weitere Merkmale (morphologischer, syntaktischer, intonatorischer, semantischer, funktionaler, pragmatischer Natur) in einschlägigen Arbeiten genannt werden (siehe 3.2). Die Abtönungspartikeln des Deutschen werden als eine relativ geschlossene Subklasse der Partikeln betrachtet, die in eine Kerngruppe und eine Gruppe der peripheren Mitglieder zerfällt.

a) Die Kerngruppe der Abtönungspartikeln:
Zu den Kernmitgliedern zählen *aber, auch, bloß, denn, doch, eben, eigentlich, etwa, halt, ja, mal, nur, schon, vielleicht, wohl* (nach Gelhaus 1998: 379).[1] Typische Verwendungsbeispiele sind *aber* in (1) und *eigentlich* in (2):

(1) Das ist aber keine gute Konstruktion. (Sagerer [u. a.] 1994)
(2) Gibt's da eigentlich auch eine Messeermäßigung? (Keil 1990: 7)

b) Periphere Mitglieder der Abtönungspartikeln:
Periphere Mitglieder der Klasse der Abtönungspartikeln sind zum Beispiel *fein, ganz, gerade, gleich* und – wenn sie nicht bereits zur Kerngruppe gerechnet werden – *einfach, erst* und *ruhig*. Es handelt sich um Elemente, deren diachrone Entwicklung zu abtönenden Funktionen, die einen Grammatikalisierungsprozess darstellt (siehe Abschnitt 3.1), noch nicht so weit fortgeschritten ist, wie es bei der Kerngruppe unter a) der Fall ist. Daher ist diese Gruppe weniger geschlossen als die Kerngruppe. Weydt (1969: 69) spricht hier von „abtönungsfähige[n] Partikeln", d.h. solchen, die zwar nicht seiner oben gegebenen Definition von „Abtönungspartikeln" entsprechen, die aber „in einer bestimmten Verwendung – Abtönungspartikel [sic] sein können". Die folgenden Beispiele zeigen die peripheren Mitglieder *einfach, erst, gleich* und *ruhig* in Abtönungsfunktion, die durch ihre Substituierbarkeit durch Abtönungspartikeln aus der Kerngruppe verdeutlicht wird:

---

[1] So auch, jedoch ohne *eigentlich* und *wohl*, Helbig/Buscha (2002: 421 ff.); Weydt/Hentschel (1983: 4) nennen in der Kerngruppe der „Abtönungspartikeln im engeren Sinne" außer den genannten *einfach, erst* und *ruhig;* die IDS-Grammatik fügt noch die regionale Abtönungspartikel *man* hinzu (Zifonun [u. a.] 1997: 59).

(3) Ich war einfach zu faul, das Licht anzudrehen. (Thomas Mann, Zauberberg, 274, nach Paul / Henne 1992)
Ich war halt / eben zu faul, das Licht anzudrehen.
(4) Wären wir erst wieder zuhause! (Helbig 1994: 137)
Wären wir nur / bloß wieder zuhause!
(5) Wie heißt gleich dein Hund? (Helbig 1994: 156)
Wie heißt denn / doch / eigentlich dein Hund?
(6) Da darf es ruhig ein bißchen später, so zwischen 4 und 5 Uhr, sein. (Keil 1990: 45)
Da darf es schon / auch ein bißchen später, so zwischen 4 und 5 Uhr, sein.

In Weydt / Hentschel (1983: 18) wird eine Klasse „Partikeln mit abtönungsähnlichen Funktionen" unterschieden, wozu die Autoren *allerdings, eh, immerhin, jedenfalls, ohnehin, schließlich, sowieso* und *überhaupt* rechnen. Diese Gruppe wird hier nicht zu den Abtönungspartikeln gerechnet. Sie überschneidet sich mit den „Konnektivpartikeln" der IDS-Grammatik (Zifonun [u.a.] 1997: 59). Obwohl die Zuordnung einzelner Elemente zu einer Klasse oft schwierig (und strittig) ist, ist sie doch Voraussetzung für eine linguistische Analyse der Abtönungspartikeln. Tabelle 1 gibt zur groben Abgren-

Bezeichnung / Bezeichnungsalternative	Kurzcharakteristik	Beispiele
Abtönungspartikel (Modalpartikel)	erwartungs- / wissensbezogen	*eben, vielleicht, ja*
Gradpartikel (Fokuspartikel)	Gesagtes gradierend	*ausgerechnet, bereits, sogar, vor allem*
Intensitätspartikel (Steigerungspartikel)	Eigenschaft spezifizierend	*recht, sehr, ungemein, weitaus*
Konnektivpartikel (Rangierpartikel)	relationale Integration von Satz / K[ommunikativer] M[inimaleinheit]	*erstens, allerdings, dennoch, indessen, sonst, zwar*
Modalpartikel (Modalwort)	Sachverhaltsgeltung spezifizierend	*bedauerlicherweise, sicherlich, vielleicht*
Negationspartikel	Sachverhaltsgeltung negierend	*nicht, gar nicht*

Tabelle 1: Einteilung der Partikeln nach Zifonun [u.a.] (1997: 66 f.)

zung von anderen Partikelsubklassen sinngemäß die Systematik der IDS-Grammatik (Zifonun [u.a.] 1997: 66 f.) wieder; gängige Alternativbezeichnungen für einzelne Untergruppen sind in Klammern beigegeben.

3. Abtönungspartikeln im Deutschen

3.1. Forschungsgeschichte

Obwohl die Geschichte der intensiven linguistischen Erforschung der Abtönungspartikeln erst vier Jahrzehnte zurückreicht, ist die Zahl der einschlägigen Veröffentlichungen so groß, wie deren Ausrichtung und Zielsetzung vielfältig ist. Der folgende Überblick erhebt weder Anspruch auf Vollständigkeit, noch darauf, die genannten Arbeiten angemessen zu würdigen. Er dient der pointierten Dokumentation zentraler Phasen der Partikelforschung.[2]

Ignorierung und normative Ablehnung
Aufgrund ihrer schwer fassbaren Bedeutung und des bevorzugten Vorkommens in gesprochener Umgangssprache wurden die Partikeln zunächst, d.h. vor dem Einsetzen einer intensiven Partikelforschung vor etwa 40 Jahren, als „Füllsel" oder „Würzwörter" (Thiel 1962) bewertet.[3] Sie galten als beliebig eingestreute, im Grunde überflüssige Zutaten zu einem Typus dialogischer Kommunikation, der sich vor allem durch sprachliche Unachtsamkeit auszuzeichnen schien. Besonders plastisch formuliert ist diese Haltung in Ludwig Reiners' noch heute weit verbreiteter „Stilkunst". Mit Bezug auf Abtönungspartikeln und Satzadverbien heißt es dort: „Alle diese Flickworte wimmeln wie Läuse in dem Pelz unserer Sprache

---

[2] Forschungsreferate finden sich in Wolski (1986: 323–349), Öhlschläger (1985) und Helbig (1994: 13–18), des weiteren in Kriwonossow (1977: 8–47) mit Schwerpunkt auf Arbeiten aus der damaligen Sowjetunion, Lütten (1977: 44–127) mit einem Abriss der Wortartenproblematik seit der Antike, Ickler (1994) mit Fokus auf der Bedeutungsfrage; Autenrieth (2002) bespricht einige neuere Ansätze aus dem formalen Paradigma und aus der Grammatikalisierungsforschung. Die Veröffentlichungen der frühen Jahre der Partikelforschung erfasst die Bibliographie von Weydt / Ehlers (1987).

[3] Für einen Abriss über die Wertung des Partikelgebrauchs in normativen Sprachdidaktiken und Stilistiken siehe Weydt (1969: 83–103). Wolski (1986: 53 ff.) behandelt unter der Überschrift „das Überflüssigkeitsverdikt" die Bewertung der Funktion der Partikel in den meisten Wörterbüchern.

herum" (Reiners 1943: 340). Auch Eisenberg (1995: 206) nennt die Partikeln „die Zaunkönige und Läuse im Pelz der Sprache" (ohne Verweis auf Reiners) und schließt sich expressis verbis der Tradition des Übergehens dieser Wörter an. In einer späteren Auflage hat die Partikelforschung Spuren hinterlassen. Die Partikeln werden als wichtige „Restklasse" bestimmt (Eisenberg 1999: 207) und einige Seiten später unter den Stichwörtern „Fokussierung und Abtönung" kurz besprochen (1999: 227–230).

Beginn der Partikelforschung und „pragmatische Euphorie"[4]

Als Vorbote der modernen Partikelforschung kann die Dissertation von Kriwonossow aus dem Jahr 1963 gelten, die jedoch erst 1977 veröffentlicht und entsprechend verspätet rezipiert wurde.

Kriwonossow, der eine Aufarbeitung der sowjetischen Forschung aus der Mitte des 20. Jahrhunderts bietet, hebt gegen den Trend der Zeit die grammatische Bedeutung der Abtönungspartikeln hervor und spricht explizit von der „Grammatisierung der Partikeln" als einem diachronen Prozess (1977: 27). Die Partikeln gelten ihm als „syntaktisches Formans", das den „modalen und emotional-expressiven Inhalt der Sätze" zum Ausdruck bringt, und die „strukturelle Einschränkung der Partikeln" wird zutreffend als Indiz ihrer Grammatikalisierung erkannt (S. 28 f.). Kriwonossows Feststellung, dass „die Grammatisierung der Partikeln […] in der Grammatik nicht untersucht [wurde], obwohl manche Gelehrten schon dieser Frage nahe gekommen sind" (1977: 28), gilt auch für die auf diese Arbeit folgenden Jahre der Partikelforschung. Denn Fragen der grammatischen Analyse der Partikeln und ihrer Grammatikalisierung erlangten erst viel später wieder die vermehrte Aufmerksamkeit der Forschung, die zunächst im Kontext der „pragmatischen Wende" ihr Augenmerk auf Gebrauchsphänomene der Sprache richtete.

Prägend für den Aufschwung der pragmatisch orientierten Partikelforschung waren die Arbeit von Weydt (1969), die von ihm herausgegebenen Sammelbände aus den Jahren 1977, 1979, 1981, 1983, 1989 sowie zahlreiche Monographien. Exemplarisch genannt seien hier Lütten (1977), als früher Beleg zur Erforschung der Abtönungspartikeln in der gesprochenen Sprache, Bublitz (1978), der die Abtönungspartikeln als Kennzeichnung der Sprechereinstellung analysiert

---

[4] So Zybatow (1989).

und sie mit entsprechenden Ausdrucksmitteln im Englischen kontrastiert, sowie Franck (1980), die Konzepte der Konversationsanalyse zur Beschreibung der Partikelfunktion anwendet und eine Systematisierung des pragmatischen Ansatzes leistet.

In den meisten pragmatisch orientierten Arbeiten geht es um die extensive und maximal differenzierende Erfassung von Verwendungsnuancen und kommunikativen Effekten einzelner Partikellexeme, mit der Folge, dass die überkommene Auffassung von der relativen Bedeutungslosigkeit der Abtönungspartikeln einer Vielfalt von Bedeutungs- und Funktionszuschreibungen Platz gemacht hat. Diese reichen vom Ausdruck „subjektiver" Einstellungen des Sprechers bezüglich emotiver, wertender und kommentierender Aspekte über Hörersteuerung bis zum Ausdruck und zur Modifikation illokutiver Funktionen. Eine in Zifonun [u.a.] (1997) angeführte Liste veranschaulicht das Spektrum der Vorschläge, die in der Forschung unterbreitet wurden. Die Bedeutung bzw. Funktion der Partikeln oder einzelner Mitglieder der Klasse wird u.a. beschrieben als: „sprechaktangebotmachend", „situationsdefinierend", „Ausdruck für Sprecheremotion", „konversationssteuernd", „gesprächsgliedernd", „gesprächsphorisch", „kontaktschaffend", „beziehungsindizierend", „illokutionstransformierend", „konsens-/dissenskonstituierend", „themeneinordnend", „propositionsabschwächend/-verstärkend", „interaktionsstrategisch", „antwortstrukturierend", „metakommunikativ", „textverknüpfend" (nach Zifonun [u.a.] 1997: 904; dort die entsprechenden Literaturverweise).

Angesichts dieser geradezu verwirrenden Fülle konnten kritische Stimmen nicht ausbleiben, so z.B. Zybatow (1989), der die schon zitierte „pragmatische Euphorie" diagnostiziert und die Rückbindung pragmatischer Wirkungen an semantische und grammatische Strukturen fordert. Wie bereits Kriwonossow (1977 [1963]) zeigt, hat es Arbeiten dieser Art parallel zum pragmatisch orientierten *Mainstream* immer gegeben. Als Beispiele hierfür seien genannt: Altmann (1978) zur strukturellen Abgrenzung der Partikelklassen (insbesondere der Abtönungs- und Gradpartikeln), Hartmann (1979) zu distributionellen und syntaktischen Fragen, Doherty (1985), die den Partikeln eine positionale Bedeutung zur Indizierung epistemischer Einstellungen zuweist. Ferner werden in Coseriu (1980) typologische Fragestellungen angerissen, die jedoch bislang nicht aufgegriffen wurden.

Linguistische Disziplinierung
In der neueren und neuesten Forschung zu den Abtönungspartikeln seit etwa Ende der 80er Jahre zeigt sich eine Tendenz zur Systematisierung und Differenzierung der Teilbereiche sowie ein verstärktes methodisches Bewusstsein, das sich auch in einer zunehmenden Korpusorientierung niederschlägt. Es lassen sich die folgenden drei Forschungsschwerpunkte unterscheiden:

a) Systematische Beschreibung auf allen linguistischen Ebenen:
Zahlreiche Arbeiten bemühen sich um eine systemlinguistisch verankerte Klassifikation der Abtönungspartikeln, wobei verschiedene theoretische Ansätze zugrunde gelegt werden und unterschiedliche Gewichtungen syntaktischer, semantischer und pragmatischer Aspekte vorgenommen werden. Genannt seien hier Thurmair (1989), die eine umfassende distributionelle Erfassung der Modalpartikeln und ihrer Kombinationen anstrebt, Jacobs (1991), Ickler (1994), König/Requardt (1991), König (1997), die – mit divergierenden theoretischen Vorgaben – Probleme der Partikelsemantik bearbeiten, Meibauer (1994), Ormelius-Sandblom (1997) und Karagjosova (2004), die mit verschiedenen formalen Ansätzen die Semantik und z.T. Syntax und Funktion ausgewählter Partikeln (insbesondere *ja, doch* und *schon*) untersuchen. Auch in pragmatisch orientierten Arbeiten zeigt sich eine Konvergenz verschiedener theoretischer Modelle. Diskursanalytische Arbeiten ebenso wie formale pragmatische Ansätze bemühen sich um die Entwicklung eines tragfähigen Konzepts, das die Integration textueller, gesprächsstrukturierender und illokutiver Funktionen ermöglicht. Dabei werden zunehmend intonatorische und informationsstrukurelle Fakten und die Frage der Abgrenzung von Abtönungspartikeln und Diskursmarkern problematisiert (Diewald/Fischer 1998, *Sprache und Datenverarbeitung*, 28, H. 1, 2004, Diewald 2006, Ferraresi 2006, Fischer (Hg.) 2006).

b) Kontrastive Arbeiten:
In den letzten Jahren hat sich die Zahl kontrastiver Studien stark erhöht, wobei neben systematischen Aspekten vor allem übersetzungstheoretische Belange und Fragen aus dem Bereich Deutsch als Fremdsprache eine Rolle spielen (Dahl 1988, Zybatow 1990, Beerbom 1992, Jiang 1994, Liedke 1994, Masi 1996, Nekula 1996, Feyrer 1998, May 2000, Szulc-Brozozowska 2002, Möllering 2004). Die

meisten dieser Arbeiten sind korpusbasiert und stellen wichtige Grundlagen für weitere Studien dar. Allerdings ist hier durch die unzähligen Kontrastmöglichkeiten zu anderen Sprachen eine neue, gewissermaßen „kontrastive Partikularisierung" zu beobachten, so dass gerade an diesem Punkt ein Bezug auf typologische Fragen wünschenswert wäre.

c) Sprachwandel und Grammatikalisierung:
Seit der diachronen Untersuchung einiger Abtönungspartikeln von Hentschel (1986) sind zahlreiche Studien zur Genese und Entwicklung dieser Wortklasse erschienen, die zunehmend die Perspektive der Grammatikalisierungsforschung einnehmen und auch andere Sprachen als das Deutsche einbeziehen. Für das Deutsche einschlägig sind u. a. die Arbeiten von Abraham 1990, Burkhardt 1994, Simon 1996, Diewald 1997, Günthner 1999, Autenrieth 2002, Molnar 2002, Wegener 2002, Ferraresi 2004, Diewald/Ferraresi [im Druck]. Diese Arbeiten haben verschiedene Grammatikalisierungspfade für Abtönungs- und andere Partikeln ermittelt und neue Kenntnisse zu den kognitiven und pragmatischen Mechanismen dieser Art des Sprachwandels geliefert. Zusammen mit dem Nachweis, dass synchron koexistierende Funktionen und Bedeutungen von Partikeln ihre Genese häufig in verschiedenen diachronen Epochen haben, ermöglicht diese Forschungsrichtung die Motivierung des funktionalen Spektrums einer Partikel innerhalb einer Synchronie.

3.2. Klassifikation und Definition der Abtönungspartikeln

3.2.1. Kriterienlisten

Wie in Abschnitt 2 gezeigt, arbeiten bereits die frühesten Definitionen der Abtönungspartikeln mit Kriterienlisten, die in der Folge aufgenommen und differenziert werden. Die wesentlichen Punkte sind unten zusammengefasst (s. a. Helbig/Buscha 2002: 421 ff., Helbig 1994, Weydt/Hentschel 1993, Hentschel/Weydt 2002, Zifonun [u. a.] 1997: 59, König 1997: 58, Möllering 2004: 21–39):

a) Unflektierbar:
Lexeme in der Funktion einer Abtönungspartikel sind unflektiert und teilen so die gemeinsame Eigenschaft aller Partikeln.

b) Dubletten in anderen Wortklassen:
Die Abtönungspartikeln haben „Dubletten" in anderen Wortarten, z. B. bei Konjunktoren, Modalpartikeln/Modalwörtern, Adverbien und Adjektiven. Während *aber* in (7) eine Abtönungspartikel ist, liegt in (8) ein Konjunktor vor. Ähnlich ist *schon* in (9) eine Partikel, in (10) dagegen ein Temporaladverb (s. a. Helbig/Buscha 2002: 425 ff.):

(7) Das ist aber eine Überraschung.
(8) Ich würde gerne kommen, aber ich habe Grippe und kann nicht aus dem Haus.
(9) Das ist schon eine Gemeinheit.
(10) Schon sind wir fertig.

Hentschel/Weydt (2002: 647) sprechen hier von „Homonymen", was aufgrund der etymologischen Verwandtschaft und der – möglicherweise – geteilten Grundbedeutung der betroffenen Einheiten irreführend ist. Da gleichzeitig ein Wortklassen- und Funktionsunterschied vorliegt, kann in diesen Fällen auch nicht von Polysemie gesprochen werden. Stattdessen hat sich inzwischen der Begriff „Heterosemie" eingebürgert (Meibauer 1994: 240, Autenrieth 2002, Diewald 2006).

c) Nichtbetonbar:
Während die meisten Autoren davon ausgehen, dass die betroffenen Lemmata in ihrer Funktion als Abtönungspartikeln per definitionem unbetonbar sind und dass betonte Elemente in der Position von Abtönungspartikeln als heteroseme Adverbien eingestuft werden müssen (Helbig 1994, Thurmair 1989), argumentiert Meibauer (1994) dafür, auch betonte Vorkommen – z.B. bei *ja* und *bloß* – als Abtönungspartikeln zu klassifizieren, die jedoch im Gegensatz zu den unbetonten Vorkommen Kontrastbedeutung zeigen. Dieser Disput ist hier nicht zu entscheiden.

d) Nichtsatzgliedfähig/Nichtphrasenfähig:
Abtönungspartikeln können kein Satzglied bzw. keine Phrase bilden und sind somit nicht erststellenfähig. Ferner sind sie weder koordinierbar noch erfragbar. Diese Eigenschaft trennt die Abtönungspartikeln von Adjektiven, Adverbien und Modalwörtern (vgl. (9) und (10)).

e) Kombinierbar:
Abtönungspartikeln sind zwar nicht koordinierbar, sie können jedoch serialisiert auftreten, wobei es komplexe Kombinations- und Positionsregeln gibt (Thurmair 1989). Ein Beispiel ist:

(11) *Hast du denn vielleicht mal die Suppe probiert?* (Zifonun [u.a.] 1997: 59)

In diesen Serien hat die jeweils links stehende Partikel Skopus über die weiter rechts stehende(n).

f) Satzintegrierte Mittelfeldposition:
Abtönungspartikeln sind an eine Position im Mittelfeld gebunden (vgl. Thurmair 1989: 25–32, Abraham 1990), also an das Stellungsfeld nach dem finiten Verb und vor den infiniten verbalen Elementen; dort können sie verschiedene Positionen einnehmen, wie das folgende Beispiel zeigt:

(12) *Mit einem Karateschlag hat (ja) Frau Müller (ja) gestern (ja) im Büro (ja) den Schreibtisch des Abteilungsleiters (ja) in zwei Hälften zerlegt.*

Zahlreiche Arbeiten streben nach einer exakteren Beschreibung und Erklärung der Stellungsregularitäten im Mittelfeld. Konsens besteht inzwischen darüber, dass Abtönungspartikeln typischerweise vor dem Rhema, jedoch nach pronominalen Elementen (die die Wackernagelposition einnehmen) stehen (Thurmair 1989: 29 ff., Brandt [u.a.] 1992: 73 ff., König 1997: 58, Möllering 2004, Ferraresi 2006). Eine umfassende und schlüssige Klärung der Zusammenhänge steht jedoch noch aus.

g) Affinität zu Satzarten / Strukturtypen / Satzmodi:
Abtönungspartikeln sind häufig affin zu bestimmten Satzarten, Strukturtypen oder Satzmodi. So ist z.B. *aber* auf Sätze mit exklamativer und direktiver Funktion spezialisiert; *eben* und *halt* treten nur in Aussagen auf; *ja* und *schon* in Aussagen und Aufforderungen; *denn, eigentlich* und *wohl* sind affin zu Fragen und *bloß, nur* und *vielleicht* sind auf Wünsche, Ausrufe und Aufforderungen (nur *bloß* und *nur*) beschränkt; *doch* hingegen ist sehr flexibel und nur bei „echten" Fragen ausgeschlossen (vgl. Gelhaus 1998: 380, Thurmair 1989).

h) Keine referentielle Semantik:
Die Abtönungspartikeln sind so genannte Synsemantika, d.h. sie haben keine referentielle (lexikalische, charakterisierende) Bedeutung. Dies zeigt sich deutlich beim Vergleich von Abtönungspartikeln mit heterosemen Adjektiven, wie z.B. *bloß*, *eben* oder *ruhig*, die als Adjektive konkrete lexikalische Inhalte ausdrücken, als Partikeln dagegen nur wenige abstrakte semantische Merkmale aufweisen. (13) und (14) illustrieren dies anhand von *ruhig* als Adjektiv versus *ruhig* als Abtönungspartikel:

(13) Den ganzen Tag lag er ruhig im Bett.
Den ganzen Tag lag er still / gelassen / ohne Erregung im Bett.
(14) Da darf es ruhig ein bißchen später, so zwischen 4 und 5 Uhr, sein. (Keil 1990: 45)
*Da darf es still / gelassen / ohne Erregung ein bisschen später, so zwischen 4 und 5 Uhr, sein.
Da darf es schon / auch ein bisschen später, so zwischen 4 und 5 Uhr, sein.

i) Skopus:
Abtönungspartikeln haben mindestens Satzskopus, meist Äußerungsskopus. In jedem Fall haben sie von allen satzintegrierten Partikeln den weitesten Skopus und können daher nicht Bezugsausdruck einer Negationspartikel sein (Zifonun [u.a.] 1997: 59). Der weite Skopus trennt sie u.a. von Intensitätspartikeln wie *sehr* in Satz (15) und Gradpartikeln wie *sogar* in (16), die einzelne Satzteile gradieren bzw. hervorheben (Gelhaus 1998: 377 ff.):

(15) Über die Einladung habe ich mich sehr gefreut.
(16) Sogar meine Schwester ist pünktlich gekommen.

j) Sprecherbezogene / sprecherbasierte Orientierungsfunktion:
Die Frage einer kategoriedeterminierenden Funktionsbeschreibung der Abtönungspartikeln, die im Weydt-Zitat in Abschnitt 2 als Kennzeichnung der „Stellung des Sprechers zum Gesagten" umschrieben ist, ist problematisch. Die IDS-Grammatik hält hierzu fest:

> Die Funktion der Abtönungspartikeln läßt sich (beim derzeitigen Forschungsstand) nur grob bestimmen. Sie tragen zur Einpassung der kommunikativen Minimaleinheit in den jeweiligen Handlungszusammenhang bei, indem sie auf den Erwartungen

und Einstellungen des Sprechers und Adressaten operieren. (Zifonun [u. a.] 1997: 59)

Die Literatur bietet zahlreiche weitere Umschreibungen der relationalen Sprecher- bzw. dialogpartnerbezogenen Bedeutung der Partikeln. Das Bedeutungsproblem der Abtönungspartikeln ist eng mit der Heterosemie / Polysemie-Frage und mit der Ableitbarkeit von kontextuellen Bedeutungen aus einer Basisbedeutung verbunden (s. 3.2.2).

Als Zusammenfassung aus den oben aufgelisteten Abgrenzungskriterien ergibt sich folgende Beschreibung:

> Die Abtönungspartikeln sind nicht-flektierende Elemente, die nicht satzgliedfähig, nicht erfragbar und nicht erstellenfähig sind, sondern im Mittelfeld auftreten, den ganzen Satz „modifizieren" bzw. Äußerungsskopus haben, eine nicht-referentielle, relationale und sprecherbezogene Bedeutung aufweisen und affin zu bestimmten Satzarten / Satzmodi sind.

Diese zum Teil negativ bestimmten Kriterien sind nicht in jedem Fall geeignet, die Abtönungspartikeln von anderen Partikelklassen und nicht-flektierbaren Wortarten zu unterscheiden. Dennoch ergibt sich aus dieser Liste ein Bündel an syntaktischen, semantischen und funktional-pragmatischen Merkmalen, deren summarische Ausprägung es erlaubt, die prototypischen Fälle von Abtönungspartikeln zu erkennen und daher eine grobe Abgrenzung der Klasse vorzunehmen.

Im Folgenden wird ein Vorschlag für ein klassenbildendes funktionales Kriterium gemacht, das als Kleinster Gemeinsamer Nenner, als positives Alleinstellungsmerkmal von Abtönungspartikeln dienen kann. Dies geschieht unter Rekurs auf das Konzept der Grammatikalisierung, das auch für dialogkonstituierende Funktionen als relevant veranschlagt wird.

3.2.2. Abtönungspartikeln als dialoggrammatische Klasse

Die Gruppe der Abtönungspartikeln besteht aus Elementen, die sich im diachronen Prozess der Grammatikalisierung befinden; die Klasse selbst hat sich im Laufe der Sprachgeschichte des Deutschen herausgebildet. Dies ist durch zahlreiche Studien belegt (vgl. Abschnitt 3.1). Mit der Feststellung, dass es sich bei der Entstehung der Abtönungspartikeln um einen Grammatikalisierungsprozess handelt, ist impliziert, dass die Funktion der Abtönungspartikeln eine genuin grammatische Funktion darstellt. Merkwürdigerweise wurde dieser Schluss in der Forschung bislang meist nicht gezogen. Stattdessen wurde mehrfach versucht, einen von der eigentlichen Grammatikalisierung unterschiedenen Prozess nachzuweisen, der als „Pragmatikalisierung" oder „Subjektivierung" bezeichnet wird. Diese Grenzziehung ist hoch problematisch, da die semantische und formale Entwicklung der Abtönungspartikeln (z.B. entlang der Lehmannschen Grammatikalisierungsparameter) völlig analog zu „normalen" Grammatikalisierungsprozessen verläuft (vgl. Günthner 1999: 437, Barth/Couper-Kuhlen 2002: 357, ausführlich zu dieser Diskussion Diewald 2006). Im Folgenden wird expliziert, dass die „pragmatische" Funktion der Abtönungspartikeln als eine genuin grammatische Funktion bestimmt werden kann, die unverzichtbar für die Organisation und Strukturierung gesprochener dialogischer Sprache ist.

So, wie alle Typen grammatischer Bedeutung auf eine relationale Struktur zurückzuführen sind, so liegt auch den Abtönungspartikeln eine relationale Komponente zugrunde, die in der Forschung vielfach thematisiert wurde (s. zum Beispiel Hentschel 1986: 31, König 1977: 129, Franck 1979: 8, Franck 1980: 82 ff. u. 252 ff., Doherty 1985: 15, Abraham 1990: 129 Ickler 1994: 377, Petrič 1995). Die Spezifik dieser klassenkonstituierenden relationalen Bedeutung kann mit einem Minimalpaartest ermittelt werden, der eine partikellose Äußerung mit einer ansonsten gleichen partikelhaltigen vergleicht.

(17) Deutsch ist schwer.
(18) Deutsch ist eben schwer.

Satz (17) ohne Partikel stellt eine nicht abgetönte Äußerung dar, die maximal unabhängig vom Kontext bzw. nicht in einen spezifischen Kontext eingepasst ist. In Satz (18) wird dagegen durch die Abtönungspartikel *eben* eine Bezugnahme auf den Kontext der Äußerung hinzugefügt. Sie besteht darin, dass der Sprecher die Proposition *Deutsch ist schwer* als kommunikativ gegeben, als pragmatisch präsupponiert betrachtet und zugleich die aktuelle Äußerung direkt auf diese vorgegebene Einheit bezieht. Im vorliegenden Fall drückt die partikelhaltige Äußerung aus, dass der Sprecher erstens die Proposition *Deutsch ist schwer* für pragmatisch präsupponiert hält, dass er zweitens diese Proposition in der aktuellen Diskurssituation für relevant hält und sie daher äußern möchte und dass er drittens zugleich ihren Status als „bereits gegeben und aktuell wiederholt" markieren will. Genau dies erreicht er durch die Äußerung des partikelhaltigen Satzes *Deutsch ist eben schwer;* d.h. die Abtönungspartikel *eben* markiert diese Bezugnahme auf pragmatisch Präsupponiertes (zur spezifischen Lexembedeutung von *eben* gegenüber anderen Abtönungspartikeln siehe unten).

Diese grundlegende relationale Funktion ist nicht auf *eben* beschränkt, sondern ist die Kernfunktion aller Abtönungspartikeln (was man an den Beispielen dieses Beitrags überprüfen kann). Auch Foolen erkennt dies als die grundlegende Bedeutungsstruktur der gesamten Klasse und hält fest, dass als „Klassenbedeutung für Modalpartikeln gilt, daß sie immer auf eine implizite, im Kontext relevante Proposition hinweisen. Diese implizite Proposition ist immer eine logische Variante der explizit ausgedrückten Proposition" (Foolen 1989: 312 f.). Hinzugefügt werden muss, dass bei einigen Partikeln nicht nur die Proposition, sondern mit ihr zusammen auch eine Sprechaktrealisierung (z.B. als interrogativer Sprechakt, s. 3.2.3) als pragmatisch gegeben bzw. präsupponiert angesetzt wird. Daher wird im Folgenden von einer pragmatisch präsupponierten Einheit bzw. vom pragmatischen Prätext gesprochen.

Durch diesen Verweis auf eine pragmatisch präsupponierte Einheit erscheint die partikelhaltige Äußerung als zweiter, d.h. reaktiver Gesprächszug in einer unterstellten dialogischen Sequenz. Dies muss nicht der tatsächlichen Situation entsprechen. Ganz im Gegenteil: durch das Setzen einer Abtönungspartikel kann der Sprecher einen nicht-initialen Zug simulieren und damit die unterschiedlichsten pragmatischen Wirkungen erzielen (höflicher, stärker partnerorientiert, unsicher, ungeduldig usw.).

Der Wechsel zwischen initiativen und reaktiven Zügen im Rahmen eines Handlungsmusters ist das zentrale strukturelle Merkmal gesprochener dialogischer Sprache. Es zeigt sich in einer Vielzahl linguistischer Eigenschaften, die den Kern diskursgrammatischer Strukturen ausmachen. Da die relationale Funktion der Abtönungspartikeln genau diese dialogische Strukturierung bzw. Sequenzierung erzeugt, ist sie als ein genuin grammatischer Mechanismus zu bewerten, der ganz entscheidend zur Organisation des Diskurses beiträgt. Als zentrale grammatische Grundfunktion der Klasse der Abtönungspartikeln kann daher festgehalten werden, dass sie die Äußerung als dialogisch situierten, reaktiven bzw. nicht-initialen Zug in einer Sequenz markieren.

Durch ihre relationale Komponente rücken die Abtönungspartikeln in die Nähe von Konjunktoren. Während aber Konjunktoren an ein sprachlich realisiertes Element des Vortextes anschließen, haben Abtönungspartikeln im Normalfall kein direktes, sprachlich realisiertes Bezugselement. Abtönungspartikeln sind somit keine textverknüpfenden Einheiten im engeren Sinn. Dies zeigt sich auch darin, dass die Proposition, auf die Abtönungspartikeln verweisen, wie oben schon erläutert, im Kern immer eine Variante der aktuell geäußerten Proposition enthält, während Konjunktoren Propositionen verschiedenen Inhalts verknüpfen. Abtönungspartikeln haben also eine grammatische Funktion, die parallel, aber nicht gleich zur Funktion von Konjunktoren ist.

Andererseits haben Abtönungspartikeln durch ihre Sequenzierungsfunktion eine gewisse Verwandtschaft zu Diskurspartikeln. Der Unterschied zu den Diskurspartikeln[5] ist jedoch – jenseits aller strukturellen Unterschiede – darin zu sehen, dass letztere im Allgemeinen auf nicht-propositionale situative Faktoren des Dialogs Bezug nehmen (emotive und empathische Funktionen, Organisation des Gesprächsschrittwechsels, Hörer- und Korrektursignale etc.), während die Abtönungspartikeln Verweisstrukturen zwischen inhaltlichen Entitäten (Propositionen bzw. Sprechakten) herstellen (siehe hierzu Diewald / Fischer 1998, Diewald 2006).

Zusammenfassend sei festgehalten: Abtönungspartikeln verweisen auf eine Proposition / einen Sprechakt, den der Sprecher als pragmatisch gegeben behandelt, der jedoch nicht explizit versprachlicht wurde. Diese relationale Struktur erzeugt den nicht-initialen Wert der abgetönten Äußerung. Diese Grundstruktur ist allen Abtönungspartikeln eigen. Die Tatsache des Verweisens auf pragmatisch präsupponierte Propositionen bzw. Sprechaktoptionen unterscheidet sie von Konjunktoren einerseits (textuell ausgedrückte Propositionen) und Diskurspartikeln (nicht propositionale Entitäten) andererseits. Abtönungspartikeln qualifizieren sich als grammatische Klasse, die das Zwischenglied zwischen text-relationalen Funktionen einerseits und strikt diskursmarkierenden Elementen andererseits bildet und eine dialogstrukturierende, sequenzindizierende Funktion hat.

---

5 Diskurspartikeln sind eine sehr heterogene Klasse, deren Kern Elemente wie Gliederungs-, Rückmelde-, Steuerungs- und Turn-taking-Signale enthält *(hm, äh, öh, ja, ne, also)*; hinzu kommen Kontaktwörter *(hallo, bitte)*, Interjektionen *(igitt, aua, oh)* und bestimmte feste Wendungen *(glaub-ich, nun-ja, was-weiß-ich)*; ausführlich hierzu siehe Fischer (Hg.) [2006].

Neben der klassenkonstitutiven relationalen Struktur hat jede Abtönungspartikel eine spezifische Eigenbedeutung, die sich aus der diachronen Quelle jedes Partikellexems ableitet. Sie spezifiziert die Art der Relation zwischen der aktuellen Situation und der präsupponierten Einheit und macht den distinktiven Wert einer Partikel im Paradigma aus. Dies sei mit folgendem (Teil-)Paradigma von Abtönungspartikeln illustriert:

(19a) Deutsch ist eben schwer.
(19b) Deutsch ist aber schwer.
(19c) Deutsch ist ja   schwer.
(19d) Deutsch ist doch schwer.

Bei *eben* in (19a) liegt eine iterative Relation vor, d.h. der Sprecher markiert, „daß die darin enthaltene Behauptung genau übereinstimmt mit einer vom Sprecher schon früher vertretenen, wenn auch nicht unbedingt explizit geäußerten Ansicht" (Ickler 1994: 391). Bei *aber* in (19b) wird stattdessen ein adversatives Verhältnis zwischen dem pragmatischen Prätext und der relevanten Situation indiziert, d.h. ein Verweis auf einen Gegensatz zwischen Sprechererwartung und vom Sprecher wahrgenommener und dargestellter Realität. Mit *ja* in (19c) wird die Übereinstimmung des Sprechers mit dem pragmatischen Prätext und dessen Bekräftigung ausgedrückt (vgl. Ickler 1994: 399), so dass die Bedeutung von *ja* als ‚Indizierung einer affirmativen Relation zwischen pragmatischem Prätext und in der Äußerung dargestellter Situation' angegeben werden kann. Die Bedeutung der Abtönungspartikel *doch* indiziert eine Alternative, aus der der Sprecher eine Option auswählt. Man könnte von der Indizierung einer konzessiven Relation zwischen dem pragmatischen Prätext und der in der Äußerung dargestellten Situation sprechen: der Sprecher legt sich auf eine der beiden Alternativen fest, wobei er die Existenz einer entgegen gesetzten Entscheidung anerkennt.

Bei den stärker grammatikalisierten Partikeln ist der semantische Gehalt auf wenige abstrakte Charakteristika reduziert (vgl. *aber, doch, ja*). Je weniger grammatikalisiert eine Abtönungspartikel ist, desto reichhaltiger ist ihre Semantik und desto idiosynkratischer und stärker restringiert sind ihre Verwendungskontexte und ihre Substitutionsmöglichkeiten durch andere Mitglieder der Klasse. Dies zeigt sich zum Beispiel an *ruhig*, das nur in direktiven Sprechakten – die als direkte oder „indirekte" Direktive realisiert sein können – als Abtönungspartikel verwendet wird. Im Fall eines durch den Imperativ ausgedrückten Direktivs ist es durch *nur* oder *halt* substituierbar (mit Bedeutungsähnlichkeit, nicht Bedeutungsgleichheit):

(20) Komm ruhig / nur / halt rein.

Bei indirekten Direktiven hingegen, die durch Aussagesätze mit den Modalverben *können* oder *dürfen* realisiert werden, ist *ruhig* nicht durch *nur* oder *halt* substituierbar.

(21) Du kannst ruhig / *nur / *halt rein kommen.

Diese subtilen Restriktionen, die hier nicht diskutiert werden können, sind Reflex der jeweils verschiedenen Herkunft der Spenderlexeme der Partikeln und ihrer spezifischen Grammatikalisierungskanäle (siehe Diewald / Ferraresi [eingereicht]).

3.2.3. Polysemie und kontextuelle Variation

Wie erwähnt, lassen sich die Bedeutungsunterschiede der Wortartdubletten, deren Existenz unabhängig durch strukturelle Faktoren motiviert ist, als Heterosemie einstufen. Bei Bedeutungsvarianten innerhalb der Klasse der Abtönungspartikeln ist diese Einordnung nicht möglich. Hier stellt sich die in der Partikelforschung schon lange diskutierte Frage, wann und nach welchen Kriterien man zwischen Polysemie und kontext-induzierter Variation unterscheiden sollte. Maximal differenzierende Beschreibungen wie in Helbig (1994), die z. B. einer Abtönungspartikel pro Strukturtyp eine Bedeutungsvariante zuweisen, dienen ausschließlich anwendungsorientierten Zwecken und tragen nichts zur linguistischen Lösung des Bedeutungsproblems bei. Minimalistische Vorschläge, die pro Partikellexem eine Grundbedeutung ansetzen, sind naturgemäß unterspezifiziert und können die zahlreichen Vorkommensrestriktionen der Abtönungspartikeln nicht erklären. Daher sei abschließend ein Vorschlag für die Bedeutungserfassung der Abtönungspartikeln gemacht, der einerseits die beschriebene relationale Bedeutung als semantische Basisstruktur aller Abtönungspartikeln ansetzt, der diese Struktur jedoch zusätzlich in ein systematisches Verfahren zur Beschreibung konkreter Äußerungsbedeutungen einspeist. Alle Bedeutungsvarianten werden einheitlich über die je spezifische Füllung des relationalen Verweisschemas erklärt. Da in jedem Fall die nötige Kontextinformation mit in das Beschreibungsschema einfließt, erübrigt sich auf dieser Stufe die Entscheidung, ob bei einer konkreten Äußerung

Polysemie oder kontext-induzierte Variation vorliegt. Die grundlegende These ist also, dass jede Bedeutungsvariante einer Abtönungspartikel als kontrollierte Spezifizierung des relationalen Basisschemas in einer bestimmten Situation gesehen und entsprechend dargestellt werden kann.

Das Beschreibungsmodell nimmt Bezug auf Wierzbickas *natural semantic metalanguage* (NSM) (Wierzbicka 1986, 1991, 1996), die mit einer überschaubaren Zahl definierter semantischer Primitive lexikalische und propositionale ebenso wie pragmatische und illokutive Bedeutungen dekomponiert und in einem einheitlichen Format darstellt. Ohne auf Details eingehen zu können, die die Festlegung der Primitive und ihre Syntax betreffen (siehe hierzu Diewald/Fischer 1998, Diewald 2006), sei das Modell im Folgenden kurz skizziert. Wie in Abschnitt 3.2.2 erläutert, sind zur schematischen Darstellung der Bedeutung einer Abtönungspartikel drei Faktoren zu berücksichtigen: die pragmatisch präsupponierte Einheit, die relevante Situation und die partikelhaltige Äußerung. Diese werden untereinander in einem dreizeiligen Schema notiert: Die erste Zeile formuliert die pragmatisch präsupponierte Einheit, die zweite Zeile notiert die relevante Situation, die dritte Zeile notiert die konkrete Äußerung, die die relevante Situation auf die pragmatisch präsupponierte Einheit bezieht, wodurch sie als nicht-initialer Zug erscheint. Tabelle 2 gibt das Prinzip wieder:

pragmatisch präsupponierte Einheit	Variante der Proposition p', (Sprechakttyp s') (weitere Faktoren)
relevante Situation	Proposition p & Sprechakttyp s
→ Partikelhaltige Äußerung	Proposition p, Sprechakttyp s & Abtönungspartikel

Tabelle 2: Basisschema zur Bedeutungsbeschreibung von Abtönungspartikeln

Das Schema bietet also ein allgemeines Muster für eine einheitliche Beschreibung der Bedeutung der Abtönungspartikeln. Dies soll hier abschließend an einigen kontextabhängigen Variationen der Bedeutung der Partikel *denn* in Fragen exemplifiziert werden (ausführlich hierzu Diewald 1999). Fragen mit *denn,* wie (22), können als die Standardvariante von interrogativen Sprechakten im Deutschen angesehen werden:

(22) Kommst du <u>denn</u> mit?

Durch *denn* wird indiziert, dass die Frage, obwohl sie grundsätzlich den ersten Teil einer Paarsequenz bildet, kein initialer Zug ist, sondern sich aus dem pragmatisch Präsupponierten ergibt. *Denn* indiziert somit eine konsekutive Relation zwischen der pragmatisch präsupponierten Einheit und der relevanten Situation.

Die pragmatisch präsupponierte Einheit enthält im Fall von *denn* neben der Proposition auch eine Spezifikation des in der Situation zu wählenden – interrogativen – Sprechakttyps. Dies wird in der ersten Zeile des Schemas wie folgt dargestellt:

pragmatisch präsupponierte Einheit	Jemand fragt: Proposition'
relevante Situation	Ich frage: Proposition
→ Partikelhaltige Äußerung	*denn* & Proposition?

Tabelle 3: Schema für die Abtönungspartikel *denn* in Fragen

Für die Analyse individueller Vorkommen von *denn* im Dialog muss dieses Basisschema in verschiedener Hinsicht modifiziert werden, was im Folgenden anhand zweier stereotyper Variationen von *denn*-Fragen dargestellt ist. Die Transkriptionen sind dem Band von Redder und Ehlich (1994) entnommen. Der erste Typ von *denn*-Fragen knüpft direkt an den Vorgängerzug des Dialogpartners an, was bedeutet, dass die pragmatisch präsupponierte Einheit direkt aus der Vorgängeräußerung abgeleitet werden kann.

(23) Zeuge: Und wir fahren, nich wahr, und dann mit der Geschwindigkeit achtzig bis hundert.
Richter: Warum fahren Sie denn so schnell?
(Hoffmann 1994: 61, 53 ff.)

Durch die Verwendung von *denn* markiert der Richter seine Frage als direkte Reaktion auf die Vorgängeräußerung und indem er dies tut, stellt er, obwohl er ein neues Adjazenzpaar einleitet, seine Frage zugleich als reaktiv dar.[6] Die Funktion dieses Typus von *denn*-Fra-

---

[6] Im hier vorliegenden Kontext einer Befragung vor Gericht ergibt sich der zusätzliche Effekt, dass die Vorgängeräußerung als begründungspflichtig erscheint. Dies ist jedoch nicht bei allen *denn*-Fragen der Fall. Derartige kontextbedingte Spezifizierungen können bei Bedarf in das Beschreibungsschema, in diesem Fall Tabelle 4, Zeile 1, integriert werden.

gen ist es also, ein neues Adjazenzpaar (eine Frage-Antwort-Sequenz) an den Vorgängerzug zu binden. Das Schema für *denn* in Beispiel (23) ist in Tabelle 4 aufgezeigt:

pragmatisch präsupponierte Einheit	Aus dem Gesagten folgt: Ich frage: Warum fahren Sie so schnell?
relevante Situation	Ich frage: Warum fahren Sie so schnell?
→ Partikelhaltige Äußerung	*Warum fahren Sie denn so schnell?*

Tabelle 4: Kontextuell spezifiziertes Schema für *denn* in (23)

In einem zweiten Typ von *denn*-Fragen besteht die pragmatisch gegebene Einheit aus Standardannahmen, die der Sprecher als für die aktuelle Situation gültig voraussetzt. Die *denn*-Frage bezieht sich auf dieses Standardwissen und wird als dadurch motiviert gekennzeichnet. Anders als die oben besprochene *denn*-Frage ist diese Variante nicht auf einen Vorgängerzug bezogen, sondern wird häufig zur Gesprächseröffnung verwendet. Beispiel (24) zeigt diesen Gebrauch in einem diskurseröffnenden Zug in einem Klientengespräch bei einer Behörde:

(24) Sachbearbeiter: So, was kann ich denn für Sie tun?
(Becker-Mrotzek / Fickermann 1994: 110, 1)

Die pragmatisch gegebene Einheit besteht hier aus Routinewissen über situationsangemessene Eröffnungsstrategien in Dienstleistungskontexten. Indem er eine *denn*-Frage zur Gesprächseröffnung verwendet, zielt der Sprecher darauf, den Beginn des Gesprächs zu erleichtern. Da er seine Frage als durch etwas Vorgegebenes motiviert kennzeichnet, erscheint sein Gesprächszug, obwohl er der Eröffnung dient, als reaktiv und wirkt so stärker partner-orientiert. Tabelle 5 gibt das Schema für diesen Fall wieder.

Auf diese Weise kann das Basisschema unter Beibehaltung eines einheitlichen Formats zur Bedeutungsbeschreibung der Abtönungspartikeln an individuelle Vorkommensfälle angepasst werden. Es kann gleichermaßen zur Beschreibung von echten Polysemien und individuellen konversationellen Implikaturen verwendet werden. Das Schema erlaubt es, alle relevanten Informationen in normierter Weise wiederzugeben, ohne Aussagen über den lexikologischen Sta-

pragmatisch präsupponierte Einheit	Aus unserem Standardwissen über diese Situation folgt: Ich frage: Was kann ich für Sie tun?
relevante Situation	Ich frage: Was kann ich für Sie tun?
→ Partikelhaltige Äußerung	*Was kann ich denn für Sie tun?*

Tabelle 5: Kontextuell spezifiziertes Schema für *denn* in Eröffnungsfragen wie (24)

tus einer Gebrauchsweise zu erzwingen. Dies ist aus folgenden Gründen vorteilhaft: Zum einen ist die Bedeutung von Partikeln nicht-referentiell und abstrakt, so dass es *a priori* schwierig ist, verschiedene lexeminhärente Bedeutungen zu unterscheiden. Zum andern hängt die Entscheidung, ob ein Gebrauch als kontextbedingte oder als kontextunabhängige lexeminhärente Bedeutung aufzufassen ist, u. a. von Frequenz, Stereotypie und Register ab, also von Faktoren, die für jedes Partikellexem in jeder Synchronie empirisch ermittelt werden müssen. Da drittens diachroner Wandel kontinuierlich und graduell stattfindet und ständig zur Semantisierung stereotyper kontext-induzierter Interpretationen führt, gibt es vermutlich keine linguistisch motivierbare Grenzlinie zwischen kontextueller Variation und Polysemie.

4. Literatur

Abraham, W. (1990) Zur heterogenen Entfaltung der Modalpartikel im Ahd. und Mhd. In: Betten, A. (Hg.) Neuere Forschungen zur historischen Syntax des Deutschen: Referate der Internationalen Fachkonferenz Eichstätt 1989. Tübingen: Niemeyer (RGL 103), 124–138

Altmann, H. (1978) Gradpartikel-Probleme: Zur Beschreibung von *gerade, genau, eben, ausgerechnet, vor allem, insbesondere, zumindest, wenigstens*. Tübingen: Narr (Studien zur deutschen Grammatik 8)

Autenrieth, T. (2002) Heterosemie und Grammatikalisierung bei Modalpartikeln. Eine synchrone und diachrone Studie anhand von *eben, halt, e(cher)t, einfach, schlicht* und *glatt*. Tübingen: Niemeyer

Barth, D. / Couper-Kuhlen, E. (2002) On the development of final though: A case of grammaticalization? In: Wischer, I. / Diewald, G. (Hg.), 345–361

Becker-Mrotzek, M. / Fickermann, I. (1994) Versicherungsamt. In: Redder, A. / Ehlich, K. (Hg.), 110–135

Beerbom, Ch. (1992) Modalpartikeln als Übersetzungsproblem. Frankfurt / M.: Lang

Brandt, M. / Reis, M. / Rosengren, I. / Zimmermann, I. (1992) Satztyp, Satzmodus und Illokution. In: Rosengren, I. (Hg.) Satz und Illokution, Bd. 1. Tübingen: Niemeyer, 1–90
Bublitz, W. (1978) Ausdrucksweisen der Sprechereinstellung im Deutschen und Englischen. Untersuchungen zur Syntax, Semantik und Pragmatik der deutschen Modalpartikeln und Vergewisserungsfragen und ihrer englischen Entsprechungen. Tübingen: Niemeyer (LA 57)
Burkhardt, A. (1994) Abtönungspartikeln im Deutschen: Bedeutung und Genese. In: Zeitschrift für germanistische Linguistik 22, 129–151
Coseriu, E. (1980) Partikeln und Sprachtypus. Zur strukturell-funktionellen Fragestellung in der Sprachtypologie. In: Brettschneider, G. / Lehmann, Ch. (Hg.) Wege zur Universalienforschung. Sprachwissenschaftliche Beiträge zum 60. Geburtstag von H. Seiler. Tübingen: Narr, 199–206
Dahl, J. (1988) Die Abtönungspartikeln im Deutschen. Ausdrucksmittel für Sprechereinstellungen mit einem kontrastiven Teil deutsch – serbokroatisch. Heidelberg: Winter
Diewald, G. (1997) Grammatikalisierung. Eine Einführung in Sein und Werden grammatischer Formen. Tübingen: Niemeyer (GA 36)
Diewald, G. (1999) Die dialogische Bedeutungskomponente von Modalpartikeln. In: Dialogue Analysis and the Mass Media. Proceedings of the International Conference, Erlangen, April 2–3, 1998, Naumann, B. (Hg.), 187–199 [Beiträge zur Dialogforschung 20]. Tübingen: Niemeyer
Diewald, G. (2006) Discourse particles and modal particles as grammatical elements. In: Fischer, K. (Hg.) Approaches to discourse particles. (Studies in Pragmatics 1). Amsterdam [usw.]: Elsevier, 403–425
Diewald, G. / Ferraresi, G. [im Druck] Semantic, syntactic and constructional restrictions in the diachronic rise of modal particles in German: A corpus-based study on the formation of a grammaticalization channel. Theoretical and empirical issues in grammaticalization. Seoane, E. / López-Couso, M. J. (Hg.) in collaboration with T. Fanego. (Typological Studies in Language). Amsterdam / Philadelphia: John Benjamins
Diewald, G. / Fischer, K. (1998) Zur diskursiven und modalen Funktion der Partikeln *aber, auch, doch* und *ja* in Instruktionsdialogen. In: Linguistica 38, 75–99
Doherty, M. (1985) Epistemische Bedeutung. Berlin: Akademie-Verlag (studia grammatica 23)
Eisenberg, P. (1995) Grundriß der deutschen Grammatik. Stuttgart: Metzler
Eisenberg, P. (1998) Grundriß der deutschen Grammatik. Band 2. Der Satz. Stuttgart: Metzler
Ferraresi, G. (2004) Unterdeterminiertheit in der Schnittstelle Syntax-Semantik bei Grammatikalisierungsphänomenen am Beispiel von *schon*. In: Zeitschrift für Germanistische Linguistik, 32(2), 233–261
Ferraresi, G. (2006) Informationsstrukturelle Bedingungen bei deutschen Modalpartikeln. In Vliegen, M. (Hg.) Variation in Sprachtheorie und Spracherwerb. Akten des 39. Linguistischen Kolloquiums, Amsterdam 25.–27.8.2004. Frankfurt / Main: Lang, 79–87

Feyrer, C. (1998) Modalität im Kontrast: Ein Beitrag zur übersetzungsorientierten Modalpartikelforschung anhand des Deutschen und Französischen. Frankfurt / M.: Lang

Fischer, K. (Hg.) (2006) Approaches to Discourse Particles. Amsterdam [usw.]: Elsevier

Foolen, A. (1989) Beschreibungsebenen für Modalpartikelbedeutungen. In: Weydt, H. (Hg.) Sprechen mit Partikeln. Berlin, New York: de Gruyter, 305–317

Franck, D. (1979) Abtönungspartikel und Interaktionsmanagement. Tendenziöse Fragen. In: Weydt, H. (Hg.) (1979), 3–13

Franck, D. (1980) Grammatik und Konversation. Königstein / Ts.: Scriptor (Monographien Linguistik und Kommunikationswissenschaft 46)

Gelhaus, H. (1998) Die Wortarten. In: Duden: Grammatik der deutschen Gegenwartssprache, 6. Aufl. Mannheim: Dudenverlag, 85–407

Günthner, S. (1999) Entwickelt sich der Konzessivkonnektor obwohl zum Diskursmarker? Grammatikalisierungstendenzen im gesprochenen Deutsch. In: Linguistische Berichte 180, 409–446

Hartmann, D. (1979) Syntaktische Funktionen der Partikeln eben, eigentlich, einfach, nämlich, ruhig, vielleicht und wohl. Zur Grundlegung einer diachronischen Untersuchung von Satzpartikeln im Deutschen. In: Weydt, H. (Hg.), 121–138

Helbig, G. (1994) Lexikon deutscher Partikeln. 3. durchges. Auflage. Leizig [usw.]: Langenscheidt, Verlag Enzyklopädie

Helbig, G. / Buscha, J. (2002) Deutsche Grammatik. Ein Handbuch für den Ausländerunterricht. Berlin, München: Langenscheidt

Hentschel, E. (1983) Partikeln und Wortstellung. Partikeln und Interaktion. In: Weydt, H. (Hg.), 46–53

Hentschel, E. (1986) Funktion und Geschichte deutscher Partikeln: Ja, doch, halt und eben. Tübingen: Niemeyer

Hentschel, E. / Weydt, H. (2002) Die Wortart ‚Partikel'. In: Cruse, A. D. / Hundsnurscher, F. / Job, M. / Lutzeier, P. R. (Hg.) Lexikologie. Internationales Handbuch zur Natur und Struktur von Wörtern und Wortschätzen. 1. Halbband. Berlin, New York: de Gruyter, 646–653

Hoffmann, L. (1994) Eine Verhandlung vor dem Amtsgericht. In: Redder, A. / Ehlich, K. (Hg.), 19–90

Ickler, Th. (1994) Zur Bedeutung der sogenannten ‚Modalpartikeln'. In: Sprachwissenschaft 19, 374–404

Jacobs, J. (1991) On the semantics of modal particles. In: Abraham, W. (Hg.) Discourse Particles. Amsterdam: Benjamins, 141–162

Jiang, M. (1994) Deutsche Modalpartikeln als Lehr- und Lernproblem im Fach Deutsch als Fremdsprache für Ausländer mit didaktischen Überlegungen. Frankfurt / M.: Lang

Karajosova, E. (2004) The Meaning and Function of German Modal Particles. Saarbrücken Dissertations in Computational Linguistics and Language Technology, 18

Keil, M. (1990) Analyse von Partikeln für ein sprachverstehendes System – am Beispiel telefonischer Zugauskunftsdialoge. Magisterarbeit in der

Philosophischen Fakultät II (Sprach- und Literaturwissenschaften) der Universität Erlangen. [Typoskript]

König, E. (1997) Zur Bedeutung von Modalpartikeln im Deutschen. In: Debus, F. / Leirbukt, O. (Hg.) Aspekte der Modalität im Deutschen – auch in kontrastiver Sicht. Hildesheim: Olms, 57–75

König, E. / Requardt, S. (1991) A relevance-theoretic approach to the analysis of modal particles in German. In: Multilingua 10 (1–2), 63–77

Kriwonossov, A. (1977) Die modalen Partikeln in der deutschen Gegenwartssprache. Göppingen: Kümmerle. (Göppinger Arbeiten zur Germanistik 214) [Diss. Humboldt-Universität Berlin 1963]

Liedke, M. (1994) Die Mikro-Organisation von Verständigung. Diskursuntersuchungen zu deutschen und griechischen Partikeln. Frankfurt / M.: Lang

Lütten, J. (1977) Untersuchungen zur Leistung der Partikeln in der gesprochenen deutschen Sprache. Göppingen: Kümmerle

Masi, S. (1996) Deutsche Modalpartikeln und ihre Entsprechungen im Italienischen. Frankfurt / M.: Lang

May, C. (2000) Die deutschen Modalpartikeln. wie übersetzt man sie (dargestellt am Beispiel von eigentlich, denn und überhaupt), wie lehrt man sie? Frankfurt / M.: Lang

Meibauer, J. (1994) Modaler Kontrast und konzeptuelle Verschiebung. Studien zur Syntax und Semantik deutscher Modalapartikeln. Tübingen: Niemeyer

Möllering, M. (2004) The Acquisition of German Modal particles. A Corpus-Based Approach. Bern [usw.]: Lang

Molnar, A. (2002) Die Grammatikalisierung deutscher Modalpartikeln: Fallstudien. Frankfurt / Main: Lang

Nekula, M. (1996) System der Partikeln im Deutschen und Tschechischen. Unter besonderer Berücksichtigung der Abtönungspartikeln. Tübingen: Niemeyer

Öhlschläger, G. (1985) Untersuchungen zu den Modalpartikeln des Deutschen. In: ZGL 13, 350–366

Ormelius-Sandblom, E. (1997) Die Modalpartikeln ja, doch und schon. Zu ihrer Syntax, Semantik und Pragmatik. Stockholm: Almqvist & Wiksell

Paul / Henne 1992 = Paul, H. (1992) Deutsches Wörterbuch. 9. vollständig neu bearbeitete Auflage von Helmut Henne und Georg Objartel unter Mitarbeit von Heidrun Kämper-Jensen. Tübingen: Niemeyer

Petrič, T. (1995) Indexikalische Leistungen der Modalpartikeln und ihre natürlichkeitstheoretische Bewertung. In: Linguistica 35, 245–259

Redder, A. / Ehlich, K. (Hg.) (1994) Gesprochene Sprache. Transkripte und Tondokumente [Phonai 41], Tübingen: Niemeyer

Reiners, L. (1943) Stilkunst. Ein Lehrbuch deutscher Prosa. München. München: Beck

Sagerer, G. / Eikmeyer, H.-J. / Rickheit, G. (1994) Wir bauen jetzt ein Flugzeug. Konstruieren im Dialog. Arbeitsmaterialien. Tech. Report, SFB 360 „Situierte künstliche Kommunikatoren", Universität Bielefeld

Simon, H. J. (1996) Zur Problematik einer Geschichte der deutschen Abtönungspartikeln. Fallstudien anhand eines Sprachlehrbuchs von 1424. In: Sprachwissenschaft 21, 262–300
Sprache und Datenverarbeitung, 28, Heft 1, 2004
Szulc-Brozozowska, M. (2002) Deutsche und polnische Modalpartikeln und ihre Äquivalenzbeziehungen. Lublin: Towarzystwo Naukowe, Katolikkiego Uniwersytetu Lubelskiego
Thiel, R. (1962) Würzwörter. In: Sprachpflege 4, 71–73
Thun, H. (1984) Dialoggestaltung im Deutschen und Rumänischen. Eine strukturell-kontrastive Studie zu den Existimatoren. Tübingen: Narr
Thurmair, M. (1989) Modalpartikeln und ihre Kombinationen. Tübingen: Niemeyer. (Linguistische Arbeiten 223)
Wegener, H. (2002) The evolution of the German modal particle *denn*. In: Wischer, I. / Diewald, G. (Hg.), 379–394
Weydt, H. (1969) Abtönungspartikel. Die deutschen Modalwörter und ihre französischen Entsprechungen. Bad Homburg, Berlin, Zürich: Gehlen
Weydt, H. (Hg.) (1977) Aspekte der Modalpartikeln. Studien zur deutschen Abtönung. Tübingen: Niemeyer
Weydt, H. (Hg.) (1979) Die Partikeln der deutschen Sprache. Berlin, New York: de Gruyter
Weydt, H. (Hg.) (1981) Partikeln und Deutschunterricht, Abtönungspartikeln für Lerner des Deutschen. Heidelberg: Groos
Weydt, H. (Hg.) (1983) Partikeln und Interaktion. Tübingen: Niemeyer
Weydt, H. (Hg.) (1989) Sprechen mit Partikeln. Berlin, New York: de Gruyter
Weydt, H. / Ehlers, K.-H. (1987) Partikelbibliographie. Internationale Sprachenforschung zu Partikeln und Interjektionen. Frankfurt / M.: Lang
Weydt, H. / Hentschel, E. (1983) Kleines Abtönungswörterbuch. In: Weydt, H. (Hg.) (1983), 3–24
Wierzbicka, A. (1986) A semantic metalanguage for the description and comparison of illocutionary meanings. In: Journal of Pragmatics 10, 67–107
Wierzbicka, A. (1991) Cross-cultural pragmatics. The semantics of human interaction. Berlin: Mouton de Gruyter
Wierzbicka, A. (1996) Semantics: primes and universals. Oxford: Oxford University Press
Wischer, I. / Diewald, G. (Hg.) (2002) New Reflections on Grammaticalization. International Symposium, Potsdam, 17–19 June, 1999 [Typological Studies in Language 49]. Amsterdam & Philadelphia: Benjamins
Wolski, W. (1986) Partikellexikographie. Ein Beitrag zur praktischen Lexikographie. Tübingen: Niemeyer. (Lexicographica 14)
Zifonun, G. / Hoffmann, L. / Strecker, B. [u.a.] (1997) Grammatik der deutschen Sprache. 3 Bde. Berlin, New York: de Gruyter
Zybatow, L. (1989) Wider grammatische Abstinenz und pragmatische Euphorie bei der Partikelbeschreibung. In: Reiter, N. (Hg.) Sprechen und Hören. Tübingen: Niemeyer, 489–499
Zybatow, L. (1990) Was die Partikeln bedeuten. Eine kontrastive Analyse Russisch-Deutsch. München: Sagner

Gabriele Diewald (Hannover)

C2 Adjektiv (und Adkopula)

1. Wortartbezeichnung
2. Beispiele
2.1. Morphologische und syntaktische Zusammenhänge
2.1.1. Attributiv und flektiert
2.1.2. Prädikativ, adverbial und unflektiert
2.2. Morphologie und Semantik
2.2.1. Komparation
2.2.2. Paarigkeit
2.3. Syntakto-semantische Beschränkungen
2.3.1. Relationale Adjektive
2.3.2. Verbaladjektiv
2.4. Adkopula
2.5. Bestand und Ausbau
3. Definition und Stellung im Wortartensystem
3.1. Anmerkungen zur Forschungsgeschichte
3.2. Definition
3.2.1. Morphologisches
3.2.2. Morpho-Syntaktisches
3.2.3. Semantisches
3.3. Syntaktisches
3.3.1. Attributive Verwendung
3.3.2. Prädikative Verwendung
3.3.3. Adverbiale Verwendung
3.4. Stellung in der Wortartenhierarchie
3.5. Das Adjektiv und die anderen Wortarten
3.5.1. Adjektiv und Substantiv
3.5.2. Adjektiv und Verb
3.6. Kontrastive Aspekte
4. Schluss
5. Literatur
5.1. Texte
5.2. Wissenschaftliche Literatur

1. Wortartbezeichnung

Adjektiv (auch *Eigenschaftswort, Artwort / Wiewort, Beiwort*) heißt die dritte der prinzipiell offenen Klassen der Inhaltswörter / Hauptwortarten des Deutschen. Im Gegensatz zu *Substantiv* und *Verb*, in denen sich Nominalität und Verbalität in prototypischer Weise niederschlagen, ist die Wortart Adjektiv weniger universal. Sie tritt auch in der europäischen grammatischen Tradition später auf, wird zu Beginn und zum Teil weiterhin unter dem Nomen subsumiert *(nomen adiectivum)*.

Die Bezeichnung *Adjektiv* ist traditionell dominant und heutzutage sowohl wissenschaftlich wie didaktisch üblich, sie gilt als Übersetzung von griechisch *epítheton* (ὄνομα ἐπίθετον), und hat auch die Benennung *Beiwort* inspiriert. Demgegenüber akzentuiert *Eigenschaftswort* den prototypischen semantischen Kern dieser Wortart. Darauf beziehen sich ebenfalls die weiteren genannten, nunmehr veralteten didaktischen Benennungen. Sie haben aber das Problem, dass sie in prekäre Nähe zur ohnehin schwierigen Abgrenzung von Adjektiv und Adverb führen, die sich in dem immer einmal wieder benutzten Terminus *Adjektivadverb* für adverbial verwendete Adjektive spiegelt.

Nur prädikativ verwendbare Elemente, die ansonsten den Adjektiven ähneln, nennt man seit einiger Zeit *Adkopula* (vgl. Zifonun et al. 1997: 44, 56). Weniger Eigenständigkeit und Akzeptanz haben entsprechende Benennungen für nur attributiv auftretende Elemente („*Attributiva*") gefunden.

Weitaus weniger zum grammatischen Allgemeinwissen gehört die wissenschaftlich häufige Trennung in *Eigenschaftswörter / Qualitätsadjektive / Qualitativa* auf der einen und *Zugehörigkeitsadjektive / Bezugsadjektive / Relationsadjektive / relationale Adjektive* auf der anderen Seite. Gelegentlich wird für diese letzte Gruppe auch der Terminus *relative Adjektive* verwendet. Zumeist benennt allerdings dieser Terminus eine von zwei Subklassen der qualitativen Adjektive, deren andere die *absoluten Adjektive* darstellen. Sie unterscheiden sich im Hinblick auf die Art der in ihnen repräsentierten Eigenschaft, in der formalen Konsequenz im Hinblick auf die Graduierbarkeit. *Relativ* heißen zudem zum Teil auch jene Adjektive, die sonst auch *Dimensionsadjektive* genannt werden.

2. Beispiele

2.1. Morphologische und syntaktische Zusammenhänge

2.1.1. Attributiv und flektiert

Adjektive sind links vom Nomen attributiv verwendete und in dieser Verwendung nach nominalem Muster flektierte Wörter; diese Stellung zwischen determinierenden Elementen (→ Determinativ C6) ist für diese Wortart kennzeichnend. Die Beispiele (1) bis (4) deuten an, dass die Flexion nach den nominalen Kategorisierungen

Adjektiv (und Adkopula)

und gemäß dem Wechsel von starker und schwacher Flexion variiert. Die starke Flexion kennt außer den in der schwachen Flexion allein vorkommenden Flexiven {-e} und {-en} noch die Formen {-er}, {-es} und {-em}. Die letzten beiden sind am wenigsten funktional belastet.

Beispiele (1) und (2) zeigen die Variation von Genus, Numerus und Definitheit am Beispiel des Nominativ, (3) und (4) die analogen Verhältnisse für den Dativ.

(1) Ein **alter** Mann (114) – Eine **dunkle** Wolke (101) – Ein **breites** Segelboot (105) – **helle** Funken (103)[1]
(2) Der **neue** Mittag (142) – die **offene** Tür (12) – Das **stärkste** Gift (131) – die **letzten** Gäste (149)
(3) Unter **freiem** Himmel (102) – Mit **tauber** Hand (104) – mit **fiebergelbem** Gesicht (113) – zwischen **großen** Flüssen (118)
(4) Einem besonders **schönen** Falter (107) – in der **heißen** Luft (123) – Im **hohen** Gras (104) – in den **frühen** Morgenstunden (125)

2.1.2. Prädikativ, adverbial und unflektiert

Daneben können Adjektive prädikativ und adverbial verwendet werden; das gilt aber jeweils nur für Subgruppen. In beiden Fällen werden die unflektierten Stammformen benutzt. Prototypische Adjektive wie *gut* zeigen alle drei Verwendungen:

(5) Das seien **gute** Waffen (108)
(6) Und sie seien **gut**, aber billig seien sie nicht (106)
(7) Der Hund sei bissig und rieche nicht **gut** (106)

Die strikte Beschränkung der Adjektivflexion auf die attributive Position links vom Nomen, und die formale Merkmallosigkeit aller anderen Verwendungen ist ein Ergebnis grammatischer Reorganisation in neuhochdeutscher Zeit. Sie betrifft die Verteilung der flexivischen Information in der Nominalgruppe ebenso, wie den Verzicht auf die im Mittelhochdeutschen noch gängige formale Kennzeichnung der adverbialen Verwendung, wie sie die europäischen Nachbarsprachen noch heute kennen.

---

[1] Zitate, die im folgenden Text nur mit Seitenzahl zitiert werden, stammen aus Kehlmann 2005; andere Quellen werden jeweils vor Ort kenntlich gemacht.

2.2. Morphologie und Semantik

2.2.1. Komparation

Die zentralsten Mitglieder der Wortart Adjektiv, Benennungen für relative Eigenschaften, lassen sich auch morphologisch graduieren. Diese Art der morphologischen Veränderung findet sich nur bei dieser Wortart, sie kennt neben dem Positiv die Formen des Komparativs, die durch ein {-er}-Suffix, und des Superlativs, die durch ein {-(e)st}-Suffix gebildet werden:

(8) Der Alte drehte die Kurbel **fester,** die Funken knisterten immer **lauter** (103)

(9) Ihr **teuerstes** Barometer fiel hinunter (101)

Steigerbarkeit ist auch darüber hinaus eine Eigenheit der Adjektive; vor allem kompositions- und präfixartige Erstelemente werden in diesem Kontext in mehr oder minder reihenbildender Weise genutzt. Das dient zu konnotativ oder stilistisch angereicherten Steigerungstypen bei den prinzipiell steigerbaren Adjektiven *(todtraurig; steinalt)*, aber auch zur Graduierung bei den sogenannten absoluten Eigenschaftswörtern *(hochschwanger; mausetot)*. Der Grad an Lexikalisierung ist hoch (z. B. {stroh-} nur mit {-dumm} verbindbar), der metaphorische Charakter variiert (von gering: *strohdumm* bis hoch: *feuerrot*).

(10) Löste **blitzschnell** den Gürtel (112)

2.2.2. Paarigkeit

Zur Graduierbarkeit passt, dass es eine zentrale Gruppe von Adjektiven gibt, die alle genannten Verwendungsmöglichkeiten zeigen, strukturell einfach sind („primäre Adjektive") und typischerweise in Gegensatzpaaren auftreten:

(11) Die Nacht war **groß** (102) – Das Boot sei zu **klein** (106)

(12) Es fiel Humboldt **schwer** (102) – dass ihm das Stillstehen nicht **leichtgefallen** sei (101 / 02)

(13) Der Schmerz so **stark** (104) – ihm sei ein wenig **schwach** zumute (132)

(14) Einen **langen** Blick (105) – weil es **kurz** sei (106)

(15) Mit **vollem** Mund (134) – Der Platz vor der Hütte war **leer** (127)

Diese Adjektive sind zudem relativ in dem Sinn, dass der positive der beiden damit bezeichneten Pole unmarkierter ist, so dass man zum Beispiel, wenn keine spezifischeren Bedingungen herrschen, fragt, wie *groß* jemand sei, und nicht, wie *klein*.

Auch über diesen relativ eng begrenzten Kreis primärer Adjektive, bzw. die festliegenden Paare, hinaus, stellt Gegensätzlichkeit ein zentrales Ordnungsschema im Adjektivwortschatz dar. Systematisch ausgebaut ist es in Bildungen mit dem Präfix {un-}:

(16) Die Sache sei nicht **ungefährlich** (136)

2.3. Syntakto-semantische Beschränkungen

2.3.1. Relationale Adjektive

Den Gegenpol zu den bisher als prototypisch für die Wortart umrissenen „Eigenschaftswörtern" stellen Adjektive dar, die Beziehungen verschiedener Art herstellen. Sie sind nur attributiv verwendbar, verwandt sind Typen, bei denen eine Kombination von adverbialer und attributiver Verwendung üblich ist (s. (18)).

(17) Er maß den Winkel der Mondbahn vor dem **südlichen** Kreuz (129)

(18) Einige Formeln für die **magnetischen** Messungen (266)

Die Beispiele (17) und (18) stellen Relationen nominaler Klassifikation dar, ähnlich restringiert in der Verwendung sind aber auch deadverbiale Bildungen:

(19) Heute werden, wie am **gestrigen** Tage, drei Schriftführer benötigt. (http://www.landtag.sachsen-anhalt.de/ltpapier/plenum/3/002stzg.doc [11.1.2007])

(20) erhielten die **dortigen** Ereignisse einerseits deshalb eine besondere Brisanz (http://www.uni-muenster.de/PeaCon/wuf/wf-93/9341402m.htm [2.8.2006])

Anzuschließen werden hier die von ihrer Form her nicht unproblematischen und gelegentlich als Attributiva bezeichneten Bildungen auf {-er}:

(21) Dann fuhr Humboldt ins **Charlottenburger** Schloss (265)

Wie die Funktion einer Verbindung zwischen zwei Lexemen, der untergeordneten adjektivischen Basis und dem Bezugsnomen, schon klar macht, handelt es sich bei diesen Adjektiven durchwegs um komplexe Wörter, den minimal markierten Fall stellen Derivationen dar. Die Suffixe {-lich} für eine adverbiale Relation bei nativen Basen und {-isch}, als Markierer der Zugehörigkeit vor allem im Bereich der nicht nativen Stämme, bilden die zentralen Mittel dieser Art von Junktion. Nur bei der begrenzten Zahl deadverbialer Bildungen tritt das dritte häufige Adjektivsuffix, {-ig}, in diese Funktion ein.

Die Unterteilung in Qualitäts- und Zugehörigkeitsadjektive – mit verschiedenen Subklassifikationen – schlägt sich auch in der Reihenfolge pränominaler adjektivischer Attribute nieder. Im Zentrum dieses flektierten Raumes stehen die Qualitätsadjektive, die auch den prototypischen Kern der Wortart ausmachen, links davon finden sich situativ und textuell verweisende Elemente (s. (22)), rechts davon zunehmend nominale Klassifikatoren (s. (23)).

(22) ... hat sich die Infrastruktur erheblich verbessert. [...] Um die **bereits erwähnte gute** Infrastruktur auch mit Leben zu erfüllen (http://www.wallertheim.de / html / geschichte.html [2.1.2007])

(23) Dazu braucht es eine **gute städtische** Infrastruktur (http://www.muenchen.de/Rathaus/soz/aktuell/familie/medienpreis/158626/index.html [2.1.2007])

2.3.2. Verbaladjektiv

Zu den Adjektiven gezählt werden auch die Partizipien, zumindest ein Teil von ihnen bzw. in bestimmten Verwendungen. In ganz genereller Weise sind ihre Verwendungsbedingungen nicht leicht zu beschreiben.

Sofern es sich um Verwendungen deutlich verbaler Konstruktion – und nicht lexikalisierter Festigkeit – handelt, ist davon auszugehen, dass sie verdichtete Prädikationen darstellen, die modifizierend zu Prädikaten oder zu Nomina treten können. Die Prädikation würde dann verbal realisiert. Besonders klar ist das beim Partizip I:

(24) Es sei nichts, sagte er **hustend** (129)

(25) Die ständig **hustende** Köhlerin steht mitten im Rauch auf dem Meiler, [...] und erzählt dem **mithustenden** Reporter (http://www.amazon.de/Gernstl-unterwegs-6-Franz-X/dp/B00005O6RX – [2.1.2007])

(26) Aus Gewohnheit **hustete** er noch von Zeit zu Zeit (196) (* war er hustend)

Adjektiv (und Adkopula)

Allerdings gibt es eine ganze Reihe von Bildungen, die eindeutig den Übergang zum Adjektiv markieren bzw. die Grenze schon überschritten haben:

(27) Ließ sich Humboldt unter **staunenden** Blicken auf alle viere nieder (209)
(28) Der Mann trat **zögernd** zur Seite (121)
(29) Seine Bewegungen wurden **ausladender** (213)

Allerdings gibt es unterschiedliche kollokationelle Beschränkungen (Typ: *blühender Unsinn*).

Noch komplexer sind die Verhältnisse beim Partizip II, Übergänge zur verbalen Flexion (Zustandspassiv; sein-Perfekt) erschweren hier die Einschätzung; verstärkt kommt es hier auch zu eigener adjektivischer Produktivität *(betagt – * betagen)*.

(30) [...] kamen sie an einem Zug **strafgefangener** Frauen vorbei (276)
(31) Nun ja, sagte Humboldt **beklommen** (277)
(32) Schien ihm [...] in Segmente **aufgeteilt** und von Rissen **durchzogen** (279)

2.4. Adkopula

Nur prädikativ verwendbare lexematische Einheiten können nach den gegebenen Bestimmungen nicht einfach zu den Adjektiven gerechnet werden. Sie stellen Möglichkeiten dar, Eigenschaften im prädikativen Raum auftreten zu lassen, deren Wortartstatus unklar ist, in einigen klareren und neueren Fällen von entsprechenden Substantiven abgeleitet erscheinen.

(33) Wir sind **quitt**.
(34) Das ist ziemlich **klasse**.

Der Terminus Adkopula scheint auch dazu geeignet zu sein, jene Elemente diffuser Wortartzugehörigkeit zu charakterisieren, wie sie sich häufiger beim Prozess der Univerbierung im Prädikatsbereich finden:

(35) Plötzlich tat Gauß ihm **leid** (276)

2.5. Bestand und Ausbau

Der Kern primärer Eigenschaftswörter ist zahlenmäßig relativ klein, es werden Zahlen zwischen 150 und 200 genannt. So gibt es schon bei den Eigenschaftswörtern einen erheblichen Bedarf an weiteren Adjektiven. Das gilt mehr noch für den Tatbestand, dass Adjektive nicht nur Eigenschaftswörter sind, und dass diese anderen Typen per definitionem Basen mit junktionalen Elementen verknüpfen. Das hat zur Folge, dass es spezifische und hochproduktive Mittel der Wortbildung gibt, die diesen Mangel wettmachen. Ergänzt wird das durch Entlehnungsprozesse.

Den traditionellen Kern der Wortbildung des Adjektivs bildet daher die Derivation, deren statistisch wichtigste Bildungsmittel in den Suffixen {-ig}, {-isch} und {-lich} liegen. Sie repräsentieren unterschiedliche Weisen der Transposition und führen dabei auch auf komplexere Lexembildungstypen („Zusammenbildung"; s. (39)) zu:

(36) Gauß blickte auf seine **schmutzigen** Schuhe (181)
(37) Bei Leuten ohne **geometrische** Vorstellungskraft (183)
(38) Der Diener brachte ihn in ein **fürchterliches** Loch (193)
(39) Eines **wundertätigen** Priesters (205)

Komplexere Typen der Junktion führen zu Bildungen mit reihenbildenden Zweitelementen, deren Status als Komposita *(-voll)* oder stärker lexeminkorporierende Typen *(-haltig)* umstritten ist.

(40) Der Curaremeister war eine **würdevolle** […] Gestalt (131)

Noch klarer ist der inkorporierende Effekt bei den sogenannten Partizipialkomposita, die erst aufgrund der Erstelemente, die mittels der Relationalität der Partizipien eingebunden werden können, inhaltlichen Sinn gewinnen.

An modifizierenden Bildungen sind für das Adjektiv aufgrund der angedeuteten semantischen Eigenschaften vor allem präfigierende Typen kennzeichnend, in Sonderheit welche, die der Graduierung und der Gegensatzbildung oder Negation dienen.

(41) Er war **todmüde** (180); er sei **hundemüde** (182)

Weniger bedeutsam als beim → Substantiv (C 23) sind dagegen Determinativkomposita, bedeutsamer wiederum die dort äußerst marginalen Kopulativkomposita.

3. Definition und Stellung im Wortartensystem

3.1. Anmerkungen zur Forschungsgeschichte

Zur generellen und sprachübergreifenden Diskussion um den Status der Wortart Adjektiv finden sich die wesentlichen Punkte bei Bhast / Pustet (2000), zu den terminologischen und grammatikographischen Fragen stellt Kaltz (2000) die zentrale Information zusammen, die Überlegungen von Motsch (2002) zu dieser Wortart im Deutschen schließen an die syntaktisch-distributionelle Diskussion der Wortart im Rahmen der universalgrammatischen Diskussion an, die einen wichtigen Traditionspunkt in Motsch (1967) hat. Wie auch die einzige umfassende neuere Arbeit zum Adjektiv im Deutschen, Trost (2006), feststellt, wird ansonsten die Diskussion über die Eigenheiten dieser Wortart im Wesentlichen in den größeren Grammatiken des Deutschen geführt (vgl. etwa Gallmann 2005).

Verschiedene Einzelprobleme, die den typologischen Charakter des Deutschen zu beleuchten erlauben, finden dann und wann das Interesse der wissenschaftlichen Diskussion. Das betrifft zum Beispiel und zu unterschiedlichen Phasen Fragen der Valenz von Adjektiven, des Charakters der Dimensionsadjektive, der Adjektivflexion im Rahmen der Nominalgruppenflexion (ausgehend von Admoni), dazu tritt seit einiger Zeit ein verstärktes Interesse an auffälligen Ausnahmen und Randtypen der Verwendung. Typologisch interessant erschienen unmarkierte Adjektivabfolgen, es geht um Fragen der Komparation, um die Frage von Subklassen („Zugehörigkeitsadjektive").

Die adjektivische Wortbildung des Deutschen war relativ frühzeitig umfänglich beschrieben, daran schloss sich eine intensive Diskussion, nicht zuletzt um die so genannten Halbaffixe an. Dazu kommen Einzelarbeiten zu verschiedenen Bildungsmitteln.[2]

3.2. Definition

Das Deutsche kennt eine Wortart Adjektiv (s. Lehmann 2005: 9). Die gängigen morphologischen, syntaktischen und semantischen Definitionen beschreiben einen intuitiv gut einsichtigen („prototypischen") Kern dieser Wortart. In Anbetracht der Charakteristika des

---

[2] Aufgrund der zeitlichen Inkongruenz und des häufig punktuellen Charakters der Diskussion würde es einen falschen Eindruck erwecken, wenn hier die Literatur im Einzelnen zitiert würde.

Deutschen nutzen derzeit gängige Wortartklassifikationen zunächst morphologische und syntaktische Bestimmungen, während die semantische Ebene stärker zur Binnendifferenzierung der Wortart herangezogen wird (vgl. Zifonun et al. 1997: 25).

3.2.1. Morphologisches

Adjektive sind demnach erstens deklinierende Wörter, die nach den nominalen Kategorisierungen Genus, Numerus und Kasus variiert werden können, als morphologische Besonderheit daneben die Komparation und den Wechsel zwischen einem pronominalen und einem nominalen Satz von Flexiven zeigen.

Diese Verhältnisse schlagen sich in den folgenden Beispielen der Nominalgruppenflexion nieder. Dabei ist klar, dass die drei verschiedenen Kategorisierungen einen unterschiedlichen Ursprung haben. Genus ist eine substantivische Kategorisierung, die in den pronominalen Endungen – von Artikel oder Adjektiven – explizit gemacht wird, auch Numerus ist eine Kategorisierung substantivischer Lexeme, die sich prototypisch in den substantivischen Flexiven niederschlägt und Kongruenzeffekte zeitigt. Kasus wird der gesamten Nominalgruppe extern zugewiesen und ist formal in ähnlicher Weise wie Genus an die pronominalen Flexive gebunden, die an Artikelformen, sonstige Determinative bzw. an die Adjektive treten (s. Eichinger / Plewnia 2006).

Und zwar tauchen die pronominalen Flexionsformen unter entsprechenden Bedingungen in der starken Flexion der Adjektive auf. Dem Adjektiv eigentümlich ist die nominale oder schwache Flexion, die im Wesentlichen den Tatbestand des Flektiertseins des damit suffigierten Wortes und daneben zentrale Kasusunterscheidungen signalisiert.

Bei der Übereinstimmung in den Kategorien, die für diese Kategorisierungen gewählt werden, wird von Kongruenz gesprochen. Diese Redeweise ist zu differenzieren: was die pronominalen Realisierungen angeht, so gibt es systematisch keine andere Stelle,[3] an der die Kategorisierungen Genus und Kasus zum Ausdruck kämen, allenfalls die Numeruskodierung ist als abhängig von den Pluralmarkierungen am Substantiv zu sehen.

---

[3] Abgesehen vom Dativ in einigen Pluralklassen und dem am Rande des Kasussystems stehenden Genitiv (bei Nicht-Feminina).

Schon bei dieser starken Flexion kommt es aber zu einer Reihe von Neutralisierungen, so dass Kongruenz hier eher Verträglichkeit heißt als direkte Entsprechung. Verträglichkeit prägt dominant die sogenannte schwache, die nominale Flexion, und das Bemühen, offenkundig wichtige Differenzierungen in Kasus und Numerus aufrecht zu erhalten.

(42) Flexivisches: starke / pronominale Flexion

Numerus	Singular			Plural
Kasus	Mask	Neutr	Fem	
Nominativ	Ihr tapfer**er** Junge (8)	Ein bemerkenswert**es** Buch (23)	Als leitend**e** Substanz (33)	Reich**e** Leute (10)[!]; nächtlich**e** Laute (26), tausend**e** klein**e** Häuser (13), winzig**e** Gesichter (66)
Akkusativ	Preußisch**en** Boden (11)	Weiß**es** Pulver (21)	Metaphysisch**e** Angst (21)	Schwer**e** Pocken (11); Altklug**e** Briefe (20), Aufgedunsen**e** Gewächse (73), ander**e** Aufgaben (26),
Dativ	Mit lang**em** Bart (10)	Mit poetisch**em** Gespür (23)	Mit gepackt**er** Reisetasche (7)	In grob**en** Zügen (12); vor knurrend**en** Hunden (14), In früh**en** Menschheitsaltern (9), Mit gerunzelt**en** Brauen (8)
Genitiv	Früh**en** Ruhmes (62)	Hoh**en** Alters	Sentimentalisch**er** Kultur (23), hart**er** Arbeit (34), deutsch**er** Zunge (59)	Gespenstisch**er** Umrisse (17), ausgestorben**er** Völker (23), menschlich**er** Bestrebungen (19)

(43) Flexivisches: schwache / nominale Flexion

Numerus	Singular			Plural
Kasus	Mask	Neutr	Fem	
Nominativ	Der größte Mathematiker (7)	Das schlechte Essen (45)	Seine uralte Mutter (9)	Die schleppenden Erfolge (25), Die großen Muster (13), die reichen Möglichkeiten (19)
Akkusativ	Einen unziemlichen Vorteil (9)	Das schriftliche Angebot (147)	Die neumodische Lederfederung (8)	In die gekrümmten Räume (12), Die langen Haare (8), die gesammelten Pflanzen (75)
Dativ	In einem schwachen Moment (7)	Im nächsten Semester (27)	In einer bestimmten Zeit (9)	Zu den dunstumhangenen Bergen (47), vor den zwei nackten Frauen (109)
Genitiv	Des nächsten Tages (13)	Eines abgeschossenen Projektils (8/9)	Der mittleren Entfernung (13)	Der billigeren Gasthöfe (63), Seiner späten Jahre (7), der roten Quallen (49)

Während dieser normale Typ der adjektivischen Flexion in der attributiven Position allen Adjektiven zugänglich ist, ist die Möglichkeit der Komparation hochgradig semantisch sensitiv und eigentlich nur einer zentralen Gruppe qualitativer Adjektive zugänglich. Daher wird immer einmal wieder ihr Zwischenstatus zwischen Wort- und Wortformenbildung betont. Im Einzelnen finden sich bei der Komparation, die in den drei Kategorien Positiv, Komparativ und Superlativ (bzw. Elativ) gefasst wird (s. (44)), unterschiedliche Arten von Vergleich (für Beispiele s. (45)).

Adjektiv (und Adkopula)

(44) Komparation

Positiv	Komparativ	Superlativ
Als junger Mann (10)	Er war der jüngere von zwei Brüdern (19)	Dem jüngsten Sohn (8)

(45) der **jüngere** Bruder – der **ältere** Bruder (20); je **tiefer** man hinabstieg, desto **wärmer** wurde es (30); ritt er auf dem **schnellsten** Pferd, das zu bekommen war (34); mit **äußerster** Konzentration (44)

Man sollte der morphologischen Vollständigkeit halber hinzufügen, dass Adjektive einen auffällig hohen Anteil an Verwendungen zeigen, in denen die merkmallose Grund- und Zitierform eintritt. Neben den zentralen → prädikativen (s. (46)) und → adverbialen (s. (47)) Verwendungen finden sich auch traditionell weniger klar klassifizierte Fälle (s. (48)).

(46) Der Platz vor der Hütte **war** leer (127), Der Himmel **wurde** klar (128), Der Saal **war** gefüllt bis auf den letzten Platz (235), sie **blieb** länger sichtbar, als es sich für eine Sinnestäuschung gehörte (74), **nannte** er sie lästig (7), das Land **fand** ihn komisch (42)

(47) Brombacher antwortete **ruhig** und **höflich** (133), die Bäume standen so **eng**, dass (128)

(48) Machte Glück **dumm**? (150), Die ersten beiden Male entkamen sie **unverletzt** (41), Das Gendarmenhäuschen stand **leer** (12) – Und der da [...] sei **offensichtlich** Student (16)

Stark textsortenmäßig beschränkt sind nichtappositive nachgestellte Adjektivattribute (s. (49), vgl. Dürscheid 2002) und unflektierte attributive Formen (traditionell bestimmte Farbadjektive [*rosa Kaninchen*], {-er}-Bildungen vom Typ *Schweizer Alpen*, aber auch Übergangsfälle wie (50); vgl. auch (66)).

(49) Verschwendungssucht und Hochmut **pur** sind noch keine Hochkultur (http://www.dizzy-verlag.de/dankeschon.html [11.1.2007])

(50) Ein **klasse** Auto für sportliche Singles und kinderlose Paare. (www.autobild.de/archiv/marken/mercedes-benz-22/a-klasse-851/[11.1.2007])

Nicht nur die zwischen Wortformen- und Wortbildung stehende Komparation ist dem Adjektiv eigen, das Adjektiv ist auch durch eine ganze Reihe von spezifischen wortbildenden Morphemen gekennzeichnet, durch zentrale Suffixe (s. (51)), Präfixe (s. (52)), aber auch weniger klar zuzuordnende Elemente (s. (53)). In gewissem Umfang ist auch die Partizipialmorphologie hierher zu rechnen (s. (54)).

(51) Um **ehrlich** zu sein (8) – Eugen nickte **schläfrig** (9) – bis zum **abendlichen** Pferdewechsel (9) – der Gendarm betrachtete ihn **misstrauisch** (11) – auf **preußischen** Boden (13) seine Noten waren **mittelmäßig** (20) – **metaphysische** Angst (21)

(52) Seltsam sei es und **ungerecht** (9) – die doch **unleugbar** irgendein Strohkopf mache (13) – kam **ungelesen** zurück (23)

(53) Ein **verabscheuungswürdiges** Pamphlet (23) – Es sei ein **bemerkenswertes** Buch (23) – **fühlerartige** Auswüchse (26); Die Moskitos waren **gnadenlos** (122).

(54) Eine Sekretärin mit **aufgeschlagenem** Schreibblock (14) – Mit **gerunzelter** Stirn (16) – Die **verschwommene** Zeichnung von etwas (17); hatte [...] Tiere, manche **lebend,** die meisten tot, gesammelt (19) – mit **schnarrender** Stimme (21)

Mit diesem Tatbestand korreliert allerdings die Feststellung, dass das Bild der Wortart prototypisch von den primären monomorphematischen Adjektiven geprägt wird. Es handelt sich dabei besonders auch um Einsilbler mit mehr oder minder gut ausgebauten konsonantischen Rändern (s. (55); vgl. aber (57)), die zudem im zentralen Bereich zur Bildung von Gegensatzpaaren neigen (s. (55) und (56)).

(55) In einem **schwachen** Moment (7) – der Weg sei **weit** (7) – man werde **gut** für ihn sorgen (8) – wie ein **böser** Traum (8) – dem **jüngsten** Sohn (8) – in **frühen** Menschheitsaltern (9) – **schwere** Pocken (10) – Eugen wurde **blass** (11) – über **schlechtes** Pflaster (14) – im **nassen** Sand (14) – fiel in **tiefen** Schlaf (13) – den **höchsten** Berg (19) – der Schnee lag **dünn** auf **kahlen** Bäumen (23)

(56) dass **reiche** Leute für eine Reise doppelt so lang bräuchten wie **arme** (10), Hier gebe es keine **frühe** oder **späte** Stunde (15)

(57) Wo denn ihr **tapferer** Junge sei (8) – einen sehr **genauen** Lageplan (14) – von **niederem** Adel (19) – ein **magerer** Herr (20) – um **offene** Gräber (21)

3.2.2. Morpho-Syntaktisches

Adjektive sind Wörter, deren primäre und die Wortart bestimmende Verwendung die Stellung im Vorfeld der Nominalphrase, zwischen Determinativen und lexikalischem Kern, darstellt, die attributive Verwendung (s. die Belege in den Tabellen (42) und (43)).

Nur in dieser Stellung tritt die genannte Flexion ein, ihre genaue Form ist von dieser Umgebung bestimmt. Von den Gesetzmäßigkeiten der sogenannten Monoflexion ist im wesentlichen bestimmt, ob der nominale („schwache") oder der pronominale („starke") Endungssatz antritt, nur im zweiten Fall kann man mit einigem Recht davon sprechen, es bestehe Kongruenz in Genus und Numerus zwischen dem nominalen Kern und dem Adjektiv, weniger klar ist das beim Kasus. Hier erscheinen die entsprechend doppelt bzw. am Substantiv markierten Fälle (Gen.Sg. starke Maskulina und Neutra; ggf. Dat.Plur.) im Lichte der systematischen Informationsverteilung in den anderen Fällen eher als nachträgliche Verdeutlichungen am Substantiv. Im Regelfall tritt die starke Flexion bei der ersten Möglichkeit innerhalb der Nominalphrase auf; das sind, wenn sie vorhanden sind, determinative Elemente (vgl. die Tabelle unter (43)). Im anderen Fall, wenn also entweder kein Determinativ vorhanden ist oder das determinative Element keine entsprechende Flexion hat (z.B. Nominativ des unbestimmten Artikels) oder zulässt (pränominaler Genitiv), tritt beim Adjektiv die starke Flexion auf (vgl. die Tabelle unter (42)). Das gilt dann nach der Regel für alle Adjektive, die in einer Nominalphrase auftreten (vgl. aber die „abweichenden" Fälle in (59)).

(58) Den **neuen mexikanischen** Premierminister (216) – Die junge Frau hatte ein **kleines, wohlgeformtes** Gesicht (243), die Frau hatte **zarte, sehr geschwungene** Brauen (243) – eine Horde **schreiender kleiner** Affen (300)

(59) Die Weltgemeinschaft reagiert auf die Folgen dieser Krisen mit **großem politischem, finanziellem** und immer öfter auch **militärischem** Aufwand. (http://www.bmz.de/de/themen/frieden/index.html [2.8.2006]); steht unter **großem politischen** Druck. (http://www.zeit.de/archiv/1997/50/netanya.txt.19971205.xml [2.8.2006]);

Adjektive sind außerdem gemeinsam mit den Kopulaverben *(sein, werden, bleiben)* prädikativ verwendbar. Dazu sind auch noch entsprechende Verwendungen mit „Gleichsetzungsakkusativen" zu rechnen (s. oben (46)). In diesen Verwendungen tritt ebenso die merkmallose Grundform ein wie in der adverbialen Verwendung, bei der ein verbaler Kern modifiziert wird (s. oben (47); diese Gleichartigkeit der Formen hatte in der Nachfolge der Glinzschen Wortartenlehre zur Folge, dass die beiden Verwendungen als Satzadjektiv zusammengefasst wurden; letztlich hat sich dieser terminologische Gebrauch gegen die syntaktisch motivierte Unterscheidung nicht durchgesetzt; vgl. Vogel 1997).

Die fehlende morphologische Markierung in diesen Fällen führt zu deutlichen Abgrenzungsproblemen. Im einen Fall zum Adverb, von dem es einzig die Beziehbarkeit auf eine flektierbare Position unterscheidet, so ist in der Tradition der deutschen Wortarten-Beschreibung durchaus die Bezeichnung *Adjektivadverb* gängig. Im anderen Fall sind paradigmatische Beziehungen erkennbar, die auf den Übergang zum Verb ebenso weisen wie auf den zum Substantiv. So stehen in den „Kopulaprädikaten" *(ist / wird / bleibt offen / geöffnet)* Adjektive neben Formen des Partizip II, die ihrerseits unterschiedlich tief in das flexivische (Tempus- oder Konversen-) Paradigma des deutschen Verbs eingebunden sind. Dem trägt der Tatbestand Rechnung, dass man in der Tradition eine eigene Wortart *Partizip* ansetzt, deren Elemente in der derzeitigen Beschreibung den Wortarten Adjektiv und Verb zugeordnet werden – mit nicht unerheblichen Übergangsproblemen, vgl. etwa die drei Beispiele unter (60) (s. Weber 2002):

(60) Die Kolonien waren für Ausländer **gesperrt** (43); bevor er mehr ungläubig als **erschrocken** seinen nun unvollständigen Fuß aus dem rot **verdunkelten** Wasser zog (69 / 70)

Andererseits sieht die prädikative Verwendung das Adjektiv auch in paradigmatischen Beziehungen zu substantivischen oder unflektierten substantiv- und partikelartigen Elementen.

(61) Seine Nerven seien **nicht mehr wie früher** (102), Die Nacht war **groß** und **voller Sterne** (102), Falls es jemandem nicht aufgefallen sei, dies sei **der Urwald** (112), Urwald sei auch nur **Wald** (77), Das sei nur **realistisch,** antwortete Humboldt (113), Es sei **ein Irrtum,** sagte Humboldt (77), Es sei **genug,** sagte Humboldt (74)

Adjektiv (und Adkopula)

(62) Drei Steine und drei Blätter seien noch nicht **gleich viele** gewesen, fünfzehn Gramm Erbsen und fünfzehn Gramm Erde noch nicht **gleich schwer** (116)
(63) Die Lesung war richtig **klasse,** hätte ich nicht gedacht. Die neuen Lieder waren auch **spitze.** (http://www.sportfreunde-stiller.de / termin_detail.php?tid=170&pid=950966&y=2006&m= 05 [2.8.2006]); Es war echt super-**cool** bei euch!! Das Team ist echt **klasse** und total nett! ... Oktober war richtig **hammer**! (http://www.blossin.de/cms/front_content.php?idcat=35&a= view&eintrag=80 [2.8.2006] informeller chat)

Die in (63) dokumentierte Art der Verwendung von vor allem substantivisch geprägten Lexemen hat zur zunehmenden Akzeptanz einer diese Gruppe beschreibenden Wortartkategorie Adkopula geführt.

In gewisser Weise sind beide Positionen, die prädikative wie die adverbiale, aufgrund der fehlenden Flektiertheitsanforderung geeignete Stellen für den „Eintritt" in bestimmte adjektivische Funktionen. Das spiegelt sich auch in den unterschiedlichen Schwierigkeiten, die sich der Integration entlehnter Adjektive in den Weg stellen vgl. *cool* (s. (63) / (65)) vs. *happy* (vgl. Zifonun 2002).[4]

(64) die, wenn ihre Kinder sie erleben, ausgeglichen und **happy** ist. (http://www.faz.net/s/RubB1763F30EEC64854802A79B116C9E 00A/Doc~E2E4A5B63DDCE4748AA07155D2FE3CF79~ATpl~ Ecommon~Scontent.html [2.8.2006])
(65) **Cooler** Typ oder Außenseiter? (http://www.wdr5.de/sendun gen/leonardo/236308.phtml [2.8.2006])
(66) Natürlich auch als **prima** Prosaautor unterwegs (Gärtner, 113)

Aus der Art der drei möglichen syntaktischen Verwendungen von Adjektiven ergibt sich ein wesentlicher Unterschied zu den anderen beiden Hauptwortarten. Zwar ist auch das Adjektiv der lexikalische Kern einer Adjektivphrase, dennoch ist die Wortart als solche dadurch bestimmt, dass sie in abhängiger, modifizierender Verwendung vorkommt. Dazu passt, dass die prototypischen (primären) Adjektive in der Regel (vgl. aber *jmdm. treu, böse*) einwertig sind, so dass

---

[4] Allerdings wird offenbar auch das – ironisch? – versucht: „Durch den Kauf von Matratzen aus dem Pflanzenölsortiment tragen Sie zur Erhaltung unserer schönen Heimat bei und sichern sich einen *happy* Schlaf." (http://www.thoenig.ch/ happy.shtml [11.1.2007])

ihre Bindungsfähigkeit in dieser Abhängigkeitsbeziehung aufgehoben ist. In dieser Hinsicht ist es stimmig, wenn die meisten neueren Grammatiken das Adjektiv auch in der prädikativen Verwendung als abhängig von der Kopula betrachten – gegenüber der (etwa zum Lateinischen sicher besser passenden) Ansicht, die Kopula sei wie die Hilfsverben eine Art verselbständigtes Flexiv, das die Konversion von Adjektiven erlaube.

Die volle Breite der syntaktischen Möglichkeiten des Adjektivs ergibt sich nur bei den qualitativen Adjektiven, seien es Simplicia oder komplexe Wörter. In diesen Fällen lässt sich die Beziehung zwischen attributiver und prädikativer Verwendung als die Explizierung einer impliziten Prädikation erläutern.

(67) Er habe einen **harten,** abweisenden Vater gehabt (12) – Das Kissen war **hart** (184); Dieser drückte ihm **weich** die Hand (27) – seine Knie wurden bereits **weich** (34); nach sehr **langer** Zeit (107) – Dann schwieg er **lange** (57)

Erkennbar ist bereits, dass in Sonderheit die ebenfalls mögliche adverbiale Verwendung andere semantische Umgebungen braucht als die prädikative. Das hat damit zu tun, dass die attributive Verwendung eine wesentlich generellere Art der Merkmalszuordnung darstellt, die sich in manchen Fällen durch adverbiale Beziehungen erläutern lässt; das kann einzelne Verwendungen betreffen *(starker Raucher, guter Esser; vermeintlicher Held),* kann aber auch die Gesamtverwendung von Adjektiven stärker prägen:

(68) Ein **elektrisches** Schwingen (183) ↔ elektrisch schwingen (* das Schwingen war elektrisch); das **schriftliche** Angebot (147)

Wenn in den Adjektiven nur Bereichsangaben oder Bezüge unterschiedlicher Art ausgedrückt werden, sind sie normalerweise nur attributiv verwendbar:

(69) Bei **diplomatischen** Gesprächen (220); an die Namen **geschichtlicher** Personen (221); der alte **kantische** Unsinn (220); jeden **Salzburger** Hügel (38)
(70) Von seinem **eigenen** Sohn (222); die **eigentliche** Schönheit dieser Breiten (223); bei seiner **einzigen** Audienz (217); Den **wahren** Entdecker Südamerikas (219)

Logischerweise ist das bei Partizipien häufiger der Fall, sofern sie nicht einigermaßen adjektivische Festigkeit (vgl. (72)) erlangt haben,

Adjektiv (und Adkopula)

oder als adverbialer „Begleitumstand" verstanden werden können (s. (73)):

(71) Dieses **ausbrennenden** Sterns (220); die niedrig im Fenster **stehende** Sonne (220)
(72) Auch hätten sie oft **sinnverwirrende** Substanzen eingenommen (220)
(73) Sie wich **lachend** zurück (147)

Adjektivgruppen sind, soweit sie nicht Partizipialgruppen sind, in denen sich die Bindungsfähigkeit des verbalen Stammes niederschlägt (s. (71)), und soweit nicht eine weitere Wertigkeitsposition existiert (s. (74), (75)), nur durch unflektierte Elemente erweiterbar, deren Status im Einzelnen verschieden sein kann (s. (76)).

(74) Er bleibt **seinen Überzeugungen treu,** weil sie ihn einiges gekostet haben. (http://www.taz.de/pt/2005/08/25/a0163.1/text [2.8.2006])
(75) ausländische, aber **der deutschen Sprache mächtige** Beschuldigte (www.bundesverfassungsgericht.de/pressemitteilungen/bvg92-03.html [2.1.2007])
(76) „Ich find euch eigentlich **ein bisschen sehr unverschämt** im Augenblick." (http://www.unternehmerschaft.de/print.php?cid=1987 [2.8.2006])

Die Klassifikation der adadjektivischen Bestimmungen ist deswegen nicht ganz einfach, weil hier zumindest zwei Typen von Modifikation zusammenkommen. Zum einen die Modifikation durch Grad- oder Fokuspartikeln (→ C7), die zum Teil formgleich mit Adverbien sind, die ihrerseits in die attributive Verwendung übertreten können.

(77) Ein **außerordentlich** netter Menschenkenner (http://www.zeit.de / 2004 / 30 / Pfarr_30 [2.8.2006])
(78) Es freut mich **außerordentlich,** mich an der angenehmen und ziemlich komplizierten Aufgabe zu beteiligen [...] (http://usa.usembassy.de/etexts/ga4-mccloy-500809.pdf [2.8.2006])
(79) Sonst gebe es **unglaublich** was auf den Schädel (233)
(80) Es ist **unglaublich** gut gelaufen, alles blieb friedlich (http://sport.ard.de/wm2006/wm/vorort/br/news06/27/bilanz_nuernberg.jhtml [2.8.2006])
(81) Der Ozean ist tief und **unergründlich** (http://www.stuttgarter-nachrichten.de / stn / page / detail.php / 908554 [2.8.2006])

(82) Einfach kompliziert, **unergründlich** anders (http://www.faz.
net/s/Rub117C535CDF414415BB243B181B8B60AE/Doc~E77
60587DC71F417D84E2AE95854A634F~ATpl~Ecommon~Scont
ent.html [2.8.2006])
(83) Er war blass, sein Gesicht **maskenhaft** starr (256)

Die hier auftauchenden Elemente spielen normalerweise in der Diskussion über das Adjektiv keine große Rolle mehr (anders Motsch 2002), sie werden üblicherweise als Transpositionen der adverbialen Verwendung betrachtet (s. (84) / (85)); was wiederum auf die Schwierigkeiten der Beschreibung von Kopula-Prädikaten verweist.

(84) Sie ist **besonders** klug und hübsch! (www.wissen.swr.de/sf/be
gleit/bg0075/bg0075p/gn03deu.doc [2.8.2006])
(85) Der jüngere dagegen fiel schon früh durch **besondere** Klugheit
auf, (http://www.zeit.de/2006/27/Lebensgeschichte-27 [2.8.
2006])

Dennoch ist das eine Art von typischer Adjektivmodifikation, die zumindest semantisch bruchlos in den Bereich der Gradpartikeln übergeht. Auf der anderen Seite (s. (71)) stehen die Modifikatoren, die bei den partizipialen Adjektiven auf das verbale Erbe verweisen, auf ihre genauere Klassifikation wird üblicherweise mit dem Hinweis auf diesen abgeleiteten Charakter verzichtet.

Dass eine Reihe von adjektivischen Elementen reihenhaft analogische Muster bildet, in denen bestimmte prototypische Relationen lexikalisiert werden, hat in der Wortbildungslehre („Halbaffixe") zu einer bemerkenswerten Diskussion geführt:

(86) Der **verabscheuungswürdige** Verfasser der Deutschen Turn-
kunst habe selbst gesprochen (257)
(87) Rein und stark, **felgaufschwungfest, klimmzugshart,** wer
wolle, könne fühlen (231)

Dasselbe gilt für bestimmte (v. a. instrumentale) Elemente, die gemeinsam mit entsprechenden Partizipien zu inkorporierende Bildungen zusammentreten:

(88) Durch die **mückenschwirrende** Taiga (279)
(89) Blickte an die **goldblattverzierte** Decke (145)

Adjektiv (und Adkopula) 163

3.2.3. Semantisches

Prototypische Adjektive stehen in der Mitte zwischen den zur Referenz genutzten Substantiven und den der Prädikation dienenden Verben (vgl. Lehmann 1995). Sie repräsentieren Begriffe mittlerer Zeitstabilität, also Eigenschaftsbegriffe. Das reflektiert der traditionelle Terminus Eigenschaftswort.

Diese zentrale semantische Charakteristik, der volle Anteil, den Mitglieder dieser Gruppe von Adjektiven an den formalen Möglichkeiten der Wortart haben, und der Tatbestand, dass nur in ihr primäre Adjektive vorkommen, lassen die Adjektive, die Eigenschaften verschiedener Art benennen und die man Qualitätsadjektive / Qualitativa nennt, als die Gruppe von Wörtern erscheinen, die das Zentrum der Wortart ausmachen. Es handelt sich um Wörter wie die Adjektive in folgendem Beispiel:

(90) Die **kalte** Luft war sehr **dünn**: So **tief** man auch einatmete [...]
Sie betraten einen **schmalen** Steg (173)

Man kann die Gruppe der Qualitätsadjektive in verschiedener Weise subklassifizieren. Die gängigste und großräumigste semantische Unterscheidung innerhalb dieser Gruppe ist die Trennung von relativen und absoluten Adjektiven. Relative Adjektive werden im Bezug auf Eigenschaften verwendet, die dem Referenten des jeweiligen Bezugslexems in höherem oder geringerem Ausmaß zukommen können. Dem entspricht, dass solche Adjektive kompariert werden können, also die Formen des Komparativs und des Superlativs bzw. Elativs bilden:

(91) Der Bewuchs wurde **dichter,** der Weg **schmaler** (185)
(92) Sie seien von Wasser umgeben und säßen am **höchsten** Punkt (141).
(93) In den **schlimmsten** Kriegszeiten (190)

Absolute Adjektive repräsentieren dagegen Eigenschaften, die nicht in geringerem oder größerem Ausmaß vorhanden sind, sondern auftreten oder nicht. Klassische Fälle sind etwa die beiden Adjektive in dem folgenden Beispiel:

(94) Und wenn schon, sagte Bonpland und warf die **leere** Flasche weg. **Tot** sei **tot**. (141)

Das gilt aber auch für weniger grundsätzliche in einer Ja-Nein-Entscheidung zuzuordnende Eigenschaften:

(95) Ein **schnurrbärtiger** Mann (133)

Das gilt auch für ganze Klassen, zum Beispiel Farb-, Material- und bestimmte Formadjektive:

(96) Er sah klein, **grau,** und plötzlich alt aus (174) – Eine **metallene** Scheibe (135) – Erstreckten sich **grasige** Ebenen (135) – Ein **eisenfreies** Zelt (265)

Allerdings sind auch in diesen Fällen – häufig stilistisch markierte – Graduierungen möglich:

(97) Der Hund sei verdammt noch einmal **tot! Vollkommen tot,** sagte Mario. Das sei, sagte Carlos, gewissermaßen der **toteste** Hund aller Zeiten. (130) – Das werde ihn unfehlbar noch **kränker** machen (250)

Einen Teil der antonymisch angeordneten, im Kern simplizischen, relativen Qualitätsadjektive, bezeichnet man als Dimensionsadjektive, gelegentlich auch als relative Adjektive. Gemeint ist damit jeweils zweierlei. Zum einen ist der Inhalt dieser Adjektive ohne Kenntnis des jeweiligen Bezugsrahmens nicht zu ermitteln, zum anderen bezeichnen die beiden Adjektive die Enden einer Messdimension, wobei es ein unmarkiertes und ein markiertes Ende gibt: so würde man auch bei den niedrigsten Schächten fragen, wie hoch sie sind, und der Hügel, dessen Höhe man nicht weiß, kann ganz niedrig sein. Außerdem hat der „relative Charakter dieser Adjektive zur Folge, dass hohe Berge höher sind als hohe Türme. Typische Adjektivpaare dieser Art sind *groß* und *klein* oder *schwer* und *leicht, alt* und *jung, hoch* und *niedrig, schnell* und *langsam, lang* und *kurz*.

(98) Ein Hügel, von dem man nicht wisse, wie **hoch** er sei, beleidige die Vernunft (42); Er kroch durch die **niedrigsten** Schächte (30)
(99) Sogar mit dem **höchsten** Berg sei es nichts [...] Man habe inzwischen herausgefunden, dass der Himalaja viel **höhere** habe (239 / 240)
(100) Der Baum war riesenhaft und wohl Jahrtausende **alt**. (47)
(101) **Jung** seien sie beide (40)
(102) Gomez fragte, wie lange sie schon gemeinsam unterwegs seien. [...] Vielleicht ein Leben **lang,** vielleicht **länger** (197)
(103) [...] nicht zuletzt eines vor **langer** Zeit gegebenen Versprechens wegen (266)

Was nun die Arten von Eigenschaften angeht, die sich in den Qualitätsadjektiven niederschlagen, so gibt es dazu verschiedene, unterschiedlich detaillierte Vorschläge. Sie laufen im Kern auf eine Zweiteilung von Eigenschaftszuordnung und Bewertung hinaus. Ihre typische Kombination sieht man z. B. in dem folgenden Beispiel, wo ein ästhetisch bewertendes *(schön)* und ein objektiv eine Eigenschaft auf der Dimension Alter zuordnendes Adjektiv *(jung)* miteinander kombiniert werden:

(104) In seinem Buch „**Schöne junge** Welt" widmet sich [...] (http://www.netzeitung.de/buecher/ratgeber/333889.html [10.1.2007])

Bewertungsadjektive sind immer relative Adjektive, während die objektiveren Qualitätsadjektive absolute oder relative Adjektive sein können. Die semantische Differenzierung unterhalb dieser Grobgliederung lässt sich sehr weit treiben (so finden sich bei Trost (2006, 158) je etwa 30 Untergruppen relativer und absoluter Qualitätsadjektive, die Dudengrammatik (2005, § 459) kennt auch immerhin noch 12 Subkategorien), zentral sind etwa Kategorien wie Moral *(gut)*, Ästhetik *(schön)*, Intellekt *(klug)* bei den bewertenden Qualitätsadjektiven und Sensorisches *(laut, glatt, süß, kalt)* oder Räumlich-Zeitliches *(flach, früh)* bei den beschreibenden Qualitätsadjektiven.

Den Qualitätsadjektiven steht als andere große Gruppe die Menge jener Adjektive gegenüber, die unter Nutzung verschiedener Techniken der Junktion (vor allem Suffixen und sogenannten Halbaffixen) eine allgemeine Beziehung der Zugehörigkeit ausdrücken. Wegen dieser Eigenschaft, die zur Folge hat, dass sie nur attributiv (und zum Teil adverbial) vorkommen, nennt man sie Zugehörigkeits- oder Relationsadjektive.

(105) Die **nächtlichen** Lichterscheinungen (117)
(106) Auf **astronomische** Messungen angewiesen (116)
(107) Ein **spanischer** Grande (204)
(108) Effektivität durch klare **zeitliche, inhaltliche** und **arbeitsmäßige** Struktur (http://www.bildungswissenschaften.uni-trier.de/fileadmin/lehrende/hoffmann/VL_6_Sozialformen_I_FU_.ppt.pdf [11.1.2007])

Wie man an den Beispielen sieht, lässt sich auch hier eine größere Anzahl von Subgruppen erkennen; wenn man die semantischen Kategorien der Basislexeme der Adjektive und des Bezugssubstantivs zueinander in Beziehung setzt, so kommt man zu Subgruppen, die nach den Bereichen klassifizieren, die in der Basis angesprochen werden, wie etwa Länderadjektive (s. (107)) oder Wissenschaftsadjektive (s. (106)); wenn man die Relationen zwischen den beteiligten Elementen einbezieht, ergeben sich Gruppen wie Bereichsadjektive oder Herkunftsadjektive. Üblicherweise werden zu den Zugehörigkeitsadjektiven auch die situativ (v. a. lokal, temporal einordnenden und textuell verweisenden) Adjektive (z. B. vom Typ *dortig, vorig, obig*) gerechnet.

Während über die Existenz dieser beiden Bereiche als die zentralen semantischen Gruppen im Adjektivwortschatz Einigkeit besteht – wenn auch nicht immer über ihre genaue Begrenzung –, ist das bei einigen Randfällen anders. So wird vielfach angenommen, Zahladjektive oder Quantitätsadjektive / Quantifikativa seien semantisch wie von ihrem Verhalten so distinkt von anderen Adjektivgruppen, dass ihre Aussonderung vernünftig sei. Dazu gehören unter anderem Adjektive wie die in den folgenden Belegen:

(109) Nach einem **halben** Jahr (69)
(110) **Drei** Zehen (69)
(111) An wie **vielen** Stellen (72)
(112) An ihrem **letzten** Tag (74)

Es ist zweifellos eine distinkte semantische Gruppe; ob sie besser als eine Untergruppe der Zugehörigkeitsadjektive oder als eine eigenständige Gruppe behandelt werden, ist nicht so eindeutig zu beantworten. Das hängt davon ab, als wie bedeutsam man den Unterschied zu den referentiellen Adjektiven / Situativa einschätzt. Sie fallen jedenfalls in der Funktion als Expansionen der Leistung der Determinative zusammen, die adverbiale Kategorien ebenso wie Quantifikation betrifft.

Wie von ihrer Funktion, der – im wesentlichen attributiven – Verfügbarmachung verbaler Lexeme nicht anders zu erwarten, zeigen die Partizipien auch in semantischer Hinsicht Besonderheiten. Das zeigt sich beim Partizip I vor allem an dem Schwanken zwischen eher verbalem und eher adjektivischem Charakter. So behält eine Form wie (113) im Verhältnis zu den eher eine dauernde Eigenschaft oder die Disposition dazu bezeichnenden Adjektiven (Typ: *veränderlich*) den punktuelleren Charakter der Prädikation.

(113) Mit […] der unablässig **brennenden** Sonne (279)

Adjektiv (und Adkopula)

Dagegen stehen dann verschiedene Typen, die stärker oder eindeutig Adjektivcharakter zeigen:

(114) Sie fuhren durch die **mückenschwirrende** Taiga. (279)
(115) Von **durchscheinendem** Gewölk (282)

Bei deutlich adjektivischem Charakter, wie auch wohl schon bei (115) sind dann auch prädikative Verwendungen möglich:

(116) Da jede Unternehmung noch schwer, **anstrengend** und schmutzig war (98)

Das Partizip II hat zweifellos seine Funktion in der Konversenbildung bei passivfähigen verbalen Lexemen bzw. der Abgeschlossenheitsmarkierung (im Rahmen der Perfekt-Bildung). So dient es der attribuierenden Verwendung verbaler Lexeme in der auf das Objekt der Handlung als Bezugswort ausgerichteten Form.

(117) Die **eingesperrten** Affen (134)

Hier zeigt sich die Nähe zum Verb in der unklaren Abgrenzung zwischen verbaler Paradigmatik und Adjektivsyntax (die Fügung *Die Affen waren eingesperrt* wird häufig als Zustandspassiv bezeichnet).

Auch hier stehen am anderen Ende deutlich als Adjektive erkennbare Formen:

(118) Als **fortgesetzten** Kampf (134)
(119) Alle schwiegen **beklommen** (135)

Auch der Befund bei den Partizipien passt aber zu der Feststellung, dass die primäre syntaktische Funktion von Adjektiven die Attribution darstellt. Sie dient dazu, komplexe Begriffe zu bilden, die ihrerseits zur Referenz oder Prädikation verwendet werden können. Das prägt die Textverwendung von Adjektiven und damit ihren Beitrag zur Satzsemantik. Wie das Beispiel in (120) zeigt, geht es hier um Bezüge, die sich auf der semantischen Ebene abspielen, und die sich häufig nur vergleichsweise gebrochen in der Form zeigen:

(120) Hätten sie erfahren, dass eines der Schiffe **abgesoffen** sei [... er] hoffe bloß, dass **das gesunkene Schiff** nicht das mit den <u>Leichen</u> gewesen sei. So viele Stunden habe er mit ihnen verbracht, dass er in ihnen gegen Ende [...] **schweigsame Gefährten** gesehen habe (164)

Prototypische Adjektive sind semantisch einwertig, mit der Anbindung an das Bezugssubstantiv ist also ihre Verwendung normalerweise geschlossen. Praktisch alle primären Adjektive sind von diesem Typ (s. oben (55)).

Partizipien stellen in dieser Hinsicht den deutlichsten Randfall dar, da sie den Zugriff auf die zugrunde liegenden verbalen Schemata erlauben.

(121) Beunruhigt schielte er nach der **sehr langsam auf sie zuschwebenden** Wabe (170); Wohin man sah, dasselbe **durch nichts unterbrochene** Weiß (171)

Prototypische Adjektive sind nicht nur komparier- oder graduierbar, sie kommen auch signifikanterweise in antonymischen, aber asymmetrisch strukturierten Paaren vor (s. oben (55) und (56)), mit einem unmarkierten Ende, etwa *groß* in dem Paar *groß* und *klein*.

(122) Der Gendarmeriekommandant war **zwei Meter groß** [*klein] (243); **zwölf Zentimeter hoch** die Flamme (22)

Die oben angedeuteten Verwendungsbedingungen korrelieren mit semantischen Unterteilungen innerhalb der Wortart Adjektiv. Das prototypische Adjektiv ist das Qualitätsadjektiv. Wenn man dabei zwischen relativen und absoluten Qualitätsadjektiven unterscheidet, so stellen, aufgrund der grundsätzlichen Komparierbarkeit und der damit verbundenen skalaren Entfaltung der jeweiligen Eigenschaften, die relativen Qualitätsadjektive den engsten Kern dar.

(123) Die Astronomie war von **gröberer** Art als die Mathematik (151); er war **älter** geworden (144); sie [...] säßen am **höchsten** Punkt (141)

Adjektive für absolute Eigenschaften kennen dagegen allenfalls eine intensivierende Abtönung, die häufig mit starken konnotativen Effekten verbunden ist. Das gilt auf jeden Fall, wenn die morphologische Steigerung auf solche Fälle angewendet wird:

(124) Das sei, sagte Carlos, gewissermaßen der **toteste** Hund aller Zeiten (130)

Andere Typen der Komparation erweisen sich hier als variabler.

(125) **Kochendheißen** Rum (49)

Adjektiv (und Adkopula) 169

Zu diesem Typ sind etwa auch die wegen der Inhärenz dieser Eigenschaft etwas am Rande der Qualitätskategorie stehenden Farb- und Formadjektive zu rechnen (die im unmarkierten Fall rechts von den zentralen Qualitätsadjektiven zu finden sind).

(126) **roter quadratischer** Lattenrahmen (http://www.gesetze-im-internet.de/binschstro_1998/anlage_8_538.html [2.8.2006])

Entsprechend stehen eher subjektiv bewertende Adjektive *(gut; erkennbar)* vor eher objektiven Eigenschaftswörtern *(alt)*.

(127) ‚**Schöner alter roter** Sportwagen' (http://www.home.fotocommunity.de/asg/index.php?id=472410&d=2032667 [2.1.2007])

Links wie rechts von diesem solcherart gestuften Kernbereich finden sich jeweils relationale – und daher logischerweise nicht primäre – Adjektive. Sie dienen – in ihrem rechten Ende – der klassifikatorischen Einschränkung der nominalen Konzepte und schließen sich daher unmittelbar links an diese an. Sie sind damit funktionale Nachbarn entsprechender Erstglieder substantivischer Komposita (wobei die genauen Konkurrenz- und Komplementaritätsverhältnisse noch nicht recht beschrieben sind, vgl. z.B. (128) und (129); gerade hier zeigen sich aber deutliche Unterschiede zu den romanischen und slawischen europäischen Nachbarsprachen des Deutschen, bei denen das Bezugsadjektiv eine weitaus bedeutendere Rolle spielt).

(128) Erwartet werden mindestens Fachhochschulreife, sehr gute **mathematische** und **naturwissenschaftliche** Noten und sehr gute **Informatik**vorkenntnisse (http://www.moehl.de [10.1.2007])

(129) gute **informatische** Vorkenntnisse (http://www.ite.ethz.ch/kids/artikel [10.1.2007])

Links vom Kern der Qualitätsadjektive dienen sie der sprecherbezogen-intentionalen ((130); *vermeintlich*), situativen ((131); *dortig*) und textuellen ((130); *erwähnten*) Einbettung. In (127) sieht man zudem die Reihenfolge (vom Nomen aus: von rechts nach links): „objektive" Qualität, relative Qualität, Bewertung.

(130) der weit unter der in der Entscheidung der Kommission **erwähnten vermeintlichen** „Bereitstellung" liegt (europa.eu.int/eur-lex)

(131) in die dortigen **schönen** mit Kneipen **vollgepfropften** Gässchen (http://www.abseits.de/weblog/2005/03/tanzverbot-kar freitag. html [10.1.2007])

Mit Quantitätsadjektiven verschiedener Art und insbesondere mit den Kardinalzahlen ist der Rand der Wortart erreicht (hier haben wir auch mit starker Variation im flexivischen Verhalten zu rechnen; *manch braver Mann/mancher brave Mann*; vgl. etwa Weinrich 1993: 491 f.).

Das attributive Adjektiv kann, selbst wenn es in beiden Fällen als eine implizite Prädikation verstanden werden kann, in zwei unterschiedlichen Relationen zu seinem Bezugsnomen stehen, nämlich restriktiv und explikativ (appositiv). In explikativer Relation wird lediglich eine Eigenschaft, die dem Bezugssubstantiv inhärent ist, explizit gemacht *(der gestirnte Himmel)*, während im restriktiven Fall mittels der adjektivischen Modifikation das Gemeinte in hinreichender Genauigkeit eingeschränkt wird *(saurer Wein)*.

(132) Expl.: Mit **vollkommener** Sicherheit (Gärtner 13)
(133) Restr.: Ein **besserer** Wahn als der, sie beherrschen zu wollen (Gärtner 13)

3.3. Syntaktisches

3.3.1. Attributive Verwendung

Die Möglichkeit zur attributiven Verwendung gilt als zentrale Verwendung der Wortart Adjektiv. Dass sie ausgeschlossen ist, definiert die Wortart Adkopula. Noch zentraler gefasst handelt es sich bei den prototypischen Adjektiven um jene einwertigen adjektivischen Eigenschaftswörter, denen implizite freie Prädikationen entsprechen, und die daher auch den anderen beiden Verwendungen offen stehen. Was die Stellung im flexivischen Raum links von N angeht, stellen ihre besten Exemplare den Kern- und Umschlagpunkt der Reihe möglicher attributiver Adjektive dar (vgl. Eichinger 1991).

3.3.2. Prädikative Verwendung

Die prädikative Verwendung hat die Funktion, mittels einer Kopula die implizite Prädikation, die sich im Attribut findet, explizit zu machen, und so die in dem adjektivischen Lexem enthaltene Bedeutung im verbalen Bereich nutzen zu können. Die dabei entstehende Kon-

Adjektiv (und Adkopula)

struktion wird unterschiedlich beurteilt. Es gibt eine eher syntaktische und eine eher morphologische Sichtweise. Für die syntaktische Sicht ist das prädikativ gebrauchte Adjektiv ein Argument des Verbs, ein Argument allerdings, das die zentrale Bedeutung des so zu Weg gebrachten verbalen Komplexes trägt. Es gibt eine Reihe – allerdings relativ marginaler – syntaktischer Konstruktionen, mit denen das prädikative Adjektiv in einer Reihe steht:

(134) Der Anstrich ist sehr **schön,** die Aufstellung der Regale ist auch sehr **schön.** (http://www.stbib-koeln.de/leseclub/gewinnspiel.htm [10.1.2007])
(135) Ihre Stimme ist **von grosser Schönheit.** (http://www.publisuisse.ch/media/pdf/information/news/de/2506_sf_xmas.pdf [10.1.2007])
(136) „Sex ist wie **Eis essen**" (http://www.stuttgarter-zeitung.de/page/detail.php/1231478 [10.1.2007])
(137) Der Text ist, **wie er immer war.** (http://www.blog.nrwspd.de/2005/01/26/bundesverfassungsgericht-erklart-studiengebuhren-freiheit-fur-verfassungswidrig [10.1.2007])

Für eine solche syntaktische Analyse sprechen auch die Verwendungsweisen der anderen Kopulaverben *werden* (und *bleiben*). An Schwierigkeiten handelt man sich durch diese Analyse ein, dass Elemente, die in den semantischen Schemata, die in entsprechenden Verbalsätzen an der gleichen funktionalen Stelle stehen, an unterschiedlichen Stellen der hierarchischen Struktur landen (Typus *gehorchen* vs. *gehorsam sein*). Andererseits wird insbesondere die Kopula *sein* häufig nur als Mittel zur finiten Realisierung des Adjektivs als Prädikat angesehen. Termini wie Adjektivprädikat oder Nominalprädikat sprechen von dieser Interpretation.

Diesen Subjektsprädikativen steht eine geringere Anzahl von Objektsprädikativen zur Seite – bei Verben wie *nennen, heißen, machen, lassen, sehen*.

(138) Je nach Blickwinkel und Sympathie nenne man es **dünnhäutig** oder **akkurat, gestört** oder **genau** (Gärtner 6)
(139) Und man schimpfe mich nur **konservativ** (Gärtner 18)

Die Marginalität dieser syntaktischen Konstruktion zeigt sich darin, dass die so entstandenen Konstruktionen stark zur Univerbierung neigen. Diese Tendenz und die damit verbundenen Übergänge schlagen sich auch in der besonderen Schwierigkeit nieder, an dieser

Stelle eine konsistente orthographische Regelung zu finden (vgl. Rat für deutsche Rechtschreibung 2006, § 34 (2)).

3.3.3. Adverbiale Verwendung

In adverbialer Verwendung spezifiziert das Adjektiv das jeweilige prädikatsbildende verbale Lexem. Damit sind die oben behandelten Kopulaverben als Bezugselemente ausgeschlossen. Es handelt sich im prototypischen Fall um die frei zu einem Verb tretenden Bestimmungen der Art und Weise, syntaktisch um Adverbialia der Art und Weise.

(140) Otto singt **schön / laut / amateurhaft**.

Die Nähe dieser Bestimmung zum Prädikatskern zeigt sich daran, dass bei den zentralen Fällen zwar die Setzung solch eines Modifikators optional ist, dass aber semantische Kongruenz gewährt werden muss. Man kann das stilistisch nutzen:

(141) Schlaf **schneller,** Genosse!

Die adverbiale Beziehung kann als so genanntes „prädikatives Attribut" eine Nebenbeziehung zu Subjekt oder Objekt herstellen.

(142) Otto trägt die **Suppe fröhlich / heiß** herein.
(143) **Würdevoll** drehte er sich um (109)
(144) **Zufrieden** reisten sie weiter (104)

Insgesamt ist die klassische Bezeichnung „Art und Weise", verbunden mit der entsprechenden *wie*-Frage, zwar geeignet, den Kern dieser Verwendung anzudeuten. Allerdings gibt es auch hier das Phänomen, dass Verwendungen zwischen dieser Beziehung oder einer Bereichsangabe in verschiedener Weise changieren:

(145) **Juristisch** ließ sich die Sache nicht eindeutig klären.
(146) **Finanziell** ging es ihm nicht gut.

Eine Reihe produktiver adjektivischer Junktoren hat ihre Funktion deutlich in diesem Übergangsbereich *(arbeitsmäßig)*.

Die adverbiale Beziehung kennt daneben noch weitere Nuancen, so partikelähnliche und andere adverbiale Informationstypen:

(147) […] das hab ich jetzt schon **glücklich** vermieden (Gärtner 6)
(148) Ohne dass **genauer** verfolgt würde (Gärtner 17)
(149) Und nicht **minütlich** und **stündlich** daraufloswalkte (Gärtner 13)

Bei einer Reihe von Verben ist ein zumeist aus einer paradigmatischen Reihe von Adjektiven zu wählender Spezifikator obligatorisch:

(150) Otto benimmt sich **gut / schlecht / mittelmäßig / unakzeptabel / angemessen**
(151) Otto fühlt sich **gut / schlecht / sicher** aufgehoben.

3.4. Stellung in der Wortartenhierarchie

Von den drei Hauptwortarten Substantiv, Adjektiv und Verb nimmt, wiewohl sie meist in dieser Reihenfolge aufgezählt werden, das Adjektiv den dritten Rang ein.

Das hat drei Gründe.

a) Der wichtigste ist, dass zwar Adjektive den Kopf von Adjektivphrasen bilden können, dass aber im Unterschied zu den beiden anderen Hauptwortarten die dadurch angedeutete Positionierung am oberen Ende einer morphosyntaktischen Hierarchie gerade nicht den Charakter des Adjektivs bestimmt. Vielmehr sind die Adjektive in drei Positionen als abhängige Elemente eingebunden. Dabei zerfällt die Wortart Adjektiv in Gruppen mit sehr unterschiedlichen Verwendungsbedingungen, was diese prinzipiellen Möglichkeiten angeht. Schon die zusätzliche Annahme einer Kategorie Adkopula – also nur prädikativ verwendbaren Elementen – spricht von den Spannungen, die dadurch innerhalb der Wortart entstehen.

b) Zum anderen zeigt das Adjektiv eine in dreierlei Hinsicht auffällige Morphologie: das Adjektiv wird nur in einer seiner drei syntaktischen Verwendungsweisen überhaupt flektiert, und dann auch nur in dem Ausmaß, in dem es die engere syntaktische Umgebung zulässt. Es ist in eindeutiger Weise als abhängiges Element in eine Kongruenzbeziehung eingebunden, und es zeigt mit der Möglichkeit zur morphologischen Komparation eine ganz spezifische Eigenheit, die in signifikanter Weise zwischen flexivischer und lexikalischer Morphologie liegt.

c) Zum dritten: Der Kernbestand primärer Adjektive ist im Vergleich zu dem Bestand der anderen beiden Hauptwortarten gering. Das hat zur Folge, dass dem Ausbau der Wortart erhebliche Bedeutung zukommt. So entwickelt das Adjektiv ein ganz eigenes Wortbildungsprofil. Zudem sind die Übergänge zu den anderen Wortarten gleitend. Das gilt in Sonderheit für den Übergang zu den Verben in Form der Partizipien, das gilt in geringerem Umfang auch für die Übergänge zum Substantiv in Form der Adkopula. Das gilt letztlich auch noch für weitere Kategorien, so gibt es Übergänge zu den Quantoren, aber auch zu lexematisch verwandten Erstgliedern von Komposita.

3.5. Das Adjektiv und die anderen Wortarten

3.5.1. Adjektiv und Substantiv

Dass das Adjektiv und das Substantiv gemeinsam als nominale Wortarten geführt werden, hat verschiedene Gründe.

Für das Deutsche kann man sagen, dass sie morphologisch dadurch gekennzeichnet sind, dass die gleichen Kategorisierungen bei ihrer Flexion eine Rolle spielen, und dass das Adjektiv in seiner flektierten Form eindeutig im nominalen Raum positioniert ist. Das hat zur Folge, dass Adjektive, wenn sie den rechten Rand der Nominalphrase erreichen, problemlos als Substantive gelesen werden können, auch wenn Attributionstypen auch in diesem Fall die verbale Verwandtschaft ahnen lassen.

(152) Der / die / das **Gute** / **Unerreichbare**
(153) Der Dreh ins hygienisch absolut nicht mehr **Tragbare** und restlos **Inhumane** geblieben war (Gärtner 15)

Das ist möglich, weil das Adjektiv ohnehin flexivisch so funktioniert, dass es im Zweifelsfall alle sonst nicht kodierten Kategorisierungen in sich aufnimmt (s. oben (42)).

Das ist der Kern dessen, was man Monoflexion nennt. Wenn die entsprechenden Kategorisierungen, nämlich insbesondere Genus und Kasus, am Artikel hinreichend kodiert sind, wird am Adjektiv lediglich seine Flektiertheit gekennzeichnet. Das ist die Aufgabe der schwachen Flexion, in der ja der Bezug auf Kasus-, Genus- und Numeruskategorien in unterschiedlicher Weise zusammengefasst wird (vgl. (42) und (43) sowie (154)). Dabei stellen die in Femininums-, Plural- und Neutrums-Kontexten evozierten Endungssets den normalen Fall dar, auffällig wirkt eher die Kombination in Nominalphrasen, die durch maskuline Nomina gesteuert werden. Das gilt auch in Kombination mit den damit ja notwendig kombinierten pronominalen Flexiven:

(154)

	Schwache Flexion				starke Flexion				Kombinationen			
	Mask	Neutr	Fem	Plur	Mask	Neutr	Fem	Plur	Mask	Neutr	Fem	Plur
Nom	e	e	e	en	er	es	e	e	r+e	s+e	e+e	e+n
Akk	en	e	e	en	en	es	e	e	n+n	s+e	e+e	e+n
Dat	en	en	en	en	em	em	er	en	m+n	m+n	r+n	n+n
Gen	en	en	en	en	es	es	er	er	s+n	s+n	r+n	r+n

Wenn man in diesem Kontext den Genitiv einmal beiseite lässt, der zumindest eine merkliche Sonderstellung im Kasussystem einnimmt, dann sieht man, dass der Normalfall der ist, dass in der Kombination von starker und schwacher Endung im Kasussystem lediglich das indirekte Objekt gekennzeichnet wird. Dabei ergeben sich vier Klassen starker Flexion, bei denen lediglich der Dativ in Maskulinum und Neutrum unterdifferenziert ist. Dass der zusätzlich differenzierte Akkusativ des Maskulinum mit dem gleichen Inventar gekennzeichnet wird wie der Dativ Plural, ist deswegen nicht störend, weil die primäre Pluralmarkierung ja erst am Substantiv folgt. Der schwache Endungssatz kennzeichnet zudem über Kongruenz mit den substantivischen Flexiven die Tatsache, dass man sich in der Pluralklasse befindet.

Im Kontext der Umkategorisierung wird die klassematische Funktion von Genus dahingehend genutzt, dass Femininum und Maskulinum Personenbezeichnungen mit entsprechenden Eigenschaften bezeichnen, während das Neutrum die Eigenschaft als ein Merkmal von etwas benennt.

(155) Auch als **Davongekommener** (28); er sah die erste **Tote** seines Lebens (35); Sein Kopf prallte gegen etwas **Hartes** (24); das **Flüchtigste** der Gegenwart (27);

Manche der Personenbezeichnungen, die auf diese Weise entstanden sind, haben lexikalische Festigkeit erreicht, was sich in Flexionstyp und Genusambivalenz zeigt *(Beamter; Bedienter)*. Daneben gibt es eine Reihe von Lexemen, deren wortartmäßige Zuordnung unklar ist, bei denen im Zweifelsfall das Substantiv primär ist

(156) Feind – feind; Ernst – ernst; Pleite – pleite; Bankrott – bankrott; Klasse – klasse; Scheiße – scheiße; Wurst – wurst.

(157) Wenn du nicht für mich bist, dann bist du mein **Feind** (http://www.sueddeutsche.de/kultur/artikel/207/53154/[2.8.2006])

(158) Bauer glaubt, die ganze Welt sei ihm **feind** (http://www.general-anzeiger-bonn.de/index.php?k=news&itemid=10001&detailid=97997&katid=0 [2.8.2006])

(159) Die vermeintliche oder tatsächliche **Pleite** der DDR (http://www.ddr-wissen.de/wiki/ddr.pl?Pleite [2.8.2006])

(160) Der Staat war **pleite** und brach zusammen (http://www.pr-journal.de/.../kerlikowskys-kommentar-uber...-ddr-verhaltnisse-und-die-gesamtdeutsche-pleite.html [10.1.2007])

Wie an diesen Beispielen schon sichtbar, ist es die Verwendung als Adkopula, also im prädikativen oder zumindest im nichtnominalen Kontext, die den Weg vom Substantiv zum Adjektiv eröffnet. Dieser Weg einer Umkategorisierung ist aber offenbar weitaus weniger systematisch als die substantivische Verwendung von Adjektiven. Das hat ganz sicherlich damit zu tun, dass an dieser Stelle die Möglichkeiten der desubstantivischen Derivation den wesentlichen Teil der Transpositionsarbeit leisten, wobei durch die Suffixe auch Probleme des morphologischen Anschlusses vermieden werden. So findet man Belege wie die folgenden durchwegs in eher informellen und sehr umgangssprachlichen Internetquellen.

(161) Ja und dann nur rum jammern, **pleites** Deutschland, Schröder ... dieses ganze blabla. (http://www.onlinekosten.de/forum/archive/index.php/t-26299.html [10.1.2007])

Da im Unterschied zum Verb, bei dem das Partizip den Weg ebnet (s. u.), die einfache Umkategorisierung vom Substantiv zum Adjektiv nur in Randfällen möglich ist, findet sich an dieser Stelle ein deutlicher Schwerpunkt adjektivischer Wortbildung. Und zwar sind hier mit den drei „großen" Suffixgruppen {-ig}, {-lich} und {-isch} drei grundsätzliche Wege angedeutet, auf denen der Übergang vom Substantiv zum Adjektiv gedeutet werden kann. Wie man am Beispiel von (162) sieht, ist das Suffix {-ig} in seiner prototypischen Verwendung das klassische Mittel zur unmittelbaren Umsetzung von Substantiven zu Adjektiven, die dann über verschiedene einfache Interpretationsmuster als Eigenschaftswörter gelesen werden.

(162) Kult – kult – kultig (s. SENSEO ist kult http://www.guenstiger.de/gt/main.asp?prodmeinungdetail=80662 [11.1.2007])

Adjektiv (und Adkopula) 177

Konsequenterweise zeigen Adjektive mit diesem Suffix alle Verwendungsmöglichkeiten für Adjektive (anders nur der deadverbiale Typ *hiesig, heutig*). Die Bildungen mit dem Suffix {-*lich*} zeigen dagegen noch die Spuren der historischen Herkunft dieses Elements aus der Adverbbildung. So erlaubt es denn, im Kern adverbiale Modifikationen für die Attribution nutzbar zu machen; so ist es denn nicht verwunderlich, dass eine Reihe dieser Bildungen auf adverbialen und attributiven Gebrauch beschränkt ist (vgl. (163)),

(163) […] das **jährliche** Schauspiel einer wiedererwachenden Schöpfung (223),

und dass für eine weitergehende Verwendung eine weitere Metaphorisierung oder konnotative Aufladung erforderlich ist *(kindlich)*.

(164) **Abscheulich,** sagte Gauß (221)
(165) **Natürlich** sei er sicher, sagte Humboldt indigniert (224)

In gewissem Maße treffen sich die Funktionen dieses Suffixes und die von {-*isch*}, insofern dieses Bildungsmittel zunächst einmal der klassematischen Einordnung dient, die gleichermaßen auf ein Substantiv *(medizinische Fakultät)* wie auf eine verbale Prädikation *(medizinisch untersuchen / medizinische Untersuchung)* bezogen sein kann.

(166) Der alte **kantische** Unsinn. (220)

Die Basen der typischen Fälle folgen bildungssprachlichen Bildungsmustern mit Basen, die dem gemeinsamen graecolateinischen Fundus europäischer Wissenschaftssprache entstammen. Es ist offenkundig ein hoher Bedarf, der hierdurch abgedeckt wird.

(167) Oft werde er bei **diplomatischen** Gesprächen zu Rate gezogen (220)
(168) Als Funktion der **geographischen** Breite und Länge (224)

Bemerkenswert scheint, dass die eigenschaftsprägende Wirkung des {-*ig*}-Suffixes zu analogischen Weiterungen führt (von *spitzig* bis *besänftigen*).

(169) Sehr entspannt, warmherzig und **spacig** in den elektronischen Effekten. (http://www.rollingstone.de/forum/showthread.php?t=609&page=6 [2.8.2006])

(170) Die flauschweiche Fleece-Qualität umschmeichelt **softig** Ihre Haut. (http://www.quelle.de/angebote/316.html [2.8.2006])

(171) Ich sage dann: „Es gibt nun mal Leute, die **prollig** sind oder prolltypische Eigenschaften besitzen, positive, zum Beispiel Offenheit und große Emotionalität, aber auch negative, zum Beispiel lautes Herumbrüllen und übertriebenen Drogenkonsum. (http://www.zeit.de/2003/21/lebenshilfe_2fmartenstein_21 [2.8.2006])

(172) Dieses Musical ist **kultig,** lustig und fantastisch! ... (http://www.amazon.de/Rocky-Horror-Picture-Show/dp/B0000249EX [11.1.2007])

Der umgekehrte Weg ist weitgehend durch Umkategorisierung vorgebahnt; lediglich das Suffix {-*heit*} mit seinen formalen Varianten füllt offenbar eine größere Lücke – wie man weiß, handelt es sich ja um eine aus Gründen der phonetischen Ununterscheidbarkeit eingeführte Verdeutlichung eines minimal differenzierenden und daher offenbar als zentral angesehenen ursprünglichen {-*i*}-Suffixes, das sich aufgrund der Umlautdifferenzierung *(Höhe; Größe; Blässe)* in einer Reihe zentraler und darüber hinaus in etlichen sachlich nicht missverständlichen Fällen *(Breite; Tiefe)* erhalten hat. Alle anderen deadjektivischen Substantive sind marginale Randfälle *(Düsternis)* oder hochgradig markiert *(Jüngling; Schwächling)* und damit konnotativ aufgeladen.

Auch hier gibt es in der Modifikation Besonderheiten, die auf die adjektivische Basis zielen:

(173) Denn mit **ein bisschen Aufmerksam**keit fällt auf, dass [...] (Gärtner 16)

3.5.2. Adjektiv und Verb

Die Verbindung zwischen diesen beiden Wortarten stellt das Verbaladjektiv „Partizip" dar. Im Einzelnen ist die Wortartenzuordnung an dieser Stelle besonders kritisch. Das stimmt schon für das Partizip I, das im verbalen Paradigma des Deutschen keine recht systematische Stelle einnimmt. So zeigt eine Form wie *glänzend* die ganze Breite der Verwendung.

(174) Solch forsche Arroganz hat ihre Tücken, sie bewegt sich allzu oft auf der Kippe zwischen **glänzendem** und **lackiertem** Denken. (http://www.freitag.de/2006/08/06081502.php [2.8.2006])

Etwas komplizierter ist der Fall bei den Verwendungen des Partizip II, das ja zunächst in verschiedener Weise in die verbale Paradigmatik eingebunden ist; sichtbar wird das an kritischen Randfällen wie dem sogenannten Zustandspassiv, das bruchlos zu Verwendungen übergeht, die man als Adjektivprädikate beschreibt.

(175) Dass kein Instrument **beschädigt** war (171)
(176) War er **erleichtert** (171)
(177) Ich bin ein wenig **geplättet**. ... 14 Uhr hab ich dann endlich Feierabend und bin **geschafft** ... (http://house-of-creative-arts.net / wordpress / index.php?paged=2 [11.1.2007])

Auf der anderen Seite zeigt das Adjektiv Typen von adverbialer Verwendung, die offenbar sehr stark zur Univerbierung neigen. Es handelt sich um jene Verwendungen, die man resultative Subjekts- oder Objektsprädikative nennt, sie ziehen sich mehr oder minder stark mit dem Prädikat zusammen, mögen sie dadurch kaum in ihrer Bedeutung verändert werden wie in (178) oder eine idiomatisierte Bedeutung bekommen wie in (179):

(178) **Leerschöpfen,** brüllte Humboldt (112)
(179) Da kannst du dann auswählen ob du die Mails gleich auf dem Server **plattmachst,** oder du kannst sie für den Download markieren. (http://www.informationsarchiv.net/foren/beitrag-4679. html [2.8.2006])

Diesen Konstruktionen liegt offenkundig eine marginale syntaktische Konstruktion zugrunde, die das mit archilexematischen Verbstämmen explizit macht, was das vorherrschende Konversionsmuster deadjektivischer Verben ist, aber auch entsprechender Präfix- und Partikelverben:

(180) Als die ihre Beulen im Fluss **kühlen** wollten (130)
(181) Und **verstummte** (126)
(182) So füge man **eingedickten** Blätteraufguss hinzu (131)
(183) **Dichtete** den Eingang **ab** (123)

Auch in der Wortbildung des Adjektivs spielt die Verbindung zum Verb über das Partizip eine wichtige Rolle. Der Typus des Rektionskompositums, eines Falls von Inkorporation, dient dazu, kommunikativ relevante Basiselemente mittels eines Junktors, der hohe Genauigkeit erlaubt, mit dem lexikalischen Kern einer Nominalphrase zu verbinden (s. (184)). Wie verbal diese Fügung erscheint, mag variieren, offenkundig ist die Verbindung zu andersartigen relationalen Zweitelementen (vgl. (184) und (185)):

(184) Zu den **dunstumhangenen** Bergen von Lanzarote (47)
(185) Zur einwandfrei **boulevardkompatiblen** Herzlosigkeit (Gärtner 51)

Erkennbar ist, dass es hier ganz sicher nicht darum geht, aus den *umhangenen,* die *dunstumhangenen Berge* auszusortieren, sondern in passender kollokationeller Fassung die Relation des ‚Versehen-Seins-Mit' zwischen *Bergen* und *Dunst* herzustellen (vgl. Eichinger 2000, 215 / 216).

3.6. Kontrastive Aspekte

Die Wortart des Adjektivs ist im Deutschen in einer Weise ausgebaut, in der sowohl der europäische Charakter des Deutschen wie die spezifischen strukturellen Vorgaben des Deutschen sichtbar werden. Das betrifft in Sonderheit die Folgen der spezifischen Verhältnisse in Flexion und Serialisierung. Das Deutsche ist bei prinzipieller SOV-Orientierung dadurch gekennzeichnet, dass es dennoch beide Modifikationsrichtungen kennt, so dass z. B. in der Nominalphrase sowohl der Raum links vom Nomen wie der rechts vom Nomen systematisch genutzt werden. Das ist in der einen oder anderen Weise in den meisten anderen europäischen Sprachen grundsätzlich auch der Fall. Der Neigung des Deutschen zu Klammer-Konstruktionen scheint es zuzuschreiben zu sein, dass die Stellung links vom Nomen außerordentlich stark besetzt ist (neben den Adjektiven und Partizipien ist in diesem Kontext auch die Neigung zur nominalen Komposition zu rechnen). Dieser Stärkung der nominalen Klammer und der Festlegung der Flexion ausschließlich auf diesen Bereich hat zur Folge, dass die anderen Verwendungen des Adjektivs (prädikativ und adverbial) keine Flexionsendungen zeigen oder sonstwie morphologisch markiert sind. Diese strikte korrelative Regelung von Wortstellung und Flexion scheidet das Neuhochdeutsch schon von den Verhältnissen in den früheren Sprachstufen des Deutschen, in denen sich eine Vielzahl der Dinge finden, die sich auch in europäischen Nachbarsprachen wiederfinden. Man kann das mit einem Hinweis auf einige einschlägige Phänomene erläutern.

Wenn wir mit dem Lateinischen die klassische Vertreterin des flexivischen Erbes unserer Sprachen heranziehen und das Französische und das Englische als verschiedene Ausprägungen des analytischen modernen Typs, lässt sich an verschiedenen Stellen die eigene – mittlere – Stellung des Deutschen sehen. Was die Möglichkeit der Flexion angeht, so steht in diesem Vergleich das Deutsche insofern an der Seite des Französischen, als es Flexion des Adjektivs, und auch insofern als es – etwa im Unterschied zum Lateinischen – ein einheitliches Flexionsmuster für Adjektive kennt. Allerdings gibt es im Französischen wie im Lateinischen keine unmarkierte Nennform. Das Englische andererseits hat keinerlei Flexion in diesem Bereich, was wesentliche Konsequenzen etwa auch für das Wortbildungssystem hat. Der Flexionstyp des Deutschen mit der Unterscheidung der schwachen Flexion – neben der starken – ist als ein historisch germanisches Merkmal in diesem Vergleich eine Eigenheit des Deutschen. Das schlägt sich auch darin nieder, dass die französische Adjektivflexion – zumindest in geschriebener Form – die Kategorisierungen Genus und Numerus reflektiert. Dagegen ist die nicht determinative, schwache Flexion des deutschen Adjektivs in dieser Hinsicht zumindest unterdifferenziert. Sie zeigt im Prinzip Flektiertheit an und zeichnet insbesondere den Nominativ (und beim Femininum die einheitliche Form für Nominativ und Akkusativ) aus. Aufgrund dieser Flexion ist im Deutschen die Substantivierungsmöglichkeit für Adjektive schon im System eingebaut: das rechteste flektierte Element einer Nominalphrase wird als sein lexikalischer Kopf erkannt. Mittels der Regeln der Monoflexion lassen sich die verschiedenen formalen Varianten erzeugen. Im Englischen wird andererseits die Unflektiertheit und damit die höhere Ambivalenz im Hinblick auf die Wortart dadurch kompensiert, dass bei elliptischem Gebrauch stützende Indefinitpronomina dazutreten müssen *(bigger ones)*, um den Adjektivcharakter klarzustellen. Wenn man will, berührt sich hier das Englische, wenn auch in typologisch gänzlich anderer Weise, mit dem Lateinischen, bei dem wegen des Tatbestands, dass das Adjektiv dem Substantiv analoge Flexionsklassen kennt, in einigen Bereichen der Übergang zwischen Adjektiven und Substantiven verschwimmt (Typ: *amicus*).

Etwas anders verlaufen die Grenzlinien, wenn man die adverbiale Verwendung adjektivischer Lexeme betrachtet. Die noch im Mittelhochdeutschen geläufige ererbte Markierung des adverbialen Gebrauchs, die das Lateinische *(-ē, -iter)*, das Französische *(-ment)* und das Englische *(-ly)* kennen und die synchron an der Grenze von Flexion und Wortbildung gesehen werden kann, hat das Deutsche aufgegeben – steht damit aber andererseits so allein nicht: das Französische erlaubt unflektierte Adjektive (bzw. Mask. Sg.) in zahlreichen Fällen, die sich der Grenze zum prädikativen Gebrauch nähern: *payer cher, parler fort, voir double, manger froid*. Auch das Englische hat diese Konstruktion *(work hard)*, allerdings weniger frequent. In der Wortartendiskussion haben diese Unterschiede offenkundig Folgen für die Abgrenzung zwischen Adjektiv und Adverb.

Ein eigentlich gegenläufiges Bild zeigt ein anderer Randfall der Flexion, nämlich die Komparation. Hier erweist sich das Deutsche als die synthetischste der hier betrachteten Sprachen, die morphologische Steigerung ist der unangefochtene Normalfall. Selbst im Lateinischen, das verständlicherweise auch diesen Typ bevorzugt, spielen analytische Steigerungsformen (mit *magis*) doch schon eine merkliche Rolle, ein Typus, der dann die französische Komparation völlig prägt. Das Englische entspricht an dieser Stelle seinen beiden genetisch-historischen Traditionen: kürzere – in der Regel germanische Erbwörter – werden synthetisch flektiert, längere – in der Regel romanische Bildungswörter – analytisch.

Deutlich unterschiedlich ist zudem auch die Nutzung der Partizipien in den verschiedenen Sprachen. Das betrifft insbesondere das Partizip I, dessen Nutzung unterschiedliche Beschränkungen zeigt. So zeigt sich der vergleichsweise verbale Charakter dieses Partizips im Lateinischen daran, dass die attributive Stellung der Partizipien zu transitiven Verben auf das Auftreten gemeinsam mit dem jeweiligen Objekt beschränkt ist. Das Französische andererseits kennzeichnet den partizipial-verbalen Gebrauch durch Flexionslosigkeit; „normale" Flexion wie oben angedeutet kennzeichnet den Übergang zum eigentlichen Adjektiv.

Im Englischen haben das Partizip I und das in der gleichen Form auftretende Gerund einen wesentlich zentraleren Platz im grammatischen System, so dienen sie in Sonderheit dazu, in systematischer Weise die Anbindung attributiver Elemente rechts von N anzuzeigen und zu gliedern. Das ist eine Strategie des Englischen, um die zentrifugal abperlende Reihenfolge der Rechtsattributionen im Griff zu behalten. Das ist aus dem Grund wichtig, weil die Linksdetermination, durch einfache Adjektive und vorangestellte Genitive, nicht den Grad an Erweiterung zulässt, der das Deutsche mit seinen erweiterten Adjektiv- und Partizipialattributen links von N kennzeichnet. Noch stärker rechtsdeterminierend als das Englische ist das Französische, wo selbst die Setzung adjektivischer Attribute links vom Nomen auf ausgezeichnete Fälle beschränkt ist – wenn auch die genauen Regularitäten der rechts-links Verteilung attributiver Adjektive nicht so leicht zu beschreiben sein scheinen. Jedenfalls kommt noch dazu, dass – auch im Vergleich zum Englischen, das ja ähnliche Wortbildungsmöglichkeiten wie das Deutsche kennt, im Französischen, wie in den romanischen und den slawischen Sprachen, weithin die Zugehörigkeitsadjektive den funktionalen Platz der Erstglieder von Komposita im Deutschen einnehmen (neben präpositionalen Konstruktionen), da in diesen Sprachen die Komposition allenfalls eine marginale Rolle spielt.

4. Schluss

Adjektive, so könnte man zusammenfassend und etwas vereinfachend sagen, sind syntaktisch abhängig und morphologisch eigenwillig, semantisch im Kern Eigenschaftswörter. All das stellt sie zwischen die beiden anderen offenen Wortarten Substantiv und Verb. Sagen uns die prototypischen Substantive ohne weitere Einbindung, worauf sich Sprecher ‚beziehen', und spannen die Verben ein Schema von Ereignissen und Beziehungen auf, die typischerweise zwischen solchen gesetzten Elementen bestehen können, so vermag das Adjektiv genauer einzugrenzen, was gemeint ist, und das Schema, in dem man ist, modal zu spezifizieren; im prädikativen Gebrauch können sie sich stark an das Verb annähern. Adjektive sind daher, wenn man ihre Einbindung in Kookkurenzverhältnisse betrachtet, selbst nicht sehr selektiv, werden aber von Substantiven und auch Verben doch mit einer gewissen Präferenz gewählt. Adjektive sind wenig wählerisch in der Auswahl ihrer Bezugssubstantive. Damit geht aber auch vom Adjektiv doch eine Abhängigkeit aus, die es erlaubt, Substantive anzubinden. Man kann gar nicht so recht sagen, was denn z.B. alles *gut* sein könne, aber umgekehrt fällt auf, dass ein *Rat* gerne ein *guter* ist, wie andererseits: *teuer*. Und damit ist man irgendwie am Rande der Semantosyntax der Adjektive und auf dem Weg zur ihrem stilistischen Wert, der ja logischerweise in dem liegt, was sie hinzufügen, und in dem, was sie als Alternative zu verwandten Konstruktionen Neues bringen. Traditionell gilt, dass Adjektive den Stil prägen, und so haben denn alle Stilistiken ein entsprechendes Kapitel. Allerdings sind die linguistischen Fundamente, auf denen solche Aussagen ruhen, bisher eher weniger belastbar (vgl. Eichinger 2002 und 2004b).

5. Literatur

5.1. Texte

Gärtner, S. (2006) Man schreibt Deutsch. Hausputz für genervte Leser. Reinbek: Rowohlt.
Kehlmann, D. (2005) Die Vermessung der Welt. Reinbek: Rowohlt

5.2. Wissenschaftliche Literatur[5]

Admoni, W. (1982⁴) Der deutsche Sprachbau. München: Beck
Askedal, J. O. (2000) Das Deutsche als strukturell europäische Sprache. In: Gardt, A. (Hg.) Nation und Sprache. Die Diskussion ihres Verhältnisses in Geschichte und Gegenwart. Berlin/New York: de Gruyter, 385–417
Baker, M. (2003) Lexical categories: Verbs, nouns, and adjectives (= Cambridge Studies in Linguistics 102). Cambridge: University Press
Bhat, D. N. S./Pustet, R. (2000) Adjective. In: Booij, G./Lehmann, C./Mugdan, J. (Hg.) Morphologie: Ein internationales Handbuch zur Flexion und Wortbildung/Morphology: An International Handbook on Inflection and Word-Formation. 1. Halbbd. Berlin/New York: de Gruyter, 757–770
Choe, J. (2003) Adjektivphrasen im Deutschen und Koreanischen (= Linguistische Arbeiten 482). Tübingen: Niemeyer
Clahsen, H./Eisenbeiß, S./Sonnenstuhl-Henning, I./Hadler, M. (2001) The mental representation of inflected words: an experimental study of adjectives and verbs in German. In: Language. 77, 3, 510–543
Dixon, R. M. W./Aikhenvald, A. Y. (Hg.) (2004) Adjective classes: A cross-linguistic typology. Oxford: University Press
Dressler, W. U./Ladányi, M. (2002) On contrastive word-formation semantics: Degrees of transparency/opacity of German and Hungarian denominal adjective formation. In: Dressler, W. U./Pfeiffer, O. E./Benjaballah, S./Voeikova, M. D. (Hg.) Morphology 2000. Amsterdam/Philadelphia: Benjamins, 105–115
Dürscheid, C. (2002) „Polemik satt und Wahlkampf pur" – Das postnominale Adjektiv im Deutschen. In: Zeitschrift für Sprachwissenschaft. 21, 1, 57–81
Eichinger, L. M. (2000) Deutsche Wortbildung. Tübingen: Narr

---

[5] In dieses Verzeichnis sind Titel aufgenommen, die im Hintergrund der vorgeführten Argumentation stehen; sie dienen eher dazu, zu zeigen, worüber in diesem Feld diskutiert wird, als Belegbasis für Einzelheiten der Darstellung zu sein, die doch sehr stark quer über diese Literatur generalisieren musste.

Eichinger, L. M. (2002) Adjektive postmodern: wo die Lebensstile blühen. In: Haß-Zumkehr, U. / Kallmeyer, W. / Zifonun, G. (Hg.) Ansichten der deutschen Sprache. Tübingen: Narr, 579–604

Eichinger, L. M. (2004a) Dependenz in der Nominalgruppe. In: Stănescu, S. (Hg.) Die Valenztheorie. Bestandsaufnahme und Perspektiven. Frankfurt / Main: Lang, 31–47

Eichinger, L. M. (2004b) Passende Adjektive. Wortart, Wortbildung, Stil. In: Lehmberg, M. (Hg.) Sprache, Sprechen, Sprichwörter. Festschrift für Dieter Stellmacher zum 65. Geburtstag. Stuttgart: Steiner, 441–451

Eichinger, L. M. / Plewnia, A. (2006) Flexion in der Nominalphrase. In: Ágel, V. / Eichinger, L. M. / Eroms, H.-W. [et al.] (Hg.) (2006) Dependenz und Valenz. Ein internationales Handbuch der zeitgenössischen Forschung. 2. Halbbd. (= HSK 25.2). Berlin / New York: de Gruyter, 1049–1065

Eisenberg, P. (2002) Morphologie und Distribution – Zur Morphosyntax von Adjektiv und Adverb im Deutschen. In: Schmöe, F. (Hg.) Das Adverb – Zentrum und Peripherie einer Wortklasse. Wien: Edition Praesens, 61–76

Fuhrhop, N. (2000) Das Partizip 1 als adjektivischer Infinitiv. In: Bittner, A. / Bittner, D. / Köpcke, K.-M. (Hg.) Angemessene Strukturen: Systemorganisation in Phonologie, Morphologie und Syntax. Hildesheim [u. a.]: Olms, 173–190

Fuhrhop, N. (2003) ‚Berliner' Luft und ‚Potsdamer' Bürgermeister: Zur Grammatik der Stadtadjektive. In: Linguistische Berichte. 193, 91–109

Gallmann, P. (2005) Das Adjektiv. In. DUDEN. Die Grammatik. Unentbehrlich für richtiges Deutsch. 7., völlig neu erarbeitete und erweiterte Auflage. Herausgegeben von der Dudenredaktion. Mannheim [u. a.]: Dudenverlag, 345–394

Grevisse, M. (1993) Le bon usage. Grammaire française. Neubearb. von A. Goosse. 13. Aufl. Paris: Duculot

Groß, Th. M. (2003) The Valency of Non-Verbal Word Classes. In: Ágel, V. / Eichinger, L. M. / Eroms, H.-W. [et al.] (Hg.) Dependenz und Valenz. Ein internationales Handbuch der zeitgenössischen Forschung. 1. Halbbd. (= HSK 25.1). Berlin / New York: de Gruyter, 835–843

Harnisch, R. / Hinderling, R. (2000) „Das schönes Haus". Zur Bedeutung des starken Adjektivs nach bestimmtem Artikel in der deutschen Sprachgeschichte und im Bairischen der Gegenwart. In: Haustein, J. (Hg.) Septuaginta quinque. Festschrift für Heinz Mettke. Heidelberg: Winter, 201–208

Kaltz, B. (2000) Wortartensysteme in der Linguistik. In: Booij, G. / Lehmann, C. / Mugdan, J. (Hg.) Morphologie: Ein internationales Handbuch zur Flexion und Wortbildung / Morphology: An International Handbook on Inflection and Word-Formation. 1. Halbbd. Berlin / New York: de Gruyter, 693–708

Kühner, R. / Holzweißig, F. (1986) Ausführliche Grammatik der lateinischen Sprache. Erster Teil: Elementar-, Formen- und Wortlehre. Unveränd. Nachdruck der 2. Aufl. Hannover 1912. Darmstadt: Wissenschaftliche Buchgesellschaft

Kühner, R. / Stegmann, C. (1988) Ausführliche Grammatik der lateinischen Sprache. Zweiter Teil: Satzlehre. 2. Bd. Unveränd. Nachdruck der 2. Aufl. Hannover 1914. Darmstadt: Wissenschaftliche Buchgesellschaft

Lehmann, C. (1992) Deutsche Prädikatsklassen in typologischer Sicht. In: Hoffmann, L. (Hg.) Deutsche Syntax. Ansichten und Aussichten (= Jahrbuch des IdS 1991). Berlin / New York: de Gruyter, 155–185

Lehmann, C. (2005) Wortarten und Grammatikalisierung. In: Knobloch, C. / Schaeder, B. (Hg.) Wortarten und Grammatikalisierung. Perspektiven in System und Erwerb (= Linguistik – Impulse & Tendenzen, 12). Berlin / New York: de Gruyter, 1–20

Lenz, B. (1995) un-Affigierung. Unrealisierbare Argumente, unausweichliche Fragen, nicht plausible Antworten (= Studien zur deutschen Grammatik 50). Tübingen: Narr

Marillier, J.-F. (2003) Die Deklination der Determinative und Adjektive: Stellungsprinzip vs. Klassenprinzip. In: Baudot, D. / Behr, I. (Hg.) Funktion und Bedeutung. Modelle einer syntaktischen Semantik des Deutschen. Festschrift für François Schanen. Tübingen: Stauffenburg, 75–94

Menge, H. (1989) Repetitorium der lateinischen Syntax und Stilistik. Bearb. von A. Thierfelder. 18. Aufl. Unveränd. Nachdruck der 11. Aufl. 1953. Darmstadt: Wissenschaftliche Buchgesellschaft

Motsch, W. (1967) Syntax des deutschen Adjektivs. Berlin: Akademie

Motsch, W. (2002) Die Wortart „Adjektiv". In: Cruse, D. A. / Hundsnurscher, F. / Job, M. / Lutzeier, P. R. (Hg.) Lexikologie. Ein internationales Handbuch zur Natur und Struktur von Wörtern und Wortschätzen. 1. Halbbd. (= Handbücher zur Sprach- und Kommunikationswissenschaft 21.1) Berlin / New York: de Gruyter, 598–604

Moulin-Fankhänel, C. (2000) Varianz innerhalb der Nominalgruppenflexion. Ausnahmen zur sogenannten Parallelflexion der Adjektive im Neuhochdeutschen. In: Germanistische Mitteilungen 52, 73–97

Müller, G. (2002). Zwei Theorien der pronominalen Flexion im Deutschen (Versionen Standard und Mannheim). In: Deutsche Sprache 20, 328–363

Rat für deutsche Rechtschreibung (Hg.) (2006) Deutsche Rechtschreibung. Regeln und Wörterverzeichnis. Amtliche Regelung. Tübingen: Narr

Riegel, M. / Pellat, J.-C. / Rioul, R. (1998) Grammaire méthodique du français. 4., aktualisierte Aufl. Paris: Presses Universitaires de France

Schmidt, J. E. (2006) Serialisierung in der Nominalphrase. In: Ágel, V. [et al.] (Hg.) Dependenz und Valenz. 2. Halbbd. (= HSK 25.2). Berlin / New York: de Gruyter, 1036–1049

Schöneborn, T. (2002) Überlegungen zur Bestimmung der Wortart Adjektiv unter sprachtypologischen Gesichtspunkten. In: Rapp, R. (Hg.) Sprachwissenschaft auf dem Weg in das dritte Jahrtausend. Akten des 34. Linguistischen Kolloquiums in Germersheim 1999. Teil I: Text, Bedeutung, Kommunikation. Frankfurt / Main: Lang, 531–539

Tang, W. (2000) Die semantische Klassifikation des Adjektivs im Hinblick auf seine Morphologie und Syntax: Eine Untersuchung am Beispiel der deutschen Gegenwartssprache. Frankfurt / Main: Lang (Europäische Hochschulschriften 229).

Trost, I. (2006 [im Druck]) Das deutsche Adjektiv. Untersuchungen zur Semantik, Wortbildung und Syntax. (= Beiträge zur germanistischen Sprachwissenschaft 19). Hamburg: Buske

Vogel, P. M. (1997) Unflektierte Adjektive im Deutschen: Zum Verhältnis von semantischer Struktur und syntaktischer Funktion und ein Vergleich mit flektierten Adjektiven. In: Sprachwissenschaft 22, 403–433

Weber, H. (2002) Partizipien als Partizipien, Verben und Adjektive – Über Kontinuität und Fortschritt in der Geschichte der Sprachwissenschaft. In: Murguía, A. (Hg.) Sprache und Welt – Festgabe für Eugenio Coseriu zum 80. Geburtstag. Tübingen: Narr, 201–224

Weinrich, H. (1982) Textgrammatik der französischen Sprache. Stuttgart: Klett

Weinrich, H. (1993) Textgrammatik der deutschen Sprache. Mannheim [u.a.]: Dudenverlag

Wiese, B. (2004) Zur Systematisierung der Schwankungen zwischen starker und schwacher Adjektivflexion nach Pronominaladjektiven. Ms., IDS Mannheim. (pdf, 24pp.; über http://www.ids-mannheim.de/gra/personal/wiese.html)

Zemb, J. M. (1978) Vergleichende Grammatik Französisch-Deutsch Teil 1. Mannheim/Wien/Zürich: Dudenverlag

Zifonun, G. (2002) Überfremdung des Deutschen: Panikmache oder echte Gefahr? In: Sprachreport 3/2002, 2–9

Zifonun, G./Hoffmann, L./Strecker, B. [et al.] (1997) Grammatik der deutschen Sprache (= SIDS 7.1–3). Berlin/New York: de Gruyter

Ludwig M. Eichinger (Mannheim)

C3 Adjunktor

1. Zur Problematik
2. Grundlegende Merkmale der Wortart ‚Adjunktor'
3. Die verschiedenen Adjunktorverwendungen im Einzelnen
3.1. Vergleichende *wie-* und *als*-Adjunkte
3.2. Das funktional-selektive *als*-Adjunkt: „Stefan *als* Arzt"
3.3. Das temporal-selektive *als*-Adjunkt: „Stefan *als* Kind"
3.4. Das illustrative *wie*-Adjunkt: „Ärzte *wie* etwa Stefan, Eike und Rebekka"
3.5. Das typische Eigenschaften konnotierende *wie*-Adjunkt: „Ein Arzt *wie* Stefan"
4. Zusammenfassung
5. Literatur

1. Zur Problematik

Es gibt wohl kaum zwei Ausdrücke des Deutschen, über deren genaue kategoriale Bestimmung sich die germanistische Forschung derart uneins ist wie über die der Ausdrücke *als* und *wie*. Alle Wortarten, die im weitesten Sinne dem Verbinden und Verknüpfen dienen, sind als mögliche Wortart für sie in Betracht gezogen worden: Sie sind als koordinierende und als subordinierende Konjunktionen klassifiziert worden, als Präpositionen ebenso wie als Partikeln. Jedoch liegen sie aufgrund ihrer besonderen Eigenschaften quer zu jeder dieser „Standardwortarten". Deswegen widmen einige Grammatiken ihnen ein eigenes Unterkapitel, in welchem sie die jeweils vorgenommene Zuordnung ausführlich begründen (vgl. etwa Eisenberg 1999: 377 ff. oder Hentschel/Weydt 2003[3]: 282 f.). Andere wiederum wählen den Ausweg einer Zwitterkategorie, um ihren besonderen Eigenarten gerecht zu werden: So charakterisiert beispielsweise Admoni (1970: 138) sie als „präpositionale Konjunktionen", Heidolph et al. (1981: 701) sprechen von „Gliedkonjunktionen", die Autoren der Dudengrammatik (2005[7]: 632, 986 ff.) nennen sie „Satzteilkonjunktionen". All diese Vorschläge versuchen der Tatsache Rechnung zu tragen, dass *als* und *wie* in einem Satz wie *Als verantwortungsvoller Vater wollen Sie Ihren Kindern doch wohl nicht ein Fertiggericht* **wie** *dieses* **als** *Hauptmahlzeit servieren!?* ebenso wie Präpositionen Phrasen in den Satz einbauen und keine satzwertigen Größen wie subordinierende Konjunktionen, dies jedoch, ohne dabei Kasusrektion auszuüben. Aufgrund eben dieser

Eigenschaften lässt sich aber auch dafür plädieren, für *als* und *wie* eine neue Wortart vorzusehen, wie die Autoren der „Grammatik der deutschen Sprache" dies tun, die sie als „Adjunktoren" klassifizieren (vgl. Zifonun et al. 1997).[1]

Die grundlegenden Merkmale der Wortart ‚Adjunktor' lassen sich am besten in Abgrenzung zu denen der genannten Standardwortarten und damit in Abgrenzung zu den in der Forschung gemachten Vorschlägen bezüglich einer Einordnung von *als* und *wie* in eine grammatische Systematik des Deutschen darlegen (§ 2). Die Diskussion dieser Vorschläge lässt zugleich die Notwendigkeit einer „neuen Wortart" für *als* und *wie* deutlich zu Tage treten.

Daran anschließend sollen die verschiedenen Adjunktorverwendungen im Einzelnen vorgestellt werden (§ 3), wobei der Schwerpunkt – das Interesse der bisherigen Forschung widerspiegelnd – auf der *als*-Verwendung im obigen Beispielsatz liegen wird (§ 3.2). Im Fokus werden hierbei zwei Fragen stehen, die lange Zeit „Stiefkinder des grammatischen Interesses" (Zifonun 1998: 1) gewesen sind, nämlich die Frage nach der syntaktischen Funktion der mit einem Adjunktor in den Satz eingebauten Phrasen ebenso wie die nach ihrer semantischen Interpretation. Vor dem Hintergrund der These, dass es gerechtfertigt ist, die verschiedenen Vorkommen von *als* und *wie* unter einer Kategorie zu fassen, ist nachzuweisen, dass die *als*- und *wie*-Phrasen bei all ihrer Verschiedenartigkeit dennoch eine einheitliche Funktionalität besitzen. Dabei ist aus der Perspektive der funktionalen Grammatik davon auszugehen, dass sich ein Zusammenhang zwischen Form und Funktion aufdecken lässt, mit anderen Worten: dass die *wie*-Verwendungen auf der einen und die *als*-Verwendungen auf der anderen Seite je eine gemeinsame Basis aufweisen.

---

[1] Eine „neue" Wortart für *als* und *wie* kreiert auch Heringer (1970: 44 ff.) und im Anschluss an ihn Erben (1972[11]: 143, 201, 260): das „Identifikationstranslativ". Auch Schindler (1990: 153) sieht die Notwendigkeit, *als* und *wie* als eine Sonderklasse zu führen, und spricht in Anlehnung an erstere vom „Translativ". Ein Manko dieses Vorschlags gegenüber dem „Adjunktors" ist auf jeden Fall darin zu sehen, dass der Terminus „Identifikationstranslativ" allein den syntaktischen Eigenschaften der *als*- und *wie*-Phrasen Rechnung trägt. Die semantische Beziehung zwischen den durch *als* und *wie* miteinander verbundenen Elementen hingegen dürfte, wie Heringer (1970: 46) selbst anmerkt, „komplizierter und vielfältiger sein als Identifikation, was auch immer das heißen mag". In Heringer (1996: 60, 138) schließlich spricht Heringer von den „Äquationen". Aber auch sie werden nur formal-syntaktisch definiert. Hierzu zählt er außer *als* und *wie* die Ausdrücke *außer* und *statt* sowie bestimmte Verwendungen von *für*.

2. Grundlegende Merkmale der Wortart ‚Adjunktor'

Die in der „Grammatik der deutschen Sprache" (Zifonun et al. 1997) neu eingeführte Wortart der **Adjunktoren** stellt ebenso wie die der Konjunktoren (*und, oder, sowie, aber, denn* etc.) und die der Subjunktoren (*weil, obwohl, nachdem, bevor* etc.) eine Unterart der Junktoren dar. Alle drei sind Mittel zum Vollzug einer operativen Prozedur, d.h. sie strukturieren die Verarbeitung sprachlicher Handlungselemente durch den Hörer und dienen damit der formalen Organisation von Sprache durch Sprache.[2] Während Konjunktoren funktionsäquivalente Einheiten (Morpheme, Phrasen, Sätze) miteinander verbinden, Subjunktoren satzwertige Größen subordinieren und aus diesen Nebensätze machen, besteht die Aufgabe von Adjunktoren darin, Phrasen anzugliedern und aus diesen Adjunkte[3] mit einer eigenständigen syntaktischen Funktion zu machen. Zu den

---

[2] Das in der Pragmatik entwickelte Konzept der „Felder" und „Prozeduren" erlaubt eine Ordnung der elementaren sprachlichen Mittel unter funktionalem Aspekt und liefert eine methodologische Basis für eine Form-Funktions-Bestimmung sprachlicher Ausdrücke. Ehlich (1991) folgend werden insgesamt fünf sprachliche Felder differenziert, die jeweils funktional bestimmt sind: zwei Felder, die bereits Bühler (1934) unterschieden hat, nämlich (1) das Zeigfeld, dem die deiktischen Ausdrücke zugehören, und (2) das Symbolfeld, zu welchem die „Nennwörter" (Substantive, Adjektive, Verben) zählen; hinzu kommen (3) das Lenkfeld, das Ausdrücke wie *hm* oder *aha* enthält, die der Lenkung des Hörers dienen, (4) das Malfeld, zu dem im Deutschen das Mittel der Intonation zu rechnen ist, und schließlich (5) das Operationsfeld, das neben den Junktoren u.a. auch die Anaphern und die grammatischen Morpheme und nicht zuletzt auch die Wortstellung beherbergt. Diesen fünf Feldern entsprechen auf unterster Ebene des Handlungsprozesses die „Prozeduren", nämlich die deiktische, die symbolische, die expeditive, die malende und die operative Prozedur. Die Prozeduren stellen die kleinsten Einheiten sprachliche Handelns dar (vgl. dazu auch Hoffmann 2003: 21 ff., Redder 2005: 44 ff.). Wie Redder (2005: 50 ff.) gezeigt hat, erlaubt die Feldertheorie eine Klassifikation der Formen auf einer höheren Abstraktionsstufe, als es im Rahmen der klassischen Wortartenlehre möglich ist.

[3] Es sei an dieser Stelle darauf hingewiesen, dass der Terminus ‚Adjunkt' in der linguistischen Forschung noch anders gebraucht wird: Während er in der funktionalen Grammatik für die mit einem der beiden Adjunktoren *als* oder *wie* gebildeten Phrasen reserviert ist, deckt er in Grammatiken chomskyscher Prägung das ab, was in der „Grammatik der deutschen Sprache" (vgl. Zifonun et al. 1997) unter ‚Supplement' zu verstehen ist, d.h. Satzglieder, die im Unterschied zu Komplementen nicht zum Subkategorisierungsrahmen des jeweiligen Verbs gehören. Zur genaueren Differenzierung siehe z.B. Frey (2003), der fünf Adjunkttypen unterscheidet: Satzadjunkte, Rahmenadjunkte, situationsexterne Adjunkte, situationsinterne Adjunkte und prozessorientierte Adjunkte. Engel (1996³: 628, 861) wiederum versteht unter ‚Adjunkt' „dislozierbare Attribute des Nomens bzw. Pronomens". Hierzu rechnet er neben bestimmten *als*-Phrasen („**Als** Sekretärin ist Ina unübertrefflich") auch prädikativ gebrauchte Adjektive.

Adjunktoren zählen allein zwei Ausdrücke, nämlich die Ausdrücke *als* und *wie* in den folgenden Verwendungen:[4]

(1) [Paul]_NP ist etwas jünger [**als** [Raphael]_NP]_AJKP.
(2) [Marie]_NP singt so schön [**wie** [eine Nachtigall]_NP]_AJKP.
(3) In ihrer Mitte stand ein Kamel auf drei Beinen, das vierte war ihm hinaufgebunden worden. [...] [Seine Bewegungen]_NP waren so unerwartet [**wie** [unheimlich]_ADJP]_AJKP. (E. Canetti, Die Stimmen von Marrakesch, 6)
(4) [Sir Henry]_NP *verhielt sich* [**wie** [ein echter englischer Gentleman]_NP]_AJKP. (Duden 2005[7], 987)
(5) Findige Juristen fanden heraus, dass [der Krawattenzwang]_NP nach europäischem Recht [**als** [„Menschenrechtsverletzung"] _NP]_AJKP *gelten* könnte. (Hamburger Abendblatt, 27.2.2003)
(6) [Gefährliche Auslandseinsätze]_NP [**wie** [im ehemaligen Jugoslawien]_PP]_AJKP sind ein Grund dafür, daß immer weniger Franzosen Berufssoldaten werden wollen. (Der Spiegel 24 / 1995)[5]
(7) Sie können doch [von [mir]_NP]_PP [**als** [katholischem Priester]_NP]_AJKP nicht verlangen, daß ich eine Frau darin bestärke, im Konkubinat zu verharren. (H. Böll, Ansichten eines Clowns, 129)
(8) Er liebte [den kleinen Jungen]_NP [**wie** [sein eigenes Kind]_NP]_AJKP.

---

[4] Die Wörter *als* und *wie* treten auch als Subjunktoren (vgl. (i) und (ii)) und auch als Konjunktoren bzw. als Bestandteil eines Konjunktors auf (vgl. (iii) bis (v)), *wie* auch als W-Adverb (vgl. (i)):
   (i) **Als** ich sie das erste Mal sah, trug sie eine riesige Sonnenbrille, und noch bevor sie sie abnahm, wusste ich, **wie** ihre Augen sein würden, grün. (J. Herrmann, Nichts als Gespenster, 15)
   (ii) Ihre Zimmer lagen nebeneinander. Leonhard konnte hören, **wie** Aurich den Fernseher einschaltete, dann den Ton gleich leiser stellte. (D. Wellershoff, Der Liebeswunsch, 168)
   (iii) Die Mehrzahl aller Amerikaner – ob Republikaner oder Demokraten, Bush-Gegner **wie** Bush-Freunde – erwartet von ihm, dass er sein Versprechen einlöst: die Verantwortlichen für die Anschläge in New York zu jagen und zu bestrafen. (Der Spiegel 38 / 2001)
   (iv) Die Rechte kritisiert **sowohl** die Vernachlässigung der Landwirtschaftspolitik **als auch** das Haushaltsloch (taz, 23.10.1991)
   (v) Denn **sowohl** Chirac **wie** Jospin brauchten Le-Pen-Wähler, um zu gewinnen. Aber beide haben der Erpressung widerstanden, sie haben Le Pen völlig ignoriert. (Der Spiegel 20 / 1995)

[5] An diesem Beispiel offenbart sich die Problematik von Walter Jungs (1990[10]: 366) Vorschlag, *als* und *wie* in Fällen wie (6) als subordinierende Konjunktion zu werten. Dies bringt nämlich eine erhebliche Modifikation des Subordinationsbegriffs mit sich, denn nun kann ein Subjunktor auch eine nicht-satzförmige Einheit anschließen.

(9) [**Als** [Kinder]~NP~]~AJKP~ mochten [wir]~PROP~ alles Süße besonders gern.
(10) [Uns]~PROP~ schmeckte [als [Kindern]~NP~]~AJKP~ alles Süße besonders gut. (Duden 2005^7, 986)

Jedes Adjunkt hat einen Bezugsausdruck, der entweder durch eine Nominal- (NP) oder eine Protermphrase (PROP) realisiert wird. Diese Nominal- oder Protermphrase kann ihrerseits in eine Präpositionalphrase (PP) eingebettet sein (vgl. (7)). Sofern die Adjunktorphrase (AJKP) selbst kasusfähig ist,[6] übernimmt sie den Kasus von ihrem Bezugsausdruck. Die Adjunktorphrase *wie sein eigenes Kind* in (8) etwa steht allein deswegen im Akkusativ, weil auch ihre Bezugsphrase *den kleinen Jungen* im Akkusativ steht. Entsprechend steht das Adjunkt in (9) im Nominativ, das in (10) hingegen im Dativ.

Eben dies unterscheidet *als* und *wie* von den Präpositionen. Zwar sind Präpositionen ebenso wie Adjunktoren nicht flektierbar und erweitern eine Nominal- oder Protermphrase zu einer größeren Einheit, jedoch wird der Kasus dieser Phrase von der jeweiligen Präposition bestimmt. So regiert zum Beispiel *für* den Akkusativ, *zu* ebenso wie *von* den Dativ und *anlässlich* den Genitiv.

In der Forschung sind *als* und *wie* trotz fehlender Kasusrektion dennoch sehr häufig zu den Präpositionen gerechnet worden,[7] insbesondere in Fällen wie (4) und (5), in denen die Adjunktorphrase Komplementstatus hat. So geben etwa Helbig/Buscha (1998^{18}: 59, 62) unter „Verben die einen Präpositionalkasus regieren" auch Verben wie *sich erweisen als, fungieren als* und *bezeichnen als* an. Als zusätzliches Argument für diese Klassifikation wird häufig angeführt, dass *als* gelegentlich in freier Variation mit einer „echten Präposition" stünde, nämlich mit *für*:[8]

---

6   Dies gilt zum Beispiel nicht für die Adjunktorphrase in (3).
7   So sprechen etwa Brinkmann (1971^2: 146 f.), Di Meola (2000: 46), Engelen (1975, Bd. 1: 148 ff. bzw. Bd. 2: 265 f., 282 ff.), Erben (1972^{11}: 143, 197, 201), Helbig/Buscha (1998^{18}: 410 f., 415 f., 442), Hentschel/Weydt (2003^3: 282 f.), Kolde (1971: 186), Schanen/Confais (1989/2001: 467) und Schröder (1990: 51 f., 223 f.) hier von einer „Präposition" (ohne bzw. ohne bestimmte Kasusforderung). Eine Präposition, heißt es etwa bei Hentschel/Weydt (2003^3: 282), sei nichts anderes als die Entsprechung einer subordinierenden Konjunktion auf Satzteilebene. So wie subordinierende Konjunktionen der Unterordnung ganzer Sätze dienten, so dienten Präpositionen der Unterordnung von Nomina.
8   Auf Parallelen zwischen *als* und *für* weisen u. a. Brinkmann (1971^2: 146 f.), Erben (1972^{11}: 176, 197, 201), Hentschel/Weydt (2003^3: 283) und Kolde (1971: 186).

(11) Er sieht es **für/als** seine Pflicht an, ihm zu helfen. (Kolde 1971, 186)

Im Unterschied zu anderen Präpositionen kann die Präposition *für* auch Adjektivphrasen anschließen:

(12) Uno-Inspektoren halten US-Beweise **für** *falsch*. (http://www.spiegel.de/politik/ausland/0,1518, 244748,00.html, 11.11.2005)

Auch diese Eigenart teilt sie mit den Ausdrücken *als* und *wie*:

(13) Die Not Arbeitsuchender wird offenbar von einigen Geschäftemachern dreist ausgenutzt. Sie locken mit Verdienstangeboten, die sich im Nachhinein **als** *unseriös* herausstellen. (Berliner Zeitung 28./29.1.2006)
(14) Er trainiert **wie** *besessen*.

Die Tatsache, dass sich die durch *als* bzw. *wie* angeschlossene Nominal- oder Protermphrase im Kasus nach ihrem Bezugsausdruck richtet, ist wiederum von anderer Seite als Argument für eine ganz andere Kategorisierung angeführt worden. So ordnet Eisenberg (1999: 377 ff.) *als* und *wie* den koordinierenden Konjunktionen zu;[9] Grundlage ihres syntaktischen Verhaltens sei schließlich „die Koordination kasusgleicher oder sonstwie kategorial identischer Ausdrücke" (ebd.: 380). Bei den vergleichenden Verwendungen (vgl. (1) bis (4) sowie (8)) sieht Eisenberg noch eine weitere Bedingung für das Vorliegen einer koordinativen Verknüpfung erfüllt: Ganz ähnlich nämlich, wie sich die beiden Konjunkte einer *und*-Koordination auf eine „*gemeinsame* Einordnungsinstanz (GEI)" (vgl. Lang 1977: 66 ff.) beziehen lassen müssen – welche im einfachsten Fall durch die Bildung eines entsprechenden Oberbegriffs konstituiert wird –, so müssen auch in einem Vergleich die beiden miteinander verglichenen Größen, damit sie überhaupt vergleichbar sind, eine „*gemeinsame* Eigenschaft" aufweisen (vgl. Eisenberg 1999: 380), und auch dies kann auf die Konstituierung eines entsprechenden Oberbegriffs – hier: den der „Dinge, von denen man nie genug kriegen kann" – hinauslaufen:

(15) Shakespeare ist **wie** Kartoffelbrei; *man kann nie genug davon kriegen.* (F. McCourt, Die Asche meiner Mutter, 395)

---

9   Auch Buscha (1989/1995: 25 ff., 29 f., 137 ff., 143 f.) klassifiziert *als* und *wie* als koordinierende Konjunktionen.

Adjunktor

(16) Von Shakespeare **und** Kartoffelbrei konnte er als Kind nie genug kriegen.

So plausibel dieser Gedanke auch ist: Im Folgenden werden einige Aspekte behandelt, die klar zeigen, dass *als* und *wie* nicht als Konjunktoren behandelt werden können.

Die Koordination lässt sich als ein Verfahren paradigmatischer Erweiterung charakterisieren: Sie zeichnet sich dadurch aus, dass zwei Einheiten mit sich überschneidendem Funktionspotenzial **unter einer einheitlichen Funktion** miteinander kombiniert werden. Dabei müssen bei satzinterner Koordination die Konjunkte einzeln und gemeinsam die mit der betreffenden Strukturstelle verbundene Funktion übernehmen können (vgl. Zifonun et al. 1997: 2360 ff.). Es müssen also beide Konjunkte gemeinsam zum Beispiel als Subjekt, als Objekt oder als Adverbial fungieren.

Auf einige durch *als* und *wie* hergestellte Junktionen trifft dies durchaus zu:

(17) Der Hesba **als** der Mercedes unter den Kinderwagen ist einer der teuersten Kinderwagen überhaupt.
(18) Für diese herausfordernde Position suchen wir Sie **als** eine/n Ingenieur/in, der/die sich durch Kreativität, Innovationsfreude und mehrjährige einschlägige Berufserfahrung auszeichnet. (http://www.berufsstart.de/kunden/diehl/01115.html, 14.2.2006)

Problematisch wird dies aber schon in Fällen wie (19), wo die beiden durch *als* miteinander verknüpften Einheiten zwar gemeinsam die Objektposition besetzen, wo aber keines der beiden „Konjunkte" diese Funktion allein erfüllen könnte:

(19) Sie bezeichnet ihn **als** einen ausgezeichneten Pianisten. (Eisenberg 1999, 379)

In (20) wiederum könnte zwar sowohl *ihn* als auch *meinen Freund* einzeln als direktes Objekt zu *betrachten* erscheinen, allerdings nur unter Modifikation der Verbbedeutung:

(20) Ich betrachte ihn **als** meinen Freund.

Schließlich ist es bei durch *als* und *wie* hergestellten Junktionen sogar möglich, dass die *als*- bzw. *wie*-Phrase eine ganz andere syntaktische Funktion ausübt als ihr Bezugsausdruck, zum Beispiel als Adverbial eingestuft werden muss, während der zugehörige Bezugsausdruck in Subjektfunktion auftritt:

(21) Peter arbeitet **als** Kellner.
(22) Peter redet **wie** ein Wasserfall.

Erschwerend kommt hinzu, dass die durch *als* bzw. *wie* angeschlossene Nominalphrase in (21) und (22) nur gemeinsam mit dem Junktor die entsprechende Strukturstelle besetzt. Dies ist bei keinem der in der Forschung einhellig als Konjunktoren klassifizierten Ausdrücke – wie etwa *und, oder, aber* oder *denn* – möglich.

Die Forderung nach einer einheitlichen Funktion der Konjunkte ist zudem nicht auf ihre syntaktische Funktion beschränkt. Dass die verschiedenen Teile einer koordinierten Struktur der weiteren und damit immer genaueren Charakterisierung eines Gegenstandes dienen, ist mehr als üblich:

(23) Ich, 25 / 163, mit schulterlangem Haar, lebensl., spontan, naturverb. u. tierl., suche lebensfrohen Mann bis 35 J., auch anderer Nationalität, für Neubeginn. (Berliner Zeitung, 4. / 5.2.2006)

Dass jedoch das zweite „Konjunkt" der näheren Charakterisierung des ersten dient, wie dies bei allen Adjunktorverwendungen von *als* und *wie* der Fall ist, ist im Konzept der Koordination gerade nicht vorgesehen. Die Adjunktorphrase und ihr Bezugsausdruck weisen in dieser Hinsicht also gerade keine äquivalente Funktionalität auf.[10]

Gegen die Annahme einer koordinierenden Verknüpfung spricht weiterhin, dass es Vergleichstypen gibt, die es erlauben, dass der Bezugsausdruck der Adjunktorphrase gar nicht explizit verbalisiert ist, sondern aus dem Kontext erschlossen werden muss. Dies gilt u. a. für Vergleiche, bei denen ein graduierbarer oder quantifizierbarer Sachverhalt in seiner aktuellen Ausprägung mit derjenigen einer vergangenen Zeitstufe bzw. mit dem gesamten vor der Sprechzeit liegenden Zeitraum verglichen wird:

(24) Und Le Pen ist *stärker* [**als** je zuvor]. (taz, 19.4.1996)

---

[10] Bereits Admoni (1970: 138) wendet gegen eine Kategorisierung von *als* und *wie* als koordinierende Konjunktionen ein, dass das durch *als* oder *wie* eingeleitete Wort und das Wort, an das es sich anlehnt, nicht gleichwertig sind. Vielmehr liefere das erstere immer eine Art Bestimmung zum letzteren, weswegen man die beiden auch nicht umstellen könne, was wiederum bei einer kopulativen *und*-Verknüpfung durchaus möglich sei.

(24)' Und Le Pen ist [*jetzt / heute / zum Äußerungszeitpunkt*] stärker [**als** je zuvor]
(25) Studienmuffel Mann? Viel *weniger* Männer [**als** noch vor zehn Jahren] sind an einer Uni eingeschrieben. (taz, 2.11.2005)
(25)' Studienmuffel Mann? Viel *weniger* Männer [**als** noch vor zehn Jahren] sind [*jetzt / heute / zum Äußerungszeitpunkt*] an einer Uni eingeschrieben.
(26) Sie trinken nicht mehr *so viel* [**wie** früher]. (J. Herrmann, Nichts als Gespenster, 82)
(26)' Sie trinken [*jetzt / heute / zum Äußerungszeitpunkt*] nicht mehr *so viel* [**wie** früher].

Das Verfahren der Koordination erlaubt es hingegen nur, dass die Konjunkte u. U. nicht vollständig verbalisiert sind. Allerdings sind die „offenen Stellen" hier durch Strukturparallelität miteinander verknüpft und über Vor- bzw. Rückgriffe (Katalepse, Analepse) rekonstruierbar (vgl. Zifonun et al. 1997: 2370 ff.):

(27) Tom liebt [ ] **und** Moritz hasst Spinat.
(28) Bernd ist ein absoluter Rosenliebhaber. Er züchtet [ ] **und** [ ] malt Rosen, [ ] schreibt Gedichte über Rosen **und** [ ] kennt jedes Musikstück, in dem von Rosen die Rede ist.

Gegen Koordination spricht schließlich auch, dass bei Vergleichen, bei denen das ‚tertium comparationis' mit Hilfe eines Adjektivs explizit zum Ausdruck gebracht wird – wie in (29) und (30) – immer eine Art „Doppelanschluss" vorliegt: Die *wie*- oder *als*-Phrase wird nicht nur an ihren Bezugsausdruck angebunden, sondern immer zugleich auch an jenes vor *als* oder *wie* stehende Adjektiv, mit dem zusammen sie eine Komparativstruktur bildet (vgl. ebd.: 62):

(29) [Flanell-Kuschelbettwäsche] ist *weich* [**wie** Samt] und *edel* [**wie** Seide] [...].

(http://www.dodenhof.de / produktwelten / 2151.html, 17.2.2006)
(30) Marlene Mettner, 29, selbst ist kerngesund. Die Patientin lebt in ihrem Bauch. Sie heißt Emma, wiegt 400 Gramm und misst 16 Zentimeter. [Emma] ist *kleiner* [**als** die Hand des Operateurs].

(Der Spiegel 28 / 2003)

Eine solche zweifache syntaktische Anbindung des *als*- oder *wie*-Adjunkts bedeutet natürlich immer auch eine zweifache semantische Leistung: So charakterisiert das Adjunkt in diesen Fällen nicht nur das mit seinem Bezugsausdruck Gesagte näher, sondern zugleich auch das mit dem jeweiligen Adjektiv Verbalisierte. In (29) konkretisieren und spezifizieren die Adjunkte *wie Samt* bzw. *wie Seide* die Semantik der Adjektive *weich* und *edel*, und in (30) legt das Adjunkt einen Wert auf der durch das Adjektiv bezeichneten Dimension ‚Größe' fest. Durch die gesamte Komparativstruktur wird dabei zugleich derjenige Wert des durch den Vergleich zu charakterisierenden Elements Emma als darunter liegend qualifiziert.

3. Die verschiedenen Adjunktorverwendungen im Einzelnen

3.1. Vergleichende *wie*- und *als*-Adjunkte

Die beiden Vergleichsgrößen eines Vergleichs sind nicht gleichwertig: Die eine Größe, nämlich die im *wie*- bzw. *als*-Adjunkt genannte, dient – vermittelt über die Komparativstruktur, in die sie eingebettet ist – der Charakterisierung der anderen, die durch den Bezugsausdruck verbalisiert wird. Komparans bzw. Komparationsbasis und Komparandum, Bezugsobjekt und Vergleichsobjekt, die Begrifflichkeiten hierzu sind vielfältig und spiegeln die unterschiedliche Funktionalität der beiden Vergleichsglieder wider. Voraussetzung der Vergleichbarkeit ist wenigstens eine gemeinsame Eigenschaft. Was keinerlei Übereinstimmung mit etwas anderem aufweist, ist unvergleichbar. Verglichen werden somit zwei Größen (Personen, Gegenstände, Sachverhalte, Eigenschaften) hinsichtlich einer dritten, dem ‚tertium comparationis' (die den beiden Vergleichsgrößen gemeinsame Eigenschaft)[11].

In der Standardsprache steht der Adjunktor *wie* hier in einem komplementären Verhältnis zum Adjunktor *als*:[12] *Wie* wird immer

---

[11] Thurmair (2001: 2, 103 ff.) sowie Hahnemann (1999: 3) sprechen hier vom „Vergleichsaspekt".

[12] In der Forschung ist die Wortart von *als* und *wie* in dieser Verwendung nicht selten mit „Partikeln" bzw. „Vergleichspartikeln" angegeben worden (vgl. etwa Bäuerle 1997: 245, Duden 1998⁶: 298 f. oder Engel 1996³: 775 f.); Jung (1990¹⁰: 305) nennt sie „Vergleichskonjunktionen" bzw. „Vergleichswörter". Da aber die in § 2 erläuterte Funktionalität der Adjunktoren, eine für die jeweilige Verwen-

dann gewählt, wenn das Adjektiv oder Adverb, das das ‚tertium comparationis' bezeichnet, im Positiv steht; *als* hingegen wird nach dem Komparativ und nach dem Adverb *anders* gebraucht. Im ersten Fall wird Gleichheit der beiden Vergleichsgrößen in Bezug auf die gemeinsame Eigenschaft zum Ausdruck gebracht, im zweiten Fall Ungleichheit bzw. Andersartigkeit:[13]

(31) Bodewig sei der rasante Aufstieg gegönnt, vielleicht wurde sogar ein Stern am politischen Himmel geboren. Hoffentlich verglüht er aber nicht so *schnell* **wie** ein Komet. (Westfälische Rundschau, 17.11.2000)

(32) Wie jeder Arzt weiß, ist ein Rückfall oft *gefährlicher* **als** der erste Krankheitsschub. (Der Spiegel 15 / 1995)

(33) Ruth sieht *anders* aus **als** ich. Alles an ihr ist mein Gegenteil, was an ihr rund ist und weich und groß, ist an mir hager und knochig und klein [...]. (J. Herrmann, Nichts als Gespenster, 14 f.)

Dabei weist *wie*, wie in Eggs (2006: 66, 130 f.) präzisiert wird, auf das **Identische im Andersartigen**, *als* hingegen auf das **Andersartige im Identischen**: *Wie* legt den Akzent auf das, was die beiden voneinander *verschiedenen* Elemente *gemeinsam* haben; demgegenüber geht es bei *als* immer um einen unterschiedlichen, nämlich jeweils *anderen* Ausprägungsgrad einer gleichwohl *gemeinsamen* Eigenschaft.

Da die (Un-)Gleichheit der beiden Vergleichsgrößen immer zweifach markiert wird – einmal durch die Positiv- bzw. Komparativform des Adjektivs und einmal durch den jeweiligen Adjunktor –, kann die standardsprachlich zwar nicht tolerierte, dialektal aber außerordentlich verbreitete Verwendung von *wie* auch nach einem

---

dung zu spezifizierende zusätzliche Charakterisierung des Bezugsgegenstandes zu liefern, auf die vergleichende Verwendung ebenso zutrifft wie auf die im Folgenden noch vorzustellenden Verwendungen, ist eine Klassifizierung als Adjunktor vorzuziehen. Weinrich (1993: 785 ff.) wiederum klassifiziert *als* und *wie* in allen hier relevanten Verwendungen als „Komparativ-Junktoren". Dies ist wiederum insofern nicht unproblematisch, als in den anderen Verwendungen, wie in den folgenden Unterkapiteln deutlich werden wird, gerade nicht mehr im eigentlichen Sinne verglichen wird.

13 In Vergleichen können *als* und *wie* auch satzförmige Einheiten anbinden; sie sind dann als Subjunktoren zu werten:
(vi) Sein Leben verlief so bunt, **wie** seine Bilder strahlen: Max Legrand (44) ist Künstler mit karibischen Wurzeln. (Hamburger Abendblatt, 4.3.2003)
(vii) Ein Clown, der ans Saufen kommt, steigt rascher ab, **als** ein betrunkener Dachdecker stürzt. (H. Böll, Ansichten eines Clowns, 15)

Komparativ (oder nach *anders*) zu keinerlei Missverständnissen führen:[14]

(34) Katze wirkt *besser* **wie** jede Medizin! […] Speziell für ältere, körperlich angeschlagene Menschen, die keine Verantwortung für einen Hund übernehmen können, ist eine Katze als Begleiterin für den Lebensabend die allererste Wahl. (http://www.katzenschutzverein-bad-kreiznach.de/p-wand/notiert/medizin/katze-m.html, 18.3.2006)

Doch auch in der Standardsprache hat *wie* gegenüber *als* eine ungleich größere Verwendungsbreite. Fehlt nämlich das Adjektiv oder Adverb, so kann nur der Adjunktor *wie* verwendet werden:[15]

(35) Stefan *sieht aus* **wie** ein Arzt aus einem Arztroman.
(36) In der Ostsee gab es einige Wracks, die er *kannte* **wie** seine Westentasche. (Der Spiegel 30/1995)
(37) Denn inzwischen wußte er, daß sie nicht die richtige Frau für ihn war. Mit ihr mußte er *leben* **wie** mit einer chronischen Krankheit, die er unter Kontrolle hatte. (D. Wellershoff, Der Liebeswunsch, 165)
(38) Liebe Online-Leserinnen und -Leser, fuer viele von uns *gehoeren* gute Vorsaetze zum neuen Jahr **wie** das Feuerwerk an Silvester. (der die DaF – online 1/2006)
(39) Gute Geschichten *sind* **wie** ein edles Wild. Sie hausen verborgen, und man muß oft lange am Eingang der Schluchten und Wälder stehen und auf sie lauern. (H. Hesse, Die Märchen, Der Zwerg, 9 f.)

Das Spektrum der möglichen syntaktischen Funktionen ist weit: Das *wie*-Adjunkt kann obligatorisches Verbkomplement sein (vgl. (35)), aber auch Qualitativsupplement (vgl. (36) bis (38)) oder Prädikativum (vgl. (39)).

Das ‚tertium comparationis' wird in diesem Fall nur indirekt evoziert und muss durch den vom Satz bezeichneten Sachverhalt erschlossen werden. Bei einem bereits lexikalisierten Vergleich wie (36) ist dies beim Hörer mit keinerlei kognitiver Anstrengung mehr ver-

---

[14] Diese sprachliche Bewältigung der Realität ist zudem alles andere als ungewöhnlich. So wird bei dieser Art von Vergleichen auch im Französischen unabhängig davon, ob das Adjektiv im Positiv oder Komparativ steht, ausschließlich *que* verwendet: „aussi grand **que**" bzw. „plus grand **que**".
[15] Thurmair (2001: 2, 165 ff.) spricht in diesem Fall von „offenen Vergleichen".

bunden, da das ‚tertium comparationis' „Außerordentlich gut" fester Bestandteil unseres sprachlichen Wissens ist.[16] Anders bei den ebenfalls heterogenen „ad hoc"-Vergleichen in (35) und (37) bis (39):[17] Hier muss der Hörer aktiv nach dem In-gewissen-Hinsichten-Identischen zwischen den beiden aus heterogenen Erfahrungsdomänen stammenden Dingen suchen. In (37) und (38) ist dies vergleichsweise unproblematisch, da das ‚tertium comparationis' „Ist ein Übel, das eine Beeinträchtigung des täglichen Lebens bedeutet, mit dem man aber gleichwohl zu leben gelernt hat" bzw. „Das eine ist ein fester Bestandteil des anderen" als Teil unseres enzyklopädisch-kulturellen Wissens angesehen werden kann. Auch in (35) dürfte der Hörer die typischen Eigenschaften eines Arztes aus einem Arztroman, die auch Stefan aufweist, nämlich gemessen am Ideal der durchschnittlichen Leserin „gut aussehend", „männlich wirkend", „mit markanten Gesichtszügen" sowie vermutlich „zwischen 35 und 45 Jahre alt" und „dunkelhaarig", in seinem kulturellen Wissen auffinden können. Der Vergleich in (39) ist hingegen derart innovativ, dass der Sprecher bzw. Schreiber, um sicher zu stellen, dass der Hörer bzw. Leser die erforderliche Projektion von Strukturen aus dem zum Vergleich herangezogenen Erfahrungsbereich auch leisten kann, nachträglich diejenigen Merkmale der Komparationsbasis expliziert, die für das Auffinden des In-gewissen-Hinsichten-Identischen nötig sind.[18]

---

[16] So ähnlich auch Thurmair (2001: 171 f.), die hier von „idiomatisierten" Vergleichen spricht.

[17] Zur Unterscheidung zwischen **heterogenen** und **homogenen Vergleichen** siehe Eggs (2006: 64 ff.): Während heterogene Vergleiche ebenso wie Metaphern über zwei *verschiedenen* Wirklichkeitsräumen operieren und sich der dort aufgedeckten analogen Strukturen bedienen, entstammen das zum Vergleich dienende Element ebenso wie das durch den Vergleich zu charakterisierende Element bei einem homogenen Vergleich wie etwa „Stefan ist genauso groß wie Andreas" oder „Andreas läuft schneller als Stefan" aus *ein und demselben* Erfahrungsraum. Homogene Vergleiche beheben ein einfaches Informationsdefizit des Hörers; er erhält neues Faktenwissen. Demgegenüber erfährt er durch das in einem heterogenen Vergleich Verbalisierte neue Zusammenhänge, denn hier muss er in seinem Wissen komplexe Strukturen aus einer Erfahrungsdomäne in eine andersartige hineinprojizieren. Aus diesem Grund sind letztere dazu geeignet, ein Verstehensdefizit auf Seiten des Hörers zu bearbeiten. So werden sie häufig zur *Erklärung* im ursprünglichen Sinne des Wortes genutzt, nämlich zur *Erhellung* eines neuen Gegenstandsbereichs: Durch das Übertragen von Strukturen aus einer bereits bekannten Erfahrungsdomäne erlauben sie es, eine noch unbekannte Erfahrungsdomäne zu strukturieren.

[18] Ähnlich auch Thurmair (2001: 172): Unmittelbar im Anschluss an den eigentlichen Vergleich werden Informationen nachgetragen, die dem Hörer zeigen, ob er den Vergleichsaspekt auch richtig erschlossen hat.

Mundartlich findet sich mitunter auch die aus *als* und *wie* zusammengesetzte Form *als wie,* welche als Relikt aus dem 18. Jahrhundert zu werten ist (vgl. (40)). Zu dieser Zeit galt dieser Gebrauch auch Standardsprache als korrekt (vgl. (41)):

(40) Im Bezirk Mannheim wurde jedes vierte Gesuch auf Pflegeleistungen abgelehnt – genausoviel im Landesmittel, aber weniger **als wie** im Bundesdurchschnitt (30 Prozent Ablehnungen). (Mannheimer Morgen, 8.11.1995)

(41) Da steh' ich nun ich armer Thor! Und bin so klug **als wie** zuvor [...]. (J. W. Goethe, Gesammelte Werke, Bd. 2, Faust I, 14)

Noch zu mittelhochdeutscher Zeit nämlich kam dem *als* (und seinen Varianten *alse, alsô* und *sô*) die Funktion des heutigen *wie* zu, d.h. es wurde in einem Vergleich der Gleichheit verwendet. Vergleiche der Ungleichheit hingegen wurden durch *dann (danne, denn, denne)* realisiert:

(42) ir clâren ougen wart der tac *trüebe* unde *vinster* **als** die naht. (Tristan 1302 f.)

In ihren klaren Augen wurde der Tag so trübe und finster **wie** die Nacht.

(43) die gelieben dûhten beide ein ander *schoener* vil **dan** ê. (Tristan 11856 f.)

Die Liebenden fanden beide einander schöner **als** zuvor.

Während diese Funktionsaufteilung zwischen *als* und *denn* im Englischen erhalten geblieben ist – hier heißt es ja noch heute *as nice as* und *much nicer than* –, ist im Deutschen in der zweiten Hälfte des 16. Jahrhunderts *als* in den Bedeutungsbereich von *denn* gelangt, da sich dieses im Frühneuhochdeutschen zu einer kausalen Konjunktion entwickelt hatte (vgl. Lerch 1942: 355). Dadurch konnte sich wiederum *wie* den ehemaligen Anwendungsbereich von *als* zu eigen machen.[19]

---

[19] Hier sind drei Entwicklungsstufen zu differenzieren: Zunächst wurde *wie* – in der mhd. Form *swie* – nur zur Einleitung eines Vergleichs*satzes* genutzt; seit dem Ausgang des Mittelalters konnte es aber auch zur Anbindung einer auf die Verbgruppe bezogenen Vergleichs*phrase* gebraucht werden, seit dem 17. Jahrhundert schließlich auch mit vorangehendem Adjektiv oder Adverb (vgl. Eggs 2006: 28 ff.). Insofern kann die dialektale Verwendung von *wie* nach dem Komparativ als eine Übergeneralisierung im Zuge der Ersetzung von *als* durch *wie* nach dem Positiv gewertet werden, da *als* auch da durch *wie* verdrängt wurde, wo es sich gerade erst gegenüber *denn* durchgesetzt hatte.

Auch in unserem aktuellen Sprachgebrauch finden sich noch Spuren dieser Entwicklungsgeschichte: einmal in der festen Wendung *denn je* (in der *als* sogar ausgeschlossen ist) und den formelhaften Vergleichen *so schnell* bzw. *so bald* **als** *möglich* (in denen auch *wie* gebraucht werden kann), und einmal im stilistisch bedingten Gebrauch von *denn* zur Vermeidung eines doppelten *als* (vgl. (44)):

(44) Ich habe Matzerath nie geliebt. Manchmal mochte ich ihn. Er sorgte für mich mehr *als* Koch **denn** *als* Vater. (G. Grass, Die Blechtrommel, 357)

3.2. Das funktional-selektive *als*-Adjunkt: „Stefan *als* Arzt"

Der Gebrauch von *als* in den folgenden Sätzen ist wohl der in der Forschung am häufigsten diskutierte (Adjunktor-)Gebrauch:

(45) Alle haben Neujahr frei, Stefan **als** Arzt aber nicht unbedingt.
(46) Herr Schulze weiß sowas **als** erfahrener Lehrer. (Zifonun 1998, 2)
(47) Sie **als** gebürtiger Wiener kennen die Josefsallee nicht!?
(48) Komödie: Die Kaktusblüte, Kabel 1, 20.15 Uhr. Was tun, wenn die junge Geliebte unbedingt heiraten will? Der Promi-Zahnarzt und eiserne Junggeselle Julian Winston erfindet einfach eine Ehefrau, die sich nicht scheiden lassen will. Um die Lüge glaubhaft zu machen, *stellt* er die altjüngferliche Sprechstundenhilfe Stephanie **als** seine Gattin *vor*. (Hamburger Abendblatt, 4.8.2001)
(49) Bildungssenatorin *verkauft* Verschwinden von 300 Lehrerstellen **als** zu spät bemerkte Behördentrottelei. (taz, 4./5.3.2006)

Der Adjunktor *als* dient hier dazu, eine Nominalphrase in den Satz einzubauen, die aus der Menge der möglichen Funktionen oder Handlungsrollen des Bezugsreferenten *eine* auswählt, und zwar eben jene, die für den im jeweiligen Prädikat ausgedrückten Sachverhalt relevant ist.

In der Forschung ist hier vielfach nicht von einer Funktion oder Rolle, sondern stattdessen von einer Eigenschaft gesprochen worden: „ALS extrahiert [...] eine Eigenschaft aus einer Gesamtmenge, aber nur weil diese Eigenschaft für die ganze Äußerung von Bedeutung ist" (Pérennec 1990: 140).[20] Durch diesen Sprachgebrauch droht

---

[20] Auch bei Rousseau (1995: 325) und Beckmann (1997: 167) heißt es, mit Hilfe von *als* werde eine relevante **Eigenschaft** ausgewählt. Demgegenüber sprechen Bäuerle (1997: 244) und Thurmair (2001: 52 f., 56, 58) hier wie ich von einer

aber der entscheidende Unterschied zwischen *wie* und *als* zu verwischen. Dieser liegt nämlich genau darin, dass das mit der NP Bezeichnete bei *wie* in der Tat als **Eigenschaft,** bei *als* hingegen als **Funktion** bzw. **Rolle** des Bezugsreferenten zu interpretieren ist:

(50) Mit Imre Kertész geht nach der großen Wende von 1989 eine Veränderung vor sich. Aus dem schreibenden Stubenhocker ist ein Reisender geworden, der auf Lesereisen durch die deutschsprachigen Länder aus seinen Büchern vorliest. Er *lebt* **wie** ein Flüchtling, immer aus dem Koffer, immer unterwegs, gleichzeitig entzückt und bedrückt, berauscht und geängstigt von seiner Nomadenexistenz. (http://www.ndrkultur.de/ndrkultur_pages_std/0,2513,OID53782_REF 164,00.html, 28.2.2006)

(51) Lisa Bersanowa (Tschetschenin) ist tschetschenische Akademikerin. Sie *lebt* **als** Flüchtling in Nürnberg und vertritt die Bewegung der tschetschenischen Flüchtlinge und Vertriebenen in Deutschland. (http://www.z-g-v.de/aktuelles/index.php3?id=20, 28.2.2006)

Ebenso wie die *wie*-Phrase in (50) fungiert auch die *als*-Phrase in (51) als Qualitativsupplement, d.h. beide spezifizieren eine bestimmte Qualität des mit dem Verb *leben* zum Ausdruck Gebrachten und leisten dabei zugleich eine zusätzliche Charakterisierung ihres jeweiligen Bezugsreferenten.

Wie bereits erläutert, akzentuiert das vergleichende *wie* das Identische im Andersartigen: Imre Kertész auf der einen und der Flüchtling, mit dem er verglichen wird, auf der anderen Seite sind zwar *verschieden,* zeichnen sich jedoch, was ihre Lebensart anbelangt, durch *gemeinsame Eigenschaften* aus: Sie haben keinen festen Wohnsitz, sondern sind wie Nomaden immer unterwegs und leben aus dem Koffer. Demgegenüber hebt *als* das Andersartige im Identischen hervor, und dies nicht nur im vergleichenden, sondern auch im hier vorliegenden „funktional-selektiven" Gebrauch: Mithilfe des *als*-Adjunkts wird der Bezugsreferent in einer seiner Identitäten abgeschattet; als leibhaft gegebene Gestalt ist er in dieser Abschattung seiner Identität der *gleiche,* in seinen verschiedenen ihm zugeschriebenen Funktionen oder Rollen jedoch ist er jeweils ein *anderer.*

Rolle bzw. einer **Funktion**. Zifonun (1998) wiederum verwendet ebenso wie Buscha (1989 / 1995: 29) sowohl den Begriff Eigenschaft als auch den der Funktion, um die Semantik der *als*-Phrasen zu beschreiben.

Besonders offensichtlich ist dies, wenn der Bezugsreferent eine bestimmte Identität nur zum Schein annimmt (vgl. (48) und (52)) oder wenn er äußerst widersprüchliche Seiten hat (vgl. (53)):

(52) Noch einmal ließ sich Connery 1970 von Broccoli und Saltzman überreden, **als** James Bond in „Diamantenfieber" vor die Kamera zu treten. Einen endgültigen Schlussstrich mit der Rolle zog er 1982 in „Sag niemals nie". (http://www.br-on line.de/kultur-szene/thema/sean_cobbery/, 26.2.2006)
(53) „Frauenmörder von Altona" gefasst. Die Nachbarn von Armin S. sind geschockt: Sie kannten ihn **als** freundlichen und hilfsbereiten jungen Mann.

Da der Funktionsträger der gleiche und zugleich ein anderer ist, wenn er seine verschiedenen Rollen oder Funktionen ausfüllt, können diese auch miteinander verglichen oder kontrastiert werden:

(54) LOS ANGELES. Im echten Leben ist Arnold Schwarzenegger (55) so gnadenlos wie **als** „Terminator". Ein Autohändler im US-Staat Ohio, der mit einem kleinen Foto des Stars geworben hatte, soll jetzt Schadenersatz zahlen – 20 Millionen Dollar. (Hamburger Morgenpost, 24.1.2003)
(55) Ich konnte den knurrigen Taxifahrer nur beruhigen, indem ich ihm meinen elektrischen Rasierapparat nicht **als** Pfand, sondern **als** Bezahlung übergab. (H. Böll, Ansichten eines Clowns, 16)

Die Forschung hat hier häufig von einer Identitätsrelation gesprochen: *als* fungiere als Gleichheitszeichen zwischen zwei Größen und bezeichne deren Identität, heißt es etwa bei Blosen et al. (1975: 84).[21] Demgegenüber beschreibt Kolde (1971: 188 f.) das Verhältnis zwischen der mit *als* angeschlossenen Nominalphrase und ihrer Bezugs-NP als ein Subsumtionsverhältnis: Der Bezugsreferent könne immer unter die in der *als*-Phrase genannte Gattungsbezeichnung subsumiert werden; mitunter, nämlich bei Kontrastierungsfällen wie (55), handele es ich allerdings nur um eine partielle Subsumtion (vgl. ebd.: 195).[22] Wie gezeigt, geht es freilich grundsätzlich um eine nur partielle Identität bzw. Subsumtion; schließlich bezieht sich die in der *als*-Phrase selektierte Funktion oder Rolle gerade nicht mehr auf

---
[21] Ähnlich äußern sich auch Behaghel (1928: 269) und Helbig (1984: 74 f.).
[22] Von einem Subsumtionsverhältnis spricht auch Eisenberg (1999: 378 f.). Die Identitätsbeziehung betrachtet er als Sonderfall der Subsumtion: *Herr Schulze als der Präsident unserer Republik.*

die Gesamtheit des Individuums; vielmehr wird mithilfe des funktional-selektiven *als*-Adjunkts eben jene für die Satzaussage relevante Teilidentität des Bezugsreferenten ausgewählt. *Als* kann somit als „Selektor" bzw. „Operator der Relevanz" (Pérennec 1990: 139) qualifiziert werden. Es hat Teil an der Gegenstandsbestimmung und dient dazu, den Gegenstand derart zu bestimmen, dass das Prädikat sinnvoll an ihm verankert werden kann:

(56) Gründgens **als** Mephisto ist der Sahnetupfer auf der Theatertorte. (http://www.weltbild.de/artikel.php?WEA=8002820&artikelnummer=901493&mode=art&PUBLICAID=060d7c3894db25757d49ca076c046b6c, 26.2.2006)

So ist Gründgens nicht grundsätzlich, also nicht in jeder Rolle, der Sahnetupfer auf der Theatertorte, sondern nur in der Rolle des Mephisto.

In Eggs (2006: 186 f., 199 ff.) wird dafür argumentiert, dass diese Leistung von *als* auf seine residual-(aspekt)deiktische Kraft zurückzuführen ist, die sich wiederum aus seiner Etymologie ergibt: So stellt unser heutiges *als* eine Verkürzung des Ausdrucks *also* dar. Die etymologische Basis von *als* wird damit durch das aspektdeiktische *so*[23], genauer: durch ein mittels *al* bzw. *ganz* verstärktes *so* gebildet. Im funktional-selektiven Gebrauch manifestiert sich die spezifische deiktische Qualität von *als* darin, dass es sich bei der mittels *als* fokussierten Funktion oder Rolle um eben jenen „Aspekt" des Bezugsreferenten handelt, welcher im jeweils vorliegenden Kontext bedeutsam ist.

Je nach syntaktischem Status des *als*-Adjunkts auf der einen und des jeweils verbalisierten Wissens auf der anderen Seite ergeben sich hier höchst unterschiedliche Interpretationsmöglichkeiten. Bei aller Heterogenität kann hier dennoch von zwei Grundtypen ausgegangen werden, die sich wiederum in weitere Untertypen untergliedern lassen.

Beim ersten Grundtyp ist der Bezug der *als*-Phrase auf den Bezugsausdruck grundsätzlich indirekt über das Verb vermittelt, was dazu führt, dass die *als*-Phrase, wie bereits Admoni (1970³: 219) betont hat, eine „doppelte syntaktische Orientiertheit" aufweist:

---

[23] Ehlich (1987) hat *so* als einen auf Aspekte von im weitesten Sinne „Objekten" verweisenden Ausdruck, als „Aspektdeixis" (ebd.: 287), qualifiziert.

(57) Freitag 19.25–20.15 Uhr ZDF. Frauenarzt Dr. Markus Merthin. Wenn Sascha Hehn **als** Mediziner *durchgeht* – dann muß jemand sehr, sehr krank sein. (Der Spiegel 1/1995)
(58) Religionen *betrachten* das Fasten vor allem **als** Instrument, um den Geist zu läutern. (Süddeutsche Zeitung, 1.3.2006)
(59) Sie *kommen* zu uns **als** Patient, wenn ich mir die Frage erlauben darf? (T. Mann, Der Zauberberg, 29)
(60) Der Formel-1-Fahrer Michael Schumacher *ist* in der Schweiz **als** Arbeitsloser *gemeldet*. (http://www.newsticker-info.de/, 28.2.2006)

Die *als*-Phrase fungiert hier entweder als Prädikativkomplement mit gleichzeitigem Komplementbezug (vgl. (57) und (58)) oder aber als Qualitativsupplement mit gleichzeitigem Komplementbezug (vgl. (59) und (60)). In beiden Fällen ist es ausgeschlossen, dass die *als*-Phrase zusammen mit ihrem Bezugsausdruck das Vorfeld besetzt. Im ersten Fall ist sie durch Valenz an das Verb gebunden; nach Verben wie *dienen, durchgehen, fungieren, gelten, sich erweisen* oder *sich fühlen* wird der Subjektreferent zusätzlich charakterisiert, nach Verben wie *betrachten, begreifen, darstellen, definieren, empfinden* oder *werten* der Objektreferent. Im zweiten Fall ist das Auftreten der *als*-Phrase hingegen nicht an bestimmte Verben gebunden, weswegen sie in der Forschung häufig als freie Angabe bzw. als Adverbial klassifiziert worden ist (vgl. etwa Helbig 1984: 74 f., Kolde 1971: 184 und Schindler 1990: 173), freilich als Adverbial mit „besonderen" Bezugsverhältnissen, da sie nicht nur eine Beziehung zur Verbgruppe, sondern auch zu ihrem Bezugsgegenstand etabliert und beide genauer spezifiziert. Diese Besonderheit der adverbiellen *als*-Phrase manifestiert sich auch darin, dass sie nicht durch *wie*, sondern nur durch *als was* bzw. durch *als wer/n* erfragbar ist.

Bei diesem ersten Grundtyp wird für das mit dem *als*-Adjunkt Bezeichnete immer die reine Funktions- bzw. Rollenlesart ausgewählt. Dies unterscheidet ihn vom zweiten Grundtyp, bei dem die zusätzliche Charakterisierung des Bezugsgegenstandes direkt erfolgt, d.h. ohne dass sie durch die Verbbedeutung modifiziert würde, und der deswegen in der Forschung als „appositionsartig" (Erben 1972[11]: 151) eingestuft bzw. meist als Sonderform der Apposition klassifiziert worden ist:[24]

---

[24] Vgl. etwa Duden (1998[6]: 222, 664), Heidolph (1979: 328), Heidolph et al. (1981: 292 ff.), Helbig/Buscha (1998[18]: 607), Lawrenz (1993: 97 ff.), Thurmair (2001:

(61) **Als** Arbeitsloser muß ich auf jede Mark achten. (Berliner Zeitung, 17.2.1995)

(62) WOW! ich finds toll, dass du **als** arbeitsloser auch was gespendet hast, wo ja jeder weiß, dass man da nicht so viel kohle hat, deshalb brauchst du dich auch nicht zu rechtfertigen, wenns nicht viel ist ... (http://www.schwarze-romantik.de/modules.php?op=modload&name=XForum&file=print&fid=1&tid=910, 28.2.2006)

(63) **Als** Arbeitsloser würde ich auch anfangen zu klauen [...]. (http://whitecap1.uboot.com/, 2.6.2003)

(64) Ab einem gewissen Zeitpunkt ist man **als** Arbeitsloser verpflichtet, jede zumutbare Arbeit anzunehmen. (http://arbeitsamtblogger.blogspot.com/, 28.2.2006)

Problematisch für eine solche Klassifikation ist nämlich, dass auch diese *als*-Phrasen keinesfalls ausschließlich referenzbezogen verarbeitet werden; vielmehr erhalten sie außerdem eine auf den ganzen Satz bezogene adverbiale Bedeutung, die durch einen entsprechenden Satzadverbialsatz verdeutlicht werden kann. Hier sind insgesamt vier Möglichkeiten gegeben. Am häufigsten ist der Fall, dass das *als*-Adjunkt im Sinne eines deduktiven *da*-Satzes zu interpretieren ist (vgl. (61));[25] das *als*-Adjunkt kann aber auch eine adversativ-konzessive oder eine konditional-hypothetische Deutung erhalten (vgl. (62) und (63)); möglich ist schließlich auch, dass die Äußerung, in der

---

50 ff.) oder Schindler (1990: 51). Gegen den appositionellen Charakter der *als*-Phrasen in (61) und (63) spricht allerdings schon allein ihre Position: Der hier vorliegende Fall, dass die *als*-Phrase im Vorfeld, ihr Bezugsausdruck hingegen im Mittelfeld auftritt, ist für Appositionen eigentlich unzulässig (vgl. Zifonun et al. 1997: 1661).

[25] In diesem Zusammenhang interessant ist, dass sowohl das englische *as* als auch das französische *comme* beide ebenso wie das deutsche *als* nicht nur zur Verbalisierung von Vergleichen („Stay *as* you are." bzw. „Reste *comme* tu es.") und für obligatorische funktional-selektive Verbkomplemente verwendet werden („He regarded Henry *as* a child of his own", „Il considéra Henri *comme* son propre enfant"), sondern zudem auch als deduktive Subjunktoren grammatikalisiert sind: „*As* you are a teacher, patience is surely part of your qualities" bzw. „*Comme* tu es prof, je ne doute pas une seconde que la patience fait partie de tes qualités". In diesen beiden Sprachen ist die Entwicklung folglich einen Schritt weiter gegangen; schließlich hat das deutsche *als* für sich allein genommen gerade keine deduktive, kausale oder begründende Bedeutung (wie auch immer man sie bezeichnen mag); es kann „nur" aus einer NP ein funktional-selektives Adjunkt machen, das unter im Folgenden noch genauer zu beschreibenden Umständen im Sinne eines *da*-Satzes zu interpretieren ist.

das funktional-selektive *als*-Adjunkt auftritt, einer generischen *wenn-dann*-Aussage entspricht (vgl. (64)):

(61)' **Da** *ich arbeitslos bin,* muss ich auf jede Mark achten.
(62)' Ich finde es toll, dass du, **obwohl** *du arbeitslos bist,* auch was gespendet hast.
(63)' **Wenn** *ich arbeitslos wäre,* würde ich auch anfangen zu klauen.
(64)' Ab einem gewissen Zeitpunkt ist man, **wenn** *man arbeitslos ist,* verpflichtet, jede zumutbare Arbeit anzunehmen.

In Fällen wie (61) und (63), in denen das *als*-Adjunkt allein das Vorfeld besetzt, wohingegen sein Bezugsausdruck eine Position im Mittelfeld einnimmt, liegt es nahe, es als Satzadverbial in Supplementfunktion zu klassifizieren. Dasselbe gilt für den Fall, dass es allein im Nachfeld auftritt, der zweiten typischen Position eines Satzadverbialsatzes:

(65) Sie kennen doch sicher die Josefsallee **als** gebürtiger Wiener. (Lawrenz 1993, 110)

Freilich ist nicht allein die Position des *als*-Adjunkts ausschlaggebend dafür, dass es als Satzadverbial gedeutet wird. So fungiert das *als*-Adjunkt im folgenden Beispiel, obschon es allein das Vorfeld besetzt, nichtsdestotrotz als Qualitativsupplement mit gleichzeitigem Komplementbezug und erhält deswegen wieder nur die reine Funktions- bzw. Rollenlesart; vermittelt über das Verb *mitfliegen* liefert es eine zusätzliche Charakterisierung seines Bezugsreferenten *Claus G.*:

(66) An Bord des Helikopters (Typ Bell UH-1 D) waren neben dem Piloten drei weitere Soldaten, Bordmechaniker Dirk von S. (32), Rettungsassistent Michael K. (34) und die Ärztin im Praktikum Karen H. (28). **Als** Notarzt *flog* Claus G. (44), Anästhesist vom AK Heidberg, *mit.* (Hamburger Abendblatt, 21.3. 2002)

In Fällen wie (62) und (64), die in formal-syntaktischer Hinsicht einer Klassifikation als Apposition nicht widersprechen, da das Adjunkt hier unmittelbar hinter seinem Bezugsausdruck steht[26], bietet es sich an, es mit Hoffmann (1998, 2003) als Implementierung zu werten. Im Unterschied zu dem mit einer Apposition verbalisierten Wissen muss das mit einer Implementierung zusätzlich eingebrachte

---

[26] Hier sind auch die Beispiele (45) und (47) einzuordnen.

Wissen nicht zwingend der sekundären, rein deskriptiven Kennzeichnung des Bezugsreferenten dienen, sondern kann auch Informationen liefern, die das mit der Trägerstruktur zum Ausdruck Gebrachte stützen oder modifizieren (vgl. Hoffmann 1998: 323).

Dies trifft in besonderem Maße auf die funktional-selektiven *als*-Adjunkte in (62) und (64) zu: Die hier mittels *als* fokussierte Rolle bzw. Funktion des Bezugsreferenten stellt eine Zusatzinformation dar, die das im Hauptsatzprädikat Verbalisierte stützt (vgl. (62)) bzw. dessen Gültigkeit auf Individuen beschränkt, die die im *als*-Adjunkt genannte Funktion ausüben (vgl. (64)). Da das in einer implementierten *als*-Phrase verbalisierte Wissen somit alles andere als marginal ist, kann sie im Unterschied zu einer „normalen" Apposition auch nicht durch die Konnektivpartikel *übrigens* erweitert werden.[27]

Diese besondere Qualität des implementierten *als*-Adjunkts gegenüber der „normalen" Apposition lässt sich gut anhand der beiden folgenden Beispiele verdeutlichen:

(67) Johannes hat mit seiner kaputten Waschmaschine einen riesigen Wasserschaden verursacht. Da hat *Norbert,* **ein alter Schulfreund,** ihm sofort seine Hilfe beim Renovieren angeboten.

(68) Johannes hat mit seiner kaputten Waschmaschine einen riesigen Wasserschaden verursacht. Da hat *Norbert* **als alter Schulfreund** ihm sofort seine Hilfe beim Renovieren angeboten.

In (67) erfährt der Hörer, dass Norbert ein alter Schulfreund von Johannes und nicht etwa dessen Bruder, Nachbar oder Kollege ist, d.h. hier erhält das mit dem Eigennamen identifizierte Individuum durch das in der Apposition Verbalisierte tatsächlich nur eine zusätzliche Charakterisierung. Dieselbe Information wird jedoch, wenn sie wie in (68) durch das funktional-selektive *als* in den Satz eingebaut wird, mit Bezug auf den ganzen Satz interpretiert: Hier nämlich werden diese Rolle und der im Satz ausgedrückte Sachverhalt unweigerlich in einen inhaltlichen Zusammenhang gebracht, und zwar derart, dass eine allgemeingültige Implikationsbeziehung zwischen ihnen, wie in gP(68) illustriert, präsupponiert und im konkreten Beispiel argumentativ ausgespielt wird:

---

[27] Zu weiteren Unterschieden zwischen „appositionsverdächtigen" *als*-Phrasen und echten Appositionen siehe Schindler (1990: 159) und Pérennec (1990: 132 f.).

gP(68) Wenn Menschen gut miteinander befreundet sind, dann helfen sie einander in schwierigen Lebenslagen.

Letztlich ist somit auch das implementierte *als*-Adjunkt in (68) im Sinne eines Satzadverbialsatzes zu verstehen, und zwar ebenso wie die als Adverbialsupplemente fungierenden in (61) und (65) im Sinne eines deduktiven *da*-Satzes:

(68)' **Da** *Norbert ein alter Schulfreund von Johannes ist,* hat er ihn sofort angerufen und seine Hilfe angeboten, als er erfahren hat, dass Johannes einen Wasserschaden verursacht hat.

In eine ähnliche Richtung gehen schon die Überlegungen bei Heidolph et al. (1981: 294): „Die Besonderheit der *als*-Appositionen [...] liegt darin, daß sie Parenthesen mit begründender oder modaler Funktion entsprechen" und demnach gerade kein Pendant bei den appositiven Relativsätzen haben. Auch die übrige Forschungsliteratur vermerkt die implizit-argumentative Qualität der „appositionsverdächtigen" *als*-Phrasen, wobei hier meist ausschließlich die „kausale" Deutbarkeit gesehen worden ist. So unterstreicht Thurmair (2001: 53), dass „die *als*-Apposition nicht nur als angefügte, beiläufige Information beschrieben werden kann, sondern systematisch einen zusätzlichen Aspekt mit bringt, meist einen kausalen." Schindler (1990: 155, 157, 159 ff.) paraphrasiert die *als*-Phrasen an vielen Stellen durch einen *da*-Satz, und Zifonun (1998: 8) spricht davon, dass „die Plausibilität z. B. einer Aussage" auf eben der im *als*-Adjunkt ausgewählten Funktion (Zifonun spricht von ‚Eigenschaft') beruhe. Sie allerdings erwähnt nicht nur die „kausale" Interpretationsmöglichkeit der *als*-Adjunkte, sondern ebenso wie Pérennec (1990: 136 f.) – bei nicht-adjazenter Stellung – auch ihre konditionale Deutbarkeit (vgl. ebd.: 15 bzw. Beispiel (63)). Bäuerle (1997: 249) wiederum sieht neben der kausalen auch die adversativ-konzessive Deutungsmöglichkeit (vgl. (47) und (62)): Im ersten Fall seien die Erwartungen, die wir mit einer bestimmten Rolle verbinden (Bäuerle spricht von ‚Status') erfüllt, im zweiten Fall gerade nicht.

Fassen wir zusammen: Die satzbezogene Interpretation des *als*-Adjunkts im Sinne eines *da*-, *obwohl*- oder *wenn*-Satzes ist nicht auf *als*-Adjunkte in Satzadverbialfunktion beschränkt; sie ergibt sich immer dann, wenn im dazugehörigen Hauptsatzprädikat eine Wissensform oder Handlungsdisposition verbalisiert wird, die sich automatisch aus der im *als*-Adjunkt genannten Funktion oder Rolle ergibt bzw. ergeben sollte. Denn in unserem Wissen ist mit einer jeden Rolle oder Funktion zugleich ein Bündel von Erwartungen hinsichtlich Handlungen und Wissen desjenigen mitgegeben, dem diese Rolle oder Funktion zugeschrieben wird. Nur so ist es ja überhaupt erklärbar, dass das *als*-Adjunkt das „Plausibel-Machen einer Aussage" leisten und zum Beispiel die Vermutung über das Vorliegen eines bestimmten Wissens (vgl. (65)) oder die Bewertung eines bestimmten Verhaltens als ungewöhnlich abstützen (vgl. (62)) kann.

Der konkrete, im jeweiligen Satz behauptete Zusammenhang zwischen dem im Prädikat ausgedrückten Sachverhalt und der im *als*-Adjunkt selektierten Funktion oder Rolle des Bezugsreferenten nimmt also immer Bezug auf eine generische Implikation wie etwa gP(68), die allgemeingültiges und vom Sprecher als bekannt vorausgesetztes Wissen beinhaltet.

Entspricht der konkrete Fall dem zugrunde liegenden Wissensmodell, so ergibt sich die „kausale" Deutung: Unter Anwendung der logischen Schlussfigur des Modus Ponens wird vom faktischen Vorliegen der im *als*-Adjunkt genannten Funktion oder Rolle auf die im dazugehörigen Hauptsatz verbalisierte Konklusion geschlussfolgert (vgl. (45), (46), (61), (65) und (68)).[28] Steht der konkrete Fall hingegen im Widerspruch zu diesem Wissen, so muss mit *obwohl* paraphrasiert werden (vgl. (47) und (62)). Wird die mit dem *als*-Adjunkt ausgewählte Funktion oder Rolle dem Bezugsreferenten nur im Vorstellungsraum zugeschrieben, so dass im hypothetischen Raum argumentiert wird, läuft es auf die konditional-hypothetische Bedeutung hinaus (vgl. (63)). Im vierten Fall schließlich, in dem das im *als*-Adjunkt zum Ausdruck Gebrachte im Sinne eines generischen *wenn*-Satzes zu verstehen ist (vgl. (64)), wird mit der Äußerung selbst, in der das funktional-selektive *als*-Adjunkt auftritt, eine Behauptung über einen allgemeingültigen Sachverhaltszusammenhang aufgestellt, d.h. hier wird gerade kein Bezug auf ein als allgemeingültig unterstelltes Wirklichkeitsmodell genommen, sondern ein solches neu formuliert.

Dass es gerechtfertigt ist, innerhalb der funktional-selektiven *als*-Adjunkte die beiden beschriebenen Grundtypen zu unterscheiden, zeigen Sätze wie (69), in dem beide Adjunkttypen zugleich auftreten:

---

[28] Da das *wenn-dann*-Satzgefüge hier somit als generische Prämisse fungiert, wird es mit „gP" gekennzeichnet.

(69) Stefan **als** Arzt können sie bei „Ärzte ohne Grenzen" gut **als** Entwicklungshelfer *gebrauchen*.

Während das *als*-Adjunkt *als Arzt* direkt auf den Bezugsreferenten zu beziehen ist, dabei aber eine auf den ganzen Satz bezogene Bedeutung erhält („da Stefan Arzt ist"), wird das Adjunkt *als Entwicklungshelfer* vermittelt über die Bedeutung des Verbs *gebrauchen* auf Stefan bezogen. Beim ersten handelt es sich um eine Implementierung (Typ 2), beim zweiten um ein Qualitativsupplement mit gleichzeitigem Komplementbezug (Typ 1).

Neben diesen beiden Grundtypen gibt es eine dritte Gruppe von *als*-Adjunkten, die als Attribute im engen Sinne klassifiziert werden können. Sie sind auf die Position direkt nach ihrem Bezugsausdruck beschränkt:[29]

(70) Die Presse meldete *die Entlarvung des Generals* **als** *des eigentlichen Drahtziehers des Aufstandes.* (Duden 2005^7, 988)
(71) *Der Ruf meines Freundes* **als** *Arzt* ist bedeutend. (Kolde 1971, 192)
(72) *Schröder ist in seiner Funktion* **als** *Kanzler* noch ein Jugendlicher [...]. (Hannoversche Allgemeine Zeitung, 30.4.2001)
(73) *Eine Frau* **als** *Astronaut* paßt nicht in das Weltbild mancher Männer. (Lawrenz 1993, 113)

Sie können bedingt zum zweiten Grundtyp gerechnet werden, da auch bei ihnen das mit der *als*-Phrase Bezeichnete direkt auf den Bezugsgegenstand zu beziehen ist; allerdings erhalten sie ebenso wie die Adjunkte des ersten Grundtyps grundsätzlich die reine Funktions- bzw. Rollenlesart.

3.3. Das temporal-selektive *als*-Adjunkt: „Stefan *als* Kind"

Das *als*-Adjunkt in den folgenden Beispielen ist in der Forschung meist zusammen mit den im vorigen Abschnitt besprochenen funktional-selektiven *als*-Adjunkten behandelt worden, und zwar zusammen mit denen, die eine auf den ganzen Satz bezogene Bedeutung erhalten (vgl. etwa Bäuerle 1997: 247, Beckmann 1997: 178, Pérennec 1990: 136 und Zifonun 1998: 14 f.). Die Bedeutung dieser *als*-

---

[29] Wie Lawrenz (1993: 99 ff. bzw. 1994: 12 ff.) aus generativer Perspektive ausführt, treten diese *als*-Phrasen im Unterschied zu den „appositionsartigen" wie etwa (47) oder (68) nicht als an die DP adjungierte Phrasen auf, sondern werden innerhalb der NP adjungiert.

Adjunkte wird durchweg mit Hilfe eines temporalen, durch den Subjunktor *als* eingeleiteten Satzadverbialsatzes veranschaulicht (vgl. ebd.):

(74) So eine Eisenbahn hat sich Stefan **als** *Kind* immer gewünscht.
(75) Auch 25 Jahre nach der „Landshut"-Entführung wird es Beate Keller immer noch mulmig, wenn sie ein Flugzeug besteigt. „Da gucke ich schon, wer im Flugzeug sitzt", sagt die 45-Jährige. **Als** *20-Jährige* war sie auf dem Rückflug vom Mallorca-Urlaub zur Geisel arabischer Terroristen geworden. [...]" (Cellesche Zeitung, 18.10.2002)
(76) **Als** *junger Mann* flirtete er heftig mit der revolutionären Utopie und schwärmte für Castros Kuba. (Der Spiegel 15 / 1996)
(77) Adenauer bekleidete noch **als** *Greis* das Amt des Bundeskanzlers. (Blosen et al. 1975, 80)

Auch wenn diese *als*-Adjunkte ebenfalls als Satzadverbialia klassifiziert werden können, so gibt es jedoch zwei Gründe – einen semantischen und einen syntaktischen –, die es rechtfertigen, sie von den funktional-selektiven zu trennen.

Wie gezeigt, dient das funktional-selektive *als*-Adjunkt dazu, eine von vielen möglichen *Funktionen* bzw. *Rollen* des Bezugsreferenten auszuwählen. Eine solche Funktion bzw. Rolle ist in dem Sinne frei wählbar, dass sie das Ergebnis einer durch soziales Einüben erworbenen Disposition ist. Eben dies trifft auf die *Lebensabschnitte*, die mithilfe der **temporal-selektiven** *als*-Adjunkte selektiert werden, nicht zu. Nichtsdestoweniger lassen sich auch diese verschiedenen Lebensabschnitte als verschiedene „Aspekte" des Bezugsreferenten verstehen, so dass auch bei dieser Verwendung die residual-(aspekt)deiktische Qualität von *als* zum Tragen kommt: Das Individuum wird in eben jenem Aspekt seiner Persönlichkeit abgeschattet, die für das mit dem Restsatz zum Ausdruck Gebrachte relevant ist, genauer gesagt liefern temporal-selektive *als*-Adjunkte ebenso wie temporale *als*-Sätze den Zeitrahmen, innerhalb dessen der Hauptsatzsachverhalt Gültigkeit hat (vgl. Eggs 2006: 236 ff.). Dabei ist der Bezugsreferent auch hier der gleiche und zugleich ein anderer, wenn er Kind, junger Mann oder Greis ist.

Eine syntaktische Besonderheit der temporal-selektiven *als*-Adjunkte ist darin zu suchen, dass sie nicht gemeinsam mit ihrem Bezugsausdruck die Vorfeldposition besetzen können:

(75)' Ich **als** 20-Jährige war auf dem Rückflug vom Mallorca-Urlaub zur Geisel arabischer Terroristen geworden.
(76)' Er **als** junger Mann flirtete heftig mit der revolutionären Utopie und schwärmte für Castros Kuba.

Hierin liegt nicht nur ein wesentlicher Unterschied zu den funktional-selektiven *als*-Adjunkten; vielmehr werden die *als*-Adjunkte, sofern das im Hauptsatzprädikat Verbalisierte dies zulässt, nun in funktional-selektive umgedeutet, d.h. der Hörer versucht, sein Sprachwissen mit seinem Weltwissen in Einklang zu bringen, nimmt bei der Interpretation von (75)' und (76)' auf allgemeingültige Wissenszusammenhänge wie gP(75)' und gP(76)' Bezug:

gP(75)' Wenn man jung ist, dann wird man von Terroristen bevorzugt als Geisel ausgewählt.
gP(76)' Wenn man jung ist, dann begeistert man sich leicht für revolutionäre Ideen.

In den gegebenen Beispielen (75)' und (76)' führt dies dazu, dass die funktional-selektiven *als*-Adjunkte die oben beschriebene implizit-argumentative Deutung im Sinne von „*da* ich bzw. er jung waren" erhalten.

3.4. Das illustrative *wie*-Adjunkt: „Ärzte *wie* etwa Stefan, Eike und Rebekka"

Das *wie*-Adjunkt in den folgenden Beispielen ist implementiert, da es nicht unmittelbar zum funktionalen Aufbau des Trägerausdrucks beiträgt, sondern zusätzliche, genauer: illustrierende Information liefert. Aus diesem Grund könnte es auch ohne grundlegende Modifikation der Satzaussage weggelassen werden. Wie (81) zeigt, kann das illustrative *wie*-Adjunkt auch Distanzstellung zu seinem Bezugsausdruck auftreten. Die Forschung spricht hier auch vom exemplifizierenden *wie*-Gebrauch (vgl. Blosen at al. 1975: 78, Buscha 1989 / 1995: 143 sowie Thurmair 2001: 89 f.). Dieser lasse sich durch die Hinzufügung von *zum Beispiel* oder *etwa* verdeutlichen (vgl. Buscha 1989 / 1995: 143 und Thurmair 2001: 89):

(78) In unserem Freundeskreis haben wir diverse Ärzte, **wie** *etwa* Stefan, Eike und Rebekka.

(79) Die klassischen Kinderkrankheiten **wie** Röteln, Masern, Mumps oder Windpocken spielen durch die rechtzeitigen Impfungen kaum noch eine Rolle. (http://www.jugendreise news.de/index.php?id=archiv, 28.2.2006)

(80) Sind auch Haustiere **wie** Hunde und Katzen durch die Vogelgrippe gefährdet? (http://www.sz-online.de/nachrichten/artikel. asp?id=1090754, 14.3.2006)

(81) Einige Gäste haben noch etwas zu der Übung gesagt, **wie** *zum Beispiel* der Gemeindewehrführer oder der Kreisjugendfeuerwehrwart. (http://www.kjf-hei.de/B4/Brun/bericht/uebung.htm, 14.4.2003)

Die „Gleichheit" der durch *wie* miteinander verbundenen Ausdrücke ist bei dieser Verwendung darin zu suchen, dass die im *wie*-Adjunkt genannten Elemente extensional gesehen in dem mit dem Bezugswort Bezeichneten enthalten sind. Zwischen dem implementierten *wie*-Adjunkt und seinem Bezugsgegenstand besteht demnach eine Subsumtionsrelation: Entweder wird eine Gattung durch eine oder mehrere Arten illustriert (vgl. (79) und (80)), oder aber in der *wie*-Phrase wird eine Teilmenge der mit dem Bezugsausdruck bezeichneten Menge konstituiert (vgl. (78) und (81)), aber auch in diesem Fall dient das *wie*-Adjunkt der Illustration des mit dem Bezugswort Gesagten. Auch wenn die im *wie*-Adjunkt genannten Gegenstände und ihr Bezugsgegenstand somit durchaus gemeinsame Eigenschaften aufweisen, kann hier aufgrund der zwischen ihnen existierenden Subsumtionsrelation dennoch nicht mehr von einem Vergleich gesprochen werden.[30]

3.5. Das typische Eigenschaften konnotierende *wie*-Adjunkt: „Ein Arzt *wie* Stefan"

Die Verwendung des Adjunktors *wie* in den folgenden Beispielen wird in der Literatur meist zusammen mit der soeben vorgestellten illustrativen Verwendung besprochen.[31] Jedoch unterscheidet sie sich in wesentlichen Hinsichten von ihr: Das *wie*-Adjunkt kann hier weder getilgt werden noch in Distanzstellung zu seinem Bezugsausdruck auftreten, da es eine feste, untrennbare Einheit mit seinem Bezugswort bildet (vgl. Delabre 1984: 22), ja, genau genommen wird der Bezugs*gegenstand* hier erst von der gesamten N_1 *wie* N_2-Fü-

---

[30] Dies tun Hahnemann (1999: 191 ff.) und Thurmair (2001: 269 ff.).
[31] So etwa bei Hahnemann (1999: 191 ff.) und Thurmair (2001: 269 ff.).

gung konstituiert, also von Bezugswort und restriktiver *wie*-Phrase gemeinsam:

(82) Bei der Hilfsorganisation „Ärzte ohne Grenzen" wird dringend ein Arzt **wie** Stefan gesucht.
(83) Reichen Sie einem Mädchen **wie** Lina die Hand! [...] Entscheiden auch Sie sich für ein Patenkind in der Dritten Welt. (Plan International Deutschland e. V., 9.11.2005)
(84) Männer **wie** Casanova gibt es auch heute noch.
(85) Unglaublich, dass ein Arzt **wie** Stefan das übersehen hat!
(86) Ein Junge **wie** dein Freund Tom hat Angst im Dunkeln! Das kann doch wohl nicht sein.

Wenn überhaupt, so könnte man in (85) und (86) – genau umgekehrt wie beim illustrativen Gebrauch – den Bezugsausdruck des *wie*-Adjunkts inklusive *wie* selbst tilgen, ohne dass diese Modifikation einen ungrammatischen Satz ergeben würde. In (82) bis (84) wäre dies hingegen nur möglich, wenn man den Eigennamen in N_2 wie einen Gattungsnamen behandelte, d.h. den indefiniten Artikel des Bezugsausdrucks beibehielte bzw. den Eigennamen im Plural verwendete:

(82)' Bei der Hilfsorganisation „Ärzte ohne Grenzen" wird dringend *ein Stefan* gesucht.
(83)' Reichen Sie *einer Lina* die Hand!
(84)' *Casanovas* gibt es auch heute noch.

Offenbar handelt es sich bei den *wie*-Adjunkten in (82) bis (84) um Vorstufen von Antonomasien,[32] d.h. die Eigennamen, die ja eigentlich semantisch leer sind, werden hier als intensionale Prädikate gebraucht; sie dienen damit nicht mehr der bloßen Identifizierung eines Individuums, sondern werden zugleich auch in charakterisierender Funktion verwendet. Genauer gesagt: Durch die N_1 wie N_2-Fügung werden typische bzw. herausragende Eigenschaften des in der *wie*-Phrase genannten Eigennamenträgers konnotiert und dadurch aktualisiert. Diese werden sodann auf das durch das Bezugswort Bezeichnete projiziert und in die Gegenstandscharakteristik

---

[32] Im Fall von *Casanova* ist der ursprüngliche Eigenname ja sogar als Gattungsname lexikalisiert und im Wörterbuch verzeichnet (vgl. etwa Wahrig 2002[7]: 312). Dasselbe gilt z.B. auch für die Ausdrücke *Krösus* oder *Mentor* (vgl. ebd.: 783, 866). Zu komplexeren syntaktischen Typen solcher „Eigennamenmetaphern", die über eine Kombination des Eigennamens mit einem Artikel hinausgehen, vgl. Thurmair (2002).

integriert, so dass eine Unterart des in der *wie*-Phrase als exemplarisch ausgewählten singulären Referenten gebildet wird. In Eggs (2006: 358 ff.) habe ich hier vom typischen-determinativen *wie*-Adjunkt gesprochen, da das in N_2 genannte Individuum gleichsam als Determinationsfolie für die neu zu bildende Kategorie fungiert: Das *wie*-Adjunkt determiniert nämlich das mit dem Bezugsausdruck Bezeichnete – ähnlich wie bei einem Determinativkompositum wie etwa *Augen-* oder *Zahnarzt* das Determinatum *Augen-* bzw. *Zahn-* das Determinans *Arzt* näher bestimmt. Die N_1 *wie* N_2-Fügung in (83) etwa referiert auf die Unterart der ‚Mädchen, die mit gewissen typischen Eigenschaften von Lina übereinstimmen'. Für Lina selbst, deren Foto auf dem Schreiben der Hilfsorganisation mit abgebildet ist, sind ja schon längst Pateneltern gefunden.

Demgegenüber hat die Verwendung in (85) und (86) implizit-argumentative Qualität, denn hier dienen die typischen Eigenschaften des Eigennamenträgers dem Sprecher als eine Art implizites Argument für die mit dem Satz aufgestellte Behauptung.[33] Das heißt: In diesem Fall betrifft das mit (85) zum Ausdruck gebrachte ungläubige Erstaunen gerade nicht die gesamte Unterart von ‚Jungen mit Eigenschaften, die mit gewissen typischen Eigenschaften von Tom übereinstimmen', sondern gilt dem Verhalten des einen, singulären Jungen Tom, das aufgrund der durch die N_1 *wie* N_2-Fügung konnotierten typischen Eigenschaften von Tom eigentlich nicht zu erwarten war.

4. Zusammenfassung

Es konnte nachgewiesen werden, dass die verschiedenen Adjunktorverwendungen von *als* und *wie*, die in § 3 vorgestellt wurden, so unterschiedlich sie im Einzelnen auch sind, sich nichtsdestotrotz durch eine einheitliche operative Funktionalität auszeichnen: Zwar können die fraglichen *als-* und *wie*-Phrasen unterschiedlichste syntaktische Funktionen ausüben, doch dienen *als* und *wie* immer dazu, eine Phrase in den Satz einzubauen, mit der der Bezugsgegenstand der Adjunktorphrase eine zusätzliche Charakterisierung erhält. For-

---

[33] Delabre (1984: 33) spricht davon, dass in diesen N_1 *wie* N_2-Gefügen immer ein unsichtbar vorhandenes Adjektiv („un adjectif sous-jacent") vorhanden sei: „Ein *so erfahrener* Arzt wie Stefan" bzw. „Ein *so mutiger und forscher* Junge wie Tom".

mal sind Adjunkt und Bezugsausdruck dabei durch die Beziehung der Kasusidentität miteinander verbunden. In manchen Fällen wird die zusätzliche Charakterisierung vermittelt: über die Bedeutung eines Adjektivs oder Adverbs in der vergleichenden Verwendung (vgl. § 3.1) oder aber über die Verbbedeutung beim ersten Grundtyp der funktional-selektiven *als*-Verwendung (vgl. § 3.2). Der Unterschied zwischen *als* und *wie* liegt darin, dass mit *als* immer auf das Andersartige im Identischen der zusätzlichen Charakterisierung abgehoben wird, wohingegen *wie* grundsätzlich dazu dient, eine Form von Gleichheit, genauer: das Identische im Andersartigen zu markieren, ohne dass es sich freilich immer um Vergleiche im engen Sinne handeln würde.

5. Literatur

Admoni, W. (1970^3) Der deutsche Sprachbau. München: C. H. Beck'sche Verlagsbuchhandlung

Bäuerle, R. (1997) Relativierung, Perspektivierung, Beschränkung: *als* und *wie*. In: Umbach, C. / Grabski, M. / Hörnig, R. (Hg.) Perspektive in Sprache und Raum: Repräsentation und Perspektivität. Wiesbaden: Deutscher Universitäts-Verlag, 243–259

Beckmann, F. (1997) Untersuchungen zur Grammatik der Adjunkte. Berlin / New York: de Gruyter

Behaghel, O. (1928) Deutsche Syntax. Eine geschichtliche Darstellung. Bd. III. Heidelberg: Carl Winter's Universitätsbuchhandlung

Blosen, H. / Baerentzen, P. / Dittmer, E. / Pedersen, B. / Pors, H. (1975) Deutsch ‚als' / ‚wie': Dänisch ‚som'. In: Text & Kontext 3 / 1975, Heft 1, 75–89

Bühler, K. (1934 / 1999) Sprachtheorie. Die Darstellungsfunktion der Sprache. Stuttgart: Lucius & Lucius

Buscha, J. (1989 / 1995) Lexikon deutscher Konjunktionen. Leipzig: Enzyklopädie

Di Meola, C. (2000) Die Grammatikalisierung deutscher Präpositionen. Tübingen: Stauffenburg

Delabre, M. (1984) *Comme* opérateur d'inclusion référentielle. In: Linguisticae Investigationes VIII, 1, 21–36

Duden (1998^6) Die Grammatik. Bearbeitet von P. Eisenberg, H. Gelhaus, H. Henne, H. Sitta und H. Wellmann. Mannheim / Leipzig / Wien / Zürich: Dudenverlag

Duden (2005^5) Die Grammatik. Bearbeitet von P. Eisenberg, J. Peters, P. Gallmann, C. Fabricius-Hansen, D. Nübling, I. Barz, A. Fritz und R. Fiehler. Mannheim / Leipzig / Wien / Zürich: Dudenverlag

Eggs, F. (2006) Die Grammatik von ‚als' und ‚wie'. Tübingen: Narr

Ehlich, K. (1991) Funktional-pragmatische Kommunikationsanalyse. Ziele und Verfahren. In: Flader, D. (Hg.) Verbale Interaktion. Studien zur Empirie und Methodologie der Pragmatik. Stuttgart: Metzler, 127–143

Eisenberg, P. (1999) Grundriss der deutschen Grammatik. Bd. 2: Der Satz. Stuttgart/Weimar: Metzler

Engel, U. (1996³) Deutsche Grammatik. Heidelberg: Julius Groos

Erben, J. (1972¹¹) Deutsche Grammatik. Ein Abriss. München: Max Hueber

Frey, W. (2003) Syntactic conditions on Adjunct Classes. In: Lang, E./Fabricius-Hansen, C./Maienborn, C. (Hg.) Modifiying Adjuncts. Berlin: Mouton de Gruyter, 163–209

Heidolph, K. E. (1979) Der Kasus bei Appositionen mit „als" – grammatische Regeln und Überlegungen zur Vermittlung. In: Deutsch als Fremdsprache 16/6, 328–331

Heidolph, K. E./Fläming, W./Motsch, W. (Hg.) (1981) Grundzüge einer deutschen Grammatik. Berlin: Akademie-Verlag

Helbig, G. (1984) Die Substantivgruppen mit *als* und *wie* im Deutschen. In: Helbig, G. (Hg.) Studien zur deutschen Syntax, Bd. 2. Leipzig: Enzyklopädie, 67–81

Hentschel, E./Weydt, H. (2003³) Handbuch der deutschen Grammatik. Berlin/New York: de Gruyter

Heringer, H. J. (1970) Deutsche Syntax. Berlin: de Gruyter

Heringer, H. J. (1996) Deutsche Syntax dependentiell. Tübingen: Stauffenburg

Hoffmann, L. (1998) Parenthesen. In: Linguistische Berichte 175, 299–328

Hoffmann, L. (2003) Funktionale Syntax: Prinzipien und Prozeduren. In: Hoffmann, L. (Hg.) Funktionale Syntax. Die pragmatische Perspektive. Berlin/New York: de Gruyter, 18–121

Jung, W. (1990¹⁰) Grammatik der deutschen Sprache (neu bearbeitet von Günter Starke). Mannheim/Leipzig: Bibliographisches Institut

Kolde, G. (1971) Einige Bemerkungen zur Funktion, Syntax und Morphologie der mit *als* eingeleiteten Nominalphrasen im Deutschen. In: Muttersprache 81, 182–203

Lang, E. (1977) Semantik der koordinativen Verknüpfung. Berlin: Akademie-Verlag

Lawrenz, B. (1993) Apposition. Begriffsbestimmung und syntaktischer Status. Tübingen: Narr

Lawrenz, B. (1994) Kasus und syntaktischer Status der *als*-Phrasen. In: Papiere zur Linguistik 50/1, 11–22

Lerch, E. (1942) Ist *schöner wie* ein Sprachfehler? Zum Streit um die Berechtigung der Sprachregelung. In: Beiträge zur Geschichte der deutschen Sprache und Literatur bzw. PBB 65, 329–372

Pérennec, M.-H. (1990) Mutmaßungen über *als*-Appositionen. In: Cahiers d'Etudes Germaniques 18, 127–140

Redder, A. (2005) Wortarten oder sprachliche Felder, Wortartenwechsel oder Feldtransposition? In: Knobloch, C./Schaeder, B. (Hg.) Wortarten und Grammatikalisierung. Perspektiven in System und Erwerb. Berlin/New York: de Gruyter, 43–66

Rousseau, A. (1995) *Als* und *wie:* semantische Operatoren in der Nominalgruppe. Ein Beitrag zur „natürlichen Logik". In: Metrich, R. / Vuillaume, M. (Hgg.) Rand und Band. Abgrenzung und Verknüpfung als Grundtendenzen des Deutschen. Festschrift für Eugène Faucher zum 60. Geburtstag. Tübingen: Narr, 315–335
Schanen, F. / Confais, J.-P. (1989 / 2001) Grammaire de l'allemand. Formes et fonctions. Paris: Nathan
Schindler, W. (1990) Untersuchungen zur Grammatik appositionsverdächtiger Einheiten im Deutschen. Tübingen: Niemeyer
Schröder, J. (1990^2) Lexikon deutscher Präpositionen. Leipzig: Verlag Enzyklopädie
Thurmair, M. (2001) Vergleichen und Vergleiche: eine Studie zu Form und Funktion der Vergleichsstrukturen im Deutschen, Tübingen: Niemeyer
Thurmair, M. (2002) *Der Harald Juhnke der Sprachwissenschaft*. Metaphorische Eigennamenverwendungen. In: Deutsche Sprache 30, 1–27
Wahrig, G. (2002^7) Deutsches Wörterbuch. Gütersloh / München: Wissen Media Verlag
Zifonun, G. (1998) Zur Grammatik von Subsumtion und Identität: *Herr Schulze als erfahrener Lehrer …* In: Deutsche Sprache 26 / 1, 1–17
Zifonun, G. / Hoffmann, L. / Strecker, B. (1997) Grammatik der deutschen Sprache. Berlin / New York: de Gruyter

Cellesche Zeitung
Berliner Zeitung
der die DaF – online 1 / 2006
Der Spiegel
Frankfurter Rundschau
Mannheimer Morgen
mobil
Schreiben von ‚Plan International Deutschland e. V.', vom 9.11.2005
Süddeutsche Zeitung
taz
Westfälische Rundschau

Böll, H. (1992) Ansichten eines Clowns. Köln: Kiepenheuer & Witsch.
Canetti, E. (2002) Die Stimmen von Marrakesch. München / Wien: Hanser
Grass, G. (1980) Danziger Trilogie. Die Blechtrommel. Katz und Maus. Hundejahre. Darmstadt / Neuwied: Luchterhand
Gottfried von Straßburg (1993^6) Tristan. Stuttgart: Philipp Reclam jun.
Herrmann, J. (2003) Nichts als Gespenster. Frankfurt a. M.: S. Fischer
Hesse, H. (1975 / 1977) Die Märchen. Frankfurt a. M.: Suhrkamp
Mann, T. (1960 / 1974) Der Zauberberg. Frankfurt a. M.: S. Fischer
McCourt, F. (1998) Die Asche meiner Mutter. München: Goldmann
Wellershoff, D. (2003) Der Liebeswunsch. Köln: Kiepenheuer & Witsch

Frederike Eggs (Hamburg)

C4 Adverb

1. Wortartbezeichnung
2. Kurzdefinition und Überblick
3. Die Wortart im Deutschen
3.1. Forschungsgeschichte, Klassifizierungen
3.2. Systematische Darstellung
3.3. Kontrastive und typologische Aspekte
4. Literatur

1. Wortartbezeichnung

Die deutsche Bezeichnung *Adverb* und die englische *adverb* (mittelengl. *adverbe*) sind auf die lateinische *adverbium* zurückzuführen, der altgriechische Ausdruck war *epírrhēma / ἐπίρρημα*. Als sprechende Termini bezeichnen sie etwas, das einem Gesagten zugefügt ist. Eine die Leistung (einer Teilgruppe) konkretisierende Eindeutschung ist das *Umstandswort* (Adelung 1781), auf die Unflektierbarkeit hebt die Kategorisierung *Partikel* ab (Sütterlin 1923).

2. Kurzdefinition und Überblick

Zur Wortart Adverb gehören Ausdrücke, mit denen ein propositionaler oder prädikativer Gehalt in integrativer Kombination spezifiziert werden kann (Basisfunktion im Satz: Adverbial). Einige können auch mit einem Kopulaverb *(bleiben, sein, werden)*, das sie spezifizieren, den Ausdruck einer Prädikation bilden; dabei leisten sie einen zentralen Beitrag zum Gehalt der Prädikation (sekundäre Funktion: Prädikativ). Manche Adverbien können auch das Kopfnomen *(head)* einer Nominalgruppe restriktiv spezifizieren (tertiäre Funktion: restriktives Attribut), in seltenen Fällen können sie in Sprachen wie Deutsch oder Englisch eigenständig gebraucht werden und Subjektfunktion haben (quartäre Funktion: Subjekt). Beispiele:

A. Primär als Adverbial: *Sie [spielt **gern**], [Er wohnt **da**]*,
B. sekundär als Prädikativ: *sie [ist **dort / heute / anders**]*,
C. tertiär als Attribut: *[das Haus **dort**]*,
D. quartär als Subjekt: *[**heute**] ist heut, [**morgen**] ist besser als heute*.

Adverbien sind im Deutschen unflektierbar, sie kongruieren nicht. Sie regieren keinen Kasus (wie die Präpositionen → C18), verbinden nicht funktionsäquivalente Ausdrücke (→ C12 Konjunktoren), schließen keine Teilsätze an (→ C22 Subjunktoren). Auch sonst flektierbare Ausdrücke mit adverbialer (verbspezifizierender) Funktion werden im Deutschen nicht flektiert *(schnell-ø fahren)*. Nur wenige Adverbien haben Formen, die der Komparation nahekommen *(oft / öfter(s)* und ehem. Adj.: *bald / eher* (früher *balder* < germ. *Adj.*); *gern / lieber / am liebsten)*.

Adverbien können auf verschiedenen Satzpositionen realisiert werden, auch im Vorfeld, wo Abtönungs- oder Negationspartikeln nicht erscheinen können. Sie sind – anders als Abtönungspartikeln – akzentuierbar (Gewichtung) und nach den meisten kann man (mit Frageadverbien) fragen *(dort regnet es – wo regnet es?)*.

Adverbien werden traditionell semantisch gruppiert:

Art der Spezifizierung	α) in allen Äußerungsmodi	β) nur im Fragemodus
1 temporal	*jetzt, heute, damals, einst*	*wann?*
2 lokal	*da, hier, dahinter, drüben, links, nirgends, oben*	*wo?*
3 frequentativ / iterativ	*einmal, immer, oft, samstags, wieder*	*wie oft?*
4 durativ	*bisher, weiterhin, zeitlebens*	*wie lange?*
5 final	*dafür, dazu*	*wofür, wozu?*
6 kausal; konditional	*daher, deshalb; gegebenenfalls, sonst*	*weshalb? warum?*
7 instrumental / komitativ	*hiermit, damit*	*womit?*
8 modifikativ (Art und Weise)	*anders, blindlings, so; gern*	*wie?*
9 direktional	*bergauf, dorthin, fort, querfeldein*	*wohin?*

Tabelle 1: Semantische Klassifikation der Adverbien

Die Gruppen 1 und 2 sind unmittelbar in die Äußerungssituation eingebunden, die Gruppen 7–9 sind dem Prozess- / Aktionskern eines Szenarios am nächsten. 1–4 spezifizieren eine Handlung oder ein Ereignis allgemein, 5 und 6 leisten eine Anbindung an mentale Prozesse (z. B. als Erklärung, Begründung). Gruppe 8 setzt Handlung oder Prozess vergleichend mit anderen bzw. einer Normalform des Ablaufs ins Verhältnis, 9 verbindet sich am engsten mit dem Bedeutungsgehalt des Verbs und kennzeichnet die Richtung einer Aktion oder Bewegung.

Die Elemente der Gruppen erscheinen in charakteristischen Satzfunktionen: 1–8 typischerweise in Supplement-, 9 in Komplementfunktion; 1–6 werden als Satzadverbialia, 7–9 als Verbgruppenadverbialia klassifiziert.

Betrachtet man die Adverbialfunktion allgemein, wäre noch ein Typ zu nennen, der nicht lexematisch als Adverb ausgeprägt ist, es handelt sich um eine Spezifizierung der Domäne, in der Gesagtes gelten soll. Er wird im Deutschen adjektivisch realisiert *(rechtlich ist das nicht zu beanstanden)*, im Englischen allerdings mit entsprechenden „domain adverbs" (Bellert 1977) wie *logically, nominally*.

Der Bestand deutscher Adverbien lässt sich funktional-pragmatisch nach Basisprozeduren[1] als kleinsten Handlungseinheiten, die je spezifischen Feldern (Zeigfeld, Symbolfeld, Operationsfeld) zugehören, gliedern in

- genuin deiktische *(hier, da, dann, dort; jetzt)*, mit denen ausgehend von der „Sprecher-Origo" (Bühler) in einem Verweisraum so gezeigt wird, dass der Hörer den gemeinten Raumbereich bzw. das gemeinte Zeitintervall synchron nachvollziehen und darin den Gegenstand bzw. die Ereigniszeit verorten kann;
- quasideiktische *(links, oben, heute)*, die mit den deiktischen die Verankerung in der Sprechsituation teilen, aber auf einem parametrischen System beruhen;
- symbolisch charakterisierende wie *gern, anders, lange, zeitlebens;*
- prozedural komplexe, die aus Präposition (genuin dem Symbolfeld zugehörig, in zentralen Verwendungen operativ) und Deixis (aus dem Zeigfeld) zusammengesetzt sind: *dabei, da-r-an, da-r-aus, hier-mit*. Neben diesen gibt es Bildungen mit W-Frageele-

---

[1] Zum Konzept der Prozeduren: → A (1.), Ehlich 2000 und zur Anwendung auf die Grammatik: Zifonun / Hoffmann / Strecker (1997: 21 ff., 310 ff.)

ment, das ursprünglich auch einen deiktischen Anteil hatte, dem aktuell ein operativer an die Seite tritt: *wozu, wovor.*

Viele Adverbien des Deutschen sind aus Elementen anderer Wortarten abgeleitet, aus Adjektiven: *ander-s, gleich-er-maßen,* aus Substantiven: *abend-s, anfang-s, morgen-s, studien-halber,* aus Nominalgruppen: *beider+seit-s, unverrichteter+dinge,* aus Verben: *eilen-d-s.* Alte, inzwischen erstarrte Kasusendungen sind oft noch sichtbar (*tags* < ahd. *tages* (Genitiv); *heute* < ahd. *hiu tagu* (Instrumentalis)). Bildungen mit Präpositionen *(bis+her, oben+auf)* werden als „Präpositionaladverbien", soweit sie deiktischen Anteil haben *(da+nach, des+halb)* auch als „zusammengesetzte Verweiswörter" (Rehbein 1995) bezeichnet. Die Kasusneutralisierung kann im indoeuropäischen Sprachenraum zum Merkmal erklärt werden (so Schmid 2001), aber in anderen Sprachengruppen gibt es Kongruenz mit Verb oder Nomen. Einige Adjektive können unflektiert adverbial verwendet werden *(schnell-ø),* was in der Grammatikschreibung schon Anlass war, eine Kategorie *Adjektivadverb* zu bilden (z.B. Helbig/Buscha 2001: 305). Auch manche Intensitätspartikeln können adverbial gebraucht werden *(sehr/ziemlich ... + leiden).* Adverbien können andererseits zu Adjektiven konvertieren: *dort-ig, heut-ig.*

Einige Adverbien können den Kopf einer Adverbphrase bilden, die Elemente unterschiedlicher Art enthalten kann. Meist werden die kombinatorisch integrierten Elemente vorangestellt und der Kopf erhält ggf. einen Akzent, nominale und phrasale werden nachgestellt und haben ggf. einen eigenen Akzent.

Integrierte Elemente	Beispiele
Adjektiv	*[gleich morgen], [knapp daneben]*
Adverb	*[so anders], [heute morgen]*
Gradpartikel	*[sogar samstags], [nur heute]*
Intensitätspartikel	*[sehr oft]*
Nominalphrase	*[heute [den ganzen Tag]]*
Präpositionalphrase	*[irgendwann [vor drei Wochen]]*

Tabelle 2: Typen von Adverbphrasen

Deiktische und quasideiktische Adverbien können auch mit einer Präposition eine Präpositionalphrase bilden, die lokal, direktional, kausal, temporal etc. relationiert: *[seit [gestern]] regnet es, das Wasser steht [bis [oben]], [wegen [morgen]] mach dir keine Sorgen.*

3. Die Wortart im Deutschen

3.1. Forschungsgeschichte, Klassifizierungen

Das Adverb gehört zu den umstrittensten grammatischen Kategorien, „widerspenstig" und „unübersichtlich" nennt es Eisenberg (1999: 205), „most problematic major word class" Haspelmath (2001: 16543), „elusive" einerseits, „vast" andererseits van der Auwera (1998: 3).

Dionysios Thrax (1. Jh. v. Chr.), der die folgenreichste Wortartensystematik gegeben hat, kennzeichnet das Adverb als flexionslose Einheit, die einem Rhema zugeordnet ist. Der griechische Ausdruck *epí-rrhema (ἐπίρρημα)* bezeichnet das einem von x Gesagten (Rede, Wort, Prädikat, Verb), dem *Rhema (τὸ ῥῆμα)* Hinzugesagte. Die Vorstellung ist die einer gerichteten Bewegung auf etwas hin, die zur Ruhe kommt *(ἐπί)*. Der Terminus *ad-verbium* lehnt sich an diese inhaltliche Struktur an, *verbum* (Wort, Ausdruck, Ausspruch, Rede, Verb) geht wie griech. *rhêma* auf den erweiterten idg. Stamm *wer-dh zurück (Georges 2002: 3419). Schon in der Antike (Stoiker, Dionysios Thrax) ist der Verbbezug angelegt.

Dionysios Thrax gibt bereits eine semantische Unterteilung in 25 Typen, neben Ort, Zeit, Eigenschaft, Frage, Verneinung auch Wunsch, Klage, Schwur, bacchische Begeisterung. Offenbar führte die Festlegung auf eine kombinatorische Grundfunktion schon früh auf die Differenzierung der Hinsichten, unter denen ein Adverb in Verbindungen auf Gesagtes einwirkt.

Die Stoiker sprachen kontrastierend von einem „Adjektiv zum Verb" (Schmidt 1979: 69) und nannten es *pandéktes (πανδέκτης)* ‚Sammelbehälter' – ‚was alles annimmt' (*déktes* ‚Bettler'). Es wurde mal als nominal, mal als verbal – jedenfalls als „symbolisch" im modernen Sinne – kategorisiert.

Gottsched nennt das Adverb „Nebenwort" (1762: 53). Das übernimmt Aichinger und fügt die Bezeichnung „Beywort" hinzu. Für ihn ist es ein „Wort, welches die Umstände dessen, das von einem

Dinge gesagt wird, oder der ihm beygefügten Eigenschafften anzeiget" (1754: 63), er gibt als Fragen aus der berühmten Reihe an „ubi? quibus auxiliis? cur? quomodo? quando?", bemerkt aber, dass damit nicht alle erfasst seien.

In seinem „Lehrgebäude" (1782) wie in der „deutschen Sprachlehre" (1781) unterscheidet Adelung das „adverbium qualitatis" („Beschaffenheitswort") – als Ausdruck einer Eigenschaft, die als außerhalb des Dings gedacht sei *(ist schnell)* vom „adverbium circumstantiae" („Umstandswort"), das äußere Umstände der Existenz bezeichne *(ist da)* (1781: 322 ff.). Durch „Concretion" auch im morphologischen Sinne (Flexion) seien aus den Beschaffenheitswörtern die Adjektive entstanden, die eine Eigenschaft erfassten als „an einem selbständigen Dinge befindlich (...) oder demselben einverleibt gedacht" (1781: 210). Das ist nicht nur etymologisch problematisch, wir finden auch schon jene unscharfe Abgrenzung zwischen Adjektiv und Adverb auf der Folie ihrer Satzfunktion, die bis heute für Verwirrung in Wissenschaft und Vermittlung gesorgt hat. Die symbolische Basis vieler Adverbien wird öfter genannt, so charakterisiert Götzinger sie als „Form des beziehungsweisen Nennens" (1836: 96).

Zum 20. Jahrhundert hin spielt die Syntax eine wichtigere Rolle in der Linguistik, im Zentrum stehen die den Kern / Kopf bildenden Hauptwortarten, es wird stärker auch positional differenziert. Jespersen und Hjelmslev betrachten Substantive als Wortart ersten, Adjektive und Verben als Wortarten zweiten Ranges und Adverbien dann als Wortart dritten Ranges.

Mit dem Verständnis von *ad-verbium* als dem Wort Zugefügtes wird weiterhin vielfach alles, was nicht Substantiv, Verb, Adjektiv, Konjunktion oder Präposition ist, der Restklasse Adverb zugewiesen. Diese Tradition ist bis heute stark im englischsprachigen Bereich (vgl. Quirk et al. 1985: 438 ff., Biber et al. 1999: 538 ff., Huddleston / Pullum 2002: 57, 562 ff.). Ein Adverb, das nahezu alles – also Verb, Verbgruppe, Satz, Adjektiv, Adverb – modifizieren kann (vgl. Lyons 1980: 331) wird öfter auch Anlass, die ganze Kategorie zu destruieren. So sieht Brinkmann eine Zusammenfassung aller nicht-attributiven Ausdrücke – darunter unflektierte Adjektive – als problematisch an: „Darunter ist aber in keinem Fall eine einheitliche Wortart (im Grunde überhaupt keine „Wortart") zu verstehen" (1972: 104). Brinkmann führt drei Skopusmöglichkeiten („Schichten") an, macht aber keinen terminologischen Neuvorschlag.

Auch Eisenberg (1999: 205 ff.) sieht in den unterschiedlichen Bezugsmöglichkeiten und Positionen in der Konstituentenhierarchie eine Schwierigkeit, differenziert aber nicht aus; ein „Satzadverb" i. S. von Hetlund 1992 u. a. lehnt er ab, weil es dann auch ein Verbadverb geben müsse und Kategoriales mit Funktionalem („Adverbial") vermischt würde.

Die Schwierigkeiten der Abgrenzung haben auch zu prototypischen Konzeptionen geführt, für die der typologisch fundierte Beitrag von Ramat/Ricca (1994) stehen kann. Formale Kriterien sind für sie, dass Adverbien unveränderliche, nicht durch Wortbildung (etwa mit *-s* oder engl. *ly*) entstandene und syntaktisch entbehrliche Lexeme sind, funktional sind sie Modifikatoren von Prädikaten, anderen Modifikatoren oder höheren syntaktischen Einheiten, die eigenständigen Äußerungselementen Information hinzufügen (290). Die adverbiale Modifikationsfunktion trifft auf unterschiedliche Ausdruckstypen zu, das Adverb selbst gilt nicht als universell. Das prototypische Adverb lässt keine Merkmale anderen Ursprungs mehr erkennen (ist „opak") und bildet den Extrempunkt einer Skala adverbial funktionierender Ausdrücke. Eine solche Skala lässt sich ausgehend von der von Ramat/Ricca (1994: 297) gebotenen Form modifiziert so darstellen:

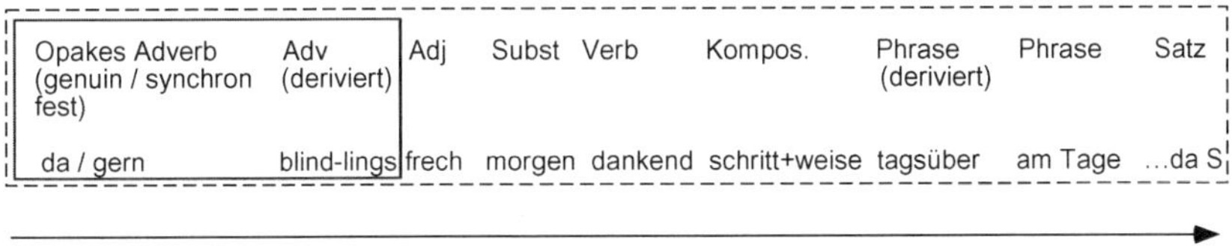

Opakes Adverb (genuin / synchron fest)	Adv (deriviert)	Adj	Subst	Verb	Kompos.	Phrase	Phrase (deriviert)	Satz
da / gern	blind-lings	frech	morgen	dankend	schritt+weise	tagsüber	am Tage	...da S

Abbildung 1: Adverb: Skalare Darstellung von prototypischen Adverbien bis zu adverbialen Ausdrücken

Zur Wortart zählen im Kern die synchron nicht durchschaubaren und die durch Suffixe abgeleiteten Formen wie *ander-s*. Ihnen gegenüber stehen Formen aus dem Symbolfeld (Adjektiv: *schnell fahren*; Substantiv: griech. *pélas* ‚nahe dabei' aus dem Subst. *pélas* ‚Nächster, Nachbar'; Verb: *genervt legte er auf*), kompositionale Bildungen *(hierher)*, Ableitungen aus Phrasen *(seitdem)* und adverbiale Sätze mit Subjunktoren (im Beispiel das genuin deiktische Adverb *da* + Nebensatz). Im verbalen Bereich ließen sich neben Fällen wie engl. *maybe* noch Konverben bzw. erstarrte Partizipien wie *dankend*, die allerdings (als Partizip I) Adjektiven entsprechen, anführen. Die kategorialen Unschärfen, die auch den traditionell verstandenen Präpositionen, Adjektiven, Pronomina, Konjunktionen etc. zugewiesen werden, haben allerdings mit Sprachwandel, Feldtranspositionen und Grammatikalisierung zu tun; synchron müssen Form, Kombinatorik und Funktionalität zusammengebracht werden.

Weniger überzeugend scheint der Versuch der Autoren, den harten Kern der bei ihnen sehr weiten (Gradpartikeln, Konnektivpartikeln, Intensitätspartikeln, Modalpartikeln einschließenden) Adverb-Kategorie (in Auseinandersetzung mit Givóns und Crofts Wortklassen-Prototypen) zu eruieren. Grundsätzlich nehmen sie Familienähnlichkeiten i.S. Wittgensteins an, verzichten also auf allen gemeinsame Merkmale. Sie setzen an bei den verb-/verbgruppenbezogenen modifikativen Adverbien (*manner* <predicative> des Bildungstyps engl. *-ly*), aus denen dann (spekulativ, nicht wirklich genetisch fundiert) aspektuell-temporal, lokale wie modale und gradierende entwickelt werden. Sie konstatieren selbst, dass jeder Versuch dieser Art je nach Kriterium andere Ergebnisse habe (1994: 306) und *manner adverbs* keineswegs universell seien (so auch Hengeveld 1992), während die meisten oder alle Sprachen temporal- wie lokaldeiktische Adverbien aufwiesen (315).

Im Rahmen der logischen Semantik werden modifikative Adverbien (Art und Weise) behandelt wie bei Cann (1993: 108), der sie zu Adjektiven und den von ihnen denotierten Eigenschaften ins Verhältnis setzt:

„VPs with simple *-ly* adverbials in English pick out a subset of the set of entities denoted by the VP without the adverbial. So, for example, the set of things that walk slowly in any situation is a subset of things that walk in that situation. This parallels the semantic relation between adjectives like *slow* or *happy* to their common nouns in phrases like *a happy student*."

Spezifikatoren sind nicht generell klassifikatorische Prädikate, die wie intersektive Adjektive funktionieren; eine Transformation wie

schnell fahren => *die Fahrt ist schnell*

ist nur typabhängig möglich:

gern spielen ≠> *das Spielen ist gern*.

Ausgehend von dem Problem, die logische Form von Handlungssätzen – Sätzen über absichtliches Handeln – zu beschreiben, ist Davidson zu einer viel diskutierten Konzeption individueller Ereignisse gekommen, in der diese dann als (Quantifikation erlaubende) Variablen erscheinen und Adverbialia als Operatoren darstellbar sind. In seiner Notation[2] wäre

(1) Paule besucht heute Paula

so zu schreiben:

(2) (∃y) (besucht (Paule, Paula, y) ∧ (heute (y))

Woraus logisch folgt:

(3) ((∃y) (besucht (Paule, Paula, y)

Es gibt demnach ontologisch gesehen ein Paule zuzuweisendes Ereignis, in dem er Paula besucht. Die Notation bringt gut heraus, dass ein solches Adverb in die gesamte Proposition eingreift.

Den Unterschied zwischen Ausdrücken mit der Funktion Satzadverbial und solchen, die nur verb-/verbgruppenbezogen zu verstehen sind, kann man durch einen Paraphrasentest gemäß Zifonun/Hoffmann/Strecker (1997: 1121 ff.) verdeutlichen:

(4) Kann der fragliche Ausdruck a aus dem Satz S in eine Paraphrase S' mit *es ist <a> der Fall, dass S"* eingesetzt werden, ist er Satzadverbial.
    Beispiel: **Hier** *regnet es* (S) ≈ **Hier** *ist es der Fall, dass es regnet* (S').

Damit kann ein erster Zugang zu satzbezogenen im Unterschied zu verbbezogenen Adverbien gegeben werden.

Unterschiedlich gesehen wird der Status von Ausdrücken, die als Satzadverbialia fungieren und eine Bewertung oder Einschränkung der Geltung eines Sachverhalts verbalisieren, die sich auf die Illokution auswirkt. Sie werden oft als Adverbien, seit Admoni 1982[9] auch ausgrenzend als „Modalwörter" behandelt. Wir fassen sie, wie in Zifonun/Hoffmann/Strecker 1997, als „Modalpartikeln" (→ C14). Es handelt sich um Ausdrücke wie *bedauerlicherweise, sicherlich, vielleicht,* die sich als Supplemente (wie temporale, lokale oder kausale Adverbien) auf den Satz bzw. eine Proposition beziehen. In vielen

---

2   Vgl. Davidson 1990: 183.

Sprachen der Welt fehlen „Satzadverbien" dieser Art (vgl. Haspelmath 2001: 16544). Sie greifen nicht in den propositionalen Gehalt ein, sondern verbalisieren eine spezifische Wissensqualität (Bewertung, Einschätzung der Wahrscheinlichkeit des Eintretens eines Ereignisses durch den Sprecher).

(5) Friedrich hat vielleicht seinen Wohnort gewechselt.
(6) Friedrich hat bedauerlicherweise seinen Wohnort gewechselt.
(7) Ballack wird bedauerlicherweise zu Chelsea London wechseln.

Im ersten Fall ist das transferierte Wissen als ein bloß Vermutetes gekennzeichnet, der Sprecher qualifiziert sein Verhältnis zum Gesagten. Er könnte Indizien für die Vermutung angeben, würde aber nicht für ihre Wahrheit einstehen.

Im zweiten und dritten Fall wird die Geltung unterstellt und insofern kann ein Bedauern manifestiert werden. Im folgenden Fall wird die konkrete Handlung mit einer aktantenspezifischen Eigenschaft verbunden:

(8) Friedrich hat schlauerweise seinen Wohnort gewechselt.

Paraphrasen der folgenden Art sind möglich:

(9) [Friedrich hat seine Wohnung gewechselt] (p1) und [das (p1) war schlau von ihm] (p2).
(10) Friedrich war so schlau, seinen Wohnort zu wechseln.

Die Relationierung von Handlung und Schlauheit basiert auf einer Wertung des Sprechers. Sonst muss er sie explizit zurückweisen wie im folgenden Beispiel:

(11) Nicht einmal die Nationalsozialisten wagten es jedoch beispielsweise, ein Gesetz zu erlassen, das die Vernichtung der jüdischen Bevölkerung befohlen hätte. Das haben sie – aus ihrer Sicht klugerweise – nicht getan, sondern ihre Verbrechen unter Berufung auf völkische und ähnliche Prinzipien schlicht begangen. (Frankfurter Rundschau, 03.03.1998, S. 24)

Es handelt es sich bei den *weise*-Bildungen nicht generell um Satzadverbiale als propositionale Operatoren. Das ist neben der den Typus „Art und Weise" anzeigenden Bildungsform daran zu sehen, dass der *es ist der Fall, dass p*-Test für Satzadverbialia (Zifonun/ Hoffmann/Strecker 1997: 1122 ff.) vielfach nicht greift:

(12) *Es ist schlauerweise der Fall, dass Friedrich seinen Wohnort gewechselt hat.

Bei *dummerweise* allerdings kommt es – nach Pittner (1999: 114) – zu einer Mehrdeutigkeit zwischen Sprecherbeurteilung des Sachverhalts (a) und Projektion (nur) auf das handelnde Subjekt Friedrich (b):

(13) Friedrich hat dummerweise seinen Wohnort gewechselt. (a, b)
(14) Es ist dummerweise der Fall, dass Friedrich seinen Wohnort gewechselt hat. So kann ich ihn nicht belangen. (a: Maßstab sind die Präferenzen des Sprechers)
(15) Von Friedrich war es dumm, seinen Wohnort zu wechseln, für mich war es gut. (b: Maßstab sind die angenommenen Präferenzen von Friedrich)

Ein Ereignis kann (i. S. Davidsons) zu einem Aktantenereignis werden, das dann qualifiziert wird, aber auch zu einem Sprechereignis.

Abzugrenzen sind Adverbien auch von den Negationspartikeln *(nicht, gar nicht)* (→ C15), die stets auf eine Proposition wirken und den Satz im Skopus haben, aber im Deutschen nicht allein im Vorfeld erscheinen und als Antwort auf Fragen dienen können; in ihrem Gewichtungsverhalten entsprechen sie den Gradpartikeln (→ C7).

Abtönungspartikeln (→ C1) sind ebenfalls weder vorfeldfähig noch erfragbar, sie sind von der Gewichtung durch Akzent ausgenommen und viele sind an bestimmte Äußerungsmodi gebunden *(denn, ja)*.

Alle Partikeln bilden nicht den Kopf einer Phrase, sind nicht zu einer Wortgruppe ausbaufähig, nur wenige Modalpartikeln kann man koordinieren.

Auszugrenzen ist als nahe Verwandte auch die Adkopula (→ C2), die nur mit einem Kopulaverb *(quitt, pleite, schuld, leid)* – nicht attributiv und auch nicht adverbial – verwendbar ist.

Intensitätspartikeln *(einigermaßen, ungemein, überaus, sehr, ziemlich)* (→ C9) sind für die Spezifizierung von Adjektiven und prädikatsbezogenen Adverbien ausgebildet. Sie sind ebenfalls nicht attributiv zu gebrauchen, einige aber adverbial *(besonders profitieren, sehr schwitzen)*. Wie andere Partikeln sind sie nicht vorfeldfähig, nicht erfragbar, nicht zu einer Phrase auszubauen.

3.2. Systematische Darstellung

Wortarten kategorisieren das Lexikon einer Sprache hinsichtlich Funktionalität und Kombinatorik. Somit ist eine im Vergleich zu den weiten Fassungen der Literatur präzisere Bestimmung möglich. Funktional leisten Adverbien eine Spezifizierung von Gesagtem, kombinatorisch erweitern sie das Verb oder die Verbgruppe.

Der Aufbau komplexer sprachlicher Funktionseinheiten[3] ist bestimmt durch syntaktische Prozeduren der Integration (Hoffmann 2003: 27 ff.): Ein Funktionselement ist auf ein anderes hingeordnet und wird mit ihm verbunden, so dass es dessen Funktion unterstützt oder ausdifferenziert (*ein Rad suchen* → *ein schnelles Rad suchen*). Semantisch leistet die Verbgruppe die Darstellung eines Szenarios (als Entwurf) mit allen Mitspielern und Spezifika (→ A).

Das propositionale Grundmodell besteht darin, dass ein raumzeitlich Konstantes (Gegenstand) in eine prozessuale / aktionale Dynamik eingebunden wird, also zwei funktionsunterschiedliche Elemente synthetisiert werden (Hoffmann 2003: 78 ff.). Das konstante Element kann man sich als Eigenname versprachlicht denken, das dynamische als Verb. Was ein mit einem Verb realisiertes Prädikat ausdrückt, ist ein schematisches Charakteristikum eines Aktions- / Prozesskerns oder eines prozessual eingefrorenen Zustands (in der englischsprachigen Literatur wurde hierfür der umfassende Term *eventualities* geprägt), dessen Bedeutung im prädikativen Netzwerk des geteilten Sprachwissens verankert ist. Am Verb entfaltet sich die prädikative Handlung, mit der die Keimzelle eines Gedankens kommunikativ zugänglich gemacht wird. Die Abstraktheit eines elementaren Prädikats erlaubt wiederholte Aktualisierung und Applikation auf eine Vielzahl von Fällen. Mit der jeweiligen Instantiierung in einer Äußerung wird der Ausdruck eines individuellen Sachverhalts angestrebt, der hinsichtlich des Handlungszwecks bearbeitbar ist. Repetition führt dazu, dass spezifische Ausbautendenzen sich verfestigen, gleiche Konstellationen der Wirklichkeit durch entsprechende Explikationen darzustellen sind, so dass die Bedeutung des verbalen Kerns auf kombinatorischen Ausbau angelegt scheint, der grammatisch musterhaft ist (Form und Kasus anzuschließender Komplemente etc.[4]).

---

[3] Dazu im Detail: Hoffmann 2003: 27 ff.
[4] Hier ist der harte Kern der Valenztheorien.

Der szenische Aufbau unterliegt einzelsprachlichen Gliederungsprinzipien. Er setzt an bei einer Aktion oder einem Prozess, der abläuft oder sistiert sein kann. Szenische Elemente können begrifflich in den prozessualen / aktionalen Kernbereich eingebunden sein *(Rad fahren, blaumachen)* oder autonomen Status behalten und schrittweise explizierend in den Aufbau einer Verbgruppe integriert erscheinen ([*ein altes Rad*] [*dem Händler*] *zurückgeben*). Schließlich kann ein szenischer Komplex spezifiziert werden, was Adverbien leisten.

Mit syntaktischen Prozeduren der Explikation kann eine Szene ausgehend vom Verb, das den aktionalen bzw. prozessualen Kern versprachlicht, entwickelt werden. Es gibt drei Basistypen einer solchen funktionalen Integration, mit denen die Funktionalität des (verbalen) Kopfes zu entfalten ist (Hoffmann 2003: 33 ff.):

- Kollusion: Explikation durch eigenständige Mitspieler / szenische Elemente *(etwas + wissen, jemandem + vertrauen, dort + wohnen, dorthin + fahren)*. Grammatisch ist auch von valenzbestimmten Komplementen die Rede, sie ergeben sich aber erst aus der Kombination heraus und interagieren funktional-semantisch.
- Kollustration: Explikation als Ausdifferenzierung des Aktions- / Prozesskerns selbst (des Handlungsprozesses im Blick auf seine Stadien, auf Können, Dürfen, Werden etc.). Sprachlich geschieht dies in vielen Sprachen durch weitere Verbteile *(sagen+wollen, tun+können, berichten + werden)*
- Spezifizierung: Das symbolisch Gesagte erfährt eine zusätzliche Präzisierung, etwa in der zeitlichen, lokalen, direktionalen, modalen Dimension *(sofort+starten, dort+spielen, querfeldein+ fahren)*.

Die Spezifizierung ist im Adverb als einer Wortart ausgeprägt, mit der in einem Zug auf den Aktions- / Prozesskern die Aktion / den Prozess (einschließlich Mitspieler) bzw. das komplette Szenario zugegriffen werden kann. Adverbien greifen also ein in den sprachlichen Aufbau eines Szenarios und liefern einen eigenständigen Beitrag zur propositionalen Bedeutung. Sie realisieren die Satzfunktion des Adverbials, die auch durch Adjektive, Präpositional- / Nominalgruppen, Sätze realisiert werden kann. Zwei Möglichkeiten gibt es:

• Die Spezifizierung kann durch die lokale oder temporale Einbindung einer Aktion oder eines Prozesses in die Koordinaten der Sprechsituation erfolgen: Die Szene als Spezifikandum wird über die deiktische Schnittstelle an die Sprechsituation, ansetzend bei der

„Origo" (Bühler) des Sprechers, angebunden und der Hörer veranlasst, sich mit der Sprecher-Orientierung zu synchronisieren *(hier, da, dort, jetzt)*. Es kann auch der Vorstellungsraum, der Rede- oder der Textraum als „Verweisraum" (Ehlich) genutzt werden. Dabei wird dimensionales Sprachwissen (z.B. Nähe – Ferne relativ zu Sprecher / Hörer) beansprucht.

- Die Spezifizierung rekurriert symbolisch auf das geteilte Sprachwissen, auf dessen Folie die Szene eingeordnet wird *(anfangs, beiderseits, gern, vergebens, selten)*.

Die situationsorientierte Spezifizierung einer schon kompletten Szene nach Ort und Zeit ist – auch sprachenvergleichend – elementar, die symbolische Verarbeitung, die sich auch auf den Aktions- / Prozesskern erstrecken kann, ist sekundär.[5]

Die Spezifizierung erfolgt stets auf einer im Wissen gegebenen **Folie** (Sprechsituation, Kontrastwissen), die sich aus dem Gehalt des im Bezugsausdruck Gesagten ergibt.

- Der Sprecher setzt das Spezifikandum ins Verhältnis zu Hintergrundwissen dieser Art und gibt dem zu Sagenden auf dieser Kontrastbasis eine präzisere Fassung. Er macht das Resultat in der Spezifizierung manifest. Die Spezifizierung leistet eine dimensionale Pointierung, die den Effekt einer Präzisierung des Gesagten hat.
- Durch die Spezifizierung erhält der propositionale Gehalt eine Ausdifferenzierung, so dass der Hörer ihn von anderen möglichen unterscheiden und im Wissen verankern kann.
- Die Spezifizierung verbindet sich eng mit dem Kommunikationszweck des Wissenstransfers und wird daher nicht selten gewichtet. Das Neue erscheint in der Regel im Bereich der Prädikation und wird dort gewichtet, während der szenische Ansatzpunkt Subjektion eher das konstante Moment, den Bereich des thematischen Anschlusses, bildet.

---

[5] Hier könnte man zu der Entscheidung kommen, einen Funktionsbereich – etwa den deiktischen – auszugrenzen, aus der Adverbkategorie herauszunehmen und – ungeachtet ihrer unterschiedlichen Syntax – mit anderen Deiktika (wie *ich, du*) zusammenzuschließen. Es kommt darauf an, welche Rolle man kriteriell der Syntax zumisst.

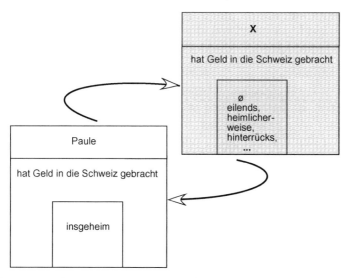

Abbildung 2: Spezifizierung vor einer Kontrastfolie

Das Perzept einer elementaren Beobachtung – etwa eines sich bewegenden Dings – wird in der Verarbeitung reflektiert, die Momente / Größen des Szenarios kategorisiert. Das führt auf eine – immer schon reflektierte – Wahrnehmung, die ins Wissen und die dort bestehenden Zusammenhänge zu integrieren ist. Nunmehr können (auf der Basis symbolischen Sprachwissens) Kategorisierungen wie *Auto, fahren* erfolgen und kommuniziert werden, auf der Folie weiterer kontrastierender, wertender, einordnender Wissensverarbeitung kann das Szenario weiter ausdifferenziert, spezifiziert werden: *das Auto fährt bergauf / geschwind / da.* Diese tiefere Reflexion ist immer schon im Blick auf ein mögliches Hörerverständnis und die dafür adressierbaren Wissensverarbeitungen abgestellt. Unsere Welt ist eine kommunikative, auch wenn wir unsere inneren Modelle nicht alle kommunizieren.

Der Spezifikator hat keinen eigenen Bezug – etwa auf eine Entität –, er leistet eine szenische Ausdifferenzierung im Rahmen und mit der Äußerungsstruktur, in Kombination oder verzahnt mit der Proposition. Kommunikativ ist die Spezifizierung nicht verzichtbar (i. S. von Weglassbarkeit).

(34) Manchmal ärgerte mich ihre Mamahaftigkeit, (...) manchmal versöhnte sie mich mit der Abwesenheit ihrer Mutter, manchmal wäre ich am liebsten weggelaufen. (Ani 2005: 8)

Die Spezifizierung durch Adverbien oder adverbiale Ausdrücke zeigt eine Parallelität zur Restriktion im Gegenstandsbereich mittels Attributen. In beiden Fällen wird, so weit wie kommunikativ für den Hörer nötig, differenziert, Vollständigkeit spielt keine Rolle, begrenzt ist der Ausbau „nach oben" (soweit man nicht unbegrenzte Rekursion und Koordination annimmt). Die Bewegung im Wissen ist aber entgegengesetzt: Die Individualisierung der Gegenstände ist ein Ausschlussverfahren, das Konstanten etabliert; die Spezifizierung erweitert den Horizont der dargestellten Szene, sie stellt Zugänge zur Vielfalt in der Wirklichkeit bereit. Das sprachgebundene propositionale Konzept bestimmt die Möglichkeiten: Eine Regel wie *2 × 2 ist vier* ist, wenn überhaupt, in ihrer Geltungszeit, Handlungen sind durch ihre Ausführungsweise, Vorgänge sind nicht durch Mittel, komplette Szenen durch Ort und Zeit spezifizierbar.

Sprachlich ist im Deutschen die Lokalisierung propositionsnäher, die Zeit ferner. Zeit hat Skopus über den Ort und ihr Ausdruck steht in der Regel auch vor einem Lokaladverbiale.

(16) Gestern [hat dort ein Bus gestanden].
(17) [Komm zu uns] morgen!
(18) Dort [hat der Bus anders geparkt]
(19) Immer / zweimal / lange / Seit Tagen [regnete es].

Beispiel (17) zeigt, dass auch eine Prädikation (Imperativgruppen sind keine Sätze, realisieren keine Proposition) situiert werden und der Skopus auch enger sein kann, also auf Teile des Satzes beschränkt:

(20) Er möchte die Antwort jetzt / sofort [bekommen].
(21) Er erschien mit immer [dickeren Geldbündeln] vor seinem Fenster... (Forte 2004: 670)

Die Basis der Adverbklasse bildet sprachenübergreifend ein deiktisches System. Das Fundament bilden die lokalen Adverbien. In der Äußerung

(22) V: Sie haben jetzt hier ausgesagt, dass äh Sie sozusagen nicht ausgestiegen sind. (Hoffmann 1994: 76; V= Verteidiger)

wird die Aussage deiktisch („jetzt hier") auf den aktuellen Sprechort (Gerichtssaal, übertragbar auf die Vernehmung) und den Sprechzeitraum – also maximal die Zeit der Vernehmung des Zeugen – festgelegt.

Deiktika sind in der Traditionslinie von Bühler 1934 zur Funktionalen Pragmatik (Ehlich 1979) genauer im Blick auf ihre Rolle im Verständigungshandeln analysiert worden.

Das *gestische Zeigen* dient der Orientierung eines Hörers in einem Raum. Ursprünglich dient der Wahrnehmungsraum der Sprechsituation als „Verweisraum" (Ehlich). Die Dinge haben eine Existenz im Raum wie in der Zeit, der Raum ist eine dingliche Konfiguration (Leibniz). Der Hörer muss seine Perspektive so organisieren, dass eine Synchronisierung mit der „Origo" des Zeigenden möglich ist und der Blick auf den gemeinten, angezielten Raumbereich fällt, in dem dann etwa ein Ding zu lokalisieren ist. Dies ist ein komplexes Verfahren. Es ist mit einfacher Fokussierung von Dingen nicht getan, sondern erst eine spezifische Wissensverarbeitung führt zum Ziel, in die Dimensionen des Raumes eingehen (Distanz, Horizontale, Vertikale). Im Grenzfall befindet sich in der gezeigten Richtung im aufgebauten Raumbereich genau ein Ding, das salient ist und an dem sich daher die Orientierung festmacht. In vielen Fällen ist aber das Gemeinte aus einer Dingkonfiguration zu abstrahieren und zu erschließen. Deixeis beanspruchen keinesfalls nur Eigenschaften des außersprachlichen Kontextes (so Anderson/Keenan 1985: 259). Es ist auch nicht so, wie die Rede von „indexikalischen Ausdrücken" nahelegt, dass mit dem Gebrauch der Deixis ein situatives Element direkt erfasst und damit kommuniziert würde. Vielmehr beinhaltet das Verstehen einer Deixis eine komplexe Wissensverarbeitung, die der eines Symbolausdrucks nicht nachsteht. Die Deixisverarbeitung interagiert mit der Verarbeitung der Äußerungsumgebung, ist also auch spezifisch umgebungsbestimmt. Symbolisches Wissen wird qua Deixis an eine Größe im Verweisraum angedockt oder als Übertragung an etwas in einem gemeinsam aufzubauenden Vorstellungsraum.

Beim *sprachlichen Zeigen* in der Sprechsituation lösen deiktische Ausdrücke eine gerichtete Orientierung in einem gemeinsam aufzubauenden „Verweisraum" (Ehlich) aus:

- als Wahrnehmungsausrichtung auf präsente Personen oder Dinge in der Sprechsituation (situative Deixis) oder

- in einem Vorstellungsraum auf der Basis von Welterfahrung (imaginative Deixis)
- als Reorientierung auf Gesagtes oder Antizipation von zu Sagendem im Rederaum des Diskurses (Rededeixis, Diskursdeixis)
- als Rekurs auf vorangehende oder folgende Elemente im Textraum (Textdeixis).

Eine Deixis hat Handlungscharakter auf der elementaren Ebene einer „Prozedur", sie hat den Zweck interaktiver Orientierung im gemeinsamen Handlungsraum und operiert in Bindung an die Sprecher-Origo. Das präsente Gemeinte ist vom Hörer aktiv aufzusuchen.[6]

(23) Moderator   Möchtest Du jetzt <u>hier</u> sein?
Nebio   Ich möchte <u>hier</u> sein, aber nicht da, wo <u>Du</u> bist.
(Deutschland sucht den Superstar, 4.2.06 (RTL))

Der deiktische Ausdruck ist sprachlich im „Zeigfeld" (Bühler) der Einzelsprache verankert und unterstützt dimensional die Auffindung des Gemeinten. Das Zeigfeld einer Sprache repräsentiert eine spezifische Ordnung der zeigenden Ausdrücke. Grundlegend für das System des Deutschen ist eine räumliche Orientierung, die den Sprecher zum Ansatzpunkt nimmt und den Sprecherbereich (Nähe, Inneres) von dem Nicht-Sprecherbereich (Ferne, Äußeres) scheidet. Je nach Fassung und Größe des Nahbereichs ergibt sich der Fernbereich wie an *hier* im Verhältnis zu *dort, da* zu sehen ist (Abb. 3, 4).

	Lokaldeiktische Ausdrücke
Differenzierung im Nahbereich	*hier – hier*
Differenzierung im Fernbereich	*da – dort; da – da; dort – dort*

Tabelle 3: Deiktische Lokaladverbien

(24) **Beckham hier, Vieri da, Litmanen dort**
(http://www.sos-kinderdoerfer2006.de/4/news/beckham.html)

Eine neutralisierende Grundform im Deutschen ist das phonologisch einfache *da*, ein Lokativ zum idg. (deikt.) Pronominalstamm **to*,

---

[6] So dass der klassische Zeichenbegriff auf eine Deixis nicht anwendbar ist.

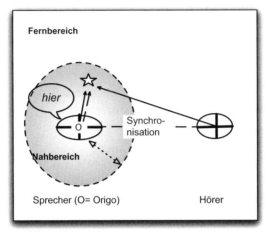

Abbildung 3: Lokaldeiktische Raumkonstitution *(hier)*

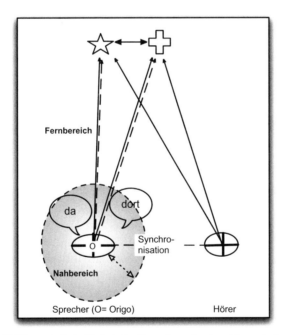

Abbildung 4: Lokaldeiktische Raumkonstitution (*da* und *dort*)

ahd. / mhd. *dā(r)*. Mit *da* wird elementar auf einen präsenten Raumbereich, in dem sich ein x befindet, gezeigt und gestisch unterstützt dann auch auf Distantes verwiesen. Es steht ontogenetisch am Anfang des Weges in das Zeigfeld. Neben dem lokalen hat sich ein temporales *da* ‚an diesem Zeitpunkt' entwickelt, gleichfalls aus dem idg. Stamm -to über mhd. *dō*, aus dem sich später ein zunächst temporaler, dann kausaler Subjunktor (→ C22) bildete. Aktuell kann *da* auch einen szenischen Verweis (Ort und Zeit) realisieren. Die Nähedeixis *hier* geht auf idg. *kei ‚(dieser)hier' zurück.

Die Origodistanz kann gleich sein; werden *da* und *dort* bei ungleicher Distanz kontrastierend gebraucht, so orientiert *dort* auf den entfernteren Bereich.

Die Raumbereiche sind nicht als scharf abgegrenzte zu verstehen, Distanz und Grenzen ergeben sich aus der Verwendung (Äußerungszusammenhang, Art des Objekts und Relationierung zu den Aktanten) in der mentalen Verarbeitung. Dabei ist der Ausgangspunkt stets der Nahbereich als Sprecherstandort in der Sprechsituation, in der sich der lokale mit dem temporalen Bereich *(jetzt)* verbindet. Aus der Verortung eines eng oder sehr weit gefassten Nahbereichs ergibt sich dann ein unmittelbar benachbarter oder auch sehr weit entfernter Fernbereich bis hin zur Vagheit der festen Kombination *da und dort, hier und da*. Die Oppositionsmöglichkeit kann poetisch genutzt werden, um Paradoxes auszudrücken:

(29) Hier ist Dort
      ein paar Überlegungen zu Gert Jonke
      (E. Jelinek; http://www.a-e-m-gmbh.com/wessely/fjonke.htm)

Im Türkischen und Japanischen lassen sich drei, im Hausa vier und im Bemba fünf deiktische Orientierungsbereiche unterscheiden. Die Deixis überträgt wie ein Vektor eine Sprecherorientierung auf den Hörer, wobei die Richtung im sprachspezifischen Feld bestimmt ist.

Nicht immer wird mit einer Deixis ein konkreter Raumbereich aktualisiert, sie kann auch neutralisiert verwendet werden oder ins Leere zeigen *(da)*, schließlich kann sie anadeiktisch zurückverweisen *(dann)*, eine solche Reorientierung kann sich auf die Vorstellung bzw. einen mentalen Text- / Diskursraum beschränken:

(23) „Haben Sie einen Beweis?", sagte ich. „Ein stichhaltiges Indiz."
      „Nein", sagte Jagoda. „Ich weiß es einfach. **Da** ist kein Fremder mitten am Nachmittag am Seeufer entlanggefahren und hat Anna gesehen, und sie ist **dann** bei dem ins Auto gestiegen.
      (Ani 2005: 21)

Parametrisiertes Orientieren mit quasideiktischen Adverbien (Hoffmann 1997: 210 ff.) verbindet die Sprecherorigo mit einem spezifischen Bezugssystem wie einem temporalen oder lokalen Parameter. Das kann etwa ein metrisches System wie das Tageszeitintervall von 24 Stunden sein *(vorgestern, gestern, heute, morgen, übermorgen).* Wenn *heute* auf idg. **hiu dagu* ‚an diesem Tag' und *gestern* auf idg. **g^h-djes* ‚jenes Tages' zurückgeht (Kluge 2002)[7], so steckt darin noch jeweils ein deiktisches Element. In der Verwendung ergibt sich kombinatorisch je nach Spezifikandum und Verbbedeutung Unterschiedliches:

(25) Gestern [hat Paule Ede getroffen].
(26) Gestern [haben Paule und Ede gezockt].
(27) Gestern [hat Paule Ede umgebracht].
(28) Gestern [war Paule krank].

Gestern – am Tag vor der Äußerungszeit – kann Paule Ede auch öfter als einmal getroffen haben, das würde aber im Blick auf szenische Relevanz normalerweise gesagt. Das Zocken hat einen gedehnten, in den Grenzen vage bleibenden Zeitraum innerhalb des gestrigen Tages beansprucht und beinhaltet meist mehrere Spiele. Paule kann Ede aber nur einmal umgebracht haben, eine Spezifizierung mit *einmal* schließt sich also aus. Dass Paule gestern krank war, wird man auch sagen, wenn er gegen Abend wieder gesund und zu Untaten imstande oder schon am Samstag krank war. Zustände sind semantisch anders zu kategorisieren und haben ihre Effekte gegenüber Ereignissen und Handlungen. Geht es um die Wahrheit des Gesagten, muss die Verbindung zwischen Ereignis/Zustand und Zeitintervall (heute) an die Sprechzeit gebunden werden, die Folie jeder Äußerung ist. Wenn das Individuum und ein relationiertes Ereignis eindeutig bestimmt sind, hat dies Konsequenzen für den Wahrheitsanspruch:

(29) Gestern wurde John F. Kennedy ermordet.

kann nur an einem Tag (23.11.1963) wahr geäußert worden sein.

Die lokalen Adverbien *hüben* und *drüber* bereichern die Dimensionen Nähe/Ferne um eine vom Sprecher aus konstruierte horizontale Orientierungsachse im Wahrnehmungsfeld, die in der Realität durch einen Fluss, eine Mauer und dgl. gebildet sein kann. Das

---

[7] *morgen* ist – einem breiteren Grammatikalisierungspfad folgend – aus der Kasusform (Dativ) des Substantivs *Morgen* entstanden.

Adverb *drüben* hat einen alten deiktischen Anteil (ahd. *thar*), der im Nhd. mit dem genuin symbolischen *über* verbunden wurde. Im Oppositionspartner *hüben* steckt das alte deiktische *hie*, das mit *oben* kontrahiert wurde *(hoben)*, im 18. Jahrhundert hat sich auf der Basis des mundartl. Adverbs *üben* ‚jenseits' *hüben* als Gegenwort zu *drüben* verbreitet (Pfeifer 1989: 712). In diese Funktion sind auch die aus Deixis und Symbolfeldausdruck zusammengesetzten Adverbien *diesseits / jenseits* eingetreten.

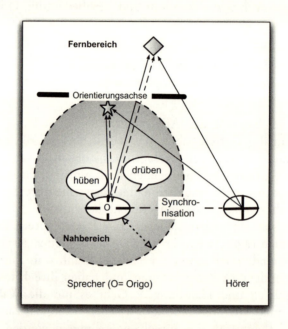

Abbildung 5: Quasideiktische Lokaladverbien mit
Orientierungsachse (*hüben* und *drüben*)

Das Oppositionspaar *rechts / links* setzt eine symmetrische Raumaufteilung durch eine horizontale Orientierungsachse voraus, die das Zentrum der Körperfront des Sprechers in Richtung der Kopfhaltung durchläuft; der Hörer muss die jeweilige Körperausrichtung des Sprechers nachvollziehen. Vielfach wird der Hörer oder ein bekanntes Objekt mit bekannter oder Standardausrichtung zu dem Bereich, von dem aus die Orientierungsachse gelegt wird:

(30) Fass mal nach rechts!
(31) Links – wenn du vor dem Theater stehst – ist die Kasse.

Das Gegenstück ist die Inanspruchnahme einer horizontalen Orientierungsachse, die das Zentrum der Körperfront durchläuft und zwei Teilräume (mit vager Abgrenzung) konstituiert *(vorn / hinten)*. Die Ausdrücke verbinden sich nicht unmittelbar mit nominalen, sie haben präpositional-relationierende Entsprechungen *(vor x, hinter y)*.

Die Vertikale ist ebenfalls doppelt strukturiert, zum einen wird eine letztlich auch körpergebundene Raumaufteilung in der Höhe (mit unscharfen Grenzen) vorgenommen *(oben / unten)*, zum anderen kommt die deiktische Dimension der Ferne wieder ins Spiel bei den mit der deiktischen Komponente *da(r-)* zusammengesetzten *droben* und *drunten*. In allen Fällen bleibt die kanonische Körperperspektive des Menschen fundierend für die Orientierung.

Parameter	Lokale Adverb-Oppositionen
Horizontale Achse (1) (körperverankert)	*rechts – links*
Horizontale Achse (2) (körperverankert)	*vorn – hinten*
Horizontale Achse (3) (sprecherdistant)	*hüben – drüben*
Vertikale Achse (1) (distanzneutral)	*oben – unten*
Vertikale Achse (2) (Fernbereich)	*droben – drunten*

Tabelle 4: Parametrische Lokaladverbien

Eine Orientierung dieser Art ist sprachspezifisch. Im Yimidhirr beispielsweise fehlt die *vorn / hinten*-Opposition, statt unserer *rechts / links*-Raumorientierung greifen Sprecher auf ein unabhängiges, aber auch erfahrungsgestütztes *(Wo geht die Sonne auf?)* Koordinatensystem analog zu unseren Himmelsrichtungen zurück (vgl. Levinson 2001).

Die Ausdrücke *her* und *hin* orientieren auf eine Bewegungsrichtung.

Perspektive	Direktionale Deixis
zum Sprecher hin, sprecherzugewandt	*her*
vom Sprecher weg, sprecherabgewandt	*hin*

Tabelle 5: Direktionale Adverbien

Durch die Zusammensetzung mit Präpositionen und Adverbien werden komplexere Adverbien gebildet, mit denen eine Bewegung objektrelationierend mit Ausgangs- oder Endpunkt markiert werden kann. Die Verbindung mit genuin symbolischen Ausdrücken führt in den Vorstellungsraum. Durch übertragende Abstraktion aus direktionalen werden auch temporale und konzessive Adverbien gebildet.

	sprecher-zugewandt / Innen-perspektive	sprecher-abgewandt / Außen-perspektive	temporal / nachzeitig	konzessiv
+ Präpositon	*herab, heraus, herbei, herüber, hervor*	*hinab, hinauf, hinaus, hinüber, hinzu*	*hernach, nachher*	*hingegen*
+ Adverb	*daher, hierher*	*dahin, dorthin*		
+ Adverb + Präposition	*daheraus, dortherab*	*dahinaus, dahinüber*		

Tabelle 6: Zusammengesetzte Adverbien

Weiter ist der Weg zum Verständnis der abstrakten Temporaldeixis. Sie verlässt die Anschauung zugunsten einer Raumvorstellung, die an einer spezifischen, vermutlich aus der Handlungsplanung hervorgegangenen, Origo festgemacht ist. Synchron zeichnet sich das (para-)deiktische Kernsystem durch die Opposition zwischen einem zeitlichen Nahbereich (*jetzt* < *je zuo; je* < wohl aus idg., symbolischem **aiwi* ‚Zeit' (Pfeifer 1990: 761) abstrahiert; *zuo* < idg. *te*, postpos. *-de* (‚zu, nach')) und einem vergangenen oder künftigen Fernbereich (*einst* < idg. Pronominalstamm **ei-* ‚dieser' (Kluge 2002: 233), *einmal* (+ symbol. *Mal* < idg. **mē* ‚Maß', messen' (Kluge 2002: 592)) aus.

	Nahzeitraum	Fernzeitraum
Temporaldeixis	*jetzt*	*einst (einmal)*

Tabelle 7: Temporaldeixeis

Frageadverbien *(wann, wo, wohin, womit, wozu)* werden manchmal einer eigenen Interrogativgruppe (→ C11) zugewiesen. Dafür sprechen ihre Besonderheiten:

- sie sind auf das Vorkommen in bestimmten Äußerungsmodi (Ergänzungsfrage, Echofrage) sowie als Einleiter von Komplement-/Supplementsätzen beschränkt;
- sie besetzen in Ergänzungsfragen das Vorfeld, in Echofragen daneben auch das vordere Mittelfeld, als Einleiter die Anfangsposition (erste Klammerposition);
- sie gehören zum rhematischen Bereich, zum Vordergrund und erscheinen oft – in Echofragen immer (verbunden mit stark steigendem Grenztonmuster) – akzentuiert;
- sie verweisen auf ein kategorienspezifisches (Zeit, Grund, Richtung etc.) Wissensdefizit beim Sprecher, dessen Behebung dem Hörer aufgegeben ist.

Während (quasi-)deiktische Adverbien eine Szene zeitlich oder örtlich rahmen, erfolgt die *symbolische Spezifizierung* einer Prädikation/Proposition mit Eigenschaften, die eine kategoriale Wissensverarbeitung erfordern. Die Spezifizierung einer Prädikation erweitert den symbolischen Gehalt des jeweiligen Spezifikandums:

(34) Sie hat das Angebot [rundweg [abgelehnt]].
(35) Sie ist dem Vorsitzenden [blindlings [gefolgt]].
(36) Sie ist [blindlings [dem Vorsitzenden gefolgt]].

Im ersten Fall wird die Art der Ablehnung, im zweiten das Folgen *aktantenbezogen* spezifiziert, im dritten wird die Prädikation *dem Vorsitzenden folgen* spezifiziert. Die Spezifizierung bleibt jeweils im verbalen Bereich, sie tangiert die Subjektperson nicht in dem Sinne, dass ihr dauerhafte Eigenschaften zugewiesen würden, die zu ihrer Identifizierung beitragen könnten. Wer einmal blindlings folgt, muss es nicht immer tun, muss keine Disposition zur Hörigkeit besitzen. Aber die Aktion, zu der eine handelnde Person gehört, wird von der Spezifizierung tangiert.

Im Beispiel (37) wird eine abgelaufene Szene als singuläres Vorkommnis charakterisiert:

(37) Einmal [ist sie dem Vorsitzenden gefolgt].

Als Spezifikandum können ausgehend vom verbalen Kerngehalt unterschiedlich große Einheiten im Skopus des Adverbs liegen – abhängig von den interagierenden Bedeutungen, von Stellung und Gewichtung. Vorfeld- und Nachfeldstellung erlauben mehrere Lesarten. Das Adverb *gern* spezifiziert eine symbolisch konstituierte Einheit aktantenorientiert.

(38) Paula hat diese Recherche gern [gemacht].
(39) Paula hat gern [diese Recherche gemacht].[8]
(40) Paula hat gern [in Dortmund gelebt].
(41) Paula hat in Dortmund gern [gearbeitet].
(42) Gern hat Paula in Dortmund [gearbeitet]. Gern hat Paula [in Dortmund gearbeitet].
(43) Paula [arbeitete in Dortmund] gern. Paula [arbeitete] in Dortmund gern.
(44) Im Wasser hat die Amöbe gern [gelebt].
(45) *Der Apfel fällt gern vom Baum.
(46) *Der Motor treibt gern den Wagen an.
(47) Der Bauer treibt gern seinen Esel an.

Auf eine Handlung bzw. einen Prozess wird *gern* projiziert, so dass diese als verglichen mit Alternativen von Person X präferiert erscheinen. Die projizierte Qualität resultiert aus den Eigenschaften eines möglichen Subjekts. Diese Projektion ist bei bestimmten Subjekten nicht möglich, wie die Beispiele zeigen; eine spezifische Agentivität (Menschen, Tiere) ist erforderlich – Modell ist ein Lebewesen, nicht ein bloßer Verursacher.

Für qualitative Adverbien mit Prädikationsbezug ist nicht die *es ist der Fall, dass*-Paraphrase (s.o.) möglich, nur ein Schluss auf dieselbe Äußerung ohne Adverb (vgl. Zifonun / Hoffmann / Strecker 1997: 1183). Wenn eine Dispositionslesart anzunehmen ist, ist der Schluss aber nicht unproblematisch, wiewohl man *Paula raucht gern* nicht assertieren kann, wenn sie noch nie geraucht hat:

(48) Paula hat sich gern [alles angehört]. => Paula hat sich alles angehört.
(49) Paula [raucht] gern ≠> Paula raucht.

Adverbien, die in dieser Funktion gebraucht werden können, teilen ihren Ursprung im Symbolfeld mit Adjektiven. Einige von ihnen haben in jüngster Zeit die Möglichkeit entwickelt, einen Gedanken

---

[8] Unterstreichung markiert Akzent.

zu spezifizieren; aus der aktantenbezogenen Handlungspräferenz (a) wird eine ereignisbezogene Tendenz (b):

(50) Kinder vergessen ihre Hausaufgaben gern. (a)
(51) Kinder vergessen gern ihre Hausaufgaben. (a, b)
(52) Dies Auto übersteuert gern. (b)

Im folgenden Beispiel bleibt die Basis eine Handlungspräferenz des Schreibers:

(53) Sie alle verantworteten den Tod des mutigen (…) erst sechsundzwanzigjährigen Berufsoffiziers Oskar Kusch. Nach ihm dürfte gern eine Kaserne, ein U-Boot, besser noch ein Geschwader benannt werden. (DIE ZEIT 29.9.05, 60)

Manchmal ist die Interpretation schwierig, im ersten der folgenden Fälle ist es wohl eher die Tendenzlesart (b), da eine Irrtumspräferenz nicht zu unterstellen ist, im zweiten mag eine Präferenz mitgedacht sein:

(54) Wettbewerb heißt für Kurt Altschul vor allem Marketing-Wettbewerb. Europäische Investoren übersehen dieses Faktum gern. (COMPUTER ZEITUNG, 19.05.1993, 9)
(55) Besonders im OEM-Bereich wird die Aussage des Herstellers gern übernommen, ohne dass irgendein Beleg vorhanden ist. (COMPUTER ZEITUNG, 27.05.1993, 3)

Ist ein Transfer vom Prozess auf das Subjekt nicht möglich, muss die Tendenzinterpretation, die den ganzen Gedanken erfasst, greifen. Im folgenden Beispiel ist Schlafen etwas, das von Paula auf der Folie anderer Aktivitäten präferiert ist[9]; ist Paula gewichtet, wird mit Präferenzen Anderer kontrastiert:

---

[9] In wieweit Adjektive in Adverbialfunktion die Zuweisung von Eigenschaften an das Subjekt zulassen, beschreibt Frosch in Zifonun/Hoffmann/Strecker 1997: 1191 ff.

Einem Software-Programm kann Streiken nur als Prozess-Tendenz zugewiesen werden:

(57) Dieses Programm streikt gern.

Auch das folgende Beispiel zeigt die Komplexität der Symbolverarbeitung im Wissen. Die Denkweise von Marie wird mit anderen, die konventionell sind, ins Verhältnis gesetzt:

(58) Marie [denkt] anders.

Der zugrunde liegende Vergleich kann auch dazu führen, sie als (in wesentlichen Eigenschaften) kategorial gleiche zu spezifizieren:

(59) Marie [denkt], wie alle denken.

Wenn jemand *langsam [Auto fährt]*, wird ein Aktionsschema des Autofahrens aufgerufen, das eine typische Fahrweise – als Wissen um eine Normalform – enthält. Der Hörer muss eine solche Äußerung so verstehen, dass dieser Maßstab mit der sprachlich aktualisierten Wirklichkeit ins Verhältnis gesetzt und so der Sinn klar wird.

Kausale Adverbien sind wie temporale und lokale in der Regel propositionsbezogene Spezifikatoren. Sie basieren auf einer Wissensverarbeitung, die einen ursächlichen oder begründenden Zusammenhang herstellt:

(30) Ehrenhalber sollte nur [Professor werden], wer Habilitierten gleichzusetzen ist! Karl Moik wird nun Professor. Das klingt wie eine gefährliche Drohung! (http://www.gewerbeverein.at/ modules.php?name=News&file=article&sid=454)

Der Zugriff eines Adverbs kann in der Spezifizierung ein Bedeutungsmoment des Verbs allererst realisieren, was in der Valenzgrammatik als obligatorisches Komplement (Adverbialkomplement) gefasst wird:

(60) Dort ist die Jahrestagung. Dort wohnt die Vorsitzende.
(61) Steve ist anders.

Verben wie *wohnen, leben* bilden Prädikatsausdrücke, die eine Ortsspezifizierung semantisch einschließen. Ein Kopulaverb bedarf zur Funktionsrealisierung eines geeigneten prädikativen Ausdrucks, das kann neben einer Adkopula *(pleite)*, einem Adjektiv *(faul)*, einer Nominal-/Präpositionalphrase *(aus Mannheim)* ein Adverb sein. Die Verbindung ist funktional als Konfiguration zu betrachten, die eine Kernprädikation zustande bringt.

(62) Steve   ist   anders.

Nur ein Teil der Adverbien lässt prädikativen Gebrach zu, direktionale beinhalten schon eine Dynamik und sind ausgeschlossen, aber auch einige andere wie *gern, erneut, halbwegs*.

Manche Adverbien lassen – je nach Kopfnomen – attributiven Gebrauch zu. Einige können mit einem deverbalen Substantiv verbunden werden (Nomen Actionis: *die Fahrt gestern, der Schlag dorthin*; Nomen Acti: *der Treffer hier*). Dinge, deren Raumlage relevant ist, können eine Ortsangabe bei sich haben *(das Fahrrad da)*, Ereignisse, für die Zeit wesentlich ist, eine temporale Spezifizierung *(deine Antwort vorhin)*. Diese Attribute werden dem Kopf nachgestellt.

Die Position in der linearen Abfolge ist stark davon bestimmt, ob das Gesagte im Vordergrund steht und gewichtet ist oder als bekannt bzw. thematisch oder weniger relevant dem Hintergrund zugehört. Gewichtetes kann grundsätzlich im Vorfeld erscheinen oder es wird möglichst nahe an der zweiten Satzklammer realisiert, Thematisches wird möglichst bald nach der Vorgängeräußerung realisiert, oft schon im Vorfeld:

(31) Es regnet. (a) **Daher** sind **nun** alle Schirme auf. (b) **Nun** sind **daher** alle Schirme auf.

Frageadverbien werden nur süddeutsch-umgangssprachlich nicht im Vorfeld realisiert:

(32) **Jetzt warum** gerade an diesem Tag? (Haas 2004: 37)

Soweit der Ausdruck Skopus über die ganze Satz-Proposition hat, wird er im Mittelfeld möglichst früh realisiert. Anaphern als prototypisch thematische und nicht hervorgehobene Ausdrücke sowie rahmensetzende Persondeixeis gehen voran, dann Abtönungspartikeln, die einem ersten Adverb auch nachgestellt sein können, eine spezifische Weise der Wissensverarbeitung kennzeichnen und nicht gewichtet werden. Auch nominale thematische Ausdrücke können vorher realisiert werden, sind aber im vorderen Mittelfeld (vor modalisierenden Ausdrücken) recht flexibel.

(33) Zu Hilfe kamen **ihm damals** eine Reihe von Qualitäten und besonderen Talenten ... (http://www.cicero.de / 97.php?ress_id =1&item=1073)
(34) So war das **eben damals**. (Haas 2004: 58)
(35) Das Solerasystem in seiner heutigen Form war **damals ja** noch unbekannt ... (http://derstandard.at / ?url= / ?id=2303925)
(36) Er hat gemerkt, dass **der Aschenbrenner sich gerade** hundertprozentig in ihn einfühlt ... (Haas 2004: 67) [thematischer Ausdruck > reflexive Anapher > temporales Adv]

Auf Aktionen und Prozesse bezogen sind insbesondere temporale, lokale, frequentative, durative, finale und kausale Adverbien. Sie werden vor den kernbezogenen Adverbien der Art und Weise und den meist als kollusives Komplement fungierenden direktionalen Adverbien bzw. anderen Komplementen realisiert und können auch ohne spezifische Effekte im Vorfeld erscheinen. Tab. 8 zeigt eine Abfolgepräferenz für das Mittelfeld, in die das Vorfeld einzubeziehen ist, in dem aber Abtönungspartikeln nicht erscheinen.[10]

Die Weite des Skopus spielt eine wichtige Rolle, wobei die abstrakte Zeitbestimmung im Deutschen als grundlegend wirkt und dem konkreteren Ort vorangeht; alles hat eine Zeit, jeder Gedanke erscheint im Satz verzeitlicht. Gründe oder Zwecke beziehen sich weniger auf Zeit und Ort, sondern auf Prozesse oder Aktionen. Soweit sie anadeiktische Anteile haben *(deshalb),* werden sie allerdings auch oft im Vorfeld, nahe zur Vorgängeräußerung, realisiert. Noch prozessnäher sind Frequenz und Dauer, deren interne Abfolge vom Skopus abhängt:

---

[10] Im Englischen als „SOV-Sprache" ist die Abfolge tendenziell gegenäufig, also Ort > Zeit usw.

Gegenstände thematisch / situativ verankernd	Anapher / Persondeixis >
Szenario im Wissen verarbeitend	Abtönungspartikeln >
thematische Gegenstände charakterisierend	(definite) nominale Phrasen >
Szenario spezifizierend	temporal > lokal > kausal / final[11] > frequentativ / durativ >
Szenario modalisierend	Modalpartikel / modale Ausdrücke >
Szenario pauschal zurückweisend	Negationspartikel[12] >
Aktions- / Prozess(kern) spezifizierend	instrumental / modifikativ > direktional / Adv als kollusives Komplement

Tabelle 8: Präferierte Realisierungsfolge von Adverbien im Mittelfeld deutsche Sätze

(37) Sie hat **sonntags lange / lange sonntags** geschlafen.

Das Zentrum des Mittelfeldes bilden modalisierende Ausdrücke, gefolgt von Negationspartikeln mit maximalem Skopus bei weiter Fokussierung.[13] Die Präferenz wird durch die Gewichtung überlagert, die für eine Realisierung des Hervorgehobenen nahe der zweiten Satzklammer sorgt. Die Abfolge wird durchbrochen durch nominale Komplemente, die, – sofern thematisch – zu früher und – sofern gewichtet – zu später (Ende des Mittelfelds, vor präpositiven Komplementen, nominalen und anderen Verbteilen) Realisierung tendieren. Mündlich kann die Intonation auch Nicht-Standardfolgen erlauben.

(38) **Damals dort** und **heute hier**. (Buchtitel von Rafik Schami)
(39) Staatsbibliothek öffnet **jetzt** (auch) **sonntags** ihre Pforten. (http://sankt-georg.info/)
(40) Man spricht **hier deshalb** auch von einem indirekten Aktienexposure einer Wandelanleihe von 50% bis 60%. (www.risk return.ch/html/Finanz_Betrieb_15_03_05.479.0.html)

---

[11] Bei phrasalen Adverbialia gilt eher die sonst in den Grammatiken zu findende Tendenz kausal > lokal.
[12] Über die Abfolgemöglichkeiten der Negationspartikel informiert C15.
[13] Zur „zentripetalen" Struktur des Mittelfelds: Hoberg in: Zifonun / Hoffmann / Strecker 1997: 1505 ff.

(41) Dort können **dann gegebenenfalls** auch Sanktionen gegen den Iran beschlossen werden. (http://romso.de/?q=%5Biran+sanktionen%5D)

(42) Viele Rassen werden Ihnen **hier deshalb** ausführlich präsentiert, wobei … (http://www.koi-lexikon.de/koi-pflege.html)

(43) **Dort immer** auf der Vorfahrtsstraße bleiben. (http://www.fh-brandenburg.de/10.html)

(44) Weil Besuch **meistens zu lange**. ? (Haas 2004: 25)

(45) Bei sich selbst hat er **immer gern** geklaut. (www.faz.net/s/Rub C17179D529AB4E2BBEDB095D7C41F468/Doc~E828FE1201A824DF280A64470E5A5AE86~ATpl~Ecommon~Scontent.html)

(46) Ich frage, weil ich meine Eltern **gerne dorthin**$_1$ einladen möchte und die sitzen **gerne auf vernünftig gepolsterten Stühlen**$_2$ und gemütlich. (…) **Deshalb** will ich **dort** auch nicht **vorher**$_3$ anrufen … (www.wer-weiss-was.de/theme80/article2858106.html)

Im vorstehenden Beispiel sehen wir ein modifikatives vor einem direktionalem Adverb (1) bzw. lokalem verbnahen Komplement (2) und ein kausales vor einem lokalen vor einem gewichtetem temporalen Adverb als Supplement (3).

(24) a) …, jetzt ist er **wieder dort** gewesen, … (Haas 2004: 67) [*dort*: kollusiv / Kompl.]

  b) …, jetzt hat er **dort wieder** gearbeitet. [*dort:* spezifizierend / Supplement]

  c) …, jetzt hat er **wieder dort** gearbeitet. [*dort:* spezifizierend / Supplement]

Im Nachfeld – und zwar im Diskurs oder paradiskursiven Formen wie dem Chat – können auch Adverbien auftreten, wiewohl sie nicht wegen ihrer Länge ausgelagert werden, meist als Nachtrag oder Reparatur:

(24) Hanna hat sie gefahren heute abend / dort / samstags / bisher / dafür / damit / *gern / *dorthin.

Möglich ist auch eine Installation als Parenthese (Hoffmann 1998) in eine geeignete Nische:

(25) Sie hat – bisher – immer Erfolg gehabt.

3.3. Kontrastive und typologische Aspekte

Die Funktion der Spezifizierung, wie sie für Adverbien beschrieben wurde, ist universell. Adverbien in dem weiten Verständnis, wie es insbesondere in der englischsprachigen Literatur herrscht, sind es nicht. Als formal ausgeprägte Wortart, die der Spezifizierung von Propositionen und ihren Teilen dient, sind lokale und temporale Adverbien sprachenübergreifend weithin anzutreffen. Eine lokale und eine deiktische Prozedur findet sich in allen Sprachen, wie immer sie im Einzelnen formal ausgeprägt ist. In einigen Sprachen haben temporale und lokale Adverbien zwar synchron den Adverbstatus, sind aber aus Symbolfeldausdrücken (in spezifischen nominalen Kasuskonfigurationen wie Ablativ, Lokativ etc. oder verbalen Formen, z.B. Modalverben, oder spezifischen nominalen Konstruktionen) entstanden. Das Prinzip kann am quasideiktischen lateinischen *hodie* ‚heute' verdeutlicht werden, das auf idg. *hō diē ‚an diesem Tage' zurückführbar ist. Unter den anderen Typen sind die (oft de-adjektivischen) symbolischen Adverbien der Art und Weise am weitesten verbreitet, aber nicht universell.

Die abstrakten Zeit-Konzepte und ihre Verbalisierung sind in besonderer Weise an Adverbien gebunden, die einen Gedanken verzeitlichen – überblickt man die Sprachen der Welt durchaus vergleichbar den Verbtempora. Die mentale Folie von Zeitkonzepten bildet durchgängig ein Raumkonzept. Aus lokalen Ausdrücken sind temporale entwickelt worden. Im deiktischen System des Wik-Munkan sind beide noch ungeschieden beieinander, wie die Übersicht von Anderson/Keenan (1985: 298) zeigt:

Form	Spatial sense	Temporal sense
imman	‚right here'	‚right now, today'
inpal	‚from here'	‚from now'
anpal	‚from there (distant)'	‚from then (on)'
anman	‚around there'	‚around now'
nanpal	‚from there (near)'	‚from then (recent)'
nanman	‚there (close), that place'	‚now (general), any near time'

Tabelle 9: Lokal- und Temporaladverbien (Wik-Munkan)

Die Entwicklung kann zu unabhängigen temporalen Formen führen (vgl. Dissel 1999: 140).

Die Kookkurenz mit dem Verb teilen Adverbien mit dem Hilfsverb in den Sprachen, die über diese Kategorie verfügen. Beide sind Mittel der Expansion. Vom Hilfsverb unterscheiden sie sich durch das Fehlen verbaler Eigenschaften, so kann das Hilfsverb auch allein die Prädikation bzw. den Verbalkomplex bilden. Im Chinesischen nehmen beide dieselbe präverbale Position ein:

(63) tā   kuài / (yào)   lái   le
     er / sie bald   kommt   perfektive Aspektpartikel[14]
(64) nǐ   néng   lái   ma?
     du   kannst   kommen   Fragepartikel
     (adaptiert aus Li / Thompson 1981: 181)

Diesem Bild entspricht, was wir in vielen Pidgin-Sprachen sehen können, denen eine Verbmorphologie bzw. ein grammatikalisiertes Tempus-Modus-Aspekt-System fehlt, während ein temporales Adverb allein den Bezug auf ein Zeitintervall herstellt:

(65) before my   sell-um for ten dollar. (Chinese Pidgin English)
     PAST   1SG   sell   for ten dollar.
     ‚I sold it for ten dollars.‘ (aus: Bakker 1995: 37)

Mit dem Übergang zum Creole finden wir neben der adverbiellen Strategie sprachenübergreifend präverbale Tempus-Modus-Aspekt-Morpheme, die stets in dieser Abfolge erscheinen, während Nicht-Creole-Sprachen überwiegend zur Abfolge MTA tendieren (Bakker / Post / van der Voort 1995: 248).

Die Bindung ans Verb manifestiert sich universell in einer Präferenz für verbnahe, meist präverbale Realisierung. Das gilt auch in VSO-Sprachen (vgl. Greenberg 1963).

Neben oder statt genuinen Adverbien haben viele Sprachen einen Derivationsmechanismus, mit dem durch ein Affix (meist aus dem Symbolfeld: aus Adjektiv- oder Substantivstämmen) Adverbien abgeleitet werden. Dies geschieht beispielsweise im Mittelhochdt. durch das Suffix -e *(lanc > lang-e)* und mit dem Suffix *-lîche(n)* wie in *bitterlîchen*, im Engl. durch -ly *(total > total-ly, Body > bodi-ly, according > according-ly)*, im Türk. durch -ce *(güzel > güzel-ce* ‚schön‘, ‚ordentlich‘). Im Türkischen wie im Deutschen sind Adjek-

---

[14] Zu *le* auch die lernerorientierte Studie von Timmermann (2005: 116 ff.)

tive flexionslos und in dieser Formen auch adverbial verwendbar (*Türk. sert konuşmak* ‚barsch sprechen' – es kann eine Markierung durch Repetition erfolgen: *sert sert konuşmak*), Türkisch hat aber auch genuine Adverbien wie *yine* ‚wieder'.

Nicht selten (bes. in der indoeuropäischen Familie) ist der Fall, dass erstarrte Kasusformen in die Adverbklasse eintreten (latein. *modo, casu* (< Ablativ), *multum* (< Akkusativ); griech. σαφῶς ‚deutlich' (< alter Ablativ), μακράν ‚weithin' (< Akkusativ), κοινῇ ‚gemeinsam' (< Dativ); türk. *gün-den gün-e* (*gün*+Ablativsuffix und *gün*+Dativsuffix) ‚von Tag zu Tag'; *kışın* (*kış* + altes Instrumentalissuffix ‚im Winter' (Lewis 2000: 201)).

Einige afrikanische, altaische und australische Sprachen realisieren die Adverbfunktion der Spezifizierung in verbaler Form durch ein Konverb. So das Yoruba:

(66) ó **tún** ń lo. ‚He is going again'
 3SG **repeat** is going (aus: Watters 2000: 196)

In afrikanischen Sprachen wie dem Hausa finden wir neben den schon angeführten Bildungsformen Ideophone, die dem Malfeld der Sprache zuzurechnen sind. Es sind unflektierte, in Laut- und Silbenstruktur abweichende, lautmalende Ausdrücke, die dem Gehalt eines Bezugsworts eine spezifische Nuancierung oder Intensivierung verleihen. Öfter liegen Alliterationen, Längungen von Vokalen oder Konsonanten oder Reduplikationen vor (*zak̓ii zak̓wai* ‚zuckersüß' (Wolff 1993: 453)). Ihre Funktion wird manchmal als adverbähnlich beschrieben, sie scheinen aber eine spezifische Klasse zu bilden:

(67) yanàa tsàye k̓ìi k̓àm
 ‚er steht da unhöflich'
(68) sunàa tàfe faràm faràm
 ‚sie bewegen sich fort ungeordnet' (nach Wolff 1993: 453)

Zu den Besonderheiten gehört der Fall, dass Adverbien mit anderen Ausdrücken kongruieren:

(69) roq'o = b video b = ugo
 at.home = N video.N N = be.PRS
 (Avar, Kaukasus, n. E. Kalinina, aus: Croft (2001: 210))
(70) ti haa **bhaag tsaangLaa** vaatsel
 she this **part.MSG good.MSG** will.read
 (Marathi, n. Hook/Chauhan, aus: Croft (2001: 210))

(71) hu-ʔ ax.is   haʔuk⁽ʷ⁾ap
     still:IND:1SG   eat:CAUS
     (Makah, aus: Croft 2001: 30)

Im ersten Fall kongruiert das Adverb *roq'o* mit dem Absolutiv *video*, im zweiten kongruiert das Adverb *tsaangLaa* mit dem Nomen *bhaag* (Maskulinum Singular). Letzteres scheint Croft (2001: 210) „anomalous", da eine semantische Beziehung kaum festzustellen sei. Die Kongruenz markiert offenbar die Zusammengehörigkeit von Handlung und Objekt am Objekt, das damit zentral ist im Prozess bzw. in der Aktion. Zu untersuchen wäre, ob nicht zwischen Verb und Objekt hier eine besonders enge Beziehung existiert.

Im Ngiyambaa (Australien) gibt es verbale Formen, die in Transitivität, Tempus, Modus und Aspekt mit dem Hauptverb kongruieren und auch allein vorkommen können. Sie sind aus zwei Komponenten zusammengesetzt, deren erste die Handlung als ‚wiederholt' ‚mit Krafteinsatz' etc. spezifiziert, während die zweite – bestimmt durch das Hauptverb – die Tätigkeitsart charakterisiert, z. B. ‚mit dem Mund tun' in Verbindung mit Verben der Nahrungsaufnahme (vgl. Dixon 2002: 183).

Schließlich sind polysynthetische Sprachen zu nennen, in denen Affixe am Verb eine direktionale oder lokale Spezifizierung leisten. Im Kwakwala, einer nordamerikanischen Sprache, finden wir Suffixe räumlicher Spezifizierung am Verb, hier am Verbstamm *lá* ‚gehen':

(72) lá-wəls ‚go out of house'
(73) lá-sdes ‚go up from beach'
(74) lá-gæs ‚go about on roof'   (aus: Mithun 1999: 148)

Im Uto-Aztekisch können Substantiv-, Adjektiv- oder Verbstämme zur Spezifizierung in Verbformen inkorporiert werden:

(75) mama-paghay'wa-y   (mama-ch(i) ‚woman')
     woman-walk-IMM
     ‚s/he is walking like a woman'   (aus: Givón 2001: 89)

In Gebärdensprachen liegt das räumliche Fundament auf der Hand. Sie basieren auf der visuellen Wahrnehmung im dreidimensionalen Raum und haben eine manuelle Komponente (Handform, Handstellung, Bewegung und Ausführungsbereich der Bewegung) sowie eine nicht-manuelle, die Körper- oder Kopfhaltung, Blickrichtung, Mimik und Mundbild nutzt. Zeitangaben werden in einigen westeuropäischen Gebärdensprachen auf der Basis eines Körperkonzepts gemacht, das die Standardausrichtung des Körpers derart nutzt, dass eine Bewegung nah am Körper gegenwartsorientiert ist, eine rückwärts orientierte Bewegung Vergangenheit ausdrückt, eine vorwärts orientierte Zukunft. Bei den Mayas sind Zukunfts- und Vergangenheitsorientierung umgekehrt angeordnet; die horizontale Achse wird in Gebärdensprachen genutzt, um metrische Einheiten (Kalender), Reihenfolge (a vor b) oder Dauer auszudrücken (vgl. Boyes Braem 1995: 71 f.).

Zusammenfassend kann die Wortart Adverb funktional-syntaktisch universell durch ihre Spezifizierungsleistung auf Dimensionen wie Raum, Zeit und in einzelnen Sprachen auch Art und Weise, Richtung, Dauer und Frequenz, Ziel und Zweck, Instrument und Domäne charakterisiert werden.

4. Literatur

4.1. Quellen

Ani, F. (2005) Süden und der Mann im langen schwarzen Mantel. München: Knaur
Forte, D. (2004) Das Haus auf meinen Schultern. Frankfurt: Fischer
Haas, W. (2004) Ewiges Leben. München: Piper
Hoffmann, L. (1994) Eine Verhandlung vor dem Amtsgericht. In: Redder, A. / Ehlich, K. (Hg.) Gesprochene Sprache. Tübingen: Niemeyer, 19–90
Internetquellen: Stand: 30.04.2006

4.2. Forschungsliteratur

Adelung, J. C. (1781) Deutsche Sprachlehre. Hildesheim / New York: Olms [Nachdruck]
Admoni, W. (1982^9) Der deutsche Sprachbau. München: Beck
Aichinger, C. F. (1754 / 1972) Versuch einer teutschen Sprachlehre. Hildesheim / New York: Olms [Nachdruck]
Alexiadou, A. (2002) On the status of adverb in a grammar without a lexicon. In: Schmöe, F. (Hg.) Das Adverb – Zentrum und Peripherie einer Wortklasse. Wien: Edition Praesens, 25–42
Altmann, H. (2000) Zur Semantik von deiktischen Lokal- und Direktionaladverbien in einem mittelbairischen Dialekt. In: Greule, A. / Scheuerer, F. X. / Zehetner, L. (Hg.) Vom Sturz der Diphtonge. Tübingen: Narr, 161–169

Anderson, S. R./Keenan, E. L. (1985) Deixis. In: Shopen, T. (Hg.) Language Typology and Syntactic Description. Vol. 3. Cambridge: University Press

Arens, H. (1969) Sprachwissenschaft. Der Gang ihrer Entwicklung von der Antike bis zur Gegenwart. Freiburg: Alber

Austin, J. R./Engelberg, S./Rauh, G. (Hg.) (2004): Adverbials: The interplay between meaning, context, and syntactic structure. Amsterdam/Philadelphia: Benjamins

Auwera, J. v. d. (1994) Adverbs and adverbials. In: Asher, R. E./Simpson, J. M.Y. (Hg.) The encyclopedia of language and linguistics. Vol. I. Oxford [u. a.]: Pergamon Press, 39–42

Auwera, J. v. d. (1998) Adverbial constructions in the languages of Europe. Berlin: Mouton de Gruyter, 1–23

Bakker, P. (1995) Pidgins. In: Arends, J./Muysken, P./Smith, N. (Hg.) Pidgins and Creoles. Amsterdam: Benjamins, 25–40

Bakker, P./Post, M./van der Voort, H. (1995) TMA particles and auxiliaries. In: Arends, J./Muysken, P./Smith, N. (Hg.) Pidgins and Creoles. Amsterdam: Benjamins, 247–258

Bellert, I. (1977) On semantic and distributional properties of sentential adverbs. In: Linguistic Inquiry 8, 337–351

Berchem, J. (1991) Referenzgrammatik des Somali. Köln: OMOMEE

Biber, D./Johansson, S./Leech, G./Conrad, S./Finegan, E. (2000) Longman Grammar of Spoken and Written English. London: Longman

Blühdorn, H. (2002) Rauminformation und Demonstrativität. Am Beispiel des Deutschen. In: Deutsche Sprache 30, 252–275

Blühdorn, H. (2003) Die Raumadverbien hier, da und dort und ihre Entsprechungen im brasilianischen Portugiesisch. In: Blühdorn, H./Schmidt-Radefeldt, J. (Hg.) Die kleineren Wortarten im Sprachvergleich Deutsch-Portugiesisch. Frankfurt: Lang, 47–73

Boyes Braem, P. (1995) Einführung in die Gebärdensprache und ihre Erforschung. Hamburg: Signum

Brinkmann, H. (1971²) Die deutsche Sprache. Düsseldorf: Schwann

Cann, R. (1993) Formal semantics. Cambridge: University Press

Cortès, H./Szabó, H. (1995) Zur Adverbdetermination: Ein Vorschlag zur Erklärung der beiden Betonungsmöglichkeiten von Pronominaladverbien, welche auf unterschiedliche Funktionsebenen verweisen. In: Faucher, E./Métrich, R./Vuillaume, M. (Hg.) Signans und Signatum: Auf dem Weg zu einer semantischen Grammatik. Tübingen: Narr, 245–264

Cresswell, M. J. (191) Adverbs of causation. In: Eikmeyer, H. J./Rieser, H. (Hg.) Words, Worlds and Contexts. Berlin/New York: de Gruyter, 21–37

Cresswell, M. J. (1985) Adverbial Modification. Dordrecht: Reidel

Croft, D. (2001) Radical Construction Grammar. Oxford: University Press

Davidson, D. (1990/1980) Handlung und Ereignis. Frankfurt: Suhrkamp

Dissel, H. (1999) Demonstratives. Amsterdam: Benjamins

Dixon, R. M. W. (2002) Australian Languages. Cambridge: University Press

Djubo, B. A. (2003) Aktionale Funktion des Richtungsadverbs *herunter* in verbalen Bindungen. In: Cahiers d'Études Germaniques. 44, 1. Wien: Edition Praesens, 85–96

Ehlich, K. (1979) Verwendungen der Deixis beim sprachlichen Handeln. Frankfurt: Lang

Ehlich, K. (1986 / 2000²) Funktional-pragmatische Kommunikationsanalyse. In: Hoffmann, L. (Hg.) Sprachwissenschaft. Berlin / New York: de Gruyter, 183–203

Ehrich, V. (1992) Hier und Jetzt. Studien zur lokalen und temporalen Deixis im Deutschen. Tübingen. Niemeyer

Eisenberg, P. (2004²) Grundriß einer deutschen Grammatik. Der Satz. Stuttgart: Metzler

Eisenberg, P. (2002) Morphologie und Distribution. Zur Morphosyntax von Adjektiv und Adverb im Deutschen. In: Schmöe, F. (Hg.) (2002) Das Adverb – Zentrum und Peripherie einer Wortklasse. Wien: Edition Präsens, 61–71

Fabricius-Hansen, C. / Lang, E. / Maienborn, C. (Hg.) (2002): Approaching the Grammar of Adjuncts. Proceedings of the Oslo conference, September 22–25, 1999. Berlin: Mouton de Gruyter

Fleischer, J. (2002) Die Syntax von Pronominaladverbien in den Dialekten des Deutschen. Eine Untersuchung zu Preposition Stranding und verwandten Phänomenen. Stuttgart: Steiner

Franck, J. (1905) Aus der Geschichte des Adverbs. In: Beiträge zur Geschichte der deutschen Sprache und Literatur 30, 334–344

Frey, W. / Pittner, K. (1998) Zur Positionierung der Adverbiale im deutschen Mittelfeld. In: Linguistische Berichte 176, 489–534

Geckeler, J. H. (1992) Betrachtungen zum Adverb, insbesondere zu seiner „Unveränderlichkeit". In: Anschütz, S. R. (Hg.) Texte, Sätze, Wörter und Moneme. Festschrift für K. Heger zum 65. Geburtstag. Heidelberg: Heidelberger Orientverlag, 201–218

Georges, K. E. (2002 / 1913–1918⁸) Lateinisch-deutsches Handwörterbuch. Elektronische Ausgabe. Berlin: Directmedia

Gottsched, J. C. (1762 / 1970) Vollständigere und neuerläuterte Deutsche Sprachkunst. Hildesheim / New York: Olms [Nachdruck]

Greenberg, J. H. (1963) Some Universals of Grammar with Particular Reference to the Order of Meaningful Elements. In: Denning, K. / Kemmer, S. (Hg.) (1990) On Language. Selected Writings of J. A. Greenberg. Stanford: University Press, 40–70

Haider, H. (2000) Adverb Placement – Convergence of Structure and Licensing. In: Theoretical Linguistics 26, 95–134

Haspelmath, M. (2001) Word classes / parts of speech. In: Baltes, P. B. / Smelser, N. J. (Hg.) International Encyclopedia of the Social and Behavioral Sciences. Amsterdam: Pergamon, 16538–16545

Haspelmath, M. / König, E. (Hg.) (1995) Converbs in crosslinguistic perspective. Structure and meaning of adverbial verb forms – adverbial participles, gerunds. Berlin: Mouton de Gruyter

Heine, B. / Kuteva, T. (2002) World Lexicon of Grammaticalization. Cambridge: University Press

Helbig, G./Buscha, J. (2001) Deutsche Grammatik. München: Langenscheidt
Hengeveld, K. (1998) Adverbial clauses in the Languages of Europe. In: v.d. Auwera, J. (Hg.) Adverbial Constructions in the Languages of Europe. Berlin/New York: Mouton de Gruyter, 335–420
Hetlund, J. (1992) Satzadverbien im Fokus. Tübingen: Narr
Hoffmann, L. (1997) Deixis und situative Orientierung. In: Zifonun, G./Hoffmann, L./Strecker, B. (1997), 311–359
Hoffmann, L. (1998) Parenthesen. In: Linguistische Berichte 175, 299–328
Hoffmann, L. (2003) Funktionale Syntax. Prinzipien und Prozeduren. In: Hoffmann, L. (Hg.) Funktionale Syntax. Berlin/New York: de Gruyter, 18–121
Huddleston, R./Pullum, G. K. (2002) The Cambridge Grammar of the English Language. Cambridge: University Press
Jäger, G. (2003) Competition and interpretation: The German adverb wieder („again"). In: Fabricius-Hansen, C./Lang, E./Maienborn, C. (Hg.) Modifying adjuncts. Amsterdam/Berlin/New York: Mouton de Gruyter, 393–416
Kambartel, F./Stekeler-Weithofer, P. (2005) Sprachphilosophie. Stuttgart: Reclam
Klabunde, R. (2000) Semantik und Pragmatik dimensionaler Adverbien. In: Habel, C./Stutterheim, C. v. (Hg.) Räumliche Konzepte und sprachliche Strukturen. Tübingen: Niemeyer, 191–215
Kortmann, B. (1997) Adverbial subordination: a typology and history of adverbial subordinators based on European languages. Berlin: Mouton de Gruyter
Kortmann, B. (2001) Adverbial conjunctions. In: Haspelmath, M. et al. (Hg.) Language Typology and Language Universals. Berlin/New York: de Gruyter, 842–854 (HSK 20.1)
Levinson, S. C. (2001) Covariation between spatial language and cognition. In: Bowerman, M./Levinson, S. C. (Hg.) Language acquisition and conceptual development. Cambridge: University Press, 566–588
Kluge, F. (2002^{24}) Etymologisches Wörterbuch der deutschen Sprache (bearb. von E. Seebold). Berlin/New York: de Gruyter
Lewis, G. L. (2000^2) Turkish Grammar. Oxford: University Press
Li, C. N./Thompson, S. A. (1981) Mandarin Chinese. Berkeley: University of California Press
Lyons, J. (1980^5) Einführung in die moderne Linguistik. München: Beck
Mithun, M. (1999) The Languages of Native North America. Cambridge: University Press
Pérennec, M.-H. (Hg.) (1996) Pro-Formen des Deutschen. Tübingen: Stauffenburg
Pfeifer, W. et al. (1989) Etymologisches Wörterbuch des Deutschen. Berlin: Akademie
Pittner, K. (1999) Adverbiale im Deutschen. Untersuchungen zu ihrer Stellung und Interpretation. Tübingen: Stauffenburg

Poitou, J. (2003) Fortbewegungsverben, Verbpartikel, Adverb und Zirkumposition. In: Cahiers d'Études Germaniques. 44, 1. Wien: Edition Praesens, 69–84
Quine, W. v. O. (1973) Philosophie der Logik. Stuttgart: Kohlhammer
Quirk, R. / Greenbaum, S. / Leech, G. / Svartvik, K. (1991⁹) A Comprehensive Grammar of the English Language. London: Longman
Ramat, P. / Ricca, D. (1994) Prototypical adverbs: on the scalarity / radiality of the notion of adverb. In: Rivista di Linguistica 6, 289–326
Redder, A. (2005) Wortarten oder sprachliche Felder, Wortartenwechsel oder Feldtransposition? In: Knobloch, C. / Schaeder, B. (Hg.) Wortarten und Grammatikalisierung. Berlin / New York: de Gruyter, 43–66
Rehbein, J. (1995) Über zusammengesetzte Verweiswörter und ihre Rolle in argumentierender Rede. In: Wohlrapp, H. (Hg.) Wege der Argumentationsforschung. Stuttgart / Bad Cannstadt: Holtboog, 166–197
Renz, I. (1993) Adverbiale im Deutschen: ein Vorschlag zu ihrer Klassifikation und unifikationsbasierten Repräsentation. Tübingen: Niemeyer
Rolland, M. T. (1999) *Adjektiv und Adverb im Deutschen*. In: Wirkendes Wort. 49, 1. Berlin / Frankfurt / Main: Lang, 105–120
Rossdeutscher, A. / Stutterheim, C. v. (2006) Semantische und pragmatische Prinzipien der Positionierung von *dann*. In: Ling. Berichte 205, 29–60
Sasse, H. J. (1993) Syntactic Categories and Subcategories. In: Jacobs, J. / v. Stechow, A. / Sternefeld, W. / Vennemann, T. (Hg.) Syntax. HSK 9.1 Berlin / New York: de Gruyter, 646–685
Schachter, P. (1985) Parts-of-speech systems. In: Shopen, T. (Hg.) Language typology and syntactic description. Vol. 1. Cambridge: University Press, 3–61
Schaeder, B. / Knobloch, C. (Hg.) (1992) Wortarten. Beiträge zur Geschichte eines grammatischen Problems. Tübingen: Niemeyer
Schmid, W. P. (2001) Adverb und Adverbiale im Deutschen. In: Schierholz, S. (Hg.) Die deutsche Sprache in der Gegenwart. Festschrift Cherubim. Berlin / Frankfurt / Main: Lang, 181–186
Schmidt, R. T. (1979) Die Grammatik der Stoiker. Braunschweig: Vieweg
Schmöe, F. (Hg.) (2002) Das Adverb – Zentrum und Peripherie einer Wortklasse. Wien: Edition Präsens
Schmöe, F. (2002) Lokale Adverbien im Deutschen. In: Schmöe, F. (Hg.) Das Adverb – Zentrum und Peripherie einer Wortklasse. Wien: Edition Praesens, 77–93
Sütterlin, L. (1923⁵) Die deutsche Sprache der Gegenwart. Leipzig: Voigtländer
Timmermann, W. (2000) Zeitadverbiale – Vielfalt mit System. In: Deutsch als Fremdsprache. 2000. H. 3, 155–162
Timmermann, W. (2005) Tempusverwendung in chinesisch-deutscher Lernersprache. Münster: Waxmann
Watters, J. R. (2000) Syntax. In: Heine, B. / Nurse, D. (Hg.) African Languages. Cambridge: University Press, 194–231
Tugendhat, E. (1976) Vorlesungen zur Einführung in die sprachanalytische Philosophie. Frankfurt / Main: Suhrkamp

Vogel, P. M. / Comrie, B. (Hg.) (2000) Approaches to the Typology of Word Classes. Berlin / New York: Mouton de Gruyter

Wolff, H. E. (1993) Referenzgrammatik des Hausa. Münster: LIT

Wotjak, G. (1997) (He)rein – (he)raus, hinauf / herauf – hinunter / herunter. Bedenkliches und Bedenkenswertes zur Konzeptualisierung und Sememisierung von Fortbewegung im Deutschen, Französischen und Spanischen. In: Wotjak, G. (Hg.) Studien zum romanisch-deutschen und innerromanischen Sprachvergleich. Berlin / Frankfurt / Main: Lang, 311–330

Zifonun, G. / Hoffmann, L. / Strecker, B. et al. (1997) Grammatik der deutschen Sprache. 3 Bde. Berlin / New York: de Gruyter

Ludger Hoffmann (Dortmund)

C5 Anapher

1. Wortartbezeichnung
2. Definition
2.1. Der Anaphernbegriff der Funktionalen Pragmatik
2.2. Der Anaphernbegriff in der Textlinguistik
3. Anaphern im Deutschen
3.1. Forschungsgeschichte und -ansätze
3.1.1. Diskursbasierte Definitionen
3.1.2. ‚Phorische' Definitionen
3.2. Form und Funktion der Anapher im Deutschen
3.2.1. Formale Aspekte
3.2.1.1. Anaphern als Substitution?
3.2.1.2. Genus- und Numerus-Kongruenz
3.2.1.3. Anaphern mit pluralen und komplexen Antezedenten
3.2.1.4. Demonstrative und betonte Anaphern
3.2.1.5. Nicht-referenzielles *es* und Korrelat-*es*
3.2.1.6. Prädikationen und Appositionen als phorische Verfahren?
3.2.2. Funktionale Aspekte
3.2.2.1. Direkte Anaphern: Themenfortführung und rhematische Spezifikation
3.2.2.2. Indirekte Anaphern: Neufokussierung und Neueinführung von Referenten
3.2.2.3. Komplexanaphern: Konstitution abstrakter Diskursobjekte und Textökonomie
3.2.2.4. Zusammenfassung: Anaphorik als Wortart und als textfunktionale Kategorie
4. Literatur

1. Wortartbezeichnung

Anapher, griech. *anaforá* (von griech. ἀναφέρειν (anaférein) ‚hinauftragen') ‚das Hinauftragende', ‚das Zurückverweisende'. Im Dt. wird der griech. Term *Anaphora* dagegen (alternativ zu *Anaphorik*) nicht für die Wortart oder den Ausdruck verwendet, sondern um das Phänomen anaphorischer Referenz zu bezeichnen.

2. Definition

Anaphern sind Ausdrücke, die innerhalb eines Textes einen anderen Ausdruck (*das Antezedens* oder *der Antezedent*) wieder aufgreifen und mit denen ein Sprecher somit auf einen im Text oder Diskurs bereits erwähnten Referenten erneut Bezug nimmt (vgl. Schwarz 1997).

Anaphern stellen dieser Definition zufolge eine rein funktional bestimmte Wortart, d. h. eine Verwendungsweise, dar (vgl. Bühler 1934, Herbermann 1994, Consten 2004).

2.1. Der Anaphernbegriff der Funktionalen Pragmatik

Die anaphorische Funktion hat viele Ausdruckstypen; lexikalisch unmittelbar ausgeprägt ist sie in unbetonten Personalpronomina der 3. Person. In der Funktionalen Pragmatik (Ehlich 1986) wird der Anaphernbegriff auf diese beschränkt (Hoffmann 2000); diese engere Definition ergibt sich aus der Kombination formaler und textfunktionaler Kriterien: Anaphern stellen dann eine geschlossene Wortart dar (Zifonun / Hoffmann / Strecker 1997: 25), nämlich die derjeniger Proterme (→ C19 Pronomen), die zur Themenfortführung verwendet werden (für eine Übersicht über Proterme s. Zifonun / Hoffmann / Strecker 1997: 66 f.; zu Problemen formaler Definitionen s. 3.1.).

Die Anapher im Sinne der Funktionalen Pragmatik steht somit im Kontrast zu anderen Realisierungsmitteln „phorischer Prozeduren", mit denen auf Referenten, die bereits textuell eingeführt wurden, Bezug genommen wird. Neben den Personalpronomina finden wir in dieser Funktion Relativa (→ C21), Possessiva (→ C17), Demonstrativpronomina[1] (→ C19 Pronomen), NPs mit determinierten Substantiven (lexikalische Anaphern, → C23 Substantiv) sowie leere Elemente (Analepsen).[2]

2.2. Der Anaphernbegriff in der Textlinguistik

In diesem Artikel sollen die Breite anaphorischer Phänomene dargestellt und graduelle Unterschiede zwischen den Funktionen verschiedener phorischer Mittel diskutiert werden. Daher wird, entsprechend der eingangs gegebenen Definition, der Terminus *Anapher*

---

[1] Die Funktion von Demonstrativa weicht von der anaphorischer Personalpronomina ab und wird bei Zifonun / Hoffmann / Strecker (1997: 555–563) als „Anadeixis" bezeichnet, siehe 3.2.1.4.

[2] Im Gegensatz hierzu wird in der Bindungstheorie der Generativen Grammatik (GB; erstmals Chomsky 1981) der Terminus *Anapher* nur für syntaktisch gebundene Ausdrücke (Reflexiv- u. Reziprokpronomina, → Reflexivum) (vgl. (a)) verwendet; im Gegensatz hierzu steht der Terminus *Pronomen;* diese sind bindungsfrei (vgl. (b)).
  (a) Der Kater leckt *sich* (= sich selber).
  (b) Der Kater leckt *ihn* (= jemand anderen).

subsumierend auf alle Ausdrücke angewandt, die die Funktion einer Wiederaufnahme von vorerwähnten Referenten erfüllen (vgl. (1) und (2)).

(1) Kennen Sie [Herrn B]$_i$, der$_i$ nebenan wohnt? Er$_i$ hasst Menschen und (Ø$_i$) liebt [seine$_i$ Katzen]$_k$ über alles; diese$_k$ sind quasi die Familie [des alten Sonderlings]$_i$.

Anaphern, die durch Substantive realisiert werden, können zum Antezedenten in der semantischen Relation der Synonymie, Hyperonymie, Hyponymie oder Metonymie stehen.

(2) Gestern habe ich [einen uralten Mann]$_i$ getroffen, und {[der Greis]$_i$ / [dieser Mensch]$_i$ / [dieser Kriegsveteran]$_i$ / [diese Nervensäge]$_i$} erzählte ...

In Bezug auf ihre referenziellen Eigenschaften bilden Anaphern gemeinsam mit Deiktika (→ C16 Personendeixis, Objektdeixis) die Klasse *domänengebundener Ausdrücke* (Schwarz 2000a, Consten 2004), d.h. der Ausdrücke, die nur unter Rückgriff auf Eigenschaften des Kontextes (im Falle der Anaphern des sprachlichen, im Falle der Deiktika des außersprachlichen Kontextes und der Sprecherorigo) referenzialisiert werden können.

3. Anaphern im Deutschen

3.1. Forschungsgeschichte und -ansätze

Entsprechend der funktional orientierten Definition (s. 2.) ist die mehr als 2000-jährige Geschichte der Anaphernforschung weniger von einzelsprach-spezifischen Formkriterien bestimmt als viel mehr von Versuchen, eine Abgrenzung deiktischer (→ C16 Person-, Objektdeixis) und anaphorischer Verwendungsweisen zu leisten (für einen Überblick vgl. u.a. Bosch 1983, Lenz 1997, Egli 1988, 2000, Hoffmann 2000, Consten 2004), wobei freilich die Fokussierung auf Artikelformen (→ C6 Determinativ) und insbes. Pronomina (→ C19 Pronomen) eine Verbindung zur formorientierten Wortartenforschung schafft.

Das Konzept anaphorischer Pronomina geht auf den alt-indischen Grammatiker Panini zurück, dessen Terminus *anvâdêça* „nochmalige Erwähnung" dem griech. *anaphorá* entspricht. Panini etabliert keine anaphorische Wortklasse und verweist darauf, dass

Pronominalformen sowohl anaphorisch als auch demonstrativ zu verwenden sind (vgl. Windisch 1869). Apollonius Dyskolus (2. Jh. nach Christus) unterscheidet deiktische Pronomina der 1. und 2. Pers. von Pronomina der 3. Pers., die anaphorisch oder deiktisch sein können. Anaphorik setze voraus, dass der Referent bekannt ist; Deixis, dass der Referent anwesend ist. *Anapher* wird also definiert als Pronomen, dessen Referent im Diskurs bereits bekannt ist (vgl. auch 3.2.2.1.).

In den antiken Definitionen wird die Bekanntheit eines Referenten stillschweigend auf dessen Vorerwähntheit im Text oder Diskurs zurückgeführt, so dass die Definitionskriterien ‚Bekanntheit' – oder genauer: ‚Thematizität' – und ‚textuelle Rückbezüglichkeit' kongruent sind. Analog hierzu sind ‚physische Anwesenheit des Referenten' und seine ‚Neueinführung' in den Diskurs prototypische Kriterien der Deixis (vgl. Consten 2004: 8). Eine Differenzierung und Erweiterung solcher Kriterien erfolgte in der neuzeitlichen Rezeption der antiken Ansätze, so etwa durch eine Integration sinnlicher Wahrnehmung und mentaler Vorstellung als Formen der Deixis bei Brugmann (1904) und durch Bühlers Vorstellung, dass der Text oder Diskurs als ein Zeigfeld analog zur physischen Umgebung aufgefasst werden kann (Bühler 1934).

Da in modernen Ansätzen die Kriterien ‚Diskursstatus' und ‚textuelle vs. nicht-textuelle Domäne' kaum noch integrativ besprochen werden (vgl. Consten 2004), ist die folgende Darstellung entsprechend gegliedert (3.1.1. vs. 3.1.2.). Rein strukturorientierte Modelle zur Anaphorik, die in den 1960er Jahren im Rahmen der generativen Grammatik entwickelt wurden und in gewisser Weise einen Rückschritt hinter die antiken Vorstellungen darstellen, werden in 3.2.1.1. besprochen.

3.1.1. Diskursbasierte Definitionen

Nach Apollonius Dyskolus finden sich auch in der neueren Forschung Ansätze, die Anaphern und speziell anaphorische Pronomina über den Diskursstatus des Referenten definieren; so die *Diskursmodell-Theorie* von Webber (1979) und die *Salienztheorie* (Lewis 1979, von Heusinger 1996, 1997, Cornish 1999):

> „The intended referent for an anaphoric pronoun [...] must already be the most salient object in the domain of discourse at the moment of utterance, more salient at least than any other object that could possibly be referred to by the same form." (Bosch 1983: 203)

Ähnlich werden in der *funktionalen Pragmatik* (Ehlich 1979, 1982, 1983) Anaphern definiert als sprachliche Einheiten, die innerhalb eines Textes, einer Rede oder einer Sprechhandlung einen Rückbezug auf Elemente herstellen, die vorgängig bei Sprecher und Hörer fokussiert sind und deren vorgängige Fokussiertheit bei Hörer und Sprecher bekannt ist, und die so eine Kontinuität der vorgängigen Fokussierung signalisieren. Deixis dagegen stellt eine „Orientierungsprozedur beim sprachlichen Handeln" (Ehlich 1983) dar, mit der ein Sprecher einen Hörer zur Neufokussierung eines Elementes im Verweisraum (hier: dem Text) auffordert.

Eine explizite und differenzierte Zuordnung zwischen dem Status des Referenten im Diskurs und den grammatischen Mitteln, mit denen ein anaphorischer Bezug realisiert wird, ist das Ziel der *Accessibility Theory* (Keenan / Comrie 1977, Ariel 1990, 1996, Sanders / Gernsbacher 2004; implizit auch Levinson 1987) und der *Centering Theory* (Brennan et al. 1987, Grosz et al. 1995, Walker et al. 1998). Diese Theorien beruhen auf einer Hierarchie von formal definierten Wortarten (abgestuft von Ausdrücken mit geringem deskriptivem Gehalt wie Analepsen und Personalpronomina bis hin zu lexikalischen NPs), die mit einem abnehmenden Grad der Zugänglichkeit des Referenten innerhalb einer Diskursrepräsentation korrespondiert (vgl. Zifonun / Hoffmann / Strecker 1997: 541 f.).[3]

Die formalsemantisch orientierte *Diskursrepräsentationstheorie* (*DRT*, Heim 1983, Asher 1993) formalisiert die Repräsentation des Diskurses als ‚semantische Übersetzungen' der syntaktischen Struktur, auf der auch die Referenzialisierung einer Anapher erfolgt. Über die syntaktische Ebene hinaus werden in den Anaphern-Konzeptionen der DRT semantische und referenzielle Eigenschaften und zunehmend auch Eigenschaften der außersprachlichen Situation (z. B. von Heusinger 1997) berücksichtigt, so dass sich der erfasste Phänomenbereich gegenüber rein syntaktischen Theorien wie der generativen Bindungstheorie (Chomsky 1981) insbes. um satzübergreifende Anaphorik und Anaphern mit gespaltenen oder komplexen Antezedenten erweitert hat.

---

[3] Zur Kritik an solchen Theorien ist anzumerken, dass Referenten auch aus Gründen, die außerhalb einer Diskursrepräsentation liegen, leicht erreichbar und salient sein können. Daraus resultierende Konflikte z. B. zwischen Verweisen auf vorerwähnte Elemente des Textes und Elemente der physischen Umgebung werden von den genannten Theorien nicht erfasst (vgl. Consten 2004).

3.1.2. ‚Phorische' Definitionen

Alternativ zum Diskursstatus des Referenten kann *Anapher* auch über die Art der Domäne, in der der Referent zugänglich ist, definiert werden:[4] Ein textuell präsenter, also vorerwähnter Referent wird durch eine Anapher benannt; ein physisch oder in der Vorstellung präsenter hingegen durch ein Deiktikon. Ein solcher Ansatz wird vor allem von Bühler (1934) in seiner *Zweifeldertheorie* vertreten, der – weitgehend unabhängig von syntaktisch klassifizierten Wortarten – *Zeigwörter* und *Nennwörter* unterscheidet. Während Nennwörter eine Bedeutung situationsunabhängig im Symbolfeld konstituieren, erhalten Zeigwörter ihre Bedeutungswerte in Abhängigkeit vom Kontext. Diese letztere Kategorie umfasst die Deiktika, als deren Spezialfall Anaphern aufgefasst werden, indem *anaphorisches Zeigen* „auf etwas, was an Plätzen im Ganzen der Rede aufgesucht und vorgefunden werden soll" (Bühler 1934: 121) neben der unmittelbaren *Deixis ad oculos et aures* und der *Deixis am Phantasma* (→ C16 Personendeixis, → Objektdeixis) als Modus deiktischen Zeigens klassifiziert wird. Anaphern sind also diejenigen Ausdrücke, deren *Zeigfeld* der Text oder Diskurs ist. Bühler (1934: 388–390) zufolge sind Anaphern somit keine referenziellen Ausdrücke: Während Sprecher mit (anderen) Deiktika ‚auf Referenten zeigen', wird mit Anaphern nur auf eine Textstelle verwiesen, die erst ihrerseits einen Referenten spezifiziert. Dieser Vorstellung einer rein textinternen anaphorischen Beziehung entspricht auch Bühlers Terminus „syntaktisches Zeigen" (1934: 388); im Übrigen wird sie teilweise auch in der neueren Forschung vertreten, so etwa mit den von Halliday/ Hasan (1976) eingeführten Termini *Endophora* (Anaphora – Verweis innerhalb der Textebene) versus *Exophora* (Deixis – Verweis nach außerhalb der Textebene). Auch Herbermann (1988: 78) definiert Anaphora als „textinterne Referenz" auf Antezedenten mit „textexterner Referenz".

Ehlichs (1979, 1986, 1991) Rekonstruktion der Zweifelder-Theorie Bühlers vermeidet eine solche disproportionale Behandlung von Anaphern vs. Deikitika. Ihr zufolge entsprechen den Feldern im kommunikativen Handlungsprozess charakteristische sprachliche „Prozeduren" mit jeweils spezifischen Mitteln, so die „deiktische"

---

[4] Es ist strittig, ob diese ‚phorische' Definitionslinie eine andere Formulierung der diskursbasierten ist (Lenz 1997) oder ob die Ansätze mit unterschiedlichen, sich z. T. widersprechenden Kriterien arbeiten (Consten 2004).

und die „phorische Prozedur". Zugleich erweitert Ehlich Bühlers Felder um das „Lenkfeld", das „Malfeld" und das „Operationsfeld", so dass sich eine rein funktionale Klassifikationsmöglichkeit eröffnet. Zum Operationsfeld zählen Mittel, die der sprachlichen Prozessierung selbst, der formalen Organisation von Sprache durch Sprache dienen, zum Malfeld alles, was expressiv nuanciert, zum Lenkfeld Formen, die unmittelbar eingreifender Partnersteuerung dienen (vgl. Hoffmann 2000).

Im Rahmen ‚phorischer' Ansätze wird neben einer Anapherndefinition, die auf einer Koreferenzrelation zwischen Anapher und Antezedent beruht (‚direkte Anapher'), ein erweiterter Anaphernbegriff vertreten, demzufolge eine Anapher auch ‚indirekt' im vorhergehenden Text ‚verankert' sein kann. Entsprechende Konzeptionen finden sich schon als „mittelbare Anaphora" bei Behaghel (1923), desweiteren als „Kontiguitäts-Anaphora" bei Harweg (1968) und als „assoziative Anaphora" bei Hawkins (1978) (für einen Überblick vgl. Consten 2004). In der kognitiv orientierten Textlinguistik resultiert aus diesem erweiterten Anaphernbegriff u.a. ein Forschungsfokus auf Anaphern als gleichzeitig thematische und rhematische Mittel der Textkohärenz (vgl. Schwarz 2000a, b; s. 3.2.2.).

3.2. Form und Funktion der Anapher im Deutschen

3.2.1. Formale Aspekte

Eine funktionale Definition der Anapher, wie sie in der Forschungsgeschichte überwiegend und von Anfang an geleistet wurde (vgl. 3.1.), beschränkt den Terminus nicht bloß auf eine Teilklasse der Pronomina, sondern umfasst verschiedene Arten definiter Nominalphrasen sowie Analepsen (vgl. die Aufstellung in 2.). Dennoch werden anaphorisch verwendete Personalpronomina der 3. Person häufig als der typischste Fall der Anaphorik behandelt, da hier der deskriptive Gehalt der Anapher selbst so gering ist, dass die Notwendigkeit einer referenziellen Verankerung im vorhergehenden Text besonders augenfällig wird.

3.2.1.1. Anaphern als Substitution?

In den 1960er Jahren wurde in der generativen Transformationsgrammatik angenommen, dass anaphorische Pronomina über eine Transformation entstehen (Pronominalisierungstheorie): In der Tiefenstruktur vorhandene lexikalische NPs werden in der Oberflächenstruktur durch Pronomina substituiert (Lees/Klima 1963; Ross 1967; Langacker 1969). Dass dies nur bei anaphorischer Verwendung dieser NPs geschehen kann, ergibt sich aus dem Prinzip der *Wiederauffindbarkeit* (Fanselow 1983: 15), demzufolge eine NP nur dann ‚pronominalisiert' werden darf, wenn sie an anderer Stelle im Satz in ihrer vollen Form erhalten geblieben und dort auffindbar ist. Wiederauffindbarkeit ist somit ein syntaktisches Pendant der semantisch-pragmatisch definierten Relation *Koreferenz*, mit dem erklärt werden soll, warum anaphorische Pronomina trotz ihres geringen deskriptiven Gehaltes einen Referenten spezifizieren können.

Diese Lösung erfasst aber eine Fülle anaphorischer Phänomene nicht, so z.B. ‚gespaltene Antezedenten' (s. (3); vgl. Fanselow 1983: 21 f.).

(3) Auf Müntferings$_i$ Rücktritt vom Parteivorsitz folgte Stoibers$_k$ Rücktritt vom Ministeramt, weil sie$_{i+k}$ ohne einander nicht recht wollten.

Ohnehin gilt die gesamte Pronominalisierungstheorie als syntaktische Theorie nur für satzinterne Anaphorik, so dass für (4) trotz der konzeptuellen Ähnlichkeit mit (3) ein völlig anderes Prinzip anaphorischer Referenz angenommen werden müsste.

(4) Auf Müntferings$_i$ Rücktritt vom Parteivorsitz folgte Stoibers$_k$ Rücktritt vom Ministeramt. Sie$_{i+k}$ wollten ohne einander wohl nicht recht.

Gegen eine Substitutions-Theorie sprechen auch Verwendungen, die als *sloppy identity* oder Faulheits-Pronomen bekannt geworden sind; das berühmteste Beispiel ist von Karttunen (1969; vgl. Bosch 1983: 25 f.):

(5) The man who gave [his paycheque]$_i$ to his wife is wiser than the man who gave it$_{\#i}$ to his mistress.[5]

Bereits ab den 1970er Jahren wurde daher auch in der Generativen Grammatik angenommen, dass anaphorische Pronomina basisgeneriert sind (Dougherty 1969; Jackendoff 1972; Lasnik 1976).

---

[5] Für alle zitierten Beispiele gilt: Indizierungen nicht im Original. Das Zeichen # kennzeichnet pragmatisch unplausible Lesarten.

In der neueren Forschung wird ein Substitutions-Ansatz für anaphorische Pronomina nicht mehr vertreten. Zifonun/Hoffmann/Strecker (1997: 37) weisen darauf hin, dass Proterme (und somit auch Anaphern) als eigenständige Terme zu betrachten sind: „Das Präfix *Pro-* ist nicht als ‚stellvertretend für' oder im Sinne von ‚vor X' zu lesen, sondern als ‚gleichwertig', ‚gleich geltend'."

3.2.1.2. Genus- und Numerus-Kongruenz

Pronominale direkte Anaphern weisen in der Regel bezüglich der Kategorien Genus und Numerus Kongruenz mit ihrem Antezedenten auf,[6] was manchmal, aber nicht immer, einen grammatisch eindeutigen Bezug ermöglicht:

(6) [Eine Frau]$_i$ und [ein Mann]$_k$ gingen einkaufen. Er$_k$ kaufte einen Kasten Bier, sie$_i$ eine Flasche Mineralwasser.
(7) [Ein Mann]$_i$ ging zu[m Metzger]$_k$. Dort kaufte er$_{i/\#k}$ ...

Das Vorhandensein zweier potenzieller kongruenter Antezedenten in (7) führt dennoch nicht zu Schwierigkeiten der Referenzialisierung, weil diskursbasierte Strategien wie Subjektpräferenz und/oder konzeptuelles Wissen in den Verarbeitungsprozess einfließen.

In einigen Fällen, besonders in informellen Registern, wird die Forderung nach grammatischer Kongruenz aber durchbrochen zugunsten einer Spezifizierung konzeptueller Eigenschaften des Referenten (vgl. Bosch 1988: 9; Zifonun/Hoffmann/Strecker 1997: 546; Consten 2004: 90–92):

(8) Ein Mädchen$_i$ stieg ein. Sie$_i$ sah sich hilflos um, weil sie$_i$ keinen freien Platz fand.
(9) [Die Katze]$_i$ quengelt ja die ganze Zeit. Komisch, dabei hat er$_i$ doch schon zu fressen gekriegt. (Hörbeleg; Sprecher und Hörer wissen, dass der Referent ein Kater ist.)
(10) Hast du [die Fotos vom Brautpaar$_k$]$_i$ gesehen? Sie$_{k,\#i}$ sahen sehr glücklich aus.

So richtet sich in (8) und (9) das Genus der Anapher nach dem Sexus des Referenten statt dem Genus des Antezedenten, wobei die

---

[6] Genus- und Numeruskongruenz werden meist analog behandelt. Dagegen argumentieren de Vincenzi (1999) und Cornish (1999), Numerus sei eine phrasale Kategorie, die den referenziellen Status der NP charakterisiere, Genus hingegen eine lexikalische Kategorie, so dass bezüglich Genus eigentlich keine Kongruenz zwischen Phrasen bestehen könne.

Anapher in (9), anders als die in (8), eine rhematische Spezifikation des Referenten beisteuert (zu anaphorischer Rhematizität vgl. 3.2.2.1.). In (10) ist die Anapher vom pluralen Charakter des Referenten bestimmt; trotz der resultierenden grammatischen Inkongruenz wird der Hörer aus Gründen der konzeptuellen Plausibilität nicht versucht sein, die Anapher auf die numeruskongruente NP *die Fotos vom Brautpaar* zu beziehen.[7]

Im Falle lexikalischer Anaphern besteht in der Regel ebenfalls Genus- und Numeruskongruenz, die dann semantisch über Referenteneigenschaften motiviert ist (s. (11)). Insbesondere bei lexikalischen Anaphern mit rhematischer Funktion (s. (12)) sowie bei Hyperonymen des Antezedenten (s. (13) für Genus- und (14) für Numerus-Inkongruenz) kann aber hiervon abgewichen werden.

(11) [Eine Lehrerin]$_i$ und [ein Handwerker]$_k$ gingen einkaufen. [Der Mann]$_k$ kaufte einen Kasten Bier, [die Frau]$_i$ eine Flasche Mineralwasser.

(12) [Meine Frau]$_i$ hat mich gestern mal wieder überrascht: [Der holde Engel]$_i$ hatte meine geliebten Joghurtgums besorgt!

(13) Oma will [ihren Hund]$_i$ abgeben. Sie wird mit [dem Tier]$_i$ nicht mehr fertig.

(14) Für die Zeit [der Olympischen Spiele]$_i$ nehme ich mir nichts anderes vor, denn ich freue mich riesig auf [das Ereignis]$_i$.

3.2.1.3. Anaphern mit pluralen und komplexen Antezedenten

Regelmäßig liegt eine Numerus-Inkongruenz zwischen Antezedent und Anapher in Fällen wie (3) und (4) vor, wenn mehrere Referenten in einem anaphorischen Prozess zu einem einheitlichen Referenzobjekt zusammengefasst werden. Anders als in (3) und (4) kann dieser Prozess auch mit einer semantischen Spezifizierung durch eine lexikalische Anapher verbunden sein wie in (15)

(15) [Hänsel]$_i$ und [Gretel]$_k$ verliefen sich im Wald. Dann kam [das Geschwisterpaar]$_{i+k}$ an ein Häuslein.

---

[7] Beispiele wie diese sprechen dagegen, Genus- und Numeruskongruenz als „Filter" zu betrachten, der in einem Referenzialisierungsprozess der Anwendung konzeptuell basierter Strategien vorgeschaltet wäre. Für experimentelle Evidenz hiergegen vgl. Marslen-Wilson/Tyler (1980) und MacDonald/MacWhinney (1990).

Von diesen *Plural-Anaphern* (vgl. auch Eschenbach / Habel / Herweg / Rehkämper 1990) abzugrenzen sind *Komplexanaphern,* deren Antezedent eine propositionale Struktur (d.h. ein Satz, eine VP oder ein satzwertiger Infinitiv) ist und die sich dementsprechend auf komplexe Referenten wie Ereignisse, Prozesse oder Zustände beziehen (vgl. Schwarz-Friesel / Consten / Marx 2004, Consten / Knees / Schwarz-Friesel 2007, Consten / Marx 2006).[8]

(16) [Gestern hat mich eine Ratte gebissen.]$_i$
 (a) {Das$_i$ / [Dieser Vorfall]$_i$} war ziemlich traumatisch für mich.
 (b) [Dieses Unglück]$_i$ war ziemlich traumatisch für mich.
 (c) [Diese Behauptung]$_i$ ist nicht wahr, sondern nur ein linguistisches Beispiel.
(17) Denn [die Stoffwechselgifte reagieren chemisch mit Eiweißen und Genen der Zellen]$_i$, und [dieser oxidative Stress]$_i$ gilt als eine Triebkraft der Zellalterung. (*Die Zeit,* 23.1.03: 23)

Komplexanaphern sind entweder neutrale d-Pronomina (vgl. 3.2.1.4.) oder lexikalische definite NPs (vgl. (16) und (17)). Letztere können eine Evaluation des Referenzobjektes (wie in (16b) und (17)), eine metadiskursive Kategorisierung *(diese Zeitungsmeldung / diese These / dieser Witz)*[9] oder eine illokutive Spezifikation (wie in (16c), oder z.B. *diese Tatsache / diese Lüge*) leisten. Daneben existieren ‚semantisch neutrale' Komplexanaphern wie *das Ganze, diese Sache,* die in ihrer textuellen Funktion den d-pronominalen Komplexanaphern entsprechen.

3.2.1.4. Demonstrative und betonte Anaphern

Entsprechend der in 2. gegebenen Definition sind neben Personalpronomina und definiten lexikalischen NPs auch demonstrative Pronomina *(dies-)* und demonstrative lexikalische NPs *(dies-* + N) mögliche Anaphern, da auch mit diesen Mitteln auf textuell vorerwähnte Referenten Bezug genommen werden kann. Allerdings dienen sie auf et-

---

[8] Quasi auf halbem Weg zwischen Plural- und Komplexanaphern liegen *Kombinationsanaphern* (Schwarz 2000b) oder *Resultatsanaphern* (Consten 2004: 33), die einen propositionalen Antezedenten haben, aber auf ein nominales Konzept referieren: *Das Pulver in das Wasser einrühren. Die Lösung in einem Zug trinken* (Schwarz 2000b: 122). Der Referent LÖSUNG ist das Resultat der im Antezedentsatz spezifizierten Handlung.
[9] Auf Grund solcher Verwendungsweisen wie auch auf Grund einer Präferenz für demonstrative NPs ist die Abgrenzung der Komplex-Anaphorik zur Diskursdeixis problematisch, vgl. Consten (2004: 33–35).

was andere Art als Personalpronomina der Themenkontinuität bzw. der Themenentwicklung (vgl. die Übersicht in Zifonun / Hoffmann / Strecker 1997: 555 f.); der textdeiktische Charakter (im Sinne von Bühlers ‚Zeigen im Textraum', vgl. 3.1.2.) tritt deutlicher zutage. In Zifonun / Hoffmann / Strecker (1997: 554–563) werden daher die im Text verweisenden d-Elemente nach Ehlich (1979) der Objektdeixis zugeordnet und zusammen mit den Relativa (→ C21) unter die *Anadeiktika* gefasst, wobei unter *Anadeixis* die Reorientierung des Adressaten „im Bereich der unmittelbar verarbeiteten Diskurs- / Texteinheiten" (Zifonun / Hoffmann / Strecker 1997: 555) verstanden wird.

Während direkte Anaphern mit komplexem Antezedenten (s. 3.2.1.3.) häufig demonstrativ sind, ohne dass hierdurch eine besondere Lesart markiert würde, stellen Demonstrativa als Anaphern mit NP-Antezedent somit einen markierten Fall dar,[10] der durch die Neuorientierung des Hörers im Textraum, insbesondere bei einer Konkurrenz mehrerer potenziell thematischer Referenten, motiviert ist (vgl. Zifonun / Hoffmann / Strecker 1997: 558–560). Typischer Weise initiiert der Sprecher mit einem Demonstrativum einen Wechsel des Aufmerksamkeitsfokus von einem bislang fokussierten Referenten hin zu einem anderen Referenten, dessen Verbalisierung im linearen Textfluss meist näher an der demonstrativen Anapher steht als die Verbalisierung des bisherigen Themas. Bei der Auflösung anaphorischer Personalpronomina spielt die lineare Anordnung potenzieller Antezedenten im Text hingegen keine Rolle (vgl. Matthews / Chodorow (1988) für experimentelle Evidenz), sofern durch sie nicht eine besondere thematische Auszeichnung (z.B. Vorfeldposition) vorgenommen werden. „Die Anapher [im engeren Sinne als anaphorisches Personalpronomen] operiert auf den Vorgängeräußerungen als ganzen, die Anadeixis [hier als Anapher mit Demonstrativa bezeichnet] schrittweise von rechts nach links." (Zifonun / Hoffmann / Strecker 1997: 558).[11]

---

[10] Laut einer Korpusstudie mit Zeitungstexten (Consten / Knees / Schwarz-Friesel, 2007) verteilen sich die Verwendungsweisen wie folgt: Von den Pronomina wird *dies* in 90% aller Fälle als Komplexanapher verwendet, *das* in 68% und *es* in 0% der Fälle (insges. jeweils 50 Items; zur Nicht-Verwendbarkeit von *es* s. 3.2.2.3.). Demonstrative lexikalische NPs sind in 22% der Fälle Komplexanaphern, nichtdemonstrative definite NPs in 4% (insges. jeweils 250 Items).

[11] Es ist jedoch umstritten, ob Proximität eine adäquate Erklärung für die Verwendung demonstrativer Anaphern liefert; so finden Bosch / Katz / Umbach (2007) experimentelle Evidenz dafür, dass bei der Auflösung der demonstrativen Pronomina *der, die, das* (versus Personalpronomina) Objekt- vs. Subjektstatus der potenziellen Antezedenten entscheidender ist als deren Abfolge im Text.

Die Proximitäts-Lesart von Demonstrativa ist auch in (18) entscheidend, wo (mangels Kontext) beide Referenten im ersten Satz als gleichermaßen fokussiert gelten können. In (18a) folgt der Hörer einer ‚unmarkierten' anaphorischen Kette, bei der das pronominale Subjekt auf das vorhergehende Subjekt und das pronominale Objekt auf das vorhergehende Objekt bezogen wird. In (18b) hingegen wird die Lesart umgekehrt, indem das demonstrative Subjekt auf den linear nächsten potenziellen Antezedenten bezogen wird. Die markierende Funktion von Demonstrativität ist hier identisch mit der von Betonung (s. 18c; vgl. Bosch 1988: 5; Lenerz 1992: 27).[12]

(18) a. PAtrick$_i$ küsste KLAUS$_k$ und dann umARMte er$_i$ ihn$_k$.[13]
  b. PAtrick$_i$ küsste KLAUS$_k$ und dann umARMte dieser$_k$ ihn$_i$.
  c. PAtrick$_i$ küsste KLAUS$_k$ und dann umarmte ER$_k$ IHN$_i$.

Demonstrative Anaphern werden jedoch auch verwendet, um den Beginn einer anaphorischen Kette zu markieren (vgl. (19)) oder eine ansonsten zweifelhafte anaphorische Lesart nahe zu legen (vgl. (20)). So erscheinen in (19) sowohl die unmarkierten anaphorischen Mittel Ellipse und Personalpronomen (a) als auch eine demonstrative NP (c und d) plausibel – die beiden ersteren setzen voraus, dass der Hörer einer etablierten anaphorischen Kette folgt, letztere etabliert diese explizit. Für eine solche Etablierungsfunktion spricht, dass in (c) und (d) nach der demonstrativen NP die pronominale Wiederaufnahme eines anderen vorerwähnten Referenten offensichtlich unakzeptabel ist (obwohl dieser anhand der Verbsemantik konzeptuell bestimmbar wäre). Demgegenüber bewirkt die bloße Rekurrenz als definite NP (s. (b)) weder das eine noch das andere und erscheint daher stilistisch weniger akzeptabel. Bei der dritten Erwähnung des Referenten ist die anaphorische Kette eindeutig etabliert, so dass hier explizitere Referenzmittel als Ellipse oder Personalpronomen ausgeschlossen sind, sofern sie nicht (wie in (e)) eine zusätzliche rhematische Funktion erfüllen (s. 3.2.2.1.) oder der Themenfortführung ein besonderer emotionaler Nachdruck verliehen werden soll (s. 19e).[14]

---

[12] Im Sinne der Accessibility- und Centering-Theory (vgl. 3.1.1.) stellen Demonstrativa Verweismittel dar, mit denen Sprecher auf ‚schwer zugängliche' Referenten Bezug nehmen. Prinzipiell ist hier aber auch immer eine deiktische Lesart in Betracht zu ziehen (→ C16 Objektdeixis); vgl. Fußnote 3.
[13] Großbuchstaben zeigen Betonung an.
[14] Zifonun/Hoffmann/Strecker (1997: 559) diskutieren dies entsprechend ihrer Systematik als Neuorientierung auf dasselbe Thema.

(19) a. Am Nachmittag betrat [ein Kunde]$_i$ das Geschäft, {Ø$_i$ / er$_i$} sah sich um und Ø$_i$ fragte nach Katzenstreu.
   b. Am Nachmittag betrat [ein Kunde]$_i$ das Geschäft. [Der Kunde]$_i$ sah sich um, dann fragte {[#der Kunde]$_i$ / er$_i$} nach Katzenstreu.
   c. Am Nachmittag betrat [ein Kunde]$_i$ mit [einem Pudel]$_k$ das Geschäft. [Dieser Kunde]$_i$ stöberte in einem Regal. Laut bellte er$_?$ den Verkäufer an.
   d. Am Nachmittag betrat [ein Kunde]$_i$ mit [einem Pudel]$_k$ das Geschäft. [Dieser Pudel]$_k$ schnüffelte an einem Regal. Energisch fragte er$_?$ den Verkäufer nach Katzenstreu.
   e. Am Nachmittag betrat [ein Kunde]$_i$ das Geschäft. Er$_i$ sah sich um, dann fragte [der Tierliebhaber]$_i$ nach Katzenstreu. Und [dieser Kunde]$_i$ entpuppte sich tatsächlich als mein Schwiegervater in spe, den ich noch gar nicht gekannt hatte.

Anders als in (18) erfüllen in solchen Fällen Demonstrativität und Betonung nicht die gleiche Markierungsfunktion. In (19) ist keine der Anaphern als Träger des Hauptakzents im Satz vorstellbar, ebenso in (20).

(20) a. GEStern hat [meine SCHWESter]$_i$ angerufen; [{die / diese} Schlange]$_i$ braucht angeblich mehr GELD.
   b. #GEStern hat [meine SCHWESter]$_i$ angerufen; [{die / diese} SCHLANGe]$_i$ braucht angeblich mehr Geld.

In (20a) mag der metonymische Charakter, mit dem der Ausdruck *Schlange* verwendet wird, eine anaphorische Lesart erschweren; diese wird in der demonstrativen Variante eindeutig. In (20b) wird laut einer These von Bosch (1988) die Betonung der NP *die Schlange* als Anweisung an den Hörer aufgefasst, den deskriptiven Gehalt des Kopfnomens zur Auffindung eines Referenten zu nutzen; d.h. anstelle einer metonymischen anaphorischen Lesart wird der Hörer versuchen, eine tatsächliche Schlange, die noch nicht in den Diskurs eingeführt war, als Referenten zu etablieren.

3.2.1.5. Nicht-referenzielles *es* und Korrelat-*es*

Von anaphorisch verwendeten Personalpronomina abzugrenzen sind folgende nicht-referenzielle Verwendungen von *es*, die häufig der Besetzung eines ansonsten leeren Vorfeldes dienen.[15]

a) Expletives *es* bei nullwertigen Verben und Existenzsätzen[16]

(21) Es regnet. / Heute regnet es.
(22) Es gibt wieder Maikäfer. / Maikäfer gibt es wieder.

b) Expletives *es* in indefiniten Extrapositionen

(23) Es fährt ein Zug nach nirgendwo. / *Ein Zug fährt es nach nirgendwo. / Ein Zug fährt nach nirgendwo.

c) Unpersönliche Experiencer-Konstruktionen

(24) Es graut mir vor dem Examen. / Vor dem Examen graut es mir. / Vor dem Examen graut mir.

d) unpersönliches Passiv

(25) Es wurde gesungen und gelacht. / *Hier wurde es gesungen und gelacht. / Hier wurde gesungen und gelacht.

e) Reflexives unpersönliches Passiv

(26) Es fährt sich gut auf dieser Autobahn / Auf dieser Autobahn fährt es sich gut.

f) Akkusativkomplemente

Hier ist *es* nicht vorfeldfähig, teilt aber mit den obigen Fällen die Eigenschaft der Referenzlosigkeit.

(27) Er hat es eilig, denn sie hat es ihm angetan. (Zifonun / Hoffmann / Strecker 1997: 38)

Eine Alternative zur nicht-referenziellen Analyse der Formen unter a) bis f) liefert Smith (2002). Ihm zufolge handelt es sich hierbei um Funktionen, die von der Grundfunktion von *es* als anaphorischem Personalpronomen der 3. Person Singular Neutrum abgeleitet sind. Diese Grundfunktion unterliegt einem „semantic bleaching", wodurch deren Merkmale (wie Genus-Spezifikation in (28) und Numerus-Spezifikation in (29), Smith (2002: 74)) verloren gehen bis hin zur Reduktion der referenziellen Funktion von *es* auf die eines äußerst unspezifischen „Setting-Subjektes".

---

[15] Den Varianten innerhalb der folgenden Beispiele ist zu entnehmen, ob sich die Verwendbarkeit des jeweiligen *es* auf das Vorfeld beschränkt.
[16] Zifonun / Hoffmann / Strecker (1997: 38) bezeichnen Verwendungen wie (21) und (22) als „fixes *es*", das „als Verbbestandteil gelten" kann.

(28) Mein Vater ist Arzt$_i$; ich bin es$_i$ auch.
(29) An der Ecke standen [ein Mädchen und ein Junge]$_i$. Es$_i$ waren seine Kinder.

Eine weitere Sonderfunktion von *es* ist die des Korrelat-*es*, das – ebenso wie die Verwendungen unter a) bis f) – nicht anaphorisch ist (vgl. Zifonun / Hoffmann / Strecker 1997: 38), jedoch als referenziell aufgefasst werden kann, da es mit einem nachfolgenden *dass*-Satz oder Infinitiv referenzidentisch ist.

(30) Es$_i$ ist in Ordnung, dass [du ihn hast durchfallen lassen]$_i$.
(31) Es$_i$ ist in Ordnung, [ihn durchfallen zu lassen]$_i$.

3.2.1.6. Prädikationen und Appositionen als phorische Verfahren?

Der referenzielle Status von NPs in Prädikaten mit Kopulaverben ist umstritten;[17] ein Vergleich von Anapher (32), Prädikats-NP (33) und weiter Apposition (34) zeigt jedoch, dass zumindest bezüglich textueller Funktion (rhematische Themenfortführung,[18] vgl. 3.2.2.1.) Ähnlichkeiten vorliegen, die eine Abgrenzung erforderlich machen.

(32) Absinth$_i$ war lange Zeit verboten. {[Das geistige Getränk]$_i$ / *[Ein geistiges Getränk]$_i$} hat viele Intellektuelle ins Elend getrieben.
(33) Absinth$_i$ ist [ein geistiges Getränk]$_i$.
(34) Absinth$_i$, [ein geistiges Getränk]$_i$, hat viele Intellektuelle ins Elend getrieben.

Oft wird mit Konstruktionen wie (33) und (34) der Referent einem übergeordnetem Konzept zugeordnet (Zifonun / Hoffmann / Strecker 1997: 1106); der Referent des Subjektes stellt also eine Teilmenge des Referenten des Prädikates bzw. der Apposition dar. Aus dieser referenziellen Relation erklärt sich die Indefinitheit der Prädikats-NP bzw. der Apposition, welche einen augenfälligen Unterschied zur Definitheit anaphorischer NPs darstellt. Genaue Referenzidentität beider Ausdrücke und daraus resultierende Definitheit der Prädi-

---

[17] Im Sinne von Searles (1969) Unterscheidung zwischen Referenz- und Prädikationsakt enthalten Prädikate gar keine referenziellen Ausdrücke, so dass sich die Frage einer Abgrenzung zur Anaphorik gar nicht stellen würde. Prinzipiell wird mittlerweile angenommen, dass auch innerhalb einer Prädikation Referenzakte möglich sind (vgl. Vater 1984).
[18] Zur Rhematizität von Prädikativen vgl. Grundzüge einer deutschen Grammatik. (1984^2: 743 f.).

kats-NP bzw. der Apposition[19] ergibt sich jedoch durch Unikalität des Referenten, vgl.:[20]

(35) Absinth$_i$ ist [der einzige Freund, den ich habe]$_i$.
(36) Absinth$_i$ ist [das geistige Getränk, das viele Intellektuelle ins Elend getrieben hat]$_i$.

Während die Prädikats-NP in (35) inhärent definit ist, erhält sie in (36) gerade erst auf Grund ihrer Definitheit die unikale Lesart, es gebe genau ein Getränk, das Intellektuelle ins Elend getrieben hat. In beiden Fällen erwächst die Definitheit der Prädikats-NP also – trotz Koreferenz mit einer vorausgehenden NP – nicht aus einem Rückbezug zu einem Antezedenten, wie es für Anaphern charakteristisch wäre (vgl. (32)), sondern aus der Unikalität des Referenten. Anders als bei Anaphern wird die spezifische referenzielle Relation zur vorausgehenden NP über die syntaktische Konstruktion der Prädikation bzw. Apposition explizit markiert.

Aus diesen Gründen werden Prädikats-NPs und Appositionen nicht zu den Anaphern gerechnet.

3.2.2. Funktionale Aspekte

In diesem Abschnitt werden drei Typen von Anaphern (einschließlich lexikalischer NPs in anaphorischer Verwendung) bezüglich ihres thematischen bzw. rhematischen Status diskutiert. Dabei werden *Thema* und *Rhema* nicht als grammatische Begriffe (etwa in dem Sinne, dass jeder Satz genau ein Thema und ein Rhema hat) gebraucht, sondern als referenzielle Größen:[21] Nach Schwarz (2000b: 119) werden die Termini so verstanden, dass „Thema die für den Rezipienten im Textweltmodell[22] verankerte und somit mühelos erreichbare Information in einem Text bezeichnet und Rhema die

---

[19] Die Prädikats-NPs in (35) und (36) sind mit denselben Schlussfolgerungen auch als weite Appositionen denkbar.
[20] Zifonun / Hoffmann / Strecker (1997: 1106) berücksichtigen ebenfalls solche Fälle, „in denen beide Komplemente denselben Gegenstand oder identische Mengen bezeichnen", bewerten sie aber als Sonderfälle, die funktional eine andere Relation bezeichnen als eine Element-Mengen-Beziehung wie in (33).
[21] Für einen Überblick über die verschiedenen Definitionen der Termini s. Hoffmann (1993) und Schwarz (2000b).
[22] Vgl. Schwarz (2000a: 45–47). Aus rezeptionstheoretischer Sicht ist ein Textweltmodell eine mentale Repräsentation, die sich einerseits durch fortschreitende Referenzialisierung und Elaboration des Textes, andererseits durch darin einfließende Aktivierung von konzeptuellem Wissen u.ä. kognitive Strategien konstituiert.

noch nicht im Textweltmodell repräsentierte Information." Thema und Rhema sind also „kognitive Informationswerte", die textuellen Elementen zugeordnet werden, aber hinsichtlich der Erreichbarkeit im Gedächtnis des Referenten definiert werden (ebd.).

3.2.2.1. Direkte Anaphern: Themenfortführung und rhematische Spezifikation

Eine zentrale textuelle Funktion von Anaphern ist die Fortführung eines Themas durch Wiederaufnahme desselben Referenten (Zifonun / Hoffmann / Strecker 1997: 544 ff.). Dieser Funktion entsprechen ‚semantisch arme' Anaphernausdrücke wie Analepsen und unbetonte Personalpronomina, die vom Hörer als Kontinuitätssignal verstanden werden (vgl. 3.1.1.), während Demonstrativa und betonte Personalpronomina den Aufmerksamkeitsfokus auf einen anderen Referenten verschieben können (s. 3.2.1.4.).

Lexikalische NPs sind jedoch ebenfalls als themafortführende Anaphern möglich, sofern sie auf Grund ihres deskriptiven Gehaltes zu einer weiteren Charakterisierung des Referenten und somit zur textuellen *Progression* – einer „um rhematische Informationen erweiterte Entfaltung" des Themas (Schwarz 2000b: 116) – beitragen. Der strukturalistisch geprägte Rhemabegriff von Daneš (1970), demzufolge Rhema das ist, was über ein Thema ausgesagt wird,[23] wird hier im Rahmen einer kognitiven Theorie (Schwarz 2000a, b, 2001) expliziert: Durch rhematische Textinformation wird die mentale Repräsentation eines Referenten im Textweltmodell des Lesers inkrementell erweitert.

(37) Die Leidensgeschichte [Franziska van Almsicks]$_i$ ist um ein Kapitel länger geworden. „Mich$_i$ hat es mal wieder komplett aus den Latschen gekippt", sagte [die Schwimm-Weltrekordlerin]$_i$. Wegen einer akuten Bronchitis musste [die Berlinerin]$_i$ die Kurzbahn-Europameisterschaften in Dublin absagen: Den Traum vom Karriere-Ende mit Gold bei ihren$_i$ vierten Olympischen Spielen 2004 in Athen sieht [die 25jährige]$_i$ aber nicht gefährdet. (aus der Online-Ausgabe der FAZ, 09.12.2003.)

---

[23] Vgl. Hoffmann (1993: 138; 2000: 351). Daneben existiert ein thema-unabhängiger, informationsbezogener Rhemabegriff (vgl. Erdmann 1990: 6 f.): Rhema ist das, was neu eingeführt wird (unabhängig davon, ob es über ein Thema ausgesagt wird). Diesem Rhemabegriff zufolge sind die Beisp. in (37) nicht rhematisch, da sie zwar neue Informationen über ihren Referenten liefern, ihr Referent aber bereits eingeführt ist. Zur Kritik vgl. Welke (2002: 125–131).

So sind die indizierten lexikalischen NPs in (37) als *Spezifikationsanaphern* (Schwarz 2000b: 120 f., Schwarz-Friesel 2006) textuelle Elemente, die gleichzeitig thematisch und rhematisch sind, indem sie schon Bekanntes mit neuer Information verbinden, d. h. sie gewährleisten sowohl textuelle *Kontinuität* durch Fortführung des Themas FRANZISKA VAN ALMSICK, als auch Progression, indem Relationen wie F. VAN ALMSICK IST WELTREKORDLERIN, BERLINERIN, 25-JÄHRIG usw. etabliert werden.[24]

Die Verwendung von Anaphern basiert nicht notwendiger Weise auf einer genauen Koreferenzrelation zwischen Antezedent und Anapher (vgl. Conte 1990, Schwarz 1997); dementsprechend muss „Konstanz des Themas nicht ‚Referenzidentität' im strengen Sinn (‚identisches Objekt in der Wirklichkeit') einschließen" (Zifonun / Hoffmann / Strecker 1997: 544–546).

Um Grenzfälle der Koreferenz handelt es sich, wenn Referenten in verschiedenen kognitiven Welten anzusiedeln sind (s. (38)), im Verlauf der Textwelt eine ontologische Veränderung erfahren (s. (39)) oder ein Wechsel von spezifischer zu generischer Referenz (s. (40)) oder umgekehrt (s. (41)) stattfindet.

(38) Neun Reisen nach Jerusalem (PC-Programm)
Neun Reiseleiter, darunter recht prominente, bieten auf „Pathways Through Jerusalem" ihre Dienste an ... Interessiert Sie das Leben zur Zeit [Sultan Suleiman des Prächtigen]$_i$? Wunderbar – er$_i$? selbst wird Sie begleiten. Falls Sie Herodes$_k$ oder [König David]$_m$ vorziehen: Auch sie$_{k+m}$? sind sich $_{k+m}$? für Reiseführer-Dienste nicht zu schade.'" (Kölner Stadtanzeiger 3.3.96: 7, zit. n. Schwarz 1997: 448)[25]

---

[24] Schwarz (1997) weist darauf hin, dass derartige rhematische Anaphern sprecherabhängige Perspektiven kennzeichnen können; im folgenden Beispiel wechseln Perspektive und damit auch anaphorische Spezifikation innerhalb desselben Textabschnitts:
„Seine Angstvisionen lassen den zwanghaften Verdacht zur Gewißheit werden: Desdemona$_i$ betrügt ihn. [...] Jago bietet sich dem Fiebernden an. Das Männerkomplott ist rasch geschmiedet: [Die Hure]$_i$ muß sterben. Mit den eigenen Händen erwürgt Otello [sein Heiligtum]$_i$." (Kölner Statdanzeiger 27.2.96: 3, zit. n. Schwarz 1997: 448)
Desdemona wird „einmal aus dem verzerrten Blick Otellos als *Hure* und ein andermal aus dem Blick des übergeordneten Erzählers als Otellos *Heiligtum* bezeichnet." (Schwarz 1997: 448)

[25] „*Sultan Suleiman* referiert auf die bereits lange verstorbene Person, *er* bezieht sich auf die Figur im Computerprogramm. Entsprechendes gilt für *Herodes* und *König David* und das anaphorische Pronomen *sie*." (Schwarz 1997: 448)

(39) Johannes hatte [sein altes Auto]$_i$ endlich doch noch zum Schrottplatz gebracht. Als er dann aber [das zusammengepresste Eisenpaket]$_{i?}$ sah, wurde ihm weh um's Herz. (Schwarz 1997: 447)

(40) Er erzählte eine Anekdote von [einem bosnischen Bauern]$_i$, die$_{i?}$ zumeist leidenschaftliche Kaffeetrinker sind (M. Sperber, „Wie eine Träne im Ozean", zit. n. Valentin 1996: 181)

(41) Clinton hatte gesagt, er hätte nichts gegen ein Treffen. Das war nicht als Einladung$_i$ gemeint; Gingrich hat sie$_{i?}$ trotzdem angenommen. (ARD-Tagesthemen 12.6.1995, zit. n. Consten 2004: 88)

Obwohl die Anaphern in (38) bis (41) nicht wirklich dieselben Referenten wiederaufnehmen, ist ihre Funktion als Signale thematischer Kontinuität unverkennbar.[26] In einem weiteren Sinne gilt diese Funktionalität auch für indirekte Anaphern, die eine deutlichere Abgrenzung von koreferenzbasierten Wiederaufnahme-Relationen erfordern.

3.2.2.2. Indirekte Anaphern: Neufokussierung und Neueinführung von Referenten

Indirekte Anaphern (auch „Kontiguitäts-Anaphern", „assoziative Anaphern", vgl. 3.1.2.) haben keinen expliziten Antezedenten, stehen aber „in systematischen Relationen zu Einheiten der vorherigen Textstruktur" (Schwarz 2000a: 98, Schwarz-Friesel 2006), sogenannten *Ankern*.

Sie dienen somit durch den Rückbezug auf einen anderen Referenten, der bereits im Textweltmodell etabliert ist, der Stabilisierung der Kohärenzstruktur und sind in diesem Sinne thematisch. Gleichzeitig etablieren sie neue Referenzobjekte und tragen dadurch zur Progression der Textinformation bei.

Während frühere Untersuchungen die hörerseitige Etablierung einer kohärenzstiftenden Relation zwischen indirekter Anapher und Anker grundsätzlich als Inferenzprozess beschrieben haben (z.B. Clark 1977: „Bridging"; Prince 1981: „Inferrables"; Ariel 1990), las-

---

[26] So bewirkt in (39) gerade die definite Wiederaufnahme, dass der Referent trotz seiner ‚Veränderung' als thematisches Diskursobjekt erhalten bleibt; in (40) leistet die generische Aussage eine rhematische Charakterisierung des vorerwähnten spezifischen Referenten.

sen sich unterschiedliche Typen indirekter anaphorischer Verankerung (graduell) voneinander abgrenzen (vgl. Schwarz 2000a, Consten 2004);[27] vgl. die Meronymie-Anapher *das Schloss* in (42a), die verbsemantisch basierte Anapher *den Schlüssel* in (42b) und die schemabasierte Variante der Anapher in (42c).

(42a) Nicole stand vor der Tür zur Wohnung ihres Freundes, da bemerkte sie, dass das Schloss klemmte.

(42b) Nicole wollte die Wohnung ihres Freundes aufschließen, da bemerkte sie, dass sie den Schlüssel verloren hatte.

(42c) Nicole wollte in die Wohnung ihres Freundes, da bemerkte sie, dass sie den Schlüssel verloren hatte.

In (a) steht der Referent der Anapher *das Schloss* in einer Teil-Ganzes-Beziehung (Meronymie) zum Referenten der Anker-NP *der Tür* ... Mit SCHLOSS wird ein neuer Aspekt des bereits eingeführten Referenten TÜR, jedoch kein gänzlich neuer Referent in den Aufmerksamkeitsfokus des Lesers gebracht, d.h. die Anapher fungiert gleichzeitig als Kontinuitäts- und Progressionsmittel. Ähnlich ist in (b) der Referent SCHLÜSSEL erwartbar und mühelos in ein Textweltmodell integrierbar, da die Anapher *den Schlüssel* die INSTRUMENT-Rolle des vorausgehenden Verbs *aufschließen* besetzt. Anders als in (a) und (b) ist in (c) eine Inferenz erforderlich, um eine Kohärenzrelation zwischen der Anapher *den Schlüssel* und dem Anker (hier die VP *wollte in die Wohnung* ...) zu etablieren, da die Anker-VP alleine nicht eindeutig ein konzeptuelles Handlungsschema spezifiziert: Erst die Anapher *den Schlüssel* löst die Inferenz aus, dass die Referentin die Wohnungstür aufschließen wollte (und nicht etwa geklingelt hat),[28] und führt damit einen neuen Referenten ein.

Die ökonomiestiftende Funktion indirekter Anaphern macht der Vergleich mit Version (d) deutlich; hier werden alle Referenten explizit spezifiziert und in einem Textweltmodell verortet, was aber kei-

---

[27] Zugleich würde der Inferenzbegriff zu sehr eingeengt, würde man ihn mit der Verarbeitung indirekter Anaphern identifizieren: Zum einen erfordern auch manche direkte Anaphern, z.B. (39), Inferenzen, zum anderen basieren auch viele nicht-anaphorische Kohärenzrelationen auf Inferenzen (vgl. Schwarz 2000a: 88–91).

[28] Die Fortsetzung *da bemerkte sie, dass die Klingel nicht funktionierte* ist ebenso plausibel. Auch eine Fortsetzung wie *da bemerkte sie, dass das Fenster klemmte* wäre akzeptabel, wenn auch die erforderliche Inferenz NICOLE WOLLTE DURCH DAS FENSTER IN DIE WOHNUNG EINSTEIGEN weniger naheliegend ist.

neswegs zu größerer Kohärenz führt, sondern auf Grund mangelhafter Textökonmie zu stilistischer Unakzeptabilität.

(42d) Nicoles Freund lebte in einer Wohnung. Diese Wohnung hatte eine Tür mit einem Schloss, das man aufschließen muss, wenn man in die Wohnung will. Nicole wollte diese Tür aufschließen. Dazu brauchte sie einen Schlüssel. Da bemerkte sie, dass sie diesen Schlüssel verloren hatte.

Indirekte Anaphern sind typischer Weise lexikalische definite NPs; ihre Definitheit entspricht ihrer Thematizität, die eingeschränkte Verwendbarkeit von Pronomina ihrer neufokussierenden (42a, b) bzw. neueinführenden (42c) Funktion. Pronominale indirekte Anaphern sind, abhängig von Textsorte und Stilebene, jedoch möglich bei bestimmten ‚engeren' Relationen zwischen dem Referenten der Anapher und dem des Ankers (vgl. Cornish 2005).[29]

3.2.2.3. Komplexanaphern: Konstitution abstrakter Diskursobjekte und Textökonomie

Direkte Komplex-Anaphern (vgl. (16) und (17) unter 3.2.1.3.) stehen in einer Koreferenzrelation mit einem Antezedenten und tragen insofern zur textuellen Kontinuität bei. Allerdings werden entsprechende Referenten nicht schon durch den satzwertigen Antezedenten als einheitliche Diskursobjekte in ein Textweltmodell eingeführt, sondern erst durch den anaphorischen Prozess konstituiert.[30] Hie-

---

[29] Cornish (2005) unterscheidet drei Typen indirekter Anaphorik: 1) ‚nuclear' oder ‚central indirect reference', die mit unbetonten Personalpronomina möglich ist. Seine Beispiele für derartige indirekte Anaphern sind meist Ergänzungen eines verankernden Verbs, z.B. *Warum hast du mir nicht geschrieben – ich hab's versucht, aber ich habe sie alle zerrissen;* 2) ‚peripher indirect reference' mit eingeschränkter Verwendbarkeit unbetonter Personalpronomina – hier handelt es sich z.B. um Anaphern, die Instrumentrollen eines verankernden Verbs besetzen wie in (42b); 3) ‚associative indirect reference', z.B. meronymie- und schemabasierte Anaphern wie (42a) bzw. (42c); diese können nicht pronominal sein. Weitere Beispiele für pronominale indirekte Anaphern in Consten (2004).

[30] Demzufolge könnten Komplex-Anaphern der indirekten Anaphorik zugeordnet werden. Allerdings sind Fälle wie (16), (17) und (43) insofern direkt, als sie auf einer Koreferenzrelation beruhen. Ein Beispiel für eine indirekte, d.h. nicht auf Koreferenz beruhende Komplexanapher ist:
[TV-Bericht über ein Kleinkind mit Geschwistern im Schul- und Kindergartenalter, das verhungert in der elterlichen Wohnung aufgefunden wurde] *Die Wohnung sei vermüllt und verkotet gewesen, doch weder im Kindergarten noch in der Schule sei dies aufgefallen.* (ARD-Magazin „Brisant", 1.3.2006). Eine Lesart für *dies* als direkte Komplex-Anapher („in der Schule ist nicht aufgefallen, dass die Wohnung vermüllt war") ist aus konzeptuellen Gründen ausgeschlossen, da

raus resultiert die Nichtverwendbarkeit von Personalpronomina (vgl. Fußnote 10), mit denen in der Regel im Aufmerksamkeitsfokus befindliche Referenten wieder aufgenommen werden (vgl. 3.2.1.4. und Consten / Knees in Vorb.):

(43) [Die Erde dreht sich um die Sonne.]$_i$ {Dies$_i$ / Das$_i$ / *Es$_i$} wird nicht einmal mehr von religiösen Fanatikern bezweifelt.

Komplex-Anaphern stellen somit in textfunktionaler Hinsicht ein typisches Beispiel für anaphorische Prozesse dar (vgl. Schwarz-Friesel / Consten / Marx 2004), denn sie verbinden kohärenzstiftende und progressive Funktion; darüber hinaus dienen sie durch die Komprimierung und Abstraktion vorausgegangener Textteile der ökonomischen Strukturierung von Texten.

3.2.2.4. Zusammenfassung: Anaphorik als Wortart und als textfunktionale Kategorie

Anaphorik ist eine textfunktional bestimmte Art des Referierens, die mit verschiedenen sprachlichen Mitteln – in der Regel definiten NPs – realisiert werden kann.[31] Aus textlinguistisch-pragmatischer Sicht ist die Funktion der Themafortführung grundlegend für eine Definition der Anapher und entspricht ihrer als prototypisch empfundenen Realisierung mit unbetonten Personalpronomina der 3. Person. Dementsprechend ergibt sich bei Zifonun / Hoffmann / Strecker (1997) ein enger, auf diese Form beschränkter Anaphernbegriff aus einer Kreuzklassifikation von Funktion und der Wortart, mit der diese prototypisch realisiert wird (s. 2.1.). Kontrastiv zeigt sich, dass die Möglichkeit eines anaphorischen Verfahrens universell zu sein scheint – schließlich können Sprecher einer jeden Sprache kohärent über ein Thema sprechen –, ein typisch anaphorisches Ausdrucksmittel in Form von Personalpronomina der 3. Person jedoch nicht – während die 1. und 2. Person in allen Pronominalsystemen vertreten ist, ist die 3. Person häufig ‚unterentwickelt' (vgl. Greenberg 1986:

---

der Zustand der Wohnung in der Schule nicht sichtbar wird. Zur Referenzialisierung von *dies* ist vielmehr eine schemabasierte konzeptuelle Strategie erforderlich, mit der eine Schlussfolgerung wie ZUSTAND DER WOHNUNG FÜHRT ZU VERSCHMUTZTER KLEIDUNG ODER SCHLECHTEM GERUCH DER KINDER zur Etablierung einer Kohärenzrelation zwischen Ankersatz und Anapher herangezogen wird.
Die Kriterien ‚komplexer' versus ‚nominaler Antezedent' einerseits und ‚Koreferenz' versus ‚Nicht-Koreferenz' existieren also unabhängig voneinander.

31 Zur Möglichkeit indefiniter Anaphern s. Schwarz (2000a: 67).

XIXf; z.B. für das Türkische, wo thematische Fortführungen meist mit Analepsen realisiert werden, vgl. Zifonun 2001: 65). Desweiteren zeigt sich, dass in vielen Sprachen – wie auch im Deutschen – Demonstrativa und Personalpronomina der 3. Person ähnlich sind (Wiesemann 1986: XI, Greenberg 1986: XX), was Ähnlichkeiten oder graduelle Übergänge zwischen deiktischen und anaphorischen Verfahren nahelegt (vgl. 3.2.1.4.).

Angesichts der Vielfalt anaphorischer Referenzphänomene sieht die Textlinguistik den Anaphernbegriff losgelöst von der Wortart der Personalpronomina (s. 2.2.), wodurch sie eine erweiterte Forschungsperspektive ermöglicht, die z.B. rhematische Funktionen von Spezifikationsanaphern (3.2.2.1.), Neufokussierung und Neueinführung von Referenten durch indirekte Anaphern (3.2.2.2.) und Konstitution abstrakter Referenzobjekte durch Komplexanaphern (3.2.2.3.) berücksichtigt und in einem integrativen Modell beschreibt.

4. Literatur

Ariel, M. (1990) Accessing NP Antecedents. London: Routledge

Ariel, M. (1996) Referring Expressions and the +/– Coreference Distinction. In: Fretheim, T./Gundel, J. (Hg.) Reference and Referent Accessibility. Amsterdam/Philadelphia: Benjamins, 13–36

Asher, N. (1993) Reference to Abstract Objects in Discourse. Dordrecht: Kluwer

Behaghel, O. (1923) Deutsche Syntax. Bd. I. Heidelberg: Winter

Bosch, P. (1983) Agreement and Anaphora. London: Academic Press

Bosch, P. (1988) Representing and Accessing Focussed Referents. In: Language and Cognitive Processes 3, 207–231

Bosch, P./Katz, G./Umbach, C. (2007) The Non-subject Bias of German Demonstrative Pronouns In: Schwarz-Friesel, M./Consten, M./Knees, M. (Hg.) Anaphors in Texts. Amsterdam: Benjamins (SLCS 86), 145–164

Brennan, S. E./Friedman, M. W./Pollard, C. (1987) A Centering Approach to Pronouns (ACL-87). Stanford: ACL

Brugmann, K. (1904) Die Demonstrativpronomina der idg. Sprachen. Leipzig: Teubner

Bühler, K. (1934/1982^3) Sprachtheorie. Die Darstellungsfunktion der Sprache. Stuttgart: Fischer

Chomsky, N. (1981) Lectures on Government and Binding. Dordrecht: Foris

Clark, H. (1977) Bridging. In: Johnson-Laird, P./Watson, P. (Hg.) Thinking. Readings in Cognitive Sciences. Cambridge: University Press, 411–420

Consten, M. (2004) Anaphorisch oder deiktisch. Zu einem integrativen Modell domänengebundener Referenz. Tübingen: Niemeyer (LA 484)
Consten, M. / Marx, K. (2006) Komplex-Anaphern – Rezeption und textuelle Funktion. In: Blühdorn, H. / Breindl, E. / Waßner, U. H. (Hg.) (2006) Text – Verstehen. Grammatik und darüber hinaus. Berlin / New York: de Gruyter
Consten, M. / Knees, M. (in Vorb.) Complex Anaphors in Discourse. In: Benz, A. / Kühnlein, P. (Hg.) Constraints in Discourse. Amsterdam: Benjamins
Consten, M. / Knees, M. / Schwarz-Friesel, M. (2007) The Function of Complex Anaphors in Texts. In: Schwarz-Friesel, M. / Consten, M. / Knees, M. (Hg.) Anaphors in Texts. Amsterdam: Benjamins (SLCS 86), 81–102
Conte, M.-E. (1990) Pronominale Anaphern im Text. In: Rivisita di Linguistica 2.1, 141–153
Cornish, F. (1996) „Antecedentless" Anaphors: Deixis, Anaphora, or What? In: Journal of Linguistics 32, 19–41
Cornish, F. (1999) Anaphora, Discourse, and Understanding: Evidence from English and French. Oxford: Clarendon Press
Cornish, F. (2005) Degrees of Indirectness: Two Types of Implicit Referents and their Retrieval via Unaccented Pronouns. In: Branco, A. / McEnery, T. / Mitkov, R. (Hg.) (2005) Anaphora Processing: Linguistic, Cognitive and Computational Modelling. Amsterdam / Philadelphia: Benjamins (Current Issues in Linguistic Theory. Vol. 263), 199–220
Daneš, F. (1970) Zur linguistischen Analyse der Textstruktur. In: Folia Linguistica 4, 72–78. Wieder in: Hoffmann, L. (Hg.) (1996) Sprachwissenschaft. Berlin / New York: de Gruyter, 591–598
Doughtery, R. (1969) An Interpretative Theory of Pronominal Reference. In: Foundations of Language
Egli, U. (1988) Anaphora: Geschichte und Semantik. In: Schepping, M.-T. / v. Stechow, A. (Hg.) (1988) Fortschritte in der Semantik. Weinheim: VCH, 53–77
Egli, U. (2000) Anaphora from Athenes to Amsterdam. In: von Heusinger, K. / Egli, U. (Hg.), Reference and Anaphoric Relations. Studies in Linguistics and Philosophy 72. Dordrecht: Kluwer, 17–30
Ehlich, K. (1979) Verwendungen der Deixis beim sprachlichen Handeln. Frankfurt / Main: Lang
Ehlich, K. (1982) Anaphora and Deixis: Same, Similar, or Different? In: Jarvella, R. / Klein, W. (Hg.) Speech, Place and Action. Chichester: Wiley, 315–339
Ehlich, K. (1983) Deixis und Anapher. In: Rauh, G. (Hg.) Essays on Deixis. Tübingen: Narr, 79–97
Ehlich, K. (1986) Funktional-pragmatische Kommunikationsanalyse – Ziele und Verfahren. In: Hartung, W. (Hg.) (1986) Untersuchungen zur Kommunikation – Ergebnisse und Perspektiven. Berlin: Akademie der Wissenschaften der DDR, Zentralinstitut für Sprachwissenschaft, 15–40 (Linguistische Studien, Reihe A, Arbeitsberichte 149) (1991). Wieder in: Flader, D. (Hg.) (1991) Verbale Interaktion. Studien zur Empirie und Methodologie der Pragmatik. Stuttgart: Mctzlcr, 127–143

Erdmann, P. (1990) Discourse and Grammar. Focussing and Defocussing in English (Forschung & Studium Anglistik 4). Tübingen: Niemeyer

Eschenbach, C. / Habel, C. / Herweg, M. / Rehkämper, K. (1990) Restriktionen für plurale Diskursanaphern. In: Felix, S. / Kanngießer, S. / Rickheit, G. (Hg.) (1990) Sprache und Wissen. Opladen: Westdeutscher Verlag, 37–69

Fanselow, G. (1983) Zur Behandlung der Anaphora in der GG. Konstanz: Universität (Sonderforschungsbericht 99).

Greenberg, J. (1986) Introduction: Some Reflections on Pronominal Systems. In: Wiesemann, U. (Hg.) (1986) Pronominal Systems. Tübingen: Narr (Continuum 5, XVII–XXI).

Grosz, B. J. / Joshi, A. K. / Weinstein, S. (1995) Centering: A Framework for Modelling the Local Coherence of Discourse. In: Computational Linguistics. Vol. 21, No. 2

Grundzüge einer deutschen Grammatik (1984^2) Hg. v. Heidolph, K. / Flämig, W. / Motsch, W. (Hg.) Berlin: Akademie-Verlag

Halliday, M. / Hasan, R. (1976) Cohesion in English. London: Longman

Harweg, R. (1968) Pronomina und Textkonstitution. München: Fink

Hawkins, J. (1978) Definiteness and Indefiniteness. London: Croom Helm

Heim, I. (1983) File Change Semantics and the Familiarity Theory of Definiteness. In: Meaning, Use and the Interpretation of Language. Berlin: de Gruyter, 164–190

Herbermann, C. (1988) Modi referentiae. Studien zum sprachlichen Bezug zur Wirklichkeit. Heidelberg: Winter

Herbermann, C. (1994) Die dritte Person. Pronomina und Definitheit. In: Canisius, P. et al. (Hg.) (1994) Text und Grammatik. Bochum: Brockmeyer, 89–131

v. Heusinger, K. (1996) Definite Kennzeichnung, Anaphora und Salienz. In: Linguistische Berichte 163, 197–225

v. Heusinger, K. (1997) Salienz und Referenz: der Epsilonoperator in der Semantik der Nominalphrase und anaphorischer Pronomen. Berlin: Akademie

Hoffmann, L. (1993) Thema und Rhema in einer funktionalen Grammatik. In: Eisenberg, P. / Klotz, P. (Hg.) (1993) Sprache gebrauchen – Sprachwissen erwerben. Stuttgart: Klett, 135–149

Hoffmann, L. (2000) Thema, Themenentfaltung, Makrostruktur. In: Brinker, K. / Antos, G. / Heinemann, W. / Sager, S. (Hg.) (2000) Text- und Gesprächslinguistik. Bd. 1: Textlinguistik. Berlin / New York: de Gruyter, 344–355

Jackendoff, R. (1972) Semantic Interpretation in GG. Cambridge / MA: MIT Press

Karttunen, L. (1969) Pronouns and Variables. In: CLS 5

Keenan, E. L. / Comrie, B. (1977) Noun Phrase Accessibility and Universal Grammar. In: Linguistic Inquiry. Vol. 8, 63–99

Langacker, R. (1969) Pronominalization and the Chain of Command. In: Reibel, D. / Schane, S. (Hg.) Modern Studies in English: Readings in Transformational Grammar. Englewood Cliffs / NJ: Prentice Hall, 160–200

Lasnik, H. (1976) Remarks on Coreference. In: Linguistic Analysis, Vol. 2, 1–22
Lees, R. / Klima, E. (1963) Rules for English Pronominalization. In: Language, Vol. 39
Lenerz, J. (1992) Zur Syntax der Pronomina im Deutschen. Lund (S&P 29)
Lenz, F. (1997) Diskursdeixis im Englischen. Tübingen: Niemeyer
Levinson, S. (1987) Minimization and Conversational Inference. In: Verschueren, J. / Papi, M. (Hg.) The Pragmatic Perspective: Proceedings of the International Pragmatics Conference. Viareggio, 1985. Amsterdam / Philadelphia: Benjamins, 61–129
Lewis, D. (1979) Scorekeeping in a Language Game. In: Bäuerle, R. / Egli, U. / v. Stechow, A. (Hg.) (1979) Semantics from a Different Point of View. Berlin: Springer, 172–187
MacDonald, M. / MacWhinney, B. (1990) Measuring Inhibition and Facilitation from Pronouns. In: Journal of Memory and Language 29, 469–492
Marslen-Wilson, W. / Tyler, L. (1980) Towards a Psychological Basis for a Theory of Anaphora. In: Kreiman, J. / Ojeda, A. (Hg.) (1980) Papers from the Parasession on Pronouns and Anaphora. Chicago Linguistic Society, 258–285
Matthews, A. / Chodorow, M. (1988) Pronoun Resolution in Two-clause-sentences. In: Journal of Memory and Language 27, 245–260
Prince, E. (1981) Toward a Taxonomy of Given-new Information. In: Cole, P. (Hg.) (1981) Radical Pragmatics. New York: Academic Press
Ross, J. (1967) On the Cyclic Nature of English Pronominalization. In: Halle, M. et al. (Hg.) (1967) Festschrift für R. Jacobson. Den Haag
Sanders, T. J. M. / Gernsbacher, M. A. (2004) Accessibility in Text and Discourse Processing. In: Discourse Processes. Vol. 37, No. 2, 79–89
Schwarz, M. (1997) Anaphern und ihre diversen Antezedenten – Koreferenz und Konsorten. In: Dürscheid, C. / Ramers, K. H. / Schwarz, M. (Hg.) (1997) Sprache im Fokus. Festschrift für H. Vater. Tübingen: Niemeyer, 445–455
Schwarz, M. (2000a) Indirekte Anaphern in Texten. Studien zur domänengebundenen Referenz und Kohärenz im Deutschen. Tübingen: Niemeyer
Schwarz, M. (2000b) Textuelle Progression durch Anaphern – Aspekte einer prozeduralen Thema-Rhema-Analyse. In: Dölling, J. / Pechmann, T. (Hg.) Prosodie – Struktur – Interpretation. Linguistische Arbeitsberichte. Bd. 74. Leipzig: Institut für Linguistik der Universität Leipzig, 111–126
Schwarz, M. (2001) Establishing Coherence in Text. Conceptual Continuity and Text-world-models. In: Logos and Language Vol. II, No. 1, 15–23
Schwarz-Friesel, M. (2006) Text Comprehension as the Interface between Verbal Structures and Cognitive Memory Processes: The Case of Resolving Direct and Indirect Anaphora. In: Zelinsky-Wibbelt, C. (Hg.) Memory and Language. Amsterdam: Benjamins
Schwarz-Friesel, M. / Consten, M. / Marx, K. (2004) Semantische und konzeptuelle Prozesse bei der Verarbeitung von Komplex-Anaphern. In

Pohl, I./Konerding, K. (Hg.) (2004) Stabilität und Flexibilität in der Semantik. Frankfurt/Main: Lang, 67–88

Searle, J. R. (1969) Speech Acts. Cambridge: University Press

Smith, M. (2002) The Polysemy of German *es*, Iconicity, and the Notion of Conceptual Distance. In: Cognitive Linguistics 13-1, 67–112

Valentin, P. (1996) Anapher als kognitiver Prozeß. In: Pérennec, M.-H. (Hg.) (1996) Proformen des Deutschen. Tübingen: Niemeyer, 179–189

Vater, H. (1984) Referenz und Determination im Text. In: Rosengren, I. (Hg.) Sprache und Pragmatik. Lunder Symposium 1984 (= Lunder germanistische Forschungen 53), 323–344

de Vincenzi, M. (1999) Differences between the Morphology of Gender and Number: Evidence from Establishing Coreferences. In: Journal of Psycholinguistic Research. Vol. 28, No. 5, 537–553

Walker, M. A./Joshi, A. K./Prince, E. F. (Hg.) (1998) Centering in Discourse. Oxford: University Press

Webber, B. L. (1979) A Formal Approach to Discourse Anaphora. New York/London: Garland

Welke, K. (2002) Deutsche Syntax funktional. Perspektiviertheit syntaktischer Strukturen. Stauffenburg Linguistik. Bd. 22. Tübingen: Stauffenburg (2002, VII). In: Beiträge zur Namenforschung 39. Heidelberg, 229–233

Wiesemann, U. (Hg.) (1986) Pronominal Systems. Tübingen: Narr (Continuum 5)

Windisch, E. (1869) Untersuchungen über den Ursprung des Relativpronomens in den idg. Sprachen. Leipzig: Melzer

Zifonun, G./Hoffmann, L./Strecker, B. (1997) Grammatik der deutschen Sprache. Bd. 1. Berlin/New York: de Gruyter

Zifonun, G. (2001) Grammatik des Deutschen im europäischen Vergleich: „Das Pronomen". Teil 1: Überblick und Personalpronomen. Mannheim: Institut für deutsche Sprache (amades 4/01).

Manfred Consten / Monika Schwarz-Friesel (Jena)

C6 Determinativ*

1. Wortartenbezeichnungen
2. Kurzdefinition
3. Die Determinative im Deutschen
3.1. Forschungsgeschichte
3.2. Systematische Darstellung
3.2.1. Allgemeines
3.2.2. Der definite Artikel und die Determination
3.2.3. Der indefinite Artikel
3.2.4. Artikellose Nominalphrasen
3.2.5. Deiktische Determinative
3.2.6. Possessive Determinative
3.2.7. Quantifizierende Determinative
3.2.8. W-Determinative (interrogative Determinative)
3.3. Kontrastive und typologische Aspekte
3.3.1. Definitheit, Indefinitheit
3.3.2. Possessivität
4. Ausblick
5. Literatur

1. Wortartenbezeichnungen

Die Bezeichnung *Determinativ* (*Determinans, Determinator,* engl. *determiner, Artikelformen, Begleiter*) bündelt verschiedene Wortarten, die mit einem Nomen kombiniert eine Nominalphrase bilden und die an der Determination partizipieren. Die Gruppe enthält (wie die der Pronomina → C19) syntaktisch und funktional recht heterogene Elemente, von denen einige in den Sprachen der Welt seltener (Artikel), andere häufiger (deiktische und quantifizierende Determinative) vorkommen. Nicht selten werden Artikelwörter (bestimmter / definiter und unbestimmter / indefiniter Artikel) als eigene Klasse behandelt. Quantifizierende Ausdrücke werden den Determinativen zugeordnet (z. B. Lyons 1999) oder von den „Determinantien" als eigene Gruppe geschieden (z. B. Vater 1984b). Zu den eigenständigen Formen der Indefinita und Quantifikativa → C8. Das Fehlen eines Determinativs wird manchmal als „Nullartikel" bezeichnet (Helbig / Buscha 2001: 338 ff., Hentschel / Weydt 1990: 211 ff.; zur Kritik: Löbner 1986).

---

* Für Anmerkungen zu einer ersten Fassung danke ich Frederike Eggs.

Wir bündeln in der Gruppe folgende Wortarten:

(a) definiter Artikel (bestimmter Artikel): *der*
(b) indefiniter Artikel (unbestimmter Artikel): *ein*
(c) deiktisches Determinativ (Demonstrativpronomen): *dieser; jener; <u>der</u>; derjenige* ...
(d) possessives Determinativ (Possessivpronomen): *mein; dein; sein / ihr*
(e) quantifizierendes Determinativ (Quantor[1]): *jeder; mancher; einige* ...
(f) interrogatives Determinativ / W-Determinativ (Fragepronomen): *was für ein; welcher* ...

Ähnlich vage ist die Funktionsbezeichnung *Determination,* die die Bestimmung eines Elements x durch ein anderes Element y kennzeichnet. Was bestimmt wird, bedarf aufgrund seines Wissensstatus (z. B. ‚offener Bezug' (Referenz)) der Klärung für den Hörer / Leser. Bestimmt wird in traditioneller Sicht nur etwas nominal Vergegenständlichtes. Eine bestimmende Rolle allgemein könnte auch Attributen zugewiesen werden. Weiter gefasste Konzepte von Determination haben u. a. Seiler 2000, Greenberg 1990 und Vennemann 1974, der alle endozentrischen Konstruktionen (auch Adverb-Verb etc.) einschließt.

2. Kurzdefinition

In der spezielleren Verwendung der Grammatiktheorie ist ein Determinativ eine Wortform, die den Bezugsbereich (Referenzbereich) eines gegenstandsbezogenen, deskriptiven Ausdrucks beschränkt und durch Markierung des Wissensstatus die Verarbeitung beim Hörer unterstützt. Die Determination als Markierung des Wissensstatus einer Einheit für Hörer / Leser ist auf komplexe Weise im Funktionssystem einer Sprache vernetzt. Sie reicht in den Sprachen der Welt über formale Ausdrucksklassen wie den Artikel hinaus und schließt andere Wortformen, Affixe, die lineare Abfolge, pränominale Genitive und die Intonation ein. Unmittelbar und ausschließlich determinierend sind aus der Determinativgruppe nur die definiten Artikel, andere Formen können allerdings an der Determination mitwirken.

---

[1] Diese Bezeichnung fällt unglücklich mit der logischen zusammen.

Prototypisch ist an ihnen die grammatische Kategorie Definitheit als Identifizierbarkeit eines Gegenstands zu fassen. Determinative bilden mit einem Nomen eine Phrase, flektieren und zeigen Genus-, Numerus-, Kasuskongruenz mit dem Nomen, regieren die Flexionsart eines attributiven Adjektivs. Sie blockieren weitere flektierte Determinative und den pränominalen Genitiv. Einige können unflektiert als Prädeterminativ mit einem Determinativ kombiniert werden: *solch ein, all those*.

3. Die Determinative im Deutschen

3.1. Forschungsgeschichte

Die Tradition (bis hin zur Duden-Grammatik 2005) hat „Pronomina" und „Determinative" zusammengefasst. Dies geht zurück auf die Kategorie des *Arthrons* (ἄρθρον) (‚Glied, Gelenk') in der Grammatik der Stoiker (vgl. Schmidt 1979: 62 ff.). Apollonios Dyskolos zufolge basierte sie auf formalen Gemeinsamkeiten (Lautform, fehlender Vokativ der 1./3. Person etc.) sowie der Möglichkeit anaphorischen Gebrauchs. Er kritisiert diese Ineinssetzung scharf und unterscheidet – wie schon Dionysius Thrax – den Artikel, der mit einem Kasusträger vorkommt, vom Pronomen, das für ein Nomen substituiert wird. In bestimmten Fällen ist eine Rück-Ersetzung durch den Ausgangsausdruck *salva veritate* nicht möglich. Solche Fälle wurden auch schon in der Stoa diskutiert, vgl.:

(1) Wenn jemand Kaffee bestellt, muss er / jemand ihn bezahlen.

Werden Artikel „anaphorisch" verwendet (→ C5), sind sie genauso „bestimmt" wie die Pronomina. Latein hat keinen Artikel, in der lateinischen Grammatiktradition verengt sich *articulus* (‚Gelenk') auf Formen wie *hic* oder *iste*. Mit der Tradition kategorialer Zusammenlegung von Artikel und Pronomen („Begleiter und Stellvertreter") ergibt sich eine funktionale Heterogenität, insofern phorische neben deiktische und sprachverarbeitend operative Ausdrücke treten. Seit den Stoikern wurde immer wieder das deiktische oder das personale Moment auf alle entsprechenden Ausdrücke übertragen (vgl. etwa Becker 1969: 273, 320 f. im 19. Jh.).

Nimmt man nicht zwei Typen von Wortarten an, muss man den einen auf den anderen Gebrauch zurückführen. Beispielsweise kann man das Determinativ als Basis nehmen (Engel 1988). Dann müsste man den selbständigen Gebrauch als Ellipse beschreiben:

(2) A: Alle Möpse beißen – B: Ich glaube nicht, dass **alle** [] beißen.
(3) A. Du hast drei Wünsche frei. **Jeder** [?] wird Dir erfüllt.

Heidolph et al. (1981: 632 ff.) halten Pronomina für die Basis und ordnen ihnen als weitere Funktion die „artikelartigen" zu, da sie inhärent determiniert (Merkmal: Bekanntheit) seien. Dabei müssen sie in Kauf nehmen, dass Formen wie *mein, dein, kein, was für ein, welcher* nicht pronominal bzw. selbständig vorkommen können. Sie beschreiben die artikelartigen Verwendungen mit Hilfe logischer Operatoren, d.h. den definiten Artikel im „partikulären Gebrauch" *(der Esstisch ... der Tisch)* durch den Iota-Operator[2]: Aus einer gegebenen Menge von Tischen M wird die Teilmenge A, von der P prädiziert wird, gekennzeichnet und A enthält genau ein Element, das unter P fällt: (ιx) [(Px)]. Der generische Gebrauch *(Der Mensch ist sterblich)* wird durch den Lambdaoperator beschrieben:

„*(λx) [P(x)]* die Klasse aller derjenigen *x* für die gilt: '*x* hat die Eigenschaft *P*'" (Heidolph et al. 1981: 671).

Behaghel charakterisiert die Artikel so:

„Der b e s t i m m t e Artikel, der aus dem anaphorischen Pronomen und damit aus dem hinweisenden Pronomen stammt, dient der Unterscheidung einer Größe von anderen gleichartigen. Der u n b e s t i m m t e Artikel greift e i n e Größe aus einer M e h r h e i t von gleichartigen heraus. (...) Mit der Zeit geht die Entwicklung dahin, daß auch einzelne quantitativ bestimmte Teile einer Masse als Einzelvertreter einer Gattung behandelt werden; Voraussetzung ist also jedenfalls die Begrenztheit einer Vorstellung. (...) Der bestimmte Artikel dient der Aufnahme von bekannten Größen ..." (Behaghel 1923: 38 f.) „Der unbestimmte Artikel hat die Aufgabe, aus verschiedenen Vertretern einer Gattung einen einzelnen herauszuheben ..." (Behaghel 1923: 45)

Bühler (1934: 308) kritisiert das Konzept von – durchaus individuell gedachten – Größen, stimmt Behaghel aber darin zu, dass er den naiven Begriffsrealismus der natürlichen Sprache zum Ausdruck bringe. Er verwirft die dem Artikel von der Tradition zuerkannte pronominale Platzhalterfunktion, da er nur als Satellit gewisser Nenn-

---

[2] Der Iota-Operator ist so definiert: $\Psi(\iota x(\phi x)) := \exists x \, (\forall y \, (\phi y \leftrightarrow y = x) \wedge \psi x)$.

wörter fungiere und macht deutlich, dass es sich um eine eigenständige Wortart handelt.

„Die Rolle des Artikels ist vielgestaltig und sprachtheoretisch interessant. Daß er, wie sein deutscher Name [*Geschlechtswort*, L. H.] sagt, als eine Geschlechtsmarke der Dingwörter auf die Bühne tritt, ist bei weitem nicht alles. Er markiert (eindeutiger im Griechischen und Deutschen als in den romanischen Sprachen) auch den Numerus und Casus und mischt sich sogar in die zentrale Funktion der Wörter, die er begleitet, ein; er m o d i f i z i e r t ihren *Symbolwert* und ihre *Feldwerte*. (...) Man sprach (um seine Beeinflussung der Feldwerte vorwegzunehmen) von einer „substantivierenden Kraft" des Artikels (WACKERNAGEL)." (Bühler 1934: 303 f.)

Bühler schreibt ihm auch anaphorische Funktion zu (313), der Artikel diene nicht nur der Substantivierung und substantivischen Markierung, er verlange, dass Ausdrücke „semantisch ihrem begrifflichen Wesen nach genommen werden sollen." (Bühler 1934: 323).

In der sprachanalytischen Philosophie gilt Freges Diktum:

„Man muß aber immer einen vollständigen Satz ins Auge fassen. Nur in ihm haben Wörter eigentlich eine Bedeutung." (Frege 1987: 92)

Artikelformen haben eine Rolle in der Diskussion singulärer Termini (Eigennamen, Deiktika, Kennzeichnungen) gespielt[3], insbesondere im Anschluss an Russells Versuch eines „Logischen Atomismus", in dem er die logische Analyse einer idealen Sprache betrieb, die verifizierbare Aussagen über die Welt (als Menge der Tatsachen) erlauben sollte. Da Namen das Problem aufwerfen können, dass sie für nichts stehen *(Odysseus)*, sollten sie als Kennzeichnungen rekonstruiert werden; Kennzeichnungen wie *der Freund meines Freundes* oder Russells *der gegenwärtige König von Frankreich* sind prädikativ; sie enthalten Artikel wie *the / der*. Nach Russell (1971) sind Satzpaare wie

(4) **Der** gegenwärtige König von Frankreich ist kahlköpfig.
(5) **Der** gegenwärtige König von Frankreich ist nicht kahlköpfig.

immer falsch, denn die Folgerung trifft nicht zu:

(6) Es gibt (genau) ein x, für das gilt: x ist gegenwärtig König von Frankreich.

---

[3] Eine gute Darstellung, die an die Problemlage in der logischen Semantik heranführt, bietet Heim 1991.

Kennzeichnungen bezeichnen nach Russell nicht unmittelbar Individuen, sie formulieren Aussagefunktionen. Auch negierte Existenzaussagen[4] *(Ein Einhorn gibt es nicht)* können dann sinnvoll sein. Eine logische Notation für (4) ist:

(7) $\exists x\, (G(x) \land \forall y\, (Gy \rightarrow (x = y)) \land K(x))$

Demnach gibt es gegenwärtig einen solchen König von Frankreich (G) (a. Existenz) und nur einen, kein y ($\neq x$) ist ebenfalls König von Frankreich (b. Einzigkeit); dieser eine ist kahlköpfig (K). Das ist falsch und wäre es auch, wenn es zwei oder mehr Könige gäbe. Alternativ kann man annehmen, es komme gar nicht erst eine Proposition zustande (Heim 1991: 489). Für manche ist die negierte Variante (bei entsprechender Skopussetzung liegt nur die Prädikation im Skopus der Negation, wird die Existenz präsupponiert und die Aussage ist falsch) inferentiell akzeptabel:

(8) **Der** gegenwärtige König von Frankreich ist nicht kahlköpfig, da es gegenwärtig in Frankreich **keinen** König gibt.

Die Kritik an Russell konzentrierte sich seit Strawson auf eine Präsuppositionsanalyse: Wenn eine Existenz- und Einzigkeitspräsupposition nicht erfüllt ist, kann man einen Satz nicht als wahr oder falsch behaupten, er ist allenfalls (präsuppositional) defekt. Interessant ist daran, inwieweit nun ein definiter Artikel Präsuppositionen der Existenz und Einzigkeit bedingt. Wenn einer in einem Raum mit vielen Stühlen sagt

(9) a. **Der** Stuhl ist kaputt. b. Jemand sollte **die** Lehne reparieren.

muss der eine Gegenstand, der gemeint ist, erschließbar sein. Es gilt Einzigkeit relativ zu einem Kontext (Heim 1991). Im Universum der Diskursgegenstände, zu dem eine Äußerung in einer Folge von Äußerungen inkrementell beiträgt, muss es genau einen Stuhl geben, der als gemeinter in Betracht kommt, z.B. der, auf dem der Sprecher sitzt, oder der, den er gerade anschaut. Und in diesem Zusammenhang kann dann auch der definite Ausdruck der Folgeäußerung b. verstanden werden, bezogen auf den vorerwähnten Stuhl, zu dessen Teilen – wie man weiß – eine Lehne gehört.

---

[4] EXISTENZ ist hier kein Prädikat, es wird vielmehr ein Prädikat (z.B. EINHORN) als auf Mitglieder eines Gegenstandsbereichs (nicht) zutreffend ausgesagt.

„In beiden Fällen ist der zentrale Punkt, daß das Definitum bezüglich eines Bereichs gedeutet wird, der von der Äußerungssituation bestimmt ist." (Heim 1991: 507)

Die Frage nach der Bereichswahl verbindet die logische Analyse wieder mit der linguistischen. In Heim / Kratzer (1998: 75) erhält *the* den folgenden Lexikoneintrag:[5]

(10) **[[the]]** =
 $\lambda f : f \in D_{<e,t>}$ and there is exactly one x such that $f(x) = 1$.
 the unique y such that $f(y) = 1$.

„For instance, **[[the]]** applied to the function **[[negative squareroot of 4]]** yields the number –2." (Heim / Kratzer 1998: 74)

Indefinitheit hat Heim 1988 so gedeutet, das die durch einen Text oder ein Gespräch aufgebaute „Kartei" aller (prädikativen) Informationen um eine neue „Karteikarte" erweitert wird, die alles lokal über den Gegenstand Gesagte umfasst und später durch Vorkommen definiter Nominalphrasen ergänzt werden kann.

Seit Donnellan 1966 wird diskutiert, dass Ausdrücke mit definiten Determinativen zwei Gebrauchsweisen haben können, nämlich die „referentielle" und die „attributive" (Donnellan) bzw. „essentielle" (Zifonun / Hoffmann / Strecker 1997: 764 ff.). In Donnellans Beispiel „the murderer is insane" kann der Kommissar jemanden für verrückt erklären, wer immer es sein mag, vielleicht gibt es ihn nicht (essentiell). Oder er bezieht sich auf ein spezifisches Individuum, z.B. Maier, und erklärt diese Person für verrückt (referentiell).

Genuine Deiktika, wenn sie nicht thematisch fortführen, sind stets „referentiell" zu verstehen. Das gilt in der Regel auch für Eigennamen. Der Satz

(11) Paula sucht **den** idealen Partner für Corinna.

kann so verstanden werden, dass der Gesuchte nur mit seinen Eigenschaften charakterisiert wird (essentiell), ohne dass schon auf eine existente Person Bezug genommen würde. Womöglich gibt es sie nicht, wird man sie nie finden. Klar essentiell – nur in seiner sprachlichen Fassung durch Prädikate zugänglich – ist der Schrat:

---

[5] λ-Terme sind hier nach den Schema des Lambda-Funktionsausdrucks [λα : φ · γ] gebildet, wobei: „… α is the argument variable, φ the *domain condition*, and γ the *value description*" (1998: 34). $D_{<e,t>}$ ist die Domänenbedingung (Funktionen von Individuen (e) in Wahrheitswerte (t mit 1 = wahr, 0 = falsch)).

(12) **Der** Schrat ist ein koboldartiger Wald- oder Naturgeist mit Merkmalen eines Vogels.

Beide Lesarten sind möglich bei Sätzen wie

(13) Kennst du **das** Motiv des Täters?

Es kann ein solches Motiv geben, das identifiziert werden (referentielles Verständnis) oder auch nur gesetzt werden (essentielles Verständnis) soll. Indefinitheit impliziert nicht unbedingt essentiellen Gebrauch:

(14) Gestern habe ich **ein** todschickes Kleid gesehen.

Kripke 1977 verallgemeinert die Unterscheidung auf die Differenz *Meinen-Sagen*. Generell scheint eine hörerbezogene Analyse weiterführend.

Die logische Standardbehandlung des indefiniten Artikels greift auf den Existenzquantor zurück:

(15) **Eine** Rose blüht.
(16) $\exists x\ (Rose\ (x) \wedge blüht\ (x))$

Es gibt keine Einzigkeitsbedingung. Dass es sich um genau/maximal eine Rose handelt, wird nach Heim 1991: 514 durch Implikatur erreicht. Heim erwägt – wie Hawkins 1978 – die Deutung, dass es wenigstens zwei Individuen sein sollten, sonst müsse der definite Artikel gebraucht werden. Intuitiver (und nah an der Etymologie) scheint die Lesart, dass es genau ein Pferd ist, wenn es heißt *ein Pferd hustet*.

(17) **Ein** Film dauert dreißig Minuten. [Filmfestival]

induziert mit *ein*, dass mehrere Filme dieser Dauer haben. Andererseits ist das kontraintuitiv für Fälle wie

(18) Hans schaut sich gerade **einen** Film an.

Heim greift zu einer Default-Regel des Typs: „Vermeide den unbestimmten Artikel, wenn du den bestimmten verwenden kannst." (1991: 515)

Wichtige Studien zur Definitheit hat Hawkins vorgelegt (1977a, b; 1978, 1984, 1991); sein Buch von 1978 enthält eine Typologie von Kontexten, die definiten Artikelgebrauch nach sich ziehen. Sprecher und Hörer teilen einen Wissensvorrat („P-set", Parameter-Menge), der aus dem laufenden Diskurs *(eine Ziege ... die Ziege)*, der aktuellen oder weiteren Situation *(schau mal, was der Hund macht)*, dem Weltwissen der Gesprächspartner *(the queen, the sun)* oder epistemischen Assoziationen in einer Äußerungsfolge *(er griff nach der Flasche – der Korken; die Hochzeit – die Braut ...)* entstanden ist. Dieser Wissensvorrat muss wechselseitig kognitiv manifest (i. S. von Sperber / Wilson 1995) sein. Der Gebrauch von *the* instruiert den Hörer, den Referenten als Element dieses Vorrats an Parametern zu erschließen, das die Bedingungen des referentiellen Ausdrucks erfüllt.

„The objects that anyone individual has a mental representation of within his memory store seem to be partioned into a discrete set for each person with whom conversation has taken place. And when a definite description is used the speaker is in effect instructing the hearer to identify the particular set within his memory store which they share knowledge of and to pick out the relevant object from it." (Hawkins 1977a: 10)

Für den Referenten ist „inclusiveness" erforderlich. Gemeint ist, „that a definite NP involves reference to the totality of entities or mass that satisfy the description of the NP within a given P-set." (Hawkins1991: 409).

Innerhalb dieses P-Sets kann dann Existenz und Einzigkeit angenommen werden *(der Handballer des Jahres in Deutschland)*. Den definiten Artikel im Singular analysiert er 1991 nicht länger als Universalquantor über der Parameter-Menge, sondern in diesem Fall enthält die Parameter-Menge nur ein Element; Einzigkeit kann auf Plural-NPs ausgedehnt werden. Die Parameter-Menge kann im Diskurs kontingent erweitert werden mit Erweiterungsnomen, Genitiv-NPs, Präpositionalphrasen oder Relativsätzen *(die Farbe Lila, die Räder des Autos, das Gewicht der Welt, das Krankenhaus links der Isar, die längste Wurst auf dem Weihnachtsmarkt, die Kartoffel, die übrig blieb)*. Definitheit erfordert nur eine entsprechende Verankerung. Mit Pluralformen ist eine Gesamtheit von Referenten adressiert, soweit sie die Beschreibung erfüllen; erfasst werden also der einzige oder alle in Frage kommenden Referenten.

(19) **Die** dümmsten Bewerber, die sie je hatten ...

Zusammenfassend definiert Hawkins unter Anschluss an Gricesche Prinzipien (in der Levinson-Variante mit der Horn-Skala) den definiten Artikel:

„*The* : conventional implicature : P-membership
The conventionally implicates that there is some subset of entities, {PP}, in the universe of discourse which is mutually manifest to S & H on-line and within which definite referents exist and are unique." (Hawkins 1991: 414)

Der generische Typ kommt hier zu kurz. Deiktische Determinative eröffnen Zugang zur Situation oder zum Text, Einzigkeit besteht relativ zur Situation etc., nicht zu einem P-set.

Indefinite Artikel behandelt Hawkins als neutral gegenüber Einzigkeit:

(20) *ein höchster Berg Deutschlands
(21) Deutschland hat 2005 eine Kanzlerin
(22) Ein neuer Gast kam in die Kneipe.

Bestimmte Verben wie *haben, contain* etc. lösen allerdings eine Einzigkeitsinterpretation aus.

Für viele Verwendungen von *a/ein* spielt das „Q-Principle" (von Levinson aus der Quantitätsmaxime von Grice entwickelt) eine Rolle. Das besagt – grob formuliert –, dass eine Äußerung informationell nicht schwächer ausfallen / interpretiert werden darf, als das Weltwissen des Sprechers zulässt, es sei denn dies würde der Maxime widersprechen, die verlangt, nicht mehr zu sagen, als nötig ist, und entsprechend weit reichend und spezifisch zu interpretieren („I-Priniciple"). Dann gilt für *a/some*:

„*A/SOME:* Q-Implicature : non-uniqueness
If the speaker could use *the* and instead selects *a* or *some*, then he (conversationally) Q-implicates non-uniqueness, i.e. that there is at least one entity satisfying the description of the indefinite NP and non-identical to the individual or set of individuals whose existence is entailed by this indefinite NP." (Hawkins 1991: 426)

Würde ein Hochschullehrer zu einem Kollegen äußern

(23) **Ein** Rektor ist zurückgetreten.

wäre nicht der ihnen bekannte Rektor ihrer Hochschule, sondern ein anderer aus dem Universum der Rektoren gemeint, sonst hätte es – weil die Implikaturen für *the/der* greifen würden – heißen müssen:

(24) **Der** Rektor ist zurückgetreten.

Bei einer Neueinführung mit *ein* muss der Referent allerdings nicht in der P-Menge sein, was nach Hawkins präferiert wird:

(25) Wissenschaftler haben **einen** Bären entdeckt, der fliegen kann.
(26) Es war einmal **ein** König, der hatte drei Töchter ...

Lyons (1998: 262 ff.) hält auch Daten wie den folgenden Satz für schwierig:

(27) Öffne bitte **die** Tür [a. im Raum ist eine geschlossen, zwei geöffnet b. S trägt Reisekoffer, alle Türen sind geschlossen]

Fall a. wird in der Literatur meist über Salienz gelöst, b. erfordert Weltwissen für Inferenzen. Hawkins nimmt eine Art Ellipse an (... *Tür, die offen ist ... Tür, die nach draußen führt* etc.), wo eher eine Wissensrekonstruktion weiterführend wäre.

Im folgenden Satz ist ein indefiniter Artikel durchaus möglich:

(28) Auf der Bühne tanzten drei Mädchen. **Das/Ein** Mädchen, das rote Schuhe trug, konnte große Sprünge machen.

Für diesen Fall kommt eine weitere Maxime in Betracht, die aber hierfür schwach und vor allem unbegrenzt anwendbar („may exist") erscheint:

„*A / SOME : I-implicature : P-membership*
If there is a given P-set of entities in the universe of discourse which is mutually manifest to S & H on-line and in which the indefinite referent or referents may exist, then the use of *a* or *some* (conversationally) I-implicates that these referents are indeed members of the P-set." (Hawkins 1991: 427)

In Einführungssituationen wird die Maxime als bloß „conversational" nicht angewendet.

Lyons 1999 schließt in vieler Hinsicht an Hawkins an, wendet sich aber gegen die Unterscheidung zwischen einer pragmatisch / semantischen und einer grammatischen Konzeption von Definitheit. Für ihn ist Definitheit eine grammatische Kategorie wie Tempus oder Modus, in der ein Bedeutungselement grammatikalisiert ist. Im Blick auf den Grammatikalisierungsprozess ist für ihn Identifizierbarkeit das, was primär die Entwicklung spezifischer Formen bestimmt hat, die etwa in einer Sprache wie Mandarin, das eine Subjekt-NP in Topik-Position diskursiv als definit erkennen lässt, nicht vollzogen sei.

„It appears that in these languages with no definiteness marking it is [sic!], as an element of discourse organization, to do with whether or not a referent is familiar or already established in the discourse – thus identifiability rather than inclusiveness. The assumption is bolstered by the observation that demonstratives which cannot be characterized as inclusive, are invariably treated as definite in interpretation in (in)definiteness effect contexts. Taking this as the clue, let us say that definiteness is the grammaticalisation of identifiablity." (Lyons 1999: 278)

In Zifonun / Hoffmann / Strecker (1997) wird gezeigt, dass „eine differenzierte Analyse der Nominalphrasensemantik Auswirkungen im Bereich der Verbgruppe hat, die noch aufzuarbeiten sind:

- die aspektuale Interpretation von Verbgruppen
- die verbgesteuerten Interpretationsmöglichkeiten bei der zeitabhängigen Interpretation von Nominalphrasen
- die verbgesteuerten Interpretationsmöglichkeiten bei der Interpretation von Pluralen als falsch oder echt
- so genannte generische bzw. allgemeine Sätze." (2047 f.)

Im Aspektbereich wird solche Interaktion ausgehend von Krifkas (1989) Arbeit zum Verhältnis von nominaler Referenz und Zeit und seiner aspektbezogenen Klassifikation von Verben als „(a)telisch" (+/− grenz-, vollendungsbezogen) (Dahl 1981) vorgeführt.[6] Variationen im nominalen Bereich erzwingen eine atelische (a) bzw. telische (b) Aspekt-Lesart der ganzen Einheit:

(29) a. Blätter verfärben sich.   b. **Alle** Blätter verfärben sich.

Den zweiten Fall bilden Ausdrücke, die Funktionalbegriffe verkörpern, im Zusammenspiel mit Verben, Verbtempus, Adverb und nicht zuletzt Wissen (Weltwissen, Laufwissen).

Im folgenden Beispiel ist gemeint, wer immer zu der Zeit die fragliche Funktion hat (Hitzfeld, Magath u.a.); der Funktionsträger wird ersetzt durch einen anderen:

(30) Bei den Bayern wird **der** Trainer regelmäßig entlassen.

Setzt man für *den Trainer* Otmar Hitzfeld, so folgt nicht, dass Otmar Hitzfeld regelmäßig entlassen wird. In Beispielen wie den fol-

---

[6] Griech. τέλος bedeutet ‚Vollendung', ‚Ziel', ‚Zweck', ‚Hauptzweck' von Handlungen / Ereignissen (Pape 2005).

genden gibt es – je nach Laufwissen – zwei Verständnisse, nämlich die Winde können dort immer kalt sein oder gerade gegenwärtig:

(31) An der norwegischen Küste sind **die** Winde kalt.

Leiss (2000) geht davon aus, dass Definitheit eine universale Kategorie der „unzerstörbaren kognitiven Ausstattung des Menschen" (2000: 279) ist, die früh erworben werde.

„Sie leistet die Transformation eines TYPES in ein TOKEN. Sie signalisiert, daß eine Einheit nicht mehr die Qualität einer Bedeutung, sondern die einer Bezeichnung hat." (Leiss 2000: 278)

Identifizierbarkeit sei nicht unmittelbar die Leistung des Artikels, auch die „anaphorische" (→ C5) Verwendung zur thematischen Fortführung betrachtet sie als sekundär. Definitheit markiere die „Transformation eines Konzepts in ein Perzept":

„Perzepte sind prinzipiell identifizierbar. Die jeweilige Wahrnehmungsschärfe wird jedoch erst durch die im Satz realisierten grammatischen Kategorien geleistet" (Leiss 2000: 265).

Definitheit kann morphologisch, syntaktisch oder auch in Interaktion verschiedener Mittel realisiert werden. Die nominale Kategorie Artikel und die verbale Kategorie Aspekt werden als funktionale Äquivalente, ja als Synonyme, betrachtet, was gerade wegen ihres unterschiedlichen Erscheinungsbereichs weithin nicht bemerkt worden sei. Für die germanischen Sprachen wird ein Übergang von einem Aspekt- zu einem Artikelsystem angenommen. Der Artikel sei dort, wo die Aspektmarkierung in der Sprachentwicklung instabil geworden sei, ins Spiel gekommen und habe als Aspektualisierungsmittel gedient. Im Altisländischen etwa hätten die Verben Aspektqualität durch Verlust der Perfektivpräfixe verloren; so sei der definite Artikel besonders häufig im Verbund mit dem historischen Präsens realisiert worden, um gewissermaßen als „verbales Auxiliar" zu fungieren. In der inhärent definiten Verberststellung sei dies nicht notwendig gewesen, so dass hier der Artikel seltener vorkomme. Auch im Gotischen (Got.) erscheine der Artikel zum Ausgleich von Auflösungserscheinungen des Aspektsystems und markiere Perfektivität in Interaktion mit eigentlich imperfektiven Verben.[7] In der Folge sei dann der Abbau der Perfektivmarkierungen am Verb eingetreten. Im Althochdeutschen (Ahd.) sehe man die Interaktion

---

[7] Das Vorhandensein eines Aspekts ist für das Got. nicht unumstritten, andererseits wird auch ein Aspekt angenommen und die Existenz eines Artikels abgelehnt.

daran, dass der „anaphorische" Artikelgebrauch durch das Auftreten perfektiver Verben mit *gi-* gebremst werde. Dadurch dass dann in der Entwicklung jede Art von Definitheit – bis hin zu den inhärent definiten Eigennamen – durch Artikel kodiert worden sei, sei ein „hyperdeterminierendes" System entstanden, das zur Aufgabe des Artikels und zu neuen Aspektformen tendiere. Das Deutsche zeige am Beispiel der Funktionsverbgefüge, wie eine neue Aspektkategorie entstehe, um den Abbau der Artikelfunktion auszugleichen. Im Sprachvergleich bedürfen die Parallelität von Artikel und Aspekt in der Genese von Kreolsprachen sowie im Bulgarischen und Griechischen weiterer Analysen.

Keiner der bisher vorgestellten Ansätze kommt ohne Pragmatik aus. Aus funktional-pragmatischer Sicht beschreibt Ehlich 2003 die „Prozedur der Determinierung" und den definiten Artikel, so:

„Die *operative Prozedur der Determinierung* attribuiert einzelnen Wissenselementen kommunikativ die Qualität der Gemeinsamkeit in den Wissenssystemen von S und H, (...), sie qualifiziert auf eine sprachökonomische Weise das Verbalisierte hinsichtlich der Inanspruchnahme von Wissen durch S als eines für S und H gemeinsamen Wissens. Dies (...) bedarf der permanenten Überprüfung durch H, der die fälschliche Inanspruchnahme solcher Gemeinsamkeit durch die Initiierung einer Reparatursequenz moniert und so auf nachträglicher Herstellung der fälschlich in Anspruch genommenen Gemeinsamkeit besteht." (2003: 326)

In der Rektions-Bindungs-Theorie hat Abney 1987 das Determinativ nicht mehr wie zuvor üblich als Teil der Nominalphrase, sondern als Kopf einer Determinativphrase (DP) analysiert. In der DP ist die Nominalphrase oder ein Nomen Komplement des Determinativs (D^0)[8]. Die DP ist die maximale Projektion der funktionalen Kategorie Determinativ, an der die Kongruenz-Merkmale („agreement": AGR) Genus, Kasus, Numerus, Person festgemacht sind. Diese Merkmale können, wenn D lexikalisch ausbuchstabiert ist, die Determinativflexion bestimmen. Die Position D kann auch possessiv oder durch x+Genitivsuffix realisiert erscheinen. Die Kongruenz-Merkmale werden von D auf das Komplement übertragen und dort „perkoliert". Der Vorteil ist, dass Nominalphase und Verbalphrase

---

[8] Um Adjektive und ihre Kongruenz zu handhaben, wird zwischen D und NP eine funktionale Phrase (FP nach Cinque) eingeschoben. DP[FP[NP]].

parallel aufgebaut erscheinen, andererseits ein nicht erweiterter determinativer Kern das eigenständige, als intransitiv zu verstehende Pronomen darstellt:

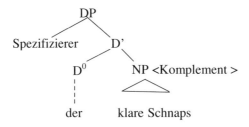

Determinative sind funktionale Köpfe von Determinativphrasen, sie gehören nach Abney zu einer geschlossenen Klasse ohne lexikalischen Beitrag zur Proposition und erscheinen pränominal oder pronominal; NPs und Verbalphrasen (VPs) sind lexikalische Projektionen, DP gehört zu den funktionalen wie die „tense phrase" (TP) mit Auxiliar bzw. abstraktem Tempusmorphem als Kopf. Eine Reduktion komplexer Phrasen auf ein Pronomen, die Parallelität im Aufbau ‚funktionaler Phasen' und die Einheitlichkeit der D-Kategorie scheinen wünschenswerte Verallgemeinerungen. Andererseits lassen sich manche Pronomina (z.B. die Anapher *er/sie/es*) nicht in dieser Weise phrasal ergänzen, sie stehen außerhalb eines solchen Zusammenhangs. Eine Reduktion von *mein Auto* würde nicht auf *mein*, sondern auf *meins* führen. Determinative und pronominale Form sind verwandt, aber nicht immer deckungsgleich. Wenn man die Anapher *er/sie/es* in gleicher Weise für definit hält wie *der/die/das*, argumentiert schon semantisch. Dass in manchen Sprachen Determination doppelt[9] realisiert ist, z.B. im Schwedischen in der NP *den gamla bilen* ‚das alte Auto' (Ramge 2002: 55), wirft zusätzlich Probleme auf (zwei funktionale Köpfe, Bewegung?).[10]

Kategorialgrammatisch hat das Determinativ die Kategorie NP/N, verbindet sich also mit einem Nomen, so dass eine NP resultiert (Zifonun/Hoffmann/Strecker 1997: 1930 ff.).

---

9   Fakultativ ist dies in bestimmten Konstruktionen des Bairischen auch möglich: *a ganz a brava Mann.*
10 Zur Diskussion: Haegemann/Guéron 1999.

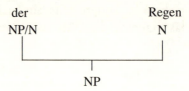

Das Determinativ komplettiert die Nominalphrase, so auch Huddleston / Pullum 2002.

3.2. Systematische Darstellung

3.2.1. Allgemeines

Das Indogermanische hatte offenbar in den bekannten Stadien der Rekonstruktion keine Artikel (Haudry 1999). So war es auch im Lateinischen, dessen Einfluss auf die Geschichte des Deutschen nicht gering war. Das Altgriechische hingegen hat frühzeitig einen bestimmten Artikel (ὁ/ἡ/τό) ohne ein indefinites Pendant ausgebildet. Dieser Artikel war mit dem possessiven und dem deiktischen Determinativ kombinierbar, er stand auch im Bekanntheitsfall bei Namen und wiederholt bei einem nachgestellten Attribut (i.d.R. mit Emphase dieser Prädikation): *ho anér ho agathós (ὁ ἀνήρ ὁ ἀγαθός)* ‚der Mann der gute'. Quelle ist im Got. das Demonstrativum *sa/so/þata,* dessen deiktische Kraft geschwächt worden sei und das dann auch (etwa in der Bibelübersetzung aus dem Altgriechischen) den definiten Artikel habe ‚vertreten' können (Krause 1968: 194). Es hatte in der Verkettung eine Reorientierung auf Verbalisiertes (Text- / Rederaum) leisten können. Ein vergleichbarer Ursprung gilt wohl auch für das (lateinorientierte) Ahd., in dem der idg. Demonstrativstamm letztlich in th- bzw. d-Formen mündet (vorahd. gehen die s-Formen offenbar verloren). Behaghel geht davon aus, dass der definite Artikel „aus dem anaphorischen Pronomen und damit aus dem hinweisenden Pronomen stammt"(1923: 38). Im Ahd. kann der definite Artikel in Definitheitskontexten noch fehlen, wo er im Mittelhochdeutschen (Mhd.) immer realisiert ist.

Die NP könnte als Erweiterung des Kopfnomens um vorangestellte Symbolfeldausdrücke formiert worden sein; im Urgermanischen werden Bestimmtheits- und Unbestimmtheitsform des Adjektivs unterschieden, das unbestimmte erscheint im Got. nach „demonstrativen" Formen wie *sa.* Den Übergang kann man sich zu-

Determinativ

nächst als adjazente Abfolge mit parallel geschalteter Funktionalität ([D] + [Adj^n + N]), dann schrittweise formal adaptierter Integration zu einer Funktionseinheit vorstellen. Im Ergebnis haben wir eine Verzahnung, die in der Abfolge als Klammer erscheint, morphologisch greift das Determinativ auf die Adjektivflexion zu, es übernimmt flexivische Markierung vom Nomen, das entsprechende Verluste zeigt. Die Nominalphrase hat zwar ein Nomen als funktionales Zentrum, die Kopfeigenschaften sind aber nur beim Genus stabil, sonst ergibt sich ein Zweckverband mit typologisch interessanten Eigenschaften, so setzt die N-Kasusmarkierung ein Determinativ voraus, vgl.:

(32) *An Golde hängt doch alles.
(33) **Am** Golde / An **dem** Gold / An **diesem** Gold / An Gold hängt doch alles. (aus: Eisenberg 1999: 143)

Der nominale Kopf hat ein Nachfeld, in dem vorzugsweise schwerere Attribute wie Nominal- / Präpositionalphrasen oder Relativsätze erscheinen.

Der indefinite Artikel ahd. / mhd. *ein* wird auch in den germanischen Sprachen aus dem Zahlwort abgeleitet, zurückgehend auf idg. **oi-no* (Kluge 2002: 233). Es wird ein Einzelelement zu einer (nominal ausgedrückten) Klasse „gleichartiger" (Behaghel 1923: 416) ins Verhältnis gesetzt. Der Gebrauch ist noch im Mhd. nicht stabil, er entwickelt sich aber wohl in Ausprägung einer Systemopposition definit-indefinit. Die Abschwächung der Nebensilben im ahd. Sprachraum (mindestens seit dem 8. Jahrhundert) hat zu einer Erosion der Flexionssilben geführt und möglicherweise langfristig zu einem Systemdruck auf die Ausbildung von Artikelformen mit Markierungsfunktion auch für nominale Kasus. In Anlehnung an Interrogativa wie *hvas, hvo, hva* entstehen im Got. Indefinita und quantifizierende Determinative: *hvas+uh* ‚jeder'. Im Mhd. waren unter bestimmten Bedingungen (im Kontext von Relativsätzen und Superlativkonstruktionen) *ein* und *der* kombinierbar (Paul 1989: 388 f.).

Possessive Formen *(mîn, dîn)* gab es schon in den germanischen Sprachen, zum Mhd. hin entstand aus dem Genitiv der Anapher die Form *ir* (Behaghel 1923: 348 f.). Im Bereich quantifizierender Ausdrücke entwickelten sich auf der Basis idg. Pronominalstämme *al-* und *jeder* im Mhd. zur gegenwärtigen Verwendung hin.

Die Zugehörigkeit zu einer Nominalphrase manifestiert sich darin, dass Determinative den linken Rand der „Nominalklammer"

(Weinrich 1993) bilden; nur unflektierte Prädeterminative *(all die Blumen)* können vorangehen. Auf das Determinativ folgen pränominale Attribute. Sein Genus wird vom Kopf der Nominalphrase regiert, während Numerus und Kasus mit den Nominalkategorien kongruieren (Ausnahme: *ein paar, lauter*). Im Plural gibt es keine Genusdifferenzierung. Determinative regieren die Flexionsart eines attributiven Adjektivs:

- schwache Flexion nach definitem Artikel, deiktischem oder einigen quantifizierenden Determinativen: *der / dieser / jeder / derjenige, etliche, keine* (nur Pl.);
- gemischte Flexion nach indefinitem Artikel, possessivem, interrogativem Determinativ und einigen quantifizierenden Determinativen *ein, mein, was für ein, welcher, irgendein, kein* (nur Sg.), *etlicher, irgendein, lauter;*
- Geht kein Determinativ, nur ein Prädeterminativ oder ein interrogatives Determinativ voran, wird das Adjektiv stark flektiert: *((manch) schön-er Tag).*

Über die Flexion sind Determinative somit formal stark in die Nominalphrase eingebunden.

Die Flexionsformen des definiten Artikels *(d-er)* und des deiktischen Determinativs *(dies-er, d-er, jen-er)* entsprechen der starken Adjektivflexion, das Paradigma ist sechzehnstellig:

Numerus	Singular			Plural
Genus Kasus	mask.	neutr.	fem.	
Nominativ	*der / der / dieser*	*das / das / dies(es)*	*die / die / diese*	*die / die / diese*
Akkusativ	*den / den / diesen*	*das / das / dies(es)*	*die / die / diese*	*die / die / diese*
Genitiv	*des / dessen / dieses*	*des / dessen / dieses*	*der / deren / dieser*	*der / deren, derer / dieser*
Dativ	*dem / dem / diesem*	*dem / dem / diesem*	*der / der / dieser*	*den / denen / diesen*

Tabelle 1: Flexionsformen: def. Artikel *der*, deikt. Determinative *der, dieser*

Der definite Artikel flektiert wie im Mhd. Hingegen zeigen das deiktische Determinativ (wie das Relativum) seither einige besondere Formen: Genitiv Sg. mask. neutr. fem., Genitiv Pl. und Dativ Pl.[11] Tabelle 1 zeigt die Synkretismen (Nominativ und Akkusativ Singular neutr. und fem.; Genitiv Singular mask. und neutr.; Dativ Singular mask. und neutr.; Nominativ und Akkusativ im nicht genusdifferenzierten Plural).[12] Im Genitiv Singular/Plural und im Dativ Plural unterscheidet sich die Flexion des Artikels *der* von der Objektdeixis *(des-dessen, der-deren, den-denen)*. Das Formenparadigma von *dieser* und *jener* ist mit dem der Objektdeixis identisch, was dazu geführt hat, das Pronomen zur Basis zu machen und einen determinativen Gebrauch des Pronomens vorzusehen (Eisenberg 1999: 180) oder sie als hinsichtlich Selbständigkeit „unterspezifizierte" Funktionswörter zu kategorisieren, die entsprechend spezifizierten „pronominalen" bzw. „adnominalen" gegenüberzustellen sind (Zifonun 2006).

Die Diskussion, ob es in deutschen Dialekten (bes. rheinischen), die keine *dieser-/jener*-Form haben, und im Friesischen doppelte Formen des definiten Artikel gibt (Heinrichs 1954) und nur die Kurzform als Artikel, die Vollform als deiktisch zu betrachten ist (Hartmann 1982, Himmelmann 1997) kann hier nicht aufgenommen werden:[13]

	mask.	fem.	neutr.	Pl.
Kurzform	do / də	də	ət / t	də
Vollform	dä	di	dat	di:

Tabelle 2: Das Paradigma der ‚Definitartikel' im Kölschen
(aus Himmelmann 1997: 54)

---

11 Zur Entstehung: Lühr 1991.
12 Zu den Synkretismen und Paradigmenbildungen vgl. Bittner 2002, die versucht, das Prinzip „one function – one form" in der Strukturbildung und Markiertheit zur Geltung zu bringen und den Artikelformen spezifische Symbolisierungsleistungen wie [bekannt] *(die)*, [bekannt, begrenzt] *(der)* zuzuweisen (15 f.), d.h. z.B. dass Dat./Gen. eine begrenzte Entität kennzeichnen, während Nom./Akk. in dieser Hinsicht merkmallos sind und nur Bekanntheit markieren.
13 Auch im Schweizerdt. gibt es neben der Vollform *(das Buech)* eine Reduktionsform *(s neue Buech)*. Nach Studer ist der reduzierte Artikel obligatorisch bei Erfüllung der Einzigkeitsbedingung (Eigennamen, Unika, Generika, NP + appositiver Relativsatz etc.): „Eg ha de/*dä Sepp gseh." (Studer 2002: 2).

Die Flexion des plurallosen indefiniten Artikels (und analog des possessiven Determinativs), sowie des quantifizierenden Determinativs *kein* zeigt Tabelle 3:

Numerus	Singular			Plural
Kasus　　Genus	mask.	neutr.	fem.	
Nominativ	*ein / kein*	*ein / kein*	*eine / keine*	*– / keine*
Akkusativ	*einen / keinen*	*ein / kein*	*eine / keine*	*– / keine*
Genitiv	*eines / keines*	*eines / keines*	*einer / keiner*	*– / keiner*
Dativ	*einem / keinem*	*einem / keinem*	*einer / keiner*	*– / keinen*

Tabelle 3: Flexionsformen: indef. Artikel *ein*, quantifiz. Determinativ *kein*

Die Kasusmarkierung wird in der Nominalphrase insbesondere vom Determinativ geleistet (Nominativ versus Akkusativ Sg.: *ein / der Baum – ein-en / d-en Baum*, aber Pl.: *d-ie Bäum-e*), auch das Adjektiv kann beitragen; bei der Numerusmarkierung kommt die Substantivflexion stärker zur Geltung (Genitiv, Dativ: *schön-er Bäum-e, schön-en Bäum-en*) (vgl. Eisenberg 1999: 140 f.).

Artikelformen und Artikellosigkeit sind in vielen Idiomen / Wendungen und Funktionsverbgefügen lexikalisiert *(ans Licht kommen, der Meinung sein, einen Bären aufbinden, Kritik üben, auf Bewährung verurteilen)*. In elliptischen Text-Strukturen (Notiz, Schlagzeile, Titel, Telegramm etc.) unterliegen Artikel am ehesten der Reduktion, vor Apposition, Hilfsverb, Persondeixis, Präposition (Hoffmann 2005: 97 ff.).

3.2.2. Der definite Artikel und die Determination

Der **definite Artikel** des Deutschen ist unbetont, die betonte Variante ist deiktisch. Artikelformen, soweit sie nicht betont sind, können im Singular mit Präpositionen verschmelzen *(am, beim, ins, zum)*. Die phonologisch schwache Artikelform hat sich an eine vorausgehende, phonologisch einfache und häufig vorkommende „Präposition der alten Schicht" (Eisenberg 1999: 197) angelehnt und ist – z.T. unter Reduktion auch der Form der Präposition – mit ihr verschmolzen (Enklise). Solche Verschmelzungen finden sich seit dem

Mhd. (etwa im 14. Jahrh., vgl. Behaghel 1923: 38). In einigen Fällen muss die Verschmelzungsform gewählt werden *(am 10. Juni, ins Reine schreiben).* Die Verschmelzungsform kann nicht verwendet werden, wenn es sich um eine definite und spezifische Nominalgruppe handelt:

(34) Sie ging zu dem / *zum Zahnarzt, den man ihr empfohlen hatte.

Für Eisenberg besteht „der erste Schritt zur Grammatikalisierung von Verschmelzungen (…) danach in der Neutralisierung der Distinktivität von bestimmtem und unbestimmtem Artikel." (1999: 199)

Die Determination ist wissensbezogen, operiert im Π-Bereich des Adressaten, und löst eine dynamische Wissensverarbeitung aus. Sie unterstützt die Verarbeitung des versprachlichten Wissens auf Adressatenseite, indem sie das Gemeinte in einem für die Verarbeitung geeigneten Wissensrahmen lokalisiert. Das zu nutzende Wissen steht aber nicht schon komplett bereit, ist nicht schon bestimmt oder abgeschlossen. Es muss erst verarbeitet werden, indem die gegebenen Ressourcen genutzt werden und mit ihrer Hilfe das Gemeinte aufgesucht, ihm ein Ort in einem Wissenssektor zugewiesen wird. Die Lokalisierung erlaubt es dann, die auf den Gegenstand bezogenen, ihn als Mitspieler integrierenden Prädikationen zu verstehen, eine propositionale Netzstruktur aufzubauen und das Wissen progressiv zu erweitern. Diese Art der Wissensverarbeitung konstituiert einen spezifischen Wissensrahmen, der über die aktuell verfügbaren Wissensformen gelegt wird, soweit sie zum Verständnis der versprachlichten symbolischen Konzepte benötigt werden. In diesem Rahmen wird aus den symbolisch für einen Entwurf genutzten Mitteln und den beanspruchten epistemischen Ressourcen der Gegenstand im Vorstellungsraum konstituiert, im Wissen identifiziert und definit gemacht.

Der definite Artikel ist die einzige Form, in der definite Determination im Deutschen unmittelbar realisiert wird. Er operiert immer in Interaktion mit einem Symbolfeldelement *(der Gnom, die Erzählung, das Zebra).* Symbolisch-konzeptuell wird ein Gegenstand entworfen. Der Eintritt in den Wissensrahmen geschieht über dieses Symbolfeldelement, das im Anschluss an das Sprachwissen die konzeptionelle Basis liefert. Die Verarbeitung greift zu auf die Perzepte des Beobachtungswissens, das den Sprachteilhabern zuzuschreibende Weltwissen (Essen-Teller-Gabel-Vorspeise …) und das im Diskurs

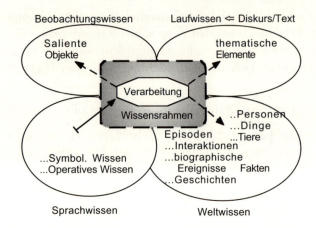

Abbildung 1: Wissensrahmen des Adressaten im Definitheitsfall

oder Text aufgebaute und phasenweise verfügbare Laufwissen. Damit wird das Gemeinte dann in einem zweiten Schritt bestimmbar: z.B. etwas im Wissen von der Art Haus, etwas aus der Gattung Erzählung oder Zebra. Dabei wird das „synsemantische Umfeld" (Bühler 1934: 165) aktiviert, in dem Symbolfeldausdrücke vernetzt sind: Erst das lässt den Stellenwert des Gesagten erkennen (*Zebra* im Umfeld von Ausdrücken biologischer Beschreibung oder *Gnom* im Feld der Ausdrücke eines Erzählzusammenhangs). Der Gegenstand erscheint als durch die Verarbeitung bestimmte Vorstellung. Die parallele Verankerung im Äußerungsrahmen und in der Äußerungsfolge bedingt die Konturierung dessen, was gemeint sein kann, beim generischen – eine Art denotierenden – wie beim individuellen Gebrauch:

(35) ... die Blätter von Euphorbien sind trotz ihres giftigen Milchsaftes unschädlich für Kinder, aber unbedingt verderblich für **das** Zebra (Brehms Tierleben 2004: 2, 4)

(36) Im Jahre 1666 brachte ein Gesandter aus Aethiopien **das** erste wahre Zebra als Geschenk für den Sultan nach Kairo. (Brehms Tierleben 2004: 3, 51)

Im ersten Beispiel ist „das Zebra" vernetzt mit generischen Ausdrücken („die Blätter von Euphorbien", „giftiger Milchsaft") und einer dispositiven Prädikation („sind ... unbedingt verderblich"), im zweiten wird ein konkretes Individuum („Gesandter") in den Wissensrahmen eingebracht und eine individuelle, vergangene Handlung mit einer Zweckbestimmung verbalisiert, so dass sich einmal ein generisches, dann ein individuelles Verständnis einstellt.

Der definite Artikel wird so verstanden, dass dem Adressaten alles zur Verfügung steht, um selbst den gemeinten Gegenstand konzeptuell entwickeln und im Wissen identifizieren zu können, indem er den geeigneten Wissensrahmen aufbaut. Dazu muss er dynamisch auf sein Sprach-, Beobachtungs-, Lauf-, und Weltwissen zugreifen. Es geht nicht abstrakt um Einzigkeit – entscheidend ist, dass der vom Sprecher modellierte Adressat einen Zugang zum fraglichen Gegenstand G im Wissensrahmen durch aktive Verarbeitung entwickeln kann. Identifikation heißt: Der Hörer baut in der Vorstellung ein Bild vom Gegenstand auf, das für ihn abgeschlossen und im Wissen verankert ist. Er weiß, was G ist und was nicht. Er kennt G so weit, dass G Mitspieler sein kann in Szenarios. Mit dem Abschluss wird G für ihn konkret.

Gegenstand kann eine Person, ein Ding, auch eine diskrete Vielheit, eine Art bzw. Gattung oder ein Stoff bzw. eine Substanz sein. Was immer unter Prädikate im sprachspezifischen Netz fallen, Nähe und Abgrenzung in einem Szenario liefern kann.

Das gilt auch, wenn der Gegenstand nicht mit anderen gleichartigen einer Prädikatsklasse zugehört, sondern eine Art bzw. Gattung ist und über alles, was ihr zugehört – durch Anteil materieller Substanz, soziale Konstruktion etc. –, etwas gesagt werden soll: über die Angehörigen *(Die Wale können singen)* oder die Art selbst *(der Adler frisst Mäuse)*. Zweck generischer Aussagen ist es, Schlüsse für Einzelgegenstände[14] zu ermöglichen (X gehört zur Art A, daher gilt für X p), diskursiv anzubahnen. Soll ein prototypisches Exemplar herausgegriffen und rein konzeptionell bearbeitet werden, ist der indefinite Artikel erfordert *(ein Indianer kennt keinen Schmerz)*. Schließlich kann man sich abstrakt auf ein bloßes Konzept beziehen: *Habgier ist zerstörerisch.*

In den Wissensrahmen kann Präsentes einbezogen sein, das explizit eingeführt wurde[15]:

---

14   Dazu im Rahmen seines operationalen Konzepts Dewey 2002: 316.
15   Zu Thema und Themafortführung Zifonun / Hoffmann / Strecker 1997: 507–595.

(37) Auf einem kleinen Tisch standen als einzige Zierde zwei Kristallgläser und **eine Karaffe, die Karaffe** musste immer mit **frischem Wasser** gefüllt sein, mehrmals am Tag war **dieses Wasser** zu wechseln ... (Ortheil 2002: 43)

Zunächst nur als Leerstelle im Wissen wird eine Karaffe eingeführt; sie wird dann mit weiteren Prädikationen angereichert definit fortgeführt. Anders funktioniert „dieses Wasser", insofern erst eine (die Kette rückwärts memorierende) Reorientierung im Textwissen vonnöten ist, bis der passende Gegenstand gefunden ist. Dem Leser wird eine aktivere Verarbeitung abverlangt.

Was fortgeführt wird, kann auch in der Satzprädikation eingeführt sein:

(38) „Ich **staune**, Signor Giacomo, ich komme aus **dem Staunen** nicht heraus." (Ortheil 2002: 203)

Im folgenden Beispiel wird eine Person durch Wahl aus einer kategorialen Menge („Sänger"), gewählt, dann erfolgt schon eine definite (hier ist der Artikel syntaktisch erforderlich) Namensnennung mit weiterer Prädikation („jungen") und die Installation einer einschlägigen Prädikation über einen appositiven Relativsatz:

(39) Er wartete auf **einen der Sänger, den jungen Luigi,** der in der Oper die Hauptrolle singen würde. (Ortheil 2002: 18)

Der Rezipient muss den Gegenstand öfter auf der Basis des synsemantischen Umfelds erst etablieren:

(40) Er schloß jetzt wieder **die** Augen, **die** Müdigkeit machte sich sofort bemerkbar, eine unendliche Schwere, der er willenlos nachgab. (Ortheil 2002: 40)

Die Augen fügen sich für das Hörerwissen leicht in den Wissensrahmen, jeder Mensch hat Augen. Komplex der Fortgang, in dem im Wissen rückblickend die Brücke zu schlagen ist zum Schließen der Augen als Manifestation von Müdigkeit, die damit bestimmt wird. Die weitere Charakterisierung erfolgt als temporäre Öffnung des Rahmens („eine unendliche Schwere").

(41) Paolo stieß **die** Flügeltüren des kleinen Portals auf, und Casanova betrat das Theater. (Ortheil 2002: 75 [Anfang von Kapitel 10])

Das Theater in Prag, in dem Mozart und da Ponte die Oper Don Giovanni entwickeln, ist im Roman bekannt, wenngleich die Passa-

Determinativ

gen weiter zurückliegen. Ein Leser-Wissen wird also in den Wissensrahmen gebracht, in dem das Theater enthalten ist. Die Türen gehören zum Theater (Weltwissen). Es besteht eine Tendenz, definite Plurale generell zu verstehen (jede einzelne Flügeltür des Palastes wurde aufgestoßen), Ausnahmen bleiben aber möglich, ohne den Satz falsch werden zu lassen.

Die Phrase selbst ist schon intern definit determiniert durch das Genitivattribut, das restriktiv den Gegenstandsbereich beschränkt. Eine solche Beschränkung reicht oft, um einen Gegenstand als im Wissensnetz hinreichend bestimmt zu betrachten (die Türen sind als Teil des Portals bestimmt). Eine Grenze des Bestimmens lässt sich nicht angeben.

Von einem Abschluss kann bei Eigennamen die Rede sein, die autonom Gegenstände, die in einer Gruppe aufgrund einer sozialen Tradierung mit Namen fest etabliert sind, herausgreifen lassen (Hoffmann 1999). Für Personennamen hat sich – ausgehend von der Obligatorik in süddeutschen Varietäten – die Verwendung des Artikels, zumal in Zugangs- und Vorstellungssituationen, ausgebreitet; man kann dies als doppelte Determination sehen oder als Rahmenverdeutlichung durch Anschluss an situatives oder Weltwissen (es muss kein neues Wissen aufgebaut werden):

(42) Das ist **die** Claudia.

Vor Familiennamen wird der Wissenszugang speziell markiert *(die Dietrich)*. Bestimmte Fluss- und Ländernamen enthalten einen Artikel *(die Elbe, die Türkei)*.

Die Festlegung des Denotatbereichs kann verbabhängig sein. Im folgenden Fall kann man – mindestens im Fall a., unter unserem Normalitätswissen auch im Fall b. – das Prädikat nicht auf die Einzelindividuen herunterrechnen:

(43) a. **Die** Zwillinge ähneln sich sehr.
　　 b. **Die** Zwillinge können ein Klavier tragen.

Andere Prädikationen erlauben ein distributives Verständnis:

(44) a. **Die** Angestellten sind motiviert.
　　 b. Hanna ist Angestellte. ⇒ c. Hanna ist motiviert.

Die Prädikation kann auch zur Möglichkeit einer generischen Interpretation beitragen:

(45) **Die** Katze **ist ein Raubtier**.
(46) **Die** Katze **hat Krallen**.
(47) **Die** Katze **hat keine Krallen**.

Im ersten Fall (Zugehörigkeitsprädikation) ist fast immer die Art gemeint, im zweiten kann daneben auch die aktuell zugängliche Katze gemeint sein, im dritten wird man aus dem Weltwissen über Katzen ableiten, dass hier nicht von der Art prädiziert wird.

Verschiedene Wissenssektoren gehen in den Wissensrahmen ein und machen G definit:

- G ist ein Unikat, das auf der Grundlage des Weltwissens im Sprachwissen verankert ist:

(48) **Die** Sonne scheint. **Der** Herr hats gegeben ...

- G wird von einer mit Einzigkeitsattributen versprachlichten Auswahlfunktion auf der Basis von Weltwissen geliefert:

(49) **Der** höchste Berg Deutschlands ist die Zugspitze.
(50) **Der** einzige fünffache Weltmeister hat noch einmal ein Rennen gewonnen.

- G ist Element einer Relation zwischen Gegenständen, die im Weltwissen fundiert ist:

(51) Teresa wäscht sich **das** Gesicht. [Jeder Mensch hat genau ein Gesicht.]
(52) Wir sehen uns **am** Abend. [Zu jedem Tag gehört einen Abend.]
(53) Die Lampe **des** Beamers ist ausgefallen. [Jeder Beamer hat genau eine Lampe.]
(54) **Die** Flagge Kenias wurde gehisst. [Jedes Land hat genau eine Flagge.]
(55) Weibliche Grashüpfer besitzen beispielsweise zwei X-Chromosomen, während **die** Männchen nur über eines verfügen. (Purves et al. 2006: 245) [Zu den weiblichen Hüpfern gibt es ein männliches Gegenstück]

- G ist assoziativ / inferentiell im Weltwissen mit einem Gegenstand verknüpft:

(56) Der Busfahrer lässt **den** Motor an, drückt zweimal auf **die** Hupe. (Roes 2006: 52)

Determinativ

(57) **Das** Neue an seinem Vortrag war das Konzept dynamischer Sinnrelationen.
(58) An der Tür fehlt **der** Griff.

Ein Busfahrer lässt einen Bus erwarten, der Bus hat Motor und Hupe. Das kann scheitern: Ein Vortrag mag nichts Neues bringen, zur Tür kein Griff gehören.

- G ist im Weltwissen als Ort mit institutionellen Charakter zugänglich ist, ohne als spezifischer bekannt sein zu müssen:

(59) Paula ist in **der** Kirche.

- Dem Adressaten, über dessen Wissen der Sprecher etwas weiß, wird Gegenstandswissen (ohne Vorerwähnung) auf Basis der Interaktionsgeschichte zugewiesen:

(60) Gehst du heute nachmittag zu **dem** Seminar?

- Der Gegenstand ist als festes Konzept des Sprachwissens zugänglich:

(61) Hier lächelt niemand **den** Fremden an. (Roes 2006: 22)
(62) Hier lächelt niemand **einen** Fremden an. [Person wird kategorial etabliert]

- Ein Stoff wird als Gegenstand G instanziiert (Stoff- zu Gattungsname / Substantivierung):

(63) *das Gold der Inkas; das grüne Leuchten*.

- G ist eine Art/Gattung, die am Schnittpunkt von Sprach- und Weltwissen zugänglich ist:

(64) … der Wal besitzt gar keine eigentlichen Halsmuskeln, bei **dem** Affen sind sie fast ebenso ausgebildet wie bei **dem** Menschen; **die** Säugethiere, welche klettern, graben, flattern oder greifen, haben starke Brustmuskeln zur Beugung des Armes … (Brehms Tierleben 2004: 1,6)
(65) An Länge soll **der** Riesenhai (…) zwölf Meter, an Gewicht bis achttausend Kilogramm erreichen können. (Brehms Tierleben 2004: 8,375)

Die Prädikationen der vorstehenden Beispiele machen generelle Aussagen über eine Art, die folgenden singuläre, ereignisbezogene:

(66) „Ich habe **den** Computer erfunden, weil ich zu faul war zum Rechnen", erzählt Konrad Zuse. (http://www.wdr.de/themen/kultur/stichtag/2005/12/18.jhtml [12.2.2007])
(67) Mitte letzten Jahrhunderts waren **die** Eisbären durch den Menschen fast ausgerottet. (http://www.natur-lexikon.com/Texte/MZ/001/00037-eisbaer/MZ00037-eisbaer.html [7.2.2007])

Bei generischem Gebrauch kann außerhalb definitorischer Kontexte und singulärer, ereignisbezogener Aussagen *typischerweise* verwendet werden (vgl. Krifka 1991: 414):

(68) **Die** Eisbären haben [typischerweise] ein weißes Fell.
(69) *****Der** Rotbär ist typischerweise ausgestorben.

Im Falle singulärer Aussagen wird nicht über die Art-Angehörigen quantifiziert, sondern Bezug auf die Art hergestellt, wobei Ausnahmen zulässig sind. Der indefinite Artikel kann hier nur gewählt werden, wenn ein spezifisches Tier oder eine Unterart gemeint ist:

(70) **Der** Indianer kennt keinen Schmerz. Nur der Kleine Bär ist etwas wehleidig.
(71) ?**Ein/Das** Zwergtrampeltier wurde im Amazonasbecken entdeckt.

Zum möglichen Zusammenhang Artikel-Aspekt (→ 3.1) konstatiert Gerstner-Link:

„Aspektologisch sollten singuläre Aussagen typischerweise perfektiv sein (abgesehen von Fällen wie etwa *Das Mammut ist am Aussterben*), generelle Aussagen dagegen imperfektiv." (Gerstner-Link 1999: 202)

Die generische Interpretation liegt bei definitem Artikel in Nicht-Subjektposition, eingelagert in eine nicht als generell erkennbare (singuläre) Prädikation nicht nahe, eher schon bei Subjektposition, noch eher bei Artikellosigkeit und Indefinitheit, am stärksten im Fall genereller Aussagen. Eine Zugänglichkeitshierarchie von Gerstner-Link (1999: 213) in bearbeiteter Form enthält Tabelle 4.

Einen Gelenkartikel (→ 3.3.) hat das Deutsche nicht; Himmelmann betrachtet in einer Konstruktion wie *Katharina die Große* „die als Gelenkartikel, der eine Konstruktion mit dem Attribut bildet" (1999: 180). Dies ist ein fester Name. Man kann die Entstehung als Implementierung (Hoffmann 2003: 96) einer prädikativen NP betrachten, die genuin als restriktiv (und nicht wie vergleichbare Kons-

A	B	C	D	E
def. Artikel	def. Artikel	def. Artikel/ artikellos	def. Artikel/ artikellos	def./indef. Artikel/ artikellos
Sg.	Sg./Pl.	Sg./Pl.	Sg./Pl.	Sg./Pl.
Objekt	Subjekt	Objekt	Subjekt	Subjekt/ Objekt
im Vorfeld		nicht im Vorfeld		stellungsunabhängig
singuläre Aussage				generelle Aussage

Tabelle 4: Zugänglichkeitshierarchie für generische Interpretation
(E vor D, D vor C, C vor B, B vor A)

truktionen als „appositiv") zu verstehen ist. Der Artikel gestattet die restriktive Erweiterung schon als definit geltender Nomina *(die Paula, die du kennst ...)*.

3.2.3. Der indefinite Artikel

Der indefinite Artikel – manchmal konsonantisch als Enklise *(so-n)* – markiert die Abwesenheit von Definitheit und initiiert einen Übergang vom Sprachwissen in die Wissensverarbeitung, die in einem symbolisch konstituierten Wissensrahmen verbleibt. Eine Öffnung zu anderen Wissensformen wird blockiert. Es wird für einen Gegenstand, der existenzialisiert oder als beliebiges x aus einer symbolisierten Menge vorgestellt wird, eine Leerstelle eröffnet, an die das in der Äußerung Gesagte angeschlossen wird. Die Leerstelle kann dann inkrementell in der Äußerungskette gefüllt werden, wenn der Gegenstand thematisch wird. Der Gegenstand kann aber auch nur temporär ins Spiel gebracht sein, etwa als Prädikativum. Der Adressat wird veranlasst, dem Fortgang des Diskurses, der weiteren Lektüre zu überantworten, ob der fragliche Gegenstand längerfristig in den Wissensrahmen aufgenommen und mit weiteren Prädikaten verarbeitet werden soll. Für ihn bleibt der Gegenstand noch abstrakt-unbestimmt und zu konkretisieren.

(72) [Johanna berichtet der Gräfin] Er will **ein** Fest geben im Palais, ein großes venezianisches Fest, wie es heißt, die Gäste werden maskiert sein, wir freuen uns alle schon auf dieses Fest, auch Herr Mozart wird erscheinen ... (Ortheil 2002: 179)

Abbildung 2: Wissenrahmen im Indefinitheitsfall

(73) Noch nie hatte ihr jemand einmal **ein** Geschenk gemacht, nichts, noch nie eine Blume, nie einen Ohrring, nie ein Kleid, die hohen Herren vergnügten sich mit anderen Frauen ... (Ortheil 2002: 176)

(74) Für einen Moment spielte sie die Primadonna, die gleich wieder zurückkehren würde in **eine** andere Welt. Nach dieser Welt sehnten sich all diese Menschen dort unten, nach der fremden, erregenden Welt. Der Zauberwelt der Bühne und der Maskeraden, der Welt der heimlichen Entdeckungen und der bösen Träume. (Ortheil 2002: 320)

Die Beispiele zeigen, wie die Leerstellen sukzessiv gefüllt werden; die Leser können deiktisch nachdrücklich darauf orientiert werden („dieses Fest", „diese Welt") und die Prädikationen in der Wissensverarbeitung anschließen und so den Gegenstand konkretisieren.

Die Auswahl aus einer symbolischen Kategorie kann analog zum Zahlwort ein Einzigkeitsverständnis auslösen, muss es aber nicht:

(75) Sie braucht **ein** Stipendium. [Mit zweien wäre sie auch einverstanden.]

Das Zahladjektiv wird häufig akzentuiert und kann mit einem definiten Determinativ kombiniert werden *(der eine Mann, dieses eine Mal, mein einer PC)*.

Es kann auch ein Element einer Art oder Gattung[16] herausgestellt werden, dem die Art-Eigenschaft P – ausgedrückt durch die

Prädikation – generell zukommt. Das Gesagte bleibt unspezifisch. An einem Exemplar wird in der Vorstellung Wissen über die Gattung vermittelt. Ob spezifisch oder Gattung, klärt sich immer erst im ganzen Äußerungszusammenhang:

(76) **Ein** Löwe, welcher kurz vor unserer ersten Ankunft in Mensah vier Nächte hinter einander das Dorf betreten hatte, war einzig und allein daran erkannt worden, daß er beim versuchten Durchbruch einer Umzäunung einige seiner Mähnenhaare verloren hatte. (Brehms Tierleben 2004: 1,360)

(77) Der Schaden nun, welchen **ein** Löwe anrichtet, beträgt durchschnittlich sechstausend Franken im Jahre, für seine Lebensdauer also über zweimalhunderttausend Franken. (Brehms Tierleben 2004: 1,378)

Im Folgenden werden Art-Exemplare im Vorstellungsraum etabliert, was besser ist als direkter Artenvergleich über definite Ausdrücke:

(78) **Ein** Löwe und **ein** Tiger können nicht gefährlicher sein als **ein** gereizter Stier… (Brehms Tierleben 2004: 1,378)

(79) **Der** Löwe und **der** Tiger können nicht gefährlicher sein als **der** gereizte Stier…

Ein minimaler Satz ist nicht per se ungrammatisch (Burton-Roberts 1976):

(80) **Ein** Wal singt.

Indefinitheit ist in definitorischen Aussagen häufig und wirkt instanziierend:

(81) **Ein** Computer, auch Rechner genannt, ist ein Apparat, der Informationen mit Hilfe einer programmierbaren Rechenvorschrift verarbeiten kann. (http://de.wikipedia.org/wiki/Compu ter [12.2.2007])

Existenzeinführungen erfordern Indefinitheit, wenn der Wissensrahmen nicht zu öffnen ist:

(82) An dem Stand gibt es a. **ein**/b. ?**das** Sonderangebot.
(83) An **dem** Stand gibt es das Sonderangebot des Monats/, von dem Paula erzählt hat.

---

16 Zu diesem Typ: Oomen 1977.

(Definitheits-)Effekte zwischen Artikelformen wurden viel diskutiert:

(84) Jockel bestieg a. **einen**/b. **den** Gipfel **des** Eiger.

Der Eiger hat muss mehr als einen Gipfel haben (a.) oder nur einen (b.). Relationale Eindeutigkeit macht Phrasen wie *eine (leibliche) Mutter des Mädchen* unakzeptabel. Als indefinit gelten manchmal Phrasen wie *die Spuren eines Vogels,* aber das ist nicht eindeutig; der erste Fall scheint eher definit in einem Wissensrahmen, der zweite läuft in eine Indefinitheitsinterpretation:

(85) **Die** Spuren **eines** Vogels sind dem Ornithologen vertraut.
(86) **Das** Haus **einer** Freundin ist abgebrannt. Schlimm, wenn so was passiert.

3.2.4. Artikellose Nominalphrasen

Artikellosigkeit übermittelt, was das Nomen besagt, in reiner Form. Das kann die verwendbare Wortform selbst sein, die erwähnt, zitiert wird:

(87) Deshalb dachte sie jetzt manchmal, daß es vielleicht gar nicht ankomme auf so große Worte wie ‚Liebe' und ‚Glück' ... (Ortheil 2002: 320)

Artikellos kann auch der pure Begriff ins Spiel gebracht oder definiert werden:

(88) Die Begriffe **Gewicht** und **Masse** sind nicht identisch. **Gewicht** ist das Maß für die durch die Schwerkraft der Erde ausgeübte Anziehungskraft auf die Masse. (Purves et al. 2006: 24)

In manchen Sprachen reicht es, ihn in Kombination mit einem transitiven Verb zu nennen, um dessen Zielrichtung zu markieren, so dass sich eine Komplexbildung wie ‚Hase-Jagen' ergibt. Artikellosigkeit im Singular findet sich bei Substanz-/Stoffnamen[17], die nicht diskret (überschneidungsfrei) denotieren, das Merkmal <Zählbarkeit> nicht haben und mit Zahladjektiven nicht unmittelbar kombinierbar sind. Nach Quine bezeichnen sie verteilte/verstreute („scattered") Objekte, nach Parsons Substanzquanten. Pluralnomina und Massenomina wird die „Eigenschaft der kumulativen Referenz"

---

[17] Zu Massenomina/Kontinuativa mit den Untergruppen Substanz-/Stoffnomina *(Gold)* und Kollektivnomina *(Vieh, Polizei)* Krifka 1991.

(Link 1991: 420) zugeschrieben. Nicht frei mit Artikeln kombinierbar sind auch Eigennamen, die auf die sozial distribuierte und direkt abzurufende Kenntnis individueller Gegenstände (Dinge/Personen) rekurrieren, analog können auch relationale Verwandtschaftsbezeichnungen artikellos sein:

(89) **Fisch,** es wird **Fisch** geben, und ich wage zu sagen, dass es **Fisch** geben wird von einer Art, wie man ihn in Prag noch niemals gegessen hat. (Ortheil 2002: 235)
(90) **Vater** hat einen Wagen gemietet, und der hat uns zum Fluß gebracht. (http://www.virtualmuseum.ca/Exhibitions/Migrations/deutsche/hhs/jakob.html [14.2.2007])

Man kann mit einem Substanznomen ein Substanzquantum ‚Fisch' denotieren, also eine Substanz, die in jeder Form und Quantität Fisch bleibt. Substanzen können durch einen definiten Artikel individualisiert werden (*Fisch* bezeichnet ursprgl. eine Speise: idg. **peitos* (Kluge 2002: 296)):

(91) Also hinein, in diesem Zimmer sollen wir **den** Fischen begegnen. (Ortheil 2002: 237)

Die Bildung einer Kasusform ist bei Artikellosigkeit ausgeschlossen, die Kasusmarkierung bedarf eines die Phrase komplettierenden Artikels:[18]

(92) **Am/*An** Gold-e hängt doch alles (Goethe).

Möglich ist auch generischer Gebrauch in Definitionen:

(93) Gold ist (*typischerweise) ein Edelmetall.

Maßausdrücke und Behälterkonstruktionen sind mit Substanznamen im Singular zu bilden:

(94) Ein Liter **Benzin** für 40 Cent. (http://www.zdf.de/ZDFde/inhalt/17/0,1872,2132689,00.html [12.2.2007])
(95) Für eine Flasche **Brause** ([http://www.taz.de/pt/2006/03/01/a0219.1/text])

Konstruktionen wie *fünf Biere* führt Eisenberg (1999: 159) auf den Typ *fünf Gläser Bier* zurück. Öfter kann ein Plural[19] von Substanz-

---
[18] Diskutiert wird dies Phänomen von Eisenberg 1999: 142 f.
[19] Zur Semantik des Plurals: Link 1991.

namen gebildet werden, der – vor allem fachsprachlich – Teilsubstanzen, Sorten ausdifferenziert, für die P gilt:

(96) **Fette** sind bei Raumtemperatur feste oder halbfeste Stoffe (z. B. Palmin® und Schweineschmalz). (http://dc2.uni-bielefeld.de/dc2/haus/fette.htm [12.2.2007])

Die Maß-Konstruktion bildet den Grenzfall, in dem ohne die Substanz kein Gegenstand entworfen werden kann; das Maß erscheint als Angabe eines Zahlenwerts mit Zahladjektiv *(drei Gramm Mehl)* oder einer indefiniten Quantität *(einige Kilo Eis)* mittels entsprechendem Determinativ. Der Kopf bedarf einer substantivischen Erweiterung, die Objekt oder Substanz charakterisiert.

(97) Das kam zweifellos von dem Mangel an **Milch** oder anderer ebenso nahrhafter **Kost** her. (Brehms Tierleben 2004: 1,89)

In festen Präpositionalphrasen sind artikellose Formen nicht selten *(auf Erden* (schon mhd.), *vor Wut, aus Not)*.

In vielen Sprachen ist der Singular numerisch neutral, also mit Zahlwörtern kombinierbar (Türk. *kırk haramî* ‚40 Räuber Sg.', auch im Ungarischen etc.).

Abstrakta wie *Faulheit, Glück, Liebe, Ruhe* werden nicht selten artikellos verwendet, besonders in idiomatischen Äußerungen:

(98) Ich habe **Lust,** im weiten Feld ... (Peter Rühmkorf, Titel einer Rede 1996)

Einige institutionsbezogene Ausdrücke treten gehäuft artikellos in abstrahierender, emphatischer Verwendung auf:

(99) Qualität und Verlässlichkeit: Was **Schule** heute leisten muss (http://www.kas.de/proj/home/events/101/1/year-2006/month-11/veranstaltung_id-21654/index.html [12.2.2007])

Plurale von individuierenden Nomina bezeichnen diskrete Vielheiten, die Individuen oder Kollektive enthalten, die unter das entsprechende Singularprädikat fallen. Der indefinite Artikel fehlt im Plural, artikellos können neben generischen Ausdrücken auch Prädikative sein.

(100) Zum Geburtstag kriegte Renate **Ringe, Taschentücher** und **Parfüm** und solchen Kack. Mädchen waren schon arme **Schweine.** (Hentschel 2006: 295)

(101) Insgesamt (…) sind wir also sechzehn **Personen**. (Ortheil 2002: 200)
(102) a. Er ist **ein** verrückter Kerl. b. Sie ist **eine** Tochter des Königs [relationales Nomen].

Artikellose Pluralnomina können eine generische bzw. Artenlesart – denotiert wird eine Art über ihre Angehörigen – in entsprechenden Äußerungszusammenhängen bekommen:

(103) **Bären** sind imposante Geschöpfe und in ihrer Eigenart mit dem schweren Körper, dem winzigen Schwanz und den kleinen Ohren charakteristisch. (http://www.natur-lexikon.com/Texte/MZ/001/00037-eisbaer/MZ00037-eisbaer.html [7.2.2007])

Allerdings sollte die Aussage generell sein, bei singulärer Ereignisprädikation wird Definitheit verlangt, vgl.:

(104) **Computer** sind Waffen (http://www.heise.de/tp/r4/artikel/4/4147/1.html [12.2.2007])
(105) ?Mitte letzten Jahrhunderts waren **Eisbären** durch den Menschen fast ausgerottet.
(106) Mitte letzten Jahrhunderts waren **die Eisbären** durch den Menschen fast ausgerottet. (http://www.natur-lexikon.com/Texte/MZ/001/00037-eisbaer/MZ00037-eisbaer.html [7.2.2007])

3.2.5. Deiktische Determinative

Ein Gegenstand G kann komplett über eine deiktische Prozedur wie in *dieser war es, der ist es* etabliert werden: Der Hörer wird – oft gestisch unterstützt – veranlasst, den Sprecherstandort, Bühlers „Origo", nachzuvollziehen, die Aufmerksamkeitsausrichtung des Sprechers zu erkennen und die eigene Orientierung an der des Sprechers auszurichten. Synchronisation und Wissensverarbeitung führt ihn auf einen „Verweisraum" (Ehlich), in dem gezeigt und ein Einziges erfasst wird. Im Wahrnehmungsraum kann Vieles in Frage kommen: Deixis ist immer auch ausschließend. Zum einen wirkt der Äußerungszusammenhang beschränkend, zum anderen kann die Deixis ein dimensionales Wissen ins Spiel bringen, je nach Sprache etwa Nähe versus Ferne von den Handelnden (*dieser* versus *jener* N), nahe beim oder fern vom Hörer etc. In der Kombination mit einem formal abgestimmten, funktionalisierten deiktischen Determinativ wird G zunächst symbolisch entworfen *(Buch, Hund)* und in den Wissensrahmen zur konkretisierenden Verarbeitung gebracht. Mit dem symbolischen Ausdruck allein ist kein Bezug möglich, er bedarf der Einbettung in das Symbolfeld eines Satzes, um zu bedeuten, oder wenigsten der Verbindung mit einer Zeigegeste (wie im frühen Spracherwerb). Die Prozeduren, symbolische und deiktische, werden gekoppelt und sorgen interaktiv für eine Gegenstandsbestimmung. Definitheit ergibt sich also nicht direkt, in einem Zug, sondern nur vermittelt als Effekt der Koppelung.

Beide Komponenten der Kombination arbeiten daran mit, den Zugang zum gemeinten Gegenstand herzustellen, so dass es willkürlich erscheinen mag, eine als Kopf auszuzeichnen. Wir entscheiden uns für eine Integration des deiktischen Ausdrucks, dem die formale Adaption (Flexion) entspricht und halten dies für den Weg der Einzelsprache, um die es geht (Alternativen sind denkbar).

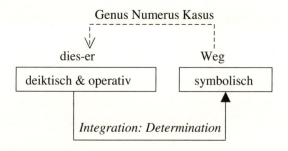

Deixeis in determinativer Funktion sind biprozedural (deiktisch und operativ Hörerwissen prozessierend). Sie lassen den fraglichen Gegenstand als einzig und dem Hörer im Wissensrahmen zugänglich erscheinen (sie sind insofern auch definit). Der Zugang bedarf nicht nur symbolischen Verstehens (des nominal Gesagten in seinem Feldzusammenhang), sondern synchroner Orientierung im Wahrnehmungsfeld, in der Rede- oder Textkette oder im Vorstellungsraum.

(107) Er bedankte sich herzlich und betrat die hellen, festliche geschmückten Räume, die er auf den ersten Blick kaum wiedererkannte. Hier, in **diesen** Räumen, sollte er schon einmal gewesen sein? (Ortheil 2002: 135)

Im Beispiel sind zwei Möglichkeiten parallel realisiert: zum einen eine lokale Deixis des Nahbereichs *(hier)*, die den Leser auf einen

Ort im textuell etablierten Vorstellungsraum orientiert, dann parallel installiert, ein symbolischer Zugang in einen Innenbereich *(in)*, der symbolisch als Raum gekennzeichnet ist, ein Raum, der – angeleitet durch anadeiktisches *dieser* –im Nahbereich der textuellen Verkettung auf eine im Wissensrahmen schon verarbeitete Einheit reorientiert („die hellen, festliche geschmückten Räume").

Einen weiteren Typ nimmt Himmelmann an, den er angelehnt an Wackernagel und Bühler (1934: 309) als „anamnestisch" bezeichnet: „S erinnert H an gemeinsames Wissen" (1997: 61). Bühler hatte anamnestischen Zugriff als (allerdings nicht zu isolierende) Nebenfunktion noch beim definiten Artikel gesehen. Ein Beispiel dieser Art ist:

(108) S4: dieser band 8
S2: sehr spät neunzehnhundertsiebzig
S4: mhm
S2: is der glaub ich.
S4: ja 11 is von neunzehnhundertsiebzig oder is neunzehnsiebzig erschienen ich dachte der gehörte zu diesem zu **dieser** früheren Gruppe aber den haben sie jedenfalls aus der beckschen schwarzen reihe
S3: 8 nee fischer is das. (IDS Interaktion DS043 (vereinfacht))
(109) Paolo rührte sich nicht mehr. Das ging alles zu schnell, **all diese** Vorhaben und Pläne machten ihn beinahe schwindelig. (Ortheil 2002: 202)

Der Gegenstand komme erstmals ins Spiel und könne (manchmal ungenau) von S und H erinnert werden. Im ersten Beispiel als vage Erinnerung an eine Buchreihe, im zweiten an das, was Paolo über die Gesamtheit (Prädeterminativ *all*) der Vorhaben und Pläne aus der Lektüre erinnern kann. Dies kann auch als Spezialfall der Deixis in der Vorstellung gelten: Die Interaktionsgeschichte lässt eine Vorstellung entstehen, von der noch nicht die Rede war, die sich dem Mitdenkenden aber leicht erschließt. Himmelmanns These ist, dass genau aus diesem Typ sich der definite Artikel ausbilde.

Deiktische Determinative können den Wissensrahmen nicht für Weltwissen öffnen, in dem sich Unikate befinden *(?diese Sonne scheint)*, da keine andere ausschließende Wahl unter mehreren x der Kategorie P möglich ist.

Die Form *derselb-* ist zusammengesetzt aus definitem Artikel und germ. Demonstrativstamm *selb* (idg. **se*) (Pfeifer et al. 1989:

1613) und drückt die Identität eines Gegenstands mit einem im Vorgängerkontext explizit oder implizit verbalisierten und im Hintergrund Präsenten aus, der unter dasselbe nominale Prädikat fällt. Typisch für diese Anadeixis ist die Kette: *ein N ... dasselbe* N). Die Spezifizierung kann auch nachträglich geliefert werden. Schließlich kann eine Menge von möglichen Redegegenständen lokal konstituiert werden, aus der zu wählen ist:

(110) Beim Kampf gegen Krebs sollte der Arzt seine Waffen mit Bedacht wählen: Sogar bei **derselben** Krebsart können Medikamente individuell völlig unterschiedlich wirken. (http://www.innovations-report.de/html/berichte/studien/bericht-56258.html [11.2.2007])

Das Determinativ *derjenig-* wird vor N + restriktivem Relativsatz gebraucht und verweist katadeiktisch auf die im Relativsatz gegebene Einschränkung auf genau ein Element des Denotatbereichs von N.[20]

Anadeiktisch wie katadeiktisch kann auch *solch-* (aus deiktischem *so* und *-lich* < germ. **līch* ‚Körper, Gestalt' (Pfeifer et al. 1989: 1648)) gebraucht werden. Was als dimensional Spezifisches unter das zugehörige nominale Prädikat fällt, muss aus dem zuvor oder anschließend über Elemente des Denotatbereichs Gesagten erschlossen und in die Vorstellung überführt werden.

(111) ... wir sehen in ihnen immer die das Ganze überblickenden und ordnenden Meister der Wissenschaft und sind geneigt, die jagenden und sammelnden Reisenden jenen gegenüber als Gehülfen und Handlanger zu betrachten, obgleich wir uns nicht verhehlen können, daß nur sie es sind, welche uns mit dem ganzen Thiere bekannt machen. (...) **Solche** Ansichten haben mich bestimmt, das vorliegende Buch zu schreiben. (Brehms Tierleben 2004: 1,7)

Im Genitiv zeigt *solch-* Merkmale der Adjektivflexion. Es kann mit einem Gattungsnomen im Singular nur mit Determinativ auftreten *(ein solcher Fehler),* ansonsten bildet es mit Substanz- oder Pluralnomina eine Nominalphrase (Details: Ballweg 2004: 104 ff.). Möglicherweise befindet es sich auf dem Weg zum Adjektiv (Zifonun/Hoffmann/Strecker 1997: 1937).

---

[20] Nur kategoriale Identität bezeichnet die Kombination Artikel+Adjektiv *der gleiche* N.

3.2.6. Possessive Determinative

Sie haben spezifische Flexionsformen und Korrespondenzbeziehungen in der Nominalphrase, eigene Kombinatorik und Funktionalität, was gegenüber dem Possessivum *(meins)* eine Kategorisierung als Wortart erlaubt. Genus, Numerus und Kasus korrespondieren mit dem Kopf-Nomen. Sie sind im Deutschen (wie etwa in romanischen Sprachen) nicht Formvarianten der Anapher bzw. des Personalpronomens (so im Englischen, wo sie als Genitivformen *(it-its)* zu beschreiben sind). Funktional sind sie biprozedural (deiktisch/phorisch und operativ). Genuin sind sie sprecherdeiktisch *(mein)*, hörerdeiktisch *(dein)*, und phorisch *(sein)* wie das verwandte Possessivum (→ C17). Sie wirken im Deutschen an der Determination mit. Dies wird als „referentielle Verankerung" (Zifonun 2005 und → C17) beschrieben.

Im deiktischen Fall wird der Hörer/Leser auf den situativ gegebenen oder textuell erschließbaren Sprecher/Autor oder eine entsprechende Gruppe oder auf sich selbst verwiesen. Meist ist damit für den Adressaten eine eindeutige Verankerung durch Einbezug des situativen Wissens in den Wissensrahmen möglich, auch wenn in der Autorzuweisung wie auch durch Mehrfachadressierung Vagheit entstehen kann.

(112) „... die Karaffen mit Punsch stehen noch dort auf dem Tisch, auch **unser** Maestro wünschte sich davon, als wir heute morgen am Operntext feilten." (...)
„**Unser** Maestro, ja, wie schön Sie das sagen, Signor Giacomo! Im Augenblick gehört er ja wirklich ein wenig uns, vielleicht sogar vor allem uns beiden, zum Wohl! (Ortheil 2002: 282)

In der phorischen Variante muss etwas aus anderem Wissen (Vorerwähntes, Impliziertes) in den Wissensrahmen gebracht und der operativen Prozedur unterlegt werden. Das Genus des Possessors (Vorgängerausdruck, Konzept) bestimmt die Wahl des Determinativs (... *Hanna ... ihre* N). Im phorischen Fall kann die Suche nach dem Ankergegenstand schwieriger werden, da zusätzliches Sprach- oder Weltwissen und öfter Inferenzen genutzt werden müssen. Der Anker kann in einer Vorgängeräußerung, aber auch in derselben Äußerung verbalisiert sein:

(113) Er starrte Casanova an, ja, von Anfang an hatte er geahnt, daß **er** in ihm **seinen** Meister finden würde. (Ortheil 2002: 202)

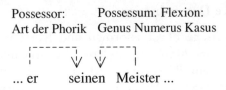

Abbildung 3: Possessives Determinativ: Rektion/Kongruenz

(114) Das **Brautpaar** trat aus der Kirche. **Ihr** Kleid wirkte derangiert.
(115) Paula bekommt von ihrer **Mutter** regelmäßig Geld. **Ihre** Großzügigkeit ist legendär.
(116) „Er hat also gar nicht mich gemeint, mich, die kleine Johanna, (…)"
„Er hat nicht dich gemeint, sondern **ein hübsches Wesen**, manchmal mit Schürze, manchmal in schönen Kleidern, **das** ihm zu **ihrem** Unglück immer wieder in den Weg lief." (Ortheil 2002: 301)

Possessive Determinative lösen im Deutschen vermittelt eine Definitheitsinterpretation aus, anders etwa im Italienischen (3.3.2.). Der Gegenstand muss nicht einzig sein *(mein Ohr schmerzt – das Ohr schmerzt)*. Umgangssprachlich wird statt expliziter Relationierung manchmal nur der definite Artikel gebraucht (so auch z.B. im Albanischen), damit aber ein anderer Weg zum Ziel beschritten:

(117) Was macht der Vater? *statt:* Was macht **dein** Vater?

Mit possessiven Determinativen kann wie mit attributiven Genitiven eine Argumentstelle („Possessor") von relationalen Substantiven besetzt werden: *mein Bruder:* <S = Sprecher, G = Bruder von S>. Verschiedene Beziehungen zum Possessum kommen vor (siehe Tab. 5).

Im Deutschen wird kein Unterschied zwischen unveräußerlichen („inalienable") und veräußerlichen („alienable") Possessa gemacht (→ 3.3.)

3.2.7. Quantifizierende Determinative

Mit Ausdrücken wie *all-, einig-, ein paar, etlich-, irgendein-, jed-, kein-, lauter, manch-, mehrer-* wird eine Auswahl aus einer Menge von Gegenständen (Denotatbereich) getroffen, die mit dem zugehö-

Possessives Det + Nomen	Genitivkonstruktion	Relationierung des Possessors
ihr Spiel	*Paulas Spiel*	Handelnder
seine Sucht	*Peters Sucht*	Disponierter
meine Überzeugungskraft	–	Fähiger
ihre Benachteiligung	*Peters Benachteiligung*	Betroffener
seine Wut	*Peters Wut*	Träger psychischer Zustände
deine Klugheit	*Paulas Klugheit*	Träger allgemeiner Eigenschaften
sein Wagen	*Peters Wagen*	Besitzer
ihre Tochter	*Paulas Tochter*	Träger sozialer Beziehungen

Tabelle 5: Possessivkonstruktionen und Relationalität

rigen Kopf-Nomen (ggf. im Zusammenwirken mit restriktiven Attributausdrücken) gegeben ist. Der ganze Bereich kann erfasst werden oder auch eine Teilmenge, die nicht metrisch, sondern in grobem Umriss bestimmt ist, so dass das Determinativ als indefinit zu gelten hat. Eine Prädikation wird einer Reihe von Gegenständen einer Menge zugeordnet, bis eine Grenze erreicht ist, die das Determinativ entsprechend der Sprechereinschätzung angibt. Damit kann eine grenzbezogene Erwartung unterschritten *(wenige)*, übertroffen *(mehrere, etliche, viele, alle, jeder)* oder aufgehoben *(keine)* werden.

(118) Er hatte dabei zehn Pferde benutzt, von denen **einige** in einer Stunde Zeit 20 englische Meilen oder 102,580 rheinländische Fuß durchliefen. (Brehms Tierleben 2004: 1,9)

Die Bedeutung von *einige* ist zu einer Summe von Einzelnen hin entwickelt und der Ausdruck mit Substanz-/Zustandsnomina *(einiges Geld, einige Erfahrung)* und pluralischen Gattungsnomina *(einige Leute)* kombinierbar:

(119) *Das hat **einiger** Frau *einige Mühe* bereitet.
(120) Das erforderte **einiges** (an) Bier.

Lauter quantifiziert meist über eine Substanz als Denotatsbereich, wobei alles ausgeschlossen wird, was nicht darunter fällt (x besteht aus nichts anderem als P1 ... Pn).

(121) „... es war das Programm des Pariser Hofes, ein Programm für gelangweilte Seelen, die den einfachen und natürlichen Geschmack der Speisen nicht mehr zu schätzen wußten und ihn statt dessen verdarben mit **lauter** Zutaten, Saucen und abgeschmackt künstlichen Aromen." (Ortheil 2002: 197)

Während *manch, irgendein, jeder* mit einem Singularnomen kombiniert werden kann *(manch schräger Vogel)*, erfordert *mehrere* ein Pluralnomen und lässt als Steigerung zu *(nur) einer* eine Gruppe erwarten, behält also den Vergleichscharakter des zugrunde liegenden Komparativs. *Manche* greift aus dem Denotatbereich dessen, was unter den Begriff fällt, das eine oder andere heraus, also eine Gruppenkonstitution bzw. Teilmenge, die größer sein muss als 1. Es kann sich um Individuen, Arten oder Substanzen handeln. *Etliche* wird so verstanden, dass eine – verglichen mit *manche, mehrere* – größere Teilmenge ausgewählt wird, die Vagheit der Ausdrücke ist im Alltag gerade praktisch.

(122) **Manche** Katzen springen aus unbedingtem Hasse gegen **alle** Hunde. (Brehms Tierleben 2004: 1,469)

Bei *irgendein* kommt es nicht darauf an, ein Bestimmtes herauszugreifen, es genügt ein beliebiges, nicht unbedingt zu spezifizierendes Element des Bezugsbereichs oder Konzeptbereichs.

(123) Prepaid-Kunden haben alle **irgendein** Problem. (http://www.netzeitung.de/internet/455114.html [12.2.2007])

Wäre das herausgegriffene Problem identisch, dann wäre nach den Kommunikationsprinzipien der spezifischere Ausdruck *dasselbe* einzusetzen; gemeint ist eher, dass der eine dies hat, der andere jenes, egal welches genau.

Mit *jeder* und *alle* erfasst man den Denotatbereich komplett. Mit singularischem *jeder* erscheint das zugehörige Prädikat (analog zu einer Allquantifikation) auf alle einzelnen Elemente verteilt, *alle* erfasst ein Kollektiv aus Dingen oder Substanzen als Ganzheit (entspricht nicht logischer Allquantifikation) und lässt sich nur bei distributiven Prädikaten herunterrechnen.

Determinativ

(124) **Alle** Menschen werden Brüder. (Schiller)
(125) ***Jeder** Mensch wird Bruder.
(126) **Jeder** Teilnehmer hat die Chance auf den Sieg. ⇒ **Alle** Teilnehmer haben die Chance auf den Sieg.
(127) **Jeder** Mensch hat eine Mutter.
(128) **Alle** Menschen haben eine (sehr wenige dieselbe) Mutter.

Mit *kein* wird ausgeschlossen, dass auch nur ein Element des Bezugsbereichs unter das Prädikat fällt. Es wird also etwas symbolisch konstituiert, ohne im Wissensrahmen für einen fraglichen Gegenstand G bestimmt zu werden. Es wird für den Hörer ausgeschlossen, was er erwartet haben mag. Eine positive Information müsste eigens formuliert werden.

(129) Es schlich sich so nahe an dem Felsen hin, daß ich es nur einen Augenblick sehen konnte, und zwar bloß am Hintertheile, doch war mir dies genug, zu erkennen, daß es **kein** Wolf sei. (Brehms Tierleben 2004: 1,504)

Ein Grenzfall ist das Zahladjektiv *beide,* das mit Determinativen erscheinen kann *(die **beiden** Spinner)*, gelegentlich aber die Adjektivklasse regiert (**beide** expressionistischen Bilder). (Zu den eigenständigen Quantifikativa → C8).

3.2.8. W-Determinative (interrogative Determinative)

W-Determinative wie *welch (+Adj)/welcher, wieviel-, was für ein-* machen aus einer Gruppe mit symbolischem Kopf (Substantiv, Adjektiv, Adverb) eine W-Phrase/Interrogativphrase: *welche Frau, wie schön, wie gern.* Sie sind im Deutschen nicht nach Belebtheit spezifiziert (engl. *which – what).* Der Gegenstand G bzw. seine Anzahl, Art, Eigenschaft soll vom Adressaten im Bereich des Gewussten in einem der Wissenssektoren aufgesucht und dann in der Antwort spezifiziert werden. So kann das vom Sprecher markierte Wissensdefizit behoben werden. Die Ergänzungsfrage entwirft einen Sachverhalt als auf wenigstens einer Dimension (Zeit, Ort, Gegenstandsspezifikation, Anzahl etc.) offen. Die Interrogativphrase ist rhematisiert und kann einen Gewichtungsakzent erhalten. Sie kennzeichnet zugleich indefinit, was als Gewusstes unterstellt wird. Das kann als Fragevoraussetzung zurückgewiesen werden *(An welchen Tagen schläfst du? – Ich schlafe gar nicht).*

Im folgenden Beispiel ist als Voraussetzung aus Gewusstem zu rekonstruieren, dass der Angeklagte eine Arbeitsstelle bei der Firma X hat, diese Firma X soll er – darauf zielt *welch-* – als Auswahl aus einer Denotatmenge (von Firmen) spezifizieren. Im zweiten Beispiel zielt *was für ein* auf eine Art-Spezifikation (Unterart, Bezeichnung des Schilds etc.).

(130) (F.6 Gericht (R = Richter; A = Angeklagter))

12	R1 Sie ham aba n Arbeitge- ne Arbeitsstelle **Welche** Firma? Neunkirchen?
	A1 ( ) Ja. Hm̌ Ja. Frisch. Ja.

(131) (F.6 Gericht (R = Richter; A = Angeklagter))

157	A7	aber mag mal n Schild jewesen sein (...)

158	R1	**Was für ein** Schild?
	A7	Na ja/, nun/äh „Vorfahrt achten!", ne.

Im exklamativen Gebrauch wird der Adressat auf einen spezifischen Zusammenhang zwischen Bewertung/Empfindung und Ding/Dingqualität/Konstellation/Ereignis hin gelenkt und zur Übernahme der Wertung veranlasst. Der Zusammenhang muss bei einer W-Phrase erst hergestellt, die offene Dimension erst vom Adressaten gefüllt werden:

(132) Mein Gott, **was für ein** schönes Wort!!! (http://www. iphpbb. com/foren-archiv/19/1196800/1196120/mein-gott-was-fr-ein-schnes-wort-96504896-24902-1508.html [12.2.2007])

Analog zu behandeln sind W-Phrasen, die in Komplementsätzen zu Nomina oder Matrixsätzen erscheinen:

(133) (F.3 Gericht (Z43 = Zeuge))

483 ... und da kann man jetzt nich so unbedingt sagen, daß/
484 mit **welchem** Ding das jemacht is, also äh, auf jeden Fall das Schloß
485 n/d/is aufchemacht worden, ...

(Ausführlich dazu und zu den eigenständigen Formen → C11)

3.3. Kontrastive und typologische Aspekte
3.3.1. Definitheit, Indefinitheit

Sprachen mit definitem Artikel (Artikelsprachen) sind: Deutsch, Englisch, Niederländisch, Hebräisch, Jiddisch, Kurdisch, Arabisch, Bulgarisch, Makedonisch (letztere als slavische Sprachen), Französisch, Spanisch, Italienisch, Katalanisch, Hawaianisch, Ungarisch, Baskisch.

Russisch, Ukrainisch, Polnisch, Tschechisch, Japanisch, Latein, Georgisch, Hindi, Persisch/Farsi, Türkisch, Ugaritisch, Finnisch, Estnisch, Lettisch, Ful, Quechua, Tamilisch, Telugu, Yoruba, Javanisch u. a. sind keine Artikelsprachen.

Überlegungen zu „Grammatikalisierungspfaden" seit Lehmann 1985 und in Hawkins 2004: 84 ff. legen folgende Entwicklung von der Deixis zum definiten Artikel bzw. Affix nahe:

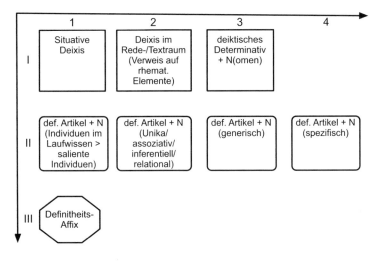

Abbildung 4: Grammatikalisierungspfade (Deixis > Artikel > Affix)

In der Annahme einer deiktischen Quelle des Artikels (Stadium I) besteht Konsens. Im Swahili z. B. erfolgt der Übergang zum Artikel aus einer Distanzdeixis im dreistufigen System (Daten aus Givón 2001: 97):

(134) a. mtu **huyu** ‚this man next to me'
[Mann im Nahbereich des Sprechers]

      b. mtu **huyo** ‚that man next to you'
      [Mann im Nahbereich des Hörers]
      c. mtu **yule** ‚that person way over there'
      [Person im Fernbereich von Sprecher/Hörer]
(135) **yule** mtu ‚the man' [ohne räumliche Deixis], vorangestellt, unbetont

Dem entspricht z. B. im Englischen die Entwicklung von *that* zu *the* (Traugott 1980) oder im Surinamesischen Kreol:

(136) engl. *that* ⇒ *da* (‚the, that') [18. Jh.] ⇒ *na* ⇒ *a*
      (Bruyn 2002: 177)

Der Übergang wird durch die Möglichkeit, auf im Diskurs/Text Vorhergehendes zu verweisen, und die Koppelung an ein Nomen vorbereitet. Wie weit sich ein definiter Artikel funktional ausbreitet (Stadium II), kann unterschiedlich sein. Nicht alle Artikel-Stadien müssen durchlaufen werden. Die Entwicklung kann in einen bloß Spezifität eines Gegenstands oder Konzepts signalisierenden Artikel münden.[21] Er wird auch als „specific article" (Greenberg) bezeichnet und erscheint häufig klitisiert und dann affigiert.[22] Bei Eigennamen und Possessivformen, die auf Definitheit schließen lassen, kann der Artikel aus Ökonomiegründen entfallen. Morphologische Reduktion kann den Prozess neu in Gang setzen. Hawkins 2004, der die Grammatik auf Performanz basiert, argumentiert, dass der Übergang zu neuen Formen mit weniger Anstrengung und höherer Frequenz einhergeht. Der definite Artikel ist auch im Deutschen die einfachere Form (einsilbig, CVV-Struktur [deːɐ]). Noch einfacher ist ein Affix bzw. Klitikon (III), dies muss aber nicht immer ein spezifischer Artikel sein (Himmelmann 1997: 104). Meist wird der Artikel N vorangestellt. Er ist flektierbar mit Kongruenz (Deutsch, Französisch, Albanisch) oder unflektierbar (Englisch, Tagalog) und übernimmt oft eine konstruktive Rolle im Aufbau einer Nominalphrase: Was mit ihm kombiniert wird, kann, auch wenn es kein Substantiv ist, sondern ein restriktives Adjektiv etc., als (Kopf-)Nomen gelten *(die Guten)*, es wird eine Nominalisierung markiert *(das Laufen)*, schließlich kann der Kasus der Phrase markiert werden. Das gilt auch in solchen Sprachen, die formal eine Nomen-Verb-Diffe-

---

[21] Tonganisch hat neben einem unspezifischen, Beliebigkeit markierenden einen solchen spezifischen Artikel (+ Definitheitsakzent auf der letzten Silbe des Syntagmas) (Broschart 1997).
[22] Zur Diskussion: Himmelmann 2001: 101 ff.

renz nicht erkennen lassen, und erleichtert die Sprachverarbeitung, zumal wenn der Artikel am Anfang der Phrase erscheint (Hawkins 2004: 86 ff.). Im Neu-Griechischen haben wir einen Vollausbau: Der definite Artikel steht auch nach possessiven Konstruktionen (pränominaler Genitiv), deiktischem Determinativ, vor nachgestelltem Adjektiv, fakultativ vor vorangestelltem Adjektiv, fast immer vor Eigennamen, zur Nominalisierung von Adverbien, Nebensätzen, Zitaten (nicht bei Prädikatsnomen, Vokativen) (Ruge 1997: 134 ff.).

Der definite Artikel erscheint nicht selten ohne Flexion und als bloßer Markierer. Im Baskischen wird nur zwischen Singular- und Pluralform unterschieden; das definite Artikelsuffix erscheint weiter ausgedehnt auf das, was der Sprecher kennt (Bendel 2006: 19). Aus definiten Artikeln können schließlich auch Classifier, die Nominalklasse oder Genus markieren, entstehen, wie Greenberg am Beispiel afrikanischer Sprachen gezeigt hat (1990: 250 ff.). Nicht beachtet sind im Grammatikalisierungspfad Sprachmittel wie Kasusmarkierung und lineare Abfolge, die ebenfalls determinierend wirken können; sie spielen aber eine Rolle in den Definitheitsparametern von Krámský 1972.

Himmelmann (1997: 229) nimmt an, dass allenfalls die Diskursfunktionen, die zur Emergenz entsprechender grammatischer Strukturen führen, universell sind. Der „anamnestische Gebrauch" von Deixeis sei das entscheidende Glied beim Übergang zum definiten Artikel (1997: 61 ff.).

Universelle Funktionen des Artikels sind nach Himmelmann (2001: 833):

- die Markierung eines Bezugs auf einen in der Sprechsituation präsenten (salienten) Gegenstand;
- der Gebrauch im Rahmen einer thematischen Fortführung;
- der auf Sprecher-/Hörer-Wissen zugreifende „anamnestische Gebrauch".

Offenbar werden in allen Sprachen generische Aussagen mit definiten oder indefiniten Ausdrücken realisiert. Als Universale formuliert Gerstner-Link:

(137) Keine Sprache besitzt ein Kodierungselement, das ausschließlich und obligatorisch generische Nominalausdrücke kodiert und sie so formal von allen anderen Nominalausdrücken unterscheidet. (Gerstner-Link 1995: 190)

Im Arabischen werden die generischen Ausdrücke nicht wie die anderen numeruskodiert, sondern erhalten die merkmallose Form. Werden in einer Sprache auch die generischen Nominalphrasen numeruskodiert, so sind alle Ausdrücke nach Numerus zu kodieren, in diesem Fall zeigen generische Ausdrücke den „am wenigsten markierten Numerus" (vgl. Gerstner-Link 1995: 191 ff.). Als am wenigsten markiert gilt meist der Singular, das kann aber auch eine indefinite merkmallose Form sein (vgl. Gerstner-Link 1995: 193).

Selten sind „emotional/honorific articles" (Himmelmann 2001: 836) wie im Tagalog oder der „Personalartikel" im Madagassischen (Rasolosson 1997: 28 ff.), der Eigennamen nach Respekt, Familienzugehörigkeit, Wertung kennzeichnet.

Ein besonderer Typ ist der Gelenkartikel („linking article"), der zwischen nominalen Teilen einer Nominalphrase realisiert wird und etwa im Albanischen oder Tagalog zu finden ist, entstanden in Attributkonstruktionen (Adjektive, Relativsätze) (Himmelmann 1997: 172 ff.).

Im Albanischen[23] (Buchholz/Fiedler 1987[24]: 198 ff., 284 ff.) wird Determiniertheit durch verschiedene Mittel gekennzeichnet. Zu ihnen gehört ein affigiertes Definitheitsmorphem, das bestimmte von unbestimmten nominalen Formen unterscheidet und sich mit dem Kasusmorphem verbindet *(mur-i* ‚Mauer Nom.Sg.+Def'), sein Fehlen markiert Indefinitheit *(mur-ø).* Die Lautgestalt orientiert sich an der flexivischen Umgebung bzw. dem Auslaut des Nomens. Der einer Erweiterung vorangestellte Gelenkartikel ist charakteristisch für die Nominalphrase, vor allem für eine attributive Erweiterung: *vajza e bukur* ‚Mädchen das hübsche'. Er kann auch beim Prädikativum verwendet werden: *vajza është e bukur* ‚Mädchen ist das hübsche/ das Mädchen ist hübsch'. Markiert ist die pränominale Position: *i dyti provim* ‚die zweite Prüfung'. Auch bei den nachgestellten deiktischen Determinativen (a) und possessiven Determinativen (b) finden wir diese Artikelform, die wie ein Gelenk[25] (i.S. des *arthron)* funktioniert und Kasus und Numerus vom Bezugsnomen hat: (a) *shokë të ketillë* ‚Freunde die diese/diese Freunde' (b) *nëna e saj* ‚Mutter die ihre/ihre Mutter'.

---

[23] Für Erläuterungen zum Albanischen danke ich Herrn Lirim Selmani (Univ. Dortmund).
[24] Alban. Beispiele entnommen aus Buchholz/Fiedler 1987.
[25] Der Gelenkartikel des Tagalog steht zwischen nominalen Einheiten, ohne einer zuzugehören, während man ihn im Albanischen der zweiten zuordnen kann (vgl. Himmelmann 1997: 160 ff.).

Viele Sprachen haben einen indefiniten Artikel oder Mittel der Indefinitheitsmarkierung. Altgriechisch, Bulgarisch, Hebräisch, Isländisch z. B. haben nur einen definiten Artikel bzw. ein definites Artikelsuffix (Isländisch) – das Gegenstück ist Artikellosigkeit. Der indefinite Artikel ist durchgehend aus dem Zahlwort entstanden (vgl. Deutsch *ein,* Türk. *bir),* wobei die Grenze mitunter schwer zu ziehen ist[26] – jedenfalls kommen sie nicht gemeinsam vor.

Schwedisch hat wie die anderen skandinavischen Sprachen ein Determinativsuffix *(böcker-na* ‚die Bücher'), dem ein nachgestelltes, dann phonologisch geschwächtes Demonstrativum zugrundeliegt. Die Besonderheit liegt darin, dass eine attributive Erweiterung – um ein Adjektiv oder eine Deixis – zu einer weiteren Definitheitsmarkierung durch einen vorangestellten Artikel führt (***den** gamla bilen* ‚das alte Auto').[27]

Viele Sprachen haben eine Markierung des Akkusativobjekts/direkten Objekts, die dies als definit ausweist. So das Türkische:

(138) Gül-**ü** alacağım.   ‚Ich werde **die** Rose kaufen'
(139) **Gül** alacağım.   ‚Ich werde **Rose**-kaufen [≈ eine Rose, Rosen]'
(140) **Bir** gül alacağım.   ‚Ich werde **eine** Rose kaufen'
(141) **Bir** gül-**ü** alacağım.   ‚Ich werde **eine bestimmte** Rose kaufen'
(142) **Bu** gül-**ü** satmak zor bir iş. ‚**Diese** Rose zu verkaufen ist eine schwere Aufgabe'

In (138) geht es um eine bestimmte Rose, während das endungslose Akkusativkomplement (in der Form dem Nominativ gleich) in (139) einen unbestimmten, sich eng mit der Verbbedeutung zusammenschließenden Gegenstand meint. Der unbestimmte Artikel *bir* (mit Pluralnomina verwendbar) in Verbindung mit der endungslosen Form (140) meint ‚irgendeine Rose, weder Sprecher noch Hörer bekannt', während *bir* + Akkusativform (141) sich auf eine dem Sprecher, nicht dem Hörer bekannte spezifische Rose bezieht. Möglich ist schließlich die Kombination des bestimmten Akkusativs mit nähedeiktischem *bu* (142). Dem deutschen generischen artikellosen Plural lässt sich eine entsprechende türkische Konstruktion an die

---

[26] Im Türkischen steht der indefinite Artikel zwischen Adjektiv und Nomen (*eski bir araba* ‚ein alter Wagen'), das Zahlwort geht voran: *bir eski araba*.
[27] Zu den Formen und Entstehungshypothesen für die germanischen Sprachen vgl. Braunmüller 1982.

Seite stellen (*ich will Hefte kaufen – defter-ler almak istiyorum* ‚Heft+Pl kaufen will ich').

Definitheit lässt den Akzent auf das Verb fallen:

(143) **Gül-ler-i** alacağım.   ‚Ich werde die Rosen kaufen'
(144) **Gül-ler** alacağım   ‚Ich werde Rosen-kaufen'

In der SOV-Sprache Türkisch deutet Anfangsposition auf Definitheit:

(145) **Hal-da** öğrenci-ler otur-acak   ‚In der Halle werden Studenten/die Studenten sitzen'
(146) **Öğrenci-ler** hal-da otur-acak   ‚Die Studenten werden in der Halle sitzen'

Auch Tempus-Modus-Aspekt sind relevant für die Determination; während der Aorist eher generalisiert und ein generisches neben einem definiten Subjekt zulässt, vereindeutigt das aktualisierende Präsens auf Definitheit (Göksel/Kerslake 2005: 386):

(147) Kedi süt iç**er**.   ‚Eine Katze trinkt Milch/Katzen trinken Milch' [Aorist]
(148) Kedi süt iç**iyor**.   ‚Die Katze trinkt (gerade) Milch' [yor-Präsens]

In den slawischen Sprachen[28], von denen die meisten artikellos sind (Ausnahmen bilden hier Bulgarisch und Makedonisch), wird die Aktivierung des Hörerwissens als zentrale Funktion der grammatischen Kategorie Artikel durch andere sprachliche Mittel ausgedrückt. Ein Mittel ist die thematisch-rhematische Struktur von Äußerungen. In der thematischen Anfangsstellung werden die Nominalphrasen in diesen Sprachen als definit markiert, in der rhematischen Endstellung meistens als undefinit.

(149) ukr.   **Chlopez** prywitawsja zi mnoju.
 dt.   **Der Junge** begrüßte mich.
(150) ukr.   Zi mnoju prywitawsja **chlopez**.
 dt.   **Ein Junge** begrüßte mich.

Im ersten, ukrainischen Beispiel wird *chlopez* als bekannt für den Sprecher und für den Hörer vorausgesetzt. Das gemeinsame Wissen wird durch die thematische Position (Stellung vor dem Verb) in An-

---

[28] Für die Ausführungen zu den slawischen Sprachen danke ich Oksana Kovtun.

Determinativ

spruch genommen. Im zweiten Beispiel wird mit *chlopez* unbekanntes Wissen erst etabliert, bevor es im weiteren Verlauf zum Thema wird. Es erscheint daher in der rhematischen Endposition. In solchen Äußerungen mit normaler Intonation am Ende bedarf es keiner weiteren expliziten Definitheitsmarkierung. Diese wird erst dann erforderlich, wenn das neu eingeführte Wissen nicht an der rhematischen, sondern an der thematischen Position erscheint.

(151) ukr. **Jakyjs chlopez** prywitawsja zi mnoju.
      dt.   **Ein Junge** begrüßte mich.

Der Ausdruck *jakyjs* im oben genannten Beispiel markiert das thematische *chlopez* als indefinit. Es wird signalisiert, dass der gemeinte Gegenstand (in diesem Fall eine Person) nicht im gemeinsamen Wissensraum von Sprecher und Hörer aufzufinden ist.

Die Indefinitheit kann, zumindest im Ukrainischen und im Russischen, durch eine ganze Reihe von solchen Determinativen sehr differenziert realisiert werden. Diese bringen zunächst ganz allgemein zum Ausdruck, dass der verbalisierte Gegenstand (Person, Sache, Erscheinung) unbekannt ist, was sich formal daran erkennen lässt, dass ein Teil des Determinativs ein interrogatives Element darstellt. So besteht *jakyjs* in (151) aus einem interrogativen Stamm *jakyj* (dt. *welcher*) und einem deiktischen Element *s*, das auf das idg. *se** zurückgeht (vgl. dt. *dieser*). Während der interrogative Stamm lediglich eine Unkenntnis des Sprechers ausdrückt, signalisiert das deiktische Element, dass es sich um einen in der außersprachlichen Wirklichkeit real existierenden, konkreten Gegenstand handelt. Mit anderen Worten gewährleistet das deiktische Element hier einen spezifischen Bezug (spezifische Referenz). Analog ist im Russischen das entsprechende Determinativ *kakoj-to* aufgebaut: Der interrogative Stamm *kakoj* (dt. *welcher*) markiert das Unwissen, das deiktische Element *to* (idg. *te*/to**) verweist auf ein real existierendes Objekt in der außersprachlichen Wirklichkeit. Dieses Objekt ist meistens sinnlich wahrnehmbar.

(152) russ. **Kakoj-to maltschik** pozdorowalsa so mnoj.
      dt.   **Ein Junge** begrüßte mich.

Einen nichtspezifischen Bezug markieren die Determinative ukr. *jakyj-nebud*/russ. *kakoj-nibud*. Auch hier lässt sich die Funktion dieser Ausdrücke formal an ihrem Aufbau erkennen. Sie bestehen aus einem interrogativen Stamm ukr. *jakyj*/russ. *kakoj* (dt. *welcher*), der

Negationspartikel ukr. *ne*/russ. *ni* und der Imperativform des Verbs ukr. *buty*/russ. *byt* (dt. *sein*). Die so zusammengesetzte Bedeutung ist also ‚*welcher nicht sei*'. Mit den Ausdrücken ukr. *jakyj-nebud*/ russ. *kakoj-nibud* signalisiert der Sprecher dem Hörer, dass der verbalisierte Gegenstand quasi nicht vorzufinden, nicht aus einem Wissensbereich zu aktualisieren ist. Der Hörer wird instruiert, aus der durch den Symbolfeldausdruck benannten Klasse von Objekten ein Beliebiges auszuwählen.

(153) ukr. Ja pozytschu sobi **jaku-nebud knyhu**.
 russ. Ja odolshu sebe **kakuju-nibud knigu**.
 dt. Ich werde mir **ein** (irgendein) **Buch** ausleihen.

Das Absuchen der durch den Symbolfeldausdruck benannten Klasse von Objekten auf einen beliebigen Vertreter kommt besonders deutlich bei der Verwendung der determinierenden Ausdrücke ukr. *jakyj zawhodno*/russ. *kakoj ugodno* (dt. *welcher du willst*) zum Ausdruck.

(154) ukr. Win hotowyj pojichaty w **jake zawhodno misto**.
 russ. On gotow ujechat w **kakoj ugodno gorod**.
 dt. Er ist bereit in **irgendeine** (egal welche) **Stadt** zu gehen.

Die Beliebigkeit des verbalisierten Gegenstands, die durch die Ausdrücke ukr. *jakyj-nebud, jakyj zawhodno*/russ. *kakoj-nibud, kakoj ugodno* signalisiert wird, verbindet sich für den Sprecher und somit auch für den Hörer mit der Bedeutungskomponente ‚Gleichgültigkeit gegenüber dem Objekt'. Diese Bedeutungskomponente kommt z. B. im ukr. *bud-jakyj* zum Ausdruck, das oft parallel zu ukr. *jakyj-nebud* verwendet wird. Ukr. *bud-jakyj* setzt sich aus der Imperativform des Verbs ukr. *buty* und einem interrogativen Stamm ukr. *jakyj* zusammen, heißt also ‚*sei es welcher auch immer*'. Als Pendant im Russischen wäre hier *kakoj-libo* (welcher + Interrogativpartikel *libo*) zu nennen. All diese Determinative werden häufig dann verwendet, wenn es sich wie im oben angeführten Beispiel um zukünftiges Geschehen handelt, in konditionalen Kontexten sowie in Äußerungen, die illokutiv als Fragen und Aufforderungen zu bestimmen sind, da hier die verbalisierten Gegenstände am deutlichsten als nicht real, sondern nur potentiell existent und somit für den Sprecher wie für den Hörer als nicht vorfindlich dargestellt werden.

Im Gegensatz zum Deutschen kann man im Ukrainischen und im Russischen stärker zwischen dem Wissen des Sprechers und dem des Hörers unterscheiden. So bringen die oben beschriebenen Determinative ukr. *jakyjs*/russ. *kakoj-to* sowie ukr. *bud-jakyj, jakyj-ne-bud*/russ. *kakoj-nibud* die Unkenntnis sowohl auf der Seite des Sprechers als auch auf der Seite des Hörers zum Ausdruck. Hat der Sprecher aber selbst Kenntnis vom Gegenstand, auf den er sich in einer Gesprächssituation bezieht, will jedoch den Hörer aus welchen Gründen auch immer in Unkenntnis lassen, so steht ihm hier das Determinativ ukr. *odyn*/russ. *odin* zur Verfügung. Genauso wie *ein* im Deutschen gehen ukr. *odyn*/russ. *odin* auf das idg. *oi-no zurück und dienen auch der Bezeichnung des entsprechenden Zahlwortes. In determinierender Funktion werden ukr. *odyn*/russ. *odin* verwendet, wenn der Sprecher dem Hörer anzeigen will: Der Gegenstand, den ich neu einführe, ist real existierend, konkret (spezifischer Bezug); ich, Sprecher, habe Kenntnis von diesem Gegenstand (Sprecherwissen +); ich, Sprecher, lasse dich, Hörer, bewusst in Unkenntnis (Hörerwissen –).

(155) ukr. Ja rozmovljala sjohodni z **odnnijeju shinkoju**.
russ. Ja razgovarivala sewodnja s **odnoj shenschtschinoj**.
dt. Ich habe heute mit **einer Frau** gesprochen.

Neben ukr. *odyn*/russ. *odin* gibt es weitere Determinative, mit denen die Bekanntheit für den Sprecher und die Unbekanntheit für den Hörer gepaart mit dem spezifischen Bezug ausgedrückt werden kann. Hier wären zu nennen ukr. *dejakyj, dekotryjj*/russ. *koje-kakoj, nekotoryj*. Mit den Ausdrücken ukr. *dejakyj*/russ. *koje-kakoj* signalisiert der Sprecher dem Hörer – ähnlich wie bei dem oben beschriebenen ukr. *odyn*/russ. *odin* – dass er ihn absichtlich in Unkenntnis lässt. Darüber hinaus bringt er zum Ausdruck, dass der verbalisierte Gegenstand von geringer Bedeutung für die Gesprächsteilnehmer ist:

(156) ukr. U mene je **dejaka Informazia**.
russ. U menja jest **koje-kakaja Informazia**.
dt. Ich habe **eine Information**.

Die Determinative ukr. *dekotryjj*/russ. *nekotoryj*, die aus der Partikel ukr. *de* (dt. *wo*) bzw. der Negationspartikel russ. *ne* und dem Interrogativum ukr. *kotryj*/russ. *kotoryj* (dt. *der wievielte*) zusammengesetzt sind, markieren die Unwesentlichkeit der Angabe der Reihenfolge:

(157) ukr. W **dekotrych wypadkach** potribno reahuwaty dushe schwydko.
    russ. W **nekotorych slutschajach** nushno reagirowat otschen bystro.
    dt. In **einigen Fällen** muss man sehr schnell reagieren.

Die Opposition definit/indefinit kann im Ukrainischen und im Russischen auch durch die Wahl des Kasus zum Ausdruck gebracht werden. Dies ist dadurch möglich, dass man in bestimmten Fällen das direkte Objekt entweder in den Akkusativ oder den Genitiv setzen kann. Der so genannte partitive Genitiv z. B. markiert bei Stoffnamen eine Menge als unbestimmt, was einen Indefinitheitseffekt auslöst. Wird dagegen der Akkusativ verwendet, ist das Objekt als definit anzusehen:

(158) a. ukr. Meni potribno kupyty **soli**. (Gen.)
        dt. Ich muss **Salz** kaufen.
    b. ukr. Meni potribno kupyty **sil** (Akk.)
        dt. Ich muss **das Salz** kaufen.

Die (In)definitheitseffekte treten aber nicht nur bei Stoffnamen auf:

(159) a. ukr. Ja schukaju **olivza**. (Gen.)
        dt. Ich suche **einen Stift**. (unspezifischer Bezug)
    b. ukr. Ja schukaju **olivez**. (Akk.)
        dt. Ich suche **einen Stift** (spezifischer Bezug).

In (159a) wird ausgesagt, dass ein beliebiges Exemplar aus der durch das Nomen benannten Klasse von Objekten gesucht wird. Der Genitiv hat hier die gleiche Funktion wie das oben beschriebene Determinativ *jakyj-nebud* (,welcher es auch sein mag'). In (159b) wird durch den Akkusativ Bezug auf einen bestimmten, zumindest für den Sprecher bekannten Gegenstand genommen.

Der Genitiv und der Akkusativ werden besonders häufig in negierten Äußerungen als ein Mittel zum Ausdruck von (In)definitheit verwendet:

(160) a. ukr. Wona **ne** znajschla **holky**. (Gen.)
        dt. Sie hat **keine Nadel** gefunden.
    b. ukr. Wona **ne** znajschla **holku**. (Akk.)
        dt. Sie hat **die Nadel** nicht gefunden.

Es wird vielfach auf den Zusammenhang zwischen nominaler Determination und dem Verbalaspekt in den Sprachen, die diese grammatische Kategorie ausgebildet haben, hingewiesen. Dabei wird angenommen, dass die zeitliche Qualität der Handlung, die im Verbalaspekt zum Ausdruck kommt, Einfluss auf die quantitative Determinierung des durch diese Handlung betroffenen Objektes bewirkt. So wird in den folgenden Beispielen aus Birkenmaier (1979: 115) durch die Wahl des imperfektiven, d.h. des unvollendeten Aspekts, das Objekt der Handlung als ein unbestimmtes dargestellt. Dagegen signalisiert der perfektive, d.h. der vollendete Aspekt, dass es sich um einen konkreten, im Wissen des Sprechers und des Hörers präsenten Gegenstand handelt:

(161) russ. Vy uše **perevodili francuzskije** stichotvorenija?
     dt.   Haben Sie schon einmal **französische Gedichte** übersetzt?
(162) russ. Vy uše **pereveli francuzskieje** stichotvorenija?
     dt.   Haben Sie die **französischen Gedichte** schon übersetzt?

Würde in solchen Sprachen ein definiter Artikel sich ausbilden, wäre mit einem Rückgang anderer Formen der Markierung von Definitheit zu rechnen (Hawkins 2004: 82).

3.3.2. Possessivität

Possessivität kann verbal durch Prädikation *(Sie hat eine Stupsnase)* oder nominal durch Juxtaposition (Yoruba: *fílá Àkàndè* ‚Hut Akande, Akandes Hut' (Croft 2003: 32)), durch Genitiv- oder Präpositionalphrasen *(Petras Hut, der Hut von Petra)* oder mit possessiven Determinativen *(ihr Hut)* oder – als Form des „head marking" (Nicols 1986) – mit Affixen (meist sind es (klitisierte) Suffixe) ausgedrückt werden.

    Manchmal wird sprachspezifisch ein Unterschied gemacht zwischen

(163) unveräußerlichen („inalienable") – vom Possessor untrennbaren, ihm inhärenten – Possessa (Körperteil, Disposition, Fähigkeit, Teil vom Ganzen, genetische Verwandtschaft etc.) und
(164) veräußerlichen („alienable") – vom Possessor separierbaren, Possessa (Besitz von Dingen, zeitweise Mitgliedschaft).

Die Grenzen werden sprachspezifisch unterschiedlich gezogen. Substantive, die unveräußerlichen Besitz kennzeichnen, bedürfen öfter eines Possessor-Ausdrucks, sind gebunden, während die anderen frei vorkommen. So ist es im nordamerik. Ineseño Chumshan, wo neben Körperteilen auch Körperprodukte (Schleim) und -äußerungen (Stimme, Sprache, Geist, Name), neben Verwandten auch Zugehörigkeiten (Clan, Herr eines Tiers) und sogar Ohrringe, persönliche Tabakvorräte und Kopfläuse als unveräußerlich mit Possessivpräfix markiert werden (Mithun 1999: 251 f.). Im Hatam (West Papua) haben wir bei unveräußerlichen Possessa ein obligatorisches Präfix (Person, Numerus des Possessors), bei veräußerlichen den Possessivausdruck -de; im austronesischen Mekeo ein Suffix:

(165) a. a-cig ‚Poss.2Sg.-Vater/dein Vater'
     b. a-de singau ‚2Sg.-Poss. Messer/dein Messer' (Hatam n. Kroeger 2005: 93)
(166) a. aki-u ‚Bruder+Poss.1Sg./mein Bruder'
     b. eʔu ngaanga ‚Poss.1Sg Kanu/mein Kanu'
     (Mekeo n. Croft 2003: 206)

Nach Dixon (2002: 59, 77, 469 f.) gehören in den meisten australischen Sprachen Verwandtschaftsterme zu den veräußerlichen Possessa und bilden eine alte Schicht, die noch vor der Ausbildung von Präfixen Suffixe nutzt.

Als allgemeines (ikonisches) Prinzip nimmt Haiman (1985: 105 ff.) an:

(167) In vergleichbaren Konstruktionstypen bildet sich größere konzeptuelle Distanz (veräußerliche Possessa) in größerer Abfolgedistanz (eigenständiger Ausdrücke) ab.

In einigen Sprachen wird kein Definitheitsverständnis ausgelöst, z.B. nicht im Italienischen, wo possessive Determinative mit meist obligatorischen Artikeln pränominal und gewichtet auch postnominal vorkommen: *il mio libro, *mio libro; mia madre* (unveräußerliches Possesssum), *il gatto mio* oder im Portugiesischen, das nur in wenigen Konstellationen (installierten Einheiten wie Apposition, Vokativ, Anrede) und festen Wendungen eine Auslassung vorsieht (Kupisch/Rinke 2007).

Im Bereich der possessiven Determinative weichen das Ukrainische und das Russische insofern vom Deutschen ab, als dass sie über kein einheitliches Formensystem *mein – dein – sein* verfügen. Den deklinierbaren Formen ukr. *mij, twij*/russ. *moj, twoj (mein – dein)* stehen die undeklinierbaren Formen ukr. *joho*/russ. *jewo* (dt. *sein*) für Maskulinum und Neutrum, ukr. *jiji*/russ. *jejo* (dt. *ihr*) für Femininum und ukr. *jich*/russ. *ich* für den Plural gegenüber. Diese undeklinierbaren Formen sind Genitive der entsprechenden phorischen Ausdrücke ukr. *vin*/russ. *on* (dt. *er*), ukr. *vono*/russ. *ono* (dt. *es*) und ukr. *vona*/russ. *ona* (dt. *sie*). Darüber hinaus gibt es im Ukrainischen und im Russischen ein reflexives Possessivdeterminativ ukr. *swij*/russ. *swoj*. Dieses bezieht sich stets auf das Subjekt und kann auf alle drei Personen verweisen:

(168) ukr.   Ja/ty/win/wona pokazuju/-jesch/-je **swij** budynok.
      russ. Ja/ty/on/ona pokazywaju/-jesch/-jet **swoj** dom.
      dt.   Ich/du/er/sie zeig(e)/-st/-t **mein/dein/sein/ihr** Haus.

Im Türkischen haben wir eine Konstruktion aus einer entsprechenden deiktischen Personalform (im Genitiv) und einem Possessivsuffix: *sen-in anne-n* ‚Pers+Gen. Mutter+Poss2Sg. *(deine Mutter)*'. Die Form *sen* ‚du' ist die Hörerdeixis/2. Ps. Personalpron. in der ‚Pro-Drop-Sprache' Türkisch, *sen-in* entspricht dem possessiven Determinativ ‚dein'.

Die Konstruktion pränominaler Genitiv + Nomen mit Possessivsuffix wird als definit verstanden: *pasaport-un kontrol-ü* (dt. *des Passes seine Kontrolle/die Passkontrolle*) („Izafet-Konstruktion", vgl. Lewis 2000). In der Regel besteht personale Kongruenz. Bei Possessor-Mehrzahl gegenüber Possessum-Einzahl kann die so entstehende Mehrdeutigkeit durch ein Singular-Possessivsuffix aufgelöst werden (Göksel/Kerslake 2005: 183):

(169) [Çocuk-lar-ın öğretmen-i] Alman.
      Kind-Pl-Gen Lehrer-3Sg.Poss. Deutscher
      ‚Der Lehrer der Kinder ist Deutscher.'
(170) [Çocuk-lar-ın öğretmen-**ler-i**] Alman.
      Kind-Pl-Gen Lehrer-Pl.-3Sg.Poss./3.Pl.Poss. Deutscher
      (a) ‚Die Lehrer der Kinder sind Deutsche.'
      (b) ‚Der Lehrer der Kinder ist Deutscher.'

Die finnische Entsprechung ist eine Konstruktion mit gewichtender vorangestellter Personalform und Suffix am Possessum (*minu-n talo-ssa-ni* ‚Pers.+Gen. Haus+Inessiv-Poss1Sg. (dt. *in meinem Haus*), allerdings scheint das Suffix auf dem Rückzug (Fromm 1982: 74 ff., 158 f.).

Im Neupersischen/Farsi (vgl. Majidi 1990: 142 f.) wird das possessive Verhältnis kombinatorisch ausgedrückt (a) durch eine nachgestellte und mit einem Verbindungssuffix angeschlossene Personalform: *moallém-e mán* ‚Lehrer+Verbindungssuffix Pers.1Sg' oder (b) durch eine affigierte Personalform: *moall-ám* ‚Lehrer+Personalsuffix'. Hier sind also Grammatikalisierungsprozesse zu untersuchen. Wie komplex Systeme der Possession organisiert sein können, zeigt das Yukatekische Maya (Lehmann 2003).

4. Ausblick

Weiter zu untersuchen bleiben Zusammenhänge zwischen nominalen und verbalen Ausdrücken (Artikel, Aspekt, Finitheit, Tempus). Wenn Artikel in spezifischer Weise den Wissenszugang strukturieren, kommen auch die gleichfalls operativen „Abtönungspartikeln" (→ C1) ins Blickfeld, die einen Wissensstatus für Propositionen bzw. adressatenbezogene Handlungskonzepte festlegen und einem Funktionsbereich propositionaler Determination zugewiesen werden könnten. Auch sie kommen nicht in allen Sprachen vor. Sie finden sich etwa in indoeuropäischen Sprachen (Schwedisch, Norwegisch, Dänisch, Niederländisch, Griechisch, Deutsch), die zugleich Artikelsprachen sind. Auch hier bedürfen die Zusammenhänge genauerer empirischer Untersuchung.

5. Literatur

5.1. Quellen

Brehms Tierleben (2004/1882–1887) Berlin: Directmedia [Digitale Bibliothek Band 76]
Henschel, G. (2006) Kindheitsroman. München: dtv
Ortheil, H. J. (2002^4) Die Nacht des Don Juan. München: btb
Purves, W. K./Sdava, D./Orians, G. H./Heller, H. C. (2006^7) Biologie. München: Elsevier
Roes, M. (2006) Weg nach Timimoun. Berlin: Matthes und Seitz

5.2. Bibliographie

Kolde, G. (1996) Nominaldetermination: Eine systematische und kommentierte Bibliographie unter besonderer Berücksichtigung des Deutschen, Englischen und Französischen. Tübingen: Niemeyer

5.3. Forschungsliteratur

Abbott, N. (1997) Definiteness and existentials. Language, 73, 103–108
Abbott, B. Definiteness and Indefiniteness. In: Horn, L. H/Gregory Ward, G. (Hg.) Handbook of Pragmatics. Oxford: Blackwell (im Druck) (http://www.msu.edu/~abbottb/def_and_indef.pdf [31.1.2007])
Abney, S. (1987) The Englisch Noun Phrase in its Sentential Aspect. Dissertation. Cambridge, Mass.
Ballweg, J. (2003) Quantifikation und Nominaltypen im Deutschen. Tübingen: Narr
Baron, I./Herslund, M./Sorensen, F. (Hg.) (2001) Dimensions of Possession. Amsterdam/Philadelphia: Benjamins
Barwise, J./Cooper, R. (1981) Generalized quantifiers in natural language. In: Linguistics and Philosophy 4, 159–219
Becker, K. F. (1969/1870^2) Ausführliche deutsche Grammatik als Kommentar der Schul-Grammatik. Erster Band. Hildesheim: Olms [Nachdruck]
Behaghel, O. (1923) Deutsche Syntax. Bd. 1. Heidelberg: Winter
Bendel, C. (2006) Baskische Grammatik. Hamburg: Buske
Bhatt, C. (1990) Die syntaktische Struktur der Nominalphrase im Deutschen. Tübingen: Stauffenburg
Birkenmaier, W. (1979) Artikelfunktionen in einer artikellosen Sprache. Studien zur nominalen Determination im Russischen. München
Bisle-Müller, H. (1991) Artikelwörter im Deutschen. Semantische und pragmatische Aspekte ihrer Verwendung. Tübingen: Niemeyer
Bittner, D. (2002) Was symbolisieren die bestimmten Artikel des Deutschen? In: ZAS Papers in Linguistics 21, 1–19
Bittner, D. (2004) Experimentelle Studie zum Verständnis des bestimmten Artikels. In: ZAS Papers in Linguistics, 33, 3–11
Braunmüller, K. (1982) Syntaxtypologische Studien zum Germanischen. Tübingen: Narr
Broschart, J. (1997) Why Tongan does it differently: Categorial Distinctions in a language without nouns and verbs. In: Linguistic Typology 1, 123–165
Bruyn, A. (2002) The structure of the Surinamese creoles. In Carlin, E. B./Arend, J. (Hg.) Atlas of the Languages of Suriname. Leiden: KITLV Press, 153–182
Bühler, K. (1934/1965) Sprachtheorie. Stuttgart: Fischer
Burton-Roberts, N. (1976) On the Generic Indefinite Article. In: Language 52, 427–448
Canisius, P. (2004) Schwache und starke unbestimmte Artikel im Deutschen. In: Czicza, D. et al. (Hg.) Wertigkeiten, Geschichten und Kontraste. Szeged: Grimm, 435–450

Carlson, G. (1982) Generic Terms and Generic Sentences. In: Journal of Philosophical Logic 11, 145–181
Croft, W. (2003^2) Typology and Universals. Cambridge: University Press
Dewey, J. (2002) Logik. Frankfurt: Suhrkamp
Dixon, R. M. W. (1992) Australian Languages. Cambridge: University Press
Donnellan, K. S. (1966) Reference and definite descriptions. In: Philosophical Review 77, 281–304
Ehlich, K. (2003) Determination. Eine funktional-pragmatische Analyse am Beispiel hebräischer Strukturen. In: Hoffmann, L. (Hg.), 307–334
Eisenberg, P. (1999) Grundriß der deutschen Grammatik. Bd. 2: Der Satz. Stuttgart/Weimar: Metzler
Frege, G. (1987) Die Grundlagen der Arithmetik. Stuttgart: Reclam
Fromm, H. (1982) Finnische Grammatik. Heidelberg: Winter
Gallmann, P. (2004) Feature Sharing in DPs. In: Müller, G./Gunkel, L./Zifonun, G. (Hg.) Explorations in nominal inflection. Berlin/New York: de Gruyter, 121–160
Gallmann, P./Lindauer, T. (1994) Funktionale Kategorien in Nominalphrasen. In: Beiträge zur Geschichte der Deutschen Sprache und Literatur (PBB), 116, 1–27
Gerstner-Link, C. (1988) Über Generizität. München: Fink
Givón, T. S. (2001) Syntax Vol I. Amsterdam: Benjamins
Göksel, A./Kerslake, C. (2005) Turkish. A Comprehensive Grammar. London: Taylor & Francis
Greenberg, J. H. (1990) On Language. Selected writings of J. H. Greenberg. Stanford: University Press
Grimm, H. J. (1987) Lexikon zum Artikelgebrauch. Leipzig: VEB
Gundel, J. K./Hedberg, N./Zacharski, R. (1993) Cognitive status and the form of referring expressions in discourse. In: Language 69, 274–307
Gunkel, L. (2006) Betontes *der*. In: Breindl, E./Gunkel, L./Strecker, B. (Hg.) Grammatische Untersuchungen, Analysen und Reflexionen. FS Gisela Zifonun. Tübingen: Narr, 79–96
Haegemann, L./Guéron, J. (1999) English Grammar. Oxford: Blackwell
Haider, H. (1988) Die Struktur der deutschen NP. In: Zeitschrift für Sprachwissenschaft 7, 32–59
Haiman, J. (1995) Natural Syntax. Cambridge: University Press
Hansen, B. (1995) Die deutschen Artikel und ihre Wiedergabe im Türkischen. In: Arbeiten zur Mehrsprachigkeit, Bd. 53. Hamburg: German. Seminar
Hartmann, D. (1982) Deixis and anaphora in German dialects. On the semantics and pragmatics of two different articles in German dialects and standard. In: Klein, W./Weissenborn, J. (Hg.) Here and there. Amsterdam: Benjamins, 187–207
Harweg, R. (1989) Schwache und starke Artikelformen im gesprochenen Neuhochdeutsch. In: Zeitschrift für Dialektologie und Linguistik 56, 1–31
Haspelmath, M. (1997) Indefinite pronouns. Oxford: University Press
Haspelmath, M. (1999) Explaining article-possessor complementarity: Economic motivation in noun phrase syntax. In: Language 75, 227–243

Haudry, J. (1999) Zur Vorgeschichte der Artikel in den germanischen Sprachen. In: Desportes, Y. (Hg.) Zur Geschichte der Nominalgruppe im älteren Deutsch. Heidelberg: Winter, 179–186
Hauenschild, C. (1993) Definitheit. In: Jacobs, J./Vennemann, T./Sternefeld, W./von Stechow, A. (Hg.) (1993) Syntax. (HSK 9.1) Berlin/New York: de Gruyter, 988–998
Hawkins, J. A. (1977a) The Pragmatics of Definiteness I. In: Ling. Berichte 47, 1–27
Hawkins, J. A. (1977b) The Pragmatics of Definiteness II. In: Ling. Berichte 48, 1–27
Hawkins, J. A. (1978) Definiteness and indefiniteness. London: Croom Helm
Hawkins, J. A. (1984) A note on referent identifiability and co-presence. In: Journal of Pragmatics 8, 649–659
Hawkins, J. A. (1991) On (in)definite articles: implicatures and (un)grammaticality prediction. In: Journal of Linguistics 27, 405–442
Hawkins, J. A. (2004) Efficiency And Complexity In Grammars. Oxford: University Press
Heidolph, K. E. et al. (1981) Grundzüge einer deutschen Grammatik. Berlin: Akademie
Heim, I. (1988) The semantics of definite and indefinite noun phrases. New York: Garland
Heim, I. (1991) Artikel und Definitheit. In: Stechow, A. v./Wunderlich, D. (Hg.) Semantik. (HSK 6) Berlin: de Gruyter, 487–534
Heim, I./Kratzer, A. (1998) Semantics in Generative Grammar. Oxford: Blackwell
Heinrichs, H. M. (1954) Studien zum bestimmten Artikel in den germanischen Sprachen. Gießen: Schmitz
Helbig, G./Buscha, J. (2001) Deutsche Grammatik. München: Langenscheidt
Hentschel, E./Weydt, H. (1990) Handbuch der deutschen Grammatik. Berlin: de Gruyter
Heyer, G. (1987) Generische Kennzeichnungen. München: Philosophia
Himmelmann, N. P. (1997) Deiktikon, Artikel, Nominalphrase. Tübingen: Niemeyer
Himmelmann, N. P. (2001) Articles. In: Haspelmath, M./König, E./Oesterreicher, W./Raible, W. (Hg.) Sprachtypologie und sprachliche Universalien (HSK 20.1), 831–842
Hoffmann, L. (1999) Eigennamen im sprachlichen Handeln. In: Bührig, K./Matras, Y. (Hg.): Sprachtheorie und sprachliches Handeln. Tübingen: Stauffenburg, 213–234
Hoffmann, L. (Hg.) (2003) Funktionale Syntax. Berlin/New York: de Gruyter
Hoffmann, L. (2003) Funktionale Syntax: Prinzipien und Prozeduren. In: Hoffmann, L. (Hg.) (2003) Funktionale Syntax. Berlin/New York: de Gruyter, 18–122

Hoffmann, L. (2005) Ellipse im Text. In: Blühdorn, H./Breindl, E./Waßner, U. H. (Hg.) (2006) Grammatik und Textverstehen. Berlin/New York: de Gruyter, 90–108

Johanson, L. (1991) Bestimmtheit und Mitteilungsperspektive im türkischen Satz. In: Linguistische Beiträge zur Gesamtturkologie. Budapest: Akadémiai Kiadó, 225–242

Kasher, A./Gabbay, D. M. (1976) On the semantics and pragmatics of specific and nonspecific indefinite expressions. In: Theoretical Linguistics 3, 145–190

Keenan, E. L. (1987) A semantic definition of ‚indefinite NP'. In: Reuland, E. J./ter Meulen, A. G. B. (eds.) The representation of (in)definiteness. Cambridge, MA: MIT Press, 286–318

Keenan, E. L./Stavi, J. (1986) A semantic characterization of natural language determiners. In: Linguistics and Philosophy 9, 253–326

Kluge, F. (2002^{24}) Etymologisches Wörterbuch der deutschen Sprache. Berlin/New York: de Gruyter

Kovtun, O. (2003) Zur unbestimmten Determination im Deutschen im Vergleich zum Ukrainischen und Russischen. In: Hoffmann, L. (Hg.), 335–347

Krámský, J. (1972) The article and the concept of definiteness in language. The Hague: Mouton

Krause, W. (1968) Handbuch des Gotischen. München: Beck

Krifka (1989) Nominalreferenz und Zeitkonstitution. München: Fink

Krifka, M. (1991) Massenomina. In: Stechow, A. v./Wunderlich, D. (Hg.) Semantik. (HSK 6) Berlin / New York: de Gruyter, 399–417

Kripke, S. (1977) Speaker Reference and Semantic Reference. In: French, P. A./Uehling, T. E./Wettstein, H. K. (Hg.) Contemporary Perspectives in the Philosophy of Language. Minneapolis: University of Minnesota Press, 6–27

Kroeger, P. R. (2005) Analyzing Grammar. Cambridge. University Press

Kupisch, T./Rinke, E. (2007) Italienische und portugiesische Possesssivpronomina im diachronischen Vergleich: Determinanten oder Adjektive? In: Arbeiten zur Mehrsprachigkeit 78. SFB 538 (Univ. Hamburg)

Lehmann, C. (1985) Grammaticalization: Synchronic variation and diachronic change. In: Lingua e Stile 20, 303–318

Lehmann, C. (2003^2) Possession in Yucatec Maya. ASSIDUE. Arbeitspapiere des Seminars für Sprachwissenschaft der Universität Erfurt 10. (http://www.uni-erfurt.de/sprachwissenschaft/ASSidUE/ASSidUE10.pdf [19.2.2007])

Leiss, E. (2000) Artikel und Aspekt: die grammatischen Muster von Definitheit. Berlin / New York: de Gruyter

Lewis, G. L. (2000^2) Turkish Grammar. Oxford: University Press

Link, G. (1991) Plural. In: Stechow, A. v./Wunderlich, D. (Hg.) Semantik. (HSK 6) Berlin / New York: de Gruyter, 418–440

Löbel, E./Tappe, T. (Hg.) (1996) Die Struktur der Nominalphrase

Löbner, S. (1985) Definites. Journal of Semantics 4, 279–326

Löbner, S. (1986) In Sachen Nullartikel. In: Linguistische Berichte 101, 64–65

Lühr, R. (1991) Die deutsche Determinansphrase aus historischer Sicht. In: Beiträge zur Geschichte der deutschen Sprache und Literatur, 195–211
Lyons, C. (1999) Definitenesss. Cambridge: University Press
Majidi, M.-R. (1990) Strukturelle Grammatik des Neupersischen (Farsi) Bd. II Morphologie. Hamburg: Buske
Mithun, M. (1999) The Languages of Native North America. Cambridge: University Press
Neale, S. (1990) Descriptions. Cambridge: MIT Press
Nicols, J. (1986) Head-marking and dependent-marking grammar. In: Language 62.1, 56–119
Olsen, S./Fanselow, G. (Hg.) (1991) DET, COMP und INFL. Zur Syntax funktionaler Kategorien und grammatischer Funktionen. Tübingen: Niemeyer
Oomen, I. (1977) Determination bei generischen, definiten und indefiniten Beschreibungen im Deutschen. Tübingen: Niemeyer
Pape, W. (2005/1807–1854) Griechisch-Deutsch Altgriechisches Wörterbuch. Berlin: Directmedia
Paul, H. (1989^{23}) Mittelhochdeutsche Grammatik. Neu bearb. von P. Wiehl und S. Grosse. Tübingen: Niemeyer
Pfeifer, W. et al. (1989) Etymologisches Wörterbuch des Deutschen. Berlin: Akademie
Ramge, B. (2002) Praktische Grammatik der schwedischen Sprache. Wilhelmsfeld: Gottfried Egert
Rasolosson, J. N. (1997) Lehrbuch der madagassischen Sprache. Hamburg: Buske
Reuland, E./ter Meulen. A. (Hg.) (1987) The Representation of (In)definiteness. Cambridge: MIT Press
Ruge, H. (1997^2) Griechische Grammatik. Berlin: Romiosini
Russell, B. (1971/1905) Über das Kennzeichnen. In: Russell, B. Philosphische und politische Aufsätze. Stuttgart: Reclam, 3–22
Schmidt, R. T. (1979) Die Grammatik der Stoiker. Braunschweig: Vieweg
Schwartz, L. (2000) Pronoun and article. In: Booij, G. E./Lehmann, C./Mugdan, J. (Hg.) (2000) Morphologie. (HSK 17.1) Berlin/New York: de Gruyter, 783–794
Seiler, H. (2000) Language Universals Research: A Synthesis. Tübingen: Narr
Sperber, D./Wilson, D. (1995^2) Relevance. Oxford: Blackwell
Stark, E./Leiss, E./Abraham, W. (Hg.) (2007) Nominal Determination. Amsterdam: Benjamins
Studer, R. (2002) Voller und reduzierter Artikel in der schweizerdeutschen DP. (http://www.salvaveritate.org/index.php?linguistik [28.2.2007])
Traugott, E. C. (1980) Meaning-change in the development of grammatical markers. In: Language Science 2, 44–61
Vater, H. (1979) Das System der Artikelformen im gegenwärtigen Deutsch. Tübingen: Niemeyer
Vater, H. (1984a) Zur Pragmatik der Determinantien. In: Stickel, G. (Hg.) Pragmatik in der Grammatik. Düsseldorf: Schwann, 206–223

Vater, H. (1984b) Determinantien und Quantoren im Deutschen. In: Zeitschrift für Sprachwissenschaft 3: 19–42
Vater, H. (Hg.) (1986) Zur Syntax der Determinantien. Tübingen: Narr
Vater, H. (1986) Zur Abgrenzung der Determinantien und Quantoren. In: Vater, H. (Hg.), Zur Syntax der Determinantien. Tübingen: Narr, 13–31
Vater, H. (Hg.) (1991) Determinantien in der DP. In: Olsen, S./Fanselow, G. (Hg.) DET, COMP und INFL. Zur Syntax funktionaler Kategorien und grammatischer Funktionen. Tübingen: Niemeyer, 15–34
Vater, H. (1996) Determinantien, Pronomina, Quantoren. In: Pérennec, M.-H. (ed.). Proformen des Deutschen. Tübingen: Stauffenburg, 191–209
Vater, H. (2002) The word class ‚Article'. In: Cruse, Alan et al. (Hg.) Lexikologie (HSK 15.1) Berlin/New York: de Gruyter, 621–628
Vennemann, T. (1974) Theoretical word order studies: Results and problems. In: Papiere zur Linguistik 7.5, 5–25
Weinrich, H. (1993) Textgrammatik der deutschen Sprache. Mannheim: Dudenverlag
Wunderlich, D. (1997) Der unterspezifizierte Artikel. In: Dürscheid, C./Ramers, K. H./Schwarz, M. (Hg.) (1997) Sprache im Fokus. Tübingen: Niemeyer, 47–55
Zifonun, G. (2005) Grammatik des Deutschen im europäischen Vergleich. Das Pronomen Teil III: Possessivpronomen. Mannheim: IDS (= amades 3/53).
Zifonun, G. (2006) Sowohl Determinativ als auch Pronomen? Sprachvergleichende Beobachtungen zu dieser, aller und Konsorten. In: Deutsche Sprache 3/05, 195–219
Zifonun, G./Hoffmann, L./Strecker, B. et al. (1997) Grammatik der deutschen Sprache. 3 Bde. Berlin/New York: de Gruyter

Ludger Hoffmann (Dortmund)
Mitarbeit: Oksana Kovtun (Frankfurt)

C7 Gradpartikel

1. Wortartbezeichnung
2. Kurzdefinition mit Beispielen, Liste der Gradpartikeln und Verortung in der Systematik.
3. Die Wortart im Deutschen
3.1. Forschungsgeschichte
3.2. Systematische Darstellung (formale und funktionale Aspekte, kontrastive Aspekte)
3.2.1. Syntax der Gradpartikeln
3.2.2. Semantik der Gradpartikeln
4. Gradpartikeln in anderen Sprachen
5. Forschungsdesiderate
6. Literatur

1. Wortartbezeichnung

Vor 1976 werden die Gradpartikeln nicht als Wortkategorie bzw. syntaktische Funktion erkannt. Punktuelle Beobachtungen finden sich unter anderen Partikelklassen, z. B. unter Konjunktionen, Adverbien usw., zu denen sie gewisse Affinitäten zeigen. Ein erster Ansatz zu einer zusammenfassenden Behandlung und Bezeichnung findet sich in Clément / Thümmel (1975) mit „Rangierpartikeln", allerdings mit anderer Abgrenzung. – Altmann (1976) schlägt in der ersten zusammenfassenden Darstellung der Gesamtgruppe die Bezeichnung Gradpartikeln aufgrund der skalierenden semantischen Funktion vor. Diese Bezeichnung wird in der Folge vom größten Teil der Darstellungen übernommen (Reis 1977; Foolen 1983; Jacobs 1983; Brauße 1983, 1994; Löbner 1986; König 1981a, 1991, 1993; Kowalski 1992; Engel 1996 & 2004; Iwasaki 1995; Zifonun et al. 1997; Marschall 2001; Eisenberg 2004), allerdings nicht selten mit anderen Abgrenzungskriterien. – In seinen englischsprachigen Veröffentlichungen verwendet König 1981 bis 1982 den Terminus „Scalar particles" (bei Primus 1992 auch „scalar adverbs"), doch setzt sich diese Bezeichnung nicht durch.

Aber es wird auch Kritik an der Bezeichnung „Gradpartikeln" geübt: weil sie primär funktionsorientiert ist; weil sie zu nahe an Bezeichnungen wie Graduierungspartikeln (auch Steigerungspartikeln, Intensivierungspartikeln) liegt; weil sie die Skalierungseigenschaften vor der für grundlegend gehaltenen quantifizierenden Eigenschaft hervorhebt. Als konkurrierender Terminus entwickelt sich zunächst im englischsprachigen Bereich „Focus particle", manchmal auch „focusing particles", aufgrund der Eigenschaft, dass Gradpartikeln sich semantisch in besonderer Weise auf einen Ausdruck beziehen (König 1986 & 1991a; 1991b & 1993; Bayer 1991; v. Stechow 1991 („Focusing ... operators"); Bayer 1996; Reis 2005), bisweilen finden sich auch die Varianten „Focalizers" (Sgall 1994), „Focus sensitive particles" (Büring/Hartmann 2001) oder „Focus adverb(s)" (Hoeksema/Zwarts 1991) oder „Fokusadverb" (Weinrich 1993). – Die deutsche Bezeichnung „Fokuspartikeln" findet sich in Hentschel/Weydt (1990) und in Eisenberg (2004).

Vereinzelt werden aber auch nur Teilgruppen bezeichnet, so die „additive particles" bei Reis/Rosengren (1997) und Krifka 1998; „additive focus particles" bei Nederstigt (2001), „additive Gradpartikeln" bei Marschall (2001).

Der Terminus „Fokuspartikeln" erscheint mir problematisch aufgrund der Tatsache, dass auch Nicht-Gradpartikeln fokusbindend auftreten, z.B. die lokal operierende Negationspartikel (Jacobs 1982), einzelne Satzadverbien/Modalwörter (Doherty 1985; Lang 1979). Siehe auch die gleichgerichtete Argumentation bei Zifonun et al. (1998: 869) sowie bei König (1993: 979).

Die Bezeichnung „Gradpartikeln" erscheint nach wie vor akzeptabel, da sich bei fast allen Restpartikelklassen eine funktionale Bezeichnung durchgesetzt hat (vgl. Modal-/Abtönungspartikeln, Konjunktoren, Intensitätspartikeln, Adjunktoren, Interjektionen; im Gegensatz zu Präpositionen). Inzwischen ist durch die Veröffentlichungen von Jacobs (1983: 133 ff.) und in seinem Gefolge König (1991; 1993) eine einheitliche Interpretation für quantifizierende und skalierende Interpretation vorgelegt worden. Damit ist gezeigt worden, dass die Skalierungseigenschaft grundlegender ist als die quantifizierende Verwendung. Doch muss man berücksichtigen, dass z.B. die Duden-Grammatik in ihrer neuesten Auflage (7. Aufl. 2005, D. Nübling in § 871, 873) mit „Gradpartikeln" Steigerungspartikeln oder Intensitätspartikeln meint, und die Gradpartikeln als „Fokuspartikeln" bezeichnet, allerdings dann auch z.T. wirklich alle Fokuspartikeln (also mit lokaler Negation und Satzadverbialen) meint, den Beispielen nach zu schließen, teils aber nur Eigenschaften von Gradpartikeln angibt (teilweise fehlerhaft und unvollständig).

Im englischsprachigen Gebiet gibt es nach meiner Beobachtung für Wörter wie *too/also, even, only* keinen Terminus, auch keine zusammenfassende Behandlung. Die zur Diskussion stehenden Partikeln werden jeweils nur genannt ohne kategoriale Klassifikation.

2. Kurzdefinition, Beispiele, Systematik

Gradpartikeln können in logisch-semantischer Sicht verstanden werden als Operatoren, die skopusbindend (meist der Satz, in dem sie auftreten) und fokusbindend auftreten. Dabei können sie Ausdrücke unterschiedlicher Substrukturen als Fokus binden, wobei diese Ausdrücke einen Fokusakzent aufweisen und meist der Gradpartikel folgen. Aufgrund dieser Eigenschaft können Gradpartikel in vielen verschiedenen Positionen auftreten – deshalb auch die Bezeichnung „Rangierpartikeln".

(1) ..., weil *sogar / auch / nur / gerade / schon* ChiAra ihren Mann beschimpft.
(2) ..., weil Chiara *sogar / auch / nur / gerade / schon* ihren MANN beschimpft.
(3) ..., weil Chiara ihren Mann *sogar / auch / nur / gerade / schon* beSCHIMPFT.

Die Bedeutungsfunktion besteht dabei darin, dass Alternativen zu diesen Fokusausdrücken als gültig eingeschlossen (additive oder inklusive Gradpartikeln) oder ausgeschlossen (exklusive Gradpartikeln; oft missverständlich auch restriktive Gradpartikeln genannt) werden. Eine weitere Gruppe hat rein identifizierende Funktion. Außerdem ordnet eine Untergruppe, die skalierenden Gradpartikeln, die Fokusausdrücke in eine geordnete Skala als Extremwerte ein (bei *nur* ein besonders niedriger, bei *sogar* ein besonders hoher Wert usw.) – Diese semantischen Funktionen machen die Gradpartikeln trotz ihrer Vielgestaltigkeit relativ leicht erkennbar.

- **additive / inklusive** Partikeln:
  - ***auch*-Gruppe:** *auch, ebenfalls, ebenso, gleichfalls* etc. Dabei kann *auch* sowohl quantifizierend als auch skalierend verwendet werden, die übrigen nur quantifizierend.
  - ***sogar*-Gruppe:** *sogar, nicht einmal*. Diese können nur skalierend verwendet werden.
  - In gewisser Weise kann auch die ***gerade*-Gruppe** (*gerade, eben, genau, ausgerechnet, insbesondere, besonders, vor allem,*

zumal) hierher gerechnet werden, ebenso wie die Gruppe der temporalen Gradpartikeln, die sog. ***schon*-Gruppe** *(erst, noch, schon, bereits)*, außerdem eine skalierende Gruppe wie *höchstens, wenigstens, zumindest, mindestens.* („Partikularisierer" nach Quirk et al. 1985).
- **exklusive / restriktive Partikeln:**
  - ***nur*-Gruppe:** *nur, bloß, allein, ausschließlich, einzig, einzig und allein, lediglich* etc. Dabei können *nur, bloß, lediglich* sowohl skalierend als auch quantifizierend verwendet werden, *allein, ausschließlich* und *einzig / einzig und allein* aber nur quantifizierend.

Gradpartikeln treten auch in festen Kombinationen auf, z.B. *wer auch immer, auch wenn, nur wenn, sogar wenn.* Diese Ausdrücke werden oft als mehrteilige Subjunktoren eingeordnet. In den meisten Fällen können sie aber wohl als Kombinationen aus Gradpartikeln mit (Teil-)Satzfokus und Subjunktor beschrieben werden.

Alle hier genannten Partikeln außer *sogar* weisen auch noch (mit anderer Bedeutung) andere syntaktische Funktionen auf und gehören den entsprechenden Kategorien an, z.B. hat *nur* Abtönungspartikel-Funktion und Konnektivpartikelfunktion, *bloß* hat zusätzlich Abtönungspartikelfunktion und Adjektivfunktion; *auch* hat noch Abtönungspartikelfunktion und Konnektivpartikelfunktion usw. Das Problem, ob dabei je eine polysemische Partikel vorliegt (wobei die Bedeutungsvarianten möglicherweise durch die verschiedenen Funktionen bedingt sind) oder mehrere Homonyme, ist bis heute ungelöst, nicht zuletzt wegen der immer noch unbefriedigenden Bedeutungsbeschreibungen (Trennung von lexikalischer Bedeutung und Funktionsbedeutung). Doch scheint mir eine Art Polysemie mit semantischer Ausbleichung je nach syntaktischer Funktion am plausibelsten. – Als Orientierung und zur Trennung der verschiedenen Funktionen empfiehlt sich eine Ersatzprobe mit *sogar* wegen seiner ausschließlichen Gradpartikel-Funktion.

Die folgende tabellarische Übersicht soll einen ungefähren Überblick über die syntaktischen Funktionen der Lexeme mit Gradpartikelfunktion bieten. Für eine tragfähige Zuordnung müssten die Eigenschaften der einzelnen Partikelfunktionen ausführlich diskutiert werden. Problematisch ist ja schon die Abgrenzung der Gradpartikeln, da wegen der vielen idiosynkratischen Eigenschaften allenfalls prototypischer Kern der Funktion und Peripherie unterscheidbar sind.

Gradpartikel

	Grap	Abp	Adj	Adkop	Adv	Konp	Part. II
allein	+	–	–	+	–	+?	–
auch	+	+	–	–	–	+	–
ausgerechnet	+	–	–	–	–	–	+
ausschließlich	+	–	+	–	–	–	–
bereits	+	–	–	–	+	+?	–
besonders	+	–	–	–	+	+	–
bloß	+	+	+	–	–	+	–
einzig	+	–	+	–	–	–	–
einzig und allein	+	–	–	+?	–	–	–
eben	+	+	+	–	+	–	–
ebenfalls	+	–	–	–	+?	+?	–
erst	+	–	+/–	–	+	+?	–
genau	+	–	+	–	–	–	–
gerade	+	–	+	–	+	–	–
gleichfalls	+	–	–	–	+	–	–
höchstens	+	–	–	–	?+	+?	–
insbesondere	+	–	–	–	–	+	–
lediglich	+	–	+/–	–	–	–	–
mindestens	+	–	–	–	+?	+?	–
nicht einmal	+	–	–	–	–	–	–
noch	+	+	–	–	+/–	+	–
nur	+	+	–	–	–	+	–
schon	+	+	–	–	+	–	–
selbst	+	–	–	–	–	–	–
sogar	+	–	–	–	–	–	–
vor allem	+	–	–	–	+?	+?	–
wenigstens	+	–	–	–	–	+	–
zumal	+	–	–	–	–	–	–
zumindest	+	–	–	–	–	+	–

Grap = Gradpartikel; Abp = Abtönungspartikel; Adj. = Adjektiv; Adk = Adkopula; Adv = Adverb; Konp = Konnektivpartikeln; Part. II = Partizip II.

Tabelle 1: Mögliche syntaktische Kategorien / Funktionen der typischen Gradpartikeln

Die in mehreren relevanten Veröffentlichungen genannten Lexeme *gar* und *gleich* sind hier nicht aufgenommen, da sie nur wenige der wesentlichen Gruppenmerkmale aufweisen. *gar* im Sinne von ‚sogar' dürfte veraltet sein.

Unproblematisch dürfte dabei die Trennung vom Partizip II, von der Adkopula (siehe Zifonun et al. 1997: 55 f.) und vom Adjektiv sein. Schwierigkeiten gibt es v. a. bei der Abgrenzung von der Konnektivpartikel-Verwendung, allerdings nicht, wenn *nur / auch / bloß / besonders / insbesondere / noch / wenigstens / zumindest* vorfeldfüllend auftreten, denn dann kann es sich nur um Konnektivpartikeln handeln. Dabei kann die Bedeutungsähnlichkeit zwischen den beiden Funktionen besonders gut beobachtet werden. Treten diese Wörter zusammen mit möglichen Fokusausdrücken im Vorfeld auf, dann kann es sich nur um die Grap-Funktion handeln. Kritisch ist die Konstellation jedoch, wenn die genannten Wörter im Mittelfeld auftreten und ein möglicher Fokusausdruck mit Akzent vorausgeht oder nachfolgt (das Lexem mit dem Fokusakzent wird im Folgenden durch Großbuchstaben markiert).

(4) *Auch habe ich dich zu treffen gehofft. / Ich habe dich auch zu TREFfen gehofft.*

Ganz ähnlich stellt sich das Problem bei der Abgrenzung von den Abtönungspartikeln dar. Da diese (mit einer Ausnahme, nämlich nach einem *w*-Frage-Ausdruck: *warum nur*) nur im Mittelfeld auftreten können, gibt es immer Trennprobleme, wenn ein möglicher Fokusausdruck mit Akzent nachfolgt. Ein vorausgehender Fokusausdruck kommt wegen der Position der MPn unmittelbar nach der Wackernagel-Position kaum in Frage. Auch hier zeigt sich bei einem Vergleich die Bedeutungsverwandtschaft der Wörter in beiden Funktionen.

(5) *Nur solltest du uns das glauben.* (Konp) / *Nur GLAUBEN solltest du uns das.* (Grap)
GLAUB uns das nur! (MP, ev. auch Grap und Konj.Advb.)

3. Die Wortart im Deutschen

3.1. Forschungsgeschichte

Bis zu den siebziger Jahren waren die Gradpartikeln als Gruppe nicht etabliert. Einzelne Gradpartikeln werden bis zu diesem Zeitpunkt in umfassenden Darstellungen der Syntax des Deutschen wie Behaghel (1923–32) an unterschiedlichen Stellen rein punktuell erwähnt, z.T. auch anderen Funktionen zugeordnet, z.B. *nicht nur ... sondern auch* den komplexen koordinierenden Konjunktionen.

In den siebziger Jahren wurde im Zusammenhang mit logisierenden Semantikrichtungen die Operatorensemantik diskutiert. Zudem versuchte man eine Ausweitung der Bedeutungsanalyse in den pragmatischen Bereich hinein, indem man Bedeutungskonzepte wie die Präsuppositionen, die von verschiedenen Ausdrücken ausgelöst wurden, und konventionelle und konversationelle Implikaturen auf der Basis der Grice'schen Konversationsmaximen diskutierte. Dafür erschienen v.a. im angelsächsischen Bereich Wörter wie *even, only* und *also/too* sehr gut geeignet (Lee 1965, Green 1968, Horn 1969 & 1972, Akmajian 1970, Fraser 1971, Anderson 1972, Kempson 1975, Karttunen/Karttunen 1976, Karttunen/Peters 1975).

Gleichzeitig schienen die Gradpartikeln sehr geeignet, an ihnen die Überlegenheit des Konzepts der Bewegungstransformationen für so vielfältige Stellungsmöglichkeiten zu demonstrieren. Altmann (1976) griff diese Entwicklungen auf und versuchte sie in eine monographische Darstellung der Gesamtgruppe zu integrieren, die formale und semanto-pragmatische Beschreibung mit erfasst. Entscheidend war aber der für jene Zeit eher ungewöhnliche Versuch, die Beschreibung durch eine umfangreiche Empirie zu unterfüttern. Dieser Ansatz verhinderte allerdings, dass eine simplifizierende syntaktische Beschreibung versucht wurde, und zwar aus folgenden Gründen: Die Daten zeigten zwar ein relativ regelmäßiges Grundmuster, ergaben aber auch eine große Zahl von Idiosynkrasien, die z..T. bis heute einer systematischen Erklärung widerstehen, etwa bei den Positionsmöglichkeiten der einzelnen Gradpartikeln. Die Berücksichtigung der Semantik ergab zweifelsfrei, dass die notwendigen Stellungstransformationen nicht bedeutungsneutral formuliert werden konnten, zumal die offenkundige Abhängigkeit der Bedeutung von der Akzentposition eine Lösung des Problems der syntaktischen Beschreibung der Akzentplatzierung (und ein tieferes Verständnis für das Fokusproblem) vorausgesetzt hätte. Dazu kam noch das Problem, dass eine Vielzahl von möglichen Fokuskonstituenten angenommen werden musste, wofür es keinen gemeinsamen Nenner gab. Die Arbeiten 1976 und 1978 beschränkten sich dann auch weitgehend auf eine möglichst genaue deskriptive Position, wobei die bereits entwickelten syntaktischen und semanto-pragmatischen Konzepte großflächig angewendet und weiterentwickelt wurden.

Die beiden Bücher wurden relativ rasch rezipiert, gleichzeitig aber setzte sich die angelsächsische Forschungstradition weitgehend selbständig auch im deutschen Raum fort. H. Altmann selbst widmete sich in einigen Aufsätzen den Problemen der Funktionsambiguität bei deutschen Gradpartikeln (Altmann 1979), der intensiven Analyse aller Verwendungsweisen einer einzelnen Partikel (Altmann / Lindner 1979: *allein*) und dem Problem des Verhältnisses von Gradpartikel und Fokusausdruck (Altmann 1980). Im unmittelbaren Anschluss an die Arbeiten von Altmann steht die Monographie von Jacobs (1983), die sich aus logisch-semantischer Position den Problemen von Grap-Fokusausdrücken und ihrer v. a. skalaren Interpretation, aber auch aus formal-syntaktischer Position der formalen syntaktischen Beschreibung widmet. In den drei Jahrzehnten bis zur Gegenwart gibt es keine Buchveröffentlichungen mehr zu den deutschen Gradpartikeln (vgl. aber König 1991a), dafür aber eine relativ große Zahl von Erwähnungen in Handbüchern (König 1991; König 1993; Pasch et al. 2003) und Grammatiken (Zifonun et al. 1997; Eisenberg 2004; Duden-Grammatik 2005; Engel 1996 & 2004; Hentschel / Weydt 2003; Weinrich 2004). Nur Heidolph / Flämig / Motsch et al. (1983) erwähnen sie (noch) nicht.

In einer ganzen Reihe von Aufsätzen geht E. König v. a. formalsyntaktische (Verhältnis zwischen Grap und Fokusausdruck; Status des Fokusausdrucks) und formal-semantische Beschreibungsprobleme (formal-logische Erfassung der Fokussierung; Erfassung und Formalisierung der einzelnen Bedeutungsaspekte wie Assertion / Entailment, Präsupposition / konventionelle Implikatur) sowohl für einzelne Gradpartikeln (König 1977a, 1979, 1981a, 1982, 1986, 1988, 1991b, König / Traugott 1982; König / Siemund 1999, 2000) als auch der ganzen Gruppe (König 1991, 1993) an. Für König ist typisch, dass er sich nicht auf das Deutsche beschränkt, sondern dass er sprachvergleichend (v. a. in Bezug auf das Englische) und typologisch arbeitet. Detailprobleme werden in eher generativ-syntaktisch orientierten Aufsätzen von Reis / Rosengren 1997, Reis 2005, Bayer

1991, 1999, Hoeksema/Zwarts 1991, Iwasaki 1995, Nederstigt 2001, Büring/Hartmann 2001 behandelt, die aber in der Regel die semanto-pragmatischen Eigenschaften aufgrund der engen Verknüpfung beider Bereiche nicht völlig außer acht lassen. In diesen Beiträgen geht es v. a. um den Status der Gradpartikel-Gruppe (Grap-Kategorie oder Adverbien), um das syntaktische Verhältnis zwischen Grap und Fokusausdruck, um Kategorie und Funktion des Fokusausdrucks, um die Position von Grap und Fokusausdruck zueinander, um die Platzierung des Fokusakzents. Primär semanto-pragmatisch, meist formal orientiert sind Beiträge von Abraham 1977, Edmondson/Planck 1978, Foolen 1983, Brauße 1983 & 1994, Löbner 1986 & 1999, Stechow 1991, Primus 1992, Taglicht 1993, Sgall 1994, Krifka 1998, Marschall 2001 (siehe dazu die oben bei König erwähnten Themen). Dabei sind Veröffentlichungen nicht berücksichtigt, die sich nur am Rand mit den deutschen Gradpartikeln beschäftigen. – Vielleicht das wichtigste Ergebnis der Grap-Forschungen über die Grap-Thematik hinaus ist das vertiefte Verständnis der Fokusproblematik insgesamt, das v. a. auf die Beiträge von J. Jacobs zurückgeht, und das vertiefte Verständnis für die Rolle intonatorischer Merkmale für die syntaktische wie semanto-pragmatische Beschreibung.

3.2. Systematische Darstellung (formale, funktionale Aspekte)

3.2.1. Syntax der Gradpartikeln

Die syntaktische Beschreibung der Gradpartikeln und damit die Abgrenzung von anderen Kategorien/syntaktischen Funktionen ist wie bei allen Partikelklassen dadurch erschwert, dass es keine morphologischen Merkmale gibt, die eine Klassenbildung unabhängig von den syntaktischen Eigenschaften ermöglichen würde. Damit bleiben nur die Positionsregularitäten und die intonatorischen Eigenschaften, denn die Kategorie muss ja erst noch sinnvoll abgegrenzt werden. Dazu kommt, dass Positionstypen und Akzentpositionen eng miteinander zusammenhängen, also auch nur im Zusammenhang beschrieben werden können.

Gradpartikeln haben nicht die Eigenschaften von Satzgliedern (Erfragbarkeit, Ersetzbarkeit durch Pronomina/Proterme, allein vorfeldfüllend) und auch nicht die von Stellungsgliedern (allein vorfeldfüllend). Sie sind immer einem Ausdruck zugeordnet, der einen Fokusakzent trägt, und zwar stehen sie meist unmittelbar vor diesem Ausdruck. Werden diese Fokusausdrücke umgestellt, so müssen die Gradpartikeln mit umgestellt werden, wenn die Bedeutung erhalten bleiben soll.

(6) *Sogar HANS fährt mit dem Zug ganz gemütlich nach Hamburg.*
(7) *Nach Hamburg fährt sogar HANS ganz gemütlich mit dem Zug.*
(8) *Mit dem Zug fährt sogar HANS ganz gemütlich nach Hamburg.*

In gleicher Weise könnten bei diesem Beispiel die Satzglieder *mit dem ZUG, ganz geMÜTlich, nach HAMburg* Fokus einer Gradpartikel sein, ferner die VP-Bestandteile *FÄHRT, fährt nach HAMBURG, fährt mit dem Zug nach HAMBURG, fährt ganz gemütlich mit dem Zug nach HAMBURG*. Prinzipiell als Fokus möglich wären *MIT* und *GANZ*, doch ist das aus semantischen Gründen wegen der Alternativenbildung kaum denkbar. – In diesem Zusammenhang stellen sich natürlich folgende Fragen:

1. Welche Ausdrücke können Fokus einer Gradpartikel sein und welche nicht? Muss man diese Ausdruckstypen aufzählen, oder kann man eine generelle Regel angeben?
2. In welcher Weise bezieht sich die Grap auf den Fokusausdruck? Bildet sie mit diesem zusammen eine Konstituente desselben Typs?
3. Gilt die Regel der Kontaktstellung / Voranstellung generell, oder gibt es auch andere Stellungstypen?
4. In welcher Relation stehen Position des Fokusakzents und Grenzen des Fokus zueinander?

Zu 1: Zunächst einmal können alle Satzglieder Fokus einer Grap sein, vorausgesetzt, die jeweilige Füllung der Satzglieder ist akzentfähig und passt semantisch zu der Grap. Nicht akzentfähig sind z.B.: *es* in allen denkbaren Funktionen, aber auch alle Anaphern / rein anaphorischen Pronomina der dritten Person; ein reines Determinativ (in Abgrenzung von deiktischen Determinativen), das (obligatorische) Reflexivpronomen *sich* (außer es wird durch *selbst* verstärkt); alle Platzhalter von extraponierten Teilsätzen; alle Nachfeldausdrücke. Stellungsglieder wie Satzadverbiale / Modalwörter (**sogar LEIder, *nur SICherlich*) und Konnektivpartikeln, Abtönungspartikeln (auch die akzentuierbaren wie *nur, bloß* in Imperativsätzen nicht), Adjunktoren, Infinitivpartikeln und andere Gradpartikeln außer eine gegenüber ihrem Fokus nachgestellte additive Grap mit dem Fokusakzent *(... und HANS sogar AUCH /*

Ebenfalls / Ebenso / GLEICHfalls). Die Verbalphrase (VP) und kohärente Teile davon (z. B. Akk.Obj. + regierendes Verb, Dat.Obj. + Akk.Obj. + regierendes Verb; Richtungsadverbiale + regierendes Verb) können ebenfalls Grap-Fokus sein. Üblicherweise steht auch in diesen Fällen die Grap unmittelbar vor dem VP-Komplex. Ist jedoch ein finites (Voll)Verb Grap-Fokus, so steht die Grap bei Verb-Letzt-Stellung unmittelbar davor, bei Verb-Erst- und Verb-Zweit-Stellung hingegen an der gleichen Stelle wie bei Verb-Letzt-Stellung (also in Distanz nach dem finiten Verb). Modalverben zeigen sehr enge semantische Restriktionen als Fokus, Hilfsverben und Kopulaverben sind kaum als Grap-Fokus geeignet, da i. d. R. die Ausdrucksalternativen fehlen. – Aber auch unter der Satzgliedgrenze gibt es mögliche Fokusausdrücke: z. B. Präpositionen *(nur VOR, nicht HINter dem Haus)*; dann Attribute aller Typen *(in nur WEnigen Seminaren; sogar verBRANNte Plätzchen; sogar PApas Auto; das Haus sogar des PräsiDENten; die Vorgänge auch in der LUDwigsstraße;* aber wohl nicht Attributsätze: **die Hoffnung sogar, dass er KOMMT / sogar DArauf, dasss er KOMMT)*. Schließlich auch Subjunktoren, soweit sie semantisch kontrastieren können: *nur DASS er kommt, nicht WIE er kommt.* Konjunktoren hingegen sind inakzeptabel als Grap-Fokus.

Zu 2: Diese Daten, die noch keineswegs komplett sind (es gibt zahllose idiosynkratische Lücken und Abweichungen), schließen aus, dass es sich um Adverbien in was für einer syntaktischen Funktion auch immer handeln könnte (diskutiert in Jacobs 1983 & 1986, Hoeksema / Zwarts 1991, Primus 1992, König 1993, Büring / Hartmann 2001 usw.). Denn dann dürften nur die VP und kohärente Teile davon Grap-Fokus sein, nie aber z. B. das Subjekt. Aber auch die Lösung, dass es sich um eine synkategorematische Partikelfunktion handelt (die also mit ihrem Fokusausdruck zusammen einen Ausdruck gleicher Kategorie bildet; vgl. König 1993), ist wenig plausibel: denn dann fragt sich, warum bestimmte Ausdruckstypen als Grap-Fokus ausgeschlossen sind. – Es ist offensichtlich, dass auch die Fähigkeit, einen Fokusakzent zu tragen, und das Vorhandensein kategorial gleicher Kontrastausdrücke (semantische Bedingung) eine wesentliche Rolle spielen. Aber das sind natürlich nicht syntaktische Bedingungen im engeren Sinn. – Die synkategorematische Lösung würde, wie schon erwähnt, bedeuten, dass Gradpartikeln zusammen mit ihrem Fokusausdruck einen Ausdruck gleicher

Kategorie bilden würden, dass sie also Teil des Fokusausdrucks würden. Auch in einer traditionellen Satzgliedanalyse würde das aufgrund der gesamthaften Verschiebbarkeit gelten. Jacobs (1983 & 1988) und Primus (1991) argumentieren gegen diese Lösung und betonen die syntaktische Selbstständigkeit der Gradpartikeln.

Zu 3: Die Regel der Kontaktstellung / Voranstellung gilt nur eingeschränkt. Für Verb-Fokus wurden bereits Abweichungen konstatiert. Dazu kommt, dass bestimmte Gradpartikeln bei bestimmten Fokustypen eher in Nachstellung / Kontaktstellung auftreten: *DAS eben / gerade* ... Eine plausible Erklärung dafür findet sich bis jetzt in der Literatur nicht. – Kontaktstellung sowohl vor wie nach dem Fokusausdruck können in der generativen Syntax durch ein allgemeines Prinzip wie c-command (Jacobs 1983, Primus 1992, König 1993) erfasst werden. – Schließlich ist noch die Nachstellung quantifizierend interpretierter additiver Gradpartikeln mit einem Akzent auf dem Fokus und auf der Grap zu erwähnen:

(9) *Das ColosSEum habe ich AUCH gesehen.*

Die Hutkontur (Steigakzent auf dem Fokusausdruck, Fallakzent auf der Grap) ist ganz charakteristisch; sie kommt auch bei nachgestellten Quantoren und Attributen vor:

(10) *Die HÜhner haben wir ALle eingesperrt.*
(11) *BLUmen hat er wirklich WUNderschöne.*

Diese Konstellation ist in mehreren Veröffentlichungen, u.a. von Reis / Rosengren 1997, Krifka 1998, Nederstigt 2001, Marschall 2001, Reis 2005 eingehend behandelt worden. Eine sinnvolle Erklärung für diese Besonderheit ist bisher m.W. noch nicht aufgetaucht. Vgl. aber Pittner (1995) für die Beschreibung dieses Stellungstyps bei den Quantoren.

Zu 4. Die Relation zwischen der Position des Fokusakzents und den Fokusgrenzen entspricht den allgemeinen Fokusgesetzen, d.h., dass jeder mögliche Fokustyp, abhängig von seiner Kategorie und seiner Füllung, einen Fokusexponenten hat, also einen strukturell vorgegebenen Akzentträger: für eine Nominalphrase (NP) bzw. ein Präpositionalphrase (PP) ist das das letzte lexikalische Element, soweit dies nicht ein Adverb ist. Für eine VP mit der Struktur Dat.Obj. + Akk.Obj. + Verb ist es das Akk.Obj., das in diesem Fall eine Voll-NP sein muss. Wäre es mit einem anaphorischen Pronomen besetzt, so wäre nur das Akk.Obj. selbst ein möglicher Fokusausdruck, Fokusprojektion zur VP wäre nicht möglich. In schriftlichen Texten steht die Position des Fokusakzents i.d.R. nicht als Hilfsmittel bei der Fokuszuordnung zur Verfügung. Hier muss man die fehlenden Informationen kompensieren durch die genaue Beachtung des Kontexts. – Die Möglichkeit, einen Ausdruck als gebundenen Fokus auszuwählen, hängt ganz wesentlich davon ab, ob sich kontrastierende Alternativformulierungen denken lassen. Das fällt bei manchen potentiellen Fokuskategorien viel schwerer als bei anderen, bei Verben z.B. viel schwerer als bei Präpositionen oder NPn. In vielen Fällen lassen sich gar keine Alternativformulierungen denken, allein aufgrund der semantischen Füllung der möglichen Fokusausdrücke. Das zeigt auch die zahlenmäßige Verteilung der Belege sehr deutlich.

Ein weiterer Grund für die Lücken in der Distribution ist die Polyfunktionalität der meisten Gradpartikeln. Es scheint so zu sein, dass diejenigen Konstellationen, bei denen Funktionsambiguität auftreten könnte, gemieden werden, oder dass grundsätzlich nur eine der möglichen Funktionen gewählt wird.

Nur am Rand sei erwähnt, dass verschiedentlich die Möglichkeit mehrerer Gradpartikeln in einem Teilsatz dikutiert wird. Belege finden sich dafür kaum:

(12) *Gerade am MONTAG muss ich ausgerechnet einen FRISEUR suchen.*

Gleiches gilt für die Koordinierbarkeit von Gradpartikeln. Vorbedingung ist, dass sie semantisch verträglich sind. Belege sind äußerst selten:

(13) *Sogar und gerade die GermaNIStik ...*

3.2.2. Semantik der Gradpartikeln (Synsemantika)

Über die **semantische** Funktion der Gradpartikeln herrscht inzwischen weitgehend Einigkeit. Man braucht für die Interpretation von Gradpartikeln folgende Konzepte:

1. Der Grap-Skopus;
2. Der Grap-Fokus;
3. Dazu die Konzepte von Assertion und Präsupposition bzw. konventioneller Implikatur, ggf. auch noch das Konzept der generalisierten konversationellen Implikatur.

Zu 1: Unter **Skopus** versteht man den Bereich der semantischen Wirksamkeit eines Ausdrucks, der als skopustragender Operator aufgefasst wird. Er umfasst normalerweise denjenigen Teilsatz, in dem der skopustragende Ausdruck enthalten ist, sowie die davon abhängigen Teilsätze.

Enthält ein Satz mehrere skopusbindende Ausdrücke, so wird die Skopushierarchie normalerweise durch die links-rechts-Abfolge der skopusbindenden Ausdrücke angezeigt. Der am weitesten links stehende skopusbindende Ausdruck hat dann sog. weiten Skopus, der weiter rechts stehende Ausdruck hat sog. engen Skopus, ist also im Skopus des weiter links stehenden Ausdrucks enthalten. Skopusbindende Ausdrücke sind v.a. die Negationspartikel *(nicht)*, dann die Gradpartikeln und als Quantoren aufgefasste Ausdrücke wie *alle, einige*.

(14) *Auch KARL hat nicht gegessen.*
   (≅ ‚Für Karl gilt, dass er nicht gegessen hat')
(15) *ALle Täter haben NICHT geredet.*
   (≅ ‚Für alle Täter gilt, dass sie nicht geredet haben')
(16) *Nicht alle Täter haben geredet.*
   (≅ ‚Es ist nicht der Fall, dass alle Täter geredet haben')
(17) *Ich hoffe auch, dass ChiAra kommt.*
   (≅ ‚Es gilt auch, dass ich hoffe, dass Chiara kommt')
(18) *Ich hoffe, dass auch ChiAra kommt.*
   (≅ ‚Ich hoffe, dass auch gilt, dass Chiara kommt')

Die entsprechenden Lambda-kategorialen Formalisierungen werden u.a. in Jacobs 1983 entwickelt und in König 1991 zusammenfassend und gut verständlich dargestellt; vgl. auch Taglicht 1984; Bayer 1991 & 1996. Hier begnügen wir uns mit diesem Hinweis, da eine verständliche Darstellung sehr viel Platz benötigen würde.

Zu 2: Als **Fokusausdruck** einer Gradpartikel wird, wie oben dargelegt, derjenige Ausdruck bezeichnet, der durch die Position der Gradpartikel (vor oder nach dem Fokusausdruck oder in Distanz nach diesem) und durch den Fokusakzent auf dem Fokusausdruck, wenn dieser einfach ist, oder auf dem sog. Fokusexponenten, wenn der Fokusausdruck komplex ist, markiert wird. Als Fokus bezeichnet man den Bereich der besonderen semantischen Wirksamkeit einer Gradpartikel. Der Gradpartikelfokus erzwingt jeweils eine in bestimmter Weise strukturierte Interpretation des Grap-Satzes in

Term und Prädikation darüber, und zwar den Fokusausdruck, über den quantifiziert wird, und den Satzrest, der die eigentliche Prädikation umfasst. In den nachfolgenden Bedeutungsexplikationen zu den Grap-Beispielen wird versucht, diese Strukturierung in Fokus und Satzrest zu imitieren. – Wegen der geringeren Komplexität und der fehlenden Funktionsambiguität wird für die Darlegung der Grundkonzepte jeweils ein Beispiel mit *sogar* gewählt, womit gleichzeitig die Grundlinien der semantischen Interpretation der *sogar*-Gruppe skizziert werden (siehe dazu auch Horn 1969; Fraser 1971; Anderson 1972; Altmann 1976; König 1981a, 1991; Bennet 1982; Kay 1990; die Literatur zu *even* wird hier mit erfasst).

(19) ..., *weil sogar ChiAra ihren Mann beschimpft.*
 ≅ ‚Es trifft auf Chiara zu, dass sie ihren Mann beschimpft.' (Assertion oder Entailment)
 ≅ ‚Es trifft auf andere Personen als Chiara, die weniger friedfertig als Chiara sind, zu, dass sie ihren Mann beschimpfen.' (Präsupposition oder konventionelle Implikatur)
 ≅ ‚Es trifft auf andere Personen als Chiara, die noch friedfertiger als Chiara sind, nicht zu, dass sie ihren Mann beschimpfen.' (generalisierte konversationelle Implikatur für den Fall, dass die Maxime der Quantität beachtet wird)

(20) ..., *weil Chiara sogar ihren MANN beschimpft.*
 ≅ ‚Es trifft auf Chiaras Mann zu, dass Chiara ihn beschimpft.' (Assertion)
 ≅ ‚Es trifft auf andere als Chiaras Mann zu, dass Chiara sie beschimpft.' (Präsupposition oder konventionelle Implikatur)
 ≅ ‚Es trifft auf freundlichere Menschen als Chiaras Mann nicht zu, dass Chiara sie beschimpft' (generalisierte konversationelle Implikatur)

(21) ..., *weil Chiara ihren Mann sogar beSCHIMPFT.*
 ≅ ‚Es trifft auf Beschimpfen zu, dass diese Relation zwischen Chiara und ihrem Mann gilt' (Assertion)
 ≅ ‚Es trifft auf weniger schlimme Handlungen als Beschimpfen zu, dass diese Handlungen zwischen Chiara und ihrem Mann gelten' (Präsupposition oder konventionelle Implikatur)

≅ ‚Es trifft auf schlimmere Handlungen als Beschimpfen nicht zu, dass diese Handlungen zwischen Chiara und ihrem Mann gelten' (generalisierte konversationelle Implikatur)

Für die Gruppe der skalierenden additiven Gradpartikeln vom Typ *sogar* gilt also:

1. Der Gradpartikelsatz assertiert/impliziert (nach der Regel, dass ein Satz sich selber impliziert) den Ausdruck ohne die Gradpartikel.
2. Dieser Gradpartikelsatz präsupponiert bzw. impliziert konventionell, dass andere Ausdrücke als der Grap-Fokusausdruck, eingesetzt in die Satzformel, gültige Ausdrücke ergeben. Der Fokusausdruck und die Alternativen dazu sind Werte auf einer Skala, die nach oben gerichtet ist, wobei der Fokusausdruck den höchsten gültigen Ausdruck darstellt, während die (gültigen) Alternativen darunter angeordnet sind.
3. Aus der Äußerung des Grap-Satzes kann der Hörer bei Beachtung der Maxime der Quantität schließen, dass keine höheren Skalenwerte als der durch den Fokusausdruck angegebene gelten.

Das Konzept der **Assertion** bzw. der Implikation (des Entailments) bildet den Kern der Bedeutung eines Ausdrucks. Dieser Bedeutungsaspekt zeichnet sich dadurch aus, dass er nicht aufhebbar ist und dass er bei Negation ins Gegenteil verkehrt wird. Allerdings muss dazu die richtige, nämlich die unmarkierte Negation gewählt werden, die weiten Skopus über die Grap hat. Das aber ist bei den Gradpartikeln der additiven Gruppe kaum sinnvoll möglich: **Weil nicht sogar ChiAra ihren Mann beschimpft.* Das liegt in der Natur der Semantik von *sogar*. Das Gegenstück, *nicht einmal*, ist auf negative Polaritätskontexte beschränkt, kehrt also die Skala in ihrer Richtung um (von oben nach unten). Ein Versuch der Aufhebung dieses Bedeutungsaspekts könnte lauten:

(22) ..., *weil sogar ChiAra ihren Mann beschimpft, *und möglicherweise beschimpft Chiara ihren Mann gar nicht.*

Das Konzept der **Präsupposition** besagt, dass es sich dabei um eine fraglos gültige Voraussetzung für die zutreffende Äußerung eines Ausdrucks handelt, die unter neutraler Negation erhalten bleibt und nur mit einem Präsuppositionsprotest aufgehoben werden kann. Wegen der schon erwähnten Unmöglichkeit, Sätze mit additiven

Gradpartikeln neutral zu negieren, kann dieser Aspekt nicht an einem Beispiel überprüft werden.

(23) ..., *weil nicht sogar CHIARA ihren Mann beschimpft.
(24) ..., weil sogar CHIARA ihren Mann beschimpft, *aber möglicherweise sonst niemand.

Bei der Festlegung der Eigenschaften von Präsuppositionen gibt es Probleme, da kaum ein natürlichsprachlicher Ausdruck den logischen Definitionen entspricht. Deshalb haben verschiedentlich Linguisten den Ausweg in dem milderen / vageren Konzept der konventionellen Implikatur gesucht.

Das Konzept der **generalisierten konversationellen Implikatur** besagt, dass ein Sprecher, wenn er die Maxime der Quantität beachtet, den jeweils höchsten gültigen Skalenwert angeben muss, und daraus kann man dann konversationell schließen, dass kein höherer Skalenwert gilt. Dieser Aspekt ist als pragmatischer Bedeutungsaspekt ohne Weiteres aufhebbar, er ist aber auch nicht essentiell mit den Gradpartikeln verbunden:

(25) ..., weil sogar ChiAra ihren Mann beschimpft, und vielleicht sogar NANna, von der das keiner erwartet hätte.

Das Konzept der Skalen reicht weit über die skalierenden Gradpartikeln hinaus (vgl. Jacobs 1983). Der reine Wortlaut gibt nur vage Anhaltspunkte dafür, welche Skala gemeint ist. Der Hörer muss sie aus dem Ko- und Kontext sowie aus seinem Weltwissen heraus erschließen. Eine Skala hat immer auch eine Richtung. Normalerweise verlaufen *sogar*-Skalen von unten nach oben, diese Richtung kann aber auch umgekehrt werden, z. B. durch das Hinzufügen von *nur*, aber auch einfach durch den Kontext:

(26) *Chiara bekommt sogar am WEnigsten von uns allen.*
(27) *..., weil sogar nur CHIARA ihren Mann beschimpft, und möglicherweise nicht einmal die.*

Mit diesen Beschreibungskonzepten können wir nun auch die Semantik der anderen Grap-Gruppen skizzieren.

Die rein additiven Gradpartikeln *auch, ebenfalls, ebenso, gleichfalls* etc. entsprechen in ihrer Bedeutung bis auf den Skalenbezug der *sogar*-Gruppe (siehe u. a. Lee 1965; Green 1968; Karttunen / Karttunen 1976; Altmann 1976; Kaplan 1984; Goddard 1986; Schwarz

1991; König 1991; Reis/Rosengren 1997; Marschall 2001; Nederstigt 2003)

– Die Assertion entspricht dem Ausdruck ohne die Gradpartikel.
– Die Präsupposition/konventionelle Implikatur erhält man, wenn man Alternativen zum Fokusausdruck in die Satzformel einsetzt. Das ergibt gültige Ausdrücke. Dabei ordnen sich diese Alternativen nicht zu einer Skala, sondern sind gleichwertig.

(25) *Ich habe gestern auch ChiAra getroffen, *aber möglicherweise sonst niemanden.*
  ≅ ‚Für Chiara gilt, dass ich sie gestern getroffen habe.' (Assertion/Implikation)
  ≅ ‚Für andere Leute als Chiara gilt, dass ich sie gestern getroffen habe.' (Präsupposition/konventionelle Implikatur)

Die Gruppe der exklusiven skalierenden Gradpartikeln *(nur, bloß, lediglich)* bietet mancherlei Beschreibungsprobleme (siehe u.a. Horn 1969; Altmann 1976; Edmondson/Planck 1978; Foolen 1983; König 1991; Primus 1992; Iwasaki 1995):

(26) *Unsere Sekretärin bekommt nur TAUsend Euro brutto.'*
  Assertion: ‚Unsere Sekretärin bekommt nicht mehr als 1000 Euro brutto.'
  Präsupposition: ‚Unsere Sekretärin bekommt 1000 Euro brutto.'
  generalisierte konversationelle Implikatur: ‚Unsere Sekretärin bekommt nicht weniger als 1000 Euro brutto.'

In diesem Fall entspricht also die Formulierung ohne die Grap nicht der Assertion, sondern der konventionellen Implikatur/Präsupposition. Die Assertion erhält man, indem man die höheren Skalenwerte ausschließt. Dabei ist aber zu beachten, dass es sich um eine invertierte Skala handelt, die von oben nach unten zeigt. – Diese Anordnung erscheint zunächst unplausibel, doch lassen die Tests, v.a. der Negationstest, keinen anderen Schluß zu.

(27) *Unsere Sekretärin bekommt nicht nur TAUsend Euro brutto.*
  Assertion: ‚Unsere Sekretärin bekommt mehr als tausend Euro brutto.'
  Präsupposition: ‚Unsere Sekretärin bekommt tausend Euro brutto.'

Es handelt sich dabei unzweifelhaft um die neutrale Negation, die bei den exklusiven/restriktiven Gradpartikeln ohne Weiteres möglich ist (eine Erklärung findet sich bei Barwise/Cooper 1981). Unter dieser Negation bleibt die Präsupposition/konventionelle Implikatur erhalten, die Assertion verkehrt sich ins Gegenteil. Die Richtung der Skala ist nun umgekehrt, sie weist also aufwärts wie bei der *sogar*-Gruppe, aber im Gegensatz zu dieser werden die höheren Skalenwerte behauptet, die tieferen per generalisierte konversationelle Implikatur ausgeschlossen.

(28) *Unsere Sekretärin bekommt nicht nur TAUsend Euro brutto, sondern sogar 1200.*
Unsere Sekretärin bekommt nicht nur TAUsend Euro brutto, *und möglicherweise nicht einmal so viel.

Zu der Gruppe der nur quantifizierenden exklusiven Gradpartikeln (*allein, ausschließlich* und *einzig/einzig und allein*) (siehe die Literatur zur vorausgehenden Gruppe sowie Altmann/Lindner 1979) kann man auch die gerade behandelte Gruppe rechnen, die nicht nur skalierend, sondern auch quantifizierend verwendet werden kann (*nur, bloß, lediglich*).

(29) *Einzig und allein ChiARa beschimpft ihren Mann.*
(Negation: *Es ist nicht der Fall, dass einzig und allein CHIARA ihren Mann beschimpft*)
Assertion: ‚Andere Frauen beschimpfen ihren Mann nicht.'
Präsupposition: ‚Chiara beschimpft ihren Mann.'

Die *schon*-Gruppe (*erst, noch, schon, bereits*) kann man als skalierend interpretierte additive Grap-Gruppe verstehen, also im Sinne der *sogar*-Gruppe (siehe u. a. Doherty 1973; Galton 1976; König 1976 & 1977 & 1978 & 1979a & 1991; Abraham 1977; Brauße 1983, 1994; Löbner 1986, 1999; Nederstigt 2001 & 2003). Das Besondere an ihr ist, dass sie sich auf eine Zeitskala bezieht, die invertiert ist (also wie bei *nicht einmal*):

(30) *Schon ein KIND kann heute ein Handy bedienen.*
Assertion: ‚Ein Kind kann heute ein Handy bedienen'.
Präsupposition: ‚Auf Personen, die älter sind als ein Kind, trifft zu, dass sie heute ein Handy bedienen können'.
generalisierte konversationelle Implikatur: ‚Auf Personen, die nicht älter sind als Kinder/die jünger sind als Kinder, trifft nicht zu, dass sie ein Handy bedienen können'.

(31) *Noch PHIlipp II glaubte, dass die Erde eine Scheibe sei.*
Assertion: ‚Philipp II glaubte, dass die Erde eine Scheibe sei'.
Präsupposition: ‚Auf Personen, die vor Philipp II lebten, trifft zu, dass sie glaubten, dass die Erde eine Scheibe sei'.
generalisierte konversationelle Implikatur: ‚Auf Personen, die nach Philipp II lebten, trifft zu, dass sie nicht glaubten, dass die Erde eine Scheibe sei'.

Bereits dürfte mit *schon* synonym sein und wie diese Grap verwendet werden. – Bisweilen gibt es bei dieser Gruppe Fokusausdrücke, die an eine nichttemporale Interpretation denken lassen. Tatsächlich verbirgt sich dahinter aber wohl immer eine temporale Skala:

(32) *Noch in PortoferRAIO ging es uns allen gut. Aber schon in PiomBIno war es uns allen hundeübel.*

Dabei bezieht man sich auf einen Weg (Überfahrt mit der Fähre von Elba zum Festland), der in einer bestimmten zeitlichen Abfolge abläuft: Die Zeit vor dem Einschiffungsort Portoferraio, wo es uns allen gut ging, bzw. die Zeit nach der Landung in Piombino, wo es uns allen hundeübel war.

Die Partikeln der *gerade*-Gruppe *(gerade, eben, genau, ausgerechnet, insbesondere, besonders, vor allem)* können weder zu den additiven noch zu den restriktiven Gradpartikeln gerechnet werden (siehe u.a. Altmann 1978; König 1986 & 1991 & 1991b). Es geht also bei ihnen weder um den Einschluss noch um den Ausschluss von Alternativen zum Fokusausdruck, sondern um die nachdrückliche Behauptung der Identität des Arguments dieser Gradpartikeln mit demselben Argument in einem anderen Zusammenhang, wobei normalerweise das betreffende Argument in diesem Zusammenhang nicht erwartet worden wäre (siehe König 1991, Abschn. 5).

(33) *Hans ist ein ausgesprochen friedlicher Mensch. Und gerade/ ausgerechnet ... DER hat jetzt einen Prozess wegen Hausfriedensbruchs am Hals.*

Die bisher vorgelegten Bedeutungsanalysen beziehen sich auf diesen Bedeutungsaspekt oft mit den Ausdrücken „unerwartet, überraschend". Dass es sich um die reine Identität des fokussierten Arguments handeln könnte, darauf deutet auch die Verwendung einiger dieser Partikeln als eine Art „Antwortpartikeln":

(34) A: *Die einseitige Erhöhung der Arbeitszeit im öffentlichen Dienst durch die Arbeitgeber ist doch eine Unverschämtheit.*
B: *Genau.*

Bei dieser Gruppe ist bislang noch keine semantische Analyse nach Assertion und Präsupposition vorgelegt worden. Es bleibt also wohl nur die fokusbindende Funktion (König 1991: 798).

Noch weniger untersucht ist offensichtlich die Semantik von *höchstens, wenigstens, zumindest, mindestens*. Die Funktion von *höchstens* scheint darin zu liegen, dass bei einer skalierenden Interpretation mit einer von unten nach oben verlaufenden Skala (also wie bei *sogar*) die Tatsache, dass kein höherer Wert als der Fokuswert gilt, nicht konversationell implikatiert, sondern behauptet wird, und die Annahme, dass auch die tieferen Werte gelten, allenfalls konversationell implikatiert wird. Darauf deutet jedenfalls der Aufhebungstest nach beiden Richtungen hin.

(35) *Karin verdient höchstens TAUsend Euro, *und möglicherweise sogar ELFhundert Euro. / und möglicherweise nicht einmal SO viel.*

Der Fokuswert würde in diesem Fall präsupponiert werden. Darauf deutet auch ein Testversuch mit einer externen Negation:

(36) *Es ist nicht der Fall, dass Karin höchstens TAUsend Euro verdient.* (= ‚Karin verdient 1000 Euro oder mehr')

Insofern verhält sich diese Partikel wie eine Kombination aus *sogar* und *nur*. – Genau umgekehrt verhalten sich Sätze mit *mindestens*:

(37) *Karin verdient mindestens TAUsend Euro, und möglicherweise sogar ELFhundert / *und möglicherweise nicht einmal SO viel.*
Assertion: ‚Karin verdient mehr als tausend Euro.'
Präsupposition: ‚Karin verdient tausend Euro.'
generalisierte konversationelle Implikatur: ‚Karin verdient nicht weniger als tausend Euro.'

(38) *Es ist nicht der Fall, dass Karin mindestens TAUsend Euro verdient. / Karin verdient nicht mindestens TAUsend Euro.*

Der Fokuswert wird also assertiert, höhere Werte werden konventionell implikatiert.

Es zeigt sich also, dass der Satz mit der Gradpartikel durch den Grap-Fokus strukturiert wird. Gemeinsam ist der Semantik aller

Gradpartikeln, dass es um Austauschwerte für den jeweiligen Fokuswert geht, wobei sich Gültigkeit und Ungültigkeit von Fokus- und Austauschwerten je nach Grap unterschiedlich verteilen und zusätzlich diese Werte semantisch einen unterschiedlichen Status im Sinne von Behauptetem, fraglos Vorausgesetztem und Mitgemeintem haben.

4. Gradpartikeln in anderen Sprachen

Die Untersuchungen zu den englischen Entsprechungen von Gradpartikeln wurden oben bereits erwähnt (Lee 1965; Horn 1969, 1972; Fraser 1971; Kempson 1975; König 1981b, 1982, 1991a; Bennet 1982; Foolen 1983; Kay 1990). Dabei befassen sich deutsche Autoren meist mit deutschen und englischen Gradpartikeln im Vergleich, angloamerikanische nur mit englischen Gradpartikeln. Es zeigt sich, dass sich englische und deutsche Gradpartikeln im Wesentlichen mit denselben formalen und funktionalen Konzepten beschreiben lassen, bei Unterschieden im Detail. Deutlichere Abweichungen gibt es beim Finnischen, da dort Gradpartikeln sowohl als selbständige Lexeme *(jopa)* als auch als Klitika *(-kin/-kaan)* auftreten (Karttunen/ Karttunen 1976; Karttunen/Peters 1975). Dies schließt natürlich aus, dass die Gruppe einheitlich als Wortart/Kategorie behandelt wird. Ansonsten aber scheinen auch hier dieselben Form- und Funktionskonzepte beschreibungs- und erklärungsadäquat. – Andere Sprachen wie etwa das Japanische werden nur punktuell, v. a. bei König (1991 & 1993), erwähnt. Diese Erwähnungen lassen vermuten, dass es in allen diesen Sprachen z.T. wortförmige, z.T. klitische Elemente mit den syntaktischen und semantischen Merkmalen von Gradpartikeln gibt.

5. Forschungsdesiderate

Die wesentlichen Forschungsdesiderate wurden bereits erwähnt. Die Abgrenzung der Partikelgruppe ist noch keineswegs befriedigend, insbesondere die genaue Grenze zu den Intensitätspartikeln (vgl. C9) bedarf noch intensiver Untersuchungen, ebenso die Grenze zu den Konnektivpartikeln, zumal einige Gradpartikeln auch in dieser Funktion auftreten. – Generell wünschenswert ist eine weitere Vertiefung des Verständnisses für die semanto-pragmatischen Eigenschaften der Gradpartikeln, wobei die Bedeutung der additiven Gradpartikeln recht gut verstanden wird, die der exklusiven schon deutlich weniger; auch die temporal orientierten Gradpartikeln *(schon, noch, erst, bereits)* bedürfen noch weiterer Untersuchungen, am dringendsten ist aber das Forschungsbedürfnis bei den identifizierenden Gradpartikeln *(gerade* usw.). – Das zentrale Forschungsproblem der Partikelbeschreibung insgesamt ist die Frage, wie die verschiedenen Varianten derselben Partikel aufeinander bezogen werden müssen: im Sinne der Homonymie oder der Polysemie. Diese Frage kann nicht beantwortet werden, solange die semantische Beschreibung von Partikelgruppen wie den Abtönungspartikeln so unbefriedigend ist. – Ein weiterer Punkt ist die plausible Erklärung der zahlreichen Idiosynkrasien bei den einzelnen Gradpartikeln, die das Grundmuster fast unauffindbar machen. – Auffällig ist, dass es nach meiner Kenntnis allenfalls minimale Ansätze zur Beschreibung der Gradpartikeln in den deutschen Dialekten gibt. Ähnliches gilt wohl für eine Vielzahl von Sprachen.

6. Literatur

Grammatiken

Dudenredaktion (Hg.) (2005[7]) Duden. Die Grammatik. – Mannheim / Leipzig / Wien / Zürich: Dudenverlag (= Duden Bd. 4). [Damaris Nübling: „Die nicht flektierbaren Wortarten." Fokuspartikel: 870, **873**, 1230, *nicht* **1431**. Gradpartikel 870, **871**]

Eisenberg, P. (2004) Grundriss der deutschen Grammatik. Bd. 1: Das Wort. Bd. 2: Der Satz. Stuttgart / Weimar: Metzler [zu Gradpartikeln – hier: „Fokuspartikeln", 231–233]

Engel, U. (1996[3]) Deutsche Grammatik. Heidelberg: Groos [zu Gradpartikeln, 764 ff.]

Engel, U. (2002) Kurze deutsche Grammatik. München: Iudicium [zu Gradpartikeln, 437 ff.]

Engel, U. (2004) Deutsche Grammatik. Neubearbeitung. München: Iudicium

Heidolph, K. E. / Flämig, W. / Motsch, W. (1983) Grundzüge einer deutschen Grammatik. Berlin: Akademie

Hentschel, E. / Weydt, H. (2003) Handbuch der deutschen Grammatik. 3., völlig neu bearb. Aufl. Berlin [u. a.]: de Gruyter

Pasch, R. / Brauße, U. / Breindl, E. / Waßner, U. H. (2003) Handbuch der deutschen Konnektoren. Linguistische Grundlagen der Beschreibung und syntaktische Merkmale der deutschen Satzverknüpfer (Konjunktionen, Satzadverbien und Partikeln). Berlin [u.a.]: de Gruyter (= Schriften des Instituts für deutsche Sprache 9). [zu Gradpartikeln = „Fokuspartikeln", 139, 501, 575; offenbar unter Einschluss von lokaler Negation und weiteren]

Weinrich, H. (2005³) Textgrammatik der deutschen Sprache. Hildesheim: Olms

Zifonun, G./Hoffmann, L./Strecker, B. et al. (1997) Grammatik der deutschen Sprache. Berlin/New York: de Gruyter

Weitere Literatur

Behaghel, O. (1923–32) Deutsche Syntax. Bde. 1–4. Heidelberg

Doherty, M. (1985) Epistemische Bedeutung. Berlin: Akademie

Jacobs, J. (1982) Syntax und Semantik der Negation im Deutschen. Eine Untersuchung im Rahmen der Montague-Grammatik. München: Fink (= Studien zur Theoretischen Linguistik 1)

Lang, E. (1979) Zum Status der Satzadverbiale. In: Slovo a Slovesnost 40, 100–213

Pittner, K. (1995) Alles Extraktion oder was? – Zur Distanzstellung von Quantoren im Deutschen. In: PzL 52: 1, 27–41

Literatur zu Gradpartikeln

Abraham, W. (1977) Noch und schon als polare Satzfunktoren. In: Sprengel, K./Bald, W. D./Viethen, H. W. (Hg.) Semantik und Pragmatik. Akten des 11. Ling. Koll. Aachen 1976. Bd. 2. Tübingen: Niemeyer (1977), 3–20

Akmajian, A. (1970) Aspects of the grammar of focus in English. Masch. phil. Diss. MIT 1970

Altmann, H. (1976) Die Gradpartikeln im Deutschen. Untersuchungen zu ihrer Syntax, Semantik und Pragmatik. Tübingen: Niemeyer (= Ling. Arbeiten 33)

Altmann, H. (1976a) Gradpartikeln und Topikalisierung. In: Braunmüller, K./Kürschner, W. (Hg.) Grammatik. Akten des X. Ling. Koll. Tübingen 1975. Bd. 2 (Tübingen: Niemeyer), 233–243

Altmann, H. (1978) Gradpartikel-Probleme. Zur Beschreibung von gerade, genau, eben, ausgerechnet, vor allem, insbesondere, zumindest, wenigstens. Tübingen: Narr (= Studien zur deutschen Grammatik 8)

Altmann, H. (1979) Funktionsambiguitäten und Präferenzregeln bei polyfunktionalen Partikeln. In: Weydt, H. (Hg.) Die Partikeln der deutschen Sprache. Berlin/New York: de Gruyter, 351–364

Altmann, H./Lindner, K. (1979) Endlich: allein. In: Grubmüller, K. et al. (Hg.) Befund und Deutung. Zum Verhältnis von Empirie und Interpretation in Sprach- und Literaturwissenschaft. Festschrift H. Fromm. Tübingen: Niemeyer, 22–79

Altmann, H. (1980) Syntaktische Zuordnung und semantischer Bezugsbereich. In: Clément, D. (Hg.) Empirische Rechtfertigung von Syntaxen. Bonn: Bouvier, 38–60
Anderson, S. (1972) How to get „even". In: Language 48, 893–906
Barwise, J. / Cooper, R. (1981) Generalized quantifiers and natural language. In: Linguistics and Philosophy 4, 159–219
Bayer, J. (1990) Interpretative Islands: Evidence for Connectedness and Global Harmony in Logical Form. In: Grewendorf, G. / Sternefeld, W. (Hg.) Scrambling and barriers. Amsterdam
Bayer, J. (1991) Directionality of government and logical form: a study of focusing particles and wh-scope. Unpublished ms. Max-Planck-Institut für Psycholinguistik
Bayer, J. (1996) Directionality and Logical Form. On the Scope of Focusing Particles and Wh-in-situ. Boston / Dordrecht / London: Kluwer (= Studies in Natural Language and Linguistic Theory 34)
Bayer, J. (1999) Bound Focus or How can Association with Focus be Achieved without Going Semantically Astray? In: Rbuschi, G. / Tuller, L. L. (Hg.) The Grammar of Focus. Amsterdam [u.a.]: Benjamins, 55–82
Bennet, J. (1982) Even if. In: Linguistics and Philosophy 5, 403–418
Brauße, U. (1983) Die Bedeutung der deutschen restriktiven Gradpartikeln nur und erst im Vergleich mit ihren französischen Entsprechungen ne … que, seulement und seul. In: Linguistische Studien. Reihe A. Arbeitsberichte 104. Untersuchungen zu Funktionswörtern (Adverbien, Konjunktionen, Partikeln). Berlin: Akademie der Wissenschaften, 244–282
Brauße, U. (1994) Funktionale Varianten von schon – Adverb, Gradpartikel, Modalpartikel. In: Brauße, U.: Lexikalische Funktionen der Synsemantika. Tübingen: Narr, 99–118
Büring, D. / Hartmann, K. (2001) The Syntax and Semantics of Focus-Sensitive Particles in German. In: Natural Language & Linguistic Theory 19, 229–281
Clément, D. / Thümmel, W. (1975) Grundzüge einer Syntax der deutschen Standardsprache. Frankfurt / Main: Athenäum / Fischer (= FAT 2057). [Siehe hier die Abschnitte 15, 16, 25, 26, 27, 28 zu den „Rangierpartikeln"].
Doherty, M. (1973) Noch and schon and their presuppositions. In: Kiefer, F. / Ruwet, N. (Hg.) Generative Grammar in Europe. Dordrecht: Reidel, 154–177
Edmondson, J. A. / Planck, F. (1978) Great expectations: An intensive self analysis. In: Linguistics and Philosophy 2, 373–413
Fauconnier, G. (1975) Pragmatic scales and logical structure. In: Ling. Inquiry 6: 3, 353–375
Foolen, A. (1983) Zur Semantik und Pragmatik der restriktiven Gradpartikeln: only, nur und maar / alleen. In: Weydt, H. (Hg.) Partikeln und Interaktion. Tübingen: Niemeyer, 188–199
Fraser, B. (1971) An analysis of even in English. In: Fillmore, C. / Langendoen, D. T. (Hg.) Studies in linguistic semantics. New York: Holt, 150–178

Galton, H. (1976) noch und schon im Deutschen und Russischen. In: Fol. Ling. 10: 3/4, 377–384

Gazdar, G. (1977) Implicature, presupposition and logical form. Mimeo IULC

Goddard, C. (1986) The natural semantics of too. In: Journal of Pragmatics 10, 635–644

Green, G. M. (1968) On too and either, and not just on too and either, either. In: CLS 4, 22–39

Hoeksema, J./Zwarts, F. (1991) Some Remarks on Focus Adverbs. In: Journal of Semantics 8, 51–70

Horn, L. R. (1969) A presuppositional analysis of only and even. In: CLS 5, 98–107

Horn, L. R. (1972) On the semantic properties of logical operators in English. (Masch.) phil. Diss. UCLA. Auch Mimeo IULC (1976)

Iwasaki, E. (1995) Zur Distanzstellung der Gradpartikel allein. In: Popp, H. (Hg.) Deutsch als Fremdsprache. An den Quellen eines Faches. Festschrift für G. Helbig zum 65. Geburtstag. München: Iudicium, 229–234

Jacobs, J. (1983) Fokus und Skalen. Zur Syntax und Semantik der Gradpartikeln im Deutschen. Tübingen: Niemeyer (= Ling. Arb. 138)

Jacobs, J. (1984) The syntax of bound focus in German. In: Groninger Arbeiten zur Germanistischen Linguistik (GAGL) 25, 172–200

Jacobs, J. (1986) The syntax of focus and adverbials in German. In: Abraham, W./de Meij, S. (Hg.) Topic, Focus, and Configurationality. Amsterdam: Benjamins, 103–127

Jacobs, J. (1988) Fokus-Hintergrund-Gliederung und Grammatik. In: Altmann, H. (Hg.) Intonationsforschungen. Tübingen: Niemeyer, 89–134

Jacobs, J. (1994) The syntax of bound focus in German. In: Groninger Arbeiten zur Germanistischen Linguistik (GAGL) 25, 172–200

Kaplan, J. (1984) Obligatory too in English. In: Language 60, 510–518

Karttunen, L./Peters, S. (1975) Conventional Implicature in Montague grammar. In: BLS. Proceedings of the First Annual Meeting of the Berkeley Linguistic Society. Berkeley/CA

Karttunen, F./Karttunen, L. (1976) The clitic -kin/-kaan in Finnish. To appear in: Papers from the Transatlantic Finnish Conference. Texas Linguistic Forum 5. Austin/TX, 1976

Kay, P. (1990) Even. In: Linguistics and Philosophy 13, 59–111

Kempson, R. M. (1975) Presupposition and the delimitation of semantics. Cambridge: University Press (= Cambridge Studies in Linguistics 15)

Kowalski, A. (1992) Zur Syntax und Semantik von Gradpartikeln im Deutschen. Syntaktische Bedingungen für die Ausdehnung von Partikelskopus und -fokus. M.A.-Hausarbeit Universität Wuppertal

Krifka, M. (1998) Additive Particles under Stress. In: Proceedings of SALT 8. Austin/TX: Ms. University of Texas at Austin (Preliminary version), 111–128

König, E. (1976) Semantische Analyse von noch und schon. In: Löwen und Sprachtiger. Akten des VIII. Linguistischen Kolloquiums, Löwen, 19.–22.9.1973. Löwen/Louvain: Institut de Linguistique, 225–237

König, E. (1977) Semantische Analyse von noch und schon. In: Kern, R. v. (Hg.) Löwen und Sprachtiger. Akten des 8. Ling. Koll. Löwen 1973. Louvain: Édition Peters

König, E. (1977a) Temporal and non-temporal uses of noch and schon in German. In: Rohrer, C. (Hg.) Actes du Colloque franco-allemand de linguistique théorique. Tübingen: Niemeyer, 181–204

König, E. (1977b) Temporal and non-temporal uses of noch and schon in German. In: Linguistics and Philosophy 1, 173–198

König, E. (1977c) Zur Syntax und Semantik von Gradpartikeln. In: Sprengel, K./Bald, W.-D./Viethen, H. W. (Hg.) Semantik und Pragmatik. Akten des 11. Linguistischen Kolloquiums, Aachen 1976. Tübingen: Niemeyer, 63–70

König, E. (1978) Noch und schon und ihre Entsprechungen im Englischen. Eine kontrastive Untersuchung. In: Linguistik und Didaktik 9, 246–267

König, E. (1979) A semantic analysis of German erst. In: Bäuerle, R./Egli, U./Stechow, A. v. (Hg.) Semantics from a different point of view. Berlin: Springer, 148–160

König, E. (1979a) Direkte und indirekte Bewertung von Zeitintervallen durch Satzadverbien und Gradpartikeln im Deutschen und Englischen. In: Weydt, H. (Hg.) Die Partikeln der deutschen Sprache. Berlin/New York: de Gruyter, 175–186

König, E. (1981) The Meaning of Scalar Particles in German. In: Eikmeyer, H.-J./Rieser, H. (Hg.) Words, Worlds and Contexts. New Approaches in Word Semantics. Berlin/New York, 107–132

König, E. (1981a) Kontrastive Analyse und zweisprachige Wörterbücher: die Gradpartikel even und ihre Entsprechungen im Deutschen. In: Weydt, H. (Hg.) Partikeln und Deutschunterricht. Abtönungspartikeln für Lerner des Deutschen. Heidelberg: Groos, 277–304

König, E. (1981b) Scalar particles in German. Their meaning, their function, and their English equivalents. In: Quinquereme 4, 1–21

König, E. (1981c) The Meaning of Scalar Particles in German. In: Eikmeyer, H.-J./Rieser, H. (Hg.) Words, Worlds, and Contexts. New Approaches in Word Semantics. Berlin/New York: de Gruyter, 107–132

König, E. (1982) Scalar particles in German and their English equivalents. In: Lohnes, W. F. W./Hopkins, E. A. (Hg.) The contrastive grammar of English and German. Ann Arbor/MI: Karoma, 76–101

König, E. (1986) Identical values in conflicting roles: The use of German ausgerechnet, eben, genau and gerade as focus particles. In: Groninger Arbeiten zur Germanistischen Linguistik 27, 45–74

König, E. (1988) Concessive connectives and concessive sentences: cross-linguistic regularities and pragmatic principles. In: Hawkins, J. (Hg.) Explaining language universals. Oxford: Blackwell, 145–166

König, E. (1991) 38. Gradpartikeln. In: Stechow, A. v./Wunderlich, D. (Hg.) Semantik. Ein internationales Handbuch zeitgenössischer Forschung. Berlin/New York: de Gruyter, 786–803 (= Hb. zur Sprach- u. Komm.wiss. 9.1)

König, E./Stark, D. (1991) The treatment of function words in a new bilingual German – English dictionary. In: Abraham, W. (Hg.) Discourse particles. Descriptive and theoretical investigations on the logical, syntactic and pragmatic properties of discourse particles in German. Amsterdam / Philadelphia: Benjamins, 303–328

König, E. (1991a) The Meaning of Focus Particles. A Comparative Perspective. London [u. a.]

König, E. (1991b) Identical values in conflicting roles: The use of German ausgerechnet, eben, genau and gerade as focus particles. In: Abraham, W. (Hg.) Discourse particles. Descriptive and theoretical investigations on the logical, syntactic and pragmatic properties of discourse particles in German. Amsterdam / Philadelphia: Benjamins, 11–36

König, E. (1993) Focus particles. In: Jacobs, J. et al. (Hg.) Handbuch der Syntax. Berlin / New York: de Gruyter, 978–987

König, E. / Siemund, P. (1996) Emphatische Reflexiva und Fokusstruktur. Zur Syntax und Bedeutung von „selbst". In: Sprache und Pragmatik 40, 1–42

König, E. / Siemund, P. (1996) Selbst-Reflektionen. In: Harras, G. / Bierwisch, M. (Hg.) Wenn die Semantik arbeitet: K. Baumgärtner zum 65. Geburtstag. Tübingen: Niemeyer, 277–302

König, E. / Siemund, P. (1999) Intensifikatoren und Topikalisierung. Kontrastive Beobachtungen zum Deutschen, Englischen und anderen germanischen Sprachen. In: Wegener, H. (Hg.) Deutsch kontrastiv. Typologisch vergleichende Untersuchungen zur deutschen Grammatik. Tübingen: Stauffenburg, 87–110

König, E. / Siemund, P. (2000) Zur Rolle der Intensifikatoren in einer Grammatik des Deutschen. In: Fuhrhop, N. / Thieroff, R. / Teuber, O. / Tamrat, M. (Hg.) Deutsche Grammatik in Theorie und Praxis: Aus Anlaß des 60. Geburtstags von P. Eisenberg. Tübingen: Niemeyer, 229–246

Lee, W. R. (1965) Preliminary notes on also and too. In: Philologica Pragensia. Vol. 8, 255–260

Lerner, J. / Dünges, P. (2004) Anaphern, Quantoren und Parallelität. Tübingen: Narr (= Tübinger Beiträge zur Linguistik 473)

Löbner, S. (1985) Natürlichsprachliche Quantoren – Zur Verallgemeinerung des Begriffs der Quantifikation. In: Studium Linguistik 17 / 18, 79–113

Löbner, S. (1986) schon – erst – noch. Temporale Gradpartikeln als Phasenquantoren. In: Groninger Arbeiten zur Germanistischen Linguistik (GAGL) 27, 75–99

Löbner, S. (1989) German schon – erst – noch: An integrated analysis. In: Linguistics and Philosophy 12, 167–212

Löbner, S. (1999) Why German Schon and Noch Are Still Duals: A Reply to v. d. Auwera. In: Linguistics and Philosophy 22, 1. Tübingen: Stauffenburg, 45–107

Marschall, G. R. (2001) Semantik und konnektive Funktion der additiven Gradpartikeln: auch unter anderen. In: Cambourian, A. (Hg.) Textkonnektoren und andere textstrukturierende Einheiten. Tübingen: Stauffenburg, 159–172

Nederstigt, U. (2001) Prosody: A clue for the interpretation of the additive focus particles auch and noch. In: Linguistische Berichte 188, 415–440

Nederstigt, U. (2003) Auch and noch in Child and Adult German. Berlin / New York: de Gruyter (= Studies on Language Acquisition 23)

Primus, B. (1992) Selbst – Variants of a scalar adverb in German. In: Jacobs, J. (Hg.) Informationsstruktur und Grammatik. Opladen: Westdeutscher Verlag, 54–88 (= Sonderheft Linguistische Berichte)

Quirk, R. et al. (1985) A comprehensive grammar of the English language. London: Longman

Reis, M. (1977) Präsuppositionen und Syntax. Tübingen: Niemeyer (= Ling. Arb. 51).

Reis, M. (2005) On the Syntax of So-called Focus Particles in German – A Reply to Büring and Hartmann 2001. In: Natural Language & Linguistic Theory 23, 459–483

Reis, M. / Rosengren, I. (1997) A Modular Approach to the Grammar of Additive Particles: the Case of German auch. In: Journal of Semantics 14, 237–309

Schwarz, B. (1991) Some observations on German auch. MS Saarbrücken

Sgall, P. (1994) Focus and Focalizers. In: Bosch, P. / van der Sandt, R. (Hg.) Focus and natural language processing. Proceedings of a Conference in Celebration of the 10th Anniversary of the Journal of Semantics. Vol. 3: Discourse, 409–414 (= Working Papers of the IBM Institute for Logic and Linguistics 8)

Stechow, A. v. (1991) Focusing and background operators. In: Abraham, W. (Hg.) Discourse Particles. Descriptive and theoretical investigation on the logical, syntactic, and pragmatic properties of discourse particles in German. Amsterdam / Philadelphia: Benjamins, 37–54 (= Pragmatics & Beyond New Series 12)

Taglicht, J. (1984) Message and emphasis. On focus and scope in English. London

Taglicht, J. (1993) Focus and background. In: Jacobs, J. et al. (Hg.) Handbuch der Syntax. Berlin / New York: de Gruyter

Hans Altmann (München)

C8 Indefinitum und Quantifikativum

1. Wortartenbezeichnung
2. Systematische Darstellung
3. Literatur

1. Wortartenbezeichnung

Indefinita und Quantifikativa werden in der *Grammatik der deutschen Sprache* (im Folgenden: *GDS*) als *Proterme* klassifiziert, die traditionellerweise *Pronomen* heißen.

Die entsprechenden Determinative werden im Artikel **C6** behandelt.

Indefinita sind *ein-, etwas, jemand, man, wer* sowie davon abgeleitete Formen wie *irgendjemand, irgendetwas, irgendwer,* auch *frau* als Analogiebildung zu *man*. Die in der *GDS* genannte Wortgruppe *wer auch immer* hat zwar eine ähnliche Funktion wie die vorgenannten Pronomina, wird jedoch – da syntaktisch analysierbar – hier nicht berücksichtigt.

Quantifikativa sind nach der GDS *all-, einig-, etlich-, jed-, jedwed-, manch-, mehrer-, sämtlich-,* sowie *kein-, nichts, niemand*.

2. Systematische Darstellung

Syntaktisch gesehen handelt es sich bei den Protermen um Wörter, die allein für sich genau die Stellen im Satz einnehmen können, an denen Terme, also gewöhnlich Nominalphrasen stehen können:

(1) Etwas / der Lärm stört mich beim Arbeiten.
(2) Sag es irgendwem / Peter!
(3) Keine Macht für niemand / die Herrschenden.

Semantisch entsprechen Proterme ebenfalls gewöhnlichen Nominalphrasen, mit dem Unterschied, dass das, auf das sie sich beziehen, (fast) ausschließlich kontextuell bestimmt ist. Mit einer gewöhnlichen Nominalphrase wie *der Lärm* wird etwas in der Umgebung inhaltlich („symbolisch" i.S. von Bühler) charakterisiert, während *etwas* keine solche Charakterisierung enthält. Dies gilt für alle Proterme, Indefinita wie Quantifikativa.

Problematisch erscheint es, einen Unterschied zwischen den beiden Gruppen zu etablieren. Inwiefern ist *etwas* ein Indefinitum und *nichts* ein Quantifikativum? Anscheinend spielt bei dieser Unterscheidung die Analogie zu den so genannten bestimmten und unbestimmten Artikeln, also *der/die/das* versus *einer/eine/eines* eine Rolle. Es wurde gesagt, in *der Hund biss mich* sei durch den bestimmten Artikel ausgedrückt, dass es sich um einen ganz bestimmten Hund handele, während in *ein Hund biss mich* eben kein bestimmter, sondern irgendein Hund gemeint sei. Tatsächlich wird aber mit dem unbestimmten Artikel auf andere Weise auf den Hund Bezug genommen als mit dem bestimmten: Es wird lediglich die Existenz eines solchen Hundes behauptet, während man sich im anderen Fall auf einen schon einmal erwähnten oder im Kontext einzig vorhandenen Hund bezieht.[1] Im Fall von *etwas* und *nichts* ist nicht einmal ein analoger Unterschied feststellbar.

In den folgenden Beispielen ist klar, dass mit *niemand* bzw. *alle* keine bzw. alle Personen in einem bestimmten Redekontext gemeint sind:

(4) Niemand ist vollkommen.
(5) Alle erhalten ein Ei.

Außerdem kann oft gar nicht die Rede davon sein, dass Proterme überhaupt einen Bezug haben; denn auf welches Individuum sollte sich *niemand* oder *nichts* beziehen? Die genaue Funktionsweise dieser Wörter erschließt sich erst, wenn man die in der modernen Sprachphilosophie und (Prädikaten-)Logik vorgenomene Analyse zu Grunde legt.

Die Argumentation verläuft dabei folgendermaßen: (Einfache) Aussagen über die (bzw. über einen Ausschnitt der) Welt werden mittels Prädizierens getroffen; Prädikate treffen aber auf bestimmte Individuen zu, auf andere nicht, also zum Beispiel: *A ist vollkommen, B ist nicht vollkommen*. Dabei seien die Ausdrücke *A* und *B* Namen, die jeweils ein Individuum bezeichnen; die Wortfolge *ist vollkommen* ist ein Ausdruck, der ein Prädikat repräsentiert, und *nicht* ist die Negationspartikel, die den ganzen Satz negiert.[2] Mehr an Unterscheidungsmöglichkeiten und an sprachlichen Mitteln steht

---

[1] Es ist nicht möglich, dies hier im einzelnen zu entwickeln. Der interessierte Leser sei auf die einschlägige Literatur zu „definiten Deskriptionen" verwiesen, vor allem die klassische Analyse Bertrand Russells *On Denoting*.

[2] Siehe hierzu auch den Artikel *Negationspartikel* im vorliegenden Band.

Indefinitum und Quantifikativum

auf einer ersten elementaren Stufe nicht zur Verfügung. Das heißt aber, dass die Sätze (4) *Niemand ist vollkommen.* und (5) *Alle erhalten ein Ei.* mit diesen Mitteln gar nicht ausgedrückt werden können. Man müsste ja im Falle von (5) sagen: *A erhält ein Ei, B erhält ein Ei, C erhält ein Ei, D erhält ein Ei* usw., was wegen der nicht ein für alle mal fixierbaren in Frage kommenden Individuenmenge nicht möglich ist. Aber selbst wenn eine begrenzte Menge an Individuen gemeint ist, wird es häufig der Fall sein, dass nicht jedes einen Namen hat oder dieser bekannt ist.

Um dies exakt darzustellen, konstruiert man eine prädikatenlogische Sprache, die ebenso wie das Deutsche Ausdrücke für Prädikate und solche für Individuen enthält, also:

(6) **P, Q, P$_1$, P$_2$, P$_3$,** ... für Prädikate (Prädikatskonstanten)[3]
(7) **a$_1$, a$_2$, a$_3$,** ... für Individuen (Individuenkonstanten)

Es sei nun z. B. das Prädikat **P** die Entsprechung von *ist vollkommen*, dann können wir Sätze („Formeln") bilden wie **P(a$_1$), P(a$_2$), P(a$_3$)**, die dieselbe Bedeutung haben wie *A ist vollkommen. B ist vollkommen, C ist vollkommen.* Der entscheidende Schritt ist nun, dass in unserer prädikatenlogischen Sprache zusätzlich zu den Individuenkonstanten **a$_1$, a$_2$, a$_3$,** ...

(8) die Individuenvariablen **x$_1$, x$_2$, x$_3$,** ...[4]

verwendet werden können, sowie

(9) die Quantoren $\forall$ und $\exists$

Mithilfe der Variablen werden Formeln wie **P(x$_1$)** gebildet, die keine festgelegte Interpretation haben, sondern eine solche erst im Zusammenhang mit den Quantoren erhalten: $\forall$**x$_1$P(x$_1$)** und $\exists$**x$_1$P(x$_1$)**. Diese Formeln besagen: „Alle (Individuen) sind vollkommen." bzw. „Es gibt mindestens ein Individuum, das vollkommen ist." Der Satz (4) *Niemand ist vollkommen.* kann ausgedrückt werden, wenn ein weiteres Zeichen der prädikatenlogischen Sprache, nämlich

---

[3] Für kritische Gemüter sei folgende Bemerkung angefügt: Die Zeichen **P, Q,** und alle folgenden Ausdrücke unserer prädikatenlogischen Sprache werden an dieser Stelle erwähnt, also metasprachlich gebraucht. Folglich müssten sie jeweils in Anführungszeichen gesetzt werden. Wir verwenden sie einfach als Namen ihrer selbst, d. h. autonym.
[4] Alle Konstanten und Variablen seien in beliebiger Anzahl vorhanden, technisch: es handelt sich jeweils um unendliche Mengen von Zeichen.

(10) die Negation $\neg$

verwendet wird. Man bildet Formel (11):

(11) $\neg \exists x_1 P(x_1)$

Dies ist zu lesen als: „Es gibt kein Individuum, das vollkommen ist." und entspricht damit dem Satz (4) *Niemand ist vollkommen*. Es ist zu beachten, dass in (11) kein elementarer Ausdruck vorkommt, der dem deutschen *niemand* entspricht; denn wir haben als Zeichen, die sich auf Individuen beziehen, nur die Variable x_1, die – wie immer sie im Endeffekt zu interpretieren sein wird – jedenfalls nicht auf ein nicht existentes Individuum oder etwas Ähnliches referiert.

Es ist angebracht, an diesem Punkt die Semantik unserer prädikatenlogischen Sprache etwas genauer zu betrachten. Man nimmt zunächst eine Menge von Individuen als vorgegeben an, über die geredet wird, den Individuenbereich. Beispielsweise kann dieser aus den Möbelstücken bestehen, die in einer Wohnung vorhanden sind oder eventuell noch angeschafft werden sollen, sowie den Bewohnern und Gästen.

- Eine semantische Interpretation unserer Sprache geschieht nun, indem erstens diesen Dingen und Personen in eindeutiger Weise Individuenkonstanten zugeordnet werden, die somit wie Eigennamen funktionieren, nur dass aus systematischen Gründen jedem einzelnen Individuum – Person oder Ding – eine Konstante zugewiesen wird.
- Zweitens wird bestimmten Teilmengen des Individuenbereichs jeweils eine Prädikatskonstante zugeordnet, d.h. Prädikate werden („extensional") mit der Menge der Individuen identifiziert, auf die das Prädikat zutrifft.
- Wir können nun sagen: Ein Satz, z.B. $P(a_1)$ ist genau dann wahr, wenn das der Individuenkonstante a_1 zugeordnete Individuum ein Element der P zugeordneten Individuenmenge ist.

Wie verhält es sich nun mit den Variablen? Im Unterschied zu den Konstanten werden diesen nicht ein für allemal feste Individuen zugeordnet, sondern nacheinander alle Individuen. Man spricht bei jeder solchen Zuordnung von einer *Variablenbelegung*. Man kann sich das auch so vorstellen, dass anstelle einer Variablen nacheinander alle Individuenkonstanten in die Formel eingesetzt werden. $P(x_1)$ wird demnach entweder wahr oder falsch sein, je nachdem, welche

Konstante an der Stelle von x_1 steht bzw. welches Individuum gerade durch eine Variablenbelegung dem x_1 zugeordnet wird. Die Quantoren ∀ und ∃ kommen nun folgendermaßen ins Spiel:

(12) Eine Formel der Form $\forall x_1 P(x_1)$ ist genau dann wahr, wenn $P(x_1)$ für jede Variablenbelegung wahr wird, oder wenn diese Formel für alle Konstanten a_1, a_2, a_3, ... anstelle von x_1 wahr wird.

(13) Eine Formel der Form $\exists x_1 P(x_1)$ ist genau dann wahr, wenn $P(x_1)$ für mindestens eine Variablenbelegung wahr wird, oder wenn diese Formel für mindestens eine Konstante a_1 anstelle von x_1 wahr wird.

(14) Eine Formel ¬α ist genau dann wahr, wenn α falsch ist.[5]

Das oben angesprochene Problem, worauf sich *niemand* in dem Satz (4) *Niemand ist vollkommen.* beziehen soll, erhält nun folgende Lösung: Wir übersetzen Satz (4) in die Formel (11) $\neg \exists x_1 P(x_1)$, wobei P per definitionem dieselbe Bedeutung haben soll wie *ist vollkommen*. Da nun die Variablenbelegungen der Individuenvariablen x_1 nacheinander alle Individuen zuweisen, wird $P(x_1)$ wahr, wenn das entsprechende Individuum vollkommen ist, oder falsch, wenn nicht. Nehmen wir nun an, kein Individuum ist vollkommen, dann wird $P(x_1)$ bei jeder Variablenbelegung falsch, und damit wird auch $\exists x_1 P(x_1)$ falsch; die Negation der Formel, nämlich $\neg \exists x_1 P(x_1)$ wird folglich wahr. Unsere Formel erweist sich damit in denselben Fällen wahr wie der deutsche Satz (4), ohne dass ein *niemand* entsprechender Ausdruck verwendet werden musste.

Leider stimmt das noch nicht ganz, denn (4) *Niemand ist vollkommen.* besagt nicht, dass überhaupt kein Element des Individuenbereichs vollkommen ist, sondern, dass dies keine Person ist. Das deutsche Wort *niemand* hat noch diese Bedeutungskomponente, die entsprechend bei der logischen Analyse zu berücksichtigen ist. Wir benötigen eine Formel, die Satz (4) etwa als

(15) Es gibt kein A, das eine Person und vollkommen ist.

wiedergibt. Zu diesem Zweck führen wir in die prädikatenlogische Sprache einen Ausdruck für *und* ein:

---

[5] Das Zeichen α ist eine so genannte *Metavariable* und steht für beliebige Formeln, die ja von unterschiedlichster Form sein können. Eigentlich müssten auch die Klauseln (12) und (13) auf ähnliche Weise mithilfe von Metazeichen formuliert werden; der Einfachheit halber wird dies hier vernachlässigt.

(16) den *Junktor* ∧

Dabei gilt: Sind α und β Formeln, dann ist (α ∧ β) ebenfalls eine Formel. Semantisch soll dann gelten:

(17) Eine Formel der Form (α ∧ β) ist genau dann wahr, wenn sowohl α als auch β wahr sind.

Wir können nun (15) durch folgende Formel wiedergeben:

(18) $\neg \exists x_1 (Q(x_1) \wedge P(x_1))$

wobei **P** wieder für *ist vollkommen* und **Q** für *ist eine Person* steht. Formel (18), und damit Satz (15), ist genau dann wahr, wenn im Individuenbereich nichts vorhanden ist, das eine Person und vollkommen ist. Das entspricht aber tatsächlich Satz (4).

Die so genannten Indefinita können auf analoge Weise analysiert werden, wobei jeweils zu überlegen ist welche zusätzlichen Bedeutungskomponenten, analog zu *ist eine Person* jeweils zu berücksichtigen sind. Beispielsweise drückt *etwas* in

(19) Etwas stört mich.

aus, dass das, was mich stört, ein Ding oder ein Vorgang oder etwas Ähnliches ist, jedenfalls keine Person. Das könnte man folgendermaßen ausdrücken:

(20) $\exists x_1 (\neg Q(x_1) \wedge P(x_1))$

Die Prädikatskonstanten **P** und **Q** haben hier dieselbe Bedeutung wie *stört mich* und *ist eine Person*. (20) wird wahr, wenn etwas mich stört und das, was mich stört, keine Person ist. Man wird hier vielleicht einwenden, dass man Satz (19) auch dann äußern kann, wenn nicht klar ist, ob das, was stört eine Person ist oder nicht, oder dass dies einfach offen bleibt. Dann müssen wir anstelle von (20) die Formel (21) zugrunde legen:

(21) $\exists x_1 P(x_1)$

Die logische Analyse zeigt hier eine Ambiguität (Mehrdeutigkeit) auf, die der Grund für die schwankende Intuition des deutschen Muttersprachlers ist. Dies kann erst präzise rekonstruiert werden, wenn es wie hier möglich ist, unterschiedliche Formalisierungen für den je unterschiedlichen Sprachgebrauch anzugeben.

An diesem Beispiel wird nun vollends klar, dass die Unterscheidung zwischen „Quantifikativa" und „Indefinita" im Grunde substanzlos ist, da sich die Formeln (20) (für ein Indefinitum) und (18) (für ein Quantifikativum) *nur* darin unterscheiden, dass die Negation einmal vor der gesamten Restformel steht, im anderen Fall innerhalb der Formel.

Nachdem geklärt wurde, wie die semantische Interpretation der den deutschen Sätzen entsprechenden Formeln zu geschehen hat, erhebt sich die Frage, wie man denn zu einer Übersetzung vom Deutschen zu den Formeln unserer prädikatenlogischen Sprache kommt. Dies ist leider nicht zu beantworten, ohne tief in komplexere Gebiete der formalen Logik einzusteigen, was in diesem Rahmen nicht geleistet werden kann. Im Folgenden kann nur grob skizziert werden, wie man vorzugehen hat.

Zunächst sei angemerkt, dass der Hauptunterschied im syntaktischen Aufbau zwischen dem Deutschen und der Prädikatenlogik darin besteht, dass die Logiksprache nur „einfache" Konstruktionen zulässt, während die natürliche Sprache über einen vielfältigen Ausdrucksreichtum verfügt. Diese „Einfachheit" der Logik ermöglicht es allerdings, auf sehr einfache Weise die Zuordnung zwischen den Ausdrücken dieser Sprache und den „Dingen der Welt" zu beschreiben, also Semantik zu machen.

Für beide Sprachtypen ist (nach dem so genannten *Fregeprinzip der Semantik*)[6] zu fordern, dass die Bedeutung zusammengesetzter Ausdrücke sich aus den Bedeutungen der sie konstituierenden einfacheren Ausdrücke ergibt. Für die Prädikatenlogik ist dieses Prinzip erfüllt, wie man den oben stehenden Bestimmungen für die semantische Interpretation entnehmen kann. Für das Deutsche fordert das Fregeprinzip aber gerade das, was nach den obigen Überlegungen nicht möglich zu sein scheint, nämlich den einfachen Ausdrücken – also auch den Protermen – eigene Bedeutungen zuzuordnen und diese mit den Bedeutungen der anderen Ausdrücke zu „verrechnen". Es gibt aber folgenden Ausweg:[7] Den Protermen werden nicht Individuen zugeordnet, sondern Mengen von Prädikaten von Individuen, und zwar:

- *etwas*   die Menge der Prädikate, die auf etwas zutreffen,
- *nichts*   die Menge der Prädikate, die auf nichts zutreffen,
- *jemand*   die Menge der Prädikate, die auf jemanden zutreffen,
- …   entsprechend für die übrigen Proterme.

---

[6] Dieses Prinzip geht zurück auf den Logiker Gottlob Frege.
[7] Der folgende Gedankengang folgt im Wesentlichen den Ideen von David Lewis in Lewis (1972) und Richard Montague in Montague (1970) und Montague (1973).

Beispielsweise wird der Satz *Etwas stört mich.* wahr, wenn das Prädikat *stört mich* ein Element der Menge der Prädikate ist, die auf etwas zutreffen. Übertragen auf die Prädikatenlogik ist dies die Menge aller Prädikate, die in (22) durch eine Prädikatskonstante **P**, **Q** usw. repräsentiert sein können:

(22) $\exists x_1 P(x_1), \exists x_1 Q(x_1), \ldots$

Wird nun die Prädikatenlogik so erweitert, dass außer Prädikatskonstanten auch Prädikatsvariablen verwendet werden, kann man für (22) auch (23) schreiben. Π sei dabei eine Prädikatsvariable:

(23) $\exists x_1 \Pi(x_1)$

Durch so genannte Lambdaabstraktion kann ein Ausdruck gebildet werden, der tatsächlich dieselbe Bedeutung hat wie oben für das deutsche *etwas* gefordert wurde:

(24) $\lambda \Pi [\exists x_1 \Pi(x_1)]$

Der Ausdruck (24) ist zu lesen als: „die Menge der Π, für die es mindestens ein x_1 gibt, sodass Π auf x_1 zutrifft". Das ist aber nichts Anderes als „die Menge der Prädikate, die auf etwas zutreffen" und somit das gesuchte formale Gegenstück für das deutsche *etwas*. Wenn nun wieder **P** die Prädikatskonstante für *stört mich* ist, kann man schreiben:

(25) $P \in \lambda \Pi [\exists x_1 \Pi(x_1)]$

Die Formel (25) ist nun – was hier nicht gezeigt werden kann – logisch äquivalent mit (21) und entspricht daher – ebenso wie (21) – dem deutschen Satz *Etwas stört mich.* Außerdem haben wir in (25) direkte Gegenstücke der beiden Bestandteile des Satzes *Etwas* und *stört mich* als $\lambda \Pi [\exists x_1 \Pi(x_1)]$ und **P** vorliegen, die also als direkte Übersetzungen dienen können. Ausgehend davon kann eine systematische Zuordnung zwischen dem Deutschen und der Logiksprache definiert werden.

Der Satz *Nichts stört mich.* wird nun wahr, wenn das Prädikat *stört mich* ein Element der Menge der Prädikate ist, die auf nichts zutreffen. Die prädikatenlogische Formalisierung ist (26):

(26) $\neg \exists x_1 P(x_1)$

In der durch Prädikatsvariablen und Lambdaabstraktion erweiterten Logiksprache ergibt sich in Analogie zu (25) die Formel (27):

(27) $P \in \lambda\Pi[\neg\exists x_1 \Pi(x_1)]$

Der Formelbestandteil $\lambda\Pi[\neg\exists x_1 \Pi(x_1)]$ ist hier die direkte Übersetzung von *nichts* und gibt die obige Bestimmung „die Menge der Prädikate, die auf nichts zutreffen" wieder, während **P** für *stört mich* steht.[8]

Anfangs wurde gesagt, dass man dem Wort *nichts* vernünftigerweise kein Element aus dem Individuenbereich zuordnen könne, und nun wird dem Ausdruck $\lambda\Pi[\neg\exists x_1 \Pi(x_1)]$, der ja die direkte Übersetzung von *nichts* ist, die Menge der Prädikate, die auf nichts zutreffen, zugeordnet. Wie ist das zu verstehen?

Gehen wir zurück zur Prädikatenlogik: Einer Prädikatskonstanten wurde da die Menge der Individuen zugeordnet, auf die das Prädikat zutrifft; ein Prädikat, das auf nichts zutrifft, nennen wir es P_1, hat keine Elemente und ist folglich die leere Menge. Das ist aber auch das einzige Prädikat, das auf nichts zutrifft, denn wenn ein weiteres Prädikat P_2 ebenfalls auf nichts zuträfe, würde ihm ebenfalls die leere Menge zugeordnet; d. h. aber, dass beide Prädikate identisch sind.[9] Damit ist die gesuchte Menge, welche die Menge der Prädikate enthält, die auf nichts zutreffen, die Menge, welche die leere Menge als einziges Element hat.[10] Dies ist kein Element des Individuenbereichs, speziell ist es *kein Individuum im materiellen Sinn*.

3. Literatur

Cresswell, M. J. (1973) Logics and Languages. London: Methuen
Frege, G. (1994⁷) Funktion, Begriff, Bedeutung. Fünf logische Studien. Göttingen: Vandenhoeck & Ruprecht
Frosch, H. (1996) Montague- und Kategorialgrammatik. In: Hoffmann, L. (Hg.) (1996) Sprachwissenschaft: Ein Reader. Berlin/New York: de Gruyter, 695–708

---

[8] Selbstverständlich müssten für *stört mich* bei einer vollständigen Analyse ebenfalls Einzelübersetzungen für *stört* und für *mich* angegeben werden.
[9] Es zeigt sich hier deutlich, dass wir es mit einer extensionalen Semantik zu tun haben. Es sei aber ausdrücklich darauf hingewiesen, dass diese Argumentation ebenso für eine intensionale Semantik gilt – mit erheblich komplizierteren Argumentschritten.
[10] Diese Sicht der Dinge ist nicht so ungewöhnlich wie es vielleicht scheinen mag, immerhin beruht annähernd die gesamte moderne Mathematik auf vergleichbaren Konstruktionen.

van Eijck, J. (1991) Quantification. In: v. Stechow, A./Wunderlich, D. (Hg.) (1991), 459–487
Heim, I. (1991) Artikel und Definitheit. In: v. Stechow, A./Wunderlich, D. (Hg.) (1991), 487–535
Herbermann, C.-P. (1994) Die dritte Person. Pronomina und Definitheit. In: Canisius, P./Herbermann, C.-P./Tschauder, G. (Hg.) (1994) Text und Grammatik. Festschrift für Roland Harweg zum 60. Geburtstag (= Bochumer Beiträge zur Semiotik. Bd. 43). Bochum: Brockmeyer, 89–131
Lewis, D. (1972) General Semantics. In: Davidson, D./Harman, G. (Hg.) (1972) Semantics of Natural Language. Dordrecht: Reidel, 169–218
Montague, R. (1970) Universal Grammar. In: Theoria XXXVI, 373–398
Montague, R. (1973) The Proper Treatment of Quantification in Ordinary English. In: Hintikka, J./Moravcsik, P./Suppes, P. (Hg.) (1973) Approaches to Natural Languages: Proceedings of the 1970 Stanford Workshop on Grammar and Semantics. Dordrecht: Reidel, 221–242
Partee, B. H. (2004) Compositionality in Formal Semantics. Selected Papers by B. H. Partee. Oxford/Victoria: Blackwell
Russell, B. (1905) On Denoting. In: Mind 14
v. Stechow, A./Wunderlich, D. (Hg.) (1991) Semantik. Ein internationales Handbuch der zeitgenössischen Forschung. Berlin/New York: de Gruyter
Zifonun, G./Hoffmann, L./Strecker, B. et al. (1997) Grammatik der deutschen Sprache (= Schriften des Instituts für Deutsche Sprache. Bd. 7, 1–3). Berlin: de Gruyter
Zifonun, G. (2001) Grammatik des Deutschen im europäischen Vergleich: Das Pronomen. Teil I. Überblick und Personalpronomen (= Amades, Bd. 4/01). Mannheim: Institut für Deutsche Sprache
Zifonun, G. (2007) Grammatik des Deutschen im europäischen Vergleich. Das Pronomen. Teil IV: Indefinita im weiteren Sinne (= amades Bd. 4/06)

Helmut Frosch (Mannheim)

C9 Intensitätspartikeln

1. Wortartbezeichnung
2. Kurzdefinition, Liste der Intensitätspartikeln, Verortung in der Systematik
3. Die Wortart im Deutschen
3.1. Forschungsgeschichte
3.2. Syntax der Intensitätspartikeln
3.3. Semantik der Intensitätspartikeln
4. Intensitätspartikeln in anderen Sprachen, Grammatikalisierungstendenzen
5. Literatur

1. Wortartbezeichnung

Für die Klasse von unflektierbaren Ausdrücken mit intensivierender Funktion und *sehr* als zentralem Vertreter findet sich in der Literatur eine Vielzahl von Termini, die sowohl hinsichtlich des wortartbezeichnenden Bestandteils (Partikel, Adverb, wortklassenunabhängig) als auch hinsichtlich der semantischen Charakterisierung (Intensivierung, Steigerung, Graduierung) variieren. Die Bezeichnung *Intensitätspartikel* findet sich m. W. erstmals in der GDS (= Zifonun et al. 1997); geläufiger ist der Terminus *Steigerungspartikel* (Helbig 1988, Helbig / Helbig 1995, Altmann / Hahnemann 2005, Bußmann 1983 / 1990 / 2002, Glück 2000), daneben finden sich *Intensivpartikel* (Hentschel / Weydt 2003), *Intensitäts-Adverb* (Weinrich 1993 / 2003), *Gradadverb* (König / Stark / Requart 1990, Biedermann 1969), oder, ohne Zuordnung zu einer Wortklasse, *Intensifikator* (Helbig / Buscha 1989, van Os 1989), *Gradierer* (Rachidi 1989), *Graduativer Zusatz* (von Polenz 1988) bzw. *Intensifier* (Quirk et al. 1984) und *degree word* (Bolinger 1972). Verbreitet ist freilich auch *Gradpartikel,* so in den beiden letzten Auflagen der Duden-Grammatik (Duden 1995 / 2005), bei Engel (1988 / 2004) und in Helbig / Buscha (1998). Diese Bezeichnung ist wegen der auch in diesem Band verfolgten Tradition, Ausdrücke wie *sogar, nur, auch* als Gradpartikeln zu bezeichnen, selbst dann misslich, wenn, wie in der Duden-Grammatik, letztere als Fokuspartikeln von den Intensitätspartikeln abgegrenzt werden. Bei Engel (1988 / 2004) werden beide Klassen nach einem eher groben topologischen Kriterium unter eine Klasse *Gradpartikeln* subsumiert.

Die Bezeichnung *Intensitätspartikel* erfordert wiederum eine Abgrenzung gegen Ausdrücke wie *(höchst)selbst, leibhaftig, eigen, von sich aus,* die Siemund (2000) als Intensifiers / Intensifikatoren bezeichnet, und die man, sofern man sie nicht als Klasse sui generis ansieht, am besten zu den Gradpartikeln bzw. Fokuspartikeln rechnet (so auch Altmann in diesem Band).

Bis zur 4. Auflage der Duden-Grammatik (1984) wurden die Intensitätspartikeln den Modaladverbien zugerechnet, so bei Jung 1966, Erben 1972, Heidolph / Flämig / Motsch 1981, auch noch bei Engelen 1990, oft als besondere semantische Untergruppe mit der Funktion der „Gradbestimmung", „Steigerung" o. ä. erwähnt, aber nicht als eigene Klasse ausgegrenzt. Auch einige neuere Darstellungen betrachten sie als Adverb- und nicht als Partikelsubklasse (Weinrich 1993 / 2003, König / Stark / Requart 1990).

2. Kurzdefinition, Liste der Intensitätspartikeln, Verortung in der Systematik

Zu den Intensitätspartikeln werden üblicherweise Ausdrücke wie die in (1) bis (7) gezählt.

(1) Das war ein **sehr / arg / überaus / ungemein / recht** gefährliches Unternehmen.
(2) Ich finde dieses Unternehmen **ein bisschen / etwas / einigermaßen / ziemlich** gefährlich.
(3) Eine Reise in den Dschungel ist **weitaus** gefährlicher.
(4) Wir haben **sehr / ungemein** gelacht.
(5) Die Fahrt war **ausgesprochen / regelrecht / ganz und gar / nachgerade** abenteuerlich.
(6) Das war ein **fast / beinahe / nahezu / so gut wie** neues Auto.
(7) Das war **gar / überhaupt / beileibe** kein schöner Anblick!

Von manchen Autoren werden undifferenziert auch Ausdrücke wie die in (8) und (9) dazu gerechnet; andere betrachten sie als „Ausdrücke in Intensivierungsfunktion", die aber morphologisch-syntaktisch die Kriterien für Intensitäts**partikeln** nicht erfüllen.

(8) Das war eine **wahnsinnig / irre / furchtbar / enorm / extrem / total** schöne Reise.

(9) Das ist ein **verhältnismäßig / vergleichsweise / relativ / außerordentlich / unglaublich / unwahrscheinlich / vollkommen** blöder Vorschlag.

Tatsächlich ist die Klasse der Intensitätspartikeln semantisch und morphologisch-syntaktisch schwer abgrenzbar und die in der Literatur getroffenen Charakterisierungen und zugeordneten Einheiten zeigen erhebliche Schwankungen.

Semantisch sind die fraglichen Einheiten über die Funktion der „Intensivierung" von Prädikatsausdrücken zu eng definiert. Sie nehmen Bezug auf den Ausprägungsgrad einer Eigenschaft, die einem Bezugsargument zugeschrieben ist, und schränken diesen ein (Bereichs-Intensifikatoren) oder präzisieren ihn gegen Unschärfen und Grauzonen (Grenzwert-Intensifikatoren). Bereichs-Intensifikatoren greifen Skalenabschnitte aus skalierbaren Prädikaten heraus, – untere *(etwas, ein bisschen)*, mittlere *(einigermaßen, recht, ziemlich)* oder obere Abschnitte *(ungemein, überaus, höchst)*. Grenzwert-Intensifikatoren beziehen sich immer auf einen „absoluten" Ausprägungsgrad und betonen diese Absolutheit *(total, völlig, absolut)*, bezeichnen eine asymptotische Annäherung daran *(fast, beinahe, nahezu)* oder betonen metasprachlich die Berechtigung der getroffenen Charakterisierung *(regelrecht, geradezu, ausgesprochen)*. Die Grenzwert-Intensifikatoren werden in Grammatiken bei der Beschreibung von Intensitätspartikeln mitunter außer acht gelassen, werden hier aber in Übereinstimmung mit den drei Monographien über die Intensifikatoren des Deutschen (Biedermann 1969, van Os 1989, Kirschbaum 2002) zu diesen gerechnet.

Syntaktisch müssten Intensitätspartikeln allgemeine Partikeleigenschaften wie Unflektierbarkeit, Nicht-Erfragbarkeit, Nicht-Topikalisierbarkeit, Nicht-Erweiterbarkeit teilen. Diese Charakterisierung ist aber wegen der notorischen Offenheit der Klasse gegenüber Adverbien und Adjektiven problematisch. Schon der am ehesten „partikelhafte" Kern *(sehr, gar, fast)* ist aus Adjektiven entstanden (ahd. *sero*, mhd. *sere* ‚wund', vgl. *versehren*; *fast* zum Adj. *fest*; *gar* zum Adj. *gar* ‚bereit, fertig'), andere Kandidaten für die Klasse sehen nach Bildungsweise und phonologischem Gewicht eher wie Adverbien aus *(einigermaßen, halbwegs, überaus, ungemein, beinahe, zutiefst)* und / oder sie können in intensivierender Funktion attributiv Substantive modifizieren *(ein ungemeiner / ziemlicher Aufwand, ein regelrechter Abenteurer, weitgehende Einigkeit).* Neben Dimensions- und Quantifikationsadjektiven *(höchst, zutiefst, weitgehend, ein wenig)* sind vor allem evaluative Adjektive Quellen für Intensifikatoren. Das gegenwartssprachliche Inventar von Intensifikatoren zeigt unterschiedliche Grade von Desemantisierung. Mit zunehmender Konventionalisierung der Intensivierungsfunktion verblasst die ursprüngliche dimensionale oder evaluative Bedeutung bis hin zur Verwendbarkeit in semantisch gegenläufigen Kontexten:

(10) Die Differenzierung unseres Geschmackssinns ist **höchst niedrig**; wir benutzen nur die vier Parameter ‚süß, sauer, salzig, bitter'. (C. Lehmann, Sprachtheorie. Vorlesungsskript)

(11) Unser Hotel ist ideal gelegen am Vondel Park. Außerdem **äußerst nah** im Zentrum [...]. (http://de.federal-hotel.nl/chaine-ramada-bgf.htm [1.7.2006])

Intensivierend können dann bewertungsnegative evaluative Adjektive mit bewertungspositiven Intensifikanden kombiniert werden *(furchtbar / teuflisch / wahnsinnig schön* oder neuerdings jugendsprachlich auch *assi* (von *asozial*) *nett, assi geil, assi lieb, assi korrekt.* Deutlich seltener ist der umgekehrte Fall; positiv evaluative Adjektive verlangen in intensivierender Funktion eher Intensifikanden gleichen Bewertungstyps (**phantastisch / herrlich unbequem,* aber *sagenhaft hässlich).*

Die attributiv verwendbaren Intensifikatoren unterscheiden sich auch hinsichtlich ihres Anwendungsspektrums. Einige sind adjektivhafter, insofern sie geringe Selektionsrestriktionen gegenüber dem modifizierten Substantiv aufweisen *(irrer Erfolg / irre Eitelkeit / irrer Kerl / irres Haus),* andere sind adverbhafter, insofern sie nur Nomina actionis oder agentis modifizieren *(ungemeiner Erfolg / ungemeine Eitelkeit / *ungemeiner Kerl / *ungemeines Haus),* wobei dann nicht der Eigenschaftsträger modifiziert wird („referent modifying" Bolinger 1972), sondern die Eigenschaft („reference modifying", „adverbiale Beziehung"), ein Unterschied, der dem zwischen *alter Mann* und *alter Freund* entspricht.

Diese unterschiedlichen Grammatikalisierungsgrade, das Oszillieren zwischen Partikelhaftigkeit und Adjektivhaftigkeit im Inventar der Intensifikatoren, erschwert eine klar abgegrenzte Wortartklassifikation. Intensifikatoren als semantisch-funktional definierte Kategorie lexikalischer Ausdrücke mit der Funktion der Intensivierung lassen sich deshalb besser in Form eines geschichteten Kern-Peripherie-Modells beschreiben. Als echte Intensitäts**partikeln** kann man dann die unflektierbaren Ausdrücke des innersten Kerns bezeichnen, zu denen sowohl stark „partikelhafte" monosyllabische Ausdrücke wie *sehr* oder *fast* gehören als auch morphologisch komplexe, eher wie Adverbien aussehende Ausdrücke wie *beinahe* oder *überaus*. Dieser Kern bildet eine einigermaßen geschlossene Klasse. Die attributiv verwendbaren polysemen Intensifikatoren der äußersten Schicht, die intensivierend wie nicht-intensivierend modifizieren können und die eine offene Klasse bilden, werden besser (noch) als Adjektive klassifiziert. Dazwischen liegt eine Schicht von nur eingeschränkt attributiv verwendbaren Ausdrücken: es fallen darunter desemantisierte evaluative Adjektive, aber auch genuine Intensitäts-Adverbien, deren Anwendungsspektrum gerade gegenläufig auf die Attribution zu bestimmten Nomina ausgedehnt wird (*verhältnismäßig, vergleichsweise*).

(i) **Intensitätspartikeln:**
monosyllabisch: *sehr, gar, fast, kaum, etwas, zu*
morphologisch komplex: *überaus, nahezu, halbwegs, durchweg(s), beinahe, einigermaßen, gleichsam, allzu, besonders, weitaus, vollauf, vollends, von Grund auf, ganz und gar*

(ii) **Intensitäts-Adjektive mit eingeschränkter attributiver Verwendbarkeit:** *arg, ausgesprochen, hochgradig, recht, regelrecht, recht, relativ, schier, total, ungemein, vergleichsweise, verhältnismäßig, völlig, weitgehend, ziemlich*

(iii) **Intensivierend und nicht intensivierend verwendbare Adjektive mit breiter attributiver Verwendbarkeit:** *absolut, ätzend, außergewöhnlich, außerordentlich, äußerst, echt, einfach, eklatant, entsetzlich, erbärmlich, extrem, furchtbar, ganz, geil, höchst, irre, komplett, recht, richtig, saumäßig, schrecklich, stark, traumhaft, ungeheuer(lich), unglaublich, unsagbar, vollkommen, wahnsinnig ...*

Zur letzten Stufe zählen auch die Adjektive und Partizipien, die in idiosynkratischen Kollokationen intensivierende Funktion haben und deren Skopusausdruck kaum oder gar nicht frei variieren kann: *streng (vertraulich), klirrend (kalt), nachtwandlerisch (sicher), halsbrecherisch (steil), brüllend (heiß), herzinniglich (lieben), sattsam (bekannt)*.

Neben der Abgrenzung gegen Adverbien und Adjektive ist vor allem die Abgrenzung der Intensitätspartikeln gegen die Gradpartikeln zu beachten, mit denen sie den Skalenbezug gemeinsam haben. In allen Darstellungen, die die beiden Klassen unterscheiden, wird auf ihre unterschiedliche Distribution und Skopusbildung abgehoben. Intensitätspartikeln stehen unmittelbar vor dem modifizierten Ausdruck, der im Unterschied zu den Gradpartikeln kein Substantiv sein kann – dann läge ein attributives Modifikationsverhältnis vor –, sondern ein Adjektiv, Adverb oder Verb. Anders als bei den Gradpartikeln unterliegt der Ausdruck im Skopus eines Intensifikators auch semantischen Restriktionen in Abhängigkeit vom Typ des Intensifikators; Bereichs-Intensifikatoren etwa verlangen ein skalierbares Prädikat. Der Skopus eines Intensifikators ist nur der Intensifikand, während Gradpartikeln als Satzoperatoren Skopus über den gesamten Satz haben.

(12) **Sogar Max / *Sehr Max** hat der Marmorkuchen geschmeckt.
(13) Wir nehmen **nur unverheiratete / *sehr unverheiratete** Männer in unsere Kartei auf.

Mit den Intensitätspartikeln konkurriert in der Funktion der Intensivierung eine Reihe von insbesondere morphologisch inkorporierten lexikalischen Ausdrücken.

(i) Adjektivkomposita mit reihenbildenden Dimensionsadjektiven als Erstglieder: *hoch-* (*hochdramatisch, hocheffizient, hochgefährlich, hochgiftig, hochkonzentriert, hochpeinlich, hochsensibel*), *tief-* (*tiefeinsam, tiefernst, tiefreligiös, tieftraurig*), *schwer-* (*schwerkrank, schwerneurotisch, schwerreich*), *bitter-* (*bitterarm, bitterernst, bitterkalt*)

(ii) Adjektive mit vorzugsweise nicht-nativen Steigerungspräfixen: *erz-* (*erzfaul, erzkonservativ, erzreaktionär*), *ur-* (*uralt, urgemütlich*), *hyper-* (*hyperaktiv, hypergemein, hypermodern, hypernervös*), *mega-* (*megagemein, mega-out, megaschnell*), *ultra-* (*ultrakonservativ, ultralinks, ultramodern*), *super-* (*superschnell, superfein*)

(iii) Adjektivkomposita mit idiosynkratischen Kollokationen (Vergleichsbildungen): *sternhagelvoll, sturzbetrunken, steinreich, saugrob, faustdick, klitschnass, schnurzegal, stinkfreundlich, oberaffengeil, pudelnackt, grottenfalsch, nagelneu, hochnotpeinlich*

(iv) **phraseologische Präpositionalphrasen:** *in hohem Grad, in hohem Maße, über die/alle Maßen, in vollem Umfang, in jeder Hinsicht, bis zum Geht nicht mehr, bis zur Vergasung*

(v) **Elativkonstruktionen:** *größter Beliebtheit, in schönstem Wienerisch, bei bester Gesundheit, reinsten Wassers*

Die (morphologisch kodierte) Komparation ist dagegen kein konkurrierendes Ausdrucksmittel. Hier wird die Vergleichsbasis, auf die ein Ausprägungsgrad zu beziehen ist, explizit oder kontextuell gebunden angegeben *(größer als x, so groß wie x)*. Komparation ist keine Modifikation des Adjektivs im Positiv und erlaubt keine Implikation des Typs *X ist sehr kurz → X ist kurz*. Intensivierung und Komparation können kombiniert werden: *sehr viel/weitaus größer, etwas/ein wenig kleiner.*

3. Die Wortart im Deutschen

3.1. Forschungsgeschichte

Bis auf eine ältere, sprachhistorisch ausgerichtete Dissertation (Biedermann 1969) ist der Gegenstand im Gegenwartsdeutschen erst mit der Monographie von van Os (1989) eingehender untersucht worden. Van Os berücksichtigt ein sehr breites Spektrum von lexikalischen und morphologisch inkorporierten Intensifikatoren (der Anhang führt ca. 1000 Ausdrücke auf), die er ähnlich wie Biedermann semantisch skalar nach Intensivierungsstufen subklassifiziert und hinsichtlich ihrer Kombinatorik untersucht. Im Zentrum der Dissertation von Kirschbaum (2002) stehen die metaphorischen und metonymischen Muster der Intensifikatoren, insbesondere der weniger stark grammatikalisierten. Wertvolle Hinweise zur Kombinatorik von Typen von Adjektiven mit Typen von Intensifikatoren gibt auch die Monographie von Rachidi (1989) zu adjektivischen Gegensatzrelationen.

Neben diesen Monographien gibt es fürs Deutsche nur noch einige wenige Artikel. Gemeinsam ist allen Darstellungen das Ausgehen von einer funktional-semantischen Kategorie „Intensivierung", „Graduierung" oder „Verstärkung", die zu einer wortartunabhängigen Gegenstandskonzeption und zum weitgehenden Ausblenden syntaktischer Aspekte führt. Suščinskij (1985) gliedert „Adjektive in

Steigerungsfunktion" onomasiologisch semantisch und hebt vor allem auf ihre kommunikativen und stilistischen Funktionen ab; Sommerfeldt (1987) gliedert nach Intensivierungsstufen. Engelen (1990) beschreibt den Teilbereich der graduierenden Verbmodifikation und listet Klassen von graduierbaren Prädikaten auf, allerdings ohne irgendeine Generalisierung.

Für das Englische liegt mit Bolinger (1972) eine Monographie vor, die auch in den deutschen Arbeiten rezipiert wurde. Kennedy/Mc Nally (2005) geben Erklärungen für die Distribution der Intensifikatoren *much, very, well* in Abhängigkeit vom Skalentyp der Intensifikanden.

3.2. Syntax der Intensitätspartikeln

Ausdrücke in Intensivierungsfunktion sind grundsätzlich unflektiert: Intensitätspartikeln und Adverbien sind ohnehin unflektierbar, Adjektive sind in der (adverbialen) Intensifikatorfunktion unflektiert.

Im Skopus eines Intensifikators können stehen:

- Adjektive in allen drei Funktionen:

(14a) ein **sehr / ungemein / überaus schneller** Läufer
(14b) Der Mann ist **sehr / ungemein / überaus** schnell.
(14c) Der Mann läuft **sehr / ungemein / überaus** schnell.

- Adverbien, in der Regel aber nicht adverbiale Präpositionalphrasen, auch wenn diese ein graduierbares Konzept ausdrücken; sobald die Intensivierbarkeit an einem Substantiv festzumachen ist, wird attributiv intensiviert. Allerdings ist hier auch mit idiosynkratischen Eigenschaften der Intensitätspartikeln zu rechnen, vgl. (16b).

(15a) Der Mann läuft **sehr / ungemein / überaus** gern.
(15b) *Der Mann läuft **sehr / ungemein / überaus** mit Freude.
(15c) Der Mann läuft **mit großer / ungemeiner / enormer** Freude.
(16a) Eine Bushaltestelle befindet sich **ganz / ziemlich / überaus / sehr** nah.
(16b) Eine Bushaltestelle befindet sich **ganz / ziemlich / *überaus / *sehr** in der Nähe.

Sehr modifiziert adverbiale Präpositionalphrasen nur in festen Wendungen von Einstellungsbekundungen wie *sehr zum Leidwesen / Är-*

ger / Missfallen / Entsetzen / Nachteil / zur Freude / Überraschung von x; sehr zu Recht / Unrecht, in denen weder die Intensitätspartikel noch das Substantiv frei austauschbar sind (**überaus zu seinem Ärger, *ziemlich zu meiner Freude, *sehr zu ihrem Hass, *sehr zu ihrer Ablehnung*).

- Verben und Verbalphrasen:

(17) Wir haben **sehr / ungemein / überaus** gelacht.
(18) Sie hat **sehr / ungemein / überaus** mit sich gerungen.

Der Intensifikator bildet zusammen mit dem Intensifikanden eine Phrase von deren Kategorie, der Intensifikand ist also Kopf der Konstruktion. Da Intensifikatoren weder obligatorisch sind noch von ihrem Kopf regiert werden, fungiert der Intensifikator syntaktisch als Supplement, semantisch liegt Modifikation vor; im Konzept der generativen Grammatik: der Intensifikator bildet eine fakultative „Gradphrase", die an einen adjektivischen, adverbalen oder verbalen Kopf adjungiert ist (Bierwisch 1987). (Dagegen die isolierte Analyse als „Graduativergänzung" (!) des Adjektivs bei Iluk (1987) unter Bezug auf Subklassenspezifik.)

Über den Satzgliedstatus herrschen in der Literatur unterschiedliche Ansichten: Nicht als Satzglieder betrachtet werden sie in der GDS (1997: 56), bei Suščinskij (1985: 98), Helbig / Buscha (1998: 476), Altmann / Hahnemann (2005: 111). Engelen (1990), der sie zu den Modaladverbien rechnet, erkennt ihnen Satzgliedstatus und Erststellenfähigkeit zu (allerdings ohne Belege). Aus Adjektiv- und Adverbphrasen sind Intensifikatoren nicht herausbewegbar; hier wird man von Satzgliedteil-Status ausgehen (vgl. aber elliptisches *Vater werden ist nicht schwer, Vater sein dagegen sehr*). Bei der Modifikation von Verben und Verbalphrasen verhalten sich Intensifikatoren eher wie Modaladverbiale und sind, abhängig von ihrem Grammatikalisierungsgrad, mehr oder weniger „beweglich". Auch das zweite Pro-Satzglied-Argument, Erfragbarkeit, liefert kein eindeutiges Ergebnis. Zwar wirken in einem kontextlosen Fragetest wie (19) Antworten mit isolierten Intensifikatoren wenig akzeptabel, es finden sich aber durchaus entsprechende Belege.

(19) A: Wie groß ist das Kind? – B: ??Sehr / ??Ziemlich / *überaus / *ungemein / *wahnsinnig.

(20) Hat es Ihnen bei der Recherche geholfen, dass Sie auch italienischer Abstammung sind? Ja, **sehr.** (Die Zeit, Online-Ausgabe, 12.06.2001, S. 53)

(21) SN: Wie sehr identifizieren Sie sich eigentlich mit dieser Regierung?
MICHALEK: **Ziemlich.** (Salzburger Nachrichten, 22.08.1995)

(22) Kamen die Kürzungen denn überraschend für Sie? **Einigermaßen.** (die tageszeitung, 06.10.2003, S. 28)

Als Kriterium für Partikeln gilt in der GDS (1997: 56), dass sie nicht Kopf einer Phrase sein und (abgesehen von einigen Modalpartikeln) nicht koordiniert werden können. Hentschel/Weydt (2003: 321) geben als „einzig mögliche Kombination von Intensivpartikeln [ist] die von *zu* und *sehr*" an. Dem steht entgegen, dass einige Intensifikatoren ihrerseits intensiviert werden können. („Stapelung", van Os 1989: 112; „potentiell rekursive Struktur" der Intensivierung, Kirschbaum 2002: 8)

(23) [...] manchmal gleichen sich die Liedmelodien (Ohrwürmer übrigens allesamt) **etwas gar zu sehr.** (Züricher Tagesanzeiger, 18.01.1996, S. 21)

(24) Das hat mir **ganz besonders** gut gefallen.

(25) Da hat einer das Gesetz **ein bisschen sehr** großzügig ausgelegt.

(26) Das Glas war **fast ganz** leer.

Nach Bierwisch (1987) liegen hier Gradphrasen mit Modifikator *(ein bisschen)* und Modifikand *(sehr)* vor. Davon zu unterscheiden sind die mit einigen wenigen Intensitätspartikeln möglichen intensivierenden Reduplikationen: *ein sehr sehr schöner Anhänger, ganz ganz teuer, recht recht gerne.*

Koordination von Intensifikatoren ist allenfalls im gering grammatikalisierten Grenzbereich zwischen Intensifikator und evaluativem Adjektiv möglich, nicht aber mit dem Kern der Intensitätspartikeln und -adverbien *(*sehr und überaus groß, *ziemlich und absolut groß).*

(27) Der Blick im starken und doch nicht undurchsichtigen Herbstnebel war beide Male **überaus und wahrhaft phantastisch** schön. (BIO/TK3.00036, S. 239–328)

Als topologische Eigenschaft von Intensitätspartikeln gilt allgemein: „nur mit Bezugsausdruck verschiebbar und vorfeldfähig" (Altmann/

Hahnemann 2005: 111; analog bei Helbig/Buscha 1998: 476, Duden 2005: 596, Suščinskij 1985: 98, GDS 1997: 56). Dies trifft allerdings nur auf die Modifikation von Adjektiven und Adverbien zu, wo Intensifikator und Intensifikand eine Insel bilden, aus der nicht extrahiert werden kann. Bei der Modifikation von Verben ist der Fall komplizierter. Intensivierungspartikeln stehen:

a) nach dem Finitum bei Verberst- und Verbzweitsätzen ohne Verbklammer:

(28a) Besuche von Enkeln und Urenkeln **erfreuen** die Jubilarin immer **sehr**.
(28b) Die Jubilarin **freut sich sehr** über Besuche von Enkeln und Urenkeln.
(28c) Die Jubilarin **freut sich** über Besuche von Enkeln und Urenkeln **sehr**.

b) unmittelbar vor dem modifizierten Verb bzw. vor dem Verbalkomplex bei Verbletztsätzen und bei Verbklammerbildung:

(28d) weil die Jubilarin Besuche von Enkeln immer **sehr erfreut haben**.
(28e) Besuche von Enkeln und Urenkeln **haben** die Jubilarin immer **sehr erfreut**.

c) nach einem NP-Komplement, vor oder nach einem PP-Komplement:

(28f) Besuche von Enkeln und Urenkeln **gefallen** der Jubilarin immer **sehr**.
(28g) *Besuche von Enkeln und Urenkeln **gefallen sehr** der Jubilarin.
(28h) *Besuche von Enkeln und Urenkeln **erfreuen sehr** die Jubilarin.
(28i) Die Jubilarin hat sich über die Besuche von Enkeln und Urenkeln **sehr gefreut**.
(28j) Die Jubilarin hat sich **sehr** über die Besuche von Enkeln und Urenkeln **gefreut**.

Uneinheitlich ist auch das Verhalten der Intensifikatoren bei der Stellungstopikalisierung. Im Vorfeld sind die weniger stark grammatikalisierten Adjektive noch eher möglich als die genuinen Intensitätspartikeln; doch scheinen auch diese nicht gänzlich ausgeschlossen.

(28k) ?**Sehr** / ?**ungemein** / ??**überaus** hat sich die Jubilarin über die Besuche von Enkeln und Urenkeln **gefreut**.
(28l) **Riesig** / **Irrsinnig** / **wahnsinnig** / **enorm** hat sich die Jubilarin über die Besuche von Enkeln und Urenkeln **gefreut**.
(29) **Ein bisschen** ist das **so**, als zögen erstmals drei PDS-Abgeordnete in einen westdeutschen Landtag ein. (Frankfurter Rundschau, 12.10.1999, S. 3)

Intensifikatoren zeigen unterschiedliche Verträglichkeiten mit der Kategorie des intensivierten Ausdrucks. Nicht alle können neben Adjektiven auch Verben modifizieren, und einige wenige verbinden sich speziell mit Adjektiven im Komparativ oder Superlativ. Dabei

Bereichs-Intensifikatoren	abschwächend		gemäßigt					hoch			extrem			Differenz				
	etwas	kaum	ein bisschen	einigermaßen	ziemlich	recht	sehr	irrsinnig	überaus	ungemein	höchst	äußerst	zutiefst	noch	bei weitem	viel	weit(aus)	allzu
Positiv	+	+	+	+	+	+	+	+	+	+	+	+	+	–	–	–	–	+
Komparativ	+	+	+	–	–	–	–	–	–	–	–	–	–	+	+	+	+	–
Superlativ	–	–	–	–	–	–	–	–	–	–	–	–	–	+	–	+	–	
Verben / VP	+	+	+	+	+	+	+	+	+	+	–	–	+	–	–	–	–	–

Grenzwert-Intensifikatoren	absolut					approximativ					affirmativ				
	komplett	völlig	vollkommen	absolut	total	fast	beinahe	nahezu	so gut wie	so ziemlich	ausgesprochen	geradezu	regelrecht	echt	nachgerade	direkt
Positiv	+	+	+	+	+	+	+	+	+	+	+	+	+	+	+	+
Komparativ	–	–	–	–	–	+	+	+	+	+	–	+	+	+	+	+
Superlativ	–	–	–	+	–	+	+	+	+	+	–	+	?	+	+	+
Verben / VP	+	+	+	+	+	+	+	+	+	–	+	+	+	+	+	+

Tabelle 1: Kombinatorik Intensifikatoren und syntaktische Kategorie des Intensifikanden

stehen für die verstärkende Komparativ-Modifizierung spezielle Intensifikatoren zur Verfügung, während für die abschwächende Modifikation das Inventar dient, das auch Adjektive im Positiv modifiziert. In Tabelle 1 sind die Intensifikatoren in die zwei Hauptklassen Bereichs- und Grenzwert-Intensifikatoren getrennt und im Vorgriff auf 3.3. subklassifiziert.

3.3. Semantik der Intensitätspartikeln

Die Leistung von Intensifikatoren wird häufig mit Konzepten wie „Intensitätsgrad" einer Eigenschaft oder eines Sachverhalts (Duden 2005) spezifizierend, „intensivierend-steigernd bzw. abschwächend-abstufend" (GDS 1997: 56) angegeben. Dahinter steht das semantische Konzept der Skalarität: durch Intensifikatoren werden Ausdrücke, deren Bedeutung sich mit Hilfe einer Skala beschreiben lässt, auf einen bestimmten Skalenabschnitt festgelegt, bzw. in Termini der logischen Semantik: Intensivierungsausdrücke sind „Funktionen der Menge der zu skalierenden Objekte in die Menge der natürlichen Zahlen" (van Os 1989: 35).

Der Skalenbezug der Intensivierung rückt diese in die Nähe der Komparation. Eine wechselseitige Implikation von Komparierbarkeit und Intensivierbarkeit gilt jedoch nur für Teilklassen von Intensifikatoren und Intensifikanden. Unter den Intensifikanden sind die Verben von der Komparation ganz ausgeschlossen, ebenso viele Adkopula (bzw. nur prädikativ verwendbare „Adjektive").

(30a) Der Räuber ist dem Mädchen **hold / gram / feind / egal**.
(30b) *Der eine Räuber ist dem Mädchen **holder / gramer / feinder / egaler** als der andere.
(30c) Der Räuber ist dem Mädchen **sehr hold / gram / feind / egal**.

Eine Teilklasse der Intensifikatoren, die Grenzwert-Intensifikatoren, kann sich auch auf nicht-skalierbare Prädikate beziehen; Komparation dagegen erfordert im Regelfall ein skalierbares Prädikat: *ein vollkommen / total / nahezu / fast abgasfreier Motor* aber **ein sehr / überaus abgasfreier Motor, *ein abgasfreierer Motor.*

Prinzipiell sind nur solche Adjektive intensivierbar, die eine Prädikation über einen Bezugsausdruck leisten und dadurch die Gesamtcharakteristik von dessen Denotat einschränken. Diese Gesamtcharakteristik ist als Konjunktion zweier Prädikationen darstellbar: Der Satz

Emil ist ein weißes Schaf ist gleichbedeutend mit *Emil ist ein Schaf und Emil ist weiß*. Von diesen „deskriptiv" genannten Adjektiven sind die „relationalen" Adjektive zu unterscheiden, die nicht denotateinschränkend wirken. Sie sind in der Regel Derivate aus Substantiven oder Verben, sind nicht attributiv verwendbar und können nicht mit *un-* negiert werden. Rachidi (1989: 119) zählt dazu auch die geltungsbezogenen *(angeblich, mutmaßlich, potentiell)* und zeit- und ortsbezogene Adjektive *(hiesig, hinter-, ehemalig, künftig, täglich)*. Diese sind weder intensivierbar noch komparierbar: **ein sehr väterliches Erbe, *die überaus arbeitende Klasse, *ein ungemein atomarer Störfall, *die wenig europäische Fledermausnacht*.

Bei der Kombinatorik von Intensifikatoren und Intensifikanden spielen der Typ der involvierten Skalen und, damit zusammenhängend, der Typ der Kontrastrelation, in der ein Adjektiv steht, eine Rolle. Skalen können symmetrisch oder asymmetrisch, offen oder geschlossen sein, Adjektive können in antonymen oder komplementären Paaren geordnet sein. Auf der Basis dieser Kriterien werden üblicherweise zwei klar profilierte Klassen von Adjektiven unterschieden:

- „absolute" Adjektive / „Endpunktadjektive": Sie bilden die zueinander komplementären Endpunkte auf einer beidseits geschlossenen Skala ohne Zwischenbereich: *verheiratet / ledig, schwanger / nicht schwanger, tot / lebend*. Sie stehen zueinander im logischen Verhältnis der Kontradiktion, d.h. die Negation des einen Pols und die Affirmation des anderen implizieren sich wechselseitig.
- „relative" Adjektive / „Bereichsadjektive": Sie bilden zueinander antonyme Pole auf einer beidseits offenen Skala mit einem Übergangsbereich: *groß / klein, leicht / schwer, schön / hässlich, spannend / langweilig*. Sie stehen zueinander im logischen Verhältnis der Kontrarietät, d.h. die Affirmation des einen Pols impliziert zwar die Negation des anderen, aber nicht umgekehrt: da es einen intermediären Bereich gibt, können beide falsch sein, oder: nicht jeder, der nicht hässlich ist, ist deshalb gleich schön zu nennen. Dieser intermediäre Bereich ist nur selten lexikalisiert *(lauwarm, mittelgroß* o.ä.). Klassische Bereichsadjektive sind die Dimensionsadjektive; umstritten ist, inwieweit die evaluativen Adjektive relativ sind (als absolut kategorisiert bei Eisenberg 1989).

Als Differenzmerkmal dieser beiden Klassen wird fast immer die Graduierbarkeit angeführt: Endpunktadjektive gelten als weder komparierbar noch intensivierbar.

(30a) eine sehr große / kleine / schöne / hässliche / langweilige Person
(30b) *eine sehr verheiratete / tote / schwangere Person

Weniger klar profiliert als diese beiden Klassen sind Gegensatzpaare mit asymmetrischer, einseitig geschlossener Skala. Es sind Paare wie *sauber / schmutzig, genau / ungenau, trocken / nass, voll / leer, gerade / gebogen, x-frei / x-haltig, richtig / fehlerhaft*, deren einer Ausdruck das völlige Fehlen eines Merkmals bezeichnet und deren anderer Ausdruck einen Bereich mit positiver Ausprägung des Merkmals bezeichnet. Rachidi (1989: 93) sieht hier wieder eine Korrelation mit dem Merkmal Graduierung, wobei der negative Pol, das eigentliche Endpunktadjektiv, als nicht graduierbar, der positive Pol, das bereichsdenotierende Adjektiv, als graduierbar gilt. Die absoluten Endpunkte, die sich immer auf einen Maximalstandard beziehen, lassen keine Implikation der Form *X ist ein bisschen / ziemlich ADJ* → *X ist ADJ* zu.

Die Stipulierung dieser Korrelationen wirft freilich in der Praxis einige Probleme auf. Die Grenzen zwischen den Subklassen sind keineswegs scharf und die lexikalische Eigenschaft Skalenoffenheit bzw. Skalengeschlossenheit kann ebenso wie der Kontrasttyp im alltagssprachlichen Gebrauch überschrieben werden. Auf die Unangemessenheit scharfer Grenzziehungen im Bereich der Gegensatzrelationen weist auch Rachidi (1989: 353) in ihrer auf Informantenbefragung gestützten Untersuchung hin. Prädikate, die in fachsprachlichem Kontext exakt definiert sind und komplementär ohne intermediären Bereich sind, können in alltagssprachlichen Kontexten auch als skalare Prädikate uminterpretiert und „entschärft" werden, so dass ein Tertium denkbar ist.

(31) Warum werden Menschen untreu? Pittmann […] nennt vier Gründe: Gelegenheit: Unbeabsichtigt und spontan, häufig bei Männern auf Reisen oder bei solchen, die sich nicht **sehr verheiratet** fühlen. (http://www.berlinx.de/ego/998/art2.htm [1.7.2006])

(32) Aber manchmal fühlt frau sich schon **sehr schwanger**: der Nabel juckt, im Rücken zieht's, und wie sie das Kind aus ihrem Bauch rausbefördern soll, weiß sie konkret auch kaum genauer als eine neugierige Vierjährige. (taz, 12.08.1995, S. 39)

(33) Die Summe aller Männer und aller Frauen ergibt eine kulturelle Spanne von **sehr männlich** bis zu **sehr weiblich**. Dazwischen gibt es Tausende verschiedener Facetten. (die tageszeitung, 23.10.1996, S. 18)

In (31) bis (33) denotieren *verheiratet, schwanger, männlich* und *weiblich* Bündel typischer Eigenschaften von (verheirateten) Männern und (schwangeren) Frauen, die für die hier genannten Individuen in hoher Zahl und/oder in hohem Ausprägungsgrad zutreffen. Es wird eine Dimension (oder mehrere) rekonstruiert, die es ermöglicht, Personen nach ‚Verheiratetsein‘, ‚Schwangersein‘, ‚Männlich sein‘ und ‚Weiblich sein‘ zu ordnen. Vom alltagssprachlichen Bedürfnis nach einem neutralen Übergangsbereich zeugt neben (33) auch die Bildung von intermediären Termen wie *offiziös, halboffiziell, halblegal*, die streng logisch gesehen kein Denotat haben dürften. Mitunter ist eine Lesart als antonymes Bereichsadjektiv auch neben einer Lesart als komplementäres Endpunktadjektiv lexikalisiert und es liegt Polysemie vor (wie vermutlich bei *männlich/weiblich*). Auch bei den asymmetrischen Adjektivpaaren mit einseitig geschlossener Skala lassen die Endpunktpole oft genug Bereichs-Intensivierung zu und es wird „aufgeweicht", was logisch erwartbar ist. Sprecher qualifizieren Gegenstände nicht nur als *sehr schmutzig, sehr fehlerhaft, sehr krumm*, sondern ohne weiteres auch als *sehr sauber, ziemlich genau/richtig, sehr gerade* etc. Selbst klassifikatorische Adjektive können solche Bedeutungsverschiebungen erfahren und die verschobenen, skalaren Verwendungen können neben den absoluten Bedeutungen konventionalisiert sein.

(34a) Das Kind ist zum Glück **lebendig**. (‚am Leben‘; komplementär *lebendig* vs. *tot*)

(34b) Fritzchen ist ein **sehr lebendiges** Kind. (‚lebhaft‘; antonym *lebendig* vs. *träge*)

(35a) die amerikanische Botschaft, amerikanischer Staatsbürger

(35b) **unamerikanische** Umtriebe, sich **sehr/ziemlich/wenig amerikanisch** Benehmen,

(35c) Im Grunde steht es vielerorts in Peking: ein hoher Turm, ein breit gelagertes Bauwerk. Der Sockel: barock anmutend. Der Rumpf: **äußerst amerikanisch**. Die Ausbildung des Dachs dann: **sehr chinesisch**. (Frankfurter Rundschau, 08.07.1999, S. 8)
(36a) diplomatische Vertretung, diplomatischer Dienst
(36b) sich **undiplomatisch** benehmen, eine **sehr / ziemlich / wenig** diplomatische Antwort
(37a) ein eisernes Bettgestell / *ein **sehr eisernes** Bettgestell
(37b) Die Geheimhaltungsregeln der Nato sind **sehr eisern**. (taz, 05.08.1995, S. 4)

Voraussetzung für solche Uminterpretationen ist, dass für die Sprecher eine Skala konzeptuell zugänglich ist. Bei manchen absoluten Prädikaten sind Kontexte für skalare Reinterpretation schwerer vorstellbar als bei anderen (z. B. *einigermaßen rund* vs. *einigermaßen achteckig, sehr deutsch* vs. *sehr nepalesisch*), prinzipiell aber nicht ausgeschlossen.

Einige Adjektive definieren, je nach ihrem Bezugsargument, unterschiedliche Skalentypen. Das Paar *rein / unrein* ist im Kontext von Religion komplementär und nicht graduierbar, als Bezeichnung des Sauberkeitsgrades ist zumindest der negative Pol graduierbar. Die Lösung einer mathematischen Aufgabe oder die Angabe eines Wegs kann nur entweder *richtig* oder *falsch* sein, aber nichts Drittes, menschliches Verhalten kann dagegen mehr oder weniger falsch und richtig sein. Ein Stuhl kann nur frei oder besetzt sein, Lebewesen dagegen kennen verschiedenste Grade von Freiheit.

Umgekehrt erlauben auch einige deskriptive, relative Adjektive eine Bedeutungsverschiebung, die den Verlust der Intensivierbarkeit zur Folge hat: *ein (sehr) alter Mann* vs. *die alten Römer,* #*die sehr alten Römer ein (ziemlich) neues Kleid* vs. *der neue Chef,* #*der ziemlich neue Chef, ein (äußerst) enges Kleid* vs. *ein enger Mitarbeiter,* #*ein äußerst enger Mitarbeiter.* In diesem Fall wird nicht das Denotat des Bezugsausdrucks als Träger der Eigenschaft modifiziert, sondern die Eigenschaft ein N zu sein.

Die Intensifikatoren selbst werden im Allgemeinen nach ihrem Intensitätsgrad entlang einer Skala subklassifiziert. Neben der Zweiteilung in steigernde / verstärkende und abschwächende Intensifikatoren (Helbig 1988, GDS 1997) finden sich auch feinkörnigere

Einteilungen in fünf (Biedermann 1969), sechs (Sommerfeldt 1987) oder acht Intensitätsstufen (van Os 1989).

absolut	*absolut, ganz und gar, völlig, komplett, total*
approximativ	*fast, beinahe, nahezu, so gut wie, schier*
extrem hoch	*höchst, äußerst, zutiefst, überaus,* Elative
hoch	*sehr, besonders, ungemein, enorm*
gemäßigt	*ziemlich, recht, einigermaßen, leidlich, vergleichsweise, halbwegs*
abschwächend	*etwas, ein wenig, ein bisschen*
minimal	*wenig, kaum, schwerlich, nicht sonderlich*
negativ	*gar nicht/überhaupt nicht/beileibe nicht*

Tabelle 2: Intensitätsgrade bei van Os (1989)

Eine isolierte semantische Subklassifizierung der Intensifikatoren ohne Berücksichtigung der Intensifikanden birgt aber, wie schon mehrfach angeklungen, Probleme. Erstens haben die einzelnen Intensifikatoren spezifische Anwendungsspektren und verbinden sich nicht mit allen Typen von Intensifikanden (**ein bisschen genau, *überaus nahtlos, *beinahe langsam, *völlig mittelgroß*) und zweitens kann auch die Bedeutung des Intensifikators in Abhängigkeit vom Intensifikanden schwanken. Bekannt ist die Bedeutungsvariation für *ziemlich,* das mit Bereichsadjektiven eine Steigerung bewirkt *(ziemlich schnell = beinahe sehr schnell),* mit Skalenendpunktadjektiven eine Abschwächung *(ziemlich sauber ≠ beinahe sehr sauber)* (vgl. Rachidi 1989: 93; Kirschbaum 2002: 44). Ähnlich variiert auch *ganz* zwischen absoluter Intensivierung bei Endpunktadjektiven *(ganz pleite, ganz tot),* Abschwächung bei Bewertungsadjektiven *(ganz hübsch, ganz schön)* und hohem Intensitätsgrad bei Adjektiven mit inhärent hohem Intensitätsgrad *(ganz phantastisch)* (vgl. Pusch 1981).

Berücksichtigt man die Kombinatorik mit den oben dargelegten Typen von Intensifikanden, kommt man zu anderen Ergebnissen als der rein skalaren Subklassifikation. Als kombinatorisch relevant erweist sich die Zweiteilung in Bereichs-Intensifikatoren, die Skalenbereiche denotieren („Skalengradierer" bei Rachidi 1989, „Bereichs-intensivierung", „offene Intensivierung" bei Kirschbaum 2002) und Grenzwert-Intensifikatoren, die sich auf Skalenendpunkte beziehen (bei Rachidi 1989 „Grenzwertgradierer", „Skalenendpunktintensivierung" bei Kirschbaum). Unter letztere fallen van Os' absolute, negative und approximative Stufen, nicht aber die Intensifikatoren der extrem hohen Stufe *(höchst, zutiefst)*. Andere Intensifikatoren lassen sich im Wesentlichen diesen beiden Hauptklassen zuordnen: Intensifikatoren, die sich nur mit einer Komparativ- oder Superlativform des Adjektivs verbinden *(viel, weitaus, bei weitem)* bezeichnen wie die Bereichs-Intensifikatoren Skalenabschnitte, allerdings bezogen auf den durch den Komparativ etablierten Bereich der Differenz zwischen den verglichenen Entitäten. Die metasprachlich verwendeten „affirmativen" Intensifikatoren *(exakt, ausgesprochen, geradezu, direkt, durchaus, regelrecht, richtiggehend, nachgerade, echt, schlechthin, schlechterdings)* wiederum ähneln den Grenzwert-Intensifikatoren, insofern sie Bedeutungsunschärfen ausschließen.

Die Kombinatorik folgt grosso modo der Tendenz: Bereichs-Intensifikatoren modifizieren offenskalige Adjektive, Grenzwert-Intensifikatoren gehen mit Endpunktadjektiven. M. a. W.: Intensifikator und Intensifikand sind bevorzugt typgleich. Im Einzelnen zeigen sich jedoch teils idiosynkratisch anmutende Kombinationsrestriktionen, die ohne genauere Untersuchung nicht systematisiert werden können.

Auswertung und Ausblick:

a) Unter den Bereichs-Intensifikatoren sind die verstärkenden weniger eingeschränkt als die abschwächenden: diese gehen schlecht mit dem positiven Pol von Dimensions- und Bewertungsadjektiven zusammen und bedingen Uminterpretation. *X ist ein bisschen groß / schwer* ist nicht abschwächend, sondern bedeutet *X ist ein bisschen SEHR groß / schwer*.

b) Eine Kombination von Bereichs-Intensifikatoren mit Adjektiven mit beidseits geschlossenen Skalen ist nicht möglich oder führt zu Uminterpretation; desgleichen die Kombination mit dem Endpunktpol von asymmetrischen Skalen.

c) Uneinheitlich verhalten sich die Bereichs-Intensifikatoren der gemäßigten Stufe. Tendenziell gehen sie eher mit Bereichs- als mit Endpunktadjektiven, es ist hier aber mit mehr Idiosynkrasien zu rechnen: so scheinen sich *halbwegs* und *einigermaßen* nur mit einem

(1) Bereichs-Intensifikatoren

	verstärkend	gemäßigt	abschwächend
beidseits offene Skala: positiver Pol	*sehr* groß / lang / tief *enorm* schnell / schwer *überaus* schön / spannend	*ziemlich* groß / lang / tief *einigermaßen* schnell / schwer *halbwegs* schön / spannend	*ein wenig* groß / lang / tief ?*etwas* schnell / schwer ??*ein bisschen* schön / spannend
beidseits offene Skala: negativer Pol	*sehr* klein / kurz / flach *enorm* langsam / leicht *überaus* hässlich / langweilig	*ziemlich* klein / kurz / flach ??*einigermaßen* langsam / leicht *halbwegs hässlich / langweilig	*ein wenig* klein / kurz / flach *etwas* langsam / leicht *ein bisschen* hässlich / langweilig
beidseits geschlossene Skala	#*sehr* tot / lebend *enorm besetzt / frei *überaus verheiratet / ledig	#*ziemlich* tot / lebend *einigermaßen besetzt / frei *halbwegs verheiratet / ledig	#*ein wenig* tot / lebendig *etwas besetzt / frei *ein bisschen verheiratet / ledig
einseitig geschlossene Skala: Endpunktpol	*sehr jodfrei *enorm trocken (Hemd) *überaus eben (Fläche)	*ziemlich jodfrei *einigermaßen* trocken (Hemd) *halbwegs* eben (Fläche)	*ein wenig jodfrei *etwas trocken (Hemd) *ein bisschen eben (Fläche)
einseitig geschlossene Skala: skalarer Pol	*sehr* jodhaltig *enorm* nass (Hemd) *überaus* uneben (Fläche)	*ziemlich* jodhaltig / nass *einigermaßen nass (Hemd) *halbwegs uneben (Fläche)	*ein wenig* jodhaltig *etwas* nass (Hemd) *ein bisschen* uneben (Fläche)

Tabelle 3: Kombinatorik Bereichs-Intensifikatoren und semantische Kategorie der Intensifikanden

wertungspositiven Pol zu verbinden (*halbwegs hübsch* vs. **halbwegs hässlich*, *einigermaßen eben* vs. **einigermaßen uneben*) und verhalten sich anders als *ziemlich*.

d) Eine Kombination von absoluten Intensifikatoren mit Bereichs-Adjektiven ist sehr eingeschränkt. Fast immer möglich ist sie mit *total* (*total nett / hässlich / spannend / langweilig / flach / schwer* vs. ??*völlig nett / hässlich / spannend / langweilig / flach / schwer*), das

Intensitätspartikeln

(ii) Grenzwert-Intensifikatoren

	absolut	approximativ	affirmativ
beidseits offene Skala: positiver Pol	*völlig groß / lang / tief* ??*ganz und gar schnell / schwer* **vollkommen* schön / spannend*	**nahezu* groß / lang / tief* ??*beinahe schnell / schwer* ??*fast schön / spannend*	*ausgesprochen groß / lang / tief* *geradezu schnell / schwer* *direkt schön / spannend*
beidseits offene Skala: negativer Pol	??*völlig klein / kurz / flach* *ganz und gar langsam / leicht* *vollkommen hässlich / langweilig*	?*nahezu klein / kurz / flach* ?*beinahe langsam / leicht* ?*fast hässlich / langweilig*	*ausgesprochen klein / kurz / flach* *geradezu langsam / leicht* *direkt hässlich / langweilig*
beidseits geschlossene Skala	*völlig tot* / ??*völlig lebend* *ganz und gar besetzt / frei* ??*vollkommen verheiratet / ledig*	*nahezu tot* / ?*nahezu lebend* **beinahe besetzt* / ??*beinahe frei* #*fast verheiratet* / *fast ledig*	**ausgesprochen tot* / lebend **geradezu besetzt / frei* **direkt verheiratet / ledig*
einseitig geschlossene Skala: Endpunktpol	*völlig jodfrei* *ganz und gar trocken (Hemd)* *vollkommen eben (Fläche)*	*nahezu jodfrei* *beinahe trocken (Hemd)* *fast eben (Fläche)*	??*ausgesprochen jodfrei* *geradezu trocken (Hemd)* *direkt eben (Fläche)*
einseitig geschlossene Skala: skalarer Pol	*völlig jodhaltig* *ganz und gar nass (Hemd)* *vollkommen uneben (Fläche)*	**nahezu jodhaltig / nass* **beinahe nass (Hemd)* **fast uneben (Fläche)*	*ausgesprochen jodhaltig* *geradezu nass (Hemd)* *direkt uneben (Fläche)*

Tabelle 4: Kombinatorik Grenzwert-Intensifikatoren und semantische Kategorie des Intensifikanden

sich eher wie ein Bereichs-Intensifikator der extremen Stufe verhält *(höchst nett, äußerst spannend, zutiefst hässlich).* Auf jeden Fall setzt eine solche Kombination eine polar-positive, absolute Interpretation des Adjektivs voraus.

e) Die Approximative Intensifikation von Bereichsadjektiven ist nicht ganz ausgeschlossen; sie ist wiederum an die Möglichkeit absoluter Interpretation gebunden, d.h. für Sprecher und Hörer muss ein Bezug auf einen inhärenten Vergleichsstandard herstellbar sein. In manchen Fällen scheint dies beim (bewertungs-)negativen Pol leichter als beim positiven Pol, vgl. *es war fast langweilig* vs. *fast spannend, er ist nahezu klein* vs. *nahezu groß*.

f) Bei der Kombination von absoluten Intensifikatoren mit Endpunkt-Adjektiven wird ein Grenzbereich, der streng logisch gesehen eigentlich gar keine Ausdehnung und Abstufung hat, als Übergangsbereich zwischen *nicht ganz* ADJ und *ganz und gar* ADJ reinterpretiert.

g) Auch die metasprachlich-affirmativen Intensifikatoren bedingen wie Grenzwert-Intensifikatoren absolute Interpretation. Sie zeigen insgesamt aber weniger Restriktionen als absolute und approximative Intensifikatoren und ihr Auftreten scheint mehr durch allgemeine Prinzipien der Benennungsrelevanz als durch den Typ des Intensifikanden beschränkt, vgl. ?*ausgesprochen kalkfrei* vs. *ausgesprochen stressfrei*.

Die Kombinatorik wirft aber auch eine Reihe von Fragen auf, die hier nicht beantwortet werden können.

a) Es fehlt eine Typologie der verbalen Intensifikanden, die den Zusammenhang mit der Typologie der adjektivischen Intensifikanden herstellt. Die Adjektiv-Merkmale Skalarität und Grenzwertbezug sind bei Verben als aspektuelle Merkmale ausgeprägt. Es ist zu prüfen, inwieweit die kombinatorische Tendenz ‚Intensifikator und Intensifikand vom gleichen semantischen Typ' auch bei Verben gilt, vgl. telisches *Die Rose ist total aufgeblüht / verblüht* vs. atelisches *Die Rose hat total geblüht.

b) In Anbetracht sehr viel feinkörnigerer Typologien von Adjektiven (z.B. Rachidi 1989) sind die hier herausgearbeiteten kombinatorischen Tendenzen noch zu grobkörnig. So können beispielsweise „inhärent intensivierte Adjektive" wie *gigantisch, riesig, phantastisch* nicht durch Bereichs-Intensifikatoren modifiziert werden (Kirschbaum 2002). Auch der Einfluss des Adjektivmerkmals +/– Normerfüllung auf die Kombinatorik bedarf noch der Klärung.

c) Der Status der affirmativen Grenzwert-Intensifikatoren bedarf insbesondere vor dem Hintergrund der Literatur zu Satzadverbialen einer Überprüfung. Sie verhalten sich nach Stellung und Skopusbildung teilweise wie Satzoperatoren *(Das war regelrecht / direkt / nachgerade ein Foul)*, sind aber nicht vorfeldfähig.

4. Intensitätspartikeln in anderen Sprachen, Grammatikalisierungstendenzen

Nicht nur die semantisch-funktionale Kategorie der Intensivierung, sondern auch die Art der Kodierung ist weit verbreitet. Gibt es lexikalische Intensivierung, wird sie typischerweise mit großteils deadjektivischen Adverbien bzw. Partikeln kodiert oder auch mit Adjektiven: engl.: *absolutely, almost, amazingly, awfully, considerably, downright, extremely, fairly, fully, highly, rather, truly, utterly*; frz.: *assez, beaucoup, énormément, légèrement, méchamment, moins, peu, plus, très*, ital.: *assai, ben, completamente, incredibilmente, infinitamente, moderatamente, molto, poco, straordinariamente;* span.: *extraordinariamente, mas, muy, sobremanera, sumamente;* russ.: ужасно красивый (‚furchtbar schön'). Dabei kann es zu Polysemie zwischen substantivmodifizierendem und intensivierendem Adjektiv kommen: engl. *the very moment* ‚genau, exakt' vs. *very nice* ‚sehr'; *pretty girl* ‚hübsch, nett' vs. *pretty good* ‚ziemlich' (Huddleston / Pullum 2002: 583 f.). Im Französischen werden evaluative Adjektivadverbien von gleichlautenden Intensifikatoren über die Stellung disambiguiert: *Il a agi légèrement* ‚er hat leichtsinnig gehandelt' vs. *Les prix ont légèrement augmenté* ‚die Preise sind leicht gestiegen'.

In den romanischen Sprachen mit ihrem vitalen System von Diminutiv- und Augmentativsuffixen können mittels Suffigierung auch Adjektive intensivierend modifiziert werden: ital. *bellino* ‚hübsch' zu *bello* ‚schön', carissimo ‚sehr teuer' zu *caro*; span. *feíta* ‚ein bisschen hässlich' zu *feo*, rumän. *frumuşel* ‚hübsch' zu *frumos* ‚schön' (vgl. Donalies 2006, S. 38 f.). Für die extreme Intensitätsstufe dient systematisch das Superlativ-Suffix in der sog. Elativfunktion: ital. *simpaticissimo* (‚äußerst sympathisch', zu *simpatico*), *vecchissimo* (‚uralt', zu *vecchio*), span. *un hombre riquisimo* (‚äußerst reich'), auch in der analytischen Form *una cosa más asurda* (‚völlig absurd') (Cartagena / Gauger 1989: 353). Ferner stehen in vielen europäischen Sprachen die auch im Deutschen vorhandenen lateinisch basierten sog. Steigerungspräfixe zur Verfügung: ital.: *extrafino, ipersensibile, arcisimpatico* (Renzi 1991: 321 ff., 1988: 435 f.), span.: *extra-, supra-, ultra-, semi-, archi-, cuasi-*. Auch das Verfahren der Reduplikation kann steigernd eingesetzt werden: span. *La ciudad es preciosa preciosa.* (Cartagena / Gauger 1989: 353)

Dialekte haben in der Regel ein reichhaltiges Inventar von speziellen Intensifikatoren adjektivischen Ursprungs, so etwa im Bair. (wo *sehr* fehlt): *arg lusdig, sauwa in n Dreeg neiglangd* (wörtl. ‚sauber in den Dreck gelangt'), *hibsch gaach* (wörtl. ‚hübsch steil'), *nàrrisch / sàggrisch gschaid* (‚sehr gescheit'), *Haid hod-s gschaid gschnaibd* (‚stark geschneit'), *Do how-e me menddisch geaged* (‚sehr geärgert'), *säiddn dreggàde Fiàss* (wörtl. ‚selten schmutzige Füße') (Merkle 1975: 173 f., Zehetner 1985, 137 f.).

Generell hat Intensivierung eine starke Affinität zum hyperbolischen Sprechen und ihre Kodierung unterliegt einer „ungewöhnlich hohen Verschleißrate" (Bußmann 1983: 503). Emotional stark belastete evaluative Adjektive „verblassen" zu reinen Intensifikatoren. Ist ihre Verwendung anfangs noch auf Adjektive gleichen Bewertungstyps beschränkt, können sie bei zunehmender Konventionalisierung der Intensivierungsfunktion später auch in gegenläufigen Bewertungskontexten verwendet werden *(furchtbar gut, sagenhaft arm, teuflisch gut)*. Dabei verlieren sie auch ihre Expressivität (vgl. die Entwicklung von *sehr*) und schaffen dadurch Raum für neue Bildungen. Neue Intensifikatoren entwickeln sich überall dort, wo phatische Kommunikation dominiert, besonders in Jugendsprache und Werbesprache. Werden sie als abgedroschen empfunden, gehen sie unter, so etwa bei Grimmelshausen, aber kaum mehr bei Goethe intensivierendes *fein ordentlich, trefflich schön, wacker schinden, greulich seltsam, ausbündig gut* und heute kaum mehr gebräuchlich *kannibalisch wohl, himmlisch gut, wundersam schön, unendlich überraschend, prächtig harmonisch, anständig geräumig* (vgl. Kirschbaum 2002). Manche der bei van Os (1989) im Anhang unter Bezug auf ältere Quellen angeführten Intensifikatoren sind heute mindestens „aus der Mode", z. B. *aasig, bärig, elefantös, säuisch, furios, heidenmäßig, jesusmäßig, phänomenabel*.

Die den Intensifikatoren des Deutschen zugrunde liegenden semantischen Muster finden sich im Inventar vieler Sprachen. Es sind zum einen metaphorische Muster, bei denen Abschnitte räumlicher und quantitativer Dimensionen auf Abschnitte einer Adjektivskala projiziert werden *(höchst, zutiefst, kolossal, äußerst, ein wenig, total, vollkommen)*, zum anderen metonymische Muster des Typs „Wirkung steht für Ursache", wobei die Wirkung als Erschrecken, Erstauntsein, Abweichung von der Norm etc. spezifiziert werden kann *(jämmerlich, beschissen, schrecklich, furchtbar, verflucht, erstaunlich, verblüffend, irre, unglaublich, fraglos, ungemein, außergewöhnlich*) (Kirschbaum 2002). Die bei Heine/Kuteva (2002) angegebenen Grammatikalisierungspfade BAD > INTENSIFIER und TRUE > INTENSIFIER erfassen nur einen Teil dieses Spektrums.

5. Literatur

Altmann, H. (2007) Gradpartikeln. In diesem Band
Altmann, H./Hahnemann, S. (2005) Syntax fürs Examen. Studien- und Arbeitsbuch. 2., überarbeitete und erweiterte Auflage. Opladen/Wiesbaden: Westdeutscher Verlag
Biedermann, R. (1969) Die deutschen Gradadverbien in synchronischer und diachronischer Hinsicht. Heidelberg
Bierwisch, M. (1987) Dimensionsadjektive als strukturierender Abschnitt des Sprachverhaltens. In: Bierwisch, M./Lang, E. (Hg.) Grammatische und konzeptuelle Aspekte von Dimensionsadjektiven. Studia Grammatica. Bd. XXVI/XXVII. Berlin: Akademie, 1–28
Bolinger, D. (1972) Degree Words. The Hague: Mouton
Bußmann, H. (1983/1990/2002) Lexikon der Sprachwissenschaft. Stuttgart: Kröner. (2., völlig neu bearb. Auflage. 1990; 3., aktualisierte und erw. Aufl. 2002)
Cartagena, N./Gauger, H.-M. (1989) Vergleichende Grammatik Spanisch – Deutsch. Mannheim [u. a.]: Duden
Donalies, E. (2006) Dem Väterchen sein Megahut. Der Charme der deutschen Diminution und Augmentation und wie wir ihm gerecht werden. In: Breindl, E./Gunkel, L./Strecker, B. (Hg.) Grammatische Untersuchungen. Gisela Zifonun zum 60. Geburtstag. Tübingen: Narr, 33–51
Dudenredaktion (Hg.) (1984^4/1995^5/$2005)^7$ Duden. Die Grammatik. Mannheim [u. a.]: Dudenverlag
Eisenberg, P. (1989) Grundriß der deutschen Grammatik. Stuttgart: Metzler
Engel, U. (1988/2004) Deutsche Grammatik. Heidelberg: Groos
Engelen, B. (1990) *Sehr* und Konsorten. Zur Graduierung von Verben. In: Zielsprache Deutsch. 21, 2–11
Erben, J. (1972) Deutsche Grammatik. Ein Abriß. München: Hueber
Glück, H. (2000) Metzler Lexikon Sprache. Stuttgart: Metzler
Heidolph, K.-E./Flämig, W./Motsch, W. (1981) Grundzüge einer deutschen Grammatik. Berlin: Akademie
Heine, B./Kuteva, T. (2002) World Lexicon of Grammaticalization. Cambridge: University Press
Helbig, G. (1988) Lexikon deutscher Partikeln. Leipzig: Enzyklopädie
Helbig, G./Buscha, J. (1989) Deutsche Grammatik – Ein Handbuch für den Ausländerunterricht. Leipzig: Enzyklopädie
Helbig, G./Helbig, A. (1995) Deutsche Partikeln – richtig gebraucht? Berlin: Langenscheidt

Hentschel, E./Weydt, H. (2003) Handbuch der deutschen Grammatik. 3., völlig neu bearbeitete Auflage. Berlin/New York: de Gruyter
Huddleston, R./Pullum, G. K. (2002) The Cambridge grammar of the English language. Cambridge: University Press
Iluk, J. (1987) Sind privative Adjektive graduierbar? Einige Beobachtungen und deren syntaktische Konsequenzen. In: Deutsche Sprache 15, 97–109
Jung, W. (1966) Grammatik der deutschen Sprache. Leipzig: Bibliographisches Institut
Kennedy, C./McNally, L. (2005) Scale structure and the semantic typology of gradable predicates. Language 81.2. URL: http://semanticsarchive.net/Archive/zU5MjNiN/km-scales.pdf (Stand 5.4.2006)
Kirschbaum, I. (2002) Schrecklich nett und voll verrückt. Muster der Adjektiv-Intensivierung im Deutschen. Phil. Diss. Univ. Düsseldorf
König, E./Stark, D./Requardt, S. (1990) Adverbien und Partikeln. Ein deutsch-englisches Wörterbuch. Heidelberg: Groos
Merkle, L. (1975) Bairische Grammatik. München: Hugendubel
Polenz, P. v. (1988) Deutsche Satzsemantik. Grundbegriffe des Zwischen-den-Zeilen-Lesens. Berlin/New York: de Gruyter
Pusch, L. (1981) Ganz. In: Weydt, H. (Hg.) Partikeln und Deutschunterricht. Heidelberg: Groos, 31–43
Quirk, R./Greenbaum, S./Leech, G./Svartvik, J. (1984) A Comprehensive Grammar of the English Language. London: Longman
Rachidi, R. (1989) Gegensatzrelationen im Bereich deutscher Adjektive. Tübingen: Niemeyer
Renzi, L. (Hg.) (1988/1991) Grande grammatica italiana di consultazione. Bologna: Il Mulino. 2 Bd.
Siemund, P. (2000) Intensifiers in English and German – A comparison. London: Routledge
Sommerfeldt, K.-E. (1987) Zum Verhältnis von Lexik und Grammatik. Die Rolle lexikalischer Mittel bei der Gradation. In: Sprachpflege. 36, 130–132
Suščinskij, I. I. (1985) Die Steigerungsmittel im Deutschen. In: Deutsch als Fremdsprache 22, 5–100
van Os, C. (1989) Aspekte der Intensivierung im Deutschen. Tübingen: Narr
Weinrich, H. (1993) Textgrammatik der deutschen Sprache. Unter Mitarbeit von M. Thurmair, E. Breindl und E.-M. Willkop. Mannheim: Bibliographisches Institut. (2. revidierte Auflage 2003, Hildesheim: Olms)
Zehetner, L. (1985) Das bairische Dialektbuch. München: Beck
Zifonun, G./Hoffmann, L./Strecker, B. et al. (1997) Grammatik der deutschen Sprache. Berlin/New York: de Gruyter (zitiert als GDS)

Eva Breindl (Mannheim)

C10 Interjektion und Responsiv

A.	*Interjektion*
1.	Wortartbezeichnung
2.	Kurzdefinition
3.	Die Wortart im Deutschen
3.1.	Interjektion – Perturbanzen einer Forschungsgeschichte
3.2.	Die Exzentrik der Wortklasse
3.3.	HM
3.4.	NA
3.5.	HE und ÄH
3.6.	AH, OH, IH, AU
3.7.	Die expeditive Prozedur und das Lenkfeld
3.8.	Sekundäre Interjektionen
3.9.	Interjektionen und Sprachvermittlung
B.	*Responsive*
1. und 2.	Wortartbezeichnung und Kurzdefinition
3.	Die Wortart im Deutschen
C.	*Onomatopoetika*
D.	Literatur

A. Interjektion

1. Wortartbezeichnung

Interjektion
Der aus dem Lateinischen stammende Terminus *Interjektion*, der kein griechisches Äquivalent hat, wird in den germano-romanischen Sprachen weitgehend als Fremdwort genutzt. Lateinisch *interiectio* bedeutet „das Dazwischenwerfen, Dazwischensetzen, Einschieben" und wird rhetorisch-grammatisch einerseits für die Einschaltung bzw. Parenthese, andererseits für die Interjektion verwendet (Georges 1992 II, Spalte 369). Nur selten finden sich direkte Übersetzungen wie im Niederländischen (*tussenwerpsel*; vgl. Schottelius 1663 u.a. *Zwischenwort*).

Ausdrücke wie *Gefühlswort* orientieren sich an bestimmten funktionalen Bestimmungen – oder markieren deren Versagen wie *Würzwort* oder *Füllwort* (Thiel 1962; Schröder 1965). Der deutsche Übersetzungsversuch von Longolius ist wohl der originellste: *Hertzwörtgen* (1715, s. Jellinek 1914 II: 76).

2. Kurzdefinition

Interjektionen sind Ausdrücke, die dem Lenkfeld der Sprache zugehören. Sie weisen eine Reihe formaler Besonderheiten auf (eigenes phonologisches Teilinventar, tonale Strukturen) und erfüllen einen spezifischen Bereich von kommunikativen Funktionen. Sie dienen der Realisierung expeditiver Prozeduren, durch die die Äußernden direkten Einfluss auf den Handlungs- und Empfindungsverlauf der Adressaten nehmen. So stellen sie eine unmittelbare Beziehung zwischen Sprecher und Hörer her und unterhalten sie.

Eine Teilgruppe dient der Einwirkung auf die mentalen Prozesse, die auf die interaktionalen kommunikativen Abläufe bezogen sind (HM, NA, ÄH). Eine zweite Teilgruppe dient der Synchronisierung gemeinsamer Handlungs- und Erwartungssysteme, insbesondere dem emotionalen Abgleich (AH, OH), eine dritte der Herstellung kommunikativen Kontakts (HE).

Durch Interjektionen wird eine elementare interaktionale Übereinstimmung hinsichtlich des Kontakts überhaupt, hinsichtlich der emotionalen Befindlichkeit, hinsichtlich der diskursiven und mentalen Wissensverarbeitung und hinsichtlich des weiteren Handlungsverlaufs gewährleistet.

Im Vergleich zu anderen Wortarten ist die Klasse der Interjektionen durch eine mehrfache Exzentrik sowohl formaler wie funktionaler Art charakterisiert. Die Menge der zu den Interjektionen zählenden Ausdrücke ist gering (Schwentner 1924, Carstensen 1936, Ehlich 1986, § 4.1 f.). Ihre Verwendung ist vornehmlich auf diskursive Zusammenhänge beschränkt.

3. Die Wortart im Deutschen

3.1. Interjektion – Perturbanzen einer Forschungsgeschichte

Die Wortart Interjektion wird erst relativ spät als eigene Kategorie etabliert. Innerhalb der griechischen Grammatik wurden einzelne Gruppen von Ausdrücken, die späterhin den Interjektionen zugezählt werden, den epirrhémata zugeschlagen, den Adverbien. Dies geschah etwa bei Dionysios Thrax in einer Weise, die Steinthal (1891: 322) als eine „wüste Aufzählung ... ohne Logik und ohne Grammatik" charakterisiert. Unter den 26 Adverbialgruppen findet sich unter anderem das „epírrhēma schetliastikón", d.h. das „seufzende", „Schmerz empfindende Adverb" – eine Kategorisierung, die folgenreich sein sollte. Aber auch Äußerungen wie *eyhey*, die „bacchantischen Interjektionen", sind eine Teilgruppe der epirrhémata. Schließlich werden bei Dionysios auch Adverbien der Verneinung, der Zustimmung und der Verweigerung aufgeführt (vgl. unten Teil B), aber auch ein Adverb der „Vergleichung" (*hōs*). Das Ungenügen an derlei Aufzählungen artikulierte bereits Apollonios Dyskolos (2. Jahrhundert n. Chr.) (vgl. Ehlich 1986, § 6).

Die unklare Kategorisierung wirkte und wirkt weiter fort. Auch nachdem innerhalb der lateinischen Tradition die interiectio zur eigenen Wortart erhoben worden war, blieb dieser Status umstritten: Die *regulae Augustini* streiten ihn der Interjektion rundweg ab: „non est pars orationis" (V, 524). Stattdessen heißt es, die Interjektion sei „affectio erumpentis animi in vocem ..." mit dem Ergebnis „ergo quod sunt perturbati animi motus tot voces reddunt" (ebd.). Die weitere Theoriegeschichte setzt die Verlegenheiten – abgesehen von wenigen Ausnahmen – fort. Zugleich nutzt sie die Negativbestimmung, die sich im Ausdruck selbst findet, indem sie die syntaktische Unbehandelbarkeit der Interjektionen zur Grundbestimmung macht.

Funktional wird der Interjektion als wichtigste Bestimmung der Ausdruck unterschiedlicher Zustände des animus zugeschrieben. Diese werden weithin auf die Emotionalität reduziert. *Formangaben* beschränken sich darauf, dass Interjektionen „voce incondita" artikuliert werden. Es werden allenfalls Listen von Verwendungssituationen der Interjektionen zusammengestellt.

Die theoretischen Grundlagen für die Bestimmung der Elemente, die den Interjektionen zugerechnet werden, bleiben bis heute weithin diffus oder fehlen ganz. Bereits Aichinger sieht die daraus resultierende grundsätzliche Schwierigkeit einer ins Unüberschaubare ausufernden Zuschreibung:

> „Wenn alle Stimmen oder Laute, die an sich selbst nichts bedeuten, sondern von einer gewissen Regung des Gemüths hervorgebracht werden, für *interiectiones* gälten, so hätten sowohl die Teutschen, als andere Völker, eine unzehlige Menge derselben, massen nicht nur ein jedes Land, sondern auch fast ein jeder Mensch hierinnen etwas besonders hat."
> (1754, § 329: 164)

Zugleich wendet sich Aichinger dagegen, zu den „*interiectiones* ... die Nachahmungen des Geschreyes der Thiere, des Schalles, der musicalischen Instrumente, oder andrer lärmenden Dinge" zu zählen; auch schließt er „die Wörter derer, die mit Vieh umgehen, solches herzulocken, fortzutreiben oder zu lenken" aus; ebenso „die Klagen über die Kälte als: **husch, schuck**" (ebd.) – und er führt diese Reihe ad absurdum weiter: „Warum aber endlich nicht auch das Zähnklappern, Husten, Niesen, Reuspern und Schnarchen?" Sein Fazit lautet: „Mit solcherley Dingen hat ... die Grammatik einer gewissen Sprache nichts zu schaffen." (ebd.)

Dieser kritische Sarkasmus Aichingers setzt sich mit Gottscheds gerade gegenläufigem Verfahren auseinander, der z.B. auch „halt's Maul!" oder „das ist mir leid!" zu den Interjektionen zählt (1748, 1802[4]: 339 f.).

Damit sind Grundelemente der kontinuierlich problematischen Versuche zur Bestimmung der Interjektionen bezeichnet. Bis in die Gegenwart werden sie in immer neuen Weisen und Verfahren aktualisiert. So findet sich bis heute keine verallgemeinerte Bestimmung des Umfangs der Klasse der Interjektionen oder ihrer Funktionen.

Erst in jüngster Zeit erhalten die Interjektionen eine stärkere Aufmerksamkeit. Arbeiten von Henne (1978), Burger (1980), Trabant (1983), Ehlich (1986), Burkhardt (1998) und die beiden Sonderhefte im Journal of Pragmatics (18, 1992; hierin besonders Ameka 1992 und Wierzbicka 1992) sowie in der Zeitschrift für Semiotik (Heft 26, 1–2, 2004, Kowal/O'Connell 2004b: hierin besonders Kowal/O'Connell 2004a, Nübling, Pompino-Marschall) markieren ein wachsendes Interesse am Bereich der Interjektionen, das sich von dem „written language bias in linguistics" (Linell 2005) befreit.

3.2. Die Exzentrik der Wortklasse

Die Interjektionen fallen für die Ersteller von Wortklassen von Beginn an durch ihre mehrfache Exzentrik auf (vgl. oben § 2.). Diese betrifft (a) die Formen, und zwar in mehreren Dimensionen. Es betrifft (b) die Funktionen, und es betrifft (c) die Syntaktik. Damit geraten die Interjektionen in einen Bereich, für den die den Wortarten zugrunde liegenden Bestimmungen der Grammatik-Schreibung systematisch nicht applizierbar sind. Die weitgehende Missachtung der Interjektionen durch die Linguisten ist der Preis, den diese dafür zu zahlen haben: In allen drei Bereichen greift das übliche Handwerkszeug der Linguisten nicht. Dafür sind sowohl die Entstehungs- und Anwendungszusammenhänge dieser Werkzeuge und damit der linguistischen Theoriebildung verantwortlich wie die Eigenart des Phänomenbereichs „Interjektion" selbst.

Nachdem die Interjektionen aber einmal in das Spiel der Wortarten und ihrer Bestimmungen hineingeraten sind, hat die linguistische Theoriebildung viel Mühe darauf verwendet, den Phänomenbereich nichtsdestotrotz mit ihren üblichen kategorialen Verfahren zu erfassen. Dies geht nicht ohne erhebliche Probleme für diese Verfahren und ihre Dehnbarkeit, vor allem aber für den Phänomenbereich ab.

a) Die Exzentrik der Interjektionen hat einen zweiten größeren Problemkomplex im Gefolge. Dieser betrifft sowohl den Formaspekt wie den Funktionsaspekt. Die spezifische Differenz der *interjektionellen Form* gegenüber dem bezugssprachlich Typischen bzw. Allgemeinen lokalisiert diese Form in einem Bereich, in dem sich auch andere akustisch-formale Phänomene befinden (vgl. dazu Pompino-Marschall 2004). Einige davon sind sprachlicher Art, einige sind interaktionell-kommunikativer, aber nichtsprachlicher Art. Beispiele für die erste Gruppe sind die sogenannten *Onomatopoetika* (s. unten C); Beispiele für die zweite Gruppe sind die *Schreie* oder das *Stöhnen*.

b) Die weithin unklaren Bestimmungen der *interjektionellen Funktion(en)* führt zu einer teils metonymischen, teils metaphorischen Expandierung einzelner Funktionsbestimmungen innerhalb der Literatur. So wird etwa die Funktionsbestimmung „Interjektionen sind ‚Gefühlswörter'" bzw. „Gefühlswörter drücken Gefühle aus" dahingehend erweitert, dass man auch andere „Ausdrücke für Gefühle" den Interjektionen zuzählt, also zum Beispiel „Mist!" – das oben angeführte Gottschedsche Verfahren.

Diese Expansion lässt sich dann erweitern – bis dahin, dass man etwa alle möglichen Ausdrucksweisen wie das alltägliche „Fluchen" / engl. „swearing" mit zu den Interjektionen zählt. Dabei erfolgt selten eine präzisere kategoriale Ableitung für den behaupteten interjektionellen Status solcher Ausdrücke; vielmehr überlässt es die Argumentation im Allgemeinen dem Leser, dass sich ein kategoriales Plausibilitätsgefühl bei ihm einstellt, wie dies für metonymische und metaphorische Sprachverwendungen insgesamt kennzeichnend – wenn auch für präzise begriffliche Bestimmungen nicht unbedingt förderlich ist.

Beide Bestimmungsbereiche, Form wie Funktion, wirken zudem jeweils aufeinander ein und zurück. Dies macht sich besonders dann bemerkbar, wenn Formbestimmungen und Funktionsbestimmungen in einer spezifischen Weise miteinander gekoppelt werden. Diese Kopplung kann sowohl vom formalen wie vom funktionalen Sektor ausgehen. Die unterschiedlichen Ausgangsorte wirken sich häufig in den analytischen Bestimmungen unmittelbar auch in Bezug auf den jeweils anderen Bereich, sei er der formale, sei er der funktionale, charakteristisch aus.

Ein besonderer Bias kann dann entstehen, wenn als zentrale Formbestimmung oder als zentrale Funktionsbestimmung ohnehin Elemente aus den benachbarten Phänomen-Domänen gewählt werden und die Analyse der Form, die Analyse der Funktion und/oder die Analyse des Form-Funktionszusammenhanges von diesen aus vorgenommen wird.

c) Wie bereits gesagt, bezeichnet der Ausdruck *Interjektion* in sich bereits die Verlegenheit, in die eine *syntaktische* Analyse bei dem Versuch der Bestimmung gerät (vgl. Fries 1990, 1992). Zugleich ist daran abzulesen, *dass* die Wortart überhaupt syntaktisch bestimmt werden soll – wenn auch über die Defizienz. Die Wortart erscheint dann als „Einwort-Satz" (so häufig in der Literatur). Syntax ist ihrerseits weithin am traditionellen Satzkonzept orientiert, und dieses verdankt sich der Schriftlichkeit (Ehlich 1999). Gerade ein rein diskursives Phänomen wie die Interjektionen bleibt für derartige Grundannahmen unverrechenbar. Die Schriftlichkeit wird ihm sozusagen als unhinterfragbare Grundannahme geradezu oktroyiert. Die syntaktische Exzentrik der Interjektionen ist also bei genauerem Hinsehen die Exzentrik eines sprachlichen Phänomens, das der verallgemeinerten Grundlage der Grammatik-Schreibung und schriftlichen Sprachdokumenten gerade nicht zugehört.

Die syntaktische Präokkupation der Grammatikschreibung erhellt freilich auch dann, wenn die primäre Mündlichkeit des interjektionellen Bereichs prinzipiell gesehen und zugestanden wird. Sie setzt sich in die Frage nach einer „Satzhaftigkeit" bzw. „Satzhaltigkeit" der Interjektionen um.

Die „Grammatik der deutschen Sprache" entwickelt mit dem Konzept der „kommunikativen Minimaleinheit" (Zifonun in Zifonun / Hoffmann / Strecker 1997: B3) eine Kategorie, die Subsatzformen Rechnung tragen soll. Die Interjektionen werden – wie die Responsive – einer eigenen Einheitenbildung zugeordnet, der „interaktiven Einheit" (Zifonun / Hoffmann / Strecker 1997: 92).

Pragmatisch handelt es sich bei der Verwendung von Interjektionen um selbstsuffiziente Prozeduren, die ihre Handlungszwecke (vgl. § 2.) ohne Integration in größere Einheiten erreichen.

Im Folgenden werden zunächst einige Interjektionen exemplarisch dargestellt. Ausführlichere Darstellungen finden sich in Ehlich (1986) und in Zifonun / Hoffmann / Strecker (1997, 360–408, Kap. C4.2). Diese folgende Darstellung konzentriert sich vor allem auf Interjektionen, die traditionellerweise allenfalls am Rand behandelt werden – wenn überhaupt.

3.3. HM

Die Interjektion HM ist ein solcher Randsiedler in den Bestimmungen der Grammatik wie des Lexikons. Dies gilt bis in die Orthographie hinein, wo neben der Duden-Schreibung „hm" zum Beispiel „mh", „mmh", „hmm" und so weiter im Gebrauch sind. Die Majuskelschreibung „HM" dient hier – und im Folgenden – dazu, die jeweilige Klasse als ganze zu bezeichnen.

Die Ausdrucksklasse HM zeigt im Deutschen eine Reihe von unterschiedlichen formalen Ausprägungen. Neben der Normalform *hm* findet sich eine reduplizierte Form *hmhm* und eine Kurzform *hm'*. Vor allem aber wird in der mündlichen Sprache – ohne dass das schriftsprachlich angemessen deutlich gemacht würde – HM mit sehr unterschiedlichen intonativen Strukturen realisiert, und zwar so, dass sich jeweils andere „Bedeutungen" des Ausdrucks ergeben.

Diese Unterschiede stehen den Sprecherinnen und Sprechern des Deutschen für ihre kommunikative Praxis unmittelbar zur Verfügung. Angesichts der phonetischen Qualität und der funktionalen Nutzung sind diese Strukturen linguistisch als „Töne" anzusehen, wie sie von lexikalischen Tonsprachen wie dem Chinesischen und dem Vietnamesischen zur Strukturierung des gesamten lexikalischen Bereiches eingesetzt werden (Ehlich 1986; bestritten von Yang 2001; 2004). Der verschiedentlich unternommene Versuch, die intonativen Strukturen als verkürzte Satzintonationen zu verstehen (zuletzt Schmidt 2001), scheitert an der Anzahl der intonativen Elemente und den funktionalen Differenzen beider intonativer Systeme.

Durch Extraktion der Grundfrequenz F_0 lassen sich die tonalen Strukturen analytisch gut herausfiltern und illustrieren (vgl. Abbildung 1, obere Kurven).

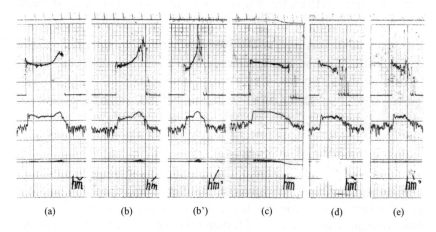

Abbildung 1: Tonverlauf, Intensität und Duplexoszillogramm unterschiedlicher Realisierungen von *hm*, aus: Ehlich 1986: 304, Abbildung 18.

Im Verständigungsprozess nimmt HM eine ganz besondere Stelle ein. Seine wichtigsten Verwendungen liegen auf der Seite des Hörers, des Adressaten einer Sprechhandlung des Sprechers S (vgl. auch Kucharczik 1989). Diesem gibt der Hörer bei der sprachlichen Produktion des Sprechers kontinuierliche Rückmeldungen über die mentalen Prozesse der Verarbeitung des Gesprochenen durch H. Durch die unterschiedlichen Einheiten der Ausdrucksklasse HM mit ihren je spezifischen Tonstrukturen werden Konvergenz und Divergenz des Hörers hinsichtlich der Prozessierung der sprachlichen Handlungen und ihrer Einbindung in andere Handlungen für den Sprecher S zum Ausdruck gebracht. HM ist in dieser Weise eng mit den Planungsprozessen der sprachlichen Interaktanten verbunden. Die einzelnen Einheiten von HM dienen also *hörer*seitigen sprachlichen Prozeduren beim sprachlichen Handeln des *Sprechers*. Diese wiederum exzentrische Position in Bezug auf die Verteilung der S/H-Charakterisierung bietet eines der wenigen – und zudem ein sehr ökonomisches – Mittel, um in das sprachliche Handeln eines Sprechers einzugreifen, ohne selbst zum Sprecher einer ganzen Sprechhandlung werden zu müssen.

Einige Grundtypen der Systematik von HM sind durch Paraphrasen und die Bestimmung von Konvergenz und Divergenz in Abbildung 2 zusammengefasst. Weitere Analysen finden sich in u. a. Liedke (1994; auch kontrastiv zum Neugriechischen), Schmidt (2001), Hoffmann (1997: 367 ff.), Willkop (1988). Der Hörer greift mit der selbstsuffizienten expeditiven Prozedur insbesondere in die mentalen Prozesse des Sprechers ein, die dem weiteren interaktional-kommunikativen Verlauf dienen. Diese Funktion kann auch durch andere sprachliche Formen realisiert werden, insbesondere durch das positive Responsiv oder Formen wie *okay* etc. Hier liegt ein geradezu klassischer Fall ähnlicher Funktionsbereiche vor – was häufig zu summarischen Funktionsbestimmungen für die beiden Ausdrucksklassen, aber auch für ganze Sprechhandlungen (wie zum Beispiel ‚soweit kann ich Dir folgen') führt.

	einfache Form	Kurzform	reduplizierte Form
Typ I	I hm̃ >einverstanden< Konvergenz	I^K (hm̃')	I^R hmhm̃
Typ II	II hm̃ >wieso das denn?< Divergenz	II^K hm̃' >was sagst du da?< erhöhte Divergenz	II^R (hmhm̃)
Typ III	III hm̃ >vielleicht aber< Prä-Divergenz	III^K (hm̃')	III^{R*} hmhm̃
Typ IV	IV hm̃ >das ist ja merkwürdig< komplexe Divergenz	IV^K hm̃' >da haben wir den Salat< komplexe Divergenz, ratlos	IV^R hmhm̃ >ahà< komplexe Divergenz, deliberativ

Abbildung 2: Elemente der Systematik von HM, nach Ehlich (1986: 54)

3.4. NA

Eine weitere Interjektion, die dem Prozessieren sprachlichen Handelns dient, ist NA. Dieses NA in seinen verschiedenen Ausprägungen hat die Aufgabe, den Übergang unmittelbarer Vorgängerelemente in Nachfolgeelemente umzusetzen. (Dabei kann das Vorgängerelement auch die Abwesenheit von Kommunikation sein, zum Beispiel bei der Nutzung eines steigend intonierten NA in

(B1) Ná, wie is es denn so.

Hier wird Nicht-Kommunikation in Kommunikation überführt.)

Auch für NA zeigen sich sehr vielfältige Verwendungsweisen, wobei NA auch in Kombination mit anderen sprachlichen Einheiten auftritt. Verschiedene Subsysteme sind zu unterscheiden: ein Subsystem der Kontaktaufnahme; ein Subsystem der Überbrückung von Produktionsverzögerungen; ein Subsystem der Artikulation einer Diskrepanz zwischen erwarteten und faktischen Ereignissen sowie eine „Neutralisationsform".

Die häufige Kombination mit anderen Ausdrücken (*naja, na und* usw.) führt zu einer spezifischen Verbindungsform, deren funktionale Differenzierung durch den jeweiligen zweiten Teil erfolgt. Neutralisierung und Konvertierung sind zwei zentrale Bestimmungen beim Einsatz von NA.

> „Im einzelnen bezieht sich *NA* auf die Übergänge von Nicht-Kommunikation zu Kommunikation, auf die Übergänge von einer Phase zur nächsten innerhalb von kommunikativen Abläufen sowie auf Übergänge, die durch die mentale Bearbeitung von Diskrepanzen zwischen Erwartungen und Tatsächlichem erforderlich werden. Diese können vergangene wie geplante Tätigkeiten des Sprechers wie des Hörers, mentale Tätigkeiten wie Bewertungen und Einschätzungen beider, mentale Zustände wie Angst usw. ebenso betreffen wie von Sprecher und Hörer unabhängige Ereignisse und Handlungen." (Ehlich 1986: 138)

Zusammenfassend kann die Funktion von NA als ‚Aufhebung' bestimmt werden.

3.5. HE und ÄH

Bereits die „NA"-Form zur Überführung von Nicht-Kontakt in Kontakt betrifft die Herstellung von gemeinsamer kommunikativer Interaktion als solcher. Mit HE liegt eine weitere Klasse von Interjektionen vor, die ausschließlich diesem Zweck dient. Der Steuerung der Turnverteilung dient die Nutzung der Ausdrucksklasse ÄH. Hoffmann (in Zifonun, Hoffmann, Strecker 1997: 406 ff.) bietet eine zusammenfassende Tabelle.

3.6. AH, OH, IH, AU

Andere Ausdrücke, die vorwiegend in den traditionellen Interjektionslisten aufgeführt werden (vgl. noch Duden 2005, § 887: „[p]rototypische Interjektionen"), sind zum Beispiel AH, OH, IH oder auch AU. Sie werden meist lediglich als Ausdrucksphänomene des sie Äußernden verstanden, wie dies bereits durch die „affectus-animi"-Lehre der Antike vorgegeben war. Dieses Ausdrucksgeschehen wird tendenziell als nur sprecherbezogene, solipsistische Tätigkeit verstanden und rückt die entsprechenden sprachlichen Ausdrücke in die Nähe anderer akustischer Hervorbringungen wie die Schreie.

Die kommunikativ-interaktionale Funktion der Verwendung dieser Ausdrücke geht darüber verloren. Sie erfüllen gleichfalls sehr wichtige interaktionale Aufgaben, nämlich die Synchronisierung gemeinsamer Handlungs- und Erwartungssysteme. Diese betreffen nicht zuletzt die kommunikative Herstellung und Prozessierung eines emotionalen Abgleichs zwischen S und H. Dabei zeigt sich ein ganzes Subsystem des Behagens / Nichtbehagens (Ehlich 1986: 91), dem sogar eine Einheit aus der Gruppe HM zugehört *hm̂*).

An AU ist besonders deutlich die interaktionale Qualität solcher Interjektionen in ihrem Einsatz zu beobachten – wenn man denn tatsächliche mündliche Kommunikationen, zum Beispiel Mutter-Kind-Diskurse, in die Analyse einbezieht.

AH bezieht sich vor allem auf die Funktion des interaktionalen Managements von Überraschung (besonders freudiger Überraschung). Diese findet sich auch im kognitiv-deliberativen Zusammenhang, wenn eine Problemlösung gefunden wurde. Dafür wird die reduplizierte Form *áhà* mit fallend-steigendem Ton verwendet (Bühlers „aha-Erlebnis", Bühler 1934: 311; Leonhard 1976: 220 f. spricht sogar von „Phone[n] der Erleuchtung"; zu *aha* vgl. Kühn 1979). Der Ausdruck des erfolgreichen Ablaufs eines mentalen Verarbeitungsprozesses dient der weiteren Prozessierung des interaktionalen Geschehens.

Für AH, OH, AU zeigt sich ein ähnlicher formaler Reichtum mit einfachen, kurzen und reduplizierten Formen wie bei HM und NA – wobei die Kurzform für AU nicht gegeben ist. Bei IH findet sich ein sehr reduziertes Teilsystem mit lediglich drei einfachen Formen (vgl. die Darstellung mit Beispielen in Zifonun, Hoffmann, Strecker 1997 C4.2, § 6, 8, 9, 13).

Diese verschiedenen Formen des Ausdrucksgeschehens sind selbst interaktiv zu verstehen (vgl. Ehlich 1986: 226 ff.). Sie beziehen sich dabei auf unterschiedliche Teilbereiche des sprachlichen Handelns und spielen eine wesentliche Rolle dabei, gelingende Kommunikation zu realisieren. Dies tun sie, indem eine unmittelbare Beziehung zwischen Sprecher und Hörer im Diskurs hergestellt bzw. fortgesetzt wird. Diese betrifft eine interaktionale Übereinstimmung hinsichtlich (a) des Kontaktes überhaupt; hinsichtlich (b) der emotionalen Befindlichkeiten von S und H; hinsichtlich (c) der diskursiven Wissensbearbeitung bzw. -verarbeitung und (d) hinsichtlich der mentalen Wissensverarbeitung, schließlich (e) hinsichtlich des weiteren Handlungsverlaufes.

3.7. Die expeditive Prozedur und das Lenkfeld

Die unterschiedlichen sprachlichen Formen der Interjektionen werden in einer spezifischen Unterklasse der sprachlichen Prozeduren ausgeführt. Sie gehören zentral zu einem charakteristisch eigenen Feld, nämlich dem „Lenkfeld" (vgl. Ehlich 1986, § 8.). Beim Lenkfeld geht es um die direkte, unmittelbare Einflussnahme in die Handlungsverläufe des je anderen.

Andere sprachliche Ausdrucksmittel für expeditive Prozeduren wie der Vokativ oder der Imperativ stehen für die Verfolgung vergleichbarer Zwecke zur Verfügung. Alle diese Formen sind, in einem systematischen Sinn gesehen, eher „Randsiedler" der traditionellen Paradigmen-Erstellung, in die sie sich nie recht gefügt haben.

Das Lenkfeld hat im Gesamtaufbau der prozeduralen Feldstrukturen eine spezifische Position, die durch Abbildung 3 dargestellt wird.

3.8. Sekundäre Interjektionen

Die elementare Funktionsbestimmung der Interjektionen als Ausdrucksmittel der sprachökonomischen und effizienten Einflussnahmen lässt eine sprachliche Handlungsstruktur erkennen, deren Realisierung nicht auf die Interjektionen beschränkt ist. Vielmehr findet sich hier – wie bei anderen sprachlichen Feldern – durchaus auch eine Menge von Ausdrücken, die sozusagen in die Primärfunktion

		Unmittel- barer Eingriff in H	Fokussie- rung von H- Aufmerk- samkeit	Abglei- chung des S-H- Wissens	Abglei- chung der S+H- Einschät- zungen	Verarbeitung von Sprache / Wissen
Funktionen	interak- tional					
		(Hand- lungsver- lauf; Emp- findungs- verlauf)				(z. B. W- Identifizie- rung, Sprach- ökonomie, Relatierung usw.)
	onto- logisch		(Fokussie- rungsobjekt)	(Bezeich- nung von Welt)		
Proze- duren		expeditiv	deiktisch	nennend	malend	operativ
Felder		Lenkfeld	Zeigfeld	Symbol- feld	Malfeld	Operatives Feld
		LF	**ZF**	**SF**	**MF**	**OF**

Abbildung 3: Prozedurale und Feldstrukturen

der Interjektionen als Realisierungsmittel von expeditiven Prozeduren einrücken. Das gilt vor allem für so genannte sekundäre Interjektionen wie *Mist!*, „*toll!*, aber auch Erweiterungen wie ganze Flüche. Häufig werden solche Formen umstandslos den Interjektionen mit zugeschlagen, ohne dass gesehen würde, dass hier eine komplexere Struktur vorliegt. Erst eine funktional-etymologische Analyse (vgl. Ehlich 1994) ist geeignet, diese Komplexität angemessen zu rekonstruieren. Es handelt sich hier insbesondere um Nominalphrasen, die als ganze aus dem Symbolfeld in ein anderes Feld übertragen werden. Dabei ist bisher noch unklar, ob es sich um eine Übertragung insbesondere ins Lenkfeld oder ins Malfeld (vgl. Redder 1999) oder um eine Kombination beider handelt. Besonders Ausdrücke aus dem religiösen Bereich, zu Formeln „verdampfte" Vokative, in denen eine Gottheit angerufen wird, oder auch Ausdrücke aus anderen Tabubereichen, insbesondere skatologische und genitale Ausdrücke (*merde!* und *fuck!*), werden dafür eingesetzt. Im Anschluss an Wundt (1911: 319) werden solche Ausdrücke auch als „sekundäre

Interjektionen" bezeichnet (vgl. Hermann 1912). Reisigl (1999) bietet eine theoretische wie sehr materialreiche Analyse.

Eine besondere Aufgabe stellt die Bestimmung des „Ausrufs" im Vergleich zur Interjektion dar (vgl. dazu Krause/Ruge 2004 und Ehlich 2004).

Nübling (2001) beschreibt die formalen Veränderungen, die sich in Bezug auf sekundäre Interjektionen durch zunehmende formale Verkürzungen und Verschmelzungen ursprünglich symbolischer Ausdrücke ergeben (*oh, Jesu domine* zu *ojemine*).

Die kombinatorische Einbeziehung von Interjektionen in Grußformeln untersucht Kohrt (1985).

3.9. Interjektionen und Sprachvermittlung

Die exzentrische Position der Interjektion im System der sprachlichen Ausdrücke, ihre Mündlichkeit und ihr sperriges Verhältnis zur Verschriftung macht sie zu einem besonders problematischen Bereich für die immer noch weitgehend auf die Schriftlichkeit fixierte Vermittlung fremder Sprachen (Kohrt 2005, Schmidt 2004). Eine Analyse von Deutsch als Fremdsprache-Zeitschriften und Lehrwerksgutachten der letzten 50 Jahre, einer Zeit also, in der nominell ein kommunikativ orientierter Fremdsprachenunterricht allerorten propagiert wurde, verzeichnet kaum Artikel zu den Interjektionen (Kühndel/Obi 2007). Insofern kulminiert die wissenschaftliche Missachtung der Wortart gerade auch in den praktischen Verwendungszusammenhängen. Auch die kontrastive Untersuchung (vgl. z.B. Koller 2003) ist wenig entwickelt, so dass auch in diesem Zusammenhang Amekas Reden von dem „universal yet neglected part of speech" (1992) gilt.

Für eine stärkere Berücksichtigung in didaktischem Zusammenhang (vgl. Angermeyer 1979, Schäfer 1970) sind empirisch basierte weitere Untersuchungen zu einzelnen Sprachen unabdingbar (vgl. Eastman 1992, Evans 1992, Hill 1992, Juntanamalaga/Diller 1992, Kryk 1992, Rasoloson 1994, Yang 2001, 2004). Diese bedürfen freilich einer klaren kategorialen Bestimmung, um nicht Gefahr zu laufen, durch die in § 3.2 benannten Aporien behindert zu werden.

B. Responsive

1. und 2. Wortartbezeichnung und Kurzdefinition

Der Terminus „Responsiv" ist eine relativ rezente terminologische Bildung, die aus der Notwendigkeit erwächst, die Ausdrücke der Bejahung und Verneinung, soweit sie Wortcharakter haben, als eine eigene Klasse zusammenzufassen. Der Terminus hebt ab auf den Umstand, dass diese Ausdrücke in ihren basalen Verwendungen eine charakteristische Zweitstellung in einer elementaren Sprechhandlungssequenz (einer Abfolge mindestens zweier Sprechhandlungen mit einem systematisch erforderten Sprecher-Wechsel) aufweisen (lat. *respondere*, antworten).

Sie bilden eine Teilgruppe der für Affirmation und Negation einsetzbaren sprachlichen Mittel. (Weinrich (1993, § 8.2) unterscheidet lexikalische, morphologische und syntaktische Mittel.) Die Zusammenfassung der affirmierenden und negierenden Wörter zu einer eigenen Klasse entspricht ihrer spezifischen Funktion in der Systematik des Sprachaufbaus wie in den Sprachaneignungsprozessen des Kindes. Der Negation kommt dabei ein Prius gegenüber der Affirmation zu.

3. Die Wortart im Deutschen

Von den formalen Charakteristika her ergibt sich für die Affirmation eine zunächst formale Ähnlichkeit in Fällen wie deutsch *ja*, neugriechisch *nä* u.ä. Hoffmann (in Zifonun/Hoffmann/Strecker 1997 Bd. 1: 367) bestimmt Responsive als „eine Klasse selbständiger funktionaler Einheiten des Diskurses, die keinen eigenen propositionalen Gehalt haben, auf kontextuellen sprachlichen Einheiten (z.B. vorhergehende Frage) operieren, in dieser Funktion nicht syntaktisch in einen Satz integrierbar sind und nur minimalen Ausbau erlauben. Sie besetzen eine eigene Position im Handlungsmuster und eine eigene Turnposition. Ihre Funktion besteht darin, ein Handlungsmuster mit einer im Muster erwartbaren Reaktion abzuschließen (Antwort auf Frage, Annahme eine[s] Angebots usw.). Aufgrund ihrer Funktionsweise lassen sie sich dem Operationsfeld zuordnen." Gerade das Responsiv *ja* nimmt gleichfalls intonative Charakteristika an.

Dies macht es umso wichtiger, die genaue funktionale Bestimmung der Responsive vorzunehmen. Anders als Interjektionen sind Responsive keine expeditiven, sondern operative Prozeduren.

Ihre Umsetzung in das Lenkfeld, also ihre paraexpeditive Verwendung, ergibt eine reiche Typologie sekundärer Nutzungen, die Hoffmann (2007) im einzelnen in ihrem Zusammenhang mit dem „genuine[n] Gebrauch" entwickelt. Dabei ist *ja* multifunktional, während *nein* sich zum *ja* „asymmetrisch" verhält und „eine Konversion nur des Wissensstatus von p" leistet. „Der Rezipient weiß aufgrund eines bloßen *nein* nicht, was er glauben soll" (Hoffmann 2007: 21). Der nicht-expeditive Charakter der Responsive erhellt auch aus der funktionalen Etymologie in verschiedenen Sprachen, in denen ein Ausdruck für *ja* etwa aus deiktischen Ausdrücken gewonnen wurde, wie dies zum Beispiel in verschiedenen romanischen Sprachen (lat. *sic* zu *si* oder, im Okzitanisch-Provenzalischen, lat. *hoc* zu *oc*) der Fall ist.

Anders als für die Affirmation zeigt sich bei den Wörtern zum Zweck der Negation eine breite Palette von Ausdrücken, die von dem eigentlichen Negationsresponsiv (deutsch *nein*) über Indefinitpronomina (*nichts*, *kein*), Adverbien (*niemals*) bis zu Präpositionen reichen (Glück 1993: 414 f.). Diese Verteilung weist auf die Notwendigkeit hin, Wortartenbestimmungen nicht einfach linear-additiv ‚durchzukonstruieren'.

C. Onomatopoetika

Zu den Phänomenen, die häufig mit den Interjektionen konfundiert werden, gehören die sogenannten Onomatopoetika, lautmalende Ausdrücke wie *wau, miau, peng, bumm, tatütata* (vgl. Trabant 1988, Wundt 1967, Oksaar 1959/60). Hier handelt es sich freilich schwerlich um eine Wortart im Sinn der üblichen Verwendung dieser linguistischen Kategorie. Vielmehr wird auf eine unverkennbare Eigenart bei der Bildung solcher Ausdrücke abgehoben.

Sie sind einerseits sprachlich, andererseits unterscheiden sie sich deutlich von den üblichen Verfahren der sprachlichen Ausdrucksgewinnung. Auch die Verfahren der Reduplikation, Triplikation, Quadruplikation werden hier intensiv genutzt (vgl. Havlik 1981). Darin weisen sie ähnliche Charakteristika wie die Interjektionen im formalen Bereich auf. Ihnen liegt jeweils ein akustisches Phänomen zugrunde. Dieses wird über eine akustische Mimesis in den Bereich der Sprache übernommen. Das mimetische Element bildet das akustische Phänomen in spezifischer Weise ab.

Diese aber bedient sich der phonemischen Strukturen. Es erfolgt also eine Umsetzung akustischer Eindrücke in ein jeweiliges phonologisches System. Dies bringt es mit sich, dass die onomatopoetischen Ausdrücke in den verschiedenen Sprachen sich durchaus charakteristisch – und zwar unter Bezug auf dieses phonologische System – voneinander unterscheiden. So schreit der Hahn ‚auf Deutsch' *kikeriki*, ‚auf Französisch' hingegen *cocorico* etc.

Aufgrund der Bindung an die akustische Dimension der Wirklichkeit ist die Einsatzmöglichkeit dieses Verfahrens zur Herstellung von Ausdrücken relativ eng begrenzt. Die Plausibilität der Mimesis als eines ‚einfachen' Verfahrens zur Herausbildung von Wörtern ebenso wie die ontogenetische Nutzung dieses Verfahrens in frühen Phasen der Sprachaneignung gibt immer wieder zur Vermutung Anlass, dass Onomatopoiesis als eine der Wurzeln für die Sprachentstehung anzusehen ist (so besonders intensiv Adelung 1782, und in seiner Nachfolge immer neu). Dabei wird freilich die entscheidende Leistung der Ablösung von mimetisch-ikonischen Verfahren und die Gewinnung der Arbitrarität verkannt. Die Ressource akustischer Nachahmung enthält nur ein recht geringfügiges Entwicklungspotential für Ausdrücke, und der qualitative Sprung hin zur arbiträren Ausdrucksgewinnung ist für die Entstehung sprachlicher Systeme von erheblicher Tragweite.

Onomatopoetische Ausdrücke werden zudem weitgehend durch die Strukturmerkmale nicht-mimetisch gewonnener Ausdrücke überformt. Dies gilt auch für die sogenannten Lallwörter und die Ausdrücke der Ammensprache, die sich keineswegs auf mimetische Verfahren beschränken.

Für die Ausdrucksgewinnung insgesamt ist vielmehr ein differenziertes Modell anzusetzen, wie es in Diagramm 1 vorgeschlagen wird.

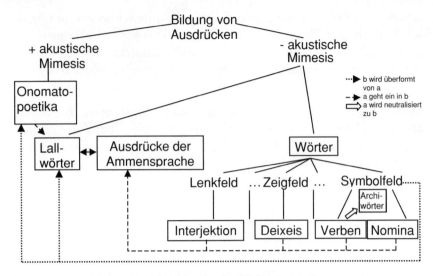

Diagramm 1: Bildung von Ausdrücken (nach Ehlich 1986: 267)

Insbesondere durch das junge Medium „Comic-Strip" haben onomatopoetische Ausdrücke eine reiche Entfaltung gefunden. Dabei kommt transmedialen Prozessen besondere Bedeutung zu, indem Buchstabenfolgen graphisch-mimetisch rückgekoppelt werden (vgl. Schmauks 2004). zzzzzzzrrrrrrrr steht für eine erst durch Rückübersetzung ins Akustische vorstellbar zu machende Geräuschfolge. Diese Nutzung des graphischen Systems ist also – anders als der Augenschein suggeriert – ein vergleichsweise komplexer Umsetzungsvorgang.

Neben Onomatopoetika und solchen Meta-Onomatopoetika werden im Medium des Comic-Strip (und in schriftsprachlichen Nutzungen sowie in paramündlichen Formen wie dem Chat) weitere Neuformen eingesetzt wie *hust, keuch, lach*, aber auch *vorbeischleich* oder *schmeichel*. Diese oft als Onomatopoetika lexikalisch verbuchten Ausdrücke gehören diesem Bereich freilich nicht wirklich zu. Sie sind vielmehr sekundäre Nutzungen von Symbolfeldausdrücken, sekundäre Bildungen einer Art Grundform, was durch die Tilgung des Infinitivelementes *-en* zum Ausdruck kommt. Man könnte sie als eine Art „Infinitivus absolutus" bezeichnen. Im Sinne des Neutralisationskonzeptes stellen sie also „Archiwörter" dar.

D. Literatur

Adelung, J. C. (1782) Umständliches Lehrgebäude der Deutschen Sprache, zur Erläuterung der Deutschen Sprachlehre für Schulen, Zweyter Band. Leipzig: Breitkopf

Aichinger, C. Fr. (1754) Versuch einer teutschen Sprachlehre. ND Rössinger-Hager, M. (Hg.) (1972) Hildesheim: Olms

Ameka, F. (1992) Interjections: The universal yet neglected part of speech. In: Journal of Pragmatics 18, 101–118

Angermeyer, A. (1979) Die Interjektion. In: Linguistik und Didaktik 37, 39–50

Augustini regulae. In: Keil, H. (Hg.) Grammatici Latini, Band V, 496–524

Bühler, K. (1934) Sprachtheorie. Jena: Fischer, 2. Aufl. 1965

Burger, H. (1980) Interjektionen – eine Randwortart? In: Sitta, H. (Hg.) Ansätze zu einer pragmatischen Sprachgeschichte. Tübingen: Niemeyer, 53–69

Burkhardt, A. (1998) Interjektionen: Begriff, Geschichte(n), Paraphrasen. In: Harden, T. / Hentschel, E. (Hg.) Particulae particularum. Festschrift zum 60. Geburtstag von Harald Weydt. Tübingen: Stauffenburg, 43–73

Carstensen, R. (1936) Die Interjektionen im Romanischen. Bochum: Pöppinghaus

Duden. Die deutsche Rechtschreibung (2006) 24., völlig neu bearb. u. erw. Aufl. Hg. v. der Dudenredaktion. Mannheim u. a.: Dudenverlag

Duden. Die Grammatik (2005) 7. völlig neu bearb. u. erw. Aufl. Hg. v. der Dudenredaktion. Mannheim u. a.: Dudenverlag

Eastman, C. M. (1992) Swahili interjections: Blurring language-use / gesture-use boundaries. In: Journal of Pragmatics 18, 273–287

Ehlich, K. (1986) Interjektionen. Tübingen: Niemeyer [Linguistische Arbeiten 111]

Ehlich, K. (1994) Funktionale Etymologie. In: Brünner, G. / Graefen, G. (Hg.) Texte und Diskurse. Methoden und Forschungsergebnisse der Funktionalen Pragmatik. Opladen: Westdeutscher Verlag, 68–82

Ehlich, K. (1999) Der Satz. Beiträge zu einer pragmatischen Rekonstruktion. In: Redder, A. / Rehbein, J. (Hg.) Grammatik und mentale Prozesse. Tübingen: Stauffenburg, 51–68

Ehlich, K. (2004) Zum pragmatischen Ort von Exklamationen. In: Krause, M. / Ruge, N. (Hg.) Das war echt spitze! Zur Exklamation im heutigen Deutsch. Eurogermanistik. Tübingen: Stauffenburg, 77–94 [Europäische Studien zur deutschen Sprache 21]

Evans, N. (1992) ‚Wanjh! Bonj! Nja!': Sequential organization and social deixis in Mayali interjections. In: Journal of Pragmatics 18, 225–244

Fries, N. (1990) Zur Grammatik von Interjektionen. In: Feldbusch, E. et al. (Hg.) Neue Fragen der Linguistik. Akten des 25. Linguistischen Kolloquiums, Paderborn 1990. Tübingen: Niemeyer, 283–295 [Linguistische Arbeiten 270]

Fries, N. (1992) Interjektionen, Interjektionsphrasen und Satzmodus. In: Rosengren, I. (Hg.) Satz und Illokution I. Tübingen: Niemeyer, 307–341

Georges, K. E. (1890⁶) Lateinisch-Deutsches Handwörterbuch. Verb. und verm. Ausgabe von 1864. Leipzig: Hahn

Glück, H. (1993) Artikel „Negation". In: Glück, H. (Hg.) Metzler Lexikon Sprache. Stuttgart / Weimar: Metzler, 114–115

Gottsched, J. Chr. (1748) Grundlegung einer Deutschen Sprachkunst. Leipzig: Breitkopf

Havlik, E. J. (1981) Lexikon der Onomatopöien. Frankfurt am Main: Fricke

Henne, H. (1978) Gesprächswörter: Für eine Erweiterung der Wortarten. In: Henne, H. (Hg.) Interdisziplinäres deutsches Wörterbuch in der Diskussion. Düsseldorf: Schwann, 42–47

Hermann, E. (1912) Über die primären Interjektionen. In: Indogermanische Forschungen 31, 24–34

Hill, D. (1992) Imprecatory interjectional expressions: Examples from Australian English. In: Journal of Pragmatics 18, 209–223

Hoffmann, L. (1997) C 4.2. Interjektionen und Responsive. In: Zifonun, G. / Hoffmann, L. / Strecker, B. et al. Grammatik der deutschen Sprache. Berlin / New York: de Gruyter, 360–408

Hoffmann, L. (2004) Chat und Thema. In: OBST 68, 103–123

Hoffmann, L. (2007) Über *ja*. Univ. Dortmund, Deutsche Sprache: mimeo ersch. in: Deutsche Sprache 2/2008

Jellinek, M. H. (1913 / 1914) Geschichte der neuhochdeutschen Grammatik von den Anfängen bis auf Adelung. 1. und 2. Halbband. ND (1968) Heidelberg: Winter

Juntanamalaga, P. / Diller, A. V. N. (1992) Thai pragmatic constructions: The *oey* paradigm. In: Journal of Pragmatics 18, 289–301

Keil, H. Grammatici Latini, Bd. IV 1864, Bd. V 1868. Leipzig: Teubner. ND (1961) Hildesheim: Olms

Kohrt, M. (1985) Von Hallo! Wie geht's? bis zu Tschüs! Mach's gut! Grüße, Grußformeln und Verwandtes im gegenwärtigen deutschen Sprachgebrauch. In: Kürschner, W. / Vogt, R. (Hg.) Sprachtheorie, Pragmatik, Interdisziplinäres. Akten des 19. Linguistischen Kolloquiums Vechta 1984 (unter Mitwirkung von Siebert-Nemann, S.), Bd. II. Tübingen: Niemeyer, 173–184

Kohrt, M. (2005) Interjektionen und Deutsch als Fremdsprache. Linguistisch-didaktische Aspekte eines komplexen Zusammenhangs. In: Leewen, E. (Hg.) Sprachlernen als Investition in die Zukunft. Wirkungskreise eines Sprachlernzentrums. Tübingen: Narr, 541–560

Koller, E. (2003) Interjektionen. Deutsch – Portugiesisch. In: Blühdorn, H. / Schmidt-Radefeldt, J. (Hg.) Die kleineren Wortarten im Sprachvergleich Deutsch – Portugiesisch. Frankfurt am Main u. a.: Lang

Kowal, S. / O'Connell, D. C. (2004a) Interjektionen im Gespräch. In: Zeitschrift für Semiotik 26 / 1–2, 85–100

Kowal, S. / O'Connell, D. C. (Hg.) (2004b) Einleitung. In: Zeitschrift für Semiotik 26 / 1–2, 3–10

Krause, M. / Ruge, N. (Hg.) (2004) Das war echt spitze! Zur Exklamation im heutigen Deutsch. Eurogermanistik. Tübingen: Stauffenburg [Europäische Studien zur deutschen Sprache 21]
Kryk, B. (1992) The pragmatics of interjections: The case of Polish *no*. In: Journal of Pragmatics 18, 193–207
Kucharczik, K. (1989) Sprecher- und hörerseitige Verwendungsweisen der Interjektion „HM". In: Kowal, S. / Posner, R. (Hg.) Zeitliche und inhaltliche Aspekte der Textproduktion. Berlin: Institut für Linguistik, 168–191 [Arbeitspapiere zur Linguistik]
Kühn, P. (1979) Aha! Pragmatik einer Interjektion. Deutsche Sprache 4, 289–297
Kühndel, D. / Obi, L. (2007) Partikeln und Interjektionen in DaF-Zeitschriften und Lehrwerksgutachten 1970–2004. In: Zielsprache Deutsch 1, 25–46
Leonhard, K. (1976^2) Der menschliche Ausdruck in Mimik, Gestik und Phonik. Leipzig: Barth
Liedke, M. (1994) Mündliche Kommunikation im Sprachvergleich. In: Zielsprache Deutsch 2, 98–106
Linell, P. (2005) The written language bias in linguistics. Its nature, origins, and transformations. London: Routledge
Nübling, D. (2001) Von Oh mein Jesus zu O je. – Der Interjektionalisierungspfad von der sekundären zur primären Interjektion. In: Deutsche Sprache, Heft 1, 20–45
Nübling, D. (2004) Die prototypische Interjektion. Ein Definitionsvorschlag. In: Zeitschrift für Semiotik 26 / 1–2, 11–64
Oksaar, E. (1959 / 60) Interjektionsadverbien als Wortart. „Plumps", „Rums" und Verwandtes. Sprachforum 3, 272–274
Pompino-Marschall, B. (2004) Zwischen Tierlaut und sprachlicher Artikulation: Zur Phonetik der Interjektionen. In: Zeitschrift für Semiotik 26 / 1–2, 71–84
Rasoloson, J. N. (1994) Interjektionen im Kontrast: Am Beispiel der deutschen, madagassischen, englischen und französischen Sprache. Frankfurt am Main u.a.: Lang [Arbeiten zur Sprachanalyse 22]
Redder, Angelika (1999) Mann, oh Mann! In: Bührig, K. / Matras, Y. (Hg.) Sprachtheorie und sprachliches Handeln. Tübingen: Stauffenburg, 235–245
Reisigl, M. (1999) Sekundäre Interjektionen. Eine diskursanalytische Annäherung. Frankfurt am Main u.a.: Lang [Arbeiten zur Sprachanalyse 33]
Schäfer, H.-W. (1970) Interjektionen im Sprachunterricht. In: Zielsprache Deutsch 3, 133–137
Schmauks, D. (2004) Die Visualisierung der Interjektionen in Werbung und Comic. In: Zeischrift für Semiotik 26 / 1–2, 113–128
Schmidt, C. (2004) Interjektionen im Zweitsprachenerwerb. In: Zeitschrift für Semiotik 26 / 1–2, 101–112
Schmidt, J. E. (Hg.) (2001a) Neue Wege der Intonationsforschung. In: Germanistische Linguistik 157–158. Hildesheim usw.: Olms
Schmidt, J. E. (2001b) Bausteine der Intonation? In: Germanistische Linguistik 157–158. Hildesheim usw.: Olms, 9–32

Schottelius, J. G. (1663) Ausführliche Arbeit Von der Teutschen Haubt-Sprache. I. Teil. ND Hecht, W. (Hg.) (1967) Tübingen: Narr

Schröder, G. (1965) Zu einigen bedeutungsgeminderten Adverbien (Würzwörtern). In: Deutsch als Fremdsprache 2, 31–33

Schwentner, E. (1924) Die primären Interjektionen in den Indogermanischen Sprachen. Heidelberg: Winter

Steinthal, H. (1890/1891) Geschichte der Sprachwissenschaft bei den Griechen und Römern mit besonderer Rücksicht auf die Logik, 1. Teil (1890), 2. Teil (1891). ND (1961) Bonn: Dümmler

Thiel, R. (1962) Würzwörter. In: Sprachpflege 4, 71–73

Trabant, J. (1983) Gehören die Interjektionen zur Sprache? In: Weydt, H. (Hg.) Partikeln und Interaktion. Tübingen: Niemeyer, 69–81 [Germanistische Linguistik 44]

Trabant, J. (1988) Onomato-Poetika. In: Lüdke, J. (Hg.) Das sprachtheoretische Denken Eugenio Coserius in der Diskussion, Bd. 2. Tübingen: Niemeyer, 253–264

Weinrich, H. (1993) Textgrammatik der deutschen Sprache. Unter Mitarbeit von Thurmair, M./Breindl, E./Willkop, E.-M. Mannheim u. a.: Dudenverlag

Wierzbicka, A. (1992) The semantics of interjection. In: Journal of Pragmatics 18, 159–192

Wilkins, D. P. (1992) Interjections as deictics. In: Journal of Pragmatics 18, 119–158

Willkop, E.-M. (1988) Gliederungspartikeln im Dialog. München: iudicium

Wundt, W. (1907) Schallnachahmung und Lautmetaphern in der Sprache. In: Beilage zur Allgemeinen Zeitung Nr. 40, 16. Februar 1907. München, 313–316

Wundt, W. (1911^3) Völkerpsychologie. 1. Band. Die Sprache. Leipzig: Engelmann

Yang, Ch. (2001) Interjektionen und Onomatopoetika im Sprachvergleich: Deutsch versus Chinesisch. Inaugural-Dissertation. Albert-Ludwigs-Universität, Freiburg i. Br. (http://www.freidok.uni-freiburg.de/volltexte/387/pdf/interjektion.pdf)

Yang, Ch. (2004) Interjektionen im Sprachvergleich: Deutsch versus Chinesisch. In: Zeitschrift für Semiotik 26/1–2, 47–70

Zifonun, G./Hoffmann, L./Strecker, B. et al. (1997) Grammatik der deutschen Sprache. Berlin/New York: de Gruyter

Konrad Ehlich (München/Berlin)

C11 Interrogativum

1. Wortartbezeichnung in der neueren Grammatikschreibung
2. Was versteht man unter einem Interrogativum?
3. Forschungsgeschichte
4. Grammatische Charakterisierung der *w*-Interrogativa im Deutschen
4.1. Interrogative Artikelwörter
4.1.1. Morphosyntaktische Eigenschaften
4.1.2. Semantische Eigenschaften
4.2. Interrogative Pronomen
4.2.1. Kategoriale Eigenschaften
4.2.2. Morphosyntaktische Eigenschaften
4.2.3. Semantische Eigenschaften
4.3. Interrogative Adjektive
4.4. Interrogative Adverbien
4.4.1. Kategoriale Eigenschaften
4.4.2. Morphosyntaktische Eigenschaften
4.4.3. Semantische Eigenschaften
4.5. Besondere interrogative Fügungen
4.5.1. *Was für a*
4.5.2. *Was an a* und *wer von a*
4.5.3. *Was* in adverbialer Gebrauchsweise
4.6. Andere Verwendungsweisen von *w*-Wörtern
5. Das Interrogativum im *w*-Fragesatz
5.1. Syntaktische Aspekte der *w*-Frage
5.2. Semantische Aspekte der *w*-Frage
5.3. Pragmatische Aspekte der *w*-Frage
6. Literatur

1. Wortartbezeichnung in der neueren Grammatikschreibung

Die Klasse der Interrogativa (lat. *interrogare* ‚fragen') konstituiert sich nach einem semantisch-funktionalen Kriterium: dem fragebezogenen Gebrauch. In morpho-syntaktischer Hinsicht verhalten sich die Interrogativa uneinheitlich, was schon bei der Betrachtung ihrer kategorialen Merkmale augenfällig wird. So zählen Pronomen und Artikelwörter wie auch Adverbien zu dieser Wortklasse.

In der neueren Grammatikschreibung spiegelt sich die formale Inhomogenität der Interrogativa in unterschiedlichen Klassifizierungen und Bezeichnungen.

In der Online-Grammatik *grammis* beispielsweise wird eine „quer zu den Wortarten" liegende funktionale Klasse Interrogativ-

Elemente definiert, die – analog zum Vorgehen in diesem Handbuch – interrogative Pronomen, Artikelwörter und als Subklasse der Adverbien w-Adverbien in unterschiedlicher morphologischer Gestalt und syntaktischer Funktion umfasst.

Dementgegen werden in der Grammatik der deutschen Sprache (Zifonun/Hoffmann/Strecker 1997) die Wortklassen W-Determinative, W-Objektdeixis und W-Adverbien separiert und unabhängig voneinander beschrieben. „W-Determinative *(was für (ein)), welch-, wieviel)* dienen der Determination zum speziellen Zweck der Bildung einer ‚W-Phrase'" (Zifonun/Hoffmann/Strecker 1997: 36). Eine W-Phrase kann darüber hinaus durch die zu den Protermen zählende W-Objektdeixis *wer* und *was* gebildet werden oder durch die W-Adverbien, denen ebenfalls deiktischer Charakter zugeschrieben wird.

Vergleichbar geht Engel (2004) vor. Er unterscheidet zwischen Interrogativa, Interrogativpronomina und Adverbien, die „selbst Fragewörter sind" (Engel 2004: 411). Unter die Interrogativa fasst er „alle mit *w* beginnenden Determinative", die „Größen, Eigenschaften oder Relationen" erfragen (Engel 2004: 332). Interrogativpronomina stuft er als eine pronominale Subklasse ein. Sie „erfragen Größen und deren Beschaffenheit" (Engel 2004: 380). Als Adverbien, die „selbst *w*-Fragewörter" sind, listet er die gängigen einfachen *w*-Adverbien mit ihrer jeweiligen Bedeutung auf.

Auch in den Grundzügen einer deutschen Grammatik (Heidolph/Flämig/Motsch 1981) werden Interrogativadverbien als Teilklasse der Wortart Adverb abgehandelt. Adverbiale *w*-Wörter „umreißen/charakterisieren eine syntaktische Leerstelle als Interrogativ […], ohne den Leerstelleninhalt im einzelnen zu nennen" (Heidolph/Flämig/Motsch 1981: 687). Zudem setzen Heidolph/Flämig/Motsch (1981) eine pronominale semantische Subklasse Interrogativpronomen an. Für alle Pronomen dieser Klasse ist „der Frageoperator charakteristisch" (Heidolph/Flämig/Motsch 1981: 657). Der primär semantisch festgelegten Klasse der Interrogativpronomen werden Elemente der beiden syntaktischen Klassen (i) substantivische Pronomen (*wer* und *was*) und (ii) artikelartige Pronomen (*welcher* und *was für ein*) zugeordnet. Heidolph/Flämig/Motsch (1981) räumen aber ein, dass die artikelartigen Interrogativpronomen auch als substantivische Interrogativpronomen fungieren können.

Eisenberg (1994) unterteilt die Klasse der Fragewörter zunächst danach, ob sie flektierend oder nicht flektierbar sind. Die flektierenden Fragewörter kategorisiert er dann in die Fragepronomen, die eine „Subkategorie" (Eisenberg 1998: 339) der Pronomina darstellen, und den Frageartikel *was für ein*. Das heißt, Eisenberg (1994) nimmt an, dass *welcher* wie auch *wer/was* zu den Pronomina gehören, wobei aber *welcher* im Gegensatz zu *wer/was* „auch als Artikel verwendbar" ist (Eisenberg 1998: 339).

Die DUDEN-Grammatik stellt die interrogativen Artikelwörter und Pronomen ebenfalls den Interrogativadverbien gegenüber. Die interrogativen Artikelwörter und Pronomen werden charakterisiert als Einleiter für „fragende Hauptsätze" und „fragende Nebensätze" (DUDEN. Die Grammatik. 2005: 312), während Interrogativadverbien als Adverbien mit besonderer Verwendungsweise eingeordnet werden.

Einen ähnlichen Ansatz verfolgen Fleischer/Helbig/Lerchner (2001) in der Kleinen Enzyklopädie „Deutsche Sprache", indem sie grundsätzlich Interrogativpronomen und Interrogativadverbien unterscheiden. Die Interrogativpronomen umfassen neben den substantivisch gebrauchten Pronomen *wer* und *was* die „als Pronomen und als Artikelwort" (Fleischer/Helbig/Lerchner 2001: 265) verwendeten *was für ein* und *welcher*. Fleischer/Helbig/Lerchner (2001: 261) stellen zudem fest, dass „die herkömmlichen ‚adjektivischen' Interrogativpronomina *(welcher, welch ein)* neuerdings auch zu den Artikelwörtern gerechnet werden". Die Interrogativadverbien stellen eine lexikalische Subklasse der Adverbien dar.

Auch Helbig/Buscha (1986) kennzeichnen Frageadverbien als besondere adverbielle Klasse, die sie in die interrogativen Pro-Adverbien *(wo, wann, warum* etc.) und die interrogativen Pronominaladverbien *(womit, wofür, worüber* etc.) untergliedern. Von diesen grenzen sie die substantivischen Interrogativpronomina einerseits und die interrogativen Artikelwörter andererseits ab. Die substantivischen Interrogativpronomina unterteilen sie zudem in zwei Gruppen: (i) *wer* und *was* sowie (ii) *was für einer/was für welche* und *welcher*. Sie begründen diese Unterscheidung damit, dass die Interrogativpronomina der ersten Gruppe nur als substantivische Pronomina vorkommen, die der zweiten Gruppe aber auch als interrogative Artikelwörter gebraucht werden. Explizit zu den interrogativen Artikelwörter rechnen sie allerdings nur *welcher* und *welch ein*, die sie auch als adjektivische Interrogativpronomen bezeichnen.

Abb. 1 gibt noch einmal einen detaillierten Überblick über die in den einzelnen Grammatiken vorgenommenen Einteilungen mit den entsprechenden Klassenbezeichnungen. Außerdem sind die sprachlichen Ausdrücke angegeben, die die Klassen konstituieren, und zwar jeweils in der Form, wie sie in den Grammatiken ausgewiesen sind.

Dudenredaktion (Hg.) (2005): DUDEN. Die Grammatik.	Interrogative Artikelwörter und Pronomen *wer / was, welcher / welches / welche, was für ein / eine / ein*		Interrogativadverbien *wo, woher, wohin, wozwischen, woran* etc. *wann, wie, warum, weshalb, weswegen, wieso*
Eisenberg (1994): Grundriß der deutschen Grammatik.	Frageartikel *was für ein*	Fragepronomen *welcher, wer / was, was für einer*	Frageadverb *wann, warum, weshalb, wie, wieso, wo woran, wofür, worüber* etc.
Engel (2004): Deutsche Grammatik. Neubearbeitung.	Interrogativa *was für einer, welcher, welch ein, wessen, wieviel(er)*	Interrogativpronomina *was, wer, was für einer*	Adverbien als w-Frageelemente *wann, warum, weshalb, weswegen, wie, wieso, wo, woher, wohin,* etc.
Fleischer / Helbig / Lerchner (Hg.) (2001): Deutsche Sprache. Kleine Enzyklopädie.	Interrogativpronomen		Interrogativadverbien (Frageadverbien) *wann, wie, warum, wieviel, weshalb* etc.
	als Pronomen und als Artikelwort vorkommend *welcher, was für ein*	substantivische Pronomen *wer, was*	
grammis – das grammatische Informationssystem des Instituts für Deutsche Sprache	Interrogativ-Elemente		
	w-Artikel *welch-, was für-*	w-Pronomina *wer, was, wem, wessen, welche, was für einer*	w-Adverbien *wo, wann, wie womit, wofür, wohin, woher, warum, weshalb, wozu* etc.

Heidolph / Flämig / Motsch (Hg.) (1981): Grundzüge einer deutschen Grammatik.	Interrogativpronomen		Interrogativadverb *wo, wann, wie, warum, weshalb, worüber, womit* etc.
	artikelartige Pronomen *welcher, was für ein*	substantivische Pronomen *wer, was*	
Helbig / Buscha (1986⁹)	interrogative Artikelwörter *welcher, welch ein*	substantivische Interrogativpronomina *wer, was was für einer / was für welche, welcher*	Frageadverbien (Interrogativadverbien) *wo, wann, wie, warum, wieviel, weshalb, worüber, womit* etc.
Zifonun / Hoffmann / Strecker (Hg.) (1997): Grammatik der deutschen Sprache.	W-Determinativ *was für (ein), welch-, wieviel*	W-Objektdeixis *wer, was*	W-Adverb *wann, wo, wohin* etc.

Abbildung 1: Subklassifizierung der *w*-Interrogativa in der neueren Grammatikschreibung

2. Was versteht man unter einem Interrogativum?

Unter einem Interrogativum wird im Folgenden ein *w*-Wort (bzw. eine *w*-Wort-Verbindung) mit interrogativer Bedeutung verstanden. Zu beachten ist, dass (i) neben den *w*-Wörtern auch interrogative Elemente ohne *w*-Morphem zu beobachten sind (z.B. *ob*) und dass (ii) *w*-Wörter auch nicht-interrogativ (z.B. relativ oder exklamativ) gebraucht werden können.

Gegliedert nach ihrer traditionellen Wortartzugehörigkeit zählen erstens die Pronomen *wer* und *was* zu den *w*-Interrogativa. Zweitens ist das Artikelwort (auch: das Determinativ, der Determinierer) *welch-* ein *w*-Interrogativum, das im Übrigen auch pronominal auftreten kann. Drittens werden die Verbindungen *was für einer* bzw. *was für welcher* zu den *w*-Interrogativa gerechnet. Sie kommen je nach syntaktischer Realisierung ebenfalls als interrogatives Artikelwort oder interrogatives Pronomen vor. Viertens gehören einfache und komplexe *w*-Adverbien wie z.B. *wo, wann, warum, womit, weswegen* zu den *w*-Interrogativa. Sie haben adverbielle Bedeutung und wie die Pronomen Pro-Charakter, d.h. sie sind eigenständig verwendbar. Schließlich sei fünftens auf das *w*-Interrogativum *wie-*

vielte verwiesen, das sich positionell und flexivisch wie ein Adjektiv verhält.

Die Beispiele in (1) illustrieren die soeben aufgeführten Arten interrogativ gebrauchter *w*-Wörter:

(1) a. Wen hat Max im Theater getroffen?
    b. Welcher Film hat Emma am besten gefallen?
    c. Was für einen Wein kannst du uns empfehlen?
    d. Wann beginnt die Vorstellung?
    e. Die wievielte Runde wird gespielt? [Gallmann (1997)]

Im Allgemeinen sind *w*-Interrogativa im Satz auf eine linksperiphere Position beschränkt. Nur in mehrzieligen Fragen, vgl. (2a), oder in sog. Echo-*w*-Fragen, vgl. (2b), können sie auch satzintern vorkommen.

(2) a. Wer wird welches Spiel pfeifen?
    b. Dieses Spiel wird wer pfeifen?

Aufgrund ihrer formalen Eigenschaften tragen interrogative *w*-Wörter zur Konstitution von *w*-Interrogativsätzen bei und dienen damit funktional der Fragebildung. Im Standardfall leiten *w*-Interrogativa sog. Ergänzungsfragen (auch: *w*-Fragen, Konstituentenfragen) ein, die syntaktisch als selbständige *w*-Interrogativsätze (direkte Fragesätze, vgl. (3a)) oder als von einem übergeordneten Satz abhängige *w*-Interrogativsätze (indirekte Fragesätze, vgl. (3b)) realisiert werden können.

(3) a. Wann beginnt das Turnier?
    b. Max will wissen, wann das Turnier beginnt.

Durch selbständige *w*-Interrogativsätze kann der Sprechhandlungstyp des Fragens ausgedrückt werden.

3. Forschungsgeschichte

Abgesehen von der Grammatikschreibung und einigen Aufsätzen zu Einzelaspekten der *w*-Pronomina (z. B. Zaefferer 1991, Pittner 1998, Wiese 1999) ist meines Wissens nur die Arbeit von Gallmann (1997) zur Morphosyntax und Lexik der *w*-Wörter auf eine systematische Untersuchung des *w*-Interrogativums gerichtet. Die *w*-Interrogativa werden allerdings oft im Zusammenhang mit den grammatischen und pragmatischen Aspekten von *w*-Fragesätzen behandelt. Die Literatur in diesem Bereich ist äußerst umfangreich. Einen Überblick geben z.B. Bäuerle/Zimmermann (1991), Reis/Rosengren (1991) und Groenendijk/Stokhof (1997).

4. Grammatische Charakterisierung der *w*-Interrogativa im Deutschen

In der Grammatikforschung werden zur Charakterisierung der Wortarten morphologische, syntaktische und semantische Kriterien angelegt. Im Folgenden werden die interrogativen *w*-Artikelwörter (Abschn. 4.1.), die interrogativen *w*-Pronomen (Abschn. 4.2.), die interrogativen *w*-Adjektive (Abschn. 4.3.) und die interrogativen *w*-Adverbien (Abschn. 4.4.) hinsichtlich dieser Aspekte detailliert beschrieben. In Abschn. 4.5. werden besondere *w*-Fügungen, die interrogativ gebraucht werden, besprochen. Abschn. 4.6. gibt einen kurzen Überblick über weitere, nicht interrogative Verwendungsweisen der *w*-Wörter.

4.1. Interrogative Artikelwörter

4.1.1. Morphosyntaktische Eigenschaften

Das interrogative Artikelwort *welcher* flektiert hinsichtlich der grammatischen Merkmale Genus, Numerus und Kasus. Der Formenbestand, der in Abb. 2 angegeben ist, entspricht dem der adjektivischen starken Deklination mit Ausnahme des Genitivs Maskulinum/Neutrum, der beim Adjektiv durch das Suffix *-en* realisiert wird. Dieses Suffix kann allerdings unter bestimmten Bedingungen als Alternative zu *-es* auch bei *welcher* beobachtet werden, wie die Beispiele in (4) belegen[1]:

(4) a. Welches/welchen Mannes gedenkt ihr?
 [Helbig/Buscha (1986)]
 b. Welches/welchen Gerätes möchtest du dich bedienen?
 [Duden-Grammatik (2005)]

---

[1] Voraussetzung ist, dass ein Nomen mit einer *s*-Genitivform folgt, wie folgendes der Duden-Grammatik entnommene ungrammatische Beispiel illustriert: **Welches/*welchen möchtest du dich bedienen?* Siehe hierzu auch die Diskussion in Abschn. 4.2.2. zur Genitivregel von Gallmann (1997).

	Maskulinum Singular	Neutrum Singular	Femininum Singular	Plural
Nom	*welch-er*	*welch-es*	*welch-e*	*welch-e*
Akk	*welch-en*	*welch-es*	*welch-e*	*welch-e*
Dat	*welch-em*	*welch-em*	*welch-er*	*welch-en*
Gen	*welch-es*	*welch-es*	*welch-er*	*welch-er*

Abbildung 2: Flexionsparadigma für *welch-*

Neben der flektierten Form *welch-* existiert auch die unflektierte Form *welch*, die jedoch in einigen Aspekten von dem flektierten Artikelwort abweicht: Erstens wird *welch* vornehmlich exklamativ und eben nicht interrogativ gebraucht, vgl. d'Avis (2001). Zweitens weicht unflektiertes *welch* von flektiertem *welch-* semantisch ab, da es durch *was für ein* paraphrasiert werden kann und nicht durch *welches von*. Drittens ist unflektiertes *welch* eher als ein *w*-Adverb als ein *w*-Artikelwort zu analysieren, da es Gemeinsamkeiten mit dem *w*-Adverb *wie* aufweist, vgl. Gallmann (1997). Viertens gehört unflektiertes *welch* anders als flektiertes *welch-* einer gehobeneren Stilschicht an.

4.1.2. Semantische Eigenschaften

Mit Hilfe von *welch*-Phrasen können Elemente aus einer im Kontext etablierten und durch die Bedeutung der Nominalphrase festgelegten Menge von Objekten erfragt werden, d.h. *w*-Phrasen der Form *welch-* NP identifizieren Entitäten, die die durch die Nominalphrase denotierten Eigenschaften haben. Beispielsweise wird durch die *w*-Phrase *welcher Hund* ein Element der Menge der Hunde erfragt.

Nach der formal-semantischen Standardanalyse in der Tradition von Hamblin (1973) und Karttunen (1977) werden *w*-Interrogativa als Existenzquantoren gedeutet. Unter dieser Interpretation quantifizieren *w*-Wörter wie *welch-* analog zum Artikel *ein* existentiell über die nominalen Elemente. Die *w*-Phrase, die das *w*-Wort enthält, wird entsprechend als generalisierter Quantor analysiert, dessen Restriktor durch die Bedeutung der Nominalphrase festgelegt ist:

λP∃x(NP'(x)∧P(x)). Diesem Ansatz folgen beispielsweise Engdahl (1986), Heim (1994) und v. Stechow (1996).

Alternativ wird vorgeschlagen, w-Phrasen als Indefinite zu analysieren, also als NP'(x). Die w-Phrase *welcher Hund* würde danach als hund'(x) gedeutet. Unter dieser Sichtweise sind w-Wörter freie Variablen, die existentiell abgebunden werden, wobei diese Bindung mit Heim (1982) unselektiv erfolgt, d.h. der Binder, z.B. ein Existenzquantor, kann simultan kontextuell die Variablen mehrerer w-Phrasen binden, die in einem Fragesatz vorkommen und hat somit weiten Skopus über den gesamten Fragesatz.[2] Eine solche Interpretation schlägt Nishigauchi (1990) für das Japanische vor. Er nimmt an, dass das Fragemorphem *ka* als unselektiver Binder fungiert. Die wichtigsten Argumente, die in der Literatur gegen die unselektive Bindung von Interrogativa vorgebracht werden, sind in Feldhaus (1997) zusammengefasst.

Zu den interrogativen Artikelwörtern wird oft auch die Verbindung *was für (ein)* gezählt. Genau genommen verhält sich aber nur die Komponente *ein* wie ein Artikelwort. Diese Konstruktion wird daher im Abschn. 4.5 als besondere interrogative Fügung diskutiert.

4.2. Interrogative Pronomen

4.2.1. Kategoriale Eigenschaften

Interrogative Pronomen sind im Unterschied zu den Adverbien deklinierbar, im Unterschied zu den Adjektiven nicht komparierbar und im Unterschied zu den Nomen im Allgemeinen nicht artikelfähig und nicht durch Adjektive attribuierbar.

Pronomen lassen sich generell dahingehend unterscheiden, ob sie sich flexivisch grosso modo wie Artikelwörter verhalten oder wie Nomen, weswegen erstere artikelartige Pronomen und letztere N-artige Pronomen genannt werden.[3] Unter den interrogativen Pronomen, zu denen *welch-, wer, was, was für (ein-), was für (welch-)* gezählt werden, verhält sich nur flektiertes, ohne offenes Nomen gebrauchtes *welch-* wie ein artikelartiges Pronomen; *wer* und *was* gelten als N-artige Pronomen. Für diese Zuordnung gibt es mehrere

---

[2] Reich (2003) analysiert w-Phrasen über sog. Auswahlfunktionen und folgt damit neueren Vorschlägen zur Semantik von Indefinita.
[3] Für eine differenzierte syntaktische Analyse von artikelartigen und N-artigen Pronomen im Rahmen der generativen Grammatiktheorie siehe Gallmann (1997: 22 ff.).

Indizien. So weist *was* wie das indefinite Pronomen *etwas* (Siehe hierzu auch den Artikel C8 zum Indefinitum.) keine Form für unbelebte Dativobjekte auf, vgl. auch Abschn. 4.2.2. Diese Lücke ist beim artikelartigen Pronomen *das* hingegen nicht zu beobachten. Das Hauptargument dafür, *wer* als N-artig einzustufen, ist die Beobachtung von Konstruktionen wie (5), die generell nur mit N-artigen Pronomen auftreten.[4]

(5) a. Wen Merkwürdiges hast du denn diesmal eingeladen? [Gallmann (1997)]
    b. Was Interessantes liest du da? [Gallmann (1997)][5]

Werden die Fügungen *was für (ein-), was für (welch-)* ohne offenes Nomen und somit pronominal gebraucht, fungieren *ein-* und *welch-* als artikelartige Pronomen, während *was* N-artig ist.

4.2.2. Morphosyntaktische Eigenschaften

Allgemein akzeptiert ist, dass interrogative Pronomen Markierungen für die morphosyntaktischen Merkmalsklassen Person, Numerus, Genus und Kasus[6] aufweisen. Uneinigkeit herrscht jedoch hinsichtlich der genauen Ausprägung dieser Merkmale bei den Pronomen *wer* und *was*. Hierbei ist insbesondere die Genusauszeichnung strittig. Während Helbig/Buscha (1986) davon ausgehen, dass die Formen *wer* und *was* genusneutral sind und sich nur hinsichtlich des Merkmals [± Person] bzw. [± belebt] unterscheiden, werden *wer* und *was* in den meisten anderen Grammatiken genusorientiert beschrieben: In der DUDEN-Grammatik (2005) heißt es, dass „die Form *wer* und ihre Kasusformen die feste Merkmalkombination Maskulinum Singular" haben; die Form *was* wird als Neutrum Singular ausgewiesen. Dies deckt sich mit dem Vorgehen von Eisenberg (1994), Engel (2004) und Zifonun/Hoffmann/Strecker (1997). In den Grundzügen einer deutschen Grammatik (Heidolph/Flämig/Motsch 1981) wird dagegen angenommen, dass *wer* gleichzeitig eine Maskulinum- und eine Femininumform ist. In der Online-Gramma-

---

[4] Historisch haben sich die N-artigen Pronomen *wer* und *was* vermutlich aus entsprechenden artikelartigen Pronomen entwickelt.
[5] Das angegebene Beispiel wird deutlich akzeptabler, wenn sich das nominalisierte Adjektiv in Distanzstellung befindet: *Was liest du da Interessantes?* Das angeführte Argument bleibt davon jedoch unberührt.
[6] In der Chomsky'schen Tradition werden die Merkmalsklassen Person, Numerus und Genus auch unter dem Begriff ‚Phi-Merkmale' zusammengefasst.

tik *grammis* wird dazu keine Angabe gemacht. Die beiden Pronomen werden nur hinsichtlich des Merkmals [± belebt] voneinander abgegrenzt.

Mehr Konsens besteht hinsichtlich der Numerusmerkmale der Pronomen *wer* und *was*. Mit Ausnahme von Weinrich (1993) werden die Formen *wer* und *was* morphosyntaktisch einheitlich als Singular ausgezeichnet.[7]

Ich schließe mich hier der Auffassung von Gallmann (1997) an, wonach *wer* und *was* autonome Merkmale für Person, Numerus und Genus aufweisen.[8] Hinsichtlich des Merkmals Person sind *wer* und *was* lexikalisch unterspezifiziert, nehmen aber syntaktisch den Defaultwert [+ 3. Person] an. *Morphosyntaktisch* ist *wer* zudem als Maskulinum Singular festgelegt und *was* als Neutrum Singular. Dies lässt sich damit begründen, dass beide Pronomen *semantisch* hinsichtlich der Merkmalspaare [± weiblich] und [± mehrfach vorhanden] unterspezifiziert sind, vgl. Gallmann (1997) und auch Pittner (1998)[9]. Auch hinsichtlich der semantischen Merkmalspaare [± menschlich] und [± zählbar] betrachtet Gallmann (1997) das Pronomen *was* lexikalisch als vollkommen unterspezifiziert. Nur in Opposition zu dem als [+ menschlich] (und [+ zählbar]) spezifizierten Pronomen *wer* erhält *was* die Semantik [– menschlich].

Die Kasusmarkierung der Pronomen *wer* und *was* ist ebenfalls nicht abschließend geklärt. Augenfällig ist, dass Kasus flexivisch nur bei *wer* sichtbar wird und dass *was* die bereits oben erwähnte paradigmatische Lücke im Dativ aufweist, denn *was* kann nicht als Dativobjekt verwendet werden.

(6) a. Wem stimmt Emma zu?
    b. *Was stimmt Emma zu?

Diese Defektivität von *was* wird in den Grammatiken verschieden behandelt. Helbig/Buscha (1986) beispielsweise geben gar keine Dativform für *was* an, ebenso Heidolph/Flämig/Motsch (1981). In der Online-Grammatik *grammis* wird von einer Lücke im *was*-Paradigma des Standarddeutschen gesprochen. In der DUDEN-Grammatik hingegen wird darauf hingewiesen, dass die Dativform *was* nach

---

[7] Weinrich (1993) bezeichnet die Formen *wer* und *was* als numerusneutral.
[8] Das heißt, die Pronomen übernehmen diese Auszeichnung nicht etwa von kontextuellen Nomen.
[9] Nach Wunderlich (1996) bestehen Standardbeziehungen von Genus und Numerus zu den semantischen Merkmalspaaren [± weiblich] und [± mehrfach vorhanden].

Präpositionen, die den Dativ regieren, stehen kann, dass diese Fügungen aber meist durch entsprechende Präpositionaladverbien ersetzt werden.

(7) Mit was hast du die Wand gestrichen? – Womit hast du die Wand gestrichen?

In der Grammatik der deutschen Sprache (Zifonun / Strecker / Hoffmann 1997) wird *wem* auch als Dativform von *was* angegeben. Beispiele wie (8) weisen jedoch darauf hin, dass *wem* in der Regel nur mit Bezug auf Personen verstanden werden kann, d.h. als Dativform von *wer*.[10]

(8) Wem schadet der Schimmel in der Wohnung? – Den Mietern. / *Den Büchern.

	Maskulinum Singular	Neutrum Singular
Nom	*wer*	*was*
Akk	*wen*	*was*
Dat	*wem*	– / (*was*) / *wem*
Gen	*wessen*	*wessen*

Abbildung 3: Flexionsparadigma für *wer* / *was*

In den erwähnten Grammatiken wird die paradigmatische Lücke im Dativ von *was* einheitlich als idiosynkratische Eigenschaft von *was* angesehen. Gallmann(1997) hingegen weist nach, dass die Dativlücke regelhaft auftritt. N-artige Pronomen mit Genus Neutrum unterliegen generell der Beschränkung, dass sie nicht als Dativobjekte verwendet werden können[11], wie Beispiel (9) demonstriert:

(9) *Das gleicht {viel, etwas}.

Eine weitere Besonderheit bezüglich des Kasus von Interrogativpronomina betrifft die Genitivform. So unterliegt das *w*-Wort *welch-* einer von Gallmann(1997) wie folgt formulierten *s*-Suffix-Beschrän-

---

[10] Allerdings gibt es Sprecher, die *wem* in (8) offenbar nicht auf Personen beschränken. Eine systematische Untersuchung der Sprecherurteile steht noch aus.
[11] Gallmann (1997) weist darauf hin, dass adjektivartige bzw. artikelartige Flexion eines Pronomens die Verwendung als Dativobjekt lizenziert: *Das gleicht vielem.*

kung für artikelartige Pronomen: Formen mit *s*-Genitiv können nicht pronominal verwendet werden. Der Kontrast in (10) illustriert diese Beschränkung:

(10) a. (Da sind drei Zeitungen.) Welcher möchtest du dich bedienen? [Gallmann (1997)]
 b. (Da sind drei Bücher.) *Welches möchtest du dich bedienen?

Da der *s*-Suffix-Beschränkung, wie (11) zeigt, nicht nur *w*-Wörter unterliegen, kann die fehlende *s*-Genitivform keine mit *welch* verbundene Idiosynkrasie sein.

(11) a. Sie entledigte sich aller.
 b. *Sie entledigte sich alles.

Schließlich gibt die *s*-Suffix-Beschränkung auch einen Hinweis, warum die Genitivform *wes,* die den Genitiv des ursprünglich artikelartigen Pronomens *wer* markiert, nur noch in festen Wendungen gebräuchlich ist, vgl. (12).

(12) a. Wes Geistes Kind
 b. *Wes nimmt er sich an?
 c. *Wes Bücher liest sie?

Warum die Langform *wessen* unbeschränkt verwendbar ist, ist jedoch noch ungeklärt.

4.2.3. Semantische Eigenschaften

Wie in Abschn. 4.2.2. bereits angesprochen, wird die lexikalisch unterspezifizierte semantische Merkmalsspezifikation von *was* erst in Gegenüberstellung zu *wer* als [-menschlich] festgelegt. Dies entspricht der intuitiven Beobachtung, dass das *w*-Pronomen *was* prinzipiell unbelebte Objekte oder Sachverhalte erfragt, das *w*-Pronomen *wer* hingegen Personen. Nach der in Abschn. 4.1.2. präsentierten Analyse im Rahmen einer Hamblin-Karttunen-Semantik wird das Pronomen *wer* als generalisierter Existenzquantor der Form $\lambda P \exists x(person'(x) \wedge P(x))$ interpretiert.[12] Der vom Pronomen *was* eingeführte Existenzquantor unterscheidet sich von dem vom Pronomen *wer* eingeführten Existenzquantor nur in der Restriktion, insofern als *was* auf unbelebte Entitäten beschränkt ist. Damit ist *was* weniger restringiert als *welch*-Phrasen und nicht abhängig von

---

[12] Wird *wer* als Indefinitum analysiert, erhält es die Interpretation $person'(x)$.

einer im Kontext etablierten, spezifischen Menge von Objekten. Dieser Unterschied wird unter den Begriff der Diskursanbindung (engl. *D(iscourse)-Linking*) gefasst, das im Übrigen im Englischen auch syntaktische Konsequenzen hat, vgl. Pesetsky (1987).

4.3. Interrogative Adjektive

Als interrogatives Adjektiv kann man nur die univerbierte Wortform *wievielt-* ansehen. *Wievielt-* wird wie ein Adjektiv flektiert und nimmt auch syntaktisch die Position eines Adjektivs ein. In der Regel wird *wievielt-* von einem vorangehenden definiten Artikel begleitet.

(13) Den wievielten Platz hat die Biathlonstaffel belegt?

Für eine eingehende Untersuchung dieser Wortform vgl. Rapp (1992) und Trissler (2000).

4.4. Interrogative Adverbien

4.4.1. Kategoriale Eigenschaften

Das Deutsche verfügt über die einfachen Interrogativadverbien *wo*, *wann* und *wie* sowie über morphologisch komplexe Interrogativadverbien, wie die aus *wo(r)-* und einer Präposition gebildeten *w*-Adverbien und die synchron hinsichtlich ihrer Bedeutung nur partiell analysierbaren Adverbien *warum*, *weshalb*, *weswegen*, *wieso* bzw. *inwiefern* und *inwieweit*, vgl. Gallmann (1997).[13] Interrogative Verbindungen mit *wo(r)-*, die traditionell als Pronominaladverbien bzw. Präpositionaladverbien bezeichnet werden, werfen interessante analytische Probleme auf, insbesondere bezüglich ihrer genauen kategorialen Struktur. Außer Frage steht, dass die Fügung insgesamt zu einer Präpositionalphrase pojiziert. Wie genau sind aber ihre Bestandteile kategoriell zu bestimmen?

Die Möglichkeit, interrogative Verbindungen mit *wo(r)-* durch eine Fügung bestehend aus einer Präposition und *was* zu ersetzen[14],

---

[13] Obwohl die Adverbien *warum*, *weshalb*, *weswegen*, *wieso* bzw. *inwiefern* und *inwieweit* kompositionell nicht analysierbar sind, sind sie bedingt morphologisch analysierbar, denn bestimmte morphologische Bestandteile, wie z.B. *so* oder *wie*, können ohne Weiteres identifiziert werden.

[14] Beispiele wie (14) sind regelmäßig in Standardtexten anzutreffen, auch wenn sie aus sprachpflegerischer Sicht mitunter beanstandet werden. Helbig/Buscha (1986) schreiben der Verbindung aus Präposition und *was* umgangssprachlichen Charakter zu.

vgl. (14), legt zunächst nahe, *wo(r)-* wie *was* als *w*-Pronomen zu klassifizieren.

(14) a. Worüber hast du dich besonders gefreut?
b. Über was hast du dich besonders gefreut?

Gallmann (1997: 37 ff.) spricht sich jedoch dagegen aus, *wo(r)-* als pronominales Element einzustufen und bestimmt es stattdessen als D-Element[15]. Er begründet dies damit, dass *wo(r)-* zum einen alle Eigenschaften fehlen, die artikelartige Pronomen aufweisen, und *wo(r)-* zum anderen auch nicht den N-artigen Pronomen zugeschlagen werden kann, da es morphosyntaktisch weder Kasus- noch Phi-Merkmale (Person, Numerus, Genus) trägt. Auch die kategorielle Zuordnung der zweiten Komponente birgt Schwierigkeiten. Die einfachste Annahme, dass es sich beim zweiten Element stets um eine Präposition handelt, ist nicht mehr haltbar, wenn man die *w*-Wörter *wohin* und *woher* mit einbezieht, da *hin* und *her* i.d.R. als Adverbien kategorisiert werden, wofür im Übrigen auch ihre deiktische Funktion spricht. Gallmann (1997: 37 ff.) argumentiert, dass die Komponente *wo-* als *w*-Pronomen oder als *w*-Adverb zu analysieren ist, je nachdem ob mit *wohin* und *woher* nach einem Präpositionalobjekt oder nach einem Adverbiale gefragt wird.[16]

4.4.2. Morphosyntaktische Eigenschaften

Interrogative Adverbien sind nicht flektierbar. Daher weisen sie keine Markierungen für die grammatischen Merkmale Person, Numerus, Genus und Kasus auf.

4.4.3. Semantische Eigenschaften

Interrogative Adverbien sind in nahezu allen adverbiellen semantischen Subklassen vertreten, wie die Übersicht in Abb. 4 zeigt.[17]

Die formal-semantische Analyse der *w*-Adverbien verläuft analog zur Analyse der *w*-Artikelwörter und der *w*-Pronomen, d.h. das

---

[15] D steht für die Kategorie Determinierer.
[16] Dieses Problem hat Helbig/Buscha (1986) veranlasst, zwischen interrogativen Pronominaladverbien und interrogativen Pro-Adverbien zu unterscheiden.
[17] Vgl. auch Cysouw (2004). Allerdings existieren im Deutschen keine epistemischen Frageadverbien. Daher kann das Modaladverb *leider* in *Ich habe den Zug leider nicht erreicht.* nicht erfragt werden. Auf dieses Faktum hat mich freundlicherweise Peter Gallmann hingewiesen.

Direktiv	*woher, wohin, worein*
Final	*wofür, wozu*
Graduativ	*inwiefern, inwieweit*
Instrumental	*womit, wodurch*
Kausal	*warum, weshalb, weswegen, wieso*
Komitativ	*womit*
Lokal	*wo, woran, worauf, worin*
Modifikativ	*wie*
Temporal	*wann*
Temporal durativ	*wie lange*
Temporal iterativ	*wie oft*

Abbildung 4: Semantische Subklassen interrogativer Adverbien

Adverb wird mit einem Existenzquantor identifiziert. In einer Hamblin-Karttunen-Semantik wird die adverbielle Bedeutung als Restriktion des generalisierten Existenzquantors ausgedrückt. Beispielsweise bedeutet *wann*, dass der Existenzquantor zeitlich restringiert ist: $\lambda P \exists x(\text{zeit}'(x) \wedge P(x))$.

4.5. Besondere interrogative Fügungen

In diesem Abschnitt sollen *w*-Fügungen diskutiert werden, die zwar zweifelsfrei interrogativ gebraucht werden, die ihrem lexikalischen und/oder syntaktischen Status nach aber nicht eindeutig einer der bereits diskutierten *w*-Wortklassen zugeordnet werden können.

4.5.1. *Was für α*

Die *was für α*-Fügung ist insbesondere dadurch gekennzeichnet, dass auf das *w*-Wort *was* das sonst als Präposition gebrauchte Element *für* und eine indefinite Nominalphrase folgen.[18] Pafel (1996) untersucht diese Fügung sprachübergreifend und gibt folgende empirische Eigenschaften als charakteristisch an: (i) Zwischen *was* und

---

[18] Ob *für* als Präposition bestimmt werden kann, ist umstritten. Dagegen spricht die fehlende Kasusrektion.

für können unter bestimmten Bedingungen Elemente wie *alles, genau* oder *ungefähr* eingefügt werden, vgl. (15a); (ii) das *w*-Wort *was* kann von der *für* α-Komponente abgespalten werden, vgl. (15b); (iii) *was* kann allein im Vorfeld stehen, vgl. (15b), was darauf hindeutet, dass *was* syntaktisch eine maximale Projektion darstellt; (iv) die Komponente α wird durch eine indefinite Nominalphrase realisiert, vgl. (15c); (v) *für* α verhält sich syntaktisch wie eine Konstituente, vgl. (15d), und (vi) der Numerus und der Kasus der gesamten *was für* α-Phrase sind identisch mit dem Numerus bzw. dem Kasus von α, vgl. (15e) und (15f).

(15) a. Was genau für Beweise sind noch zu erbringen?
 b. Was sind noch für Beweise zu erbringen?
 c. Was für ein Beweis ist noch zu erbringen?
 d. Was für Beweise und für Gutachten sind noch zu erbringen?
 e. Was für ein Beweis ist noch zu erbringen? – *Was für ein Beweis sind noch zu erbringen?
 f. Was für ein Beweis ist noch zu erbringen? – *Was für einen Beweis ist noch zu erbringen?

Obwohl die genannten Eigenschaften nahe legen, dass die *was für* α-Fügung nicht idiosynkratisch ist, ist die Diskussion über die adäquate strukturelle Analyse der *was für* α-Phrase noch nicht abgeschlossen. Eine Möglichkeit ist, *was* als N-artiges Pronomen und die *für* α-Phrase als eine an *was* adjungierte Präpositionalphrase zu bestimmen: [NP *was* [PP *für* α]]. Eine weitere Möglichkeit ist, *was* als Gradadverb anzusehen und analog zu *wie* selbst als Kern einer Präpositionalphrase zu analysieren: [PP[P *was*] [PP *für* α]]. Die erste Analyse wird von Pafel (1996) vorgeschlagen, die zweite wird von Gallmann (1997) favorisiert. Allerdings lassen sich für bzw. gegen beide Analysen einschlägige Argumente finden. Siehe hierzu Gallmann (1997).

Hinsichtlich ihrer semantischen Struktur und ihres Skopusverhaltens unterscheiden sich *was für* α-Phrasen prinzipiell nicht von anderen interrogativen Quantoren, vgl. Pafel (1996). *Was für* α-Phrasen sind interrogative Quantoren, deren Gegenstandsbereich generell auf Arten beschränkt ist. Sie sind somit mit dem interrogativen Quantor *welche Art von* α vergleichbar. Es ist nicht vollständig geklärt, wodurch die Einschränkung auf Arten semantisch zustande kommt. Gallmann (1997) nimmt an, dass *was* für den Artbezug verantwortlich ist, während Pafel (1996) davon ausgeht, dass die gesamte Fügung die Artbeschränkung beiträgt. Unstrittig ist hingegen, dass α die Restriktion des *w*-Quantors beisteuert. Damit kann eine *was für* α-Phrase in einer Hamblin-Karttunen- Semantik als Existenzquantor über Arten gedeutet werden, also als λP∃x(Art(x)∧α'(x)∧P(x)).

4.5.2. *Was an* α und *wer von* α

Fragen hinsichtlich ihrer Analyse werfen auch die *was an* α- und die *wer von* α-Fügung auf. Beide Fügungen teilen wesentliche, aber nicht alle Eigenschaften der *was für* α-Fügung.

Analog zur *was für* α-Fügung kann jeweils zwischen *w*-Wort und präpositionaler Komponente ein weiterer Ausdruck eingefügt werden. Zudem kann das *w*-Wort *wer* bzw. *was* von der präpositionalen Komponente abgespalten werden und allein im Vorfeld stehen.

(16) a. Wer {alles, genau, ungefähr} von diesen Kindern muss auch in den Ferien betreut werden?
b. Was {alles, genau, ungefähr} an Vorschlägen ist eingereicht worden?

Dies deutet darauf hin, dass *wer* bzw. *was* maximale Projektionen bzw. Phrasen sind. Insofern ist es auch nicht überraschend, dass ein Ausdruck wie *genau* an *wer* bzw. *was* adjungiert werden kann.

(17) a. Wer genau muss von diesen Kindern auch in den Ferien betreut werden?
b. Was genau ist an Vorschlägen eingereicht worden?

Die präpositionale Komponente in der *wer von* α- bzw. *was an* α-Phrase unterscheidet sich allerdings von der *für* α-Komponente in der *was für* α-Phrase. Zum ersten muss α durch eine plurale Nominalphrase[19] realisiert werden:

(18) a. *Wer von diesem Kind muss auch in den Ferien betreut werden?
b. *Was an einem Vorschlag ist eingereicht worden?

Zum zweiten regieren die Präpositionen *an* bzw. *von* den Kasus von α, und anders als bei der *was für* α-Fügung werden der Numerus

---

[19] Zudem ist auch eine singulare Nominalphrase möglich, aber nur dann wenn sie ein nicht zählbares Nomen enthält: *Was an Material wird benötigt?*

und der Kasus der gesamten *wer von α*- bzw. *was an α*-Phrase vom *w*-Wort und nicht von α bestimmt.

(19) a. Wem von diesen Schülern ist das zuzutrauen?
 b. *Wem von diesen Schülern sind das zuzutrauen?
 c. *Wer von diesen Schülern ist das zuzutrauen?

Zum dritten verhält sich die *von α*- oder *an α*-Komponente wie eine syntaktische Konstituente, wie die Extraktionsdaten in (20) belegen. Allerdings ist hierbei anzumerken, dass die entsprechenden Sätze als Echo-*w*-Sätze einzustufen sind, da die *w*-Phrase nicht in satzinitialer Position steht.

(20) a. Von den Fußballern ist wer verletzt?
 b. An Beweisen will die Staatsanwaltschaft was genau vorlegen?

Diese Datenlage deutet darauf hin, dass *wer* bzw. *was* in den zur Rede stehenden Fügungen als N-artige Pronomen zu analysieren sind. Die *von α*- bzw. *an α*-Komponente würde unter dieser Sichtweise als partitives Attribut zum jeweiligen *w*-Pronomen fungieren.[20]

Hinsichtlich der Bedeutung scheinen sich *von α*- und *an α*-Phrasen nicht von *welch*-Phrasen zu unterscheiden, weswegen sie wie diese als λP∃x(α'(x)∧P(x)) interpretiert werden können.

4.5.3. *Was* in adverbialer Gebrauchsweise

In Interrogativsätzen kann das N-artige Pronomen *was* auch kausal mit der Bedeutung des interrogativen Adverbs *warum* gebraucht werden.

(21) Was grinst du denn so?

Diese von d'Avis (2000) ausführlich beschriebene Gebrauchsweise ist jedoch stark restringiert. So kann adverbartiges *was* nur im Vorfeld stehen, nicht koordiniert oder fokussiert werden und keine wei-

---

[20] Gallmann (1997) weist darauf hin, dass die vorgeschlagene Analyse keine Erklärung bietet, warum die *was an α*-Phrase nicht innerhalb einer Präpositionalphrase stehen kann, wie (i) zeigt. Die *was für α*- und *wen von α*-Phrasen hingegen scheinen dieser Beschränkung nicht zu unterliegen, wie (ii) und (iii) belegen:
(i) *Über was an Vorschlägen hast du dich besonders gefreut?
(ii) Über wen von den Kindern hast du dich besonders gefreut?
(iii) Über was für Vorschläge hast du dich besonders gefreut?

tere *w*-Phrase im Satz lizenzieren. Diese Eigenschaften haben Gallmann (1997) zu dem Schluss geführt, dass adverbartiges *was* im Sinne von Cardenaletti/Starke (1995) als defektives *w*-Wort zu analysieren ist.

4.5.4. *Was* als Skopusmarkierer in der *was-w*-Konstruktion

Nicht kanonisch gebraucht wird *was* zudem in der *was-w*-Konstruktion, die dadurch gekennzeichnet ist, dass *was* den Skopus einer weiteren *w*-Phrase markiert, die einen syntaktisch eingebetteten Interrogativsatz einleitet.

(22) Was glaubt Maria, wann sie mal wieder Zeit hat?

Aus der Ungrammatikalität von Sätzen wie (23) wird gemeinhin geschlossen, dass *was* die *w*-Phrase im eingebetteten Satz lizenziert.[21]

(23) *Maria glaubt, wann sie mal wieder Zeit hat.

Der Status von *was* in der *was-w*-Konstruktion ist nach wie vor ungeklärt. d'Avis (2000) konnte zeigen, dass eine weitverbreitete Analyse, wonach *was* ein expletives Element ist, zu kurz greift. Für einen Überblick über den Stand der Forschung zur *was-w*-Konstruktion vgl. Lutz/Müller/v. Stechow (2000).

4.6. Andere Verwendungsweisen von *w*-Wörtern

Die *w*-Wörter sind nicht auf eine interrogative Verwendungsweise beschränkt. Sie können wie in (24a) indefinit gebraucht werden. Sie kommen zudem in Relativsätzen, vgl. (24b), Exklamativsätzen, vgl. (24c), und Unkonditionalsätzen, vgl. (24d), vor. Eine Zusammenstellung der verschiedenen Gebrauchsweisen der deutschen *w*-Wörter findet sich z. B. in Zaefferer (1991).

(24) a. Maria kommt zurück, weil sie was vergessen hat.
     b. Wer im Glashaus sitzt, soll nicht mit Steinen werfen.
     c. Welch eine großzügige Spende das doch ist!
     d. Wer auch immer es versucht, er wird kein Glück haben.

Kontrovers diskutiert wird die Beziehung zwischen den genannten Gebrauchsweisen der *w*-Wörter. Ein nahe liegender Ansatz ist zu

---

[21] Die *was-w*-Konstruktion kommt vornehmlich, aber nicht ausschließlich mit sogenannten Brückenverben vor, vgl. Reis (2000) und Featherston (2004).

stipulieren, dass *w*-Wörter im Lexikon semantisch unterspezifiziert sind und dass die jeweilige Interpretation kontextuell festgelegt wird. Diese Sicht wird beispielsweise von Pasch (1991) oder Wiese (1998) vertreten. Gegen eine solche Herangehensweise sprechen sich unter anderem Reis (1991) und Gallmann (1997) aus. Reis (1991) zeigt, dass die vorausgesetzten kontextuellen Bedingungen, wie die Stellung der *w*-Wörter oder die Frageintonation, nicht eindeutig eine interrogative Interpretation der *w*-Wörter evozieren. Gallmann (1997) fügt hinzu, dass mit der semantischen Unterspezifikation der *w*-Wörter nicht erklärt werden kann, warum *w*-Wörter unterschiedlichen Gebrauchsbeschränkungen unterliegen, warum regionale Varianz zu beobachten ist und warum bei bestimmten Verwendungen Lücken in der Flexion existieren. Er kommt daher zu dem Schluss, dass *w*-Wörter keine einheitliche lexikalische Klasse bilden. Interrogative *w*-Wörter sind vielmehr von den übrigen *w*-Wörtern zu unterscheiden.[22] Dies stellt jedoch nicht in Abrede, dass zwischen den unterschiedlichen Gebrauchsweisen der *w*-Wörter sowohl synchrone als auch diachrone Zusammenhänge bestehen. Siehe hierzu von Bremen (1983), Haspelmath (1996) und Gallmann (1997).

5. Das Interrogativum im *w*-Fragesatz

W-Fragesätze (auch: *w*-Interrogativsätze) weisen typische syntaktische Merkmale auf und unterscheiden sich in diesen von Aussagesätzen. Oberflächenstrukturell ist vor allem genau eine linksperiphere *w*-Phrase, die mindestens ein *w*-Interrogativum enthält, konstitutiv für einen *w*-Fragesatz.[23] Bei selbständigem Vorkommen wird ein *w*-Fragesatz in der Regel verwendet, um eine Frage zu stellen. Das *w*-Interrogativum markiert ein Wissensdefizit des Sprechers, das durch den Adressaten behoben werden soll. Diese Gebrauchsweise ist aber nicht die einzig mögliche für einen *w*-Interrogativsatz. Beispielsweise realisieren sogenannte rhetorische Fragen

---

[22] Gallmann (1997: 61) nimmt an, dass sich die semantischen Merkmale der *w*-Wörter in ihrem Markiertheitsgrad unterscheiden, wobei die interrogativen *w*-Wörter am wenigsten markiert sind. Dies drückt er durch folgende Markiertheitshierarchie aus: interrogativ < exklamativ < unkonditional < relativ < existenziell < …

[23] Entscheidungsfragen sind syntaktisch durch die Wortstellung (Initialstellung des finiten Verbs) bzw. die Anwesenheit einer Fragepartikel (*ob*) und mit Einschränkung durch die Frageintonation charakterisiert.

überhaupt keine Frage. Auf der anderen Seite findet man oberflächensyntaktische Abwandlungen des *w*-Interrogativsatzes, die ebenfalls Fragen ausdrücken können. Dazu zählen *w*-Verbletztsätze wie (25a), *w*-Infinitive wie (25b) und Echo-*w*-Sätze wie (25c).[24]

(25) a. Wer wohl zu dieser Vorlesung geht?
 b. Wen noch einladen?
 c. Du hast WEN getroffen?

Dennoch besteht insgesamt zwischen den formalen Eigenschaften eines *w*-Interrogativsatzes (d.h. der Grammatik des *w*-Fragesatzes) und der Fragefunktion (d.h. der Pragmatik des *w*-Fragesatzes) ein systematischer Zusammenhang, der in einer entsprechenden Fragetheorie erklärt werden muss.

Als Vermittlungsinstanz zwischen syntaktischem Satztyp und pragmatischem Illokutionspotential wird häufig der Satzmodus herangezogen. Damit ist der Form-Funktion-Zusammenhang im *w*-Fragesatz unmittelbar mit der Satzmodusproblematik verknüpft. Hierbei stellen sich Fragen wie, ob man überhaupt von einem einheitlichen interrogativen Satzmodus ausgehen kann und ob der interrogative Satzmodus einstellungsbezogen (z.B. Altmann 1987, Pasch 1989) oder einstellungsfrei (z.B. Rehbock 1991, Brandt/Reis/Rosengren/Zimmermann 1992, Zifonun/Hoffmann/Strecker 1997) zu charakterisieren ist.[25] Die Frage, die derzeit im Zentrum der wissenschaftlichen Debatte steht, ist jedoch, ob Form und Funktion direkt korrespondieren oder ob die Funktion kompositionell aus der Form abzuleiten ist. Unter der ersten Sichtweise sind die Formtypen, die als Träger des Satzmodus fungieren, komplexe Zeichen, so dass einem Bündel formaler Merkmale, wie z.B. Verbstellung, Vermodus, Intonation, kategoriale Füllung syntaktischer Positionen etc., eine bestimmte Funktion zugewiesen wird. Dieser Ansatz stellt somit den Konstruktionsgedanken in den Vordergrund. Er wird für das Deutsche z.B. von Altmann (1987), Zifonun/Hoffmann/Strecker (1997) oder Kathol (2000) vertreten. Unter der zweiten, einer kompositionellen Sichtweise wird nicht von einer arbiträren Beziehung zwischen Form und Funktion ausgegangen. Grundannahme ist vielmehr,

---

[24] Verschiedene Formen der *w*-Infinitive werden beispielsweise in Reis (2003) und Sabel (2006) diskutiert. Wunderlich (1986) und Reis (1991) thematisieren die Echo-*w*-Fragen.

[25] Diese Diskussion scheint inzwischen zugunsten eines einstellungsfreien Satzmodus weitgehend entschieden.

dass die Gesamtbedeutung eines Satzes und damit auch seine pragmatische Funktion aus den Bedeutungen seiner Teile (einschließlich struktureller Eigenschaften) abgeleitet werden kann. Aus dieser Betrachtungsweise ergibt sich, dass andere Verwendungsweisen des *w*-Fragesatzes als die Frageverwendung pragmatisch indirekt erklärt werden müssen. Prominente Vertreter dieser Sicht sind vor allem Brandt / Reis / Rosengren / Zimmermann (1992), Reis (1999), Lohnstein (2000) und Truckenbrodt (2004). Welche der beiden Sichtweisen die richtige ist, wird gegenwärtig noch äußerst kontrovers diskutiert.

Im folgenden Abschnitt sollen die syntaktischen Eigenschaften der *w*-Interrogativsätze beleuchtet werden, bevor in Abschn. 5.2. ihre semantischen und in Abschn. 5.3. ihre pragmatischen Eigenschaften diskutiert werden.

5.1. Syntaktische Aspekte der *w*-Frage

Der strukturelle Aufbau des deutschen *w*-Interrogativsatzes folgt den allgemeinen Bedingungen für die Struktur des deutschen Satzes und unterliegt den spezifischen Restriktionen für die Fragesatzbildung. Im prototypischen Fall wird der *w*-Interrogativsatz im Deutschen durch eine satzinitiale *w*-Phrase ausgezeichnet, die Skopus über den Satz hat, den sie einleitet. Dies gilt sowohl für direkte als auch indirekte *w*-Fragesätze. Direkte *w*-Fragesätze kommen im unmarkierten Fall syntaktisch selbständig vor und indirekte *w*-Fragesätze eingebettet.

Die lineare Struktur des deutschen Satzes wird im Allgemeinen mit Hilfe sog. topologischer Modelle erfasst, die die Abfolgeregularitäten im Satz als Besetzung von Feldern bzw. Positionen durch syntaktische Einheiten beschreiben. Nach dem topologischen Feldermodell von Höhle (1986) besetzt die satzinitiale *w*-Phrase im direkten *w*-Fragesatz das sog. Vorfeld und im indirekten *w*-Fragesatz die C-Position, die traditionell auch als linke Satzklammer bezeichnet wird und im deklarativen Fall subordinierende Konjunktionen bzw. Relativphrasen enthalten kann.[26]

---

[26] Die Einordnung in das C-Feld wird damit begründet, dass in eingebetteten Sätzen satzinitial nicht gleichzeitig eine *w*-Phrase und ein Komplementierer (Subjunktion) realisiert werden kann. Eine Ausnahme stellen allerdings süddeutsche Dialekte dar. Dies hat u. a. zu der Annahme geführt, *w*-Phrasen auch im indirekten Fragesatz dem Vorfeld zuzuordnen, was auch mit dem Prinzip der Strukturerhaltung besser vereinbar ist. Die Kontroverse um die Einordnung der *w*-Phrase im topologischen Modell ist eng mit den Gesetzmäßigkeiten der Stellung des

Die satzeinleitende w-Phrase kann einfach oder komplex sein. Im ersten Fall besteht sie nur aus einem w-Interrogativum, vgl. (26a), im zweiten Fall kommen zum w-Interrogativum weitere sprachliche Ausdrücke hinzu, die das w-Interrogativum attrahiert und mit in die satzinitiale Position bringt, vgl. (26b). Man spricht deswegen auch von der Rattenfängerkonstruktion (engl. *pied piping*). Diese kann auch in eingebetteten w-Fragesätzen beobachtet werden, vgl. (26c).

(26) a. Wie hat Max die Katze verjagt?
b. Mit welchem gemeinen Trick hat Max die Katze verjagt?
c. Mich interessiert, mit welchem gemeinen Trick Max die Katze verjagt hat.

Mit der Rattenfängerkonstruktion ist vor allem die Frage danach verbunden, wie sichergestellt werden kann, dass die in dieser Konstruktion zulässigen komplexen w-Phrasen als interrogativ ausgezeichnet werden, und nur diese. Beispielsweise belegt (27a), dass ein w-Wort nicht aus jeder syntaktischen Position heraus eine Phrase als legitime w-Phrase auszeichnen kann. Darüber hinaus sind VP-basierte w-Phrasen offenbar nicht akzeptabel, vgl. (27b), andererseits lassen sich im Deutschen grammatische Fälle wie (27c) beobachten.

(27) a. *Stolz auf wen sind sie immer gewesen?
b. *Wie verjagt hat Max die Katze?
c. Wie fest geschlagen muss die Sahne sein, wenn man sie in der Spritztüte weiterverarbeiten will? [Trissler (2000)]

Obwohl seit Ross (1967), der die Rattenfängerkonstruktion erstmalig erwähnt, die morpho-syntaktischen Bedingungen für dieses Phänomen vielfach thematisiert worden – für das Deutsche neuerlich von Trissler (2000) und Heck (2004) – sind wichtige Probleme im Zusammenhang mit der Bildung komplexer w-Phrasen nach wie vor ungelöst.[27]

Abgesehen von Komplexitätsbeschränkungen für die Satzverarbeitung existiert keine Begrenzung hinsichtlich der Anzahl der w-

---

finiten Verbs und der Sichtweise, dass finites Verb und Komplementierer bezüglich der linken Satzklammer alternieren, verbunden. Diese Aspekte können hier jedoch nicht weiter diskutiert werden.

[27] Nicht abschließend geklärt ist auch die Frage, ob die w-Infinitiv-Phrase in Sätzen wie *Ich weiß, welches Buch zu lesen ein Vergnügen ist.* eine Instanz der Rattenfängerkonstruktion ist. Die diesbezügliche Argumentation kann aus Platzgründen hier jedoch nicht nachgezeichnet werden.

Phrasen, die in einem Satz enthalten sein können. Es muss lediglich gewährleistet sein, dass eine satzinitiale *w*-Phrase die übrigen lizenziert.[28] *W*-Fragesätze, die mehr als eine *w*-Phrase enthalten, werden auch multiple Fragesätze, mehrzielige Fragesätze oder Mehrfachfragesätze genannt.

(28) Wer hat welche Droge welchem Junkie um welche Uhrzeit für wie viel Geld an welcher Straßenecke zugesteckt?

Zwei Konstruktionen im Deutschen, die *was-w*-Konstruktion und die *w*-Imperativ-Konstruktion, zeigen, dass die zwei Strukturbedingungen, die im Standardinterrogativsatz zusammenfallen, nämlich (i) mindestens eine das Frageziel konstituierende *w*-Phrase ist vorhanden und (ii) genau eine *w*-Phrase steht in Erstposition, tatsächlich getrennt voneinander zu behandeln sind. Mit anderen Worten: Die Anwesenheit einer interrogativen *w*-Phrase und die Markierung ihrer Skopusdomäne müssen unterschieden werden. Im einfachen Standardfall eines *w*-Interrogativsatzes wird die Domäne des Frageskopus durch die Oberflächenposition der *w*-Interrogativphrase festgelegt, vgl. (29a), d.h. die satzeinleitende *w*-Phrase hat Skopus über den Gesamtsatz. In der *was-w*-Konstruktion hingegen markiert nicht die fragezielkonstituierende *w*-Phrase den Frageskopus, denn diese verbleibt im eingebetteten Satz, sondern der sog. Skopusmarkierer *was*, vgl. (29b). Die umgekehrte Situation liegt bei den *w*-Imperativen vor, bei denen die *w*-Phrase engeren Skopus hat als die Oberflächenposition erwarten lässt, vgl. (29c).

(29) a. Wer hat die Katze verjagt?
    b. Was glaubt Emma, wer die Katze verjagt hat?
    c. Wieviel schätze mal, dass die Brille gekostet hat.

Reis/Rosengren (1991) und Reis (1991) konstatieren angesichts dieser Datenlage, dass eine rein oberflächenbezogene Definition der Skopusdomäne interrogativer *w*-Phrasen nicht möglich ist. Sie stipulieren deswegen ein nicht-sichtbares abstraktes morphosyntaktisches +w-Merkmal, das die Skopusdomäne markiert und gleichzeitig im Zusammenspiel mit der (den) *w*-Phrase(n) den Satztyp des Interrogativsatzes definiert.[29] Vermittelt über dieses Merkmal und seine se-

---

[28] Das Deutsche belegt damit, dass offenbar eine satzinitiale *w*-Phrase ausreicht, um Interrogativität auszulösen, auch dann wenn wie beispielsweise im Bulgarischen alle *w*-Phrasen topikalisiert werden.

mantische Interpretation wird dem Interrogativsatztyp ein Verwendungspotential zugeordnet.

Pasch (1991) argumentiert dagegen, dass *w*-Interrogativsätze nur einen semantischen, aber keinen syntaktischen Satztyp bilden. Sie vertritt die These, dass *w*-Wörter im Lexikon nur eine allgemeine Bedeutung haben, die zur interrogativen Interpretation durch allgemeine Regeln der Akzent- und Positionsinterpretation spezialisiert wird. Pasch (1991: 193) begründet ihre Auffassung vor allem damit, „dass viele *w*-Lexeme neben der interrogativen auch eine indefinite Interpretation aufweisen und dass die interrogative Interpretation nur abgeleitet werden kann, wenn das *w*-Lexem am Beginn des Satzes vorkommt oder wenn es primären Akzent auf seinem *w*-Morphem trägt." Die Diskussion wird in diesem Punkt vermutlich fortgeführt.[30]

Die Frage, ob ein interrogativer Satztyp anzusetzen ist, berührt ein weiteres Problem, und zwar die Einbettung von Fragesätzen unter ein entsprechendes Matrixprädikat. Für die Verben, die Fragesätze einbetten, sind verschiedene theoretisch ausgerichtete Klassifikationsvorschläge unterbreitet worden, um Kontraste wie die folgenden zu erklären.

(30) a. Max fragt, wer die Katze verjagt hat.
b. Max fragt, ob jemand die Katze verjagt hat.
c. *Max fragt, dass jemand die Katze verjagt hat.

(31) a. *Max glaubt, wer die Katze verjagt hat.
b. *Max glaubt, ob jemand die Katze verjagt hat.
c. Max glaubt, dass jemand die Katze verjagt hat.

(32) a. Max weiß, wer die Katze verjagt hat.
b. Max weiß, ob jemand die Katze verjagt hat.
c. Max weiß, dass jemand die Katze verjagt hat.

(33) a Max zählt auf, wer Katzen verjagt hat.
b. *Max zählt auf, ob jemand Katzen verjagt hat.
c. *Max zählt auf, dass jemand Katzen verjagt hat.

---

[29] Es ist hier aus Platzgründen nicht möglich, die weit reichenden Konsequenzen der Stipulation des +w-Merkmals, auch für Entscheidungsfragesätze, zu diskutieren. Siehe hierzu vor allem Reis (1991).

[30] Ginzburg / Sag (2000) setzen in ihrer constraintbasierten Analyse für den englischen Fragesatz einen syntaktischen interrogativen Satztyp an, dem sie direkt die Fragebedeutung zuordnen.

(34) a. Max staunt, wer die Katze verjagt hat.
b. *Max staunt, ob jemand die Katze verjagt hat.
c. Max staunt, dass jemand die Katze verjagt hat.

(35) a. *Max zweifelt, wer die Katze verjagt hat.
b. Max zweifelt, ob jemand die Katze verjagt hat.
c. Max zweifelt, dass jemand die Katze verjagt hat.

Die vorgeschlagenen Klassifikationsansätze, vgl. Dipper (1997) für eine Zusammenstellung, unterscheiden sich wesentlich darin, ob sie auf syntaktischer Ebene angesiedelt sind und davon ausgehen, dass Verben für Interrogativität subkategorisiert sind oder ob sie die Problematik eher an die Semantik und damit an die semantischen Selektionseigenschaften der Verben verweisen. Letztlich müssen sicher sowohl syntaktische als auch semantische Aspekte berücksichtigt werden (vgl. auch Eisenberg (1995)).

5.2. Semantische Aspekte der *w*-Frage

Interrogative Sätze haben eine spezifische Bedeutung, die sich (i) von deklarativen Sätzen unterscheidet und die sie (ii) für bestimmte Verwendungen qualifiziert. Diese Fragebedeutung ist Gegenstand der Semantik. Im Rahmen vieler Theorien, insbesondere im generativen Umfeld, wird die Fragebedeutung abgegrenzt von den Verwendungsformen einer Frage, z.B. als Informationsfrage, Nachfrage, Quizfrage etc., die als Gegenstand der Pragmatik angesehen werden. Mit anderen Worten, es wird davon ausgegangen, dass der illokutionäre Akt, also die Fragehandlung, von der Fragebedeutung abtrennbar ist. Wenn man Semantik und Pragmatik der Frage in der dargestellten Weise unterscheidet, muss sichergestellt werden, dass semantische Theorien des Frageinhalts mit pragmatischen Theorien der Frage kompatibel sind. Insbesondere muss eine semantische Theorie die Rolle der Fragesemantik als Vermittler zwischen Interrogativsatzform und Fragefunktion erfassen.

Ob ein *w*-Fragesatz selbständig oder von einem Matrixprädikat abhängig ist, hat zwar Konsequenzen für die semantische Einordnung der gesamten Äußerung, denn (36a) ist eine Frage und (36b) eine Assertion, aber hinsichtlich der Interrogativität scheinen sich direkte und indirekte Fragesätze intuitiv nicht zu unterscheiden. Diesem Zusammenhang trägt die These von der Äquivalenz der direkten und indirekten Frage, vgl. Belnap (1982), Rechnung.

(36) a. Wer hat die Katze verjagt?
b. Max will wissen, wer die Katze verjagt hat.

In den derzeit vorherrschenden Fragetheorien in der linguistischen Semantik wird die Bedeutung einer Frage zur Menge der vollständigen Antworten (auch: kongruenten Antworten) in Beziehung gesetzt. Je nach vorausgesetzter Fragetheorie umfasst diese Menge entweder die möglichen oder die wahren Antworten. Formal-semantische Ansätze, die Fragen als Mengen von propositionalen Antworten beschreiben, gehen in der Regel auf Hamblin (1973) zurück, der die Bedeutung der Frage als Menge der möglichen Antworten analysiert. Einflussreiche Weiterentwicklungen der Hamblintheorie stammen von Karttunen (1977) und Groenendijk/Stokhof (1982). Karttunen (1977) schränkt die Antwortmenge auf wahre Propositionen ein, um der beobachteten Faktivität einer Frage Rechnung zu tragen. Groenendijk/Stokhof (1982) präzisieren diesen Ansatz dahingehend, dass die propositionale Fragebedeutung die der wahren Antwort ist, was eine einheitliche semantische Analyse für *dass*-, *ob*- und *w*-Komplemente erlaubt. Krifka (2001) schlägt dementgegen vor, Fragebedeutungen als strukturierte Objekte zu repräsentieren, die grob gesprochen zweierlei enthalten: (i) die durch die Prädikation des Fragesatzes ausgedrückte Eigenschaft sowie (ii) die möglichen Instantiierungen dieser Eigenschaft, wodurch die Domäne, aus der mögliche Antworten zu erwarten sind, restringiert werden kann. Die von Hamblin und Karttunen als Fragebedeutung angesetzte Menge von Propositionen kann aus der strukturierten Fragebedeutung errechnet werden, indem alle zulässigen Instantiierungen der repräsentierten Eigenschaft vorgenommen werden. Für einen Überblick über die Entwicklung und den gegenwärtigen Stand der Theoriebildung vgl. auch Bäuerle/Zimmermann (1991), Higginbotham (1996) und Groenendijk/Stokhof (1997).

Zentrale analytische Probleme, die es im Bereich der Fragesemantik zu lösen gilt, betreffen unter anderem die Interpretation der *w*-Phrase, die Fragevoraussetzungen (Präsuppositionen) sowie das Phänomen der Exhaustivität.

Was die Interpretation der *w*-Phrase anlangt, wird zumeist angenommen, dass sie einen Existenzquantor darstellt; in Mehrfachfragen wird entsprechend jede *w*-Phrase als Existenzquantor gedeutet. Für eine solche Herangehensweise spricht unter anderem die empirische Beobachtung, dass *w*-Phrasen mit anderen Quantoren in Skopusinteraktion treten, vgl. Pafel (1991) und Pollard/Yoo (1998).[31] In einer Hamblin-Karttunen-Semantik, in der Frageinhalte mit Eigenschaften von Propositionen identifiziert werden, ist sie auch theoretisch gut motiviert. Das Denotat der Frage *Wer kommt?* ist die Menge der (wahren) Propositionen, für die gilt, dass es ein *x* gibt, das die Eigenschaft hat zu kommen. An diesem Beispiel wird gleichzeitig deutlich, dass Fragen Fragevoraussetzungen (oder Präsuppositionen) haben. Voraussetzung der Frage *Wer kommt?* ist, dass jemand kommt, was in (37) formalisiert ist. Dieser Zusammenhang ist unter dem Begriff der Existenzimplikatur auch in der pragmatischen Theoriebildung thematisiert worden, vgl. Abschn. 5.3.

(37) $\exists x\ (x\ kommt)$

Das Phänomen der Exhaustivität kann informell anhand folgender, Bäuerle/Zimmermann (1991) entnommener Beispiele beschrieben werden:

(38) a. Monika weiß, was heute im Fernsehen kommt.
b. Monika weiß nicht, ob das Wort zum Sonntag heute im Fernsehen kommt.

Beide Sätze scheinen intuitiv nicht gleichzeitig wahr sein zu können, denn (38a) wird so verstanden, dass Monika für jedes Element des Redeuniversums sagen kann, also auch für das „Wort zum Sonntag", ob es heute als Fernsehsendung läuft oder nicht. Damit weiß Monika aber ebenfalls, was heute nicht im Fernsehen kommt, womit (38b) falsch wäre. Dieser Zusammenhang ergibt sich daraus, dass die Konstruktion *wissen* + *w*-Fragesatz stark exhaustiv ist.[32] Schwache Exhaustivität hingegen bedeutet, dass man aus (38a) schließen kann,

---

[31] Mit *w*-Fragen, die Allquantoren wie z.B. *jeder* enthalten, ist das Phänomen der sog. distributiven Lesart verbunden. Damit ist gemeint, dass eine Frage wie *Wen liebt jeder?* listenförmig beantwortet werden kann, also z.B. mit *Max liebt Anna, Otto liebt Emma, Emil liebt Erna* etc. Die adäquate semantische Analyse dieses Phänomens wird nach wie vor diskutiert, wobei es insbesondere um die Frage geht, ob die distributive Lesart als funktionale Lesart oder als Skopuslesart einzustufen ist. Pafel (1999) gibt einen Überblick über den Stand der Diskussion und unterbreitet einen eigenen Analysevorschlag. Dieser basiert unter Anderem darauf, dass die quantifikationelle Bedeutung der *w*-Phrase so angereichert wird, dass sie direkt für die Exhaustivität und die Faktivität der Frage verantwortlich ist.

[32] Dies ist in einem der Karttunenschen Strategie folgenden Ansatz nicht ohne weiteres ableitbar, da in solchen Ansätzen die Fragebedeutung als die Menge der wahren Antworten festgelegt ist. Vgl. hierzu die Diskussion in Bäuerle/Zimmermann (1991: 343 f.).

dass Maria alle Fernsehsendungen kennt, die tatsächlich ausgestrahlt werden. Zur Behandlung der Exhaustivität sind im Rahmen der semantischen Theorie verschiedene Vorschläge unterbreitet worden, vgl. z. B. Beck/Rullmann (1999). Für eine zusammenfassende Diskussion des Problems siehe auch Bäuerle/Zimmermann (1991).

Unabhängig davon, wie die Fragebedeutung letztlich formal beschrieben wird, unterscheidet sich ein Fragesatz semantisch von einem Aussagesatz in seiner Offenheit. Um dies herleiten zu können, führt Karttunen (1977) das ‚Q-Morphem' oder den ‚Interrogativator' „?" ein. Dieser Operator wird als Funktion $\lambda p \lambda q[p = q]$ interpretiert, die einen Aussagesatz in einen Fragesatz wandelt.[33] Die semantische Eigenschaft der Offenheit legt die Basis für das pragmatische Verwendungspotential eines Fragesatzes, das im nächsten Abschnitt thematisiert wird.

5.3. Pragmatische Aspekte der *w*-Frage

Aus grammatischer Perspektive haben *w*-Interrogative ein bestimmtes Verwendungspotential; aus pragmatischer Perspektive geht es unabhängig von der grammatischen Realisierung um die mit der Frage verbundene Sprechhandlung. Worin besteht die Fraglichkeit eines Sachverhalts? Was zeichnet eine Äußerung aus, die als Frage verstanden wird?

Nach Wunderlich (1976) weist die Frage auf eine Wissenslücke hin. Der Sprecher fordert den Adressaten auf, diese Lücke durch eine passende Antwort zu schließen. Demnach sind Fragen aus pragmatischer Sicht Sprechakte, die andere Sprechakte, und zwar Antworten evozieren, oder anders ausgedrückt, sie sind Sprechhandlungen, die mit den jeweiligen Antworten einen Musterzusammenhang bilden.

Nach der Sprechaktklassifikation von Searle (1971) können Fragen den direktiven Sprechakten zugeordnet werden. Aber auch eine andere Einordung in das Illokutionssystem ist denkbar. So wurde vorgeschlagen, die Frage als eigenen, den Direktiva nebengeordneten erotetischen Sprechakt anzusetzen, vgl. z. B. Wunderlich (1976), Zaefferer (1984), Rehbock (1991), oder den Sprechakttyp der Frage unmittelbar mit dem der Antwort, also assertiven Sprechakten näher

---

[33] Ähnlich operiert der Funktor OFFEN, den Brandt/Reis/Rosengren/Zimmermann (1992) stipulieren. Dieser Funktor ist zusätzlich stark mit dem Satzmodussystem verknüpft.

in Beziehung zu setzen, vgl. z. B. Brandt et al. (1992), Truckenbrodt (2004). Letzterem Vorschlag liegt die Annahme zugrunde, dass der Frage insofern eine illokutive Sonderstellung zukommt, als ihre Illokution nicht unabhängig von ihrem Bezug zu der erwarteteten reaktiven Handlung, der Antwort, beschrieben werden kann, vgl. Reis/Rosengren (1991). Mit der Beziehung zwischen den Sprechakttypen der Frage und der Assertion setzt sich auch Confais (1995) auseinander. Er kommt jedoch zu dem Schluss, dass Fragen „ein Problem inszenieren" und somit „Behauptungen andeuten und vor-formulieren" (Confais 1995: 10). Confais plädiert dafür, Fragen nicht als Ausdruck eines epistemisch-kognitiven Defizits anzusehen, sondern als Ausdruck des Ziels des Sprechers „in einer konkreten Situation voranzukommen".

Das *w*-Interrogativum beschreibt in Informationsfragen die Lücke im Kenntnisstand des Sprechers und legt damit fest, welche Information in einer Antwort des Adressaten mindestens enthalten sein muss, um das Wissensdefizit des Sprechers zu beheben. Zifonun / Hoffmann / Strecker (1997) beispielsweise beschreiben diese Lücke als ein Argument der vom Sprecher eingebrachten Proposition, das vom Adressaten spezifiziert werden soll.

Informationsstrukturell ausgedrückt, eliziert das *w*-Interrogativum in der Frage den Fokus der Antwort, weswegen man auch von Frage-Antwort-Kongruenz spricht. Der Fokus der Antwort kennzeichnet in der Regel genau den Teil der Proposition, der die neue Information kodiert, die von der *w*-Phrase erfragt wird. Dieser Zusammenhang wird ausführlich in Reich (2003) untersucht.

Obwohl interrogative Elemente wie z. B. die *w*-Phrasen den Fokus der Antwort lexikalisch markieren, sind *w*-Elemente selbst nicht inhärent fokusmarkiert.[34]

Auf die Frage-Antwort-Kongruenz geht auch die übliche Fokussierungsheuristik zurück, wonach die Informationsstruktur eines deklarativen Satzes durch Rekonstruktion einer kohärenten Frage bestimmt wird. Die *w*-Phrase der Frage markiert die neue Information in der Antwort.

(39) a. Wer ist nach Hamburg gereist? – Der Chef ist nach Hamburg gereist.
b. Wohin ist der Chef gereist? – Der Chef ist nach Hamburg gereist.

---

[34] Sabel (1998) vertritt allerdings eine gegenteilige Ansicht.

Die Fokussierung kann als ein grammatisches Phänomen mit pragmatischer Funktion angesehen werden. Sie dient der Strukturierung der Information im Satz und gliedert diese in neue und alte bzw. Vordergrund- und Hintergrundinformation.[35] Rosengren (1991) zeigt, dass sich die Fokus-Hintergrund-Gliederung eines Interrogativsatzes nicht wesentlich von der Fokus-Hintergrund-Gliederung eines Deklarativsatzes unterscheidet. Das heißt, Faktoren wie Akzentuierung, Wortstellung und Argumentstruktur bestimmen auch die Informationsgliederung im w-Fragesatz.

Von der Informationsgliederung strikt zu trennen ist die durch die w-Phrase transportierte Existenzimplikatur[36]. Anhand des Beispiels (40) zeigt Jacobs (1991b), dass die Existenzimplikatur, die eine w-Phrase auslöst, nicht generell mit der Hintergrundinformation des jeweiligen w-Fragesatzes identifiziert werden kann.

(40) a. Wer hat im Wohnzimmer Brótzeit gemacht?
b. Wer hat im Wóhnzimmer Brotzeit gemacht?
c. Wér hat im Wohnzimmer Brotzeit gemacht?

Äußerungen von (40a) bis (40c) implikatieren jeweils, dass jemand im Wohnzimmer Brotzeit gemacht hat. Aber nur Satz (40c) kennzeichnet qua Fokus-Hintergrund-Gliederung den Sachverhalt, dass jemand im Wohnzimmer Brotzeit gemacht hat, als „alte" Information.

6. Literatur

Altmann, H. (1993) Satzmodus. In: Jacobs, J./v. Stechow, A./Sternefeld, W./Vennemann, Th. (Hg.) Syntax. Ein internationales Handbuch. Berlin/New York: de Gruyter, 1006–1029

Bäuerle, R./Zimmermann, T. E. (1991) Fragesätze. In: v. Stechow, A./Wunderlich, D. (Hg.) Semantik. Ein internationales Handbuch. Berlin/New York: de Gruyter, 333–348

Beck, S./Rullmann, H. (1999) A flexible approach to exhaustivity in questions. Natural Language Semantics 7, 249–298

---

[35] Einschlägige Arbeiten zur Informationsstrukturierung im Deutschen sind beispielsweise Höhle (1982), Uhmann (1991) und Jacobs (1991a).

[36] Die mit der w-Phrase verbundene Existenzimplikatur wird auch als Existenzpräsupposition gedeutet, vgl. Abschn. 5.2. Entsprechend ist nicht abgeschlossen geklärt, ob sie als primär semantisches oder primär pragmatisches Phänomen einzustufen ist.

Belnap, N. (1982) Questions and answers in Montague grammar. In: Peters, S. / Saarinen, E. (Hg.) Processes, beliefs, and questions. Dordrecht: Reidel, 165–198
Brandt, M. / Reis, M. / Rosengren, I. / Zimmermann, I. (1992) Satztyp, Satzmodus, und Illokution. In: Rosengren, I. (Hg.) Satz und Illokution 1. Tübingen: Niemeyer, 1–90
Cardinaletti, A. / Starke, M. (1995) The Typology of Structural Deficiency. On the Three Grammatical Classes. In: Alexiadou, A. et al. (Hg.) (1995) FAS Papers in Linguistics 1. Berlin: Forschungsschwerpunkt für Allgemeine Sprachwissenschaft, Typologie und Universalienforschung, 1–55
Confais, J.-P. (1995) Frage, Fragesatz und Fraglichkeit. In Schecker, M. (Hg.) Fragen und Fragesätze im Deutschen. Tübingen: Stauffenburg, 1–12
Cysouw, M. (2004) Interrogative words: an exercise in lexical typology. Ms. ZAS Berlin
d'Avis, F. (2000) On the Wh-Expletive Was in German. In: Lutz, U. / Müller, G. / v. Stechow, A. (Hg.) Wh-Scope-Marking. Amsterdam / Philadelphia: Benjamins, 131–155
d'Avis, F. (2001) Über w-Exklamativsätze im Deutschen (Linguistische Arbeiten, 429). Tübingen: Niemeyer
Dipper, S. (1997) Zur Selektion von Fragesatzkomplementen. Tübingen: Universität Tübingen (= Arbeitspapiere des Sonderforschungsbereiches 340, 122).
Dudenredaktion (Hg.) (2005^7) Duden. Die Grammatik. Bd. 4. Mannheim: Dudenverlag
Eisenberg, P. (1995) Probleme der Grammatik von indirekten Fragesätzen. In: Schecker, M. (Hg.) Fragen und Fragesätze im Deutschen. Tübingen: Stauffenburg
Eisenberg, P. (1994) Grundriß der deutschen Grammatik. Stuttgart / Weimar: Metzler
Engdahl, E. (1986) Constituent Questions. The Syntax and Semantics of Questions with Special Reference to Swedish. Dordrecht: Reidel
Engel, U. (1988) Deutsche Grammatik. Heidelberg: Groos
Engel, U. (2004) Deutsche Grammatik. Neubearbeitung. München: Iudicium
Featherston, S. (2004) Bridge verbs and V2 verbs: The same thing in spades? Zeitschrift für Sprachwissenschaft 23 (2), 181–210
Feldhaus, A. (1997) Fragen über Fragen. Eine HPSG-Analyse ausgewählter Phänomene des deutschen w-Fragesatzes (IBM Working Papers, 27). Heidelberg: Institut für Logik und Linguistik
Fleischer, W. / Helbig, G. / Lerchner, G. (Hg.) (2001) Deutsche Sprache. Kleine Enzyklopädie. Frankfurt / Main: Lang
Fortmann, C. (1994) Zur w-Syntax im Deutschen. Tübingen: Universität Tübingen (= Arbeitspapiere des Sonderforschungsbereiches 340, 63)
Gallmann, P. (1996) Die Steuerung der Flexion in der DP. Linguistische Berichte 164, 283–314

Gallmann, P. (1997) Zu Morphosyntax und Lexik der w-Wörter. Tübingen: Universität Tübingen (= Arbeitspapiere des Sonderforschungsbereiches 340, 107)
Ginzburg, J. (1995) Resolving Questions I. Linguistics & Philosophy 18, 459–527
Ginzburg, J. / Sag, I. (2000) Interrogative Investigations: The Form, Meaning and Use of English Interrogatives. Stanford: CSLI
grammis – das grammatische Informationssystem des Instituts für Deutsche Sprache. http://www.ids-mannheim.de / grammis / (Stand: 28.5.06)
Groenendijk, J. / Stokhof, M. (1982) Semantic Analysis of WH-Complements. Linguistics and Philosophy 5, 175–233
Groenendijk, J. / Stokhof, M. (1997) Questions. In: van Benthem, J. / ter Meulen, A. (Hg.) Handbook of logic and language. Amsterdam: Elsevier, 1055–1124
Hamblin, C. L. (1973) Questions in Montague English. Foundations of Language 10, 41–53
Haspelmath, M. (1996) Indefinite Pronouns. Oxford: University Press (= Oxford Studies in Typology and Linguistic Theory, 1)
Heck, F. (2004) A Theory of Pied Piping. Phil. Diss. Universität Tübingen
Heidolph, K. E. / Flämig, W. / Motsch, W. (Hg.) (1981) Grundzüge einer deutschen Grammatik. Berlin: Akademie
Heim, I. (1994) Interrogative semantics and Karttunen's semantics for know. In Buchalla R. / Mittwoch, A. (Hg.) Proceedings of IATL 1. Jerusalem: Akademon, 128–144
Helbig, G. / Buscha, J. (1986) Deutsche Grammatik. Ein Handbuch für den Ausländerunterricht. Leipzig: Enzyklopädie
Higginbotham, J. (1996) The Semantics of Questions. In: Lappin, S. (Hg.) The Handbook of Contemporary Semantic Theory. Cambridge / Oxford: Blackwell, 361–383
Höhle, T. (1986) Der Begriff Mittelfeld, Anmerkungen über die Theorie der topologischen Felder. In: Akten des VII. Kongresses der Internationalen Vereinigung für germanische Sprach- und Literaturwissenschaft, Göttingen 1985. Bd. 3. Weiss, W. / Wiegand, H. E. / Reis, M. (Hg.) Textlinguistik contra Stilistik? – Wortschatz und Wörterbuch – Grammatische oder pragmatische Organisation von Rede? Tübingen: Niemeyer, 329–340
Jacobs, J. (1991a) Focus Ambiguities. Journal of Semantics 8, 1–36
Jacobs, J. (1991b) Implikaturen und „alte Information" in w-Fragen. In: Reis, M. / Rosengren, I. (Hg.) Fragesätze und Fragen. Referate anlässlich der 12. Jahrestagung der Deutschen Gesellschaft für Sprachwissenschaft, Saarbrücken 1990. Tübingen: Niemeyer, 201–221
Karttunen, L. (1977) Syntax and semantics of questions. Linguistics and Philosophy 1, 3–44
Kathol, A. (2000) Linear Syntax. Oxford: University Press
Krifka, M. (2001) For a Structured Account of Questions and Answers. In: Fery, C. / Sternefeld, W. (Hg.) Audiatur Vox Sapientia. A Festschrift for Arnim von Stechow. Berlin: Akademie Verlag, 287–319
Lohnstein, H. (2000) Satzmodus – kompositionell. Zur Parametrisierung der Modusphrase im Deutschen. Berlin: Akademie (= studia grammatica, 49)

Lutz, U. / Müller, G. / v. Stechow, A. (Hg.) (2000) Wh-Scope Marking. Amsterdam / Philadelphia: Benjamins
Nishigauchi, T. (1990) Quantification in the theory of grammar. Dordrecht: Kluwer
Pafel, J. (1991) Zum relativen Skopus von w- und Q-Phrasen (w / Q-Interaktion). In: Reis, M. / Rosengren, I. (Hg.) Fragesätze und Fragen. Tübingen: Niemeyer, 145–173
Pafel, J. (1996) Die syntaktische und semantische Struktur von *was für-* Phrasen. Linguistische Berichte 161, 37–67
Pafel, J. (1999) Interrogative Quantifiers Within Scope. Linguistics and Philosophy 22, 255–310
Pasch, R. (1991) Überlegungen zur Syntax und semantischen Interpretation von *w*-Interrogativsätzen. Deutsche Sprache 19, 193–212
Pesetsky, D. (1987) Wh-in-Situ: Movement and Unselective Binding. In: Reuland, E. / ter Meulen, A. (Hg.) The Representation of (In)definiteness. Cambridge: MIT Press, 98–129
Pittner, K. (1998) Genus, Sexus und das Pronomen wer. In: Pittner, K. / Pittner, R. J. (Hg.) Beiträge zu Sprache und Sprachen 2: Vorträge der 5. Münchner Linguistik-Tage, 1995. München: Lincom Europa, 153–162
Pollard, C. / Yoo, E. J. (1998) A unified theory of scope for quantifiers and wh-phrases. Journal of Linguistics 34, 415–445
Rapp, I. (1992) Die w-Wörter *wie, wieviel-, wievielt-* im Rahmen einer Degree-Phrasen-Analyse. In: Reis, M. (Hg.) W-Phrasen, W-Merkmale, Skopusberechnung (= Arbeitspapiere des SFB 340 Stuttgart-Tübingen, 7), 69–104
Rehbock, H. (1991) Fragen stellen – Zur Interpretation des Interrogativsatzmodus. In: Reis, M. / Rosengren, I. (Hg.) Fragesätze und Fragen. Referate anlässlich der 12. Jahrestagung der Deutschen Gesellschaft für Sprachwissenschaft. Saarbrücken 1990, Tübingen: Niemeyer, 13–47
Reich, I. (2003) Frage, Antwort und Fokus. Berlin: Akademie (= studia grammatica, 55)
Reis, M. (1991) Was konstituiert *w*-Interrogativsätze? Gegen Paschs Überlegungen zur Syntax und Semantik interrogativer w-Konstruktionen. Deutsche Sprache 19, 213–238
Reis, M. (1991) Echo-w-Sätze und Echo-w-Fragen. In: Reis, M. / Rosengren, I. (Hg.) Fragesätze und Fragen. Referate anlässlich der 12. Jahrestagung der Deutschen Gesellschaft für Sprachwissenschaft. Saarbrücken 1990. Tübingen: Niemeyer, 49–76
Reis, M. / Rosengren, I. (1991) Einleitung. In: Reis, M. / Rosengren, I. (Hg.) Fragesätze und Fragen. Referate anlässlich der 12. Jahrestagung der Deutschen Gesellschaft für Sprachwissenschaft. Saarbrücken 1990. Tübingen: Niemeyer, 1–11
Reis, M. / Rosengren, I. (Hg.) (1991) Fragesätze und Fragen. Referate anlässlich der 12. Jahrestagung der Deutschen Gesellschaft für Sprachwissenschaft. Saarbrücken 1990. Tübingen: Niemeyer (= Linguistische Arbeiten, 257)

Reis, M. (1999) On Sentence Types in German. An Enquiry into the Relationship between Grammar and Pragmatics. Interdisciplinary Journal for Germanic Linguistics and Semiotic Analysis 4, 195–236

Reis, M. (2000) On the Parenthetical Features of German *was* ... *w*-Constructions and How to Account for Them. In: Lutz, U./Müller, G./v. Stechow, A. (Hg.) Wh-Scope-Marking. Amsterdam/Philadelphia: Benjamins, 359–407

Reis, M. (2003) On the form and interpretation of German wh-infinitives. Journal of Germanic Linguistics 15, 155–201

Rosengren, I. (1991) Zur Fokus-Hintergrund-Gliederung im Deklarativsatz und im w-Interrogativsatz. In: Reis, M./Rosengren, I. (Hg.) Fragesätze und Fragen. Referate anlässlich der 12. Jahrestagung der Deutschen Gesellschaft für Sprachwissenschaft. Saarbrücken 1990. Tübingen: Niemeyer, 175–200

Ross, J. R. (1967) Constraints on Variables in Syntax. Ph.D. Diss. MIT

Sabel, J. (1998) Principles and Parameters of Wh-Movement. Habilitationsschrift. Universität Frankfurt/Main

Sabel, J. (2006) Impossible Infinitival Interrogatives and Relatives. In: Brandt, P./Fuß, E. (Hg.) Form, Structure, and Grammar. A Festschrift Presented to Günther Grewendorf on Occasion of His 60th Birthday. Berlin: Akademie (= studia grammatica, 63), 243–254

Trissler, S. (2000) Syntaktische Bedingungen für w-Merkmale: Zur Bildung interrogativer w-Phrasen im Deutschen. Phil. Diss., Universität Tübingen (= Arbeitspapiere des Sonderforschungsbereiches 340, 151)

Truckenbrodt, H. (2004) Zur Strukturbedeutung von Interrogativsätzen. Linguistische Berichte 199, 313–350

Uhmann, S. (1991) Fokusphonologie. Eine Analyse deutscher Intonationskonturen im Rahmen der nicht-linearen Phonologie. Tübingen: Niemeyer (= Linguistische Arbeiten, 252)

von Bremen, K. (1983) Question Words. A Study in the Syntax of Relativization, Free Relatives, Pseudo-Cleft Sentences and Certain Indefinite Pronouns. Diss. Universität Stockholm

von Stechow, A. (1996) Against LF pied-piping. Natural Language Semantics 4, 57–110

Weinrich, H. (1993) Textgrammatik der deutschen Sprache. Mannheim: Dudenverlag

Wiese, H. (1999) WH-Words are not „Interrogative" Pronouns: The Derivation of Interrogative Interpretations for Constituent Questions. In: Proceedings of the International Conference of the NorthWest Centre for Linguistics, Liverpool, November 12–14, 1999

Wunderlich, D. (1976) Fragesätze und Fragen. Studien zur Sprechakttheorie. Frankfurt/Main: Suhrkamp

Wunderlich, D. (1986) Echofragen. In: Studium Linguistik 20, 44–62

Wunderlich, D. (1996) Minimalist Morphology: The Role of Paradigms. In: Booij, G. E./van Marle, J. (Hg.) Yearbook of Morphology 1995. Dordrecht: Kluwer, 93–114

Zaefferer, D. (1984) Frageausdrücke und Fragen im Deutschen. Zu ihrer Syntax, Semantik und Pragmatik (Studien zur Theoretischen Linguistik 2). München: Fink

Zaefferer, D. (1991) *Weiß wer was? Wer weiß was? Wer was weiß ...* w-Interrogative und andere w-Konstruktionen im Deutschen. In: Reis, M. / Rosengren, I. (Hg.) Fragesätze und Fragen. Referate anlässlich der 12. Jahrestagung der Deutschen Gesellschaft für Sprachwissenschaft. Saarbrücken 1990. Tübingen: Niemeyer, 77–93

Zifonun, G. / Hoffmann, L. / Strecker, B. (Hg.) (1997) Grammatik der deutschen Sprache. 3 Bde. Berlin / New York: de Gruyter (= Schriften des Instituts für Deutsche Sprache 7.1–7.3)

Anke Holler (Göttingen)

C12 Konjunktor

1. Wortartbezeichnung
2. Kurzdefinition – Beispiele – Abgrenzung
3. Der Konjunktor im Deutschen
3.1. Forschungsgeschichte
3.2. Systematik
3.2.1. Funktion und Form
3.2.2. Die Konjunkte
3.3. Semantik
3.3.1. Semantik, Pragmatik und Syntax
3.3.2. Bedeutung im einzelnen
4. Literatur

1. Wortartbezeichnung

Verbreitete Alternativbezeichnungen sind: *Bindewort, (beiordnende / gleichordnende / koordinierende) Konjunktion, Koordinator, Konnektor, Junktor*

2. Kurzdefinition – Beispiele – Abgrenzung

a. Konjunktoren sind im Deutschen unflektierbare Wörter;
b. sie verbinden formal mindestens zwei Einheiten, insbesondere (jeweils Haupt- oder Neben-)Sätze, Phrasen, Verbgruppen, Wörter, Morpheme bzw. sprachliche Handlungen unterschiedlicher Größenordnungen (Prozeduren, kommunikative Minimaleinheiten, Sprechhandlungen, Diskursphasen etc.) in differenten Handlungsdimensionen (in äußerungsmäßiger, propositionaler und illokutiver Dimension);
c. sie dienen dazu, diese Einheiten unter einem kategorialen Aspekt zu koordinieren;
d. sie sind zu diesem Zweck primär zwischen den koordinierten Einheiten positioniert, z.B. im Falle einfacher Konjunktoren außerhalb der Satztopologie im sogenannten Vor-Vorfeld des zweiten Aussagehauptsatzes, im Falle zweiteiliger Konjunktoren jeweils im Vorfeld;
e. sie weisen keine Satzfunktion (als Satzglied oder Gliedteil) auf;
f. sie gehören funktional-pragmatisch dem ‚Operativen Feld von Sprache' zu, sind also Mittel zum Vollzug ‚operativer Prozedu-

ren', und dienen als besondere Subklasse dieses Feldes dem Verständigungshandeln zwischen Sprecher und Hörer bei der Prozessierung relationierter Wissenselemente.

Nach dieser groben Bestimmung hat das Deutsche folgende Konjunktoren (alphabetisch):

einfach: *aber, denn, (je)doch, oder, und;*
komplex: *NEG / zwar ..., aber ...; ... beziehungsweise ...; ..., das heißt ...; entweder ... oder ...; ..., es sei denn, ...; NEG / nicht (nur) ..., sondern (auch) ...; ..., ..., ... sowie ...; sowohl ... als / wie auch ...; ..., und zwar ...; ... wie auch ...; NEG / weder ... noch ...; NEG ..., vielmehr ...*

Diskutiert werden zudem, etwa in der IdS-Grammatik (Zifonun et al. 1997), *ja* sowie – typischerweise mündlich – *außer, bloß, nämlich* und schriftsprachlich *allein, respektive* als Konjunktoren.

Einzig intrasentential positionierte Ausdrucksmittel wie *dann, deshalb, dennoch, ebenso, einerseits ..., andererseits ...* gelten nach satzgrammatischen Kriterien als ‚Adverbien', ‚(Konnektiv-)Partikeln' oder (konjunktintegrierbare) ‚Konnektoren' (Zifonun et al. 1997, Pasch et al. 2003).

Beispiele:
(Authentische, gesprochene Äußerungen des Richters in einer Verhandlung vor dem Amtsgericht; aufgenommen und transkribiert von L. Hoffmann, in: Redder & Ehlich 1994, S. 24 f. Fl. 21–23; S. 28, Fl. 62 f.; S. 32 f., Fl. 103–106; S. 35, Fl. 129–134; Kursivierung A. R.)

(B1) Aufgrund der Fahrweise *und* des festgestellten Blutprobeergebnisses war der Angeklagte absolut verkehrsuntüchtig.
(B2) Sie sind selbst gefahren. . *Und* haben das Fahrzeug wo abgestellt?
(B3) Das wissen Sie *aber* alles selbst *nicht* aus eigener Erfahrung, *sondern* von . diesem / ... von diesem Herrn X, nennen wir ihn mal vorläufig so.
(B4) Sie werden . mir gestatten, daß ich mir Rückschlüsse dazu . erlaube, äh wenn Sie diesen Namen <u>nicht</u> nennen, möglicherweise, *denn* äh es is ein Aussageverhalten, das äh . möglicherweise son bißchen taktisch äh äh ähm aussehen könnte.

(B1) und (B2) verdeutlichen exemplarisch, daß *und* – wie im übrigen auch *oder* – ein Spektrum formal unterschiedlicher Verknüpfungsgegenstände mit entsprechenden syntaktischen Konsequenzen erlaubt (in B2: Subjekteinsparung im zweiten Konjunkt); (B3) dokumentiert, daß *aber* – ebenso wie *denn* und *(je)doch* – syntaktisch andere als satzanbindende Positionen einnehmen kann und daß *sondern* immer an die Negation des ersten Relates gebunden ist; (B4) dokumentiert *denn* als in komplexe hörerseitige Verstehensbearbeitungen involvierten Konjunktor.

Quantitativ gilt *und* als die frequenteste einfache Verknüpfung, in gesprochener wie in geschriebener Sprache, gefolgt von *aber*. Demgegenüber gelten intersententiales *denn* und *(je)doch* als eher schriftsprachlich.

Gemeinhin werden *und* und *oder* als die zentralen Konjunktoren betrachtet. Den Hintergrund dafür bildet die logische Semantik: Die beiden sprachlichen Ausdrucksmittel lassen sich vergleichsweise leicht mit den logischen Operatoren der Konjunktion ∧ und der Disjunktion ∨ korrelieren und wahrheitswertfunktional betrachten. Insbesondere bildet *und* den wahrheitswertfunktionalen Basisoperator: a ∧ b sind genau dann wahr, wenn sowohl a als auch b wahr sind. Die logische Bedeutung von *oder* ist daraus ableitbar. Relativ dazu läßt sich *aber* pragmatisch in komplexer Weise als eine Form der Negation ableiten. Erst mit Freges Kompositionalitätsgedanken einerseits und mit der gestaltpsychologisch differenzierenden Logik etwa bei Meinong andererseits lassen sich die elementaren Operatorleistungen auch logisch neu diskutieren (vgl. Bühler 1934 in Kap. IV. zur Komposition). Der Konjunktor *denn* erscheint im Vergleich damit als Besonderheit:

„Daß diese Konjunktion nebenordnend ist, bedarf besonderer Aufmerksamkeit. Meist sieht man die Bedeutung von *denn* ja als kausal an. Kausalität ist aber eine asymmetrische Relation zwischen Sachverhalten, die sich mit Koordination nicht recht verträgt." (Eisenberg 1999 (Bd. 2): 203).

Im Handbuch der deutschen Konnektoren wird *denn* polykategorial als „Einzelgänger" (Pasch et al. 2003, Kap. C 3.1) innerhalb der syntaktischen Konnektorenklasse und als konnektintegrierbarer Konnektor (Kap. C.5) traktiert. Aus Sicht der Grammatik gesprochener Sprache werden Konstruktionen mit satzkonnektierendem *denn* zu den Operator-Skopus-Strukturen gerechnet (Fiehler et al. 2004), wozu des weiteren sentential konnektierende Operatoren wie *übrigens:* ..., *trotzdem:* ..., *dennoch:* ..., *allerdings:* ..., *freilich:* ..., *indes:* ... und *weil:* ... mit jeweils folgendem Hauptsatz gehören. Damit ist der Übergang von Satzgrammatiken zu Diskurs- und Textgrammatiken sowie von semantischen zu syntaktischen Distinktionskriterien tangiert. Die Frage der Einheitlichkeit des Ausdrucksmittels bei intersententialer („Konjunktion") und intrasententialer („Partikel', → C1, C13 ...) Verwendung stellt sich für *denn* ebenso wie für *aber* und *(je)doch*.

Die syntaktische Abgrenzung zu den Subjunktoren (→ C22) und zum Relativum (→ C21) besteht darin, daß mittels Konjunktoren keine Subordination der verknüpften Einheiten erfolgt, insbesondere keine sententiale Subjunktion, d. h. keine Hauptsatz-Nebensatz-Verknüpfung („Hypotaxe', ,Satzgefüge'), sondern eine Satz-Satz-Verknüpfung („Parataxe', ,Satzreihe'). Um diese Differenz der Verknüpfung terminologisch auch für das Verknüpfte deutlich werden zu lassen, spricht man davon, daß Konjunktoren mindestens zwei ,Konjunkte' miteinander verknüpfen.

3. Der Konjunktor im Deutschen

3.1. Forschungsgeschichte

Der Terminus ,Konjunktor/Konjunktion' steht in Opposition zu ,Subjunktor/Subjunktion' und ist in dieser Spezifikation an eine strukturalistische Sprachwissenschaft gebunden, also vergleichsweise neu. Beide Begriffspaare werden für das Deutsche zuerst in textbezogenen, vor allem in dependenzgrammatischen Darstellungen (Engel 1988; sodann Eroms 2000, Dudenredaktion 2005) genutzt und in der funktionalen IdS-Grammatik (Zifonun et al. 1997) bis in Sprechhandlungs- und Diskursstrukturierungen hinein detailliert ausgeführt (für das betreffende Kap. H2: „Koordination" zeichnet L. Hoffmann verantwortlich). In seiner Textgrammatik des Deutschen rechnet Weinrich (1993) auch das Relativum sowie Präposition und Genitiv (zwecks nominaler Attribution) zu den Mitteln der textuellen Verknüpfung und insofern zu den Mitteln, die er als ,Junktoren' zusammenfaßt. Eine frühe satzübergreifende, im „Zusammenhang mit der Rede" entwickelte und auf die „Erwartungen des Hörers" bezogene Darstellung von Konjunktionen und ,Anschlußwörtern' bietet Brinkmann (1971[2]: 499 f.) aus Sicht der Sprachinhaltsforschung.

Die traditionelle, an der griechisch-lateinischen Grammatik orientierte Terminologie begreift ‚Konjunktion' – nach dem lat. ‚coniunctio' (‚unter ein Joch zusammenspannen') – als übergeordnete Kategorie und nimmt eine Binnendifferenzierung in ‚koordinierende Konjunktionen' (Lang 1991) und ‚subordinierende Konjunktionen' vor. Der Blick ist bei Apollonios Dyskolos und Priscian auf Wörter und ihr satzsyntaktisches Potential konzentriert, während in der griechischen Tradition der μέρε λόγου die Rede bzw. der Text als größere und komplexere sprachliche Einheit im Blick war. Gemäß Dionysius Thrax bilden die Redeteile der Klasse ‚σύνδεσμος' Mittel der Verknüpfung im Zuge der linear verlaufenden Rede. In der Übersetzung von Ehlich (1979: 163) lautet die entscheidende Bestimmung von Dionysios Thrax:

„Die Konjunktion (syndesmos) ist ein Wort, das zusammenbindet den Gedanken (dianoia) mit der Anordnung (taxis) und das die Lücken des Verständnisses (hermeneia) offenlegt (deloysa)." (§ 20, hg. v. Uhlig 1883: 86)

Die an den Homerischen Texten philologisch entwickelte und auf hermeneutisch angemessene Tradierung dieser vorbildlichen Sprachwerke gerichtete Grammatik des Griechischen bringt Aspekte ins Spiel, die im Zuge der textlinguistischen Konnektivitätsdiskussion erst schrittweise wieder eingeholt werden. Aus heutiger Sicht lassen sich diese Aspekte folgendermaßen formulieren:

(1) Zusammengebunden werden eine gedankliche und eine äußerungsmäßige Struktur, also eine mentale und eine sprachliche Einheit, nicht Wörter oder Sätze als solche.
(2) Grund ist die unhintergehbare Linearität sprachlicher Ausdrucksanordnung, welche bei mangelnder Strukturparallelität oder bei semantischer Uneindeutigkeit der Relation explizit bearbeitet werden kann.
(3) Die Ausdrucksklasse syndesmos / coniunctio dient der Prozessierung des Verstehens.

Während dies klassische philologisch-hermeneutische Verständnis eine abstrakte mentale Dimension relativ zur verbalen Äußerungsstruktur ins Spiel bringt, bezieht sich Brinkmann auf die interaktive Sprechsituation zwischen Sprecher und Hörer und formuliert zur Wortklasse der Konjunktionen:

„Für die Steuerung der Rede ist eine Wortklasse von Bedeutung, die auf den Horizont bezogen ist, aber im Fortgang einer Rede und eines Gesprächs wirksam wird. Man spricht von Konjunktionen, weil sie in einer Satzfolge als Element einer Verbindung auftreten. Diese (koordinierende) Verbindung von Sätzen aber ist eher eine sekundäre Leistung. Primär sprechen sie eine Erwartung aus, die im Horizont der Partner begründet ist." (Brinkmann 1971²: 760)

Innovativ ist die Priorisierung: Die satzgrammatische Verknüpfungsleistung wird zur sekundären gegenüber einer erwartungsbezogenen Ausdrucksleistung vor der Folie des hörerseitigen Horizonts. Mit dieser aus Husserls Phänomenologie stammenden Kategorie versucht Brinkmann, das in einer Sprechsituation aktualisierte und aktualisierbare Erfahrungswissen der Kommunikationsteilnehmer zu verankern; als eine Dimension des Horizonts gilt ihm, neben der Erinnerung, die Kategorie der Erwartung (a. a. O.: 732), welche handlungstheoretisch relevant ist und für die Bedeutungsbestimmung von Konjunktoren nutzbar gemacht werden kann (s. u. 3.3.1.).

In der Funktionalen Pragmatik werden Konjunktoren – ebenso wie Subjunktoren – als Mittel der ‚Operationsfeldes' / ‚Operativen Feldes' von Sprache bestimmt (Ehlich 1986). In diesem Feld geht es funktional allgemein um das Verständigungshandeln zwischen Sprecher und Hörer, d. h. komplementär um die hörerseitige mentale Verarbeitung und die sprecherseitige Prozessierung des sprachlichen Handelns selbst, vor allem in seiner propositionalen Dimension. Konjunktoren und Subjunktoren bilden eine eigene Subklasse sprachlicher Mittel zum Vollzug ‚operativer Prozeduren' – neben z. B. der Subklasse der Artikel (→ C6 Determinativ als übergeordnete Einheit) zwecks Wissensmanagement, der Phorik (→ C5 Anapher, C18 Pronomen) zwecks Aufmerksamkeitskontinuierung und der Kasus des Deutschen zu sprachinternen Zwecken der Einheitenrelationierung. Die uns insgesamt interessierende, Konjunktoren und Subjunktoren sowie Konnektivpartikeln umfassende, besondere Subklasse operativer Ausdrucksmittel sei „konnektierende operative Ausdrücke" oder „konnektierende Operativa" genannt. Sie können gemäß dieser einheitlichen prozeduralen Auffassung im konkreten sprachlichen Handeln syntaktisch, kombiniert mit operativen Mitteln der Wortstellung, als koordinierende, subordinierende oder integral konnektierende Operativa fungieren.

Die strukturalistische Textlinguistik widmet sich von Beginn an der Frage nach dem Zusammenhang von Sätzen in Texten, und zwar unter der syntaktischen Kategorie der ‚Junktion' oder der semantisch-syntaktischen Kategorie der ‚Kohärenz' (z.B. Halliday & Hasan 1976, de Beaugrande & Dressler 1981, Givón 1995), was besonders für die charakteristische Koordinationsstruktur des Erzählens *(... und (dann) ...)* und ihre Rezeption kognitionsanalytisch ausgeführt wurde (van Dijk & Kintsch 1983). Die Gesprächsanalyse untersucht makrostrukturell weniger Zusammenbindung als vielmehr Gliederung und „shifting" durch ‚Gliederungssignale' bzw. ‚discourse markers' (z.B. Gülich 1970, Schiffrin 1988), wodurch vor allem rhythmisch oder syntaktisch abgesetzte Konnektoren *(Allein: ...; Weil: ...; Allerdings: ...; Dennoch: ...)* früh Gegenstand empirischer Analysen wurden (Altman & Lindner 1979, Gaumann 1983, Thim-Mabrey 1985).

Die typologisch oder kontrastiv orientierte Allgemeine Sprachwissenschaft bringt – insbesondere im Zusammenhang der Converb-Analyse (Haspelmath & König 1995) – die formunabhängige Kategorie der ‚Konnektivität' in die Diskussion. Sie geht einerseits in die Mehrsprachigkeitsforschung (Rehbein et al. 2007) und andererseits in kognitive, konzeptuell basierte Grammatiken ein, welche heute ein Spektrum zwischen Koordination – Kosubordination – Subordination (z.B. Foley & van Valin 1984, Haiman & Thompson 1988) annehmen. In der Construction Grammar (Croft 2001) wird dies strukturell auf „mental maps" bezogen und gestaltpsychologisch gewendet: Koordination gilt dann als „complex figure", Subordination dagegen als „figure-ground" (a.a.O.: 327). Insbesondere Koordinationsstrukturen werden derzeit in der Sprachtypologie konzeptgrammatisch reanalysiert (Haspelmath (Hg.) 2004). Man erkennt, daß die verschiedenen Sprachen unterschiedliche kategoriale Differenzierungen bzw. Indifferenzen zum Ausdruck bringen, was Haspelmath in einem Vergleich der „semantic maps" graphisch darzulegen versucht (2004, § 6). Stassen (2000) unterscheidet neben rein juxtapositiv, d.h. äußerungsverkettend verfahrenden Sprachen grob „and-languages" und „with-languages" gemäß ihrer dominanten konzeptuellen Strategien; Stolz (1998: 111) weist darauf hin, daß auch das Deutsche einen bestimmten Sektor der funktionalen Domäne von *und* mit *mit* teilt.

3.2. Systematik

3.2.1. Funktion und Form

Konjunktoren und Subjunktoren sind, wie oben funktional-pragmatisch argumentiert wurde, besondere operative Ausdrucksmittel, eben konnektierende Operativa. Als solche dienen sie dem Vollzug operativer Prozeduren, durch welche die Prozessierung relationierter Wissenselemente synchronisiert wird. Sukzessive sprecherseitige Verbalisierung und hörerseitige Rezeption komplexer Gehalte erfahren so eine ausdrückliche Unterstützung und bleiben nicht allein dem kooperativen Mitdenken überlassen, wie dies bei der puren Zusammenstellung, der Juxtaposition, der Fall ist. Die operative Prozessierung geschieht, indem Wissen oder daraus abgeleitetes Erwarten und Verstehen strukturell bearbeitet, vor allem homogen koordiniert oder inhomogen vernetzt und vermöge der je einzelnen lexikalischen Ausdrucksmittel kategorisiert werden. Voraussetzung ist die Existenz mindestens zweier Einheiten für die Relationierung. Spezifikum ist, daß die Relationierung in einer – mit Brinkmann (1971[2]) gesprochen – „Kopplung" besteht. Die Einheiten werden also durch konnektierende Operativa gekoppelt. Diese Leistung wird auch durch die gängigen Fachbegriffe der Verknüpfung, (Kon-)Junktion, Konnektion zum Ausdruck gebracht.

Die koppelnde Besonderheit der syntaktisch subspezifizierten Konjunktoren besteht darin, daß sie in Kombination mit konjunktspezifischen Einheitenbildnern, etwa mit formalen, morpho-syntaktischen Mitteln (nominal- oder verbalgrammatischer Art: s.o. B1 und B2 oder sententialer Art: s.o. B4) homogene, ja parallele Strukturen im Wissen für die sprachliche Verarbeitung aktivieren und koordinieren. Dies gilt auch für die Verwendung innerhalb von Äußerungen, insbesondere für *denn, doch* und *aber* (s.o. B3), indem ihre Positionierung eine Scheidung in das zuvor und das danach Geäußerte als potentielle Einheiten für die operative Konnektierung vornimmt; in der Satzgrammatik werden diese Einheiten allerdings gewöhnlich nicht als mögliche Konjunkte aufgefaßt und die Ausdrücke daher als (Konnektiv-)Partikeln oder Konnektoren ausgegliedert. Subjunktoren vernetzen in Kombination mit der Endstellung des Finitums demgegenüber inhomogene, differente Strukturen, was im Deutschen bevorzugt mittels operativ funktionalisierter Deixeis (Redder 2001) wie einfaches *daß / dass* oder fusioniertes *damit, nachdem, seitdem, sobald, sofern* geleistet wird (cf. am Beispiel *so daß*

Ehlich 1987; *wenn ..., so* versus *wenn ..., dann* Redder 1987; *da* versus *denn* Redder 1990). Hinsichtlich der illokutiven Kraft der angekoppelten sprachlichen Handlungseinheit fungieren Konjunktoren bezogen auf Einheiten mittlerer Größenordnung als „Illokutionstransmitter", lassen also eine eigene Illokution des zweiten Konjunktes, formal des (Haupt-)Satzes, zu, und Subjunktoren als „Illokutionsstopper", stoppen also die Entfaltung einer eigenen illokutiven Kraft des zweiten Konjunktes, formal also des Nebensatzes, so daß sich diejenige des ersten integral darauf ausdehnt (Redder 2004). Die differente „äußere Form" von Konjunktoren und Subjunktoren sowie (Konnektiv-)Partikeln bzw. Konnektoren, also von konnektierenden Operativa, wird mithin als eine Prozedurenkombination – v. a. mit operativen Mitteln der Wortstellung – aufgefaßt und stellt gegenüber der prozeduralen Ausdrucksanalyse selbst einen nächsten Schritt der prozeduralen Syntaxanalyse dar (Redder 1990). Gerade die vielfältige syntaktische Nutzung einzelner Ausdrucksmittel zeugt m. E. davon, daß die Sprecher einer Sprache die kombinatorischen Leistungsfähigkeiten für Zwecke des sprachlichen Handelns permanent erproben und ausschöpfen, so daß im Falle ihrer Bewährung diachron ebenso wie synchron gerade keine Fixierung der kombinatorischen Formen erfolgt, solange keine probateren Mittel oder Mittelkombinationen an die Stelle treten oder standardisierte Komplementaritäten schaffen.

Eine Wortartenkategorisierung kann jeweils nur einzelsprachspezifisch, nicht übereinzelsprachlich vorgenommen werden (Redder 2005); und sie macht einen historischen Schnitt. Geht man von einfachen Prozeduren als Basis des sprachlichen Handelns aus – auch bezogen auf diejenigen lexikalischen Formen, die in der wissenschaftlichen Alltagssprache als ‚Wort' bezeichnet werden und z. B. für flektierende Ausdrucksmittel als Wortstämme zu präzisieren sind –, so wird eine Wortarten-Klassifikation zweckmäßig an der „inneren Form" der Ausdrucksmittel festgemacht (Redder i. Dr.). Für die als einfache Konjunktoren angeführten Ausdrücke im Deutschen (s. o. § 2), insbesondere für *aber, denn, doch,* aber auch für *oder,* besteht von der inneren Form her in der Gegenwartssprache keine syntaktische Präferenz, kein standardisierter kombinatorischer Bias. Vielmehr legt sich angesichts ihrer syntaktisch vielfältigen Nutzbarkeit, d. h. angesichts ihrer vielfältigen äußeren Form, nach meiner Auffassung eine Wortartenkategorisierung jenseits der operativen Bestimmung gerade nicht nahe. Die zusammengesetzten, komplexen

Konjunktoren des Deutschen treten demgegenüber gegenwärtig standardisiert in spezifischen syntaktischen Umgebungen auf, standardisiert v. a. in Kombination mit operativen Mitteln der Wortfolge, so daß man dies als inhärente Eigenschaft, als Teil ihrer inneren Form betrachten mag und also als feldspezifische Ausdifferenzierung im Sinne einer Wortart.

Eine alternative funktional-syntaktische Auffassung vertritt Hoffmann (2003), wenn für ihn mit jedem Ausdrucksmittel – im Sinne einer atomaren, feldspezifischen Prozedur – zugleich ein syntaktisches Strukturwissen, d. h. ein Wissen um die funktionale Kombinatorik, aufgerufen bzw. von der syntaktischen Struktur her eine Ausdrucksklasse differenziert wird, was dann, der Feldspezifik nachgeordnet, jedoch der Einheit des Ausdrucksmittels selbst übergeordnet, die Wortartendifferenzierung beispielsweise in Konjunktoren versus Subjunktoren versus Konnektivpartikeln begründet, wie sie in diesem Band geschieht. In seiner prozeduralen Syntax (2003) entfaltet Hoffmann die differenten syntaktischen Prozeduren, die jeweils für die Wortart bestimmend sind:

– Konjunktoren dienen einem eigenen „syntaktischen Prozedurentyp", der ‚Koordination', deren Charakteristik darin besteht, daß vermöge der strikten Zwischenpositionierung der Konjunktoren die koordinierten Konjunkte als solche erfaßt werden.
– Konnektivpartikeln (→ C13; konjunktintegrierte Konnektoren im Sinne von Pasch et al.) dienen demgegenüber einer bestimmten Art des syntaktischen Prozedurentyps ‚Integration', nämlich der ‚Konnexion'. Konnektivpartikeln stehen nicht in der Zwischenposition, sondern im Vorfeld oder Mittelfeld.
– Subjunktoren werden ‚konfigurativ' wirksam, indem sie kombiniert mit der Endstellung des finiten Verbs Subjunkte bilden.

Auf diese Weise nimmt Hoffmann mit den Wortarten eine Klassifikation von Mitteln zum Vollzug von syntaktisch relevanten Prozedurenkombinationen vor, nicht von Wörtern als Mittel zum Vollzug von einfachen Prozeduren. Die Positionierung wird nicht als eigene operative Prozedur in Kombination mit feldspezifisch prozedural klassifizierten Ausdrücken geltend gemacht, sondern bereits in die Klassifikation „eingerechnet". Die Kategorie ‚Wortart' erfährt bei Hoffmann mithin – aus meiner Sicht – eine prozedurenkombinatorische Reanalyse. Ihre Basierung ist dann im Unterschied zu traditionellen Mischklassifikationen (Knobloch & Schaeder 2000) einheitlich syntaktisch. Nicht nur für flektierende Ausdrucksmittel, sondern auch für unflektierbare wird somit bei der ‚Wort-Art' von dem ausgegangen, was flexionszentriert meist als ‚Wortform' (Eisenberg 1998) vom formal vagen Wortbegriff abgegrenzt wird. Die hier darzulegenden Konjunktoren haben insofern lt. Hoffmann als relativ zu den Konjunkten zwischenpositionierte operative Ausdrücke zu gelten, die koordinativ eine neue Gesamtkombination als syntaktische Einheit herstellen.

3.2.2. Die Konjunkte

Konstituentengrammatiken werfen primär die Frage auf, welcher grammatischen Kategorie die Konjunkte und das koordinierte Ganze zugehören. Im allgemeinen wird davon ausgegangen, daß die Konjunkte von gleicher Kategorie sind und ein koordiniertes Ganzes wiederum gleicher Kategorie bilden. Die IdS-Grammatik legt eine solche Darstellung als Dezision offen, die zudem – freilich mit guten Gründen – die Zuordnung des Konjunktors zum zweiten Konjunkt einschließt (Zifonun et al. 1997: 2361). Letzteres ist in der nicht-binären Oberflächengrammatik von Eisenberg nicht erforderlich; vielmehr kann er den Konjunktor in einer dreiteiligen Konstituentenstruktur eigens verankern, allerdings ebenfalls unter der Annahme von Kategorienidentität der koordinierten Einheiten, nicht notwendig jedoch der koordinierten Konstituente insgesamt (1999: 370 f.). Gazdar et al. (1985, § 8.3) brechen mit dieser generellen kategorialen Vorstellung und nehmen die Koordinationsmöglichkeit kategorial differenter Konjunkte ernst; sie sehen deshalb für die koordinierte Einheit eine Konstituente mit multiplen Köpfen vor und behandeln den Konjunktor selbst nicht als einfache Kategorie. Eine ähnlich differenzierte, funktional-grammatische Betrachtung hat schon früh Dik (1968) gegen generative Theorien geltend gemacht.

Hoffmann formuliert funktional-syntaktisch ebenfalls vorsichtig und im Ganzen funktional spezifiziert (2003: 89): „Durch die Koordination werden zwei Einheiten mit sich überschneidendem Funktionspotenzial unter einer einheitlichen Funktion kombiniert, bilden einen Funktionszusammenhang." Ein solcher Funktionszusammenhang kann nach Hoffmann für *und* neben der elementaren Erweiterung des Gegenstandsbereichs z. B. auch in einer Restriktion oder

Explikation des ersten Konjunkts bestehen, also in komplexeren Wissensbearbeitungen.

Dies führt zu der Frage, wie die koordinierten Einheiten als Einheiten, über denen die operative Prozedur ausgeführt wird, handlungstheoretisch zu bestimmen sind, und zwar formal wie funktional. Es wird zu zeigen sein, daß die konnektierende Subklasse der operativen Ausdrucksmittel zum Vollzug operativer Prozeduren über sprachliche Einheiten im gesamten Spektrum sowie – Brinkmann folgend – auch über mentale Einheiten dienen.

Eine avancierte Darstellung von Konjunktortypen nach Maßgabe der koordinierten Einheiten bietet die IdS-Grammatik (Zifonun et al. 1997: 2387):

Konjunktortyp	Konjunktoren
Satz-, KM-Konjunktor	*denn*
Wort-, Phrasen-Konjunktor	*(so)wie*
Morphem-, Wort-, Phrasen-, Verbgruppen-, Satz-Konjunktor	*sowohl ... als (auch), sowohl ... wie (auch)*
Universalkonjunktor (Morphem-, Wort-, Phrasen-, Verbgruppen-, Satz-, KM-Konjunktor)	*aber, allein, außer, beziehungsweise (bzw.), bloß, das heißt (d.h.), (je)doch, entweder... oder, nicht nur... sondern (auch), sondern, vielmehr, respektive (resp.), und, und zwar (u. zw.), weder... noch*

Ich konzentriere mich im folgenden zunächst auf die formal einfachen und funktional zugleich zentralen Konjunktoren *und, oder, aber, denn* und *doch*.

Man erkennt, daß diese Konjunktoren – bis auf *denn* – sämtliche hier ins Auge gefaßten Einheiten verknüpfen. „KM" steht für ‚kommunikative Minimaleinheit', womit eine kategoriale Überschreitung der morpho-syntaktischen Kategorien hin zu einer funktionalen Theorie des sprachlichen Handelns eingeleitet ist. Die Minimalität dieser Einheiten besteht aus funktional-pragmatischer Sicht in Einheiten von der Größenordnung einer ‚Prozedur'. In den IdS-Darlegungen zur Koordination kommen unter der formalen Kategorie KM jedoch funktional Sprechhandlungen, genauer: ihre Verkettung (ohne systematischen Turn-Wechsel; s.o. B2 mit *und*) und Sequenzierung (mit systematischem Turn-Wechsel) zur Geltung (a.a.O.: 2378; vgl. Hoffmann 2003). So stehen formale Handlungskategorien und satzsyntaktische Kategorien in der Tabelle nebeneinander, wodurch zwar eine innovative Ausdehnung in Richtung auf eine Text- und Diskursgrammatik angelegt wird, die Vermittlungsschritte zu Strukturen innerhalb und unterhalb von Sprechhandlungen aber in Kap. H noch vage bleiben.

In der Tat erscheint es im Rahmen einer funktional-pragmatischen Grammatik geboten, die satzsyntaktische, konstituentengrammatische Sichtweise auf mögliche Konjunkte im größeren Zusammenhang des sprachlichen Handelns systematisch aufzugreifen und die formalen und die funktionalen Kategorien miteinander zu vermitteln. In diesem Rahmen lassen sich die terminologisch verschieden gefaßten Größen aus obiger Tabelle m.E. einheitlich herleiten und aufeinander beziehen. Einen Ansatzpunkt dafür bietet die Kategorie der ‚Sprechhandlung' (Searle 1969 spricht für diese Gesamteinheit noch undifferenziert vom Sprechakt), welche im gleichzeitigen Vollzug dreier Akte besteht: ‚Äußerungsakt', ‚propositionaler Akt' und ‚illokutiver Akt'. Während Prozeduren die kleinsten Einheiten sprachlichen Handelns darstellen, gelten Sprechhandlungen mit diesen drei inhärenten Akt-Dimensionen in der Funktionalen Pragmatik als Einheiten mittlerer Größenordnung (vgl. Graphik in Redder 2005: 47). Die größten Einheiten sprachlichen Handelns bilden ‚Diskurs' – unter den Bedingungen der Kopräsenz von Sprecher und Hörer – und ‚Text' – bei mangelnder Kopräsenz und systematisch zerdehnter Sprechsituation –, indem sie sich aus einem zweckbezogenen Ensemble von Sprechhandlungen konstituieren.

Die gängigen formalen Bestimmungen möglicher Konjunkte sind, wie sich nun sagen läßt, in der Dimension des Äußerungsaktes von Sprechhandlungen angesiedelt. Die oben tabellarisch angeführten Größen Satz, Phrase, Verbgruppe, Wort und Morphem gehören hierher. Der Äußerungsakt ist die Vollzugsdimension sprachlichen Handelns gemäß den Mitteln einer Einzelsprache, betrifft also die einzelsprachliche Formung des Handelns. Der Äußerungsakt kann daher als die zentrale Bezugsgröße satzsyntaktischer Analysen rekonstruiert werden. Pointiert gesprochen, ist auch die allgemeine Wortartendiskussion primär in dieser Dimension angesiedelt; insbesondere also auch diejenige zu den Konjunktoren. Nur vereinzelt kommen, semantisch motiviert, Rekurse auf den propositionalen Akt hinzu.

In der Dimension des propositionalen Aktes sind bislang erst wenige formale Teilkategorien ausgearbeitet. Die ‚elementare propositionale Basis (epB)' (Ehlich 1997) sowie der ‚propositionale Gehalt' nebst ‚propositionalen Elementen' gehören dazu, des weiteren die aktspezifischen Prozeduren, nämlich nennende/symbolische, zeigende/deiktische und operative Prozeduren. Searle projiziert mit ‚Referenz' und ‚Prädikation' (1969) demgegenüber satzsyntaktische Funktionskategorien auf den propositionalen Akt. Hoffmann greift mit ‚Subjektion' und ‚Prädikation' (2003) logisch inspirierte funktionale Kategorien für die mentale Basis des propositionalen Gehaltes auf und bindet sie durch die syntaktische Kategorie der ‚Synthese' in eine prozedurale Syntax des Äußerungsaktes ein.

In der Dimension des illokutiven Aktes werden formal gewöhnlich illokutive Indikatoren bzw. „modusspezifische Prozeduren" (Rehbein 1999) oder aber für das ‚Handlungsmuster' (Ehlich & Rehbein 1979) wesentliche (inter)aktionale und mentale Handlungspositionen, besonders die hörerseitig erwartbaren Anschlußhandlungen, sowie Elemente der Vorgeschichte und Nachgeschichte differenziert. In modernen dependenzgrammatischen (Eroms 2000: Satzmodi S., S?, S!, S-, S\) oder generativen Grammatiken (Rizzi 1997: ForceP) wird der Illokution eine eigene Konstituente zugewiesen, was allerdings die Vermittlungsprobleme zwischen Grammatik und Pragmatik nicht löst.

Die konnektierenden Operativa entfalten ihre prozedurale Wirksamkeit insgesamt in allen drei Dimensionen einer Sprechhandlung. Zentral operieren sie jedoch in der Dimension des propositionalen Aktes für den sprachexternen Zweck seiner Bearbeitung im Wissen von S und H. Zur Wissensbearbeitung gehören insbesondere Formen der Veränderung von Wissen wie Wissensaufbau, Wissensausbau, Wissensumbau und Wissensrevision. Daraus leitet sich der Umstand ab, daß Konjunktoren – und auch Subjunktoren – keine malenden und nur äußerst spezifisch expeditive Ausdrucksmittel verknüpfen können. >Na, aber hallo!< ist ein quasi-empirisches Beispiel (markiert durch Spitzklammern). Vielmehr koordinieren sie Ausdrücke des Symbolfeldes, des Zeigfeldes (deiktischen Feldes) und bestimmte Subklassen des operativen Feldes als solche oder in ihren äußerungsspezifischen prozeduralen Kombinationen (z. B. >Sie geht schwimmen, obwohl und weil gerade Springflut ist< oder >Er formuliert die Bestimmung für den und das Korpus<).

Für die Konjunktoren ist darüber hinaus charakteristisch, daß sie, insbesondere der elementare Konjunktor *und*, genuin auch zur Entfaltung des Äußerungsaktes beitragen. Die bereits verbalisierte formale Struktur des ersten Konjunktes kann mittels eines Konjunktors für sprachinterne Zwecke erneut aktiviert, d.h. rekursiv aufgerufen und ggf. iteriert werden. Eben diese Möglichkeit, nicht jedoch Notwendigkeit, des Einsatzes für den Zweck expliziter sprachinterner Strukturgenerierung findet besonderes syntaktisches Interesse. Je nach Stellenwert der Struktur im Äußerungsakt leiten sich daraus im Wechselverhältnis Funktionen für die propositionale Struktur ab, die in der IdS-Grammatik als „Verkettung / Fusion von Propositionen" (bei bloßen Satz-, Phrasen- oder Verbgruppen-Strukturen), „integrative Erweiterung einer Proposition" (bei deren Funktion als Argument, Prädikat oder Modifikator) oder „Verkettung funktionsäquivalenter Einheiten elementarer Ebene" (bei Phrasen / Verbgruppen oder Wort / Morphem) genannt werden (1997: 2378). Bei der Konnektierung von Phrasen oder Verbgruppen ist im einzelnen zu fragen, ob es sich bei ihnen um Prozedurenkombinationen verschiedenen Typs innerhalb des Äußerungsaktes handelt oder um Elemente der epB in der propositionalen Dimension einer Sprechhandlung. Beides vermag *denn* aufgrund seiner Bedeutung, d.h. seiner Leistung bei der Verstehensbearbeitung, nicht zu koordinieren. Vielmehr operiert es innerhalb von fragenden Äußerungen so, daß es den auf seine Positionierung hin folgenden Äußerungsteil – ggf. eine Phrase oder Verbgruppe oder auch ein Wort (eine feldspezifische Prozedur lexikalischer Form) – mit einer mentalen Struktur in der sprecherseitigen Vorgeschichte der unverstandenen Handlung verknüpft (Redder 1990), um für den fragenden Hörer im Nachhinein Folgerichtigkeit herzustellen. Morpheme sind daher für *denn* keine möglichen Konjunkte und die primäre Dimension der operativen Funktionalität ist nicht der Äußerungsakt. Mehr dazu bei der Einzeldarstellung unten.

Im Unterschied zu Subjunktoren verknüpfen Konjunktoren auch Illokutionen und deren Formelemente.

Jenseits von Sprechhandlungen arbeiten konnektierende Operativa vom Typus der Konjunktoren – nicht jedoch der Subjunktoren – zum einen gleichermaßen über Prozeduren als kleinsten Einheiten. Prozeduren können formal als Morpheme (z.B. temporale Nähe-/ Fernedeixis: *-ø-/-t-* bei schwachen Verben; Symbolfeldausdrücke *-bar, ab-*) oder Wörter (Temporaldeixis *jetzt*, operatives *er*) auftreten;

dementsprechend variieren auch die prozeduralen Konjunkte von Konjunktoren: >Ich, aber nicht er, sage oder sagte dazu immer dasselbe.<. Allerdings operiert *denn* nur im Zusammenhang der sogenannten Komparation über Prozeduren: >Sie blüht schöner denn je<. Trotz ihrer Kopplung im Vergleichsprozeß werden gewöhnlich Komparativ und *je* nicht als Konjunkte und insofern auch *denn* in solchen syntaktischen Zusammenhängen nicht als Konjunktor traktiert.

Zum anderen operieren Konjunktoren über Diskurse und Texte bzw. deren Phasen und Sektionen als komplexe, größte Einheiten des sprachlichen Handelns. Dies tun sie uneingeschränkt, sofern sie kategorial elementar sind, sofern also *und* und *oder* Verwendung finden. *Aber* und *doch* sind aufgrund ihrer erwartungsbearbeitenden Leistung stärker an eine lokale Verknüpfung gebunden und konnektieren Einheiten dieser Größenordnung daher nur eingeschränkt – z.B. in Erzählungen an den Umbruchsphasen >... Aber/Doch alles kam ganz anders ...< oder in institutionellen Lehr-Lern-Situationen wie Seminardiskursen nach Exkursen >... Aber/Doch zurück zum Thema ...<.

Die Konjunkte und jeweils darüber operierenden wichtigsten Konjunktoren lassen sich nun funktional-pragmatisch differenziert als Tabelle darstellen:

	KONJUNKTE	KONJUNKTOREN		
		oder, und	*aber, doch*	*denn*
Prozedur	(Morphem, Wort/Lexem)	+	+	(–)
Sprechhandlung	Äußerungsakt (Satz, Phrase, Wort(gruppe), Morphem)	+	+	(+)
	propositionaler Akt (epB, (Elemente vom) prop. Gehalt)	+	+	+
	illokutiver Akt (ill. Indikator, Musterposition etc.)	+	+	+
Diskurs	Sprechhandlungsensemble (Diskursphase, -Sektion etc.)	+	(+)	–
Text	Sprechhandlungsensemble (Textphase, -Sektion etc.)	+	(+)	–

3.2.3. Komplexere empirische Beispiele

Betrachten wir vor diesem Hintergrund die einfachen Konjunktoren und deren operative Proceduralität an komplexeren empirischen Äußerungen.

Ein Beispiel für die Konnektierung durch *und* über einen Sprecherwechsel hinweg bietet die folgende kooperative Weiterführung einer Erklärung in einer Bergwerksausbildung:

(B5) Ausbilder (A), Auszubildender (SH); aufgenommen und transkribiert von G. Brünner, in: Redder & Ehlich 1994, S. 179, Fl. 118 f.; Segmentierung A. R.
(s1) A   Der würde sich jetzt hier . runterdrücken,
(s2) SH Und oben hochgehn

Satzfunktional betrachtet erweitert der Auszubildende SH die Erklärung des Ausbilders A um ein weiteres Prädikat. Syntaktisch hat das erste Konjunkt Satz- das zweite Verbgruppenqualität. Ohne Sprecherwechsel würden satzgrammatisch die für *und* charakteristischen Reduktionen (in B5, s2 um Subjekt und finites Verb) angesetzt, die insbesondere in generativer und nicht-generativer Theorie kontrovers verankert sind. Eine avancierte, auch über Sprecherwechsel hinweg heranziehbare Argumentation führt demgegenüber die IdS-Grammatik mit ihrem Konzept von ‚Analepse' und ‚Katalepse' an (1997: 2372), wonach die hörerseitige Ergänzung der Erklärung in (B5) analeptisch gestaltet ist und funktional die „integrative Erweiterung einer Proposition" (a.a.O.: 2378) darstellt. Funktional-pragmatisch handelt es sich in (B5) um einen komplexen Fall des lauten hörerseitigen Mitdenkens in einer erklärenden Phase des betrieblichen Lehr-Lern-Diskurses: Der Auszubildende SH koordiniert das Fachwissen des Ausbilders A (hier über Konsequenzen einer bestimmten Konstruktion) mit einem Element in seinem bereits erworbenen Lernerwissen. Durch diese Erweiterung des propositionalen Gehaltes um ein sachlich angemessenes propositionales Element (s2) wird die illokutive Qualität von (s1) depotenziert: Die ausbilderseitige Erklärung im Rahmen einer Lösungsbewertung beim Aufgabenstellen-Aufgabenlösen (Ehlich & Rehbein 1986) erweist sich zumindest partiell als redundant und insofern eher als Rekapitulation des Lösungszusammenhangs denn als Erklärung. So wird die auf eine Lösungsbewertung musterspezifisch folgende mentale Handlung der Einordnung in das verbindliche gemeinsame Wissen seitens der Lernenden kooperativ vollzogen. Die operative Prozedur des Ausbaus von Wissen unter einer gemeinsamen Kategorie mittels *und* wird wesentlich über propositionalen Elementen ausgeführt, die freilich in einem Wechselverhältnis zur Illokution einerseits stehen und einer bestimmten Ausformulierung im Äußerungsakt andererseits bedürfen. Insofern ist die grammatische Konjunktbestimmung innerhalb des Äußerungsaktes keineswegs selbstverständlich die zentrale, sondern für Fälle wie (B5) geradezu die abgeleitete.

Primär im Äußerungsakt operiert *und* in intensivierenden Standardformulierungen wie „ganz und gar", „wieder und wieder" etc. Demgegenüber stellen verfestigte Konjunkte wie „Kind und Kegel", „Mann und Maus" Teile einer epB dar. Beide Formulierungen gehen auf prozedurale Fusionen zurück. Im Äußerungsakt operieren auch die Verwendungen von *und* und *oder* vor dem letzten Glied einer Aufzählung. Die wiederholte Aktivierung einer syntaktischen Struktur innerhalb der Äußerung wird mittels der Konjunktoren gerade letztmalig und deshalb explizit vorgenommen. Im Unterschied zu *und* koppelt *sowie* ein kategorial dissonantes Element an die Reihe an, operiert also in der propositionalen Dimension. Für ungereihte, nicht-standardisierte Verknüpfungen von propositionalen Elementen leitet sich die häufige, wenngleich, wie oben angeführt, keineswegs notwendige Parallelität der grammatischen Kategorien im Äußerungsakt aus der Struktur des Wissensausbaus ab. Sie hat, soweit man weiß, eine sprachlich vermittelte Charakteristik und ist insofern der einzelsprachlichen Struktur adaptiert, so daß, wie etwa beim Verbalisierungsverfahren der Ana- und Katalepse erkennbar wird, mit einem *und* hörerseitig Strukturerwartungen aufgerufen werden, in die vollständig oder partiell die propositionalen Elemente gefüllt werden können. Im Sinne konnektionistischer kognitiver Modelle vermag ein Konjunktor aber auch problemlos über ungleiche Strukturen zu operieren, um in propositionaler oder illokutiver Dimension operativ wirksam zu werden.

Ein Beispiel für *aber* über einen Sprecherwechsel hinweg bietet (B6) mit der Äußerung in Segment (s7):

(B6) Ärztin (Ä) und Patientin (P) in einer klinischen Anamnese – Schlaganfallverdacht; bayerische Mundart; aufgenommen und transkribiert von A. Redder; in: Redder & Ehlich 1994, S. 290 f., Fl. 208–210; segmentiert A. R.)

(s1) Ä   Ham Sie da auch n Ohrgeräusch dabei (gehabt)?
(s2) P   Jajà, jajà, ja
(s3) Ä   Was hören Sie dann?
(s4) P   Ja, da hör ich überhaupt nix.
(s5) Ä   Da hörens gar nix.
(s6) P   Gar nix. Kein Telefon, nix, gar nix. Kein Telefon, n / nix.
(s7) Ä   Aber des Ohr is ja scho länger schlecht.
(s8) P   Länger, jà, des is länger.

Die ärztlichen Fragen zur Hörqualität (s1) und (s3) beziehen sich auf die Konstellation der akuten Beschwerden, die Anlaß zu Notarztruf und Krankenhauseinlieferung waren. Erst nach Wiederholung des Hörunvermögens („nix", s4) am Beispiel des Telefons in (s6) wird für die Ärztin deutlich, daß die Patienteneinschätzung in ihrer Antwort (s4) weit über die in (s3) und (s1) fokussierte Konstellation hinaus in die Vorgeschichte reicht, wobei Antwort (s2) unspezifiziert bleibt. Insofern knüpft *aber* in (s7) von der sukzessiven sprachlichen Oberfläche her betrachtet an die patientenseitige Bestätigung (s6) an, konnektiert also zwei Sprechhandlungen. Handlungsanalytisch wird jedoch rückwirkend (s4) auf der Basis ärztlicher Erwartungen uminterpretiert und illokutiv modifiziert, nämlich von einer Antwort zu einer allgemeinen Beschwerdenfeststellung. Die Patientin und die Ärztin befinden sich somit an unterschiedlichen Musterpositionen im Ablauf des anamnestischen Diskurses: die Ärztin in der Eruierung der Geschichte, die Patientin in der Vorgeschichte des Vorfalles. Indem die Ärztin mittels *aber* die Patientenäußerung (s6) wissensstrukturell in die anamnestische Vorgeschichte verweist und insofern einen Einwand gegen die scheinbare Sukzession im aktuellen Handlungsmuster vorbringt, wird der Versuch einer Synchronisierung des Diskursablaufs unternommen.

In Redder (1989) sind Beispiele der Verwendung von *und* im Unterrichtsdiskurs diskutiert, die verdeutlichen, daß mittels dieser operativen Prozedur keineswegs nur sukzessive diskursiv vorangeschritten und insofern ein additiver Wissensausbau realisiert wird, sondern geradezu ein musterinterner Rekurs zum Zweck eines erneuten Durchlaufs durch das Handlungsmuster initiiert wird.

Ein Beispiel (aus: Redder 1989: 394; segmentiert A. R.):

(B7) (s1) L Kannst du das /. den Bauernhof mal beschreiben?
    (s2) Mi (Ja, der is) ziemlich groß, liegt außerhalb ( )
    (s3) L Ja, .
    (s4) <u>und</u>?
    (s5) ((2,6 sec.))
    (s6) S1 Is unwahrscheinlich gro:ß so?
    (s7) ... Aua!
    (s8) L Ganz was Wichtiges!
    (s9) S2 Ah, viele Felder!

Der Lösungsversuch (s2) auf die Aufgabenstellung (s1) wird zwar von der Lehrerin L positiv zur Kenntnis genommen (s3), doch in Äußerung (s4) durch das emphatisch (s. Unterstreichung) geäußerte *und* kombiniert mit der Frageintonation als (nach Maßgabe des Fachwissens von L) nicht hinreichend und also für weitere Lösungsversuche offen geschaltet. Die Konjunkte sind also (s2) als partieller Lösungsversuch und die durch Musterrekurs aktivierten Lösungssuche aller Schüler, d.h. eine mentale hörerseitige Tätigkeit, die erneut zu durchlaufen ist. Daß genau diese mentale Musterposition und nicht eine nächste Schüleräußerung in der Position des Lösungsversuchs das Konjunkt bildet, wird am Abwarten von L erkennbar. Weder der Beitrag (s6) von S1 – der freilich durch das expeditive „Aua" (s7) als von Nebendiskursen überlagert selbst diskreditiert wird – noch der expeditiv als Erkenntnis („Ah") qualifizierte Beitrag (s9) auf den lehrerseitigen Suchhinweis (s8) hin werden einer Lehrerbewertung unterworfen und also als Konjunkte im Hauptdiskurs aufgegriffen. Vielmehr bleibt der Suchprozeß nach dem geeigneten Element im Schülerwissen aktiviert. „Gemeinsame Einordnungsinstanz" (Lang 1977), d.h. die übergeordnete Kategorie, unter die mittels *und* beide Konjunkte subsumiert werden, bleibt die Aufgabenstellung „den Bauernhof beschreiben" (s1).

Auch Einstiege in eine Diskursart können in operativer Weise realisiert werden, wenn an gemeinsame Handlungspräsuppositionen zwischen S und H angeknüpft werden kann. Ein Beispiel für den Übergang vom – schweigenden – aktionalen Handeln des Anstreichens zum alltäglichen Erzählen bietet folgende Sequenz zwischen einem Malergehilfen und seinem erzählfreudigen Meister.

(B8) Aus: Homileischer Diskurs „Maiausflug", aufgenommen und transkribiert von A. Redder, in: Redder & Ehlich 1994, S. 410, Fl. 1 f.
(s1)   Gehilfe   Und?
(s2)   Ersten Mai?
(s3)   Gut geradelt?
(s4a)   Anstreicher   Ja,
(s4b)   ersten Mai bin ich gut geradelt, abends sind wir gut gegangen.

Dem fragend intonierten Konjunktor (s1) läßt der Gehilfe noch einen zeitlichen (s2) und einen handlungsmäßigen (s3) Thematisierungshinweis folgen, so daß der gemeinsam geteilte und nunmehr aktivierte Wissensbereich hinlänglich identifiziert ist, um sprachliche Handlungen anzukoppeln. Diese Äußerungen können insgesamt als Elizitierung einer Erzählung gelten. Zunächst läßt der Anstreicher lediglich eine lapidare (s4a) sowie dann propositional ausgeführte (s4b) Antwort folgen, wenngleich sie spannungsreich verbalisiert ist (‚radeln' versus ‚gehen' als Bewegungsformen, ‚ich' versus ‚wir' als Aktanten) und so bereits Erzählpotential birgt. Im weiteren Verlauf – zunächst noch gefolgt von einigen assertiven Ausführungen zu den Ausflugsmodalitäten – erweist sie sich als Abstract für eine ausführliche und professionell gestaltete alltägliche Erzählung, in die der Anstreicher dann nach eigener Perspektivierung einsteigt.

Die vieldiskutierte narrative Verwendung von *und* – zuweilen kombiniert mit der temporalen Abfolgedeixis *dann* – macht relativ zu (B7) weniger vom Musterwissen als vom Wissen um die gesamte Diskursart Gebrauch (Rehbein 1987). Mittels dieser koordinierenden operativen Prozedur werden jegliche Äußerungen illokutiv unter die Diskursart ‚Erzählung' subsumiert, d.h. als Elemente des Sprechhandlungsensembles mit dem Zweck der hörerseitigen Partizipation, des verbalen Miterlebens qualifiziert. Die diskursive Großform wird so kontinuiert, auch wenn propositional eventuell Defizite oder gar Brüche vorliegen. In Kombination mit der Abfolgedeixis wird zudem eine sukzessive diskursspezifische Fortführung in Anspruch genommen. Eine hörerseitige Frage mit paraoperativem *denn* auf solche Brüche hin würde komplementär erst noch verstehensmäßige Folgerichtigkeit einklagen, ehe im Muster bzw. in der Diskursart gemeinsam weitergehandelt werden könnte. Ich fingiere diese Konstellation am Ende des folgenden authentischen Erzählausschnitts während der Anstreicherarbeit.

(B9) Aus: s. (B8), Fl. 9 ff. + quasi-empirische Verstehensfrage s13

(s1)	Anstreicher	Un dann war das . trocken und ruhig,
(s2)		und dann sin wer losgegangen.
(s3)		Erst hat s zweimal vorher telefoniert bei uns;
(s4)		Telefon geklingelt,
(s5)		„Findet der Waldlauf statt?"
(s6)		((lacht))
(s7)	Gehilfe	((lacht))
(s8)	Anstreicher	((3 sec.))
(s9)		„Mitgegangen?"
(s10)		„Ja, selbstverständlich, es ist alles schon fertig ... Wir ham (Alkohol . und Korn) mit."
(s11)		((2 sec.))
(s12)		Und so warn wir . zwanzig Personen, ... die da losgegangen sind.
(s13)	Gehilfe	Waren denn auch Frauen dabei?

Quasi-empirisch angefügt ist die auf die vielen „Personen" (s12) als neutrale Formulierung bezogene Verstehensfrage mit *denn* (s13). Im übrigen sind alle diskursiv subsumierenden Verwendungen des Konjunktors *und* (s1, s2, s12) authentisch.

Eine diskurssubsumierende Leistung erbringt *und* freilich nicht nur für Erzählungen, sondern auch für andere Arten und Typen von Diskursen und Texten. Planungsdiskurse, Lehr-Lern-Diskurse, Instruktionen, Arzt-Patienten-Diskurse und Verkaufsdiskurse gehören nach bisherigen empirischen Beobachtungen gewiß dazu.

3.3. Semantik

3.3.1. Semantik, Pragmatik und Syntax

Die semantische Binnendifferenzierung der Konjunktoren erfolgt gewöhnlich in logischen Kategorien. Eisenberg formuliert allgemein prozessual:

„Koordinierende Konjunktionen stellen syntaktische Einheiten nebeneinander. Semantisch bringen sie Entitäten vergleichbarer Art als Zusammenfassung, als Alternativen, als Gegensatz oder im Vergleich ins Spiel." (1999: 202)

Der Vergleich durch *als* und *wie* sowie durch oben genanntes *denn* wird nicht selbstverständlich unter den Konjunktoren behandelt; im vorliegenden Band werden eigens Adjunktoren ausgegliedert (→ C3). Im folgenden sei die recht differenzierte semantische Aufschlüsselung der Konjunktoren aus der IdS-Grammatik präsentiert (1997: 2386):

Charakteristik	einteilig	paarig
additiv	*und, noch, (so)wie^S*	*sowohl ... als (auch), sowohl ... wie (auch), weder ... noch*
adversativ	*aber, allein^S, bloß^M (je)doch, nur, sondern, vielmehr*	*nicht nur ... sondern (auch)*
alternativ	*oder, beziehungsweise (bzw.), respektive^S (resp.)*	*entweder ... oder*
restriktiv	*außer^M, es sei denn*	
explikativ	*das heißt (d.h.), nämlich, und zwar (u. zw.)*	
inkrementiv	*ja*	
kausal	*denn*	

M = Konjunktor, der eher mündlich verwendet wird
S = Konjunktor, der eher schriftlich bzw. in gehobenem Stil verwendet wird

Man erkennt, daß durch Konjunktoren lediglich elementare, abstrakte Kategorisierungen realisiert werden. Prägend sind Position, Negation und Differenz als die grundsätzlichen Konstellationen, welche in die Kategorien eingehen. Subjunktoren decken im Unterschied dazu ein wesentlich differenzierteres, konkreteres Spektrum an semantischen Relationen ab. Des weiteren ist sichtbar, daß paarige Ausdrucksformen nur für gleichwertige, symmetrische – positive oder negative – Verhältnissetzungen der Konjunkte taugen, nicht für Spezifikationen relativ zueinander.

Gruppiert man die zentralen einfachen Konjunktoren pragmatisch hinsichtlich der durch sie vollzogenen besonderen operativen

Prozeduren der Verständigungssynchronisierung, so ergibt sich nach bisherigen empirisch basierten Erkenntnissen folgende Differenzierung der tangierten mentalen Bereiche.

- *und*, *oder* und *ja* dienen der Strukturierung von Wissen; *und* und *oder* vollziehen eine Veränderung von Wissen als Wissensaufbau einerseits und Wissensausbau andererseits, *ja* eine Wissenskonsolidierung und insofern Statuierung von Wissen;
- *aber* und *(je)doch* dienen der Strukturierung von Erwartungen im Zusammenhang von Wissensextrapolationen; *aber* – ebenso wie im Negationskontext operierendes *sondern* – vollzieht eine Erwartungsumlenkung oder einen Erwartungsschwenk, *(je)doch* eine Erwartungsrevision;
- *denn* und *nämlich* dienen der Verstehensbearbeitung, zum einen im Sinne einer Bearbeitung von Verstehensdefiziten und zum anderen einer Absicherung von Verstehen, d.h. der Verhinderung von Verstehensdivergenz.

Wissen im engeren Sinne, Erwarten und Verstehen bilden also die mentalen Kategorien, auf die hin die Verständigungssicherung im Π-Bereich – als Wissensbereich im weiteren Sinne – des Sprechers und dem Π-Bereich des Hörers binnendifferenziert werden kann. Somit ergeben sich für die operativ konnektierenden Konjunktoren folgende drei wissensanalytische Bedeutungsklassen.

(1) wissensbearbeitende konnektierende Operativa
und, sowohl ... als / wie auch, weder ... noch; außer, es sei denn; ja; oder, respektive, entweder ... oder;
(2) erwartungsbearbeitende konnektierende Operativa
aber, allein, bloß, (je)doch, nur, sondern, vielmehr, nicht nur ... sondern auch; sowie;
(3) verstehensbearbeitende konnektierende Operativa
denn; das heißt, nämlich, und zwar; beziehungsweise.

Im Vergleich zur IdS-Tabelle oben sind die als „additiv", „restriktiv" und „inkrementiv" charakterisierten Mittel gleichermaßen wissensbearbeitend und insofern unter (1) subsumiert (jeweils durch Semikolon abgegrenzt), wozu auch „alternatives" *oder, respektive* und *entweder ... oder* gehören. Die „adversativ" charakterisierten Mittel funktionieren erwartungsbearbeitend, also als Subklasse (2); vermutlich ist auch *sowie* eher erwartungs- als wissensbearbeitend und also hier einzuordnen. Die „explikativ" und die „kausal" genannten Mittel sind gleichermaßen verstehensbearbeitend und fallen insofern unter (3), wozu auch das „alternative" *beziehungsweise* zu rechnen ist.

Wortgeschichtlich sind *und, aber, oder* und – aus gegenwärtiger Sicht unerwartet – *ja* am längsten als Konjunktoren zurückzuverfolgen. Funktionaletymologisch ist auffallend, daß im Unterschied zu den Subjunktoren bei den wichtigsten einteiligen Konjunktoren deutlich weniger Para-Operativa zu verzeichnen sind, vor allem weniger aus dem Zeigfeld transponierte Ausdrucksmittel. Die zentralen Konjunktoren sind stattdessen genuin operativ, wenn auch teilweise innerhalb dieses Feldes „historische Transpositionen" (Redder 2005) stattgefunden haben, etwa bei *und* (< sog. nominale Kopulativpartikel). Als funktionalisierte Deixeis sind *ja* (< neutrale Objektdeixis), *(je)doch* (< feminine, akkusativische Objektdeixis) und *denn* (< temporale Abfolgedeixis), partiell auch *sowie* (< Aspektdeixis *so*) abzuleiten. *Nämlich* und *sondern* sowie *allein, bloß, vielmehr, beziehungsweise* sind bis heute als aus dem Symbolfeld transponierte Ausdrucksmittel durchsichtig, während die symbolische Herkunft von *aber* (< Präposition *af, ab*) bereits im Ahd. feldintern transponiert (ahd. *afar, avar* = *wieder*) und seit dem Mhd. operativ funktionalisiert wurde zu *aver, aber*, so daß es aus heutiger Sicht kaum noch als paraoperativ bewußt ist.

Die syntaktischen Potentiale der Ausdrücke variieren erheblich. Auch darin unterscheiden sich die als Konjunktoren fungierenden sprachlichen Mittel von den Subjunktoren. Konzentrieren wir uns auf die wichtigsten einteiligen Konjunktoren, dann ergibt sich folgendes Spektrum. Konjunktintegrierte Verwendungen im Sinne von Pasch et al. bzw. integrative Nutzungen im Sinne von Hoffmann sind bei den einteiligen Ausdrücken *aber, (je)doch* und *denn* möglich, bei *ja, nur, vielmehr* dominant und bei *nämlich* der Normalfall. Bis auf *aber* und *denn* werden diese Ausdrucksmittel in Standardgrammatiken, so etwa bei Eisenberg, nicht zuletzt deshalb gar nicht zu den Konjunktoren gerechnet, sondern zu den Partikeln bzw. Konnektoren. Die – gesellschaftlich unterschiedlich weit verallgemeinerte – Möglichkeit ihrer Nutzung zu syntaktisch koordinierenden Zwecken mag jedoch ihre Konjunktor-Klassifikation formal rechtfertigen. Die Bedeutungsidentität bzw. die Identität der spezifischen prozeduralen Qualität der einzelnen Ausdrucksmittel über die verschiedenen syntaktischen Erscheinungsweisen hinweg rechtfertigt ihre gemeinsame Betrachtung funktional. Es ist ein Verdienst der

IdS-Grammatik von 1997, insbesondere in den Einzelbestimmungen der formalen und gleichermaßen der funktionalen Perspektive gerecht werden zu wollen.

Aus funktional-pragmatischer Sicht läßt sich die jüngst etablierte Zwischenpositionierung oder „Doppelpunkt-Verwendung" in *vielmehr: ..., nur: ..., ja: .../Ja, ...* und, das sei konsequenterweise hinzugefügt, *weil: ...* sowie die dadurch bewirkte koordinierende syntaktische Prozeduralität im Sinne Hoffmanns als eine Funktionalisierung zu anderen als den genuinen operativen Zwecken begreifen. Wir haben für diese Ausdrücke also eine Transposition innerhalb des operativen Feldes oder kurz eine „feldinterne Transposition" zu konstatieren, die in sprachgeschichtlicher Hinsicht bzw. Grammatikalisierungsargumentation als „Transposition in actu" zu bestimmen ist (Redder 2005).

Iterativ funktionieren lediglich die „Universalkonjunktoren" *und, oder* und wort- oder phrasenkoordinierendes *sowie*. Mit anderen Worten: Sie können mehr als zwei Konjunkte koordinieren. Das Verbalisierungsverfahren der Ana- und Katalepse, d.h. der sog. Einsparung von Satzgliedern, lassen nur *und, oder, aber, (je)doch, nicht nur... sondern auch* zu.

3.3.2. Bedeutung im einzelnen

In der IdS-Grammatik sind die Ausführungen zu den einzelnen Konjunktoren prägnant und durch reiche Beispiele untermauert (1997, H2, § 2). Da sie dort den logisch-semantischen Klassen gemäß zitierter Tabelle folgen, sollen hier komplementär die wissensanalytischen Gruppierungen zum Ausgang genommen werden. Aus Raumgründen seien zudem nur die wichtigsten Mittel genauer bestimmt.

(1) Wissensbearbeitende konnektierende Operativa

(a) **und** (und *sowohl*)

Etymologisch aus idg. *nthá* als typisch westgermanische Partikel (ahd. *unta, unti, enti, inti*) hergeleitet, dient der genuin operative Ausdruck zunächst lediglich der rekursiven Äußerung von Nomina bzw. Nominalphrasen und dann von Verba bzw. Verbalphrasen, so daß im Äußerungsakt eine lineare Verknüpfung gleicher Kategorie entsteht. Erst seit dem 12. Jhd. koppelt der Ausdruck – zunächst in

Konkurrenz zu *joh / ja* – auch Sätze aneinander, womit er traditionell erst als eine Konjunktion gilt.

> „mit unrecht sind seit dem 16. jh. der conj. und *die verschiedensten und vielseitigsten bedeutungen zugeschrieben, so dasz sie zum knotenpunkt der ganzen syntax, zum exponenten fast aller nebensätze wurde und, mit geheimnisvollen kräften ausgestattet, die andacht zum unbedeutenden weckte.*" (Grimm Wb. 1936 / 1984: 406 f.)

Im 19. Jahrhundert wird, besonders durch H. Wunderlich und O. Erdmann, bereits eine einheitliche Bedeutungsbestimmung geliefert. In Relation zur logischen Konjunktion arbeitet Lang (1977) heraus, daß *und* als Operator die beiden Argumente unter eine „gemeinsame Einordnungsinstanz (GEI)" subsumiert und so eine Einheit herstellt. Die prozedurale Bestimmung der Funktionalen Pragmatik erweitert, wie in 3.2.3. beispielhaft diskutiert, diese Einordnungsinstanzen um pragmatische Größen wie Handlungsmuster und Diskurs- / Textart, über die sprachliche Aktanten als „Musterwissen" (Ehlich & Rehbein 1977) verfügen. Die spezifisch durch *und* realisierte operative Prozedur, welche Hoffmann in der IdS-Grammatik als „Herstellung von funktionaler Konvergenz allgemeinster Art" beschreibt (1997: 2391), wird so im Verständigungshandeln zwischen Sprecher und Hörer verankert und als zweckmäßig für die Synchronisierung eines Wissensaufbaus erkannt. Eine iterative Prozessierung ist möglich, wenn die einzelnen Konjunkte ihr eigenes Gewicht behalten sollen; andernfalls werden nur die beiden letzten Konjunkte einer Reihe durch *und* verknüpft, während die anderen juxtapositiv gekoppelt werden.

Im Unterschied zu *und* koordiniert *sowie* ein qualitativ anderes, erst durch einen aspektdeiktisch neufokussierten *(so)* Vergleich *(wie)* homogen einzuarbeitendes Wissenselement. Dadurch taugt der Ausdruck zu marginalen propositionalen Einbindungen und weniger gewichtigen Nachträgen. Innerhalb von Reihen können daher durch aspektualisierendes *sowie* versus linear koordinierendem *und* Binnengruppierungen vorgenommen werden.

Die Suche nach einer GEI bzw. dem Konvergenzpunkt erfolgt auch, wenn propositional eher Dissonantes gekoppelt wird. Daraus können Witz und Ironie gewonnen werden:

(B10) Die Stadt Göttingen, berühmt durch ihre Würste und die Universität, gehört dem Könige von Hannover und enthält 999 Feuerstellen, diverse Kirchen, eine Entbindungsanstalt,

eine Sternwarte, einen Karzer, eine Bibliothek und einen Ratskeller, wo das Bier sehr gut ist.
(H. Heine, Die Harzreise 1825)

Ob im Falle der Koordination von Aktanten die Handlung als kooperativ oder distribuiert auszuführen zu verstehen ist, wird nicht durch den Konjunktor oder die Reihenfolge der Konjunkte zu verstehen gegeben, sondern muß sich aus dem Vorwissen und dem propositionalen Gehalt erschließen. Gleiches gilt für andere, etwa sachlich kausale oder finale Relationen der Konjunkte: *und* koppelt sie lediglich, alles andere sind Schlüsse aus dem so aufgebauten Wissen im Zusammenhang des Vorwissens.

Ein Zusammendenken, ja ein integraler Zusammenhang kann mittels *und* auch – paradoxerweise – distrahiert werden, wenn ein Einbau ins Wissen nicht kompatibel ist mit dem Vorwissen und infrage gestellt wird:

(B11)   Der und Fisch essen?
(B12) A: Da seh ich, wie der in ner Hafenkneipe sitzt, Fisch ißt, Bier trinkt und liest.
       B: Der und ißt Fisch und trinkt Bier?

Die Form der Konjunkte kann dann Zitatcharakter haben (B12) oder in abstrakter Nennform verbalisiert werden (B11 mit infinitem Prädikat). Positionell hat die Distraktion mittels Koppler in (B12) eine Schnittstelle mit derjenigen von Partikeln bzw. Konnektoren (B13). *Und* kann jedoch nicht beliebig innerhalb der Äußerung verschoben werden (B13' versus B12'), sondern ist auf Positionen zwischen Subjekt bzw. Thema und Prädikat angewiesen; niemals kann es in der linken Verbklammer angefügt werden. Nur in Verbindung mit *zwar* (B12"), also in explikativer, wissensergänzender oder präzisierender Weise, kann *und* mit anderen, rhematischen Satzgliedern koordiniert werden.

(B13)   Der aber ißt Fisch
(B13')   Der ißt aber Fisch
(B12')   *Der ißt und Fisch
(B12")   Der ißt, und zwar Fisch

(b) *oder* (und *entweder... oder, beziehungsweise, respektive*)

Das disjunktive, d.h. als anderes auseinandersetzende *oder* ist funktional-etymologisch ebenfalls zu den genuinen operativen Ausdrucksmitteln zu rechnen. Aus ahd. *eddó, oddo, oda(r)* hergeleitet, wird es im 14. Jh. in der heutigen Form zum zentralen Mittel eines Wissensausbaus um weitere andere Möglichkeiten, um Alternativen zu einem Wissensthema. Es wird spekuliert, ob mhd. *ôdo = vielleicht* damit etymologisch zusammengefallen ist. Juxtapositiv ist ein epistemisches Ausloten von Potentialen, genauer: von Andersheiten jedenfalls kaum zu verbalisieren. Pragmatisch ist die mittels *oder* vollzogene operative Prozedur vor allem für Einschätzungs- und Entscheidungsprozesse innerhalb von Handlungsmustern oder für ganze Entscheidungsdiskurse wie Rechtsdiskurse, diagnostische Diskurse, Bewerbungsgespräche oder Planungsdiskurse relevant. Dimensionen, in denen die Kopplung einer Einheit als anderes Wissenselement geschieht, sind vor allem propositionaler und illokutiver Akt.

Anders als in der Aussagenlogik wird in der (natürlichen) Sprache nicht zwischen „inklusivem" (disjunktivem *vel*) und „exklusivem" *oder* (kontravalenzialem *aut*) differenziert. Wenn die Andersheit zur Negation und insofern zur strikten Alternative zugespitzt werden muß, steht das paarige *entweder... oder* zur Verfügung.

Durch die Reihenfolge der Konjunkte besteht zwar die Möglichkeit, eine Gewichtung vorzunehmen, doch bedarf es zusätzlich der intonatorischen Modulation, um zu verdeutlichen, in welcher Richtung sie verläuft. Im übrigen ist die Folge der alternativen Wissenselemente bei *oder* beliebig und wird lediglich durch das vorhandene Vorwissen, also interpretativ, profiliert. Explizite Gewichtungen zu Zwecken der Reformulierung (Bührig 1996) erlauben *beziehungsweise (bzw.)* und das wissenschaftssprachliche *respektive (resp.)*.

Wie *und* in (B7) (s.o. 3.2.3.) kann auch *oder* einen erneuten Musterdurchlauf initiieren, indem es an einer einschätzenden Musterposition fragend intoniert geäußert wird. Das zweite Konjunkt ist dann ebenfalls ein mentaler Suchprozeß im Wissen des Hörers. Im Unterschied zu *und* kann *oder* nicht, wie oben in (B8), diskurs- oder textartinitiierend verwendet werden, ohne daß eine die Handlungspräsuppositionen aktivierende aktionale oder verbale Handlung des Sprechers vorausgeht:

(B14) Sie geht zum wöchentlichen Einkauf bei ihrem Italiener. Ihre nahezu habitualisierte Vorliebe für Bel Paese ist bekannt. Noch während sie in die Thekenangebote schaut, hält er ihr Bel Paese hin: >Oder?<

Positionell ist im Gegensatz zu *und* markant, daß *oder* auch augmentiert werden, d.h. fragend an eine Äußerung angehängt werden kann.

(B15) >Du kommst (doch), oder?<
(B16) Aus einem Einstellungsgespräch, aufgenommen und transkribiert von W. Grießhaber; in: Redder & Ehlich 1994, S. 159, Fl. 67 f.
Sachbearbeiterin Und der kleine Bruder ist hier in Deutschland, . oder?

In der IdS-Grammatik werden Verwendungen wie in (B15) aus syntaktischer Sicht als Einsparung des zweiten Konjunktes zu Zwecken der Präferierung der erstformulierten Alternative bestimmt. Faktisch – ggf. erkennbar an *doch* – wird vom Sprecher gerade keine Alternative erwartet. Vielmehr dient das Augment (Rehbein 1979) lediglich auf der Ebene der Verbalisierung zur Rückkopplung an das Hörerwissen (hier in seinem Bereich der Absichten und Bewertungen), um mittels des direkten Eingriffs in das hörerseitige Handeln gemeinsame Handlungserwartungen zu reaktivieren und insofern die Reduktion auf eine einzige, die bereits genannte Alternative konvergierend abzusichern. Die Äußerungskonstellation ist demnach quasiempirisch genauer als eine zu charakterisieren, in der der Hörer aktuell von den geteilten gemeinsamen Selbstverständlichkeiten lediglich abzudriften scheint; erinnerndes, absicherndes und an- oder ermahnendes illokutives Handeln hat darin seinen Ort. Prozedural wird *oder* in solchen Fällen für Zwecke des expeditiven Feldes/ Lenkfeldes (Ehlich 1986; s. Interjektionen C10) funktionalisiert.

In (B16) changiert der Gebrauch zwischen para-expeditiv und operativ. Die Sachbearbeiterin agiert zwar innerhalb des gesamten, entscheidenden Bewerbungsgespräches dem hier eingeladenen ausländischen Bewerber gegenüber stark vorurteilsgeladen und unterstellend. Doch macht die kleine Pause vor *oder*, während der der Bewerber mit „Ist" zu einer positiven Antwort ansetzt, immerhin eine diskursive Alternative möglich.

(c) *ja*

Ahd. *jâ, iâ, jah, joh* fungiert gemäß Grimmschem Wörterbuch bereits als sog. Affirmativpartikel und als Partikel oder Konjunktion; Bopp leitet den Ausdruck aus einem objektdeiktischen Stamm *j-* ab. Nach einer Rückgangsphase findet der Konjunktor erst wieder im

Nhd. weitere Verbreitung und wird gegenwärtig, abgetrennt durch Intonation (Rhythmus) oder ein Komma, bevorzugt beim professionellen Verbalisieren, etwa in journalistischen, politischen, literarischen oder bildenden Diskursen und Texten, genutzt. Zweck ist die Kopplung einer trefflichen Formulierung an eine qualitativ mindere Äußerungsform einer Sache. Unterschiedliche Wissensarten, seien sie systematisch zwischen professionellem Sprecher und nicht-professionellem Hörer distribuiert oder innerhalb des Sprecherwissens sprachlich handelnd entwickelt, können auf diese Weise in Anspruch genommen und als identisches Gewußtes qualitativ different verbalisiert gekoppelt werden. So gelingt es, aus der Perspektive des Sprecherwissens zunächst eine Synchronisierung mit dem Hörer auf einfacher Basis herzustellen, ehe der Sprung auf die nächste Wissensstufe angeschlossen wird. Im Sinne von Bührig (1996) sind Reformulierungen und Rephrasierungen die Illokutionen, in denen diese operative Prozedur vor allem funktional wird. Ästhetisierende Nutzungen leiten sich daraus ab.

(B17) Da das Trauerjahr der Buddenbrooks noch nicht abgelaufen war, so wurden die beiden Verlobungen nur in der Familie gefeiert; Gerda Arnoldsen aber war dennoch rasch genug berühmt in der Stadt, ja, ihre Person bildete den hauptsächlichen Gesprächsstoff an der Börse, im Klub, im Stadttheater, in Gesellschaft ... (Thomas Mann, Buddenbrooks 1901)

(B18) Gerade die Linguistik ist hier in einer schlechten Lage, weil sie ihrerseits von einer Geschichte geprägt ist, in der die Fragen der semantischen Strukturen als Repräsentationen von Wissensstrukturen im 20. Jahrhundert aus den Gegenständen ihrer Befassung vertrieben, ja praktisch eliminiert wurden – bis hin zu einer „meaning-free linguistics".
(Ehlich, K. (2005) Deutsch: Abgründe, Gegengründe, Lücken und Brüche. In: Germanistische Mitteilungen 62, Brüssel, S. 7)

Neben dieser Verwendung als Konjunktor zum Zwecke des Neuansatzes einer Formulierung wird – gegenwärtig vergleichsweise häufiger – *ja* innerhalb von Äußerungen genutzt. Der Sprecher nimmt damit ein Wissenselement als bereits vorhandenes gemeinsam in Anspruch.

Die sog. Affirmativpartikel bzw. das Responsiv JA auf (Entscheidungs-)Fragen, d.h. die syntaktisch isolierte Verwendung von *ja*, stellt funktional-pragmatisch eine Funktionalisierung des operativen Ausdrucks für expeditive Zwecke dar. Damit verknüpft sich eine formale Differenzierung durch unterschiedliche Töne *(jà, já, ja; jâ)*, wie sie für dieses Feld charakteristisch sind. Eine Verbindungsform wird insbesondere in Kombination mit *aber* gebildet *(ja aber;* Koerfer 1979).

(2) Erwartungsbearbeitende konnektive Operativa

(d) *aber* (und **sondern, vielmehr**)

Etymologisch wird der Ausdruck aus got. *afar* abgeleitet, einer Präposition symbolischer Qualität, was in heutigem *ab* erhalten ist. Die operative Funktionalisierung erfolgt über ahd. *afar, avar*, mhd. *aver* in der Bedeutung *wieder(holt)*, wie sie in den festen Wendungen *aber und aber, abermals* noch präsent ist, indem gewissermaßen eine mentale Schleife mit neuem Ansatz konzipiert wird. Zunächst dient *aber* besonders der Bearbeitung von Übergängen, z.B. beim Wechsel von Bericht zu Redewiedergabe, und der Kopplung unvermittelter Einheiten, so etwa im Erzählen. Das seit dem Nhd. (para-) operative *aber* dient im Rahmen einer Wissensextrapolation dem Vollzug eines mehr oder minder weitreichenden Schwenks in der Erwartungsbildung, allgemeiner: dem Vollzug einer Erwartungsumlenkung. Was nicht bruchlos mental zu rezitieren ist, wird durch eine Erwartungsumlenkung mittels *aber* für die hörerseitige Wissensintegration kompatibel zu machen versucht. Die vielfältigen Analysen zu *aber* (z.B. Lang 1977, 2000, Schlobinski 1992) betonen die Adversativität und machen anstelle der handlungstheoretischen Kategorie der Erwartung, wie Ehlich (1984) sie herausarbeitet, stärker logisch-kognitive Kategorien wie Inferenz oder individualpsychologische wie Implikatur geltend. Die operative Bearbeitung von Widerspenstigem, die Umlenkung – Hoffmann nutzt dafür den Fokus-Begriff – vom Erwartbaren bzw. Erwarteten zum Nicht- oder Anders-Erwarteten läßt sich pragmatisch sehr breit nutzen. Argumentative ebenso wie zu Bedenkende gebende, belehrende, korrigierende Divergenzen und mahnend vor Augen geführte oder erzählerisch verblüffende Wenden sind darüber vermittelt realisierbar.

(B19)   Aus: Mathematikunterricht. In: Redder 1981, Schulstunden, S. 105, Fl. 8–11; L = Lehrer)
   L   Deswegen wäre die andere Möglichkeit, sechs mal fünfhundertvier zu rechnen und das, was <u>da</u> heraus kommt,

durch hundertvierundvierzig zu teilen. <u>Aber</u> wir wollen uns hier bemühen, mit möglichst kleinen Zahlen zu rechnen

Ausgangsbasis von *aber* ist in (B19) ein gemeinsames positives Wissen im ersten Konjunkt, das durch das zweite defokussiert und anders als erwartet wissensmäßig vernetzt wird. Demgegenüber basieren *sondern* und *vielmehr* auf einem im weiten Sinne negierten Wissen, das eine unerwartete positive Anbindung im Verständigungshandeln findet. *Vielmehr* erlaubt eine so weitgehende Defokussierung des Negierten, daß ein mentaler Neuansatz, ein Neudenken mit der Ausführung des Unerwarteten, nunmehr für S und H Verbindlichen möglich wird. Dieser qualitative Sprung ist besonders für professionelle, etwa für wissenschaftliche Kommunikation charakteristisch. Demgegenüber verbleibt *sondern* im Prozeß des Weiterdenkens, wenn auch im Modus des Umdenkens. In (B3) (s. o. § 2: „Das wissen Sie aber alles selbst nicht aus eigener Erfahrung, sondern ...") sind *aber* und *sondern* zugleich eingesetzt.

Im obigen Beispiel (B17) ist ebenfalls *aber* verwendet, aber im Unterschied zu (B18) in einer satzinternen Position, hier adjazent im Vorfeld, dort in (B3) im Mittelfeld. Die prozedurale Leistung von *aber* bleibt identisch, die Syntax lässt sie in einer anderen prozeduralen Kombination wirksam werden. Das operative Mittel der Positionierung, welches in Kombination mit *aber* vom Vor-Vorfeld (= sententiale Zwischenposition) über das Vorfeld und die linke Verbklammer (>Du hast aber das mit dem Nachsendeantrag geregelt?<) bis zum Ende des Mittelfeldes reicht (>Du hast das mit dem Nachsendeantrag aber geregelt?<), scheidet das positiv Gewußte vorab in assertiven Strukturen vom Unerwarteten hernach, in fragenden Strukturen vom Erwarteten, dessen Modifikation oder gar Negation in der Antwort eine Umlenkung, ja Zerstörung der Erwartung wäre, das also jeglicher Erwartungsumlenkung konvergierend zuvorkommen soll.

Überwindet man die traditionell satzzentrierte syntaktische Sicht, so stellt sich die Konjunktor-Positionierung nicht nur als eine solche im Übergang zwischen Diskurs- bzw. Textgrammatik zu Satzgrammatik heraus (vgl. Redder 2003). Vielmehr (sic) kann generell eine syntaktische Einordnung von *aber* unterbleiben und – wie auch bei *doch* und *denn* – stattdessen die Positionierung als eigenes operatives Mittel für sprachinterne Zwecke prozedural rekonstruiert werden (s. o. § 3.2.1.), nämlich als Mittel für die mentale Einheitenqualifizierung von Linearisiertem, so daß in Kombination mit operativem *aber* der Wirkungsbereich dieser Prozedur spezifiziert wird. Ein wirkungsbezogener Gedanke ist partiell in den Konzepten von „Fokus" oder logisch abgeleitetem „Skopus" (Jacobs 1993, König 1993) angelegt. Freilich erfordert dies auch eine Akzeptanz anderer als im Äußerungsakt morphosyntaktisch ausmachbarer Konjunkte, wie in § 3.2.2. ausgeführt.

(e) *(je)doch*

doch wird etymologisch auf eine adversative ahd. Partikel *doh* zurückgeführt und gilt als aus einer akkusativischen Objektdeixis ableitbar; demnach weist es auf einen unbestimmten Gegensatz hin. Das damit fusionierte *je*, ahd. *êo, io, ie*, bedeutet ursprünglich *zu aller bzw. irgendeiner Zeit, immer*. Das heutige paraoperative *doch* leistet eine wissenspragmatische Negation der Negation; es bearbeitet im Rahmen der Wissensextrapolation eine zunächst negative Erwartung revidierend. Insofern wird eine reflektierte, auf Erwartungsrevisionen beruhende Position geltend gemacht. Prozedurale Bestimmung und Pragmatik des Ausdrucks sind beispielsweise bei Graefen (1999) dargelegt. Die Erwartungsrevision wird vor allem bezogen auf den hörerseitigen Π-Bereich durchgeführt. So konzentriert der Sprecher das hörerseitige Weiterdenken und Weiter(be)handeln des zunächst (im ersten Konjunkt) Geäußerten auf das Reflektierte, schränkt es also auf das relativ zu einer negierten Alternative nunmehr gemeinsam Hantierbare ein. Insofern kann der Hörer gegen das zuerst Geäußerte kaum noch Alternativen geltend machen. Der Sprecher hat sie bereits mental abgearbeitet, eben negativ.

Ein derart vorgreifendes Einschätzen von Erwartungsalternativen und deren Revision ist ein komplexes Unterfangen innerhalb des Verständigungshandelns. Dem entspricht der empirische Befund, daß *(je)doch*, im Unterschied zu *aber*, professioneller Kommunikation zugehört und vor allem in der einfachen Variante schriftsprachlich ist – außer nach expliziten Auseinandersetzungen mit dem Hörer, d.h. nach diskursiv bereits ausgetragenem Disput. Die Vorgreiflichkeit ist dann verspielt, der Gebrauch des operativen Mittels gerät zum rein verbalen Insistieren. Die isolierte Verwendung bis hin zur extremen >Nein!-Doch!<-Penetranz sistiert Sprecher und Hörer dann in einer Handlungsschleife.

Empirische Beispiele aus einem wissenschaftlichen Antragstext (B20, B21) und einem offiziellen Protokoll einer Ministerkonferenz (B22, 23) dokumentieren die aufwendige Erwartungsbearbeitung in revidierender Absicht. Die syntaktische Positionierung ist ähnlich frei wie die von *aber*; besonders (B23) ist diesbezüglich bemerkenswert.

(B20) Die Begriffe wurden und werden jedoch ungleichgewichtig diskutiert.

(B21) Wissen ist zweifellos eine komplexe Kategorie. Zugleich stellt es das Objekt wissenschaftlicher Herausforderung par Excellenze dar, bildet Wissen doch den Fluchtpunkt menschlicher Erkenntnisgewinnung und erkenntnisbasierter Praxis.

(B22) Auch künftig kann die Steuerklassenkombination IV/IV beibehalten werden. Doch statt der Steuerklassenkombination III/V, bei der die Freibeträge der Steuerklasse V der Steuerklasse III zugerechnet werden und dadurch in Steuerklasse V hohe Steuerbelastungen die Folge sind, soll die Lohnsteuer des Einzelnen **anteilig vom gemeinsamen Bruttoeinkommen** erhoben werden. (Protokoll 2006, TOP 10.4; Fettdruck orig.)

(B23) Diese Zahlen belegen die doch hohe Attraktivität der Steuerklassenkombination IV/IV. Die 1,6 Mio. Frauen mit Steuerklasse III lassen sich ggf. durch Arbeitslosigkeit oder Ausbildung des Partners erklären. (ebd.)

(3) Verstehensbearbeitende konnektive Operativa

(f) *denn* (und *weil:*)

Mit *denn* liegt ein aus dem Zeigfeld in das operative Feld transponiertes, also ein paraoperativem Ausdrucksmittel vor. Die deiktische Herkunft ist bis heute durchsichtig und wird, in der relativ zur Abfolgedeixis *dann* vokalisch modifizierten Form, im niederdeutschen Sprachgebiet auch noch als Variante von hochdeutschem *dann* geltend gemacht. Die Trennung zwischen Abfolgedeixis *dann* und operativem Folgerichtigkeits-Ausdruck *denn* ist erst Mitte des 18. Jhd. stabilisiert, mithin im Zuge der Etablierung des Hochdeutschen als vollwertiger literarischer und wissenschaftlicher Sprache. Dies paraoperative *denn* deckt syntaktisch ein breites Spektrum ab, wobei hochdeutsch eine interessante Distribution über Äußerungssequenzen und daran geknüpfte „dialogische oder sequentielle Verwendung" einerseits und über Äußerungsverkettungen und daran geknüpfte „monologische oder verkettende Verwendung" andererseits rekonstruierbar ist; quer dazu kann eine „ostensive Verwendung" in Kombination mit fragend formulierten Exklamationen ausgemacht werden (Redder 1990; dort reiche Literaturdiskussion dazu). Die Bedeutung, d.h. die spezifisch durch *denn* vollzogene operative Prozedur, bleibt in all diesen syntaktischen Kontexten dieselbe, weshalb für eine einheitliche Behandlung dieses Ausdrucks plädiert wird.

Mittels *denn* wird an solchen diskursiven oder textuellen Stellen, an denen aufgrund hörerseitiger Verstehensprobleme eine Sistierung des gemeinsamen Handlungsfortgangs erfolgt, kooperativ Verstehen hergestellt, um sodann gemeinsam weiterhandeln zu können. Prozedural bedeutet dies für koordinierendes wie für integral konnektierendes *denn*: Denn kategorisiert den ihm syntaktisch folgenden propositionalen (Teil-)Gehalt, d.h. die Elemente in seinem Skopus, als ein Verstehenselement, welches im Nachhinein, retrograd, eine Verstehenslücke füllt, indem sich aus dem Verstehenselement in Koordination mit dem zuvor komplementär zur Lücke Verstandenen Folgerichtigkeit ergibt. Die Verstehensbearbeitung erfolgt mittels *denn* nach Maßgabe der hörerseitigen Π-Struktur, d.h. nach Maßgabe des hörerseitigen Wissens und Verstehens.

Darin unterscheidet sich *denn* systematisch vom paraoperativen Subjunktor *da*, der sprecherseitige Wissensstrukturen an problematischen Übergangsstellen als gemeinsame Basis in Anspruch nimmt, und vom Subjunktor *weil*, der hinsichtlich der Wissensstrukturen unspezifisch ist und primär Sachstrukturen zur Geltung bringt, weshalb er auch besser für Erklärungen taugt (Redder 1990). Erst die „neudeutsche" Nutzung von *weil* mit folgendem Hauptsatz, d.h. die Nutzung des feldintern transponierten Konjunktors *weil* bzw. *weil:*, ist spezifiziert auf einen Wissensbezug, einschließlich desjenigen auf das gemeinsame Handlungs- und Diskurswissen, so daß sehr differente Wissensarten gekoppelt (Redder 2004) und Illokutionen oder ganze Diskurspassagen (Günthner 1993) als solche begründet werden können.

In Sprechhandlungsketten, d.h. im Falle der verkettenden Verwendung durch den Sprecher, steht *denn* im Hochdeutschen lediglich in der syntaktischen Zwischenposition, was als Spezifikum des Konjunktors gilt (s. o. § 2, B4 seitens eines Richters).

(B4) R Sie werden . mir gestatten, daß ich mir Rückschlüsse dazu . erlaube, äh wenn Sie diesen Namen <u>nicht</u> nennen, möglicherweise, *denn* äh es is ein Aussageverhalten, das äh . möglicherweise son bißchen taktisch äh äh ähm aussehen könnte.

So liefert der Sprecher aufgrund seiner Antizipation einer hörerseitigen Verstehenslücke das zur Folgerichtigkeit führende Verstehenselement in sentialer Form nach, unmittelbar gekoppelt an die bereits vollzogene problemhaltige Handlung. Diese Äußerung hat illokutiv die Qualität einer Begründung im Sinne von Ehlich & Rehbein (1986), besteht doch deren illokutiver Punkt im Liefern eines Verstehenselementes. Empirische Analysen haben gezeigt, daß *denn* für seine zweckmäßige Nutzung den ersten Verstehensschritt, die Perzeption des Äußerungsaktes, beim Hörer voraussetzt und nur Rezeptionsprobleme beim propositionalen und illokutiven Verstehen bearbeitet, bevorzugt unter Nutzung von verallgemeinerten Wissensformen, nicht von partikularem Erlebniswissen (Redder 1990).

Solche qua *denn* sprecherseitig gekoppelten Verstehens-Reparaturen sind charakteristisch für Schriftlichkeit. In der gesprochenen Sprache wird im allgemeinen – abgesehen von professionellen Sprechern oder stilistischen Aufbesserungsversuchen – unspezifisches *weil* verwendet und werden Verstehensprobleme primär interaktiv bearbeitet. Insofern dominiert mündlich die Verwendung von operativem *denn* innerhalb von hörerseitigen Verstehensfragen, d.h. die sog. (Konnektiv-)Partikel.

(B24) aus: Bergswerksausbildung, G. Brünner; in: Redder & Ehlich 1994, 190, Fl. 41 ff.
(s1) A2 Darfste den jetz anschließen?
(s2) SC . Nein.
(s3) A2 Warum nich?
(s4)   . Was mußte denn zuerst machen?

In fragenden Äußerungsformen wie (B24, s4) legt der Hörer ein qua *denn* kategorisiertes Verstehenselement vor, aus dem sich für ihn ein folgerichtiges Verstehen ergeben kann, und greift mittels Frageform auf die mentale Vorgeschichte der problematischen Handlung beim Sprecher zu, um diesen über die Konvergenz mit dessen bislang lückenhaft kontrollierter Einschätzung entscheiden zu lassen. Die Position von verkettendem, dialogisch verwendetem *denn* in der „Verstehensfrage" wird hörerseitig so gewählt, daß – schriftverlaufsmetaphorisch gesprochen – links davon das bestimmte Nicht-Verstandene und rechts davon das dem Hörer fehlende, von ihm selbst vorgebrachte Verstehenselement steht, das Folgerichtigkeit ergibt, sobald der Sprecher konvergiert (Redder 1990: 50 ff.). Im Hochdeutschen sind hörerseitig Positionierungen in der linken Verbklammer und im gesamten Mittelfeld möglich.

Die ostensive Verwendung in Kombination mit exklamativer Intonatorik und Frageform wird wiederum durch den systematischen Hörer bzw. Rezipienten realisiert. In dem Verstehen heischenden Ausruf greift er derart lenkend in den Handlungsablauf des Sprechers bzw. Produzenten ein, daß die Nicht-Beantwortbarkeit bzw. selbstverständliche Beantwortung der Frage jegliche Verstehenslücke dadurch ausräumt, daß der Sprecher/Produzent seine Handlung modifiziert.

(B25) Baumliebhaberin entsetzt zu sägenden Gärtnern: Was machen Sie denn!

(g) *nämlich*

Das aus dem Symbolfeld (mhd. *namelich;* nhd. *namentlich*) als operatives Mittel funktionalisierte *nämlich* wird erst gegenwärtig zwischen Konjunkte positioniert und als Konjunktor verwendet. Es reiht sich damit in die zunächst mit rhythmischer Absetzung geäußerten und insofern als „Doppelpunkt-Verwendung" schriftlich charakterisierten konnektiven Operatoren ein, die oben bereits angeführt wurden (§ 2 und 3.1.).

(B26) >Die Gedecke reichen doch; nämlich: Jakob hat abgesagt.<

Eine solche Verwendung ist charakteristischerweise mündlich und gilt bei Fiehler et al. (2004) als Operator-Skopus-Struktur; sie befördert eine Koordination in der illokutiven Dimension sprachlichen Handelns. Besonders ist im quasi-empirischen (B26) lediglich die Positionierung von *nämlich*. Die Bedeutung, d.h. die operative prozedurale Leistung, ist im übrigen identisch mit der seit dem Mhd. verbreiteten äußerungsinternen Verwendung als sog. Partikel. Das Verstehen wird mittels *nämlich* gesichert, indem genau der Vollzug der Äußerung als solcher und so, wie geäußert, Verstehen sichert.

Der Begründungscharakter ist insofern in die Äußerung selbst integriert, als sprachlicher, p-bezogener (Redder 1990: 129). Der Sprecher sichert damit ausdrücklich jegliche verstehensmäßige Aberration. Die Positionierung erlaubt eine besondere Gewichtung des im Anschluß an *nämlich* Geäußerten als einen verstehensfördernden Ausbau des Wissens, insofern als Erläuterung im Sinne von Bührig (1996).

4. Literatur

Altmann, H. / Lindner, K. (1979) Endlich: „allein". In: Grubmüller, K. et al. (Hg.) Befund und Deutung (Festschrift H. Fromm). Tübingen: Niemeyer, 22–79
de Beaugrande, R. / Dressler, W. (1981) Einführung in die Textlinguistik. Tübingen: Niemeyer
Brinkmann, H. (1971²) Die deutsche Sprache. Gestalt und Leistung. Düsseldorf: Schwann
Bühler, K. (1934 / 1965²) Sprachtheorie. Jena / Stuttgart: Fischer
Bührig, K. (1996) Reformulierende Handlungen. Tübingen: Narr
Croft, W. (2001) Radical Construction Grammar. Oxford: University Press
van Dijk, T. / Kintsch, W. (1983) Strategies of Discourse Comprehension. New York: Academic Press
Dik, S. (1968) Coordination: Its Implications for the Theory of General Linguistics. Amsterdam: North Holland
Dudenredaktion (2005 = 7. völlig neu erarb. u. erw. Aufl.) Die Grammatik. Mannheim: Dudenverlag
Ehlich, K. (1979) Verwendungen der Deixis beim sprachlichen Handeln. 2 Bde. Frankfurt / Main: Lang
Ehlich, K. (1984) Eichendorffs „aber". In: van Peer, W. / Renkema, J. (Hg.) Pragmatics and Stylistics. Leuven: Acco, 145–192
Ehlich, K. (1986) Interjektionen. Tübingen: Niemeyer
Ehlich, K. (1987) *so*. In: Rosengren, I. (Hg.) Sprache und Pragmatik. Stockholm: Almqvist & Wiksell, 279–298
Ehlich, K. (1997) Linguistisches Feld und poetischer Fall. In: ders. (Hg.) Eichendorffs Inkognito. Wiesbaden: Harrassowitz, 163–194
Ehlich, K. / Rehbein, J. (1977) Wissen, kommunikatives Handeln und die Schule. In: Goeppert, H. (Hg.) Sprachverhalten im Unterricht. München: Fink, 36–114
Ehlich, K. / Rehbein, J. (1979) Sprachliche Handlungsmuster. In: Soeffner, H.-G. (Hg.) Interpretative Verfahren in den Sozial- und Textwissenschaften. Stuttgart: Metzler, 243–274
Ehlich, K. / Rehbein, J. (1986) Muster und Institution. Tübingen: Narr
Eisenberg, P. (1998 / 99) Grundriß der deutschen Sprache. Bd. 1: Das Wort, Bd. 2: der Satz. Stuttgart: Metzler

Engel, U. (1988) Deutsche Grammatik. Heidelberg: Groos
Eroms, H.-W. (2000) Syntax der deutschen Sprache. Berlin/New York: de Gruyter
Fiehler, R. et al. (2004) Eigenschaften gesprochener Sprache. Tübingen: Narr
Fiehler, R./Barden, B./Elstermann, M./Kraft, B. (2004) Eigenschaften gesprochener Sprache. Tübingen: Narr
Foley, W./van Valin, R. (1984) Functional Syntax and Universal Grammar. Cambridge: University Press
Gaumann, U. (1983) „Weil die machen jetzt bald zu". Angabe- und Junktivsatz in der deutschen Gegenwartssprache. Göppingen: Kümmerle
Gazdar, G. et al. (1985) Generalized Phrase Structure Grammar. Oxford: Blackwell
Givón, T. (1995) Functionalism and Grammar. Amsterdam: Benjamins
Graefen, G. (1999) Eine streitbare Partikel: DOCH. In: Freudenberg-Findeisen, R. (Hg.) Ausdrucksgrammatik versus Inhaltsgrammatik (Festschrift H. Buscha). München: Iudicium, 111–128
Grimm, J./Grimm, W. (1936/1987) Deutsches Wörterbuch. Bd. 25: Un-Uzvogel. Leipzig/München: Hirzel, dtv
Gülich, E. (1970) Makrosyntax und Gliederungssignale im gesprochenen Französisch. München: Fink
Günthner, S. (1993) „… weil – man kann es ja wissenschaftlich untersuchen" – Diskurspragmatische Aspekte der Wortstellung in WEIL-Sätzen. In: Linguistische Berichte 143, 37–59
Haiman, J./Thompson, S. (Hg.) (1988) Clause Combining in Grammar and Discourse. Amsterdam: Benjamins
Halliday, M. A. K./Hasan, R. (1976) Cohesion in English. London: Longman
Haspelmath, M. (2004) Coordinating constructions: An overview. In: ders. (Hg.), 3–39
Haspelmath, M. (Hg.) (2004) Coordinating Constructions. Amsterdam: Benjamins
Haspelmath, M./König, E. (Hg.) (1995) Converbs in Cross-Linguistic Perspective. Berlin/New York: de Gruyter
Hoffmann, L. (2003) Funktionale Syntax: Prinzipien und Prozeduren. In: ders. (Hg.), 18–121
Hoffmann, L. (Hg.) (2003) Funktionale Syntax. Berlin/New York: de Gruyter
Jacobs, J. (1993) Word order and logical scope. In: Jacobs, J./v. Stechow, A./Sternefeld, W./Vennemann, T. (Hg.) Handbuch Syntax. Berlin/New York: de Gruyter
Knobloch, C./Schaeder, W. (2000) Kriterien für die Definition von Wortarten. In: Booji, G. E. et al. (Hg.) Morphologie. HSK Bd. 1. Berlin/New York: de Gruyter, 674–692
König, E. (1993) Focus Particles. In: Jacobs, J./v. Stechow, A./Sternefeld, W./Vennemann, T. (Hg.) Handbuch Syntax. Berlin/New York: de Gruyter, 978–987

Koerfer, A. (1979) Zur konversationellen Funktion von *ja aber*. In: Weydt, H. (Hg.) Die Partikeln der deutschen Sprache. Berlin / New York: de Gruyter, 14–29

Lang, E. (1977) Semantik der koordinativen Verknüpfung. Berlin: Akademie

Lang, E. (1991) Koordinierende Konjunktionen. In: Stechow, A. v. / Wunderlich, D. (Hg.) Semantik. HSK 6. Berlin / New York: de Gruyter, 597–623

Lang, E. (2000) Adversative Connectors on Distinct Levels of Discourse. In: Couper-Kuhlen, E. / Kortmann, B. (Hg.) Cause – Condition – Concession – Contrast. Berlin / New York: de Gruyter, 235–256

Pasch, R. / Brauße, U. / Breindl, E. / Waßner, U. H. (2003) Handbuch der deutschen Konnektoren. Berlin / New York: de Gruyter

Redder, A. (1987) *wenn ... so*. Zur Korrelatfunktion von *so*. In: Rosengren, I. (Hg.) Sprache und Pragmatik. Stockholm: Almqvist & Wiksell, 315–326

Redder, A. (1989) Konjunktionen, Partikeln und Modalverben als Sequenzierungsmittel im Unterrichtsdiskurs. In: Weigand, E. / Hundsnurscher, F. (Hg.) Dialoganalyse II. Bd. 2. Tübingen: Niemeyer, 393–407

Redder, A. (1990) Grammatiktheorie und sprachliches Handeln: *denn* und *da*. Tübingen: Niemeyer

Redder, A. (2001) Deiktischer Strukturausbau des Deutschen. Bewerbungsvortrag Osnabrück (Ms. München, LMU)

Redder, A. (2003) Partizipiale Ketten und autonome Partizipialkonstruktionen. In: Hoffmann, L. (Hg.), 155–188

Redder, A. (2004) Von der Grammatik zum sprachlichen Handeln – *Weil: Das interessiert halt viele*. In: Der Deutschunterricht 5 (2004), 50–58

Redder, A. (2005) Wortarten oder sprachliche Felder, Wortartenwechsel oder Feldtransposition? In: Knobloch, C. / Schaeder, W. (Hg.) Wortarten und Grammatikalisierung. Berlin / New York: de Gruyter, 43–66

Redder, A. (i. Dr.) Wortarten als Grundlage der Grammatikvermittlung? In: Koepcke, K.-M. / Ziegler, A. (Hg.) Grammatik in der Universität und für die Schule. Tübingen: Niemeyer

Rehbein, J. (1987) Multiple formulae. In: Knapp, K. / Enninger, W. / Knapp-Potthoff, A. (Hg.) Analyzing Intercultural Communication. Berlin / New York: de Gruyter, 215–248

Rehbein, J. (1979) Sprechhandlungsaugmente: zur Organisation der Hörersteuerung. In: Weydt, H. (Hg.) Die Partikeln der deutschen Sprache. Berlin / New York: de Gruyter, 58–74

Rehbein, J. (1999) Zum Modus von Äußerungen. In: Redder, A. / Rehbein, J. (Hg.) Grammatik und mentale Prozesse. Tübingen: Stauffenburg, 91–139

Rehbein, J. / Hohenstein, C. / Pietsch, L. (Hg) (2007) Connectivity in Grammar and Discourse. Amsterdam: Benjamins

Rizzi, L. (1997) The Fine Structure of the Left Periphery. In: Haegemann, L. (Hg.) Elements of Grammar. Dordrecht: Kluwer, 281–337

Schiffrin, D. (1988) Discourse Markers. Cambridge: University Press

Schlobinski, P. (1992) Funktionale Grammatik und Sprachbeschreibung. Opladen: Westdeutscher Verlag

Searle, J. (1969) Speech acts. Cambridge: University Press
Stassen, L. (2000) AND-languages and WITH-languages. In: Linguistic typology 4, 1–54
Stolz, T. (1998) UND, MIT und / oder UND / MIT? In: STUF 51, 107–130
Thim-Mabry, C. (1985) Satzkonnektoren wie *„allerdings"*, *„dennoch"*, *„übrigens"*. Frankfurt / Main: Lang
Uhlig, G. (Hg.) (1883) Dionysii Thracis Ars Grammatica. In: Grammatici Graeci I, I // III. Leipzig: Teubner
Weinrich, H. (1993) (2002²) Textgrammatik der deutschen Sprache. Mannheim: Dudenverlag. 3. revid. Aufl. 2005. Hildesheim: Olms
Zifonun, G. / Hoffmann, L. / Strecker, B. et al. (1997) Grammatik der deutschen Sprache. 3 Bde. Berlin / New York: de Gruyter

Quellen

Ehlich, K. (2005) Deutsch: Abgründe, Gegengründe, Lücken und Brüche. In: Germanistische Mitteilungen 62, Brüssel
Heine, H. (1825) Die Harzreise
Mann, T. (1901) Buddenbrooks. Verfall einer Familie
Protokoll der 15. Konferenz der Gleichstellungs- und Frauenministerinnen, -minister, -senatorinnen und -senatoren der Länder. Hauptkonferenz 02. / 03. Juni 2005, Schwerin
Redder, A. (Hg.) (1981) Schulstunden 1. Transkripte. Tübingen: Narr
Redder, A. / Ehlich, K. (Hg.) (1994) Gesprochene Sprache. Transkripte und Tondokumente. Tübingen: Niemeyer
- Brünner, G.: Drei Ausschnitte aus Instruktionen in der beruflichen Ausbildung im *Bergwerk*
- Hoffmann, L.: Eine Verhandlung vor dem *Amtgericht*
- Redder, A.: Eine *Klinik-Anamnese*
- Redder, A.: Alltagserzählung: *Maiausflug*

für Harald Weinrich
zum 80. Geburtstag
Angelika Redder (Hamburg)

C13 Konnektivpartikel

1. Wortartbezeichnung
2. Kurzdefinition mit Beispielen und systematische Verortung
3. Konnektivpartikeln im Deutschen
3.1. Forschungsgeschichte
3.2. Exemplarische Analysen
3.2.1. *allerdings*
3.2.2. *jedenfalls*
3.3. Schluss und Ausblick
4. Literatur

1. Wortartbezeichnung

Gängige Alternativbezeichnungen sind: Adverb, Abtönungspartikel, Dialogwort, Konnektivadverb, Konjunktionaladverb, Konnektor, Para-Konjunktion, Rangierpartikel

2. Kurzdefinition mit Beispielen und systematische Verortung

Konnektivpartikeln sind unflektierbare Einheiten im Deutschen, die dazu dienen, sprachlich-kommunikative Einheiten zu verknüpfen. Dies rückt sie in die Nähe zu Konjunktoren (→ C12) und Subjunktoren (→ C22); Konnektivpartikeln weisen aber auch Merkmale auf, die sie von den letzt genannten unterscheiden (s. u.).

Versuche einer semantischen Beschreibung von Konnektivpartikeln bedienen sich ähnlicher Merkmalszuweisungen, die für die Bestimmung von Adverbien sowie von Subjunktoren und Konjunktoren herangezogen werden. So wird der Zusammenhang, den Konnektivpartikeln zwischen den Konnekten stiften, etwa als adversativ, kausal, konzessiv, temporal etc. angegeben.

Die Kategorie ‚Konnektivpartikel' zur Bezeichnung einer Wortart ist relativ neu, sie findet sich in Zifonun / Hoffmann / Strecker (1997) sowie in Eroms (2001). Die Ausdrücke, die dieser Kategorie zugerechnet werden, wurden vormals anderen Kategorien zugeordnet (s. o.). Maßgeblich für die Betrachtung eines Ausdrucks als Konnektivpartikel ist zum einen das (variable) Stellungsverhalten; möglich ist eine Positionierung vor dem finiten Verb in deklarativen

Äußerungen (Vor-Vorfeld, Vorfeld) sowie im Mittelfeld; im Unterschied zu Konjunktoren und Subjunktoren sind sie also in eines ihrer Konnekte, in das sogenannte ‚Trägerkonnekt' (Breindl 2003: 77), integrierbar (Zifonun/Hoffmann/Strecker 1997: 59 f., Eroms 2001: 51). Steht eine Konnektivpartikel gemeinsam mit einem anderen Element im Vorfeld eines Satzes bzw. einer kommunikativen Minimaleinheit, hat dies zur Folge, dass die Konnektivpartikel fokussierend wirkt: Die Nachbarkomponente wird durch Akzent hervorgehoben (Zifonun/Hoffmann/Strecker 1997: 1638). Diese Hervorhebung zeige an, dass ein bestimmter (Teil)aspekt zur Verknüpfung der Minimaleinheiten Anlass gibt. Werden die Konnektivpartikeln dem Satzrahmen vorangestellt (‚freie Verwendung'), bewirken sie eine bloß „formale Anknüpfung" mit einem Fokuswechsel bzw. Themenwechsel und erhalten ein besonderes Gewicht, so dass der Übergang als solcher eine Herausstellung erfahre (vgl. a.a.O.: 2390).

Neben der möglichen Positionierung im Mittelfeld einer Äußerung unterscheiden sich Konnektivpartikeln von Subjunktoren und Konjunktoren dadurch, dass sie sich syntaktisch auf nur einen Operanden beziehen, nämlich auf den Satz oder die kommunikative Minimaleinheit, in dessen/deren Vorfeld oder Mittelfeld sie erscheinen (vgl. a.a.O.: 987). Darüber hinaus können Konnektivpartikeln, anders als Adverbien und Modalpartikeln, nicht als Antwort auf W-Fragen dienen und verändern auch nicht die propositionale Satz-Bedeutung; in der Regel sind sie nicht koordinierbar (vgl. a.a.O.: 59 f.).

Der Funktionsbereich von Konnektivpartikeln wird im Allgemeinen im Bereich der Diskurs- und Textgliederung gesehen (vgl. a.a.O.: 987). Die verbundenen Konnekte stehen in einer fixierten Stellungsabfolge: Bezugskonnekt vor Trägerkonnekt (Breindl 2003: 77).

Zifonun/Hoffmann/Strecker zählen exemplarisch folgende Ausdrücke zu den Konnektivpartikeln: *allerdings, dennoch, erstens, gleichwohl, immerhin, indessen, jedenfalls, sonst, schließlich, überhaupt, wenigstens, und zwar* (vgl. a.a.O.: 59). Im Manuskript der Ruhrmeisterschaft (2006) werden eine Reihe weiterer Ausdrücke genannt, darunter auch komplexe Formen wie z.B. repetitive Konnektoren wie *bald ... bald, teils ... teils*, korrelative wie *einerseits ... andererseits, zwar ... aber* und zusammengesetzte, wie z.B. *vor allem*.

3. Konnektivpartikeln im Deutschen

3.1. Forschungsgeschichte

Ausdrücke, die als Angehörige der Kategorie ‚Konnektivpartikeln' betrachtet werden können, kommen erst mit Fragen der sprachlich-kommunikativen Organisation von Texten und Diskursen in den Blick. Zur Beschreibung der Ausdrücke wird u.a. zunächst die Kategorie des ‚Adverbs' genutzt[1], die später, einhergehend mit einem zunehmenden Interesse an den Charakteristika gesprochener Sprache, durch die Kategorie der ‚Partikel' abgelöst wird. Den einzelnen Funktionsbereichen entsprechend erfuhr die Kategorie ‚Partikel' ihrerseits eine terminologische Untergliederung in Abtönungspartikel (→ C1), Gradpartikel (→ C7), Modalpartikel (→ C14). Mit Blick auf gesprochene Sprache wurde neben der Bezeichnung ‚Partikel' zudem der Begriff des „Gliederungssignals" (Gülich 1970) eingeführt sowie neuerdings der Begriff des „discourse markers" (Schiffrin 1988) bzw. des „Diskursmarkers" (Günthner 1999).

Bei allen Schwierigkeiten bzw. heterogenen Kriterien, die zur Beschreibung der genannten, hier als Konnektivpartikeln bezeichneten, Ausdrücke herangezogen wurden, wird der Versuch deutlich, eine grammatische Beschreibung unter Berücksichtigung der Charakteristika sprachlicher Interaktion vorzunehmen. Dabei zeigt sich eine Vielzahl theoretischer Ansatzpunkte, denen hier aus Platzgründen nicht im Einzelnen Rechnung getragen werden kann. Auch die Benennung des Zusammenhangs zwischen sprachlich-kommunikativen Einheiten, der durch Konnektivpartikeln hergestellt wird, erfolgt bei näherer Sicht nicht einheitlich. Zwar ist oftmals von ‚Konnexion' die Rede, dieser Begriff erfährt jedoch unterschiedliche Anwendungen. Nach Fabricius-Hansen (2001) werden im textlinguistischen Zusammenhang unter ‚Konnexion' Relationen zwischen Satzinhalten i.w.S. subsumiert, die Textkohärenz stiften bzw. sich aus Forderungen nach Textkohärenz erschließen lassen (vgl. a.a.O.: 331). Subordinierende Ausdrücke, koordinierende Ausdrücke, Konjunktionaladverbien, Adverbien und Partikeln werden der Sammelkategorie ‚Konnexion' subsumiert. Den Blick über die Herstellung

---

[1] Dies geschieht nicht nur mit Blick auf die deutsche Sprache, sondern z.B. auch in Grammatiken des Englischen, wie etwa in Leech & Svartvik 1975, Greenbaum & Quirk 1990 oder etwa im deutsch-französischen Wörterbuch der sog. „mots de la communication" (Métrich, Faucher & Gourdier 1993).

eines Zusammenhangs zwischen zwei Sätzen hinaus wenden Zifonun / Hoffmann / Strecker 1997: Unter ‚Konnexion' verstehen sie die Gliederung und Strukturierung von Text- und Diskurseinheiten, die durch Konnektivpartikeln, Adverbien, Konstruktionen mit kausativen Verben sowie mit Mitteln thematischer Fortführung und Entwicklung realisiert wird (vgl. a. a. O.: 2366).

Die folgende exemplarische Betrachtung der Ausdrücke *allerdings* und *jedenfalls* folgt dem letzteren Verständnis von Konnexion. Aufgrund der schwierigen Forschungslage sei im Folgenden lediglich die bisherige Erforschung der Ausdrücke *allerdings* und *jedenfalls* mit Blick auf den Zusammenhang von Grammatik und sprachlicher Interaktion skizziert. Nach einer jeweils systematischen Verortung der Ausdrücke, die auch die mentalen Dimensionen sprachlichen Handelns in Text und Diskurs in Betracht zieht, bildet eine Rekonstruktion der funktionalen Leistung unter Berücksichtigung des Wissens von Sprecher und Hörer bzw. Autor und Leserschaft im Sinne einer Rekonstruktion ihrer ‚prozeduralen Qualität', wie in der Einleitung zu diesem Band ebenfalls ausgeführt, den Abschluss dieses Beitrags.

3.2. Exemplarische Analysen

3.2.1. *allerdings*

Der Ausdruck *allerdings* wurde in der Forschungsliteratur oftmals zwei Kategorien zugeordnet, der ‚Antwortpartikel' (Behaghel 1928, Brauße 1983, DUDEN 1993, Engel 1988, HDG 1984, Helbig 1988, König et al. 1990, Koch / Pusch 1976, Koch-Kainz / Pusch 1977) und dem ‚Konnektor' (HDG 1984, Helbig 1988, König et al. 1990, Lötscher 1989, Weydt et al. 1989); Pasch et al. 2005 rechnen *allerdings* zu den „nicht-positionsbeschränkten Adverbkonnektoren", ohne beide Kategorien auf einander zu beziehen.

Während Pérennec 2002 dafür plädiert, ein „paradigme unique" für *allerdings* anzunehmen, nimmt erst Breindl 2003 eine Untersuchung des Ausdrucks vor, in deren Rahmen sie nach einer gemeinsamen Quelle der Verwendungen von *allerdings* sucht. Gespeist wird dieses Anliegen zum einen durch folgende Befunde:

- das responsive *allerdings* dient als bestätigende, aber zugleich auch vorwurfsvolle Antwort auf eine Entscheidungsfrage (Engel 1988)

- als emphatische Bejahung kann *allerdings* suggerieren, dass eine Frage unangebracht war (König et al. 1990) bzw. *allerdings* bestätige den Inhalt der betreffenden Frage/der Aussage und bekräftige eine Bejahung, kündige aber zugleich einen einschränkenden Hintergedanken an (Helbig 1988).

Zum anderen weisen die Beschreibungen der adversativen Bedeutung von *allerdings*, so Breindl, darauf hin, dass seine Kontrastfunktion schwächer bzw. höflicher sei als die der Ausdrücke *aber*, *jedoch* oder *trotzdem*, mit denen eine vollständige Zurückweisung der normalerweise erwartbaren Implikationen einer Aussage erfolge (vgl. a. a. O.: 81). Mit Lötscher (1989) geht sie davon aus, dass *allerdings* im Unterschied zu *aber* nicht in Argumenten gegen eine völlig unhaltbare These brauchbar sei, vielmehr „signalisiere es ein Gegenargument, dessen Implikatur die These in ihrem Gewissheitsgrad nur relativ schwächen, nicht auf den geringst möglichen Stand der Gewissheit bringen soll" (vgl. Lötscher 1989: 224).

Als gemeinsame Quelle der Verwendung als Antwortpartikel und als Konnektor nimmt Breindl das Adverb *allerdings* an, dessen wörtliche Bedeutung sie mit ‚in allen Dingen' angibt. Es ist seit dem 14. Jahrhundert belegt und verbreitet sich ab dem 17. Jahrhundert. Im 16. Jahrhundert ist es zusammengewachsen aus *aller dingen* (Genitiv Plural) mit anschließendem Formwandel zur Adverbform mit adverbtypischem s-Suffix. Die Grundbedeutung ist also ‚in jeder Hinsicht, gänzlich durchaus' (Behaghel 1928: 65). In dieser frühen Bedeutung ist *allerdings* ein satzintegriertes, satzgliedwertiges und satzbezogenes Adverb. Semantisch gesehen handelt es sich hierbei um ein einstelliges, geltungsbezogenes Satzadverbial, das lediglich die im Trägersatz ausgedrückte Proposition im Skopus hat. Diese Verwendung ist auch im Gegenwartsdeutschen noch vorhanden, tritt aber hinter der adversativen konnektiven zurück und wird in der Literatur kaum erwähnt:

(B1) Niemand kann aus seiner Haut heraus, jede Nation muss die neue Lage auf ihre Art bewältigen. Aber bewältigen muss sie sie aller<u>dings</u>. (Berliner Zeitung, 14.19.1997, zit. n. Breindl 2003: 84)

Dieses einstellige affirmative Adverb ist – anders als das konnektive und ebenso wie das isolierte responsive *allerdings* – auf dem zweiten Bestandteil betont oder zumindest betonbar und kann den Satzakzent tragen. Es kann nur in Kontexten verwendet werden, in denen die Proposition des Trägersatzes sprecher- und hörerseitig als bekannt gilt. Der Akzent auf *allerdings* markiert einen minimalen Fokus und erlaubt im Unterschied zum normalen Satzfokus keine Fokusprojektion.

Die responsive Funktion von *allerdings* ist, so Breindl, das Ergebnis einer Konventionalisierung einer elliptischen Verwendung des einstelligen, bestätigenden Satzadverbs, wobei Bedeutung und Akzenteigenschaften gleich bleiben (vgl. a. a. O.: 85). Die elliptische Verwendung wird durch die lediglich geltungsbestätigende oder -bekräftigende Funktion und die Hintergrundeigenschaften des Restsatzes begünstigt und entwickelt sich vornehmlich im Dialog. Sie sei eine für geltungsbezogene Satzadverbien typische Entwicklung, und, insofern Satzadverb und Responsiv auch synchron nebeneinander existieren, auch nicht als diachroner Ablösungsprozess zu verstehen (vgl. ebd).

Die Entwicklung zum Konnektor ist formal betrachtet vom Verlust der Fokussierbarkeit bzw. Akzentuierbarkeit und damit einer phonologischen Reduktion begleitet, was Breindl als typisches Grammatikalisierungsphänomen betrachtet. Die semantische Entwicklung ist das Resultat einer Verschiebung infolge einer Umstrukturierung bei der Interpretation: „Adverbia, die der Anerkennung, der Bestätigung dienen, können zu Konjunktionen des Gegensatzes werden: *allerdings, freilich, gewiss, ja, schon, wohl, zwar.*" (Behaghel 1928: 49). Ein entscheidender Schritt in dieser Verschiebung ist, so Breindl, die typische Verwendung in einem negativen Kontext, markiert durch eine Negationspartikel oder durch eine adversative Textfortsetzung – bei einer Kollokationsanalyse von *allerdings* in den (gegenwartssprachlichen) Mannheimer Korpora geschriebener Sprache erzielt ‚nicht' in der Kollokationsumgebung bis zum zweiten Wort rechts den höchsten Wert (vgl. a. a. O.: 87).

Die Entwicklung zum Kontrastmarker wird durch kontrastiv markierte Textfortsetzungen gefördert. Zunächst sind diese syntaktisch vom *allerdings*-Trägersatz separiert:

(B2) Hermanns Thaten sind allerdings sehr denkwürdig und glorreich, allein sie sind durch die große Kluft der Völkerwanderung von dem Zeitraum geschieden, wo ... [...]. (Schlegel, nach Behaghel 1928: 64, zit. n. Breindl 2003: 87)

In einer nächsten Entwicklungsstufe erscheinen *allerdings* und der Kontrastmarker in einem Satz, oft sogar juxtapositioniert. Diese doppelte Kontrastmarkierung wird, so Breindl, offenbar als redundant empfunden und führt zur heute üblichen Verwendung von *allerdings* als alleinigem Kontrastmarker; die Entwicklung zum zweistelligen Konnektor ist hier vollzogen. Im Bezugskonnekt kann ein bestätigendes Adverb die einstige Funktion von *allerdings* übernehmen (vgl. a. a. O.: 87 / 88).

Synchron gestatte, so Breindl, ein textueller Bezug, die adversative Funktion von *allerdings* auf die affirmative zu beziehen, ohne den Unterschied zwischen den beiden Verwendungsweisen zu verwischen: der Informationsgehalt des *allerdings* enthaltenden Satzes. Enthalte dieser ausschließlich Hintergrundinformation, die bereits im Vortext erwähnt wurde, und trage *allerdings* als minimaler Fokus den Satzakzent, könne es nur die Funktion haben, das Zutreffen der Proposition zu affirmieren. Es könne dann keine spezifische semantische Relation zwischen (notwendig distinkten) Propositionen herstellen und sei semantisch nicht zweistellig, mithin kein Konnektor, sondern ein einstelliges, geltungsbezogenes Satzadverb (vgl. a. a. O.: 91). Wenn *allerdings* jedoch eine fokale Proposition modifiziere, markiere es auch eine spezifische Relation zwischen zwei distinkten Propositionen, häufig ergebe sich aus dem Verhältnis dieser Propositionen ein Kontrast (vgl. a. a. O.: ebd.).

Breindls Suche nach einer gemeinsamen Quelle der Verwendungen von *allerdings* als Antwortpartikel und Konnektor berücksichtigt vor allem den sprachlichen Zusammenhang, ohne systematisch einen Bezug zum Wissen der Interaktanten bzw. dessen Verarbeitung zu suchen. Dabei lässt sich zum einen der Hinweis darauf, dass auch über umfangreichere Textpassagen hinweg mit *allerdings* ein Zusammenhang etabliert werde (vgl. Pasch et al. 2005) dahin gehend interpretieren, dass *allerdings* zur Verarbeitung eines zuvor verbalisierten Wissens eingesetzt wird. Die Beobachtungen zur affirmativen sowie zur widersprechenden Funktion von *allerdings* bringen zum anderen, im Bestreben einer Rekonstruktion der prozeduralen Leistung des Ausdrucks, die Frage nach den sprachlich-mentalen Tätigkeiten von Sprecher und Hörer / Autor und Rezipient in den Blick, die in der Verarbeitung des zuvor verbalisierten Wissens involviert sind. Die bisherigen Befunde deuten an, dass der Ausdruck *allerdings* in sprachlich-kommunikativen Zusammenhängen eingesetzt wird, in denen das „Bewerten" (Rehbein 1977, Fienemann 2006) eine maßgebliche Rolle spielt. Das Resultat einer solchen Bewertung kann offenbar unterschiedliche Ausprägungen aufweisen, ganz wie es die bisherigen Befunde bereits andeuten: Eine Zustimmung kann eben auch andeuten, dass eine Frage bzw. eine Vermutung überflüssig war etc.

Anhand des nachstehenden Beispiels soll die Anregung zu einer Bewertungstätigkeit, die ein zuvor verbalisiertes Wissen zum Gegenstand hat, exemplarisch zu rekonstruieren versucht werden:

(B3) Echo aus der Nazi-Zeit
 Von Friederike Freiburg und Daniel Haas
 Die Initiative „Du bist Deutschland" plädiert mit Anzeigen und Spots für Weltoffenheit, Engagement und Optimismus. Ausgerechnet der Slogan fand **allerdings** schon einmal Verwendung: als Agitationsspruch der Nazis. (Spiegel Online, 24.1.2005)

In dem Artikel aus SPIEGEL Online geht es nach bekannt werden der historischen Herkunft des umstrittenen Slogans der Initiative „Du bist Deutschland" um die Reaktionen der für den Text verantwortlichen Agenturen. Zunächst wird jedoch in dem abgedruckten Beispiel die Herkunft des Slogans als nationalsozialistischer Propagandaspruch aus dem Jahr 1934 noch einmal erwähnt: In der Bemühung, ein Nationalgefühl zu beschwören, das von Werten getragen wird, die eine kollektive Zustimmung finden können (Weltoffenheit, Engagement und Optimismus), greifen die für den Slogan verantwortlichen Agenturen auf eine sprachliche Formulierung zurück, die in der deutschen Geschichte bereits einer Propagierung nationaler Gesinnung bzw. nationalsozialistischen Gedankenguts diente. Damit attestiert das Autorenpaar eine Kontinuität zwischen der aktuellen Initiative und der Agitation durch die Nationalsozialisten, die mehr als nur eine sprachliche Formulierung anprangert. Vielmehr geraten mangelndes Geschichtsbewusstsein, mangelnde Recherche und auch die vermeintlich positiv zu bewertenden Ziele der Initiative zu Ansatzpunkten einer kritischen Bewertung.

Die Leserschaft des Artikels wird also mit einem komplexen Bewertungsgegenstand konfrontiert, die Bewertung wird aber nicht vorweggenommen, sondern sukzessive vorbereitet und dem Leser zur Komplettierung anheim gestellt. Bei diesem Vorgehen spielt der Ausdruck *allerdings* eine relevante Rolle: Hinter dem finiten Verb des zweiten Satzes sorgt seine Positionierung für eine kommunikative Gewichtung des in zwei Schritten verbalisierten rhematischen Teils, nämlich der ehemaligen, historischen Verwendung des Slogans. Dass diese Verwendung seitens der Nationalsozialisten erfolgte, ist erst im zweiten Schritt, nach dem Doppelpunkt, erwähnt.

Bedingt durch den Allquantor *all-* vermag der Ausdruck *allerdings* Wissenselemente aus mehreren Äußerungen zu bündeln. Das gebündelte Vorwissen wird zum zweiten mittels des Ausdrucksbestandteils ‚dings' einer nennenden Prozedur zugeordnet (Leistung des Genitivs), die ein sprecherseitiges Wissen im Sinne eines Architerms zwar unspezifisch vorab, durch die Morphologie der Zusammensetzung aber quasi als einen Fluchtpunkt benennt, das nachfolgend in der Trägeräußerung verbalisiert wird. Dies erklärt die Möglichkeit von *allerdings*, einen Zusammenhang seiner Trägeräußerung zu umfangreicheren Textpassagen herzustellen. Sowohl durch die Position von *allerdings* als auch durch die symbolische Komponente „ding-" erfährt das Wissen der Trägeräußerung eine Gewichtung, die einen Bewertungswiderspruch zu einem vorherig verbalisierten Wissen anregt und, im vorliegenden Beispiel, eine kritische Haltung zu der Initiative bzw. ihrem Slogan einnimmt. Anders als im Fall einer offen ausgeübten Kritik seitens des Autorenteams liefert dieses Vorgehen die Eckpunkte einer kritischen Bewertungsoperation, deren Vollzug nicht vorweggenommen, sondern dem Leser überlassen wird – ein Verfahren, das gerade in Artikeln des SPIEGEL häufig zu beobachten ist.

3.2.2. *jedenfalls*

Der Ausdruck *jedenfalls* wird zunächst im Rahmen der Partikelforschung, die während der siebziger Jahre innerhalb der Sprachwissenschaften eine Ausweitung erfahren hat, von Harald Weydt 1979, 1979b untersucht. Er bestimmt *jedenfalls* mit Blick auf dessen Semantik und im Rahmen einer strukturalistischen Wortfeldanalyse, ähnlich wie *immerhin* und *wenigstens*, als ‚konzessive Partikel'[2]. Mit

---

[2] Für einen neueren Überblick über das logisch-semantische Konzept ‚Konzessivität' vgl. z.B. Di Meola 1997, 1998. Konzessivität beruht nach Di Meola auf zwei Grundpfeilern, dem Begriff des Kontrastes und dem der Kausalität. Einräumung schließt er als definitorische Eigenschaft aus, da es sich hierbei nicht um eine intrinsische, semantische Charakteristik von Konzessivität handelt, sondern um eine mögliche pragmatische Verwendung (vgl. Di Meola 1997: 33). Einen wichtigen Unterschied von Konzessivität zur Kausalität sieht er darin, dass das kausale Verhältnis auf einer temporalen Abfolge beruhe (post hoc ergo propter hoc), während das konzessive Verhältnis auf Gleichzeitigkeit basiert sei: „Es

der *jedenfalls*-Einheit werden an einem weiteren, möglicherweise implizierten Satz Abstriche vorgenommen, ähnlich wie bei dem Einsatz der Ausdrücke *immerhin* und *wenigstens*.³ Das Besondere an *jedenfalls* sei, so Weydt, dass es die Extension einer Bezugsaussage auf einen „kleinen, harten Kern" reduziere, den ein Sprecher dann umso fester behaupten kann.⁴ Werde hingegen in einem vorausgehenden Satz auf ein relativ sicheres Faktum Bezug genommen, könne *jedenfalls* in einem darauffolgenden Satz als ‚Verstärkungspartikel'⁵ fungieren. Weitestgehend aufbauend auf den Erkenntnissen von Weydt kommt Helbig 1990 unter Beachtung unterschiedlicher Satztypen zu dem Ergebnis, dass unbetontes, erststellenfähiges *jedenfalls* in Aussagesätzen die Gültigkeit einer Aussage gegenüber einer weitergehenden oder spezielleren Aussage, deren Zutreffen als nur möglich angesehen werde, signalisiere. In Aufforderungssätzen drücke *jedenfalls* die Gültigkeit einer Aufforderung aus, die im Zusammenhang mit einer möglichen Bedingung gesehen wird. Auch Dalmas 1995 beruft sich auf Weydts Bestimmungen zu *jedenfalls,* ergänzt ihre Ausführungen aber durch die Beobachtung, dass *jedenfalls* sich vor allem in Nachträgen und Einschüben finde. Die Position, die *jedenfalls* in einer Äußerung einnehmen kann, wird insbesondere von Thim-Mabrey 1985 weitergehend untersucht. Sie geht davon aus, dass sich die Semantik von *jedenfalls* in unterschiedlichen Positionen unterscheide. Während *jedenfalls* an der Null- oder Erststelle als sog. ‚Parakonjunktion' durch Ausdrücke wie *ungeachtet solcher Überlegungen* oder *wie dem auch sei* ersetzt werden könne, habe es im Hauptfeld einer Äußerung eher den Charakter einer Gradpartikel und sei durch *wenigstens* zu substituieren. Demgegenüber vertreten Zifonun / Hoffmann / Strecker 1997 die Auffassung, dass *jedenfalls* unabhängig von seiner Position innerhalb einer Äußerung funktionsgleich als ‚Konnektivpartikel' zu verstehen ist.

Zusammenfassend betrachtet scheint es in der Forschungsdebatte dahingehend einen Konsens zu geben, dass *jedenfalls* in der Bearbeitung von etwas bereits Versprachlichtem eingesetzt wird und einen Zusammenhang zwischen zwei sprachlichen Einheiten stiftet. Am deutlichsten ausgedrückt findet sich diese Einsicht in den Ausfüh-

---

wird die Koexistenz zweier Ereignisse hervorgehoben, die sich „normalerweise" ausschließen." (1997: 32)
3 Vgl. Weydt 1979: 399.
4 Vgl. Weydt 1979: 401.
5 Vgl. Weydt 1979b: 358.

rungen Thuns 1984 und Lötschers 1988 bzw. 1989. Thun geht davon aus, dass ein Sprecher mit *jedenfalls* auf etwas Vorangegangenes Bezug nimmt, das sprachlich formuliert sein muss. Nach Lötscher kündigt *jedenfalls* eine „Korrekturäußerung" an. Korrekturäußerungen zeichnen sich, so Lötscher, dadurch aus, dass sie eine Äußerung funktional identisch wiederholen, inhaltlich aber modifizieren. Gemäß seiner inhaltlichen Verwendungsbedingung signalisiere *jedenfalls* eine spezifische Art von Aussagenkorrektur: Mit *jedenfalls* werde der propositionale Gehalt des Vorgängersatzes genauer spezifiziert und damit weniger umfassend gemacht, was den Allgemeinheitsanspruch des Vorgängersatzes teilweise zurücknehme.[6] Die konzessive Partikel *jedenfalls* signalisiere: „Mit diesem Satz wird gegenüber einer früheren Position eine auf das sicher zu Verteidigende reduzierte Position vertreten.".[7] Mit *jedenfalls* werde also ein spezifisches sprachliches Verhalten charakterisiert.[8]

Die allgemeine Funktion von adversativen, restriktiven und konzessiven Partikeln sieht Lötscher 1988 darin,

> „die textgrammatische Funktion eines Satzes im Gesamtzusammenhang eines Textes anzuzeigen. Es sind sozusagen ‚relationale Illokutionsindikatoren', d.h. Indikatoren nicht von isolierten Illokutionen, sondern von illokutionären Stellungnahmen zu bereits vollzogenen Illokutionen oder eventuell durch ganze Textabschnitte hindurch illokutiven Sprecherabsichten, die wir im folgenden kurz als ‚Position' bezeichnen werden."[9]

Als „conjunctional adverbs" betrachtet Leuschner 1998 den Ausdruck *jedenfalls*, aber auch die Wendungen *auf jeden Fall* und *in jedem Fall*, denen er, ähnlich wie Lötscher, die Eigenschaft attestiert, jeweils eine „konzessiv-konditionale"[10] Beziehung auszudrücken zwischen der Assertion, in der sie gebraucht werden, und einer im allgemeinen vorausgehenden Frage.[11] Damit seien sie bzw. das deut-

---

[6] Vgl. a.a.O.: 228.
[7] Vgl. Lötscher 1988: 91.
[8] Vgl. a.a.O.: 93.
[9] Vgl. a.a.O.: 91.
[10] Zu ‚concessive conditionals' siehe etwa Haspelmath & König 1998, König 1986, 1992 sowie König & van der Auwera 1988. Auch Di Meola 1997 erwähnt einen konzessiven Charakter von *auf jeden Fall* und *jedenfalls*, nimmt diesen aber als nur „gelegentlich" an und rechnet *auf jeden Fall* und *jedenfalls* ebenso wie etwa *gleichwohl* zu einer Gruppe sog. ‚parataktischer Konnektive', die einen Kontrast zwischen zwei zueinander in Beziehung gesetzten Sachverhalten betonen, da sie auf einem allgemeinen Verstärkungselement basieren (vgl. a.a.O.: 125/126).
[11] Vgl. a.a.O.: 164 ff.

sche *in jedem Fall* als Äquivalent etwa zu dem französischen *de toute façon* zu verstehen, dessen Funktion z. B. Schelling 1982 als eine Auflösung miteinander konfligierender, argumentativer Orientierungen in einem vorangehenden Diskurs beschreibt: Indem ein Sprecher *de toute façon* gebrauche, zeige er an, dass es keine Wahl zwischen den einzelnen, genannten Argumenten gebe. In diesem Sinne funktioniere der Ausdruck als eine Art ‚clôture', da der Sprecher mit Blick auf seinen nachfolgenden, zu kommunizierenden Standpunkt alle bisherigen, miteinander konfligierenden Argumentationsorientierungen als nicht valide markiert.[12] Mit Blick auf den Schluß, dass die „concessive conditionals" sog. „rhetorical dialogues"[13], typische Exemplare einer diskursiven ‚Polyphonie'[14], repräsentieren, indem ein Sprecher mit ihnen mögliche Beiträge seiner Gesprächspartner in seinen eigenen implementiere. Vor diesem Hintergrund bestimmt Leuschner die allgemeine Funktion der „concessive conditionals":

> „Concessive conditionals can therefore be explained as the syntactization[15] of subordinating relationships implicit in Rhetorical Dialogues, which in turn are modelled on a type of actual interrogative dialogue."[16]

Während die Hinweise in der Arbeit von Dalmas 1995 auf den Gebrauch von *jedenfalls* in Nachträgen und Einschüben eine lokale Bearbeitung von etwas bereits Gesagtem nahe legen, deuten darüber hinaus die Ausführungen von Pérennec 1990, auf denen auch Dalmas im weiteren Gang ihrer Argumentation aufbaut, darauf hin, dass *jedenfalls* zu Beginn einer Äußerung auch zur Markierung einer Textprogression eingesetzt werden kann, etwa nach Abschweifungen innerhalb von Erzählungen oder nach Unterbrechungen durch einen Gesprächspartner.[17]

Lötschers Untersuchungsergebnisse zum „Korrektursatz", in dem sich *jedenfalls* befinde, weisen Parallelen zu den bereits diskutierten Ergebnissen von Weydt, Helbig und Dalmas auf. Darüber

---

[12] Vgl. a. a. O.: 66.
[13] Vgl. Popovici 1981.
[14] Zum Konzept der „Polyphonie" vgl. etwa Bakhtin 1987, Ducrot 1984 sowie Roulet et al. 1985. Herring 1981 zeigt, wie in narrativen Diskursen des Tamilischen rhetorische Fragen dazu verwendet werden, um die Zuhörerschaft einzubeziehen, ohne dass die erzählende Person seinen turn verliert.
[15] Den Terminus „syntactization" gebraucht Leuschner vor dem Hintergrund der ‚Grammatikalisierungstheorie', in Anlehnung an Givón 1979.
[16] Vgl. a. a. O.: 169.
[17] Vgl. Dalmas 1995: 272–274.

hinaus erscheint mir der von Lötscher erwähnte Ausdruck „relationaler Illokutionsindikator" als weiterführend für eine Rekonstruktion der kommunikativen Leistung von *jedenfalls*. Er lenkt den Blick auf den sprachlich-kommunikativen Zusammenhang, in dem *jedenfalls* gebraucht wird. Damit ist aber, wie Lötscher m.E. auch in seiner Untersuchung unterschiedlicher „Texttypen"[18] deutlich macht, nicht nur die jeweilige Vorgängereinheit und die Einheit, in der *jedenfalls* gebraucht wird, zu verstehen, sondern die Funktion der betreffenden Sätze im Textganzen. Um diese Funktion näher zu bestimmen, sei im Folgenden zunächst eine Verortung der Äußerungen, die *jedenfalls* enthalten, im diskursiven Zusammenhang versucht. Die nachfolgend präsentierten Beispiele stammen jeweils aus Interviews, in denen die interviewte Person in Sprechhandlungsverkettungen Wissen über vergangene Erlebnisse in den Diskurs einbringt, so etwa in B4 über eine gefährliche Situation auf der Autobahn.

(B4) IDS Freiburg / 290469 / Erzählung über gefährliche Situation
(1) (AA) (Ja) das s eigentlich schwer, etwas zu erzählen.
(2) (AA) Wir sind von Marburg runtergekommen auf der Autobahn.
(3) (AA) Und vor uns ist die längste Zeit ein Lastwagen hergefahren.
(4) (AA) Und der Fahrer (das war nicht ich) wollte also immer überholen
(5) (AA) und hat sich also zu sehr auf n Rückspiegel konzentriert.
(6) (AA) Und dann muß plötzlich der Lastwagen die Geschwindigkeit verringert haben.
(7) (AA) **Jedenfalls** hat sich / wir sind ganz nah rangekommen,
(8) (AA) und er konnt grad noch ausbiegen und um den Lastwagen herumkommen.

Der Interviewte schildert in seinen Ausführungen, wie er als Insasse eines Fahrzeuges knapp einem Auffahrunfall entkommen ist. Nachdem er zunächst die Voraussetzungen, wie es zu der Gefahr eines Auffahrunfalls kommen konnte, behandelt (Segmente 3 bis 5), verbalisiert er in Segment 6 mit „Und dann muß plötzlich der Last-

---

[18] Vgl. Lötscher 1988: 67. Er untersucht argumentative und erzählende Texttypen.

wagen die Geschwindigkeit verringert haben" das Ergebnis einer Schlussprozedur, mit der er sich Wissen über den möglichen Ansatzpunkt des knapp vermiedenen Unfalls verschafft hat. In Segment 7 „Jedenfalls hat sich / wir sind ganz nah rangekommen" gibt er den Kernpunkt der gefährlichen Situation wieder sowie die glückliche Abwendung der drohenden Gefahr (Segment 8). Der Interviewte gebraucht *jedenfalls* in Segment 7 vor der äußerungsinternen Reparatur im Vorfeld bzw. an der so genannten Erststelle, nachdem er zuvor ein Wissen, das aus einer Schlussprozedur stammt, versprachlicht hat und dann in der Verbalisierung zum Verlauf der Ereignisse zurückkehrt.

Ebenfalls vor dem finiten Verb, allerdings im ‚Vorvorfeld' bzw. an der sog. Nullstelle bzw. dem ‚Anfangsrahmen' einer Äußerung, findet sich in dem nächsten Beispiel *jedenfalls* in Kombination mit der Interjektion *na* (Segment 15).

(B5) IDS / PFE / BRD.cu010 / M(40) / Familienerlebnisse
    (11) (AA) Und • • wenn wir / wenn ich zu Besuch kam, dann wollte sie mir immer eine Freude machen und mir einen Groschen oder zwei Groschen schenken.
    (12) (AA) Damit das was / • • etwas kaufen konnte.
    (13) (AA) Dabei krempelte sie dann ihren Rock hoch,
    (14) (AA) der erste Unterrock, der zweite, der dritte,
    (15) (AA) na, **jedenfalls** es war ne ganze Reihe.
    (16) (AA) Und darunter kam denn eine Hose zum Vorschein, die fast bis an die Füße reichte, mit ganz einfachen Spitzen.
    (17) (AA) Und in dieser Hose war eine Tasche.
    (18) (AA) Und aus dieser Tasche zog sie denn ihre Geldkatze und zahlte uns denn einen oder zwei Groschen.
    (19) (AA) Wir zogen hocherfreut von dannen.

Zu Familienerlebnissen befragt, gibt der Interviewte seine Erinnerungen über Besuche bei seiner Großmutter wieder. Diese Erinnerungen beinhalten zunächst visuelle Eindrücke, ab Segment 11 haben die Ausführungen des Interviewten ein typisches Handeln der Großmutter zum Gegenstand, sie schenkt ihren Enkeln Geld aus einem Portemonnaie, das sie in einer Hose unter ihren Unterröcken aufbewahrt (Segmente 11, 12). Der Vorgang, wie die Großmutter ihre Geldkatze unter ihren Unterröcken hervorholt, wird anschließend von dem Interviewten durch eine Aufzählung in Segment 14 wiederum eindrücklich detailliert, dann jedoch in Segment 15 mit „na, jedenfalls es war ne ganze Reihe" zu einem Abschluss gebracht. Mit dieser Äußerung hält der Interviewte in seiner Vergegenwärtigung der erinnerten Szenerie inne und führt anschließend den zu beschreibenden Vorgang weiter fort (Segmente 16 bis 19). Mit diesem Innehalten geht ein Zugriff auf seinen Verbalisierungsplan einher, so lässt sich zum einen basierend auf den bisherigen Erkenntnissen zu *jedenfalls*, aber auch aufgrund der Interjektion *na* vermuten. Auch wenn der Tonhöhenverlauf der Interjektion *na*, die dem *jedenfalls* in Segment 15 vorangeht, nur aufgrund des Kommas erschlossen werden kann, legt doch sowohl das *jedenfalls* als auch der propositionale Gehalt der gesamten Äußerung nahe, dass der Interviewte eine Variante von *na* realisiert, die Ehlich 1986 als *nà*, also als Form mit fallendem Tonhöhenverlauf, aufführt, die häufig in eine Verbindungsform, in eine formelhafte Kombination mit einem anderen Ausdruck, überführt wird.

> Die Variante *nà* werde eingesetzt, wenn bei der sprachlichen Realisierung eine Diskrepanz zwischen erwartetem und tatsächlichem Verlauf eingetreten ist. Der Sprecher benenne mit *nà* diese Diskrepanz und mache dem Hörer gegenüber deutlich, dass er an ihr noch zu arbeiten habe. Der Sprecher frage sich, welche Konsequenzen diese Diskrepanz für sein zukünftiges Handeln habe und bringe dem Hörer gegenüber zum Ausdruck, dass er sich das fragt. *Nà* könne u. U. mit der Funktion geäußert werden, um die Beschäftigung mit einem vorgängigen Ereignis o. ä. zu beenden.[19]

Die szenische Darstellung, die der Interviewte in Segment 14 mit seinem Aufzählen der hochgekrempelten Unterröcke beginnt, wertet er offenbar, so lässt sich in Anschluss an Ehlichs Ausführungen zu *nà* schließen, als Diskrepanz zu der Ankündigung seiner Handlungsbeschreibung in Segment 11 und den weiteren geplanten Einheiten seines Beschreibens. Mit *jedenfalls* drückt er gegenüber dem Hörer zusätzlich zu der Interjektion *nà* eine Bearbeitung dieser Diskrepanz aus und qualifiziert das nachfolgend verbalisierte Wissen „es war ne ganze Reihe" als Resultat seiner Bewertungstätigkeit, die ihn zu einer erneuten Abfrage seines Vorwissens geführt hatte.

Auch das nächste Beispiel zeigt den Einsatz von *jedenfalls* im Rahmen eines rekonstruktiven sprachlichen Handelns. Der folgende Ausschnitt zeigt die Antwort eines Interviewten (AA), der über Erlebnisse im Sportunterricht während seiner Schulzeit befragt wird.

---

[19] Vgl. a.a.O.: 102.

(B6) IDS / PFE / AUT / pc039 / M(22) / Sport
(16) (AA) Und ich erinner mich noch genau,
(17) (AA) ich bin ungefähr zwei Meter vorm Tor gestanden.
(18) (AA) Es kam eine Flanke von links, wie s so schön heißt.
(19) (AA) Und ich hab meinen Fuß nach diesem Ball vergeblich ausgestreckt.
(20) (AA) ((Lacht))
(21) (AA) Ich hab danebengehaut,
(22) (AA) obwohl der Tormann gar net im Tor war, oder so was.
(23) (AA) **Jedenfalls** es ist / war ein Debakel.
(24) (AA) S war sehr lustig,
(25) (AA) aber von sportmä / sportsmäßig war es nicht.

Der Interviewte führt zunächst aus, dass er und seine Mitschüler von seinen Sportlehrern kaum etwas gelernt hätten, und vor allen Dingen, nicht Fußball zu spielen. Ab Segment 16 schildert er dann zur Illustration[20] seines Unvermögens, Fußball zu spielen, eine Situation, in der er die Flanke eines Mitschülers nicht zu einem Tor umsetzen kann. Die Schilderung mündet in einer abschließenden Einschätzung, die der Interviewte ab Segment 23 verbalisiert („Jedenfalls es ist / war ein Debakel"). Dieses Wissen wird mit *jedenfalls* am Anfangsrahmen der Äußerung gegenüber dem zuvor in Segment 22 geäußerten Wissen, das mit dem Augment „oder so was" dem Hörer zur Komplettierung angeboten wird, als Resultat einer erneuten Wissensabfrage qualifiziert. Die Bewertung des in Segment 23 verbalisierten Wissens erfolgt, so zeigt zum einen die Reparatur des finiten Verbs vom Präsens zum Präteritum, ausgehend von der aktuellen Sprechsituation. Zum anderen erfüllt er mit Segment 23 die aufgebauten hörerseitigen Erwartungen an eine Illustration, deren Belegcharakter er mit seiner abschließenden Wissensabfrage, die er dem Hörer mit *jedenfalls* anzeigt, stützt.

Die Position von *jedenfalls* am Anfangsrahmen einer deklarativen Äußerung signalisiert dem Hörer, so wurde aus der Diskussion der präsentierten Beispiele deutlich, einen Neu-Ansatz der nachfolgenden Äußerung im sprecherseitigen Vorwissen, aus dem er ein als relevant bewertetes Wissen ausgewählt hat. Dieser Neu-Ansatz wird z. B. notwendig, wenn die weitere Behandlung eines bisherigen Themas beendet werden soll, da aus Sicht des Sprechers z. B. ein Schritt

---

[20] Zum ‚Illustrieren' vgl. im einzelnen die Ergebnisse von Becker-Mrotzek 1988.

in der Bearbeitung einer Konstellation abgeschlossen ist und Raum für andere Handlungen geschaffen werden soll. So beendet der Interviewte in B4 den Prozess einer Schlussprozedur und verbalisiert anschließend ein Wissen über die Ereignisstruktur des vermiedenen Auffahrunfalls. In B5 beendet der Interviewte eine durch eine Aufzählung realisierte Reinszenierung eines Schrittes in einem Handlungsablauf und setzt eine Handlungsbeschreibung fort. In B6 schließt der Interviewte eine Illustration ab und unterstreicht mit *jedenfalls* ihren Belegcharakter. Am Anfangsrahmen einer Äußerung, vor dem finiten Verb, kennzeichnet *jedenfalls* das gesamte nachfolgende Wissen als Resultat einer sprecherseitigen Bewertungs- bzw. Überprüfungsoperation und gibt dem Hörer damit Auskunft über die sprecherseitigen mentalen Tätigkeiten innerhalb der Vorgeschichte seiner Äußerung. Vor diesem Hintergrund ist m.E. die in der Forschung vertretene These zu verstehen, dass mit *jedenfalls* eine „diskursive Kohärenz" hergestellt werde.

3.3. Schluss und Ausblick

Mit *allerdings* und *jedenfalls* liegen Ausdrucksmittel im Deutschen vor, die eine spezifische Rolle in der Wissensverarbeitung spielen. Sie können über mehrere Äußerungen hinweg operieren und treten in sprachlich-kommunikativen Zusammenhängen auf, in denen das Bewerten für die Wissensverarbeitung eine maßgebliche Rolle spielt.

Für eine Beschreibung des Form-Funktionszusammenhangs erweist sich neben einer Berücksichtigung der topologischen Position und prosodischer Merkmale ihrer Verwendung auch die interne Struktur der Ausdrücke als relevant. Beiden Ausdrücken sind als Bestandteile ehemals nennende Prozeduren gemeinsam, nämlich *falls* bzw. *dings* sowie *all* und *je* (vgl. Bührig 2003), die zum einen Wissen bündeln, das vor der jeweiligen Trägeräußerung verbalisiert wurde und zum anderen eine Vorab-Benennung von Wissen leisten, das nachstehend noch in der Trägeräußerung zur Verbalisierung kommt. Ihr konnektives Potential ist in dieser Hinsicht dem der „zusammengesetzten Verweiswörter" (Rehbein 1995) vergleichbar. Im Rahmen einer prozeduralen Funktionsrekonstruktion lassen sich beide Ausdrücke als ‚paraoperativ' bestimmen.

Die unterschiedlichen Einordnungen einzelner Ausdrücke, die z.B. von Zifonun/Hoffmann/Strecker (1997) zur Klasse der Konnektivpartikeln gerechnet werden, etwa als Gradpartikeln, aber auch als Mittel der Abtönung im Deutschen lassen die Überlegung zu, dass Konnektivpartikeln generell in Konstellationen des Bewertens zu finden sind. Die Nahtstelle zwischen Grammatik und Interaktion und damit der Bereich, in dem die Funktionalität von Konnektivpartikeln anzusiedeln ist, würde damit der „Bewertungsmechanismus" (Rehbein 1977) darstellen, der zu der „subjektiven Dimension des Handlungsraums" (ebd.) gehört und offenbar von so großer Relevanz für unterschiedliche Formen der Text- und Diskursorganisation ist, dass er sich in einzelnen Ausdrucksformen manifestiert. Diese These müsste vor allem auch sprachkontrastiv weiter verfolgt werden. Befunde zu einzelnen Ausdrücken, wie z.B. die sprachkontrastive Untersuchung deutsch-spanisch zu *überhaupt* (May 2000) oder etwa deutsch-französisch zu *allerdings* (Métrich/Faucher/Gourdier 1993) und *jedenfalls* (Métrich/Faucher/Gourdier 1998) liefern Indizien für ihre mögliche Stützung.

4. Literatur

Quellen

Pfeffer, J. A./Lohnes, W. F. W. (1984) Textkorpora I. Grunddeutsch. Texte zur gesprochenen deutschen Gegenwartssprache. Überregionale Umgangssprache aus der Bundesrepublik Deutschland, der Deutschen Demokratischen Republik, Österreich und der Schweiz. Einführungs- und Registerband. (Phonai Bd. 28) Tübingen: Niemeyer

Texte gesprochener Standardsprache (1971). Bd. I. München: Hueber

Ruhrmeisterschaft. www.ruhr-uni-bochum.de/ruhrgramm/load/skript.pdf (Stand: 22.08.2006).

SPIEGEL ONLINE – 24. November 2005, 19:10. http://www.spiegel.de/kultur/gesellschaft/0,1518.386544,00.html [22.08.2006]

Sekundärliteratur

Bakhtin, M. M. (1987) The problem of speech genres. In: Emerson, C./Holquist, M. (Hg.) (1987^2) M. M. Bakhtin. Speech genres and other late essays. Austin: University of Texas Press (Slavic series 8), 60–102

Becker-Mrotzek, M. (1988) Schüler erzählen aus ihrer Schulzeit. Eine diskursanalytische Untersuchung über das Institutionswissen. Frankfurt/Main: Lang

Behaghel, O. (1928) Deutsche Syntax. Eine geschichtliche Darstellung. Bd. III. Die Satzgebilde. Heidelberg: Winter

Brauße, U. (1983) Bedeutung und Funktion einiger Konjunktionen und Konjunktionaladverbien: aber, nur, immerhin, allerdings, dafür, dagegen, jedoch. In: Lang, E. (Hg.) (1983) Untersuchungen zu Funktionswörtern (Adverbien, Konjunktionen, Partikeln). Berlin: Linguistische Studien des ZISW 104, 1–40

Breindl, E. (2003) Das Rätsel um das paradoxe allerdings: (K)ein Fall für die Textgrammatik der deutschen Sprache? In: Thurmair, M. / Willkopp, E.-M. (Hg.) (2003) Am Anfang war der Text. 10 Jahre „Textgrammatik der deutschen Sprache". München: Iudicium, 73–94

Bührig, K. (2003) Zur Funktionalität von ‚auf jeden Fall' und ‚jedenfalls'. Untersuchungen zur Zusammenhangbildung in Text und Diskurs. Universität Hamburg: Habilitationsschrift

Dalmas, M. (1995) Semantische Reduktion und thematische Regression: Versuch einer funktionellen Beschreibung von *jedenfalls*. In: Faucher, E. / Métrich, R. / Vuillaume, M. (Hg.) (1995) Signans und Signatum: auf dem Weg zu einer semantischen Grammatik. Tübingen: Narr, 265–277

Di Meola, C. (1997) Der Ausdruck der Konzessivität in der deutschen Gegenwartssprache. Theorie und Beschreibung anhand eines Vergleichs mit dem Italienischen. Tübingen: Niemeyer

Di Meola, C. (1998) Zur Definition einer logisch-semantischen Kategorie: Konzessivität als „versteckte Kausalität". In: Linguistische Berichte 175 (1998), 329–352

Ducrot, O. et al. (1980) Les mots du discours. Paris: Editions de Minuit

Ducrot, O. (1984) Esquisse d'une théorie polyphonique de l'enonciation. In: Ducrot, O. (1984) Le Dit et le Dire. Paris: Editions de Minuit, 171–233

DUDEN (1993) Das große Wörterbuch der deutschen Sprache. In 8 Bänden. Mannheim [u. a.]: Dudenverlag

Duden (1995^5) Grammatik der deutschen Gegenwartssprache. Mannheim [u. a.]: Dudenverlag

Ehlich, K. (1986) Interjektionen. Tübingen: Niemeyer

Engel, U. (1988) Deutsche Grammatik. Heidelberg: Groos

Eroms, H.-W. (2001) Zur Syntax der Konnektoren und Konnektivpartikeln. In: Cambourian, A. (Hg.) Textkonnektoren und andere textstrukturierende Einheiten. Tübingen: Stauffenburg, 47–59 (Eurogermanistik 16)

Fabricius-Hansen, C. (2000) Formen der Konnexion (Artikel 34). In: Brinker, K. / Antos, G. / Heinemann, W. / Sager, S. F. (Hg.) (2000) Text- und Gesprächslinguistik. Linguistics of Text and Conversation. Ein internationales Handbuch zeitgenössischer Forschung. An International Handbook of Contemporary Research. Berlin / New York: de Gruyter, 331–343

Fienemann, J. (2006) Erzählen in zwei Sprachen. Diskursanalytische Untersuchungen von Erzählungen auf Deutsch und Französisch. Münster: Waxmann

Givón, T. (1979) On Understanding Grammar. New York: Academic Press

Greenbaum, S. / Quirk, R. (1990) A Student's Grammar of the English Language. London: Longman.

Gülich, E. (1970) Makrosyntax der Gliederungssignale im Französischen. München: Fink

Günthner, S. (1999) Entwickelt sich der Konzessivkonnektor „obwohl" zum Diskursmarker? Grammatikalisierungstendenzen im gesprochenen Deutsch. In: Linguistische Berichte 180 (1999), 409–446
Haspelmath, M. (1991 bzw. 1993) Zur Grammatikalisierung von Indefinitpronomina. In: Boretzki, N. / Enninger, W. / Jeßing, B. / Stolz, T. (Hg.) (1993²) Sprachwandel und seine Prinzipien. Beiträge zum 8. Bochum-Essener Kolloquium über „Sprachwandel und seine Prinzipien." Vom 19.10.–21.10.1990 an der Ruhruniversität Bochum. Bochum: Brockmeyer, 103–125
Haspelmath, M. (1995) Diachronic sources of ,all' and ,every'. In: Bach, E. / Jelinek, E. / Kratzer, A. / Partee, B. H. (Hg.) (1995) Quantification in natural languaes. Dordrecht [u.a.]: Kluwer Academic Publishers, 363–382
Haspelmath, M. (1997) Indefinite Pronouns. Oxford: Clarendon Press
Haspelmath, M. / König, E. (1998) Concessive conditionals in the languages of Europe. In: van der Auwera, J. (Hg.) (1998) Adverbial constructions in the languages of Europe. (Empirical Approaches to Language Typology / EUROTYP, 20-3.) Berlin: Mouton de Gruyter, 563–640
HDG (1984) Handwörterbuch der deutschen Gegenwartssprache in zwei Bänden. Von einem Autorenkollektiv unter der Leitung von G. Kempcke. Berlin: Akademie
Helbig, G. (1990) Lexikon deutscher Partikeln. Berlin: Akademie
Herring, S. (1981) The grammaticalization of rhetorical questions in Tamil. In: Traugott, E. C. / Heine, B. (Hg.) (1981) Approaches to grammaticalization. Vol. 1. Amsterdam / Philadelphia: Benjamins, 253–284
Koch, S. / Pusch, L. F. (1976) Bestätigen und Antworten mit dem Satzwort *allerdings*. In: Weber, H. / Weydt, H. (Hg.) Sprachtheorie und Pragmatik. Akten des 10. Linguistischen Kolloquiums Tübingen 1975. Bd. 1. Tübingen: Niemeyer, 153–161
Koch-Kainz, S. / Pusch, L. F. (1978) *Allerdings* (und *aber*). In: Weydt, H. (Hg.) Aspekte der Modalpartikeln. Studien zur deutschen Abtönung. Tübingen: Niemeyer, 7–100
König, E. / van der Auwera, J. (1988) Clause integration in German and Dutch conditionals, concessive conditionals, and concessives. In: Haimann, J. / Thompson, S. (Hg.) (1988) Clause Combining in Grammar and Discourse. Amsterdam / Philadelphia: Benjamins, 101–133
König, E. / Stark, D. / Requardt, S. (1990) Adverbien und Partikeln. Ein deutsch-englisches Wörterbuch. Heidelberg: Groos
König, E. (1991) The Meaning of Focus Particles: A Comparative Perspective. London: Routledge
König, E. (1992) From discourse to syntax: the case of concessive conditionals. In: Tracy, R. (Hg.) (1992) Who climbs the grammar tree? Tübingen: Niemeyer, 423–434
Leech, G. / Svartvik, J. (1975) A Communicative Grammar of English. London: Longman
Leuschner, T. (1998) What interrogatives are doing in concessive conditionals. In: Ramat, A. G. / Hopper, P. J. (Hg.) (1998) The Limits of Grammaticalization. Amsterdam / Philadelphia: Benjamins, 159–187

Lötscher, A. (1988) Textgrammatik adversativer, restriktiver und konzessiver Satzverknüpfungspartikeln. In: Kopenhagener Beiträge zur Germanistischen Linguistik 24 (1988), 65–97

Lötscher, A. (1989) Implikaturen und Textfunktionen im Gebrauch von Konnektiven des Gegensatzes. In: Linguistische Berichte 121 (1989), 215–240

May, C. (2000) Die deutschen Modalpartikeln. Wie übersetzt man sie (dargestellt am Beispiel von *eigentlich*, *denn* und *überhaupt*), wie lehrt man sie? Ein Beitrag zur kontrastiven Linguistik (Deutsch-Spanisch, Spanisch-Deutsch) und Deutsch als Fremdsprache. Bonner Germanistische Arbeiten 69. Frankfurt / Main [u. a.]: Lang

Métrich, R. / Faucher, E. / Courdier, G. (1993) Les Invariables Difficiles. Dictionnaire allemand-français des particules, connecteurs, interjections et autres mots de la communication. Bd. 1. Nancy: Association des Nouveaux Cahiers d'Allemand

Métrich, R. / Faucher, E. / Courdier, G. (1998) Les Invariables Difficiles. Dictionnaire allemand-français des particules, connecteurs, interjections et autres mots de la communication. Bd. 3. Nancy: Association des Nouveaux Cahiers d'Allemand

Moeschler, J. / de Spengler, N. (1982) La concession ou la réfutation interdite, approche argumentative et conversationelle. In: Cahiers de linguistique française 4 (1982), 7–36

Pasch, R. / Brauße, U. / Breindl, E. / Waßner, U. H. (2005) Handbuch der deutschen Konnektoren. Linguistische Grundlage der Beschreibung und syntaktische Merkmale der deutschen Satzverknüpfer (Konjunktionen, Satzadverbien und Partikeln). Berlin / New York: de Gruyter

Pérennec, M. (1990) Fonction circonstancielle, énonciation, texte. In: Compositions et dérivations verbales. La fonction circonstancielle. (Actes du colloque de Linguistics germanistes). Rennes: G.R.I.G.S. / Université de Haute Brétagne (o. S.)

Pérennec, M. (2002) Sur le texte. Énonciation et mots du discours en allemand. Lyon: Presses Universitaires de Lyon

Popovici, V. (1981) Dialogues rhétoriques. In: Degrés 9 (1981), i1–i6

Rehbein, J. (1977) Komplexes Handeln. Elemente zur Handlungstheorie der Sprache. Stuttgart: Metzler

Rehbein, J. (1995) Zusammengesetzte Verweiswörter und ihre Rolle in argumentierender Rede. In: Wohlrapp, H. (Hg.) (1995) Wege der Argumentationsforschung. Stuttgart / Bad Cannstadt: Frommann-Holzboog, 166–192

Roulet, E. / Auchlin, A. / Moeschler, J. / Rubattel, C. / Schelling, M. (1985) L'articulation du discours en français contemporain. Bern: Lang

Roulet, E. (1994) Speech Acts, Discourse Structure, And Pragmatic Connectives. In: Journal of Pragmatics 8 (1994), 31–47

Schelling, M. (1982) Quelques modalités de clôture, les conclusifs: finalement, en somme, au fond, de toute façon. In: Cahiers de linguistique française 4 (1982), 63–106

Schiffrin, D. (1988) Discourse Markers. Cambridge: University Press

Thim-Mabrey, C. (1985) Satzkonnektoren wie *allerdings, dennoch* und *übrigens*. Stellungsvarianten im deutschen Aussagesatz. Frankfurt / Bern: Lang

Thim-Mabrey, C. (1988) Satzadverbialia und andere Ausdrücke im Vorvorfeld. In: Deutsche Sprache 16 (1988), 52–67

Thun, H. (1984) Dialoggestaltung im Deutschen und Rumänischen. Eine strukturell-kontrastive Studie zu den Existimatoren. Tübingen: Narr

Weydt, H. (1979) Partikelanalyse und Wortfeldmethode. ‚doch', ‚immerhin', ‚jedenfalls', ‚schließlich', ‚wenigstens'. In: Weydt, H. (Hg.) (1979) Die Partikeln der deutschen Sprache. Berlin: de Gruyter, 395–413

Weydt, H. (1979b) *Immerhin*. In: Weydt, H. (Hg.) (1979) Die Partikeln der deutschen Sprache. Berlin: de Gruyter, 335–348

Weydt, H. / Harden, T. / Hentschel, E. / Rösler, D. (Hg.) (1989) Kleine deutsche Partikellehre. Ein Lehr- und Übungsbuch für Deutsch als Fremdsprache. München: Klett

Zifonun, G. / Hoffmann, L. / Strecker, B. et al. (1997) Grammatik der deutschen Sprache. Berlin / New York: de Gruyter

Kristin Bührig (Hamburg)

*Die kürzesten Worte, nämlich JA und NEIN,
erfordern das meiste Nachdenken. (Pythagoras)*

C14 Modalpartikel

1. Übersicht und Abgrenzung
2. Modalpartikeln
3. Negative Modalpartikeln, Adverbien und Negationspartikel
4. Literatur

1. Übersicht und Abgrenzung[1]

In diesem Kapitel werden die Modalpartikeln (*anscheinend, vielleicht* etc.) kurz abgehandelt. Sie werden öfter auch als Modaladverbien bezeichnet und dem Adverb (→ C4) zugeordnet. In Kombination mit einem Responsiv (→ C10) oder allein können sie auf eine Entscheidungsfrage antworten, während Adverbien als Antwort auf eine Ergänzungsfrage dienen können. Anders als Adverbien sind Modalpartikeln nicht phrasenbildend und nur beschänkt koordinierbar. Von der syntaktischen Funktion her gesehen sind sie Satzadverbialia, semantisch betrachtet haben sie weiten Skopus über den ganzen Satz. Die Funktion von Modalpartikeln haben auch einige genuine Adjektive (→ C2), die wir – unabhängig von der Homonymiefrage – mitbehandeln. Modale Satzadverbialia können im Mittelfeld des deutschen Satzes die Grenze zwischen Hintergrund und (gewichtetem) Vordergrund markieren (Zifonun / Hoffmann / Strecker 1997: 1538 ff.).

Als Satzadverbialia nehmen die Modalpartikeln eine Sonderstellung ein; sie gestatten es dem Sprecher, sich eben nicht auf *ja* oder *nein* festzulegen, sich also das pythagoräische Nachdenken zu ersparen. Damit sind sie einerseits abzugrenzen gegen rein wahrheitsfunktionale Ausdrücke wie z.B. die Negationspartikel *nicht*, andererseits gegen kontextspezifizierende Ausdrücke wie temporale und lokale Adverbien, z.B. *jetzt, dort*.

---

[1] Die Darstellung folgt weitgehend dem Kapitel E 2 3.1.2. in Zifonun / Hoffmann / Strecker 1997.

1.2. Semantische Kennzeichnung der Modalpartikeln

Unter semantischen Gesichtspunkten lassen sich Satzadverbialia durch logische Schlussweisen kennzeichnen und gleichzeitig von den rein wahrheitsfunktionalen Ausdrücken abgrenzen. Offensichtlich gibt es für den Schluss von einem Satz S mit einem Satzadverbiale auf einen entsprechenden Satz S' ohne das entsprechende Adverbiale drei Möglichkeiten:

1.2.1. Der Satz S' folgt aus dem Satz S

Dies ist der Fall bei den sogenannten **assertiven Satzadverbialia**, z.B. folgt aus

(1) Es regnet wirklich.

der Satz

(1') Es regnet.

1.2.2. Weder folgt Satz S' noch der Satz nicht(S') aus S

Dies ist der Fall bei den **modal abschwächenden Satzadverbialia**, z.B. folgt aus

(2) Es regnet wahrscheinlich.

weder der Satz

(2') Es regnet.

noch der Satz

(2") Es regnet nicht.

1.2.3. Der Satz nicht (S') folgt aus dem Satz S

Dies ist der Fall bei den **negativen Satzadverbialia**, z.B. folgt aus

(3) Es regnet niemals.

der Satz

(3') Es regnet nicht.

In der Folge werden diese drei Gruppen ausführlich dargestellt.

2. Modalpartikeln

2.1. Assertive Modalpartikeln

Diese Gruppe gliedert sich in die rein assertiven Modalpartikeln und die bewertend assertiven sowie die evidenzbetonend-assertiven Modalpartikeln.

2.1.1. Rein assertive Modalpartikeln

Zu dieser Gruppe gehören die Modalpartikeln *bestimmt, gewiss,* das veraltete *gewisslich, tatsächlich, vermutlich* sowie *wirklich.* Sätze mit diesen assertiven Modalpartikeln vermitteln keine wahrheitsbezogene Information, die über die der entsprechenden Sätze ohne sie hinausgeht, sind also eigentlich redundant. Damit stellt ihre Verwendung einen Verstoß gegen die Grice'schen Maximen der Relevanz (Max. III: Sag nur Relevantes!) und der Modalität (Untermaxime IV, 3: Vermeide Weitschweifigkeit!) dar. Dadurch wird eine Implikatur ausgelöst, die darin besteht, dass der Wahrheitsanspruch unterstrichen wird. Somit sind sie in der Verwendung pragmatisch gesehen den evidenzbetonenden ähnlich. Der Sprecher kann mit ihrer Hilfe den Wahrheitsanspruch eines Satzes hervorheben. Dies geschieht meistens in Kontexten, wo diese Sätze entweder im Kontrast mit modalisierten Aussagen stehen, wie in (4), wo sie als Korrektur eingesetzt werden, wie in (5) oder als Bestätigung fungieren, wie in (6):

(4) Der Geheimdienstmajor Leroy war vermutlich seit Mai 1965, bestimmt aber seit Oktober über die geplante Entführung informiert.
(5) Diese Krankheit tritt klinisch unter dem Bild einer Leberschrumpfung aus. Tatsächlich handelt es sich aber um entzündliche Verwachsungen des Herzbeutels.
(6) Das ist nicht nur unwahrscheinlich im naiven Sinne, sondern auch mathematisch. Tatsächlich vertritt die Sternenphysik die Meinung, dass es höchst unwahrscheinlich sei, dass es ein Gebilde wie die Erde im Kosmos noch einmal gäbe.

2.1.2. Bewertend-assertive Modalpartikeln

Bei den bewertend-assertiven Modalpartikeln kommt zu dem wahrheitsfunktionalen Gehalt der Assertivität noch eine Bewertung des Sachverhalts durch den Sprecher hinzu. Eine positive Bewertung durch den Sprecher liegt vor bei den Modalpartikeln *begrüßenswerterweise, dankenswerterweise, erfreulicherweise, glücklicherweise, gottseidank, gottlob* u.ä.:

(6) Gottlob ist die Operation glücklich verlaufen.
(7) Dankenswerterweise bietet das IDS telefonische Beratung bei sprachlichen Problemen an.

Eine weitere Gruppe bilden *immerhin, wenigstens, zumindest*. Hier ist die positive Bewertung stark eingeschränkt, wie z.B. in der Äußerung eines Wasserballtrainers:

(8) Wir haben zwar hoch verloren, aber immerhin ist niemand ertrunken.
(9) Gottseidank blieb es bei einem Blechschaden.

Eine negative Bewertung bringen zum Ausdruck *leider, bedauerlicherweise, unglücklicherweise*:

(10) Bedauerlicherweise ist der Zahn nicht zu retten.

Bewertungen, die nicht einfach auf einer positiv-negativ-Skala liegen, bilden abgeleitete Modalpartikeln auf der Basis Adjektiv+*er*+*weise*, wobei das jeweilige Adjektiv die Bewertungsdimension spezifiziert. Hierher gehören z.B. *rührenderweise, bemerkenswerterweise, interessanterweise, verständlicherweise* etc.:

(11) Bemerkenswerterweise hat sich die Spielstärke von Schachprogrammen in den letzten Jahren rapide entwickelt.

2.1.3. Evidenzbetonende assertive Modalpartikeln

Zu dieser Gruppe gehören die Modalpartikeln *bekanntermaßen, bekanntlich, erwiesenermaßen, nachweislich, sicherlich, zweifellos, zweifelsohne, begreiflicherweise, bezeichnenderweise, natürlicherweise, logischerweise* etc., sowie die auch als Adjektive verwendeten *nachweislich, offenkundig, offensichtlich, selbstverständlich* und *fraglos*.

Mit ihrer Hilfe kann ein Sprecher die Evidenz seiner Aussage betonen durch Anknüpfung an gemeinsames oder als gemeinsam unterstelltes Wissen, Ziele oder Normensysteme:

(12) Zweifellos liegt eine gewisse Gerechtigkeit darin, dass die vielen guten Burgunder auf den Empfängen der Prominenz mit gewissen Beschwerden bezahlt werden müssen.

Hier gibt es eine Subgruppe, die als stärkste mögliche Evidenz die Notwendigkeit hervorhebt, bei der als folgendes Schlussprinzip gilt:
Der Satz **S** mit dem entsprechenden Element impliziert den Satz **notwendig (S')**.

Hierzu gehören die auch als Adjektive verwendeten *notwendig, unumgänglich, unausweichlich, unumstößlich* sowie die Modalpartikel *notwendigerweise*; auch Präpositionalphrasen wie *mit Notwendigkeit* zeigen diese Funktion.

Bei den Elementen dieser Gruppe spielen verschiedene Redehintergründe[2] eine Rolle:

„Redehintergründe sind Teil des **Text-** oder **Diskurswissens** ... (...) In den Redebeiträgen von Sprechern im Diskurs dienen Redehintergründe als handlungs- und interaktionsleitende Orientierungen des Sprechers. Der Sprecher orientiert sich z.B. an der Gesamtheit des ihm zur Verfügung stehenden Wissens über die anstehenden Redegegenstände (EPISTEMISCHER REDEHINTERGRUND), wobei auch aspeziell an stereotypisches Wissen über den normalen, vorhersehbaren Ablauf einer Handlung, eines Geschehens zu denken ist (STEREOTYPISCHER REDEHINTERGRUND). Oder er orientiert sich an sozialen Normen oder Verpflichtungen im Zusammenhang mit dem anstehenden Sachverhaltsentwurf (NORMATIVER REDEHINTERGRUND) bzw. an möglichen Handlungszielen (TELEOLOGISCHER REDEHINTERGRUND) oder aber an individuellen Einstellungen, Interessen, Neigungen und Wünschen (VOLITIVER REDEHINTERGRUND)." (Zifonun / Hoffmann / Strecker 1997: 1882)

Bei diesen Modalpartikeln sind es teleologische Systeme, Normen oder Wissen, oft auch Informationen kontextueller Art. So in (13) ein explizit erwähntes Gesetz:

(13) Die Hessische Gemeindeordnung schreibt nicht vor, dass Kleinstädte notwendig einen hauptamtlichen Vertreter des Bürgermeisters wählen.

2.2. Modal abschwächende Modalpartikeln

Bei Verwendung der Modalpartikeln dieser Gruppe kann von dem Satz mit dem entsprechenden Element weder auf die Wahrheit noch auf die Falschheit des einfachen Satzes geschlossen werden. Hierher gehören *angeblich, anscheinend, eventuell, wahrscheinlich, hoffentlich, möglicherweise, vielleicht, normalerweise* etc.

---

[2] Das Konzept des ‚Redehintergrunds' geht zurück auf Kratzer 1978.

Durch ihre Verwendung kann ein Sprecher die Übernahme der Verantwortung für den Wahrheitsgehalt des Restsatzes vermeiden. Hier spielen verschiedene Redehintergründe eine wesentliche Rolle. So wird bei der Verwendung von *angeblich, anscheinend* auf einen nicht sprecherbezogenen Hintergrund, Äußerungen, Evidenzen Anderer etc. Bezug genommen, wenn sich die Wahrheitsüberprüfung für den Sprecher nicht durchführen lässt (14) oder der Sprecher gar Zweifel an der Wahrheit hat (15):

(14) Anscheinend wurde der Scheffauer schon in der Bronzezeit bestiegen.
(15) Angeblich ist Hans, den ich gestern in der Kneipe getroffen habe, seit drei Wochen krank.

Wenn zu vermuten steht, dass dem Sprecher der Wahrheitsgehalt des Restsatzes zugänglich ist, kann die Verwendung von *angeblich* sogar per Implikatur dessen Falschheit zum Ausdruck bringen, z. B.:

(16) Angeblich habe ich das Referat aus dem Internet gezogen.

Hoffentlich bezieht sich auf einen – meist sprecherbezogenen – volitiven Redehintergrund, z. B.:

(17) Und dann stehst du im Tor und denkst: Hoffentlich mache ich keinen entscheidenden Fehler.

Bei der Verwendung von *normalerweise* liegt ein stereotypischer Redehintergrund vor:

(18) Normalerweise müsste es im Dezember kälter sein.

Charakteristisch für *möglicherweise, vielleicht, eventuell, wahrscheinlicherweise* sind epistemische Redehintergründe, z. B.:

(19) Möglicherweise hat der Täter seine Fingerabdrücke verwischt.
(20) Wahrscheinlich ist das von einem Elementarteilchen erzeugte Lichtquant kleiner als eins.

3. Negative Modalpartikeln, Adverbien und Negationspartikel

Bei Verwendung von Ausdrücken dieser Gruppe kann auf die Falschheit des Restsatzes geschlossen werden. Hierher gehören die Negationspartikeln (→ C15) *nicht* (nebst verstärkenden Erweiterungen wie *gar nicht, überhaupt nicht*), *keinesfalls, keineswegs,* die skalaren Ausdrücke *beinahe* und *fast,* sowie die kontextbezogenen Adverbien *nie, nirgends, nirgendwo.*

Nicht bringt die bloße Negation zum Ausdruck, ist das allgemeinste Element dieser Gruppe:

(21) Nicht für die Schule, sondern für das Leben lernen wir.

Bei den skalaren *beinahe, fast* wird zusätzlich zur Negation ausgedrückt, dass der bestehende Sachverhalt dem negierten sehr ähnlich ist oder dass das Eintreten des Sachverhalts, den der Restsatz ausdrückt, wahrscheinlich war:

(22) Er war fast erfroren, als man ihn in der Ambulanz einlieferte.

Bei *nirgends, nirgendwo* kommt zusätzlich zur Negation ein lokaler Kontext ins Spiel, bei *nie, niemals* ein temporaler:

(23) Im ganzen Allgäu fiel nirgends ein Flöckchen Schnee.
(24) Niemals in den letzten Jahren gab es einen so warmen Dezember.

Übertragene Verwendungen sind möglich:

(25) Das wurde nirgends so deutlich wie beim Streit um den Gesundheitsfond.

4. Literatur

Bartsch, R. (1972) Adverbialsemantik. Frankfurt / Main: Athenäum
Kratzer, A. (1978) Semantik der Rede. Königstein: Scriptor
Zifonun, G. (1982) Satzadverbien und mögliche Umstände. Ein Versuch über die propositionale Bedeutung und Sprechaktfunktion von *vielleicht* und *sicher.* In: Deutsche Sprache, 33–52
Zifonun, G. / Hoffmann, L. / Strecker, B. et al. (1997) Grammatik der deutschen Sprache. Berlin / New York: de Gruyter

Joachim Ballweg (Mannheim)

C15 Negationspartikel

1. Die Negationspartikel als eigenständige Ausdrucksklasse
1.1. Kurze Abgrenzung gegen partiell gleichartige Klassen
2. Formale Eigenschaften der Negationspartikel
2.1. Distribution
3. Die Wirkungsweise der Negationspartikel beim Aufbau von Satzbedeutungen
3.1. Zum Skopus mittels *nicht* realisierter Negationen
3.2. Kontrastierende Negationen
3.3. Fokussierte Negation
4. Zu Herkunft und typologischer Einordnung von *nicht*
5. Literatur

1. Die Negationspartikel als eigenständige Ausdrucksklasse

Mit der Festlegung darauf, den Ausdruck *nicht*, wie dies die Grammatik der deutschen Sprache[1] tut, als Negationspartikel zu betrachten, wird bereits viel von dem als entschieden behandelt, was in der Forschung als Problem gesehen wurde und wird. Andere Grammatiken kommen hier zu anderen Klassifikationen, so etwa Engel[2], der *nicht* gleich doppelt als Gradpartikel und als Abtönungspartikel führt, Eisenberg[3], der darin einen Extremfall eines modalen Adverbs sieht, oder die Duden Grammatik[4], die allgemein von einer Kategorie der Negationswörter spricht. Darin steckt viel Potenzial für einen nachhaltigen Streit, der hier jedoch keine Fortsetzung finden wird, denn letztlich geht es dabei um nicht viel mehr als eine Façon de parler, die keine der wesentlichen Fragen bezüglich der Verwendung und Bedeutung von *nicht* wirklich einfacher werden lässt.

Wie immer man sich in Sachen Klassifikation entscheiden mag, stets zeigt sich, dass mit *nicht* formal wie inhaltlich einige Besonderheiten verbunden sind, und allein dies schon lässt es gerechtfertigt erscheinen, diesen einen Ausdruck eigens zu betrachten, zumal es sich dabei um ein außergewöhnlich mächtiges Mittel der Kommuni-

---

[1] Siehe Zifonun / Hoffmann / Strecker et al. (1997: 57).
[2] Siehe Engel (1988: 765, 774).
[3] Siehe Eisenberg (1999: 215).
[4] Siehe Eisenberg, P. / Gelhaus, H. / Henne, H. / Sitta, H. / Wellmann, H. (1998: 716–724).

kation handelt, mit dem Informationen aller Art in ihr Gegenteil umgewandelt werden können.

Die Negationspartikel ist denkbar einfach zu identifizieren: Es handelt sich – die Einzahl lässt dies gleich korrekt vermuten – um einen einzigen Ausdruck, nämlich *nicht*, und dieser ist, wie noch zu zeigen sein wird, tatsächlich in semantischer wie in syntaktischer Hinsicht einzigartig. Nicht einmal Ausdruckssequenzen wie *gar nicht, überhaupt nicht, nicht die Bohne* oder *nicht im Geringsten* die nur emotionsgeladenere Weiterungen von *nicht* zu sein scheinen, teilen in vollem Umfang dessen Verwendungsweise, wie bereits ein Blick auf diese Sätze von fraglicher Akzeptabilität zeigt:

(1) *Nicht* der Staat, sondern diese früh-kapitalistische Handelskompanie sicherte Großbritannien innerhalb weniger Jahrzehnte die Kontrolle über den Subkontinent. [Berliner Zeitung, 10.10.1998, S. VI]
(2) ?*Gar nicht* der Staat, sondern diese früh-kapitalistische Handelskompanie sicherte Großbritannien innerhalb weniger Jahrzehnte die Kontrolle über den Subkontinent.
(3) ?*Überhaupt nicht* der Staat, sondern diese früh-kapitalistische Handelskompanie sicherte Großbritannien innerhalb weniger Jahrzehnte die Kontrolle über den Subkontinent.
(4) *Nicht im Geringsten der Staat, sondern diese früh-kapitalistische Handelskompanie sicherte Großbritannien innerhalb weniger Jahrzehnte die Kontrolle über den Subkontinent.

1.1. Kurze Abgrenzung gegen partiell gleichartige Klassen

Als Partikel in weitem Sinn – d. h. als morphologisch unveränderlicher (nicht flektierbarer) Ausdruck – ist *nicht* sofort zu erkennen, weit weniger leicht fällt die Bestimmung der besonderen Subklasse, der dieser und nur dieser Ausdruck angehören soll. Hier genügt es nicht, darauf zu verweisen, dass *nicht* eine einzigartige Bedeutung hat, denn einzigartig ist die Bedeutung nahezu aller Wörter in historisch gewachsenen Sprachen. Will man die Negationspartikel als eigenständige Wortart etablieren, dann ist nachzuweisen, dass sie ein Vorkommen zeigt, das sie eindeutig vom Vorkommen aller anderen Wortarten unterscheidet. Die Verfahren, über die ein solcher Nachweis zu führen ist, sind Tilgung und wortweiser Austausch. Zunächst zu den formalen Auswirkungen: Tilgt man *nicht* in beliebigen Sätzen, ergibt sich stets wieder ein ebenso grammatisch korrekter Satz. Das ist keineswegs bei allen morphologisch unveränderlichen Ausdrücken der Fall, wie sich schon anhand einiger weniger Beispielsätze zeigen lässt:

(5) *Wegen* des starken Preisverfalls wirken sich die zunehmenden Stückzahlen in den kommenden Monaten aber nicht in steigenden Gewinnen aus. [Berliner Zeitung, 21.11.2001, S. 36]
*Des starken Preisverfalls wirken sich die zunehmenden Stückzahlen den kommenden Monaten aber nicht steigenden Gewinnen aus.

(6) Peter Lederer hat haarklein ausgerechnet, *wie* weit die Milch in Österreich spazierengeführt wird, bis sie in die Regale kommt. [Neue Kronen-Zeitung, 19.01.1994: Aufstand gegen „Importmilch"]
*Peter Lederer hat haarklein ausgerechnet, weit die Milch in Österreich spazieren geführt wird, sie in die Regale kommt.

(7) „Auf der 14" ist im Moment leider nichts *los*. [die tageszeitung, 26.08.1995, S. 27]
*„Auf der 14" ist im Moment leider nichts.

(8) Dafür könnten die Mauern Bände sprechen über ihre einstigen Besucher: Sie gehörte u. a. dem Lyriker Carl Busse, Franz Kafka wohnte *hier*, und für Schriftsteller wie Gerhart Hauptmann, Hermann Hesse und Gottfried Benn war es der Treffpunkt. [Berliner Morgenpost, 28.05.98, S. 13]
*Dafür könnten die Mauern Bände sprechen über ihre einstigen Besucher: Sie gehörte u. a. dem Lyriker Carl Busse, Franz Kafka wohnte, und für Schriftsteller wie Gerhart Hauptmann, Hermann Hesse und Gottfried Benn war es der Treffpunkt.

Wie sich zeigt, kann bereits durch Überprüfung der Tilgbarkeit ausgeschlossen werden, dass *nicht* den Wortarten Präposition, Junktor, Adkopula und Adverb zuzurechnen ist. Es verbleiben jedoch eine Reihe weiterer nicht-flektierender Wortarten, deren Elemente wie *nicht* stets ohne Einfluss auf die grammatische Qualität aus Sätzen getilgt werden können. Im Einzelnen sind dies:

- Gradpartikeln[5] (*sogar, schon, noch,* …) (→ C7)
- Abtönungspartikeln[6] (*halt, eh, ja, denn,* …) (→ C1)

---

[5] Auch: Fokuspartikeln
[6] Verschiedentlich auch als Modalpartikeln bezeichnet, so etwa bei Kriwonossov (1977), oder als Einstellungspartikeln, so bei Doherty (1985).

- assertive Modalpartikeln[7] (*leider, bedauerlicherweise, glücklicherweise, ...*)
- Intensitätspartikeln (*einigermaßen, höchst, ziemlich, ...*) (→ C9)

Um zu prüfen, ob *nicht* einer dieser Wortarten zuzuordnen sein könnte, kann man versuchen, *nicht* an allen erdenklichen Positionen in Sätzen durch Wörter dieser Arten zu ersetzen. Dabei zeigt sich schnell, dass dies zwar oft problemlos möglich ist, jedoch nie mit einem Ausdruck ein und derselben Kategorie in jeder Position:

(8) *Nicht* zum ersten Mal erzielte die Raiffeisenbank Birwinken mit ihren Geschäftsstellen in Mattwil, Berg und Erlen 1999 einen erfreulichen Geschäftsabschluss. [St. Galler Tagblatt, 14.01. 2000, *Erfolgreich dank Kundennähe*]
Sogar zum ersten Mal erzielte die Raiffeisenbank Birwinken ... einen erfreulichen Geschäftsabschluss.
?*Halt* zum ersten Mal erzielte die Raiffeisenbank Birwinken ... einen erfreulichen Geschäftsabschluss.
Leider zum ersten Mal erzielte die Raiffeisenbank Birwinken ... einen erfreulichen Geschäftsabschluss.
**Höchst* zum ersten Mal erzielte die Raiffeisenbank Birwinken ... einen erfreulichen Geschäftsabschluss.

(9) Klaus Augenthaler war jedenfalls verbittert: „Wenn eine Mannschaft gewinnen soll, dann hast keine Chance. *Nicht* Savicevic hat das Spiel umgedreht, sondern Herr Schüttengruber!" [Die Presse, 23.08.1999, *Rapid lehnt Istanbul als Spielort ab*]
**Selbst* Savicevic hat das Spiel umgedreht, sondern Herr Schüttengruber!
**Eben* Savicevic hat das Spiel umgedreht, sondern Herr Schüttengruber!
**Leider* Savicevic hat das Spiel umgedreht, sondern Herr Schüttengruber!
**Ziemlich* Savicevic hat das Spiel umgedreht, sondern Herr Schüttengruber!

(10) Dass Ästhetik eine politische Kategorie ist, hat *nicht* Maurer erfunden, aber er belegt die These anhand praktischer Beispiele. [Tiroler Tageszeitung, 04.01.1996, *Botschaft? Was denn für eine Botschaft?*]

---

[7] Auch: Modalwörter, so etwa Admoni (1982[4]), Helbig / Helbig (1990).

Dass Ästhetik eine politische Kategorie ist, hat *schon* Maurer erfunden, aber er belegt die These anhand praktischer Beispiele.
Dass Ästhetik eine politische Kategorie ist, hat *ja* Maurer erfunden, aber er belegt die These anhand praktischer Beispiele.
Dass Ästhetik eine politische Kategorie ist, hat *bedauerlicherweise* Maurer erfunden, aber er belegt die These anhand praktischer Beispiele.
*Dass Ästhetik eine politische Kategorie ist, hat *höchst* Maurer erfunden, aber er belegt die These anhand praktischer Beispiele.
(11) Dieser fromme Wunsch sei *nicht* in Erfüllung gegangen. [die tageszeitung, 22.06.1988, S. 18]
Dieser fromme Wunsch sei *sogar* in Erfüllung gegangen.
Dieser fromme Wunsch sei *eh* in Erfüllung gegangen.
Dieser fromme Wunsch sei *glücklicherweise* in Erfüllung gegangen.
*Dieser fromme Wunsch sei *höchst* in Erfüllung gegangen.
(12) Einzelheiten über ihre Oberurseler Zeit kennt auch Friedrich-Wilhelm Mansfeld *nicht*. [Frankfurter Rundschau, 13.11.1999, S. 2]
Einzelheiten über ihre Oberurseler Zeit kennt auch Friedrich-Wilhelm Mansfeld *noch*.
?Einzelheiten über ihre Oberurseler Zeit kennt auch Friedrich-Wilhelm Mansfeld *ja*.
?Einzelheiten über ihre Oberurseler Zeit kennt auch Friedrich-Wilhelm Mansfeld *erfreulicherweise*.
*Einzelheiten über ihre Oberurseler Zeit kennt auch Friedrich-Wilhelm Mansfeld *höchst*.

Damit sollte deutlich geworden sein, dass *nicht* keiner der anderen Wortklassen bruchlos zugeordnet werden kann, denn, dass *nicht* bei den hier vorgestellten Beispielen nicht stets dasselbe Wort realisieren würde, lässt sich schwerlich behaupten.

2. Formale Eigenschaften der Negationspartikel

2.1. Distribution

Nachdem die Negationspartikel als eigenständige Wortart etabliert ist, können die Einzelbeobachtungen zum Gebrauch von *nicht* zu Regeln für die Verwendung der Negationspartikel zusammengefasst werden. Eher unproblematisch – und wohl deshalb oft übergangen – ist die Frage nach dem Auftreten der Partikel in Sätzen verschiedener Modi. Sie unterliegt hier – anders als etwa Abtönungs- und Gradpartikeln – keinerlei Beschränkungen, wie diese Beispiele belegen:

Aussagemodus

(13) Es war *nicht* sein Spiel, aber er sollte es entscheiden. [Berliner Zeitung, 30.09.2000, S. 15]

Entscheidungsfragemodus

(14) Hast du *nicht* Lust, auf ein Federballspiel? [Berliner Zeitung, 02.11.2000, S. 11]

Ergänzungsfragemodus

(15) Wer hat sich *nicht* schon einmal von dem Wolf, der in verschiedenen Masken auftritt, dazu verführen lassen? [Frankfurter Rundschau, 20.02.1999, S. 1]

Aufforderungsmodus

(16) Typische Eltern-Sprüche wie „Komm mir bloß *nicht* mit einem Kind nach Hause!" haben Jugendlichen noch nie weitergeholfen, unterstreichen die Berater. [Mannheimer Morgen, 10.02. 2003, *Aufklärung ja – aber ohne erhobenen Zeigefinger*]

Wunschmodus

(17) Wenn es bloß *nicht* so kalt wäre. [die tageszeitung, 24.06.1997, S. 24]

Heischemodus

(18) Man denke *nicht* allein an Hakenschlagen und Angsthasen-Zustände (bei der Lösung von gravierenden Problemen etwa), sondern auch an die Fabel vom Hasen und vom Igel. [Frankfurter Rundschau, 26.03.1997, S. 6]

Exklamativmodus

(19) „Dass der *nicht* vor Schreck von der Leiter gefallen ist, ist ein Wunder", sagt Breitenstein. [Mannheimer Morgen, 21.07.2001, *Wenn der Ball neben der Kaffeetasse einschlägt*]

Weit weniger leicht fällt es, die Positionen zu bestimmen, an denen die Negationspartikel im Satz auftreten kann. Der erste Eindruck, dass sie von links nach rechts nahezu überall positioniert werden könne, weicht bald der Erkenntnis, dass die Stellung dieser Partikel alles andere als frei ist und dass man systematisch vorgehen muss, wenn man ihre Positionierung in Regeln fassen will. Die erste Feststellung gilt dann der Ebene, auf der die Partikel auftreten kann: Grundsätzlich ist festzuhalten, dass die Negationspartikel unmittelbar auf Satzebene, aber auch als Komponente von Nominalphrasen vorkommen kann. Den – weit häufigeren – Auftritt auf Satzebene zeigen alle Beispiele, die oben aufgeführt wurden. Hier einige Beispiele phraseninternen Vorkommens:

(20) Der *nicht* bediente Anteil des Schuldendienstes wird also auf die ausstehenden Kreditbeträge aufgeschlagen – und dadurch der absolute Schuldendienstbetrag noch erhöht. [die tageszeitung, 26.09.1988, S. 13]

(21) Diese *nicht* geringe Menge gehe schon über die Deckung des Eigenbedarfs hinaus, so die Richter. [Mannheimer Morgen, 19.01.1998, *Kokaindealer verurteilt*]

(22) Die Regierung sei im Besitz einer Tonbandaufzeichnung über ein Gespräch zwischen Marcos und einem *nicht* namentlich genannten Rechtsanwalt der USA. [die tageszeitung, 10.07.1987, S. 6]

Phrasenintern kann die Negationspartikel, wie auch die Beispiele (20) und (21) zeigen, nur verwendet werden, wenn dem Kopfnomen eine Adjektiv- oder Partizipialphrase als Attribut vorangeht. Sie ist dann vor diesem Attribut zu positionieren.

Postnominal kann sie allenfalls dann auftreten, wenn dem Kopfnomen ein Attribut folgt, das selbst eine Nominalphrase oder ein satzförmiges Attribut ist:

(23) Mit einer rein formalen Begründung – aufgrund einer Verwechslung war der Name *eines nicht auftretenden Kammerorchesters* auf der Ankündigung – bestätigte das Regensburger Verwaltungsgericht die Entscheidung der Uni. [die tageszeitung, 25.10.1986, S. 2]

Der Unterschied zwischen phraseninternem und satzunmittelbarem Vorkommen der Negationspartikel ist vor allem im Hinblick auf die Bestimmung des Skopus oder Wirkungsbereichs der Negation wichtig, die mittels *nicht* realisiert wird. Darauf wird unten genauer einzugehen sein.

Um die Regularitäten des satzunmittelbaren Auftretens der Negationspartikel zu erfassen, empfiehlt sich ein schrittweises Vorgehen. Man stellt zunächst exemplarisch und noch ganz uninterpretiert zusammen, an welchen Positionen in Sätzen verschiedenster Art die Negationspartikel auftreten kann. Dabei zeigt sich allerdings bald, dass dabei in Anbetracht der verschiedenen Satzmodi und der – vor allem im Aussagemodus – möglichen Stellungsvarianten eine sehr beachtliche Zahl von Fällen zu berücksichtigen ist, so viele jedenfalls, dass sie in diesem Rahmen nicht umfassend dokumentiert werden können. Noch überschaubar bleibt hingegen eine Negativliste, in der aufgeführt wird, an welchen Positionen die Negationspartikel in keinem Fall auftreten darf. Auf die Bedeutung der Positionsvarianten bei identischem Basissatz wird unten im Abschnitt *Die Wirkungsweise der Negationspartikel beim Aufbau von Satzbedeutungen* einzugehen sein.

Die Negationspartikel kann nicht stehen:

1. unmittelbar vor dem finiten Verb eines Hauptsatzes[8]
    (i) *Ich *nicht schlafe*.
    (ii) *Du *nicht hast* geträumt.
    (iii) *Wir *nicht können* einfach zuschauen.
2. im linken Außenfeld[9]
    (i) *Nicht, noch gestern habe ich mit ihm gesprochen.
    (ii) *Nicht, leider musste ich das Bett hüten.
3. im sogenannten Nachfeld[10]
    (i) *Ich hatte ihn *gesehen nicht*.
    (ii) *Hast du damals das bereits *gewusst nicht*?
    (iii) *Wir tragen dir das *nach nicht*.

---

[8] Damit wird zwei Beobachtungen Rechnung getragen: dem Umstand, dass die Negationspartikel nicht allein im Vorfeld eines Verbzweitsatzes auftreten kann, und dem Umstand, dass sie – anders als etwa Gradpartikeln – auch nicht einem Vorfeldelement jedoch vor dem Finitum zu positionieren ist.

[9] Siehe hierzu die Einheit „Wortstellung im linken Außenfeld" in GRAMMIS (http://hypermedia.ids-mannheim.de/pls/public/sysgram.ansicht?v_typ=d&v_id=902) [Stand 12. 4. 2006].

[10] Das Nachfeld ist nicht zu verwechseln mit dem rechten Außenfeld, denn hier kann bei Sätzen im Fragemodus durchaus eine Negationspartikel auftreten: „Du kommst doch morgen, nicht?" Dieses *nicht* im rechten Außenfeld – oft erweitert zu *nicht wahr* oder *oder etwa nicht* – hat rein rhetorische Funktion. Es kann nicht verneinend wirken, weil es bei Entscheidungsfragen ohnedies nichts zu ver-

4. unmittelbar nach einem Verb im Infiniv
   (i) *Man lehrte ihn zu *gehorchen nicht.*
   (ii) *Du darfst traurig *sein nicht.*
   (iii) *Jemand muss das *erledigen nicht.*
5. unmittelbar nach dem finiten Verb eines Nebensatzes[11]
   (i) *Es ist heiß, obwohl die Sonne *scheint nicht.*[12]
   (ii) *Wir vermuten, dass er kommen *wird nicht,* obwohl er es versprochen hat.
   (iii) *Sie hassen ihn, weil er einer der ihren gewesen *ist nicht.*
6. zwischen Partizip II und Hilfsverb im Nebensatz
   (i) *Ich weiß, dass er es *gefunden nicht hat.*
   (ii) *Sie fragt sich, ob sie sich damit *geirrt nicht hat.*
7. unmittelbar vor einem assertiven Satzadverb
   (i) *Er ist *nicht leider* verhindert.
8. unmittelbar vor einer Gradpartikel[13]
   (i) *Sie hat ihn *nicht sogar* angerufen.
9. unmittelbar vor einer Abtönungspartikel
   (i) *Es ist *nicht ja* dumm gelaufen.
10. unmittelbar nach einer Intensitätspartikel
    (i) *Hat dich das *sehr nicht* gefreut?
11. zwischen einem Verbgruppenadverbiale und einem Partizip II
    (i) *Wenn du doch *still nicht gehalten* hättest!

Ohne weitere Erklärung wirkt dieses Stellungsverhalten etwas erratisch, und in gewisser Weise ist es in der Tat auch willkürlich, denn es ist als ausdrucksseitige Umsetzung semantischer Skopus- und Fokusverhältnisse keineswegs naturgegeben. Das zeigt bereits ein Blick auf die Verhältnisse in romanischen Sprachen, in denen die Position

---

neinen gibt. Siehe hierzu die Einheiten „Stellungsfelder und Satzklammer" und „Wortstellung im Nachfeld und rechten Außenfeld" in GRAMMIS (http://hypermedia.ids-mannheim.de/pls/public/sysgram.ansicht?v_typ=d&v_id=748) (Stand 12.4.2006).

[11] Natürlich ist hier die Zeichensetzung bzw. die Intonation von entscheidender Bedeutung, denn nur als Bestandteil des Nebensatzes ist ein *nicht* hier auszuschließen. Dagegen ist es durchaus möglich, wenn auch stilistisch nicht sehr glücklich, an den Nebensatz ein *nicht* anzuschließen, das noch dem Hauptsatz zuzurechnen ist: *Wir vermuten, dass er kommen wird, nicht.*

[12] Vor allem in mündlicher Rede wird man solche Sätze durchaus finden, weil umgangssprachlich bei *obwohl*-Sätzen, wie auch bei *weil*-Sätzen, häufig die Hauptsatz-Wortstellung gewählt wird.

[13] Man beachte, dass hier am Ende jeweils ein Punkt und nicht etwa ein Fragezeichen steht. Als Sätze im Fragemodus wären diese Beispiele – bei entsprechender Intonation – natürlich durchaus akzeptabel.

unmittelbar vor dem finiten Verb geradezu prädestiniert scheint für den Ausdruck der Negation:

(28) De gustibus *non est* disputandum.
(29) M. Simonnet m'a demandé de vous dire qu'il *ne viendrait* pas, car sa voiture est tombée en panne ... [http://membres.lycos.fr/simonnet/sitfen/narrat/discours.htm Stand: 12.4.2006]
(30) L'associazione internazionale ha verificato la presenza del termine Dong-Zhou sulla versione cinese del motore di ricerca di Yahoo, e *non ha* ottenuto risultati. [http://www.macworld.it/showPage.php?id=10132&template=notizie Stand: 12.4.2006]

Als kompetenter Sprachteilhaber kann man jedoch das Stellungsverhalten der Negationspartikel weitgehend dekodieren, wenn man – erst exemplarisch, dann verallgemeinernd – den verschiedenen Positionen der Partikel die jeweils verschiedenen Wahrheitsbedingungen zuordnet, die mit ihnen gesetzt werden. Was sich dabei ergeben kann, wird im folgenden Abschnitt ausführlich dargestellt. Hier sei zunächst nur darauf hingewiesen, dass das Stellungsverhalten der Negationspartikel selbst dann nicht völlig zu enträtseln ist. Es bleiben, jedenfalls soweit dies Fokus- und Skopusregularitäten betrifft, unerklärte Beschränkungen und unerklärte Freiheiten, von denen hier nur zwei genannt seien:

(a) Die Negationspartikel kann nicht unmittelbar nach dem abgetrennten Teil einer Präverbfügung stehen:

(31) *Sie schlug ihm die Bitte ab *nicht*.

(b) Sie kann ohne kontrastierende Wirkung nicht vor einem Kasuskomplement stehen:

(32) Sie sollten *nicht* den Tráiner auswechseln, *sondern* die Spieler!
(33) Sie sollten *nicht* den Trainer áuswechseln, *sondern* einfach besser spielen!

jedoch ohne diese Wirkung und sogar präferiert bei einem Präpositivkomplement:

(34) Wir fahren jetzt doch *nicht nach Bielefeld*.

3. Die Wirkungsweise der Negationspartikel beim Aufbau von Satzbedeutungen

Will man die Wirkungsweise der Negationspartikel aufklären, wird man in ihr vor allem diejenige aussagenlogische Operation sehen, die, angewandt auf wahre Aussagen, diese in falsche umwandelt, und falsche Aussagen in wahre. Diese Betrachtungsweise erfasst fraglos die wichtigste Leistung der Negation und bietet eine hinreichende Grundlage für die Bestimmung dessen, was sich im Wirkungsbereich oder Skopus einer Negation befinden kann und was nicht – jedenfalls, sofern man sich darüber klar geworden ist, was Gegenstand von Wahrheitsansprüchen sein kann. Als Mittel der Kommunikation trifft die Negation jedoch auch auf manches, das einer rein logischen Analyse entgehen muss, da es in deren Rahmen nicht auftritt, jedoch gerade für die Aufklärung des Stellungsverhaltens der Negationspartikel heranzuziehen ist.

Negation kommt im kommunikativen Handeln immer erst als Ablehnung oder Zurückweisung ins Spiel. Sie hat es dann zum einen mit Gesprächsbeiträgen zu tun, die mehr zum Ausdruck bringen können als nur eben Feststellungen über das Bestehen von Sachverhalten, und sie kann zum andern differenzierter darauf reagieren, als dies ihr Charakter als aussagenlogische Operation vermuten lässt:

- Sie kann Gesagtes, soweit es in ihren Skopus fällt, pauschal zurückweisen.
- Sie kann zusätzlich einen Aspekt des Zurückgewiesenen aufgreifen und ihn als Auslöser der Zurückweisung zu erkennen geben.
- Sie kann eine Revision des Zurückgewiesenen in Form einer existenziellen Generalisierung zulassen.

Entsprechend hat die Analyse der Wirkungsweise der Negationspartikel drei Gesichtspunkte zu berücksichtigen, die, wenn sie verkannt oder verwechselt werden, zu gravierenden Fehleinschätzungen der Negation in historisch gewachsenen Sprachen wie dem Deutschen führen können:

i. Im Skopus jeder Negation muss sich in jedem Fall etwas befinden, das seinerseits eine mehr oder weniger komplexe Operator-Operand-Struktur hat, denn nur damit können Geltungsansprüche verbunden sein[14]. Die Negation kann sich ihrerseits – samt Skopus – selbst im Skopus eines umfassenderen Operators befinden.

ii. Mittels *nicht* realisierte Negationen können fokusbezogen sein. Treffen sie in einem Satz auf ein fokussiertes Ausdruckselement, wirkt sich dies zwar nicht auf ihren Skopus aus, wohl aber auf die Schlüsse, die auf der Basis des von der Negation betroffenen Satzes möglich sind.

iii. Mittels *nicht* realisierte Negationen können punktuell im Kontrast zu etwas stehen, das zuvor vorgebracht wurde. Auch dies bleibt ohne Wirkung auf ihren Skopus, hat jedoch spezifische Folgen für das, was mit dem von der Negation betroffenen Satz mitbehauptet wird.

3.1. Zum Skopus mittels *nicht* realisierter Negationen

Negiert werden kann immer nur, was mit Wahrheitsanspruch behauptet werden könnte[15], und das ist, auch wenn dies ausdruckseitig nicht immer offen zu Tage liegt, unausweichlich von dieser logischen Form: X trifft auf Y zu. Es muss also, technischer ausgedrückt, immer eine Operator-Operand-Beziehung gegeben sein. Der prototypische Fall einer solchen Beziehung ist diejenige zwischen Subjekt und Prädikat:

(1) Unsere Fahne ist weiß-blau.

Operator-Operand-Beziehungen liegen ebenso vor bei:

- einem Satzadverbiale mit entsprechendem Basissatz
- einem Verbgruppenadverbiale mit entsprechender Verbgruppe
- einem Attribut mit seinem Kopfnomen

Eine solche Beziehung kann auch gegeben sein, wo ausdrucksseitig nichts vorzufinden ist, weil es ausgelassen werden konnte:

(2) Kommt ihr oder *nicht*?

---

[14] Die Annahme sogenannter Sondernegationen oder partieller Negationen (so etwa bei Helbig/Buscha (1981: 455), die nur ein Wort oder eine Wortgruppe verneinen, beruht m. E. auf einer Verwechslung von Skopus und Fokus einer Negation.

[15] Was behauptet werden *könnte*, muss weder wahr sein, noch überhaupt behauptet werden. Deshalb kann auch in Entscheidungsfragen eine Negation eingebracht werden. Die Skopusverhältnisse sind dabei dieselben wie bei den entsprechenden Aussagesätzen.

Was sich im Skopus der Negation befindet, ist hier im Rückgriff auf die erste Komponente der Disjunktion (*oder*-Verbindung) zu erschließen. Vergleichbares gilt für Negationen, die mittels Negationspartikel im rechten Außenfeld eines Satzes artikuliert werden, der zwar vom Typ eines Aussagesatzes ist, jedoch als Frage gemeint ist:

(3) Du kommst doch, *nicht*?

Die Negationspartikel wird hier als Kurzform einer Bestätigungsfrage eingesetzt, die ausführlich lauten könnte: *Ist es nicht so?* oder *Ist das nicht wahr?* Es bzw. *das* nimmt hier den unmittelbar vorangehenden Satz wieder auf, der sich damit in replizierter Form im Skopus der Negation befindet.

Mit der Feststellung, negiert werden könne nur, was mit Wahrheitsanspruch behauptet werden kann, hat man ein Kriterium an der Hand, das herangezogen werden kann, um von Fall zu Fall zu bestimmen, was sich jeweils im Skopus der vorgefundenen Negation befinden kann. Da aber jede einigermaßen komplexe Information immer gleich mehrere behauptbare Einheiten aufweist und zudem das Negationszeichen im Deutschen – anders als in artifiziellen Kalkülsprachen – keinen festen Ort im Satz hat, ergibt sich die Bestimmung des Skopus der Negation damit nicht schon von selbst:

- Ein Satz wie

(4) Weil Johannismarkt war, blieben die Geschäfte geschlossen.

weist – unter anderem – diese behauptbaren Einheiten auf:

(a) Die Geschäfte blieben geschlossen.
(b) Das – nämlich, dass die Geschäfte gestern geschlossen blieben – war so, weil Johannismarkt war.

Jede dieser Einheiten kann Skopus einer Negation sein. Wird Einheit (a) verneint, betrifft dies nicht, was mit *gestern* und *weil Johannismarkt war* zum Ausdruck gebracht wird:

(4a) Weil Johannismarkt war, blieben die Geschäfte gestern *nicht* geschlossen.

Wird Einheit (b) verneint, betrifft die Negation ausschließlich den Grund, der dafür angegeben wird, dass die Geschäfte gestern geschlossen blieben:

(4b) *Nicht* weil Johannismarkt war, blieben die Geschäfte gestern geschlossen.

Zu erkennen sind die Skopusunterschiede hier an den unterschiedlichen Positionen, an denen die Negationspartikel auftritt.

- In einen Satz wie

(5) Ich habe über dein neues Vorhaben beim Mittagessen mit meinen Kollegen gesprochen.

kann an verschiedenen Stellen ein *nicht* eingefügt werden, ohne dass der Satz dadurch ungrammatisch würde:

(6) *Nicht* ich habe über dein neues Vorhaben beim Mittagessen mit meinen Kollegen gesprochen.
(7) Ich habe *nicht* über dein neues Vorhaben beim Mittagessen mit meinen Kollegen gesprochen.
(8) Ich habe über dein neues Vorhaben *nicht* beim Mittagessen mit meinen Kollegen gesprochen.
(9) Ich habe über dein neues Vorhaben beim Mittagessen *nicht* mit meinen Kollegen gesprochen.
(10) Ich habe über dein neues Vorhaben beim Mittagessen mit meinen Kollegen *nicht* gesprochen.

Als kompetenter Sprachteilhaber erkennt man sofort, dass es sich hierbei keineswegs um rein stilistische Varianten handelt, und vielleicht deshalb liegt die Vermutung nahe, dass die mittels *nicht* erreichte Negation jeweils einen verschiedenen Wirkungsbereich habe. Tatsächlich erstreckt sich die Wirkung der Negation hier stets auf die gesamte Aussage, denn, was mit dem negationshaltigen Satz zu sagen ist, kann nur wahr sein, wenn falsch ist, was mit dem negationsfreien Satz zu sagen wäre. Was die verschiedenen negationshaltigen Sätze in ihrer Bedeutung unterscheidet muss deshalb von anderer Art sein als ein Unterschied im Skopus. Von welcher Art es ist, wird im folgenden Abschnitt zu zeigen sein.

- Bei einem Satz wie (11) fällt auf, dass zwei Positionen für die Negationspartikel nicht zulässig sind und dass die unterschiedliche Positionierung der Partikel verschiedenartige Auswirkungen auf die Satzbedeutung haben kann:

(11) Das hat sogar unser Lehrer lange geglaubt.
(12) *Nicht* das hat sogar der Lehrer lange geglaubt.

(13) *Das hat *nicht* sogar der Lehrer lange geglaubt.
(14) *Das hat sogar *nicht* der Lehrer lange geglaubt.
(15) Das hat sogar der Lehrer *nicht* lange geglaubt.
(16) Das hat sogar der Lehrer lange *nicht* geglaubt.

Hier ist festzuhalten:

i. Was mit *sogar* zum Ausdruck zu bringen ist, kann grundsätzlich nicht negiert werden, denn es kann nicht falsch, sondern allenfalls unangemessen sein. Das zeigt sich auch daran, wie man auf solche Sätze reagieren kann. Ist man der Meinung, dass zwar der beschriebene Sachverhalt besteht, die Einschätzung mittels *sogar* jedoch nicht angemessen ist, dann kann man nicht einfach entgegenhalten:

(17) Das stimmt (so) nicht!

denn damit hätte man nicht die Einschätzung zurückgewiesen, sondern bestritten, dass der Sachverhalt bestehe. Will man gegen die Einschätzung vorgehen, muss man dies eigens thematisieren, etwa indem man sagt:

(18) Was heißt denn hier *sogar*! Das war doch gar nicht anders zu erwarten.

ii. *Sogar* bezieht sich, wie Gradpartikeln allgemein, immer in besonderer Weise auf einen Aspekt dessen, was zum Ausdruck gebracht wird[16]. Bei Satz (11) ist dies der Umstand, dass es der Lehrer war, der das geglaubt hat, mithin jemand, von dem man dies zuletzt vermutet hätte. Der Lehrer ist hier, wie man sagt, im Fokus der Einstufung, die mit der Gradpartikel vorgenommen wird, und dies wirkt sich auch dahingehend aus, dass er nicht zugleich im Fokus einer Negation sein kann. Bei Satz (11) hat dies zur Folge, dass die Negationspartikel nicht vor *der Lehrer* positioniert werden kann, so dass auch ein Satz wie (14) nicht als korrekt gelten kann.

iii. Was quantifizierend wirkende Satzadverbialia, wie etwa *lange* in Satz (11), zum Ausdruck bringen, kann sich grundsätzlich sowohl im Skopus einer Negation befinden als auch selbst eine Negation im Skopus haben. Der Unterschied wird durch eine Positionierung der Negationspartikel vor bzw. nach dem Satz-

---

[16] Siehe hierzu Jacobs (1983).

adverb oder Satzadverbiale zum Ausdruck gebracht und ist ausgesprochen gravierend, wie ein Vergleich der Sätze (15) und (16) zeigt.

- Besteht ein Satz aus zwei Teilsätzen, von denen einer den Status eines Supplements (einer „freien" Angabe) hat, kann, was er besagt, insgesamt oder nur zu einem Teil negiert werden:

(19) Ich arbeite, damit ich einigermaßen gut über die Runden komme.
(20) Ich arbeite *nicht*, damit ich einigermaßen gut über die Runden komme.

Hier sind zwei Lesarten möglich:

(a) Der Zweck meines Arbeitens besteht nicht darin, einigermaßen gut über die Runden zu kommen.
(b) Ich lasse das Arbeiten sein, damit ich einigermaßen gut über die Runden komme.

Welche der Lesarten im gegebenen Fall gemeint ist, kann nur mit entsprechendem Hintergrundwissen entschieden werden: Ist bekannt, dass ich arbeite, wird man Lesart (a) wählen, ist hingegen bekannt, dass ich „mir einen schlauen Lenz mache", wird man Lesart (b) für zutreffend halten. Bei dieser zweiten Lesart befindet sich, was der zweite Teilsatz besagt, außerhalb des Skopus der Negation.

Grundsätzlich können mittels *nicht* auch zwei Negationen in einem Satz realisiert werden, ohne dass es dabei zu einer rein emotionalen Verstärkung der Negation kommt, wie sie in Alltagsgesprächen hin und wieder zu beobachten ist[17]:

(21) *Nicht* alle haben sich *nicht* daran gehalten.
(22) *Nicht* die Schüler verstehen das *nicht*, sondern ihre Eltern.

Die Skopusverhältnisse bei solchen Mehrfachnegationen werden deutlich, wenn man die Sätze – stilistisch gesehen sicher weniger gelungen – so umformuliert:

---

[17] Mehrfache Negation, die umgangssprachlich dazu dient, der Negation besonderen Nachdruck zu verleihen, wird in aller Regel nicht durch die mehrfache Verwendung von *nicht* erreicht. Üblich ist dabei die Verwendung von negativen Satzadverbialia und dem Quantifikativpronomen oder Quantifikativartikel *kein-*, etwa: „So viel hat *kein* Arbeiter *nie nicht* verdient."

(23) Es trifft nicht auf alle zu, dass sie sich nicht daran gehalten haben.
(24) Es sind nicht die Schüler, die das nicht verstehen, sondern ihre Eltern.

3.2. Kontrastierende Negationen

Will man die Wirkungsweise der Negationspartikel beim Aufbau von Satzbedeutungen erfassen, sind vor allem mögliche Skopusunterschiede zu berücksichtigen, doch allein anhand von Skopusunterschieden bei der Negation ist nicht zu klären, was etwa negationshaltige Sätze wie diese unterscheidet:

(1) *Nicht* ich habe über dein neues Vorhaben beim Mittagessen mit meinen Kollegen gesprochen.
(2) Ich habe *nicht* über dein neues Vorhaben beim Mittagessen mit meinen Kollegen gesprochen.
(3) Ich habe über dein neues Vorhaben *nicht* beim Mittagessen mit meinen Kollegen gesprochen.
(4) Ich habe über dein neues Vorhaben beim Mittagessen *nicht* mit meinen Kollegen gesprochen.
(5) Ich habe über dein neues Vorhaben beim Mittagessen mit meinen Kollegen *nicht* gesprochen.

Die verschiedentlich geäußerte Ansicht, auch hier lägen Skopusunterschiede vor[18], ist wohl darauf zurückzuführen, dass die Negation jedes Mal einen anderen Aspekt des in Frage stehenden Sachverhalts in besonderer Weise betrifft oder betreffen könnte.[19]

Bei den Sätzen (2) und (5) tritt die Negationspartikel an Positionen auf, die erlauben, diese Sätze so zu interpretieren, als werde rundweg oder pauschal verneint, dass der Sprecher zu irgendeiner Zeit mit jemand über das neue Vorhaben seines Gesprächspartners gesprochen habe[20]. So verstanden lässt die entsprechende Mitteilung keinerlei Schlüsse darauf zu, was der Sprecher sonst getan haben könnte. Beide Sätze können aber auch anders interpretiert werden,

---

[18] Helbig/Buscha (1981[7]: 455 ff.) sprechen in diesem Zusammenhang von einer „Sondernegation", die nur ein Wort oder eine Wortgruppe verneine. Was darunter zu verstehen sein könnte, bleibt unerklärt.
[19] Für eine sehr detaillierte, aber in Teilen auch sehr technische Darstellung hierzu siehe Jacobs (1982).
[20] Es handelt sich, technisch gesprochen, bei (2) um die Position nach dem Finitum und vor einer Folge von Präpositionalphrasen, bei (5) um die Position unmittelbar vor der rechten Verbklammer.

müssen sogar anders interpretiert werden, wenn entweder ein entsprechender Kontext oder an geeigneter Stelle ein Kontrastakzent vorliegt, der hier natürlich nur simuliert werden kann:

(2a) Ich habe *nicht* über *dèin* neues Vorhaben beim Mittagessen mit meinen Kollegen gesprochen.
(2b) Ich habe *nicht* über dein *nèues* Vorhaben beim Mittagessen mit meinen Kollegen gesprochen.
(2c) Ich habe *nicht* über dein neues *Vòrhaben* beim Mittagessen mit meinen Kollegen gesprochen.
(5a) Ich habe über dein neues Vorhaben beim Mittagessen mit meinen Kollegen *nicht* gespròchen.

Zwar wird auch bei derartiger Akzentuierung verneint, dass zutrifft, was der negationsfreie Satz besagt, doch, anders als bei pauschaler Lesart, wird durch Akzentuierung zusätzlich angezeigt, was den Sprecher zu der Verneinung geführt hat:[21] bei (2a) die im Raum stehende Behauptung, er habe über das Vorhaben seines Partners gesprochen und nicht über das einer anderen Person, bei (2b) er habe über dessen neues Vorhaben gesprochen und nicht etwa über ein anders. Die Negation hebt dabei den Aspekt kontrastierend hervor, in dem der Sprecher einen Gegensatz zwischen seiner Behauptung und einer vorgängigen Behauptung sieht. Weil er dies tut, darf man als Hörer oder Leser schließen, dass sich der Sprecher mit seiner Aussage zwar ausdrücklich nicht auf dies Bestimmte festlegt, durchaus aber auf etwas in dieser Art, bei (2a) etwa darauf, dass er beim Mittagessen mit seinen Kollegen über *jemandes* neues Vorhaben gesprochen habe. Das bedeutet: Liegt eine kontrastierende Negation vor, darf bezüglich des betroffenen Teilaspekts eine existenzielle Generalisierung vorgenommen werden: zwar nicht dies, aber etwas in dieser Art.

Bei den Sätzen (2) und (5) sind – kontextfrei und in Schriftform betrachtet – verschiedene Interpretationen der Negation zulässig, bei den Sätzen (1), (3) und (4) ist hingegen nur eine Interpretation als kontrastierende Negation möglich. Bei Satz (1) greift die – unten formulierte – Regel I, dass die Position unmittelbar vor einem Kasuskomplement nur im Fall einer Kontrastierung für eine Negation zugänglich ist. Bei den Sätzen (3) und (4) ist die Regel etwas kom-

---

[21] Siehe hierzu auch die Einheit „Negation" in GRAMMIS (http://hypermedia.ids-mannheim.de/pls/public/sysgram.ansicht?v_typ=d&v_id=2404) [Stand 12.4.2006].

plexer: Grundsätzlich kann eine Negation auch ohne kontrastierende Wirkung vor einer als Komplement oder Supplement fungierenden Präpositionalphrase stehen, doch, wenn, wie in diesen Sätzen, gleich eine Sequenz solcher Phrasen auftritt, wirkt die Positionierung zwischen zweien dieser Phrasen kontrastierend.

Ob eine pauschale oder eine kontrastierende Negation vorliegt oder nicht, ist oft nur unter Auswertung des Kontextes festzustellen. Eindeutig kontrastierend ist die Negation immer dann, wenn der negationshaltige Satz fortgeführt wird mit der expliziten Angabe dessen, was anstelle des so weit Gesagten gelten soll, also etwa so:

(6) Ich habe *nicht* über déin neues Vorhaben beim Mittagessen mit meinen Kollegen gesprochen, sondern über das von Kárin.
(7) Ich habe *nicht* über dein néues Vorhaben beim Mittagessen mit meinen Kollegen gesprochen. Ich habe vielmehr über dein áltes Vorhaben mit ihnen gesprochen.

Ganz ohne Auswertung des Kontextes kann nur dann eindeutig von kontrastierender Negation ausgegangen werden, wenn die Negationspartikel an einer Position auftritt, die eindeutig der Kontrastierung vorbehalten ist. Positionen dieser Art sind:

I. eine Platzierung unmittelbar vor einem Kasuskomplement, wie sie etwa bei diesen Sätzen vorliegt:

(8) *Nicht* Goethe hat die Räuber geschrieben.
(9) Goethe hat *nicht* die Räuber geschrieben.

II. eine Platzierung unmittelbar vor einem topikalisierten Ausdruckselement, wie sie etwa bei diesen Sätzen gegeben ist:

(10) *Nicht* dass sie gestern schlecht gespielt haben, wird wird ihnen vorgeworfen.
(11) *Nicht* schön muss die neue Chefin sein.
(12) *Nicht* um acht Uhr Abend findet die Veranstaltung statt.

3.3. Fokussierte Negation

Pauschale und kontrastierende Negation sind nicht die einzigen möglichen Formen der Negation. Daneben findet sich als dritte Form ein Typ der Negation, den man als fokussierte Negation bezeichnen kann, weil die Negation dabei auf eine im Satz vorliegende Fokussierung reagiert. Bei schriftlichen Äußerungen sind Negationen dieser Art nur über den Kontext oder einschlägiges Hintergrundwissen zu erkennen, sofern nicht spezielle Darstellungskonventionen eingeführt wurden. Bei mündlichen Äußerungen kann ein sogenannter Fokusakzent eine entsprechende Interpretation nahelegen, doch sollte man die Bedeutung dieses Akzents nicht überschätzen, denn weit stärker wirkt der Kontext, gegen den selbst der stärkste Akzent nicht ankommt. Hier ein einfaches Beispiel, das Satz (2) wieder aufnimmt:

> Wieso hast *ausgerechnet du* mit deinen Kollegen beim Mittagessen über mein neues Projekt gesprochen? – Was soll das? Ich habe beim Mittagessen *nicht* mit ihnen darüber gesprochen.

Fokussiert ist hier *ich*, doch anders als bei kontrastierender Negation, darf hier nicht darauf geschlossen werden, eine andere Person habe mit den Kollegen des Sprechers über das Projekt gesprochen. Der Sprecher hebt hier lediglich auf die Evidenz ab, die er dafür hat, dass die Behauptung, er habe mit seinen Kollegen beim Mittagessen über das neue Projekt gesprochen, nicht zutreffend ist: *Er* hat nichts dergleichen getan. Möglicherweise hat dies ein anderer getan, doch das lässt der Sprecher offen.

4. Zu Herkunft und typologischer Einordnung von *nicht*

Das Deutsche Wörterbuch von Jacob und Wilhelm Grimm[22] führt das heute als Negationspartikel gebrauchte *nicht* auf das Nomen *ni-êo-wiht*, die Negativform des untergegangenen Nomens *icht* [*êowiht, êoweht, eowit, iowiht, ieweht, iuuiht*], zurück, das soviel bedeutete wie *irgend ein Ding*. Der eher ungewöhnliche Wandel vom Nomen zur Partikel wird darauf zurückgeführt[23], dass das nominale *ni-êo-wiht* ursprünglich die Funktion eines Negationsverstärkers hatte, der – im Matrixsatz – nach dem Finitum zur ausdrucksseitigen Verstärkung des präfiniten eigentlichen Negationsausdrucks *ni* gebraucht wurde und eher dem heutigen *nichts* entsprach. Diesem Negationsverstärker fiel dann, nach zunehmender Schwächung und letztendlichem Schwund des ursprünglichen Negationsausdrucks, die Rolle des Negators zu, ein Prozess, der keineswegs eine Beson-

---

[22] Der Digitale Grimm, Version 05-04, *Nicht*.
[23] Siehe hierzu etwa Lenz (1996) und Donhauser (1996).

derheit der deutschen Sprachentwicklung darstellt, sondern, wie bereits Otto Jespersen erkannte[24], etwa auch im Französischen zu beobachten ist: Der noch im Altfranzösischen alleinige Negationsausdruck *ne* wird verstärkend erweitert zu *ne ... pas* (wörtlich: *nicht ... Schritt*), umgangssprachlich schwindet dann der ursprüngliche Negationsausdrucks ganz: *J'dis pas, j'croi pas, ...*[25]

Im Unterschied zum Französischen, bei dem umgangssprachlich der eigentliche Negationsausdruck ganz auf der Strecke bleibt, hat sich bei *nicht* immerhin ein Negationselement erhalten. Manche deutsche Dialekte scheinen hier weitergegangen zu sein, so etwa bestimmte schwäbisch-alemannische Dialekte, bei denen dem Standarddeutschen *nicht* ein *et*, *etta* oder *it*, *itta* (das *a* steht hier für den Schwa-Laut) entspricht.[26]

5. Literatur

Admoni, W. G. (1982) Der deutsche Sprachbau. München: Beck
Blühdorn, H. (2002) Zur Negation im Deutschen und im Portugiesischen: nicht und kein, naõ und nenhum. In: Runa – Revista Portuguesa de Estudos Germanístícos, Passagens de Fronteira, 267–296
Der Digitale Grimm. Deutsches Wörterbuch von J. und W. Grimm (o. J.). Frankfurt / Main: Zweitausendeins
Doherty, M. (1985) Epistemische Bedeutung. Berlin: Akademie
Donhauser, K. (1996) Negationssyntax in der deutschen Sprachgeschichte. In: Lang, E. / Zifonun, G. (Hg.), 201–217
Eisenberg, P. / Gelhaus, H. / Henne, H. / Sitta, H. / Wellmann, H. (1998) Duden. Grammatik der deutschen Gegenwartssprache. Mannheim / Wien / Zürich: Dudenverlag

---

[24] Siehe Jespersen (1917).
[25] Der Schwund des *ne* beschränkt sich dabei keineswegs auf das Paar *ne ... pas*. Man kann ebenso hören: *T'as rien compris! J'te quitterai jamais*. Donhauser (1996, S. 205 f.) hat darauf hingewiesen, dass auch dies eine Entsprechung in der deutschen Sprachentwicklung hat: „Vergleicht man in dieser Weise die Gesamtsystematik des Negationsausdrucks im alt- und Neuhochdeutschen, so wird deutlich, daß die Funktionen des althochdeutschen Negators *ni* im Neuhochdeutschen nicht einfach auf die Negationspartikel *nicht* übergehen, sondern der Funktionsbereich von ahd. *ni* ist im Neuhochdeutschen verteilt auf eine ganze Gruppe von Negationswörtern mit unterschiedlichem syntaktisch-kategorialen Status, die zudem auch verschiedene Stellungseigenschaften haben."
[26] Verschiedentlich wird angenommen, dass hier das Negationselement *n* sekundär durch eine falsche Worttrennung verloren gegangen sei, doch scheint mir das wenig überzeugend, da das *n* selbst dort fehlt, wo sich ein Hyatus ergibt: *Des hau i et g'sait*, während es sonst durchaus üblich ist, den Hyatus durch ein Fugen-*n* oder *-r* zu vermeiden: *oiner wia'n'i* oder *wia'r'i*.

Eisenberg, P. (1999) Grundriß der deutschen Grammatik. Bd. 2: Der Satz. Stuttgart / Weimar: Metzler
Engel, U. (1988) Deutsche Grammatik. Heidelberg: Groos
GRAMMIS. Das grammatische Informationssystem des Instituts für Deutsche Sprache. http://hypermedia.ids-mannheim.de/grammis [12.5.2006]
Helbig, G. / Helbig, A. (1990) Lexikon deutscher Modalwörter. Leipzig: Enzyklopädie
Helbig, G. / Buscha, J. (1981) Deutsche Grammatik. Ein Handbuch für den Ausländerunterricht. Leipzig: Enzyklopädie
Jacobs, J. (1982) Syntax und Semantik der Negation im Deutschen. Eine Untersuchung im Rahmen der Montague-Grammatik. München: Fink
Jacobs, J. (1983) Fokus und Skalen. Zur Syntax und Semantik der Gradpartikeln im Deutschen. Tübingen: Niemeyer
Jespersen, O. (1917) Negation in English and Other Languages. Kopenhagen (Historik-filologikse Meddelelser I, 5).
Kriwonossov, A. (1977) Deutsche Modalpartikeln im System der unflektierten Wortklassen. In: Weydt, H. (Hg.) Aspekte der Modalpartikeln. Studien zur deutschen Abtönung. Tübingen: Niemeyer, 176–216
Lang, E. / Zifonun, G. (Hg.) (1996) Deutsch – typologisch. Institut für deutsche Sprache. Jahrbuch 1995. Berlin / New York: de Gruyter
Lenz, B. (1996) Negationsverstärkung und Jespersens Zyklus im Deutschen und anderen europäischen Sprachen. In: Lang, E. / Zifonun, G. (Hg.), 183–200
Zifonun, G. (1973) Zur Theorie der Wortbildung am Beispiel deutscher Präfixverben. Ismaning: Hueber (Linguistische Reihe 13)
Zifonun, G. (1977) Bereiche der Negation. In: Ballweg-Schramm, A. / Lötscher, A. (Hg.) Semantische Studien. Tübingen: Narr, 9–55
Zifonun, G. / Hoffmann, L. / Strecker, B. et al. (1997) Grammatik der deutschen Sprache. Berlin / New York: de Gruyter

Bruno Strecker (Mannheim)

C16 Persondeixis, Objektdeixis

1. Wortartbezeichnung
2. Deixis – zeichentheoretisch versus handlungstheoretisch
3. Sprachliches Zeigen – Zeigwörter, Orientierungsleistung, Zeigfeld
4. Sprachliches Zeigen – deiktische Prozedur, Verweisobjekte, Verweisräume
5. Abgrenzungen, Ableitungen, Zusammensetzungen, Strukturausbau
6. Person- und Objektdeixis im Deutschen
7. Literatur

1. Wortartbezeichnung

Allein der Bezeichnungen wegen ist es naheliegend, *Person(al)deixis*, *Objektdeixis* als Teilbereiche, Ausdrucksklassen oder Typen der *Deixis* zu verstehen (pl. *Deixeis* [griech. δείκνυμι deiknymi – ‚zeige'], auch: *Demonstrativum* [lat. demonstratio], *Zeig(e)wort*, *deiktischer Ausdruck*). Eine systematische Bestimmung von *Persondeixis* und *Objektdeixis* setzt in jedem Fall eine sprachtheoretisch reflektierte Betrachtung von *Deixis* als Basiskategorie voraus. Darum soll es im Folgenden zunächst einmal gehen (§ 2–5), bevor daran anschließend der Formenbestand der Person- und Objektdeixis im Deutschen dargestellt wird (§ 6).

2. Deixis – zeichentheoretisch versus handlungstheoretisch

Instruktiv zur Einführung in die *Deixis* sind Graefen 1997 (§ 4.2), Hoffmann 1997a (= Kapitel C4.1 von Zifonun, Hoffmann, Strecker u. a. 1997 (IDS-Grammatik) zur „Deixis und zur deiktischen Prozedur") sowie Redder 2000. Neben der o. g. IDS-Grammatik enthält die Grammatik von Eisenberg (1999/2004) einen kurzen einführenden Exkurs zur Deixis. Einzelne Positionen innerhalb der Forschungsgeschichte der Deixis werden in Ehlich 1979, 92 ff., Graefen 1997, 133 ff., Redder 2000 in handlungstheoretischer Perspektive erörtert. Zum zugrunde liegenden linguistischen Theorieverständnis und zur Theoriegeschichte allgemein s. Rehbein 1994, Ehlich 1996. Den Beginn einer handlungstheoretischen Deixistheorie markiert die Untersuchung von Bühler 1934/1965 zum „Zeigfeld". Ehlich (1979) entwickelt Bühlers Theorie „sprachlichen Zeigens" in einer Untersuchung des Hebräischen und daran anschließend in einer Serie von Artikeln (Ehlich 1982a, b, 1983a, 1985, 1987 usw.) konsequent weiter. Weitere forschungsgeschichtlich wichtige Arbeiten sind: Burks 1947/1948, Bar-Hillel 1954, Benveniste 1977 sowie Fillmore 1979/ 1997. In Richtung einer zeichentheoretischen Betrachtungsweise von Deixis argumentiert Levinson (1983, § 2). Zur Deixis aus der Sicht einer Substitutionstheorie s. Harweg 1968/1979. Zur typologischen Betrachtung der Deixis s. Anderson & Keenan 1985 sowie Diessel 1999; zu typologischen Besonderheiten der Deixis in einigen Sprachen der Welt s. auch Weissenborn & Klein 1982. Zur Deixis bezogen auf spezifische Textarten s. Diewald 1991, Ehlich 1992, Liu 1992 sowie Graefen 1996. Zur Rolle der Deixis im Verbsystem des Deutschen s. Redder 1992. Zur Funktionalisierung der Deixis zwecks „Strukturausbau der Sprache" s. Redder 1990.

Mit Blick auf *Deixis* sind – wie bereits Ehlich (1979) und auch Redder (2000) argumentieren – forschungsgeschichtlich zwei grundverschiedene sprachtheoretische Betrachtungsweisen und damit verbundene Begrifflichkeiten zu unterscheiden.

2.1. In einer ersten – der *zeichentheoretischen* bzw. *semiotischen* – Betrachtungsweise von Sprache stellt Deixis eine Ausdrucksklasse dar, deren *Bedeutung* anders als die *symbolischer* oder *ikonischer* Zeichen systematisch *situationsabhängig* ist. Die Bedeutungsbestimmung deiktischer – oder im semiotischen Zusammenhang auch *indexikalisch* (Peirce) genannter – Zeichen wie *ich*, *du* oder *dies* erweist sich damit – innerhalb der Grenzen, die durch die Einheit des isolierten Wortes oder des isolierten Satzes gesetzt werden – als problematisch.

Eine referenzsemantische Erfassung indexikalischer Zeichen oder eine wahrheitskonditionale Analyse, die solche indexikalische Zeichen enthalten wie etwa:

(1) „*Das dort* ist der Bus zu den Landungsbrücken." oder

(2) „*Sie* haben *mir* gesagt, *das* sei der Bus zu den Landungsbrücken."

erfordert die Berücksichtigung eines entsprechenden „pragmatischen Kontextes". Erst unter Berücksichtigung eines solchen „Kontextes", welcher das/die zu untersuchenden Zeichen „umgibt", wird das Bedeutungsproblem in Form von „Bezugnahmen" des Zeichens auf „Bezugsobjekte" („Referent" (Ogden & Richards), „Denotat" (Morris)) zeichentheoretisch analysierbar:

(3) Der Bus 112 ist der Bus zu den Landungsbrücken.

„*Das dort*": der Bus 112

(4) Die Frau am Fahrkartenschalter hat einem Touristen gesagt, der Bus 112 sei der Bus zu den Landungsbrücken.

„*Sie*": die Frau am Fahrkartenschalter
„*mir*": einem Touristen
„*das*": der Bus 112

Werden indexikalische und symbolische Zeichen semiotisch derart austauschbar i.S. des Prinzips der „Bezugnahme" (Referenz) bzw. der „Substitution" (Pro-/Stellvertreter-Konzept) behandelt, scheint das Problem zunächst gelöst. Doch was Deixis an sich ausmacht, lässt sich dann gerade nicht mehr spezifisch erfassen: in funktionaler Sicht eine Aporie.

2.2. Die Grundlagen für eine zweite – die *handlungstheoretische* Betrachtungsweise – von Deixis stellte Karl Bühler im II. Kapitel seiner „Sprachtheorie" („Das Zeigfeld der Sprache und die Zeigwörter") her, indem er die *Orientierungsleistung* deiktischer Ausdrücke am elementaren Fall der „demonstratio ad oculos" rekonstruierte – „elementar" insofern, als das Zeigen in der unmittelbaren „Sprechsituation" den Beteiligten noch relativ wenig Abstraktionsleistung abverlangt. Aus einer solchen handlungstheoretisch basierten Betrachtung von Deixis ergeben sich analytisch weiterführende Differenzierungsmöglichkeiten bezogen auf Dimensionen sowie „Modi" des Zeigens. Die Rezeption von Bühlers Theorie „sprachlichen Zeigens" erfolgte jedoch – wie Redder (2000) und Ehlich (2004) zeigen – weitgehend reduktionistisch und re-semiotisierend. In konsequenter Weise handlungstheoretisch weiterentwickelt wurde Bühlers Ansatz erst von Konrad Ehlich. Die Weiterentwicklung führte zu einer erweiterten Theorie sprachlicher Felder mit einer präzisierten handlungstheoretischen Analyse sprachlicher Ausdrucksmittel als sprachlich-mentale Prozeduren (Ehlich 1979, 1982, 1987 u.w., s.u. § 4).

3. Sprachliches Zeigen – Zeigwörter, Orientierungsleistung, Zeigfeld

Für eine handlungstheoretische Betrachtung von Deixis ist zunächst noch einmal genauer auf die konzeptuellen Neuerungen von Bühlers *sprachpsychologisch fundierter Theorie „sprachlichen Zeigens"* gegenüber einer zeichentheoretischen Fassung von Deixis einzugehen. Dabei soll das Innovative an Bühlers Ansatz so weit wie möglich unmittelbar anhand seiner eigenen Worte aufgezeigt werden.

3.1. Ausgehend von der Erkenntnis, dass die Deixis im „Sprechverkehr" zwischen einem „Sender" und einem „Empfänger" eine grundsätzlich andersgeartete Grundfunktion aufweist als „Nennwörter", plädiert Bühler dafür, alle „Zeigwörter" einer Sprache – durchgehend, über Grenzen traditioneller Wortarten hinweg – systematisch als eigenständige Ausdrucksklasse zu betrachten. Eine Rechtfertigung hierfür sieht er „[...] in der Tatsache, daß alles sprachlich Deiktische deshalb zusammengehört, weil es nicht im Symbolfeld, sondern im *Zeigfeld* der Sprache die Bedeutungserfüllung und Bedeutungspräzision von Fall zu Fall erfährt; und *nur* in ihm *erfahren kann.*" (Bühler 1934 / 1965, 80):

> „[...] die Demonstrativa sind ursprünglich und ihrer Hauptfunktion nach keine Begriffszeichen, weder direkte noch stellvertretende, sondern es sind, wie ihr Name richtig sagt, ‚Zeigwörter', und das ist etwas ganz anderes als die echten Begriffszeichen, nämlich die ‚Nennwörter'. Auch die Personalia sind Zeigwörter und daher die Stammverwandtschaft der beiden Gruppen. Man muß das deiktische Moment zum Merkmal des Gattungsbegriffes erheben, dann wird eine Reihe klassifikatorischer Schiefheiten aus der Terminologie der Grammatiker verschwinden und das natürliche Gesamtsystem der Zeigwörter sichtbar werden." (Bühler 1934 / 1965, 117)

Bühler fasst deiktische Sprachmittel aus zwei traditionellen Wortarten aufgrund der ihnen gemeinsam zugrunde liegenden Arbeitsweise in einer gemeinsamen Ausdrucksklasse zusammen: nämlich solche aus der Klasse der Pronomina (→ C17, *ich, dieser* usw.) und der Adverbien (→ C4, *jetzt, da, so* usw.); bei den Adverbien spricht er weniger spezifisch von Partikeln i. S. undeklinierbarer Wörter. Damit liegt die funktional motivierte Klasse der „Zeigwörter" von Bühler gewissermaßen „quer" zu der von ihm durchaus kritisch betrachteten traditionellen Wortarteneinteilung.

3.2. Die spezifische Arbeitsweise dieser „Zeigwörter" charakterisiert er folgendermaßen:

> „Kurz gesagt: die geformten Zeigwörter, phonologisch verschieden voneinander wie andere Wörter, steuern den Partner in zweckmäßiger Weise. Der Partner wird aufgerufen durch sie, und sein suchender Blick, allgemeiner seine suchende Wahrnehmungstätigkeit, seine sinnliche Rezeptionsbereitschaft wird durch die Zeigwörter auf Hilfen *verwiesen*, gestenartige Hilfen und deren Äquivalente, die seine *Orientierung* im Bereich der Situationsumstände verbessern, ergänzen. Das ist die Funktion der Zeigwörter im Sprechverkehr [...]." (Bühler 1934/ 1965, 105 f.; Hervorhebung SK)

Wesentliches Moment handlungstheoretischer Bestimmung ist also die *Orientierungsleistung* der Deixis im „Sprechverkehr".

Mit der Frage nach der Arbeitsweise rückt bei Bühler die Art und Weise, wie der deiktische Ausdruck *wahrnehmungsbezogen, psychisch* auf der Seite des Hörers verarbeitet wird – oder um es anders auszudrücken – die *mentale* Verarbeitung, die durch den deiktischen Ausdruck beim Hörer angestoßen wird, in den Analysefokus. Bühler greift dabei systematisch das auf, was bereits bei Brugmanns Analyse in diese Richtung führt:

> „Es ist also mit dem ‚hier' [...] ungefähr so: BRUGMANN gibt sehr treffend die ‚Herlenkung' in erster Linie des Blickes auf den Standort des Redenden' als die Kernfunktion des Hier-Wortes an." (Bühler 1934/ 1965, 95)

Bei der Orientierung in der unmittelbaren „Sprechsituation" geht es darum, die Wahrnehmung und damit die Aufmerksamkeit des Hörers auf etwas im gemeinsamen „Wahrnehmungsraum" auszurichten.

3.3. Ein wesentlicher Unterschied zur zeichentheoretischen Analyse von Deixis ist, dass die Deixis handlungstheoretisch betrachtet systematisch im „*Zeigfeld*" der Sprache verankert ist. Um die Struktur dieses Zeigfeldes zu beschreiben, führt Bühler das Konzept der „*Origo*" ein:

> „Zwei Striche, die sich senkrecht auf dem Papier schneiden, sollen uns ein Koordinatensystem andeuten, O die Origo, den Koordinatenausgangspunkt:
> Ich behaupte, daß drei Zeigwörter an die Stelle von O gesetzt werden müssen, wenn dies Schema das Zeigfeld der Sprache repräsentieren soll, nämlich die Zeigwörter *hier, jetzt* und *ich*." (Bühler 1934/1965, 102)

Die deiktische Orientierungsleistung beruht darauf, dass der Sprecher mit der Setzung der Origo im sprachlichen Handeln ein solches „Koordinatensystem" etabliert: das Zeigfeld. Ausgangspunkt der Koordinaten ist die Origo, gekennzeichnet durch die Zeigwörter *hier, jetzt* und *ich*; von hier aus wird gezeigt. Zum Zeigen setzt der Sprecher die Deixis innerhalb eines solchermaßen beschaffenen Zeigfeldes ein. Der Hörer versucht anhand des spezifisch „geformte[n] Zeigwort[s]", der sie „[ergänzenden] gestenartigen Hilfen", der „Stimmeigenschaften" des Sprechers und seiner (Vor-)„Orientiertheit" das „sprachliche Zeigen" des Sprechers nach- bzw. mitzuvollziehen. Bühler spricht bezogen auf das „Zeigfeld" von einem „Koordinatensystem der ‚subjektiven Orientierung'" (Bühler 1934 / 1965, 102):

> „Der Vorwurf einer unheilbaren Subjektivität, den man immer wieder gegen Wörter wie *ich* und *du* machen hört und konsequent von ihnen auf alle Zeigwörter ausdehnen darf, beruht auf einem mißverstandenen Anspruch, den man von den Nennwörtern her auch an die Zeigwörter stellt. Sie sind subjektiv in dem Sinne wie jeder Wegweiser eine ‚subjektive', d.h. nur von seinem Standort aus gültige und fehlerfrei vollziehbare Angabe macht." (Bühler 1934 / 1965, 106)

Die „Subjektivität", von der hier die Rede ist, ist eine systematisch der Deixis mitgegebene. Die Deixis ist insofern „subjektiv", als die Origo des Zeigfeldes stets auf der Seite des Sprechers gesetzt wird; an ihr muss sich der Hörer orientieren. Diese Subjektivität deiktischer Orientierung unterscheidet die Deixis von anderen Formen der Orientierung: etwa von der „quasi-deiktischen" nach Hoffmann (1997a, 312) oder der „topomnestischen", wie sie bei Bühler am Rande diskutiert wird (s. Bühler 1934 / 1965, 140 ff.).

4. Sprachliches Zeigen – deiktische Prozedur, Verweisobjekte, Verweisräume

4.1. Die Bestimmungen des sprachlichen Zeigens, wie sie von Bühler vorgenommen wurden, hat Ehlich (1979) konsequent analytisch weiter zugespitzt: In einer Bestimmung der Deixis stellt er die Orientierungsleistung, insgesamt als *deiktische Prozedur* gefasst, folgendermaßen dar:

> „Die deiktische Prozedur ist eine Orientierungsprozedur, die ein Sprecher vermittels eines deiktischen Ausdrucks beim Hörer in Gang setzt.

Mit Hilfe eines deiktischen Ausdrucks nimmt der Sprecher eine Verweisung in einem Verweisraum vor. Die Verweisung ist einerseits Ausdruck einer Fokussiertheit, die der Sprecher auf Elemente des Verweisraums mental vorgenommen hat; sie ist andererseits eine Übertragung dieser Fokussierung auf den Hörer, der durch die deiktische Prozedur aufgefordert wird, dieselbe Fokussierung seinerseits zu vollziehen und so eine für ihn und den Sprecher gemeinsame Fokussierung im Verweisraum herzustellen." (Ehlich 1987, 285)

Damit übereinstimmende Kurzfassungen einer handlungstheoretischen Deixisbestimmung findet man bei Hoffmann (1997a) sowie bei Redder (2000):

„Zur Klasse der DEIXIS gehören Ausdrücke, mit denen ein Sprecher den Adressaten auf Elemente eines unmittelbar präsenten oder konstituierbaren Verweisraums orientiert." (Hoffmann 1997a, 311)

„Die deiktische Prozedur besteht – ganz im Sinne von Bühler – sprecherseitig in einer Neu-Fokussierung der Aufmerksamkeit auf ein Verweisobjekt, hörerseitig in der Übernahme dieser Neufokussierung mit dem Ergebnis einer gleichgerichteten Orientierung von S und H." (Redder 2000, 287)

Die Komplexität der deiktischen Prozedur wird deutlich, wenn die darin involvierten verschiedenen interaktionalen sowie mentalen Prozesse entsprechend der obigen Bestimmung schematisch differenziert werden:

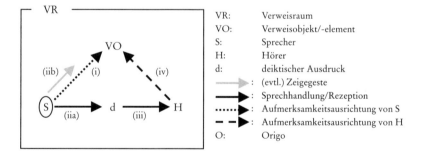

Abbildung 1: Schematische Darstellung der deiktischen Prozedur

Die deiktische Prozedur sollte demnach mindestens die vier folgenden Teilprozesse umfassen:

(i) Aufmerksamkeitsausrichtung von S auf ein Verweisobjekt / -element (worauf verwiesen wird) (mental),

(ii) Orientieren von H durch S (interaktional): (iia) Sprechhandlung (mit deiktischem Ausdruck) sowie eventuell auch (iib) nonverbale Handlung (Zeigegeste und dergleichen),

(iii) Mit-/Nachvollzug der Sprechhandlung durch H (mental, Rezeption),

(iv) Aufmerksamkeitsausrichtung von H auf das Verweisobjekt (mental, aktional).

Wichtig ist, dass es sich bei (iii) und (iv) nicht lediglich um ein sinnliches Wahrnehmen handelt. „Vielmehr gehen komplexe Wissensbestände in das mit ein, was Objekt der Orientierung ist." (Ehlich 1987, 286).

4.2. Die Dimensionen des Verweises sind systematisch ableitbar aus der Struktur der Sprechsituation, die sich aus den sprachlich Handelnden, dem Sprechort, der Sprechzeit sowie aus dem sprachlichen Handeln konstituiert. Je nach *Verweisobjekt/-element*, d.h. Objekt/Element, auf das in der Sprechsituation gezeigt wird, handelt es sich nach Ehlich (1987) um eine:

(a) *Person(al)deixis*,

(b) *Lokaldeixis/lokale Deixis*, der auch die *Richtungsdeixis* hinzuzurechnen ist,

(c) *Temporaldeixis/temporale Deixis*,

(d) *Objektdeixis* oder

(e) *Aspektdeixis*.

Hoffmann (1997a) fasst (e) die Aspektdeixis „so" (Ehlich 1987) unter (d) die Objektdeixis, mit der auf „Objekte (im weiten Sinn) und Ausprägungen von Objektqualitäten" verwiesen wird (Hoffmann 1997a, 315). Mit „Objekten (im weiten Sinn)" sind gemeint: „Objekte und Handlungen und Ereignisse" (Ehlich 1987, 287) aber auch „Personen" (daher ist der Begriff „Objekte" in der nachfolgenden Tabelle in Anführungszeichen gesetzt). Während die „klassische" Differenzierung nach den Dimensionen (a)–(c) Person-, Lokal- und Temporaldeixis in der Forschungsliteratur relativ unstritten ist, wird (d) die Objektdeixis häufig einfach auch lokal interpretiert und unter (b) Lokaldeixis subsumiert.

	Dimensionen	Nähe	Ferne
1	Personen (sprachlich Handelnde)	*ich*	*du*
2	Ort	*hier*	*da, dort*
3	Zeit	*jetzt*	*damals ≠ dann*
4	„Objekte"	*dieser* ...	*jener* ...
5	Aspekte an „Objekten"	*so*	*

Abbildung 2: Systematik der elementaren deiktischen Ausdrücke im Deutschen nach Ehlich (Ehlich 1987, 291, leicht modifiziert)

Ordnet man die elementaren deiktischen Ausdrücke im Deutschen nach den genannten Dimensionen an, lassen sie sich nach Ehlich 1987 wie in Abb. 2 gezeigt tabellarisch fassen.

Die einzelnen deiktischen Dimensionen können ihrerseits verschieden untergliedert sein: Typologisch weisen alle mit Blick auf Deixis untersuchten Sprachen der Welt mindestens eine zweigliedrige Struktur auf. Die meisten untersuchten Sprachen sind zwei-, drei- oder viergliedrig aufgebaut – Anderson & Keenan (1985) unterscheiden hierbei distanzorientierte Systeme (Nähe-Ferne-Opposition) gegenüber personenorientierten Systemen (Sprecher-Hörer-Opposition). Sprachen mit Deixissystemen, die aus fünf und mehr Gliedern aufgebaut sind, sind nach Anderson & Keenan 1985 selten; im Sample von Diessel kommen diese nicht vor. Diessel (1999) geht Fillmore (1982) folgend von maximal drei Distanzkategorien aus (Anderson & Keenan 1985, 280 ff., Diessel 1999, 35 ff.).

Im Deutschen weist die Systematik der elementaren deiktischen Ausdrücke (weitgehend) eine zweigliedrige distanzorientierte Anordnung nach der Opposition „Nähe" – „Ferne" auf. Ausgenommen davon ist die Aspektdeixis „so": In dieser Dimension existiert (anders als im Japanischen, s.u.) keine fernedeiktische Form (daher die Leerstelle in der Tabelle, markiert durch einen Asterisk). Im Deutschen liegen Oppositionen folgender elementarer deiktischer Ausdrücke vor: „ich" – „du" als Persondeixis, „hier" – „da" bzw.

„dort" als Lokaldeixis, „jetzt" – „damals" bzw. „dann" als Temporaldeixis und „dieser" – „jener" als Objektdeixis.

Als Kontrastbeispiel sei dem zweigliedrig distanzorientierten Deixissystem das dreigliedrig personenorientierte Deixissystem des Japanischen gegenübergestellt.

Im Japanischen liegt ein dreigliedriges Paradigma vor, die Formen sind mit Ausnahme der Person- und Temporaldeixis regulär gebildet aus den Präfixen „ko-" für sprechernahe Deixis, „so-" für hörernahe Deixis und „a-" für Fernedeixis. Persondeiktische Ausdrücke werden teilweise in abgeleiteter Form aus dem Formenbestand lokal- und objektdeiktischer Ausdrücke gebildet: etwa „so-nata" („du", veraltet) – „a-nata" („du"). „-nata": ist kontrahiert „n(o k)ata", „no" ist Genitiv, „kata" steht für Richtung; „wa-re" ist analog gebildet zum objektdeiktischen Paradigma (zur Deixis im Japanischen s. Martin 1988/2004, 1066 ff., Coulmas 1982).

	Dimension	Sprechernähe	Hörernähe	Ferne
1	Personen (sprachlich Handelnde)	*(wa-re)* wata(ku)shi	*(so-nata)* a-nata	*
2	Ort Richtung	ko-ko ko-chira/-tchi	so-ko so-chira/-tchi	a-so-ko a-chira/-tchi
3	Zeit	ima	*	mukashi?
4	„Objekte"	ko-re	so-re	a-re
5	Aspekte an „Objekten"	ko-u ko-nna	so-u so-nna	a-a a-nna

Abbildung 3: Systematik der elementaren deiktischen Ausdrücke im Japanischen

4.3. In kritischer Auseinandersetzung mit Bühlers „Modi des Zeigens" („demonstratio ad oculos", sog. „anaphorische Deixis" sowie „Zeigen am Phantasma") und diese weiter präzisierend unterscheidet Ehlich folgende *Verweisräume*, in denen S mit deiktischen Ausdrücken, wie sie oben genannt wurden, H auf Verweisobjekte beim sprachlichen Handeln in Diskurs und Text *orientieren* kann:

Erklärung	Benennung
Die unmittelbare Sprechsituation	Wahrnehmungsraum
Die aktuelle und erinnerte Rede im Diskurs	Rederaum
Der durch den Text konstituierte mental-sprachliche Raum	Textraum
Die gemeinsame Vorstellung von Sprecher und Hörer	Vorstellungsraum

Abbildung 4: Verweisräume nach Ehlich (Graefen 1997, 129; leicht modifiziert)

Der elementare Verweisraum ist der „Wahrnehmungsraum", den S und H im Diskurs miteinander teilen; Hoffmann spricht vom „Raum der Äußerungssituation" und „situativer Deixis", Bühler hat an diesem Modus des Zeigens in der unmittelbaren „Sprechsituation" oder „demonstratio ad oculos et ad aures", wie er ihn auch nennt, die Arbeitsweise der Deixis entwickelt. Verweise, die innerhalb dieses Verweisraums vorgenommen werden, können durch nonverbales Zeigen unterstützt werden.

Doch damit sind noch lange nicht alle Verwendungen deiktischer Ausdrücke abgedeckt. Im Diskurs und im Text kann verwiesen werden auf sprachlich-mentale Elemente, die vorausgegangen sind („anadeiktisch") und auch auf Elemente, die noch folgen („katadeiktisch"). Bei einem solchen Verweis im durch die Rede bzw. den Text konstituierten Verweisraum spricht man von „Rede-/Diskursdeixis" bzw. „Textdeixis". Typologisch interessant ist die Frage, welche der o.g. Objektdeixeis systematisch für Verweise im Rederaum verwendet werden. Vergleicht man das Deutsche mit dem Japanischen in dieser Hinsicht, so kann man feststellen, dass es im Deutschen die proximale Objektdeixis „das" ist, die für Verweise im Rederaum genutzt wird, während es im Japanischen die „hörernahe" Objektdeixis „sore" ist, die in vergleichbaren Handlungszusammenhängen eingesetzt wird.

Eine weitere Abstraktion ist erforderlich für Verweise, die in der gemeinsamen Vorstellung von S und H gemacht werden; Hoffmann spricht in diesem Zusammenhang von „imaginativer Deixis". Bühler

Verweisraum	Verweiselemente	Art der Deixis
Raum der Äußerungs-situation	Situative Elemente (im weiteren Sinn)	SITUATIVE DEIXIS
Vorstellungraum	Imaginierte Größen	IMAGINATIVE DEIXIS
Rederaum	Vom Sprecher zuvor Gesagtes/im folgenden zu Sagendes	REDEDEIXIS
Textraum	Vorangehende/folgende Elemente eines Textes	TEXTDEIXIS

Abbildung 5: Verweisräume und -elemente (Hoffmann 1997a, 313)

nennt es „Zeigen am Phantasma". Voraussetzung hierfür ist ein mentales Vor-Orientiertsein von S und H in der Vorstellung, welches seinerseits sprachlicher Vorbereitung bedarf. Da beim Verweis im Vorstellungsraum die Origo zeitlich / räumlich nicht mehr in der Sprechsituation, sondern in einer absenten Situation verankert ist, spricht man in diesem Zusammenhang von einer „Origo-Versetzung".

Mit der „Deixis ins Leere", die bei Ehlich (1987) diskutiert wird, ist eine davon abgeleitete, formelhafte Verwendung deiktischer Ausdrücke gemeint, wie etwa in *„dies* und *das", „oder so", „hier* und *da", „dann* und *wann".* In solchen Formeln gehen die Verweise insofern ins Leere, als S mit ihnen H auf keine spezifischen Verweisobjekte orientiert.

5. Abgrenzungen, Ableitungen, Zusammensetzungen, Strukturausbau

5.1. Wie bereits oben in § 3.1 angesprochen, liegt Deixis als Ausdrucksklasse „quer" zu den Wortarten der „Pronomina" sowie der „Adverbien". Ein daraus resultierendes Problem ist u.a. die Bezeichnung „anaphorische Deixis" (Bühler): Hier werden zwei Kategorien, die systematisch auseinanderzuhalten wären, miteinander vermischt. Die Gemengelage – Kategorien unterschiedlicher Art – hat zu vielfältigen Kreuzklassifikationen und einer Vielzahl verschiedener Bestimmungen von Deixis und Anapher (→ C5) geführt, bis hin zur Unterscheidung „endophorischer" versus „exophorischer Referenz" (Halliday & Hasan 1976). Um dieser Problematik zu begegnen, ist eine konsequente *Abgrenzung* der Deixis gegenüber der Phorik notwendig.

Ehlich (1979, 1982a, 1983a) argumentiert, dass es sich bei der Anapher um eine andersgeartete sprachliche Prozedur handele als bei der Rede-/Textdeixis: er plädiert für eine strikte Trennung zwischen *Phorik (phorische Prozedur)* und *Deixis (deiktischer Prozedur)* in Text und Diskurs. Der Unterschied zwischen Deixis und Phorik liegt darin, dass S mit der *deiktischen Prozedur* einen *Verweis* im *Zeigfeld* (mit einer *Origo*) vornimmt, um H auf ein *Verweisobjekt* zu *orientieren*, während S mit der *phorischen Prozedur (Anapher/ Kataphor,* gr. ana-phérein „hinauftragen" – gr. kata-phérein „hinabtragen") *Bezug nimmt* auf ein versprachlichtes/zu versprachlichendes Element. Mit dem Einsatz von Anaphern nimmt S in Anspruch, dass H ein bereits benanntes und damit mental aufgerufenes Wissen oder eine bereits etablierte Orientierung auf bestimmte versprachlichte Elemente für eine darauf operierende sprachlich-mentale Verarbeitung *aufrechterhält* (zu den Problemen, die bei komplexer Phorik daraus erwachsen können, s. Ehlich 1983b, zur Phorik allgemein s. auch Hoffmann 1997b, 2000).

Die strikte Trennung zwischen Deixis i. S. einer *Orientierung*, eines *Verweises* einerseits und Phorik i. S. einer *Bezugnahme* stets auf etwas Propositionales andererseits führt dazu, dass man bei der Wortart der Pronomina unterscheiden muss zwischen solchen, die *deiktisch* sind – nämlich den Personalpronomina der 1. und 2. Person *(ich, wir; du, ihr, Sie)* sowie den Demonstrativpronomina *(der, die, das; dies, diese(r/s), jene(r/s))* – und anderen, die *phorisch* sind – nämlich den Personalpronomina der 3. Person *(er, sie, es)*.

Das Problem an der Wortart „Pronomen" besteht darin, dass sie sowohl deiktische als auch phorische Ausdrucksmittel unterschiedslos als Stellvertreter des Nomens („Pro-Nomen") in einer Ausdrucksklasse zusammenfasst (vgl. hierzu auch C19).

5.2. Interessant in diesem Zusammenhang ist die historische *Ableitung* der höflichen Anredeform *Sie*. Nach der Rekonstruktion von Rehbein (2001) ist *Sie* (2. Person Singular/Plural) historisch *abgeleitet-deiktisch (= paradeiktisch)* aus der phorischen Form *sie* (3. Person Plural, verwendet i. S. eines „pluralis reverentiae") entstanden.

Ausgelöst wurde ein solcher Sprachwandel durch ein gesellschaftliches Bedürfnis, Anredeformen nach vorliegenden gesellschaftlichen Konstellationen zu differenzieren. Aus einem solchen Bedürfnis ging zunächst die Form *Ihr* (pluralis reverentiae) hervor (diese Stufe entspricht der im Französischen vorliegenden *tu/vous*-Differenzierung). Später wurde das Paradigma der Anredeformen ergänzt durch nennende Formen (wie etwa „der Herr") zusammen mit den phorischen Formen *er/sie* (3. Person Singular) sowie *sie* (3. Person Plural, „pluralis reverentiae"). Interessant ist der Übergang zur letzten Stufe: die gleiche Form *SIE* wird nun nicht mehr phorisch (DER HERR – SIE), sondern nun mehr paradeiktisch (SIE, losgelöst von Bezugnahmen als „reiner" Verweis in der Sprechsituation) verwendet (zur Feldtransposition s. Ehlich 1994, Redder 2005).

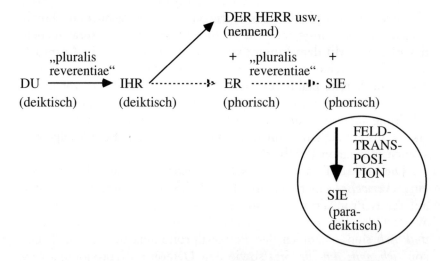

Abbildung 6: Rekonstruktion der Anredeformen in ihrem historischen Wandel nach Rehbein 2001

Paradeiktische Formen können aber auch *nennenden/symbolischen* Ursprungs sein: Dies ist etwa bei den vielfältigen Formen der Sprecher- und Hörerdeixis im Japanischen (sog. „Sozialdeixis") der Fall (etwa *watakushi*: wörtlich „privat", *shousei*: wörtlich „kleines Leben" – beides sprecherdeiktische Formen, die Bescheidenheit gegenüber H ausdrücken).

5.3. Etwas genauer müssen die Verhältnisse betrachtet werden bei Ausdrücken, die aus deiktischen und anderen Wortbestandteilen zusammengesetzt sind. Solche zusammengesetzten Formen sind typisch für das Deutsche. Sie werden in Ehlich 1992 bezogen auf Wissenschaftssprache diskutiert, in Rehbein 1993 werden eine Reihe von ihnen *(deshalb, dewegen, daher, darum, dadurch, daran, demnach)* prozedural analysiert. Bei Hoffmann (1997a, 332) findet man eine weitere Zusammenstellung solcher zusammengesetzten Formen.

Der temporaldeiktische Ausdruck *damals*, der oben in Abb. 2 den elementaren deiktischen Mitteln zugeordnet wurde, ist genau genommen ebenfalls historisch zusammengesetzt aus „da" und „mal".

Insgesamt sind diese sog. „zusammengesetzten Verweiswörter", die historisch betrachtet relativ neue Wortbildungen im Deutschen sind, nicht mehr als *deiktisch*, sondern als *operativ* anzusehen, in dem Sinne, dass H mit ihnen nicht mehr nur auf Elemente in einem Verweisraum orientiert wird, sondern H diese für eine weitere propositionale Verarbeitung verfügbar gemacht werden (s. hierzu die Analyse von Rehbein 1993, 182 ff.). Einige von ihnen zeichnen sich dadurch aus, dass sie je nach Akzentuierung mehr oder weniger ihre restdeiktische Kraft zur Geltung bringen können: so etwa bei *da̱mit* (auf die Frage: *womit?*) versus *dami̱t* (auf die Frage: *wozu?*)

(a)	da		daraus	(d)	derart	(g)	sofern
(b)	dabei		darin		dergestalt		sogar
	dadurch		darüber		dermaßen		somit
	dafür		darum		deshalb		sosehr
	dagegen		darunter		deswegen		soweit
	damit		davon	(e)	indem		sowie
	danach		davor		nachdem	(h)	dahingege
	daneben		dazu		trotzdem		daraufhin
	daran	(c)	daher		zudem		sodann
	darauf		dahin	(f)	hingegen		sowieso

(i)   deixis + preposition : (b), (f)
(ii) preposition + deixis : (e)
(iii) deixis +inflectible other than preposition : (g)
(iv) deixis + deixis : (c)
(iv') deixis + preposition + deixis : (h) „daraufhin"
(iv") deixis + inflectible ... + deixis : (h) „sowieso"
(iv''') deixis + deixis + prepositions : (d) „dahingegen"
(v)   deixis + substantive : (d)

Abbildung 7: „Zusammengesetzte Verweiswörter" (Ehlich 1992, 223 f.)

5.4. Redder spricht von einer „Beteiligung der Deixis am ‚Strukturausbau der Sprache'" im Deutschen (Redder 1990, 248; 2000, 289). Die These, die sie anhand des ursprünglich lokaldeiktischen Ausdrucks „da", der sprachhistorisch einen Wandel zum kausalen Konnektor vollzogen hat, entfaltet, ist, dass deiktische Ausdrücke für den phrasalen / syntaktischen Ausbau eingesetzt werden und derart einen Wandel zu operativen Ausdrucksmitteln vollziehen. Einem solchen deiktischen Sprachausbau verdankt das Deutsche die historische Herausbildung des bestimmten Determinativs / Artikels (→ C6, pränominal), des Relativums / Relativpronomens (→ C21, postnominal), des Komplementierers / Subjunktors *dass* (→ C22, einen Komplementsatz einleitend) sowie weiterer Subjunktoren wie *da* (einen Adverbialsatz einleitend). Die unter § 5.3 genannten „zusammengesetzten Verweiswörter" sind ebenfalls Teil eines solchen „deiktischen Strukturausbaus", wie er nach Redder für das Deutsche charakteristisch ist.

6. Person- und Objektdeixis im Deutschen

Person- und Objektdeixis wurden oben in § 4.2 als Ausdrucksklassen definiert, die durch entsprechende Dimensionen des Verweises bzw. durch entsprechende Verweisobjekte bestimmt sind.

6.1. Bei der *Persondeixis* ist das Verweisobjekt, auf das verwiesen wird, entweder der Sprecher bzw. der Hörer oder eine Gruppe von Personen, die den Sprecher bzw. den Hörer mit einschließt. Im letzteren Fall spricht Hoffmann (1997a) von Sprecher- bzw. Hörergruppendeixis; hier wird diese Terminologie aufgegriffen. Hoffmann zeigt an einer Reihe von Beispielen auf, wieviel Abstraktionsleistung bei der mentalen Verarbeitung selbst hinter den zunächst relativ einfach und unproblematisch erscheinenden Formen der Persondeixis steht (s. Hoffmann 1997a, 319 ff.).

Wie oben in § 5.2 dargestellt, hat das Deutsche historisch bezogen auf die Anredeformen einen Wandel vollzogen, so dass das heutige Deutsch zwei Formen der Hörerdeixis unterscheidet. Nach Rehbein 2001 wird die *unvermittelt deiktische* Form *du* in Konstellationen der *Privatheit*, die *vermittelt paradeiktische* Form *Sie* in Konstellationen der *Öffentlichkeit* verwendet; Hoffmann drückt diese Differenz durch die Bezeichnungen *Balanceform* (*du*) und *Distanzform* (*Sie*) aus.

	Sprecherdeixis	Hörerdeixis	
Nom	*ich*	*du*	*Sie*
Gen	*meiner*	*deiner*	*Ihrer*
Dat	*mir*	*dir*	*Ihnen*
Akk	*mich*	*dich*	*Sie*
	Sprecher- gruppendeixis	Hörer- gruppendeixis	
Nom	*wir*	*ihr*	*Sie*
Gen	*unse*	*euer*	*Ihrer*
Dat	*uns*	*euch*	*Ihnen*
Akk	*uns*	*euch*	*Sie*

Abbildung 8: Formenbestand der Personaldeixis im Deutschen (nach Hoffmann 1997a, 317 ff.)

Der Formenbestand der Persondeixis im Deutschen lässt sich unter Berücksichtigung der Flexionsformen also wie in Abb. 8 gezeigt zusammenstellen.

Im Deutschen ist aus der Genitivform der Personaldeixis formal das Possessivum (→ C17) und aus der Akkusativform das Reflexivum (→ C20) abgeleitet.

Syntaktisch fungiert die Persondeixis als eigenständige Phrase: sie lässt sich nur eingeschränkt phrasal ausbauen – lediglich mittels appositivem Relativsatz, in dem die Persondeixis wiederholt werden kann („ich, der ich dich schon so lange kenne" – „ich, der dich schon so lange kennt"). Da im Deutschen kein „Pro-Drop" möglich ist, können Persondeixeis, sofern sie Argumente des Prädikats sind, syntaktisch auch nicht weggelassen werden (mit Ausnahme des Erzählens, etwa: „Will zur Tür rein, stolpere über die Schwelle, fall fast hin."). Als Subjekt steuert die Persondeixis die Form des Finitums: sie korrespondiert formal mit dem Finitum hinsichtlich Person und Numerus (Subjekt-Prädikat-Kongruenz).

Damit weist das Deutsche nach Redder 1992 persondeiktische Formen auch im verbalen Paradigma auf (etwa: „(ich) schweig-(e)-ø", „(du) sing-*st*", (wir) pfeif-e-*n* „(ihr) lauf-*t*"). Redder bezeichnet Prädikate mit solchen persondeiktischen Formen als *diskursive Prädikate* (s. hierzu Redder 1992, 129 ff.) und setzt folgende Suffixe als persondeiktische an:

sprecherdeiktisch	hörerdeiktisch
-ø	-st
-n	-t

Abbildung 9: Persondeiktische Formen im deutschen Verbsystem (nach Redder 1992, 131)

6.2. Bei der *Objektdeixis* kann der Verweis auf ein „Objekt" im Handlungsraum erfolgen und zwar auf ein „Objekt" im weiten Sinn: D.h., es kann sich dabei um eine Handlung, ein Ereignis, einen Sachverhalt, einen Gegenstand aber auch um eine Person handeln. Diese Bandbreite an möglichen Verweisobjekten bedeutet für den Hörer, dass er bei der Verarbeitung der Objektdeixis weitere Abstraktionsleistungen erbringen muss. Dies ist beim Verweis im Rede-, Text- und Vorstellungsraum umso mehr der Fall. Es ist aber nicht nur der Hörer, sondern auch der Sprecher, der vor erhebliche sprachliche Anforderungen gestellt ist, denn er hat die Aufgabe, eine sprachliche Vor-Orientierung des Hörers durch entsprechendes sprachliches Handeln zu gewährleisten. Die Schwierigkeit dieser Aufgabe wird deutlich, wenn man etwa an Darstellungen absenter Sachverhalte durch Kinder denkt, in denen die Deixis ins Leere läuft.

Der Bestand der Objektdeixis im Deutschen setzt sich aus folgenden Formen zusammen:

Näheform	Ferneform
dies, diese(r/s)	jene(r/s)
der, die, das	*

Abbildung 10: Formenbestand der Objektdeixis im Deutschen

Hoffmann (1997a, 323) stuft desweiteren die akzentuierten Formen von *er* und *sie* als paradeiktisch ein. Bei genauerer Betrachtung ist es die begleitende nonverbale Zeigegebärde, die diese Formen paradeiktisch (um)funktionalisiert. Bei pränominaler Verwendung von *der, die, das* im Diskurs ist ein solcher Fall des paradeiktischen Verweises im Sprechzeitraum ebenfalls mitzuberücksichtigen: Je nachdem, ob *der, die, das* paradeiktisch funktionalisiert ist oder nicht, liegt eine Objektdeixis oder ein Determinativ / Artikel (→ C6) vor.

Hoffmann (1997a) rechnet die Aspektdeixis *so* mit zur Klasse der Objektdeixis. Nach Ehlich 1987 verweist *so* auf „Aspekte an ,Objekten'", nach Hoffmann auf „Ausprägungen von Objektqualitäten". Durch Feldtranspositionen kann *so* paraoperativ (etwa in der Kombination *so dass*) und auch paraexpeditiv (als sog. „Scharnier-*so*" an Übergangsstellen im Diskurs) funktionalisiert werden.

6.3. Abschließend sei noch einmal die Arbeitsweise von Personal- und Objektdeixeis exemplarisch anhand eines Diskurs- und eines Textausschnitts dargestellt.

(5) (11) KAL . . **Nächsten** Montag?
    (12) FAB Jà, **da** könnt **ich** auch.
    (13) WIE Wie sieht s aus?
    (14) FAS Also alles, was nach **diesem:** äh . . Samstag liegt, **da** bin **ich** etwa
             für zwei Wochen nicht da.
    (15) KAL Ach
    (16) FAS **Das** heißt nicht, daß äh **da** kein Termin sein sollte.
    (17) WIE Ja
    (18) FAS **Das** sag **ich** halt einfach nur **so** mal.
    (19) WIE Und der **nächste** Samstag ist der dritte September?
    (20) WIE . . . ((räuspert sich))
    (21) WIE Meinst **du das jetzt**?
    (22) FAS D/ der **kommende** Samstag der vierte September.
    (23) FLÖ Vierte.
    (24) WIE ((räuspert sich))
    (25) KAL Hm̀hm̀
    (26) WIE . Jà
    (27) FAS . **Da** bin **ich** . äh schon weg.
    (28) KAL Hm̀hm̀
    (29) WIE **Da** bist **du** schon weg.
    (30) FAS Am Freitag/ äh also praktisch ...
    (31) FAS Nein.
    (32) FAS Freitag bin **ich** noch in München.
    (33) FAS Hab **ich** noch n ganzen Tag n Termin.
    (34) FAS . . Also **die** Woche bin **ich** weg.
    (35) FAS **Da:** is nix mehr.
    (36) WIE Welche Woche **jetzt**?
    (37) FAS **Jetzt diese** angefangene **hier**.
    (38) KAL **Hier** hab **ich** auch noch ne Uhrzeit stehn.
    (39) WIE Ä:h also die angefangene heißt **jetzt** ab sechsten, oder was?
    (40) FAS Ab dreißigsten.
    (41) WIE Ab dreißigsten!
    (42) FAS Ab **heute**, dreißigsten September bin **ich** für drei Wochen weg.
    (43) WIE Ab **heute** bis**te** weg?
    (44) WIE Bis**te** für drei Wochen weg?
    (45) FAS . Jà
    (46) WIE O Gott.
    (47) FAS Also **da** müßt **ihr** irgend nen Termin **so:** machen.

In dem obigen Diskursausschnitt aus einer Projektsitzung geht es um eine Terminfindung. Er enthält eine ganze Reihe an Person- und

Objektdeixis: die Sprecherdeixis *ich*, die Hörerdeixis *du* sowie die Hörergruppendeixis *ihr*; die Objektdeixeis *dieser* („nach *diesem*"), *diese* sowie *das*.

Darüber hinaus kommen temporal- sowie lokaldeiktische Ausdrücke vor, die auch verdeutlichend zusammen mit den objektdeiktischen Ausdrücken verwendet werden (etwa „*das jetzt*" in (s21) oder „*Jetzt diese* angefangene *hier.*" in (s37)). Auffällig ist, dass gerade die situative Verwendung der Objektdeixis *diesem* bezogen auf die aktuelle Sprechzeit in (s14) ((Also) alles, was nach *diesem*: äh . . Samstag liegt, da bin ich etwa für zwei Wochen nicht da.") dazu führt, dass eine Verständigung über den gemeinten Zeitpunkt erforderlich wird. Interessant sind insbesondere die Verwendungen von *so* in (s18) („*Das* sag ich halt einfach nur *so* mal.") sowie in (s47) („Also *da* müsst *ihr* irgend nen Termin *so* machen.") – zwei zentrale Äußerungen in diesem Ausschnitt – in denen FAS, nachdem deutlich geworden ist, dass ein Termin mit ihm nicht möglich sein wird, den anderen anzudeuten bzw. nahezulegen versucht, dass man einen Termin ohne ihn machen sollte. Dass er „etwa zwei Wochen nicht da [ist]" – das sagt FAS „halt einfach nur *so* mal." – ohne dass diese Assertion irgendeine Relevanz für die Terminfindung haben soll. Damit vermeidet er, seine Nichtverfügbarkeit klar aussprechen zu müssen: ein „Herumdrucksen". Ähnlich verhält es sich mit dem zweiten *so*: FAS erwartet von den anderen, dass sie „irgend nen Termin *so*: machen" – mal ohne ihn, weil er eben nicht verfügbar ist. Dass der Termin ohne ihn gemacht werden soll, wird nur durch das *so* angedeutet, nicht klar ausgesprochen. Die Hörer haben in beiden Fällen also dasjenige, worauf *so* abstrakt verweist, von sich aus nachzuvollziehen. Als Rededeixis wird durchweg die objektdeiktische Form *das* verwendet.

Der Ausschnitt aus Bastian Sicks „Zwiebelfisch"-Kolumne mit dem Titel „Ich geh nach Aldi" (Spiegel online) behandelt thematisch zwar nicht die Deixis, sondern das „vertrackte" Problem mit den Präpositionen, ist an dieser Stelle aber wegen der darin vorkommenden Objektdeixis dennoch interessant:

(6) 1 / „In Süddeutschland kauft man „beim" Aldi oder „beim" Lidl. 2 / ***Das*** liegt ***da***ran, dass Namen ***dort*** prinzipiell mit Artikel gesprochen werden: der Franz, die Elisabeth, das Mariandl. 3 / Man geht vornämlich zum Alois, zum Michl und zur Christa, aber auch nachnämlich zum Hillgruber, zum Moosbauer und zum Obermayer – folglich auch zum Aldi und zum Lidl. 4 / Wer also gerade „beim" Spar war, „zum" Edeka will oder

„vom" Rewe kommt, *der* drückt sich nicht etwa falsch aus, sondern typisch süddeutsch.
5 / Frau Jackmann kauft nicht bei Aldi, auch nicht beim Aldi, sondern im Aldi. Vermutlich würde sie argumentieren, dass Aldi ein Supermarkt sei, und schließlich heiße es „im Supermarkt", also müsse man auch „im Aldi" sagen können. 6 / Mit Frau Jackmann über Sprache zu diskutieren ist übrigens aussichtslos, *da*bei habe *ich* schon mehrmals den Kürzeren gezogen. 7 / *Ich* höre sie schon sagen: 8 / „Es heißt ja auch ‚im Media-Markt', also sage *ich* auch ‚im Aldi'. 9 / Oder sagen *Sie* etwa ‚in Media-Markt', Herr Sick? 10 / Na also, *da* kanns*te* mal wieder sehen!" – 11 / „Es heißt zwar ‚alles im Eimer', aber eben nicht ‚alles im Aldi'", bliebe *mir* nur noch trotzig zu erwidern. 12 / Aber *das* würde an Frau Jackmanns Punktesieg auch nichts mehr ändern.
13 / Dass Ausländer sich angesichts *solcher* Probleme mit deutschen Präpositionen besonders schwer tun, ist nur allzu verständlich. 14 / Die junge Generation deutscher Türken (oder türkischer Deutscher) hat in ihrem hinreißenden Jargon das Problem auf ganz einfache, klare Weise gelöst: 15 / Vor Aldi, Lidl und anderen Geschäften steht überhaupt keine Präposition mehr. 16 / Der Streit über „nach" oder „zu" ist hinfällig: 17 / „*Ich* muss gleich noch Aldi!", heißt es zum Beispiel voll krass, oder: 18 / „Komms*te* mit Karstadt?" 19 / Frau Jackmann findet *das* ganz schauderhaft. 20 / „Wer *so* redet, *der* findet doch nie im Leben eine Arbeit. 21 / Nicht mal als Packer im Aldi."

Es liegen vier anadeiktische Verweise mittels Objektdeixis im Textraum vor. Und zwar: zweimal auf zuvor versprachlichte Sachverhalte: (s2) „*Das* liegt daran, dass …", (s12) „Aber *das* würde …", und zweimal auf Personengruppen in stereotypisierender Weise, mit topikalisiertem w-Satz: (s4) „Wer …, *der* drückt sich nicht falsch aus, sondern typisch süddeutsch" sowie (s20) „Wer …, *der* findet doch nie im Leben eine Arbeit". Ebenfalls anadeiktisch auf zuvor Versprachlichtes verweisen die aspektdeiktischen Ausdrücke *so* und *solch*: (s13) „Dass Ausländer sich angesichts *solcher* Probleme …" und (s20) „Wer *so* redet …". Daneben fallen die enklitischen Formen der Hörerdeixis in der fingierten fiktiven Rede in (s10) („Na also, da kannste mal wieder sehen!") sowie in (s18) („Kommste mit Karstadt?") auf. Mit zwei Vorkommen „zusammengesetzter Verweiswörter" (*daran* und *dabei*) weist der Text relativ wenig komplexe Formen auf. Die Konnektivität ist stilistisch bewusst schlicht gehalten.

An den beiden Beispielen dürfte deutlich geworden sein, wie die *Objektdeixis* auch als *Text*- bzw. *Rededeixis* zur Konnektivität in Text und Diskurs beitragen kann (zu Formen der Konnektivität s. Rehbein 1999, zur Anadeixis s. Hoffmann 1997b, 554 ff.).

7. Literatur

Anderson, S. R. / Keenan, E. L. (1985) Deixis. In: Shopen, T. (Hg.) Language Typology and Syntactic Description. Vol. III: Grammatical Categories and the Lexicon. Cambridge [u.a.]: University Press, 259–308

Bar-Hillel, Y. (1954) Indexical Expressions. In: Mind LXIII, 359–379

Benveniste, E. (1977) Probleme der allgemeinen Sprachwissenschaft. Aus dem Französischen von W. Bolle. Frankfurt / Main: Syndikat

Bethke, I. (1990) Der, die, das als Pronomen. München: Iudicium

Brinkmann, H. (1971^2) Die deutsche Sprache. Düsseldorf: Schwann

Brugmann, K. (1904) Die Demonstrativpronomina der indogermanischen Sprachen. Eine bedeutungsgeschichtliche Untersuchung. Leipzig: Teubner

Bühler, K. (1934 / 1965) Sprachtheorie. Die Darstellungsfunktion der Sprache. Stuttgart / New York: Fischer

Burks, A. W. (1948 / 49) Icon, Index, and Symbol. In: Philosophy and Phenomenological Research 9, 673–689

Coulmas, F. (1982) Some Remarks on Japanese Deictics. In: Weissenborn, J. / Klein, W. (1982) Here and There: Cross-linguistic Studies on Deixis and Demonstration. Amsterdam: Benjamins, 209–221

Diessel, H. (1999) Demonstratives. Form, Function, and Grammaticalization. Amsterdam / Philadelphia: Benjamins

Diewald, G. M. (1991) Deixis und Textsorten im Deutschen. Tübingen: Niemeyer

Ehlich, K. (1979) Verwendungen der Deixis beim sprachlichen Handeln. Linguistisch-philologische Untersuchungen zum hebräischen deiktischen System. Frankfurt / Main: Lang

Ehlich, K. (1982a) Anaphora and Deixis: Same, similar or different? In: Jarvella, R. / Klein, W. (Hg.) Speech, Place and Action. Chichester: Wiley, 315–338

Ehlich, K. (1982b) Deiktische und phorische Prozeduren beim literarischen Erzählen. In: Lämmert, E. (Hg.) Erzählforschung. Stuttgart: Metzler, 112–129

Ehlich, K. (1983a) Deixis und Anapher. In: Rauh, G. (Hg.) Essays on Deixis. Tübingen: Narr, 79–98

Ehlich, K. (1983b) Denkweise und Schreibstil. Schwierigkeiten in Hegelschen Texten: Phorik. In: Sandig, B. (Hg.) Stilistik. Bd. I: Probleme der Stilistik. Hildesheim: Olms, 159–178

Ehlich, K. (1985) Literarische Landschaft und deiktische Prozedur: Eichendorff. In: Schweizer, H. (Hg.) Sprache und Raum. Stuttgart: Metzler, 246–261

Ehlich, K. (1987) *so* – Überlegungen zum Verhältnis sprachlicher Formen und sprachlichen Handelns, allgemein und an einem widerspenstigen Beispiel. In: Rosengren, I. (Hg.) Sprache und Pragmatik. Stockholm: Almqvist & Wiksell, 279–298

Ehlich, K. (1992) Scientific Texts and Deictic Structures. In: Stein, D. (Hg.) Cooperating with Written Texts. Berlin/New York: Mouton de Gruyter, 201–229

Ehlich, K. (1994) Funktionale Etymologie. In: Brünner, G./Graefen, G. (Hg.) Texte und Diskurse. Methoden und Forschungsergebnisse der funktionalen Pragmatik. Opladen: Westdeutscher Verlag, 68–82

Ehlich, K. (1996) Sprache als System vs. Sprache als Handlung. In: Dascal, M./Lorenz, K./Meggle, G. (Hg.) Sprachphilosophie. HSK 7.2. Berlin/New York: de Gruyter, 952–963

Ehlich, K. (1997) Linguistisches Feld und poetischer Fall. Eichendorffs Lokkung. In: Ehlich, K. (Hg.) Eichendorffs Inkognito. Wiesbaden: Harrassowitz, 163–194

Ehlich, K. (2004) Karl Bühler – zwischen Zeichen und Handlung oder: von den Mühen des Entdeckens und seinen Folgen. In: Ehlich, K./Meng, K. (Hg.) Die Aktualität des Verdrängten. Studien zur Geschichte der Sprachwissenschaft im 20. Jahrhundert. Heidelberg: Synchron, 273–291

Eisenberg, P. (1999/2004) Grundriß der deutschen Grammatik. Der Satz. Stuttgart/Weimar: Metzler

Eisenberg, P. (2002) Morphologie und Distribution. Zur Morphosyntax von Adjektiv und Adverb im Deutschen. In: Schmöe, F. (Hg.) Das Adverb – Zentrum und Peripherie einer Wortklasse. Wien: Edition Präsens, 61–71

Fillmore, C. J. (1972) Ansätze zu einer Theorie der Deixis. In: Kiefer, F. (Hg.) Semantik und generative Grammatik. Bd. 1. Frankfurt/Main: Athenäum, 147–174

Fillmore, C. J. (1975/1997) Lectures on Deixis (Neuauflage der: Santa Cruz Lectures on Deixis, 1971). Stanford: CSLI

Graefen, G. (1997) Der wissenschaftliche Artikel. Textart und Textorganisation. Frankfurt/Main/Berlin [u. a.]: Lang

Halliday, M. A. K./Hasan, R. (1976) Cohesion in English. London [u. a.]: Longman

Harweg, R. (1968/1979) Pronomina und Textkonstitution. München: Fink

Harweg, R. (1990) Studien zur Deixis. Bochum: Brockmeyer

Hoffmann, L. (1997a) C4.1 Deixis und situative Orientierung. In: Zifonun, G./Hoffmann, L./Strecker, B. et al. (1997) Grammatik der deutschen Sprache. Bd. 1. Berlin [u. a.]: de Gruyter, 310–359

Hoffmann, L. (1997b) C6 Thematische Organisation von Text und Diskurs. In: Zifonun, G./Hoffmann, L./Strecker, B. et al. (1997) Grammatik der deutschen Sprache. Bd. 1. Berlin [u. a.]: de Gruyter, 507–591

Hoffmann, L. (2000) Anapher im Text. In: Brinker, K./Antos, G./Heinemann, W./Sager, S. F. (Hg.) Text- und Gesprächslinguistik. HSK 16.1. Berlin/New York: de Gruyter, 295–304

Levinson, S. C. (1983) Pragmatics. Cambridge [u. a.]: University Press

Liu, Y. (1992) Fachsprachliche Zeige- und Verweisstrukturen in Patentschriften. München: Iudicium

Martin, S. (1991) A Reference Grammar Of Japanese. A Complete Guide to the Grammar and Syntax of the Japanese Language. Rutland/Tokyo: Tuttle

Rauh, G. (Hg.) (1983) Essays on Deixis. Tübingen: Narr

Redder, A. (1990) Grammatiktheorie und sprachliches Handeln „denn" und „da". Tübingen: Niemeyer
Redder, A. (1992) Funktional-grammatischer Aufbau des Verb-Systems im Deutschen. In: Hoffmann, L. (Hg.) Deutsche Syntax. Ansichten und Aussichten. Berlin/New York: Mouton de Gruyter, 128–154
Redder, A. (2000) Textdeixis. In: Brinker, K./Antos, G./Heinemann, W./Sager, S. F. (Hg.) Text- und Gesprächslinguistik. HSK 16.1. Berlin/New York: de Gruyter, 283–294
Redder, A. (2005) Wortarten oder sprachliche Felder, Wortartenwechsel oder Feldtransposition? In: Knobloch, C./Schaeder, B. (Hg.) Wortarten und Grammatikalisierung. Perspektiven in System und Erwerb. Berlin/New York: de Gruyter, 43–66
Rehbein, J. (1993) Über zusammengesetzte Verweiswörter und ihre Rolle in argumentierender Rede. In: Wohlrapp, H. (Hg.) Wege der Argumentationsforschung. Stuttgart: Frommann-Holzboog, 166–197
Rehbein, J. (1994) Theorien, sprachwissenschaftlich betrachtet. In: Brünner, G./Graefen, G. (Hg.) Texte und Diskurse. Methoden und Forschungsergebnisse der Funktionalen Pragmatik. Opladen: Westdeutscher Verlag, 25–67
Rehbein, J. (1999) Konnektivität im Kontrast. Zu Struktur und Funktion türkischer Konverbien und deutscher Konjunktionen, mit Blick auf ihre Verwendung durch monolinguale und bilinguale Kinder. In: Johanson, L./Rehbein, J. (Hg.) Türkisch und Deutsch im Vergleich. Wiesbaden: Harrassowitz, 189–243
Rehbein, J. (2001) Sie – „Personalpronomina" und Höflichkeitsform im Deutschen. Arbeitspapier 1 des Projekts „Sprache der Höflichkeit in der interkulturellen Kommunikation". Hamburg: Universität Hamburg/Institut für Germanistik I
Schachter, P. (1985) Parts-of-speech systems. In: Shopen, T. (Hg.) Language Typology and Syntactic Description. Vol 1. Cambridge: University Press, 3–61
Schaeder, B./Knobloch, C. (Hg.) (1992) Wortarten. Beiträge zur Geschichte eines grammatischen Problems. Tübingen: Niemeyer
Schmöe, F. (Hg.) (2002) Das Adverb – Zentrum und Peripherie einer Wortklasse. Wien: Edition Präsens
Weissenborn, J./Klein, W. (1982) Here and there: cross-linguistic studies on deixis and demonstration. Amsterdam: Benjamins
Zifonun, G./Hoffmann, L./Strecker, B. et al. (1997) Grammatik der deutschen Sprache. 3 Bde. Berlin [u. a.]: de Gruyter

Shinichi Kameyama (Hamburg)

C17 Possessivum

1. Wortartbezeichnung
2. Kurzdefinition und Verortung in der Systematik
3. Die Wortart im Deutschen
3.1. Forschungsgeschichte
3.2. Systematische Darstellung
3.2.1. Das Paradigma
3.2.2. Kontrastives zum Paradigma
3.2.3. Syntaktische Funktionen und entsprechende Formdifferenzierungen
3.2.4. Possessiva und Definitheit
3.2.5. Semantische Relationen und Rollen
4. Literatur

1. Wortartbezeichnung

Das Possessivum gehört nach der Systematik der „Grammatik der Deutschen Sprache" (GDS) zu den Protermen: Ausdrücke wie *meines, seinen, eurem* in den folgenden Beispielen haben selbstständig Argumentfunktion und sind daher wie Eigennamen als Terme zu betrachten (vgl. GDS, S. 37); als Ausdrücke mit Referenzpotential werden sie verwendet, um kontextabhängig auf Gegenstände Bezug zu nehmen (verkürzt sprechen wir hier von der ‚Bezeichnungsfunktion' der Possessiva):

(1) Das Fahrrad meiner Enkelin ist neu. **Meines** ist alt.
(2) Hans besitzt zwei neue Rechner, ich keinen. Deshalb benutze ich **seine**.
(3) Ich traue meinem Rechner, **eurem** traue ich nicht.

In der grammatischen Tradition heißen die Ausdrücke Possessivpronomen. Dabei werden häufig auch die adnominalen bzw. determinativischen Pendants (*mein, sein, euer* wie in *mein Fahrrad* usw.) unter den Begriff gefasst (vgl. Abschnitt 3.1.). Nach der Systematik der GDS bilden diese die Unterart ‚possessives Determinativ' zur Wortart Determinativ.

2. Kurzdefinition und Verortung in der Systematik

Die semantische Bestimmung der Possessiva lautet in einer ersten Annäherung:

Possessiva (als Proterme) bezeichnen numerusabhängig denjenigen Gegenstand/diejenigen Gegenstände aus einer kontextuell gegebenen Menge, die zum aktuellen Sprecher[1] bzw. der Sprechergruppe *(meiner/unserer)*, zum aktuellen Hörer bzw. der Hörergruppe *(deiner/eurer)* oder zu bereits eingeführten oder auf andere Weise präsent gemachten Gegenständen *(seiner/ihrer)* in einer ausgezeichneten Beziehung stehen.

So bezeichnet *meines* in (1) denjenigen Gegenstand aus der kontextuell gegebenen Menge der Fahrräder, der zur aktuellen Schreiberin (i.e. Gisela Zifonun) in einer ausgezeichneten Beziehung steht, *seine* in (2) bezeichnet diejenigen Gegenstände aus der kontextuell gegebenen Menge der Rechner, die zu Hans, als dem im Kontext bereits eingeführten Gegenstand, in einer ausgezeichneten Beziehung stehen.

In aller Regel erfolgt die Erschließung der kontextuell gegebenen Menge von Gegenständen aufgrund eines Bezugsausdrucks (eines Antezedens) im Vortext wie etwa den Ausdrücken *Fahrrad* bzw. *Rechner* in den Beispielen. Gelegentlich ist die Menge auch rein situativ zu erschließen, wie etwa, wenn der Sprecher auf ein Fahrrad deutend äußert:

(4) **Meines** ist alt.

Handelt es sich um ein possessives Determinativ, so gibt das Kopfsubstantiv der Nominalphrase, in Beispiel (5) somit das Substantiv *Fahrrad*, die Menge vor, auf deren Basis die mit der NP (im Beispiel *mein Fahrrad*) gemeinte Menge als Teilmenge zu bestimmen ist:

(5) **Mein** Fahrrad ist alt.

Possessiva als Proterme und possessive Determinative unterscheiden sich somit nicht, was die Signalisierung einer ausgezeichneten Beziehung zu Sprecher(gruppe) usw. angeht, also in ihrer relationalen Bedeutung, sondern nur in ihrer Bezeichnungsfunktion: Während die Possessiv-Proterme selbstständige Bezeichnungs- und Argument-

---

[1] Mit *Sprecher* bzw. *Hörer* sind jeweils allgemeiner die Produzenten und Rezipienten von Äußerungen beliebigen Geschlechts gemeint, also auch der Schreiber/die Schreiberin bzw. der Leser/die Leserin.

funktion haben, sind die possessiven Determinative dem Kopfsubstantiv als Modifikatoren semantisch untergeordnet. Was aber im Folgenden über die ausgezeichnete Beziehung gesagt wird, gilt für beide Typen gleichermaßen.

Die ausgezeichnete Beziehung wird in der grammatischen Tradition, die sich auch in der Namensgebung widerspiegelt, als ‚Zugehörigkeitsrelation' bezeichnet. Diese Festlegung erweist sich allerdings als zu eng. So wird in Beispiel (6) das Possessivum aufgrund des Antezedens *Aufstieg* als ‚Aufstieg des aktuellen Sprechers' interpretiert. Zwischen dem aktuellen Sprecher und dem Denotat von *Aufstieg* besteht eine Argumentrelation, nach Analogie der Verhältnisse im Verbalsatz *(Ich steige auf)* kann man von ‚Subjektargument' sprechen. In Beispiel (7) kann dementsprechend *(Man befördert dich)* die Relation als die des ‚Objektargumentes' gedeutet werden.

(6) Der Aufstieg von Hans ist rasant. **Meiner** lässt noch auf sich warten.
(7) Wir erwarten die baldige Beförderung einiger Kollegen. **Deine** ist ja schon erfolgt.

Possessiva (Proterme) haben somit eine Bezeichnungsfunktion für Gegenstände/Entitäten X, die zu Y (Sprecher(gruppe), Hörer(gruppe), präsente(r) Gegenstand/Gegenstände) in einer ausgezeichneten Beziehung stehen. Die Entitäten Y entsprechen in der Terminologie der GDS somit dem Denotat einer Persondeixis, d.h. einer Sprecher(gruppen)deixis *(ich/wir)* oder einer Hörer(gruppen)deixis *(du/ihr/Sie)*, bzw. dem Denotat einer Anapher *(er/sie/es)*; sie sind also genau diejenigen, die durch die traditionell als Personalpronomina zusammengefassten Ausdrücke bezeichnet werden.[2] Diese Gegenstände sind in der Bedeutung der Possessiva in der Weise inkorporiert, als sie die eine der beiden Argumentstellen der Relation absättigen.

Die Y-Stelle, also die den Personalpronomina entsprechende Argumentstelle, nennen wir auch die Stelle für den Possessor (ohne uns damit auf eine bestimmte Deutung der Relation festzulegen). Die X-Stelle – es handelt sich um die Stelle für das Bezeichnete, das ‚externe Argument' – nennen wir entsprechend auch Possessum. Auf den kürzesten Nenner gebracht, haben die Possessiva somit die

---
[2] Im Folgenden gebrauche ich neben der funktional angemesseneren Terminologie der GDS auch die traditionelle Redeweise vom ‚Personalpronomen'.

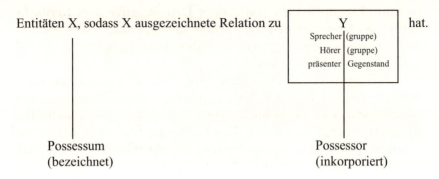

Abbildung 1: Bezeichnungsfunktion der Possessiva

Interpretation: ‚mit einem personalpronominalen Denotat in ausgezeichneter Relation stehende Gegenstände', während possessive Determinative die Interpretation haben ‚mit einem personalpronominalen Denotat in ausgezeichneter Relation stehend'.

Wie anhand der Beispiele gezeigt wurde, hängt es vom (meist sprachlichen) Kontext ab, wie die ausgezeichnete Relation zu deuten ist, in erster Linie von dem Bezugsausdruck bzw. dem Kopfsubstantiv. Im Anschluss an neuere Arbeiten im Rahmen der Sprachtypologie kann daher auf die Vorgabe einer inhärenten relationalen Bedeutung für die Possessiva verzichtet werden. Nach Koptjewskaja-Tamm (2002), (2003) haben Possessiva die abstraktere pragmatische Funktion einer ‚referentiellen Verankerung': Bezugsausdruck bzw. Kopfsubstantiv charakterisieren die gemeinte Menge von Gegenständen nur sehr allgemein über eine begriffliche Bedeutung (‚Fahrrad', ‚Rechner'). Ist dagegen von meinem (Fahrrad) usw. die Rede, so wird über die inkorporierte Referenz auf den Sprecher das potentiell Gemeinte deutlich eingegrenzt und bei entsprechendem Wissenshintergrund identifizierbar. Kennt man z.B. den Sprecher und seine Vorliebe für gebrauchte Stahlrösser, so ist man über den gemeinten Gegenstand bestens vororientiert: der Sprecher fungiert als ‚referentieller Anker'. Die Bedeutung des Bezugsausdrucks bzw. des Kopfsubstantivs und das Wissen über die möglichen kontextabhängigen Beziehungen zwischen der von diesen Ausdrücken charakterisierten Menge von Gegenständen und dem referentiellen Anker steuern die jeweilige Deutung der ausgezeichneten Beziehung, im genannten Fall z.B. als eine Relation des Besitzens oder zeitweiligen Verfügens, über.

Die (pragmatische) Funktion der referentiellen Verankerung teilen die Possessiva mit Nominal- bzw. Präpositionalphrasen, die als Attribute zum Kopfsubstantiv dienen. Man vergleiche gegenüber (5) Beispiel (8):

(8) Das Fahrrad **des Mannes / von Hans / von ihm** ist alt.

Diese Attribute, die mit den possessiven Determinativen in paradigmatischer Relation stehen, sind jedoch nicht allein über ihre formale Spezifikation, ihre Formklasse identifizierbar. Es kommen, wie z. B. im Deutschen, den slawischen Sprachen, partiell auch im Englischen, Niederländischen und den skandinavischen Sprachen Nominalphrasen im Genitiv bzw. Possessivus in Frage oder aber Präpositionalphrasen mit einer allgemeinen, semantisch unspezifischen Präposition, man vgl. die ‚ablativen' Präpositionen der germanischen Sprachen wie dt. *von,* ndl. *van,* engl. *of* sowie wie die auf das ‚ablative' lat. *de* zurückgehenden *de / di*-Präpositionen der romanischen Sprachen. Von diesen Formklassen stehen aber nur jeweils eine Teilmenge, nur bestimmte Typen mit den possessiven Determinativen in paradigmatischer Relation. Nicht alle Genitivattribute z. B. des Deutschen können als referentielle Anker fungieren, es kommt von den in der deutschen Grammatikografie unterschiedenen semantischen Typen des attributiven Genitivs nur eine Teilmenge für diese Funktion in Frage. Beispielsweise kann ein „Eigenschaftsgenitiv" oder ein „Definitionsgenitiv" (Eisenberg 2004, S. 248 f.) nicht durch ein possessives Determinativ substituiert werden, man vergleiche (9) gegenüber (9a), wo *ihre* keine Lesart als Eigenschaftsgenitiv hat, (10) gegenüber (10a), wo *seine* keine Lesart als Definitionsgenitiv hat:

(9)   Fahrräder **dieser Preisklasse** rosten leicht.
(9a) **Ihre** Fahrräder rosten leicht.

(10) Die Idee **eines gerechten Krieges** erscheint fragwürdig.
(10a) **Seine** Idee erscheint fragwürdig.

Anhand einer Eingrenzung der traditionell unterschiedenen Attributtypen, mit denen das possessive Determinativ in paradigmatischer Relation steht, und der Abgrenzung gegenüber den anderen Attributtypen gleicher Formklasse kann die Idee der ‚referentiellen Verankerung' als pragmatischer Basis für die kontextabhängige Herleitung einer jeweils spezifischen ausgezeichneten Relation weiter konkretisiert werden; vgl. dazu Abschnitt 3.2.5.

Festzuhalten ist, dass die Possessiv-Proterme selbst nicht durch die genannten Attributtypen substituierbar sind, also nicht in direkter paradigmatischer Beziehung stehen. Vielmehr ersetzen sie die gesamte einbettende NP, wobei der Bezugsausdruck als Kopfsubstantiv zu ergänzen ist, man vergleiche gegenüber (1) (1a), gegenüber (2) (2a):

(1) Das <u>Fahrrad</u> meiner Enkelin ist neu. **Meines** ist alt.
(1a) Das <u>Fahrrad</u> meiner Enkelin ist neu. **Das Fahrrad von mir** ist alt.
(2) Hans besitzt zwei neue <u>Rechner</u>, ich keinen. Deshalb benutze ich **seine**.
(2a) Hans besitzt zwei neue <u>Rechner</u>, ich keinen. Deshalb benutze ich **die Rechner von Hans**.

(Auf die Tatsache, dass die einbettende NP durch den definiten Artikel determiniert sein muss, wird in 3.2.4. eingegangen.)

Bei dem Versuch, die Possessiva in eine Systematik der Proterme / Pronomina einzuordnen, muss zunächst ihre semantische Komplexität beachtet werden:

a) Als einzige Pronomenklasse sind sie inhärent relational, insofern als ihre Bezeichnungsfunktion (für Possessa) auf der ausgezeichneten Beziehung zu einem inkorporierten Argument (dem Possessor) aufsetzt.
b) Die Bezeichnungsfunktion hängt von einem kontextuell erschlossenen Bezugsausdruck ab.
c) Die Deutung der ausgezeichneten Beziehung muss jeweils auf der Basis der pragmatischen Funktion der referentiellen Verankerung im Äußerungskontext erschlossen werden.

Insofern als der Possessor dem Denotat eines Personalpronomens entspricht, besteht eine enge Beziehung zu den Personalpronomina. Man kann sie (vgl. auch die traditionelle Einschätzung, Abschnitt 3.1.) als sekundäre, relationale Variante der Personalpronomina einstufen; zu den Argumenten und der speziellen Situation im Deutschen vgl. ebd.[3] Da die Personalpronomina und die Possessiva aber

---

[3] Die Ausbildung sekundärer Formen wie Possessiva oder Reflexiva genau zu Sprecher-, Hörerdeixis und Anapher kann als ein Argument für die traditionelle Zusammenfassung dieser funktional heterogenen Gruppe als Personalpronomen gewertet werden.

Verschiedenes bezeichnen – jeweils Possessor und Possessum –, ist eine Einordnung als eigene Klasse vorzuziehen.[4] So betrachtet Behaghel (1923), § 164 die Possessiva als separate Pronomenklasse neben den „rein deiktischen" (Personalpronomina der 1. und 2. Person), den „deiktisch-anaphorischen und anaphorischen", den „fragend-unbestimmten" und den „bestimmt zählenden und unbestimmt zählenden".

Die Gruppierung Behaghels ist nur einer von vielen unterschiedlichen Versuchen, die ca. 8 bis 10 im Deutschen unterschiedenen einzelnen Pronomenklassen in einer hierarchischen Struktur zu gliedern. Die Unterschiede sind darauf zurückzuführen, dass semantische oder syntaktische Gesichtspunkte zur Geltung kommen können, dass (wie in den „Grundzügen" 1981) Syntaktisches und Semantisches in Kreuzklassifikation zur Anwendung gebracht wird, vor allem aber darauf, dass keine einheitliche Einschätzung darüber vorliegt, welcher wie bestimmte semantische Gesichtspunkt in einer Skala der Relevanz wie zu gewichten ist. Stellvertretend seien nur die Klassifikationen der „Grundzüge", von Eisenberg (2004) und von Zifonun (2001) genannt.

Die „Grundzüge", S. 642 f. unterscheiden auf der semantischen Ebene, mit Anklängen an Behaghel, zwischen den Klassen: deiktische Personalpronomina *(ich/du)*, Stellvertreterpronomina *(er/sie/es)* und kennzeichnende Pronomina. Letztere werden noch subkategorisiert in Interrogativpronomina *(wer/was)*, Negationspronomina *(niemand/nichts)*, Kollektiv-/Distributivpronomina *(alle/jeder)*, Definitpronomina *(dieser/derjenige)* und Indefinitpronomina *(irgendjemand/etwas)*. Für die Possessiva (vgl. S. 676) sei „charakteristisch, dass sie jeweils mehreren semantischen Subklassen zugleich angehören. *Sein, ihr* sind sowohl Definitpronomen als auch Stellvertreterpronomen, während *mein, dein, Ihr, unser, euer, Ihr* zugleich Definitpronomen und deiktische Personalpronomen sind."

Eisenberg (2004), S. 168 ff. subklassifiziert in Personalia, Determinativpronomina (mit den Subklassen der Demonstrativa, Possessiva und Indefinita), Relativa sowie Fragepronomina. Bei dieser Einteilung stehen syntaktische Gesichtspunkte im Vordergrund.

In der Gruppierung von Zifonun (2001), S. 14 f. bilden die Personalpronomina, Reflexiva und Possessiva (als Kern des Bestands an

---

[4] Dagegen ist durchaus zu erwägen, ob nicht Personalpronomen und Reflexivum jeweils als freie und gebundene Variante einer Pronomenklasse einzustufen sind; vgl. Zifonun (2003a), (2004).

Pronomina) zusammen mit den Objektdeiktika/Demonstrativa die Gruppe der definiten Pronomina, denen die große Gruppe der indefiniten gegenübersteht (Interrogativpronomen, Indefinitpronomen im engeren Sinne, Quantifikativpronomen). Allerdings sind die Possessiva sprachübergreifend betrachtet, nur im Hinblick auf den inkorporierten Possessor (das Personalpronomendenotat) definit, das bezeichnete Possessum ist im Deutschen definit (*meines* wird interpretiert als ‚das Meine'), dies gilt jedoch nicht für andere Sprachen.

3. Die Wortart im Deutschen

3.1. Forschungsgeschichte

Bei einer komprimierten Darstellung der Forschungsgeschichte zu den Possessiva müssen zwei Fragestellungen im Vordergrund stehen:

Inwiefern reflektiert die Forschungsgeschichte die sprachgeschichtliche Entwicklung der deutschen Possessiva?

Wie sieht die Forschung das Verhältnis von Possessivum als Proterm und possessivem Determinativ?

Um die erste Fragestellung angemessen behandeln zu können, sei ein kurzer Abriss der sprachgeschichtlichen Entwicklung, wie sie sich der neueren Forschung (vgl. Demske 2001) darstellt, vorangestellt: Die Possessiva gehen auf den Genitiv des Personalpronomens (1. und 2. Ps: ahd. *mīn/unsēr, dīn/iuwēr*) bzw. den Genitiv des Reflexivums (ahd. *sīn*) zurück. Das Reflexivum war nach Maßgabe des Gotischen, ähnlich wie in anderen indoeuropäischen Sprachen (vgl. auch lat. *suus*), ursprünglich ohne Genus- und Numerusdifferenzierung. Im Althochdeutschen allerdings wurde *sīn* nur als Maskulinum-/Neutrumform verwendet, dafür aber reflexiv und nicht-reflexiv. All diese Formen nahmen bereits im Ahd. die starke Flexion an. D.h. ursprüngliche Kasusformen (Genitive) wurden als Stämme reanalysiert, an die Flexionsendungen der Adjektive/Pronomina treten konnten.[5] Anstelle der im Ahd. „fehlenden" nicht-reflexiven

---

[5] Allerdings geschah das (vgl. Demske 2001, S. 139 ff.) nicht durchgängig, so dass unflektierte (genitivische) und flektierte (adjektivische/pronominale) Formen nebeneinander vorkommen. Die Anfügung von Flexiven an den Genitiv könnte als eine Form von „double case" bzw. „case stacking" interpretiert werden (vgl. Plank 1995), sofern man annimmt, dass in den Varietäten des Ahd., in denen die Possessiva stark flektiert wurden, der Status des „Stammes" als Genitiv synchron Gültigkeit hatte.

Formen der 3. Ps. wurden die Genitive *ira* (3. Ps Fem) und *iro* (3. Ps Pl) des Personalpronomens gesetzt. Im Ahd. (bzw. in bestimmten Varietäten des Ahd.) existierte somit ein ähnlich gemischtes System wie im heutigen Polnischen, das neben flektierenden / korrespondierenden Possessiva auch noch die nicht-korrespondierenden personalpronominalen Genitive aufweist. Auch im Mhd. dient noch bis ins 14. Jh. die Genitivform *ir* < ahd. *ira, iro* zur Anzeige des Possessivverhältnisses. Diese Form wurde erst im Mhd. zum flektierenden Possessivum weiterentwickelt. Erst im späteren Mhd. sind somit die Possessiva eindeutig als eigenständige von Personalpronomina abgegrenzte Klasse etabliert. Was nun die Klassenzugehörigkeit der Possessiva angeht, so deutet die Distribution im Mittelhochdeutschen – nämlich die mögliche Kookkurrenz mit einem vorausgehenden definiten oder auch indefiniten Artikel – auf deren Status als Adjektive hin. Erst im Neuhochdeutschen ist das adnominale Possessivum zum definiten Determinativ grammatikalisiert.[6]

Die klassischen historisch orientierten Grammatiken des Deutschen (vgl. Grimm 1898, Paul 1919 § 136, Blatz 1900 § 186, auch: Curme 1964, S. 164 ff.) reflektieren in aller Regel diesen komplexen Entwicklungsweg der Possessiva in der Weise, dass sie auch für das Neuhochdeutsche von einer adjektivischen und einer substantivischen bzw. selbstständigen Variante ausgehen, ohne diese in zwei getrennte Wortklassen einzuordnen. Grimm (1898), S. 401 ff. spricht mit Blick auf die Adjektivierung der ursprünglichen Genitive des Personalpronomens der 3. Ps von „unorganischen possessiva", fällt also ein kritisches Urteil über diese Reanalyse, die er als Abkehr von dem angelegten Entwicklungsweg einschätzt.

In den neueren synchron orientierten Grammatiken spielt die Einordnung als Adjektiv keine Rolle. Es stehen nun die Kategorien Pronomen und / oder Artikelwort / Determinativ zur Debatte. Es lassen sich drei Herangehensweisen an die Wortartenproblematik erkennen. In einigen Darstellungen wird die syntaktisch-distributionelle Unterscheidung zwischen der adnominalen und der selbstständigen Verwendung von ‚nominalen Funktionswörtern' grundsätzlich nicht zur Grundlage einer Wortartenunterscheidung. Artikelwörter bzw. Determinative werden in einer Klasse zusammengefasst, unab-

---

[6] Aufgrund der Distributionsverhältnisse nimmt Demske (2001) für das Mhd. Adjektivstatus an, für das Nhd. dagegen Status als Determinativ. Zu Belegen mit mhd. *ein, dehein* usw. vgl. auch Behaghel (1923), § 233, zur auch neuhochdeutsch noch möglichen Kombination mit *dieser* vgl. Zifonun (2005a), S. 90 ff.

hängig davon, ob es sich (wie etwa bei *jeder*) um ein einziges Paradigma handelt oder ob es wie bei den Possessiva mit *meiner/mein* usw. oder bei *keiner/kein* partiell differierende Paradigmen gibt, es sich also um ‚einförmige' oder ‚doppelförmige' Ausdrücke handelt. Dies gilt etwa für die „Grundzüge" (1981) oder Duden (2004).

Bei einer zweiten Gruppe dagegen ist genau die morphologische Distinktheit bzw. Nicht-Distinktheit kriterial: Funktionswörter ohne paradigmatische Differenzierung zwischen den Verwendungsweisen gelten entweder als Pronomina (Eisenberg 2004) oder als Determinative (Engel 2004). Funktionswörter mit morphologischer Differenzierung treten hier in beiden Klassen auf. Da die Possessiva eine solche aufweisen, figurieren sie somit bei Eisenberg zum einen als Possessivpronomina *(meiner* usw.) zum anderen als Artikel *(mein),* bei Engel jeweils als Possessivpronomina und als possessives Determinativ. Für die Primärsetzung des Status als Pronomen mag dabei neben der grammatischen Tradition auch die Vorstellung verantwortlich sein, dass prototypische Ausdrücke dieser Art wie die (objekt-)deiktischen *dieser, jener, der* ohne Bezug auf ein im sprachlichen Kontext genanntes Substantiv, also ‚selbstständig' im engeren Sinne (vgl. Eisenberg 2004, S. 167) verwendet werden können. Hinter der Primärsetzung des Status als Artikel/Determinativ steht die konträre Auffassung, die Verwendung als eigenes Satzglied beruhe generell auf einer kontextuellen Ellipse des Kopfsubstantivs.[7]

Bei einer dritten Gruppe wiederum wird der distributionelle Unterschied primär gesetzt: Alle nominalen Funktionswörter, ob ein- oder doppelförmig, werden zwei Klassen zugeordnet, sofern sie selbstständig und adnominal vorkommen. So verfährt die GDS mit der Klassifikation als Possessivum (Proterm) und possessives Determinativ.

Keinen Niederschlag in der Grammatikografie hat bisher der Vorschlag von Thieroff (2000) gefunden, nach dem eine Dreiergruppierung in rein adnominale (wie die Artikel), rein pronominale (wie *jemand, nichts* oder die Personalpronomina) und solche mit beiden Funktionen/Distributionen wie die einförmigen *(dieser, jener)* und die doppelförmigen Possessiva vorzunehmen ist. Thieroff nennt diese dritte Gruppe „Adpronomina", Zifonun (2006) spricht von non-selbstständigen nominalen Funktionswörtern.

---

[7] Zu einer Kritik und generell zur Einteilung nominaler Funktionswörter vgl. Zifonun (2006).

Neuere Einzeldarstellungen in generativem Rahmen knüpfen interessanterweise an die tradierten Auffassungen vom adjektivischen (so Löbel 1996) bzw. genitivischen Status der Possessiva an. Für den Ansatz von Olsen (1989), (1996) ist kennzeichnend, dass die pronominal-referentiellen Eigenschaften des Possessivums, also Übernahme einer Argumentrolle (vgl. in Abschnitt 3.2.5. die Rollen des Agens und Patiens) und aktive Bindungsfähigkeit (wie z.B. in *sein$_i$ Gedanke an sich$_i$ selbst*), zum Anlass genommen werden, statt einer Kategorisierung als funktionaler D-Kopf (als Possessivdeterminativ) eine DP-Analyse anzustreben. Olsen betrachtet daher, teilweise in Analogie zum pränominalen Genitiv, teilweise auf sprachhistorische Überlegungen gestützt, die adnominalen wie die selbstständigen Possessiva als bezüglich ihres Stamms kasusmarkierte Pronomina.

3.2. Systematische Darstellung

3.2.1. Das Paradigma

Wie oben ausgeführt, sind die Possessiva eng auf die Personalpronomina, also Sprecher(gruppen)- und Hörer(gruppen)deixis sowie Anapher, bezogen. Die grundlegenden funktionalen Unterschiede zwischen diesen Ausdrücken verbieten es, hier ein einziges nach den drei traditionellen Personen subdifferenziertes Paradigma anzusetzen. Vielmehr sind wie beim Personalpronomen drei Paradigmen anzusetzen (vgl. dagegen Eisenberg 2004, S. 171 ff.) jeweils für das Sprecher(gruppen)-Possessivum, das Hörer(gruppen)-Possessivum und das anaphorische Possessivum. Mit Anlehnung an die traditionelle Terminologie sprechen wir auch vom Possessivum der 1., 2. und 3. Person. Die Possessiva (Proterme) flektieren in ihrem prototypischen Gebrauch (vgl. auch Abschnitt 3.2.3.) stark / pronominal; während die possessiven Determinative im Nom Mask und im Nom / Akk Neut endungslos sind. Analog zum Verfahren bei der Persondeixis betrachten wir *mein-* und *unser-*, *dein-* und *euer-* jeweils als Singular- und Pluralstamm eines lexikalischen Wortes. Stammverschiedenheit bzw. Suppletivismus, der kennzeichnend ist für hochfrequente Wörter, zwingt in diesem Fall nicht zur Annahme unterschiedlicher lexikalischer Wörter, denn eine gemeinsame numerusunabhängige Wortbedeutung ist gegeben (vgl. dazu Wiese 1994).

Die besondere Komplexität der Possessiva mit ihrer doppelten Orientierung auf den Possessor und das Possessum, spiegelt sich im Deutschen auch in der Form wider, insofern als die sprachübergreifend gültige Unterscheidung zwischen Possessor- und Possessum-Kategorien im Deutschen als Unterscheidung zwischen mehreren Stämmen gegenüber mehreren Flexiven, also als Unterscheidung in unterschiedlichen ‚Wortabschnitten', realisiert wird. Der Stamm der Possessiva zeigt den Possessor an, somit das ‚personalpronominale Denotat', während die Flexionsendung Kategorien des Possessums ausdrückt. Nach Maßgabe der Personalpronomina sind die folgenden Possessor-Kategorien zu berücksichtigen, die Possessum-Kategorien sind diejenigen, die generell bei nominalen Einheiten, also Substantiven, Adjektiven, Determinativen, zu berücksichtigen sind.

Stamm	Flexionsendung
Possessor-Kategorien	**Possessum-Kategorien**
Possessor-Person	Possessum-Kasus
Possessor-Numerus	Possessum-Numerus
Possessor-Genus	Possessum-Genus

Beispiel: *meines* (siehe (1)) hat folgende Kategorien:
Possessor-Person: 1. Person/Persondeixis, Possessor-Numerus: Singular, Possessor-Genus: –
Possessum-Kasus: Nominativ, Possessum-Numerus: Singular, Possessum-Genus: Neutrum

Beispiel: *seine* (siehe (2)) hat folgende Kategorien:
Possessor-Person: 3. Person/Anapher, Possessor-Numerus: Singular, Possessor-Genus: Maskulinum
Possessum-Kasus: Akkusativ, Possessum-Numerus: Plural, Possessum-Genus: Maskulinum

Bei allen drei Personen wird bezüglich des Possessors, also im Stamm, zwischen Singular und Plural unterschieden, nur in der dritten Person, beim anaphorischen Possessivum, kommt im Bereich der Possessor-Kategorien des Singulars eine Genusunterscheidung zwischen Mask/Neut und Fem hinzu, die ebenfalls als Stammdifferenzierung realisiert wird. Der Femininum-Stamm *ihr-* ist gleichzeitig Pluralstamm.

Was die Possessum-Kategorien angeht, so korrespondiert das possessive Determinativ (bzw. allgemeiner: das adnominale Possessivum) in den Possessum-Kategorien mit dem Kopfsubstantiv, während das Possessivum als Proterm nur in Genus und Numerus mit dem Bezugssubstantiv korrespondiert, der Kasus dagegen wird von einem Regens im Satz (Präposition, Verb) festgelegt.

Possessor-Kategorien		Possessum-Kategorien			
Singular	Plural	Mask	Neut	Fem	Plural
mein	*unser*				

	Possessor-Kategorien		Possessum-Kategorien			
	Singular	Plural	Mask	Neut	Fem	Plural
Nom	*mein*	*unser*	er	es	e	
Akk			en			
Dat			em		er	en
Gen			es			er

Stamm — Flexionsendung

Tabelle 1: Paradigma des Possessivums der 1. Person / Sprecher(gruppen)deixis

	Possessor-Kategorien		Possessum-Kategorien			
	Mask / Neut	Fem / Plural	Mask	Neut	Fem	Plural
Nom	*sein*	*ihr*	er	es	e	
Akk			en			
Dat			em		er	en
Gen			es			er

Stamm — Flexionsendung

Tabelle 2: Paradigma des Possessivums der 3. Person / Anapher

Wir präsentieren das Paradigma hier in einer Anordnung, die die systematischen Synkretismen zwischen den Formen deutlich werden lässt: Wie generell in der pronominalen Flexion stimmen einerseits Maskulinum- und Neutrumformen in den obliquen Kasus (Dativ und Genitiv) überein, andererseits gibt es starke Übereinstimmungen zwischen den Femininum- und den Pluralformen (Zur Systematik der pronominalen Flexion vgl. Wiese 1999). Bemerkenswerterweise nimmt das Possessivum der 3. Person die flexivischen

Synkretismen im Bereich des Stammes wieder auf: Es ist mit der Genusunterscheidung kategorial komplexer als die beiden anderen Personen, hat aber wie diese nur zwei verschiedene Stämme für die vier Stamm-Kategorien Maskulinum, Neutrum, Femininum und Plural. Der somit vorliegende ‚Stamm-Synkretismus' erweist sich als strukturgleich zu den Haupt-Synkretismusfeldern in der Flexion: Maskulinum und Neutrum sowie Femininum und Plural, die in der pronominalen Flexion jeweils starke Übereinstimmungen zeigen, fallen als Ausdruck von Stamm-Kategorien vollständig zusammen.

Die zweisilbigen auf [R] endenden Stämmen *unser, euer* weisen gegenüber der Adjektivflexion silbenphonologische Besonderheiten auf: Die auf [R] endenden Adjektive haben in der Gegenwartssprache meist dreisilbige Flexionsformen, also Formen mit doppelter ‚Schwa-Epenthese' wie in heit[ər[ə]m], und können nur im Stamm markierter Formen kein Schwa aufweisen, nicht im Flexiv (vgl. *heiterem* gegenüber *heitrem* und **heiterm*). Bei *unser* überwiegen in geschriebener Sprache ebenfalls die dreisilbigen Formen, es treten jedoch markierte Formen ohne Schwa sowohl im Stamm als auch im Flexiv auf (vgl. *unserem* neben *unsrem* und *unserm*). Bei *euer* überwiegen die zweisilbigen Formen mit Schwa im Flexiv (vgl. *euerem* neben *euerm* und *euerem*).[8]

3.2.2. Kontrastives zum Paradigma

Bereits im europäischen Vergleich zeigen sich, wie in Zifonun (2006) für die Vergleichssprachen des Projekts „Grammatik des Deutschen im europäischen Vergleich" dokumentiert, mehrere verschiedene Optionen für die Realisierung der referentiellen Verankerung durch ein personalpronominales Denotat bzw. des possessiven Verhältnisses zu einem solchen.

Ein zentraler Varianzparameter ergibt sich aus der Unterscheidung zwischen ‚kopfmarkierenden' und ‚dependensmarkierenden' Sprachen. In kopfmarkierenden Sprachen wird in einer Attributsrelation das Kopfsubstantiv mit einem Relationsmarker, z.B. einem Affix, versehen, in dependensmarkierenden Sprachen dagegen die abhängigen Ausdrücke, die Attribute. Das Deutsche ist wie andere indoeuropäische Sprachen dependensmarkierend: Die abhängigen Glieder in der Nominalphrase werden durch Kasus (Genitiv, Possessivus) oder durch Präposition markiert. Im kopfmarkierenden Unga-

---

[8] Vgl. dazu ausführlicher Zifonun (2005), S. 79 ff.

rischen (ähnlich auch im Türkischen) hingegen wird im Falle der referentiellen Verankerung / des possessiven Verhältnisses das Kopfsubstantiv mit einem Affix versehen, das die Relation zum abhängigen referentiellen Anker / Possessor anzeigt, der seinerseits ohne Marker bleibt, d.h. im Nominativ steht.[9] Zum Ausdruck eines possessiven Verhältnisses zu einem personalpronominalen Denotat reichen die nach Person und Numerus differenzierten so genannten ‚Possessoraffixe' am Kopfsubstantiv aus; bei besonderer Hervorhebung des Possessors kann das Personalpronomen dem Kopfsubstantiv (im Nominativ) vorangestellt werden. Man vergleiche die ungarischen Entsprechungen für *das Schiff der Frau, mein Schiff* und *MEIN Schiff*.

(11) a   nő   hajó-ja
       das   Frau.Nom   Schiff.Poss3Sg
       ‚das Schiff der Frau'
(12) hajó-m
       Schiff.Poss1Sg
       ‚mein Schiff'
(13) az   én   hajó-m
       das   ich   Schiff.Poss1Sg
       ‚MEIN Schiff'

Die possessiven Determinative des Deutschen entsprechen somit ungarischen Possessoraffixen (vgl. 12, 13). Possessive Proterme werden im Ungarischen durch Affigierung der Possessoraffixe an die Personalpronomina realisiert:

(14) en-y-ém
       ich-Ø-Poss1Sg
       ‚meiner / e / es'

Auch bezüglich indoeuropäischer Sprachen ergeben sich weitere vom Deutschen abweichende Optionen:

    Das possessive Verhältnis wird nicht durch eine eigene Pronomenklasse ausgedrückt, sondern durch eine Kasusform (Genitiv, Possessivus) des Personalpronomens selbst. Diese Option liegt z.B., wenn auch an den Formen nicht durchgehend klar erkennbar, im

---

[9] Sowohl im Ungarischen als auch im Türkischen gibt es daneben auch die Möglichkeit, den referentiellen Anker / Possessor in den Genitiv zu setzen. In diesem Fall liegt „Doppelmarkierung" vor, denn Kopf und Dependens erhalten einen Marker.

Englischen vor: Die Standardgrammatiken des Englischen (vgl. Quirk et al. 1985, Huddleston/Pullum 2002) ordnen die adnominalen Possessiva *(my/our, your, his/her/its/their)* und die Possessiva als Proterme *(mine/ours, yours, his/her/its/theirs)* als Genitiv- bzw. Possessivusformen des Personalpronomens ein. In anderen Sprachen, etwa dem Polnischen und anderen slawischen Sprachen, wird nur die 3. Person, das anaphorische Possessivum, (im nicht-reflexiven Fall; vgl. unten) als Genitiv der Anapher realisiert, während die beiden anderen Personen durch spezifische korrespondierende Possessiva realisiert werden. Bei der Realisierungsform als Genitiv des Personalpronomens werden nur Possessor-Kategorien ausgedrückt, keine Possessum-Kategorien; es liegt keine Korrespondenz mit einem Bezugssubstantiv (bzw. Kopfsubstantiv) vor. Man vergleiche in (15) das korrespondierende adnominale Possessivum *mój* (‚mein', Maskulinum Singular Nominativ) mit dem genitivischen, somit nicht-korrespondierenden *jego* (‚sein', Personalpronomen, Maskulinum Singular Genitiv).

(15) Mój rower jest nowy. Jego jest stary.
    Mein.Mask.Sg.Nom Er.Gen.Sg
    ‚Mein Fahrrad ist neu. Seines ist alt.'

Bei den Possessiva der romanischen Sprachen hingegen bleibt – in der adnominalen Variante – eine Possessor-Kategorie unausgedrückt, nämlich das Genus der 3. Person Singular:

(16) Il/Elle a une bicyclette. **Sa** bicyclette est vieille.
    ‚Er/Sie hat ein Fahrrad. Sein/Ihr Fahrrad ist alt.'

Der Vergleich mit anderen europäischen Sprachen zeigt somit, dass das Possessiv-System des Deutschen vergleichsweise komplex ausgelegt ist, indem es bei allen Personen die einschlägigen Possessor- und Possessum-Kategorien realisiert. Dies führt vor allem in der 3. Person Singular zu einer funktionalen Belastung, der die Sprecher vor allem in mündlichen Varietäten durch eine Ausweichstrategie begegnen. So heißt es in einem Hörbeleg aus einer Rundfunksendung mit Bezug auf die Universität Heidelberg:

(17) „... die älteste deutsche Uni mit **seinen** fast 30.000 Studenten"
    (Hörbeleg, SWR 1, 2.3.06)

Die Differenzierung im Possessor-Genus der Singularformen wird aufgegeben: Es erscheint durchgängig, also auch bei femininer Possessor-Kategorie, die unmarkierte Maskulinum-Neutrum-Form *sein-*. Damit wird *ihr-* funktional entlastet und zur eindeutigen Pluralform; man kann für diese Entwicklungstendenz eine Parallele ziehen zu dem vergleichbaren Phänomen der diachronen Numerusprofilierung in der Flexion des deutschen Substantivs.[10]

Auf der anderen Seite unterbleibt bei den Possessiva des Deutschen eine weitere mögliche Unterscheidung: die zwischen reflexivem und nicht-reflexivem Verhältnis zum Bezugsausdruck. Im Lateinischen wird bei reflexivem Bezug (vor allem auf das Satzsubjekt) in der dritten Person das korrespondierende *suus* (ohne Genus-/Numerus-Unterscheidung bzgl. des Possessor-Ausdrucks) gesetzt, während bei nicht-reflexivem Bezug die Genitivformen *eius/eorum/ earum* stehen. Diese – wohl den indoeuropäischen Verhältnissen entsprechende Verteilung – wird in slawischen Sprachen wie dem Polnischen, aber auch in den skandinavischen Sprachen fortgesetzt. Man vergleiche im Polnischen:

(18) Paweł$_i$ sprzeda swój$_i$/jego$_j$ rower.
  ‚Paul$_i$ verkauft sein$_{i/j}$ Fahrrad.'

3.2.3. Syntaktische Funktionen und entsprechende Formdifferenzierungen

Das Possessivum (als Proterm) wird in den syntaktischen Funktionen gebraucht, in denen Proterme generell erscheinen: als Komplement (Subjekt, Objekt, Prädikativum) zum Verb sowie als Komplement einer akkusativ- oder dativregierenden Präposition wie in:

(19) Hans kämpft für seine Belange, ich für meine. Er arbeitet mit seinen Methoden, ich mit meinen.

Die (bildbaren) Genitivformen allerdings können weder als Komplement noch als Attribut auftreten, sind also als Proterme nicht in Gebrauch:

---

[10] Allerdings ist das Phänomen nicht neu. Bei Grimm (1898), S. 413 heißt es mit Bezug auf *sein* im älteren Neuhochdeutschen: „die volkssprache giebt ihm hin und wieder, im reflexiven fall, seine alte organische ausdehnung". Damit ist die für das Germanische anzusetzende „Ausdehnung" von *sein* als reflexives Possessivum ohne Genus-Numerus-Unterscheidung gemeint. Behaghel (1923), § 229 vermerkt ausdrücklich, es sei kein Rest des Alten, sondern spätere Übertragung „wenn seit dem Mhd. *sein* auch für Feminina und Plurale verwendet wird." Zum Gegenwartsdeutschen vgl. Thurmair (2002).

(20) Hans und ich hatten als Kinder alte Fahrräder. Ich erinnere mich *seines/*seiner noch gut. Manchmal benutzte er mein Fahrrad anstelle *seines/*seiner.
(21) Ich hatte leider kein Fahrrad. Hans hatte eines. Deshalb wünschte ich mir den Besitz *seines.

Diese Beschränkungen hinsichtlich des Gebrauchs des Genitivs mögen auf die Nachwirkungen des in Abschnitt 3.1. erläuterten historischen Verhältnisses zum Genitiv des Personalpronomens zurückgehen: Die Formen auf *-er* fungieren ja gleichzeitig als Genitiv des Personalpronomens, sodass die Uminterpretation als Personalpronomen nahe liegen könnte. Eine entsprechende Gebrauchsvermeidung mag zur Ungrammatikalität aller Genitivformen des Possessivums geführt haben (vgl. Eisenberg 2004, S. 183). Allerdings sind syntaktische Beschränkungen für den Genitiv keine Besonderheit der Possessiva; sie gelten in der einen oder anderen Form für die doppelförmigen und die einförmigen Adpronomina (zumindest im Singular) insgesamt; sie haben auch eine Parallele beim Substantiv (vgl. *der Kauf *Öls*). Das generelle Prinzip scheint zu sein, dass alleinstehende Genitive (außer bei Eigennamen und gewissen „echten" Pronomina) flexivisch zu schwach sind, um selbstständig syntaktische Funktionen wahrzunehmen.

In allen syntaktischen Funktionen kann statt des possessiven Proterms (in starker Flexion) auch die Verbindung definiter Artikel + schwach flektiertes Possessivum stehen. Man vergleiche beispielhaft:

(1b) Das Fahrrad meiner Enkelin ist neu. **Das meine** ist alt.

Diese Verbindungen sind vor allem im geschriebenen Deutsch, zumal in literarischen Texten, gebräuchlich. Hinzuweisen ist daneben auf die obligatorisch mit dem definiten Artikel verbundenen erweiterten Formen mit dem Adjektivsuffix *-ig* wie *der meinige* usw.

Die Kombination definiter Artikel + Possessivum kann, entsprechend dem oben skizzierten Prinzip, auch als Genitivobjekt bzw. -attribut auftreten; die Formen sind aber stilistisch markiert:

(20a) Hans und ich hatten beide Fahrräder. Ich erinnere mich **des seinen** noch gut.
(21b) Ich hatte leider kein Fahrrad. Hans hatte eines. Deshalb wünschte ich mir den Besitz **des seinen**.

In der Funktion als Prädikativum kann das Possessivum (Proterm) ausnahmsweise auch im Nominativ endungslos (unflektiert) auftreten. Es ist somit formgleich dem possessiven Determinativ. Allerdings erscheint dieser Gebrauch archaisch (vergleichbar der Nachstellung des unflektierten Possessivums im adnominalen Gebrauch wie in *Brüderlein mein*). In Prädikativfunktion sind somit alle drei Ausprägungen (stark flektiert, schwach flektiert mit Artikel, unflektiert) im Prinzip möglich (Die Reihenfolge der drei Formen signalisiert abnehmende Usualität.):

(22) Siehst du das Fahrrad? Es ist meines / das meine / ^{arch}mein.

Die unflektierte Form *ihr* ist als Prädikativum im jüngeren Neuhochdeutsch ungebräuchlich. Man vergleiche dagegen einen Beleg aus der Bibelübersetzung Martin Luthers und einen Goethe-Beleg:

(23) Selig sind, die da geistlich arm sind, denn das Himmelreich ist **ihr**. (Matth. 5, 3)
(24) Sagen Sie meinem Fränzchen, dass ich noch immer **ihr** bin. (Goethe an K. Fabricius, 27. Juni 1770; zit. nach Curme 1964, S. 166)[11]

Auch die Maskulinum- / Neutrumform *sein* ist als Prädikativum eher ungebräuchlich.

Mit dieser Formvariation – stark flektiert, schwach flektiert, unflektiert – verhält sich das Possessivum wie ein Adjektiv. Allerdings stimmen die Distributionen jeweils nicht überein: Beim Adjektiv sind starke und schwache bzw. gemischte Flexion im adnominalen Gebrauch abhängig von der Artikelwahl, beim Possessivum ist adnominal die Artikelsetzung überhaupt ausgeschlossen und es steht dort (mit dem possessiven Determinativ) eine unflektierte Form:

das neue Fahrrad – ein neues Fahrrad – neues Öl
*das meine Fahrrad – *ein meines Fahrrad – *meines Öl – mein Fahrrad / Öl

Selbständige (substantivierte) Adjektive sind unbeschränkt im Hinblick auf Artikelsetzung und Artikelwahl und können dementsprechend stark und schwach flektiert auftreten, während das Possessivum die Setzung des indefiniten Artikels grundsätzlich ausschließt:

---

11 Curme (1964), S. 166 vermerkt, dass die Form *ihr* nicht eindeutig als Possessivum zu werten ist. In Frage komme für das frühe Nhd. die Klassifikation als Genitiv, für das spätere als Dativ Femininum.

der / die / das neue – ein neuer / eine neue / ein neues – neuer / neue / neues[12]
der / die / das meine – *ein meiner / *eine meine / *ein meines – meiner / meine / meines

In prädikativer Verwendung ist die Verteilung der Formen bei Adjektiv und Possessivum diametral entgegengesetzt (Die Reihenfolge signalisiert zunehmende Usualität / Unmarkiertheit.):

(22a) Siehst du das Fahrrad? Es ist *neues / das neue / neu.

Bei flexivischen Parallelen zeigen sich somit deutliche distributionelle Unterschiede gegenüber dem Adjektiv. Allerdings verweist gerade das Vorkommen als Prädikativum doch auf eine – zumindest semantische – Verwandtschaft zum Adjektiv. Andere Proterme kommen nur in Identitätssätzen bzw. Präsentationsstrukturen als Komplement zu Kopulaverben vor (vgl. z.B. *Der Gast bin ich / Das ist alles*), während das possessive Prädikativum wie das Adjektiv prädizierend-zuschreibenden Charakter hat.

Eine bemerkenswerte Besonderheit des Substandards und vor allem deutscher Dialekte bzw. Regiolekte ist die Verwendung des Possessivums der 3. Person in Verbindung mit einer Dativ-NP, die den Possessor bezeichnet wie in:

(25) Das ist **dem Vater sein Hut**. / Das ist **dem Vater Seiner**.

Diese ‚analytische Possessor-Konstruktion' (vgl. Zifonun 2003b, 2005b) zeigt die nicht nur für das Deutsche, sondern auch für skandinavische Sprachen und Sprachvarietäten, das Türkische und darüber hinaus vielfach bezeugte Grammatikalisierung vom bedeutungstragenden Possessivum zum bedeutungsentlehrten „linking pronoun" (vgl. Koptjewskaja-Tamm 2003): Die Bezeichnung des Possessors wird nicht mehr durch das Possessivum kraft des inkorporierten personalpronominalen Denotats geleistet, sondern „wandert" zur Dativphrase. Dabei ist nach wie vor umstritten, ob die adnominale Dativphrase als Umdeutung eines adverbalen Dativs (so Behaghel 1923) zu erklären ist oder ob sie auf der Integration einer Topikkonstituente (so Ramat 1986) beruht.

---

[12] Bekanntlich variiert das substantivierte Adjektiv zwischen Groß- und Kleinschreibung in Abhängigkeit davon, ob kontextuelle Ellipse vorliegt oder nicht. Dies wird hier nicht berücksichtigt. Man beachte aber, dass die Formen *neuer* und *neue* (Singular) nicht ohne Kontextbezug vorkommen.

3.2.4. Possessiva und Definitheit

Bereits im vorangehenden Abschnitt wurde deutlich, dass die (neuhoch)deutschen Possessiva notwendig mit Definitheit verknüpft sind: Sie signalisieren, dass es sich jeweils im Kontext um ein einziges (salientes) Possessum bzw. (im Plural) um die gesamte Menge der (salienten) Possessa handelt. Beim possessiven Determinativ kommt dies im Deutschen darin zum Ausdruck, dass sie in komplementärer Verteilung zum definiten Artikel stehen und die Kombination mit dem indefiniten Artikel ausschließen. Beim Proterm kann, wie ausgeführt, Definitheit auch durch Hinzusetzung des definiten Artikels doppelt kodiert erscheinen.

Diese mit dem deutschen Possessivum verbundene ‚Definitheitsinduktion' für die Gesamtphrase ist sprachübergreifend nicht notwendig gegeben. So kann man beispielsweise bezüglich des Italienischen von ‚definitheitsunspezifischen' Possessiva sprechen. Hier kann das Possessivum (adnominal und selbstständig) mit dem definiten und dem indefiniten Artikel verbunden werden, vgl. italienisch:

il mio libro / un mio libro
‚mein Buch / eines meiner Bücher'

Auch im artikellosen Polnischen ist das Possessivum definitheits-unspezifisch:

moja książka
‚mein Buch / eines meiner Bücher'

Definitheitsinduktion korreliert bei den adnominalen Possessiva häufig mit der Positionierung vor dem Kopfsubstantiv, und zwar anstelle des Artikels, also an der Artikelposition, so außer im Deutschen auch im Englischen, Französischen, Niederländischen. Aber auch Kookkurrenz mit dem definiten Artikel ist nicht ausgeschlossen, so im Isländischen oder im norwegischen Bokmål, wo das dem Kopfsubstantiv nachgestellte Possessivum zusammen mit dem enklitischen definiten Artikel vorkommt. Zum Zusammenhang zwischen linearer Position und Artikelsetzung bei Possessiva vgl. Haspelmath (1999). Dieser Fall ist ähnlich wie bei dt. *der meine* usw. als doppelte Kodierung von Definitheit oder Definitheitskongruenz zu betrachten.

Bei den adnominalen Possessiva wird die Kookkurrenz mit dem Artikel bzw. der Ausschluss des Artikels und Vorkommen an der Artikelposition in der Regel als das Hauptkriterium für die sprachspezifische Einordnung als possessives Adjektiv (wie im Italienischen) bzw. possessives Determinativ betrachtet. Wie oben deutlich wurde, sind aber auch bei den possessiven Determinativen wie im Deutschen Adjektiveigenschaften vorhanden.

3.2.5. Semantische Relationen und Rollen

In Abschnitt 1 wurde festgehalten, dass auf die Spezifikation einer inhärenten relationalen Bedeutung für die Possessiva verzichtet werden kann. Statt dessen ist anzunehmen, dass der Gehalt der ausgezeichneten Beziehung – im Sinne eines relationalen Anteils an der Äußerungsbedeutung – auf der Basis der pragmatischen Funktion der referentiellen Verankerung jeweils aus dem sprachlichen und gegebenenfalls zusätzlich dem situativen Kontext und den Wissenshintergründen abzuleiten ist. Allerdings gibt es nur eine endliche Menge von in Äußerungen usuell induzierten Relationen, die offensichtlich nach bestimmten Prinzipien strukturiert ist. Insbesondere lässt sich ein Kernbereich ausmachen, der unterschiedliche Spielarten der Zugehörigkeit umfasst. Wir schließen uns daher dem Versuch an, möglichst viele speziellere Funktionen auf eine weit gefasste Besitzrelation (im folgenden POSSESSIV) zurückzuführen.[13] Unter diesen wiederum ist die eigentliche Besitzrelation (I), bei der ein meist menschlicher Possessor dauerhaft aufgrund eines Transaktionsaktes (Kauf, Schenkung) Verfügungsgewalt über einen materiellen Gegenstand hat, zentral. Daneben sind nachgeordnet unter Ausblendung bestimmter Merkmale des prototypischen Besitzens weitere POSSESSIV-Relationen (II–VI) zu unterscheiden. Die ARGUMENT-Relationen (VII–VIII) bei deverbalen Kopfsubstantiven jedoch halten wir von der POSSESSIV-Gruppe getrennt. Wie die Beispiele unten zeigen, treten im Rahmen dieser beiden Gruppen von Relationen die possessiven Determinative ebenso auf wie die mit ihnen in paradigmatischer Beziehung stehenden Genitiv- oder *von*-Phrasen. Sie nehmen jeweils bestimmte Rollen wahr, wie etwa die Rolle des Possessors in der zentralen POSSESSIV-Relation.[14] Unter den ARGUMENT-Relationen ist die Rolle des nicht-affizierten Patiens als Objekt-Argument (vgl. VIII b) nur schlecht durch

---

[13] Vgl. etwa die Beiträge in Baron/Herslung/Sorensen (2001) sowie Taylor (1996).
[14] In den folgenden Kurzformeln für die einzelnen Relationen kennzeichnen wir die durch das Possessivum bzw. die Genitiv-/*von*-Phrasen wahrgenommene Rolle durch Unterstreichung. (Schriftgröße an den Rest angepasst und von 9 auf 10 geändert)

ein Possessivum pronominalisierbar. Die Rolle des Stimulus als Objekt-Argument ist im heutigen Deutsch überhaupt nicht mehr durch eine Genitivphrase wahrnehmbar (vgl. VIII c), Pronominalisierbarkeit durch das Possessivum entfällt somit ohnehin.

Daneben sind eine Reihe weiterer Relationen auszumachen, die zwischen Genitiv- und *von*-Phrasen und ihren Kopfsubstantiven kontextabhängig bestehen können. Diese sind als PERIPHERIE-Relationen (IX–XIII) zusammengefasst. In diesen können die Possessiva nicht vorkommen, wie die Beispiele zeigen: Die Ersetzung der Phrasen durch ein Possessivum führt jeweils zu ungrammatischen oder zumindest semantisch von den Ausgangskonstruktionen abweichenden Ergebnissen. Erklärbar ist dies über die Tatsache, dass die Genitive/*von*-Phrasen in den PERIPHERIE-Funktionen in aller Regel nicht referentiell, zumindest nicht im Sinne der spezifischen Referenz auf in Raum und Zeit existente Individuen, verwendet werden. Die pragmatische Grundfunktion der ‚referentiellen Verankerung', die für die Possessiva konstitutiv ist, ist bei ihnen nicht gegeben.

POSSESSIV-Relationen

(I)   POSSESSIV zentral (Possessor zu Possessum)
      Elisabeths Fahrrad – ihr Fahrrad
(II) POSSESSIV temporär (temporärer Possessor zu temporärem Possessum)
      [Kontext: Peter studiert in der Bibliothek ein Buch. Fritz sagt zu der Bibliothekarin:]
      Ich möchte dringend kurz einen Blick in das Buch von Peter/ sein Buch werfen.
(III) POSSESSIV teil (Ganzes zu Teil)
      Person zu Körperteil: *Peters Herz – sein Herz*
      Gegenstand zu Teil: *das Dach des Hauses – sein Dach, die Zweige der Linde – ihre Zweige*
(IV) POSSESSIV attribut (Attributsträger zu Attribut)
      Annas Eigensinn – ihr Eigensinn; die Tiefe des Raums – seine Tiefe
(V)   POSSESSIV argument (Argument zu Relator)
      Peters Vater – sein Vater, der Chef der Firma – ihr Chef

(VI) ORIGINATIV
- (a) ORIGINATIV auktorial (<u>Urheber</u> zu Produkt)
  Peters Brief – sein Brief, die Käsespätzle meiner Tante – ihre Käsespätzle
- (b) ORIGINATIV lokal (<u>Herkunftsort</u> zu Entität)
  Weine vom Kaiserstuhl – seine Weine
- (c) ORIGINATIV ikonisch (<u>Urbild</u> zu Abbild)
  Peters Foto – sein Foto, das Standbild des Großen Kurfürsten – sein Standbild

ARGUMENT-Relationen

(VII) SUBJEKTIV
- (a) SUBJEKTIV agens (<u>Agens</u> zu Handlung)
  Peters Aufstieg – sein Aufstieg, Annas Beistand – ihr Beistand, Peters Erfindung – seine Erfindung
- (b) SUBJEKTIV experiens (<u>Experiens</u> zu Wahrnehmung / Empfindung)
  Peters Liebe (zu) – seine Liebe (zu), Annas Verehrung (für) – ihre Verehrung (für)

(VIII) OBJEKTIV
- (a) OBJEKTIV patiens, affiziert (<u>Patiens</u> zu Handlung)
  die Belagerung Roms – seine Belagerung, die Überwindung der Furcht – ihre Überwindung
- (b) OBJEKTIV patiens, nicht-affiziert (<u>Patiens</u> zu Handlung)
  das Meiden des Cliffs – ??sein Meiden, die Äußerung von Erleichterung – ??ihre Äußerung
- (c) OBJEKTIV stimulus (<u>Stimulus</u> zu Empfindung)
  ^{alt}*die Furcht Gottes* ‚Furcht vor Gott' – **seine Furcht* (vgl. aber engl. *the fear of God – *his fear*)

PERIPHERIE-Relationen

(IX) QUALITATIV (<u>Attribut</u> zu Attributsträger)
  ein Mann der Tat – *ihr Mann, ein Stoff bester Qualität – *ihr Stoff

(X) SPEZIFIKATIV
- (a) SPEZIFIKATIV definierend (<u>Element</u> zu Menge)
  das Laster der Eitelkeit – *ihr Laster

(b) SPEZIFIKATIV thematisch (Inhalt zu Konzept)
die Gnade der späten Geburt – *ihre Gnade, das Ideal einer vollkommenen Gesellschaft – *ihr Ideal

(XI) MENSURATIV (Quantität zu Gemessenem)
ein Zeitraum von zwei Tagen – *ihr Zeitraum, ein Baum von zwei Metern Höhe – *ihr Baum

(XII) PARTITIV

(a) PARTITIV stoff (Gemessene Substanz zu Quantität)
zwei Glas kalter Milch – *ihre zwei Glas

(b) PARTITIV kollektiv (Gesamtkollektiv zu Teilkollektiv)
eine Gruppe junger Studenten – *ihre Gruppe, eine Ansammlung von Menschen – *ihre Ansammlung

(XIII) SUPERLATIV (Gesamtkollektiv zu Prototyp)
die Schlacht der Schlachten – *ihre Schlacht

Die in dieser Übersicht zusammengestellte Zuordnung der Possessiva zu semantischen Rollen im Rahmen der induzierbaren semantischen Relationen zu einem Kopf- bzw. Bezugssubstantiv hat sprachübergreifende Gültigkeit: So können in den Kontrastsprachen des Projekts „Grammatik des Deutschen im europäischen Vergleich", also im Englischen, Französischen, Polnischen und Ungarischen, wie im Deutschen die Rollen des Possessors, des Agens, des Experiens und des (affizierten) Patiens durch Possessiva übernommen werden, während die Rollen im Rahmen von Peripherie-Relationen nicht durch Possessiva realisiert werden können. Auch diese Tatsache spricht dafür, dass die Funktion der Possessiva pragmatisch als ‚referentielle Verankerung', und damit unabhängig von der einzelsprachlichen Syntax und Semantik der Attribution, zu fassen ist.[15]

4. Literatur

Baron, I. / Herslund, M. / Sorensen, F. (Hg.) (2001) Dimensions of Possession. Amsterdam / Philadelphia: Benjamins (– Typological studies in language 47)

Behaghel, O. (1923) Deutsche Syntax. Bd. I. Heidelberg: Winter

---

[15] Zifonun (2005), S. 33 ff. zeigt, dass die Rollenverteilung bei den Possessiva unabhängig davon ist, ob in einer Sprache PERIPHERIE-Rollen bei nominaler Belegung ausdrucksseitig genau wie die Possessiv- und Argument-Rollen kodiert werden (wie es im Französischen mit *de*-Anschluss der Fall ist) oder ob Unterschiede vorliegen (wie es in den übrigen Kontrastsprachen der Fall ist).

Blatz, F. (1900³) Neuhochdeutsche Grammatik mit Berücksichtigung der historischen Entwicklung der deutschen Sprache. Bd. 1: Einleitung. Lautlehre. Wortlehre. Karlsruhe: Lang
Curme, G. O. (1964) A Grammar of the German Language. 2nd Revised Edition. New York: Ungar
Demske, U. (2001) Merkmale und Relationen. Diachrone Studien zur Nominalphrase des Deutschen. Berlin/New York: Mouton de Gruyter
Duden (2004⁷) Die Grammatik. Mannheim [u.a.]: Dudenverlag
Eisenberg, P. (2004²) Grundriß der deutschen Grammatik. Bd. 2: Der Satz. Stuttgart/Weimar: Metzler
Engel, U. (2004) Deutsche Grammatik. Neubearbeitung. München
[GDS =] Zifonun, G./Hoffmann, L./Strecker, B. (1997) Grammatik der deutschen Sprache. 3 Bde. Berlin/New York: de Gruyter (= Schriften des Instituts für deutsche Sprache 7)
Grimm, J. (1898) Deutsche Grammatik. Bd. IV. Herausgegeben von G. Roether und E. Schröder. Gütersloh: Mohn [Reprogr. Nachdruck. Hildesheim: Olms]
[Grundzüge =] Heidolph, K. E. et al. (1981) Grundzüge einer deutschen Grammatik. Berlin: Akademie
Haspelmath, M. (1999) Explaining Article-Possessor Complementarity: Economic Motivation in Noun Phrase Syntax. In: Language 75, 227–243
Huddleston, R./Pullum, G. (Hg.) (2002) The Cambridge Grammar of the English Language. Cambridge: University Press
Koptjevskaja-Tamm, M. (2002) Adnominal Possession in the European Languages: Form and Function. In: Sprachtypologie und Universalienforschung 55.2, 141–172
Koptjevskaja-Tamm, M. (2003) Possessive Noun Phrases in the Languages of Europe. In: Plank, F. (Hg.) Noun Phrase Structure in the Languages of Europe (= Eurotyp 20-7). Berlin/New York: Mouton de Gruyter, 621–721
Löbel, E. (1996) Kategorisierung der Possessiva als Adjektive der NP/DP. In: Tappe, T./Löbel, E. (Hg.) Die Struktur der Nominalphrase (= Wuppertaler Arbeitspapiere zur Sprachwissenschaft 12). Wuppertal: Bergische Universität-Gesamthochschule, 58–94
Olsen, S. (1989) Das Possessivum: Pronomen, Determinans oder Adjektiv? Linguistische Berichte 120, 133–153
Olsen, S. (1996) Dem Possessivum seine Eigentümlichkeit. In: Tappe, T./Löbel, E. (Hg.) Die Struktur der Nominalphrase (= Wuppertaler Arbeitspapiere zur Sprachwissenschaft 12). Wuppertal: Bergische Universität-Gesamthochschule, 112–143
Paul, H. (1919) Deutsche Grammatik. Bd. II, Teil III: Flexionslehre. Halle: Niemeyer
Plank, F. (Hg.) (1995) Double Case: Agreement by Suffixaufnahme. New York: Oxford University Press
Quirk, R./Greenbaum, S./Leech, G./Svartvik, J. (Hg.) (1985) A Comprehensive Grammar of the English Language. London: Longman
Ramat, P. (1986) The Germanic possessive type „dem Vater sein Haus". In: Kastovsky, D./Szwedek, A. (Hg.) Linguistics across historical and geo-

graphical boundaries. Vol. 1: Linguistic theory and historical linguistics. Berlin: Mouton de Gruyter, 579–590
Taylor, J. R. (1996) Possessives in English: An Exploration in Cognitive Grammar. Oxford: Clarendon Press
Thieroff, R. (2000) Morphosyntax nominaler Einheiten im Deutschen. Manuskript: Bonn
Thurmair, M. (2002) Standardnorm und Abweichungen. Entwicklungstendenzen unter dem Einfluss der gesprochenen Sprache. In: Deutsch als Fremdsprache 39, 3–8
Wiese, B. (1994) Die Personal- und Numerusendungen der deutschen Verbformen. In: Köpcke, K.-M. (Hg.) Funktionale Untersuchungen zur deutschen Nominal- und Verbalmorphologie. Tübingen: Niemeyer, 161–191
Wiese, B. (1999) Unterspezifizierte Paradigmen. Form und Funktion in der pronominalen Deklination. In: Linguistik online, 4/3
Zifonun, G. (2001) Grammatik des Deutschen im europäischen Vergleich. Das Pronomen Teil I: Überblick und Personalpronomen. Mannheim: IDS (= amades – Arbeitspapiere und Materialien zur deutschen Sprache 4/01)
Zifonun, G. (2003a) Grammatik des Deutschen im europäischen Vergleich. Das Pronomen Teil II: Reflexiv- und Reziprokpronomen. Mannheim: IDS (= amades – Arbeitspapiere und Materialien zur deutschen Sprache 1/03)
Zifonun, G. (2003b) *Dem Vater sein Hut*. Der Charme des Substandards und wie wir ihm gerecht werden. In: Deutsche Sprache 31, 97–126
Zifonun, G. (2004) Reflexivierung in der Nominalphrase. In: Lindemann, B./Letnes, O. (Hg.) Diathese, Modalität, Deutsch als Fremdsprache. Festschrift für O. Leirbukt zum 65. Geburtstag. Tübingen: Stauffenburg, 135–152
Zifonun, G. (2005a) Grammatik des Deutschen im europäischen Vergleich. Das Pronomen Teil III: Possessivpronomen. Mannheim: IDS (= amades – Arbeitspapiere und Materialien zur deutschen Sprache 3/53)
Zifonun, G. (2005b) Der Dativ ist dem Genitiv sein Tod: zur Analyse des adnominalen possessiven Dativs. In: D'Avis, F. J. (Hg.) Deutsche Syntax: Empirie und Theorie. Symposium in Göteborg, 13.–15. Mai 2004. Göteborg: Acta Universitatis, 25–51
Zifonun, G. (2006) Sowohl Determinativ als auch Pronomen? Sprachvergleichende Beobachtungen zu *dieser, aller* und Konsorten. In: Deutsche Sprache 3/05, 195–219

Gisela Zifonun (Mannheim)

C18 Präposition

1. Wortartbezeichnung
2. Kurzdefinition mit Beispielen
3.0. Die Wortart im Deutschen
3.1. Forschungsgeschichte
3.2. Systematische Darstellung
4. Literatur

1. Wortartbezeichnung

Präposition ist die weitaus gebräuchlichste Bezeichnung der Elemente dieser Wortart. Der Terminus geht nach ihrer pränominalen Stellung auf lateinisch *praepositio* (= Vorsetzen, Voransetzen, ‚Vorwort') zurück, das nach griechisch πρόθεσις (= Ausstellung, Vorsatz, Voranstellung) gebildet ist. Vom Lateinischen aus hat sich der Terminus auch im Englischen *(preposition)* und in den romanischen Sprachen (z. B. frz. *préposition*, span. *preposición*) etabliert. In den slavischen Sprachen werden analog slavische Bezeichnungen verwendet (z. B. kroatisch *prijedlog*, russ. предлог). Zur genaueren Berücksichtigung der Wortstellungsmuster werden auch die Termini *Postposition* für nachgestellte Präpositionen und *Zirkumposition* für Konstruktionen aus einer Prä- und Postposition um die Beziehungsgrößen verwendet. Eine neutrale, sprachenübergreifende Bezeichnung ist *Adposition*. Nach ihrer Funktion werden Präpositionen auch als *Beziehungswort, Verhältniswort* oder *Fallfügewort* bezeichnet. Tesnière prägte zur Erfassung der Transformationsleistung von Präpositionen und Konjunktionen den Begriff *translatif*. Unter dem Aspekt ihrer morphologischen Unveränderlichkeit werden sie auch den *Partikeln* zugerechnet und manchmal als solche bezeichnet.

2. Kurzdefinition

Präpositionen sind Wörter, die sprachliche Einheiten zueinander in ein Verhältnis setzen. Sie regieren den Kasus ihrer Bezugswörter. Nach der Art der Rektion wird unterschieden zwischen Präpositionen, die einen Kasus regieren, solchen die zwei regieren, die sog. Wechselpräpositionen, und solchen ohne erkennbare Kasusforderung. Bei einigen Präpositionen schwankt der Kasus. Sie sind nicht flektierbar. Präpositionen stehen zumeist vor ihrem Bezugswort. Zusätzlich zu dieser namengebenden Stellung können Präpositionen dem Bezugswort auch nachgestellt sein oder das Bezugswort als Zirkumposition umschließen. Präpositionen sind nicht satzgliedfähig, können jedoch mit den Wörtern, auf die sie bezogen sind, Satzgliedfunktion haben. Präpositionen bilden mit ihren Bezugswörtern eine syntaktische Einheit, die Präpositionalphrase oder Präpositionalgruppe. Dabei werden (in Anlehnung an Eisenberg 1989: 262) nach der Art der Bezugsgrößen funktional Adverbiale (B 1), Verbergänzungen (B 2) und Attribute (B 3) unterschieden.

(B1)   Adverbial   [Karl rastet] ↔ [auf] ↔
                               [dem Bismarckturm]
(B2)   (Verb-)Ergänzung   [Inge] ↔ [hofft auf] ↔ [bessere Zeiten]
(B3a) Attribut (Objekt)   [Helgas] ↔ [Hoffnung auf] ↔
                               [bessere Zeiten]
(B3b) Attribut (Adverbial)   [Karls] ↔ [Rast] ↔ [auf] ↔
                               [dem Bismarckturm]

In (B1) stellt die Präposition eine Relation zwischen *[Karl rastet]* und *[dem Bismarckturm]* her. Sie ist austauschbar mit anderen Präpositionen bei gleichem Bezugsobjekt, z.B. *am, beim, neben, ...* oder die Präpositionalphrase aus Präposition und Bezugsobjekt kann durch andere adverbielle Bestimmungen, z.B. *nur kurz, zwei Stunden, den ganzen Tag, ...* ersetzt werden. In (B2) ist die Präposition *auf* dagegen eng an das Verb *hoffen* gebunden und überhaupt nicht oder nur sehr begrenzt mit anderen Präpositionen austauschbar. Die Präposition leistet nur noch einen geringen oder keinen relationierenden Beitrag in der Konstruktion. Die Präpositionalphrase in *[hofft auf bessere Zeiten]* hat dependenziell den Status einer Verbergänzung bzw. eines Präpositionalobjekts. Die attributiven Konstruktionen (B3a) und (B3b) ähneln jeweils dem Adverbial bzw. der Ergänzung.

Die obigen Beispiele ermöglichen verschiedene Zugangsweisen und Lösungen zur genaueren Bestimmung der Syntax und Semantik der Präpositionen. Schon bei ihrem Status gehen die Bestimmungen auseinander. Einerseits wird ihnen kein eigensemantischer Beitrag zugebilligt (z.B. Steinitz 1969), andererseits wird ihnen in unterschiedlichem Maße ein eigener Beitrag zur Bedeutung der Präpositionalphrase zugebilligt. Auch die Zahl der Präpositionen wird sehr unterschiedlich bestimmt. Überwiegend wird angenommen, dass es sich um eine geschlossene Wortart mit unscharfen Rändern handelt, deren Bestand sich (lediglich) über lange Zeiträume verändert (z. B. Engel 1988), während etwa Nübling 2005a explizit von einer offenen Klasse mit nur schwer bestimmbaren Mitgliedern spricht.

Allgemein kann davon ausgegangen werden, dass sich die Präpositionen nach ihrer Entstehung in drei Schichten einteilen lassen: (a) den historisch gewachsenen Kernbestand mit etwa 20 Präpositionen, zu denen *an, auf, bei, in,* ... gezählt werden, und die als einfache, bzw. primäre Präpositionen bezeichnet werden, (b) später entstandene komplexe bzw. sekundäre Präpositionen, z. B. *mithilfe, zufolge* oder *trotz,* die aus Substantiven bzw. subtantivischen Gruppen entstanden sind und (3) mehrteilige bzw. tertiäre Präpositionen, auch Halbpräpopositionen genannt (Wellmann 1985), z. B. *in Anbetracht.*

3. Die Wortart im Deutschen

3.1. Forschungsgeschichte

Die Bestimmung einer eigenen Wortart Präposition geht auf die Grammatik des antiken Gelehrten Dionysios Thrax zurück, der in seiner allgemein anerkannten téchne grammatiké unter den acht Wortarten auch die Präpositionen (πρόθεσις, prothesis) aufführt und nach ihren Stellungseigenschaften bestimmt: „Die Präposition ist eine Wortart, die vor alle Satzteile treten kann" (D. Thrax nach Arens 1969: 25). Donatus, dessen lateinische Schulgrammatiken lange prägend wirkten, übernimmt diese Definition für das Lateinische unter dem Begriff *praepositio*. Diesen Vorbildern folgten spätere Generationen deutscher Grammatiker bis ins 18. Jahrhundert. So behandelt z. B. Clajus 1578: 15 f. (nach Gessinger 1988: 16) die „Praepositio" unter den drei nichtflektierenden Wortarten. Mitunter wurden Präpositionalphrasen ersatzweise für den im Vergleich zum Lateinischen fehlenden Ablativ verwendet.

Mit Beginn der neueren Sprachwissenschaft am Anfang des 19. Jahrhunderts kamen systematisch neue Forschungsaspekte hinzu, insbesondere die Erforschung der genealogischen Entwicklungslinien der Präpositionen der indogermanischen Sprachen. Dabei zeigte sich, dass sich die meisten Präpositionen des Kernbestands aus Ortsadverbien entwickelt haben (s. Brugmann/Delbrück 1911). Paul 1920: 3 gibt folgende Zusammenfassung:

> „Die älteste Schicht der Präpositionen geht zurück auf Ortsadverbia. Diese traten ursprünglich nur zu Verben. Stand noch ein Kasus daneben, so war dieser eigentlich vom Verbum abhängig, das Adv. diente nur zu genauerer Bestimmung des im allgemeinen schon durch den Kasus bezeichneten Raumverhältnisses. (…) das Adv. ging eine engere Verbindung mit dem Kasus ein und wurde so zur Präp."

Einen großen Sprung machte die Erforschung der Präpositionen in den Sechzigern des letzten Jahrhunderts. Dies zeigt sich an Zahl und Art der einschlägigen wissenschaftlichen Arbeiten (vgl. Guimier 1981, Huppertz 1991, König-Hartmann/Schweizer 1983–84). In den Siebzigern verdreifacht sich die Gesamtzahl der Publikationen, die Zahl der Monographien steigt auf mehr als das Doppelte. Im aktuellen Jahrzehnt sind schon über 100 Publikationen zu verzeichnen. Nach den Bibliographien von Eisenberg/Gusovius 1988 und Eisenberg/Wiese 1995 ist die Gesamtzahl der Einträge leicht rückläufig. Einer Zunahme von Arbeiten zu Funktionsverbgefügen von ca. 12% auf 35% und zu einzelnen Präpositionen von knapp 16% auf 22%, steht ein leichter Rückgang von Arbeiten zu lokalen Präpositionen von 12% auf knapp 11% gegenüber. Bei aller Vorsicht belegen die Daten eine große forscherische Aufmerksamkeit seit den Achtzigern.

Forschungsmethodisch lassen sich einige Tendenzen feststellen. Am Beginn der systematischen Arbeit steht wohl Gebhardt 1896, der sich in seiner Beschreibung der Semantik und Rektion kaum auf Vorarbeiten stützen kann. Er verwendet literarische Belege aus eigenen Beispielsammlungen. Die Ergebnisse werden in einer Liste zusammengefasst, in der die verschiedenen Bedeutungen graphisch illustriert werden, später häufig angewandte Verfahren. Viele verwenden literarische Belege, z.B. Paul 1920 und viele Zeitschriftenbeiträge; strikt korpusanalytisch gehen z.B. Grießhaber 1981 oder Tarasevich 2003 vor.

Ein vollkommen anderes Konzept verfolgt Brøndal 1950 mit seiner sprachübergreifenden theoretischen Arbeit. Er entwickelt sechs abstrakte Relationstypen zur Beschreibung der Leistung von Präpositionen. Ein Korpusbezug ist bei diesem eher introspektiven Vorgehen nicht erforderlich. Das Konzept der abstrakten Relationen wurde auch in späteren Arbeiten verwendet, z. B. in Eroms 1981 Beschreibung der Präpositionen in Oppositionspaaren.

Im Zusammenhang mit der Linguistischen Datenverarbeitung lassen sich zwei Richtungen unterscheiden: ein strikter Korpusbezug zur vollständigen Erfassung und Beschreibung natürlichsprachlicher authentischer Texte (Schweisthal 1971) einerseits und formale Beschreibungsverfahren zur computergerechten Verarbeitung räumlicher Informationen im Zusammenhang mit der Verwendung von Präpositionen (z. B. Herweg 1988) andererseits. Zur Überprüfung von Beschreibungskonzepten werden in der Kognitionswissenschaft auch Computerprogramme zur Prozessierung verbaler Ausdrücke entwickelt und getestet (Carstensen 2001). Der zuletzt genannte Zugang weist mit der Modellierung mentaler Produktions- und Rezeptionsprozesse eine Nähe zu psychologischen Methoden auf. Mit dem in der Psychologie etablierten Verfahren der experimentellen Informantenbefragung soll das implizit vorhandene Wissen bei der Verwendung von Präpositionen erhoben werden, um so zu einer Beschreibung der Bedeutung zu gelangen (z. B. Grabowksi 1999; ähnlich und ergänzt um Reaktionszeitmessungen Nüse 1999).

3.2. Systematische Darstellung

3.2.1. Wortartenbestimmung

Mit der Bestimmung der Wortart ‚Präposition' beschäftigen sich zahlreiche Arbeiten. Die forschungsmethodisch angestrebte Erfassung aller erwünschten Elemente in einer Klasse einerseits und die Anwendung eines klaren Auswahlprinzips andererseits lassen sich bei der Wortart Präposition unter Beibehaltung des traditionellen Klassenumfangs nur schwer realisieren bzw. führen zu unerwünschten Effekten (vgl. Knobloch / Schaeder 2000). Schon antike Wissenschaftler haben bei der Identifizierung der Wortart im Griechischen zwei Kriterien angewandt: mit der namengebenden Voranstellung ein syntaktisches und mit der Nichtflektierbarkeit ein morphologisches. Folgende Kriterien zur Wortartenbestimmung finden Verwendung (vgl. Hundt 2000): (a) morphologisch die Nichtflektierbarkeit, (b) semantisch der Aspekt ihres Beitrags zur Bedeutung der Präpositionalphrasen, (c) syntaktisch der Aspekt, nicht satzgliedfähig zu sein, (in der Regel) einen Kasus zu fordern und (im Deutschen) zumeist vor den abhängigen nominalen Bezugswörtern zu stehen, (d) kommunikativ-pragmatisch, dass Präpositionen weder zu den referierenden noch zu den prädizierenden Wortarten zählen. Prosodisch wurden die Präpositionen noch nicht systematisch im Hinblick auf die Wortartenbestimmung untersucht. In der Regel wird ein Mischverfahren von zunächst morphologischen und syntaktischen Kriterien unter Berücksichtigung semantischer Aspekte angewandt. In der IdS-Grammatik z. B. werden Präpositionen syntaktisch nach der Rektion und ihrer Wortstellung bestimmt (Zifonun et al. 1997: 2077).

Je nach linguistischer Theorie werden unterschiedliche Kriterien zur Wortartenbestimmung auf verschiedene Art und Weise angewendet, wie die folgende Zusammenstellung (nach Rauh 1991 und Grießhaber 1999) zeigt: (a) Die traditionelle Grammatik (nach Curme 1935) erfasst Präpositionen nach ihrer syntaktischen Funktion, eine Relation zwischen dem regierten Nomen oder Pronomen und einem anderen Wort herzustellen. (b) Der Strukturalismus (nach Harris 1951, Fries 1952) erfasst Präpositionen in einem Mischverfahren als Funktions- bzw. Strukturwörter, als Wörter mit geringer Eigenbedeutung und als Wörter mit begrenzter Zahl und geringer Veränderung in diachroner Sicht. (c) Die Fillmoresche Kasusgrammatik (nach Fillmore 1968, 1969) sieht Präpositionen als Ausdruck tiefenstruktureller V-NP-Relationen. (d) Die generative Grammatik in der X-Bar-Theorie (nach Jackendoff 1973, 1977, Riemsdijk 1978, Wunderlich 1984, Bierwisch 1988) betrachtet Präpositionen als eine der vier Hauptwortarten mit den Features [-N, -V] und der syntaktischen Eigenschaft, in Kopfposition stehen und Kasus zuweisen zu können. (e) Die Dependenz-Verb-Grammatik (nach Engel 1988) sieht Präpositionen vornehmlich unter dem Aspekt der Vermittlung syntaktischer Abhängigkeiten (nach Tesnière 1959 handelt es sich um Translative). (f) In der Funktionalen Pragmatik werden Präpositionen nach ihrer funktionalen Leistung und Feldzugehörigkeit behandelt.

Rauh 1999 stellt die Frage, ob Wortarten grammatisch definiert sind, bzw. sein sollten, ob sie also als Elemente der gleichen Kategorie grammatische Eigenschaften teilen. Eine Bejahung dieser Frage führt nach Rauh zwangsläufig zu einer Vergrößerung der Zahl der Wortarten, um jeweils Elemente gleichen syntaktischen Verhaltens in einer Klasse zu vereinen (s. u. Bergenholtz / Schaeder 1977). Diesem Dilemma entkommt man, wenn man die traditionellen Wortarten nicht als grammatische Kategorien definiert und stattdessen Wortarten prototypisch betrachtet. Dazu schlägt sie drei hierarchische

Ebenen vor: Wortart als übergeordnete Kategorie, als untergeordnete Kategorien (z. B. Eigennamen, Hilfsverben und Nomina) und als basic level categories mit prototypischer Struktur, z. B. Präpositionen mit hervorstechenden Eigenschaften wie Flexions- und Derivationsmarkierungen und konstanten syntaktischen Kontexten. Demnach ist eine prototypische Präposition nicht flektierbar und steht vor einem Nomen. Zu einem ähnlichen Vorschlag gelangt Hundt 2000 aus einer grundsätzlichen Kritik der weit verbreiteten Mischklassifikationen, die kein analytischer Schönheitsfehler seien, sondern unscharfen Zonen zwischen den Wortarten geschuldet seien. Deshalb sei eine grundsätzlich andere Kategorisierung als die aristotelische erforderlich. Als geeignetes Konzept schlägt auch er die Prototypentheorie vor (Rosch 1973), mit der sich unscharfe Kategoriengrenzen und Übergänge zwischen Wortarten bearbeiten lassen. Im Unterschied zu Rauh sieht er die Wortarten auf einer mittleren Ebene. Das Wort ist eine wichtige kategoriale Schnittstelle zwischen Morphosyntax und Satzstruktur sowie der Satzgliedebene mit Übergängen und Abgrenzungsproblemen. Die beiden Beiträge bringen eine sicherlich weit verbreitete Unzufriedenheit mit den tradierten Wortartenklassifikationen zum Ausdruck. Letztlich plädieren sie für Mischklassifikationen. Mit dem Bezug zur Prototypentheorie möchten sie die Konsequenzen aus dem analytisch scharfen Zuordnungszwang abmildern, ohne den neu definierten Wortarten systematisch die grammatischen Eigenschaften der Mitglieder der Wortarten zuweisen zu können.

Die problematischen Konsequenzen einer strikt eindimensionalen Wortartenklassifikation zeigen sich am ausschließlich syntaktisch definierten Vorschlag von Bergenholtz/Schaeder 1977. Den Ausgangspunkt ihrer Klassifikation bildet die Rektion. Unter Berücksichtigung der tatsächlichen Vor-, Nach- oder Zirkumposition von Präpositionen und der Tatsache, dass einige Präpositionen enklitisch den Artikel binden, kommen sie auf acht verschiedene Wortarten für Präpositionen. Ihr Vorschlag weist Ähnlichkeiten zu dem Vorgehen von Schweisthal 1971 (s. u.) auf.

Einen anderen Weg geht Grießhaber 1999 im Rahmen der Funktionalen Pragmatik. Mit Ehlich 1986 lässt sich sprachliches Handeln auf sprachliche Felder beziehen, denen jeweils spezifische sprachliche Ausdrucksmittel zur Realisierung mittels Prozeduren zugeordnet sind. Das Konzept stellt eine handlungstheoretische Weiterentwicklung von Bühlers 1934 zeichentheoretischer Zweifeldertheorie dar. Für die Bestimmung der Präpositionen kommen demnach das Symbolfeld mit der nennenden Prozedur und das operative Feld mit der operativen Prozedur in Betracht. Bühler ordnet die Präpositionen dem Symbolfeld zu, insofern mit ihnen – am Beispiel des lokalen Verhältnisses: *die Kirche neben dem Pfarrhaus* – die Position eines Dings in Relation zu einem anderen bestimmt wird. Grießhaber 1999 ordnet Präpositionen auch mit Blick auf andere Sprachen, die wie z.B. das Türkische eine derartige Leistung mit abstrakten Kasussuffixen – also Mitteln der operativen Prozedur – realisieren, dem operativen Feld zu. Die Zuordnungen sind für das Deutsche nicht trivial, da die Präpositionen nicht abstrakte Kasussuffixe sind, sondern eigenständige Ausdrücke mit Symbolfeldqualitäten, die ihre Verwendung steuern. Bednarský 2002 bezeichnet sie deshalb als paraoperativ, d.h. die ursprünglichen Symbolfeldmittel haben Funktionen im operativen Feld übernommen. Redder 2005 geht einen Schritt weiter und ordnet Präpositionen dem Symbolfeld zu. Dabei unterscheidet sie eine einfache Verwendung unter Beibehaltung ihrer ursprünglich nennenden Funktion, z.B. *die Dachterrasse auf der Schule,* von einer para-operativen Prozedur, bei der sie in das operative Feld transponiert werden und dem Symbolfeldausdruck, auf den sie sich beziehen, eine höhere Abstraktionsstufe zuweisen, z.B. in *auf der Schule verlieren sich häufig die Einzelinteressen*. Bei diesem Vorschlag müssen die Rezipienten also wie bei einer Implikatur die Wirkungsebene eines sprachlichen Ausdrucks erschließen. Grießhaber 1999 vermeidet diesen Effekt, indem er den Bezugsbereich in einen Wahrnehmungs- und Vorstellungsraum unterteilt, auf dem die Präpositionen jeweils vergleichbares leisten. Rehbein 2005 betont ebenfalls die Symbolfeldkomponente der Präpositionen. Während Bühler im Grammatikalisierungsprozess eine Symbolfeldverblassung annimmt, nimmt Rehbein eine Auflagung mit synsemantischen Leerstellen an, die das Bezugsnomen in den Wirkungsbereich der Präposition stellen, erkennbar an der Rektion. In diesem Sinne dienen Präpositionen als Symbolfeldmittel der thematischen Prozessierung.

3.2.2. Bestand

Präpositionen zählen zu den am häufigsten verwendeten Wörtern der deutschen Sprache (vgl. Tabelle 1). In fast jedem Satz ist eine Präposition. Die Verwendungshäufigkeit fällt bei den jüngeren Prä-

Präp.	Frequ.	Stell.	Kasus	KLI.	LOK	TEMP	MOD	KAUS	sonst
an	2	prä/Z-re	A/D	m/s	x	x	x	x	
auf	2	prä	A/D	m/s/n	x				
angesichts	8	prä	G (D)				x	x	
aus	3	prä/Z-re	D	m	x				
bei	3	prä	D	m	x				
durch	4	prä/Z-li	A	s/n	x	x	x	x	Instr.
in	1	prä	A/D	m/s	x	x	x		
mit	2	prä	D	m			x		Kond.
nach	3	prä	D	m	x	x	x		
trotz	8	prä	G (D)						Konz.
über	4	prä	A/D	m/s/n	x	x	x		
von	2	prä/Z-li	D	m	x	x	x		
vor	4	prä	A/D	m/s	x	x		x	
zu	2	prä	D	m/r	x	x			Fin.

Legende: Frequ.: Häufigkeit relativ zu *der: der* ist ca 2^x mal häufiger nach Deutscher Wortschatz
Stell.: Stellung: prä – Voranstellung, prä/Z-re rechter Teil einer Zirkumposition
Prä/Z-li linker Teil einer Zirkumposition
Kasus: A/D Wechselpräposition mit Akk oder Dat; (D) alternativer Kasus
KLI.: Verschmelzung mit bestimmtem Artikel *dem, das, den, der*

Tabelle 1: Ausgewählte Präpositionen

positionen stark ab, von einem Vierzigstel bei *seit* auf ein Hundertstel bei *während* und auf weniger als ein Tausendstel bei *kraft*.

Zur allgemeinen Verwendung der Präpositionen gibt es nicht gerade zahlreiche empirische Untersuchungen. Mikosch 1987 analysiert die Präpositionsverwendung von Erwachsenen in 424 Gesprächen im süddeutschen Raum. Danach haben die Präpositionen einen Gesamtanteil von 5,4% an allen Wörtern (Mikosch 1987: 27). Die relative Häufigkeit ausgewählter Präpositionen zeigt Tabelle 2 im Vergleich mit Kindern am Ende der Grundschulzeit aus dem Projekt

„Deutsch & PC". Die GrundschülerInnen verwenden in schriftlichen Texten zu einem Bild die Präpositionen bei einem Anteil von 4,6% an allen Wörtern etwa gleich häufig wie die Erwachsenen, aber in etwas anderer Verteilung, wie Tabelle 1 zeigt. Dabei ist festzustellen, dass die SchülerInnen *auf, aus, mit, nach, vor* und *zu* zum Teil sehr viel häufiger verwenden und umgekehrt *an, bei, durch, in, über* und *von* seltener verwenden. Bei den häufiger verwendeten Präpositionen haben alle außer *auf* und *vor* nur einen Kasus, den Dativ. Umgekehrt hat die Hälfte der seltener verwendeten sowohl Akkusativ als auch Dativ *(an, in, über)*. Es lässt sich somit bei den Schülern, von denen über 77% eine nichtdeutsche Familiensprache haben, eine Tendenz zur Reduzierung der Wechselpräpositionen zugunsten von Präpositionen mit dem Dativ feststellen.

	an	auf	aus	bei	durch	in	mit	nach	über	von	vor	zu
GS	7,1	10,7	2,4	2,9	1,2	19,3	12,4	7,2	0,3	7,3	8,6	20,6
SD	9,2	8	1,7	6,6	1,6	27,7	9,7	4,9	2,4	10,3	2	7,7

GS: 153 GrundschülerInnen am Ende der vierten Klasse in einem Text zu einem Bild (schriftlich im Projekt „Deutsch & PC")
SD: 424 Erwachsene SprecherInnen aus Süddeutschland (mündlich) (Mikosch 1987: 122)

Tabelle 2: Anteil der jeweiligen Präpositionen in Prozent

Zur Rektion ermittelt Bartels (1979: 68) für die von ihm untersuchten 127 Präpositionen folgende Verteilung: 51,2% mit Genitiv, 16,5% mit Dativ, 7,9% mit Akkusativ, sowohl mit Akkusativ als auch mit Dativ 9,5% und 4,7% mit schwankendem Kasus und 10,2% mit besonderer Rektion. Das Phänomen der schwankenden Kasusverwendung nach bestimmten Präpositionen wird in der Forschung eher beiläufig zur Kenntnis genommen und gegebenenfalls bei der Beschreibung der Präpositionen vermerkt. Engel (1988: 692 ff.) verwendet die Notationskonvention „a/d" für alternierende Rektion bei Wechselpräpositionen mit Bedeutungsveränderung auch für schwankende Rektion ohne Bedeutungsveränderung „g/d", z.B. bei *dank*. Gelegentlich gibt er bei mehreren Kasus einen Hinweis, z.B. „wo flexematisch nicht eindeutig" oder „eher alltagssprachlich". Auch in Wörterbüchern wird dieser Aspekt eher nebenbei behandelt, so z. B. in Kempcke (2000: 206) bei *dank* „Präp. Mit Dat., auch mit Gen.". Speziell nichtdeutschsprachigen BenutzerInnen kämen genauere Angaben zu den unterschiedlichen Verwendungen entgegen. Für die Forschung wäre es interessant, ob mit der schwankenden Rektion allgemeinere oder zumindest partiell konsistente Entwicklungstendenzen einhergehen, oder ob es sich um bloße Zufälle handelt. Das Internet gibt Anlass für explorative Fragestellungen. So findet sich bei einem wohl nicht professionell schreibenden Blogger sowohl Genitiv als auch Dativ nach *angesichts* (B 4) (vgl. Elter 2005).

(B4) Angesichts [der käuflichen Opel-Blogger$_G$] und [dem lobhudelnden Stuss$_D$], der beim Neuwagentest so ... (google 20.07.06)

Einen weiteren interessanten Aspekt stellt die Klitisierung des der Präposition folgenden Artikels mit der Präposition dar, z. B. *ins* für *in das* oder *im* für *in dem* (vgl. Eisenberg 1988: 267 f., Engel 1988: 704 f., Haberland 1985, Hartmann 1989). Im Internet finden sich interessante Belege für weitere Präpositionen, so z. B. *ausm, ausn, durchn. ausn* steht einmal für *Ausnahme,* aber auch für *aus den/ dem.* In den Belegstellen mit klitischem Artikel finden sich häufig süddeutsche umgangssprachliche und / oder dialektale Wendungen. Damit geht wie in (B 5) eine inoffizielle, saloppe Atmosphäre einher. Es wäre interessant, zu überprüfen, ob sich die Beobachtungen systematisieren oder auch verallgemeinern lassen. Mit Nübling 2005b könnte man auch weiter gehend fragen, ob sich hier nicht der allgemeine Trend zu analytischen Konstruktionen abzeichnet (s. a. Schmitz 1999).

(B5) Trinkt ma Kaffee ned ausn Becher :eek: , sondern ausn Haeferl oder aus der Tasse :) (google 23.07.06)

In der Forschung schwankt die Zahl der behandelten Präpositionen in Abhängigkeit von linguistischem Modell und Zweck der Publikation. Die höchste Zahl von Präpositionen hat wohl Schweisthal 1971 ermittelt, der im Rahmen der linguistischen Datenverarbeitung jedes Vorkommen einer Präposition in der jeweils verwendeten Form (also *in, im* und *ins* jeweils als eigene Präposition) als Wort erfasst und mit diesem Verfahren insgesamt 261 verschiedene Wörter der Wortart Präposition ermittelt. Dagegen behandeln Helbig/Buscha 1986 in ihrer Referenzgrammatik für den Unterricht in Deutsch als Fremdsprache mit 64 Präpositionen deutlich weniger, wie auch

Schröder 2000, der in seinem Referenzlexikon für Muttersprachler 96 Präpositionen berücksichtigt. Engel 1988 beansprucht in seinem Referenzwerk für Muttersprachler, Lernende und Lehrende sowie Lehrwerkautoren Vollständigkeit und listet 120 verschiedene Präpositionen auf, die um 11 präpositionsähnliche Adjektive bzw. Adjektivphrasen (z. B. *ungleich*) sowie 45 präpositionsartige Präpositionalphrasen (z. B. *in Abhängigkeit von*) ergänzt wird. Die Listen sind leicht erweiterbar; so fehlt z. B. der Ausdruck *in Anbetracht*, der es bei einer Google-Suche auf 2.560.000 Treffer bringt, also durchaus zur Allgemeinsprache zu zählen sein dürfte. Die kleine Übersicht zeigt, dass die Zahl der Präpositionen je nach angewandtem Zählverfahren, bzw. Wortartdefinition, schwankt.

3.2.3. Syntax der Präpositionen

Die Syntax der Präpositionen scheint zunächst nicht besonders aufregend zu sein, aus der Wortartenbezeichnung ergibt sich schon das entscheidende Merkmal der Stellung vor der Bezugsgröße. Tatsächlich ergeben sich jedoch eine Fülle interessanter Aspekte. Mit Eisenberg (1989: 261) soll die grundlegende syntaktische Struktur von Präpositionalphrasen diskutiert werden (s. Abb. 1).

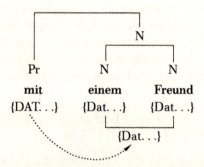

Abbildung 1: Struktur einer einfachen Präpositionalphrase nach Eisenberg (1989: 261)

Die vor einem Nominal, d. h. einem Substantiv oder einem Pronomen, stehende Präposition etabliert eine syntagmatische Beziehung zu dem folgenden Nominal, das sie hinsichtlich des Kasus regiert. Eine der in vielen Arbeiten diskutierten Fragen betrifft den Status der Präposition innerhalb der Präpositionalphrasen: Ist die Präpositionalphrase ein unabhängiges Adverbial oder eine unselbständige verbabhängige Ergänzung? Je nach linguistischer Schule und jeweiligem Stand der Theorie fallen die Antworten recht unterschiedlich aus.

In strikt distributionellen Arbeiten – vornehmlich der frühen Computerlinguistik – spielt diese Frage eine untergeordnete Rolle. Stattdessen werden korpusbezogen Strukturmuster und -varianten ermittelt. Schweisthal 1971 gelangt so zu sechs verschiedenen Mustern, bei denen u. a. auch ermittelt wird, ob das abhängige Nomen im Singular, im Plural oder mit beidem stehen kann und ob es mit oder ohne Artikel oder mit beidem stehen kann. Das systematisch Neue an dem Vorgehen ist darin zu sehen, dass berücksichtigt wird, dass Präposition und Bezugsnomen in der Präpositionalphrase eine neue Einheit bilden und in ihr zusammenwirken. Damit wird nicht jede Variante von Präpositionalphrasen dem Beitrag der Präposition zugeschrieben, wie dies z. B. in der komponentiell-semantischen Beschreibung von Bartels 1979 erfolgt. Eine zweite Neuerung betrifft die Überschreitung der Präpositionalphrasen und die Einbeziehung des übergeordneten Nominals in die Analyse, wie in folgenden Beispielen (Schweisthal 1971: 18):

(B5) ein Blick aus dem Fenster – Blicke aus dem Fenster – ein Schaft aus Eisen

Valenzgrammatische Arbeiten berücksichtigen den Kontext der Präpositionalphrasen vornehmlich unter dem Aspekt der Ermittlung von Ergänzungsklassen. Nach Engel (1977: 94 f.) fungiert in der kontextfrei betrachteten Präpositionalphrase *vors Haus* die Präposition *vor* als Nukleus einer T-Phrase. In *Sonja geht vors Haus* erscheint die gleiche Präpositionalphrase dagegen als vom Verb *geht* abhängig und wird deshalb als Verbglied der Ergänzungsklasse E6 betrachtet. Eroms 1981 kann als Abbildung der generativen Transformationsgrammatik auf die Dependenz-Verb-Grammatik ohne generativ-erzeugenden Anspruch gesehen werden. Bei der Bestimmung syntaktischer Verhältnisse kommt semantischen Merkmalen ein hoher Stellenwert zu. In den vorliegenden Arbeiten ist es schwierig, scharfe Grenzen zwischen Präpositionalobjekten und adverbialen Präpositionalphrasen zu ziehen (vgl. Breindl 1989). Im VALBU (Schumacher u. a. 2004) wird der Kernbestand der Verben auf der Grundlage eines Valenzmodells syntaktisch und semantisch beschrieben.

Im Rahmen generativistischer Arbeiten spielten Präpositionen zunächst nur eine untergeordnete Rolle. Sie zählen allgemein zu den grundlegenden kasuszuweisenden lexikalischen Kategorien mit den Merkmalen [-N, -V]. Präpositionen wurden z. B. von Chomsky und Bierwisch unter dem Aspekt geeigneter Subkategorisierung des Verbs betrachtet. Steinitz 1969 entwickelt ein Modell (s. Abb. 2), das allen Adverbialen zugrunde gelegt werden kann. Sie unterscheidet im Folgenden dann zwischen zwei Adverbialen: obligatorische, die als Adv bezeichnet werden und fakultative, die als Advb bezeichnet werden. Für die weiter nach lokalen, direktiven und modalen subkategorisierten obligatorischen Adv werden die Verben entsprechend subkategorisiert. Die Advb werden noch weiter ausdifferenziert. Für das Spanische kommt Meisel 1970 dann auf der Basis von Steinitz zu dem Ergebnis, dass die Präpositionen zu den Lexikoneinträgen des Verbs zu zählen sind. Für das Deutsche, das einerseits über eine reichere Flexionsmorphologie als das Spanische und über semantisch differenzierte Präpositionen verfügt (s. u.), erweist sich seine Lösung als nicht tragfähig.

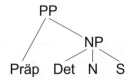

Abbildung 2: interne Struktur einer einfachen Präpositionalphrase nach Steinitz (1969: 72)

Wunderlich 1984 führt am Beispiel der Präpositionalphrasen die X-Bar Theorie für das Deutsche ein. Dazu behandelt er verschiedene Fälle verschachtelter Präpositionalphrasen, bei denen die eine Präpositionalphrase von einer anderen abhängig ist. Eine Sonderrolle kommt dabei der Präposition *bis* zu, die keine Kasuszuweisung aufweist, dafür aber als Subkategorisierung eine weitere PP als Argument verlangt. Dieser Vorschlag muss damit umgehen, dass zwar in *bis Ostern* keine Rektion erkennbar ist, wohl aber in *bis nächsten Monat*. Dies wird analog zum freien Akkusativ bei Zeitangaben mit der thematischen Rolle der NP erklärt, also einer Subkategorisierung im Lexikon. Auch andere Präpositionen können eine weitere Präposition als Argument nehmen und stören so das Bild einer besonderen Präposition: *von (kurz) vor dem Kriege*. Für *angesichts von*

verzeichnet google 650.000 Treffer, was einem Anteil von ca. 5 %
entspricht. In allen diesen Fällen müsste demnach die Präposition
entsprechend subkategorisiert werden. Die in der UG verpönte Integration semantischer Merkmale in die Syntax erweist sich somit als problematisch. Schon Paul (1920: 55) schlug für solche Fälle vor, dass der Kasus der zuletzt verwendeten Präp den Ausschlag gibt. Damit sind dann auch Fälle mit mehr als zwei Präpositionen wie in (B 7) und (B 8) einheitlich zu handhaben.

(B7) FEMZIP komprimiert die Daten auf bis zu ein Zehntel ihrer Originalgröße. (google 20.07006)
(B8) Hochsommer bringt Temperaturen von bis zu 37 Grad. (google 20.07.06)

3.2.4. Semantik der Präpositionen

In den Arbeiten zu den Präpositionen kommt der Semantik eine große Bedeutung zu. Einerseits ist es eine Herausforderung, die teilweise sehr subtilen Unterscheidungen bei der Verwendung unterschiedlicher Präpositionen auf das gleiche Bezugsnomen treffend und kompakt herauszuarbeiten. Andererseits kommt den Präpositionen gerade wegen dieser subtilen Differenzierungen eine zentrale Stelle bei der Vermittlung sprachlicher Ausdrücke mit außersprachlichen Sachverhalten zu. Deshalb befassen sich viele Arbeiten der linguistischen Datenverarbeitung und in den Kognitionswissenschaften mit der Semantik von Präpositionen. Auch mit Blick auf die Sprachverwender und Lernende von Deutsch als Fremd- oder Zweitsprache ist dieser Bereich wichtig.

Schweisthal 1971 ermittelt in der frühen linguistischen Datenverarbeitung anhand von rund 40.000 Belegen die Kombinationsmöglichkeiten von Präpositionen und Bezugsnomen. Dazu werden aus der Distribution von Präposition und Nomen unter Bezug auf die inhaltsbezogene Sprachanalyse sog. Präpositionsinhaltfunktionsklassen und analog Nomeninhaltfunktionsklassen gebildet. Damit sollen die Unterschiede zwischen *auf der Schule* (Ort) und *auf der Schule* (Teilnahme) berücksichtigt werden. Der Ansatz führt zu zahlreichen Homonymen, z.B. für die Präposition *vor* in lokaler Bedeutung zu vier grammatischen Inhalten mit 40 Homonymen, die sich nach den jeweils kombinierbaren Nominalklassen unterscheiden. Auch wenn das Modell mit Merkmalsbündeln arbeitet, lassen sich nur schwer Bedeutungszentren ermitteln.

Komponentielle Bedeutungsanalysen gehen davon aus, dass man die Bedeutung der Präpositionen in einzelne Bestandteile zerlegen und in Form einer (hierarchischen) Merkmalsstruktur beschreiben kann. Bartels 1979 (s. a. Bartels / Tarnow 1993) arbeitet im Rahmen einer marxistischen Abbildtheorie, in der sich sprachliche Zeichen auf außersprachliche Sachverhalte, die objektive Realität, beziehen. Dieser Prozess ist das Ergebnis der schöpferischen Auseinandersetzung des Menschen mit der Umwelt, wodurch ein Abbild der Umwelt im Bewusstsein entsteht. Mittels einer Distributionsanalyse werden Bedeutungsunterschiede zwischen verschiedenen Präpositionen und von Präpositionen mit unterschiedlichen Bezugsnomina ermittelt. Die so ermittelten Bedeutungselemente werden in drei Hierarchieebenen eingeteilt. Zur Strukturierung dienen der erfasste Wirklichkeitsausschnitt und die Abstraktionsebene. Jeder Ebene wird eine spezifische syntaktische Aufgabe zugeordnet. Die Seme werden nach ihrer Auftretensfrequenz unterschieden. Für alle Präpositionen wird auf der I. Ebene ein Sem BEZIEHUNG angesetzt, das nicht mehr eigens ausgewiesen wird und das je nach Präposition um bis zu sieben Seme, z. B. LOKAL, erweitert werden kann. Für die II. Ebene stehen 43 Seme zur Verfügung und für die III. Ebene, die der Bezeichnung sehr spezieller Beziehungen dient, werden 12 Seme angenommen (s. Abb. 3). Der Unterschied zwischen den letzten beiden Ebenen ist nicht klar herausgearbeitet. Zur Berücksichtigung ‚ähnlicher' Seme wird analog zum Konzept der Allomorphe und Nullmorpheme ein Allosem eingeführt.

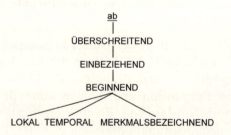

Abbildung 3: Semstruktur für *an* nach Bartels 1979: 95

Eine Variante der komponentiellen Bedeutungsanalyse stellt der raumbezogene Ansatz von Schröder dar. Für lokale Präpositionen wählt Schröder 1976 als Bezugspunkt der Bedeutungsanalyse ein dreidimensionales Raummodell, auf das die Verwendungen der Präpositionen abgebildet werden. Aus dem Verhältnis eines Objekts zu den verschiedenen Elementen eines Würfels ergeben sich die lokalen Bedeutungskomponenten. Sie sind umso sicherer anwendbar, je konkreter die Raumstruktur ist. Die Arbeiten stellen wichtige Vorarbeiten für spätere Analysen der Semantik lokaler Präpositionen dar. Das Modell wurde mit dem Konzept distinkter Seme auch für andere als lokale Verwendungen erweitert (Schröder 1990). Dabei zeigt sich das bei Bartels gezeigte Problem der Homonyme. So werden allein für die Präp *zu* acht verschiedene Hauptbedeutungen mit jeweils mehreren Unterklassen unterschieden.

Genau den umgekehrten Ansatz verfolgt Brøndal 1950 mit der Bestimmung der Bedeutung von Präpositionen mit sehr abstrakten Kategorien wie z.B. Transivité oder Connexité (s.o.). Für das Deutsche greift Eroms 1981 diesen Ansatz auf und entwickelt auf der Basis einer Korpusanalyse ein Modell, in dem er unfixierte Gebrauchsweisen berücksichtigt, also idiomatische und nicht verb-dependente ausschließt. Zur Beschreibung verwendet er 17 abstrakte Kategorien. Anschließend werden die Präpositionen in Gruppen nach speziellen Oppositionspaaren in 13 Feldern geordnet, z.B. *unter$_1$: über*; *für : gegen*; *mit : ohne*; *durch : trotz*. Dieses Vorgehen führt u.a. zu Schwierigkeiten bei der Abgrenzung der Präpositionen *in, nach* und *zu*, da sie verschiedenen Feldern zugeordnet sind. Die abstrakte Bedeutungsanalyse führt nicht immer zu nachvollziehbaren Kategorisierungen.

Auf der Basis der Prototypentheorie legt Herskovits 1986 im Rahmen der kognitiven Linguistik ein Modell zur Beschreibung lokaler Präpositionen vor. Bei diesem Ansatz werden die vielfältig unterschiedlichen Verwendungsweisen auf grundlegende prototypische Bedeutungen zurückgeführt. Die wahrnehmbaren räumlichen Verhältnisse werden bestimmten Kategorisierungsprozessen unterzogen, wenn mittels Präpositionen auf sie Bezug genommen wird. Als Grundlage der Bedeutungsbeschreibung dient die ideale Bedeutung, verstanden als geometrische Idee. Bei der Äußerung *The bird is in the bush* wird die Grundbedeutung der Präposition *in*, nämlich „inclusion of a geometric construct in a one-, two-, or three-dimensional geometric construct" (s. 149), für den Vogel auf den Behälter Busch angewendet. Zusätzlich zu „Included" unterscheidet sie „Interior", „Outline", „Visible Part" und „Place". Über verschiedene mentale Anpassungs- und Veränderungsprozesse werden die wahrnehmbaren Objekte auf geometrische Objekte abgebildet. Insoweit handelt es sich um ein regelbasiertes repräsentationelles Konzept. Zusätzlich zu diesen Abbildungsprozessen nimmt Herskovits noch sog. „use types" an, die aus zwei Teilen bestehen: ein um die Präposition zentriertes Ausdrucksmuster und eine mit dem Muster assoziierte Interpretation. Diese Prozesse laufen wesentlich über unterschiedliche Wortbedeutungen. Letztlich stehen bei Herskovits zwei Ansätze nebeneinander.

Wunderlich hat in mehreren Arbeiten ein lokalistisch-topologisches Beschreibungsmodell auf der Grundlage der Mengentheorie vorgelegt. Die den Kernbestand der Präpositionen bildenden lokalen Präpositionen werden als Funktoren betrachtet, die bei Anwendung auf ein Objekt eine für die jeweilige Präposition charakteristische Nachbarschaftsregion liefern (s. Abb. 3). Für statische Verben ist das Objekt b während eines gesamten Zeitintervalls t in der durch die Präposition definierten Nachbarschaftsregion. Die Präpositionen werden nach den erzeugten Nachbarschaftsregionen in folgenden fünf Gruppen zusammengefasst: Innenraum / Außenraum / Umgebung, Richtungen, Vertikalität / Horizontaliät, Perspektiven in der Horizontalen und Einzelfälle (z. B. für *um, durch, längs, …*). Ein zentrales Problem dieses Ansatzes ist die Gleichsetzung der geometrischen Beschreibung mit der Bedeutung. In der Äußerung *In der Vase steht eine Pfingstrose* (S. 12) ist ja die Rose nur partiell in der Vase, während ein Teil – der für eine Blume zentrale – über die Vase hinausragt, also nicht in der Innenregion der Vase ist. Dies ist nach Wunderlich keine semantische Eigenschaft der Präposition *in*, sondern eine pragmatische Eigenschaft unserer Verwendung von *in* in etwas laxer Weise. Weitere Probleme ergeben sich bei der Bestimmung unterschiedlicher Näheverhältnisse, für die zusätzliche Kontextfaktoren angenommen werden, die jedoch das geometrische Beschreibungsmodell sprengen. Ein interessanter Aspekt ist Wunderlichs Feststellung, dass die Verwendung einer Präposition eng mit der Kategorisierung von Objekten zusammenhängt.

Aus dem Bereich der Kognitionswissenschaften / Künstlichen Intelligenz sind interessante Beiträge zur Beschreibung der Präpositionen gekommen. Der Bezug auf die rechnergestützte Sprachverarbeitung erweist sich als heuristisch fruchtbares Mittel zur Einbeziehung kognitiver Prozesse, die in ausschließlich sprachwissenschaftlichen Arbeiten nicht erreicht wurde. So wurde die Ausdifferenzierung der

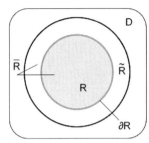

Abbildung 4: Topologisches Raummodell nach Wunderlich 1982: 6

oben mehrmals angesprochenen relevanten Faktoren weitergetrieben. Die angestrebte Algorithmisierung der Beschreibung erfordert eine Formalisierung kognitiver Prozesse. Habel/Pribbenow 1988 stellen ein Modell vor, das systematisch alle zur Beschreibung des Gebrauchs lokaler Präpositionalphrasen notwendigen Größen zu erfassen sucht. Dabei ist zu unterscheiden zwischen räumlichen Einheiten, der mentalen Repräsentation dieser räumlichen Einheiten und der Bezugnahme auf sie mittels Sprache. Dabei wird auch das Hörerwissen als determinierender Parameter für die Qualität des versprachlichten Wissens berücksichtigt. Das zur Beschreibung von lokalen Präpositionen vorgestellte Modell enthält jedoch auch noch ein Forschungsprogramm, insofern nichträumliche Verwendungen von Präpositionen erkannt und von den gebietskonstituierenden Prozessen ausgesondert werden müssen.

Herweg 1988 fasst die Ansätze von Habel/Pribbenow und Wunderlich zusammen. Wunderlichs topologischem Modell fügt er pragmatisch unscharfe Grenzen hinzu, um so die tatsächliche Verwendung der Präpositionen zu berücksichtigen. Probleme ergeben sich wie bei Wunderlich bei der Bestimmung unterschiedlicher Näheverhältnisse in der Abgrenzung von *an* und *bei*. Die konkrete Bedeutung ergibt sich dann ähnlich wie bei Habel/Pribbenow und Herskovits aus Interpretationsprozessen bei der Anwendung eines räumlichen Ausdrucks. Besonders interessant ist hier das Konzept der funktionalen Umdeutung. Damit soll das Problem der lediglich partiellen Inklusion der Rosen in der Blumenvase bewältigt werden. Hier liefert die Bedeutung der Präposition *in* lediglich den gesamten Innenraum der Vase, erfasst also nicht den überstehenden Teil des Stiels und die Blüte. Die in der Wortbedeutung von *Vase* mitgegebene Behältnisrelation bewirkt, dass die gesamte Blume durch den in der Vase enthaltenen Teil in ihrer Lage gehalten wird. Diese Behältnisrelation gehört nicht zur Wortbedeutung von *in*, sondern zur Wortbedeutung von *Vase*. Allerdings bereitet dieses Modell Probleme bei Ausdrücken wie *auf der Straße läuft ein Mann*, da hier die für die Strasse angenommene Unterstützungsrelation für den darauf laufenden Mann völlig trivialisiert wird. Ungelöst ist ferner die Unterscheidung von Ausdrücken wie *in der Schule, auf der Universität* usw. Die hier vorliegenden Möglichkeiten, dass es sich je nach Kontext sowohl um ein räumliches Verhältnis wie um ein institutionelles Verhältnis ohne aktuelle räumliche Inklusion handeln kann, bleiben unaufgelöst.

Im Rahmen der Funktionalen Pragmatik legt Grießhaber 1999 ein Modell zur Beschreibung lokaler Präpositionen vor. Demnach ist die funktionale Leistung der Präpositionen darin zu sehen, dass Einheiten zueinander in ein Verhältnis gesetzt werden. Bei lokalen Präpositionen wird dem Rezipienten mitgeteilt, dass und wie ein zu lokalisierendes Objekt LO zu einem Bezugsobjekt BO in einer Beziehung steht. Sprachspezifisch wird dieses Verhältnis im Deutschen wesentlich durch die Präposition zusammen mit dem von ihr regierten Kasus bestimmt. Als Relation ist die Art dieser Beziehung allgemeiner Natur und kann sich sowohl auf lokale wie temporale oder abstrakte Sachverhalte beziehen. Das In-Beziehung-Setzen von Einheiten operiert nicht unmittelbar auf der wahrnehmbaren Wirklichkeit, sondern auf sprachlich gefassten Wissenspartikeln über den Wirklichkeitsausschnitt. Es werden also nicht geometrische Beschreibungen von Objekten relationiert, sondern sprachlich gefasste, d. h. auch sprachlich klassifizierte Repräsentationen. Bei der Lokalisierung lassen sich die Bezugsobjekte in zwei große Klassen einteilen: diejenigen im „Wahrnehmungsraum" und diejenigen im „Vorstellungsraum". Auf der Basis einer Distributionsanalyse werden die Objekte des Wahrnehmungsraumes nach sinnlich wahrnehmbaren Merkmalen in vier verschiedene Klassen eingeteilt (s. Tabelle 3). Bei flächigen und räumlichen Objekten sind geometrisch beschreibbare Merkmale ausschlaggebend, während bei den zwei Klassen der Raumpunkte und Personen, bzw. Lebensbereich von Personen weitere Merkmale hinzukommen. Die Bezugsgrößen des mentalen Vorstellungsraumes werden analog zu den Objekten des Vorstellungsraumes in ähnliche Klassen eingeteilt, für die die jeweiligen

	Objektklasse	Beispiel	Präposition		
Wahrnehmungsraum			Statisch	Direktiv	Ursprung
A	Fläche	*Wiese*	*auf*	*auf*	*von*
B	Raum	*Haus*	*in*	*in*	*aus*
C	Punkt	*da*		*nach*	*von*
D	Person	*Hans*	*bei*	*zu*	*von*
Vorstellungsraum					
E	Amt	*Schule*	*auf*	*auf*	*von*
F	Bezirk	*Garten*	*in*	*in*	*aus*
G	Siedlung	*Köln*	*in*	*in / nach*	*von / aus*
H	Aktant	*Lehrerin*	*bei*	*zu*	*von*

Tabelle 3: Objektklassen des Wahrnehmungs- und Vorstellungsraums (Grießhaber 1999: 98)

Präpositionen des Vorstellungsraumes Anwendung finden. Es werden unterschieden: Bezirk, Amt, Aktant und Siedlung.

Eine *Rasenfläche* z. B. kann als flächenhaftes Objekt aufgefasst werden, für das die Präposition *auf* bei einer statischen oder zielgerichteten Beziehung anwendbar ist. Eine Fläche mit Gras in einem *Garten* wird durch den umgebenden Zaun Teil eines umgrenzten Bezirks; dann wird die Präposition *in* angewendet. Eine *Weide* ist zwar ebenfalls eine eingezäunte Grasfläche, die jedoch angesichts ihrer Ausdehnung mit der Präposition *auf* als flächenhaftes Objekt klassifiziert wird. *Gras* selbst wird eher als dreidimensionaler Raum betrachtet, der durch die Grashalme erzeugt wird. Dementsprechend findet sich in Google ca. zehnmal häufiger die Präposition *in* als *auf* mit *Gras*. Die Differenzierung in Wahrnehmungs- und Vorstellungsraum vermeidet die in den oben vorgestellten Konzeptionen erforderlichen mentalen Schlussprozeduren. Zur Auswahl der passenden Präposition muss nicht zu jedem einzelnen Lexikoneintrag eine individuelle Subklassifizierung erfolgen. Stattdessen werden zunächst nach sinnlich wahrnehmbaren Merkmalen die Objekte des Wahrnehmungsraums in vier verschiedene Klassen eingeteilt, die dann wiederum als Basis für die Klassifizierung der Objekte des Vorstellungsraums dienen. Ähnliche Klassifizierungsverfahren kennt z.B. das Japanische, das die Objekte für Mengenangaben in semantisch verschiedene Klassen einteilt. Rickmeyer 1985 nennt in seiner Grammatik 47 derartige Klassen.

Dasselbe Prinzip wird auch auf die Art der durch Präpositionen vermittelten Beziehungen angewendet. Dabei sind nach der Obligatorik der mit den Präpositionen ausgedrückten lokalen Beziehungen elementare und komplexe Beziehungen zu unterscheiden. Die elementar lokalen werden immer ausgedrückt und betreffen im Deutschen statische, direktive, ursprungsbestimmte und passage Beziehungen. Die fakultativ ausgedrückten lokal komplexen Beziehungen sind im Deutschen insbesondere nach der Distanz zum Bezugsobjekt differenziert (s. Tabelle 4). Danach werden folgende fünf lokal komplexe Beziehungen unterschieden: die Inklusion, der Konnex, eine enge Region um das Bezugsobjekt, eine offene Region um das Bezugsobjekt und die (weitere) Umgebung. Das folgende Beispiel veranschaulicht das Zusammenwirken der verschiedenen Größen: *Der Wahrig ist aus dem Regal gefallen* vs. *Der Wahrig ist vom Regal gefallen*. Mit der Präposition *aus* wird das Regal als dreidimensionales Bezugsobjekt klassifiziert, zu dem der Wahrig vor dem Herunterfallen in einem Inklusionsverhältnis stand, mit *von* wird es als erhöht angebrachtes flächenhaftes Bezugsobjekt klassifiziert, zu dem der Wahrig in einem Inklusionsverhältnis stand. Bednarský 2002 entwickelt das Modell über den lokalen Bereich hinaus weiter und vergleicht

	BEZIEHUNG	RELATION	Ursprung	Statisch	Direktiv	Passage
A	INKLUSION	Ganze od. partielle Umschließung von LO durch BO	aus	in	in / nach	durch
B	KONNEX	Kontakt von LO und BO	von	auf	auf	
C	ENG. REGION	LO in nahem Bereich bei BO	von	an	an	
D	OFF. REGION	LO in unbestimmtem Bereich bei BO	von	bei	zu	
E	UMGEBUNG	LO umschließt BO ganz od. partiell		um		

Tabelle 4: Elementare und komplexe lokale Beziehungen (Grießhaber 1999: 103 f.)

die deutschen Präpositionen *an* und *auf* mit Tschechisch *na*. Tarasevich 2003 vergleicht deutsch *vor* mit russisch пеpeд *(pered)*.

Im Sprachvergleich zeigen sich je nach typologischer Distanz unterschiedlich große Unterschiede. Selbst bei relativ eng verwandten Sprachen wie dem Englischen drückt sich die Symbolfeldqualität der Präpositionen in teilweise großen Differenzen aus. In einigen Fällen kann man sogar eine Veränderung der Verwendungen im Deutschen aufgrund des englischen Einflusses konstatieren, so z.B. bei *in* mit Jahreszahlen wie *in 2005*. Im Vergleich zu typologisch weit entfernten Sprachen sind gänzlich andere Verfahren festzustellen. So verwendet das Türkische jeweils Kasussuffixe für die elementaren Beziehungen: *-dE* für statische, *-E* für direktive und *-dEn* für ursprungsbestimmte. Diese Kasus dienen auch temporalen und modalen Bedeutungen. Eine Subklassifizierung der Bezugsgrößen wie im Deutschen fehlt. Vor diesem Hintergrund haben türkische Deutschlernende nicht nur das Problem der Wahl des richtigen Kasus, sondern schon vorgelagert, das Problem der passenden Klassifizierung der Bezugsgrößen und der damit verbundenen Wahl der richtigen Präposition. In der oben vorgestellten Untersuchung von SchülerInnen der vierten Grundschulklassen produzierten die türkischen SchülerInnen mit durchschnittlich 37,9 % erheblich mehr fehlerhafte Präpositionalphrasen als die übrigen SchülerInnen: mit durchschnittlich 6,3 %. Ähnliche Ergebnisse hat Grießhaber 1999 ermittelt.

4. Literatur

Arens, H. (1969) Sprachwissenschaft. Der Gang ihrer Entwicklung von der Antike bis zur Gegenwart. Freiburg / B. / München: Alber
Bartels, G. (1979) Semantische Analyse der Präpositionen in der deutschen Gegenwartssprache. Diss. Greifswald
Bartels, G. / Tarnow, B. (1993) Von *á* bis *zwischen*. Das Beziehungswort der deutschen Gegenwartssprache. Frankfurt / M. u. a.: Lang
Bednarský, P. (2002) Deutsche und tschechische Präpositionen kontrastiv – am Beispiel von *an, auf* und *na*. Münster / New York: Waxmann
Bergenholtz, H. / Schaeder, B. (1977) Die Wortarten des Deutschen. Stuttgart: Klett
Bierwisch, M. (1988) On the grammar of local prepositions. In: Bierwisch, M. / Motsch, W. / Zimmermann, I. (Hg.) (1988) Syntax, Semantik und Lexikon. Rudolf Ruzicka zum 65. Geburtstag. Berlin: Akademie Verlag, 1–65

Breindl, E. (1989) Präpositionalobjekte und Präpositionalobjektsätze im Deutschen. Tübingen: Niemeyer
Brøndal, V. (1950) Théorie des prépositions. Introduction à une sémantique rationelle. Copenhague: Munksgaard
Brugmann, K. / Delbrück, B. (1911) Grundriß der vergleichenden Grammatik der indogermanischen Sprachen. Bd. 2.2. Straßburg: Trübner
Bühler, K. (1934) Sprachtheorie. Die Darstellungsfunktion der Sprache. Jena: Fischer (neu: Berlin: Ullstein 1978)
Carstensen, K.-U. (2001) Sprache, Raum und Aufmerksamkeit. Eine kognitionswissenschaftliche Untersuchung zur Semantik räumlicher Lokations- und Distanzausdrücke. Tübingen: Niemeyer
Clajus, J. (1578) Grammatica Germanicae Linguae. Leipzig
Curme, G. O. (1935) A Grammar of the English Language. Vol. 2: Parts of Speech and Accidence. Boston u.a.: D. C. Heath & Comp
Desportes, Y. (1984) Das System der räumlichen Präpositionen im Deutschen. Strukturgeschichte vom 13. bis zum 20. Jahrhundert. Heidelberg: Winter
Deutscher Wortschatz (1998–2006) Leipzig: Universität Leipzig, Institut für Informatik, URL: http://wortschatz.uni-leipzig.de/index_js.html
Ehlich, K. (1986) Funktional-pragmatische Kommunikationsanalyse – Ziele und Verfahren. In: Hartung, W.-D. (Hg.) Untersuchungen zur Kommunikation – Ergebnisse und Perspektiven. Internationale Arbeitstagung in Bad Stuer Dezember 1985. Berlin: Akademie der Wissenschaften der DDR Zentralinstitut für Sprachwissenschaft. Linguistische Studien Reihe A, Arbeitsberichte 149. S. 15–40 (wieder in: Hoffmann, L. (Hg.) (2000^2) Sprachwissenschaft. Berlin / New York: de Gruyter, 183–202)
Eisenberg, Peter (1989^2) Grundriß der deutschen Grammatik. Stuttgart: Metzler
Eisenberg, P. / Gusovius, A. (1988^2) Bibliographie zur deutschen Grammatik 1965–1986. Tübingen: Narr
Eisenberg, P. / Wiese, B. (1995^3) Bibliographie zur deutschen Grammatik 1984–1994. Unter Mitarbeit von M. Butt und J. Peters. Tübingen: Stauffenberg
Elter, I. (2005) Genitiv versus Dativ. Die Rektion der Präpositionen wegen, während, trotz, statt und dank in der aktuellen Zeitungssprache. In: Schwittalla, J. / Wegstein, W. (Hg.) (2005) Korpuslinguistik deutsch: synchron – diachron – kontrastiv. Würzburger Kolloquium 2003. Tübingen: Niemeyer, 125–135
Engel, U. (1977) Syntax der deutschen Gegenwartssprache. Berlin u.a.: Schmidt
Engel, U. (1988) Deutsche Grammatik. Heidelberg: Groos
Eroms, H.-W. (1981) Valenz, Kasus und Präpositionen. Untersuchungen zur Syntax und Semantik präpositionaler Konstruktionen in der deutschen Gegenwartssprache. Heidelberg: Winter
Fillmore, C. J. (1968) The case for case. Dt.: Plädoyer für Kasus. Zitiert nach: Abraham, W. (Hg.) (1971) Kasustheorie. Frankfurt / M.: Athenäum, 1–118 London: Holt, Rinehart u. Winston, 1–88

Fillmore, C. J. (1969) Towards a modern theory of case. In: Reibel, D. A. / Schane, S. A. (eds.) (1969) Modern Studies in English. Prentice Hall, 361–375

Fries, C. C. (1952) The Structure of English. An Introduction to the Construction of Sentences. New York: Harcourt, Brace Jovanovich

Gebhardt, A. (1896) Beiträge zur Bedeutungslehre der altwestnordischen Präpositionen. Mit Berücksichtigung der selbständigen Adverbia. Diss. Leipzig. Halle: Karras

Gessinger, J. (1988) Sprachwissenschaft und Sprachgeschichte in Deutschland vom 16–18. Jahrhundert. In: OBST 39/88, 12–35

Grabowski, J. (1999) Raumrelationen. Kognitive Auffassung und sprachlicher Ausdruck. Opladen u. Wiesbaden: Westdeutscher Verlag

Grießhaber, W. (1981) Lokale Präpositionen. Analyse, Beschreibung und Systematik ihres Gebrauchs unter didaktischen Gesichtspunkten. In: Zielsprache Deutsch 2/81, 15–25

Grießhaber, W. (1999) Die relationierende Prozedur. Zu Grammatik und Pragmatik lokaler Präpositionen und ihrer Verwendung durch türkische Deutschlerner. Münster / New York: Waxmann

Guimier, C. (1981) Prepositions: An Analytical Bibliography. Amsterdam: Benjamins

Habel, C. / Pribbenow, S. (1988) Gebietskonstituierende Prozesse. Stuttgart: IBM Deutschland (LILOG-Report 18)

Haberland, H. (1985) Zum Problem der Verschmelzung von Präposition und bestimmtem Artikel im Deutschen. In: Redder, Angelika (Hg.) Deutsche Grammatik II. OBST 30/85, 82–106

Harris, Z. S. (1951) Structural Linguistics. Chicago: University of Chicago Press

Helbig, G. / Buscha, J. (1986^9) Deutsche Grammatik. Ein Handbuch für den Ausländerunterricht. Leipzig: Enzyklopädie

Hartmann, D. (1980) Über Verschmelzungen von Präposition und bestimmtem Artikel. In: Zeitschrift für Dialektologie und Linguistik 47/80, 160–183

Harweg, R. (1989) Schwache und starke Artikelformen im gesprochenen Neuhochdeutsch. In: Zeitschrift für Dialektologie und Linguistik 56/89, 1–31

Herskovits, A. (1986) Language and Spatial Cognition. An interdisciplinary study of the prepositions in English. Cambridge u. a.: Cambridge University Press

Herweg, M. (1988) Zur Semantik einiger lokaler Präpositionen des Deutschen. Überlegungen zur Theorie der lexikalischen Semantik am Beispiel von „in", „an", „bei", und „auf". IBM Deutschland: LILOG-Report 21

Hundt, M. (2000) Deutschlands meiste Kreditkarte – Probleme der Wortartenklassifikation. In: Deutsche Sprache 28, 1–24

Huppertz, A. (1991) Bibliography on prepositions. In: Rauh, G. (ed.) (1991) Approaches to Prepositions. Tübingen: Narr, 9–28

Jackendoff, Ray S. (1973) The base rules for prepositional phrases. In: Anderson, S. R. / Kiparsky, P. (eds.) (1973) A Festschrift for Morris Halle. New York: Holt, Rinehart & Winston, 345–356

Kempcke, G. unter Mitarbeit von B. Seelig, B. Wolf, E. Tellenbach und E. Dückert, M. Richter, V. de Ruiter, R. Schmidt, K. Wunsch (2000) Wörterbuch Deutsch als Fremdsprache. Berlin u. New York: de Gruyter

Knobloch, C. / Schaeder, B. (2000) Kriterien für die Definition von Wortarten. In: Booij, G. / Lehman, C. / Mugdan, J. mit Kesselheim, W. / Skopetas, S. (Hg.) Morphologie Morphology. HSK, Bd. 1. Berlin / New York: de Gruyter, 674–692

König-Hartmann, D. / Schweizer, H. (1983–84) Kommentierte Bibliographie zu psychologischen und linguistischen Arbeiten über die kognitive und sprachliche Verarbeitung räumlicher Beziehungen. (Laufende Thematische Bibliographie, Stand Oktober 1982.) In: Linguistische Berichte, Teil 1: LB 85 / 83, 102–118, Teil 2: LB 86 / 83, 107–126, Teil 3: LB 87 / 84, 99–120

Meisel, J. M. (1970) Das Präpositionalobjekt im Spanischen. Frankfurt / M.

Mikosch, I. (1987) Die Präpositionen in gesprochener Sprache. Vorkommen und Funktion untersucht an Tonbandaufnahmen aus Baden-Württemberg, Bayrisch-Schwaben und Vorarlberg. Idiomatica Bd. 14 Tübingen: Niemeyer

Nübling, D. (2005^{7}a) Die nicht flektiven Wortarten. In: Dudenredaktion (Hg.) (2005) Die Grammatik. Mannheim u. a.: Dudenverlag, 607 ff.

Nübling, D. (2005b) Von in die über in'n und ins bis im. Die Klitisierung von Präposition und Artikel als ‚Grammatikalisierungsbaustelle'. In: Leuschner, T. / Mortelmans, T. / De Groodt, S. (Hg.) (2005) Grammtikalisierung im Deutschen. Berlin / New York: de Gruyter, 105–131

Nüse, R. (1999) General Meanings for German *an, auf, in* and *unter*. Towards a (neo)classical semantics of topological prepositions. Berlin: Humboldt Universität

Paul, H. (1920) Deutsche Grammatik. Band IV. Teil IV: Syntax (Zweite Hälfte) (zitiert nach 1968, Unveränderter Nachdruck der 1. Auflage von 1920) Tübingen: Niemeyer

Rauh, G. (1991) Prepositional forms in the lexicon: problems and suggestions. In: Rauh, G. (ed.) (1991) Approaches to Prepositions. Tübingen: Narr, 169–223

Rauh, G. (1999) Adverb oder Präposition? Von der Notwendigkeit einer Abgrenzung von Wortarten und grammatischen Kategorien und der Gefahr einer terminologischen Falle. In: Eggers, J. / Becker, J. / Udolph, J. / Weber, D. (eds.) Florilegium Linguisticum: Festschrift für Wolfgang P. Schmid zum 70. Geburtstag. Frankfurt / M. u. a.: Lang, 367–392

Redder, A. (2005) Wortarten oder sprachliche Felder, Wortartenwechsel oder Feldtransposition? In: Knobloch, C. / Schaeder, B. (Hg.) Wortarten und Grammatikalisierung. Berlin / New York: de Gruyter, 43–66

Rehbein, J. (2005) Überlegungen zu den grammatischen Kategorien Kasus, Valenz und Präposition. Vortrag auf der 8. Internationalen Tagung „Funktionale Pragmatik" München 27.–29.10.2005 München: LMU

Rickmeyer, Jens (1985) Morphosyntax der japanischen Gegenwartssprache. Heidelberg: Groos
Riemsdijk, H. C. van (1978) A Case Study in Syntactic Markedness. The binding nature of prepositional phrases. Lisse: de Ridder
Rosch, Eleanor (1973) Natural Categories. In: Cognitive Psychology 4/73, 328–350
Saile, G. (1984) Sprache und Handlung. Eine sprachwissenschaftliche Untersuchung von Handhabe-Verben, Orts- und Richtungsadverbialien am Beispiel von Gebrauchsanweisungen. Braunschweig: Vieweg
Schmitz, U. (1999) AUSFAHRT waschen. Über den progressiven Untergang der Flexionsfähigkeit. In: OBST 60/99 Sprache an der Jahrtausendwende., 135–182
Schröder, J. (1976) Bemerkungen zu einer Semantik deutscher Präpositionen im lokalen Bereich. In: DaF 13/1976, 336–341
Schröder, J. (1990²) Lexikon deutscher Präpositionen. Leipzig: Enzyklopädie
Schumacher, H. u.a. (2004) VALBU – Valenzwörterbuch deutscher Verben. Tübingen: Narr
Schweisthal, K. G. (1971) Präpositionen in der maschinellen Sprachbearbeitung. Bonn: Dümmler
Steinitz, R. (1969) Adverbial-Syntax. Unter Mitarbeit von Ewald Lang. Berlin: Akademie-Verlag
Tarasevich, L. (2003) Dimensionale Präpositionen. Eine kontrastiv-semantische Untersuchung von *vor* und *пеpеd*. Münster/New York: Waxmann
Tesnière, L. (1959) Eléments de syntaxe structurale. Paris: Klincksieck. Dt. Grundzüge der strukturalen Syntax. (1980) Stuttgart: Klett Cotta
Wellmann, H. (1985) Aus Anlaß einer Feier. Grammatische Halbelemente im Umfeld der Präpositionen. In: Koller, Erwin/Moser, Hans (Hg.) (1985) Studien zur deutschen Grammatik. Innsbruck: Universität, 375–393
Wunderlich, D. (1982) Sprache und Raum. In: Studium Linguistik, Teil 1: SL 12/82, 1–19, Teil 2: 13/82, 37–59
Wunderlich, D. (1984) Zur Syntax der Präpositionalphrasen im Deutschen. In: Zeitschrift für Sprachwissenschaft 3/84, 65–99
Zifonun, G./Hoffmann, L./Strecker, B. et al. (1997) Grammatik der deutschen Sprache. 3 Bände. Berlin/New York: de Gruyter

Wilhelm Grießhaber (Münster)

C19 Pronomen

1. Wortartbezeichnung
2. Kurzdefinition und Liste
3. Forschungsgeschichte
4. Systematische Darstellung
4.1. Der Begriff Pronomen
4.2. Syntaktische Merkmale
4.3. Flexion
5. Die einzelnen Pronomentypen
5.1. Fragepronomen
5.2. Personalpronomina
5.3. Demonstrativa (Demonstrativpronomina)
5.4. Relativa (Relativpronomina und Relativadverbien)
5.5. Pronominaladverbien und lokaldeiktische Adverbien
5.6. Indefinita und Quantifikativa
6. Literatur

1. Wortartbezeichnung

Wie alle Wortartbezeichnungen steht „Pronomen" an der Grenze zwischen Terminus und populärem Begriff. Der lateinische Ausdruck ist die Übersetzung der altgriech. Wortart „antonymia". Er ist Teil der Liste von acht Wortarten, die seit der Übertragung der grammatischen Theorie von Dionysius Thrax (ca. 100 v. Chr.) über das Lateinische tradiert wird. Stärker als die sog. Hauptwortarten ist die Kategorie Pronomen durch die Geschichte hindurch mit Unklarheiten belastet. Dabei geht es um die Frage, ob und in welchem Sinne der Name ernstzunehmen ist und die Mitglieder der Wortart als „Stellvertreter" von Nomen betrachtet werden können. Diese Eigenschaft wird auch in der Bezeichnung der Schulgrammatik – „Fürwort" – zentral gestellt.

2. Kurzdefinition und Liste

Pronomina stehen den benennenden Lexemen der Hauptwortarten als bedeutungsoffene, d.h. situativ deutbare Ausdrücke gegenüber. Sie gehören mehreren „inhaltlichen Linien"[1] an (siehe Tab. 1). Jeder

---
[1] Fränkel (1982: 390) benutzt den Ausdruck „Linie", für verschiedene „Zugriffe" auf Realitätsbereiche: Personen, dingliche und abstrakte Sachverhalte, Beschaffenheiten, quantitative Bestimmungen, lokale und temporale Situierung.

pronominale Ausdruck steht für einen Typus von sprechhandlungsbezogenen Ausdrucksbedürfnissen zur Verfügung. Die Untergruppen ergeben sich aus den jeweils relevanten Aspekten des sprachlichen Handelns. Die Wortart, ursprünglich als eine geschlossene Klasse gedacht, umfasst Wörter, die Nomen bzw. Nominalgruppen ersetzen können. Tatsächlich gibt es aber nur einen festen Kernbestand, der in Tab. 1 in Standardschriftart erscheint; kursiv Gedrucktes wird nicht generell akzeptiert. (In der Liste sind Kasus- und Pluralformen ausgeblendet.)

Nach derzeit üblichen Einteilungsweisen werden einige der in Tabelle 1 genannten Teilgruppen oft als selbständige Wortklassen betrachtet (vgl. dazu in diesem Band die Artikel Interrogativa, Relativa, Reflexiva. Indefinita, Quantifikativa); andere treten unter anderen Bezeichnungen auf (vgl. in diesem Band: Anapher, Persondeixis, Objektdeixis). Die von Zifonun et al. (1997) übernommene Ausgrenzung der „Quantifikativa" ist vor allem in der logischen Semantik üblich. Weggelassen wurden die Numeralia, die z.T. noch (z.B. als „Zahladjektive") zum Umkreis der Pronomina gerechnet werden.

Schon seit der ersten Hälfte des 19. Jahrhunderts ist das „Pronomen" als Kategorie der Grammatiktheorie Gegenstand vielfältiger Diskussionsprozesse und Revisionsvorschläge. Dabei wurde aber nie bestritten, dass historisch-etymologisch enge Beziehungen zwischen den einzelnen Pronomina im Deutschen und in anderen indoeuropäischen Sprachen bestehen. Der größte Teil von ihnen geht auf gemeinsame Wurzeln zurück. Zudem erfordern die zweitausendjährige Geschichte der Wortart und ihre Präsenz in der in- und ausländischen Schulgrammatik die Behandlung in einem Handbuch der Wortarten.

3. Forschungsgeschichte

In der stoischen Philosophie wurden pronominale Wörter mit den Artikeln zusammen als „arthron" (Glied) erfasst. Dabei trennte man deiktische (zeigende) Artikel von dem bestimmten Artikel. Diese Gleichsetzung als „Glieder" wurde später von Apollonius Dyskolos kritisiert (vgl. Hoffmann 2000: 296).

In der Nachfolge von Platon und Aristoteles wurde eine eigene Definition von Pronomen, in Absetzung vom Artikel, entwickelt.

Traditionelle Bezeichnung	Ausdrucksbestand
Interrogativpronomina	wer, wessen, wem, wen welcher, welche, welches *welch ein(e), was für ein(e)* *wofür, womit, wovon ...*
Personalpronomina	ich, du, Sie (sog. „Distanzform") er / sie / es
Possessiva	mein, meiner, dein, deiner, unser, euer sein, ihr
Reflexiva	mir, mich, dir, dich sich *selbst*
Relativpronomina	der, die, das welcher, welche, welches
Demonstrativa	der, die, das derjenige, diejenige, dasjenige dieser, diese, dies(es) derselbe, dieselbe, dasselbe jener, jene, jenes so, solch-
Indefinita	ein-, irgendein-, etwas, *irgendetwas, irgendwer*, man, jemand, irgendjemand, niemand *irgendwann, irgendwo, irgendwohin, nirgends* *unsereiner, euereiner* *dergleichen, meinesgleichen, deinesgleichen,* *seinesgleichen*
Quantifikativa	einig-, welche, irgendwelche manch-, *etlich-, viel-, genug* all-, kein-, *jeder, jedweder, jedermann, jeglicher* *allerlei, solcherlei, vielerlei* sämtlich-, beide *ein bißchen, ein wenig, ein paar, nichts*
Pronominaladverbien	*da, hier, dort* *dabei, damit, dafür ...* *hierbei, hiermit, hierfür ...* *diesseits, jenseits*

Tabelle 1: Ausdrucksbestand

Sie wurde von Dionysius Thrax (um ca. 100 v. Chr.) in maximal knapper Form für die sprachliche Ausbildung festgehalten:

> Ein Pronomen ist ein Wort, das statt eines Namens gebraucht wird und bestimmte Personen bezeichnet. (zit n. Fränkel 1974: 223)

Das Präfix *ant-* in dem von Dionysius benutzten griech. Ausdruck „antonymia" wurde von den lateinischen Grammatikern richtig mit dem Präfix „pro" (für, statt) übernommen. Dieser erste Begriff von Pronomen beschränkt sich also auf die Eigennamen-Vertretung und berücksichtigt daher nur sehr wenige, nämlich die Personalpronomina. Die meisten der Wörter, die heute als Pronomen gelten, wurden anderen Wortarten, vor allem den Nomen, zugeordnet.[2]

Ab dieser frühen Erwähnung der Pronomina wurde eine solche Wortart durch die gesamte europäische Grammatiktheorie-Geschichte hindurch als elementare grammatische Tatsache angenommen, wenn auch die Liste der Pronomina starken Änderungen unterworfen war. Schon in der Fortsetzung der griechischen Lehre sind verschiedene Richtungen zu beobachten: Apollonius Dyskolos (ca. 100 n. Chr.) bezieht Demonstrativa und Anaphorika ein, während bei Priscian (6. Jh. n. Chr.) noch ganz nach dem Vorbild von Dionysius die Vertretung von Eigennamen im Vordergrund steht. Eine kritische Besprechung der stoischen Wortartenlehre, die grammatisch-formale, etymologische, semantische und syntaktische Gesichtspunkte durcheinanderwirft, gibt Mager (1849/1992: 11 ff.), auf die Kategorie Pronomen bezogen Ehlich (1979: Kap. 9).

Durchgesetzt hat sich die Tendenz zur Ausweitung der Wortart. Der römische Grammatiker Donatus notiert – ebenfalls als Zusammenfassung üblicher Schul-Lehre[3], mit präskriptiver Absicht und fast „katechismusartig"[4] – eine erweiterte Definition, die das Pronomen auf die Vertretung von Nomen jeder Art hin verallgemeinert und der heutigen Auffassung schon wesentlich näher ist:

> Ein Redeteil, der für das Nomen gesetzt wird und fast ebensoviel bedeutet wie das Nomen und zuweilen die Person annimmt. (Donatus, übers. nach Ehlich 1979: 183)

---

[2] Für eine kritische Analyse der einzelnen Ausführungen des Dionys zu den Nomen-Arten siehe Fränkel (1974).

[3] Die Art der Darstellung spricht für eine frühe Kanonisierung der Liste und der Definitionen. Mager sieht bei Donatus eine „fertige Dogmatik" (1849/1992: 119).

[4] So der Eindruck von Emil Skála (1961), wieder abgedruckt in Schaeder/Knobloch (1992).

Die Schrift von Donatus war im Mittelalter in ganz Europa verbreitet und wurde immer wieder neu aufgelegt und übersetzt. Dadurch gilt die Fähigkeit, Nomen im Satz zu ersetzen, als zentrale gemeinsame Eigenschaft von Pronomina und verfestigte sich zu einer „intrinsischen Bedeutung" (Ehlich 2002: 68 f.). Das derart tradierte Wesensmerkmal knüpft zwar an die griechische Grammatik an, entsprach aber den realen Eigenschaften der gemeinten Wörter schon in den klassischen Sprachen Griechisch und Latein nur teilweise, in den späteren europäischen Sprachen noch weniger.[5] Somit konnte diese Wortart-Beschreibung keine theoretisch stabile Grundlage bieten. Dennoch ist eine deutliche Tendenz zur allmählichen Erweiterung des Pronomenbestandes bis in die Gegenwart hinein zu beobachten. Immer wieder wurden synonyme oder ähnliche Wörter – wie *sämtliche* als Entsprechung zu *alle* – vorgeschlagen und als Pronomen verstanden.

Die so erweiterte ‚Wortart' wurde von der linguistischen Forschung im 20. Jahrhundert hauptsächlich als Problem wahrgenommen. Beklagt wurde zum einen das heterogene Erscheinungsbild der Pronomina: Alle formal-grammatischen Merkmale – einfache Wortbildung, Deklinationsformen – gelten nur für einen (mehr oder weniger großen) Teil von ihnen. Noch schwerer wiegt aber die Tatsache, dass auch das allgemein angenommene syntaktische Merkmal der Stellvertretung von Nomen und nominalen Wortgruppen nicht auf alle Pronomina zutrifft.[6] Mit *ich* und *du* wird tatsächlich verwiesen auf (sprechende bzw. an der Kommunikation direkt beteiligte) Personen, so dass die antike Theater-Szenerie nicht gänzlich abwegig erscheint. Die „Pronomina der 3. Person" dagegen werden anders genutzt, ohne Präferenz für Personen; sie könnten eher – im Sinne der Wortartbezeichnung – als Nomen-Ersatzformen begriffen werden. Die darin erkennbare funktionale Differenz wurde und wird ‚neutralisiert' oder ignoriert, u.a. wegen der grammatischen Kopplung an die Personalformen der Verben. In der lateinischen Grammatik werden die Personalpronomina nämlich als Komplemente von Verbformen der „1.–3. Person" verstanden, also als Teile einer grammatischen Reihe. Dieses grammatische System der Verbformen hat die Differenz von entweder deiktischen oder anaphori-

---

5   H. Fränkel nennt den historisch überkommenen Begriff des Pronomens „ein seltsames Amalgam von Sinn und Widersinn." (1974: 225)
6   Die Duden-Grammatik sieht daher eine „Mehrdeutigkeit" des Begriffs (2005: 255).

schen (rückbezüglichen) Personalpronomen (siehe § 5.2.) durch die Geschichte hindurch verwischt.

Somit war die Begriffsdefinition nicht nur dann Veränderungen unterworfen, wenn sie vom Lateinischen auf eine andere Sprache übertragen und dieser angepasst wurde. Sie wurde auch im Zuge der jeweiligen national-philologischen Weiterentwicklung der grammatischen Theorie mehrfach geändert und erweitert. Noch in der Grammatik von Jakob Grimm gilt der Begriff Pronomen nicht als problematisch; das Interesse ist vielmehr auf die Formenlehre und auf Fragen des Gebrauchs gerichtet, bei Grimm besonders auf die höfliche Anrede.[7] Parallel und danach scheint aber bereits eine heftige Debatte um die Wortart Pronomen abzulaufen, wie Carl Mager (1849/1992) bezeugt. Auch in den romanischen Philologien wurde die Einheit der Wortart bestritten, vor allem wegen der unterschiedlichen Form-Entwicklung von selbständigen Pronomina und phraseneinleitenden Verwendungen (vgl. Hentschel/Weydt 1990). Nicht selten kam es zu Neufassungen des Begriffs bzw. zu Neubenennungen einerseits, zur Umverteilung auf andere Wortklassen andererseits, schon bei Mager, der „die gewöhnliche Definition absurd" fand (a.a.O.: 135).

Im 20. Jh. ist einerseits die Fortführung der junggrammatischen und inhaltsbezogenen Tradition zu beobachten, als sprachliche Norm repräsentiert in der Duden-Grammatik. Um dem Problem der Überschneidung mit anderen Wortarten zu entgehen, wird versucht, die Funktion der Pronomina so weit zu fassen, dass auch artikelähnliche und adjektivische Verwendung integriert wird (z.B. Grundzüge 1981). Das Ideal der Wortartenlehre, jedes Wort einer und nur einer Wortart zuzuordnen, schien so nicht aufgegeben werden zu müssen. Probleme bereitete allerdings die formale Heterogenität der Pronomina. Um ihr zu entkommen, wurde der Begriff Pronomen oft auf deklinierbare Wörter eingegrenzt (vgl. z.B. Grundzüge (1981) oder Tauch (2002: 617).[8] Im Rahmen der Schulgrammatik begnügte man sich häufig mit dem Argument, dass die Kategorie nun einmal so eingeführt und in ihren Elementen extensional erfassbar sei (vgl. Ehlich 2004: 68 f.). „Pronomen" wird dann

---

[7] Vgl. dazu die kurze Zusammenfassung bei Paul (1919: 123) und bei Hentschel/Weydt (1990: 216 ff.).

[8] Zur Kritik der Pronomen-Darstellung in den „Grundzügen" vgl. Hoffmann 1984. In dieser Grammatik werden aus Gesamtgruppe der Pronomina in tautologischer Weise „Stellvertreter-Pronomen" abgesondert. Allerdings wird die Eingrenzung nicht konsequent vorgenommen, vgl. Hoffmann (a.a.O.: 81).

als beliebig austauschbarer Name benutzt. Im Rückblick auf die sprachtheoretische und grammatische Behandlung ergibt sich der Eindruck von „Inkonsequenzen und Ungereimtheiten" des Begriffs und von theoretischem „Durcheinander" (so z. B. Engelen 1984: 44 f.).

Strukturalistische und generativistische Linguistik haben das definitorische Merkmal der Stellvertretung positiv aufgegriffen und die Extension der Wortart eher ausgeweitet. Vater (1975) knüpft an diese Tendenzen an mit dem Vorschlag eines neuen, weiter gefassten Terminus „Pro-Form", der besonders in der Textlinguistik erfolgreich ist. Auf der anderen Seite werden die Pronomina auf ihre angeblichen Hauptfunktionen als „Determinantien" oder „Quantoren" mit gelegentlichem „intransitivem Gebrauch" außerhalb einer Nominalphrase reduziert (vgl. Vater 2000: 193 f.)

Die meisten neueren grammatischen Darstellungen versuchen eine bessere Berücksichtigung der morphologischen und syntaktischen Eigenschaften des pronominalen Wortbestandes und lösen damit die traditionelle Wortart mehr oder weniger auf. Bei U. Engel gilt ein Ausdruck nur dann als Pronomen, wenn er eine Nominalphrase ersetzt (Engel 2004³, 363). Die „Grammatik der deutschen Sprache" (Zifonun et al. 1997) erfasst syntaktisch selbständige Einheiten dieser Art als „Proterme" (ohne darin eine Wortart zu sehen) und unterscheidet sie von Determinativen. In der Grammatik von Helbig / Buscha (1994¹⁶) werden selbständige Pronomina in die neue Klasse der „Substantivwörter" integriert, unterschieden von den „Artikelwörtern" in der Nominalphrase, abgekürzt: Nominal. Verschiedene neuere Grammatiken, auch die Duden-Grammatik (2005⁷), haben sich dieser Einteilung angeschlossen. Für Eisenberg, der alle Wortarten als „syntaktische Kategorien" betrachtet (1999: 34), sind die Pronomina ebenso wie alle andern deklinierbaren Wortarten (Adjektive, Numeralia und Artikel) Nomen (2001: 22). Eine prinzipiellere Kritik der Tradition bietet Fränkel (1974). Er lehnt es ab, die Pronomina als eine nach außen abgrenzbare Wortart den anderen Wortarten (besonders den sog. Hauptwortarten) gegenüberzustellen. Er sieht zwar klassenbildende Gemeinsamkeiten der Pronomina, aber ohne morphologisch-syntaktische Einheitlichkeit. In ähnlicher Weise behandelt Brinkmann (1971²) die Pronomina nicht als Teil des sprachlichen Systems im Bereich der Wortarten, sondern als eine Ausstattung der Sprache mit „Umrisswörtern" für die Ausgestaltung und ‚Ökonomisierung' von Rede und Text.

In den linguistischen Theorien, die sich mehr oder weniger stark an Logik und Sprachphilosophie orientieren, werden die Pronomina nach einem anderen Maßstab beurteilt, nämlich dem der Identifikation eines Denotats oder nach ihrer „Referenz" auf Dinge oder Sachverhalte.[9] So wie definite Nominale gelten Pronomina seit B. Russell als „definite Deskriptoren". Das Ziel von Sprecher und Hörer sei, „den tatsächlichen Referenten aus der Klasse der möglichen Referenten auszuwählen" (Lyons 1980: 193). Louis Hjelmslev äußert sich vorsichtiger und sieht nur eine „représentation in potentia" (1971: 201).[10] Die semiotische Auffassung schließt sich hier an mit dem Vorschlag, die Besonderheiten deiktischer und anaphorischer Ausdrücke mit der Kategorie der „Indexikalität" zu erfassen (vgl. dazu Redder 2000: 283 ff.).[11]

Zusammenfassend stellt sich die Forschungsgeschichte so dar, dass die Orientierung an der wörtlichen Bedeutung von dem griechischen „Redeteil" *antonymia* und dem lateinischen „*Pronomen*" her notwendigerweise zu immer wiederkehrenden Zweifeln führte. Die Notwendigkeit ergibt sich aus der Anknüpfung an einen für linguistische Verallgemeinerung ungeeigneten griechischen Redeteil. Andererseits fällt die beständige Erweiterung der zunächst sehr kleinen Wortgruppe durch Aufnahme funktionsähnlicher Wörter auf, trotz der Kritik. Die Beibehaltung wie die Erweiterung zeigen, dass die Kategorie Pronomen für die Einteilung des Wortschatzes für zweckmäßig gehalten wurde.[12] Nachdem einmal geklärt war, dass weder ‚Namens-Ersatz' noch ‚Nomen-Ersatz' den Begriff der Gruppe ausmachen, wäre es darauf angekommen, die formalen und funktionalen Gemeinsamkeiten der Mitglieder der Wortart „Pronomen" genauer zu prüfen und zu einer konsistenten Beschreibung zu kommen. Im Folgenden wird der Versuch einer solchen Begriffsbestimmung gemacht, unter Rückgriff auf verschiedene Ansätze in der älteren Sprachwissenschaft.

---

[9] Auch die „Textgrammatik der deutschen Sprache" (Weinrich 1993) nennt anaphorische und Demonstrativa „Referenzpronomina" (*er/sie/es* und *der/die/das*).

[10] Für die Gleichstellung von Nomen und Pronomen spricht nach Lyons (a.a.O., 192) die Entstehung einiger Pronomina durch Wortartwechsel aus Nomen, z.B. spanisch „usted" aus einem früheren Ehrentitel. Für eine Kritik der „Referenz" bei den Pronomina vgl. Hoffmann (1984: 88).

[11] In abgeschwächter Version heißt es, dass Pronomina *ko*referieren, sie beziehen sich ein zweites Mal auf den Referenten ihres Bezugssubstantivs.

[12] In der aktuellen Ausgabe der Duden-Grammatik schlägt sich das in dem schlichten Lob nieder, dass die Kategorie und ihre Einteilung sich „als praktisch erwiesen" haben (2005: 259).

4. Systematische Darstellung

4.1. Der Begriff Pronomen

Vergleichende Betrachtungen der indoeuropäischen Pronomenbestände zeigen zweierlei:

1. Die Wortbestände der indoeuropäischen Pronomina gehen zu großen Teilen auf sehr alte Wurzeln zurück.[13] Der innere Zusammenhang der Wortart in Form von sprachlichen Teilsystemen vieler Sprachen wird somit durch Form-Ähnlichkeiten und etymologische Zusammenhänge gestützt (Grimm 1890, 1 ff., Brugmann 1904). Eine solche Einheitlichkeit zeigen z. B. die Interrogativa, Indefinita und Negativa (Brinkmann 1971[2]: 747). Sie sind im Unterschied zu den anderen ohne Singular / Plural- und ohne Genus-Unterscheidung; stattdessen gliedern sie sich nach einem „Zweiklassensystem für Personen und Nichtpersonen". Sie geben allgemeine, nur nach Person- und Sachbezug gegliederte Hinweise auf ein Vorhandenes, das erfragt, gedacht oder ausgeschlossen werden soll (vgl. a.a.O.). Auch die Stämme von Interrogativa und Indefinita glichen oder ähnelten sich in vielen indoeuropäischen Sprachen, oft waren sie nur am Merkmal Betonung unterscheidbar. Den unbetonten Indefinita wurde zur Vereindeutigung daher oft eine Partikel vom Typus des deutschen „irgend" an die Seite gestellt (vgl. Brugmann 1904 / 1970: 402) Auch die Personal- und Possessivpronomina haben in ihren Stämmen deutliche Ähnlichkeiten untereinander (vgl. a.a.O.: 407 ff.).

2. Parallelen zeigen sich auch in inhaltlicher (semantisch-funktionaler) Hinsicht bis hin zur Bildung von „Reihen".[14] Die Kataloge der Pronomina sind überall auf charakteristische Weise gegliedert: Einer Liste von Fragewörtern stehen Gruppen von klanglich z.T. entsprechenden, als Antworten geeigneten Pronomengruppen gegenüber. Im Deutschen sind die Fragewörter ihrem Anlaut nach als „W-Wörter" zu klassifizieren, während die gegenübergestellten Pronomina „D-Wörter" sind. Ein Beispiel ist das Paar *weswegen – deswegen*.

---

[13] Einen Vergleich der indoeuropäischen Pronominalstämme findet man bei Brugmann (1904 / 1970: 399 ff.).
[14] Für eine knapp gefasste Übersicht über Reihen und vielfältige Korrespondenzen siehe Fränkel 1974, 229 ff.

Die Pronomina stehen dem (weitaus größeren) Bestand an Nennwörtern (Substantiven, Verben und Adjektiven) mit lexikalisch feststehenden Bedeutungen gegenüber. Pronomina haben keine Bedeutungen in diesem Sinne, denn sie dienen weder der Benennung noch der Charakterisierung.[15] Ihnen fehlt sozusagen die lexikalische Identität. Eine allgemeine Zusammenfassung ihrer Funktionen lautet: Sie sind auf aktuell in der Sprechsituation oder im sprachlichen Handeln selbst relevante Gehalte, Umstände und Aspekte zu beziehen. Sie geben dem Sprecher die Möglichkeit, auf Wahrnehmbares oder auf gedanklich bzw. sprachlich Präsentes auf der Basis von (mündlichem) Diskurs oder (meist schriftlichem) Text zu verweisen, Bezug zu nehmen oder daran anzuknüpfen.[16] Max Götzinger hat den Kontrast der Pronomina zu den Nennwörtern schon 1836 erfasst, als er über das „Fürwort" schrieb:

> Außer dem wirklichen Nennen erscheint in der Sprache ferner das bloße Deuten oder Zeigen auf die einzelne Erscheinung, ohne Rücksicht auf deren Charakter, und so entsteht das Fürwort. (1836/1992: 93)

Die Pronomina sind also „auf eine Inhaltsbestimmung angelegt", die sie „im Zusammenhang der Rede" bekommen (Brinkmann 1971²: 742 f.; Admoni 1982⁴: 149) Sie können situativ wechselnde Inhalte oder Gegebenheiten in Rede oder Text einbringen. Sowohl aus dem gemeinsamen Wahrnehmungsbereich (der eigentlichen Sprechsituation) als auch aus dem gemeinsam Gedachten, Erfahrenen oder Bekannten[17] können die Sprecher herausgreifen, was sie wollen, und es pronominal kategorisieren. Was ein Pronomen an Bedeutung besitzt, dient der Eingrenzung oder Typisierung des Gemeinten.

Eine ähnliche Auffassung von Pronomina war früh für das klassische Sanskrit im 5./4. Jh. v. Chr. vorhanden. Mit dem Terminus „sarvanāma" (wörtlich ‚Alles-Name') meinte Pāṇini zwar eher eine formale Eigenschaft von Pronomina, aber im allgemeinen Verständnis der Sprachwissenschaft der Zeit scheint das anders gewesen zu sein:

---

[15] Brugmann (1904, 5) hat bereits die allgemeine Natur der Pronomina ähnlich charakterisiert und dabei sowohl das Zeigen auf Gegenwärtiges einbezogen wie auch den Fall, „dass ein nicht gegenwärtiger Gegenstand kurz vorher erwähnt war" und „noch in der Vorstellung lebendig" ist.

[16] Dieser Gebrauch von Pronomen zeugt von einem Umgang mit Sprache, wie er auch von Hoffmann (1999, 72) für die Analepse beschrieben wird. Die Analepse ist „auf die Kontinuität des Redens und Schreibens" bezogen und unterstellt, dass bereits Verbalisiertes kommunikativ „in Geltung" bleibt.

[17] Diese Sphäre bezeichnet nach Fränkel eine „sekundäre Sprechsituation" (1974).

Ce qui correspond à la notion de pronom est dans l'Inde la notion de *sarvanāman*, littéralement ‚nom de tout'. Cette dénomination même indique la fonction sémantique de cette catégorie de mots. Le *sarvanāman* est conçu comme un mot référant à un objet qualifié par la propriété d'être situé dans l'esprit du locuteur. (Filliozat 1988: 101)

Kommunikativ vorteilhaft sind solche anpassungsfähigen Wort-Einheiten in sprachökonomischer und sprachpsychologischer Hinsicht. Das lässt sich illustrieren an einer häufigen Erfahrung von Sprechern: Ein Ausdrucksbedarf, z.B. qualitative oder quantitative Aspekte von Besprochenem, ist häufig nicht so klar erfasst, dass eine symbolische Benennung leicht möglich wäre; für den kommunikativen Zweck ist das oft auch nicht notwendig. Ein geeignetes Beispiel bietet der Ausdruck so. Die Verwendung der deiktischen (demonstrativen) Ausdrücke zeigt häufig eine beachtliche Komplexität, denn sie impliziert Orientierungsprozesse und – im Falle von so und solche – auch Vergleichsprozeduren (vgl. Ehlich 1987: 285 ff.), die mit symbolischen Mitteln nur umständlich auszudrücken wären. Der Sprecher kann auf den Wahrnehmungsraum verweisen, im anderen Fall wird die Rede, der Text oder die Vorstellungswelt des Hörers zum Verweisraum (vgl. Ehlich 1987: 292 ff.).[18] Hörer oder Leser bekommen Spielräume für eigene Extrapolationen, vor allem in mündlicher Verwendung. Es kann, zumindest für die am Diskurs nicht (direkt) Beteiligten, der Eindruck großer Unschärfe entstehen.

Diese Eigenschaft haben Pronomina als „Umrißwörter" (Brinkmann (1971²)) generell: Sie bieten dem Sprecher aufgrund ihrer Bedeutungs-Offenheit eine – gelegentlich erwünschte – Vagheit. Dieses Bedürfnis tritt in der mündlichen Kommunikation häufiger auf als in der schriftlichen, da letztere oft dokumentarischen Zwecken und institutionellen Zusammenhängen verpflichtet ist, wofür symbolische Benennung und quantitative Präzisierung gefordert ist.

Aus der relativen Unmittelbarkeit des sprachlichen Zugriffs mittels Pronomen auf aktuell Besprochenes lässt sich erklären, warum die Pronomen als Terme generell nicht determinationsfähig sind, im Gegensatz zu den Nomen. Auch eine attributive Charakterisierung ist kaum möglich.[19] Die Unterscheidung zwischen „bestimmt" und „unbestimmt" ist auf Gattungsbegriffe anzuwenden, um generalisie-

---

[18] Bereits Brugmann sprach von einem „Wahrnehmungsbild" (1904: 3 f.).
[19] Äußerungen wie „Du Arme!" sind in syntaktischer und orthographischer Hinsicht unklar, sie entsprechen jedenfalls nicht der in NP üblichen Art der Attribution.

rende und wissensverankerte Nutzungen zu trennen (→ C6, Determinativ). Ein solcher Unterschied lässt sich an dem pronominal Erfassten nicht verbalisieren, da der Weg zum Gemeinten keine Benennungs- und keine Auswahlprozedur einschließt. Diese Eigenschaft von Pronomina kann auch an den Indefinita verdeutlicht werden. Mit Äußerungen wie:

B1 Ich habe leider nichts gefunden.
    Etwas weißt du noch nicht: ...

wird mit *nichts* und *etwas* beim Hörer die Kenntnis eines (thematischen) Denotatbereiches oder aktuell relevanter gemeinsamer Ziele / Interessen unterstellt und für das Verstehen der Äußerung in Anspruch genommen.[20]

Den direkten, weil nicht symbolisch vermittelten, Verweis auf Gegebenheiten der Sprechsituation (auch auf zeitlich-räumliche, also abstraktere Merkmale) ermöglichen besonders die deiktischen Ausdrücke. Der Begriff ‚Deixis' ist bereits seit der stoischen Philosophie (Apollonius Dyskolos) in die Lehre von den Pronomina eingebracht worden und häufig gleichbedeutend mit „demonstrativ" verwendet worden. Die Besonderheit der deiktischen Ausdrücke ist nach Bühler (1934 / 1982) die sprechsituativ wechselnde Füllung, die ihnen vom Sprecher gemäß seiner aktuellen Orientierung – nach Bühler die „Origo" des Sprechers, sein „Ich / Hier / Jetzt" – gegeben wird. Dieses Merkmal der Deixis scheint auch für nicht indogermanische Sprachen zuzutreffen (vgl. Wiesemann (ed.) 1986). Sie sind für verschiedene „Dimensionen" einsetzbar. Meist werden Personaldeixis, lokale und temporale Deixis, Objektdeixis und Aspektdeixis (vgl. Ehlich 1987) unterschieden.[21]

Alle deiktischen Ausdrücke erfüllen die Kriterien des Pronominalen, aber viele von ihnen werden meist anderen Wortarten zugeschlagen. Zu den Adverbien werden meist gerechnet:

---

[20] In diesem Sinne verstehe ich die Aussage von Admoni (1982: 149), der über die zum Pronomen gehörigen „Wortklassen" sagt: „Die wesentlichsten von diesen Klassen sind unmittelbar mit dem Redeakt verbunden, können nur vom Kommunikationsprozeß aus verstanden werden." Bei Admoni ist also die von Hoffmann (1984: 88) geforderte „dynamische Konzeption" zumindest anvisiert.

[21] Allerdings gehen manche Autoren mit dem deiktischen Verweisen sehr beliebig um, so Engel (1994: 75), der außer den Demonstrativa auch Anaphern, Relativ- und Reflexivpronomina als „Verweispronomina" bezeichnet.

Lokaldeixis: *da, hier, dort*
Richtungsdeixis: *dahin, hierher, hin und her...*
Temporaldeixis: *jetzt, heute, morgen, gestern*
zusammengesetzte[22]
 Verweiswörter: *dabei, damit, ... hierfür, hiernach, ...*
Aspektdeixis: *so, sonst*

Der Anschluss der demonstrativen Adverbien an die Pronomina wird in einigen Grammatiken durch die (ergänzende) Benennung „pronominales Adverb" aufrechterhalten. Für eine knappe Darstellung der Mittel und Typen der Deixis als Mittel der situativen Orientierung vgl. Zifonun et al. (1997: C 4.1).

Die nicht-deiktischen Pronomina eröffnen andere Bezüge auf Sprechhandlung und Situation. Am Beispiel von *der eine – der andere* kann das an einem Alltagsbeispiel präzisiert werden. Person A trifft im Wald einen Bekannten, der zwei Hunde spazieren führt. Das kurze Gespräch lautet so:

B2 A: Sind das Ihre Hunde?
 B: Naja, den einen habe ich seit 5 Jahren, der andere ist mir neulich zugelaufen.

Diese unterscheidende Bezugnahme wird oft mit dem Zeigen der deiktischen Ausdrücke verwechselt. Es handelt sich aus zwei Gründen um eine andere mentale Prozedur:

1. die Fokussierung der gemeinsamen Aufmerksamkeit auf das vom Sprecher (hier Sprecher B) Gemeinte ist schon vorher hergestellt (im Beispiel deiktisch durch *das*);
2. die Orientierung basiert nicht auf der Sprecher-Origo als angenommenem Mittelpunkt einer raumzeitlichen Ordnung, sondern auf einer Unterscheidung am thematischen Gegenstand. Dieser kann (wie im Beispiel oben) als diskrete ‚Zweiheit' gegeben sein oder kann hinsichtlich paariger Merkmale betrachtet werden.

Zusammenfassend ist festzuhalten, dass semantische Unbestimmtheit ein zentraler Begriff für die Erklärung der Pronomina ist: einmal von der Seite der sprachlichen Ausdrücke selbst her, da ihre Bedeu-

---

22 Das Adjektiv *zusammengesetzt* bezieht sich hier nicht auf die Wortbildung, sondern auf die Kombination zweier verschiedener mentaler Prozeduren, eine deiktische Fokussierung und eine Relationsangabe, die symbolischer und operativer Art sein kann (vgl. Grießhaber 1999).

tung nicht festgelegt ist und sie damit offen für situative Deutungen sind; zum zweiten von der Seite des Sprechers her, der das Gemeinte dem Hörer durch eine andeutende Charakterisierung nahelegen kann. Dabei kann es sowohl um ein mental klar erfasstes Zeigobjekt gehen, auf das die Aufmerksamkeit des Hörers fokussiert wird, wie auch um ein inhaltlich nicht oder noch nicht Ausfüllbares, wie bei den Fragepronomina und den Indefinita.

In syntaktischer Hinsicht sind die Pronomina entweder selbständig verwendete Proterme oder einleitende Bestandteile von nominalen Wortgruppen (Determinative).

4.2. Syntaktische Merkmale

Die syntaktische Uneinheitlichkeit der Pronomina ist mit der oben entwickelten Begriffsbestimmung kompatibel. Während die Hauptwortarten Substantiv, Adjektiv, Verb und Präposition nach Brinkmann „darauf angelegt (sind), bestimmte Stellen eines Satzes zu besetzen" (1971^2: 742), kommen die Pronomina dem Bedürfnis nach einer in verschiedener Hinsicht flexiblen Anknüpfung an Sprechhandlung und Sprechsituation entgegen. Die wichtigste syntaktische Differenz ist die zwischen selbständiger syntaktischer Rolle einerseits (B3 a) und untergeordneter, phrasenintegrierter Rolle, dem sog. adsubstantivischen Gebrauch, andererseits (B3 b).

B3a Den habe ich schon einmal gesehen.
      Diesen kenne ich schon.
B3b Ihren Mantel bitte an die Garderobe hängen!
      Diesen Mantel bitte an die Garderobe hängen!

Hermann Paul (1919: 121) erkennt darin den „Unterschied von Subst. und Adj.", der nach seiner Auffassung „durch die Pronomina hindurch" geht.[23] Die Rede von „Pronominaladjektiven" hat sprachhistorisch zwei Argumente für sich: Ein Teil der Pronomina ist aus Adjektiven entstanden (besonders Quantifikativa) und hat adjektivische Flexion, allerdings sind sie auf schwache *oder* starke Flexion festgelegt. Dies und ihre Rolle in einem Nominal lässt sie aus der Wortart Adjektiv heraustreten, denn im Deutschen sind, anders als z. B. im Spanischen (vgl. B4a), adnominale Pronomina nur in weni-

---

[23] Paul teilt in drei Gruppen ein, nur substantivisch: *ich, du, sich, er, wer, was, man, jemand, niemand, etwas, nicht(s)*; adjektivisch (substantivierbar): Possessivpronomen, Indefinitpronomen; substantivisch und adjektivisch: *der, dieser, jener*.

gen Fällen mit dem Gebrauch des Artikels zu kombinieren. Interessant ist in diesem Zusammenhang die Frage der Selbständigkeit von indefiniten oder quantifizierenden Pronomina vor einem nominalisierten Adjektiv wie in (B4 b).

B4 a) el hombre eso – dieser Mann
    b) etwas Gesundes essen, nichts Interessantes hören, alles Gute wünschen

Sofern das substantivierte Adjektiv als Kopf eines Nominals verstanden wird, gilt das Pronomen als Determinativ. Das Adjektiv kann aber auch, wie bei Brinkmann (1971^2: 747), als ein dem Pronomen zugeordnetes, qualifizierendes Nennwort aufgefasst werden. Auch bei eindeutiger Integration in ein Nominal (siehe B5) sind zwei Möglichkeiten der Beurteilung gegeben:

B5 *Manche* gute Idee konnte nicht realisiert werden.
Das hat *einigen* Ärger gemacht.

1. als artikelartige *Verwendung* eines *Pronomens*, womit die Form-Funktions-Einheit trotz der syntaktischen Unselbständigkeit festgehalten wird,
2. als *nicht* pronominale Verwendung, weil der quantifizierende Bedeutungsanteil des Ausdrucks als zentral erscheint, so dass eine Funktionsgemeinschaft mit dem indefiniten Artikel oder mit den Zahl-Adjektiven hervorgehoben wird.

Das Bedürfnis, pronominale Ausdrücke in unterschiedlichen Satzrollen einzusetzen, war ein Motiv zur Erweiterung des Bestandes. Ein Beispiel bietet die auf dem mittelhochdeutschen *selbs/selbes* beruhende Wortgruppe

selbst/selber – derselbe, dieselbe, dasselbe – daselbst

Laut dem Wörterbuch Hermann Paul (1992^9) gilt *selbst* als „nachdrücklich hinweisend auf Vorhergenanntes oder Bekanntes", *selber* ist umgangssprachlich. Es kann sowohl adnominal wie adverbial bzw. lokal ungebunden gebraucht werden (vgl. Siemund 2003). Eine Ähnlichkeit zur deiktischen Fokussierung mag bestehen, aber eine Analyse von Verwendungsbelegen zeigt, dass der Sprecher mit nachgeschobenem *selbst* eine Art Identitäts-Versicherung zum Zweck der Abwehr falscher Einordnung in eine zur Diskussion stehende Menge oder falscher Vermutungen abgibt. Wird *selbst* allerdings in einer Term- oder Proterm-Phrase vorangestellt, wird es im Sinne von *sogar* verstanden und als „Gradpartikel" (→ C7) und damit meist als Homonym des nachgestellten *selbst* eingestuft. Die hier bereits durch die Stellungsvariation erreichte Flexibilität des Gebrauchs wird gesteigert durch die historisch jüngere Verschmelzung mit dem Demonstrativum *der/die/das* (s.u.), die *wie*-Vergleiche und den Anschluss von Relativsätzen oder Infinitiv-Konstruktionen ermöglicht:

B6 Sie hat dieselbe Art, laut zu lachen und zu reden, wie ihre Schwester.

Aus den bisherigen Bestimmungen ergibt sich, dass die Pronomina nur sehr beschränkt auf einen Wortgruppenausbau angelegt sind. Häufig genannte Beispiele wie

B7 Ich armer Sünder
    Du Schuft!

weisen nicht die für Nominale üblichen Formen von Integration[24] auf. Engel (2004^3: 364) spricht von einem „Bedeutungskomplex". Relativsätze sind als Attribute bedingt nutzbar, zumindest schriftsprachlich, am leichtesten offenbar bei *der* und *derjenige* und ihren Genusformen:

B8 Ich, der ich mein ganzes Leben hier verbracht habe, ...
    Sie, die noch nie aus ihrer Heimatstadt herausgekommen war, ...
    Das ist der, den wir gestern am See getroffen haben.

Was die Orthographie betrifft, wird die Kleinschreibung der substantivisch auftretenden Pronomina häufig als problematisch angesehen, besonders bei Fällen mit voranstehendem Artikel wie:

der einzelne, das ganze, die zwei, der dritte, ein jeder, das wenige, das meiste, der eine

Mit der Rechtschreibreform ist die existierende Unsicherheit aber nicht beseitigt worden. Eisenberg (1998: 331) nennt die Tatsache, dass bei einigen der oben genannten Fälle Großschreibung festgelegt wurde, *(das Ganze, jeder Einzelne)* einen „Reformunfall".[25]

---

[24] Zum Phänomen der syntaktischen Integration vgl. Hoffmann (2003, 27 ff.).
[25] Vgl. dazu die Re-Reform, d.h. die Änderungsempfehlungen des Rechtschreibrats, 2/2006 angenommen (www.rechtschreibrat.com/), S. 62 f.

4.3. Flexion

Während sprachhistorisch im Deutschen eine Verminderung der Flexion zu beobachten ist, ist die Kasus- und Numerusdifferenzierung bei den Pronomina noch weitgehend erhalten. Die Flexions-Differenzen lassen sich mittels dreier Klassen darstellen, wobei der größere Teil flektierend ist. Tabelle 2 bietet eine Illustration der Typen, keine vollständige Aufzählung aller Pronomina:

	numerus- / kasusbestimmte Wortformen	flektierte Formen mit Wortstamm (determinierend)	unveränderliche Formen
Personal- und Possessivpronomina	ich, meiner, mir, mich du, deiner ...	mein, meines, meinem, meinen meiner, deiner ...	man
Anaphern, Reflexiva und Reziprokanapher	er, sie, es, ihr, ihm, ihn, ihnen ... mir, mich du / dich ...		sich, einander selbst
Demonstrativa	das, dessen, dem, den	dies, dieses dieser, diese ...	hier, da, dort
Indefinita, Quantifikativa		einer, keiner einiger ... jemand, niemand	nichts, etwas ein wenig meinesgleichen ...

Tabelle 2: Flexionsweisen der Pronomina

Von einem Teil der Linguisten (auch Duden-Grammatik 2005[7]: 266) würde *der / die / das* allerdings in die mittlere Spalte eingeordnet, da sie den Anfangskonsonanten / d / als Wortstamm auffassen.

Die Flexionsendungen sind, ähnlich wie die Adjektivendungen, durch Mehrfachfunktionalität gekennzeichnet: 16 Stellen im Formenparadigma, also 16 grammatischen Funktionen, weisen nur 5 unterschiedliche Formen auf.[26]

Vor allem Vielheit wird bei den Pronomina durch eigene Wortformen, weniger durch Pluralendungen, dargestellt, z. B. *wir, unsere*.

---

[26] Genaueres in der Duden-Grammatik (2005: 266 f.); zum Synkretismus der pronominalen Flexion Müller (2002) und Eisenberg (1998: 164 ff.).

In einigen Fällen von Genusunterscheidung im Sing. hat sich die Form des Fem. Sing. Nom. durch einen Neutralisierungsprozess zur Pluralform entwickelt, z.B. bei den Demonstrativa. Im Unterschied zum Französischen sind die Pluralformen *die, diese, sie* und einige andere im Deutschen genusübergreifend.

Dass der bestimmte Artikel und das deiktische Pronomen *der/die/das* viele gemeinsame Formen haben, ist historisch zu erklären aus der Herkunft des Artikels aus der *der*-Deixis. Sie sind aber in ihren Genitivformen sowie im Dativ Plural deutlich geschieden:

	Artikel	*der*-Deixis
Genitiv Sing.	Nachricht *des* Tages	*dessen* Name
Genitiv Plural	Ende *der* Tage	*deren* Namen
Dativ Plural	an *den* Tagen	*denen* helfen

Tabelle 3: Differenzen zwischen Artikel und Deixis

Schon im Althochdeutschen entwickelte sich aus dem Numerale *ein* der unbestimmte Artikel. später das Indefinitum *einer*. Durch Zusammensetzung mit der Negationspartikel *neh-* entstand, ebenfalls in mittelhochdeutscher Zeit, die verneinte Form *kein*. So wie *ein* und *kein* weisen auch einige andere Pronomina die typische Flexionsweise des indefiniten Artikels auf, bei der bestimmte Formen endungslos sind und die „starken" Formen eines nachfolgenden Adjektivs erfordern. Die anderen flektierenden Pronomina folgen weitgehend dem Muster von *der/die/das* und von *dies-*, das als „starke" oder „pronominale Deklination" bezeichnet wird (siehe Tabelle 4). Eisenberg (1999: 139 ff.) plädiert wegen dieser Flexionsmerkmale dafür, nur die so wie *ein* flektierenden Ausdrücke als Artikel zu behandeln.

	Nominativ Mask.	Nom. und Akk. Neutr.
Determinativflexion	*ein, kein, mein, dein, sein*	*ein, kein, mein, dein, sein*
pronominale Flexion	*dieser, welcher, meiner, jeder, solcher. mancher, aller ...*	*dieses, welches, meines, jedes, solches, manches, alles ...*

Tabelle 4: Zwei Typen der Flexion

Die wenigen von Substantiven abgeleiteten Pronomina sind unveränderlich (wie *man*) oder behalten substantivische Flexion, bei der nur der Genitiv heraustritt *(jedermanns)*.

Eine weitere, mit der Flexion zusammenspielende Form-Eigenschaft ist die Möglichkeit der Enklise, also der (weiteren) Abschwächung und Reduktion einer unbetonten Wortform. Möglich und beliebt ist sie im Deutschen bei den nicht betonten anaphorischen Ausdrücken *er / sie / es* (siehe § 5.2.2.). Das gilt nicht nur für die gesprochene, sondern partiell auch für die geschriebene (literarische) Sprache. Auch in den romanischen Sprachen, besonders im Französischen, existieren viele enklitische Formen, wie *ça* für *cela*.

B9 Ça y est!

5. Die einzelnen Pronomentypen

5.1. Fragepronomen

Die Fragepronomina oder Fragewörter (vgl. dazu → C11) treten systematisch in der Ergänzungsfrage (traditionell auch als „Wortfrage" von der „Satzfrage" unterschieden) auf. In vielen Sprachen zeichnet sich diese Gruppe etymologisch durch gleichen Anlaut aus, im Deutschen durch /v/, daher die Bezeichnung „W-Wörter" (vgl. Grimm 1890: 1). Sie werden hier als erste Teilgruppe genannt, weil die Gliederung der einzelsprachlichen Pronomen-Systeme, wie oben schon angesprochen, etymologisch stark durch die Fragewörter bestimmt ist.

In einigen Sprachen existieren über die inhaltlich charakterisierenden Fragewörter hinaus oder an ihrer Stelle universelle Fragepartikeln (Griechisch, Russisch, Chinesisch) für die Kennzeichnung von „Satzfragen" bzw. propositionalen Fragen. In einigen Fällen wurde der Begriff Interrogativpronomen eingegrenzt auf solche Fragewörter, die Subjekt- oder Objektfunktion wahrnehmen (z. B. Nau 1999). Da aber die Fragewörter ein kleines Teilsystem mit formalen Übereinstimmungen bilden, scheint diese Eingrenzung unpassend. Der Ausbau des Systems diente sprachhistorisch offenbar dem Zweck, die syntaktisch abgrenzbaren Bestandteile einer Proposition erfragbar zu machen. Die im Wissen des Sprechers bestehende ‚Lücke' wird einem Typus zugeordnet. So kommt es zu einer Kategorisierung des Nicht-Gewussten, aber Wissenswerten (Ehlich 2002: 76).[27]

Die oben angesprochene Opposition Person – Sache (bzw. Sachverhalt) ist in den europäischen Nachbarsprachen ebenso vorhanden wie im Deutschen. Das Russische macht eine etwas andere Gegenüberstellung, von ‚beseelt – unbeseelt', wobei zur ersten Klasse Menschen und ein Teil der Lebewesen gehört. Im Tamilischen gehören zur Kategorie ‚menschlich' entsprechend der religiösen Ausrichtung auch Götter und Dämonen.[28] Nach verbreitetem Urteil wird „mit der Unterscheidung von WER und WAS (...) eine für alle Sprachen grundlegende Kategorisierung lexikalisiert" (ebd.). Das heißt aber nicht, dass alle Sprachen dies an den Interrogativpronomina ausdrücken. Im Litauischen z.B. unterscheiden die Pronomina *kas* und *kuris* nicht Person und Sache, sondern: mit oder ohne Kontextbezug des Erfragten. Deutlich auf den Kontextbezug angewiesen sind auch die determinativ verwendbaren Pronomina *welch-* im Deutschen, *which* im Englischen und *lequel* im Französischen. Sie fordern dazu auf, eine Auswahl aus gegebenen Alternativen zu treffen.

Über den Kreis der eigentlichen Fragewörter hinaus werden weitere Kategorisierungen durch Komposition mit Präpositionen möglich, z.B. *wofür*. Das lokale Fragepronomen *wo-* fungiert in solchen Komposita in Richtung auf eine verallgemeinernde, typenübergreifende Form, ebenso wie bei den adverbialen Pronomina *da-* als deiktisches Morphem (ohne dimensionale Spezifizierung) verwendet wird (vgl. dazu § 5.5.).

5.2. Personalpronomina

Diese Untergruppe ist die historisch primäre und wird auch in systematischen Pronomen-Katalogen als erste genannt.[29] Für sie ist wesentlich, dass der Begriffsbildung eine frühe (vorbürgerliche und vordemokratische) Personenauffassung zugrundelag. Ihr Hinter-

---

[27] Zweck der Sprechhandlung Frage ist die Gewinnung eines vollständigen, propositional abgeschlossenen Sachverhaltswissens. Die „Grammatik der deutschen Sprache" plädiert dafür, die Fragewörter der Deixis zuzurechnen, als eine „W-Objektdeixis" (Zifonun et al. 1997: 41 und 106 f.).
[28] Nau (1999, 131) spricht deshalb von ‚rational' statt ‚menschlich'.
[29] Die gleiche Stellung haben sie in sprachtypologischen Untersuchungen, vgl. Greenberg (1986: VII).

grund war vor allem das griechische Theater, in dem als „prosopon" die Maske, auch die damit verbundene Rolle eines Schauspielers, bezeichnet wurde; zusätzlich war nach Ehlich evtl. auch ein frühes Konzept von Person im griechischen Christentum relevant (vgl. Ehlich 1979: § 9.2.1.2). Damit ist also die Auffassung von Pronomina wie *ich – du – er/sie/es* als 1., 2. und 3. Person aus der im antiken Theater gültigen Bühnennorm entstanden, nach der außer der Hauptrolle ein bis zwei weitere (maximal drei Schauspieler) auf der Bühne vertreten waren.[30] Diese Dreiheit[31] wurde gestützt durch das Schein-System von Verbformen der drei „Personen" des Verbs in den flektierenden Sprachen der indoeuropäischen Sprachfamilie:

1. Person   *ich komme*   (Rolle des Sprechers)
2. Person   *du kommst*   (Rolle des Hörers)
3. Person   *er/sie/es kommt*   (Rolle des Besprochenen)

Die Analogie zwischen antikem Theater und grundlegenden Phänomenen der Kommunikation ist nicht nur aus historischen Gründen interessant. Hinsichtlich der Paradigmen *ich* und *du* sprechen auch einige heutige Grammatiken von „Rollenpronomen" (Brinkmann 1971[2] und Weinrich 1993). Immer wieder bestritten wurde aber zu Recht, dass diese Zeigwörter „Fürwörter" seien, also „für" Nomen stünden (z.B. Mager 1849/1992: 135).

Davon abgegrenzt wird seit einiger Zeit die sog. 3. Person des Personalpronomens. Während *ich* und *du* hochspezifisch sind, wurden diese Formen lange als eine diffuse, nicht definierbare ‚Restkategorie' verstanden. Das steht im Widerspruch dazu, dass die Pronomina *er/sie/es* fast unbeschränkt verwendbar sind, entsprechend der Tatsache, dass die Verbformen der 3. Person mit fast allen Arten von Subjekt kombinierbar sind, also eigentlich den kommunikativen Standardfall ausmachen. Zur Harmonisierung solcher Widersprüche wurde in der Forschungsgeschichte versucht, die *Interpretation* der einmal eingeführten Begriffe den sprachlichen Phänomenen anzupassen.[32] Mit dem heutigen Wissen über die beteiligten Einheiten werden deiktische und phorische Pronomina funktional geschieden.[33]

---

30   Zur Geschichte der Begriffe *Deixis* (als Vorläufer der Demonstrativa) und *Anapher* vgl. Ehlich (1979: 181 f.).
31   Es ist anzunehmen, dass die in der Antike sehr beliebte Zahlenmystik oder -magie eine Rolle gespielt hat, dass also das Bedürfnis, eine Klasse mit drei Einheiten zu haben, ganz unsachliche Motive hat.
32   Eine Erklärung für die Permanenz unpassender Ausdrücke, also falscher Begriffe, ergibt sich nur daraus, dass mit wachsender Länge und Autorität der Tradition

5.2.1. Deiktische Personalprononima

Die Formen der sog. 1. und 2. Person sind deiktische Ausdrücke, weiter einteilbar in die Sprecherdeixis und die Hörerdeixis, beide mit Kasusformen ausgestattet. Die Plural-Formen werden als „Sprechergruppendeixis" bezeichnet. Es handelt sich um alte indogermanische Stämme, deren Formengeschichte seit langem bekannt ist. Karl Bühler (1934/1982: 117) machte auf die Besonderheiten dieser Ausdrücke als deiktische aufmerksam: Sie legen das jeweilige Sprecher-Ich als Mittelpunkt der Orientierung des Hörers fest (→ „Persondeixis" (C15)). Die Ausdrücke *ich* und *du* sind durch die historisch später als Höflichkeitsformen ins System der Anredepronomina eingetretene „Distanzdeixis" *Sie* ergänzt worden. Dazu wurde eine pluralische Form der 3. Person ‚zweckentfremdet' Sie lässt keine Unterscheidung zwischen einem oder mehreren Angesprochenen zu.[34]

	Nom.	Gen.	Dat.	Akk.
Sprecherdeixis	*ich*	*meiner*	*mir*	*mich*
Sprechergruppendeixis	*wir*	*unser*	*uns*	*uns*
Hörerdeixis	*du*	*deiner*	*dir*	*dich*
Hörergruppendeixis	*ihr*	*euer*	*euch*	*euch*
Distanzdeixis	*Sie*	*Ihrer*	*Ihnen*	*Sie*

Tabelle 5: Pronomina im Bereich der Persondeixis

(man bedenke vor allem die autoritative Wirkung klassischer Texte im gesamten Mittelalter bis in die Neuzeit hinein) zugleich eine Übetragung auf sehr viele andere Sprachen stattfand. Es ist wahrscheinlich, dass die einzelsprachlich leicht unterschiedlich ausformulierten Begriffssysteme sich in der Folge gegenseitig praktisch gestützt haben. Korrekturen in der Grammatik einer Sprache hätten das Lehren und Lernen sowie das Übersetzen betroffen. So konnten sich ungemein verfestigte „Präsuppositionen" auch sprachwissenschaftlicher Theoriebildung entwickeln (vgl. Ehlich 2002).

[33] Als Beispiel eines ganz anderen Typs von Pronomina möchte ich eine kleine australische Sprache namens Bardi anführen, in der laut Thielmann der Dativ eines *wir*-Pronomens für das Aussprechen einer Existenzprädikation verwendet wird; Eine Äußerung wie „Es gibt viele Fische." hat also die Struktur: Viele uns Fische. (2003, 199). Greenberg weist auf die nordamerikanische Ureinwohnersprache Yuma hin, in der eine 3. Person gar nicht ausgedrückt werden kann („zero expression"). Auch in anderen Sprachen fehlt ein Ausdruck gänzlich, oder eine Fernedeixis wird verwendet (Greenberg 1986: XIX f.).

[34] Auskunft über die Verwendungen wie auch zu den enklitischen Formen geben Zifonun et al. (1997: 316 ff.).

Ursprünglich scheinen alle personal verstandenen Verbalmorpheme deiktisch gewesen zu sein (Bredel/Lohnstein 2003 mit Berufung auf Blatz). Das Suffix -t der 2. und 3. Person Sg. kann als Hinweis auf Entferntheit vom Sprecher verstanden werden. Für die Pronomen *er/sie/es* ergab sich jedoch eine Funktionsveränderung: Für das Sprechen über alles, was nicht zur Sprechsituation im engeren Sinne gehört (auch Personen), trennten sich die Formen der „3. Person" vom deiktischen Zusammenhang und bekamen eine „deskriptive" Qualität (Redder 1992).

5.2.2. Anaphern bzw. phorische Pronomina

Die sog. „3. Person" wird im Deutschen durch drei anaphorische Pronomina: *er/sie/es*, realisiert. Sie werden meist als Anaphern bezeichnet, soweit sie für Rückbezüge in Rede und Text genutzt werden (→ C5). Anaphern „dienen der Anzeige kontinuierlicher Orientierung auf bereits eingeführte oder sonst präsente Gegenstände oder Sachverhalte" (Zifonun et al. 1997: 37).[35] Diese Ausdrücke sind allenfalls in einem grammatischen Sinn „personal", insofern sie die kontextbasierte Besetzung der Subjektstelle bei einer finiten Verbform der „3. Person" sein können.[36] Der traditionellen Definition von Pronomen entsprechen sie insofern, als sie in den meisten Fällen syntaktische ‚Stellvertreter' für Nomen bzw. für Nominale sind. Bezugnahme auf Personen ist ein Unterfall dieses Rückbezugs auf ein *Antezedens* nominaler Art. Mit ihrer Anpassungsfähigkeit in Genus und Numerus verbinden sie eine Art „Minimalsemantik" (Zifonun et al. 1997: 300), d.h. sie sind zur erinnernden Wiederaufnahme beliebiger Inhalte geeignet.

In einigen Fällen werden Anaphern allerdings auch mit Bezug zu einem nachfolgend genannten Wissenselement gebraucht. Man spricht dann von *Kataphorik* und nennt das so verwendete Pronomen Kataphér.[37]

---

[35] Nicht alle Grammatiken akzeptieren diese Funktion der Anaphern. Engel (2004³: 23) unterscheidet sie nicht vom deiktischen Verweisen, Anaphern sind bei ihm „reine Verweispronomina".
[36] Für eine detaillierte Kritik der „3. Person" im Verbsystem siehe Fränkel (1974: Kap. 3).
[37] Vgl. die knappe Darstellung in Hoffmann 2000: 302 f. Sprachvergleiche zeigen übrigens, dass die Normal-Abfolge kataphorisch sein kann. Zum Beispiel in Madagassisch und anderen „VSO-Sprachen" geht die Anapher dem Bezugssubstantiv meist voran (vgl. Hoffmann 2000: 298).

Wie das Deutsche verfügen die meisten indoeuropäischen Sprachen in der „3. Person"[38], also am anaphorischen Pronomen, über eine Genusdifferenzierung, die Bezugnahme auf Personen ebenso erlaubt wie Bezugnahme auf genusbestimmte Nominale. Das Englische, das kein Genus der Substantive mehr hat, verfügt scheinbar parallel über *he* und *she*. Aber das Genus ist dabei kein nominales, sondern das Geschlecht einer Person. Noun phrases werden generell mit *it* erfasst. Im Plural wird die Genus-Unterscheidung allerdings in diesen wie in vielen anderen Sprachen aufgegeben. Die im Deutschen generell verlangte Genuskongruenz sorgt für relative Einfachheit und formale Klarheit der Bezugnahme. Aufgrund dessen ist die mentale Prozedur des Auffindens des gemeinten Antezedens einer Anapher erleichtert und relativ gut abgesichert im Vergleich zum Englischen.[39]

Ein interessantes, formal ungleichmäßig ausgebildetes Phänomen ist das Vorhandensein einer betonbaren Form (neben der unbetonten Normalform des anaphorischen Pronomens), die einen Gewichtungsakzent tragen kann. Grundsätzlich sind diese Pronomina unbetont und stehen mit dieser Eigenschaft den deiktischen gegenüber. Vor allem die romanischen Sprachen haben jedoch akzenttragende Komplementärformen, z. B. in: „*C'est lui, qui l'a dit.*" Im Englischen gibt es ebenfalls Sonderformen, die zwar nicht als hochsprachlicher Standard gelten, sich aber im Gebrauch weitgehend durchgesetzt haben:

unbetont	betont
he, she, they	*him, her, them*

Die Funktionalität der betonten Anaphern nähert sich der der grundsätzlich betonten Zeigwörter (im Deutschen die sog. *der*-Deixis). Hier scheint ein Übergangsbereich vorzuliegen, den Ehlich als eine Verschiebung des sprachlichen „Feldes", also der Funktion, bestimmt: Ein ursprünglich nicht-deiktisches Mittel gilt dann als *paradeiktisch*.

---

[38] Dem korrespondiert der terminologische Vorschlag von A. Redder (1992), Verbformen der „3. Person" wie in „Das Haus brennt." als deskriptive, die *ich*- und *du*-Formen dagegen als deiktische Verbformen (sprecherdeiktisch und hörerdeiktisch) zu charakterisieren.

[39] Diese Freiheit scheint historisch deutlich größer gewesen zu sein als heute, besonders in der philosophischen Sprache; vgl. dazu, exemplifiziert am Beispiel der Schreibweise des Philosophen Hegel, Ehlich (1983b).

Ein Bedarf nach einer kommunikativen Herausstellung durch akzentuierte Formen ergibt sich teilweise bei situativ gegebenem Bedürfnis des Sprechers, zu einem großen Teil ist er aber auch grammatisch fixiert und standardisiert. Er folgt aus bestimmten syntaktischen Funktionen und/oder Positionen in der Abfolge von Satz- oder Satzglied-Elementen. Die romanischen Sprachen bieten geeignete Beispiele (vgl. Tabelle 6).

Der besondere Stellenwert der betonten Formen in den romanischen Sprachen resultiert historisch daraus, dass sie an einer Eigenart der indoeuropäischen Sprachen festgehalten haben, die Brugmann so charakterisiert: „Die Nominative der Personalia traten ursprünglich

	unbetontes Personalpronomen		Formen und Gebrauch	betontes Personalpronomen		Formen und Gebrauch
	Singular	Plural		Singular	Plural	
französisch	*je* *tu* *il, elle*	*nous* *vous* *ils, elles*	mit Kasusformen, nicht nach Präp.	*moi* *toi* *lui, elle*	*nous* *vous* *eux, elles*	ohne Kasusformen, als Subj. und bei Präp.
	on		ohne Formen	*soi* (reflexiv)		bei Präp.
spanisch	*me* *te* *le, lo, la*	*nos* *vos* *les, los. las*	nur als Kasusobj.	*yo* *tu* *ella, ello* *usted*	*nosotros* *vosotros* *ellas,* *ellos* *ustedes*	als Subjekt
				mi *ti* *él* *ella, ello,* *usted*	*nosotros* *vosotros* *ellos* *ellas* *ustedes*	nach Präp.
italienisch	*gli* *le, lo, la*	*loro* *loro*	nur als Kasusobj.	*io* *tu* *lui, lei*	*noi* *voi* *loro*	Subjekt, Kasusobjekte und bei Präp.
				me, te *lui, lei*	*noi, voi* *loro*	bei Präp.

Tabelle 6: Betonte und unbetonte Personenformen

nur dann zum Verbum hinzu, wenn auf ihnen ein Nachdruck ruhte." (1904/1970: 408). Das Deutsche ist dagegen Vertreter einer Sprachengruppe, in der das Subjektspronomen „zu einer Art von rein formantischer Stütze der Verbalform geworden ist". (ebd.)[40]

5.2.3. Die Person-Sache-Unterscheidung

Im Deutschen ist also eine Betonung von *er* und *sie* möglich, soweit über Personen gesprochen wird. Anders ist es bei *es*. Die sachbezogene Anapher hat keine Kasusformen und ist nur als Subjekt oder Objekt verwendbar. Dies und ihre absolute Unbetonbarkeit macht sie ungeeignet zur Übernahme weiterer syntaktischer Funktionen. Nicht einmal nominativischer Gebrauch in einem prädikativen Satzglied ist möglich, da hier ein Gewichtungsakzent erforderlich wäre:

B10 *X ist größer als er (*es).

Die Person-Sache-Differenzierung entspricht der inneren Gliederung der Fragewörter. Brinkmanns Feststellung über das Fragewort „*was*" (1971²: 748) gilt ebenso für *es*: Indem *wer* genauso wie *er/sie* auf Personen beschränkt wurde, hat sich der Anwendungsbereich von *was* und *es* stark erweitert. Einfache Gegenstandscharakteristika, die prädizierbar sind, fallen ebenso hinein wie Sachverhalte, die satzförmig zu beschreiben sind.

Andererseits ist die Anwendung der Anaphern im Deutschen generell beschränkt. Sie sollen bei Einbindung in eine Präpositionalphrase nicht sachbezogen verwendet werden, d.h. „für ihn" ist möglich, unter Umständen auch sachbezogen, nicht aber „für es". Für das Deutsche ergibt sich deshalb ein Teilsystem, das einen systematischen „Ausfall" im Bereich der Bezugnahme auf Nomen im Genus Neutrum und Sachverhalte aufweist. Derartige Bezugnahmen erfolgen statt dessen über deiktische oder deixishaltige Pronomina (vgl. Tabelle 7).

Wenn also die Valenz eines Verbs ein präpositional angebundenes Satzglied fordert, ist standardsprachlich bei Personenbezug eine Anapher nötig, wie in *mit ihm*, *vor ihr*. Bei Sachbezug haben die zusammengesetzten Verweiswörter wie *dabei* und *damit* dieselbe syntaktische Aufgabe übernommen. Pronominal ist es darin, dass

---

[40] Fränkel nennt die betonten Formen „Vollformen", die unbetonten „Leichtformen", da sie phonetisch-intonatorisch zurücktreten und zur Enklise neigen (1974: 321 ff.).

	Fragepronomina	zugehörige Zeigwörter	zugehörige betonbare Anaphern
personal	wer? wessen? wem? wen? bei / mit / von wem?	der, die dessen, deren / derer dem, der den, die mit / bei / von dem	er seiner, ihrer ihm, ihr ihn, sie mit / bei / von ihm / ihr
sachbezogen	was? womit? wobei? wogegen?	das damit (hiermit) dabei (hierbei) dagegen (hiergegen)	

Tabelle 7: Fehlen anaphorischer Formen für Rückbezüge im Bereich Neutrum

z. B. ein *dafür* zurückzeigt (anadeiktisch) auf vorher verbalisierte sprachliche Elemente in Rede und Text, die für den Hörer schon in Wissenselementen aufgehoben sein können. Es wirkt zugleich relationierend, indem die Präposition dessen semantisch-syntaktischen Anschluss an den aktuellen Satz herstellt.[41]

Von einigen Sprachforschern wird die *der*-Deixis, die unten als Objektdeixis eingeordnet wird, als eine zweite Reihe von Personalpronomina neben den Anaphern aufgefasst. Die parallele Bildung der Stämme *er – der* legte diese Annahme einer Funktionsgemeinschaft nahe. Bellmann (1990, 154) hebt hervor, dass mittels der Pronomengruppen *er / der / dieser* „alle genusidentischen Gegenstände der Welt" – ausgenommen Sprecher und Hörer selbst – ansprechbar werden.[42] Wiemer (1996: 72) begründet seine Gleichsetzung mit der Eigenart slawischer Pronomina, die dadurch leichter mit deutschen kontrastiert werden könnten. Brinkmann hält zwar an der Differenz zwischen deiktischem und phorisch-erinnerndem Ausdruck fest, hat aber den Eindruck, dass die Grenze durch die typischen Ausdrucksbedürfnisse der Alltagssprache verwischt ist (1971², : 754). In der gesprochenen Sprache werden Zeigwörter häufig Anaphern präferiert, was zu einer Art phonetischer Neutralisierung führt:

---

[41] Vgl. zu diesen Verweiswörtern § 5.5. und Rehbein (1995).
[42] Bellmann untersucht in seiner Monographie die pragmatischen Begrenzungen und Sanktionen gegenüber der Verwendung von *er / sie* oder *der*-Deixis zum Sprechen über anwesende Personen.

B11 Er gibt's morgen weiter.
     Da hat'r [hatɐ] noch mal Glück gehabt.

Elidierte Formen sowohl von *es* wie auch von *er/sie* werden als nicht akzentuiert, damit als Anaphern, verstanden.

5.2.4. Abgeleitete satzinterne phorische Bezüge bei *es*

Aus den obigen Ausführungen ergeben sich einige Besonderheiten des Gebrauchs von *es*. Zwar gelten die in 5.2.3. genannten Beschränkungen, auf der anderen Seite expandiert diese Anapher in neue Bereiche, da sie abgeleitete grammatische Funktionen bekommen hat. Es handelt sich um satzinterne Aufgaben, bei denen *es* auch auf Sachverhalte Bezug nehmen kann, die entweder nachfolgend benannt oder nur angedeutet werden, jedenfalls aber kaum mit einem Nomen zu erfassen wären (vgl. Brinkmann (1971²: 754 f., Fränkel 1974: 328).

Zifonun (1995) unterscheidet das „verbgesteuerte *es*" (B12a), das „expletive *es*" (B12b) und das „Korrelat-*es*" (B12c)

B12 a) Es gibt Tee. Es regnet.
     b) Es besteht kein Grund zur Beunruhigung.
     c) Ich bin es satt, dir nachzulaufen.

Expletives und Korrelat-*es* sind im weiteren Sinne kataphorisch, Fränkel spricht von einer „Voranmeldung" (1974, 328). Als „expletives *es*" ermöglicht die Anapher dem Sprecher eine Subjekt-Verschiebung ins Mittelfeld des Satzes, um dem rhematischen Stellenwert des Subjekts gerecht zu werden. Diese Verschiebung ist auch die Voraussetzung für einen Kontrastakzent bzw. ist damit gekoppelt. Auch hier hat *es* eine Komplettierungsaufgabe hinsichtlich der propositionalen Struktur und gilt nicht als Agensangabe. Daraus lässt sich die u.U. fehlende Verbkongruenz mit dem Subjektausdruck erklären, die Zifonun an einem institutionellen Beispiel verdeutlicht (1995: 46):

B13 Es haben mit Nein gestimmt die Abgeordneten Klein und Müller-Lüdenscheidt.

Die satzinterne Funktion des verbgesteuerten *es* als „formales Subjekt/Objekt" kann nur im weiteren Sinne als phorische Bezugnahme gelten. Für die Besetzung der prinzipiell nicht fokussierbaren Subjektstelle bei agenslosen Verben eignet sich *es* durch seine maximale Offenheit für Bestimmungen. Damit kommt entweder der Vorgang (Witterungsverben) oder aber die rhematische Objektstelle („*Es gibt* ...") zur Geltung.

Sprachhistorisch lassen sich die über ana- und kataphorischen Gebrauch hinausgehenden Aufgaben von *es* evtl. damit zusammenbringen, dass noch im Mittelhochdeutschen eine Form *ës* existierte, die als Genitivform der Maskulinum- wie der Neutrum-Anapher verstanden und vor allem zum Bezug auf Sätze genutzt wurde (vgl. Paul 1919: 125). Götzinger (1836) beobachtete bereits, dass anaphorisches *es* meist in seiner Vollform auftritt, während expletives oder „abstraktes" *es* gern elidiert wird (1836/1992).

5.2.2. Reflexiva (Reflexivpronomina)

Reflexivpronomina haben anaphorischen Charakter, auch dann, wenn sie deutlich erkennbar deiktischer Herkunft sind. Sie sind „Proterme", soweit sie nicht lexikalisch gefordert sind. Sie unterscheiden sich deutlich von den Anaphern, da sie in ihrem Geltungsbereich auf satzinterne, grammatisch definierbare Bezüge beschränkt sind. Sie treten auf in Satzpositionen, in denen Dativ oder Akkusativ (auch nach Präpositionen) gefordert ist. In den meisten Fällen drücken sie Identität mit dem Subjekt (bzw. dem entsprechenden Denotat) aus, es ist aber auch ein reflexiver Bezug auf ein anderes, vorher genanntes Substantiv im Satz möglich. Dieser sprachliche Ausdruck für die Bezugsgröße (meist ein Nominal) wird ebenfalls Antezedens genannt. Die Reflexiva sind grundsätzlich unbetont. In seltenen Fällen ist intonatorische Hervorhebung nötig, im Zusammenhang mit Voranstellung des Reflexivums.

Im Deutschen gibt es nur eine rein reflexivische Form, nämlich *sich*, für Rückbezüge auf nominale Terme und anaphorische Proterme. Anapher und Reflexivum sind so deutlich voneinander geschieden:

B14 Er ist mit ihm zufrieden. (Anapher)
     Er ist mit sich zufrieden. (Reflexivum)

Der zugrundeliegende indoeuropäische Pronominalstamm ist in vielen anderen, z.B. den romanischen und den nordgermanischen, Sprachen, vertreten, nicht aber im Englischen. Für die mit Personaldeixis besetzten Satzglieder werden die zum jeweiligen Paradigma gehörigen deiktischen Dativ- und Akkusativformen *mir, mich, dir, dich* etc. genutzt, da keine Verwechslung auftreten kann.[43] Andere Sprachen, wie das Russische, haben eine universale Reflexiv-Partikel für deiktische und anaphorische Bezüge.

Indem das Reflexivum ein Satzglied mit dem Rückbezug auf das Subjekt (oder ein anderes Satzglied) als der Sache nach identisch darstellt, wird die von der Verbvalenz her zu erwartende Differenz zwischen Subjekt- und Objektrolle aufgehoben. Bei denjenigen Verben, die nur mit einem Reflexivum auftreten können bzw. nur mit diesem eine spezielle Bedeutung haben können, ist im Deutschen sehr häufig ein innerer (geistig-emotionaler) Vorgang gemeint. Ein formal als Akkusativ interpretierbares *sich* hat in diesem Umfeld nicht den Charakter eines direkten Objekts (Beispiele in B16a), sondern Subjekt und Objekt werden als untrennbare Einheit verstanden (Paul 1919/1954: 133). Reflexivität ist also nicht einfach eine grammatische Eigenschaft bestimmter Verben, sondern resultiert aus oft komplexen propositionalen und lexikalischen Strukturen.[44] Bei reflexiven Konstruktionen in Matrixsätzen (wie in B15b) wird das eigentlich transitive Verb ‚intransitiviert':

B15 a) sich ärgern, sich freuen, sich schämen, sich täuschen, sich ängstigen ...
      b) Es versteht sich von selbst, ... Es bietet sich an, ...

Ein Reflexivpronomen kann (oder muss) bei geeigneten Verben mit pluralischem Subjekt reziprok verstanden werden.

B16 Die zwei verstehen sich prima.

Viele Sprachen kennzeichnen diese Art der Beziehung zum Schutz vor Missverständnissen durch spezielle oder zusätzliche pronominale Ausdrücke. Diese werden auch als Reziprokanaphern bezeichnet (siehe Tab. 8).

In Präpositionaltermen wird reziproker Bezug im Deutschen nur durch Komposition mit *einander* ausgedrückt. Beispiele sind:

füreinander, untereinander, nebeneinander, nacheinander

---

[43] Ursprünglich gab es andere Genitiv- und Dativformen; der Dativ wurde dann lange durch entsprechende Formen der Anapher realisiert. Ab Mitte des 16. Jh. wurde es üblich, *sich* auch für den Dativ zu verwenden.
[44] Vgl. dazu Hoffmann (2000, 297 ff.). der sich auch mit generativistischen Beschreibungsverfahren auseinandersetzt.

	reflexiv	reziprok
deutsch	*sich*	*sich, sich ... gegenseitig,* *sich ... wechselseitig, einander*
englisch	*himself, herself* *oneself*	*each other* *one another*
französisch	*se*	*se ... l'un l'autre*
spanisch	*se*	*se ... el uno al otro*

Tabelle 8: Reflexivpronomina in mehreren Sprachen

5.2.3. Possessiva (Possessivpronomina)

Die Formen der Possessiva sind aus dem Germanischen übernommen worden, aus demselben Stamm wie das Reflexivum *sich*. Historisch entstanden sie – ebenso wie in anderen indogermanischen Sprachen – aus Genitivformen der Personaldeixis. Sie kommen im Wesentlichen in der Position des Determinativs vor, ein selbständiges Auftreten als Proterm ist aber möglich. Auch bei dieser Teilgruppe der Pronomina besteht seit langem Kritik am Namen, da der Begriff ‚Besitz' die Art der damit andeutbaren Beziehungen falsch charakterisiert (vgl. z. B. Fränkel 1974: 335 ff.). In neueren Grammatiken wird statt dessen von Zugehörigkeit gesprochen.

Bezogen auf die Personalpronomina gibt es eine Gruppe mit deiktischem Anteil *(mein, dein* sowie deren Pluralformen) und eine mit phorischem Anteil *(sein, ihr, ihre)*. Diese Ausdrücke erweitern den Anwendungsbereich der zeigenden und phorischen Ausdrücke. Vergleichbar mit Genitivattributen bieten sie die Möglichkeit, beliebige Gehalte von Nomen (syntaktisch gesprochen: nominalen Wortgruppen) auf den Sprecher, den Hörer oder auf kommunikativ präsente andere nominale Nennwörter zu beziehen. Sie ‚ersparen' dadurch im System der Personalpronomina Genitivformen. Ausgehend von der Sprechsituation sagen sie, „ob das Gemeinte in den Bereich des Sprechers, des Angesprochenen oder Besprochenen fällt" (Brinkmann, a.a.O.: 78 und 744). Das zugehörige Nomen oder das deiktische/phorische Antezedens ist meist über einen Rückbezug zugänglich:

B17 Wir haben ihm seinen Koffer vor die Tür gestellt.

Die deutschen Possessiva erlauben im Sing. einen Genusbezug nach zwei Seiten. Die Wortform richtet sich nämlich nach dem Bezugsnomen, das Suffix nach dem Genus des determinierten Nomens; im Französischen ist, ebenso wie im Englischen, nur die zweite Unterscheidung möglich:

B18 a) Der Direktor begründete *seinen* Einwand.
Die Direktorin begründete *ihre* Kritik.
b) Il (elle) cherche son billet / sa bourse.

Die Possessiva sind sehr beschränkt zu einer Wortbildung fähig. Zusätzlich zu den proterm-fähigen Bildungen *das Meine* etc. wurden weitere Substantive gebildet:

das Meinige, das Deinige, das Seinige, das Ihrige

Beide Ableitungen gelten allerdings heute als veraltend. Üblich sind weiterhin Zusammensetzungen, die substantivisch oder als Adverbien genutzt werden:

Proterme: *meinesgleichen / deinesgleichen / seinesgleichen / Ihresgleichen*
adverbial: *seinetwegen, um seinetwillen, seinerseits*
(jeweils mit entsprechenden femininen Formen.)

5.2.4. Indefinites Personalpronomen „man"

Dieses Pronomen ist etymologisch auf das Nomen *Mann* (ahd. *man*) rückführbar (vgl. dazu Zifonun 2000, 246). Es wurde traditionell zu den Indefinita gerechnet, weil keine benennbaren Personen gemeint sind. Damit ist eines der beiden Hauptmerkmale namensstiftend geworden, das andere Merkmal wurde jedoch vernachlässigt. Von den anderen Indefinita (s.u.) hebt es sich durch mehrere Eigenschaften ab:

- Festlegung auf Personen oder Personengruppen (unspezifisch);
- Charakter eines abstrakt gefassten Agens, d.h. Sprecher, Hörer oder andere Personen können einbegriffen sein;
- Flexionslosigkeit und syntaktische Fixierung auf die Subjektfunktion, dabei ohne Attributionsmöglichkeit
- Betonung und Rhematisierung ist nicht möglich.

Brinkmann (1971^2) rechnet *man* wegen seiner Agensqualität zu den „Rollenwörtern".[45] Auch viele andere grammatische Darstellungen tendieren zumindest dahin, es den Personalpronomen zuzuordnen. In Handlungsbeschreibungen kann es im Wechsel mit *wir* eingesetzt werden, ist aber in seinem Bezug zur Sprechsituation deutlich schwächer (Bührig/Meyer 2003: 20).[46]

Im Englischen wird das Fehlen eines entsprechenden Ausdrucks durch eine generische Verwendung von *you* ausgeglichen. Im Französischen ist das dem *man* entsprechende *on* ein vor allem alltagssprachlich sehr beliebter Ausdruck. Es entstand aus lat. *hominem*. Durch die Art des Gebrauchs besitzt franz. *on* eine größere Nähe zur Sprecher- und Hörerdeixis als das deutsche *man*: *on* kann alternierend mit *nous* (*wir*) eingesetzt werden. *On* wird sogar oft dem sprecherdeiktischen *nous* vorgezogen, wenn klare sprechsituative Verweise möglich wären.

Das Pronomen *man* wird in jedem Fall unspezifisch, generalisierend, gebraucht. Seltener kann von einer „partikulären Verwendung" im Sinne einer einzelnen, aber völlig unbestimmten Person, eines ‚Jemand', gesprochen werden (vgl. Zifonun 2000). Situative und kontextuelle Paraphrasierungsversuche fallen sehr unterschiedlich aus: Je nach dem Charakter der Aussage oder nach dem Thema ist ein Personenbezug von *man* rekonstruierbar oder wenigstens vage eingrenzbar.

Die Gemeinsamkeit von *man* mit den Indefinita besteht über die fehlende Denotation hinaus darin, dass kein anaphorischer Gebrauch von *man* möglich ist, ebensowenig ein anaphorischer Rückbezug auf *man*. Das Fehlen von Numerus- und Kasusflexion ist diesem Funktionsmerkmal angemessen. Allerdings bestünde im Deutschen durchaus Bedarf, den generalisierten Agensausdruck auch in anderen Satzrollen zu verwenden. Soweit dieses Bedürfnis auftritt, werden Formen des Pronomens *einer*, das zur Kasusbestimmung fähig ist, als Ersatz verwendet. Diese Ersatzformen sind jedoch semantisch nicht völlig kompatibel, da eine generelle Lesart ausgeschlossen ist. Sie haben sich in der Standardsprache nicht vollständig etablieren können, sondern gelten als umgangssprachlich.

---

[45] Präzisierung: im Sinne einer „potenzielle(n) Rolle, die an den Horizont des Partners appelliert." (a. a. O., 747)

[46] Sowohl im Deutschen wie in vielen anderen Sprachen ist darüber hinaus der anonymisierende Gebrauch von *sie* (Anapher im Plural) möglich, um ähnliche generalisierende Effekte zu erzielen. Es scheint, dass *man* je nach Bildungsgrad unterschiedlich verbreitet ist. In der nicht „gehobenen" umgangssprachlichen Kommunikation tritt das sog. anonymisierende *sie* häufiger auf als *man*.

In den skandinavischen Sprachen Dänisch und Schwedisch existiert ein funktional-semantisch vergleichbarer Ausdruck. Im Englischen und im Portugiesischen gibt es kein Äquivalent für *man*. Parallel zum Deutschen hat auch im Englischen das Pronomen *one* eine mit *man* vergleichbare, generelle ‚Bedeutung' bekommen. Im Portugiesischen werden, wie Bührig / Meyer an gedolmetschten Arzt-Patienten-Gesprächen illustrierten, Anaphern als Ersatz verwendet. Dadurch entstehen allerdings nicht unerhebliche Veränderungen der deutschen Mitteilungen (vgl. besonders a. a. O., 30).

5.3. Demonstrativa (Demonstrativpronomina)

Im Zusammenhang mit den anaphorischen Personalpronomen wurde das zeigende *der* schon erwähnt. Es gehört zur „Objektdeixis". Die Zeigwörter dieses Typs sind in Text und Rede hochfrequent. Der Begriff „Objekt" ist bei dieser Gruppe von Pronomen der Person / Sache-Unterscheidung übergeordnet. Demonstrativa erlauben im Gespräch das vergleichsweise direkte Ansprechen von Wahrnehmbarem jeder Art in der Sprechsituation. Als Determinative ermöglichen sie das Zeigen auf ein Objekt, das (unterstützend) zugleich durch einen Gattungsbegriff charakterisiert wird. Innerhalb von Rede und Text erlauben sie Rück-, Quer- und Vorausverweise auf Verbalisiertes.

Über die indoeuropäischen Sprachen hinaus ist zu konstatieren, dass häufig mehr als ein objektbezogenes (objektdeiktisches) Pronomen zur Verfügung steht und dass der Funktionsbereich in einen Nah- und Fernbereich, z. T. noch weiter differenziert ist. Im Deutschen ist beides der Fall. Neben dem Demonstrativpronomen, aus dem sich der definite Artikel entwickelt hat (mit Flexionsdifferenzen im Kasus-Paradigma) gibt es zwei weitere Formen, was durch unterschiedliche Vorkommensbereiche gerechtfertigt ist (siehe Tab. 9).

Soweit eine Sprache nach Genus und Kasus differenziert, stehen mit der Objektdeixis bzw. den Demonstrativa Einheiten zur Verfügung, die mit diesen Merkmalen kongruieren. Bei der *der*-Deixis lassen sich zwei Verwendungstypen hervorheben:

a) das Zeigen auf Objekte im Wahrnehmungsraum[47]

---

[47] Personen sind als Zeigobjekte hierbei zwar nicht ausgeschlossen, aber das Reden über Anwesende unterliegt, wie Bellmann (1990) zeigt, vielfältigen sozialen Restriktionen und Sanktionen.

Sprachen	Aufmerksamkeits-lenkung ohne Nah-/Fern-Differenz	Aufmerksamkeits-lenkung im Nahbereich	Aufmerksamkeits-lenkung im Fernbereich
deutsch	*der, die, das* (besonders mündlich)	*dieser, diese, dies / dieses* (besonders schriftlich)	*jener, jene, jenes – jene* (seltener, nur schriftlich)
englisch		*this*	*that*
französisch		*ce, cette, celui, celle celui-ci, celle-ci*	*celui-là, celle-là*

Tabelle 9: Zeigen auf Objekte und Personen

b) das katadeiktische Zeigen auf Vorstellungsgehalte, die im Folgenden zu charakterisieren sind:

B19 die wachsende Verarmung derer, die auf Sozialhilfe angewiesen sind

Die Funktion des bestimmten Artikels ist von der des Pronomens zu unterscheiden,[48] allerdings wird der betonte definite Artikel als deiktisch aufgefasst. Aus derselben Wurzel entstand das Demonstrativum *dies-*.[49] Es ist spezialisiert auf den Nahbereich des Sprechers. Sein Formenparadigma ist im Genitiv eingeschränkt bzw. die Genitivformen sind nicht selbständig in Gebrauch, sondern nur als Determinative, wie in dem Beispiel „*das Leben dieser Tiere*". Das Zeigen im Wahrnehmungsraum ist relativ selten bei der *dieser*-Gruppe. Sie ist stärker auf anadeiktische Rückverweise, also auf Rede und Text, festgelegt.

Bezüglich des aus dem Gotischen stammenden *jener* wird häufig vermutet, dass es mehr und mehr durch die im 15. Jh. entstandene Weiterbildung *derjenige* verdrängt wird. Noch in der Zeit von Brugmann (1904: 11) war *jener* „allenthalben zu finden". Nach wie vor

---

[48] Die Textgrammatik der deutschen Sprache (Weinrich 1993) hat daraus eine andere Konsequenz gezogen, nämlich die, den bestimmten Artikel generell als anaphorisch zu behandeln. Da aber beim Artikel sehr oft auf textuell nicht ausgedrücktes Wissen zurückgegriffen wird, passt die Analogie nur z.T.

[49] Ursprünglich handelt es sich um die Verbindung von *der* mit einer Demonstrativpartikel *se*, die Flexionsformen wurden erst später entwickelt (Schmidt 2000: 231).

wird der Ausdruck als Fernedeixis – mit oder ohne Kontrast zu *dieser* – schriftsprachlich genutzt, vor allem zum Zweck der mit *jener* erreichbaren Andeutung eines im Vorstellungsbereich gegebenen Gehalts (wie in B20).

B20   Schon von ihrer Wortgestalt her fällt eine kleine Gruppe von linguistischen Termini auf, ... mit denen die sogenannten ‚Wortarten' bezeichnet werden. Auf exemplarische Weise sind sie Bestandteil jenes antiken Erbes, das sich bis heute als leistungsfähig bei der Befassung mit Sprache erwiesen hat." (Ehlich 2002: 68)

Wo ein solches andeutendes Zeigen als zu vage empfunden wird, wird die Fernedeixis reduziert auf das einem Relativsatz übergeordnete *derjenige*.

Unter den Demonstrativa der ersten beiden Gruppen nehmen *das* und *dies* eine besondere Stelle ein. Besonders *das* wird sehr allgemein verwendet und häufig aus Genusbezügen herausgelöst. Beide sind geeignet, durch eine zusammenschließende Refokussierung von Rede- oder Diskurselementen Sachverhaltsideen zu konstituieren und ‚zeigbar' zu machen. B21 stammt aus einer mündlichen Darstellung eines Schauspielers:[50]

B21   „... da sollte ich (*das* hab ich dann auch gespielt) den Peter, diesen Jungen da, und da bin ich zu Barlog gegangen und hab gesagt, nu hör also, ich bin also nun inzwischen Familienvater und kann nun wirklich keinen ungeküßten sechzehnjährigen Jungen mehr spielen, *dieses* ... *das* kann ich, glaube ich, nicht mehr ..."

Die neutrale Kurzform *dies* weicht von *dieser* insofern ab, als sie eine ganze Proposition oder eine Verkettung von Propositionen refokussieren kann. Darin nähert sie sich dem Gebrauch von *das*, ohne sich so weit von der konkreten sprachlichen Realisierung zu entfernen.[51]

In einer Reihe von Sprachen, besonders in den westgermanischen, gehen Objekt- und Lokaldeixis enge Verbindungen ein. Anstelle von Kasusformen der Demonstrativa wird bei Präpositionen

---

[50] Quelle: Transkript zu Interaktion FR023, Freiburger Korpus, Deutsches Spracharchiv des IDS.
[51] Vgl. zur Objektdeixis in wissenschaftlichen Texten Graefen 1997: 216 ff.

eine Kombination mit einem lokaldeiktischen Adverb vorgezogen, wie in *dafür* (s. u.).

Im Französischen gibt es eine Kumulation zweier deiktischer Pronomina und eine Kondensation im routinierten Sprechen, bis hin zur elidierten Kurzform (c'):

    deutsch   dies hier / das da / den dort
    französisch   ceci (ce) / cela (ça)

Besonders in romanischen Sprachen ist auffällig, dass bestimmte Ausdrücke der Objekt- und Lokaldeixis *(y = hier)* zusammen mit anaphorischen Pronomina *(en = davon)* regelmäßig und in fester Abfolge rund um das finite Verb auftreten, wie in dem französischen Satz:

B22   Il n'y en a rien.

Im Deutschen existiert etwas Vergleichbares in den Stellungsregularitäten für anaphorische Pronomina, die von der sonstigen Satzglied-Reihenfolge abweichen.

B23   Ich habe es ihm mitgeteilt.
        Ich habe ihm die Neuigkeit mitgeteilt.

Zu den Demonstrativa gehören weiterhin die Zeigwörter *so* und *solch*. Letzteres ist seit langem in der Umgangssprache durch *so ein* verdrängt, das häufig zu *so'n* zusammengezogen wird (vgl. Paul 1919 / 1954, 143). Beide Ausdrücke werden in der neueren Sprachtheorie als deiktische Ausdrücke gewertet. Ehlich (1987) spricht von einer zusätzlichen Dimension des Zeigens, die er *Aspektdeixis* nennt. Gemeint ist das Hinweisen auf Qualitäten und Aspekte an Gegenständen jeder Art. Auch *so* kann anadeiktisch und katadeiktisch genutzt werden werden und kann auf ein u. U. komplexes Sachverhaltswissen bezogen werden:

B24   So kam es, dass …
        So habe ich das nicht gemeint, …

Der Ausdruck *so* hat eine wechselhafte Vorgeschichte als eine Art Universal-Relativpronomen im Ahd. und Mhd., außerdem durch seinen konjunktionsartigen Gebrauch im Althochdeutschen.[52] Entstanden ist er – ebenso wie *sonst* – aus dem idg. Pronominalstamm,

---

[52] Vgl. Hermann Paul (1919 / 1954: 141) sowie „Deutsches Wörterbuch" von H. Paul (1992⁹).

der sich im Deutschen später zum bestimmten Artikel hin entwickelte. Sein heutiger Gebrauch für Verweise auf Aspekte an Objekten ist demgegenüber eine starke Einschränkung des Verwendungsbereichs. Daraus haben sich aber neuere routinisierte Verwendungen für grammatische Funktionen, z. B. als „Vergleichspartikel" oder modifikatives Adverb, ergeben (vgl. Ehlich 1987 und Zifonun et al. (1997: 325 f.)).

Den Demonstrativa, partiell der Phorik, zuzuordnen sind drei im weiteren Sinne pronominale Ausdrücke, die der Eingrenzung und der Versicherung einer – zuvor bereits nahegelegten – Identität dienen, nämlich *(der)selbe* und *gleiche* und *selbst*. Die beiden ersten Ausdrücke sind Adjektive und machen dem Hörer deutlich, dass der Sprecher einen konkret-sachbezogenen gemeinsamen Horizont unterstellt oder mit einer früher gemeinsam erfahrenen Situation vergleicht. Das Alternativen ausschließende, stark betonte *selbst* kann als unflektierter Zusatz zu personaldeiktischen oder anaphorischen Pronomen verwendet werden (Brinkmann (1971[2]: 746):

B25 Jeder soll selbst sehen, wo er bleibt.

Untypisch für die Pronomina ist, dass die Wortstämme *gleich-* und vor allem *selb / selbst* sich als sehr produktiv in der Komposition mit anderen Einheiten erweisen.[53]

5.4. Relativa (Relativpronomina und Relativadverbien)

Dionysius Thrax fasste Artikel und Relativpronomen in einem Redeteil zusammen. Auf die zweite Wortklasse scheint die Bezeichnung *arthron* (= Gelenk) besser zu passen als auf den Artikel.[54] Das Relativum (→ C21) ist eine Weiterentwicklung des Demonstrativstamms mit dem Ergebnis einer festen grammatischen Funktionalität. Es dient der adnominalen oder propositionserweiternden Einbindung eines Sachverhalts in eine übergeordnete Proposition. Der adnominale Rückbezug wird grundsätzlich als restriktiv, evtl. auch als appositiv, beurteilt. Dafür ist bei den Relativa das volle Flexionsparadigma (siehe Tab. 10) erforderlich, damit sie beliebige Satzgliedfunktionen im Nebensatz übernehmen können.

---

[53] Zu Geschichte und Wortbildung vgl. das Wörterbuch Hermann Paul (1992[9]).
[54] Die Zusammenfassung zeigt aber keine richtige Einsicht bei Thrax, da der „Nebensatzcharakter" von Relativsätzen im Griechischen weniger deutlich war als im Deutschen (Fränkel 1974: 378).

Im Bairischen wird die syntaktische Rolle häufig getrennt von der Relativ-Funktion ausgedrückt, für die das lokale Relativum *wo* zuständig ist, z. B.:

B26 „Das ist er, den wo sozusagen ich gfunden hab" (nach Zehetner 2005: 375)

Im Standarddeutschen wird die Anbindung an ein Nominal im Obersatz aber formal gesichert, durch Kongruenz im Genus (im Singular) und Numerus.

	Singular				Plural			
	Nom	Gen	Dat	Akk	Nom	Gen	Dat	Akk
Mask.	*der*	*dessen*	*dem*	*den*	*die*	*deren*	*denen*	*die*
Fem.	*die*	*deren*	*der*	*die*				
Neutr.	*das*	*dessen*	*dem*	*das*				

Tabelle 10: Formen der Relativpronomina

Über die direkt auf Nomen (restriktiver Gebrauch) bzw. Nominalphrasen (appositiver Gebrauch) bezogenen Relativa hinaus umfasst das Paradigma der Relativa eine Gruppe von sog. Relativadverbien, die in dieser Funktion mit den syntaktischen Aufgaben von Adverbien nur indirekt zu tun haben. Sie traten sprachhistorisch deutlich später auf (Eissenhauer 1999: 190). Sie sind nicht auf grammatische Eigenschaften eines Antezedens bezogen, statt dessen charakterisieren sie das Gemeinte entsprechend den Merkmalen der Fragewörter und kategorisieren dadurch rückwirkend auch das Antezedens. Daraus entstehen gelegentlich semantische Bruchstellen, die als grammatisch weniger korrekt empfunden werden, wie in B27c.

B27 a) Keiner weiß, was der Chef sich dabei gedacht hat.
 b) Es gibt keinen Grund, warum wir uns streiten sollten.
 c) eine Ehe, wo immer Krach ist

Beide Typen von Relativa sind dazu geeignet, zusätzliche sachverhaltsartige Wissenselemente so einzubringen, dass etwas schon Benanntes oder zumindest Erschließbares im Relativum so zusammengefasst wird, dass es „einer erneuten sprachlichen Bearbeitung zur Verfügung steht" (Eissenhauer 1999: 191 f.).

5.5. Pronominaladverbien und lokaldeiktische Adverbien

Eine Berücksichtigung von Pronominaladverbien im Bereich Pronomen ist in der sprachhistorischen Theorie üblich (z. B. Schmidt 2000[8]). Die Zugehörigkeit zu den Pronomina ergibt sich aus der allgemeinen Eigenschaft der Pronomina, Bezüge zum Rede- oder Textzusammenhang herzustellen, wobei gerade die deiktischen, einen Aufmerksamkeitsfokus herstellenden Ausdrücke zum Kernbestand gehören. Was die Orts- und Richtungsdeixis betrifft, scheinen die potentiellen Verweisobjekte von Beginn an nicht nur lokaler Art gewesen zu sein.

Pronominaladverbien existieren in vielen Sprachen, auch z. B. im Ungarischen. Nicht in allen europäischen Sprachen wird zwischen Orts- und Richtungsdeixis unterschieden. Das Deutsche differiert hierin von den romanischen Sprachen (siehe Tabelle 11).

lat. *ibi*	franz. *y*	*hier*	Ort des Sprechers
		dort	vom Sprecher getrennt / entfernt
		hierhin	direktional (vom Sprecher weg)
		dorthin	direktional (vom Sprecher weg)
		da	lokal (und existenziell)
lat. *inde*	franz. *en*	*daher, davon*	direktional (zum Sprecher hin)

Tabelle 11: Orts- und Richtungsdeixis

Die Feststellung, dass *da* auch mit Zeit- oder Ereignisbezug verwendet wird, ist von der Sprachgeschichte her nicht überraschend. Nach H. Paul (1919 / 1954: 137) existierte im Mittelhochdeutschen ein zeit-deiktisches Adverb *da*, das jetzt nach allgemeiner Annahme nur noch in *damals* erhalten ist. Besonders in mündlicher Rede wird *da* so wie in B27 entlokalisiert verwendet, wobei die etymologische Berechtigung den Sprechern wahrscheinlich nicht bewusst ist. Weinrich spricht für solche (vor allem umgangssprachlich übliche) Verwendungen von einer „Situationsdeixis" (vgl. 1993: 557 ff.)

B28   Kaum komm ich zur Tür rein, da sagt er ...

Das zeitlich-räumliche Zeigen wird neutralisierend vereinigt in der „existenziellen" Verwendung im Verb *dasein* und im Substantiv *das Dasein*.

Nach Paul (1919/1954: 154 ff.) entstammt die Wortbildung der zusammengesetzten Pronominaladverbien den westgermanischen „Dialekten". Über das Adverb *da* sagt Paul, dass es „ursprünglich als Kasusvertretung nur (...) mit Bezug auf einen Satz, einen Gedanken (angewendet wurde)". Auf Basis der lokaldeiktischen Verweispotenz und neben entsprechenden Gebrauchsweisen wurde diese Fähigkeit, auf ‚Gedanken' hinzuweisen, im Deutschen weiterentwickelt und in den (prozedural) „zusammengesetzten Verweiswörtern" routinisiert verfügbar (vgl. Rehbein 1995). Dazu passen verschiedene syntaktische Rollen. So ist die Deixis *da* z. B. in *darum* Anadeixis, wobei *darum* adverbial ist; das anders gebildete *deshalb* kann anadeiktisch wie katadeiktisch *(deshalb, weil ...)* sein und ebenfalls als Adverb gelten; die anderen mit *da* gebildeten Verweiswörter können darüber hinaus Präpositionalobjekt sein.

Ein anderer Typ von pronominalen Adverbien baut auf den Demonstrativa der Objektdeixis auf: *diesseits, jenseits*.

5.6. Indefinita und Quantifikativa

Der Name „Indefinitpronomina" deutet durch seine negative Fassung (nicht definit) schon an, dass hier eine semantisch, morphologisch und syntaktisch uneinheitliche Gruppe vorliegt (vgl. den Beitrag zu Indefinita und Quantifikativa → C8). So gibt es Übergänge zu den Substantiven, zu den Numeralia und den (unbestimmten) Zahl- oder Mengenadjektiven.[55]

Gelegentlich wird versucht, die semantische Qualität der Indefinitheit näher zu charakterisieren. Unter logischen Gesichtspunkten wird oft eingeteilt in „Allquantoren" und in „Pronomina der Zufallswahl" (Zifonun 2000: 248).[56] Im Vergleich mit den anderen Pronomina erlauben die Indefinita etwas andere Arten der Bezugnahme auf Personen, Gegenstände und Sachverhalte im Horizont von Sprecher und Hörer. Ein solcher Gegenstand kann ohne explizites Ansprechen oder Wiederaufnahme, auch negierend oder unter quantitativen Gesichtspunkten, besprochen werden. Pronomina kommen also dort zum Einsatz, wo der Sprecher sich eine (symbolische) Identifikation des Gemeinten ersparen will.

---

[55] Bei Brinkmann werden die Mengenadjektive zu den „Orientierungswörtern" gerechnet (1971: 188 ff.).
[56] Für eine Kritik der logischen Behandlung vgl. Hoffmann 1984: 94 ff.

Systematisierungsversuche führten schon früh zur Aufteilung auf mehrere Wortklassen. Mager sah die Indefinita im engeren Sinne als „Substantive von sehr allgemeiner Bedeutung" (1849/1992: 124, entsprechend heute als Substantivwörter bei Helbig/Buscha 1994[16]).[57] Dazu werden die folgenden selbständig auftretenden Pronomina gerechnet:

personenbezogen: *einer, keiner, unsereiner, jemand, niemand, jeder, jedweder, jedermann*
sachbezogen: *etwas, nichts*

Die Indefinita gliedern sich zum großen Teil nach morphologischen Reihen. Sie werden erweitert durch Zusammensetzungen mit *irgend-* und *je-* (vgl. Brinkmann 1971[2], 759 und Zifonun 2000, 43 f.), die die Unbestimmtheit unterstreichen. Das Element *je* trat im Mittelhochdeutschen mit der Bedeutung *immer* auf, verlor aber im pronominalen Bereich die temporale Bedeutung (Paul 1919/1954: 151). Es ist von sich aus nur darauf angelegt, die „okkasionelle Gültigkeit" von etwas mitzuteilen (Fränkel 1974: 423).[58] Drei Beispiele für morphologische Reihen sind:

jemand / je / jemals / jeweils / von jeher
irgendjemand / ~etwas / ~einer
irgendwer / ~was / ~wo / ~wann / ~wohin / ~woher / ~wie / ~welche

Auch sprachübergreifend stammen Indefinita eher als andere Pronomina von Substantiven ab (vgl. Tabelle 12).

Sprache	Substantiv	desubstantivisches Pronomen
deutsch	*das Mal* *die Weile* *der Mann*	*jemals, niemals, damals* *jeweils, jeweilig* *man, jemand, jedermann, niemand*
englisch	*body*	*nobody, somebody*
französisch	*la personne*	*ne ... personne*

Tabelle 12: Von Substantiven abgeleitete Indefinita

---

[57] Trotz dieser Tendenzen wurden die „Fürwörter" bis in die Gegenwart hinein orthographisch streng von den Substantiven durch Kleinschreibung getrennt.
[58] Zur Geschichte des Adverbs *ie* vgl. Paul (1919/1954: 146).

Daneben ist das Zahlwort *eins*, engl. *one*, in vielen Sprachen pronominalisiert worden, so dass im Englischen *nobody* und *no one* nebeneinander stehen.[59] Das Pronomen *einer* ist (wie engl. *one*) nicht als Zahlwort zu verstehen. Es quantifiziert eher nebenbei, hat aber eine andere Aufgabe: „Es füllt als ein Quasi-Substantiv die Lücke aus, die durch das Ausbleiben des Individualnamens entsteht" (Fränkel 1974: 428).

Dass auch die Fragewörter außerhalb von Fragen als Indefinitum (damit verwandt auch als Relativum, s.o.) fungieren, ergibt sich aus ihrer Inhaltsoffenheit, verbunden damit, dass jedes von ihnen einen „Umriß" des Gemeinten liefert (Brinkmann 1971[2]: 661). Zum Beispiel wird durch *wer* nur die Kategorie Person vorgegeben (B30a). Zudem hat sich eine nicht relativische Verwendung entwickelt, in meist mündlichen Äußerungen (B30b), die laut Duden-Grammatik schriftsprachlichem *jemand* entspricht (2005[7]: 263).

B30 a) Wer den Schaden hat, braucht für den Spott nicht zu sorgen.
     b) Da ist wer an der Tür.

Ein anderer Teil der Indefinitpronomina wird heute sinnvollerweise als Quantifikativa erfasst. Zu den Pronomina können sie mit zwei Begründungen gerechnet werden, je nach syntaktischem Status: a) bei selbständigem Gebrauch durch die freie Bezugnahme des Sprechers auf (sprech)situative Gehalte, b) beim adnominalen Gebrauch durch ihre Unbestimmtheit, ihr Verbleiben im Ungefähren.

Sing. und Plural:	*einige, etliche, manche, sämtliche, alle, mehrere*,[60] *keiner*
nur Sing.:	*etwas, nichts, ein wenig, ein bisschen*

Während früher die quantifizierende Bestimmung eines Nomens[61] als eine Attribution verstanden wurde, weshalb von „Adjektiven" die Rede war, wird heute die zugleich stattfindende Determination eines nachfolgenden Substantivs in den Vordergrund gestellt. Die Kombination beider Leistungen zeigt sich grammatisch-formal durch unterschiedliche ‚Ausstrahlung' auf nachfolgende kongruente

---

[59] Von daher sah sich z.B. Mager (1849/1992: 128) veranlasst, die Numeralia den „bestimmenden Pronomen" zuzuordnen.
[60] Dass *mehrere* nicht selten als Komparativ interpretiert wird, ist historisch berechtigt; noch im 18. Jh. wurde es als Komparativform benutzt (Paul 1919/1954: 162).
[61] Die Tatsache, dass „über einen kontextuell gegebenen Denotatbereich quantifiziert wird" (Zifonun 2000: 44), trifft für beide Gruppen zu.

Attribute. Einige pränominale Pronomina gelten, parallel zum bestimmten Artikel, als definit, zumal sie die entsprechende („schwache") Adjektivdeklination nach sich ziehen (B33a). Diejenigen Einheiten, die auch in Wortbildung und Flexion dem indefiniten Artikel *ein* entsprechen *(irgendein, kein)*, „wirken" indefinit im Zusammenhang mit nachfolgenden Adjektiven (B33b).

B33 a) dieser / jener / mancher / welcher unbekannte Politiker
     b) ein / mein / kein großer Geldmangel

In Kombination mit Artikeln, wie im Beispiel „die vielen Leute", werden Quantifikativa nach wie vor als adjektivisch aufgefasst.[62] Tabelle 13 zeigt, welche Formen auftreten.

quantifizierende Determinative		Quantifikativa	
Singular	Plural	Singular	Plural
aller, alle, alles	*alle*	*alles*	*alle*
vieler, viele, vieles	*viele*	*vieles*	*viele*
sämtlicher, sämtliche etc. (selten)	*sämtliche*	*sämtliches*	—
mancher, manche, manches *manch einer / eine / ein*	*manche*	*mancher, manche, manches* *manch einer / eine / ein*	*manche*
einiger, einige, einiges	*einige*	*einiges*	*einige*
—	*beide*	*beides*	*beide*
jeder, jede, jedes	—	*jeder, jede, jedes*	—

Tabelle 13: Quantifikativa und quantifizierende Determinative

Der Ausdruck *beide* wird bei Brugmann als „anaphorischer Dual" charakterisiert, mit der Funktion, „zwei in der Rede vorher erwähnte Dinge zusammenzufassen" (1904 / 1970, 416). Es handelt sich hierbei um einen Restbestand des indogermanischen Dualis, der schon in vorgermanischer Zeit im Plural aufgegangen ist. Eine ausführliche Analyse von Semantik und Gebrauch dieses Pronomens, in Abgrenzung zu den Artikeln und zu *jeder / alle*, geben Reis / Vater (1980).

---

[62] Zu Artikelwörtern und Determinativen vgl. Helbig / Buscha (1994 [16]) und Zifonun et al. (1997: § 2.2.4, § 2.10, § 2.12).

Das Pronomen *manche* geht auf das mhd. Adjektiv *manec* mit der Bedeutung ‚viel' zurück. Dessen Singular war bereits auf eine Vielheit bezogen, wodurch sich nach Paul (1919/1954, 162) die singularische Verwendung *(mancher, manch ein)* erklären lässt.

Einige Determinative kommen in Kombinationen mit dem indefiniten Artikel vor, z. T. in unflektierter Form. Sie werden dann häufig als „Prädeterminativ" bezeichnet (B32b):

B32 a) Was für ein herrliches Panorama!
b) Welch (ein) herrlicher Anblick!
manch (ein) schönes Erlebnis

Das Fragewort *was* wurde durch die Komposition mit (mhd.) *ete* (parallel zu *etlich*) zu *etwas* und so zu einem Indefinitum, das auch außerhalb relativischer Zusammenhänge zu gebrauchen ist.[63] Auf dieser Grundlage konnte *was* dann wiederum in unbetonter Stellung mündliche Kurzform werden.

Für einen Teil der Indefinita ist die Alternative positiv vs. negativ wichtig, z. T. auch die Erwartung einer Negation. Erwartungsausdruck ist insbesondere in Fragen relevant. Im Englischen und Französischen ist das deutlicher: frz. *aucun* und engl. *any* bringen die Sprecher-Erwartung eines Nichtvorhandenseins zum Ausdruck. *Jemand* und *etwas* sind indifferent, können aber durch Zusatz von *irgend-* und *überhaupt* eine skeptisch-negative Tendenz beim Sprecher zum Ausdruck bringen.

Englisch und Deutsch nutzen parallele morphologische Möglichkeiten für die Negation, allerdings im Deutschen nicht so systematisch ausgebildet:

Deutsch	Englisch
irgendwer	*somebody, anybody; nobody*
irgendetwas	*something, anything; nothing*
irgendwo, nirgendwo	*somewhere, anywhere; nowhere*

Tabelle 14: Negationswortbildung

---

[63] Fränkel (1974: 421 f.) spricht von enklitisch gewordenen Fragewörtern, parallel zum Altgriechischen.

Für den Einsatz im Diskurs ist wichtig, dass die *irgend*-Formen (entsprechend lateinischen Komposita wie ali-quid) ebenso wie *etwas* die Indefinitheit verdeutlichen und zugleich Akzentuierung ermöglichen. Auch im Französischen spielen Indefinita eine wichtige Rolle in der Negation, als Ergänzung des allein nicht negationsfähigen *ne*:

Französisch	Deutsch
ne ... rien	*nichts*
ne ... personne	*niemand*
ne ... nulle part	*nirgendwo*

Tabelle 15: Indefinita in negierenden Ausdrücken (deutsch – französisch)

6. Literatur

Admoni, W. (1982⁴) Der deutsche Sprachbau. München: Beck
Bellmann, G. (1990) Pronomen und Korrektur. Zur Pragmalinguistik der persönlichen Referenzformen. Berlin: de Gruyter
Bittner, D. (2002) Semantisches in der pronominalen Flexion des Deutschen. In: Zeitschrift für Sprachwissenschaft 21 (2002), 196–232
Bredel, U./Lohnstein, H. (2003) Die Verankerung von Sprecher und Hörer im verbalen Paradigma des Deutschen. In: Hoffmann, L. (Hg.) Funktionale Syntax. Tübingen: Stauffenburg, 122–153
Brinkmann, H. (1971²) Die deutsche Sprache. Düsseldorf: Schwann
Brugmann, K. (1904) Die Demonstrativpronomina der indogermanischen Sprachen. Leipzig: Teubner
Brugmann, K. (1904/1970) Kurze vergleichende Grammatik der indogermanischen Sprachen. Straßburg: Trübner, Repr. de Gruyter
Bührig, K./Meyer, B. (2003) Die dritte Person: Der Gebrauch von Pronomina in gedolmetschten Aufklärungsgesprächen. In: Zeitschrift für Angewandte Linguistik 38 (2003), 5–35
Duden (2005⁷) Die Grammatik. Mannheim [Duden-Reihe. Bd. 4].
Ehlich, K. (1979) Verwendungen der Deixis im sprachlichen Handeln. 2 Bde. Frankfurt/Main: Lang
Ehlich, K. (1983a) Deixis und Anapher. In: Rauh, G. (Hg.) Essays on Deixis. Tübingen: Narr, 79–97
Ehlich, K. (1983b) Denkweise und Schreibstil. Schwierigkeiten in Hegelschen Texten: Phorik. In: Sandig, B. (Hg.) Stilistik. Bd. 1: Probleme der Stilistik. Hildesheim: Olms, 159–178
Ehlich, K. (1987) *so* – Überlegungen zum Verhältnis sprachlicher Formen und sprachlichen Handelns, allgemein und an einem widerspenstigen

Beispiel. In: Rosengren, I. (Hg.) Sprache und Pragmatik. Lunder Symposium (1986). Stockholm: Almqvist Wiksell, 279–298

Ehlich, K. (2002) Analytische Sedimente. In: Peschel, C. (Hg.) Grammatik und Grammatikvermittlung. Frankfurt / Main: Lang, 65–80

Eisenberg, P. (1999) Grundriss der deutschen Grammatik. 2 Bde. Stuttgart: Metzler

Eissenhauer, S. (1999) Relativsätze im Vergleich: Deutsch – Arabisch. Münster: Waxmann

Engel, U. (2004³) Deutsche Grammatik. Heidelberg: Groos

Engel, U. (1994³) Syntax der deutschen Gegenwartssprache. Berlin: Erich Schmidt

Engelen, B. (1984) Einführung in die Syntax der deutschen Sprache. Bd. 1. Baltmannsweiler: Pädag. Verlag Burgbücherei Schneider

Filliozat, P.-S. (1988) Grammaire sanskrite pânînéenne. Paris

Fränkel, H. (1974) Grammatik und Sprachwirklichkeit. München: Beck

Götzinger, M. (1836 / 1992) Von den Wortarten. In: Schaeder, B. / Knobloch, C. (Hg.) Wortarten. Beiträge zur Geschichte eines grammatischen Problems. Tübingen: Niemeyer, 83–98

Graefen, G. (2004) Von den Pronomen zu Zeigwörtern und Bezugswörtern. In: Kühn, P. (Hg.) Übungsgrammatiken Deutsch als Fremdsprache. Linguistische Analysen und didaktische Konzepte. Regensburg: FaDaF (Materialien DaF, Heft 66), 243–266

Greenberg, J. (1986) Some Reflections on Pronominal Systems. In: Wiesemann, U. (Hg.) Pronominal Systems. Tübingen: Narr, XVII ff.

Grießhaber, W. (1999) Die relationierende Prozedur. Zur Grammatik und Pragmatik lokaler Präpositionen und ihrer Verwendung durch türkische Deutschlerner. Münster: Waxmann

Grimm, J. (1890) Deutsche Grammatik. Bd. 3. Hrg. von Roethe, G. / Schröder, E. (1989) Jakob Grimm und Wilhelm Grimm Werke. Forschungsausgabe Bd. 12. Hildesheim [u. a.]: Olms

Heidolph, K. E. et al. (Autorenkoll.) (1981) Grundzüge einer deutschen Grammatik. Berlin

Helbig, G. / Buscha, J. (1994¹⁶) Deutsche Grammatik. Ein Handbuch für den Ausländerunterricht. Leipzig: Enzyklopädie

Hentschel, E. / Weydt, H. (1990) Handbuch der deutschen Grammatik. Berlin: de Gruyter

Hjelmslev, L. (1937 / 1971) La nature du pronom. In: Ders., Essais Linguistiques. Paris, 201–217

Hoffmann, L. (1984) Kategorienbildung in der Grammatik. Die Darstellung des „Pronomens" in den „Grundzügen einer deutschen Grammatik". In: Osnabrücker Beiträge zur Sprachtheorie 27, 79–100

Hoffmann, L. (1999) Ellipse und Analepse. In: Redder, A. / Rehbein, J. (Hg.) Grammatik und mentale Prozesse. Tübingen: Stauffenburg, 69–90

Hoffmann, L. (2000) Anapher im Text. In: Brinker, K. et al. (Hg.) Text- und Gesprächslinguistik. Bd. 1. Berlin / New York: de Gruyter , 295–304 [= HSK 16.1]

Hoffmann, L. (2003) Funktionale Syntax: Prinzipien und Prozeduren. In: Ders. (Hg.) Funktionale Syntax. Tübingen: Stauffenburg, 18–121

Lyons, J. (1980) Semantik. Bd. I. München: Beck
Mager, C. M. (1849/1992) Die grammatischen Kategorien. Wiederabdruck in: Schaeder, B./Knobloch, C. (Hg.) Wortarten. Tübingen: Niemeyer, 99–150
Müller, G. (2002) Zwei Theorien der pronominalen Flexion im Deutschen. In: Deutsche Sprache Jg. 30, 328–363
Nau, N. (1999) Was schlägt der Kasus? Zu Paradigmen und Formengebrauch von Interrogativpronomina. In: Sprachtypologie und Universalienforschung Jg. 52/2. Berlin, 130–150
Paul, H. (1919) Deutsche Grammatik. Bd. III. Halle: Niemeyer [Nachdruck 1954]
Paul, H. (1992^9) Deutsches Wörterbuch, bearb. von Henne, H. et al. Tübingen: Niemeyer
Redder, A. (1992) Funktional-grammatischer Aufbau des Verbsystems im Deutschen. In: Hoffmann, L. (Hg.) Deutsche Syntax. Ansichten und Aussichten. Berlin: de Gruyter, 128–154
Redder, A. (2000) Textdeixis. In: Brinker, K./Antos, G. et al. (Hg.) Text und Gesprächslinguistik. Berlin/New York: de Gruyter, 283–294 [= HSK 16.1]
Reis, M./Vater, H. (1980) Beide. In: Brettschneider, G./Lehmann, C. (Hg.) Wege zur Universalienforschung. Sprachwissenschaftliche Beiträge zum 60. Geburtstag von H. Seiler. Tübingen: Narr, 365–391
Rehbein, J. (1995) Zusammengesetzte Verweiswörter in argumentativer Rede. In: Wohlrapp, H. (Hg.) Wege der Argumentationsforschung. Stuttgart: Frommann-Holzboog, 166–197
Schmidt, W. (2000^8) Geschichte der deutschen Sprache. Stuttgart: Hirzel
Siemund, P. (2003) Zur Analyse lokal ungebundener *self*-Formen im Englischen. In: Gunkel, L./Müller, G./Zifonun, G. (Hg.) Arbeiten zur Reflexivierung. Tübingen: Niemeyer, 219–238
Skála, E. (1961/1992) Zur Entwicklung der deutschen grammatischen Terminologie. In: Schaeder, B./Knobloch, C. (Hg.) Wortarten. Tübingen: Niemeyer, 277–294
Slotty, F. (1929/1992) Wortart und Wortsinn. In: Schaeder, B./Knobloch, C. (Hg.) Wortarten. Tübingen: Niemeyer, 207 ff.
Tauch, H. (2002) Zum Pronominalen. In: Cruse, D. A./Hundsnurscher, F. et al. (Hg.) Lexikologie/Lexicology. Berlin [u.a.]: de Gruyter, 616–621 [= HSK 21.1]
Thun, H. (1986) Personalpronomina für Sachen. Ein Beitrag zur romanischen Syntax und Textlinguistik. Tübingen: Narr
Vater, H. (1975) Pro-Formen des Deutschen. In: Schecker, M./Wunderli, P. (Hg.) Textgrammatik. Tübingen: Niemeyer, 20–41
Vater, H. (2000) „Pronominantien" – oder: Pronomina und Determinantien. In: Thieroff, R. et al. (Hg.) Deutsche Grammatik in Theorie und Praxis. Tübingen: Niemeyer, 185–199
Weinrich, H. (1995) Grammatik und Gedächtnis. In: Agel, V./Brdar-Szabó, R. (Hg.) Grammatik und deutsche Grammatiken. Budapester Grammatiktagung 1993. Tübingen: Niemeyer, 69–78
Wiesemann, U. (Hg.) (1986) Pronominal Systems. Tübingen: Narr

Weinrich, H. et al. (1993) Textgrammatik der deutschen Sprache. Mannheim: Dudenverlag
Wiemer, B. (1996) Die Personalpronomina ER ... vs. DER und ihre textsemantischen Funktionen. In: Deutsche Sprache 24/1, 71–91
Zifonun, G. (1995) Minimalia Grammaticalia: Das nicht-phorische es als Prüfstein grammatischer Theoriebildung. In: Deutsche Sprache 23, 39–60
Zifonun, G. (2000) „Man lebt nur einmal." Morphosyntax und Semantik des Pronomens *man*. In: Deutsche Sprache Jg. 28, 232–253
Zifonun, G./Hoffmann, L./Strecker, B. (1997) Grammatik der deutschen Sprache. 3 Bde. Berlin: de Gruyter

Gabriele Graefen (München)

C20 Reflexivum

1. Wortartbezeichnung
2. Kurzdefinition und Verortung in einer Systematik
3. Die Wortart im Deutschen
4. Kontrastive und typologische Aspekte
5. Literatur

1. Wortartbezeichnung

Das Reflexivum *sich* wird in der Regel in der Gruppe der Pronomina oder Pro-Formen verortet, deren gemeinsame Eigenschaft darin besteht, nominale und teilweise auch andere Satzkonstituenten zu ersetzen. Für einen Teilbereich seiner Verwendungen, in der die Form *sich* Koreferenz mit einer vorausgehenden nominalen Konstituente – in der Regel das Subjekt – anzeigt *(Paul verletzte sich mit dem Messer)*, wird *sich* häufig auch als ‚reflexive Anapher' bezeichnet.

Die pronominale Form *sich* befindet sich unter den zehn bis fünfzehn häufigsten Wortformen im Deutschen und steht in Hinblick auf die Frequenz ihres Auftretens in unmittelbarer Umgebung zu Wortformen wie *der, er, und, sein, werden, von, haben, mit* usw. (Rosengren 1977). Angesichts der geringen phonologischen Substanz des Reflexivums und der bekannten Zipfschen (negativen) Korrelation zwischen Substanz und Frequenz ist diese Verbreitung erst einmal nicht unerwartet. Der Grund für diese relativ hochfrequente Verwendung des Reflexivums ist jedoch nicht in der häufigen Beschreibung von reflexiven Relationen zu suchen, sondern hat eher etwas mit der starken Polysemie dieses Ausdrucks zu tun. Neben seiner Funktion zur Kennzeichnung referentieller Identität von Subjekt- und Objektposition eines transitiven Verbs dient die Wortform *sich* ebenfalls zur Markierung reziproker Relationen *(Die Kinder bewarfen sich mit Sand)*, zur Sättigung bzw. Reduzierung von Argumentstellen eines Verbs in antikausativen und Medialkonstruktionen *(Der Stab bog sich; Dieses Zimmer reinigt sich leicht)* – oft auch als Reflexivkonverse oder *sich*-Diathese bezeichnet – und erscheint weiterhin obligatorisch bei einer Reihe sog. inhärent-reflexiver Verben *(Sie freuen sich)*.

Aus einer funktionalen Perspektive ist demnach die Bezeichnung ‚Reflexivum' oder ‚Reflexivpronomen' für die überwiegende Mehrheit der Verwendungen dieser Wortform nicht angebracht und nur über die Form motivierbar. Da sie jedoch etabliert ist und sich durch die formale Unveränderlichkeit dieser Wortform kaum Missverständnisse ergeben dürften, wird sie im folgenden beibehalten.

Eine Überblicksdarstellung des Reflexivums erfordert die Einbeziehung weiterer Ausdrücke, die semantisch mit der Wortform *sich* verwandt oder mit ihr kombiniert werden können und semantisch interagieren. Zu diesen weiteren Ausdrücken gehören mindestens *selbst, selber, eigen, einander, der / die / das selbe, selbiger* sowie einige andere. Damit ist für die Analyse der Wortform *sich* nicht nur die Wortart der Pronomina relevant, sondern auch die der Adjektive, Adverbien und Partikeln.

2. Kurzdefinition und Verortung in einer Systematik

In der westlichen Grammatiktradition werden Reflexiva als solche Ausdrücke definiert, deren (primäre) Funktion es ist, die referentielle oder denotationelle Identität (Koreferenz) von zwei Argumentstellen eines Verbs (oder eines anderen subkategorisierenden Ausdrucks) herzustellen. Das Reflexivum steht in paradigmatischer Opposition zu anderen Ausdrücken der Klasse der Pronomina, wobei durch die Substitution des Reflexivums durch diese Ausdrücke in der Regel die koreferente Lesart mit dem Antezedens (d.h. mit der vorausgehenden Bezugs-NP) nicht mehr möglich ist und disjunkte Referenz ausgelöst wird. Für ein einfaches Beispiel wird dieser Zusammenhang in (1) gezeigt.

(1) a. Paul$_i$ kritisiert ihn$_j$.
    b. Paul$_i$ kritisiert sich$_i$.

Im Sinne der von Ehlich (2000) weiterentwickelten Sprachtheorie Karl Bühlers kann man Reflexiva somit als operative Prozeduren analysieren und im Operationsfeld verorten. Reflexiva haben die Funktion, Koreferenz mit einem Antezedens auszudrücken und referieren somit nicht selbst. Instruktionssemantisch gesehen sind sie Handlungsanweisungen an den Adressaten, die Referenz des Reflexivums über das zugehörige Antezedens herzustellen. Diese Analyse ist im Prinzip auch auf die reziproke Verwendung des Reflexivums *sich* übertragbar.

Neben dieser Funktion zum Ausdruck von Koreferenz hat das Reflexivum, wie bereits angedeutet, eine Reihe nicht-reflexiver Verwendungen, die statistisch gesehen die Mehrheit der Kontexte von *sich* abdecken dürften. Bei den sog. antikausativen Konstruktionen wie in (2) besteht die Funktion von *sich* darin, bei einigen transitiven Verben die Argumentstelle des Objekts zu sättigen und die Verben somit zu intransitivieren. Die in der kausativen Variante mit der Objektposition assoziierte semantische Rolle wird in der antikausativen Konstruktion auf das Subjekt projiziert. Damit geraten diese Beispiele in die Nähe des Passivs, ohne dass das Agens optional realisierbar wäre.

(2) a. Paul biegt den Stab. / Der Stab biegt sich.
    b. Paul löst die Tapete. / Die Tapete löst sich.
    b. Paul öffnet die Tür. / Die Tür öffnet sich.

Ähnlich verhält sich das Reflexivum auch in Medialkonstruktionen wie (3), da auch in diesen Fällen eine Detransitivierung erreicht wird, das Objekt der transitiven Variante in der intransitiven als Subjekt erscheint und das Agens nicht realisierbar ist. Allerdings ist bei solchen Medialkonstruktionen eine adverbiale Angabe obligatorisch.[1] Hinsichtlich ihrer kategorialen Einordnung sind die reflexiven Sätze in (2) und (3) zwischen Aktiv und Passiv anzusiedeln, da sie semantische Eigenschaften des Passivs aufweisen, aber syntaktische Eigenschaften des Aktivs.

(3) a. Paul liest das Buch. / Das Buch liest sich gut.
    b. Paul bügelt Leinenhemden. / Leinenhemden bügeln sich schwer.

Obwohl die in (2) und (3) gezeigten Konstruktionsmuster gleichermaßen eine Einbettung unter das Verb *lassen* erlauben und somit zur Bildung der sog. ‚*lassen*-Diathese' führen (4), erhalten sie innerhalb der *lassen*-Diathese Eigenschaften, die die Unterscheidung eines weiteren Konstruktionstyps notwendig machen. So ist bei den folgenden Beispielen problemlos der Zusatz einer *von*-Phrase möglich.[2]

---

[1] Diese Medialkonstruktionen sind nur bei Verben möglich, deren Aktionsart mit Vendler (1967) als ‚activities' oder ‚accomplishments' bezeichnet werden kann; ‚states' und ‚achievements' sind dagegen nicht möglich: *Dieses Auto besitzt sich nicht leicht*; ??*Diese Pilze finden sich leicht*.
[2] Daneben gibt es weitere Unterschiede zwischen der *lassen*-Diathese und Medial-/Antikausativkonstruktionen, die ausführlich in Kunze (1996: 648–651) diskutiert werden (z.B. expletives *es*, Adverbiale usw.).

(4) a. Der Stab lässt sich (sogar von Kindern) biegen.
    b. Das Buch lässt sich (von Kindern) gut lesen.

Reflexive *lassen*-Konstruktionen erlauben im Wesentlichen drei Lesarten, von denen nur die in (4) gezeigte eine Form der Diathese ist. Bei den beiden anderen Verwendungen handelt es sich um AcI-Konstruktionen, in denen *lassen* entweder eine permissive oder eine kausative Bedeutung hat und zudem ein Vollverb ist (5). Kunze (1996: 651) bemerkt dazu, dass in einem Beispiel wie *Hans lässt sich rollen* alle drei Lesarten möglich sind.

(5) a. Der Pinguin lässt sich streicheln.
    b. Paula lässt sich auf den Berg tragen.

Zum Abschluss dieser kurzen systematischen Einordnung des Reflexivums ist noch darauf hinzuweisen, dass die Wortform *sich* mit einer Reihe von Verben lexikalisiert ist (6). Bei diesen sog. ‚inhärentreflexiven Verben' besteht die Möglichkeit der Passivierung, wobei das Resultat ein subjektloses Reflexivpassiv ist, dessen Besonderheit ein illokutives Potential ist, das man mit Eisenberg (2004: 131) als ‚energische Aufforderung' bezeichnen könnte.

(6) sich beeilen, sich entschließen, sich vertragen, sich kümmern, sich bessern, sich bewerben, sich schämen, sich verkriechen usw.

(7) Jetzt wird sich endlich vertragen./Hier wird sich nicht geschämt.

Aus den vorangegangenen Erörterungen dürfte ersichtlich geworden sein, dass das Reflexivum im Deutschen eine beeindruckende Breite an verschiedenen Verwendungen aufweist, von denen die wohl ursprüngliche zur Kennzeichnung von referentieller Identität von Subjekt und Objekt eines transitiven Verbs nur eine ist, die zudem in Hinblick auf die Häufigkeit ihres Auftretens sicherlich nur eine untergeordnete Rolle spielt. Im Folgenden sollen einige dieser Verwendungen einer genaueren Analyse unterzogen werden.

3. Die Wortart im Deutschen

Um eine angemessene Verortung des Reflexivums innerhalb einer Grammatik des Deutschen zu erreichen, ist die Untersuchung verschiedener Parameter notwendig. Dazu gehören in erster Linie die

Kongruenzmerkmale und die paradigmatische Einordnung von *sich*, die möglichen Antezedenten des Reflexivums sowie der syntaktische Bereich, innerhalb dessen das Antezedens gefunden werden muss (Bindungsdomäne). Weiterhin soll für die Analyse von *sich* das Verhältnis von Reflexivität und Reziprozität und deren Kodierung herangezogen werden und eine grobe Charakterisierung der nächsten verwandten Ausdrücke – insbesondere von *selbst* – geliefert werden. Die systematische Darstellung des Reflexivums wird abschließend durch einige kontrastive und typologische Beobachtungen ergänzt. Im Zentrum der Erörterungen wird das Reflexivum in seiner Funktion zum Ausdruck von Koferenz stehen. Die nicht-reflexiven Verwendungen von *sich* werden im Folgenden nur eine untergeordnete Rolle spielen.[3]

Kongruenzmerkmale

Hinsichtlich overter Kongruenzmerkmale ist zunächst einmal offensichtlich, dass *sich* eine nicht-flektierte Wortform ist. Auf Grund von Beobachtungen zu seiner Distribution kann man jedoch feststellen, dass *sich* das Merkmal der 3. Person trägt, allerdings unabhängig von Singular und Plural und auch unabhängig vom Genus. In der 1. und 2. Person erscheinen die Formen der Personalpronomina zum Ausdruck von Koreferenz (8).[4]

(8) a. Die Frau / der Mann / das Kind kämmt sich. / Die Kinder kämmen sich.
    b. Ich kämme mich. / Du kämmst dich. / Wir kämmen uns. / Ihr kämmt euch.

---

[3] Der interessierte Leser wird auf die Arbeiten von Kunze (1995, 1996, 1997) verwiesen.

[4] Bemerkenswert ist die Tendenz, koordinierte NPn in Subjektposition, die ein Pronomen der 1. oder 2. Person enthalten, in einer reflexiven Lesart durch die Form *sich* wieder aufzunehmen und nicht durch *uns* oder *euch*, wie man es gemäß der Kongruenzregeln erwarten würde:

  a. Fernab vom Verkehr sonnten sich meine Frau und ich.
  b. … die Mühe, die sich mein Freund und ich gegeben haben, …

Laut Duden (2005: 1015) ist die Verletzung der Kongruenzregel besonders wahrscheinlich, wenn das Pronomen vor dem Subjekt steht, wie in den obigen Beispielen. Steht das Subjekt vor dem koreferenten Pronomen, wie in folgendem Beispiel, wird die Kongruenz eher beachtet. Allerdings tolerieren viele Sprecher auch das Reflexivpronomen in diesem Kontext.

  c. Meine Frau und ich würden uns / sich über ihren Besuch sehr freuen.

Es ist wichtig, darauf hinzuweisen, dass die in (8b) erscheinenden pronominalen Formen nicht als Reflexiva analysiert werden können, da sie ebenfalls in den entsprechenden nicht-koreferentiellen (deiktischen) Kontexten auftreten (9).

(9) Paul kämmt mich / dich / uns / euch.

Die Formen in (8b) sind demnach als reflexivisch verwendete Personalpronomina zu analysieren. Eine weit verbreitete funktionale Erklärung für das Fehlen der Reflexivpronomina in der 1. und 2. Person ist die fehlende Ambiguität zwischen koreferenter und nicht-koreferenter Interpretation in der 1. bzw. der nur schwachen Ambiguität in der 2. Person, da es ja nur einen Sprecher und oft nur einen Adressaten gibt. Vor diesem Hintergrund erscheint die Verwendung der Personalpronomina zum Ausdruck von Reflexivität im Vergleich zur Verwendung separater Reflexiva als die ökonomischere Strategie.

Obwohl die Wortform *sich* auch in Hinblick auf Kasusmerkmale keine formalen Exponenten zeigt, kann man wiederum auf Grund von distributioneller Evidenz von der Existenz solcher Merkmale ausgehen. Wie die Beispiele in (10) zeigen, kann das Reflexivum als Dativ- und Akkusativargument erscheinen. Die Verwendung als Genitivargument oder im Nominativ in der Position des Subjekts (11) ist dagegen ausgeschlossen (Eisenberg 1989: 191; Eisenberg 2004: 174).[5] Die Verwendung der Genitivform des Personalpronomens der 3. Person in (11a) führt nun wie erwartet zu einer Ambiguität zwischen koreferenter und nicht-koreferenter Lesart.

(10) a. Er hilft sich. / Er hilft ihm.
     b. Er sieht sich. / Er sieht ihn.

(11) a. *Er gedenkt sich. / Er gedenkt seiner.
     b. *Sich sieht ihn. / Er sieht ihn.

---

[5] Im Duden (2005: 281) wird die komplexe Form *er selbst* als Reflexivpronomen im Nominativ analysiert. Sie erscheint gemäß der dort geäußerten Auffassung als Prädikativ: *Otto war nicht mehr er selbst*. Diese Analyse wird hier nicht übernommen, da *er selbst*, wie weiter unten ausgeführt wird, leicht als komplexer Ausdruck analysiert werden kann, dessen Bedeutung und Distribution sich aus dem Personalpronomen und der Form *selbst* kompositional ergibt.

Eigenschaften des Antezedens und Bindungsdomäne

Weitere wichtige Eigenschaften des Reflexivums werden offensichtlich, wenn man die nominalen Bezugskonstituenten (Antezedenten) betrachtet, mit denen *sich* koindiziert sein kann, insbesondere deren Funktion im Satz, und diese mit den grammatischen Eigenschaften des Reflexivums im Satz in Beziehung setzt. In den bisher besprochenen Beispielen, in denen *sich* Koreferenz mit einer NP ausdrückt, war diese NP ausnahmslos das Subjekt des Satzes, während *sich* in einer Objektfunktion erscheint. Ein nominales Antezedens in Subjektsfunktion stellt insofern den unmarkierten Fall dar, als die überwiegende Mehrzahl der (reflexiven) Verwendungen von *sich* mit dem Subjekt koindiziert ist.

Nichtsdestoweniger erlaubt das Reflexivum auch eine Koindizierung mit nominalen Konstituenten in einer anderen Funktion als der des Subjekts und kann über Akkusativ- und Dativobjekt hinaus auch in anderen Funktionen erscheinen, wobei die möglichen Bindungsrelationen zwischen Reflexivum und Antezedens durch die folgenden Prinzipien bzw. deren Zusammenspiel gesteuert werden (Chomsky 1981: 188; Primus 1989; Reinhart / Reuland 1993; Zifonun et al. 1997: 1357):

1. Das Reflexivum wird durch das Antezedens k-kommandiert (Chomsky 1981).[6]
2. Das Antezedens ist gegenüber dem Reflexivum auf der folgenden Hierarchie der grammatischen Relationen relativ höher positioniert: Nominativargument > Akkusativargument > Dativargument > Präpositionalargument > Adverbialargument > Adverbialmodifikator (Primus 1989: 66).
3. Topologisch erscheint das Antezedens in der Regel vor dem Reflexivum.
4. Das für Reflexiva am leichtesten zugängliche Antezedens ist das Subjekt.
5. Das Antezedens ist gegenüber dem Reflexivum auf der Hierarchie der thematischen Relationen relativ höher positioniert.

Einige Beispiele sollen diese Zusammenhänge illustrieren, auch wenn hier nicht auf alle Probleme im Detail eingegangen werden kann.

---

[6] Das bedeutet, dass der erste syntaktische Knoten, der das Antezedens dominiert, auch das Reflexivum dominiert.

Die ungrammatischen Beispiele in (12) werden durch die Restriktion auf das k-Kommando ausgeschlossen.

(12) a. *Sich$_i$ sah ihn$_i$ im Spiegel.
 b. *Pauls$_i$ Mutter kritisierte sich$_i$.

Die Daten in (13) zeigen verschiedene Antezedenten als Akkusativobjekt, wobei das Reflexivum in Funktionen erscheint, die nach der Hierarchie der grammatischen Relationen darunter rangieren. Wie erwartet sind diese Beispiele ohne weiteres interpretierbar.

(13) a. Die Eltern überließen die Kinder$_i$ sich$_i$.
 b. Ich konfrontierte den Studenten$_i$ mit sich$_i$.
 c. Ich schleppte ihn$_i$ zu sich$_i$ nach Hause.

Wird dagegen die relative Position von Antezedens und Reflexivum auf dieser Hierarchie vertauscht, werden die entsprechenden Beispiele merklich schwerer interpretierbar (14).

(14) a. Du ersparst ihm$_i$ sich$_i$.
 b. Ich zeigte dem Patienten$_i$ sich$_i$ im Spiegel.

Neben den möglichen Antezedenten spielt als Beschreibungsparameter für das Reflexivum die sog. Bindungsdomäne eine wichtige Rolle. Mit diesem Parameter lässt sich in etwa die maximale Distanz zwischen Antezedens und Reflexivum erfassen, obgleich es bei der in syntaktischen Modellen gegebenen Definition der Bindungsdomäne nicht primär um lineare Distanz geht, sondern um die Positionen von Antezedens und Reflexivum in einem syntaktischen Baum relativ zueinander. Für das Deutsche gilt im Wesentlichen die Verallgemeinerung, dass sich das Reflexivum in demselben Teilsatz wie das Antezedens befinden muss, um in einer koreferenten Relation zu dem Antezedens stehen zu können. Diese Beschränkung wird in (15) gezeigt.

(15) a. Anna sagte zu Paul, dass er mehr an sich denken sollte.
 b. Anna sagte zu Paul, dass er mehr an sie / ihn denken sollte.

Bemerkenswert ist in diesem Zusammenhang die Beobachtung, dass aus AcI-Konstruktionen heraus Koreferenz mit dem übergeordneten Subjekt sowohl durch ein einfaches Personalpronomen als auch das Reflexivum erreicht werden kann (Zifonun et al. 1997: 1419 ff.). Angesichts der Zwischenposition, die diese Infinitivkonstruktionen zwischen einfachen Teilsätzen und komplexen Sätzen (d.h. Matrixsatz plus finiter eingebetteter Satz) einnehmen, ist diese Variation nicht unerwartet, obwohl sie von gängigen Theorien in der Regel nicht vorhergesagt wird (16).[7]

(16) a. Anna hörte Paul über sie / sich reden.
    b. Anna sah die Hunde auf sie / sich zurennen.
    c. Hans lässt Fritz bei sich wohnen.

Teilweise findet sich Variation zwischen Personalpronomen und Reflexivum auch schon innerhalb eines Teilsatzes, wenn das Koreferenz auslösende Pronomen innerhalb einer adverbial verwendeten PP platziert ist (17). Bei Argumentpositionen (Dativ- bzw. Akkusativobjekt) ist diese Variation jedoch vollkommen ausgeschlossen und nur das Reflexivum kann Koreferenz im selben Teilsatz anzeigen.

(17) a. Moritz erwartete mich bei sich / ihm im Büro.
    b. Bitte klappen Sie den Tisch vor Ihnen / sich vor der Landung hoch!

Abschließend soll hier noch kurz darauf hingewiesen werden, dass das Reflexivum auch Koreferenz innerhalb von Nominalphrasen herstellen kann. In dem in (18) gezeigten Beispiel besteht Koreferenz zwischen *sich* und dem Genitivattribut der NP.

(18) Pauls Bemerkungen über sich verblüfften alle.

Reziprozität

Eine überraschende Eigenschaft des Reflexivums *sich* ist, dass es neben reflexiven Relationen, also Relationen der Art (A → A), auch reziproke Relationen beschreiben kann, die man schematisch vereinfachend als (A → B & B → A) oder auch (A ↔ B) charakterisieren könnte. Ein Beispiel für eine solche reziproke Verwendung findet sich in (19a), in dem gemeint ist, dass die Kinder sich gegenseitig mit Sand bewerfen und nicht etwa sich selbst. Eine reflexive Interpretation von (19b) ist durch den Kontext nahezu ausgeschlossen.

(19) a. Die Kinder bewerfen sich mit Sand.
    b. Die Kinder helfen sich bei den Hausaufgaben.

Damit gerät das Reflexivum semantisch in die Nähe von Ausdrücken wie *gegenseitig* oder *einander,* und die Frage die sich stellt, ist,

---

[7] Marginal scheint es auch möglich zu sein, *sich* aus einem *zu*-Infinitiv an das übergeordnete Subjekt zu binden: *Hans überredete Fritz bei sich zu wohnen.*

warum das Reflexivum ebenfalls solche reziproken Relationen kodieren kann. Die Beantwortung dieser Frage wird dadurch erschwert, dass die reziproke Verwendung von *sich* keineswegs in allen syntaktischen Umgebungen möglich ist, in denen reflexives *sich* vorkommen kann. Eine in der einschlägigen Literatur oft anzutreffenden Einschränkung für die reziproke Verwendung besagt, dass diese nur verfügbar ist, wenn *sich* unmittelbares Argument des Verbs ist, also Akkusativ- bzw. Dativobjekt. Ist *sich* dagegen in eine Präpositionalphrase eingebettet, kann es nur noch reflexiv interpretiert werden (Zifonun et al. 1997: 1357). (20 a) kann nicht heißen, dass Paul und Maria die Schokokekse für einander kauften und (20 b) ist auf Grund dieser syntaktischen Beschränkung relativ zu unserem Weltwissen nur sehr schwer zu kontextualisieren.

(20) a. Paul und Maria kauften für sich Schokokekse.
 b. Paul und Maria telefonierten mit sich.

Dieser Verallgemeinerung ist jedoch nicht ganz unproblematisch, da *sich* in PPn Reziprozität ausdrücken kann, solange die reflexive Lesart mitverstanden ist. (21 a) kann heißen, dass sich Paul und Maria die Fenster gegenseitig putzen, solange sie dabei auch an ihre eigenen Fenster Hand anlegen. Ebenso wird in (21 b) ausgedrückt, dass die beiden Ehepartner sowohl über sich selbst als auch über einander lachen. Die reziproke Lesart ist also nur zusammen mit der reflexiven möglich.[8]

(21) a. Paul und Maria putzen bei sich die Fenster.
 b. Nach dem Streit mussten die Ehepartner über sich lachen.

Ein weiteres Problem betrifft den Status der das Reflexivum enthaltenden PP, da die reziproke Lesart anscheinend einfacher in präpositional angeschlossenen Objekten möglich ist als in adverbialen PPn (22 a / b). Die Form *sich* in (22 a) ist – wenigstens im Idiolekt des Autors – relativ leicht in der reziproken Lesart interpretierbar, während die Kontextualisierung von (22 b) in der reziproken Lesart nicht unproblematisch ist.

---

[8] In Gast / Haas (2006) wird die in diesen Beispielen ausgedrückte semantische Relation als ‚kollektive Reflexivität' analysiert und aus dem Bereich der Reziprozität herausgenommen.

(22) a. Die Ehepartner bemerkten, dass sie immer zum selben Zeitpunkt an sich dachten.
b. Die getrennt lebenden Ehepartner bemerkten, dass sie immer zum selben Zeitpunkt versuchten, bei sich anzurufen.

Wenn diese Beobachtungen richtig sind, hätte man es hier mit einem graduellen Phänomen zu tun, das der grammatischen Hierarchie in (23 a) folgt. Zudem lassen sich die Beispiele in (21) als Evidenz dafür interpretieren, dass die reziproke Verwendung von Reflexiva über eine Zwischenstufe der reflexiv-reziproken Verwendung verläuft (23 b).

(23) a. Argument > Präpositionalargument > Adjunkt
b. reflexiv → reflexiv-reziprok → reziprok

Das beantwortet natürlich noch nicht die Frage, warum *sich* überhaupt reziprok interpretiert werden kann. Gast/Haas (2006) schlagen vor, die reziproke Verwendung von *sich* als Epiphänomen einer allgemeineren detransitivierenden Funktion des Reflexivums aufzufassen. In Abschnitt 2 oben wurde diese Funktion von *sich* in antikausativen und Medialkonstruktionen angesprochen, jedoch blieb dabei außer Betracht, dass *sich* auch in Kontexten, die man normalerweise als reflexiv klassifizieren würde, eine detransitivierende Funktion haben kann. Die Beispiele in (24 a) kann man – neben der reflexiven Lesart – auch als Ereignisse mit nur einem Partizipanten interpretieren. In Verbindung mit pluralischen Subjekten (24 b) entsteht nach Gast/Haas (2006) die reziproke Lesart als Ergebnis kontextueller Anreicherung.

(24) a. Paul verletzte sich. / Paul schminkte sich.
b. Die Kinder verletzten sich. / Die Kinder schminkten sich.

Diese Analyse gewinnt ihre Plausibilität hauptsächlich aus der Tatsache, dass die reziproke Lesart nur bei unbetontem *sich* verfügbar ist – ebenso wie die detransitivierende Funktion des Reflexivums. Die Beispiele in (25) können nicht reziprok interpretiert werden, obwohl diese Möglichkeit in den unfokussierten Kontexten gegeben ist.

(25) a. Die Kinder verletzten <u>sich</u>.
b. <u>Sich</u> konnten die Spieler nicht leiden.
c. Hans und Martin zitieren nur <u>sich</u>, aber nicht die anderen.

Verwandte Ausdrücke

Wie am Anfang dieses Aufsatzes erwähnt wurde, gibt es eine Reihe von Ausdrücken, die semantisch mit dem Reflexivum verwandt sind. Dazu gehören *selbst, selber, eigen, einander, der / die / das selbe, selbiger* und noch einige andere. Die Wortform *selbst* bzw. *selber* kann mit *sich* kombiniert werden *(sich selbst)* und beeinflusst die syntaktischen und semantischen Eigenschaften des Reflexivums. Nicht zuletzt aus diesem Grund ist *selbst* von den zu *sich* verwandten Ausdrücken die Form, für die die detailliertesten Untersuchungen vorliegen (Siemund 2000; König / Siemund 2000). Im Folgenden wird deshalb *selbst* im Mittelpunkt stehen.

Die Form *selbst* kann als Apposition zu einer NP auftreten *(der Präsident selbst, er selbst)* oder als modifizierendes Element innerhalb der Verbalphrase *(Paul hat den Kuchen selbst gebacken)*. Diese beiden Verwendungsweisen werden in der Regel als ‚adnominal' bzw. ‚adverbial' bezeichnet. Allein aus der Tatsache, dass *selbst* in der adnominalen Verwendung an NPn unabhängig von deren Funktion herantreten kann, wird ersichtlich, dass eine Analyse von *er selbst* als nominatives Reflexivum – wie im Duden (2005: 281) vorgeschlagen – nicht haltbar ist.

Die Wortform *selbst* ist vielfach als Fokuspartikel analysiert worden, die die Bezugs-NP als Fokus nimmt, und das Denotat des Fokus als zentral gegenüber dazu peripheren Alternativen kennzeichnet *(die Kanzlerin selbst* im Kontrast zu ihren Ministern). In Eckhardt (2001) und Gast (2006) wird vorgeschlagen, diesen Bedeutungsbeitrag als Spezialfall einer allgemeineren Semantik von *selbst* zu analysieren, gemäß der *selbst* die Identitätsfunktion bezeichnet, d.h. den Wert der Bezugs-NP einfach auf sich selbst abbildet.

Die Analyse von *selbst* als Identitätsfunktion bringt diesen Ausdruck in semantischer Hinsicht stark in die Nähe des Reflexivums und hilft dabei, eine Reihe von Phänomenen wenigstens ansatzweise zu verstehen, wenngleich überzeugende Analysen noch ausstehen.

Zum einen gibt es die übereinzelsprachliche Beobachtung, dass Ausdrücke wie deutsch *selbst* in vielen Sprachen vom Reflexivum formal nicht unterscheidbar sind (z. B. englisch *himself*). Auf dieses Phänomen wird im nächsten Abschnitt genauer eingegangen, aber es ist offensichtlich, dass eine solche Identität im formalen Ausdruck über unterschiedlichste Sprachen hinweg umso plausibler ist, je besser man in der Lage ist, eine gemeinsame semantische Basis dieser Ausdrücke zu finden.

Eine weitere interessante Beobachtung ergibt sich, wenn man die Bindungsdomäne des Reflexivums in Abhängigkeit des appositiven Zusatzes von *selbst* betrachtet. Bei den bereits weiter oben diskutierten Beispielen, bei denen – in der intendierten Lesart – das Reflexivum nicht mit dem Subjekt, sondern mit einem Objekt koindiziert ist, erleichtert der Zusatz von *selbst* die Bindung von *sich* mit dem nicht-prototypischen Antezedens. Mit anderen Worten, adnominales *selbst* hat in diesen Fällen den Effekt, die Bindungsdomäne des Reflexivums einzuschränken (26).

(26) a. Ich klärte Anna$_i$ über sich$_i$ selbst auf.
 b. Die Ärztin verhalf der Patientin$_i$ zu sich$_i$ selbst zurück.
 c. Die Eltern überließen die Kinder$_i$ sich$_i$ selbst.

Einen ähnlichen Effekt kann man bei Beispielen wie in (27) beobachten, in denen auf Grund der distributionellen Beschränkungen von *sich* (es gibt keine Genitivform des Reflexivums) die reflexivierende Funktion durch ein anderes Pronomen, in diesem Fall die Genitivform des Personalpronomen der 3. Person, übernommen werden muss. Der Zusatz von *selbst* zu *seiner* in (27 b) schränkt die Interpretation (27 a) auf die reflexive Lesart ein, d.h. es wird wiederum die Bindungsdomäne eingeengt.[9]

(27) a. Er gedenkt seiner.
 b. Er gedenkt seiner selbst.

Eine Analyse von *selbst* als Identitätsfunktion ist weiterhin erhellend für Fälle von adverbialem *selbst*, in denen dieser Ausdruck mit ‚eigenständig' oder ‚ohne fremde Hilfe' paraphrasiert werden kann (28), da in diesen Fällen durch *selbst* eine Identität auf der Ebene der semantischen Rollen hergestellt wird. Ein wichtiger Bedeutungsbeitrag von *selbst* in Sätzen wie (28) besteht darin, das Agens zugleich als Benefiziens der Handlung zu charakterisieren.

(28) a. Paul hat das Haus selbst gebaut.
 b. Erwin hat die Aufgabe selbst gelöst.

---

[9] Die Form *eigen* lässt sich als adjektivisches Gegenstück zu *selbst* analysieren und hat wie *selbst* den Effekt, ein referentiell unbestimmtes Pronomen auf die reflexive Lesart einzuschränken: *Paul fährt mit seinem eigenen Fahrrad.*

Schließlich bleibt noch darauf hinzuweisen, dass *selbst* das reflexivierende Element im Bereich der Nominalkomposition ist, wie Beispiele wie *Selbstmord, Selbstmitleid, Selbstbewusstsein, Selbstbefragung, Selbsttäuschung* usw. belegen.[10]

4. Kontrastive und typologische Aspekte

Die in diesem Beitrag gegebene Skizze der grammatischen Eigenschaften des deutschen Reflexivums soll abschließend durch einige kontrastive bzw. typologische Beobachtungen abgerundet werden, die die übereinzelsprachliche Variabilität, aber auch Systematizität der bisher diskutierten Parameter verdeutlichen. Aus typologischer Perspektive besonders relevant sind die formale Identität des Reflexivums mit Ausdrücken wie deutsch *selbst,* die morphologischen Eigenschaften, die Bindungsdomäne sowie die möglichen Antezedenten.

Zur formalen Identität bzw. Differenzierung von Reflexiva und Ausdrücken wie deutsch *selbst* liegt mit König/Siemund (2005) eine umfangreiche typologische Untersuchung vor, die zeigt, dass beide Strategien in etwa mit gleicher Wahrscheinlichkeit in den Sprachen der Welt anzutreffen sind, wobei die formale Identität beider Ausdrücke insbesondere im asiatischen Raum verbreitet ist.[11] Die Beispiele in (29) und (30) zeigen diese Identität im Madagassischen.[12]

(29) mahita-tena   i   Koto
     sieht-REFL   ART   Koto
     ‚Koto kann sich sehen.'

(30) tonga   izy   tena-ny
     ankam   er   selbst-POSS.3SG
     ‚Er selbst kam an. (wörtlich: ankam er sein Körper)'

Seine Bedeutung erlangt dieser typologische Parameter u.a. daraus, dass Ausdrücke wie deutsch *selbst* eine häufige Quelle für die

---

[10] Neben *selbst* erscheint auch *eigen* bei der Bildung dieser Komposita *(Eigentor, Eigenanteil, Eigenheim),* wobei die Distribution von *selbst* und *eigen* bei diesen Komposita alles andere als geklärt ist.
[11] Beispielsweise im Japanischen, Koreanischen, Vietnamesischen, Thailändischen, Hindi, Malayalam, Mandarin usw.
[12] Quelle: Typological Database of Intensifiers and Reflexives (TDIR), http://noam.philologie.fu-berlin.de/~gast/tdir.

Grammatikalisierung bzw. Erneuerung reflexiver Anaphern sind, wie z. B. die historische Entwicklung des Englischen verdeutlicht: *him + self → himself*. Beide Arten von Ausdrücken *(sich / selbst)* sind zudem oft auf Nomina für Körperteilbezeichnungen zurückzuführen (z. B. kashmiri *paan* ‚Körper‘, hebräisch *etsem* ‚Knochen‘, fulani *hoore* ‚Kopf‘).[13] Weiterhin gibt es umfangreiche Evidenz dafür, dass mit Ausdrücken wie deutsch *selbst* formal identische Reflexiva nicht zur Ableitung antikausativer Verben oder zur Bildung von Medialkonstruktionen verwendet werden, d. h. der von deutsch *sich* und seinen Entsprechungen in anderen indoeuropäischen Sprachen abgedeckte Bereich der Detransitivierung kann von diesen Reflexiva nicht übernommen werden.[14] Dieser allgemeine Unterschied lässt sich gut am Englischen gegenüber dem Deutschen illustrieren, da im Englischen die reflexiven Formen *myself, yourself, himself* usw. in diesen Konstruktionen nicht verwendet werden (31 a / b). Bemerkenswert ist in diesem Zusammenhang auch noch, dass die Reflexiva im Englischen bei Verben der Körperbewegung und Verben der Körperpflege in der Regel ebenfalls nicht auftreten (31 c / d).

(31) a. Die Tür öffnete sich. / The door opened.
b. Dieses Buch liest sich gut. / This book reads well.
c. Karl legte sich hin. / Charles lay down.
d. Karl rasierte sich. / Charles shaved.

Hinsichtlich ihrer morphologischen Eigenschaften lassen sich bei den Reflexiva mit Faltz (1985) einfache und komplexe Formen unterscheiden, die sich wiederum gut am Deutschen und Englischen illustrieren lassen. Morphologisch einfach heißt dabei nicht notwendigerweise monosyllabisch wie im Deutschen und vielen anderen indoeuropäischen Sprachen (spanisch *se*, schwedisch *seg*, niederländisch *zich* usw.), sondern schließt Formen wie türkisch *kendi*, mandarin *ziji*, russisch *sebja* mit ein. Die phonologisch schwereren Formen sind dabei oftmals identisch zu der Entsprechung zu deutsch *selbst*. Vergleichbare Ausdrücke zu deutsch *selbst* treten ebenfalls bei

---

[13] Grimm (1967) stellt die Hypothese auf, dass ebenfalls deutsch *selbst* auf eine Körperteilbezeichnung zurückgeführt werden kann und schlägt als Etymologie *si-liba* ‚sein Leib‘ vor. Vor dem Hintergrund der typologischen Evidenz erscheint diese Hypothese durchaus überzeugend.
[14] In König / Siemund (2005: 195) ist dieser Sachverhalt als eine implikationelle Universalie analysiert worden.

den morphologisch komplexen Reflexiva mit großer Regelmäßigkeit auf (oft in Kombination mit einer pronominalen Form).

Reflexiva können nach Kasus, Numerus, Genus und Person flektieren. (z. B. arabisch *nafs* im Gegensatz zu unflektiertem *sich*) und neben den ungebunden auftretenden nominalen Formen auch als Affix (in der Regel Suffix) an das Verb herantreten (russisch *-sja*, nahuatl *mo-*). Reflexive Anaphern können auf die 3. Person beschränkt sein (deutsch *sich*), in allen Personen vorkommen (russisch *sebja*) oder auch über separate Formen für die 1.–3. Person verfügen (Englisch, Amharisch). Übereinzelsprachlich gilt die Verallgemeinerung, dass das Vorkommen eines Reflexivums in der 1. bzw. 2. Person die Existenz eines Reflexivums in der 3. Person impliziert.[15]

Wie im Deutschen haben Reflexiva auch übereinzelsprachlich die Tendenz, mit dem nächsten Subjekt als referenzidentisch interpretiert zu werden, allerdings ist diese Tendenz verschieden stark ausgeprägt. Während diese Tendenz im Deutschen und anderen indoeuropäischen Sprachen sehr stark ist und eine Bindung an eine andere Konstituente nur marginal möglich ist, sind andere Sprachen in dieser Hinsicht toleranter (Mandarin, Japanisch), insbesondere wenn das Reflexivum formal identisch mit dem entsprechenden Ausdruck für deutsch *selbst* ist. Beispiel (32) aus dem Mandarinchinesischen zeigt, dass in dieser Sprache die Koindizierung des Reflexivums *ziji* mit einem vorausgehenden Objekt möglich ist (Huang 2000: 192). Zudem erscheint das Reflexivum als Subjekt.

(32) Ta$_i$ ting tongshi$_j$ shuo ziji$_{i/j}$ tishang le jiaoshou
3SG hören Kollegen sagen REFL aufsteigen PERF Professor
‚Er$_i$ hat von einem Kollegen$_j$ gehört, dass er$_{i/j}$ zum Professor avanciert ist.'

Ein weiterer übereinzelsprachlicher Parameter der Variation ist die Bindungsdomäne des Reflexivums, die im Deutschen, wie bereits ausgeführt, den das Reflexivum enthaltenen Teilsatz und teilweise AcI-Konstruktionen umfasst, sich jedoch nicht über die Grenze eines finiten Satzes erstrecken kann. Andere, wiederum primär außereuropäische, Sprachen sind in dieser Hinsicht toleranter. Für das

---

[15] Diese Universalie ist wiederholt damit motiviert worden, dass nur in der 3. Person (teilweise in der 2., aber nie in der 1.) eine Ambiguität zwischen koreferenter und nicht-koreferenter Interpretation eines Pronomens entstehen kann (vergl. Bsp. (8) und (9) oben).

Koreanische[16] wird das in (33) gezeigt.[17] Es ist versucht worden, die Bindungsdomäne mit den morphologischen Eigenschaften von Reflexiva in Verbindung zu bringen, allerdings mit nur mäßigem Erfolg (Faltz 1985; Huang 2000; Reinhart/Reuland 1993).

(33) John-i [Mary-ka [ney-ka caki salanghantako] sayngkakhantako] malhayssta
John-NOM [Mary-NOM [you-NOM REFL lieben] denken] sagte
‚John sagte dass Mary dachte dass du sie/ihn liebst.'

Als abschließende Beobachtung soll hier noch erwähnt werden, dass die formalen Eigenschaften der Reflexiva zu einem gewissen Ausmaß auch von der Bedeutung des Verbs abhängen, als deren Objekt sie fungieren. So ist festgestellt worden (König/Siemund 2000), dass in Zusammenhang mit Verben, die Handlungen bezeichnen, die man normalerweise nicht an sich selbst ausführen würde (töten, quälen, kritisieren usw.), die Tendenz zur Verwendung einer komplexeren reflexiven Form besteht als bei Verben, die von ihrer Bedeutung her eher reflexiv interpretiert werden (z.B. bei Verben der Körperpflege).

Aus kontrastiver und typologischer Perspektive lässt sich zusammenfassend festhalten, dass das Reflexivum *sich* des Deutschen von dem semantisch verwandten Ausdruck *selbst* formal getrennt ist, im Gegensatz zu vielen anderen Sprachen. Deutsch *sich* hat sehr viele Verwendungen, die mit Reflexivität im engeren Sinne nichts zu tun haben, sondern die Argumentstruktur eines Verbs modifizieren. Das Reflexivum *sich* ist morphologisch nicht komplex, flektiert nicht, hat nur eine Form in der 3. Person und fungiert als Dativ- bzw. Akkusativform. Es ist im Wesentlichen auf das Subjekt als Antezedens festgelegt und erscheint im selben Teilsatz wie das Antezedens.

---

16 Quelle: Typological Database of Intensifiers and Reflexives (TDIR), http://noam.philologie.fu-berlin.de/~gast/tdir.
17 Innerhalb der europäischen Sprachen ist primär das Isländische als Sprache diskutiert worden, in der sog. ‚long-distance binding' der reflexiven Anapher möglich ist:
Jon sagði þeim að María elski sig.
John sagte ihm dass Maria liebte REFL
‚Jon sagte ihm, dass Maria ihn liebte.'

5. Literatur

Chomsky, N. (1981) Lectures on Government and Binding. Dordrecht: Foris
Dudenredaktion (Hg.) (2005^7) Duden. Die Grammatik. Mannheim/Leipzig/Wien/Zürich: Dudenverlag
Eckhardt, R. (2001) Reanalysing *selbst*. Natural Language Semantics. Vol. 9, 371–412
Ehlich, K. (2000^2) Funktional-pragmatische Kommunikationsanalyse. In: Hoffmann, L. (Hg.) Sprachwissenschaft. Berlin: de Gruyter, 183–202
Eisenberg, P. (1989^2) Grundriss der Deutschen Grammatik. Stuttgart: Metzler
Eisenberg, P. (2004^2) Grundriss der deutschen Grammatik. Bd. 2: Der Satz. Stuttgart: Metzler
Faltz, L. M. (1985) Reflexivization: A Study in Universal Syntax. New York: Garland
Gast, V. (2006) The Grammar of Identity: Intensifiers and Reflexives in Germanic Languages. London: Routledge
Gast, V./Haas, F. (2006) On reflexive and reciprocal readings of anaphors in German and other European languages. In: König, E./Gast, V. (Hg.) Reflexives and Reciprocals – Theoretical and Cross-linguistic Explorations. Berlin: Mouton
Grimm, J. (1967) Deutsche Grammatik. Hildesheim: Olms [Nachdruck]
Huang, Y. (2000) Anaphora. A Cross-linguistic study. Oxford: University Press
König, E./Siemund, P. (2000) Intensifiers and reflexives: A typological perspective. In: Frajzyngier, Z./Curl, T. (Hg.) Reflexives: Forms and Functions. Amsterdam: Benjamins, 41–74
König, E./Siemund, P. (2000) Zur Rolle der Intensifikatoren in einer Grammatik des Deutschen. In: Thieroff, R./Tamrat, M./Fuhrhop, N./Teuber, O. (Hg.) Deutsche Grammatik in Theorie und Praxis. Tübingen: Niemeyer, 229–245
König, E./Siemund, P. (2005) Intensifiers and reflexives. In: Haspelmath, M./Dryer, M./Gil, D./Comrie, B. (Hg.) The World Atlas of Language Structures. Oxford: University Press, 194–197
Kunze, J. (1995) Reflexive Konstruktionen im Deutschen. In: Zeitschrift für Sprachwissenschaft. Vol. 14, 3–53
Kunze, J. (1996) Plain middles and lassen middles in German: reflexive constructions and sentence perspective. In: Linguistics. Vol. 34, 645–695
Kunze, J. (1997) Typen der reflexiven Verbverwendung im Deutschen und ihre Herkunft. In: Zeitschrift für Sprachwissenschaft. Vol. 16, 83–180
Primus, B. (1989) Parameter der Herrschaft: Reflexivpronomina im Deutschen. In: Zeitschrift für Sprachwissenschaft. Vol. 8, 53–88
Reinhart, T./Reuland, E. (1993) Reflexivity. Linguistic Inquiry. Vol. 12, 657–720
Rosengren, I. (1977) Ein Frequenzwörterbuch der deutschen Zeitungssprache. Lund: Gleerup

Siemund, P. (2000) Intensifiers: A Comparison of English and German. London: Routledge
Vendler, Z. (1967) Verbs and Times. In: Vendler, Z. (Hg.) Linguistics in philosophy. Ithaca, N.Y.: Cornell University Press, 97–121
Zifonun, G./Hoffmann, L./Strecker, B. et al. (1997) Grammatik der deutschen Sprache. Berlin/New York: de Gruyter

Peter Siemund (Hamburg)

C21 Relativum

1. Wortartbezeichnung, Kurzdefinition
2. Die Formen der Relativa im Deutschen
2.1. Formen der Relativpronomina
2.2. Formen der Relativadverbien
3. Relativa und ihre Beziehungen zum übergeordneten Satz
3.1. Funktionen der Relativsätze
3.2. Kongruenz mit dem Bezugswort
3.3. Besondere Bedingungen für freie Relativsätze
4. Relativum oder Interrogativum?
4.1 Abgrenzung von abhängigen w-Fragesätzen
4.2. Abgrenzung von Irrelevanzkonditionalsätzen
5. Relativpronomen oder Demonstrativpronomen?
6. W- oder d-Relativum?
7. Relativpartikeln
8. Sprachvergleichende Aspekte
9. Historische Aspekte
10. Literatur

1. Wortartbezeichnung, Kurzdefinition

Relativum ist ein Überbegriff für alle Elemente, die Relativsätze einleiten. Dazu gehören die traditionellen Wortarten Relativpronomen, Relativadverbien sowie Relativpartikeln. Deklinierbare Relativa, die wie Adjektive, Substantive, Artikel und Pronomina nach Kasus, Genus und Numerus flektierbar sind, werden traditionell Relativpronomen genannt. Unflektierbare Relativa gehören der Klasse der Adverbien an. Als Relativpartikel tritt vor allem *wo* in der Umgangssprache und einigen Dialekten auf.

Im Deutschen gibt es d- und w-Relativa. D-Relativa haben sich aus ursprünglich deiktischen Elementen entwickelt, weswegen sie in ihren Formen weitgehend mit Demonstrativa identisch sind. W-Relativa hingegen sind formgleich mit Interrogativa, aus denen sie sich entwickelt haben. Unter Wortbildungsgesichtspunkten lassen sich einfache und zusammengesetzte Relativa unterscheiden, die aus *wo* und einer Präposition gebildet werden (*wobei, wozu, worauf* usw.).

Die Eigenschaft, Nebensätze einzuleiten, teilen Relativa mit Subjunktionen und mit nebensatzeinleitenden Interrogativa. Wie diese lösen die Relativa in dem Satz, den sie einleiten, die Endstellung des finiten Verbs aus.

Im Gegensatz zu Subjunktoren, die lediglich satzeinleitende Funktion haben, kommt Relativpronomen und -adverbien darüber hinaus eine syntaktische Funktion als Satzglied oder Attribut innerhalb des Relativsatzes zu. Relativpronomina haben den syntaktischen Status einer Nominalphrase, die entweder als selbstständige Konstituente oder als Teil einer Präpositionalphrase oder einer Nominalphrase auftritt:

(1) a. Das Buch, [**das**] alle Studenten lesen wollen, ist immer ausgeliehen. (NP)
 b. Die Lösung, [auf [**die**]] alle hoffen, ... (Teil einer PP)
 c. Die Studie, [[**der**] zufolge] alle Professoren faul sind, ... (Teil einer PP)
 d. Die Frau, [[**deren**] Sohn] entführt wurde, ist fassungslos. (Teil einer NP)

Das Relativpronomen *welcher*, das vor allem aus stilistischen Gründen anstelle eines d-Relativums auftreten kann, um Wiederholungen von formgleichen Wörtern zu vermeiden (*der Mann, der* u.ä.), und vorwiegend in literarischer Sprache verwendet wird, kann auch in Artikelfunktion auftreten:

e. ... denn eben ward sogar in geräuschloser Ablösung die Wache erneuert, an **welche** Maßregel bisher ... noch niemand gedacht hatte ... (H. von Kleist, Michael Kohlhaas. Werke in einem Band, S. 484, zit. n. Zifonun 2001: 97)

Relativa haben den syntaktischen Status einer Adverbphrase, wenn sie reine (nicht zusammengesetzte) Adverbien sind, oder einer Präpositionalphrase, wenn Pronominaladverbien vorliegen:

(1) a. Der Ort, [**wo**]$_{AdvP}$ er wohnt, ist sehr lebendig.
 b. Das glückliche Ende, [**worauf**]$_{PP}$ alle warteten, blieb aus.

Sowohl Adverbphrasen als auch Präpositionalphrasen können die Funktion eines Adverbials übernehmen, nur Präpositionalphrasen können jedoch als Präpositionalobjekt fungieren.

Die Abgrenzung der d-Relativa von objektdeiktischen Elementen (den traditionellen „Demonstrativpronomen") bereitet in der Regel keine Probleme, da d-Relativa Nebensätze einleiten, Demonstrativpronomina dagegen nicht (s. aber Abschnitt 6). Schwieriger ist jedoch die Frage, wie w-Relativa von w-Interrogativa abzugrenzen sind, da nebensatzeinleitende w-Wörter prinzipiell Interrogativa oder Relativa sein können. Diese Frage kann erst behandelt werden, nachdem die Beziehungen von Relativa zu ihrem übergeordneten Satz geklärt sind.

2. Die Formen der Relativa im Deutschen

Die Untersuchungen zu Relativa im Deutschen beziehen sich auf sprachvergleichende Aspekte (s. Kapitel 8), ihre historische Entwicklung (s. Kapitel 9), die Herausbildung ihrer Formen, die Verwendungsbedingungen für die verschiedenen Formen der Relativa (s. Kapitel 6), ihre Abgrenzung zu den teilweise formgleichen Interrogativa und Demonstrativa (s. Kapitel 4 und 5). Einige neuere Arbeiten sind den besonderen Bedingungen für die Bildung von freien Relativsätzen gewidmet (s. Kapitel 3.3).

2.1. Formen der Relativpronomina

Relativpronomen kommen im Deutschen in zwei Formen vor. Zum einen gibt es d-Pronomina (*der, die, das* etc.), die sich diachron aus Demonstrativpronomina entwickelt haben und mit diesen formgleich sind. Zum anderen gibt es w-Pronomina, die mit den Fragepronomina formgleich sind (*wer, was* etc.), aus denen sie sich entwickelt haben. Bei den Relativadverbien sind im heutigen Deutschen vor allem w-Adverbien geläufig, die entweder als reine Adverbien auftreten (*wo, wann, wie* etc.) oder als Zusammensetzungen, die aus *wo(r)* und einer Präposition gebildet werden (*worauf, wonach, wozu* etc.). Andere Adverbien wurden vor allem in früheren Sprachstufen verwendet und treten heute eher selten als Relativa auf (*da, so*).

Neben Relativpronomina und -adverbien gibt es so genannte Relativpartikeln, die vor allem dialektal und umgangssprachlich verwendet werden. Als Relativpartikel tritt vor allem *wo*, in einzelnen Regionen auch *was*, auf (s. Abschnitt 7).

D-Pronomina

Wie andere Pronomina haben Relativa Verweischarakter und liefern als Leerstellenumrisse nur sehr allgemeine grammatische Informationen, jedoch keine spezifischen semantischen Merkmale, die es erlauben, einen Referenten zu identifizieren.

Im Falle der d-Pronomina markieren die verschiedenen Formen Kasus und Numerus und im Singular zusätzlich das Genus. Sie werden flektiert wie der bestimmte Artikel. Das Demonstrativ- und Relativpronomen hat aber eigene Genitivformen und eine eigene Form für den Dativ Plural entwickelt:

	Maskulin	Neutrum	Feminin	Plural
NOM	der	das	die	die
AKK	den	das	die	die
DAT	dem	dem	der	**denen**
GEN	**dessen**	**dessen**	**deren / derer**	**deren / derer**

Die früheren Formen, nämlich *des* und *wes* für *dessen* und *wessen*, *der* statt der Formen *derer* und *deren*, sind heute weitgehend veraltet und nur noch in festen Redewendungen und sehr gehobenem Stil zu finden:

(2) Wes Brot ich ess, des Lied ich sing.

Kontrovers diskutiert wird, wie diese Formen entstanden sind (s. die Diskussion bei Lühr 1991). Für den Dativ Plural *denen* sieht Lühr eine Parallele zu dem Personalpronomen *inen* (neuhochdeutsch *ihnen*), für *deren* als Genitiv Plural und Singular feminin eine Parallele zum Possessivpronomen *iren* (neuhochdeutsch *ihren*), für den Genitiv Plural des Personalpronomens *irer* als Vorbild. Andere Autoren erklären die Entstehung der Form *deren* durch eine Übernahme von Adjektivflexiven (s. Bærentzen 1995: 214 und die dort zitierte Literatur). Auch für den Dativ Singular feminin wurden in Analogie zum Genitiv erweiterte Formen (*deren* und *derer*) ausgebildet, die heute jedoch wieder beseitigt sind.

Bei *derer* und *deren* gibt es auch sehr unterschiedliche Erklärungsansätze zu den Regeln für ihre Verwendung. Was ihre Verwendung als Relativa betrifft, so ist die Form des vorangestellten Genitivattributs stets *deren*. Den Ergebnissen einer umfassenden Korpusstudie von Bærentzen (1995) zufolge treten Schwankungen bei der Verwendung als selbstständiges Satzglied und als Komplement einer Präposition auf. In der Funktion als selbstständiges Satzglied wird hauptsächlich *deren* verwendet, während als Komplement einer Präposition die Form *derer* bevorzugt wird:[1]

(3) a. Das ist die Heldin, deren / derer wir gedachten.
    b. Die Tatsachen, aufgrund derer / deren sie ihre Entscheidung fällte, ...

Die erweiterten Formen des Relativ- und Demonstrativpronomens können als Doppelflexivformen gedeutet werden. Dem ersten Flexiv, das dem des bestimmten Artikels entspricht, kommt die Funktion zu, den Kasus der Form eindeutig zu markieren. Das zweite Flexiv, das den Endungen der Adjektive entspricht, hat Bærentzen (1995: 207 ff.) zufolge die Funktion, eine Art Pseudokongruenz eines vorangestellten Genitivattributs mit seinem Bezugswort herzustellen, da vorangestellte Attribute im Deutschen (mit Ausnahme der vorangestellten s-Genitive) mit ihrem Bezugswort kongruieren. Die Dativpluralform hat sich erhalten, da sie durch den Plural von *ihnen* gestützt wird, der erweiterte Dativ Singular wurde jedoch durch keine entsprechende Form gestützt und erfüllte auch keine spezielle Funktion, so dass er wieder verschwand.

Welch-

Das Pronomen *welcher* ist identisch mit dem Fragepronomen. Es wird dekliniert wie der bestimmte Artikel. Ungebräuchlich in relativer Verwendung sind jedoch die Genitivformen, die durch d-Pronomina ersetzt werden *(das ist derjenige, ??welches / dessen Buch du liest.)* Die Formen von *welcher* werden vor allem in geschriebener Sprache in gehobenem Stil verwendet, zum Teil, um Wiederholungen zu vermeiden.

---

[1] Bærentzen (1995) vermutet, dass bei der Verwendung als selbstständiges Satzglied die Parallele zu *dessen* die Verwendung der Form *deren* begünstigt. Beim Gebrauch als Komplement einer Präposition ist das Pronomen meist nachgestellt, hier kann eine Parallele zum nachgestellten Genitivattribut *derer* eine Rolle spielen, da die Präpositionen mit Genitiv durch Grammatikalisierung aus Nomina entstanden sind. Für diese These spricht, dass bei Voranstellung, wie sie in einigen Wortverbindungen vorliegt, *deren* auftritt: *um derentwillen, derentwegen*.

w-Pronomina

Während die d-Pronomina und *welcher* ein vollständiges Flexionsparadigma aufweisen, ist das Flexionsparadigma der anderen w-Pronomina in mehrfacher Hinsicht defektiv. Es enthält nur maskuline und neutrale Singularformen:

	Maskulinum	Neutrum
NOM	wer	was
AKK	wen	was
DAT	wem	was (wem)
GEN	wessen	wessen

Mit den Formen von *wer* kann auf Personen Bezug genommen werden, mit den Formen von *was* auf unbelebte Größen und Sachverhalte (s. Helbig/Buscha 2004: 208, Engel 2004: 377 f.). Die in diesem Zusammenhang behauptete Genusneutralität der Formen bzw. die Annahme, dass die Formen sowohl maskulin als auch feminin wären (Duden 1998: 348), lässt sich durch grammatische Fakten nicht erhärten und scheint im Wesentlichen auf einer Verwechslung von Genus als dem grammatischen Geschlecht und Sexus als dem natürlichen Geschlecht zu beruhen. Zwar wird mit den Formen von *wer* auf Männer und Frauen referiert, doch weisen anaphorische Bezüge auf dieses Pronomen stets maskuline Formen auf:

(4) a. **Wer**$_i$ **seinen**$_i$/**??ihren**$_i$ Lippenstift vergessen hat, kann ihn hier abholen.
   b. **Wer** schwanger ist, **der**/**??die** kann sich hier beraten lassen.

Die gelegentlich behauptete Numerusneutralität dieser Pronomina (s. Weinrich 2005: 886) lässt sich ebenso wenig durch grammatische Fakten erhärten und scheint ebenfalls auf einer Verwechslung von grammatischer Kategorie und Eigenschaften der Referenten zu beruhen. Zwar kann mit diesen Pronomina auf Personen und Dinge in der Mehrzahl Bezug genommen werden, doch tragen die w-Pronomina das grammatische Merkmal Singular. Dies zeigt sich u.a. bei der Subjekt-Verb-Kongruenz. Steht dieses Pronomen als Subjekt, so kann das Verb nur im Singular auftreten:

(5) Wer rastet / *rasten, rostet.

Verschiedene Auffassungen werden auch hinsichtlich der Dativform von *was* vertreten. Von einigen Grammatiken wird als Dativform *wem* angegeben (z.B. Eisenberg 2004: 273), andere nennen *was* als Dativform (z.B. Duden 2005: 312). In sprachgeschichtlicher Hinsicht stellt *wem* die ältere Form dar, die jedoch schon im Mittelhochdeutschen selten auftrat und zunehmend durch *was* verdrängt wurde (Paul et al. 1998: 229). Behaghel (1923: 271) führt aus, dass es zu *was* im Germanischen ursprünglich keine Dativform gab und *wem* nur ganz vereinzelt auftrat, wobei in älterer Zeit die Instrumentalisform als Ersatz diente, in neuerer Zeit jedoch *was* als Dativform verwendet wird. Da die Formen von *wer* heutzutage fest mit „Person" assoziiert sind, erscheint es vielen Sprechern zumindest ungewöhnlich, mit *wem* auf Nicht-Personen zu referieren, vgl. das folgende Beispiel von Eisenberg (2004: 274):

(6) Wem man hier entsagen muss, das bekommt man auch drüben nicht.

Andererseits kann *was* kaum verwendet werden, wenn eine eindeutig dativmarkierte Form verwendet werden muss. Es tritt als Dativform vorwiegend nach Präpositionen auf oder aber in Kombination mit *wem*:

(7) a. ??Was haben wir das zu verdanken?
    b. Wem oder was haben wir das zu verdanken?

Die Kombination *wem oder was* zeigt deutlich, dass *wem* nur als Personenbezug aufgefasst wird.

2.2. Formen der Relativadverbien

Sowohl reine Adverbien als auch Pronominaladverbien können als Relativa fungieren. Reine Adverbien umreißen eine Leerstelle für ein lokales, temporales, modales oder kausales Adverbial. Relativ verwendet werden:

lokal: *wo, wohin, woher*
temporal: *wann* (veraltet)
modal: *wie*
kausal: *weshalb, weswegen, warum*

Die Formen der reinen Adverbien sind aufgrund ihrer Semantik darauf festgelegt, die Funktion eines entsprechenden Adverbials zu erfüllen. Pronominaladverbien hingegen, die wegen der enthaltenen Präposition auch Präpositionaladverbien genannt werden, sind nicht darauf beschränkt, eine Leerstelle für einen bestimmten Adverbialtyp zu umreißen, sondern sie können aufgrund der enthaltenen Präposition alle Funktionen ausüben, die auch volle Präpositionalphrasen ausüben können. Relativ verwendet werden im heutigen Deutschen nur die Kombinationen aus *wo* und Präposition. Beginnt die Präposition mit einem Vokal, so tritt / r / dazwischen: *wobei, womit, wozu, worauf, worüber, worunter* etc.

3. Relativa und ihre Beziehungen zum übergeordneten Satz

3.1. Funktionen der Relativsätze

Relativsätze sind Nebensätze, die im Bezugselement im übergeordneten Satz Verbalisiertes fortführen. Das Relativum ist mit dem Bezugswort referenzidentisch und stellt auf diese Weise den Bezug des Relativsatzes her. Es stellt somit die „Scharnierstelle" (Redder 1990: 147) dar, die „wie ein grammatisches Gelenk" (Eisenberg 2004: 269) den Bezug des Relativsatzes zum Bezugselement herstellt. Das Relativum leistet eine „Reorientierung auf einen zuvor verbalisierten Redegegenstand zum Zweck der operativen Einbettung einer Proposition" (Zifonun / Hoffmann / Strecker 1997: 42).

Relativsätze können entweder Information enthalten, die für die Identifizierung des Referenten des Bezugsworts notwendig ist (restriktive Relativsätze), oder aber sie liefern zusätzliche Information, die nicht dazu dient, den Referenten festzulegen (appositive Relativsätze). Relativsätze können auch ohne ein Bezugselement im übergeordneten Satz auftreten, in diesem Fall liegt ein freier Relativsatz vor. Ein sog. weiterführender Nebensatz bezieht sich auf einen ganzen Satz (oder größere Teile davon), weswegen er auch Satzrelativsatz genannt wird.[2]

---

[2] Die Bezugsgrößen der weiterführenden Relativsätze werden detailliert von Holler-Feldhaus (2003) untersucht.

(8) a. Derjenige Zug, der dort steht, ist schon voll.
(restriktiver Relativsatz)
b. Petra, die schlank ist, isst ziemlich viel.
(appositiver Relativsatz)
c. Wer rastet, rostet. (freier Relativsatz)
d. Hans hat kein Geld mehr, was ihn aber nicht stört.
(Satzrelativsatz)

Ob ein Relativsatz restriktiv oder appositiv ist, lässt sich häufig nur anhand des Kontextes entscheiden. Im Deutschen wird der Relativsatz in beiden Fällen durch ein Komma vom übergeordneten Satz abgetrennt, anders als etwa im Englischen, das eine Abtrennung durch Komma nur für appositive Relativsätze vorsieht. In der gesprochenen Sprache können appositive Relativsätze durch Pausen und einen eigenen Intonationsbogen vom Restsatz abgegrenzt werden, während dies bei restriktiven Relativsätzen in der Regel nicht geschieht (s. dazu die empirische Intonationsstudie von Schaffranietz 1997). In appositiven Relativsätzen können bestimmte Satzadverbien und Partikeln auftreten, die den Inhalt des Relativsatzes als bereits bekannte oder zusätzliche, zur Identifikation des Referenten des Bezugselements nicht nötige Information kennzeichnen wie *natürlich*, *ja* und *übrigens*.

Unterschiede zwischen restriktiven und appositiven Relativsätzen zeigen sich auch in ihren Bezügen auf den übergeordneten Satz. Während sich restriktive Relativsätze nur auf Nomina und bestimmte Pronomina wie *der*, *derjenige* beziehen können und zudem nicht auf Eigennamen und allquantifizierte Nomina, haben appositive Relativsätze vielfältigere Bezugsmöglichkeiten. Sie können sich neben Nominalphrasen auch auf Prädikatsausdrücke und ihre Erweiterungen, d.h. im Extremfall auf ganze Sätze beziehen. Lehmann (1984: 277) hat dazu eine Hierarchie der Bezugsmöglichkeiten aufgestellt, auf der Eigenname > definite / generische NP > Personalpronomen > Satz rangieren, wobei im Deutschen alle diese Bezugsmöglichkeiten gegeben sind.

Bezüglich der syntaktischen Anbindung an den übergeordneten Satz ist zu konstatieren, dass diese im Fall der appositiven Relativsätze wesentlich lockerer ist als bei den restriktiven Relativsätzen. Während restriktive Relativsätze eine Schwesterkonstituente zum Bezugsnomen sind und damit einen festen Platz in der Konstituentenstruktur haben, ist bei den appositiven Relativsätzen aufgrund ihres parenthetischen Charakters ihre Einbindung in die Konstituentenstruktur möglicherweise gar nicht gegeben, wie Fabb (1990) anhand von Daten aus dem Englischen demonstriert, die zeigen, dass der appositive Relativsatz gar nicht im syntaktischen Bezugsbereich (c-Kommandobereich) seines Bezugssatzes liegt. Die Anbindung ist daher eher auf der Diskursebene als auf einer rein syntaktisch-strukturellen Ebene gegeben. Ihre Funktion wird häufig in der eines Nebenthemas (Zifonun/Hoffmann/Strecker 1997: 42) oder einer Nebeninformation (Brandt 1990) gesehen.

In Sprachen, die auch Relativsätze ohne Relativum zulassen wie etwa das Englische, müssen appositive Relativsätze ein Relativum enthalten. Ebenso werden in appositiven Relativsätzen Relativpartikeln vermieden. Diese besonderen Restriktionen für appositive Relativsätze können auf den Status der appositiven Relativsätze als eine eigenständige Informationseinheit zurückgeführt werden.

Die Relativa für freie Relativsätze, die nicht Personen bezeichnen, und für prädikats- und satzbezogene Relativsätze stimmen meist überein. Englisch ist hier jedoch eine Ausnahme, da *what* nur in freien Relativsätzen, *which* nur in appositiven Relativsätzen mit Prädikats- und Satzbezug auftritt (s. Zifonun 2001: 67 f.)

3.2. Kongruenz mit dem Bezugswort

Zwischen Relativpronomina und ihren nominalen Bezugselementen liegt Kongruenz in Genus und Numerus vor:

(9) Das Buch (Neutrum Singular), das (Neutrum Singular)/*den/ *die etc. alle lesen wollen, ist ständig verschwunden.

Wenn das Bezugselement ein Personalpronomen der ersten oder zweiten Person ist, kann das Personalpronomen zusätzlich zum Relativpronomen im Relativsatz auftreten *(ich, der ich ..., du, der du ...)*. Auf diese Weise wird die Personenkongruenz zum Bezugspronomen hergestellt, die durch das Relativpronomen, das wie Nomina als inhärent für dritte Person markiert gelten kann, nicht gegeben wäre. Die Wiederholung eines Pronomens der dritten Person ist dagegen vergleichsweise selten und kommt vor allem in der indirekten oder erlebten Rede vor.[3]

---

[3] Canisius (1994) sieht darin eine Form von Logophorizität im Deutschen. Eine Korpusstudie zur zusätzlichen Verwendung des Personalpronomens findet sich bei Freund (1989).

Während das Relativpronomen in Genus und Numerus mit dem Bezugselement kongruiert, wird der Kasus des Relativums dagegen allein von den Verhältnissen im Relativsatz bestimmt.

Kongruenzbeziehungen zum Bezugswort liegen nicht nur bei Relativpronomina, sondern in semantischer Hinsicht auch bei durch Relativadverbien eingeleiteten Relativsätzen vor. Das Bezugswort des Relativsatzes steht immer in einer engen Beziehung zu dem Adverbialtyp, der durch das Relativum ausgedrückt wird:

(10) a. der Ort, wo / wohin / woher / *wie / *weshalb
 b. die Art, wie / *wo / *weshalb
 c. der Grund, warum / *wie / *wo

Zu freien Relativsätzen in adverbialen Funktionen lässt sich dementsprechend ein Bezugselement einfügen, das mit der Adverbialklasse des Relativums übereinstimmen muss (s. Pittner 2003).

(11) a. *Er wohnt (dort), wo sich Fuchs und Hase gute Nacht sagen.*
 b. *Der arme Kerl geht (dorthin), wohin er gehen muss.*
 c. *Sie kommt und geht (dann), wann sie will.*

3.3. Besondere Bedingungen für freie Relativsätze

Besondere Bedingungen gelten für die Relativanschlüsse bei freien Relativsätzen. Der Begriff „freier Relativsatz" ist eigentlich ein Widerspruch, da sich Relativsätze per definitionem auf ein Element im übergeordneten Satz oder im Fall von Satzrelativsätzen auf ganze Sätze oder Satzteile beziehen, freien Relativsätzen jedoch ein solcher Bezugspunkt im übergeordneten Satz fehlt. Da dieses Bezugselement jedoch jederzeit rekonstruiert werden kann, liegt die Auffassung nahe, freie Relativsätze als eine Art verkappter Attributsätze zu analysieren, was in einigen Grammatiken vertreten wird:

> „Sogenannte verallgemeinernde Relativsätze sind eigentlich restriktive Relativsätze zu generellem, substantivisch verwendetem *derjenige* oder *jeder*. […] Unter bestimmten Bedingungen kann das Pronomen eliminiert werden. […] Ein verallgemeinernder Relativsatz ohne Bezugselement füllt zwar allein die Position eines Satzgliedes (z.B. des Subjekts) aus, ist aber nur als Attributsatz erklärbar." (Heidolph 1981: 831 f.)

Nach Meinung einiger Grammatiker muss das Relativum mit dem Kasus des fehlenden Bezugsnomens übereinstimmen:

> „[Der freie Relativsatz] ist ‚eigentlich' noch immer Attribut, denn das Bezugsnominal ist über die Bedingung der Kasusidentität latent vorhanden." (Eisenberg 1989: 232)

Die bei Eisenberg genannte Bedingung der Kasusidentität zwischen dem Kasus des Relativpronomens und dem für das Bezugsnomen geforderten Kasus wurde lange als eine Bedingung für die Bildung von freien Relativsätzen im Deutschen gesehen.[4] Bestimmte Abweichungen von der Bedingung der Kasusidentität sind jedoch möglich, wie die folgenden Beispiele zeigen, in denen der vom Verb im übergeordneten Satz geforderte Kasus unrealisiert bleibt:[5]

(12) a. Wem die ätherischen Öle zu scharf sind, greift zu der leicht salzig schmeckenden Solezahnpasta. (DAT statt NOM)
b. Er lädt ein, wem er zu Dank verpflichtet ist. (DAT statt AKK)
c. Wen es zum Lehrerberuf hinzieht, bevorzugt eher die geisteswissenschaftlichen und philosophischen Fächer. (AKK statt NOM)
d. Erforscht wird, wofür's Geld gibt. (PP statt NOM)
e. Jeder muss tun, wofür er bestimmt ist. (PP statt AKK)

Diese Abweichungen folgen jedoch im Deutschen wie auch in einigen anderen Sprachen, die solche Abweichungen zulassen, einer Regel, die mit Bezug auf eine Kasushierarchie wie folgt formuliert werden kann:

(13) Hierarchiebedingung:
Bei einem Kasuskonflikt zwischen dem vom Verb (oder einer Präposition) im übergeordneten Satz geforderten Kasus K1 und dem vom Verb im freien Relativsatz geforderten Kasus K2 kann K1 unrealisiert bleiben, wenn K1 K2 auf folgender Hierarchie vorangeht:
Nominativ > Akkusativ > Dativ > Präpositionalkasus[6]

---

[4] Vgl. Groos/van Riemsdijk (1981) zu einer Darstellung im Rahmen der generativen Grammatik, wo die Bedingung der Kasusidentität als „matching effect" bezeichnet wird.
[5] S. meine unter dem Namen Bausewein erschienenen Veröffentlichungen von (1990) und (1991), sowie Pittner (1991). Belege, die der Bedingung der Kasusidentität nicht genügen, finden sich auch schon bei Paul (1920: 201 f.).
[6] Vgl. Pittner (1995). Der Genitiv wird hier wegen seines seltenen Auftretens als Objektkasus nicht berücksichtigt. Zum attributiven Genitiv in Relativsätzen s. Vogel (2003).

Freie Relativsätze, die der Hierarchiebedingung nicht genügen, werden von Sprecher/inne/n als deutlich schlechter beurteilt und treten nur äußerst selten auf.[7]

Die Kasushierarchie kann als eine Hierarchie morphologischer Markiertheit beschrieben werden. Der Nominativ ist der unmarkierte Kasus, da er am häufigsten durch ein Nullaffix realisiert wird. Die Markiertheit der anderen Kasus bemisst sich nach der Zahl ihrer Formen, die sich von der Nominativform unterscheiden. Legt man die Paradigmen der Relativpronomina (w- und d-Pronomina) zugrunde, so ergibt sich die genannte Kasushierarchie (Pittner 1995: 196).

Die Hierarchiebedingung operiert auf konkret realisierten Kasusformen, nicht auf abstrakten Kasus, was das folgende Satzpaar illustriert.

(14) a. Er macht, was ihm gefällt.
 b. ??Er weist von sich, wer ihm zu nahe tritt.

In beiden Sätzen regiert das Verb im übergeordneten Satz einen Akkusativ, das Relativpronomen steht jedoch in der Nominativform. Da in (14 a) die Nominativform und die Akkusativform von *was* identisch ist, liegt hier keine Verletzung der Hierarchiebedingung vor. Bei (14 b) dagegen, wo die Nominativform eindeutig erkennbar ist, tritt die Verletzung dieser Bedingung zutage.

Die Hierarchiebedingung darf nicht dahingehend missverstanden werden, dass sie etwas über die Zuweisung von Kasus innerhalb des übergeordneten Satzes oder des Relativsatzes aussagt. Sie besagt lediglich, unter welchen Bedingungen das Bezugselement entfallen und somit ein freier Relativsatz gebildet werden kann. Dies ist dann möglich, wenn der vom Regens im Matrixsatz geforderte Kasus höher (d.h. weiter links) auf der Hierarchie liegt als der des Relativpronomens.[8]

Die Hierarchiebedingung hat mittlerweile auch Eingang in einige neuere Grammatiken des Deutschen gefunden.[9] Eisenberg (2004: 327) erwähnt die Bedingung der Kasusidentität sowie die möglichen Ausnahmen davon, die durch die Kasushierarchie bestimmt sind. In

---

[7] S. Bausewein (1990) zu einer Befragung zur Akzeptabilität von freien Relativsätzen, eine Korpusstudie dieses Phänomens findet sich in Pittner (2003).
[8] Mit den Einwänden gegen die Kasushierarchie, die von Leirbukt (1995) erhoben wurden, setzt sich Pittner (1995) auseinander.
[9] Inzwischen wird die Hierarchiebedingung auch in grammatiktheoretischen Arbeiten behandelt, etwa bei Vogel (2003) im Rahmen der Optimalitätstheorie.

der Übereinstimmung im Kasus sieht er eine Erweiterung der Kongruenz zwischen Bezugselement und Relativpronomen in Genus und Numerus auf den Kasus: „Der freie Relativsatz hat also sozusagen einen verschärften relativen Anschluss, der auf Kasus erweitert ist." (2004: 327). Die Abweichungen unterliegen der Hierarchieregel: „Das Bezugsnominal kann fehlen, wenn es höher in der Kasushierarchie Nom > Akk > Dat > Prgr steht als das Relativpronomen" (2004: 275). Die IDS-Grammatik (Zifonun et al. 1997: 2272) berücksichtigt die erwähnten Ausnahmen von der Bedingung der Kasusidentität, was dort als „Rektionsgradienz" bezeichnet wird.

4. Relativum oder Interrogativum?

Ob bei nebensatzeinleitenden w-Pronomina und w-Adverbien ein Relativum oder Interrogativum vorliegt, ist nur durch eine genaue Analyse der Beziehungen des Nebensatzes zum übergeordneten Satz zu entscheiden, wobei insbesondere die Abgrenzung der durch w-Elemente eingeleiteten freien Relativsätze von abhängigen w-Fragesätzen und durch ein w-Element eingeleiteten Irrelevanzkonditionalen zu ziehen ist.

4.1. Abgrenzung von abhängigen w-Fragesätzen

Freie Relativsätze sind formgleich mit abhängigen w-Fragesätzen. Ob ein abhängiger w-Fragesatz oder ein freier Relativsatz vorliegt, lässt sich nur aufgrund des übergeordneten Satzes entscheiden. Entscheidend sind die Valenz- bzw. Selektionsbeziehungen zwischen dem Verb im übergeordneten Satz und dem fraglichen Nebensatz. Im Fall von abhängigen w-Fragesätzen selegiert das Verb einen abhängigen Fragesatz, der durch alle Arten von w-Fragewörtern oder auch durch *ob* eingeleitet sein kann. Bei freien Relativsätzen hingegen liegt keine solche Selektionsbeziehung vor: Jedes beliebige Satzglied kann als freier Relativsatz realisiert werden. Abhängige Fragesätze enthalten Sachverhaltsbeschreibungen, während freie Relativsätze mithilfe eines Sachverhalts Personen und Dinge benennen. Die IDS-Grammatik spricht von propositionsfundierten vs. gegenstandsfundierten w-Sätzen (Zifonun et al. 1997: 2266 ff.).

Als Unterscheidungskriterium kann hier dienen, ob zwischen dem w-Wort und seinem Bezugselement Kongruenz vorliegt oder nicht. Wie schon erwähnt wurde, liegt zwischen einem Relativpronomen und seinem Bezugselement eine Übereinstimmung in Numerus und Genus vor (15 a). An Stellen, die den Anschluss eines abhängigen Interrogativsatzes erlauben, kann dagegen prinzipiell jedes w-Interrogativum auftreten, vgl. (15 b):

(15) a. Alles Schöne (Neutrum Singular), was (Neutrum Singular) sie erlebt hatten, vergaßen sie nicht.
   b. Er wollte wissen, was / wen / wer / wem etc. ...

Dass der freie Relativsatz als Realisierung jeden Satzglieds möglich ist, schlägt sich in besonderen Beschränkungen hinsichtlich seines Einleitungselements nieder. Bei freien Relativsätzen muss das w-Relativum mit der Satzgliedfunktion des freien Relativsatzes kompatibel sein. In der Regel liegt Übereinstimmung der Satzgliedfunktion des freien Relativsatzes und des w-Relativums innerhalb des Relativsatzes vor. Die möglichen Abweichungen bewegen sich in einem engen Rahmen, wie er mit der Hierarchiebedingung in Abschnitt 3 beschrieben wurde.

Der Unterschied zwischen den beiden Satztypen wird bei Linksversetzung deutlich. Der Nebensatz in (16) kann prinzipiell als freier Relativsatz oder als abhängiger Fragesatz interpretiert werden. Bei Linksversetzung tritt jedoch im ersten Fall ein Pronomen auf, das auf die genannte Person Bezug nimmt, in letzterem Fall dagegen ein Pronomen, das sich auf den Sachverhalt bezieht:

(16) a. Wer dieses Kunstwerk geschaffen hat, ist unwichtig.
   a'. Wer dieses Kunstwerk geschaffen hat, der ist unwichtig.
      (freier Relativsatz)
   a''. Wer dieses Kunstwerk geschaffen hat, das ist unwichtig.
      (abhängiger Fragesatz)

Gelegentlich wird die Auffassung vertreten, dass ein linksversetzter Relativsatz wie in (16a') kein freier Relativsatz sei, da ein Korrelat dazu im übergeordneten Satz auftritt. Dieser Fehlschluss beruht auf der Unschärfe des Begriffs Korrelat, der als Sammelbegriff für eine Reihe von verschiedenen grammatischen Erscheinungen eingesetzt wird.[10] Das Korrelat in einer Linksversetzungskonstruktion, das als eine reorientierende Objektdeixis (wiederaufnehmende Proform) für die linksversetzte Konstituente fungiert, ist nicht gleichzusetzen mit

---

10   Zur Problematik des Begriffs Korrelat s. Pittner (1999: 215 ff.).

einem Bezugselement für einen attributiven Relativsatz. Für diese Auffassung sprechen zwei wichtige Gründe: Zum einen gibt es im Deutschen keine attributiven Relativsätze, die ihrem Bezugselement vorangehen. Zum anderen kann das Korrelat in (16a') kein Bezugselement sein, da die entsprechende Form des Relativpronomens dann *der* lauten müsste: *der, der (*der, wer)*.[11]

4.2. Abgrenzung von Irrelevanzkonditionalsätzen

Eine enge Verwandtschaft besteht auch zwischen freien Relativsätzen und so genannten Irrelevanzkonditionalsätzen. Letztere geben mehrere Bedingungen an, die jedoch auf die Geltung der Proposition im übergeordneten Satz keinen Einfluss haben. Die unabhängige Geltung des Matrixsatzes spiegelt sich in gewisser Weise in der mangelnden syntaktischen Integration der Nebensätze, die sich meist im Vor-Vorfeld befinden und als Parenthesen aufgefasst werden können (vgl. d'Avis 2002). Sätze dieser Art können durch *ob ... (oder)* eingeleitet werden oder durch ein w-Wort mit den Zusätzen *auch* und *immer*. Sie lassen sich paraphrasieren mit *gleichgültig, ob/w- ...*

(17) a. Ob es regnet oder schneit, Hans geht spazieren.
  b. Wer auch kam, Hans ließ sich nicht stören.

Nur bei den mit w-Element eingeleiteten Sätzen stellt sich die Frage nach ihrer Abgrenzung zu freien Relativsätzen. Irrelevanzkonditionalsätze wie in (17b) sind im Unterschied zu freien Relativsätzen nicht in den Matrixsatz integriert, sie üben dort nicht die Funktion eines Arguments oder Adjunkts zum Verb aus. Zudem können sie auch nicht im Vorfeld auftreten, sondern stehen – quasi parenthetisch – vor dem Vorfeld, was für freie Relativsätze in der Regel nicht möglich ist (zu Ausnahmen s. im nächsten Abschnitt).[12]

Eine sowohl mit Irrelevanzkonditionalen als auch mit freien Relativsätzen verwandte Erscheinung liegt in folgenden Sätzen mit den *w- auch immer*-Konstruktionen vor:

---

[11] Gelegentliche Ausnahmen von der Regel, dass *wer* nur in Relativsätzen ohne vorangehendes Bezugselement stehen kann, werden bei Leirbukt (1995: 157) behandelt. Dabei tritt in der Regel ein Indefinitpronomen wie *jeder* oder *niemand* als Bezugselement auf.
[12] Weitere Argumente dafür, warum Irrelevanzkonditionale keine freien Relativsätze sind, finden sich bei Zaefferer (1987: 272 f.), s. auch Pittner (1999: 275 f.).

(18) a. Zumindest so lange, bis er seine Unterschrift unter das begehrte Papier gesetzt hat – bei wem auch immer.
b. Jede Grenze des Ulks wird da überschritten, wo – von wem auch immer – Branchengerüchte ins Netz gepustet werden, die die Kunden eines Unternehmens verunsichern, seinen Kredit untergraben und den Aktienkurs in den Keller gehen lassen.

Im Gegensatz zu Irrelevanzkonditionalen üben die *w- auch immer-*Phrasen in diesen Sätzen eine Satzgliedfunktion aus, sie sind ein Komplement oder Supplement zum Verb oder Attribut zu einem Nomen. Wie Irrelevanzkonditionale benennen sie mehrere Möglichkeiten, die die Gültigkeit der Proposition des umgebenden Satzes jedoch nicht tangieren. In ihrem generalisierenden Charakter sind diese Konstruktionen den freien Relativsätzen ähnlich.

Wir fassen diese Sätze als elliptische freie Relativsätze auf und schlagen eine Klassifikation ihrer Einleitungselemente als Relativa vor.

5. Relativpronomen oder Demonstrativpronomen?

Da Relativa als Einleitungselemente von subordinierten Sätzen auftreten, die Verb-Endstellung aufweisen, sind sie in der Regel durch diese Eigenschaft von Demonstrativpronomen klar zu trennen. In letzter Zeit wurde jedoch die Frage diskutiert, ob es Relativsätze geben kann, die Verbzweitstellung aufweisen.[13] Vgl. das folgende Beispiel.

(19) Es gibt Dinge, die möchte kein Mensch glauben.

Hier kann entweder ein selbstständiger Satz angeschlossen sein, der ein anaphorisches Demonstrativpronomen enthält oder aber ein Relativsatz mit einer ungewöhnlichen Verbstellung. Gegen eine Analyse, die von einer Satzreihung gleichrangiger, selbstständiger Sätze ausgeht, spricht, dass der erste Satz keine vollständige Einheit darstellt, was sich deutlich daran zeigt, dass es nicht möglich ist, zwischen beiden Sätzen einen Punkt zu machen. Wir gehen daher davon aus, dass der zweite Teilsatz ein Relativsatz und sein Einlei-

---

[13] Eine ausführliche Diskussion des Status dieser Sätze findet sich bei Gärtner (1998).

tungselement ein Relativum ist. Relativsätze dieser Art treten auf nach Hauptsätzen, die lediglich die Funktion haben, einen neuen Referenten einzuführen (sog. „präsentative Sätze"). Durch die Verbzweitstellung erhält die Aussage des Relativsatzes größeres Gewicht.

6. W- oder d-Relativum?

Attributive Relativsätze werden meist von d-Pronomina eingeleitet. W-Relativa können in attributiven Relativsätzen auftreten, wenn das Bezugswort ein Pronomen *(das, dasjenige, dasselbe)*, ein quantifizierendes Pronomen *(etwas, nichts, vieles, weniges, einiges, alles)* oder substantiviertes Adjektiv im Neutrum ist. In allen anderen Fällen steht in attributiven Relativsätzen ein d-Pronomen. Bei Neutra, die sowohl den Anschluss eines w- als auch eines d-Relativums zulassen, zeigt sich ein kleiner Unterschied. Das w-Relativum tritt nur dort auf, wo auf etwas noch nicht Identifiziertes, noch nicht Erwähntes Bezug genommen wird.

(20) a. [Anna war neulich in Amerika.]
Das Schönste, was sie gesehen hat, war der Grand Canyon.
b. [Anna hat Kleider angeschaut.]
Das schönste, das sie gesehen hat, hat sie gekauft.

In (20a) charakterisiert das Adjektiv nur allgemein, es führt ein neues Thema ein. In (20b) dagegen, wo das Adjektiv auf einen bereits erwähnten Referenten Bezug nimmt und ihn thematisch fortführt, wird *das* als Relativpronomen gewählt. Ähnlich verhält es sich bei freien Relativsätzen, die prinzipiell durch w- oder durch d-Pronomina eingeleitet werden können: Das d-Pronomen erlaubt Genus- und Numerusdifferenzierungen und kann daher spezifischer referieren als durch w-Pronomen eingeleitete freie Relativsätze, die häufig generalisierenden Charakter haben (der durch den Zusatz *auch immer* noch verdeutlicht werden kann):

(21) a. Die dort stehen, bekommen keine Karten mehr.[14]
b. Wer (auch immer) rastet, rostet.

---

[14] Durch d-Relativa eingeleitete freie Relativsätze gelten jedoch im heutigen Deutschen als eher archaisierend oder umgangssprachlich, vgl. Zifonun et al. (1997: 2274 f.). Lehmann sieht den Unterschied zwischen *der* und *wer* bei freien Relativsätzen dagegen eher in definiter vs. indefiniter Referenz (s. dazu genauer Lehmann 1984: 315 ff.).

Von den Adverbien sind im heutigen Deutschen mit wenigen Ausnahmen (z. B. *da*) nur noch w-Adverbien als Relativa in Gebrauch. Ein Konkurrenzverhältnis besteht zwischen Pronominaladverbien und den Verbindungen aus Präpositionen und d-Relativpronomen. Ein Pronominaladverb ist nur bei Bezug auf unbelebte Größen möglich, wobei auch in diesem Fall häufig der Anschluss mit Präposition und Relativpronomen gewählt wird. Andererseits wird das Pronominaladverb bevorzugt, wenn das Bezugswort *das* ist:

(22) a. Die Frau, auf die / *worauf er wartet ...
 b. Die Antwort, auf die / ?worauf er wartet, ...
 c. Das, wonach / ??nach was er sucht, ...

7. Relativpartikeln

Relativpartikeln haben eine rein subordinierende Funktion und übernehmen im Gegensatz zu anderen Relativa keine syntaktische Funktion in dem Relativsatz, den sie einleiten. Im heutigen Deutschen tritt *wo* als Relativpartikel auf, wobei die Verwendung der Relativpartikel stilistisch und regional stark beschränkt ist. Eisenberg (2004: 277) spricht von „nichtflektierbarem Relativpronomen", das „nicht nur bei lokalen, sondern auch bei anderen Inhaltsbeziehungen" auftreten könne. Er erwähnt die folgenden Beispiele, von denen er nur die ersten beiden als grammatisch gelten lässt:

(23) a. ein Vorschlag, wo man nicht weiß, was aus ihm folgt
 b. eine Ehe, wo immer Krach ist
 c. *die Aufsätze, wo Hans korrigiert hat

Nur die Verwendung für *wo*, das die Funktion eines lokalen oder temporalen Adverbials im Relativsatz vertritt, kann als standardsprachlich gelten. *Wo* ist in diesen Verwendungen Relativadverb. Tritt *wo* dagegen anstelle eines Relativpronomens auf, so liegt eine Relativpartikel vor, wobei die Übergänge zum Relativadverb durchaus fließend sind. Redder (1990: 153) spricht von einer „Neutralisierungsform mit Blick auf Genus, Numerus und Kasus".[15]

---

[15] Das Gegenstück zu *wo* bei d-Relativa *da* tritt heute nur noch in Verbindung mit temporalen Bezugsausdrücken auf (s. Redder 1990: 144 ff. zu *da* als Relativum).

Wo als Relativpartikel ist vorwiegend auf Dialekte beschränkt, die eher im südlichen Bereich des deutschen Sprachgebiets anzusiedeln sind. Relativpartikeln können vorwiegend anstelle eines Relativpronomens in der Funktion eines Subjekts oder Akkusativobjekts verwendet werden.[16] Dies ist in den Gebieten möglich, in denen eine Relativpartikel zusätzlich auftreten kann *(die Frau, die wo ...)*, so dass man von einer Tilgung des Relativpronomens in den folgenden Sätzen ausgehen kann:

(24) a. Ich war die einzige, **wo** was fürs Land übrigg'habt hat.
 b. Die Spieler, **wo** mer bei den Kickers zum Beispiel haben, aus diesem gesamten Spielermaterial wär eine sehr gute Mannschaft zu formen.

Die Relativpartikel *wo* kann auch anstelle eines Präpositionalobjekts auftreten, meist tritt jedoch noch ein separates Pronominaladverb in unterstützender Funktion hinzu.

(25) a. Ich hab a'mol aan reiwischen lassen, **wo** i gewußt hab, also, na ja, er ist halt aa e' junger Kerl, war halt aa scho iber zwölfe.
 b. das nämlich ein – ein Gebiet, **wo** man sich stundenlang **drüber** unterhalten könnte, nicht?

Pronominaladverbien können auch aufgesplittet werden, wobei dies eher in norddeutschen Varietäten zu finden ist:[17]

(26) alles so alte Tänze (mhmh), **wo** wir .. nicht mehr **mit** fertig werden konnten.

Das Duden-Universalwörterbuch (2001, Lexikoneintrag zu *wo*) spricht in diesen Fällen von *wo* als „Teil eines Pronominaladverbs in getrennter Stellung", Fleischer (2002) von einer Spaltungskonstruktion. Unter diesem Gesichtspunkt kann das einleitende *wo* nicht als Relativpartikel gelten.[18]

---

[16] Eine Korpusstudie zur Verwendung von *wo* als Relativpartikel in geschriebener und gesprochener Sprache findet sich bei Pittner (2004). S. dort für die genauen Fundstellen dieses Abschnitts, die aus dem Pfeffer-Korpus stammen.
[17] Eine genaue Untersuchung zur regionalen Verteilung dieser Konstruktion findet sich bei Fleischer (2002).
[18] Zu einer anderen Analyse s. Oppenrieder (1991), der von einer Tilgung des pronominalen Teils eines Pronominaladverbs ausgeht, die möglich ist, wenn der pronominale Teil vorher im Satz erscheint.

8. Sprachvergleichende Aspekte

Von den Ergebnissen der sehr umfang- und detailreichen Studien zu Relativsätzen unter sprachvergleichenden Aspekten, vor allem von Lehmann (1984), aber auch von Zifonun (2001) zum Vergleich der Relativsätze im Deutschen mit anderen europäischen Sprachen, können hier nur einige wenige Punkte kurz angesprochen werden. Zum Vergleich herangezogen werden sollen vor allem das Englische, als eine dem Deutschen nah verwandte Sprache, und das Arabische als Beispiel aus einer anderen Sprachfamilie.

Sprachen können sich darin unterscheiden, ob sie über finite oder infinite Relativsyntagmen verfügen, ob und wie die Subordination der Relativsätze angezeigt wird, ob Relativsätze ihrem Bezugselement voran- oder nachgestellt sind, ob sie in Relativsätzen Lückenbildung oder ein zusätzliches resumptives Pronomen zulassen und ob sie neben restriktiven Relativsätzen auch appositive aufweisen. Das Deutsche geht konform mit der Mehrzahl der europäischen Sprachen, indem es über nachgestellte, eingeleitete Relativsätze verfügt (Zifonun 2001: 26).

Aus sprachvergleichender Perspektive kann das Relativpronomen als Prototypenkonzept aufgefasst werden (Lehmann 1984, Zifonun 2001). Relativpronomina kommt neben ihrer subordinierenden Funktion auch mindestens eine der beiden Funktionen zu, eine Leerstelle im Relativsatz zu füllen oder einen Bezug zu einem Element im übergeordneten Satz, z. B. durch Genus- oder Numeruskongruenz, herzustellen (attribuierende Funktion). Im prototypischen Fall erfüllt ein Relativpronomen alle drei Funktionen. Lediglich subordinierende Funktion haben Relativpartikeln.

Die europäischen Sprachen unterscheiden sich darin, ob sie Relativpartikeln oder Relativpronomina aufweisen. Relativpartikeln werden in den skandinavischen Sprachen und im Neugriechischen als ausschließliches bzw. dominantes Mittel zur Relativsatzbildung eingesetzt, im Englischen und romanischen Sprachen dagegen als sekundäres Mittel (Zifonun 2001: 29). Eine Relativpartikel kommt im Standarddeutschen nicht vor (s. den vorigen Abschnitt). Das Englische dagegen verfügt auch in seinen Standardvarietäten über eine Relativpartikel, nämlich *that,* die unabhängig von der Funktion des Relativums eingesetzt werden kann. Ein Kennzeichen von Relativpartikeln kann darin gesehen werden, dass sie nicht im Rektionsbereich einer Präposition auftreten können (z. B. **for that*). In Relativsätzen mit *that* treten „gestrandete" Präpositionen auf: *the man (that) she was waiting for* oder *for whom she was waiting*, aber nicht **for that she was waiting*.

Das Englische lässt im Gegensatz zum heutigen Deutsch auch Relativsätze ohne Relativum zu

(27) The man I met was very friendly.

Dies ist allerdings ausgeschlossen, wenn im Relativsatz das Subjekt fehlen würde, vermutlich aus Gründen der Sprachverarbeitung:

(28) *The man likes the girl will come tomorrow.

In Sätzen mit Relativpartikeln kann Lückenbildung zugelassen sein, wie etwa im Englischen. Eine andere Möglichkeit besteht darin, dass zusätzlich zu einer Relativ**partikel** ein resumptives Pronomen im Relativsatz auftritt, das die Leerstelle füllt, wie in romanischen Sprachen, vgl. dazu das folgende Beispiel aus dem Italienischen:

(29) Tu ha un' altra cosa che non la ho io.
 Du hast eine andere Sache RELPART NEG sie habe ich
 ‚Du hast etwas, was ich nicht habe.' (vgl. Lehmann 1995: 1209)

Das Relativ**pronomen** ist dagegen in den europäischen Sprachen stets leerstellenfüllend. Nur einige romanische Sprachen lassen zusätzlich ein resumptives Pronomen zu, wobei dies nur im Rumänischen standardsprachlich ist (Zifonun 2001: 39 f.). Rein attribuierende Relativpronomina, die nicht leerstellenfüllend sind, finden sich z. B. im klassischen Arabisch (Zifonun 2001: 28).

Sprachen unterscheiden sich auch darin, welche Art von Relativadverbien sie aufweisen.

Wie das Deutsche verfügt auch das Englische über Relativadverbien zur Bezeichnung lokaler *(where)*, temporaler *(when)* und kausaler *(why)* Relationen. Anders als im Deutschen kann jedoch die Art und Weise nicht durch ein Relativadverb ausgedrückt werden (*the manner how ...). Es ist daher fraglich, ob die bei Zifonun (2001: 29) zu findende Hierarchie zum Auftreten von Relativadverbien, Ort > Zeit > Art und Weise > Grund > andere generell gilt.

Ein weiterer Unterschied bei der Relativsatzbildung liegt in der Zugänglichkeit bestimmter syntaktischer Funktionen für Relativierung. Dabei wird von einer Hierarchie für Satzgliedfunktionen und adnominale Funktionen ausgegangen, die auf Keenan / Comrie (1977) zurückgeht und hier in der Fassung von Zifonun (2001: 41) wiedergegeben wird:

(30) a. Hierarchie für Satzgliedfunktionen:
Subjekt > DO > IO (temporales Komplement, lokales Komplement) > andere Komplemente > Supplemente
b. Hierarchie für adnominale Funktionen:
Genitivattribut > Komplement in adadjektivischen Vergleichskonstruktionen > präpositionales Attribut

Es handelt sich dabei um implikative Hierarchien: Wenn eine Sprache eine bestimmte Funktion relativieren kann, kann sie auch alle hierarchiehöheren Funktionen links davon relativieren. Die europäischen Sprachen können jeweils relativ weit nach rechts relativieren. Extreme wie eine Beschränkung auf das Subjekt wie im Madegassischen oder Subjekt und direktes Objekt wie im Grönländischen treten fast nicht auf. Lediglich das Baskische relativiert nur bis zum indirekten Objekt, die übrigen europäischen Sprachen können alle Satzgliedfunktionen relativieren.

Dagegen sind die adnominalen Funktionen in europäischen Sprachen nur eingeschränkt relativierbar. Das Komplement in Vergleichskonstruktionen ist im Deutschen wie auch in einer Reihe anderer europäischer Sprachen nicht relativierbar:[19]

(31) *die Frau, wie die sie größer ist

Das Englische dagegen lässt wie das Polnische, Neugriechische und Ungarische diese Relativierung zu:

(32) the woman (who) I am taller than

Zifonun (2001: 43) bringt das damit in Verbindung, dass *than* sich wie eine Präposition verhält, da es einen Kasus regiert *(taller than me)* und „gestrandet" auftreten kann, wie (32) zeigt.

Bezüglich der freien Relativsätze unterscheiden sich Sprachen darin, inwieweit das Relativum die syntaktische Funktion des fehlenden Bezugselements im übergeordneten Satz repräsentieren muss. Sprachen können in der Hinsicht gar keine Restriktionen haben oder Übereinstimmung der Funktionen verlangen, wobei es meistens auf eine Übereinstimmung der konkreten Form ankommt. Ein Mittel-

---

[19] Zu weiteren Einschränkungen der Relativierbarkeit im Deutschen s. Zifonun (2001: 84 ff.).

weg ist der, dass die Formen nur in Übereinstimmung mit einer Kasushierarchie abweichen können (s. Abschnitt 3.3.). Da das Englische im Gegensatz zum Deutschen nur noch über sehr rudimentäre Kasusformen bei Pronomina verfügt und bei den w-Pronomina nur zwischen Person *(who)* und Nicht-Person *(what)* unterscheidet, ist fast immer Übereinstimmung der Funktionen gegeben. Lediglich bei durch Präpositionen eingeleiteten freien Relativsätzen können Probleme entstehen, die jedoch wiederum durch Stranden der Präposition vermieden werden können:

(33) a. *On whatever mattress I sleep gives me a terrible back ache.
 b. Whatever mattress I sleep on gives me a terrible back ache.

Wie das Deutsche setzt auch das Englische für die Bildung von freien Relativsätzen Pronomina der w-Reihe ein. Beide Sprachen entsprechen damit der Generalisierung, dass eine Sprache, wenn sie über definite und indefinite Relativa verfügt, für freie Relativsätze die indefiniten Relativa einsetzt. Die Pronominaladverbien, die im Deutschen und anderen germanischen Sprachen als Relativa gebräuchlich sind, sind im Englischen kaum in Gebrauch und wirken sehr formell oder archaisierend, wie z.B. *whereupon, whereafter, wherefore, wherewith* (Zifonun 2001: 32).

In den meisten Sprachen stimmen die Relativa für freie Relativsätze, die nicht Personen bezeichnen, und die Relativa für prädikats- und satzbezogene Relativsätze überein. Englisch ist hier jedoch eine Ausnahme, da *what* nur in freien Relativsätzen, *which* nur in appositiven Relativsätzen mit Prädikats- und Satzbezug auftritt.

Wie das Englische verfügt auch das Arabische über nachgestellte eingeleitete und uneingeleitete Relativsätze, wobei hier das Bezugsnomen entscheidend ist: Handelt es sich um ein determiniertes Bezugsnomen, so ist der Relativsatz stets eingeleitet. Das Relativum leistet die Anbindung des Relativsatzes an das Bezugsnomen, mit dem es in Genus und Numerus kongruiert. Eissenhauer (1999: 139 f.) sieht seine Funktion darin, das determinierte Bezugsnomen, dessen Referent bereits etabliert ist, für eine weitere sprachliche Prozessierung zugänglich zu machen, was bei indefiniten Bezugsnomina nicht erforderlich sei. Hier zeigt sich eine Parallele zu Adjektivattributen, die ebenfalls postnominal auftreten und bei determinierten Bezugsnomina durch den Artikel *al* eingeleitet werden, der auch der erste Bestandteil der arabischen Relativa ist.

Interessant ist, dass das Relativum im Arabischen in seinen Dualformen auch Kasusmarkierungen aufweist, die jedoch mit dem Bezugswort übereinstimmen. Der Kasus erfüllt hier also nicht die Funktion, die syntaktische Verarbeitung des Relativums im Relativsatz zu ermöglichen, sondern erfüllt eine rein attribuierende Funktion.

Dem Relativum kommt im Arabischen keine syntaktische Funktion innerhalb des Relativsatzes zu, d.h. es füllt keine Leerstelle. Diese kann von einem zusätzlichen Resumptivum gefüllt werden, das immer dann auftritt, wenn die Leerstelle nicht die Subjektsfunktion betrifft, da das Arabische als Pro-drop-Sprache das Subjekt durch eine ausgeprägte Verbmorphologie identifizierbar macht.

In dem folgenden Beispiel liegt ein uneingeleiteter Relativsatz mit dem klitisierten Resumptivum *(hu)* vor (nach Eissenhauer 1999: 147):

(34) wa-ʾasbaha   ʾd-dīnār-u   ʾl-kuwaitīy-u
     Und-wird.M.SG.PRF   DET-Dinar-NOM   DET-kuwaitisch-NOM

     waraq-a-n   tadrū-hu
     Papier-AKK-IND   davontrag.3.SG.F.PRF-A.M.SG

     ʾr-riyāh-u
     DET-Wind-NOM

‚Der kuwaitische Dinar wurde zu Papier, das der Wind davonträgt.'

Freie Relativsätze können im Arabischen gebildet werden, indem das Bezugsnomen weggelassen wird (definite Bedeutung). Wird statt eines Relativums ein Interrogativum eingesetzt, entsteht ein freier Relativsatz mit indefiniter Bedeutung. Wie auch in attributiven Relativsätzen tritt in freien Relativsätzen ein Resumptivum auf (Lehmann 1984: 99).

Die Funktionen, die das Relativum im Deutschen erfüllt, sind im Arabischen also auf zwei Elemente verteilt, ein Relativum, das die Attribuierung bewirkt, sowie ein Resumptivum, das die syntaktische Funktion innerhalb des Relativsatzes erfüllt.

Die Formen des Relativums im Arabischen setzen sich zusammen aus einem Element, das dem Artikel entspricht *(al)*, einem ehemaligen Demonstrativum *(li* bzw. *la)* und einem Demonstrativum *da* oder *du*, dessen Formen im modernen Standardarabisch isoliert vorkommen. Eissenhauer (1999: 167) geht davon aus, dass *du* zunächst einen deiktischen Verweis ausdrückte, der „durch Funktionalisierung zur Attribution von Relativsätzen an determinierte Nomen und durch eine damit verbundene Routinisierung eine Verschiebung innerhalb der sprachlichen Felder hin zum operativen Feld erfahren hat". Eine ähnliche „Feldtransposition" wird auch für die Entwicklung der Relativa im Deutschen angenommen, die im nächsten Abschnitt skizziert werden soll.

9. Historische Aspekte

Wie schon erwähnt, sind d-Relativa im Deutschen aus der Objektdeixis (d.h. der traditionellen Wortart der Demonstrativpronomina) entstanden. In der von Bühler (1934) entwickelten und von Ehlich (1986) weiterentwickelten Theorie der sprachlichen Felder sind sie damit vom Zeigfeld in das operative Feld übergegangen, welches Elemente umfasst, die der Sprachverarbeitung dienen. Sie können, soweit sie noch deiktische Anteile haben, als paraoperativ gelten.

Ihre Entstehung kann darauf zurückgeführt werden, dass diese Pronomina ursprünglich vorausweisende Funktion hatten und auf einen uneingeleiteten Relativsatz (sog. „asyndetischer" Relativsatz) verweisen konnten, wie er in früheren Sprachstufen des Deutschen möglich war. Im heutigen Deutschen ist dies dagegen – im Gegensatz etwa zum Englischen – nicht mehr möglich.

(35) Er spráh   zi   then   [___   es   rúahtun]
     er sprach zu   denen   es   wollten
     ‚er sprach zu denen, die es wollten'
                        (Otfrid I, 23,35, zit. n. Behaghel 1928: 761)

Man kann vermuten, dass uneingeleitete Relativsätze deswegen möglich waren, weil Subjektspronomina im Althochdeutschen noch weggelassen werden konnten, Althochdeutsch also eine Pro-drop-Sprache war.

Demonstrativpronomina konnten ursprünglich nach ihrem Bezugsnomen auftreten und in dieser Position ihre vorausweisende Funktion erfüllen. Als diese Pronomina durch Grammatikalisierung zu Artikeln und somit vorangestellt wurden, mussten sie nach ihrem Bezugsnomen wiederholt werden, um ihre kataphorische Funktion ausüben zu können. In dieser Verdopplung des Pronomens kann ein Ausgangspunkt für die Entwicklung der Relativa gesehen werden

(Maurer 1880). Auch Erdmann zufolge sind Relativa als „ursprünglich demonstrative Bestimmungen des Hauptsatzes aufzufassen, welche für den Nebensatz, der sich an sie anschloss, allmählich die rein formale Einleitung wurden, mit ihm als solche verwuchsen und sich dann auch seiner Construction unterwarfen" (1874: 50).

Für die Entstehung der d-Relativa aus Elementen im übergeordneten Satz mit katadeiktischer Funktion spricht auch die so genannte ‚Attraktion' der Relativpronomina, die in früheren Sprachstufen des Deutschen zu finden ist. Attraktion liegt vor, wenn sich ein Relativum im Kasus nach den Rektionsverhältnissen im übergeordneten Satz richtet und nicht, wie es im heutigen Deutsch durchwegs üblich ist, nach den Kasuserfordernissen des Relativsatzes. Dies lässt sich am besten damit erklären, dass das fragliche Pronomen noch als ein Teil des übergeordneten Satzes aufgefasst wurde. Die Attraktion, die im Althochdeutschen und auch noch im Mittelhochdeutschen auftrat, liefert somit einen weiteren Hinweis darauf, dass diese Pronomina ursprünglich zum übergeordneten Satz gehörten. Bei der Attraktion lässt sich die Wirksamkeit der im Zusammenhang mit den freien Relativsätzen formulieren Kasushierarchie beobachten. Ein unmarkierter Kasus kann zugunsten eines markierteren Kasus unrealisiert bleiben (vgl. Pittner 1996a: 121 f.):

(36) GEN anstelle von NOM:
  a. daz er [...] alles **des**   verplac **des**   im   ze schaden
     dass er [...] alles dessen   ließ   dessen ihm   zu Schaden
     mohte   komen
     mochte kommen
     ‚dass er alles das vermied, was ihm schaden konnte'
              (Iwein 5338, zit. n. Behaghel 1928: 756)

  DAT anstelle von NOM:
  b. thaz íz liuhte   **allen then**   in húse   sint
     dass es scheine allen denen   im Haus   sind
     ‚damit es allen leuchte, die im Haus sind'
              (Tatian 25,2, zit. n. Behaghel 1928: 756)

  GEN anstelle von AKK:
  c. **alles des**   ich ie gesach
     alles dessen   ich je sah
     ‚alles, was ich jemals sah'
              (Nib. 1698,1, zit. n. Behaghel 1928: 756)

AKK anstelle von NOM:
d. unde ne wolden níet besên **den mort den** dô
 was geschên
 und nicht wollten nicht sehen den Mord den da
 war geschehen
 ‚und sie wollten den Mord, der geschehen war, nicht sehen'
      (Alex. 3228, zit. n. Grimm 1866: 319)

Ähnlich wie bei der Entwicklung der Konjunktion *dass*, die sich auch aus katadeiktischer Objektdeixis, d.h. einem vorausweisenden Demonstrativpronomen, entwickelt hat, lässt sich die Entstehung des Relativums durch eine Verschiebung der Satzgrenze erklären. Zur Reanalyse des Pronomens als Teil des Relativsatzes haben verschiedene Faktoren beigetragen. Zum einen verschwand die pro-drop-Eigenschaft des Althochdeutschen in der weiteren Entwicklung des Deutschen, so dass ein Subjektspronomen im Relativsatz realisiert werden musste.[20] Zum anderen konnten die Relativsätze in enger Beziehung gesehen werden zu Satzreihungen mit einem satzinitialen Demonstrativpronomen, das zweifelsfrei als Teil des zweiten Satzes zu erkennen war (Lehmann 1995: 1208). Ein dritter Faktor kann darin gesehen werden, dass die Verb-Endstellung, die in Relativsätzen vorliegt, zunehmend von der Präsenz eines satzeinleitenden Elements abhängig wurde (vgl. Pittner 1996a).

Die Entstehung der w-Relativa wird aus Konstruktionen mit verallgemeinerndem Charakter erklärt: Aus Verbindungen wie *so wer so* (sinngemäß etwa ‚so einer wie') wurde das zweite Adverb getilgt und das erste verschmolz im Mittelhochdeutschen mit dem Pronomen (z.B. *swer*), bis auch dieser Anlaut schließlich getilgt wurde und das Relativum auf diese Weise in seiner Form wieder dem Interrogativum entsprach. Ähnlich wie bei den d-Relativa gehörte auch hier das heutige Relativum ursprünglich dem übergeordneten Satz an (Paul 1920: 199).

Die heute gültigen Regeln für die Verteilung von w- und d-Relativa haben sich erst ziemlich spät herausgebildet. Bis ins 18. Jh. wurde nach den Pronomina *das(jenige), etwas, nichts, alles* überwiegend *das* verwendet. Bei Satzrelativsätzen konnten lange d-Relativa verwendet werden, was heute kaum noch möglich ist (Paul 1920:

---

[20] So schon Maurer (1880) in etwas anderer Terminologie. Für das Fehlen eines Objektspronomens kann von einer Analogie zum Subjektspronomen ausgegangen werden, vgl. Pittner (1996a).

207). Auch die d-Adverbien wie *da* sind heute fast ganz durch w-Adverbien (z. B. *wo*) verdrängt.

10. Literatur

Bærentzen, P. (1995) Zum Gebrauch der Pronominalformen *deren* und *derer* im heutigen Deutsch. In: Beiträge zur Geschichte der deutschen Sprache und Literatur 117, 199–217

Bausewein, K. (1991) Haben kopflose Relativsätze tatsächlich keine Köpfe? In: Fanselow, G. / Felix, S. (Hg.) (1991) Strukturen und Merkmale syntaktischer Kategorien. Tübingen: Narr, 144–158

Behaghel, O. (1923–1932) Deutsche Syntax. Eine geschichtliche Darstellung. 4 Bde. Heidelberg: Winter

Brandt, M. (1990) Weiterführende Nebensätze. Zu ihrer Syntax, Semantik und Pragmatik. Stockholm: Almqvist und Wiksell [Lunder germanistische Forschungen 57]

Bühler, K. (1999) Sprachtheorie. Die Darstellungsfunktion der Sprache. Erstausgabe 1934. Stuttgart: Lucius & Lucius [utb]

Canisius, P. (1994) Relativpronomina, Personalpronomina, Kongruenz. In: Canisius, P. / Herbermann, C.-P. / Tschauder, G. (Hg.) (1994) Text und Grammatik. Festschrift für Roland Harweg zum 60. Geburtstag. Bochum: Brockmeyer, 133–160

d'Avis, F. (2002) Vor dem Vorfeld: links außen oder links draußen? Vortrag auf der 24. Jahrestagung der DGfS in Mannheim im Februar 2002

Duden (2005^7) Die Grammatik. Mannheim: Bibliographisches Institut

Duden (2001) Deutsches Universalwörterbuch. Mannheim / Leipzig / Wien / Zürich: Dudenverlag (CD-ROM)

Duden (1998) Grammatik der deutschen Sprache. 6., neu bearb. Aufl. Mannheim [u. a.]: Dudenverlag

Ehlich, K. (1986) Interjektionen. Tübingen: Niemeyer

Eisenberg, P. (1989) Grundriß der deutschen Grammatik. 2., überarb. u. erw. Aufl. Stuttgart [u. a.]: Metzler

Eisenberg, P. (2004) Grundriss der deutschen Grammatik. Bd. 2: Der Satz. 2., überarb. u. aktual. Aufl. Stuttgart [u. a.]: Metzler

Eissenhauer, S. (1999) Relativsätze im Vergleich: Deutsch–Arabisch. Münster: Waxmann

Engel, U. (2004) Deutsche Grammatik. Neuauflage. Heidelberg: Groos

Erdmann, O. (1874) Untersuchungen über die Syntax der Sprache Otfrids. Halle

Fabb, N. (1990) The difference between English restrictive and nonrestrictive clauses. In: Journal of Linguistics 26, 57–78

Fleischer, J. (2002) Die Syntax von Pronominaladverbien in den Dialekten des Deutschen. Zeitschrift für Germanistische Linguistik, Beiheft 123

Freund, F. (1989) Ich, der ich ... / Ich, der ... – Bemerkungen zu einer altbekannten Variation in Relativsätzen. In: Buscha, J. / Schröder, J. (Hg.)

(1989) Linguistische und didaktische Grammatik. Beiträge zu Deutsch als Fremdsprache. Leipzig: Enzyklopädie, 128–136
Gärtner, H.-M. (1998) Does German have V2 relative clauses? In: Sprache und Pragmatik 48, 1–40
Grimm, J. (1866) Über einige Fälle der Attraction. In: Grimm, J. (1866) Kleinere Schriften III. Abhandlungen zur Literatur und Grammatik. Berlin: Dümmler, 312–348
Groos, A./van Riemsdijk, H. (1981) Matching effects in free relatives: A parameter of core grammar. In: Belletti, A./Brandi, L. R. (Hg.) (1981) Theory of Markedness in Generative Grammar. Pisa: Scuola normale superiore, 171–216
Heidolph, K. E. et al. (1981) Grundzüge einer deutschen Grammatik. Von einem Autorenkollektiv unter der Leitung von K. E. Heidolph, W. Flämig und W. Motsch. Berlin: Akademie Verlag
Helbig, G./Buscha, J. (2004) Deutsche Grammatik. Ein Handbuch für den Ausländerunterricht. München: Langenscheidt
Holler-Feldhaus, A. (2003) Zur Grammatik der weiterführenden w-Relativsätze. In: Zeitschrift für germanistische Linguistik 31, 78–98
Keenan, E. L./Comrie, B. (1977): Noun phrase accessibility and universal grammar. In: Linguistic Inquiry, 63–99
Lefèvre, M. (1996) Die adverbialen Proformen *so, da, wo* im späten Frühneuhochdeutschen. In: Pérennec, M.-H. (Hg.) Pro-Formen des Deutschen. Tübingen: Stauffenburg, 63–74
Lehmann, C. (1984) Der Relativsatz. Typologie seiner Strukturen. Theorie seiner Funktionen. Kompendium seiner Grammatik. Tübingen: Narr
Lehmann, C. (1995) Relativsätze. In: Jacobs, J./Vennemann, T. et al. (Hg.) (1995) Syntax. Ein internationales Handbuch zeitgenössischer Forschung. 2. Halbbd. Berlin/New York: de Gruyter, 1199–1216
Leirbukt, O. (1995) Über Setzung und Nichtsetzung des Korrelats bei Relativsätzen mit *wer* im heutigen Deutsch. In: Popp, H. (Hg.) (1995) Deutsch als Fremdsprache. An den Quellen eines Faches. München: Iudicium, 151–163
Lühr, R. (1991) Die deutsche Determinansphrase aus historischer Sicht. In: Beiträge zur Geschichte der deutschen Sprache und Literatur 113, 195–211
Lühr, R. (1998) Verallgemeinernde Relativsätze im Althochdeutschen. In: Donhauser, K./Eichinger, L. M. (Hg.) (1998) Deutsche Grammatik: Thema in Variationen; Festschrift für Hans-Werner Eroms zum 60. Geburtstag. Heidelberg: Winter, 263–281
Maurer, A. (1880) Die Wiederholung als Princip der Bildung von Relativsätzen im Althochdeutschen. Genf: Pfeffer
Oppenrieder, W. (1991) Preposition Stranding im Deutschen? Da will ich nichts von hören! In: Fanselow, G./Felix, S. (Hg.) (1991) Strukturen und Merkmale syntaktischer Kategorien. Tübingen: Narr, 159–173
Paul, H. (1920) Deutsche Grammatik. Bd. 4: Syntax. Halle: Niemeyer
Paul, H. (1998) Mittelhochdeutsche Grammatik. 24. Aufl., überarb. v. Wiehl, P. u. Grosse, S. Tübingen: Niemeyer

Pittner, K. (1991) Freie Relativsätze und die Kasushierarchie. In: Feldbusch, E. / Pogarell, R. / Weiß, C. (Hg.) (1991) Neue Fragen der Linguistik. Akten des 25. Linguistischen Kolloquiums, Paderborn 1990. Bd. 1. Tübingen: Niemeyer, 341–347

Pittner, K. (1995) Regeln zur Bildung von freien Relativsätzen. Deutsch als Fremdsprache 32 / 4, 195–200

Pittner, K. (1996a) Attraktion, Tilgung und Verbposition. Zur diachronen und dialektalen Variation beim Relativpronomen im Deutschen. In: Brandner, E. / Ferraresi, G. (Hg.) (1996) Language Change and Generative Grammar. Sonderheft Linguistische Berichte 1995 / 96, 120–153

Pittner, K. (1996b) Zur morphologischen Defektivität des Pronomens *wer*. Deutsch als Fremdsprache 33 / 2, 73–77

Pittner, K. (1998) Genus, Sexus und das Pronomen *wer*. In: Pittner, R. J. / Pittner, K. (Hg.) (1998) Beiträge zu Sprache und Sprachen 2. Vorträge der 5. Münchner Linguistik-Tage 1995. München: Lincom Europa, 153–162

Pittner, K. (1999) Adverbiale im Deutschen. Untersuchungen zu ihrer Stellung und Interpretation. Tübingen: Stauffenburg

Pittner, K. (2003) Kasuskonflikte bei freien Relativsätzen – eine Korpusstudie. In: Deutsche Sprache 31 / 3, 193–208

Pittner, K. (2004) *Wo* in Relativsätzen – eine korpusbasierte Untersuchung. Zeitschrift für Germanistische Linguistik 32, 357–375

Redder, A. (1990) Grammatiktheorie und sprachliches Handeln: „denn" und „da". Tübingen: Niemeyer

Schaffranietz, B. (1997) Zur Unterscheidung und Funktion von restriktiven und appositiven Relativsätzen im Deutschen. In: Linguistische Berichte 169, 181–195

Vogel, R. (2003) Surface Matters. Case Conflict in Free Relative Constructions and Case Theory. In: Brandner, E. / Zinsmeister, H. (Hg.) (2003) New Perspectives on Case Theory. Stanford: CSLI publications, 269–299

Weinrich, H. (2005) Textgrammatik der deutschen Sprache. 2. Aufl. Mannheim: Dudenverlag

Zaefferer, D. (1987) Satztypen, Satzarten, Satzmodi – Was Konditionale (auch) mit Interrogativen zu tun haben. In: Meibauer, J. (Hg.) (1987) Satzmodus zwischen Grammatik und Pragmatik. Tübingen: Niemeyer, 259–285

Zifonun, G. (2001) Grammatik des Deutschen im europäischen Vergleich: Der Relativsatz. Amades: Arbeitspapiere und Materialien zur deutschen Sprache 3 / 2001. Mannheim: Institut für Deutsche Sprache

Zifonun, G. / Strecker, B. / Hoffmann, L. (1997) Grammatik der deutschen Sprache. 3 Bde. Berlin / New York: de Gruyter

Karin Pittner (Bochum)

C22 Subjunktor

1. Wortartbezeichnung
2. Kurzdefinition – Beispiele – Abgrenzung
3. Der Subjunktor im Deutschen
3.1. Forschungsgeschichte
3.2. Systematische Darstellung
3.2.1. Formale Untergliederung
3.2.2. Funktionale Aspekte: Allgemeines
3.2.3. Ereignispräzisierende oder -ergänzende Subjunktoren: *indem; dadurch (...), dass; ohne dass; ohne (...) zu; wobei*
3.2.4. Vergleichssubjunktoren: *wie wenn, als wenn, als (ob); wie, als*
3.2.5. Temporale Subjunktoren: *wenn, als, wie, kaum dass, nachdem, bevor, ehe, während, seit(dem), bis, sobald, solange, sooft*
3.2.6. Konditionale Subjunktoren: *wenn, falls, sofern, so, wofern*
3.2.7. Kausale Subjunktoren: *alldieweil, da, weil, wo, wo (...) doch, zumal (da)*
3.2.8. Finale Subjunktoren: *damit, dass, auf dass; um (...) zu*
3.2.9. Konzessive Subjunktoren: *obgleich, obschon, obwohl, obzwar, trotzdem, wenn (...) auch, wenngleich, wiewohl*
3.2.10. Konsekutive Subjunktoren: *sodass / so dass; dass, als dass, um (...) zu*
3.2.11. Restkategorien
4. Literatur

1. Wortartbezeichnung

Verbreitete Alternativbezeichnungen sind: *Subjunktion, unterordnende / subordinierende Konjunktion, unterordnendes Bindewort*, seltener: *der Komplementierer* (< Engl. *Complementizer*).

2. Kurzdefinition – Beispiele – Abgrenzung

> a. Subjunktoren sind (im Deutschen) unflektierbare Wörter;
> b. sie verbinden sich mit Sätzen, die formal (im Deutschen durch die Endstellung des finiten Verbs) als unselbständig markiert sind, und
> c. dienen dazu, diese als untergeordnete Teile in komplexere Einheiten einzubinden;
> d. der Subjunktor steht dabei (im Deutschen) obligatorisch am Anfang des untergeordneten Satzes und
> e. hat in diesem keine eigene syntaktische Funktion (etwa als Satzglied oder Satzgliedteil).

Nach dieser Definition hat das Deutsche folgende Subjunktoren (alphabetisch geordnet):

> *als; bevor; bis; da; dass; dam<u>i</u>t; ehe; falls; gleichw<u>o</u>hl; ind<u>e</u>m; ind<u>e</u>s(sen); insof<u>e</u>rn; insow<u>ei</u>t; nachd<u>e</u>m; nun; ob; obgl<u>ei</u>ch; obsch<u>o</u>n; obw<u>o</u>hl; obzw<u>a</u>r; seit(d<u>e</u>m); so; sob<u>a</u>ld; sod<u>a</u>ss; sof<u>e</u>rn; solang(e); so<u>o</u>ft; sos<u>e</u>hr; sov<u>i</u>el; sow<u>ei</u>t; sow<u>i</u>e; trotzd<u>e</u>m; während; währenddessen; weil; wenn; wenngl<u>ei</u>ch; wennsch<u>o</u>n; wie; wiew<u>o</u>hl; wo; wof<u>e</u>rn; zum<u>a</u>l*

Beispiele (mit Einklammerung der untergeordneten Sätze):[1]

(1) [*Da* Hondo in Ascona lebt und mit einer Schweizer Lizenz startet,] unterliegt er der dortigen Sportgerichtsbarkeit.

(2) Die Leitung des Nachrichtenmagazins zog [, *nachdem* sie sich bereits entschuldigt hatte,] die Meldung auch offiziell zurück.

(3) Man muss sich fragen [, *ob* das nun auch wirklich stimmt].

(4) Man darf [, *falls* die milde Witterung anhält,] erwarten, [*dass* die offizielle Wiedereröffnung der Stromschifffahrt innerhalb 14 Tagen erfolgen wird].

Um die oben bestimmte *Kerngruppe* prototypischer Subjunktoren herum lagern sich kleinere *periphere(re) Gruppen*, deren Elemente im Allgemeinen zu den Subjunktoren gerechnet werden, obwohl sie nicht alle Merkmale der typischen Subjunktoren erfüllen (→ Abschn. 3.2.1.).

Die Eigenschaft, als Einleiteelemente in Sätzen mit Verbletztstellung zu dienen, teilen Subjunktoren mit Relativa (→ C19) und Interrogativa in indirekten Fragesätzen (→ C11, C19) sowie entsprechenden (Relativ- bzw. Frage-) Adverbien (→ C4). Als gemeinsamen Oberbegriff für solche unterordnenden Einleiteelemente findet man Ausdrücke wie *Subordinator, subordinierendes Element*. Pronomen wie Adverbien haben jedoch im Unterschied zu den Subjunktoren eine eigene syntaktische Funktion innerhalb des Satzes, in dem sie stehen (Kriterium (d)), und Pronomen sind außerdem flektierbar (Kriterium (a)).[2]

---

[1] Die im vorliegenden Artikel angeführten Beispiele sind zum großen Teil dem *Digitalen Wörterbuch der Deutschen Sprache* (URL: http://www.dwds.de/) entnommen und eventuell leicht geändert worden.

[2] Die Klassifikationen und Nomenklaturen sind in diesem ganzen Bereich nicht einheitlich. Die ältere grammatische Tradition verwendet den Ausdruck *Konjunktion* als Oberbegriff für Subjunktoren und Konjunktoren im oben definier-

Von Konjunktoren (→ C12) wie *und* und *oder* unterscheiden sich Subjunktoren syntaktisch durch ihre unterordnende Funktion (c) und die Tatsache, dass sie Endstellung des finiten Verbs verlangen und mit vereinzelten Ausnahmen nur Sätze anschließen (b). Gemeinsam haben diese beiden Wortarten andererseits, dass sie in syntaktischer Hinsicht der Satzverknüpfung dienen und dabei dem anzuknüpfenden (bei- bzw. unterzuordnenden) Satz ohne Satzglied(teil)funktion vorgeschaltet sind. Auf dieser Grundlage lassen sie sich unter einer eigenen Kategorie der *Junktoren* (,Verknüpfungswörter') subsumieren (so Zifonun et al. 1997: 60 ff.).

Die Junktoren werden – mit gewissen Ausnahmen (s. 3.2.2.) – wiederum oft als eine Subklasse der so genannten *Konnektoren* (oder *Konnektive*) beschrieben, zu denen auch Wörter wie *dann, deshalb, dennoch, also, freilich* gehören; vgl. Dudengrammatik (2005), Pasch u.a. (2003). Diese stehen zwar in semantischer Hinsicht den Junktoren nahe, dienen jedoch syntaktisch als adverbiale Satzglieder (vgl. Kriterium (d)) und können dementsprechend auch verschiedene Positionen im betreffenden Satz, darunter nicht zuletzt die Vorfeldposition einnehmen (Kriterium (e)); oder es handelt sich – wie bei *jedoch* – um Konnektivpartikeln (→ C13) im Sinne von Zifonun u.a. (1997).

(5) Wegen dieser Hetzereien war Herr E. entlassen worden. [*Dennoch*] klagte er vor dem Kaufmannsgericht auf Zahlung von 116 Mk. Gehalt.

(6) Torrey ist ebenso konventionell, wie Alexander individuell ist. Beiden merkt man [*dennoch*] die Routine in ihrer Beschäftigung an.

---

ten Sinne; diese werden dann jeweils als *unterordnende* und *bei-/nebenordnende Konjunktionen* differenziert (s. stellvertretend für viele Paul (1919/1958). Die Dudengrammatik (2005) unterscheidet zwischen *Subjunktion* (Subjunktor) und *Konjunktion* (Konjunktor) und führt den Terminus *Junktion* (Junktor) als Oberbegriff ein. Eine besonders differenzierte Systematisierung findet sich *Handbuch der deutschen Konnektoren* (Pasch u.a. 2003). Hier sei nur darauf hingewiesen, dass der Subjunktorbegriff dort enger gefasst wird als etwa bei Zifonun u.a. (1997) oder im vorliegenden Artikel, indem er *dass* und *ob* in deren typischem, in den Beispielen (3) und (4) veranschaulichtem Gebrauch ausschließt (vgl. Pasch u.a. 2003: 352 ff.). Die Klasse der Junktoren, so wie sie oben definiert wird, entspricht den *subordinierenden Konjunktionen* bzw. Konnektoren des Handbuchs, allerdings unter Ausschluss der so genannten Verbzweitsatz-Einbetter (s. 2.2.).

(7) Die Teilnahme an dem Marsch ist für alle Amateure offen. Schrittmacher sind gestattet, werden [*jedoch*] nicht vom Verein gestellt.

Von Präpositionen (→ C18) unterscheiden sich Subjunktoren dadurch, dass sie sich nicht mit Nominalphrasen, sondern mit Sätzen (oder satzförmigen Infinitivkonstruktionen, s. 3.2.1.) verbinden und deshalb auch keinen Kasus regieren.

Mehrere der eingangs als Subjunkoren kategorisierten Wörter sind *polyfunktional* (oder richtiger: *polykategorial*), d. h. ihren syntaktischen Funktionsmöglichkeiten nach mindestens einer weiteren Wortart zuzurechnen. Einschlägig sind dabei in erster Linie die Wortarten Adverb (→ C4) bzw. Konnektivpartikel (→ C13) und Präposition (→ C18). So stehen den Subjunktoren *da, damit, gleichwohl, indes(sen), insofern, insoweit, nun, seitdem, so, trotzdem, zumal* Adverbien bzw. Partikeln zur Seite, die sich formal höchstens im Wortakzent von ihnen unterscheiden, und *seit, bis* und *während* finden sich unter den Präpositionen wieder; vgl. die Satzpaare (8)–(9) und (10)–(11). Schwer kategorisierbar sind insbesondere *als* und *wie* (dazu → C3).

(8) [*Trotzdem* er unter den Damen eifrig Umschau hielt,] konnte er sie nirgends entdecken. (Subjunktor)
(9) Die Zeilen waren kaum leserlich, [*trotzdem*] blieb sein Blick an ihnen hängen. (Adverb)
(10) [*Seit* er umgezogen ist,] geht es ihm wieder gut. (Subjunktor)
(11) Ich warte jetzt schon [*seit* einer Stunde] auf ihn. (Präposition)

3. Der Subjunktor im Deutschen

3.1. Forschungsgeschichte

Subjunktoren („unterordnende Konjunktionen") werden in der Grammatiktradition meistens einerseits bei den (unflektierbaren) Wortarten, andererseits im Zusammenhang mit der Beschreibung so genannter *Satzgefüge* (d. h. aus über- und untergeordnetem Teilsatz bestehende komplexe Sätze) behandelt, wobei die syntaktisch-semantischen Funktionen der – traditionell als *Nebensätze* bezeichneten – untergeordneten Sätze und die sich daraus ergebende Einteilung der Subjunktoren im Mittelpunkt des Interesses stehen; s. z.B.

Behaghel (1928), Blatz (1896), Paul (1919), Dudengrammatik (2005), Engel (1991), Zifonun et al. (1997: 2235 ff.), Helbig (1982) und die von Boettcher (1972) und Boettcher/Sitta (1972) verfassten Monographien zum Thema Satzgefüge. Seltener wird die Relevanz der Subjunktoren (bzw. der Unterordnung allgemein) für die Textgestaltung direkt thematisiert: Dudengrammatik (2005), Lefèvre (2000), Lötscher (1988), Peyer (1997). Wichtige Einsichten in die Bedeutung und die Bedeutungsgeschichte der einzelnen Subjunktoren vermitteln natürlich auch die großen Wörterbücher des Deutschen wie Kluge/Seebold (2002), Paul u.a. (2002) und nicht zuletzt das Grimmsche Wörterbuch (1854–1954); s. auch Buscha (1989). Darüber hinaus liegt eine Reihe von Einzeluntersuchungen zu spezifischen Kategorien untergeordneter Sätze bzw. entsprechender Subjunktoren und zu einzelnen Subjunktoren vor: s. z.B. Sitta (1971), Zint-Dyhr (1981): Ergänzungssätze – *dass, ob*; Hartung (1964): Konditionalgefüge; Eroms (1980), Kang (1996), Thim-Mabry (1982) und Sæbø (1991): kausale Subjunktoren; Hermodsson (1979): Konditional- und Kausalgefüge; König (1991), Di Meola (1997) und Rudolph (1996): Konzessivgefüge; Kneip (1978) und Konerding (2002): Konsekutivsätze; Neumann (1972), Bäuerle (2004) und Blühdorn (2004): temporale Subjunktoren; Fabricius-Hansen/Sæbø (1983), Metschkowa-Atanassowa (1983), Pasch (1994): *wenn*; Vater (1976), Zimmermann (1991) und Eggs (2006): *wie*, Bech (1964), Zitterbart (2002): Korrelativgefüge. In einigen Untersuchungen ist die historische Perspektive zentral; vgl. u.a. Eroms (1980), Selting (1999). Dem Gebrauch der „Konjunktionen" (Konjunktoren, Subjunktoren) in der gesprochenen Sprache widmet sich Eisenmann (1973). Ein heiß diskutiertes Thema der letzten 10–15 Jahre bildet die „Hauptsatzwortstellung" (Verbzweitstellung), die unter Umständen – vor allem in der gesprochenen Sprache – bei den Subjunktoren *weil, obwohl, während, wobei* zu beobachten ist (*weil – das hat schon einen Grund*); s. dazu Günthner (2002), Pasch u.a. (2003: 402 ff.) und Wegener (2000) mit weiteren Hinweisen. Die Verbzweit-Tendenz lässt sich im Fall *weil* als graduelles Eindringen in den Funktionsbereich des begründenden *denn* beschreiben (Pasch 1997, Wegener 2000), das unter den Junktoren ohnehin einen Ausnahmefall darstellt (Pasch u.a. 2003: 584 ff.).

Aus theoretischer Sicht wird die traditionelle kategorische Unterscheidung zwischen Subordination (Unterordnung) und Koordination (Neben- oder Beiordnung) heute oft problematisiert und durch feinere mehrdimensionale Differenzierungen der Satzverknüpfung (*clause combining*) ersetzt (Fabricius-Hansen 1992, Haiman/ Thompson 1988, Lefèvre 2000, Reis 1997, Zifonun et al. 1997: 2250 ff.). Subjunktoren werden außerdem verstärkt im allgemeinen Rahmen der Konnektoren behandelt; ein Paradebeispiel dafür bietet das *Handbuch der deutschen Konnektoren* (Pasch u. a. 2003). Dabei interessieren auch diskursstrukturelle Aspekte der Satzverknüpfung bzw. der Konnektoren (Fabricius-Hansen 2000, Fritsche 1982, Peyer 1997). Die Frage, welche Prinzipien die Entstehung und Bedeutungsentwicklung der Subjunktoren steuern und wie Sprachen sich in der lexikalischen Aufteilung des einschlägigen funktionalen Bereichs voneinander unterscheiden (können), wird in der grammatikalisierungstheoretisch und sprachtypologisch bzw. sprachvergleichend orientierten Forschungsliteratur angegangen; s. etwa dazu Bybee u. a. 1994, König 1986, Sweetser 1990.

3.2. Systematische Darstellung

3.2.1. Formale Untergliederung

Die Kerngruppe der Subjunktoren (s. Abschn. 2) umfasst formal betrachtet teils (ia) *einfache* Subjunktoren wie *als, bis, da, so, weil, wenn*, teils (ib) *zusammengesetzte* Subjunktoren wie *indem, damit, obgleich, sofern, wenngleich, wiewohl, wofern, insofern, sodass*, die aus zwei oder mehr zusammengeschriebenen Wörtern bestehen. Als *mehrwortige* Subjunktoren (wenigstens in der Schrift) müssen hingegen (ii) die getrennt geschriebenen, aber festen Verbindungen aus Partikel oder Präposition + Subjunktor *als ob, als wenn, auf dass, (an)statt dass, anstelle dass, außer dass, kaum dass, ohne dass, so dass* und *zumal dass* klassifiziert werden. Im Fall *sodass / so dass* stehen beide Schreibweisen nebeneinander. Vom Typ (ii) weichen (iii) Wortverbindungen wie *abgesehen davon, dass; davon abgesehen, dass; angenommen, dass; gesetzt, dass; gesetzt den Fall, dass; ungeachtet, dass; unterstellt, dass; vorausgesetzt, dass; es sei denn, dass; dafür, dass; dazu, dass* durch das vor dem Subjunktor (*dass*) erscheinende Komma ab; auseinandergerückt werden können die Bestandteile jedoch auch hier nicht. Die „innere Kohäsion", die als typisches Wortmerkmal gilt, weisen somit beide Untergruppen (ii) und (iii) auf. Dies unterscheidet sie wiederum von (iv) diskontinuierlichen Verknüpfungen wie *insofern (...), als; insoweit (...), als* – Varianten von *insofern* bzw. *insoweit* unter (ib) – und *dadurch (...), dass*, wo der Subjunktor zwar mit einer Art Korrelat gekoppelt ist, dieses jedoch getrennt im Mittelfeld des übergeordneten Satzes stehen kann. Eine fünfte, gleichfalls diskontinuierliche Untergruppe bilden (v) die für Konzessivsätze (3.2.9.) charakteristischen Verbindungen aus dem Subjunktor *wenn* und einer Partikel (*auch, gleich*), die dem Subjunktor unmittelbar nachfolgen oder weiter hinten im Nebensatz stehen kann: *wenn (...) auch*; *wenn (...) gleich* (neben *wenngleich* unter (ii)).

Die Subjunktortypen (ii)–(iv) / (v) repräsentieren im Vergleich zur Kerngruppe (i) verschiedene Stufen auf einer abnehmenden Skala der ‚Einwortigkeit' oder Grammatikalisierungsstärke. Andere Randgruppen weichen hinsichtlich anderer der im Abschn. 2 spezifizierten Bedingungen von der Kerngruppe ab. Hierher gehören (vi) die Partizipien *angenommen, gesetzt, unterstellt, vorausgesetzt* sowie die Präpositionalphrasen *für den Fall, im Fall(e)*, wenn sie sich – ohne nachfolgendes *dass* – unter Verletzung des Subjunktorkriteriums (b) mit Verbzweit-Sätzen verbinden; s. (12) vs. (13).[3]

(12) Das könnte seiner politischen Laufbahn schaden, [*vorausgesetzt, dass* er noch auf eine solche rechnet].
(13) [*Vorausgesetzt,* es findet sich ein Interessent,] kann die nicht mehr benötigte Hardware verkauft werden.

Einen Sonderfall bildet (vii) *als* in der Bedeutung von *als ob*, insofern das finite Verb die erste Stelle im nachfolgenden untergeordneten Satz einnimmt; (14) vs. (15).[4]

(14) [*Als ob* all dies nicht ausreichte,] kommt häufig noch eine religiöse Dimension hinzu.
(15) [*Als* hätten die Schöpfungsarchitekten einen Ruhetag eingelegt,] klafft die Erde als 1000 Meter tiefes Loch.

Schwächt man die Subjunktorbedingung (b) im Abschn. 2 so ab, dass nicht nur Sätze mit einem finiten Verb, sondern auch nichtfinite satzförmige Wortgrupppen darunter fallen, so bilden (viii) *(an)statt, ohne* und *um* als Einleiteelemente adverbialer Infinitivkonstruktionen (mit *zu*) eine weitere Untergruppe:

---

[3] Nach Pasch u.a. (2003: 439 ff.) liegen dann *Verbzweitsatz-Einbetter* vor.
[4] Nach Zifonun u.a. (1997: 2240) handelt es sich bei *als* in *als (ob)* um einen *Adjunktor*.

(16) Wir müssen uns beeilen[, *um* den Zug zu erreichen].
(17) [*Ohne* uns zu beeilen,] erreichen wir den Zug nicht.

Auch (ix) die Relativadverbien *wob__ei__, wod__urch__, wof__ern__, wog__egen__, wohin__gegen__, won__ach__, wor__auf__, wor__auf__hin, wesh__a__lb, wesw__egen* werden in sog. „konnektoraler Verwendung" (Pasch u. a. 2003: 422 ff.), als „Satz-Relativsätze" (Blatz 1896), oft als Subjunktoren kategorisiert, obwohl sie die Subjunktorbedingung (e) im Abschn. 2 zu verletzen scheinen.

(18) Auf dem Markt für Drogerieartikel herrscht seit Jahren ein scharfer Wettbewerb, *wobei* Schlecker, dm und Rossmann dominieren.

Nach demselben Kriterium der eigenen syntaktischen Funktion sind (x) *je* und *so* als Einleiteelemente von proportionalen Nebensätzen wie in (19)–(20) gleichfalls keine echten Subjunktoren, sondern eher als subordinierende Gradpartikeln (→ C7; s. auch Zifonun u. a. 1997: 2240) einzustufen.

(19) *Je* unabhängiger man ist voneinander, *desto* größer ist die Chance, dass die Liebe lange anhält.
(20) *So* traurig es ist, *so* wahr ist es.

Die hier vorgenommene *formale Untergliederung* der Wortart Subjunktor basiert auf den im Abschn. 2 spezifizierten Merkmalen (proto)typischer Subjunktoren des Deutschen. Die zugrunde gelegten Kriterien sind teilweise stark sprachspezifisch. Für Sprachen, die sich in relevanten typologischen Dimensionen vom Deutschen unterscheiden – nicht flektierende Sprachen, Sprachen mit anderen Wortstellungsmustern oder ohne Markierung abhängiger Sätze usw. – lässt sich diese Wortart möglicherweise nicht oder nicht unabhängig von den in den folgenden Abschnitten zu besprechenden stärker funktional ausgerichteten Kriterien etablieren oder untergliedern. – Die Darstellung konzentriert sich im folgenden weitgehend auf die Kerngruppe (i) und die periphereren Subjunktoren vom Typ (ii), (v) und (viii).

3.2.2. Funktionale Aspekte: Allgemeines

Die kanonische Funktion eines Subjunktors besteht darin, den Satz, mit dem er sich verbindet, als untergeordneten Teilsatz (*Untersatz*) in einem anderen Satz (dem *Obersatz*) zu etablieren, oder anders ausgedrückt: ihn als *Nebensatz* in eine „komplexe kommunikative Minimaleinheit" (Zifonun u.a. 1997: 2236) einzubinden.[5] Wie eng der Untersatz in den Obersatz integriert werden kann bzw. auf welcher Ebene die Einbindung stattfinden kann, und mit welchem Interpretationseffekt, hängt vom Subjunktor ab und macht somit dessen semantisch-funktionale Identität aus.

In dieser Hinsicht nehmen nun *dass* und *ob* eine Sonderstellung ein: Sie leiten in ihrer Hauptfunktion Nebensätze ein, die syntaktisch als ‚nominale' Komplemente (Subjekte, Objekte) und semantisch als entsprechende Argumente des Obersatzprädikats in den Obersatz eingebunden sind. Die Wahl zwischen den beiden Subjunktoren wird durch die Semantik des Obersatz(prädikat)s gesteuert nach Richtlinien, die bei Zifonun u.a. (1997: 2253 ff.) ausführlich dargelegt sind.

(21) Dann sieht man, [*dass* Schröder die Vergangenheit der Zukunft ist]. (Objekt)

(22) [*Ob* die gegenwärtigen Notierungen bereits Kaufkurse darstellen, ist schwer zu sagen]. (Subjekt)

Die meisten anderen Subjunktoren bilden Nebensätze, die sich als adverbiale Supplemente in den Obersatz einbetten oder sich auf einer höheren Ebene der Satzverknüpfung als syntaktisch mehr oder weniger unintegrierte Nebensätze diesem anschließen lassen.[6] Nur solche Subjunktoren bezeichnen m.a.W. Relationen zwischen Sachverhaltsbeschreibungen, Propositionen oder darauf aufbauenden Einheiten und sind insofern als eine Unterkategorie der Konnektoren (s. Abschn. 2) einzustufen (Fabricius-Hansen 2000, Pasch u.a. 2003).[7] Die vorliegende Darstellung konzentriert sich im Folgenden auf solche „konnektoralen" Subjunktoren. Diese unterscheiden sich

---

[5] Zifonun u.a. (1997) verstehen unter dem *Obersatz* strukturell-relational den (komplexen) Satz, der den Untersatz als Teil enthält. Was unter Abzug des Untersatzes bleibt, ist der *Obersatzrest* – u.U. kein Satz, sondern ein Satzfragment. *Nebensätze* werden kommunikativ-funktional definiert als solche satzförmigen Teile einer komplexen „kommunikativen Minimaleinheit", die bei Ablösung aus dieser komplexen Einheit nicht oder nur unter Änderung ihres kommunikativen Status selbständig verwendet werden können. Auf die terminologische Differenzierung zwischen Obersatz und Obersatzrest wird hier verzichtet.

[6] Siehe Zifonun u.a. (1997: 2250) und insbesondere Reis (1997).

[7] Da Pasch u.a. (2003: 40) Subjunktoren als eine Subkategorie der Konnektoren definieren, werden *dass* und *ob* folgerichtig auch nicht als Subjunktoren kategorisiert. Sie gehören aber mit den Subjunktoren i.e.S. zur Kategorie der Subordinatoren; s. Abschn. 2.

wiederum voneinander im Hinblick darauf, (a) an welcher Stelle in der syntaktisch-semantischen Struktur des Obersatzes (OS) sie jeweils anknüpfen (können), (b) welche semantische Relation sie zwischen den verknüpften Teilsätzen etablieren und (c) welchen Status diese Relation und die Teilsatzpropositionen in der Bedeutung des komplexen Satzes jeweils haben, d.h. inwieweit sie zum assertierten oder eher zum präsupponierten Teil der Satzbedeung gehören.

Nebensätze, die als adverbiale Supplemente (auf der Verbgruppen- oder Satzebene) voll in den Obersatz eingebettet sind, und nur diese, können erfragt (fokussiert) werden und im Skopus von modalen Satzadverbialia wie *wahrscheinlich, vielleicht*, der Negationspartikel *nicht* und Partikeln wie *erst, nur auch* stehen (propositionale Integriertheit); sie sind auf der illokutiven Ebene unselbständig, dem Obersatz untergeordnet (illokutive Integriertheit); und Ober- und Untersatz können zusammen eine Intonationsphrase mit einer einzigen Fokus-Hintergrund-Gliederung bilden (prosodische Integriertheit). Beispiele:

(23) Die Geschichten über den Hunnenkönig Attila interessierten mich *nicht (nur), weil* ich auch Attila heiße, sondern *(auch) weil* ...
(24) Die Geschichten über den Hunnenkönig Attila interessieren ihn *wahrscheinlich, weil* er selber Attila heißt.
(25) Interessieren dich diese Geschichten, *weil* du Attila heißt?
(26) Träume *erst, wenn* es dunkel ist.
(27) Wie die Verlage die Preisbindung verletzen? *Indem* sie Auflagen bis zu 40 Prozent ermäßigt an Buchgemeinschaften abgeben.

Die meisten fokussierbaren Verknüpfungen sind auch *korrelatfähig* in dem Sinne, dass der Untersatz durch einen entsprechenden adverbialen Konnektor im Mittelfeld des Obersatzes vorweg- bzw. wieder aufgenommen werden kann.[8] Der US ist dann meistens nachgestellt, kann aber auch einem OS mit Verberststellung vorangehen. Das Korrelat sichert, dass der US trotz seiner topologischen ‚Auslagerung‘ semantisch an der ‚richtigen‘ Stelle integriert wird.

(28) Die Geschichten über den Hunnenkönig Attila interessieren ihn *wahrscheinlich deswegen, weil* er selber Attila heißt.

---

[8] Korrelate dieser Art werden manchmal Bezugsglieder genannt und vom ‚eigentlichen‘ Korrelat *es* unterschieden; s. z.B. Reis (1997) mit weiteren Hinweisen.

(29) *Wenn* ihr zurückkommt, wollen wir *dann* Skat spielen?

Von etwas anderer Art sind *resumptive* Korrelatkonstruktionen, in denen der im linken Außenfeld positionierte Untersatz durch ein Korrelat im Vorfeld des nachfolgenden Obersatzes wieder aufgenommen wird. Solche Konstruktionen sind auch dann möglich, wenn der Untersatz wie in (31) – anders als in (30) – die Wahrheitsbedingungen des Obersatzes nicht tangiert und insofern semantisch auch nicht voll in diesen integriert ist, sondern sich etwa auf die mit der Äußerung des Obersatzes vollzogene Sprechhandlung bezieht.[9]

(30) *Wenn* du mir nicht helfen willst, *so* lassen wir es einfach bleiben.
(31) *Wenn* Sie mich fragen, *so* finde ich Ihr Verhalten unverantwortbar.

Ist der US im Außenfeld links angebunden ohne ein Korrelat im OS, so ist das wiederum ein eindeutiges Zeichen semantischer Desintegration:

(32) *Wenn* Sie mich fragen – ich finde Ihr Verhalten unverantwortbar.
(33) *Da* du schon aufgestanden bist: Bringst du mir bitte eine Tasse Kaffee?

Dem oben angesprochenen Unterschied zwischen voller (wahrheitsfunktionaler) semantischer Einbettung auf der propositionalen Ebene des Obersatzes und Verknüpfung auf einer höheren Ebene der kommunikativen Minimaleinheit wird oft mit einer Distinktion zwischen *Propositionsbezug* (oder *Sachverhaltsbezug*) und *Illokutionsbezug* (oder *Äußerungsbezug*) oder Ähnlichem Rechnung getragen (s. Zifonun u. a. 1997, Pasch u. a. 2003 und Dudengrammatik 2005, Eroms 1980, Fabricius-Hansen 2000). Ganz gerecht wird eine solche Dichotomie jedoch den differenzierten Funktions- oder Bezugsmöglichkeiten der Subjunktoren nicht.[10] Im Folgenden wird vereinfachend der Ausdruck *unintegriert* verwendet für eindeutig il-

---
9   Subjunktoren, die einen korrelativen Anschluss der einen oder der anderen Art erlauben, sind zusammen mit ihren Korrelaten bei Pasch u. a. (2003: 261 und 263) aufgelistet.
10 Pasch u. a. (2003: 163 ff.) arbeiten mit einer zusätzlichen epistemischen Ebene, die zwischen der propositionalen Ebene und der Illokutionsebene bei Zifonun u. a. (1997) lokalisiert ist; ähnlich Sweetser (1990). In der Praxis scheint allerdings der Zifonunsche Illokutionsbezug den epistemischen Bezug mit einzufassen Zifonun u. a. (1997) machen außerdem im Bereich der semantisch nicht voll inte-

lokutionsbezogene Subjunktorsätze und andere mehr oder weniger locker angeschlossene Subjunktorsätze, welche die Wahrheitsbedingungen oder den Gültigkeitsanspruch des Obersatzes nicht beeinflussen. Dabei ist zu betonen, dass es (im Deutschen) kaum Subjunktoren gibt, die ausschließlich auf der illokutiven Ebene operieren. Es handelt sich hier vielmehr um sekundäre Verwendungen von Subjunktoren, die auch andere Funktionen haben können.

Mehrere Subjunktoren sind, wie schon angedeutet, *polyfunktional* in dem Sinne, dass sie auf verschiedenen Ebenen zugreifen können und ihr Bedeutungsbeitrag in entsprechender Weise variiert. Zwischen den verschiedenen Varianten ist jedoch meistens ein klarer Zusammenhang erkennbar oder wenigstens geschichtlich rekonstruierbar. So besteht zwischen Sachverhalten, die durch temporales *während* zeitlich aufeinander bezogen werden, nicht selten zugleich eine Relation des Kontrastes; vgl. (34). Davon ist kein großer Schritt zur Verwendung von *während* als adversativer „Konfrontativsubjunktor" (Zifonun et al. 1997) wie in (35), wo die temporale Relation zu einer Relation des (konfrontativen) Nebeneinander-Bestehens auf Diskursebene ‚abgeschwächt' ist.

(34) Wir kaufen ein, *während* sie schläft.
(35) Da baut man ein neues Theater, *während* anderswo Theater geschlossen werden.

In ähnlicher Weise können temporale Subjunktoren, die das OS-Geschehen nach dem US-Geschehen situieren, durch eine Ursache-Wirkung-Interpretation auf Ereignisebene überlagert werden und daraus wiederum handlungsbegründende Verwendungen entwickeln, wie sie für *nachdem* zu belegen sind:

(36) *Nachdem* der Patient noch nicht eingetroffen ist, nehmen wir jetzt Frau Müller dran. (Zit. n. Dudengrammatik 2005: 638)

Solche Vorgänge sind in der einschlägigen sprachgeschichtlichen und grammatikalisierungstheoretischen Forschung bekannt (Sweetser 1990, Bybee u. a. 1994). Sie basieren einerseits auf allgemeinen Interpretationsmechanismen, die darauf abzielen, dem Gesagten so viel relevante Information wie möglich zu entnehmen (Nachzeitigkeit > Nachzeitigkeit + ereignisbezogene Kausalrelation), andererseits auf

---

grierten Subjunktorsätze eine Reihe feinerer Distinktionen, die hier nicht besprochen werden können.

einer gleichfalls allgemeinen Tendenz zur (Über-)Generalisierung im Gebrauch (Nachzeitigkeit + ereignisbezogene Kausalrelation > Kausalität bzw. Begründung allgemein). Dabei scheint die Entwicklung durchgängig in der hier angedeuteten Richtung zu verlaufen, d. h. von einer konkreteren zu einer abstrakteren Verwendung bzw. Bedeutung. Kontextuelle Variation dieser Art wird im Folgenden nicht systematisch berücksichtigt.

Eine interessante Spielart der Polyfunktionalität ist beim Subjunktor *wenn* zu beobachten, der konditionale und temporale Nebensätze einleitet und außerdem als Bestandteil komplexer konzessiver Subjunktoren auftritt. Als konditionaler und temporaler Subjunktor deckt das deutsche *wenn* den gesamten Bereich ab, der in vielen anderen Sprachen zwischen mindestens zwei Subjunktoren aufgeteilt ist; vgl. etwa englisch *if* : *when* und dänisch *hvis* : *når* (Fabricius-Hansen / Sæbø 1983). Die verschiedenen Varianten von *wenn* werden unten getrennt behandelt, obwohl auch in diesem Fall klare Zusammenhänge erkennbar sind (s. vor allem Zifonun u. a. 1997: 2280 ff.).

Im Folgenden werden die wichtigsten Subjunktoren gruppenweise besprochen. Die Gruppierung und die Reihenfolge der Besprechung orientieren sich – soweit möglich und sinnvoll – danach, welche Art von Adverbialsätzen der Subjunktor im typischen Fall einleitet und wie weit unten in der syntaktisch-semantischen Struktur des Obersatzes diese angeschlossen werden. Dabei wird im Anschluss an Zifonun u. a. (1997: 2275 ff.) zwischen *verbgruppenbezogenen Adverbialsätzen* und *Satzadverbialsätzen* unterschieden.[11] Die ersteren modifizieren, präzisieren oder ergänzen die Ereignis- oder Sachverhaltsbeschreibung, die mit dem Obersatzprädikat und dessen Komplementen gegeben wird (s. 3.2.3.–3.2.4.); sie sind demnach am tiefsten in den Obersatz eingebettet. Temporalsätze (s. 3.2.5.), die vor allem zur zeitlichen Situierung des Obersatz-Geschehens dienen, werden zwar zu den Satzadverbialia gerechnet, operieren jedoch unterhalb der restlichen Satzadverbialsätze (s. 3.2.6.–3.2.10.), die alle grundsätzlich an zeitlich bestimmte (oder zeitunabhängige) Sachverhaltsbeschreibungen anknüpfen. – Restfälle werden im Abschnitt 3.2.11. erwähnt.

---

[11] Eine etwas feinere Untergliederung der Adverbialia bietet Pittner (1999).

3.2.3. Ereignispräzisierende oder -ergänzende Subjunktoren: indem; <u>da</u>durch (…), dass; ohne dass; ohne (…) zu; wobei

Der Subjunktor *indem* dient in seiner typischen Verwendung zur präzisierenden Beschreibung des im OS dargestellten Ereignisses: Er signalisiert, dass das US-Geschehen (meistens eine Handlung) als verursachendes (,instrumentales') Teilereignis des im OS beschriebenen komplexen Geschehens eingeht oder als Instanzierung des im OS eingeführten abstrakten Ereignistyps bzw. als Handlungsbeschreibung niedrigerer Stufe zu verstehen ist; vgl. (27) und (37)–(39).[12] Der *indem*-Satz kann dabei im Skopus von Modalverben und ähnlichen modalisierenden Operatoren stehen und *wie*-Fragen beantworten; korrelativer Anschluss scheint jedoch nicht möglich zu sein. Ereignismodifizierenden *indem*-Sätzen entsprechen im Englischen vor allem Konstruktionen vom Typ *by/in* + V-*ing*, u.U. auch sog. freie *ing*-Adjunkte.

(37) Wir möchten Studenten für unsere Hochschule gewinnen, *indem* wir zeigen, dass hier passiert, wovon anderswo nur geredet wird.
(38) Rächt sich die Natur, *indem* sie Menschenopfer fordert?
(39) Nur *indem* man die Fremden ins Landesinnere bringt, ließe sich verhindern, dass immer mehr Gambier in die Touristenzentren drängen.

In kanonischen *indem*-Gefügen beschreiben der Unter- und der Obersatz somit Teilaspekte ein- und derselben Handlung bzw. ein und desselben Ereignisses. Das setzt natürlich Zeitgleichheit voraus. Es kann deshalb nicht wundernehmen, dass der Subjunktor gelegentlich – vor allem in der älteren Literatursprache – als ‚reiner' Temporalsubjunktor zum Ausdruck des zeitlichen Zusammenfalls zwischen zwei deutlich verschiedenen Ereignissen verwendet wird, wie in (40), und auch im Sinne von *wobei* (s. unten) unintegrierte sog. weiterführende Nebensätze einleiten kann; vgl. (41) und (46). – Interessanterweise dient das norwegisch-dänische *idet*, die Entsprechung von *indem*, heute in erster Linie als Temporalsubjunktor.

---

[12] *Indem* usw. werden traditionell als *modal-instrumentale* Subjunktoren o. dgl. bezeichnet. Zifonun u.a. (1997: 2277) klassifizieren sie als *Ereignismodifikatoren*.

(40) „[...]", schmollte Lena, *indem* sie das Oberkleid ablegte. (1900)
(41) Der Vizekönig ließ sich am oberen Ende [des Tisches] nieder, *indem* er mich, als seinen Gast, einlud, nach chinesischer Sitte zu seiner Linken Platz zu nehmen. (1900)

Der diskontiuierliche Subjunktor *da̱durch (...), dass* überschneidet sich im Gebrauch mit *indem*, wobei das Korrelat *dadurch* eine deutlichere Markierung der Skopusverhältnisse und der Informationsgliederung ermöglicht; s. (42)–(43). *Dadurch dass* verknüpft aber nicht in erster Linie Handlungsbeschreibungen und dient u.a. häufig zur Einführung des verursachenden Ereignisses beim Passiv von Kausativverben; vgl. (44)–(45).

(42) Wege entstehen *dadurch, dass* man sie geht.
(43) Der Verein versucht, den Patienten und der Region vor allem *dadurch* zu helfen, *dass* er Geld für dringend benötigte medizinische Geräte sammelt.
(44) Nur *dadurch, dass* sich eine Augsburgerin zufällig im gleichen „Chatroom" aufhielt, ist die Sache bekannt geworden.
(45) Die Krise ist vor allem *dadurch* verursacht, *dass* den öffentlichen Kassen zentrale Einnahmeblöcke abhanden kamen.

Mit dem Subordinator („Relativadverb") *wobei* können Nebensätze angeschlossen werden, die sog. Begleitumstände des OS-Geschehens einführen (46). Unintegrierte ‚weiterführende' Nebensätze dieser Art werden bei Zifonun u.a. (1997: 2323) *Komitativsätze* genannt.

(46) So ist die Silbererzeugung im vergangenen Jahr um ein Drittel gefallen, *wobei* der gesunkene Silberpreis die Dollarerlöse noch weiter verringerte.

Ohne dass und *ohne (...) zu* dienen einerseits als negatives (‚exkludierendes') Gegenstück von *indem* bzw. *dadurch (...), dass* und *wobei*; das heißt, der Subjunktor drückt aus, dass das Obersatzgeschehen nicht durch ein Geschehen des im US beschriebenen Typs realisiert oder begleitet wird. Diesem kontrafaktischen Bedeutungsbeitrag entsprechend erscheint im Nebensatz oft der Konjunktiv II. Da (exkludierte) Folgen unter (exkludierte) Begleitumstände fallen, können Verknüpfungen mit *ohne dass* und *ohne (...) zu* auch als negative Entsprechungen konsekutiver Verknüpfungen mit *so dass* (s. 3.2.10.) dienen.

(47) Der Dreh besteht darin, zu trinken, *ohne dass* der Strohhalm Feuer fängt.
(48) Algerien ist ins internationale Staatenleben zurückgekehrt, *ohne dass* die Wunden in Afrika und in Europa schon ganz verheilt wären.
(49) Das Management kann zudem dreistellige Millionenbeträge einstreichen, *ohne* dafür Leistung *zu* erbringen.

3.2.4. Vergleichssubjunktoren: *wie wenn, als wenn, als (ob); wie, als*

Die Mehrwort-Subjunktoren *wie / als wenn* und *als (ob)* leiten Vergleichssätze ein, die einerseits (mit oder ohne das korrelative Adverb *so*) als Adverbialia der Art und Weise dienen und durch *Wie?* erfragt werden können; s. (50)–(53). Mit dem Subjunktor *als (ob)*, der sich in der geschriebenen Sprache regelmäßig mit dem Konjunktiv (I oder II) verbindet, wird die Faktizität der Untersatzproposition (unabhängig vom Modus) offen gelassen oder implizit bestritten (*irrealer* oder *kontrafaktischer* Vergleichssatz); hingegen kann es sich bei *wie wenn* und *als wenn* auch um einen ‚realen' Vergleich handeln. – Vergleichende Nebensätze können auch unintegriert an den OS angeschlossen werden, wie in (54); ein Korrelat lässt sich dann nicht (ohne Bedeutungsänderung) innerhalb des Obersatzrahmens hinzufügen. Semantisch lassen sich Vergleichssätze auf konditionale Vergleichskonstruktionen mit ausgelassenem bzw. mitverstandenem Obersatz zurückführen (*... wie man tun würde, wenn ..., wie es ist / wäre, wenn ...*); vgl. Englisch *as if*, das etymologisch *als ob* entspricht.

(50) Die letzte steile dunkle Eichentreppe zu den Prüfungsräumen knarrte und ächzte damals, *als ob* sie um mein Schicksal bereits bangte.
(51) Immerhin schrieb Aub hier bereits 1954 *so, als* wäre er mit Raymond Queneau großgeworden.
(52) Das Meer sieht aus, *wie wenn* jemand Farbe hinein geschüttet hätte.
(53) Sie sieht blass aus, *als wenn* sie seit Tagen zu wenig Schlaf bekommt.
(54) Herbert von Karajan blickt ungerührt grimmig von der Wand – *als ob* er die Veränderungen an seiner Wirkungsstätte ungläubig zur Kenntnis nähme.

Der einfache Subjunktor *wie* kann syntaktisch-semantisch in den OS eingebettete, Identität markierende Vergleichssätze einleiten, deren syntaktische Funktion variabel ist (→ C3); s. Zifonun u. a. (1997: 2333 ff.), Eggs 2006. Als Adverbialglied steht dem *wie*-Satz (mit oder ohne Korrelat *so*) die Verbindung *anders (...)*, *als* als Differenz markierender Vergleich gegenüber. *Wie* kommt darüber hinaus in unterschiedlichen unintegrierten Nebensatzspielarten vor, die oberhalb der Sachverhaltsebene das mit dem OS Gesagte kommentieren oder weiterführend an den OS anknüpfen; s. (55)–(56). Eine Bedeutungskomponente des identifizierenden Vergleichs ist auch in diesen Verwendungen weitgehend erkennbar.

(55) *Wie* Sie wissen, bleibt er noch einige Jahre im Amt.
(56) Sie hat heute endlich in der Dachbude aufgeräumt, *wie* sie vor mehreren Monaten versprochen hatte.

3.2.5. Temporale Subjunktoren: *wenn, als, wie, kaum dass, sobald, nachdem, bevor, ehe, während, seit(dem), bis, sobald, solange, sooft*

Temporale Subjunktoren bilden Nebensätze, die primär als Zeitadverbialia, seltener als Attribute oder Appositionen zu Zeitausdrücken dienen. Dabei bezieht der Subjunktor die im Obersatz und die im Untersatz beschriebene Situation zeitlich aufeinander innerhalb eines weiteren Bezugsrahmens, der durch das Tempus des Obersatzes im Zusammenspiel mit dem Kontext auf ‚Gegenwart', ‚Vergangenheit' oder ‚Zukunft' festgelegt ist. Der Bezugsrahmen und die zeitliche Relation zwischen den beiden Situationen können durch Elemente (vor allem Zeitadverbialia) innerhalb des Unter- oder Obersatzes weiter spezifiziert werden.

(57) *Wenn* man *am nächsten Morgen* aufwacht und die Jalousien hochzieht, hängen von schwerer Schneelast gebeugte Tannenzweige direkt vor dem Fenster.
(58) *Spätestens 1998, wenn* sich eine rechnerische Möglichkeit ergibt ein rot-grünes Regierungsbündnis in Bonn zu etablieren, wird es keine Skrupel mehr geben. (1996)

Die meisten temporalen Subjunktoren leiten Nebensätze ein, die der zeitlichen *Situierung* dienen und demnach Fragen mit *Wann?* beantworten können. Die wichtigsten sind (i) *wenn, als* und (ii) *bevor/ ehe, nachdem, während*. Das genuin deiktische *da* ist als Temporalsubjunktor gleichbedeutend mit *als*, wird aber heute außerliterarisch kaum mehr in der Funktion verwendet.

(i) *wenn, als*
Diese beiden Subjunktoren sind am wenigsten spezifiziert hinsichtlich der temporalen Relation zwischen OS-Situation und US-Situation: Sie legen von sich aus lediglich fest, dass der US-Situation eine OS-Situation zugeordnet ist, und zwar so, dass diese jener nicht ganz voraus liegt.[13] Wie die temporalen Beziehungen im Einzelnen zu verstehen sind, hängt vom Kontext, und zwar nicht zuletzt von den jeweiligen Situationstypen (Zustand, Aktivität, abgeschlossenes Ereignis), ab. Für *als* gilt als zusätzliche Beschränkung, dass von singulären Situationen in der Vergangenheit die Rede ist. Das heißt, *als* setzt voraus, (a) dass ein zeitlicher Bezugsrahmen vor der Äußerungszeit abgesteckt ist und (b) dass es innerhalb dieses Rahmens genau eine Situation der im US beschriebenen Art gibt; auf diese wird dann eine Situation der im OS beschriebenen Art bezogen. In der Praxis bedeutet dies, dass *als* nur mit Vergangenheitstempora und mit dem sog. historischen Präsens verträglich ist.

Der Subjunktor *wenn* verhält sich bei sog. temporaler Anwendung komplementär zu *als*: Er kommt zur Anwendung (a) in generalisierenden (habituellen) Zusammenhängen und (b) wenn von singulären Situationen in der Zukunft die Rede ist. Im ersten Fall wird vorausgesetzt, dass der zeitliche Bezugsrahmen mehrere US-Situationen umfasst, denen dann jeweils eine OS-Situation zugeordnet wird. Diese dem Subjunktor inhärente Generalisierung kann durch ein quantifizierendes Zeitadverbiale (*immer, jedes Mal; manchmal, ab und zu; nie*) im OS explizit gemacht, modifiziert oder in ihr negatives Gegenstück umgewandelt werden. – Für den Anwendungsbereich, der im Deutschen durch das Paar *wenn/als* abgedeckt wird, ist in anderen Sprachen oft nur ein einzelner Subjunktor zuständig (vgl. Englisch *when*).

(59) *Als* im vorigen Herbst zwei Hochwasser den Trennungsdamm überschwemmten, mussten wir eine Verlängerung des Ausführungstermins gewähren.

---

[13] Nach Bäuerle (2004) ordnen *wenn* und *als* in einem allgemeinen Sinne (OS-)Situationen zu (US-)Situationen zu; die Spezifizierung der temporalen Relation (Nacheinander bzw. Überlappung) kommt auf anderen, pragmatischen Wegen zustande.

(60) *Wenn* Oestergaard Kollektionen machte, wurde von den festangestellten Mannequins meist ich ins Atelier gerufen.
(61) Freilich kann einem schon bange werden, *wenn* im August / September die Heide blüht und an den Wochenenden Tausende von Ausflüglern einfallen.
(62) *Wenn* heute um 21 Uhr im WM-Achtelfinale England auf Argentinien trifft, dürften die Sympathien im Freundeskreis etwa gleich verteilt sein.

Ein ungewöhnlicher, sog. weiterführender Gebrauch von *als* liegt in Fällen wie (63) vor. Hier entspricht der Nebensatz einem selbstständigen Hauptsatz mit dem temporalen Konnektor *da (..., da kommt plötzlich von unerwarteter Seite Hilfe.)*.

(63) Mit gerade 21 Jahren blickt Seliger einer ungewissen Zukunft entgegen, *als* plötzlich von unerwarteter Seite Hilfe kommt.

(ii) *bevor / ehe, nachdem, während*
Diese im strikten Sinne temporalen Subjunktoren sind neutral mit Bezug auf den oben angesprochenen Gegensatz zwischen generalisierend-habituell und singulär zu verstehenden Kontexten und können deshalb (wie *wenn*) im Skopus quantifizierender Adverbialia stehen. Was die ausgedrückte Zeitrelation betrifft, verhalten sich *bevor / ehe* und *nachdem* spiegelbildlich zueinander: Bei *bevor / ehe* liegt die OS-Situation vor (dem Anfang) der US-Situation, bei *nachdem* wird die OS-Situation nach dem (Ende der) US-Situation angesiedelt; vgl. (64)–(65). *Nachdem* ist deshalb kontextbedingt durch *wenn* bzw. *als* austauschbar. *Während* drückt als Temporalsubjunktor aus, dass das OS-Geschehen zeitlich mit dem US-Geschehen zusammenfällt oder darin enthalten ist, wobei vorausgesetzt wird, dass das US-Geschehen eine gewisse Ausdehnung hat. *Während* wird aber auch regelmäßig zur Signalisierung einer Kontrastrelation zwischen den Teilsätzen verwendet (s. 3.2.1.).

(64) *Nachdem* sie ihre Fingerspitzen abgetupft hatte, zündete sie eine Zigarette an.
(65) Sie müssen noch viel erledigen, *bevor* Sie sich auf die Reise machen können.

(iii) Anders als die situierenden Subjunktoren, zu denen auch *sobald, kaum dass* (Vorzeitigkeit) und *wie* (≈ *als*) zu rechnen sind, leitet *solange* Temporalsätze ein, die als *Maßadverbialia* dienen: Sie bestimmen die Ausdehnung des Obersatzgeschehens, indem sie es auf das Untersatzgeschehen beziehen, und werden mit *Wie lange?* erfragt. Die Subjunktoren *seit(dem)* bzw. *bis* spezifizieren jeweils den Anfangs- und den Endpunkt eines zeitlichen Rahmens für das OS-Geschehen. Auch so eingeleitete Untersätze können u. U. als Antworten auf Fragen mit *Wie lange?* dienen. – Mit *sooft* eingeleitete Temporalsätze sind als Frequenzangaben einzustufen (Antwort auf *Wie oft?* oder eventuell *Wann?*).

(66) Der Herr hatte, *solange* er sprach, Mutters Hand in seinen Händen.
(67) *Seitdem* ich zweiundzwanzig war, bin ich nie ohne meine Pistole aus dem Haus gegangen.
(68) Er blieb solange in Berlin, *bis* man die Angelegenheit geregelt hatte.
(69) Am Frühstückstisch lächelt Arne mich an, *sooft* sich unsere Blicke begegnen.

3.2.6. Konditionale Subjunktoren: *wenn, falls, sofern, so, wofern*

(i) Typische Anwendungen der zentralen Konditionalsubjunktoren *wenn* und *falls* sind in (70)–(72) veranschaulicht. Charakteristisch für kanonische Konditionalsätze ist, dass der US-Sachverhalt als Bedingung für den OS-Sachverhalt hingestellt wird. Um allen einschlägigen Verwendungen der oben genannten Subjunktoren Rechnung zu tragen, muss allerdings ein ziemlich schwacher Konditionalbegriff zugrunde gelegt werden (Zifonun u. a. 1997: 2282 f.): Eine Aussage der Form „wenn/falls ψ, so ϕ" trifft zu, wenn es „bei dem jeweiligen Redehintergrund und bei dem jeweiligen Wissensstand wahrscheinlicher oder eher denkbar ist", dass ψ und ϕ beide zutreffen, als dass ψ der Fall ist und ϕ nicht der Fall ist.

(70) Die Türkei wird von der Nato militärisch unterstützt, *falls* es zu einem Irak-Krieg kommt.
(71) Die Liberalen kämen nur noch auf 10 Prozent der Stimmen, *wenn* am kommenden Sonntag Bundestagswahl wäre.
(72) Das Unglück hätte sich möglicherweise verhindern lassen, *wenn* ein zweiter Steuermann an Bord gewesen wäre.

Dabei lässt es der Sprecher mit einem indikativischen Konditionale wie (70) grundsätzlich offen, ob das Antezedens (die Untersatzproposition) seiner Ansicht nach zutrifft oder nicht. Das bedeutet unter anderem, dass das Konditionalgefüge mit der Formulierung einer konditionalen Alternative im selben Kontext verträglich ist (*Falls es nicht zu einem Irak-Krieg kommt/kommen sollte, ...*). Mit einem kontrafaktischen (konjunktivischen) Konditionale wie (71) und (72) lässt der Sprecher hingegen verstehen, dass der US-Sachverhalt aus seiner Sicht nicht der Fall oder nicht wahrscheinlich ist, also nicht zum ‚common ground' geschlagen werden, nicht als Tatsache gelten soll. Die Offenheit bzw. Kontrafaktizität des US-Sachverhalts unterscheidet – neben dessen zeitlicher ‚Definitheit' – konditionale von temporalen Verwendungen von *wenn*. In verallgemeinernden Kontexten scheint der Unterschied zwischen konditionalem und generalisierend-temporalem Gebrauch von *wenn*, wie er etwa im Satz *Wenn jemand eine Reise tut, dann kann er was erzählen.* vorliegt (s. 3.2.5.), zwar verwischt zu werden, er wird jedoch in Übersetzungszusammenhängen relevant, wo die Zielsprache in diesem Bereich lexikalisch differenziert (z.B. engl. *if* vs. *when*).[14] Sog. *faktische* Verwendungen indikativischer (scheinbar) konditionaler *wenn*-Sätze, bei denen der sprachliche oder nicht sprachliche Kontext den US-Sachverhalt als gegeben ausweist, bilden Sonderfälle: Sie teilen die Faktizität mit den Temporalsätzen und die zeitliche Definitheit mit den kanonischen Konditionalsätzen; vgl. (73)–(74). In solchen Kontexten erscheint im Englischen (wie im Dänischen und Norwegischen) der temporale Subjunktor (*when*).

(73) Alex hat mir gesagt, dass ich jetzt auch das Finale gewinnen soll, *wenn* ich ihn schon geschlagen habe.

(74) *Wenn* dieser Roman uns heute weit weniger bekannt ist als „Fanny Hill", so hat dies zwei Gründe.

Die anderen Konditionalsubjunktoren, von denen *falls* der geläufigste ist, werden nicht oder selten (*falls*) kontrafaktisch gebraucht. Dass ein eindeutig konditionaler Subjunktor wie *falls* u.U. gegenüber *wenn* vorzuziehen sein kann, zeigt ein Vergleich von (70) und dem ensprechenden *wenn*-Gefüge (..., *wenn es zu einem Irak-Krieg kommt*): Dieser lässt im Unterschied zu jenem die (temporal-futurische) Interpretation zu, bei der der Autor es für gegeben hält, dass der Krieg tatsächlich kommt.

---

[14] Siehe zu diesem Problembereich Zifonun u.a. (1997: 2280 ff.) und Fabricius-Hansen/Sæbø (1983).

(ii) Unintegrierte Konditionalsätze kommen in verschiedenen funktionalen Varianten vor, darunter äußerungsbezogen wie in (75)–(76); vgl. auch (30)–(32).

(75) Aber *falls* wir die Chance nicht schon verpasst haben sollten: Viel Zeit haben wir jedenfalls nicht mehr.

(76) Die Herzenskälte des protestantischen Nordostens pfeift ihnen hier, *wenn* man das so sagen kann, eisig um die Ohren

3.2.7. Kausale Subjunktoren: *alldieweil, da, weil, wo, wo (...) doch, zumal (da)*

Der zentrale Kausalsubjunktor ist *weil*; die anderen sind alle aus verschiedenen Gründen peripher und werden hier nicht systematisch behandelt.[15]

(i) *Weil* dient in erster Linie zur Bildung von Kausalsätzen auf der propositionalen Ebene, indem er den US-Sachverhalt als Ursache für den OS-Sachverhalt (Wirkung) einführt. In dieser Funktion können *weil*-Sätze entweder direkt oder durch einen korrelativen Ausdruck *(deswegen, deshalb, aus dem Grunde)* vertreten im Skopus von Modalausdrücken wie *vielleicht, wahrscheinlich* und Partikeln wie *nur, genau, auch* und der Negation *nicht* stehen, sie können durch *und zwar* angeschlossen und durch *Warum?* (im Sinne von „Warum ist / war es so?") erfragt werden. In all diesen Fällen wird das Bestehen eines Kausalverhältnisses zwischen dem US- und dem OS-Sachverhalt fokussiert. Entsprechende Möglichkeiten gibt es bei den anderen Kausalsubjunktoren nicht.

(77) Hans Scharoun kam für die SPD als Stadtrat allein schon *deswegen* nicht mehr in Frage, *weil* sie seine Stadtplanungsvorstellungen als utopisch ablehnte

(78) Will der Chef kündigen, *weil* es seinem Betrieb wirtschaftlich schlecht geht?
*Will der Chef kündigen, *da* es seinem Betrieb wirtschaftlich schlecht geht?

Die propositionale Kausalbeziehung lässt sich kontrafaktisch-konditional explizieren (Sæbø 1991): ψ ist eine Ursache für ϕ gdw. ψ und ϕ beide der Fall sind und ϕ nicht der Fall wäre, wenn ψ nicht der Fall wäre. Das heißt, wenn jemand das Satzgefüge *Ich blieb gestern*

---

[15] Für Details s. Zifonun u.a. 1997: 2296 ff.; vgl. auch Redder (1990).

zu Hause, weil ich erkältet war. äußert, dann lässt sich der propositionale Gehalt seiner Äußerung wie folgt wiedergeben: „Ich blieb gestern zu Hause (φ), und ich war [gestern] erkältet (ψ), und wenn ich nicht erkältet gewesen wäre, wäre ich nicht zu Hause geblieben."[16]

(ii) Auf der epistemisch-illokutiven Ebene dienen *weil*-Sätze als Begründungen für deklarative oder nicht deklarative Sprechhandlungen, die mit der Äußerung des Obersatzes gemacht werden; vgl. (79)–(80). Sie können dann weder erfragt bzw. fokussiert noch modalisiert oder negiert werden. Entsprechendes gilt für kausale *da*- und *wo*-Sätze.

(79) *Da* die Trockenheit zunehmen wird, müssen wir nach Wegen suchen, um das Wasser trotz sinkender Grundwasserstände in den Wäldern zu halten.

(80) Ist denn heute ein besonderer Tag, *weil* Sie extra eine Krawatte angelegt haben? (Zit. n. Dudengrammatik 2005: 1097)

Der Kausalsatz beantwortet in solchen Fällen eine implizite Frage vom Typ „Woher weißt du das?" bzw. „Warum sagst (fragst/...) du das?", „warum tust du das?" und die kontrafaktische Kausalexplikation nimmt die Form „Ich sage (frage ...) φ, und ψ ist der Fall, und ich würde φ nicht sagen (fragen/...), wenn ψ nicht der Fall wäre." In dieser Funktion entspricht der Subjunktor *weil* bei Nachstellung des Untersatzes dem Konjunktor *denn*; er kommt dabei auch – vor allem in der gesprochenen Sprache – mit Verbzweitstellung vor (s. Abschn. 2).

Kausalsätze mit *wo (...) doch* und *zumal (da)*, die gleichfalls Begründungen einführen und dementsprechend unintegriert sind, werden im Unterschied zu den *weil*-, *da*- und *wo*-Sätzen obligatorisch nachgestellt (Pasch u.a. 2003: 418 ff.).

(81) Vor allem Klein- und Mittelbetriebe werden ihre Aktivität eher zurückschrauben, *zumal* ihnen eine verstärkte staatliche Bevormundung ins Haus steht.

---

[16] Da einem Kausalverhältnis Gesetzmäßigkeiten unterschiedlicher Art zugrunde liegen können, die als allgemeine Konditionalgefüge formulierbar sind (z.B. „Wenn man erkältet ist, geht man nicht aus."), wird die Kausalbeziehung oft allgemein anhand solcher Konditionalschemata expliziert; s. z.B. Zifonun u.a. (1997) und Dudengrammatik (2005). Die Explikation durch das kontrafaktische Konditionalschema geht auf David Lewis zurück.

(82) Warum gibt so viel Frust, *wo* es *doch* den meisten so gut geht wie nie zuvor?

3.2.8. Finale Subjunktoren: *damit, dass, auf dass; um (...) zu*

Die Standardsubjunktoren im finalen Bereich sind *damit* und *um (...) zu*; *auf dass* ist veraltet bzw. ironisch gefärbt, und *dass* allein wird selten final gebraucht.

(i) Finale Subjunktoren bilden insofern eine Untergruppe der Kausalsubjunktoren, als der typische semantisch integrierte Finalsatz den mit dem Obersatzgeschehen verfolgten Zweck angibt, d.h. einen willensbasierten (*volitiven*) Grund für das OS-Geschehen einführt. Der OS beschreibt dementsprechend im Normalfall eine Handlung oder ein Ereignis, das als solche rekonstruierbar ist. Das Finalgefüge lässt sich dann in ein äquivalentes *weil*-Gefüge umformen, das die intentionale Bedeutungskomponente explizit macht; vgl. (83)–(84).

(83) *Damit* er nicht zu fett wird, joggt Hans möglichst jeden Tag.
→ *Weil* er nicht zu fett werden *will*, joggt Hans möglichst jeden Tag.

(84) Bei Tolstoi müssen wir Filzpantoffeln überziehen, *damit* wir das Parkett nicht zerkratzen.
→ Bei Tolstoi ..., *weil* man will, dass wir das Parkett nicht zerkratzen.

(85) Für ein paar Tage haben wir uns in einem Gasthof in Lechbruck einquartiert, *um* Radwanderungen im Ostallgäu *zu* unternehmen.

Enthält der Obersatz *müssen* oder einen ähnlichen Modalausdruck, so kann die Konstruktion „Notwendig ϕ, damit ψ" ausdrücken, dass ϕ eine notwendige Bedingung für ψ bildet (Sæbø 2001). Finalgefüge dieser Art können nach den Mustern von (86) und (87) in Konditionalgefüge umgewandelt werden.

(86) Politisch korrekt *muss* alles sein, *damit* die Subventionen vertretbar bleiben.
→ Die Subventionen werden *nur* vertretbar bleiben, *wenn* alles politisch korrekt ist.

(87) *Um* das Versäumte nachzuholen, *musst* du dich ordentlich ins Zeug legen.
→ Du wirst das Versäumte *nicht* nachholen, *wenn* du dich nicht ordentlich ins Zeug legst.

(ii) Wie *weil-* (und kausale *da*-Sätze) können Finalsätze illokutionsbezogen verwendet werden und dabei die für diesen Gebrauch charakteristischen Besonderheiten aufweisen; vgl. (88). Konstruktionen mit *um (...) zu* begegnen auch – gleichfalls unintegriert – in einer temporal weiterführenden Funktion, in der der Subjunktor die finale Bedeutungskomponente eingebüßt hat; vgl. (89). In einem solchen Kontext ist er dem Konjunktor *und* vergleichbar.

(88) *Damit* du es endlich verstehst / *Um* es dir direkt *zu* sagen: Ich will dich nicht mehr sehen!
(89) Sie verließ das Haus am 1. Mai, *um* sich nie wieder sehen *zu* lassen.

3.2.9. Konzessive Subjunktoren: *obgleich, obschon, obwohl, obzwar, trotzdem, wenn (...) auch, wenngleich, wiewohl*

Konzessivsubjunktoren leiten Nebensätze („Einräumungssätze") ein, die im Unterschied zu kanonischen Konditional- oder Kausalsätzen nicht erfragt (fokussiert) oder kontrastiert werden können und dementsprechend auch kein Korrelat im Mittelfeld erlauben. Mit einem typischen (deklarativen) Konzessivgefüge der Form „φ, obwohl ψ" drückt der Sprecher aus, dass der OS-Sachverhalt und der US-Sachverhalt beide der Fall sind, und gibt zugleich (als Präsupposition) zu verstehen, dass im Zusammenhang mit ψ das Gegenteil von φ zu erwarten wäre („Normalerweise, wenn ψ, dann nicht φ"). Man bezeichnet den US-Sachverhalt deshalb oft als „unzureichenden Gegengrund" (z.B. Zifonun u.a. 1997: 2313), womit die Konzessivbeziehung implizit als sog. Duale der Kausalrelation erklärt wird: „Es ist nicht der Fall, dass nicht-φ der Fall ist, weil ψ der Fall ist".

Der Standardsubjunktor im konzessiven Bereich ist *obwohl*; die anderen mit *ob* gebildeten Konzessivsubjunktoren werden heute wenig verwendet, und auch *wenngleich, wiewohl* und *trotzdem* kommen im Vergleich zu *obwohl* selten vor.

Mit *obwohl* oder einem anderen der oben erwähnten Subjunktoren eingeleitete Konzessivsätze können (i) sachverhaltsbezogen gebraucht werden wie in (90)–(91), aber auch (ii) unintegriert auf der epistemisch-illokutiven Ebene angeschlossen werden, wie in (92). Nach Zifonun u.a. (1997: 2313 f.) handelt es sich im zweiten Fall um eine „moduskommentierende" Verwendung, die in Richtung einer Selbstkorrektur oder partiellen Rücknahme des mit dem OS Gesagten gehen kann.

(90) Mehrfach wurde der Rektorenpalast von Waffen schwer beschädigt, *obwohl* weit und breit kein Feind lauerte.

(91) *Obwohl* er nicht über die Leidenschaft des Instrumentalisten verfügt, erreichen seine Stücke eine überraschende emotionale und atmosphärische Dichte.

(92) Glaubst du, dass er das Spiel gewinnen wird? *Obwohl* – mir kann's ja egal sein. (Zit. n. Zifonun u. a. 1997: 2316)

Im Unterschied zu *obwohl* ist *wenn (...) auch* nach Zifonun u.a. (1997: 2316 ff.) auf den unintegrierten „moduskommentierenden" Gebrauch beschränkt, der in (93)–(95) veranschaulicht wird; s. hierzu auch Di Meola (1997).

(93) *Wenn* es *auch* schwer fallen mag zu verstehen, wie jemand allen Ernstes derart extreme Auffassungen vertreten kann, ist ihre Allgegenwart heutzutage bedrückend.

(94) Nun bin ich weder Nobelpreisträger noch Wissenschaftler, noch Brite – *wenn* es *auch*, was das letztere anbetrifft, anders aussehen mag.

(95) *Wenngleich* man nicht jede Exzentrik in der Mode mitmachen sollte, altmodisch darf man auch nicht auftreten.

3.2.10. Konsekutive Subjunktoren: *sodass/so dass; dass, als dass, um (...) zu*

Konsekutivsätze im strengen Sinne werden von *sodass/so dass* eingeleitet. Sie folgen dem jeweiligen Obersatz obligatorisch nach, d.h. der komplexe Subjunktor *sodass/so dass* ist ein Postponierer im Sinne von Pasch u.a. (2003: 418 ff.); s. (96)–(99).

(96) Die IDV-eigene Webseite wird informativer gestaltet, *sodass* sich jeder Verband ausführlich über die Aktivitäten der anderen unterrichten kann.

(97) Sehr angenehm war, dass ich als vertretender Tierarzt immer meinen Hund mitnehmen konnte, *so dass* ich stets einen persönlichen Freund bei mir hatte.

(98) Nimmst du den Hund mit, *so dass* du einen persönlichen Freund bei dir hast?

(99) Sie hat *wahrscheinlich* ihren Hund mitgenommen, *so dass* sie einen persönlichen Freund bei sich hat.

Der Subjunktor drückt aus, dass die US-Proposition (ψ) für den Sprecher die Konklusion einer Schlussfolgerung bildet, deren eine (partikuläre) Prämisse die Proposition (φ) ist, an die der Untersatz anknüpft. Unterstellt, aber nicht direkt ausgedrückt wird dabei das entsprechende Konditionale „(normalerweise) wenn φ, dann ψ", das als weitere Prämisse zu einer solchen Schlussfolgerung gehört. Das heißt, das Konditionale muss zu dem Redehintergrund des Sprechers geschlagen werden. Handelt es sich nun beim Obersatz um einen unmodalisierten Behauptungssatz, wie in (96), oder wird φ anderswie als faktisch hingestellt, wie in (97), so wird die Untersatzproposition ψ aufgrund der Folgerungsbeziehung indirekt mitbehauptet bzw. gleichfalls als Tatsache präsentiert. Und anders herum: Ist φ in einen Kontext eingebettet, der seine Faktizität offen lässt, so überträgt sich diese Unbestimmtheit auf die US-Proposition ψ. Dies kann in (98) und (99) gesehen werden, wo der Obersatz als Ja/Nein-Frage formuliert ist bzw. den Modaloperator *wahrscheinlich* enthält. So erweisen sich *sodass*-Sätze als semantisch und illokutiv integriert, obwohl sie – wie die Konzessivsätze – nicht erfragt und somit auch nicht fokussiert werden können.

Zu den Konsekutivsätzen werden manchmal auch die mit *weshalb* oder *weswegen* eingeleiteten weiterführenden Nebensätze gerechnet; vgl. (100). Sie unterscheiden sich jedoch in zweierlei Hinsicht von *sodass*-Sätzen: Sie sind (propositional, illokutiv und prosodisch) unintegriert; und die US-Proposition wird nicht als Konklusion einer Schlussfolgerung präsentiert, sondern als die Folge in einer Kausalrelation, deren Grund mit der OS-Proposition gegeben ist. Das heißt, „φ, weshalb ψ" ist gleichbedeutend mit „φ, und weil φ, so ψ".

(100) Andererseits sind wir nicht in einer Beratungsstelle, sondern in einem Mystery-Thriller, *weshalb* die Vorgeschichte wiederum nicht gar so wichtig ist.

Als Konsekutivgefüge werden meistens auch Satzgefüge der in (101)–(107) veranschaulichten Art behandelt.

(101) Das Pfarrhaus ist *so* entzückend, *dass* man, sobald man es sieht, am liebsten einen Pfarrer heiraten möchte.
(102) Doch das scheinbar harmlose Sommergewitter löste eine *solche* Welle von Zeitungsbeiträgen, Funk- und Fernsehsendun-

gen aus, *dass* die Verantwortlichen ihre Verteidigungsstellung aufgeben mussten.
(103) *So* naiv, *dass* du das alles glaubst, kannst du doch wohl nicht sein.
(104) Es gibt viele, *zu* viele Ungereimtheiten, *als dass* die Sache kommentarlos zu den Akten gelegt werden könnte.
(105) Das Thema Wissenschaft ist für Potsdam *zu* bedeutend, *als dass* man es nur in ein Jahr packt.
(106) Das ist alles viel *zu* schön, *um* wahr *zu* sein.
(107) Die EU-Volkswirtschaften sind (noch) nicht ähnlich *genug*, *um* auf das Wechselkursscharnier *zu* verzichten.

Kennzeichnend für diese Konstruktionstypen ist, dass der Obersatz ein qualitativ determinierendes oder graduierendes Element enthält, mit dem der Subjunktor korreliert (*so / solch / derartig / dermaßen – dass*; *zu – als dass*; *zu / genug – um (…) zu*) und das durch den Untersatz expliziert wird. So identifiziert der *dass*-Satz in (102) den Charakter oder Umfang der im OS erwähnten Welle von Zeitungsbeiträgen usw. anhand der Ereignisse, die sie nach sich zieht, d.h. anhand ihrer Konsequenzen. Eine ähnliche präzisierende Funktion haben *als-dass*-Sätze wie (104)–(105), nur sind sie, wie es dem häufig vorkommenden (kontrafaktischen) Konjunktiv II entspricht, implizit negativ: *zu X, als dass ψ* bedeutet dasselbe wie *so X, dass nicht ψ*, d.h. die Bedeutung von (104) lässt sich wie folgt wiedergeben: „Es gibt so viele Ungereimtheiten, dass die Sache nicht kommentarlos zu den Akten gelegt werden kann". Entsprechendes trifft auf *um-zu*-Konstruktionen zu: *Das ist zu schön, um wahr zu sein.* ≈ *Das ist so schön, dass es nicht wahr sein kann.*[17] Diese „nicht-adjazenten" (Zifonun u.a. 1997: 2307 ff.) Konsekutivsätze liefern mithin einen Bedeutungsbeitrag anderer Art als die mit *sodass / so dass* eingeleiteten „adjazenten". Ihre syntaktische Funktion ist auch eine andere, und zwar variabel wie die Funktion der mit *wie / als* eingeleiteten Vergleichssätze (s. 3.2.4.), insofern der Untersatz als Teil des Satzgliedes, das das determinierende oder graduierende Element enthält, betrachtet werden muss. Dem entspricht, dass der Untersatz, wie in (103), mit seinem Bezugsglied zusammen im Vorfeld des Obersatzes stehen kann. Zifonun u.a. (1997: 2310) bezeichnen diesen Neben-

---

[17] Als graduierende Elemente sind *zu* und *genug* Duale voneinander, d.h. *nicht ähnlich genug* ist äquivalent mit *zu unähnlich*.

satztyp als *konsekutive Gradsätze*; die Angemessenheit dieser Terminologie lässt sich jedoch diskutieren (s. Konerding 2000: 110 ff.).

3.2.11. Restkategorien

Aus Platzgründen konnten oben lediglich die wichtigsten Subjunktoren bzw. von Subjunktoren eingeleitete Nebensatztypen systematisch besprochen werden. Unberücksichtigt blieben vor allem so genannte (unintegrierte) *Irrelevanzkonditionale* wie in (108)–(109), die u. a. mit *ob ... oder* oder und *auch wenn* eingeleitet werden (s. König 1991 und Zifonun u. a. 1997: 2319), und die „restringierenden" Mehrwort-Subjunktoren *außer / nur / bloß dass, außer wenn, insofern (als)* (Zifonun u. a. 1997: 2326 und 2338 f.); vgl. (109)–(110).

(108) *Ob* du mitkommst *oder* nicht – ich gehe nach Hause.
(109) *Auch wenn* der Platz nur neun Löcher hat, die haben es in sich!
(110) Die Entscheidung widerspricht den Erkenntnissen aus der Pisa-Studie, *insofern als* Schulkindern in Deutschland am Nachmittag weniger geboten wird als in den meisten anderen Staaten, die bei Pisa erfasst wurden.

Abschließend ist noch darauf hinzuweisen, dass Subjunktorsätze u. U. als selbständige (Exklamativ-)Sätze – d.h. als „kommunikative Minimaleinheiten" – verwendet können, obwohl sie der Form nach unselbständig sind (s. Reis 1999); s. (111)–(112).

(111) *Dass* du immer zu spät kommst!
(112) *Wenn* ich das nur wüsste!

Auf die Zusammenhänge zwischen der Semantik des Subjunktors und dem ‚selbstständigen' Gebrauch entsprechender Nebensätze kann hier nicht eingegangen werden.

4. Literatur

Bäuerle, R. (2004) Fixing the Reference Situations: German Temporal Conjunctions In: Kamp, H. / Partee, B. (Hg.) Context-dependence in the analysis of linguistic meaning. Amsterdam: Elsevier, 61–78
Bech, G. (1964) The German *je*-clauses. Lingua 13: 49–61
Behaghel, O. (1928) Deutsche Syntax, eine geschichtliche Darstellung. Die Satzgebilde. Heidelberg: Winter

Blatz, F. (1895/96) Neuhochdeutsche Grammatik mit Berücksichtigung der historischen Entwicklung der deutschen Sprache. 3., völlig neubearb. Aufl. Karlsruhe: Lang

Bibliographie-Datenbank: Konnektoren. http://www.ids-mannheim.de/gra/konnektoren/anfrage.html (Stand 29.03.2006)

Blühdorn, H. (2004) Die Konjunktionen *nachdem* und *bevor*. In: Blühdorn, H. / Breindl, E. / Waßner, U. H. (Hg.) Brücken schlagen. Grundlagen der Konnektorensemantik. Berlin: de Gruyter, 185–211

Boettcher, W. (1972) Studien zum zusammengesetzten Satz. Bad Homburg: Athenäum

Boettcher, W. / Sitta, H. (1972) Deutsche Grammatik III: Zusammengesetzter Satz und äquivalente Strukturen. Frankfurt / Main: Athenäum

Buscha, J. (1989) Das Lexikon deutscher Konjunktionen. Leipzig: Enzyklopädie

Bybee, J. / Perkins, R. / Pagliuca, W. (1994) The Evolution of Grammar. Tense, Aspect, and Modality in the Languages of the World. Chicago: UCP

Di Meola, C. (1997) Der Ausdruck der Konzessivität in der deutschen Gegenwartssprache. Theorie und Beschreibung anhand eines Vergleichs mit dem Italienischen. Tübingen: Niemeyer

Eggs, F. (2006) Die Grammatik von *als* und *wie*. Tübingen: Narr

Eisenmann, F. (1973) Die Satzkonjunktionen in gesprochener Sprache. Tübingen: Niemeyer

Engel, U. (1991) Deutsche Grammatik. 2., verb. Aufl. Heidelberg: Groos

Eroms, H.-W. (1980) Funktionskonstanz und Systemstabilisierung bei den begründenden Konjunktionen im Deutschen. Sprachwissenschaft 5, 73–115

Fabricius-Hansen, C. (1992) Subordination. In: Hoffmann, L. (Hg.) Deutsche Syntax. Ansichten und Aussichten. Berlin: de Gruyter, 458–483

Fabricius-Hansen, C. (2000) Formen der Konnexion. In: Antos, G. et al. (Hg.) HSK Gesprächs- und Textlinguistik. Berlin: de Gruyter, 331–343

Fabricius-Hansen, C. / Sæbø, K. J. (1983) Über das Chamäleon *wenn* und seine Umwelt. Linguistische Berichte 83, 1–35

Fritsche, J. (Hg.) Konnektivausdrücke, Konnektiveinheiten. Grundelemente der semantischen Struktur von Sätzen. Hamburg: Buske

Grimm, J. und W. (1854–1954) Deutsches Wörterbuch. München: Deutscher Taschenbuch Verlag 1984 [http://germazope.uni-trier.de/Projects/DWB 1.5.2006]

Günthner, S. (2002) Konnektoren im gesprochenen Deutsch – Normverstoß oder funktionale Differenzierung? Deutsch als Fremdsprache 28, 67–74

Haiman, J. / Thompson, S. A. (Hg.) (1988) Clause Combining in Grammar and Discourse. Amsterdam: Benjamins

Hartung, W. (1964) Die bedingenden Konjunktionen der deutschen Gegenwartssprache. In: Beiträge zur Geschichte der deutschen Sprache und Literatur (Halle) 86, S. 350–387

Helbig, G. (1982) Probleme der Subklassifizierung der deutschen Nebensätze nach Form und Inhalt. Deutsch als Fremdsprache 19, 202–212

Hermodsson, L. (1979) Semantische Strukturen der Satzgefüge im kausalen und konditionalen Bereich. Uppsala: Almqvist & Wiksell

Kang, C.-U. (1996) Die sogenannten Kausalsätze des Deutschen. Eine Untersuchung erklärenden, begründenden, rechtfertigenden und argumentierenden Sprechens. Münster: Waxmann

Kluge, F. / Seebold, E. (2002) Etymologisches Wörterbuch der deutschen Sprache. 24, durchgesehene und erw. Aufl. Berlin: de Gruyter

Kneip, R. (1978) Der Konsekutivsatz: Folge oder Folgerung. Lund: Liberläromedel / Gleerup

Konerding, K.-P. (2002) Konsekutivität als grammatisches und diskurspragmatisches Phänomen. Tübingen: Stauffenburg

König, E. (1986) Conditionals, Concessive Conditionals and Concessives: Areas of Contrast, Overlap and Neutralization. In: Traugott, E. et al. (Hg.) On conditionals. Cambridge: University Press, 229–246

König, E. (1991) Konzessive Konjunktionen. In: von Stechow, A. / Wunderlich, D. (Hg.) Semantik / Semantics. HSK 6. Berlin: de Gruyter, 631–639

Lefèvre, M. (Hg.) (2000) Subordination in Syntax, Semantik und Textlinguistik. Tübingen: Stauffenburg

Metschkowa-Atanassowa, S. (1983) Temporale und konditionale „wenn"-Sätze. Schwann: Düsseldorf

Neumann, I. (1972) Temporale Subjunktionen : Syntaktisch-semantische Beziehungen im heutigen Deutsch. Tübingen: Narr

Pasch, R. (1994) Konzessivität von *wenn*-Konstruktionen. Tübingen: Narr

Pasch, R. (1997) *Weil* mit Hauptsatz – Kuckucksein im *denn*-Nest. Deutsche Sprache 25, 75–85

Pasch, R. et al. (2003) Handbuch der deutschen Konnektoren. Berlin: de Gruyter

Paul, H. (1919 / 1958) Deutsche Grammatik. 4. Bd. Halle: Niemeyer [Nachdruck]

Paul, H. et al. (2002) Deutsches Wörterbuch: Bedeutungsgeschichte und Aufbau unseres Wortschatzes 10., überarb. und erw. Aufl. Tübingen: Niemeyer

Peyer, A. (1997) Satzverknüpfung – syntaktische und textpragmatische Aspekte. Tübingen: Niemeyer

Pittner, K. (1999) Adverbiale im Deutschen: Untersuchungen zu ihrer Stellung und Interpretation. Tübingen: Stauffenburg

Redder, A. (1990) Grammatiktheorie und sprachliches Handeln: „denn" und „da". Tübingen: Niemeyer

Reis, M. (1997) Zum syntaktischen Status unselbständiger Verbzweit-Sätze. In: Dürscheid, C. / Ramers, K. H. / Schwarz, M. (Hg.) Sprache im Fokus: Festschrift für Heinz Vater zum 65. Geburtstag. Tübingen: Niemeyer, 121–144

Reis, M. (1999) On sentence types in German: an enquiry into the relationship between grammar and pragmatics. Interdisciplinary Journal for Germanic Linguistics and Semiotic Analysis 4, 195–236

Rudolph, E. (1996) Contrast: adversative and concessive relations and their expressions in English, German, Spanish, Portuguese on sentence and text level. Berlin: de Gruyter

Selting, M. (1999) Kontinuität und Wandel der Verbstellung von ahd. *wanta* bis gwd. *weil*. Zur historischen und vergleichenden Syntax der *weil*-Konstruktionen. ZGL 27. 167–204

Sitta, H. (1971) Semanteme und Relationen. Zur Systematik der Inhaltsgefüge im Deutschen. Frankfurt: Athenäum

Sweetser, E. (1990) From etymology to pragmatics. Metaphorical and cultural aspects of semantic structure. Cambridge: University Press

Sæbø, K. J. (1991) Causal and Purposive Clauses. In: von Stechow, A. / Wunderlich, D. (Hg.) Semantics: An International Handbook of Contemporary Research. Berlin: de Gruyter (1991), 623–631

Sæbø, K. J. (2001) Necessary Condition in a Natural Language. In: Féry, C. / Sternefeld, W. (Hg.) Audiatur Vox Sapientiae. A Festschrift for Arnim von Stechow. Berlin: Akademie (2001), 427–449

Thim-Mabry, C. (1982) Zur Syntax der kausalen Konjunktionen *weil, da* und *denn*. Sprachwissenschaft 7, 197–219

Vater, H. (1976) *wie*-Sätze. In: Braunmüller, K. / Kürschner, W. (Hg.) Grammatik [...]. Bd. 2. Tübingen: Niemeyer, 209–222

Wegener, H. (2000) *Da, denn* und *weil* – der Kampf der Konjunktionen. Zur Grammatikalisierung im kausalen Bereich. In: Thieroff, R. et al. (Hg.) Deutsche Grammatik in Theorie und Praxis. Tübingen: Niemeyer, 69–81

Zifonun, G. / Hoffmann, L. / Strecker, B. (1997) Grammatik der deutschen Sprache. Berlin / New York: de Gruyter

Zimmermann, I. (1991) Die subordinierende Konjunktion *wie*. In: Reis, M. / Rosengren, I. (Hg.) Fragesätze und Fragen [...]. Tübingen: Niemeyer, 113–122

Zint-Dyhr, I. (1981) Ergänzungssätze im heutigen Deutsch. Tübingen: Narr

Zitterbart, J. P. (2002) Zur korrelativen Subordination im Deutschen. Tübingen: Niemeyer

Cathrine Fabricius-Hansen (Oslo)

C23 Substantiv

1. Wortartbezeichnung
2. Kurzdefinition und Systematik
3. Die Wortart im Deutschen
3.1. Forschungsgeschichte
3.1.1. Zur Geschichte der Kategorie Substantiv (Nomen)
3.1.2. Das „Namensmodell" und seine kritischen Erweiterungen
3.1.3. Morphologische und syntaktische Bestimmungen
3.2. Systematische Darstellung
3.2.1. Genus
3.2.2. Morphologie des Substantivs
3.2.3. Wortbildung des Substantivs
3.2.4. Syntax des Substantivs
3.2.4.1. Nominalphrasenbildung: Deutsch – Latein – Englisch im Vergleich
3.2.4.2. Valenz des Substantivs
3.2.5. Semantik des Substantivs
3.2.6. Abgrenzungsfragen – orthographische Probleme
4. Literatur

1. Wortartbezeichnung

Neben der Bezeichnung „Substantiv" ist auch der Terminus „Nomen" gebräuchlich. Im Deutschunterricht der Grundstufe finden ferner die deutschen Bezeichnungen „Hauptwort", „Nennwort" oder „Dingwort" Verwendung.

2. Kurzdefinition und Systematik

Wie auch anhand der deutschen Bezeichnungen „Hauptwort" und „Dingwort" ersichtlich, gelten solche Wörter als Substantive, die Vorstellungen oder Begriffe von Dingen bzw. Gegenständen benennen (vgl. Admoni 1982^4, 87). Nach diesem *ontologischen* Kriterium lassen sich drei Subklassen von Substantiven ausmachen:

- Eigennamen (lat. *nomina propria*): *Michael, die Isar, Berlin*
- Gattungsnamen (lat. *nomina appellativa*): *Baum, Hund, Tisch, Handwerk*
- Stoff-/Substanznamen: *Milch, Brot, Wasser, Eisen*

In *grammatikalischer* Hinsicht zeichnen sich Substantive im Deutschen dadurch aus, dass sie *Genus* besitzen (Engel 1988, 500) sowie

– abgesehen von Stoff / Substanznamen sowie Kollektiva (z. B. *Vieh*) – den Plural bilden und eine rudimentäre Kasusmorphologie aufweisen. Abgrenzungsprobleme zu anderen Wortarten entstehen im Deutschen vor allem durch das Phänomen der sog. *Substantivierung*. So stellt sich zum Beispiel die Frage, ob *Ich* in *das Ich* Substantiv ist oder nicht.

3. Die Wortart im Deutschen

3.1. Forschungsgeschichte

3.1.1. Zur Geschichte der Kategorie Substantiv (Nomen)

Wie alle grammatischen Kategorien hat auch die des Substantivs eine lange und wechselvolle Tradition. Der Terminus „Substantiv" geht zurück auf das lat. *nomen substantivum* der scholastischen Grammatikschreibung. In diesem Terminus finden sich zwei zentrale Kategorien der griechischen Philosophie vereint: *nomen* (gr. *onoma*) und *substantia* (gr. *ousia*).

Im Kratylos-Dialog sieht Platon den *logos,* also das Sprachliche schlechthin, aus *onoma* und *rhema* bestehend. Dies ist allerdings noch keine klare Unterscheidung in Wortarten, sondern eher etwas, das den syntaktischen Kategorien Subjekt *(onoma)* und Prädikat *(rhema)* entsprechen könnte (vgl. Mager 1841, 111; Robins 1966, 320). *Onoma* und *rhema* sind *meros logou,* Redeteile; zwischen Wortarten und Satzteilen wird auf dieser Stufe noch nicht unterschieden.

Ousia (substantia) ist hingegen eine Kategorie, die sich nicht direkter Reflexion *über* Sprache verdankt, sondern aus einem Denken hervorgeht, das zwischen Sprache und Wirklichkeit noch nicht differenziert und daher seine Einsichten am Leitfaden der Sprache gewinnt (vgl. Wieland 1970^2). So bestimmt Aristoteles in seiner Physik das „Werden" als Grundcharakteristikum von Natur und sucht anhand des Beispielsatzes „Ein ungebildeter Mensch wird ein gebildeter Mensch" den Prinzipien des „Werdens" auf die Spur zu kommen (1,7 189b30 ff.). Dabei entdeckt er, dass es immer etwas gibt, das sich im Werden durchhält (wie in diesem Beispiel „Mensch") und an dem Bestimmtheiten wechseln (ungebildet – gebildet). Das, was sich im Werden durchhält, das Zugrundeliegende, nennt er *hypokeimenon (subiectum)* und stellt fest, dass es sich bei diesem Zugrundeliegenden immer um *ousiai*, also „Substanzen", handelt.

Die mittlere Stoa reserviert den Terminus *onoma* für Eigennamen und unterscheidet hiervon die *prosegoriai*, die „Gattungsnamen" (z. B. Baum, Hund etc.) – eine Differenzierung, die zunächst nicht lange Bestand hatte und erst in der lateinischen Grammatikschreibung als *nomen proprium* versus *nomen appellativum* wiederkehren sollte. Abgesehen hiervon bleibt die Kategorie *onoma* in der griechischen (z. B. Dionysius Thrax) bzw. *nomen* in der lateinischen (Varro, Donat, Priscian) Grammatikschreibung erhalten und wird über die Scholastik bis in die Neuzeit tradiert (vgl. Lehmann/Moravcsik 2000, 732) und findet so auch auf die Vernakulärsprachen (Volkssprachen) Anwendung (vgl. Kaltz 2000, 696). Aufgrund von Flexionsähnlichkeiten im Griechischen und Lateinischen umfasste die Kategorie *onoma (nomen)* ursprünglich sowohl Substantive als auch Adjektive, wie dies heute noch z. B. im Lateinunterricht gelehrt wird.

Das in dem Terminus *onoma (nomen)* abgebundene analytische Substrat ist das „Namensmodell" (Ehlich 2002, 74): Unter den *onoma*-Begriff fallen Ausdrücke, die sich wie (Eigen-)Namen verhalten. Durch die spätere Bestimmung *nomen substantivum* kam noch eine ontologische Konkretisierung hinzu. Die Auffassung, dass Substantive Dinge („Substanzen" im aristotelischen Sinne, s. o.) benennen, wurde für die abendländische Sprachbetrachtung und selbst die modernere Sprachphilosophie richtungsweisend: „Etwas benennen, das ist etwas Ähnliches, wie einem Ding ein Namenstäfelchen anheften." (Wittgenstein 1985[5], § 15).

Die folgenden Zitate aus der deutschen Grammatikschreibung belegen, in welchem Maße die – im wesentlichen antiken – Bestimmungen auf das Deutsche Anwendung finden:

> „Das *Nomen* ist ein Wort, welches unmittelbar die Bedeutung eines Dinges hat, von welchem etwas gesagt werden kann. Teutsch heißt es *Nennwort*." (Aichinger 1754, 61)

> „Das *Dingwort* (Substantiv), entsprechend der Kategorie Ding (Sein, Substanz), dient der syntaktischen Kennzeichnung des Satzgegenstandes (Subjekts), der Ergänzung (des Objekts) von Vorgangswörtern (Verben) usw. (…)" (Otto 1928, 205)

> „*Nomina benennen Größen*. Das ist leicht einsehbar bei Wörtern wie *Fluß, Schrank, Lehrer*, weil man sich die so benannten Größen ohne weiteres sinnlich vorstellen kann. Aber auch Nicht-Gegenständliches,

> Vorgänge, Zustände Eigenschaften können als Größe aufgefaßt und dann durch ein Nomen benannt werden: *Zuzug, Angst, Blässe* und viele andere. Diese Fähigkeit, praktisch Beliebiges als Größe zu benennen, zeichnet das Nomen vor allen anderen Wortarten aus." (Engel 1988, 500)

3.1.2. Das „Namensmodell" und seine kritischen Erweiterungen

Die Selbstverständlichkeit der Zusammenhänge zwischen *onoma (nomen)* und *ousia (substantia)* wird in der Scholastik zunehmend aufgebrochen. Besonders für Abstrakta scheint das Namensmodell nicht zu greifen, so dass sich die Frage stellt, ob ihnen überhaupt etwas in der Wirklichkeit entspricht (Universalienstreit). So bezieht z. B. Buridan in seinem Kommentar zur aristotelischen Physik (ca. 1328) Stellung zu der Frage, ob dem Abstraktum *quantitas* (Größe) etwas in der Natur entspricht, und versucht durch ein durchaus modern anmutendes Experiment nachzuweisen, dass es sich bei *quantitas* um eine wirkende Ursache handelt, die für die Ausdehnung der Dinge verantwortlich ist. Solche Fragestellungen werden jedoch vor allem mit dem Aufkommen der modernen Naturwissenschaft wieder verlassen.

Eine kritische Erweiterung des Namensmodells ereignet sich in der Logik Ende des 19. Jahrhunderts. In seiner Schrift „Über Sinn und Bedeutung" (1892a) unterscheidet Frege zwischen *Sinn* und *Bedeutung* von Eigennamen:

> „Die Bedeutung eines Eigennamens ist der Gegenstand selbst, den wir damit bezeichnen; die Vorstellung, welche wir dabei haben, ist ganz subjektiv; dazwischen liegt der Sinn, der zwar nicht mehr subjektiv wie die Vorstellung, aber doch auch nicht der Gegenstand selbst ist. (...) Ein Eigenname (Wort, Zeichen, Zeichenverbindung, Ausdruck) drückt aus seinen Sinn, bedeutet oder bezeichnet seine Bedeutung. Wir drücken mit einem Zeichen dessen Sinn aus und bezeichnen mit ihm dessen Bedeutung." (ebd., 27 f.)

Der Eigenname, als Zeichen, „benennt" also nicht einfach ein Ding, einen Gegenstand; dies ist vielmehr nur ein Teil seiner Funktionalität. Der Eigenname „bedeutet" den Gegenstand; zugleich drückt er aber auch einen – objektiven – „Sinn" aus, ohne den Verständigung nicht möglich wäre. Der objektive „Sinn", als etwas Psychisches, unterscheidet sich von den – ebenfalls psychischen – Vorstellungen, die subjektiv sind. Dementsprechend haben die Ausdrücke *Morgenstern* und *Abendstern* dieselbe Bedeutung (nämlich die Venus), aber nicht denselben Sinn.¹ Diese Unterscheidungen Freges wurden zunächst für die Sprachphilosophie v.a. Wittgensteins und später für die logische Semantik bedeutsam (vgl. Carlson 1991, 385 ff.). In moderner Sprechweise werden i.d.R. die Termini *Extension* (für „Bedeutung") und *Intension* (für „Sinn") verwendet. Die linguistische Befassung mit Sprache steht nun zunehmend unter dem Einfluss der Semiotik. Die Ausdifferenzierungen des Zeichenkonzepts erfolgen – ohne dass dies in der Regel explizit gemacht würde – jedoch häufig anhand eines „prototypischen" Benennungskonzeptes, wie es bereits im Namensmodell angelegt ist.

Das wohl für die Linguistik am einflussreichsten gewordene Zeichenkonzept von Saussure (1916) ist gegenüber den Analysen Freges eine Reduktion. Saussure sieht das Zeichen als aus zwei Komponenten bestehend an: „Das sprachliche Zeichen vereinigt in sich nicht einen Namen und eine Sache, sondern eine Vorstellung und ein Lautbild." (1967², 77) Mit „Vorstellung" dürfte Saussure etwas Ähnliches meinen wie Frege mit „Sinn"; weder die Fregeschen subjektiven „Vorstellungen" noch der Gegenstandsbezug, also der Bezug auf ein Element der Wirklichkeit, sind in diesem Zeichenkonzept enthalten. Da auch das Lautbild selbst von Saussure als „das innere Bild der lautlichen Erscheinung" (ebd.) gedacht wird, ist das Zeichen bei Saussure etwas vollständig Innerpsychisches: Lautbild und Vorstellung sind qua Assoziation im Gehirn untrennbar verbunden.

Der Psychologe Karl Bühler geht in seiner – in ihrer Wirkung zunächst stark behinderten (s. Ehlich 2004) – Sprachtheorie (1934) in mancher Hinsicht weit über diesen engen Zeichenbegriff Saussures hinaus, indem er das sprachliche Zeichen als in der Sprechsituation eingesetztes Mittel zu Zwecken begreift (Organonmodell). Sprechen ist damit *Handeln*: „Denn jedes konkrete Sprechen steht im Lebensverbande mit dem übrigen sinnvollen Verhalten eines Menschen; es *steht* unter Handlungen und *ist* selbst eine Handlung."

---

1 Ein weiteres Beispiel: Die Ausdrücke *6–2, vier, 2x2* etc. bedeuten nach Frege denselben Gegenstand, nämlich die Zahl Vier. Ihr Sinn hat eine psychologische Dimension, wie aus Freges ausführlicher Kritik an Weierstraß' Definition des Zahlbegriffs als einer „Reihe gleichartiger Dinge" (1914; 111 ff.) deutlich wird, insbesondere: „Kann doch kein arithmetischer Satz für jemanden einen vollkommen klaren Sinn haben, der über das, was Zahl ist, im Unklaren ist. Die Frage ist weder eine arithmetische, noch eine logische, sondern eine *psychologische* [Hervorhebung W. T.]. Die Enge unseres Bewußtseins erlaubt uns überhaupt nicht, daß ein sehr zusammengesetztes logisches Gebilde in allen seinen Teilen gleichmäßig klar vor unserem Bewußtsein stehe." (a.a.O., 122).

(ebd., 52; Hvg. i.O.). Die sprachlichen Mittel gehören nach Bühler zwei *Feldern,* und zwar dem *Zeigfeld* (z.B. ich, hier, da) und dem *Symbolfeld* (z.B. Tisch, essen, schön) zu und entfalten innerhalb dieser Felder ihre spezifische Funktionalität. Was die Inhaltsseite des Zeichens betrifft, kommt jedoch der russische Psychologe Lev Vygotskij, der sich etwa zeitgleich mit Bühler mit kindlicher Begriffsbildung befasste, zu weitaus tiefgehenderen Einsichten (s. Redder 2004). Dies zeigt sich vor allem in seiner – empirisch fundierten – Theorie des Begriffes: „Der Begriff ist also unserer Meinung nach nicht ein Teil des Urteils, sondern ein kompliziertes System von Urteilen, das zu einer gewissen Einheit geführt wurde." (Vygotskij 1987, 414)

Hier kündigt sich etwas an, was innerhalb der modernen logischen (vgl. den Überblick in Carlson (1991)) und kognitiven Semantik (z.B. Langacker 1987) kaum eine Rolle spielt und erst in Wierzbickas „Natural Semantics" eine gewisse Berücksichtigung findet: Die Inhaltsseite des Substantivs besteht in *Wissenskomplexen,* die ihrerseits im *gesellschaftlichen Handeln* begründet sind. Bereits die elementarsten „Dingbegriffe" erweisen sich unter diesem Gesichtspunkt als hochkomplex (cf. Wierzbicka 1985).

Die Schwierigkeiten beim Ansetzen „kognitiver Schemata" haben wohl hierin ihre Ursache. So erkennt Langacker (1987, 186) zwar richtig, dass „defining *parent* as ‚one who has a child' runs into difficulty because child (in the ‚offspring' sense) would have to be defined as ‚one who has a parent'." Sein Lösungsvorschlag der Einführung einer *base* (wohl: abstrakter Nenner), die in der „conception of two persons mating" (ebd.) bestehen soll, ist insofern nicht zufriedenstellend, als Kinder einander auch „in the ‚offspring' sense" als ihresgleichen erkennen, ohne notwendigerweise über eine Vorstellung von „mating" zu verfügen, während sich nicht nur in der literarischen Wirklichkeit eines Leutnant Gustl der Begriff von „Kind" gerade auf die – unerwünschte – Konsequenz von „mating" reduzieren kann. Auch hier liegen im gesellschaftlichen Handeln basierte Wissenskomplexe vor.

Wissenschaftliche oder institutionelle Begriffe, die letztlich immer auf elementarpraktische Konzeptionen rückführbar sein müssen (vgl. Vygotskij 1964, 227 ff.), übersteigen diese Komplexität noch einmal um ein erhebliches Maß (Thielmann 2004). Im Rahmen einer solchen, das Wissen mit einbeziehenden Auffassung ist auch eine alternative Bestimmung von Eigennamen möglich: „Ein Gegenstand

[ist] im gemeinsamen Wissen mit einer ‚Adresse' gespeichert, die über Eigennamen abrufbar ist: *Karlchen, die Alpen*" (Hoffmann 1996, 207).

3.1.3. Morphologische und syntaktische Bestimmungen

Der lateinische Grammatiker Varro kann als der Begründer einer morphologisch basierten Wortartenlehre gesehen werden. So lässt er die Klasse der Nomina aus Ausdrücken bestehen, die nach Kasus, aber nicht nach Tempus flektieren (s. Mager 1841, 118 f.; Kaltz 2000, 696). Bei der Anwendung der griechisch-lateinischen Kategorien auf das Deutsche überwiegen jedoch meist semantisch-ontologische Kriterien bei der Bestimmung der Hauptwortarten, wenn auch schon früh die Schwierigkeiten der Abgrenzung erkannt werden:

> „Die Erklärungen oder *definitiones* in der Grammatik, so sie deutlich und ungezwungen seyn sollen, sind schwerer, als in anderen Wissenschaften. In diesen hat man nur mit Sachen zu thun. In jener aber hat man Wörter vor sich, die da Zeichen der Sachen sind. Sieht man nur auf die Sache, so wird eine Verwirrung daraus. Denn unterschiedliche Theile der Rede können einerley innerliche Bedeutung haben, als: *Änderung, ändern, geändert, anderst*. Mit Eigenschaften, Umständen, Verhältnüssen kommt man allein auch nicht aus. Viel *substantiva, adiectiva* und *aduerbia* bedeuten Eigenschaften; Umstände und Verhältnüsse finden sich in *aduerbiis, praepositionibus,* und *coniunctionis*. Das *nomen* ist, wie wir gehört haben, das *subiectum*: aber es kommt auch im *praedicato* immer mit vor. Sieht man nur auf die äusserliche Veränderung und Stellung der Wörter: so werden schlechte Namensbeschreibungen daraus (…). Auf beides zugleich Acht haben, gelinget auch selten. Z.B. die gemeine Beschreibung des *verbi* heißt: Es bedeutet ein Thun oder Leiden. Eben dergleichen bedeutet auch die *Arbeit*, das *Zahnweh*. (…) Da man hierinnen fünf muß gerade seyn lassen: so wollen wirs wagen, was wir zu Wege bringen können." (Aichinger 1754, 60 f., Hvg. i. O.))

Bei der Bestimmung der Hauptwortarten „fünf gerade sein lassen zu müssen", ist auch das Fazit des Junggrammatikers Hermann Paul: „Der Versuch, ein streng logisch gegliedertes System aufzustellen, ist überhaupt undurchführbar." (1880, 252). Versucht man z. B., die Substantive aufgrund ihrer Bedeutung zu isolieren, ergibt sich die Schwierigkeit, „dass es doch auch substantivische Bezeichnungen der Eigenschaft und des Geschehens [gibt]" (ebd.). Nimmt man hingegen eine syntaktische Klassifikation vor, etwa, dass Substantive in der Rolle des Subjekts, Objekts, Prädikativs etc. erscheinen, so wird man mit der Tatsache konfrontiert, dass „auch andere Wörter als

Subj. fungieren [können]", wie z.B. in dem Satz „*grün ist die Farbe der Hoffnung*" (ebd.). Einer rein morphologisch begründeten Isolierung z.B. der Klasse der Substantive steht entgegen, dass sich „(...) auch hierbei die Nominalformen des Verbums und die substantivierten Indeklinabilia widerstrebend [zeigen]" (ebd.).

Im weiteren Verlauf der linguistischen Forschung im 20. Jh. kommt es zu mehreren Versuchen, kriterienreine Wortklassensysteme zu etablieren, so z.B. Sütterlin (1900) auf morphologischer, Hermann (1928) und Bergenholtz/Schaeder (1977) auf syntaktischer Basis. Gleichzeitig ist zu beobachten, dass die Hauptwortarten vor allem in generativen Ansätzen als quasi naturgegeben vorausgesetzt werden. „Die Wortartentheorie im Rahmen der X-Bar-Syntax versucht keine differentielle Definition der Wortarten: Die Hauptwortarten gelten als unanalysierbare Primitive (...)" (Knobloch/Schaeder 2000, 681).

Redder (2005) bietet einen – auf einer Handlungstheorie der Sprache basierenden – Ansatz, der nicht von Wortarten ausgeht, sondern diese im Sinne von Ehlich (2002²), Zifonun/Hoffmann/Strecker (1997) und Hoffmann (2003) vielmehr aus den kleinsten Einheiten sprachlichen Handelns, den *Prozeduren,* entstehen lässt. So werden z.B. Ausdrücke wie *Tisch* oder *schön* im Rahmen einer erweiterten Bühlerschen Feldkonzeption als *symbolische Prozeduren* begriffen, durch die der Sprecher den Hörer dazu veranlasst, ein „sprachlich verfasstes Wissen über Wirklichkeit(selemente) zu aktualisieren" (ebd., 49). Die Hauptwortarten im Deutschen entstehen im Rahmen dieser Auffassung v.a. durch ein Zusammenwirken symbolischer und *operativer,* d.h. Versprachlichtes für den Hörer bearbeitender, Prozeduren. Diese Auffassung ermöglicht u.a. eine elegante Beschreibung der sog. Substantivierung, die schon Paul als typischen Problembereich der Wortartenbestimmung ansah: Ein Stamm wie *-arbeit-* wird als *purer Symbolfeldausdruck* gesehen, der keiner Hauptwortart angehört. Durch Fusionierung mit der operativen Prozedur *-en* entsteht erst die Form des verbalen Infinitivs und damit die Klasse der Verben (ebd., 53). Wird nun der Infinitiv in einer „standardisierten Kombination" (ebd., 54) mit einem Artikel verbunden (z.B. *das Arbeiten*), „ist" er nicht einfach ein Substantiv, sondern die substantivische Qualität entsteht aus dem Zusammenwirken der prozeduralen Fusion *arbeiten* und ihrer Kombination mit einem – operativ das Hörerwissen bearbeitenden – Determinativum (s. hierzu auch Ehlich 2003).

Während die Isolierung der Substantive als Wortklasse im Deutschen aufgrund syntaktischer und morphologischer Kriterien wegen der sprachlichen Verfahren der Substantivierung und der Wortbildung nicht unproblematisch ist, gibt es dennoch ein Merkmal, aufgrund dessen sich zumindest „Substantive / Nomina im engeren Sinne" als Wortklasse bestimmen lassen: „Nomina sind Wörter, die ein bestimmtes Genus haben." (Engel 1988, 500).

3.2. Systematische Darstellung

3.2.1. Genus

„Das Genus oder grammatische Geschlecht ist die durchgängigste und einheitlichste Kategorisierung der deutschen Substantive." (Eisenberg 2004 Bd. 2, 150).

Es besteht Anlass zu der Annahme, dass Genus auf einer früheren Sprachstufe eine frei wählbare Kategorie war (cf. Leiss 1994, Froschauer 2003). Seine Verfestigung ermöglichte seine Nutzung für andere Zwecke, vor allem den eines ausgebauten Referenzsystems (s. z.B. Graefen in diesem Band zum Pronomen). Auch sprachstrukturell ist das Genus von erheblicher Bedeutung, wie ein Vergleich z.B. mit dem Englischen lehrt. Ein Ausdruck mit Genus kommt „prototypisch" für bestimmte syntaktische Funktionen in Frage, wie z.B. die des Kerns einer Nominalphrase, die ihrerseits Satzgliedstatus, also z.B. den des Subjekts oder des direkten Objekts besitzen kann (z.B. *der neue Tisch*). Im Englischen, wo kein grammatisches Genus existiert, wird erst anhand des syntaktischen „slots", den ein Symbolfeldausdruck (s. 3.1.3.) einnimmt, einsichtig, *wie* er benennt, d.h. was für eine ontologische Kategorie hinsichtlich des Benannten anzusetzen ist[2], vgl.:

They *run* around the block every day.
We've had a good *run* so far.
That was a badly *run* race, wasn't it?

Ausdrücke wie *Tisch, Brot, Birne* etc. besitzen selbst Genus. Vor allem in sprachgeschichtlich jüngeren Bereichen kann es jedoch sein,

---

[2] In anderen Sprachen können die Verhältnisse hinsichtlich des am Ausdruck selbst erkennbaren „syntaktischen Potentials" noch einfacher liegen. Gil (2000) ermittelt für das Riau-Indonesische zwei syntaktische Kategorien: S^0-Wörter und S^0/S^0-Wörter, d.h. Ausdrücke die selbständig (und potentiell satzwertig) verwendbar sind und solche, die erst in Verbindung mit einem solchen Ausdruck satzwertig verwendbar sind ($S^0/S^0 \times S^0 = S^0$).

dass innerhalb semantisch homogener Felder einheitliches Genus herrscht, so dass neue Substantive, die zu einem solchen Feld gehören, dieses Genus zugewiesen bekommen. Dies ist z. B. bei Automarken der Fall, die durchweg Maskulina sind (s. z. B. Köpcke / Zubin 2005).

Von dem grundsätzlich geltenden Sachverhalt, dass jedes deutsche Substantiv genau ein Genus besitzt, existieren einige Ausnahmen, die in zwei Gruppen zerfallen:

a) Ein Substantiv besitzt bei gleicher Bedeutung zwei Genera, deren Verteilung z. T. regionalspezifisch ist:

die Butter vs. *der* Butter (bairisch)
das Radio vs. *der* Radio (z. B. schwäbisch)

b) Ein Substantiv besitzt zwei Genera, aber die Bedeutung ist nicht dieselbe:

der Teil (im Sinne v. „der Teil und das Ganze") vs. *das* Teil (im Sinne v. „Ersatzteil")
der Heide („Nichtchrist") vs. *die* Heide („baumlose Ebene")
(vgl. die Liste in Engel 1988[2], 501 f.)

Für den Unterricht des Deutschen als Fremdsprache ist die Frage des Genus von großer Bedeutung, da es auf der einen Seite einen erheblichen Lernaufwand darstellt, seine Nichtbeherrschung aber das Verstehen bereits der einfachsten Äußerungen und Texte unmöglich macht, wenn diese das Referenzsystem nutzen. Der Frage der Vorhersagbarkeit des Genus anhand semantischer (a), morphologischer (b) oder phonologischer Kriterien (c) kommt daher besondere Bedeutung zu (s. hierzu Eisenberg 2004 Bd. 2, 150 ff. sowie z. B. die Listen in Engel 1988[2] 502 f. und Duden 2005[7], 154 ff.).

a) Semantische Kriterien: Abgesehen von Substantiven, die eindeutig natürliches Geschlecht besitzen *(der Mann, die Frau)*, sind mitunter Sachbezeichnungen, die ein bestimmtes semantisches Feld abdecken, hinsichtlich des Genus recht homogen (s. o.). So sind z. B. die Bezeichnungen für Tee, Kaffee und Tabaksorten Maskulina *(der Assam / Guatemala / Virginia)*, Bezeichnungen für Zigarren Feminina *(die Honduras / Sumatra / Brasil)* und für Cafés i. d. R. Neutra *(das Kreuzkamm / Demel / Sacher)*. Anhand semantischer Kriterien lässt sich aber nur ein sehr geringer Teil von Substantiven hinsichtlich des Genus erfassen.

b) Morphologische Kriterien: Durch Derivationsaffixe wird das Genus i.d.R. eindeutig zugewiesen:

Maskulina: -er / -ler / -ling
Feminina: -ei- / in- / -heit / -keit / -schaft / -ung
Neutra: -chen / Ge- -e / -lein / -nis / -tum

c) Phonologische Kriterien: Zweisilbige Wörter, die auf Schwa auslauten, sind i.d.R. Feminina *(die Hose / Jacke / Lampe / Mühe)* Einsilbige Wörter, die auf „-ft" oder „cht" enden, sind i.d.R. ebenfalls Feminina *(die Luft / Schicht)* (Köpcke / Zubin 1984).

3.2.2. Morphologie des Substantivs

Im modernen Deutsch flektieren Substantive im wesentlichen nach Singular und Plural. Manche Stoffnamen bilden keinen Plural *(*Betone, *Eisene)*, bei anderen führt Pluralbildung häufig zu einer fachsprachlichen Bedeutungsverschiebung, dem sog. Sortenplural *(Hölzer, Stähle, Wässer)*. Kollektiva wie *Wild* und *Schmuck* bilden keinen Plural; Substantive wie *Eltern, Möbel, Leute* bilden keinen Singular.

Feminina flektieren im Singular nicht. Die Dativmarkierung von Maskulina und Neutra, vgl.

dem Manne
dem Kinde

wird heute als archaisierend empfunden und lebt noch in festen Syntagmen (z.B. *zu / nach Hause*) fort. Die Markierung der Kategorien Genus, Numerus und Kasus erfolgt daher i.d.R. an Ausdrücken, mit denen zusammen das Substantiv Nominalphrasen bildet (Artikel, attributive Adjektive, Partizipialattribute, attributive Deixis etc.). Die führt zu dem Prinzip der *Monoflexion* (s. Admoni (1982[4], § 4), wonach die Kategorien innerhalb einer Nominalphrase tendenziell nur einmal markiert werden (vgl. *den Stuhl, wegen schlechten Wetters, ein großer Berg;* aber *des Mannes*).

An der Basis stellt sich die Kasusflexion folgendermaßen dar:

	m	f	n	Pl.
N				
D	(-e)		(-e)	-n
A				
G	-(e)s		-(e)s	

Tabelle 1: Kasusflexion des Substantivs

Die Kasusflexion Dativ Plural erfolgt am Substantiv genau dann, „wenn der Pluralform ein nichtsilbisches *n* angehängt werden kann." (Eisenberg 2004 Bd. 2, 167); also *den Städte*n, aber nicht *den Uhus*n). Ausnahmen hierzu bilden vor allem die sog. „schwachen Maskulina", die – abgesehen vom Nominativ Singular – ausschließlich die Endung *-en* aufweisen. Die schwachen Maskulina bezeichnen häufig Lebewesen *(der Mensch, der Löwe)*, und auch Fremdwörter werden häufig so dekliniert (z.B. *der Rezipient*).

Der Plural wird – zur Gewährleistung einer systematischen Nutzung des Nullartikels (vgl. *Regale passen hier nicht rein.*) – an den meisten Substantiven markiert. Für die Mehrzahl der deutschen Substantive gilt, dass Maskulina und Neutra den Plural auf *-e (Tische, Tore)*, Feminina auf *-(e)n (Lampen)*, Eigen- und Markennamen, Abkürzungswörter, und manche nicht eingedeutschten Fremdwörter auf *-s (Tempos, Unis, Chips)* bilden (s. Wegener 1995, 20 ff., Zifonun / Hoffmann / Strecker 1997, 30 f.). Geht man von den Pluralmorphemen aus, lassen sich insgesamt fünf Klassen ausmachen (Engel 1988[2], 505 f.):

1. Pluralbildung auf *-(e)n (die Mensch*en, *die Bot*en, *die Lamp*en) – schwache Maskulina, die meisten Feminina;
2. Pluralbildung auf *-e*, häufig mit Umlaut *(die Bälle, die Hände)* – viele, vorwiegend einsilbige Maskulina sowie einsilbige Feminina, die im Plural durchgehend umlauten;
3. Pluralbildung auf *-er*, mit Umlaut bei umlautfähigem Vokal *(die Brett*er, *die Männ*er) – vor allem Neutra und wenige Maskulina;
4. Pluralbildung auf *-s (die Fotos)* – vorwiegend Fremd- und Abkürzungswörter;

5. Endungsloser Plural, teilweise mit Umlaut *(die Wagen, die Gärten)* – u.a. Maskulina und Neutra auf *-en*, Maskulina und Neutra auf *-er (die Kater, die Fenster)* sowie die Feminina *Mutter* und *Tochter*.

3.2.3. Wortbildung des Substantivs

Für die Wortbildung des Substantivs gelten drei Verfahren als einschlägig: Die *Derivation* (Ableitung) durch Suffix, die *Komposition* (Zusammensetzung) und die *Konversion* (s. z.B. Engel 1988², Eichinger 2000, Erben 2000⁴, Donalies 2002, Eisenberg 2004² Bd. 1, § 7).

Während durch Präfigierung praktisch ausschließlich nominale Basen hinsichtlich ihrer Bedeutung modifiziert werden (Un*wetter*, Miss*geschick*), erfolgt durch Suffigierung (s. z.B. die Listen in Engel 1988², 513 ff. u. Duden 2005⁷, 734 ff.) häufig eine *Transposition* (Wortartenwechsel; z.B. *schön* → *Schön*heit). Dies ist für die deutsche Sprachstruktur von erheblicher Bedeutung:

Diejenigen sprachlichen Mittel des Deutschen, die im Bühlerschen Sinne dem *Symbolfeld* zuzurechnen sind, lassen sich als *Stämme* (Redder 2005) auffassen *(-ess-, Topf, schön)*. Diese Stämme bilden hinsichtlich ihrer grammatischen Eigenschaften drei Klassen: 1. Stämme mit Genus, die selbständig (also als freie lexikalische Morpheme) auftreten können (Substantive); 2. Stämme ohne Genus, die selbständig auftreten können (Adjektive); 3. Stämme ohne Genus, die nicht selbständig, d.h. nicht ohne Fusion mit operativen oder deiktischen Prozeduren (s. 3.1.3.) oder Intonationskonturen (Imperativ) auftreten können (Verbalstämme). Das elementare symbolische Prozedureninventar des Deutschen ist mithin *operativ vorstrukturiert*. Durch eine Suffigierung wie *-deut-* → *Deut*er wird mithin mehreres erreicht:

a) Der Verbalstamm *-deut-* erhält durch Suffigierung mit *-er* Wortstatus und wird zugleich hinsichtlich seiner prototypischen Fusionsmöglichkeiten (z.B. *deut*est) neutralisiert.³
b) Der resultierende Ausdruck *Deuter* besitzt *Genus*.
c) Durch das Genus ist der resultierende Ausdruck *determinationsfähig*, d.h. er ist nicht nur an der syntaktischen Oberfläche ana-

---
³ Bei einer Suffigierung wie *schön* → *Schön*heit erfolgt hingegen eine *Neutralisierung* der dem Stamm inhärenten Kategorisierung (Genuslosigkeit, freies lexikalisches Morphem).

log zu einem Ausdruck wie *Topf* einsetzbar, sondern der durch ihn bezeichnete Gehalt ist vom Hörer konzeptuell auch anders aufzulösen als der durch *-deut-* bezeichnete Gehalt.[4]

d) Das Suffix leistet eine *semantische Spezifizierung*, vgl. *Deut*er [agens] u. *Deut*ung [actus] (s. hierzu auch Eichinger 2000, 78).

Die Derivation dient zum einen innersprachlichen Zwecken wie z. B. dem der Neuaufnahme eines konzeptuellen Gehaltes in anderer Satzfunktion:

> „Das Phänomen wird grundsätzlich psychologisch gedeutet. Diese Deutung wurde zwar auch in anderen Betrachtungsweisen angewandt [...]"[5] (Internet Beleg)

Zum anderen werden durch Derivation auch *semantische* Zwecke, wie z. B. der der angemessenen Benennung eines wissenschaftlichen Erkenntnisgegenstandes, verfolgt (cf. Thielmann 2006). So dient in dem folgenden Beispiel die deverbale Ableitung *Gefüge* zur Benennung der Struktur einer Legierung als Resultat des im Rahmen der Abkühlung des flüssigen Metallgemisches erfolgten Auskristallisierungsprozesses:

> „Unmittelbar am Rand der 10 mm dicken Platte ist das Gefüge der Legierung AZ91, wie die lichtmikroskopischen Untersuchungen des gegossenen Ausgangszustandes zeigen, feinglobular bzw. feindendritisch erstarrt *(Abb. 2a)*." (Regener et al. 2003, 722)

Bei *Gefüge* handelt es sich um eine deverbale Ableitung (vgl. Eisenberg 2004 Bd. 1, 252 f.), die spätestens seit dem 18. Jh. im Bergwesen zur Charakterisierung der Struktur von z. B. Kohle und Gesteinen gebräuchlich war (Grimm). Durch die Zirkumfigierung erhält die Ableitung neutrales Genus. Der Stamm *-füg-* wird so hinsichtlich seiner prototypischen Fusionsmöglichkeiten (z. B. *füg*st) neutra-

---

[4] Determinationsfähig sind im Deutschen alle Ausdrücke mit Genus. Wie die Determination im einzelnen erfolgt, hängt zum einen von dem durch den genushaltigen Ausdruck benannten Begriff, zum anderen von den sprecherseitigen Einschätzungen des Hörerwissens (s. Hoffmann 2003, 56 ff., Ehlich 2003) ab: Substanznamen erscheinen häufig, aber keineswegs ausschließlich mit Nullartikel (z. B. *Zucker ist schlecht für die Zähne.* vs. *Und als wir dann Kaffee getrunken haben, da hatte er doch tatsächlich den Zucker in einem Marmeladenglas!*). Appellativa erscheinen determinationsfrei in bestimmten Textarten, z. B. Listen und Überschriften (s. hierzu auch 3.2.4.).

[5] V. Polenz schreibt über diesen Gebrauch von deverbalen Abstrakta: „‚Abstrakta' in diesem Sinne sind nicht Wörter mit einer abstrakten Semantik (...), sondern kontextbedingte syntaktische Hilfsmittel zur Wiederaufnahme eines bereits Gesagten oder Vorausgesetzten in anderer Satzgliedrolle in einem neuen Satz (...)" (1978^9, 61).

lisiert und durch die Genuszuweisung determinationsfähig gemacht. Der durch den Verbalstamm *-füg-* benannte Gehalt wird durch Fusion mit dem Zirkumfix *ge- -e* als kollektiv / resultativ kategorisiert. Für sich genommen benennt *Gefüge* ein aus dem Prozess des „Fügens" hervorgegangenes Kollektivum. Durch die Inanspruchnahme dieses Ausdrucks für die Benennung des materialwissenschaftlichen Erkenntnisgegenstandes wird die Struktur einer Legierung als Resultat der Prozesse, die zur ihr geführt haben, begriffen. Der Erkenntnisgegenstand wird so in einer für ihn charakteristischen Weise benennbar.

Das bei der *Komposition* am häufigsten angewendete Verfahren ist die *Determinativkomposition,* bei der – im einfachsten Fall – ein Bestimmungswort (Determinans) die Bedeutung eines nominalen Grundworts (Determinatum) näher eingrenzt (z.B. *Schlafzimmer*). Das Determinans wird hierbei kategorial neutralisiert, während das Determinatum i.d.R. intonatorische Eigenständigkeit einbüßt (s. Zifonun / Hoffmann / Strecker 1997, 209 ff., Eisenberg 2004 Bd. 1, 146 ff.). Die Akzentstellen können aber auch anders liegen, besonders wenn das Determinatum in einem lexikalisierten Kompositum besteht (‚*Bundeskanzleramt* vs. *Bundes'kanzleramt*). Es entsteht ein komplexer, durch eine eigenständige Intonationskontur (bzw. durch Zusammenschreibung) erkennbar selbständiger Ausdruck, der das Genus des Determinatums besitzt. Zwischen dem Bestimmungswort und dem Grundwort kann eine sog. *Wortfuge* auftreten (z.B. *Arbeitsraum, Lampenschirm*). Die Fugenbildung ist im Deutschen sehr komplex (für eine knappe Übersicht exempl. Engel 1988², 520 f.; Duden 2005⁷, 721 ff.; ausführl. Eisenberg 2004 Bd. 1, § 6.2.2). Nach Eisenberg (ebd.) existieren Fugen häufig aus prosodischen Gründen, z.B. wenn

a) das Bestimmungswort aus einem Verbalstamm besteht, der auf einem stimmhaften Obstruenten auslautet *(Bademantel)*;
b) bei durch Derivation entstandenen nominalen Bestimmungswörtern auf *-keit, -heit, -igkeit,- tum, -schaft, -ung, -sal* und *-ling* *(Reinigungsmittel, Freiheitsberaubung)*.

Als Determinans von Determinativkomposita können Substantive, Verben, Adjektive und Präpositionen fungieren (Haus*schuh*, Wander*schuh*, Leicht*schuh*, Über*schuh*). Bei Komposita aus mehreren Ausdrücken können Determinans oder Determinatum Komposita sein:

a) [[[Schlafzimmer]ausstattungs]katalog] (sog. *Linksverzweigung*)
b) [Bundes[eich[amt]]] (sog. *Rechtsverzweigung*)

Besteht das Bestimmungswort aus einer deverbalen Ableitung, so kann das Kompositum häufig als Kurzform eines Syntagmas aufgefasst werden, das aus dem Verb und seinem Objekt besteht: *Arbeitsplanung* → *die Planung der Arbeit* → *die Arbeit planen*. In solchen Fällen spricht man auch von *Rektionskomposita*.

Unter *Konversion* versteht man allgemein einen Wortartenwechsel, bei dem der Ausdruck, der in eine andere Wortklasse eintritt, seine Form nicht verändert. Im Hinblick auf das Substantiv als Zielwortart sind hierbei folgende Fälle zu unterscheiden:

a) laufen → das Laufen;
b) laufen → der Lauf
c) schön → der / die / das Schöne
d) ich → das Ich; worin → das Worin (Heidegger)

Bei a) handelt es sich um einen sog. „substantivierten Infinitiv". Hier fusioniert der Verbalstamm mit dem Suffix *-en* wodurch der Begriff einer Handlung, also „Wirklichkeit unter dem Aspekt ihrer Veränderung benennbar wird" (Redder 2005, 53). Infinitive sind substantiv-nahe Ausdrücke, die neutrales Genus besitzen.[6] Sie sind mithin als *deverbale Ableitungen* aufzufassen, die *determinationsfähig* sind.

Etwas anders ist die Situation in b): Im Rahmen der traditionellen Wortbildungslehre ist die Einordnung von Ausdrücken wie *Lauf* nicht unproblematisch: Im Gegensatz zu sog. impliziten Ableitungen wie *Wurf*, *Schuss* und *Zug* weisen sie keinen Vokalwechsel auf, so dass die Klassifizierungen zwischen „Konvertat" (Donalies 2002, 129) und „paradigmatischer Umsetzung" (Erben 2004) schwanken (s. hierzu auch Eisenberg 2004 Bd. 1, 294 ff.). Aufgrund seiner Genushaltigkeit ist auch *Lauf* als deverbale Ableitung aufzufassen, die aus dem genuslosen, nicht monoprozedural realisierbaren Stamm *lauf* das Maskulinum *Lauf* erzeugt.

Im Gegensatz zu den Fällen a) und b), wo genushaltige Ausdrücke vorliegen, also bei der Determination das Genus des Determinators regiert wird, wird in c) und d) über den Determinator Ge-

---

[6] Sie treten z.B. als Objekt von Modalverben auf (vgl. Brünner/Redder 1983). Eine Neutralisierung der substantivischen Qualität von Infinitiven erfolgt durch *zu* (sog. „erweiterter Infinitiv").

nus *zugewiesen*. Das Genus orientiert sich bei Adjektiven (c) entweder am natürlichen Genus (vgl. *der Schöne da drüben*), oder es wird Neutrum als Default-Genus zugewiesen (vgl. *das Gute an sich*). Die Adjektive flektieren hierbei analog zu Attributen (vgl. *der Große und der kleine Klaus,* Eisenberg 2004 Bd. 1, 296), d.h. sie folgen der Genuszuweisung durch den Determinator bzw. vereindeutigen diese (vgl. *ein Gutes* vs. *ein Guter*).

Die Beispiele unter d) sind symptomatisch für das Deutsche, das es gestattet, prinzipiell jeden Ausdruck ohne weitere morphologische Zubereitung zu determinieren. In diesen Fällen regiert dann nicht der Ausdruck das Genus des Determinators, sondern es wird bei der Determination grundsätzlich das Neutrum als Default-Genus zugewiesen: *das Ich, das Worin* (Heidegger). Diese Fälle lassen sich recht gut verstehen, wenn man berücksichtigt, dass Determination i.d.R. nicht der Vereindeutigung von Referenz auf Außersprachliches, sondern der Orientierung hinsichtlich der Gemeinsamkeit im Wissen zwischen Sprecher und Hörer (Ehlich 2003) dient. Durch Determination orientiert der Sprecher den Hörer darüber, dass (bzw. ob) er ein Wissen als gemeinsames (bzw. dem Hörer zugängliches) unterstellt (ebd.). Wird nun ein Ausdruck, der nicht dem Symbolfeld zugehört, determiniert, erfolgt eine *Feldtransposition* (cf. Ehlich 2000², Redder 2005), da nicht-symbolische Ausdrücke dort zum Einsatz kommen, wo prototypisch ein hinsichtlich des Gemeinsamkeitsaspektes qualifiziertes Wissen *benannt* wird. Die in diesen Fällen vom Hörer zu erbringenden Deutungsleistungen sind komplex: Im Gegensatz zu Ausdrücken wie *Topf* und *Wasser,* die ja bereits – durch gesellschaftliches Handeln vereindeutigte – Wissenskomplexe benennen, wird bei *das Ich* der Hörer durch die Determination angewiesen, aus der Sprecherdeixis *ich* einen Wissenskomplex so aufzubauen, dass die vom Sprecher intendierte Gemeinsamkeit im Wissen zustandekommt. Diese kann konzeptueller Natur sein (das „Ich" als Instanz der Seele im Sinne Freuds) oder allein auf sprachlicher Ebene bestehen („das Worin des sich verweisenden Verstehens (…) ist das Phänomen der Welt" (Heidegger (1927, 86) zur Herstellung kategorialer Randschärfe des Definiendums „Welt" durch Emphase).[7]

---

[7] Bei der Bezugnahme auf bereits Versprachlichtes erfolgt keine Feldtransposition – wie dies im Deutschen auch durch orthographische Konventionen kenntlich gemacht wird: „das ‚ich' in Zeile 3".

3.2.4. Syntax des Substantivs

3.2.4.1. Nominalphrasenbildung: Deutsch – Latein – Englisch im Vergleich

Substantive sind im Deutschen durch die grammatische Eigenschaft des Genus gekennzeichnet. Nur Ausdrücke mit Genus sind determinationsfähig; Ausdrücke ohne Genus erfahren bei Determination eine Feldtransposition *(das Ich)* oder eine feldinterne Transposition *(das Wahre)* (s. 3.2.3.). Das Genus des Determinators wird vom Substantiv regiert. Bei Feldtranspositionen oder feldinternen Transpositionen wird hingegen das Neutrum als Default-Genus über den Determinator zugewiesen. Stoff- und Eigennamen treten i.d.R. ohne Determinator auf; Appellativa erfordern in den meisten sprachlichen Handlungszusammenhängen Determination, wenn sie auch in bestimmten (Sub-)Textarten, so z.B. Listen und Überschriften, isoliert auftreten können:

- Bild (Öl, ca. 1832; Schätzwert 1200,–) (Auktionskatalog)
- Turnhalle eingestürzt (Zeitungsüberschrift)

Neben dem Artikelsystem (bestimmter Art./unbest. Art./Nullartikel) können weitere Ausdrücke und Wortformen quasi-determinative Aufgaben übernehmen (s. Zifonun/Hoffmann/Strecker 1997, 1926 ff.; Hoffmann 2003, 61 ff.), so z.B. attributive Deixis und Phorik *(mein Auto, ihre Tasche)*, Quantoren *(keine Semmeln, alle Leute, jedes Buch)* oder das pränominale Genitivattribut *(Peters Auto)*.

Substantive erscheinen so im Deutschen prototypisch als strukturelle Zentren von Wortgruppen, als Köpfe von *Nominalphrasen* (ausführl. z.B. Zifonun/Hoffmann/Strecker 1997, 1926 ff.), die Satzgliedstatus (Subjekt, direktes Objekt, Prädikativ etc.) besitzen können oder als Attribute fungieren (z.B. Genitivattribut). Ferner bilden Nominalphrasen mit Präpositionen *Präpositionalphrasen*, die als Präpositionalobjekte (*Er hat sich* über den Film *geärgert.*), Adverbiale (*Der Umsatz ist* im letzten Jahr *gesunken.*) oder Präpositionalattribute (*Angst* vor der Prüfung) auftreten.

Die Besonderheiten deutscher Nominalphrasenbildung zeigen sich besonders gut bei einem Vergleich mit einer synthetischen Sprache (Latein) sowie mit einer isolierenden Sprache (Englisch).

Dass ein Ausdruck ein Substantiv ist, erkennt man im Deutschen am Genus. Jeder genushaltige Stamm kann als freies Morphem realisiert werden (z.B. *Die* Wand *ist weiß.*). Im Lateinischen, einer artikellosen synthetischen Sprache, bestehen Substantive hingegen zumindest aus einem Stamm und einem weiteren grammatischen Morphem, das Numerus und Kasus indiziert (die Genuszuordnung erfolgt über Deklinationsklassen). Substantive werden also als *Wortformen* (d.h. als Fusionen symbolischer und operativer Prozeduren) realisiert (*vin*-um; *nav*-em; *fruct*-u).[8] Diese Wortformen sind grundsätzlich satzgliedfähig. So ist *increment*-a in dem folgenden Beispiel direktes Objekt zu *acquirere*:

lapid-em (...)	nov-a	deinceps	velocitat-is	acquir-ere	increment-a	animadvert-o[9]
Stein-Mask.-	neu-Neutr.-	nacheinander	Geschwindigkeit-	aufnehmen	Zuwachs-Neutr.-	ich nehme wahr
Akk.-Sing.	Akk.-Pl.		Fem.-Gen.-Sing.		Akk.-Pl.	

ich nehme wahr, dass ein Stein sukzessive neue Geschwindigkeitszuwächse erfährt

Abbildung 1: Zur Syntax des Substantivs im Lateinischen

Dass *nova* Attribut zu *incrementa* ist, geht hingegen lediglich aus der Kongruenz hinsichtlich der grammatischen Kategorien Genus, Numerus und Kasus hervor. Die Abfolge der Wortformen ist tendenziell frei (d.h. für andere Zwecke, z.B. dem der Informationsverteilung und -gewichtung, nutzbar); zur Phrasenbildung, also zur Herausbildung von Wortgruppentypen mit strukturellen Zentren, kommt es nicht.

Im modernen Deutsch ist hingegen die Kasusflexion des Substantivs auf den Genitiv Singular (Maskulina und Neutra) sowie den Dativ Plural beschränkt. Substantive allein können daher im Gegensatz zum Lateinischen ihren syntaktischen Status meistens nicht anzeigen; diese Aufgabe fällt anderen Ausdrücken (z.B. den Determinatoren) zu,[10] mit denen das Substantiv Nominalphrasen bildet. Erst diese Phrasen besitzen Satzgliedstatus und können weitgehend nach sprachexternen Gesichtspunkten (z.B. Informationsverteilung und -gewichtung) innerhalb der durch das Prädikat geschaffenen Felder-

---

[8] Von den Adjektiven unterscheiden sich lateinische Substantive durch ein geringeres Flexionspotential bzw. ihre Genusstabilität (*nov*-us aber nicht **vin*-us).

[9] „Dum igitur lapidem, ex sublimi a quiete descendentem, nova deinceps velocitatis acquirere incrementa animadverto, (...)" – Wenn ich daher wahrnehme, dass ein Stein, der aus der Höhe von der Ruhelage herabfällt, sukzessive neue Geschwindigkeitszuwächse erfährt, (...) (Galilei 1637, 197 f., Übers. W. T.)

[10] Bei artikellos auftretenden Stoff- und Eigennamen ist entweder eine Default-Satzgliedfolge (S-P-O) zu wählen (z.B. *Peter liebt Anna*) oder der syntaktische Status des Substantivs erhellt sich aus anderen morphologischen Indikatoren (z.B. *Peter mögen wir nicht. / Wasser trinke ich nie.*)

struktur (s. z.B. Drach 1937, Rehbein 1992, Zifonun / Hoffmann / Strecker 1997) positioniert werden (vgl. *Den Computer habe ich schon bestellt.*).

Aufgrund der Rektionsbeziehungen zwischen Substantiv und Determinator sowie der Flexion adjektivischer oder partizipialer Attribute besteht auch innerhalb komplexer Nominalphrasen ein starker struktureller Zusammenhalt, weswegen Weinrich (1997) von Nominal*klammer* spricht:

[*das*$_{\text{Neutr./Sing.}}$ [[gegen heftig*en*$_{\text{Mask./Sing./Akk.}}$

Widerstand$_{\text{Mask./Sing.}}$ der$_{\text{Gen.}}$ Opposition]$_{\text{PP(Adv.)}}$

verabschiedet*e*]$_{\text{Part.Attr.}}$ Gesetz$_{\text{Neutr./Sing.}}$]$_{\text{NP}}$

Abbildung 2: Zur Syntax des Substantivs im Deutschen

Durch den Determinator *das* wird eine *Hörer / Leser-Erwartung* auf einen mit ihm hinsichtlich Genus und Numerus kongruierenden nominalen Kopf ausgelöst. Dass direkt nach dem Determinator die Präposition *gegen* auftritt, bedeutet für die hörerseitige Vorauskonstruktion, dass zunächst eine als Präpositionalphrase realisierte adverbiale Bestimmung oder Ergänzung zu einem attributiven Partizip zu verarbeiten ist.

Die Nominalphrasenstruktur im Deutschen wird mithin wesentlich dadurch bestimmt, dass ein genushaltiger Symbolfeldausdruck, also ein Substantiv, das strukturelle Zentrum bildet. Weitere an der Nominalphrasenbildung beteiligte Wortarten und -formen des Symbolfeldes (z.B. Adjektive und Partizipien) sind durch ihre Flexionscharakteristika gekennzeichnet und hinsichtlich ihres syntaktischen Status ausgewiesen (z.B. als Attribut). Für den Hörer / Leser ist also bei der Verarbeitung einer deutschen Nominalphrase klar, *wie* die beteiligten Symbolfeldausdrücke im ontologischen Sinne benennen und in welcher syntaktischen Beziehung sie zueinander stehen.

Im Englischen, einer weitgehend isolierenden Sprache[11], liegen die Verhältnisse völlig anders. Da die Kasusmorphologie auf die Pronominalkasus beschränkt ist, wird der syntaktische Status von Satzgliedern durch ihre Abfolge (S-P-O) indiziert (Hawkins 1986, 37 ff.). Im Gegensatz zum Deutschen gibt es kaum grammatische

---

[11] Zu den sprachlichen Entwicklungsprozessen s. Blake (1992).

(operative) Indikatoren dafür, *wie* ein Symbolfeldausdruck (im ontologischen Sinne) benennt. Operativ differenzierte Hauptwortarten gibt es nicht.[12] Die *puren Symbolfeldausdrücke* (Redder 2005) erfahren ihre ontologische Vereindeutigung daher über die Phrasenstrukturen, die vom Hörer/Leser wiederum auf Basis seines Wissens über Abfolgeregularitäten von Satzgliedern sowie semantische Kompatibilität zu kombinieren sind:

a$_1$) The beautiful act selfishly.
a$_2$) The beautiful act of random kindness occurred when an elderly gentleman pulled up (...). (Internet-Beleg)
b$_1$) He's the boss.
b$_2$) Don't boss me around!

In a$_1$) ist der pure Symbolfeldausdruck *beautiful* Kopf der Nominalphrase in Subjektposition, da nach ihm – am Adverb erkennbar – ein Prädikat auftritt: *act selfishly*. Der ontologische Status der durch *beautiful* und *act* symbolisierten Gehalte (abstrakter Gegenstand/Eigenschaft/Handlung) ist für den Hörer/Leser aus seinem (impliziten) Wissen über Satzgliedabfolgen zu rekonstruieren. In a$_2$) ergibt sich für den Hörer/Leser der attributive Status von *beautiful* retrospektive daraus, dass *act* aufgrund des folgenden Präpositionalattributs Kopf der Nominalphrase sein muss und daher nicht Prädikat sein kann. Dass *boss* in b$_1$) Kopf einer Nominalphrase ist, wird daraus ersichtlich, dass nach *is* ein Determinator auftritt, wodurch ein durch eine Nominalphrase realisiertes Prädikativ angekündigt wird. In b$_2$) ist *boss* hingegen Teil des Prädikats, da die Verbform *don't* vorhergeht.

Zusammenfassend: Im Lateinischen bestehen Substantive aus satzgliedfähigen Wort*formen*, die Genus, Numerus und Kasus besitzen. Diese Wortformen sind im Satz frei, also z.B. auf Zwecke der Informationsverteilung hin positionierbar. Im Deutschen sind Substantive im einfachen Fall genushaltige Stämme, die (von Stoff- und Eigennamen abgesehen) mit Determinatoren und quasi-determinativen Ausdrücken satzgliedfähige Phrasen bilden. Aufgrund der Kasusmarkierung am Determinator sind diese Nominalphrasen in der durch den Verbalkomplex eröffneten Felderstruktur relativ frei positionierbar. Im praktisch kasuslosen Englischen ist die Satzgliedab-

---

[12] „(...) many lexemes are now ‚underspecified' for ‚word classes'; moreover, the specification takes place on the syntactic level by phrase markers, e.g. articles." (Vogel 2000, 274)

folge fest. Pure Symbolfeldausdrücke erhalten substantivische Qualität (d.h. ontologische Vereindeutigung des durch sie benannten Gehaltes) über Phrasenstrukturen, die ihrerseits vom Hörer/Leser anhand impliziten Wissens über die Satzgliedabfolge und semantische Kompatibilität der beteiligten Symbolfeldausdrücke zu rekonstruieren sind.

3.2.4.2. Valenz des Substantivs

Einfache Substantive, also solche, die keine Komposita sind, zerfallen nach 3.2.3. in zwei Hauptklassen:

a) genushaltige Stämme, d.h. symbolische Prozeduren mit dem operativen Moment des Genus (z.B. *Topf*);
b) Prozedurale Fusionen aus symbolischen und operativen Prozeduren, die durch den operativen Anteil Genus erhalten (z.B. Ge*füge*, Schönheit, *Deut*ung).

Diese Unterscheidung ist von erheblicher syntaktischer Bedeutung, da besonders deverbale Ableitungen ein beträchtliches syntaktisches Fügepotential (sog. Substantivvalenz, s. z.B. Eisenberg 2004 Bd. 2, 263 ff.) entwickeln können:

- die Vermutung, dass nicht alles mit rechten Dingen zuging (Attributsatz; direktes Objekt zu „vermuten" bei verbaler Formulierung)
- die Vernehmung des Journalisten (Genitivattribut; direktes Objekt zu „vernehmen" bei verbaler Formulierung)
- die Vernehmung des Journalisten (Genitivattribut; Subjekt zu „vernehmen" bei verbaler Formulierung)
- die Frage nach dem Sinn (Präpositionalattribut: Präpositionalobjekt zu „fragen" bei verbaler Formulierung)

3.2.5. Semantik des Substantivs

Wie in 3.1.1. und 3.1.2. dargetan, ist die Begriffsgeschichte der Kategorie Substantiv wesentlich von einer bestimmten Auffassung des Zustandekommens von Bedeutung, nämlich dem „*Namensmodell*" (Ehlich 2002, 74), geprägt. Hiernach sind Substantive als Namen von Individuen (Eigennamen, *nomina propria*), Gattungen (Gattungsnamen, *nomina appellativa*) oder Substanzen/Stoffen aufzufassen.

Eigennamen „sicher[n] (…) die Identität eines Einzelwesens" (Brinkmann 1971, 7). Die kommunikative Verwendung eines Eigennamens setzt mithin die Bekanntheit des „Einzelwesens" beim Hörer voraus, weswegen Determination i.d.R. nicht erforderlich ist (s. Hoffmann 1999). Kombinatorische Beschränkungen an der syntaktischen Oberfläche, z.B. dass Eigennamen nicht prädikativ verwendet werden können (z.B. Frege 1892b), sind in der Natur der Sache begründet: Eigennamen benennen Wissensadressen. In *Das ist Herr Maier* liegt die Verabredung einer Sprechweise vor: Durch die Deixis *das* erreicht der Sprecher, dass der Hörer seine Aufmerksamkeit auf das – komplexe – Verweisobjekt fokussiert; durch die flektierte Form von *sein* wird das Verweisobjekt als Teil einer Wissensstruktur (Thielmann 2003) ausgewiesen, die durch den Eigennamen *Herr Maier* komplettiert wird. Der Hörer, der den Eigennamen als solchen erkennt, weist ihn der Wissensadresse zu, die er dem Verweisobjekt einräumt oder dafür bereithält. Dass Eigennamen nicht etwa „Namenstäfelchen" für Außersprachliches im Sinne Wittgensteins (s. 3.1.1.) sind, sondern Wissensadressen benennen, wird besonders daran deutlich, dass auch abstrakte Konzeptionen „Einzelwesen" sein können. So besteht nach Frege (1892b) der Sachverhalt, der durch die Gleichung *2x2=4* ausgedrückt wird, darin, dass auf beiden Seiten derselbe *Gegenstand*, nämlich die Zahl Vier, *mit verschiedenen Eigennamen* benannt wird. *2x2, 7–3, –237+241* etc. sind nach Frege als Eigennamen der Zahl Vier aufzufassen, die dieselbe Bedeutung (die Zahl Vier) bezeichnen, aber nicht denselben Sinn ausdrücken – ähnlich wie die Ausdrücke *Morgenstern* und *Abendstern* (vgl. 3.1.2.).

Substanz/Stoffbezeichnungen teilen mit Eigennamen – im Unterschied zu *Gattungsbezeichnungen* – die Eigenschaft begrenzter Determinationsfähigkeit, da Substanzen/Stoffe dem Begriff nach amorph sind, die Gemeinsamkeit im Wissen bei Verwendung einer solchen Bezeichnung also unterstellt werden muss:

Silizium ist ein Halbleiter.

Spezifizierungen erfolgen daher über Restriktion (s. Hoffmann 2003):

das Wasser der Isar

Dass Substantive *Begriffe,* also mentale Wissenskomplexe, benennen, ist innerhalb der Linguistik durchaus kein Konsens. So schreibt z.B. Lyons:

> „Es fehlt nicht an Theorien dessen, was gemeinhin Begriffsbildung genannt wird, und einige dieser Theorien sind von Psychologen entworfen worden und durch experimentelle Ergebnisse gestützt worden. Das Problem besteht jedoch darin, dass solche Theorien lediglich das Wort *Begriff* anstelle von *Bedeutung* verwenden, ohne es unabhängig zu charakterisieren." (1991, 12)

Lyons' Kritik an Theorien der Begriffsbildung enthält zwei wesentliche Aspekte: Von den mit Begriffsbildung befassten Fachwissenschaftlern erwähnt er ausschließlich die *Psychologen*. *Alle* Theorien der Begriffsbildung hingegen, also auch die nicht von Psychologen aufgestellten, scheitern seiner Ansicht nach letztlich daran, dass sie den Ausdruck „Begriff" anstelle des Ausdrucks „Bedeutung" verwenden, ohne dass es zu einer unabhängigen Charakterisierung des Ausdrucks „Begriff" kommt. Hierdurch wird nahegelegt, dass Lyons die Auffassung vertritt, dass Begriffsbildung ein *psychologisches* Phänomen ist, dessen empirisch basierte Untersuchung daher eher nicht in die Linguistik gehört; ferner, dass es auch bei solchen empirischen Untersuchungen nicht gelungen ist, den Ausdruck „Begriff" in deutlicher Abgrenzung zu dem Ausdruck „Bedeutung" zu etablieren.

Diese Auffassung ist vielleicht dafür verantwortlich, dass im HSK Semantik weder ältere psychologische noch neuere linguistische und sprachphilosophische Ansätze, die die konzeptuelle Ebene von Sprache miteinbeziehen, nennenswerte Beachtung finden – so z. B. die gerade nicht im Innersprachlichen verbleibenden Untersuchungen Vygotskys zur Begriffsbildung bei Kindern und Jugendlichen (1964, 1987), die Vernetzungsmodelle Thagards (1984), Wierzbickas „Natural Semantics" (1985) oder die kognitive Linguistik Langackers (1987, 1990).

Wie Wierzbicka (1985) zeigt, können auch dort, wo ein sprachlicher Ausdruck ‚scheinbar' auf ein scheinbar simples Alltagsding referiert, hochkomplexe Wissensstrukturen vorliegen, die gesellschaftliches Handeln anleiten:

„JUMPERS

A KIND OF THING MADE BY PEOPLE FOR PEOPLE TO WEAR IMAGINING THINGS OF THIS KIND PEOPLE WOULD SAY THESE THINGS ABOUT THEM

they are made to be worn on the upper half of the body, below the head when it is cold
to be warm

they are made of wool or something similar to wool in appearance and warmth so that they can be warm and stretchy

they are made in such a way that they can stretch
so that when they are on the body all their parts can be close to the body causing the person to be warm
and so that they can be put on and taken off quickly
by pulling them over the head
and so that they are comfortable to wear and easy to handle

they can be worn on top of something else put on the body in order to cover the body
so that when one gets too warm one can take them off"

(Wierzbicka 1985, 350)

Jumpers, also Pullover, sind für ein System gesellschaftlicher Zwecke produzierte Artefakte: Sie dienen der Warmhaltung des Körpers, besonders in Situationen, wo zwischen kalten und warmen Umgebungen (z. B. drinnen und draußen) gewechselt wird. Man muss sie daher problemlos an- und ausziehen können. Die innere Struktur dieser Artefakte korrespondiert diesen äußeren Zwecken. Material und Schnitt sind auf die äußeren Zwecke abgestimmt: Leinen ist mangels Dehnbarkeit und geringen Kälteschutzes ungeeignet; selbst ein recht enger Schnitt hingegen ist bei dehnbarem Material möglich.

Jumpers, als konkrete Dinge, sind Antworten auf eine gesellschaftliche Problemkonstellation. Gemäß den Zwecken, für die sie produziert werden, kommt ihnen aber auch eine spezifische *Hantierungsgrammatik (affordance)* zu: Ihre Bequemlichkeit lässt sie in bestimmten sozialen Kontexten als salopp erscheinen; bei Minusgraden sind sie als Kälteschutz allein nicht ausreichend; sie werden nicht auf der Haut getragen und daher i. d. R. auch seltener gewaschen als ein Hemd; etc.

Es ist nun dieses Wissen um ein *spezifisches System von internen und externen Zwecken*[13] sowie die diesen Zwecken korrespondierende *Hantierungsgrammatik,* das die Wissensstruktur eines *Dingbegriffs* konstituiert und stets als zumindest implizites Aktantenwissen verfügbar ist.

---

13   „[T]hey can be worn on top of something else put on the body in order to cover the body so that when one gets too warm one can take them off" ist ein externer Zweck; „they are made of wool or something similar to wool in appearance and warmth so that they can be warm and stretchy" ein interner.

Ist das Ding in der Sprechsituation präsent, ermöglicht die durch den Symbolfeldausdruck benannte Wissensstruktur eine *Kategorisierung* und damit eine Hörerorientierung:

- You can't wear that!
+ What do you mean?
- Well, that jumper. The colour is atrocious!

Ist das Ding hingegen in der Sprechsituation nicht präsent, werden Teile des (impliziten) Aktantenwissens aktualisiert:

It was a black tie dinner and he appeared in a jumper! (Hantierungsgrammatik)

You know, he even knitted a jumper for me. But it was so tight around the neck that I couldn't take it off. (externer Zweck – Funktion)

We can't take too many jumpers. You know we're only allowed ten kilograms. (interner Zweck – Material)

Diese – quasi-empirischen – Beispiele machen deutlich, dass nicht mit dem sprachlichen Ausdruck einfach auf ein Ding referiert wird. Vielmehr benennt der sprachliche Ausdruck die den Dingbegriff konstituierende Wissensstruktur. Dingbegriffliche Wissensstrukturen eröffnen ein Handlungspotential: Sie machen vergangene, gegenwärtige und zukünftige Wirklichkeit für die Aktanten verfügbar und leiten das Handeln der Aktanten an der Wirklichkeit an.

Abstrakte Konzeptionen können dingbegriffliche Wissensstrukturen an Komplexität noch einmal erheblich übersteigen, wie z.B. an juristischen Ausdrücken *(Körperverletzung, Untreue, Vertrag)* deutlich wird. Der Kern eines Begriffes wie *Gesellschaft bürgerlichen Rechts (GbR)* ist durch § 705 BGB gegeben:

„Durch den Gesellschaftsvertrag verpflichten sich die Gesellschafter gegenseitig, die Erreichung eines gemeinsamen Zweckes in der durch den Vertrag bestimmten Weise zu fördern, insbesondere die vereinbarten Beiträge zu leisten."

Hierbei handelt es sich zunächst um die „Festschreibung einer Alltagsnorm" (vgl. Hoffmann 1998, 523): Es wird kodifiziert, dass Menschen sich zu der Erreichung gemeinsamer Zwecke verpflichten. Die Leistung des Begriffes besteht darüber hinaus darin, dass er einen großen Bereich alltäglichen gesellschaftlichen Handelns für die Zwecke institutionell vermittelten Interessenausgleichs kategorisiert und somit für das institutionelle Handeln verfügbar macht. So kann eine GbR z.B. aus einer durch mündliche Absprache zustande gekommenen Fahrgemeinschaft bestehen oder aus einer auf schriftlichem Vertrag basierten Anwaltsfirma mit über hundert Mitgliedern. Der Begriff ist in eine Vielzahl gesetzlicher Bezüge eingebunden (u.a. § 706–740 BGB). Er besteht aber nicht nur in einem *Wissen* um die durch den Gesetzestext eröffneten theoretischen individuellen und institutionellen Handlungswege sowie deren Bedingungen, sondern auch um *die durch faktisches Handeln im Rahmen dieser Möglichkeiten gestiftete Praxis in ihrer Geschichtlichkeit*. Der Begriff der GbR ist also nicht allein durch eine „Nominaldefinition" (wie z.B. § 705 BGB) gegeben, sondern die ihn konstituierende Wissensstruktur ist nur durch *Rekonstruktion der Praxis selbst* zu ermitteln. In der Begründung des BGH-Urteils 29.1.2001 – II ZR 331/00 (OLG Nürnberg), das – in Abweichung von der vorhergehenden Rechtssprechung – die GbR als rechtsfähig ansieht, wird daher auch der Begriff der GbR zunächst rekonstruktiv anhand der vorhergegangenen Rechtssprechung entwickelt.

3.2.6. Abgrenzungsfragen – orthographische Probleme

Orthographische Probleme und Zweifelsfälle im Zusammenhang mit Substantiven betreffen die Bereiche Groß- und Kleinschreibung sowie Getrennt- und Zusammenschreibung. Sie rühren v.a. daher, dass das orthographische System, wie es aus einem mehrhundertjährigen, sprachwissenschaftlich informierten Problemlösungszusammenhang hervorgegangen ist (cf. Maas 1992), in Referenzwerken (z.B. Duden) in einer Weise charakterisiert wird, die seinem Verständnis nicht förderlich ist. Bei den folgenden, bereits in 3.2.3. diskutierten Beispielen sind die groß geschriebenen Ausdrücke keine Substantive, da sie das Genus über den Determinator zugewiesen bekommen:

 schön → der/die/das Schöne
 ich → das Ich; worin → das Worin (Heidegger)

Großgeschrieben werden im Deutschen – abgesehen von dem Satzanfang – also nicht Substantive, sondern diejenigen Einheiten, die *Kopf einer Nominalphrase sind* (cf. Maas 1992). In diese Funktion treten zwar typischerweise Substantive ein, aber nicht ausschließlich, da im Deutschen im Prinzip jede Wortart zum Kopf einer Nominalphrase erhoben werden kann. Dadurch, dass der Duden die Großschreibung an einer Wortklasse festmacht, wird der Blick auf die tatsächlichen Gegebenheiten verstellt:

> „Die Grundregel lautet, dass Substantive (Hauptwörter, Nomina), Satzanfänge und Eigennamen mit großem Anfangsbuchstaben geschrieben werden. Schwierigkeiten können dadurch entstehen, dass nicht immer klar zu erkennen ist, ob ein Substantiv, ein Satzanfang oder ein Eigenname vorliegt." (Duden 2000^{22}, 49)

Unsicherheiten – und mithin Reformpotential – eröffnen auch Ausdrücke wie *aufgrund, anstelle, mithilfe* etc., die sich einem „typischen Grammatikalisierungsprozess zur Bildung komplexer Präpositionen" verdanken (Eisenberg 2004 Bd. 1, 224). Dies sieht man schon daran, dass diese Präpositionalphrasen mit Symbolfeldausdrücken ohne Determinator (bzw. ohne die entsprechenden Klitisierungen) gebildet sind, wie sie im Deutschen sonst nicht vorkommen. Funktional-grammatisch gesprochen: Das aus einer relationierenden Prozedur (Grießhaber 1999) und einem Symbolfeldausdruck bestehende routinisierte Syntagma übernimmt selbst operative Aufgaben, der Symbolfeldausdruck wird für operative Zwecke funktionalisiert. Eine Regelung, die im Sinne der Konsistenz auf Groß- und Getrenntschreibung insistiert, kann eine solche bereits erfolgte *Feldtransposition* (Ehlich 2000^2, Redder 2005) nicht aufheben.[14]

4. Literatur

Admoni, W. (1982^4) Der deutsche Sprachbau. München: Beck
Aichinger, C. F. (1754; ND 1992) Von den Theilen der Rede überhaubts. In: Knobloch, C./Schaeder, B. (Hg.) (1992) Wortarten. Beiträge zur Geschichte eines grammatischen Problems. Tübingen: Niemeyer, 59–69
Bergenholtz, H./Schaeder, B. (1977) Die Wortarten des Deutschen. Versuch einer syntaktisch orientierten Klassifikation. Stuttgart: Klett
BGH, Urteil v. 29.1.2001 – II ZR 331/00 (OLG Nürnberg). In: Juristen Zeitung http://www.mohr.de/jrnl/jz/jz5612urt.htm (Stand: 15.2.06).
Blake, N. (Hg.) (1992) The Cambridge history of the English language. Vol. II: 1066–1476. Cambridge: University Press
Brinkmann, H. (1971) Die Deutsche Sprache – Gestalt und Leistung. Düsseldorf: Schwann

---

[14] *Feldinterne* Transpositionen liegen bei Verben wie *kopfstehen* und *autofahren* vor, deren nominale Komponente zum zweiten, unflektierten Verbbestandteil neutralisiert wurde (vgl. *Er steht heute kopf.* u. *Er fährt gerne auto.*). Auch hier werden durch Großschreibung strukturelle Gegebenheiten verdeckt.

Brünner, G. / Redder, A. (1983) Studien zur Verwendung der Modalverben. Tübingen: Narr
Bühler, K. (1934; ND 1982) Sprachtheorie (= UTB 1159). Stuttgart: Fischer
Buridanus, J. (1964) Kommentar zur Aristotelischen Physik (= Faksimiledruck der Druckausgabe von 1509; Handschrift um 1328). Frankfurt / Main: Minerva
Carlson, G. N. (1991) Natural Kinds and Common Nouns. In: Stechow, A. v. / Wunderlich, D. Semantik. Ein internationales Handbuch der zeitgenössischen Forschung. Berlin / New York: de Gruyter, 370–398
Donalies, E. (2002) Die Wortbildung des Deutschen. Ein Überblick (= Studien zur deutschen Sprache 27). Tübingen: Narr
Drach, E. (1937; ND 1963) Grundgedanken der deutschen Satzlehre. Darmstadt: WBG
Duden (2000^{22}) Die deutsche Rechtschreibung. Mannheim: Dudenverlag
Duden (2005^7) Die Grammatik. Mannheim: Dudenverlag
Ehlich, K. (2000^2) Funktional-pragmatische Kommunikationsanalyse – Ziele und Verfahren. In: Hoffmannn, L. (Hg.) Sprachwissenschaft. Ein Reader. Berlin / New York: de Gruyter, 183–202
Ehlich, K. (2002) Analytische Sedimente. In: Peschel, C. (Hg.) (2002) Grammatik und Grammatikvermittlung. Frankfurt [u. a.]: Lang, 65–80
Ehlich, K. (2003) Determination. Eine funktional-pragmatische Analyse am Beispiel hebräischer Strukturen. In: Hoffmann, L. (Hg.) Funktionale Syntax. Die pragmatische Perspektive. Berlin / New York: de Gruyter, 307–334
Ehlich, K. (2004) Karl Bühler – zwischen Zeichen und Handlung oder: von den Mühen des Entdeckens und seinen Folgen. In: Ehlich, K. / Meng, K. (Hg.) Die Aktualität des Verdrängten. Studien zur Geschichte der Sprachwissenschaft im 20. Jahrhundert. Heidelberg: Synchron, 273–292
Eichinger, L. (2000) Deutsche Wortbildung. Eine Einführung. Tübingen: Narr
Eisenberg, P. (2004^2) Grundriß der deutschen Grammatik. Bd. 1: Das Wort u. Bd. 2: Der Satz. Stuttgart: Metzler
Engel, U. (1988^2) Deutsche Grammatik. Heidelberg: Groos
Erben, J. (2000^4) Einführung in die deutsche Wortbildungslehre (= Grundlagen der Germanistik 17). Berlin: ESV
Frege, G. (1892a; ND 2002) Über Sinn und Bedeutung. In: Patzig, G. (Hg.) Frege, G. Funktion – Begriff – Bedeutung. Göttingen: Vandenhoeck & Ruprecht, 23–46
Frege, G. (1892b; ND 2002) Über Begriff und Gegenstand. In: Patzig, G. (Hg.) Frege, G. Funktion – Begriff – Bedeutung. Göttingen: Vandenhoeck & Ruprecht, 47–60
Frege, G. (1914; ND 1990^3) Logik in der Mathematik. In: Gabriel, G. (Hg.) Frege, G. Schriften zur Logik und Sprachphilosophie. Aus dem Nachlaß. Hamburg: Meiner
Froschauer, R. (2003) Genus im Althochdeutschen. Eine funktionale Analyse des Mehrfachgenus althochdeutscher Substantive (= Germanistische Bibliothek 16). Heidelberg: Winter

Galilei, G. (1637; ND 1965²) Discorsi e Dimostrazioni matematiche, intorno à due nuove scienze (Le opere di Galileo Galilei, Bd. VIII). Florenz: Barbèra

Gil, D. (2000) Syntactic categories, cross-linguistic variation and universal grammar. In: Vogel, P. M. / Comrie, B. (Hg.) Approaches to the Typology of Word Classes. Berlin / New York: Mouton de Gruyter, 173–216

Grießhaber, W. (1999) Die relationierende Prozedur. Zu Grammatik und Pragmatik lokaler Präpositionen und ihrer Verwendung durch türkische Deutschlerner. Münster / New York: Waxmann

Hawkins, J. A. (1986) A Comparative Typology of English and German. Unifying the Contrasts. Austin: University of Texas

Hermann, E. (1928) Die Wortarten. Berlin: Weidmann

Hoffmann, L. (1996) Satz. In: Deutsche Sprache 3 / 96, 193–223

Hoffmann, L. (1998) Das Gesetz. In: Hoffmann, L. / Kalverkämper, H. / Wiegand, H. E. (Hg.) Fachsprachen. HSK. Berlin / New York: de Gruyter (1998), 522–528

Hoffmann, L. (1999) Eigennamen im sprachlichen Handeln. In: Bührig, K. / Matras, Y. (Hg.) Sprachtheorie und sprachliches Handeln. Tübingen: Stauffenburg, 213–234

Hoffmann, L. (2003) Funktionale Syntax: Prinzipien und Prozeduren. In: Hoffmann, L. (Hg.) Funktionale Syntax. Die pragmatische Perspektive. Berlin / New York: de Gruyter, 18–121

Kaltz, B. (2000) Wortartensysteme in der Linguistik. In: Booij, G. E. et al. (Hg.) (2000) Morphologie. Ein internationales Handbuch zur Flexion und Wortbildung. Berlin / New York: de Gruyter, 693–707

Köpke, K.-M. / Zubin, D. A. (1984) Sechs Prinzipien für die Genuszuweisung im Deutschen: Ein Beitrag zur natürlichen Klassifikation. In: Linguistische Berichte 93, 26–50

Köpcke, K.-M. / Zubin, D. A. (2005) Nominalphrasen ohne lexikalischen Kopf – Zur Bedeutung des Genus für die Organisation des mentalen Lexikons am Beispiel der Autobezeichnungen im Deutschen. In: Zeitschrift für Sprachwissenschaft 24, 93–122

Knobloch, C. / Schaeder, B. (2000) Kriterien für die Definition von Wortarten. In: Booij, G. E. et al. (Hg.) (2000) Morphologie. Ein internationales Handbuch zur Flexion und Wortbildung. Berlin / New York: de Gruyter, 674–692

Langacker, R. W. (1987) Foundations of Cognitive Grammar. Vol. I. Theoretical Prerequisites. Standford: Stanford University Press

Langacker, R. W. (1990) Concept, Image, and Symbol. The Cognitive Basis of Grammar. Berlin / New York: Mouton de Gruyter

Lehmann, C. / Moravcsik, E. (2000) Noun. In: Booij, G. E. et al. (Hg.) (2000) Morphologie. Ein internationales Handbuch zur Flexion und Wortbildung. Berlin / New York: de Gruyter, 732–757

Leiss, E. (1994) Genus und Sexus. Kritische Anmerkungen zur Sexualisierung von Grammatik. In: Linguistische Berichte 152, 281–300

Lyons, J. (1991) Bedeutungstheorien. In: Stechow, A. v. / Wunderlich, D. (Hg.) Semantik. HSK. Berlin / New York: de Gruyter, 2–24

Maas, U. (1992) Grundzüge der deutschen Orthographie. Tübingen: Niemeyer
Mager, C. M. (1841; ND 1992) Die grammatischen Kategorien. In: Knobloch C./Schaeder, B. (Hg.) (1992) Wortarten. Beiträge zur Geschichte eines grammatischen Problems. Tübingen: Niemeyer, 99–150
Otto, E. (1928) Die Wortarten. In: Knobloch C./Schaeder, B. (Hg.) (1992) Wortarten. Beiträge zur Geschichte eines grammatischen Problems. Tübingen: Niemeyer, 197–206
Paul, H. (1880; 1975^9) Prinzipien der Sprachgeschichte (unveränderter Nachdruck der 5. Auflage von 1920). Tübingen: Niemeyer
Polenz, P. v. (1978) Geschichte der deutschen Sprache. Berlin/New York: de Gruyter
Redder, A. (2004) Vorstellung – Begriff – Symbol: zu Konzeption und Konsequenzen bei Vygotskij und Bühler. In: Ehlich, K./Meng, K. (2004) Die Aktualität des Verdrängten. Studien zur Geschichte der Sprachwissenschaft im 20. Jahrhundert. Heidelberg: Synchron, 339–370
Redder, A. (2005) Wortarten oder sprachliche Felder, Wortartenwechsel oder Feldtransposition? In: Knobloch, C./Schaeder, B. (Hg.) (2005) Wortarten und Grammatikalisierung. Perspektiven in System und Erwerb. Berlin/New York: de Gruyter, 43–66
Regener, D./Schick, E./Heyse, H. (2003) Mikrostrukturelle Veränderungen von Magnesium-Druckgusslegierungen nach langzeitiger thermischer Beanspruchung. In: Materialwissenschaft und Werkstofftechnik 34, 721–728
Rehbein, J. (1992) Zur Wortstellung im komplexen deutschen Satz. In: Hoffmann, L. (Hg.) Deutsche Syntax. Ansichten und Aussichten. Berlin: de Gruyter, 523–574
Robins, R. H. (1966; ND 1992) The Development of the Word Class System of the European Grammatical Tradition. In: Knobloch, C./Schaeder, B. (Hg.) (1992) Wortarten. Beiträge zur Geschichte eines grammatischen Problems. Tübingen: Niemeyer, 315–332
Sasse, H.-J. (1993) Syntactic Categories and Subcategories. In: Jacobs, J. et al. (Hg.) (1993) Syntax. Ein internationales Handbuch zeitgenössischer Forschung. Berlin/New York: de Gruyter, 646–686
Saussure, F. d. (1916; Übers. 1967^2) Grundfragen der allgemeinen Sprachwissenschaft (hg. v. Bally, C. u. Sechehaye, A.; übers. v. Lommel, H.). Berlin: de Gruyter
Stechow, A. v./Wunderlich, D. (1991) (Hg.) Semantik. HSK. Berlin/New York: de Gruyter
Sütterlin, L. (1900, 1923^5) Die deutsche Sprache der Gegenwart. Leipzig: Voigtländer
Thagard, P. (1984) Conceptual combination and scientific discovery. In: Asquith, P./Kitcher, P. (Hg.) PSA 1984. Vol. 1. East Lansing: Philosophy of Science Association, 3–12
Thielmann, W. (2003) Zur Funktionalität des Seinsverbs im Deutschen. In: Hoffman, L. (Hg.) (2003) Funktionale Syntax. Die pragmatische Perspektive. Berlin/New York: de Gruyter, 189–207

Thielmann, W. (2004) Begriffe als Handlungspotentiale – Überlegungen zu einer Klärung des Phänomens der „Bedeutung" einiger fach- bzw. wissenschaftssprachlicher Symbolfeldausdrücke. In: Linguistische Berichte 199, 287–311

Thielmann, W. (2006) Hinführen – Verknüpfen – Benennen: Zur Wissensbearbeitung beim Leser in deutschen und englischen Wissenschaftstexten. München: mimeo

Vogel, P. M. (2000) Grammaticalization and part-of-speech systems. In: Vogel, P. M. / Comrie, B. (Hg.) Approaches to the Typology of Word Classes. Berlin / New York: Mouton de Gruyter

Vygotskij, L. S. (1964) Denken und Sprechen. Berlin: Akademie

Vygotskij, L. S. (1987) Ausgewählte Schriften. Bd. II: Arbeiten zur psychischen Entwicklung der Persönlichkeit (hg. v. Lompscher, J.). Berlin: VEB Volk und Wissen

Wegener, H. (1995) Die Nominalflexion des Deutschen – verstanden als Lerngegenstand. Tübingen: Niemeyer

Weinrich, H. (1993) Textgrammatik der deutschen Sprache. Mannheim: Dudenverlag

Wieland, W. (1970^2) Die aristotelische Physik. Untersuchungen über die Grundlegung der Naturwissenschaft und die sprachlichen Bedingungen der Prinzipienforschung bei Aristoteles. Göttingen: Vandenhoeck & Ruprecht

Wierzbicka, A. (1985) Lexicography and Conceptual Analysis. USA: Karoma

Wittgenstein, L. (1953; ND 1985^5) Philosophische Untersuchungen. (Werkausgabe Bd. 1) Frankfurt / Main: Suhrkamp

Zifonun, G. / Hoffmann, L. / Strecker, B. et al. (1997) Grammatik der deutschen Sprache. Berlin / New York: de Gruyter

Winfried Thielmann (München)

C24 Verb

1. Wortartbezeichnung
2. Kurzdefinition
3. Das Verb im Deutschen
3.1. Forschungsgeschichte
3.1.1. Die Identifizierung von Verben
3.1.2. Klassifikationen
3.2. Systematische Darstellung – Teil I: Flexionssystem
3.2.1. Flexionsklassen
3.2.2. Finite Verbformen
3.2.2.1. Die kongruenzabhängigen Markierungen finiter Verben – Person und Numerus
3.2.2.2. Die inhärenten Markierungen finiter Verben – Tempus und Modus
3.2.2.2.1. Tempus / Distanz – Präsens und Präteritum
3.2.2.2.2. Modus – Indikativ und Konjunktiv
3.2.2.2.3. Die perfektischen Formen – Perfekt und Plusquamperfekt
3.2.2.2.4. Futur – Tempus oder Modus?
3.2.3. Infinite Verbformen
3.2.3.1. Das Partizip II (Supinum im 3. Status)
3.2.3.2. Der *zu*-Infinitiv (Supinum im 2. Status)
3.2.3.3. Der reine Infinitiv (Supinum im 1. Status)
3.2.3.4. Aspekt
3.2.3.5. Die Syntax der Infinitive (*zu*-Infinitiv, reiner Infinitiv)
3.2.4. Semifinite und nicht flektierte Verbformen
3.3. Systematische Darstellung – Teil II: Lexikalisch-semantische Aspekte des Verbs
3.3.1. Prädikation
3.3.1.1. Logisches Prädikat, Geltung, dekomponierte Teilprädikationen
3.3.1.2. Abgrenzung verschiedener Prädikatsbegriffe
3.3.2. Valenz
3.3.2.1. Rollen, Protorollen, Linking, Hierarchie
3.3.2.2. Morphosyntaktische Kodierungsmechanismen: Rektion und Kongruenz
3.3.2.3. Ebenen der Verbvalenz
3.3.2.4. Wertigkeit / Stelligkeit
3.3.2.5. Ergänzungen und Angaben
3.3.3. Semantische Strukturiertheit des Verbs
3.3.3.1. Verben der Bewegung
3.3.3.2. Andere semantische Verbklassen
3.3.3.3. Modalverben und verwandte Konstruktionen
3.3.3.4. Ereignisstruktur: von zeitlich über aktional bis perspektivisch
3.3.3.4.1. Aktionsarten
3.3.3.4.2. Das Hilfsverbsystem und der Zusammenhang mit den Aktionsarten
3.3.3.4.3. Transitivität, Intransitivität, Ergativität
3.3.3.4.4. Diathesen: Passiv
3.4. Verbstellung: Stellungsfelder im deutschen Satz
4. Literatur

1. Wortartbezeichnung

Der Ausdruck *Verb* (verbum = Wort) stammt aus dem Lateinischen und löst das griechische *rhema* ab, mit dem der durch das Verb ausgedrückte Redeteil zum ersten Mal bei Plato beschrieben ist. Vor allem in der didaktischen Literatur wird von den Bezeichnungen *Zeitwort, Tätigkeitswort, Tuwort* Gebrauch gemacht. Mit den Eindeutschungen sind jeweils Reduktionen auf einzelne Klassenmerkmale verbunden, die weder sachlichen noch lerntheoretischen Gegebenheiten standhalten (vgl. zum Terminologienstreit in der Schule exemplarisch Bausch / Grosse 1987 und Müller 2003).

2. Kurzdefinition

Verb, konjugierende, d.h. nach Person / Numerus, Tempus (Präsens und Präteritum), Modus (Indikativ und Konjunktiv) flektierende Wortklasse. Neben diesen als *finit* bezeichneten Verbformen treten Verben außerdem *infinit* (Infinitiv *(jammern)*, Partizip *(gejammert)*) und *semifinit* (Donhauser 1986) auf (Imperativ *(komm, gib)*) sowie *nicht flektiert* als Inflektiv *(jammer, ächz)* (Kap. 3.2.2. ff.). Darüber hinaus können im verbalen System finite und infinite Verbformen in regelhaften, analytischen (periphrastischen) Konstruktionen zusammentreten (z.B. *wird geküsst, hat geliefert*) (vgl. Kap. 3.2.2.2. u. 3.3.3.4.4.).

Mit Verben werden vorzugsweise Ereignisse / Vorgänge / Zustände verbalisiert (Kap. 3.3.3.4.1.); funktionalpragmatisch sind Verben zugrundeliegend dem *Symbolfeld* (Bühler 1934) zuzurechnen, das Ausdrücke enthält, mit denen Sprecher Benennungen vornehmen, mit der flexionsmorphologischen Ausdifferenzierung sind jeweils weitere Prozeduren (deiktische, operative, lenkende) an die Verbstämme gebunden.

In Abhängigkeit von ihrer Bedeutung verbinden sich Verben in Satzzusammenhängen mit weiteren Mitspielern, mit denen sie geordnete Beziehungen eingehen. Diese als Valenz bezeichnete Eigenschaft von Verben ist Gegenstand von Kap. 3.3.2.

Eine weitere wichtige Eigenschaft von Verben ist es, dass sie – abhängig von ihrer konkreten Form – nur an bestimmten Stellen im Satz stehen können. Die Topologie des Verbs ist Gegenstand von Kap. 3.4.

3. Das Verb im Deutschen

3.1. Forschungsgeschichte

3.1.1. Die Identifizierung von Verben

Plato kennt zwei Wortarten, *onoma* und *rhema*, das Substantiv und das Verb: „Das, wodurch wir die Handlungen ausdrücken, nennen wir […] Verbum. […] Denjenigen sprachlichen Ausdruck aber, der sich auf die Handelnden selbst bezieht, nennen wir Substantivum" (Plato: Sophistes, Kap. 45: 115). Dem Fremdling, der diesen Zusammenhang äußert, geht es darum, zu definieren, was eine Aussage ist – die Herleitung von onoma und rhema ist insofern ein Nebenprodukt und angesprochen sind eher Subjekt und Prädikat als Substantiv und Verb. Dieser erste Zugriff auf das Verb als *pars orationis* (Teil der Rede) wird über lange Zeit bestimmend bleiben.

Eine erste Verfeinerung unternimmt Aristoteles: Er definiert das Verb als Ausdruck mit Zeitbezug, lässt seine definierende Charakterisierung als syntaktische Funktion (Prädikat *(rhema)*) jedoch unangetastet (vgl. Arens 1974: 13). In der Stoa werden neben temporalen auch modale Bezüge wahrgenommen, obgleich auch hier noch keine formorientierte Reanalyse der Wortarten erfolgt. Eine erste formalere Zugriffsweise auf das Verb liegt mit Varro vor: Er unterscheidet vier *partes orationis*: 1. solche mit Kasus, 2. solche mit Tempus, 3. solche mit Kasus und Tempus, 4. solche ohne Kasus und ohne Tempus, wobei die Nomen der Kategorie 1, die Verben der Kategorie 2 zugeordnet werden (Arens 1974). Dieses Modell wird ca. 250 Jahre später von Dionysios Thrax weiter ausgebaut, der das Verb definiert als Wort, das hinsichtlich Kasus nicht flektiert, das aber Temporal-, Person- und Numerusflexion besitzt und eine Tätigkeit oder ein Ereignis bezeichnet (vgl. Arens 1974: 24).

Mit den seit Plato gegebenen Bestimmungen sind bis zu Thrax praktisch alle heute relevanten Kriterien für die Verbdefinition eingeführt: Syntax (Prädikation), Morphologie (Tempus- / Person- / Numerusbildung) und Semantik (Tätigkeit oder Ereignis). Sie werden je nach Darstellungszweck unterschiedlich gewichtet, wobei über lange Zeit das semantische Kriterium die Oberhand behält. Dies hängt unter anderem mit der Ausgangsdefinition von Substantiv und Verb zusammen, die als *Handelnder* und *Handlung* eingeführt (s.o.) und seitdem eng aufeinander bezogen und aneinander definiert werden. So ist auch bei Thrax das Verb in Abgrenzung vom Substantiv als

Klasse *ohne Kasus* bestimmt (vgl. Arens 1974: 24); umgekehrt ist es bei Melanchthon, bei dem das Nomen als der Teil der Rede bestimmt wird, der die Sache bezeichnet, *nicht die Handlung:* „Nomen est pars orationis, quae rem significat, non actionem." (Melanchthon 1525: 246) Im 16. Jahrhundert beschreibt Thomas von Erfurt im Rahmen seiner Acht-Wortartenlehre das Verb als ein Wort, das den zeitlichen Vorgang bezeichnet, unabhängig von einer Substanz, die es beschreibt – auch ihm kommt es also wesentlich auf eine Abgrenzung zwischen Verben und Substantiven an, wobei das Substantiv den *modus entis* (die Weise der Entität) und das Verb den *modus esse* (die Weise des Seins) repräsentieren soll (vgl. Lehmann 2002).

Die Beschreibung des Verbs als Wort ohne Substantiveigenschaften bereitet bis heute (→ C2 Adjektiv und Adkopula) insbesondere in Bezug auf eine Kategorie große Probleme: das Partizip. Noch bei Thomas von Erfurt ist das Partizip eine eigene Wortart; bestimmt wird es als ein Wort, das den zeitlichen Vorgang bezeichnet, jedoch nicht losgelöst von einer Substanz, die es beschreibt. Vorbereitet worden war diese Sichtweise bei Thrax, bei dem das Partizip als Wort bestimmt ist, das an den Besonderheiten des Verbs und des Nomens teilhat (vgl. Arens 1974: 25). Dasselbe finden wir bei Donatus. Und auch bei Varro ist das Partizip eine eigene Wortklasse; es füllt Rubrik 3, wird also bestimmt als Wort mit Kasus und Tempus.

Unter anderem an solchen Klassifikationsversuchen können wir sehen, dass Tempus über lange Zeit nicht, wie in der modernen Linguistik, als formal (im Dt. flexionsmorphologisch) gedeckte Bestimmung gilt; kennzeichnend für die vormoderne Linguistik ist vielmehr, dass formale und semantische Kriterien eng verzahnt sind.

Erst im 18. Jahrhundert erfolgt eine Rekategorisierung des Partizips: Es wird zunehmend als Verbform klassifiziert; zugleich gewinnt das Adjektiv als eigene Wortklasse stärkere Autonomie. (Zu historischen Kategorisierungsversuchen des Partizips vgl. auch Weber 2002.) Auf der Grundlage solcher Reanalysen gelingen zunehmend formalere Definitionen verbaler Kategorien, auch wenn die Unterscheidung zwischen Form und Bedeutung bis ins 20. Jahrhundert hinein nicht klar vollzogen wurde: Die Erstellung von Verbparadigmen, in denen Form-Funktions-Zusammenhänge systematisiert werden, war bis ins 18. Jahrhundert an das Lateinische als Bezugssprache gebunden. Das hat u. a. zu asymmetrischen Darstellungen geführt: Ausdrücke wie *spiele* und *habe gespielt* standen zusammen im Tempusparadigma, obwohl nur das Präsens eine Verbform darstellt, das Perfekt eine Verbformgruppe. Nicht nur die Sprachdidaktik, sondern auch große Teile der Sprachwissenschaft sind bis heute an diese Darstellung gebunden. Tempus bleibt demnach weiter eine amorphe Kategorie. Die Probleme, die mit diesen und anderen aus dieser Tradition stammenden Darstellungsformen verknüpft sind, werden in den Einzelkapiteln des vorliegenden Beitrags ausführlich behandelt.

Die enge Orientierung der Verbdefinition an der des Nomens und umgekehrt sowie die damit in Zusammenhang stehende unzureichende Trennung zwischen Satzgliedern und Wortarten hat nun aber zu einem dritten blinden Fleck der vormodernen Linguistik geführt: Der Satz – definiert als Kombination von Subjekt/Substantiv und Prädikat/Verb – wurde lange Zeit nicht als hierarchische Struktur erfasst. Die Rolle des Verbs als Kopf des Satzes, der weitere Satzglieder als Ergänzungen nimmt, ist nur von einigen Theoretikern intuitiv erfasst worden. Zwar wird ein rektionsähnliches Konzept schon früh (z.B. bei Thomas v. Erfurt, vgl. Lehmann 2002) diskutiert; diese Versuche bleiben jedoch größtenteils unsystematisch.

Eine der erstaunlichsten Umsetzungen der Idee des Verbs als Kopf des Satzes stammt von Ringmann, der die Wortarten um 1500 mit Bezug auf Donatus in didaktischer Absicht als Figuren darstellt: Das Verb „est quod cum tempore et persona sine casu agere aliquid aut pati aut neutrum significat. Et figuratur per Regem." (Das Verb hat Zeit und Person, aber nicht Kasus; es bestimmt, ob jemand handelt oder leidet oder keins von beidem. Und es ist als König dargestellt.)

Eine Revitalisierung des Valenzkonzepts unternimmt u. a. Bühler (1934: 251): „Habe ich ein Nennwort, welches dieses Denkschema [gemeint ist die Aktion, U. B., C. T.] impliziert, z.B. ein Verbum, dann connotiert es zwei Leerstellen. An ihnen ist der Nominativus und der Akkusativus […] angebracht."

Erst Tesnière 1959 konkretisiert das Modell der Verbvalenz, aus dem dann die Dependenzgrammatik entwickelt wird. Die Trennung zwischen syntaktischer Valenz und der Bindung sog. Kasusrollen (Kap. 3.3.2.1.) stellt einen weiteren wesentlichen Schritt in Richtung einer differenzierten Erfassung der Verhältnisse dar.

Die Ausdifferenzierung der Beschreibung des Verbs in formaler, syntaktischer und semantischer Hinsicht zeitigte jedoch auch Verluste in Bezug auf die in der rhetorischen Tradition angelegten sprachpsychologischen und funktionalen Dimensionen, die, u. a. von Bühler neu fundiert, in der Funktionalen Pragmatik (Ehlich, Rehbein, Redder) weiterentwickelt wurden.

3.1.2. Klassifikationen

Im Rahmen von systematischen Darstellungen haben bei der Subklassifizierung der Verben unterschiedliche Kriterien zu ganz unterschiedlichen Klassenbildungen geführt. Eingeteilt werden können Verben auf der Basis ihrer Bedeutung (z. B. Handlungs-, Prozess-, Zustandsverben, vgl. 3.3.3.4.1.); es entstehen *semantische Subklassen*. Eine weitere Subklassifizierungsmöglichkeit bezieht sich auf Wortbildungsstrukturen. Unterschieden werden können dann z. B. einfache Verben wie *geben, lachen* von abgeleiteten Verben wie *abgeben, auslachen*. Das Resultat sind *Wortbildungssubklassen*. Eine Einteilung nach dem Verhalten von Verben in Sätzen führt zu *syntaktischen Subklassen;* so bilden z. B. die Vollverben eine eigene syntaktische Subklasse, die durch Zuweisung verschiedener Valenzmuster weiter zerlegt werden kann. Eine Sortierung nach Formen, z. B. die Unterscheidung zwischen starken und schwachen Verben, führt zu *flexionsmorphologischen Subklassen*.

Die unumstrittenste Klassifizierung dürfte die flexionsmorphologische sein; die Unterscheidungskriterien sind an der Oberfläche ablesbar, die Einteilungen sind alt und relativ stabil.

Schwieriger ist und war die syntaktische Subklassifizierung. Welche Subklassen angenommen werden, hängt von der Interpretation der syntaktischen Umgebungen ab. So gelangt z. B. Engel 1996 zu einer globalen Einteilung in Haupt- und Nebenverben, wobei als Nebenverben alle die gelten, die weitere Verben binden; Eisenberg 1999 unterteilt die Nebenverben in Hilfsverben (z. B. *haben, sein*) und Modalverben (z. B. *müssen, wollen*), ohne eine übergreifende Kategorisierung vorzuschlagen. In der IdS-Grammatik 1997 und bei Engel 1996 bilden die Funktionsverben *(bringen* in *etwas zur Aufführung bringen)* eine eigene Klasse, bei Eisenberg 1999 nicht.

Die Einteilung nach *Wortbildungssubklassen* ist eng mit der syntaktischen Subklassifizierung verzahnt: Mit der Unterscheidung zwischen *treten* und *betreten* sind zugleich verschiedene syntaktische Valenzmuster erfasst *(Max tritt in den Raum, Max betritt den Raum)*, an deren Verwendung sich allerhand skurrile Interpretationsversuche angeschlossen haben, so etwa, wenn unter dem Schock des Nationalsozialismus vom „inhumanen Akkusativ" gesprochen wird (Weisgerber 1957/58).

Die gravierendsten Abweichungen ergeben sich bei der semantischen Subklassifikation (vgl. Engelberg 2000: 1 ff.). Um eine auf Intuition basierende Klassenbildung zu vermeiden, wurden in der Forschungsgeschichte mehr und mehr solche semantischen Klassifikationen angestrebt, bei denen die entstehenden Subklassen „grammatisch relevante Bedeutungsmerkmale" (Grundzüge 1981: 499) besitzen. In diesem Sinn wird auch in der vorliegenden Übersicht vorgegangen (vgl. Kap. 3.3.2. u. 3.3.3.).

Drei methodische Vorbemerkungen sollen die Lektüre des vorliegenden Beitrags erleichtern:

1. Kompositionalität: In jüngerer Zeit hat in der Sprachwissenschaft ein schon früh aus Freges Arbeiten gewonnenes Prinzip immer deutlicher Berücksichtigung gefunden: Das Kompositionalitätsprinzip besagt, dass sich die Bedeutung komplexer Ausdrücke aus der Bedeutung der Einzelelemente und der Art ihrer Verknüpfung ergibt. Die Fragen nach der angemessenen Zerlegung komplexer Ausdrücke, nach der Interpretation der Einzelelemente und der Bedeutsamkeit ihrer Verknüpfung haben zwar unterschiedliche Antworten erfahren; das Verfahren selbst jedoch scheint zunehmend unstrittig zu sein und stellt auch hier die wichtigste, alle Kapitel übergreifende Zugriffsweise dar. Es wird sowohl auf Verbformen angewendet (z.B. die Zerlegung von *gegeben* in *ge-geb-en;* vgl. hierzu auch Klein 1999) als auch auf die Semantik der Verben (z.B. die Zerlegung von *geben* in semantische Primitiva wie cause, become, have, vgl. Kap. 3.3.1.1. u. 3.3.3. f.).

2. Monofunktionalität: Verbformen kommen i.d.R. nicht isoliert, sondern in Sätzen vor. Die traditionelle Linguistik hat den Unterschied zwischen der Verbform und ihrem Vorkommen in Sätzen häufig in der Weise ignoriert, dass sie bestimmte Satzbedeutungen als Grundlage für die Bestimmung der Verbbedeutung genutzt hat. In eklatanter Weise ist der Konjunktiv von diesem Verfahren betroffen, dessen präteritale Form auf der Grundlage von spezifischen wenn-dann-Konstruktionen als „Potentialis" erfasst *(Wenn Hans Schach spielte, wäre sein Gedächtnis besser)* wird. Die Beobachtung, dass dieselbe Verbform auch in sog. Wunschsätzen *(Wäre er doch hier!)* auftritt, führt dann zur Annahme eines „Volitivs" u.s.f., so dass sich insgesamt polyfunktionale Bestimmungen ergeben. Wir gehen demgegenüber von einer einheitlichen Bedeutung von Formen aus; die verschiedenen Lesarten ergeben sich gemäß dem Kompositionalitätsprinzip aus der regelhaften Kombinatorik mit weiteren Mitteln.

3. Sprechen als Wirklichkeitskonstruktion: Mit dem Gebrauch verschiedener Verbformen werden von Sprechern und Hörern, vorläufig gesprochen, unterschiedliche Zuordnungen von Propositionen (die semantische Information von Sätzen) auf die Wirklichkeit vorgenommen.

Verbalisierungen stellen sich somit als sprecher- und hörerseitig zu vollziehende Konstrukte über die Wirklichkeit dar, nie als deren Abbildung. Ein äußerst strapaziertes Beispiel für diesen Zusammenhang ist die bis zur kopernikanischen Wende mögliche Äußerung *Die Erde ist eine Scheibe.* Wahr war dieser Satz nie; aber Sprecher und Hörer vor Kopernikus nahmen an, er sei es; deshalb konnte er im Indikativ Präsens stehen, wurde verstanden und akzeptiert und als (Konstrukt über die) Wirklichkeit weiterverarbeitet.

3.2. Systematische Darstellung – Teil I: Flexionssystem

3.2.1. Flexionsklassen

Flexionsmarker sind morphologische Mittel, die Stammformen in Bezug auf eine bestimmte syntaktische Kategorie markieren. Bei voll ausgebauten verbalen Paradigmen kommen folgende Flexionsmarker vor: *ge, st* (differenzierbar in *s* und *t*), *n, e* und *t*. Als voll ausgebaut gilt ein verbales Paradigma dann, wenn es hinsichtlich aller Flexionskategorien spezifiziert ist. Fast alle Verben erfüllen diese Bedingung. Ausnahmen davon sind Verben, die nur im reinen Infinitiv vorkommen *(bauchreden / *redet bauch, bausparen / *spart bau);* einige von ihnen können perfektische Formen bilden *(notlanden, ist / war notgelandet),* andere nicht *(*hat / hatte baugespart)* (Wurzel 1993, Gallmann 1999 / 2000, Bredel / Günther 2000).

Der Stamm von Verben ist im Deutschen sowohl Träger der Bedeutung als auch Träger der Wortklasse. Das ist nicht selbstverständlich: Noch im Althochdeutschen finden sich Bedeutungsträger und Wortklasse separat markiert (Abb. aus Teuber 1999, in der Darstellung vereinfacht):

		Althochdeutsch	Neuhochdeutsch
Singular	1	salb – ô – m	salb – e
	2	salb – ô – s	salb – st
	3	salb – ô – t	salb – t
Plural	1	salb – ô – mês	salb – (e)n
	2	salb – ô – t	salb – t
	3	salb – ô – nt	salb – (e)n
Infinitiv		salb – ô – n	salb – (e)n
Substantiv		salb – a	Salb – e

ô steht für den verbalen Gebrauch der Wurzel *salb*, *a* steht für den substantivischen Gebrauch. Im Nhd. fehlen diese Markierungen; damit wird auch eine Unterscheidung zwischen Wurzel und Stamm schwieriger. Wir sprechen im Folgenden von *Stammformen* und beziehen uns dabei auf den Teil des Verbs, der in allen Formen vorkommt. In Abhängigkeit davon, ob sich die Stammform verändert, werden vier Klassen unterschieden.

1. *Schwache Verben:* Sie weisen genau eine Stammform auf. Die Flexionskategorien werden ausschließlich mit morphologischen Markern *(ge-, -s-, -n, -e* und *-t / -d)* gekennzeichnet.
Das Partizip der schwachen Verben hat die Form *ge*-[Stammform]*-t*. Beispiel: *salben, lachen.*

2. *Starke Verben* bilden die Flexionskategorien durch Stammformalternation in Kombination mit morphologischen Markern aus. Vom Infinitiv abweichende Stammformen treten in folgenden Formen auf: (a) 2. / 3. Person Sg. und (b) Imperativ (sog. Vokalhebung, *werfen; du / er wirf(s)t, wirf!*), (c) Prätertium Indikativ (Ablaut, *warf, warfen*), (d) Präteritum Konjunktiv (Ablaut + Umlaut, *würfe*), (e) Partizip 2 (Ablaut, *werfen, geworfen*), das zusätzlich statt des *t*-Markers den *n*-Marker aufweist. Zur Systematik der Ablautreihen vgl. Wiese 2004.
Die Zahl der starken Verben nimmt stetig ab. Ihr Wandel zu schwachen Verben setzt beim Imperativ an *(gib / geb; lies / les);* es folgt ein Abbau der Vokalhebung in der 2. / 3. Person, danach werden die Präteritalformen schwach, am längsten widerstehen die Par-

tizipialformen (noch heute *gebacken/*gebackt*) (Neef 1996, Bittner 1996). Zu einer Auflistung der starken Verben im gegenwärtigen Deutsch vgl. Duden-Grammatik 2005.

In wenigen Fällen bleiben die starke und die schwache Variante erhalten, was zu einer Bedeutungsdifferenzierung führen kann (*erschrecken, erschrickst, erschrak* (= intransitiv); *erschrecken, erschreckt, erschreckte* (= transitiv)).

Zu erwähnen sind weiter die Verben *haben* und *sein*, deren suppletive Stammformalternationen bislang nicht entdeckten Regularitäten unterworfen sind (vgl. *hab-en, ha-st, sei-n, bi-st*).

3. *Gemischte Verben* weisen in Präterital- und Partizipialformen die gleichen, aber vom Präsens verschiedene Stammformen auf und weisen bei der Partizipialbildung die für schwache Verben typische *t*-Affigierung auf *(wenden, wandte, gewandt)*, vgl. Duden-Grammatik 2005.

4. Bei den *Präteritopräsentia* handelt es sich um eine geschlossene Klasse von Verben (alle Modalverben und *wissen*); sie weisen wie die starken Verben mehr als eine Stammform auf; perfektische Formen werden i.d.R. nicht mit dem Partizip gebildet *(hat bleiben wollen, *hat bleiben gewollt)*, obgleich die Partizipialformen nach dem Muster der schwachen Verben gebildet werden können (vgl. *gemusst, gewollt*); zur Verwendung der modalen Partizipien vgl. Kap. 3.3.3.3. Wichtigstes Merkmal der Präteritopräsentia ist, dass sie im Präsens so flektieren wie starke Verben im Präteritum: *ich/er trug, ich/er weiß* (vgl. das fehlende *e* bzw. *t*).

3.2.2. Finite Verbformen

In voll ausgebauten Paradigmen sind die finiten Flexionsmarker am Beispiel der schwachen Verben, die die reichste Morphologie aufweisen (s.o.), wie folgt verteilt (s. nächste Seite).

In einem ersten Systematisierungsschritt können kongruenzabhängige und sog. inhärente Kategorisierungen unterschieden werden (Thieroff 1992). Die kongruenzabhängigen sind Numerus und Person. Ihre Wahl ist abhängig vom Subjekt des Satzes. Mit der Subjekt-Verb-Kongruenz wird eine Verknüpfung des Subjektaktanten mit einer Prädikation geleistet (s.u.). Inhärent, d.h. von der syntaktischen Umgebung unabhängig, sind Tempus und Modus. Mit ihnen wird, vorläufig gesprochen, die gesamte Referenz-Prädikationsstruk-

Verb 833

finite Formen

Numerus	Person	Indikativ Präsens	Indikativ Präteritum	Konjunktiv Präsens	Konjunktiv Präteritum
Singular	1	lach – e	lach – t – (e)	lach – e	lach – t – e
	2	lach – s-t	lach – t – (e) – s-t	lach – e – s-t	lach – t – e – s-t
	3	lach – t	lach – t – (e)	lach – e	lach – t – e
Plural	1	lach – e – n	lach – t – (e) – n	lach – e – n	lach – t – e – n
	2	lach – t	lach – t – (e) – t	lach – e – t	lach – t – e – t
	3	lach – e – n	lach – t – (e) – n	lach – e – n	lach – t – e – n

tur (die Proposition) verschiedenen Welt- bzw. Wissenskonzepten zugewiesen (Kap. 3.2.2.2.). Daher werden sie gelegentlich als „Satzmorpheme" aufgefasst (Grundzüge 1981: 507).

In einer Generalisierung der kongruenzabhängigen Markierungen lassen sich folgende Gesetzmäßigkeiten erkennen (nach Eisenberg 1999); notiert sind nur diejenigen Markierungen, die obligatorisch bei starken und bei schwachen Verben auftreten (vgl. hierzu auch Wunderlich 1992).

kongruenzabhängige Markierungen

Numerus		nicht 2. Person		2. Person
Singular	Indikativ Präsens	1. Person: e	3. Person: t	s-t
	sonstige	–		
Plural		n		t

Für die inhärenten Markierungen (Tempus und Modus) wird in Bredel/Lohnstein 2003 die folgende Generalisierung vorgeschlagen:

inhärente Markierungen

	Präsens	Präteritum
Indikativ	–	t
Konjunktiv	e	te

Inhärente und kongruenzabhängige Markierungen sind ikonisch in der Reihenfolge der Markierungen abgelegt, in Abhängigkeit davon, in welchem Ausmaß „their meanings [...] affect the lexical content of the verb stem" (Bybee 1985: 11); die inhärenten, die die Proposition als Ganze erfassen, stehen näher am Stamm als die kongruenzabhängigen:

inhärent > kongruenzabhängig
Stamm > Tempus > Modus > Person / Numerus
lach   t   e   st

3.2.2.1. Die kongruenzabhängigen Markierungen finiter Verben – Person und Numerus

Die Zusammenfassung von Erst-, Zweit- und Drittpersonigkeit in einem einheitlichen Paradigma ist nicht unumstritten. Bereits bei der Analyse der Pluralbedeutungen erweist sich eine spezifische Asymmetrie: Normalerweise sind die in Pluralbedeutungen zusammengefassten Entitäten von der gleichen Kategorie. Dies gilt zwar für drittpersonige Ausdrücke, nicht aber für erst- und zweitpersonige. So ist *wir* i.d.R. nicht gleichbedeutend mit „viele Sprecher", sondern „Sprecher und andere". Die Beteiligung der möglichen Referenten an den Pluralformen stellt sich als hierarchisches System abnehmender Inklusionen dar (Plank 1984):

	Sprecher	Hörer	andere
1. Ps Pl	+	+	+
2. Ps Pl		+	+
3. Ps Pl			+

Aus anderen Gründen zieht Redder 1992 einen kategorialen Schnitt zwischen der 1./2. Person einerseits und der 3. Person andererseits. Ihr Konzept ist an Verben in ihrer Funktion als Prädikate gebunden. Sie nennt die 1./2.-personigen Prädikate *diskursiv*, die der dritten Person *deskriptiv* (beschreibend). *Diskursive Prädikate* sind an die Äußerungssituation gebunden, *deskriptive Prädikate* nicht. Sie dienen rein formal der Herstellung von Finitheit selbst dann, wenn keine Kongruenzbeziehung zwischen einem Subjekt und einem Prädikat hergestellt werden kann *(Von allen wird getanzt)*. Die 3. Person Pl wird gewählt, wenn weder Sprecher noch Hörer involviert sind, so dass unsere Übersicht wie folgt vereinfacht werden kann:

	Sprecher	Hörer
1. Ps Pl	+	+
2. Ps Pl	–	+
3. Ps Pl	–	–

Eine weitere Asymmetrie ergibt sich in Bezug auf die formale Markiertheit von Person / Numerus-Formen (s. o.): Die Höreridentifizierung ist über alle Numerus-, Tempus- und Modusformen hinweg sichergestellt (-st im Sg, -t im Pl). Die Markierung von Sprecher und Sprecher/Hörer ist demgegenüber eingeschränkt: Nur im Indikativ Präsens Singular steht das sprecherindizierende -e *(ich lach-e* etc.), das in der Umgangssprache entfallen kann *(ich lach)*. Kloeke 1982 spricht daher von einer Null-Markierung. Für die Markierung der Kategorie Sprecher/Hörer im Indikativ Präsens spricht Richter 1982 vom „skandalösen t", eben weil es – wie das erstpersonige *e* – nur im Präsens Indikativ erscheint *(er lach-t)*, aber nirgends sonst (Konj Präs *er lache*, Präteritum *er gab, er lachte (*er lachtet))*.

Laut Wiese 1994 ist der Indikativ Präsens, mit dem Sprecher/Hörer das Hier-und-Jetzt als Verweisraum in Anspruch nehmen (Kap. 3.2.2.2.1), für diesen Markierungszusammenhang prädestiniert: Nur im unmittelbaren Verweisraum, im Hier-und-Jetzt, ist das mit der 3. Person ausgedrückte singuläre Objekt potenziell „deiktisch erreichbar", d.h., der Sprecher kann im Hier-und-Jetzt prinzipiell auf den (nicht mit sich selbst identischen) Gesprächsgegenstand zeigen. Mit der *t*-Markierung sowohl der 2. als auch der 3. Person indiziert der Sprecher somit personaldeiktische Ferne, wie der dentale Plosiv (/d/ oder /t/) insgesamt als Fernemarker gelten kann, sei diese Ferne auf Personen *(der)*, auf Objekte *(dieses)*, auf die Zeit *(dann, damals)* oder auf Orte *(dort, da)* bezogen. Die *n*-Markierung ist deiktisch neutral (vgl. auch den Infinitiv) und deutet darauf hin, dass deiktische Erreichbarkeit für pluralische Referenten der 1. und 3. Person keine relevante Kategorie darstellt.

Die Unterscheidung diskursiv / deskriptiv (Redder 1992) findet in der Morphologie keinen systematischen Niederschlag, wohl aber die Unterscheidung zwischen deiktischer / nicht-deiktischer Referenz / Erreichbarkeit (Wiese 1994). Das Schema in Kapitel 3.2.2. lässt sich auf der Grundlage der hier geführten Argumentation wie folgt wiedergeben:

Singular

	– Hörer		+ Hörer
	+ Sprecher (deiktische Nähe)	– Sprecher (deiktische Ferne)	
Indikativ Präsens	-e	-t	-st
sonstige	–		

Plural

– Hörer (deiktisch neutral)	+ Hörer (deiktische Ferne)
-n	-t

3.2.2.2. Die inhärenten Markierungen finiter Verben – Tempus und Modus

3.2.2.2.1. Tempus / Distanz – Präsens und Präteritum

Die traditionelle Erfassung von Tempus als zeitliche Situierung von mit Verben ausgedrückten Sachverhalten / Ereignissen stammt aus der lateinischen Grammatik. In einer Zeit, als man beginnt, auch das Deutsche zu beschreiben, werden für die im Lateinischen ausgeprägten Formen (hier am Beispiel des Verbs *amare* (lieben) der 1. Person Singular Aktiv Indikativ) deutschsprachige Äquivalente gesucht, in das bereits vorliegende Raster eingespeist und als Tempusformen etikettiert:

Präsens	Präteritum	Futur I	Futur II	Perfekt	Plusquamperfekt
amo	*amabam*	*amabo*	*amavero*	*amavi*	*amaveram*
liebe	*liebte*	*werde lieben*	*werde geliebt haben*	*habe geliebt*	*hatte geliebt*

Unterscheidet man synthetische (einfache) und analytische / periphrastische (zusammengesetzte) Formen, erweist sich das Lateinische in der Tat als ein einheitliches Formsystem, das Deutsche nicht: Nur Präsens und Präteritum erfüllen die Bedingung, Verb*formen* zu sein. Alle anderen sind Konstruktionen. Konzentriert man sich nun weiter auf das Finitum, das die Tempusbedeutung trägt, so kann gezeigt werden, dass Perfekt und Plusquamperfekt Formen des Präsens bzw. des Präteritum sind *(**hat** gespielt; **hatte** gespielt)*. Im Deutschen liegt (unter vorläufiger Aussparung des Futurs) demnach folgende Systematik vor (vgl. Weinrich 1964, Thieroff 1992):

Präsensformen (– t)	Präteritalformen (+ t)
Präsens *(spiele)*	Präteritum *(spiel **t** e)*
Perfekt *(**habe** gespielt)*	Plusquamperfekt *(ha **tt** e gespielt)*

Präsens und Präteritum unterscheiden sich morphologisch durch die An- / Abwesenheit des *t*-Markers im Finitum; in Kap. 3.2.2. wurde die Funktion des personalen *t*-Markers (2. und 3. Ps. Sg.) als personaldeiktische Ferne bestimmt, so dass es in einem ersten Zugang naheläge, den präteritalen *t*-Marker als temporaldeiktische Ferne zu interpretieren. Wie aber am Konjunktiv II, der ebenfalls den präteritalen *t*-Marker trägt, gezeigt werden kann, ist diese Bestimmung zu eng. Das Ergebnis unserer Analyse wird sein, dem präteritalen *t*-Marker vorläufig gesprochen deiktische Weltferne zuzuweisen. Thieroff 1992 fasst die Opposition Präsens / Präterium daher nicht als Tempusopposition, sondern als Distanzopposition auf. Zum besseren Nachvollzug wird die traditionelle Terminologie hier zunächst beibehalten.

Zur Erfassung der temporalen Relationen von Präsens und Präteritum hat es sich seit Reichenbach 1947 durchgesetzt, von drei Parametern auszugehen: der **Sprechzeit**, der **Ereigniszeit** und der **Betrachtzeit**. Diese Parameter haben in der Wissenschaftsgeschichte ganz unterschiedliche Auslegungen erfahren, andere Beschreibungskategorien traten hinzu (z. B. die Topikzeit bei Klein 1994, 1999, auf die wir hier nicht weiter eingehen). Vor allem die Betrachtzeit, die auch Referenz-, Evaluations- oder Auswertungszeit genannt wird, ist verschieden definiert worden (vgl. zu einer Übersicht Thieroff 1992). Sie wird hier, ebenso wie die Sprechzeit, in Anlehnung an

Bühler 1934, Thieroff 1992 und Redder 1992 als deiktische Größe erfasst, während die Referenzzeit eine eigene Definition erhält (s. u.).

Die Sprechzeit gibt den Zeitpunkt an, zu dem ein Sprecher eine Äußerung vollzieht; sie ist stets an das sprecherseitige Hier-und-Jetzt gebunden. Unter der Ereigniszeit versteht man dasjenige Zeitintervall, zu dem das im Verb ausgedrückte Ereignis stattfindet (zu einer kritischen Darstellung dieses Parameters vgl. Klein 1999). Die Betrachtzeit ist der perspektivisch vom Hier-und-Jetzt wegversetzte Zeitpunkt, aus dem heraus das im Verb ausgedrückte Ereignis versprachlicht wird. Mit der Inanspruchnahme einer von der Sprechzeit gesonderten Betrachtzeit wird also ein sekundärer Verweisraum etabliert (zum Begriff des Verweisraums vgl. Ehlich 1979).

Präsens- und Präteritumbedeutung lassen sich auf dieser Grundlage wie folgt „berechnen":

Mit der Verwendung des Präsens bringt der Sprecher Simultaneität von Sprechzeit, Betrachtzeit und Ereigniszeit zum Ausdruck. Das aktuelle Hier-und-Jetzt wird als Verweisraum für die Verbalisierung des Ereignisses in Anspruch genommen. Das gilt unabhängig davon, was tatsächlich der Fall ist. So kann ein Sprecher mit dem szenischen oder mit dem historischen Präsens auch solche Ereignisse in sein Hier-und-Jetzt hineinholen, die faktisch zurückliegen. Sie werden dann so verbalisiert, als spielten sie sich im Hier-und-Jetzt ab („Vergegenwärtigung"). Auch mit dem sog. zeitlosen Präsens *(Morgenstund' hat Gold im Mund)*, das häufig angeführt wird, um das Präsens als Atemporalis zu motivieren (Zeller 1994, Vennemann 1987), bringt der Sprecher den Sachverhalt als hier und jetzt geltend zum Ausdruck (wann auch immer diese Gültigkeit begonnen hat und wann auch immer sie endet).

Mit der Verwendung des Präteritums etabliert der Sprecher einen von seinem Hier-und-Jetzt fernen Verweisraum, von dem aus das Ereignis zur Darstellung gebracht wird. Dieser ferne Verweisraum kann, muss aber nicht temporal fern sein: So führt die Verwendung des Präteritums im Roman zur Etablierung eines fiktional fernen Verweisraums (der Verweisraum, von dem aus die Ereignisse verbalisiert werden, ist der Schauplatz des Romans) (vgl. Hamburger 1957 (1968), Weinrich 1964, Thieroff 1992, Leiss 1992). Auch der Gebrauch des nicht-fiktionalen Präteritums ist unabhängig von den realen Gegebenheiten. Die Aussage *Das Buch war rot*, z. B. geäußert in einer Zeugenvernehmung, ist auch dann wahr, wenn dieses Buch noch immer rot ist (Klein 1994).

Die Konzeptualisierung von Präsens und Präteritum als Inanspruchnahme eines deiktisch nahen/deiktisch fernen Verweisraums lehnt sich an den Begriff des Zeigfeldes von Bühler 1934 an, mit dem ein Orientierungssystem angesprochen ist, von dem aus Zeigwörter wie *ich, du, dort* etc. ihre „Bedeutungserfüllung" (Bühler 1934: 80) erfahren. Bei der Analyse möglicher Zeigmodi unterscheidet Bühler u. a. die *demonstratio ad oculos* und die *Deixis am Phantasma*.

Bei der demonstratio ad oculos erfahren die Zeigwörter ihre Bedeutungserfüllung in Relation zum Hier-und-Jetzt des Sprechers; als Verweisraum dient der *Wahrnehmungsraum*.

Bei der Deixis am Phantasma wird demgegenüber ein *Vorstellungsraum* als Verweisraum genutzt; die Zeigwörter erfahren ihre Bedeutungserfüllung in einem mental konstruierten, sekundären Hier-und-Jetzt.

Daraus sind nun die wesentlichen Bestimmungen für die Differenz zwischen Präsens und Präteritum abzuleiten: Mit der Verwendung des Präsens wird der *Wahrnehmungsraum* des Sprechers/Hörers als Verweisraum in Anspruch genommen; die Ereignisse sind für Sprecher und Hörer potenziell unmittelbar deiktisch erreichbar; die Zeigwörter erfahren ihre Bedeutungserfüllung *ad oculos*. Mit der Verwendung des Präteritums wird ein *Vorstellungsraum* als Verweisraum etabliert. Die Ereignisse sind nicht unmittelbar, sondern nurmehr mental, im Kenntnissystem, erreichbar; die Zeigwörter erfahren ihre Bedeutungserfüllung *am Phantasma*.

Die Auffassung der Präsens-/Präteritumopposition als Distanzopposition (Thieroff 1992) ist demnach in folgende Systematik zu überführen: Präsens und Präteritum ordnen die verbalisierten Sachverhalte unterschiedlichen Verweisräumen zu; das Präsens einem nahen (dem Wahrnehmungsraum des Sprechers/Hörers), das Präteritum einem fernen (dem sekundären Vorstellungsraum). Die Kategorisierung Distanz erscheint demnach in den Ausprägungen [+/−fern].

Die folgende Tabelle stellt die wichtigsten Erkenntnisse und Begriffe im Überblick dar:

	Präsens [– fern]	Präteritum [+ fern]
morphologische Marker	–	t
Verweisraum	deiktisch naher Wahrnehmungsraum	deiktisch ferner Vorstellungsraum
deiktische Verfahren	demonstratio ad oculos	Deixis am Phantasma
mentale Erreichbarkeit	Wahrnehmungssystem	Kenntnissystem
Beispiele	*Morgen ist Weihnachten* *Das Buch ist rot*	*Morgen war Weihnachten* *Das Buch war rot*

Das Fehlen der morphologischen Markierung im Präsens gibt zugleich einen Hinweis darauf, dass die Inanspruchnahme des deiktisch nahen Wahrnehmungsraums als Verweisraum den unmarkierten Fall darstellt, dessen Abweichung formal markiert werden muss. Alle finiten Formen werden automatisch als [– fern] interpretiert, wenn nicht ein *t*-Marker [+ fern] signalisiert (= unterspezifiziertes Paradigma nach Bredel/Lohnstein 2003).

3.2.2.2.2. Modus – Indikativ und Konjunktiv

Die Verbmodi sind durch die An-/Abwesenheit des *e*-Markers charakterisiert (vgl. Kap. 3.2.2.). Der *e*-Marker weist – ganz analog zum *t*-Marker – eine Grundfunktion auf: Mit dem erstpersonigen *e (ich gehe)* wird die Prädikation dem Sprecher als Subjekt zugeordnet, mit dem konjunktivischen *e (er gehe, er ginge)* die gesamte Proposition dem Sprecher als Sprecher (sprecherseitige Setzung eines Sachverhalts).

Indikativ und Konjunktiv haben eine äußerst diffuse Beschreibungsgeschichte hinter sich. Über den Indikativ gibt es praktisch keine Ausführungen, die Konjunktivbeschreibungen sind demgegenüber so vielfältig und disparat, dass kaum ein einheitliches Bild entsteht. Insbesondere haben die Bezeichnungen Konjunktiv 1 (= Konjunktiv Präsens) und Konjunktiv 2 (= Konjunktiv Präteritum) die Zusammenhänge in Hinsicht auf die systematische Parallelität zu den Kategorien Präsens und Präteritum weiter verdunkelt.

Der Ausdruck Indikativ kommt von *indicare* (anzeigen), der Ausdruck Konjunktiv von *conjungere* (verknüpfen, hinzufügen). Setzt man – wie die meisten Sprachtheorien – eine unmittelbare Bezugnahme von Propositionen auf die Wirklichkeit (oder auf mögliche Welten) voraus, so ergeben sich aus dieser Definition die folgenden Bestimmungen: Mit Indikativformen würde Wirklichkeit angezeigt. Mit Konjunktivformen würde demgegenüber der Wirklichkeit etwas hinzugefügt.

Die folgende Übersicht gibt charakteristische Gebrauchsweisen des Konjunktivs wieder, die in vielen Grammatiken additiv aufgelistet werden, hier aber einer einheitlichen Interpretation zugeführt werden; ähnliche Versuche sind von Thieroff 1992, IdS-Grammatik 1997, Redder 1992, Fabricius-Hansen 1999 unternommen worden, deren Vorschläge hier aus Platzgründen nicht ausgeführt werden können. Die folgenden Ausführungen knüpfen an Bredel / Lohnstein 2003 an.

Nur Konjunktiv Präsens: *Optativ* ((a) *Das Brautpaar lebe hoch*); *Setzung* ((b) *Sei x eine Primzahl*, (c) *Es werde Licht*). Der Sprecher fügt dem aktuellen Wahrnehmungsraum neue Fakten hinzu. Der Unterschied besteht im Verwendungskontext. Dass das Hinzufügen von Fakten nur eingeschränkt möglich ist, zeigt (c). (Zur Diskussion um die Klassifizierung des Setzungskonjunktivs als Imperativ der 3. Person vgl. Donhauser 1986 und Fries 1996.)

Nur Konjunktiv Präteritum: *Volitiv*, *Potentialis* (Irrealis), *präludischer Konjunktiv*, *Höflichkeitskonjunktiv* und Konjunktivvorkommen wie *das hätten wir* (hier als *Scharnier-Konjunktiv* bezeichnet); zunächst zu den drei Erstgenannten:

Mit dem *Volitiv (Käme er doch!, Wenn er doch käme!)* wird ein sprecherseitiger Wunsch ausgedrückt, „den er im selben Atemzug als nicht erfüllt oder nicht erfüllbar hinstellt" (Duden-Grammatik 2005: 526). Die Form des Volitivs (Verberststellung oder *Wenn*-Satz) verweist darauf, dass es sich um einen gekappten Konditionalsatz handeln könnte, von dem nur das Antezedens realisiert ist (Duden-Grammatik (2005); s. u.).

Der *Potentialis (Käme er mit dem Buch, könnte ich für die Prüfung lernen)* bzw. *Irrealis (Wenn er mit dem Buch gekommen wäre, hätte ich für die Prüfung lernen können)* ist die vollständige Realisierung eines Konditionals mit Antezedens *(wenn ...)* und Konsequenz *(dann ...)* im Konjunktiv Präteritum (ausführlichere Erläuterungen zu Irrealis und Potentialis in Lohnstein 2000, Eisenberg 1999).

Der regional spezifische *präludische Konjunktiv (Ich wäre die Prinzessin, du wärest der Prinz)* wird für die Herstellung eines

Spielszenarios genutzt und ist in diesem Sinn ebenfalls als Antezedens-Konsequenz-Konstruktion aufzufassen: Das Antezedens wird verbalisiert *(Ich wäre die Prinzessin);* die Konsequenz ist eine Realisierung des im Antezedens Ausgedrückten (z. B. verhält sich der Mitspieler ehrerbietig) (Knobloch 1998, Köller 1997).

Volitiv, Potentialis (Irrealis) und präludischer Konjunktiv werden hier als Definitionskonjunktive mit unterschiedlicher Realisierung von Antezedens (der Definition) und Konsequenz (der Folge dieser Definition) aufgefasst:

	Antezedens	Konsequenz
präludisch	V_2-Satz	aktionale Fortführung
volitiv	*Wenn*-Satz / V_1-Satz	mentale Fortführung
potential	*Wenn*-Satz / V_1-Satz	verbale Fortführung (*dann*-Satz)

Ganz parallel dazu können auch die optative und die setzende Verwendung des Konjunktiv Präsens (s. o.) erfasst werden:

	Antezedens	Konsequenz
optativ	V_1 / V_2-Satz	Gewünschtes / Proposition wird Teil der Wirklichkeit
setzend	V_1 / V_2-Satz	

Der Unterschied zwischen den Definitionen, der mit dem Konjunktiv Präsens und dem Konjunktiv Präteritum geleistet wird, lässt sich wie folgt charakterisieren:

Mit dem Konjunktiv Präsens wird – gemäß der Bedeutung des Präsens – ein Wirklichkeitsausschnitt des Wahrnehmungsraums definiert; die Konsequenz ist ebenfalls Teil des Wahrnehmungsraums (vgl. auch Redder 1992).

Mit dem Konjunktiv Präteritum wird – gemäß der Bedeutung des Präteritums – ein Wirklichkeitsausschnitt des Vorstellungsraums definiert, der – wie im Spiel – zur sekundären / fiktionalen Wirklichkeit und damit handlungsleitend werden kann oder – wie beim Volitiv oder beim Potentialis – „nur vorgestellt" ist. Die Konsequenz ist dann „fiktional" (präludischer Konjunktiv) oder ein Teil der gemeinsamen Vorstellung von Sprecher und Hörer (Volitiv, Potentialis) (vgl. auch Redder 1992; 1999).

Damit verbleiben vier Konjunktivverwendungen, die sich der bisherigen Analyse sperren: Scharnier-Konjunktiv und Höflichkeitskonjunktiv einerseits und der Konjunktiv der indirekten Rede und der Konjunktiv in Vergleichssätzen andererseits, die einzigen Domänen, die sich Konjunktiv Präsens und Konjunktiv Präteritum teilen. Die erstgenannten drei Formen lassen sich wie folgt erfassen (zum Konjunktiv in Vergleichssätzen vgl. Thieroff 1992).

Der Scharnier-Konjunktiv ((a) *Das wäre geschafft,* (b) *Da wären wir,* (c) *Wir kämen dann zu TOP 3*) tritt an Handlungsübergängen auf. Die wenigsten Grammatiken behandeln diese Konjunktivverwendung. Lediglich die Duden-Grammatik (2005: 528) geht auf Fälle analog zu (b) ein; es handele sich um die „Feststellung eines unter Umständen nur mühsam erreichten Ergebnisses".

Zur Ermittlung der Funktion des Scharnier-Konjunktivs bietet sich eine Bezugnahme auf den Konjunktiv als Definitionsmodus an: Definitionen sind dann und nur dann erforderlich / möglich, wenn der Adressat das zu Definierende noch nicht kennt. Der Konjunktiv wird wirksam, wenn der verbalisierte Wirklichkeitsausschnitt (noch) nicht im Wissen (Präteritum) oder in der Wahrnehmung (Präsens) des Hörers vorhanden ist. Damit ist die Verwendungsweise des stets im Präteritum stehenden Scharnier-Konjunktivs einer funktionalen Erklärung zugänglich: Er wird verwendet, wenn der Sprecher davon ausgeht / ausgehen muss, dass das betreffende Ereignis dem Hörer noch nicht / so nicht bekannt war, etwa deshalb, weil wie in (a) oder (b) das Ergebnis „unter Umständen nur mühsam erreicht" (s. o.) werden konnte oder weil wie in (c) die Hörer noch nicht auf das Folgeereignis eingestellt sind. Der Konjunktiv macht genau diese Vorgeschichte (das hörerseitige Nichtwissen bezüglich des entsprechenden Wirklichkeitsausschnitts) explizit. Er unterstellt hörerseitiges Nichtwissen; die entsprechende Proposition wird definitorisch in die Wissenslücke gesetzt. Bezieht sich das mit dem Konjunktiv unterstellte hörerseitige Nichtwissen lediglich auf Erwartungen des Hörers (Scharnier-Konjunktiv), ist die im Konjunktiv gemachte Aussage (dennoch) „wahr" (*da wären wir,* H konnte dies nicht wissen und damit nicht erwarten). Bezieht es sich auf Sachverhaltswissen, ist sie „kontrafaktisch" (wie etwa im Potentialis). Damit ist Kontrafaktizität lediglich ein Spezialfall konjunktivischer Konstruktionen, bei denen Sachverhaltswissen dispensiert und mit neuem Wissen überschrieben wird.

Auf dieser Grundlage lässt sich auch der Konjunktiv der Höflichkeit erfassen *(Mir läge viel daran, dass ... Ich bräuchte ...; Das wären dann 120,– Euro)*. Die IdS-Grammatik (1997: 1753) argumentiert, mit dem Konjunktiv der Höflichkeit werde „gleichsam eine Abschwächung des Faktizitätsanspruches, eine Abmilderung der mit der Äußerung verbundenen interaktionsbezogenen Verbindlichkeiten erreicht". Dieser Effekt erklärt sich wie folgt: Mit Aussagen im Konjunktiv Präteritum wird hörerseitiges (Vor-)Wissen dispensiert. Dem Hörer wird damit signalisiert, dass er das Verlangen des Sprechers nicht antizipieren konnte, dass er also selbst nicht unhöflich war (vgl. Bredel / Lohnstein 2003).

Analog zum Konjunktiv Präteritum funktioniert der Konjunktiv Präsens, mit dem nicht der Wissens-, sondern der Wahrnehmungsbestand des Hörers dispensiert wird. An dessen Stelle werden neue Wahrnehmungsbestände gesetzt; die Proposition muss in den Wahrnehmungsraum implementiert werden *(x sei eine Primzahl)*.

Zur indirekten Rede: Weil der Wahrnehmungsraum bzw. der Vorstellungsraum im Konjunktiv ein Implementierungsraum für Propositionen ist, ist er für die indirekte Rede geradezu prädestiniert, die dadurch definiert ist, dass eine Äußerung eines zitierten / konstruierten Originalsprechers in eine vom Wiedergabesprecher aus organisierte Trägerstruktur montiert (der Trägerstruktur hinzugefügt) wird.

In loser Anlehnung an Plank 1986 sind zwei für Redewiedergaben relevante deiktische Kategorien zu unterscheiden: das epistemische Zentrum und die Sprecherindexikalität. Unter Sprecherindexikalität versteht man das primärdeiktische Bezugssystem *(ich, du, hier, jetzt ...)*; sie ist nur bei der direkten Rede auf den Originalsprecher (OS) bezogen, bei der indirekten Rede auf den Wiedergabesprecher (WGS) *(ich → er, hier → dort)*.

Das epistemische Zentrum ist die Äußerungsquelle, der Perspektivenausgangspunkt, von dem z.B. der Wahrheitswert eines Satzes berechnet werden kann: Es wird angenommen, dass der Bezug der Tempusformen bei der indirekten Rede im Konjunktiv „auf den wiedergegebenen Zeitpunkt obligatorisch ist" (Plank 1986: 292), d.h., dass sich das epistemische Zentrum in Konjunktivkonstruktionen auf den Originalsprecher bezieht. Der Indikativ ist in dieser Hinsicht ambig: Die temporalen Relationen können vom Original- oder vom Wiedergabesprecher aus berechnet werden (vgl. hierzu auch Thieroff 1992; Fabricius-Hansen 1989, 1999). Der Konjunktiv der indirekten Rede dient möglicherweise dazu, trotz des Wechsels der Sprecherindexikalität das epistemische Zentrum dem Originalsprecher zuzuordnen.

Jeder Redezug kann in seiner Verbalisierungsqualität (als Gesagtes, *de dicto*) oder in seiner propositionalen Qualität (als Gewusstes, *de re*) reproduziert werden: Als Gesagtes erscheint er in direkter Rede sowie im Konjunktiv Präsens, als Gewusstes im Indikativ und im Konjunktiv Präteritum:

	Sprecher-indexikalität	Epistemisches Zentrum	Gesagtes / Gewusstes
Direkte Rede	OS	OS	Gesagtes
Konjunktiv Präsens	WGS	OS	Gesagtes
Konjunktiv Präteritum	WGS	OS	Gewusstes
Indikativ	WGS	WGS / OS	Gewusstes

3.2.2.2.3. Die perfektischen Formen – Perfekt und Plusquamperfekt

Es gibt eine lange Tradition, in der in Bezug auf die Perfektformen Standpunkte von Aspekt (Glinz 1970) bis Tempus vertreten wurden (zusammenfassend Vater 1991: 51 ff.). Dabei spielte die morphologische Kombinatorik in der Regel keine tragende Rolle.

Durch die Finitheitsmarkierungen der beteiligten Hilfsverben haben Perfekt und Plusquamperfekt jedoch an der Präsens- und Präteritumsbedeutung teil (vgl. auch Ehrich / Vater 1989). In diesem Sinn nennt Ballweg 1988 sie richtiger Präsensperfekt und Präteritumperfekt. Gemeint ist, dass das Perfekt in Relation zum Präsens, das Plusquamperfekt in Relation zum Präteritum interpretiert werden muss. Im Sinne einer kompositionellen Analyse muss ermittelt werden, welche Bedeutungsanteile die finit vorkommenden Hilfsverben *haben / sein* beisteuern und welche Funktion das Partizip II übernimmt.

Das Partizip weist eine resultative Semantik auf (vgl. Kap. 3.2.3.1.). Es handelt sich um partizipinhärente Resultativität (Aspekt, vgl. Kap. 3.2.3.4.), nicht um eine Resultativität im Sinne der absoluten Abgeschlossenheit eines Prozesses / einer Handlung in Bezug auf die Sprechzeit. In Konstruktionen wie *das geliebte Kind* liegt keine absolute Resultativität vor (das Kind wird zum Sprechzeitpunkt (möglicherweise) weiter geliebt); partizipinhärent wird aber das Resultat des Liebens (nämlich der Status des Geliebtseins) angesprochen. Tritt nun noch ein Hilfsverb (hier *haben*) hinzu, wird diese inhärente Resultativität als absolute Resultativität restrukturiert *(er hat das Kind geliebt)*, indem das Resultat einem Subjekt mit *haben* oder *sein* zugeordnet wird. Dabei spielt es keine Rolle, ob ein Ereignis noch andauert oder nicht: Mit der Äußerung *Vorhin hat Max geschlafen* sagt der Sprecher nichts darüber aus, ob Max weiterhin schläft oder nicht. Er sagt lediglich etwas über den Zustand von Max zu einem bestimmten Zeitpunkt *(vorhin)* aus. Dieser Zeitpunkt wird hier Referenzzeit genannt, den wir den oben diskutierten Parametern Sprechzeit, Ereigniszeit und Betrachtzeit (= Verweisraum) hinzufügen. Es muss statt wie noch bei Reichenbach 1947 von drei von insgesamt vier Parametern ausgegangen werden (vgl. auch Thieroff 1992).

Sprechzeit: Zeitraum, in dem der Sprecher sich äußert.

Betrachtzeit: Verweisraum, innerhalb dessen Sachverhalte aufgerufen werden. Ein vom Wahrnehmungsraum abweichender Verweisraum (der Vorstellungsraum) wird mit dem *t*-Marker am Finitum markiert (vgl. Bredel / Lohnstein 2003).

Referenzzeit: Zeitintervall / -punkt, von dem aus die zeitliche Situierung eines Ereignisses berechnet wird; adverbial ausdrückbar, hier: *vorhin*.

Ereigniszeit: Zeitintervall, zu dem ein Ereignis stattfindet (hier *schlafen*); das Potenzial des Ereigniszeitintervalls ist auch abhängig von der Verbbedeutung (so kann das Intervall eines Schlafen-Ereignisses über das mit der Referenzzeit verbalisierte Intervall hinaus anhalten und bereits früher begonnen haben, das Intervall eines Finden-Ereignisses kann beides nicht). Steht das Verb im Partizip, wird Abgeschlossenheit und damit Vorzeitigkeit des Ereignisses zum Ausdruck gebracht; mit dem *zu*-Infinitiv Nachzeitigkeit. Zur Interaktion zwischen der Verbbedeutung (Aktionsart) und der Partizipialbedeutung vgl. Ehrich / Vater 1989 und Zifonun 1992 sowie Kap. 3.2.3.4.

Die angegebenen Parameter folgen einer geordneten Abfolgebeziehung: Von der Sprechzeit aus wird die Betrachtzeit, von der Betrachtzeit aus die Referenzzeit, von der Referenzzeit aus die Ereigniszeit berechnet.

		Betrachtzeit (Verweisraum) morphologische Markierung: + / – t-Marker	
		Wahrnehmungs- raum [– t]	Vorstellungsraum [+ t]
Referenzzeit morphologische Markierung: + / – Partizip	nicht vorzeitig – Partizip	*spiel(e) / spiele* *geh(e) / gehe*	*spielte / spielte* *ging / ginge*
	vorzeitig + Partizip	*habe / habe gespielt* *bin / sei gegangen*	*hatte / hätte gespielt* *war / wäre gegangen*

Dieses System zeigt nun, warum in vielen Fällen Perfekt und Präteritum nicht gegeneinander austauschbar sind, auch wenn der Effekt (Vergangenheit) von beiden – freilich in unterschiedlicher Weise – erreicht werden kann: S: *Möchten Sie mitessen?*, H: *Nein, ich habe schon gefrühstückt. / *Nein, ich frühstückte schon; Es war einmal ein König / *Es ist einmal ein König gewesen*. Mit dem Perfekt markiert der Sprecher *Vorzeitigkeit im Wahrnehmungsraum*, mit dem Präteritum (wenn es temporal spezifiziert ist) *Vorzeitigkeit in Bezug auf den Wahrnehmungsraum*.

Als weitere perfektive Formen werden in der Literatur das Doppelperfekt *(hat gespielt gehabt)* und das Doppelplusquamperfekt *(war gekommen gewesen)* diskutiert; zu dieser Diskussion vgl. Thieroff 1992; Hennig 2000.

3.2.2.2.4. Futur – Tempus oder Modus?

Ordnet man, wie hier anvisiert, die analytischen (zusammengesetzten) Verbformen Präsens und Präteritum in der Weise, dass das jeweilige Finitum die Klassenbildung motiviert, ergibt sich in Bezug auf das Gesamtsystem eine asymmetrische Struktur: Die Präsensformen weisen Futurformen auf *(wird spielen, wird gespielt haben)*, die historisch nachweisbaren präteritalen Formen nicht *(*wurde spielen, *wurde gespielt haben*, vgl. Pfefferkorn 2005), was in der Literatur zu unterschiedlichen Hypothesen Anlass gegeben hat:

Thieroff 1992 füllt die Lücke mit Formen von *würde* + Infinitiv, die er als Zukunft (in) der Vergangenheit beschreibt; Evidenz für diese Paradigmenstruktur gewinnt man vor allem aus dem Gebrauch von *würde* + Infinitiv in der sog. erlebten Rede, die praktisch nur in fiktionaler Literatur vorkommt *(Morgen war Weihnachten, seine Eltern würden kommen und er hatte noch nichts erledigt).* Der Vorschlag Thieroffs ist auch wegen der morphologischen Inkonsistenz (*würden* steht als Konjunktivform in einem indikativischen Paradigma) bislang weitgehend isoliert geblieben.

Alternativ dazu wird erwogen, die Futurformen nicht als Tempusformen, sondern als Modusformen zu interpretieren (Vater 1975, Redder 1999). Dafür sprechen formale und funktionale Gründe: Formal werden Futurformen analog zu Modalverbkonstruktionen (vgl. Kap. 3.3.3.3.) mit einer finiten Form von *werden* + Infinitiv gebildet. *Werden* wäre dann als Modalverb zu interpretieren (vgl. aber Lenerz 1997). Funktional sind Futurformen und Zukunftsbezug nicht in einfacher Weise miteinander assoziiert: Einerseits können viele als sicher geltende künftige Ereignisse nicht mit futurischen Konstruktionen verbalisiert werden *(*Morgen werde ich Geburtstag haben).* Andererseits weisen viele Futurverwendungen keinen Zukunftsbezug auf: H: *Wo ist Karl?* S: *Der wird zu Hause sein;* H: *Ich erreiche Karl nicht.* S: *Der wird schon gut nach Hause gekommen sein.* (inferentieller, schlussfolgernder oder epistemischer Gebrauch von *werden* (IdS-Grammatik 1997: 1900 f.)). Umgekehrt wird das Futur gegenläufig zu seiner Lesart als Vermutung auch verwendet, um – mit dem intonatorisch hergestellten Verumfokus – die Gewissheit über das künftige Eintreffen eines Ereignisses zu intensivieren *(Max WIRD da sein).*

Einen intensiveren Einblick in die Diskussion zwischen „Temporalisten" und „Modalisten" gibt Leiss 1992. Sie selbst schlägt vor, die temporale Lesart zugrundezulegen; je nach Verb (resultative, terminative) differenziere sich diese entweder in eine temporale oder in eine modale Lesart aus. Wir folgen Leiss und den übrigen Ansätzen nicht und schlagen eine weitere Lösung vor: Weder die modale noch die zeitliche Situierung eines Sachverhalts in der Zukunft erweisen sich als zugrundeliegende Bedeutung des deutschen Futurs. Beide müssen gemäß dem Kompositionalitätsprinzip (s.o.) aus der Basisbedeutung von *werden* + Infinitiv abgeleitet werden.

Mit *werden* (lat. *vertere* ‚wenden', ‚drehen') verbalisiert der Sprecher generell etwas Entstehendes, aber noch nicht zum Abschluss Gebrachtes (*Lea wird Lehrerin, Das Huhn wird gekocht;* zur Semantik von *werden* vgl. auch Amrhein 1996; Redder 1999). Mit dem zweiten Bestandteil der futurischen Formen, dem Infinitiv, wird die Verbbedeutung „unter dem Aspekt [ihrer] wesentlichen Seinsart" (Redder 1999: 312) zum Ausdruck gebracht; er leistet so keinen erkennbaren grammatischen Eigenbeitrag. Die *werden* + Infinitiv-Konstruktion wird demnach von *werden* dominiert, das sich hier in zwei Lesarten ausdifferenziert: Entweder ist das im Infinitiv ausgedrückte Ereignis noch nicht zum Abschluss gebracht, dann ergibt sich die futurische Lesart. Oder die Bewertung des Ereignisses ist noch nicht zum Abschluss gebracht; es ergibt sich die modale Lesart.

3.2.3. Infinite Verbformen

Den infiniten Verbformen ist gemeinsam, dass sie keinen Subjektausdruck lizenzieren; mit ihnen wird weder eine explizite Verknüpfung von Subjektaktanten und Prädikationen noch eine Verknüpfung von Propositionen mit Welt-/Wissenskonzepten geleistet. Die Flexion ist entsprechend weder nach Person/Numerus noch nach Tempus oder Modus spezifiziert.

Unklar ist, welche Formen als infinit gelten; in der Diskussion stehen auch der Imperativ (Eisenberg 1999), der hier mit Donhauser 1986 als semifinit ausgewiesen ist, aber auch das Partizip I (vgl. Duden-Grammatik 2005).

Die bekannteste Klassifikation infiniter Verbformen stammt von Gunnar Bech 1955 (1983), der zwischen zwei Stufen und drei Status unterscheidet:

		Stufe	
		1 Supinum	2 Partizip
Status	1	*angeln*	*angelnd*
	2	*zu angeln*	*zu angelnd*
	3	*geangelt*	*geangelt*

Die Stufen unterscheiden diejenigen, die nominal flektieren können (Partizipien, *der angelnde Hobbyfischer, der zu angelnde/geangelte Fisch*), von denen, die dies nicht tun (Supina).

Mit Status sind unterschiedliche Einbettungspotenziale angesprochen. Gemäß ihrer Unselbständigkeit sind infinite Verbformen von anderen sprachlichen Ausdrücken abhängig; Supina werden z. B. von Hilfsverben *(ist geangelt)* oder von Modalverben *(will angeln)* regiert; dabei entscheidet das regierende Verb über den Status des Infinitums. Die Verben *haben* und *sein* regieren den 2. und den 3. Status *(hat / ist zu angeln, hat / ist geangelt)*, *werden* regiert den 1. und 3. Status *(wird angeln / geangelt)*, die Modalverben den 1. Status *(will angeln)*. Man spricht analog zur nominalen Kasusrektion (vgl. Kap. 3.3.2.2.) von der verbalen Statusrektion.

Betrachten wir die Bech'schen Formen unter flexionsmorphologischer Perspektive, ergibt sich – vorausgesetzt, *n* zählt als Default (Kap. 3.2.2.1.) und der Ausdruck *zu* wird in seiner phonologischen Form [tsu:], engl. *to*, erfasst – folgendes Bild:

		Stufe	
		1 Supinum	2 Partizip *(-t / -d)*
Status	1		d
	2 *t(su:-)*	*t(su:)*	*t(su:) – d*
	3 *(g-)*	g – t	

Will man eine phonologisch fundierte morphologische Systematik ansetzen, bietet sich Folgendes an: Die *Stufe* wird durch eine *finale Markierung* angezeigt: Für das Supinum ist bis auf den 3. Status die Abwesenheit eines finalen *t / d*-Markers charakteristisch, für das Partizip seine Anwesenheit.

Die drei *Status* weisen verschiedene *initiale Markierungen* auf: Beim 1. Status liegt keine Initialmarkierung vor, beim 2. Status eine *t / d*-Markierung, beim 3. eine *ge*-Markierung, die jedoch aus morphophonologischen Gründen nicht bei allen Verben realisiert wird *(*gebezahlt, *gemissverstanden)* (Rathert 2003).

Trotz der eleganten Systematisierung der infiniten Formen nach Bech wird die dort vorgelegte Klassifikation den Verhältnissen im Deutschen nur bedingt gerecht: Definiert man Verbalität als Eigenschaft von Ausdrücken, Teil des Prädikats zu sein, sind nur die Supina, die zusammen mit dem Finitum einen Verbalkomplex bilden (vgl. Statusrektion), verbal *(wird angeln, ist zu angeln, hat geangelt, ist geangelt)*. Die Partizipien des 1. und 2. Status *(angelnd, zu angelnd)* haben demgegenüber ihren verbalen Status eingebüßt (**ist zu angelnd, *wird angelnd)*. Sie treten praktisch nur in nominalen Konstruktionen auf (vgl. aber sog. Mittelwortsätze *den Koffer tragend verließ er das Haus;* zum Partizip I weiter Lenz 1994; Fuhrhop/Teuber 2000; aus historischer Perspektive Shigeto 2004). Ambig in dieser Hinsicht ist das Supinum des 3. Status, das formgleich mit dem Partizip des 3. Status ist und das sowohl verbal *(hat geangelt)* als auch pränominal auftritt *(der geangelte Fisch)*. Diese Formgleichheit hat nicht nur in der Geschichte der Verbdefinition (Kap. 3.1.1.), sondern auch bei der Diskussion um das sog. Zustandspassiv in Abgrenzung zu Perfektformen und Kopulakonstruktionen zu Verwirrungen geführt (vgl. Rapp 1996, Leiss 1992 sowie Kap. 3.3.3.4.4. in diesem Beitrag).

Als infinite *Verb*formen gelten im Folgenden ausschließlich die Supina. Der Doppelcharakter des 3. Status wird weitgehend ignoriert, auch wenn hier interessante Ansatzpunkte bestünden, die strikte Trennung nominaler und verbaler Kategorien zugunsten einer skalaren Beschreibung aufzugeben (Ross 1973, Shigeto 2004).

Gebrauchsgrammatiken und wissenschaftliche Grammatiken bedienen sich verschiedener Bezeichnungen für die Supina. Die folgende Tabelle gibt eine Übersicht über die wichtigsten Termini, die zur besseren Übersicht auf die Begriffe von Bech abgebildet werden:

	Bech	alternative Terminologien
	Supinum	infinite Verbformen
angeln	1. Status	Infinitiv, Grundform, Nennform, reiner Infinitiv
zu angeln	2. Status	*zu*-Infinitiv
geangelt	3. Status	Partizip II, Partizip Perfekt, Mittelwort der Vergangenheit

In der folgenden Darstellung halten wir uns an die am häufigsten verwendeten Termini, nicht ohne Hinweis darauf, dass wir uns auf die Supina nach Bech beziehen. Das Supinum im 1. Status bezeichnen wir als *reinen Infinitiv* oder einfach als *Infinitiv*, das Supinum im 2. Status als *zu-Infinitiv*, das Supinum im 3. Status als *Partizip II*.

3.2.3.1. Das Partizip II (Supinum im 3. Status)

Neben der attributiven *(der durchgefrorene Wanderer)* und freien Verwendung *(er kommt durchgefroren nach Hause)* kommt das Partizip II in verbalen Konstruktionen (Passiv; Perfekt) vor. In der Regel wird angenommen, der in Perfektformen sichtbar werdende Vorzeitigkeitseffekt werde durch das Partizip II ausgelöst (Zeller 1994, Grewendorf 1995) bzw. durch die *GE*-Operation (Klein 1999) (vgl. aber Zybatow 2000); zu einer erweiterten Analyse der Aspektualität des Partizips II und seine Interaktion mit der Verbbedeutung vgl. auch Pancheva 2003.

Der *ge*-Marker (got. *ga-*, ahd. *gi-*) bedeutet ursprünglich „zusammen". Greifbar ist diese Semantik noch in Substantiven wie *Ge-wässer, Ge-büsch, Ge-birge*, wo Einzelheiten zu einer größeren Einheit zusammengefasst werden; die Basis dieser Ableitungen können auch Verben sein *(Ge-bäck, Ge-wächs)*. Das mit dem Verb Ausgedrückte *(backen, wachsen)* erhält durch *Ge-* resultative Qualität *(Gebäck = Gebackenes)*. Zustande kommt dieser Effekt dadurch, dass durch die Zusammenfassung mit dem Verb ausgedrückte einzelne, additiv aufeinanderfolgende Teilaktivitäten zu einer holistischen Einheit gebündelt werden (vgl. hierzu ausführlich Leiss 1992). Das hat auch zur Folge, dass *ge*-Verben *(gefrieren* zu *frieren, gerinnen* zu *rinnen)* eine resultative Semantik aufweisen (vgl. unter historischer Perspektive Kotin 1987). Dieser aus der Grundsemantik von *ge-* abgeleitete Effekt zeitlicher Strukturiertheit (Aspekt), eben die Resultativität, ist im Partizip II grammatikalisiert (Leiss 1992; zum Aspekt vgl. Kap. 3.2.3.4.).

Die attributiven Verwendungen des Partizips II (vgl. Zimmermann 1988, Rapp 2001, Pakkanen-Kilpiä 2004) weisen eine spezifische Ähnlichkeit zu Passivkonstruktionen auf. Sowohl beim Passiv *(der Fisch ist geangelt)* als auch beim attributiven Gebrauch *(der geangelte Fisch)* transitiver Verben (Kap. 3.3.3.4.3.) ist das Partizip auf das Objekt der Aktivkonstruktion *(den Fisch angeln)*, nicht wie beim Partizip I auf deren Subjekt *(der angelnde Fischer)* bezogen.

Befunde wie diese haben Haider 1984 dazu veranlasst, das Partizip II als Form zu bestimmen, die die Kasuszuweisung an das sog. designierte Argument (das Argument mit agentischen Eigenschaften / Handelnder) blockiert (vgl. auch IdS-Grammatik 1997: 1862 f.). Damit ist es syntaktisch als Subjekt nicht realisierbar. Diese Auffassung harmoniert mit unserer ersten Bestimmung des Partizips

II als resultativ: Das Partizip II kodiert das Ergebnis eines Prozesses / einer Handlung; betroffen von Handlungen, die mit transitiven Verben ausgedrückt werden, sind typischerweise die Objektaktanten, also diejenigen Referenten, auf die eine Handlung gerichtet ist (affiziertes, effiziertes Objekt). Der Handelnde ist nach der Handlungsausführung demgegenüber nicht mehr Teil des entsprechenden Szenarios. Wenn er verbal in Erscheinung tritt, ist ihm das im Partizip ausgedrückte, auf das Objekt bezogene Resultat mit *haben* zugeordnet *(Max hat den Fisch geangelt)*. Haider spricht davon, dass das designierte Argument durch *haben* deblockiert werde.

Anders funktioniert Haider zufolge *sein*, das nicht die Kraft hat, das designierte Argument zu deblockieren. Mit *sein*, so Haider, werden nicht blockierte Argumente realisiert *(Der Fisch ist geangelt)*. Schwierigkeiten bereitet diese Bestimmung in Bezug auf Verben, die ihr Perfekt mit *sein* bilden, z.B. direktionale Bewegungsverben, vgl. Kap. 3.3.3.1. *(Jule ist gelaufen)*, zur Kritik an diesem Konzept auch Zifonun (1992: 251 ff.). Über die größeren syntaktischen Umgebungen des Partizips (Perfektformen und Passivformen) informieren die Kap. 3.3.3.4.3. f.; zu Konstruktionen mit *haben* + Partizip II aus historischer Sicht vgl. Oubouzar 1997.

3.2.3.2. Der *zu*-Infinitiv (Supinum im 2. Status)

Viel weniger intensiv als das Partizip II wird in herkömmlichen Grammatiken der *zu*-Infinitiv bearbeitet, obgleich beide in einer systematischen Beziehung stehen: In Beispielen wie *hat zu gehorchen, ist zu lesen,* die ein gemeinsames Prädikat bilden, erweist sich der *zu*-Infinitiv als semantisches Gegenstück zum Partizip: Zum Ausdruck gebracht wird nicht Resultativität, sondern Prospektivität (Lohnstein / Wöllstein 2003). Dies harmoniert mit der Grundbedeutung von *zu*, das Ziel einer Bewegung anzugeben, erkennbar an Verbpaaren wie *schauen – zuschauen; treten – zutreten*. In seiner grammatikalisierten Form, im *zu*-Infinitiv, ist *zu* wie *ge-* stets unbetont und hat ebenso wie *ge-* seine semantische Spezifik verloren, realisiert aber, ebenfalls wie *ge-*, den temporalen Effekt der zugrundeliegenden Semantik. Dies ist bei *zu* das Noch-nicht-Erreichtsein einer Handlung / das Noch-nicht-Eingetretensein eines Ereignisses. Wie wir bei der Behandlung des Futurs gesehen haben, tendieren Konstrukte, die in die Zukunft weisen, zu sog. modalen Lesarten; das im Verb ausgedrückte Ereignis wird dann nicht mehr als künftig, sondern als möglich/notwendig interpretiert. Damit werden die Lesarten von Konstruktionen wie *Er hat zu gehorchen* oder *Das Haus ist von dort aus schön zu sehen* erklärbar.

Die Analogie zwischen dem Partizip II und dem *zu*-Infinitiv geht jedoch noch weiter: Wie das Partizip II blockiert auch der *zu*-Infinitiv die Realisierung eines agentischen Subjekts *(die Suppe ist zu kochen, das Buch ist zu lesen)*, die durch *haben* deblockiert werden kann *(Max hat die Suppe zu kochen, Eva hat das Buch zu lesen)* (Haider 1984). Einen Unterschied zwischen Partizip II und *zu*-Infinitiv sehen wir bei Bewegungsverben *(Jule ist gelaufen, *Jule ist zu laufen)*.

3.2.3.3. Der reine Infinitiv (Supinum im 1. Status)

Bis auf wenige Ausnahmen (z. B. *tun*) sind morphologisch einfache Infinitive Trochäen, also Zweisilber mit einer ersten betonten und einer zweiten unbetonten Silbe; bei Vorhandensein einer trochäischen Basis *(sammel-, ärger-)* wird *n* affigiert; bei einsilbigen Stämmen *(web, spiel)* findet sich zusätzlich ein schwachtoniges *e* *(spiel-e-n, web-e-n)*, das nicht zum Stamm gehört, wie die Wortbildung zeigt *(Spielball/*Spieleball; Webstuhl/*Webestuhl)*. Der Status dieses Elements ist noch nicht geklärt; verschiedene Auffassungen dazu werden in Eisenberg (1998: 98) diskutiert. Zu weiteren formalen Besonderheiten der Infinitivmorphologie vgl. Duden-Grammatik 2005.

Bereits weiter oben wurde der *n*-Marker als deiktisch neutral bestimmt; außerdem ist er weder für Prospektivität noch für Resultativität spezifiziert (vgl. ähnlich Bartsch 1980: 42). Mit dem reinen Infinitiv wird die mit dem Verb bezeichnete Handlung/der mit dem Verb bezeichnete Prozess als solcher zum Ausdruck gebracht (Redder 1992).

3.2.3.4. Aspekt

Die infinitivischen Formen sind als Markierungen für die morphosyntaktische Kategorie Aspekt in der Diskussion. Während Tempus – wenn es einen Zeitbezug aufweist (vgl. Kap. 3.2.2.2.1.) – die Situierung des gesamten Ereignisses in Bezug auf die *externe* Zeit (Verweisraum) grammatikalisiert, ist Aspekt die Grammatikalisierung des *internen* Zeitverlaufs des Ereignisses. Aspekt – zunächst an allen synthetischen Infinitivformen (Infinitiv, Partizip I und Partizip II) betrachtet – tritt verbal und nominal auf. Nicht nur das nominale

Vorkommen unterscheidet Aspekt erheblich von anderen Flexionsmarkierungen, sondern auch, dass die Infinitivformen nicht alle Argumente des Verbs lizenzieren (vgl. z.B. den Blockadebegriff in Kap. 3.2.3.1.). Aspekt hat die Unterkategorien kursiv/durativ (zum Zeitpunkt X andauernd/progressiv) und perfektiv/resultativ (zum Zeitpunkt X abgeschlossen). Das Aspektsystem differenziert sich für Infinitiv, Partizip I und Partizip II nach Bartsch (1980: 40 ff.) ursprünglich folgendermaßen aus: reiner Infinitiv *(tun):* −perfektiv/−durativ, Partizip I *(tuend):* −perfektiv/+durativ, Partizip II *(getan):* +perfektiv/−durativ. Allerdings führt der Wegfall des Partizip I aus dem Verbalparadigma im engeren Sinne im heutigen Deutsch (Kap. 3.2.3.) zum Wegfall der Durativkategorie, sodass für den Infinitiv nur −perfektiv bleibt. Die entstandene Lücke füllt im Verbparadigma die (schwach grammatikalisierte) sog. rheinische Verlaufsform: *am tun* (vgl. Bartsch 1980: 43), die allerdings für etliche Verbaktionsarten und -semantiken blockiert ist, z.B. Individuenprädikate *(*am kennen),* punktuelle Resultativa (achievements *am finden) oder Psychverben *(*am hassen),* vgl. Kap. 3.3.3.2. u. 3.3.3.4.1. Zu dem System tritt zusätzlich der *zu*-Infinitiv, der im Vorkommen mit den Hilfsverben *haben* und *sein* prospektive Aspektlesart erzeugt. (Vgl. auch Lohnstein/Wöllstein 2003.)

Während die rheinische Verlaufsform als Aspektphänomen relativ unbestritten ist, wird Aspekt etwa für das Partizip II (resultativ) bezweifelt. Oft wird eine Interaktion mit der Aktionsart des Verbs (vgl. Kap. 3.3.3.4.1.) in Betracht gezogen (vgl. bereits Brinkmann 1950/51: 120 f.), so auch von Zifonun (1992: 259), nach der das Partizip II „die Menge von Zuständen [denotiert], die dem vom Verbstamm selbst denotierten Prozeß entsprechen".

Ungeachtet aller Probleme scheint es aufgrund folgender Phänomene angezeigt zu sein, Aspekt für das Deutsche ernsthaft in Betracht zu ziehen: Konjunktiv-Formen, die temporale Lesarten bei Präsens und Präteritum blockieren, lassen sie beim Perfekt zu: *Sie sagt, sie hätte Schnupfen gehabt.* Ebenso erhalten wir temporale Lesarten beim sog. Infinitiv Perfekt: *Er glaubt, gearbeitet zu haben.* Beides kann nur auf die resultative Aspektmarkierung des Partizip II zurückzuführen sein.

3.2.3.5. Die Syntax der Infinitive (*zu*-Infinitiv, reiner Infinitiv)

Syntaktisch tritt der reine Infinitiv nominal *(beim Spielen)* oder verbal *(will spielen)*, der *zu*-Infinitiv ausschließlich verbal auf *(verspricht nicht mehr zu spielen / *beim zu Spielen)*.

Wir beschränken uns auf die verbalen Fälle (zur Nominalisierung von Infinitiven vgl. Blume 2004). Unterschieden werden muss zwischen (a) dem reinen Infinitiv *(Er will das Buch rechtzeitig bringen)*, (b) dem *zu*-Infinitiv *(Er hofft, das Buch rechtzeitig zu bringen)* und (c) einer besonderen Vorkommensform des *zu*-Infinitivs, dem *um-zu*-Infinitiv, wobei *um* stellvertretend für *um, statt, ohne* steht *(Er beeilt sich, um das Buch rechtzeitig zu bringen)*.

Obgleich die Konstruktionen sich an der Oberfläche ähneln, muss ein kategorialer Unterschied zwischen (a) und (b) einerseits und (c) andererseits gemacht werden: Der *um zu*-Infinitiv ist im Gegensatz zum reinen Infinitiv und zum *zu*-Infinitiv nicht valenzgebunden; er übernimmt die Funktion einer freien Angabe (vgl. hierzu Kap. 3.3.2.5.). Im Folgenden werden ausschließlich die valenzgebundenen Infinitive thematisiert. (Für die Bearbeitung von *um-zu*-Infinitiven sowie den analogen *statt-/ohne-zu*-Infinitiven Eisenberg 1992; zu weiteren Vorkommen von *zu*-Infinitiven Golonka 1995; zur Klassifizierung von Matrixverben mit Infinitivkomplementen Fujinawa 1999. Zum sog. Wurzelinfinitiv *(Einmal ausschlafen und ausgiebig frühstücken!)* vgl. Lasser 2002.)

Bei reinen und bei *zu*-Infinitiven werden verschiedene Konstruktionen danach unterschieden, ob sich der Infinitiv auf das Objekt oder auf das Subjekt des übergeordneten Verbs bezieht; wir stellen also in den folgenden Beispielen die Frage, wer wartet:

reiner Infinitiv:

(1) *Max soll warten.* (Max, Subjektbezug)
(2) *Max lässt Karl warten.* (Karl, Objektbezug)
(3) *Max sieht Karl warten.* (Karl, Objektbezug)

zu-Infinitiv:

(4) *Max scheint zu warten.* (Max, Subjektbezug)
(5) *Max$_i$ verspricht Karl PRO$_i$ zu warten.* (Max, Subjektbezug)
(6) *Max bittet Karl$_i$ PRO$_i$ zu warten.* (Karl, Objektbezug)

In (3) vergibt das übergeordnete Verb *(sehen)* die thematische Rolle und den Nominativ an sein Subjektargument *(Max)* und außerdem den Akkusativ an das logische Subjekt des Infinitivs *(Karl)*; traditionell sprechen wir von AcI-Konstruktionen (Akkusativ mit Infinitiv). In einigen Theorien spricht man wegen der außergewöhnlichen Kasusvergabe von ECM-Konstruktionen (exceptional case marking); auch (2) ist eine ECM-Konstruktion, die allerdings eine weitere Spezifik aufweist: die im Infinitiv genannte Handlung (das Warten) ist vom Subjektaktanten (Max) verursacht/zugelassen (zur Syntax von *lassen*-Konstruktionen Kuroda 1998).

In (4) vergibt die übergeordnete Verbform *(scheint)* nur den Kasus an sein Subjekt (Sicherung der Kongruenz), der Infinitiv steuert die thematische Rolle bei. Wir sprechen auch vom NcI (Nominativ mit Infinitiv). Die Rede ist aber üblicherweise von „Anhebungsverben". Anhebungsverben weisen formal denselben Zuweisungsmechanismus von Kasus und thematischen Rollen auf wie Modalverben (vgl. (1) (vgl. Kap. 3.3.3.3.)). Im Duden 1 ^{17}1973 werden sie zusammen mit den Modalverben als „hilfszeitwörtlich gebrauchte Verben" zusammengefasst, denn beide funktionieren in Bezug auf die Zuweisung von Kasus und thematischer Rolle wie Hilfsverbkonstruktionen.

In (5) und (6) vergeben beide Verben thematische Rollen an ihre jeweiligen Subjekte; das übergeordnete Verb vergibt auch den Kasus an sein Subjekt. Weil der Infinitiv keinen Nominativ vergeben kann, ist dessen Subjekt „unhörbar". Viele gehen davon aus, dass diese Sätze zugrundeliegend ein Element PRO (für Pronomen) enthalten (exemplarisch Müller/Rohrbacher 1989). Das übergeordnete Verb „kontrolliert", mit welchem seiner Argumente PRO koreferiert. Wir sprechen daher von Kontrollverben mit Subjektkontrolle *(versprechen)*, der Versprechende (Subjekt der Matrix) und der, der das Versprechen ausführt, sind koreferent, und solchen mit Objektkontrolle *(bitten)*, der Gebetene (Objekt der Matrix) und der, der die Bitte ausführt, sind koreferent; zu Kontrollwechseln *(bittet zu unterstützen/unterstützt zu werden)* vgl. Köpcke/Panther 2002.

Die Gemeinsamkeit zwischen 1–4 einerseits und die zwischen 5–6 (Kontrollverben) andererseits geht nun aber noch weiter: 1–4 können nur kohärent realisiert werden; d.h., dass der Infinitiv nicht aus der Matrixkonstruktion herausgestellt werden kann *(dass Max auf Karl zu warten scheint, *dass Max scheint, auf Karl zu warten)*; 5–6 lassen inkohärente Konstruktionen zu *(dass Max verspricht, auf Karl zu warten)*.

Diese Konstruktionsspezifik hatte auch einen Reflex in der Interpunktion: Vor 1996 mussten nicht-kohärente (erweiterte) Infinitive stets mit dem Komma begrenzt werden; sie gelten im Gegensatz zu den kohärenten, obwohl sie keine Sätze sind (fehlende Finitheit), als satzwertig (Primus 1997, Bredel/Primus 2007). Mit der Reform von 1996 ist diese Systematik zerstört worden. Und auch der Rat der deutschen Rechtschreibung hat diese Entscheidung mit seinem Beschluss von 2006 nicht rückgängig gemacht, sondern weiter desystematisiert. Obligatorisch kommatiert werden müssen nur die *um-zu-Infinitive,* bei den Konstruktionen 4 und 5 bleibt das Komma fakultativ.

3.2.4. Semifinite und nicht flektierte Verbformen

Formen mit finiten und infiniten Merkmalen sind Imperative, Formen ohne jegliche Flexion sind Inflektive. Beide weisen keine ausgebaute Personmarkierung auf, was Eisenberg (1999: 194) zufolge für Infinitheit spricht; jedoch ist der Imperativ numerusspezifiziert, was für Finitheit spricht. Zusätzlich weist er im Singular bei einigen starken Verben Vokalhebung auf *(iss, gib, lies)* (vgl. umfassend Fries 2001).

In Bezug auf die Subjektrealisierung verhalten sich Imperative und Inflektive wie der Infinitiv: Sie sind i.d.R. subjektlos bzw. können subjektlos vorkommen. Auch das spricht für Infinitheit. Dass der Imperativ jedoch mit Subjekt stehen kann (*Fahr du mir noch mal allein nach Düsseldorf, Geh mal einer Bier holen,* zum Subjektstatus vgl. Platzack/Rosengren 1998), spricht für Finitheit ebenso wie seine Eigenschaft, syntaktisch autonom, also nicht wie die infiniten Formen regiert zu werden (zur Syntax des Imperativs vgl. umfassend Wratil 2005).

Donhauser 1986 charakterisiert den Imperativ als semifinit mit einer Singular- und einer Pluralform. Der Inflektiv wird in der Regel nicht systematisch bearbeitet. Er weist weder Person noch Numerus auf, erhält aber in seiner Grundfunktion rein singularische sprecherbezogene Lesart *(lach, gähn),* ohne dass diese Funktion formal reflektiert wäre. Fälle wie *laber laber,* geäußert als Kommentar über einen Dritten, müssten gesondert diskutiert werden. Der Imperativ wird entweder als Modus (vgl. exemplarisch Grundzüge 1981: 521, Duden-Grammatik 2005) oder als Halbmodus (IdS-Grammatik 1997) oder als Infinitiv (Eisenberg 1999) identifiziert; Ehlich 1986 sortiert ihn aus funktionalpragmatischer Perspektive ins sog. Lenkfeld, dem Prozeduren angehören, mit denen der Sprecher eine direkte Beziehung mit dem Hörer herstellt und unterhält (Ehlich 1986: 241).

Für den Imperativ gilt traditionell die Bestimmung als „Direktiv"; d. h., man geht davon aus, der Imperativ sei eine „Aufforderung, das durch das Verb ausgedrückte Geschehen zu verwirklichen" (Grundzüge 1981: 526; zu einer gründlicheren Bestimmung des Direktivs vgl. Rehbein 1999). Diese Bedeutungsbestimmung hat in kaum einer Analyse Widerspruch erfahren (vgl. aber Fries 2001). Die Konstruktionen, von denen aus diese Bestimmung vorgenommen wird, sind einfache Imperativsätze wie *Lauf schneller! Geht jetzt!*

Der Direktiv ist nicht in der Weise an den Imperativ geknüpft, wie es diese Bestimmung suggeriert. Dies gilt in zwei Richtungen: Zum einen kann die direktive Funktion auch von anderen Formen übernommen werden *(Aufgestanden! Aufstehen! Ihr geht jetzt! Du bleibst hier sitzen!).* Wir müssen demnach unterscheiden zwischen dem Direktiv als Funktion und dem Imperativ als Form. Zum anderen kann der Imperativ auch nichtdirektive Funktion übernehmen: *Steh du mal morgens um fünf auf und halt um acht ein Referat. Komm du erst mal in mein Alter.* Ein Sprecher, der solche Äußerungen tätigt, realisiert keine Aufforderung im definierten Sinn. Vielmehr wird der Hörer unvermittelt in das verbalisierte Szenario versetzt, um von dort aus eine (vom Sprecher bereits vollzogene) Bewertung vorzunehmen.

Grundlegend für alle Imperative ist demnach die Abbildung eines Handlungs-/Ereigniskonzepts auf den Hörer. Dies geschieht jedoch nicht deskriptiv, also so, dass der Sprecher eine Handlung/ einen Zustand des Hörers darstellt, sondern präskriptiv, also so, dass der Sprecher eine hörerseitige Handlung/einen hörerseitigen Zustand für diesen verbal vorwegnimmt. Geschieht diese Vorwegnahme zum Zweck der späteren Handlungsrealisierung durch den Hörer (sog. Direktiv), sprechen wir von der Ausführungsfunktion. Geschieht es zum Zweck der innenperspektivischen Bewertung, sprechen wir von der evaluativen Funktion des Imperativs.

Der Inflektiv ist weit weniger gut untersucht als der Imperativ; er findet in kaum einer Grammatik Erwähnung, obwohl er bereits bei Adelung 1782 besprochen wird, der Ausdrücke wie *knall* irrtümlich als Interjektionen interpretiert. Heute weiß man, dass Inflektive eine eigene, verbale Syntax aufweisen (z. B. *dichganzfestknuddel*) und dass sie sich von den Interjektionen weiter dadurch unterscheiden, dass diese tonal induzierte Funktionsvarianten aufweisen (vgl. dazu Ehlich 1986 und C10). Der Grund für die zurückhaltende Bearbeitung des Inflektivs ist u. a. sein marginales, auf bestimmte Textformen beschränktes Vorkommen. Eine seiner Hauptverwendungen sehen Hentschel/Weydt 1994 in Comics. Daneben hat sich der Inflektiv mit der Chat-Kommunikation eine neue Domäne erobert (Schlobinski 2001). Die Bedeutung des Inflektivs kann vorläufig erfasst werden als eine verbale Stellvertreterhandlung. Funktional geht diese Stellvertreterhandlung in mindestens zwei Gebrauchszusammenhänge ein:

(a) Comics sind wegen ihrer einseitigen Ausrichtung an der Visualität in Bezug auf die Darstellung von Ereignissen eingeschränkt. Schlecht ausgedrückt werden können z. B. Geräusche. Mit *knall, knatter, bimmel, knirsch* etc. werden diese Geräuschereignisse als Ersatz für die realen Geräusche zum Ausdruck gebracht (Teuber 1999). Wir sprechen von der Ausführungsfunktion des Inflektivs.

(b) Die zweite Funktion bezeichnet Teuber 1999 als „Kommentar"; darunter versteht er Äußerungen, „mit denen ein Sprecher Bezug auf ein (sprachliches oder außersprachliches) Geschehen (Handlung, Zustand usw.) nimmt und diesbezüglich ein subjektives Empfinden, eine Einschätzung oder Meinung zum Ausdruck bringt" (Teuber 1999: 23). Mit Inflektiven wie *gähn, kotz, würg* werden solche Kommentare vollzogen – die Grundlage ist wiederum die für die Ausführung der in der Verbsemantik ausgedrückten Tätigkeit stellvertretende Funktion. Wir sprechen von der evaluativen Funktion des Inflektivs. Zusammenfassend ergibt sich folgende Systematik:

	sprecherseitig (simultan) Inflektiv	hörerseitig (prospektiv) Imperativ
Ausführung	*knatter!*	*Geh!*
Evaluation	*gähn!*	*Trink du mal 10 Schnäpse!*

3.3. Systematische Darstellung – Teil II: Lexikalisch-semantische Aspekte des Verbs

Die lexikalischen Eigenschaften der Verben bestehen neben der Wortartzugehörigkeit und den wortartspezifischen potenziellen morphologischen und morphosyntaktischen Musterbildungen in ihrer Intension, verstanden als Merkmalbündel (Konzept, Begriffsinhalt). Über ein Konzept, z. B. des Wortes *singen* bzw. seiner Wurzel *sing-*, wissen wir, welche potenziellen Ereignisse in einer möglichen (realen oder erdachten) Welt damit bezeichnet werden können. Die Gesamtheit aller potenziellen Ereignisse, auf die wir mithilfe von *sing-* referieren können, ist die Extension (Begriffsumfang, auch Denotat). Verben gehören damit wie Nomina und Adjektive zu den benennenden Wörtern, auch Autosemantika genannt. Aus dieser ‚inneren' Seite der Semantik des Verbs ergeben sich ‚äußere' semantische und syntaktische Zusammenhänge des Verbs mit seiner syntaktischen Umgebung, z. B. die Relation von Verben zu bestimmten Satzteilen: *Wer singt was* (Valenz). Verben gehören damit wie Präpositionen und Konjunktionen etwa (aber auch Adjektive und Nomina) zu den Relatoren.

3.3.1. Prädikation

3.3.1.1. Logisches Prädikat, Geltung, dekomponierte Teilprädikationen

Die Benennfunktion hat eine Verbwurzel *(sing-)* allerdings nur für Eigenschaften bzw. Eigenschaftsklassen von Ereignissen (Zustände inbegriffen). Denn *sing-* alleine kann noch nicht auf ein Ereignis referieren, dafür müssen wir erst einen Satz bilden: *Der Vogel singt.* Das heißt, diese Eigenschaft muss erst auf einen Träger (der Vogel) abgebildet werden, damit ein Sachverhalt bzw. Ereignis damit bezeichnet werden kann (vgl. bereits Platons Definition von *onoma* und *rhema*). Die wissenschaftliche Disziplin der Logik (Aristoteles) hat aus diesem Abbildungsmechanismus von Sätzen den Begriff des Urteils entwickelt. Dieser wiederum hat in der Grammatikforschung dann die sog. logische Satzdefinition grundgelegt. (Zur historischen Forschungskontroverse mit linguistischem Schwerpunkt vgl. u. a. Forsgren 1992: 65 ff.) Ein Urteil setzt zwei Begriffe (z. B. ‚Papagei' u. ‚krächzen') in Beziehung zueinander (z. B. *Der Papagei krächzt.*). Auf den Satz bezogen ist nun der eine Teil das Subjekt und der andere das Prädikat: **Subjekt** = Satzgegenstand = das, worüber etwas ausgesagt wird *(der Papagei)*, **Prädikat** = Satzaussage = das, was darüber ausgesagt wird *(krächzt)*. Die im Prädikat ausgedrückte Eigenschaft (hier: *krächzen*, es könnte bei diesem allgemeinen logischen Prädikatsbegriff auch *grün sein* oder *Futter holen* sein) wird einem Träger (logischem Subjekt) zugeordnet.

Das Verb wird deshalb auch Funktor genannt (vgl. auch Helbig 1992: 7, Welke 1988: 93). Es besitzt diese logisch-semantische Funktion jedoch grammatisch nur im flektierten Zustand. Grammatisches Prädikat und Subjekt sind mit dieser Begrifflichkeit nicht identisch. Weiterhin liegt mit Hoffmann 1996 ein mentales Modell von Subjekt/Prädikat vor; dort wird mit dem Begriff der ‚Subjektion' ein mentales Pendant zum logischen Satzbegriff hergestellt: die Identifizierung eines zu prädizierenden Gegenstandes aus einem mentalen Sachverhaltskontinuum.

Die durch logisches Subjekt und Prädikation entstandene Beziehung bezeichnet eine Proposition (Sachverhaltsbeschreibung), die wahrheitswertfähig ist, d.h. mit wahr (geltend) oder falsch (ungültig) zu bewerten ist. Allerdings muss hinzugefügt werden, dass dies nur für nicht-futurische Indikativ-Sätze zutrifft. Und auch wenn wir im Einzelfall gar nicht konkret entscheiden können, ob eine Proposition wahr ist – wir haben den Papagei vielleicht noch nie zu Gesicht bekommen –, wissen wir doch, wie der bezeichnete Ausschnitt einer möglichen Welt aussieht, *wenn* die ihn bezeichnende Proposition wahr ist. Das ist basal dafür, dass wir die Propositionen noch nie gehörter Sätze verstehen, bildet also einen wesentlichen Kern jedes Sprachverstehens (vgl. Heim/Kratzer 1998: 1).

Diese Definition von Satz ist zwar noch nicht hinreichend, jedoch können Sätze auf dieser Grundlage (zumindest ansatzweise) als eine hierarchisierte Komposition aus zugrundeliegenden, verschiedenen logischen Sätzen beschrieben werden: So stellt sich für etwa den Satz *Der Verbrecher tötet seinen Freund* die Frage (vgl. auch Dürscheid 2000: 33), welches das *logische* Subjekt tatsächlich ist, da über alle ‚Beteiligten'/Argumente *(der Verbrecher, den Freund)* etwas ausgesagt wird. Denn man kann fragen: a) Was war mit dem Verbrecher? b) Was war mit dem Freund? Ein Lösungsansatz zeigt sich in der Dekomposition des Verbs, wie sie in der Lexical Decomposition Grammar bzw. Komponentenanalyse (etwa durch Wunderlich 1997; im Zusammenhang mit Valenz Welke 1988: 93 ff.) in hierarchisierter Form ausgeführt wird. Denn in der Dekomposition können Argumente (x, y) oft als logische Subjekte primitiver Prädikate analysiert werden. Das thematisch ranghöchste Subjekt in der Einbettungsstruktur (mit den meisten Agenseigenschaften von allen) bildet in der Regel dann das *grammatische* Subjekt in Aktivsätzen. Wir wählen zunächst eine wenig formale Notation für die Dekomposition (Zerlegung der Komposition / des Merkmalbündels) des Verbs:

Der Verbrecher verursachte, dass sein Freund stirbt.
        x   verursacht (y   stirbt)

Damit präzisieren sich die Fragen danach, was genau über wen ausgesagt wird: Was verursachte / machte X? Oder: Was geschah mit Y? Und als Antworten erhalten wir: X verursachte einen Prozess, bei dem Y zu Tode kam bzw. an dessen Ende Y tot war. Oder: Y unterlag einem Prozess, bei dem Y zu Tode kam bzw. an dessen Ende Y tot war. Als Fragen bzw. Antworten sind dann Teile der Dekompositionsstruktur ausgewählt. Folgende – leicht vereinfachte – Notation drückt das aus (zu Notationsweisen vgl. Büring 1992: 56 f.), wobei cause für verursach-, become für werd- (Zustandswechsel) und be für einen Zustand steht.

    töten: x cause (become (y be [tot]))

Je nach Dekompositionsverfahren kann die interne Struktur des Verbs ‚für jedes logische Subjekt' in eine – einigermaßen – isolierbare Prädikatsstruktur aufgelöst werden. (Vgl. z.B. Engelberg 2000: 32 zum Aufbau von Ereignisstrukturen, vgl. auch Helbig 1992: 162 und Welke 1988: 93 ff. zu verwandten Annahmen von Funktoren in der Verbvalenz.) In der Dekomposition bleibt das Verb für alle Bestandteile zentral und konstituiert gleichzeitig eine hierarchische Struktur bzw. Teilprädikationen.

3.3.1.2. Abgrenzung verschiedener Prädikatsbegriffe

Der Prädikatsbegriff variiert je nach den angelegten Kriterien. Das logische Prädikat, wie schon beschrieben, umfasst alles, was dem Subjekt als (im weitesten Sinne) Eigenschaft zugeordnet wird. Das heißt syntaktisch: alles im Satz außer dem grammatischen Subjekt (vgl. auch maximales Prädikat: IdS-Grammatik 1997: 648 im Gegensatz zum minimalen Prädikat, ebd.).

In spezifisch grammatisch-syntaktisch orientierten Untersuchungen wählt man in der Regel den engsten morphosyntaktischen Prädikatsbegriff: Er umfasst nur die verbalen Elemente, den sog. grammatischen Prädikatsteil (Helbig/Buscha 1991: 537), in dem finite und eventuell infinite Verbformen zusammen das Prädikat bilden. *Wir **werden** der Sache **nachgehen**. Wir **wollten** das Stück bis März zur Aufführung **gebracht haben**.*

Der im weiteren Sinn morphosyntaktisch geprägte Prädikatsbegriff umfasst zusätzlich einige valenzabhängige, aber morphosyntaktisch defizitäre und/oder verbal ausdrückbare adverbiale Präpositionalphrasen oder Akkusativ-Objekte. Oft zählt man auch Prädikative dazu. Als morphosyntaktisch defizitär sind die lexikalischen Prädikatsteile, wenn sie nominal sind, zu bezeichnen, wenn sie ohne Artikel oder mit an die Präposition klitisiertem Artikel stehen können oder müssen. Daraus ergibt sich teils eine Eigenschaftslesart und die Nicht-Pronominalisierbarkeit (*Nachricht geben*, *sie *geben* etc.) (Helbig/Buscha 1991: 98 f.) sowie Nicht-Erfragbarkeit bzw. Erfragbarkeit durch präferiert verbale und modale Fragewörter: z.B. *was, wie*. Das betrifft: (i) **Funktionsverbgefüge** (i.d.R. verbal paraphrasierbar): *zur Aufführung bringen* (aufführen), *Nachricht geben* (benachrichtigen), (ii) **Umstandsobjekte** (Helbig & Buscha 1991: 288) (trotz Objektsakkusativ auch mit adverbialem *wie* erfragbar; teils verbal paraphrasierbar): ***Rad** fahren* (radeln), ***Auto** fahren*, ***Schreibmaschine** schreiben*, (iii) **Prädikative:** *grau werden* (ergrauen), *zum Spießer werden* (verspießern), **Lehrer** *sein*.

3.3.2. Valenz

Die Valenz des Verbs entfaltet im Satz eine in der Verbsemantik angelegte Szene, denn wie in einem Drehbuch sind in der Semantik eines Verbs die Rollen für die Mitspieler mitangelegt. (Zum Begriff der Szene vgl. Heringer 1984.)

Folgend seien Grundzüge eines Valenzkonzepts vorgestellt, das in Orientierung an Idealfällen der Unterscheidbarkeit (zur Kritik an solchen Simplifizierungen s. Jacobs 1994: 68) mit letztlich semantischen Begründungen Bestandteile der Valenz (Ergänzungen, oft auch als Komplemente bezeichnet) von nicht valenzgebundenen Bestandteilen (freien Angaben, Supplementen) trennt. Valenzterminologisch konkurrieren folgende Begriffe für Mitspieler: Ergänzungen, Aktanten, Argumente, Komplemente. Aufgrund der leicht divergierenden theoretischen Vorannahmen, die mit diesen Begriffen verknüpft sind, verwenden wir, wo eine Differenzierung nicht relevant ist, im Folgenden den Terminus „Mitspieler" (vgl. Kap. 3.3.2.3.). Bei *geben* etwa wären an drei Mitspieler Rollen zu vergeben: einer, der etwas tut (AGENS-Rolle), ein Ziel (GOAL-Rolle) und einer bzw. eines, das dem Geschehen unmittelbar unterliegt (THEMA-Rolle). ***Petra*** (AGENS) ***gibt dem Freund*** (GOAL) ***ein Buch*** (THEMA). Ein Verb (außer den 0- und im strengen Sinne den 1-wertigen, vgl. Kap. 3.3.2.4.) trägt also in sich eine bestimmte Relation (Beziehungsstruktur), nämlich die zwischen den von ihm gebundenen Mitspielern. Entsprechend dieser Relation weist es den verschiedenen Satzteilen, die syntaktisch die Mitspieler ausdrücken, die passenden morphosyntaktischen Merkmale (z. B. Kasus) und die thematischen Rollen zu (auch semantische Rollen oder Thetarollen genannt). Dieser Zusammenhang zwischen Rolle und grammatischer Form wird häufig Linking genannt. Das heißt, die Beziehungsstruktur eines Satzes ist morphosyntaktisch kodiert. (Vgl. auch Kap 3.3.2.2.) Allerdings kann bei prinzipiell gleicher ‚szenischer Bedeutung' auch eine unterschiedliche lexeminhärente Perspektivierung stattfinden, die sich in der unterschiedlichen morphosyntaktischen Kodierung der Mitspieler zeigt (Beispiele für die ‚Kaufszene', leicht abgewandelt nach Helbig 1992: 52):

> Peter kaufte das Brötchen (von Inka) (für 10 Pfennige).
> Inka verkaufte das Brötchen (Peter / an Peter) (für 10 Pfennige).
> Peter bezahlte (Inka) (für das Brötchen) (10 Pfennige).
> Das Brötchen kostete (Peter) 10 Pfennige.

Solche Perspektivierungsänderungen oder Konversen entstehen auch analytisch bzw. periphrastisch durch das Passiv (vgl. Kap. 3.3.3.4.4.), wobei die Valenz- und Kasusrahmen von Hilfsverb und Part. II des Vollverbs zu diesem Zweck interagieren. Wie an obigen Beispielen zu sehen ist, kann auch die Wortbildung über Verbpräfixe wie *ver-* oder *be-* diesem Zweck dienen (vgl. auch Welke 1988: 71).

Weil Verben eine Beziehungsstruktur innewohnt, die grundlegend für die Organisation aller Satzteile ist, ist das Prädikat der zentrale Bestandteil von Sätzen (zur Problematik der Valenz komplexer Prädikate (z. B. *hat gegeben*) vgl. die Begriffe Blockade / Deblockade, Kap. 3.2.3.1. sowie Welke 1988: 149 ff.).

3.3.2.1. Rollen, Protorollen, Linking, Hierarchie

Die wichtigsten Rollen der Mitspieler in Kurzform:

- AG(ens) – kontrolliert und wissentlich Handelnder (immer Nom.): *Die Kinder spielen.*
- GO(al) / REZIP(ient) – Ziel d. Handlung (oft im Dat.): *Ich gebe dir ein Buch.*
- POSS(essor) – Besitzer: *Du hast ein Buch.*
- TH(ema) / Patiens u. Ä. – ,erleidender' Aktant, der Orts- / Zustandsveränderung oder -verbleib ohne eigenes Zutun erfährt (oft im Akk.): *Ich gebe dir ein Buch. Der ist hier.*
- KAUS(ativ) – nicht-willentlicher Verursacher, wir fassen hier belebten Verursacher (KAUS) und unbelebten (FORCE) zusammen: *Der Wind zerzaust dein Haar.*
- LOC(ation) – physischer od. abstrakter Ort: *Sie wohnt in Köln. Das liegt im Argen.*
- PATH – Weg: *Sie fuhren durch Kiel.*
- INST(rument) – Mittel: *Ich schneide Papier mit der Schere.*

Bei den sog. Psychverben (Empfindung und Wahrnehmung):

- EXP(eriencer) – Erfahrender, Fühlender: *Mir ist kalt. Ich habe Hunger. Ihn friert.*
- STIM(ulus) – Auslöser einer Erfahrung: *Das gefällt dir. Du fühlst / siehst etwas.*

Diese Rollen werden in der Forschung zu Rollen- und Kasusgrammatik teils verschieden definiert oder benannt und in sehr unterschiedlich großer Anzahl angenommen. Hier ist nur Einfaches und Gängiges grob zusammengefasst (vgl. die Übersicht und Gegenüberstellung verschiedenster Rollenmodelle in Primus 1998). Zunehmend werden Rollen auch als nicht feste, sondern variable Bündel von Merkmalen mit mehr oder weniger prototypischen Eigenschaften aufgefasst: **Protoagenskonzepte** (ranghohe Rolle) etwa (Dowty 1991: 572, zu solchen Konzepten in früheren Ansätzen vgl. auch Helbig 1992: 68 f. und Welke 1988: 194 ff., zu Dowty auch Primus 1998) befassen sich vor allem mit folgenden Merkmalen, die gemeinschaftlich das prototypische Agens ausmachen, jedoch auch ohne vollständig vorzuliegen ein Linking an die Subjektposition mehrstelliger Verben bewirken oder die Passivierbarkeit von Verben ermöglichen: volitionale Involviertheit (willentliche Handlungseinbezogenheit), Bewusstheit od. bewusste Wahrnehmung des Ereignisses, Kausation und Einwirkung, (Eigen-)bewegung / Bewegung aus eigener Kraft, Belebtheit, ereignisunabhängige Existenz. Das **Protopatiens** (rangniedrige Rolle) nach Dowty (ebd.) durchläuft eine Zustandsveränderung, ist inkrementelles Thema (sein Zustand macht den Fortgang des Ereignisses ablesbar, vgl. Pittner (1994: 100), z. B. bei *Kuchen essen* am Schwinden des Kuchens), ist kausal affiziert, stationär relativ zur Bewegung eines anderen Aktanten, besitzt keine ereignisunabhängige Existenz. Protoagens- und Protopatienskonzepte sind besonders für **Linking**konzepte, also Vergabe der Kasus zur Kodierung der Rollen, zur Anwendung gekommen. (Diskussion und Überblick über verschiedene Linkingkonzepte in Croft 1998; zu Psychverben vgl. Pittner 1994, Primus 2003, Kap. 3.3.3.2.) In einer **thematischen Hierarchie** ranghoch gelten Rollen, je mehr Protoagens- und je weniger Protopatienseigenschaften sie aufweisen. Beim Linking mehrwertiger Verben wird in der Regel der syntaktisch obligatorische Nominativ der ranghöchsten, der Akkusativ einer ausschließlich rangniedrigen Rolle zugewiesen.

3.3.2.2. Morphosyntaktische Kodierungsmechanismen: Rektion und Kongruenz

Während Linking sich mit dem semantischen Warum der Zuordnung von Rollen und grammatischen Formen der Mitspieler befasst, bezeichnet Rektion den rein morphosyntaktischen Kodierungsmechanismus der Markierung dieser grammatischen Formen durch das Verb. Als Rektion betrachtet man im allerengsten Sinne die Zuweisung von Kasus, im weiteren Sinne auch die Selektion / Subkategorisierung einer bestimmten kategorialen Form (Präpositionalphrase oder Nominalphrase etwa). Für die Objekte ist dieser Mechanismus unbestritten, für das Subjekt gibt es innerhalb der generativen Theorie eine an die Finitheit des Verbs gebundene Rektionsanalyse, und Adverbiale gelten als unregiert.

Den Objekten werden ihren semantischen Rollen gemäß (im Deutschen) die Kasus Akkusativ (Akk) oder Dativ (Dat) oder der Präpositionalkasus (P) zugewiesen. (Der Genitiv ist im heutigen Deutsch als Kasus von Verbobjekten sehr selten: *des Trostes bedürfen.*)

Petra gibt	[*das Buch*]	[*dem Freund*]	/ [*an den Freund*].
	AkkO	DatO	PO
	wen / was	*wem*	*an wen*

An diesem Beispiel zeigt sich auch die Problematik einer Eins-zu-eins-Zuordnung von grammatischer Form des Mitspielers und semantischer Rolle, denn anstelle des DatO kann auch ein PO realisiert werden. Zu ermitteln sind die Objekte und ihre Kasus durch die Fragepronomen bzw. präpositionale Fragefügungen (z. B. *an wen*) wie oben notiert. Zwei Dinge sind dabei besonders zu beachten: Auch wenn ein Objekt nicht als NP, sondern satzförmig realisiert wird (Satzkomplement), kann man es mit kasushaltigem Fragepronomen erfragen: *Sie sagte, **dass die Erde eine Kugel ist**. Was sagte sie?* Weiterhin bilden die POs als gesamtes Präp+NP-Gefüge (PP) das Präpositionalobjekt. Sie enthalten Präpositionen *(auf den Bus warten, für die Katze sorgen)*, die vom Verb festgelegt *(*unter / zwischen den Bus warten)* und ihrer Ursprungssemantik weitgehend entleert sind. Im Unterschied zu adverbialen PPs können POs außer mit präpositionalen Komposita *(worauf, wofür)* in aller Regel nicht ohne Kasus erfragt werden *(*wohin / wo warten)*, sondern nur mit einem Präp+Kasus-Gefüge *(auf was, für wen)*, vgl. auch Wöllstein-Leisten et al. (1997: 39). Obschon der Kasus von der Präposition und nicht vom Verb vergeben wird, unterliegt die Präposition selbst jedoch der Selektion durch das Verb und auch das zählt zur Rektion.

Die Beziehung zwischen Subjekt und finitem Verb ist durch die Übereinstimmung (Kongruenz) beider Elemente in den morphosyntaktischen Merkmalen Person und Numerus bestimmt. Damit erhält das Subjekt eine besondere Auszeichnung vor den Objekten (allerdings gibt es auch Sprachen, in denen neben Subjekt- auch Objektkongruenz vorliegt). In der generativen Syntaxtheorie geht man zusätzlich von Rektion aus, denn das Subjekt kann seinen Kasus (Nominativ) nur unter Finitheit des Verbs erhalten. Bei rein infiniten Verbkonstruktionen dagegen können Subjekte nicht realisiert werden (vgl. Kap. 3.2.3.). Daher wird angenommen, dass nicht das Verblexem, sondern die Kongruenzmerkmale des Finitums den Nominativ an das Subjekt vergeben. Anders beim Prädikativ, z. B. *Die Erde ist eine Kugel*. Hier geht die Rektion vom Verblexem aus.

3.3.2.3. Ebenen der Verbvalenz

Die Ansätze, Verben nach Valenzeigenschaften zu analysieren, kommen aus den unterschiedlichsten Forschungsparadigmen, mit teils sehr unterschiedlichen Termini und Kategorien. Verschiedene Entwicklungen zu valenzorientierten Konzepten seien hier grob zusammengefasst zu drei Ebenen der Valenz (vgl. auch Helbig 1992: 7 ff., 13 ff.): (i) **Argumentstruktur / logische Valenz**: In seiner Eigenschaft als Funktor bildet das Verb über eine Beziehungsstruktur ein oder mehrere Argumente (Bestandteile dieser Beziehung) auf einen Sachverhalt ab bzw. „determiniert seine Argumente hinsichtlich einer Beziehung" (Welke 1988: 94). Das Prädikat (mit dem Verb als Basis) hat daher Leerstellen, die durch die Argumente zu füllen sind. (ii) **semantische Valenz**: Die Füllung dieser Leerstellen durch Argumente unterliegt bestimmten semantischen Beschränkungen. Das heißt: (a) den Argumenten müssen der vom Verb festgelegten Relation gemäße semantische Rollen zukommen, (b) die Merkmale des selegierten Arguments, z. B. [+belebt], werden von der Verbsemantik mitbestimmt. (iii) **syntaktische Valenz**: Syntaktische Valenz ist die syntaktische Realisierung / Kodierung der Argumentstruktur und ihrer semantischen Rollen durch Aktanten / Ergänzungen. Die Ergänzungen entsprechen syntaktisch den Argumenten. Sie (außer den adverbialen Ergänzungen) stehen in einer im engeren Sinne morphosyntaktischen Beziehung (Kongruenz u. / o. Rektion) zum Prädikat. Zu detaillierteren Ebenenunterscheidungen bzw. Stufenmodellen vgl. Helbig 1992; einen Überblick gibt auch Storrer 2003; zu kritischen Sichtweisen vgl. Welke (1988: 97 ff.), Jacobs 1994, Winkler 2001.

Im Folgenden befassen wir uns mit der Stelligkeit von Verben und der Realisierungsfähigkeit bzw. -pflichtigkeit von Mitspielern. Dazu ist zunächst folgende dreiteilige Unterscheidung wichtig: Argumente können unrealisierbar sein. Bei *bestehlen* etwa (Helbig 1992: 163) kann – im Unterschied zu *stehlen* – das, was wegkommt, nicht syntaktisch realisiert (aktantifiziert, Helbig 1992: 15) werden. **Sie bestahlen ihn um seine Möbel.* Argumente können fakultativ sein, d. h. realisationsfähig, aber nicht -pflichtig: *Sie liest (ein Buch).* Sie können auch obligatorisch zu realisieren sein (realisationspflichtig): **Du verschlingst.*

3.3.2.4. Wertigkeit / Stelligkeit

Die Wertigkeit / Stelligkeit eines Valenzträgers bezeichnet die Anzahl der Mitspieler / Ergänzungen. Hier wird eine Stelligkeitsauffassung vorgestellt, die alle Ergänzungen erfasst, die beim Verblexem realisationsfähig sind. Da nicht-finite Verbformen die Realisation von Ergänzungen zum Teil blockieren, geht man von den Beziehungen des finiten Verbs im Aktiv-Satz aus und zählt das (immer obligatorische)

Subjekt mit, allerdings nur, wenn es eine thematische / semantische Rolle hat. Daher sprechen wir von 0-wertigen, 1-wertigen, 2-wertigen, 3-wertigen Verben. Ob es 4- oder mehr als 4-wertige Verben gibt, ist umstritten. Bei 0-wertigen Verben finden wir als Subjekt ein so genanntes expletives *es (es regnet),* das ohne eine thematische Rolle wie AGENS, keine Referenz zur außersprachlichen Wirklichkeit hat (*?wer regnet?*). Damit ist es nur einer syntaktischen Ebene und nicht der semantischen, die für unseren Ergänzungsbegriff notwendige Bedingung ist, zuzuordnen. In der folgenden Liste stehen fakultative Ergänzungen in Klammern.

schneien	0-wertig	*Es* schneit. (obligatorisches Subjekt ohne semantische Rolle)
husten	1-wertig	**Petra** hustet.
wohnen	2-wertig	**Die Studentin** wohnt **in Köln**.
sehen	2-wertig	**Sie** sieht (**dich / dass du da bist**).
glauben	2-wertig	**Viele Menschen** glauben (**an Gott**).
stellen	3-wertig	**Ich** stelle **die Vase auf den Tisch**.
geben	3-wertig	**Er** gibt (**jemandem**) **Geld**.
antworten	4-wertig	**Er** antwortet (**dir**) (**etwas**) (**auf deine Frage**).
verkaufen	4-wertig	**Sie** verkauft (**ihr**) **das Buch** (**für 5 Euro**).

So einfach das Prinzip der Stelligkeit zu sein scheint, es birgt doch einige Probleme, wie etwa das Vorliegen von mehr als einem Stelligkeitsmuster: Das Verb *glauben* z. B. kann auch 3-wertig sein. Dann tritt nicht etwa nur ein weiteres Argument hinzu, sondern die Argumente unterliegen auch einer anderen syntaktischen Realisationspflicht: *Ich glaube an etwas* (Subjekt, PO) vs. *Ich glaube dir etwas* (Subjekt, DatO, AkkO), **Ich glaube dir an etwas*. Weitere Schwierigkeiten liegen in der Annahme maximaler Stelligkeit. In einem Beispiel wie *Sie schiebt ihm den Tisch von der Wand* liegt ein sog. freier Dativ (hier vom Typ dativus commodi) vor, der teils als Stellenerweiterung gesehen wird (vgl. Eroms 2001: 19), jedoch nicht verbspezifisch ist, sondern vielen Verben hinzugesellt werden kann, daher nicht im strengen Sinne zur Wertigkeit gehört, obschon er für einige Verben blockiert ist (z. B. *bestaunen, schlafen*) (vgl. Welke 1988: 72). Freie Dative sind auch insofern problematisch für eine Valenztheorie, als sie oft dem *bekommen*-Passiv (Wöllstein-Leisten et al. 1997: 38; vgl. auch Kap. 3.3.3.4.4.) zugänglich sowie kasuserfragbar *(wem)* und damit tatsächlich Objekte sind (zu unterschiedlichen Grammatikalisierungsstufen vgl. Askedal 2001: 248).

3.3.2.5. Ergänzungen und Angaben

Wir unterscheiden im Satz mit Hilfe des Valenzkonzepts zwischen Ergänzungen und freien Angaben. Alle Ergänzungen vervollständigen bzw. sättigen die Bedeutungsstruktur des Verbs in einer aus seiner Grundbedeutung ableitbaren Weise. Sie sind die semantisch und morphosyntaktisch vordefinierten Mitspieler einer im Verb bzw. Subklasse von Verben angelegten Szene und somit valenzgebunden bzw. -determiniert. Es gibt zwei Arten von Ergänzungen: (i) obligatorische und (ii) fakultative: Während bei den obligatorischen die syntaktische Realisation zwingend ist, sind fakultative Ergänzungen weglassbar (ohne jedoch freie Angaben zu sein; zur Problematik vgl. Storrer 2003).

(i) *Ich füttere den Kater.*
Subjekt Objekt
Ergänzung Ergänzung
obligatorisch obligatorisch *Ich füttere.*
AGENS u. [+belebt] PATIENS u. [+belebt] *Ich füttere ein Lied.*
Nominativ Akkusativ *Ich füttere dem Kater.*

(ii) *Ich singe ein Lied.*
Subjekt Objekt
Ergänzung Ergänzung
obligatorisch fakultativ *Ich singe.*
AGENS u. [+belebt] THEMA u. [-belebt +hörbar]
 Ich singe den Kater.
Nominativ Akkusativ *Ich singe dem Lied.*

(Die Beispiele *Ich füttere ein Lied* und *Ich singe den Kater* sind nicht im eigentlichen Sinne ungrammatisch, sondern stellen eine semantische Anomalie dar, die durch einen Verstoß gegen die „inhaltliche Spezifität" (Jacobs 1994: 22) bzw. „semantisch referentielle Charakteristik" (Helbig 1992: 18) der Ergänzung ausgelöst wird.)

Freie Angaben werden dagegen in der Regel als valenzunabhängig /-ungebunden definiert. Sie können zu einer schon mit Mitspielern gesättigten Szene hinzutreten als weitere Bestimmungen. Sie sind sehr oft generell bei Ereignissen bzw. Zuständen erwartbar, vor allem was kausale, örtliche, zeitliche Einordnung des Ereignisses angeht, nicht aber in der *spezifischen* Semantik des Verblexems vordefiniert. (Problematisch wird diese Definition bei der Abhängigkeit z. B. temporaler Angaben von der Aktionsart (vgl. Kap. 3.3.3.4.1.) des Verbs: z. B. **für drei Stunden finden;* dazu valenztheoretisch auch Storrer 2003.) Freie Angaben sind nicht vom Verb regiert (problematisch bei freien Dativen), sondern frei in der syntaktischen Realisierung: *die ganze Woche/die Woche über/durch die ganze Woche* Spagetti essen. Sie können immer weggelassen sowie fast beliebig jedem Satz zusätzlich zu seinen Aktanten hinzugefügt werden und mit unterschiedlicher Semantik (*wann, warum, wie, wie oft* etc.) pro Satz in starker Häufung auftreten.

> *Ich füttere den Kater   heute deshalb ungern ein weiteres Mal.*
> *Ich singe das Lied   heute deshalb ungern ein weiteres Mal.*
> *Ich sitze auf dem Sofa   heute deshalb ungern ein weiteres Mal.*

Freie Angaben können nicht mit gleicher Semantik gehäuft auftreten (vgl. (i)), es sei denn, sie stehen zueinander in (so etwas wie) einer Teil-von-Beziehung (Funktionale Integration) (vgl. (ii)). Wenn sie es doch tun, empfinden wir das wie bei den Ergänzungen als Koordination (vgl. (iii)).

(i) **Ich fütterte den Kater heute gestern.*
(ii) *Ich fütterte den Kater gestern um zwölf / gestern vor einer Woche.*
     (*um zwölf* ist Teil des Zeitraums von *gestern*; *gestern* ist Teil des Zeitraums ‚vorige Woche')
(iii) *Der Kater frisst heute, morgen und übermorgen.*

Angaben sind zwar semantisch vom Vollverb nicht – im robusten Sinne – vordefiniert, aber dennoch semantisch interaktionsfähig mit dem ‚Rest' des Satzes: Sie können mit der Semantik des Satzes interagieren (i) oder kollidieren (ii, iii): (i) *Ich singe **mit der Zange**.* Hier ist die instrumentale Lesart: *mit Hilfe der Zange* ausgeschlossen, möglich ist nur die komitative (Begleitumstands-)Lesart: *und habe die Zange dabei.* (ii) **Ich werde **gestern** singen.* Hier sind *gestern* und das Futur semantisch inkompatibel. (iii) **Er kennt **auf dem Flughafen** seinen Freund.* Individuenprädikate *(kennen)* können lokal/temporal nicht restringiert werden. Eine Beteiligung der Verbsemantik an solchen Phänomenen wird teils angenommen (Helbig/Schenkel 1973: 40, letztes Beispiel), teils bestritten (Nikula 2001: 289). Angesichts der Forschung zur Ereignisstruktur von Verben (s. Kap. 3.3.3.4.1.) sind semantische Mechanismen jedoch mehr als wahrscheinlich. Dass freie Angaben letztlich so frei nicht sind bzw. die Grenzen zwischen Ergänzungen und Angaben nicht so klar, ist mehrfach thematisiert worden, z. B. in der Annahme (Eroms 2001: 19) einer Abnahme der Bindungsfestigkeit in der Serialisierung von rechts nach links (von der Endstellung, d. h. Grundstellung des Verbs aus weg). Auch Bondzio (2001: 158) weist darauf hin, dass neben Bestandteilen der Funktion im engeren Sinne (Aktanten) auch modifizierende Bestandteile (Angaben / Circonstants) Seme der Verbbedeutung ausdifferenzieren können. Zu einem noch weitergehenden Konzept vgl. Welke (1988: 79 ff.).

3.3.3. Semantische Strukturiertheit des Verbs

Aus der vielfältigen Forschung zur Verbsemantik filtern sich – zusätzlich zu genuin valenztheoretischen Betrachtungen – grob folgende Momente aus: (i) das Grundvermögen des Verbs, *dass* etwas prädiziert wird (Prädikation und Gültigkeitsaspekte der Prädikation), (ii) die lexikalisch (nicht-flexivisch) kodierte temporale *Strukturiertheit* der Prädikation (Aktionsarten), (iii) die Art der ‚*Beteiligung*' der Mitspieler (Tätigkeits-, Vorgangs-, Zustandsverben bzw. Protorollen) und (iv) der *Inhalt* dieser Prädikation (intensionale Verbklassen). In den folgenden Kapiteln werden wir auf diese Momente Bezug nehmen. (Zum möglichen Zusammenspiel dieser Momente vgl. exemplarisch an Positionierungs- und Bewegungsverben Kaufmann 1995: 47 f., 224 f.).

Der Wert einer Verbanalyse mittels semantischer Merkmale (Komponentenanalyse), wie sie in vielen Ansätzen (z. B. McCawley 1968, Dowty 1979, Jackendoff 1990, Wierzbicka 1996, Wunderlich 1997) versucht worden ist, liegt vor allem in zwei Erkenntniszielen. Das erste ist eine Systematisierung einer prinzipiell infiniten Menge von semantisch unterschiedlichen Wörtern mithilfe einer endlichen Menge von Merkmalen (vgl. auch Helbig 1992: 160). Die Verbbedeutungen lassen sich dabei als unterschiedliche Bündelungen dieser Merkmale auffassen. Ungeachtet der vielfältigen Probleme, die sich mit der Frage nach dem Objekt- / Metasprachverhältnis (*Apfel* = [+apfelig]?), der Universalität, der Hierarchie, dem Zutreffen oder auch Komplexitätsgrad von Merkmalen verbinden (vgl. auch Löbner 2003a: 209 ff.), kommt eine Betrachtung der Verbsemantik, die die Geordnetheit von Wortschatz und grammatische Effekte von Semantik in den Blick nimmt, nicht ohne Klassifizierungen mittels semantischer Merkmale aus. Das zweite Erkenntnisziel ist also die

Ableitung syntaktischer Strukturen aus semantisch-lexikalischen Strukturen, für die es viele Ansätze gegeben hat (vgl. z.B. valenztheoretische Forschung (Überblick in Helbig 1992), die generative Semantik und Kasusgrammatik (Überblick in Newmeyer 1986), aber auch einzelne Ansätze wie etwa Natural Semantic Metalanguage von Wierzbicka 1996 (kurz dargelegt in Löbner 2003a: 222 ff.), mit teils sehr unterschiedlichen Auffassungen und Phänomenorientierungen (allgemeiner Überblick in Engelberg 2000)). Obschon das Wie und Inwieweit der syntaktischen Effekte semantischer Struktur längst nicht geklärt ist, ist doch weitgehend unstrittig, dass derartige Zusammenhänge existieren. Einige Aspekte dieses Zusammenhangs zeigen diejenigen Analysen lexikalischer Dekomposition (z.B. Dowty 1979, Bierwisch 1983, Jackendoff 1990, Büring 1992, Kaufmann 1995, Wunderlich 1997), die die Grobstruktur lexeminterner Semantik in hierarchischer Ordnung eines recht einfachen Sets von Subprädikaten (Merkmalen) darstellen (s. auch Kap. 3.3.1. und 3.3.3.1.; eine kurze Gegenüberstellung einiger solcher Ansätze leistet Löbner 2003a: 219 ff.).

Bei der Klassifizierung der Verben sehen wir wie auch generell bei semantischen Klassifizierungen die ganz grundlegende Schwierigkeit, eine semantische Klasse sinnvoll zu beschränken. Im Folgenden wird eine kurze semantische Analyse – unter Beachtung grammatischer Effekte – für eine Inhaltsklasse am Beispiel der Verben der Bewegung exemplarisch durchgeführt.

3.3.3.1. Verben der Bewegung

Sehr viele Verbklassen sind – mit vielen Überschneidungen – unter dem ein oder anderen Blickwinkel untersucht worden. Wir können hier nur Streiflichter auf die Fülle werfen (zu weiteren Hinweisen vgl. Fabricius-Hansen 1991: 693).

Ein wichtiges Merkmal ist das der Bewegung +/–bew. Es wird nicht nur für die Differenzierung zwischen Handlungs- und Vorgangsverben einerseits und Zustandsverben andererseits (vgl. Kap. 3.3.3.4.1.) in Betracht gezogen, sondern strukturiert auch andere Verbklassen mit: Verben der Fixation etwa. Als ‚reine' Verben der Bewegung können die angesehen werden, deren einziger Mitspieler komplett von der Bewegung erfasst ist *(laufen, fallen; wackeln, hampeln* vs. *gestikulieren, auflachen, schlagen)*. Diese sind wiederum zu unterteilen über das Merkmal +/–kontrolliert bzw. +/–willkürlich. *laufen* und *hampeln* wären kontrollierte Tätigkeiten. Sie sind damit agentisch und deshalb passivierbar. *fallen* und *wackeln* weisen diese Eigenschaften nicht auf.

Metaphorische und metonymische Verschiebungen *(die Zeit läuft* und *die Augen laufen)* ändern an der jeweiligen Grundbedeutung nichts, sondern operieren darauf. Zusätzlich können die Bewegungsverben unterschieden werden über das Merkmal +/−direktional. So ist mit *laufen* und *fallen* ein Ortswechsel verbunden, mit *wackeln* und *hampeln* nicht. Auch hier zeigen sich grammatische Effekte: Direktionale Bewegungsverben bilden das Perfekt mit *sein*, nicht-direktionale mit *haben* (Diedrichsen 2002: 40 ff.).

Vergleichbar metaphorischen Verschiebungen ändern hier Mechanismen der Valenzrahmenüberlappung (vgl. ähnlich Wotjaks Verschmelzungskonzept 2001: 52), bei denen ein nicht-direktionales Verb (z. B. *wackeln*) gebraucht wird wie ein direktionales *(sie ist total fertig in die Uni gewackelt)*, an dieser Grundbedeutung nichts. Es wird lediglich der Grundsemantik eines basalen Verbs, hier *gehen*, ein modales Merkmal hinzugefügt (vgl. auch die Annahme zweier Teilprädikationen: Eigenbewegung und Art der Bewegung bei Kaufmann 1995: 233), erwirkt jedoch spezifische grammatische Effekte *(sein* im Perfekt statt *haben)*. Es ergibt sich die folgende Synopse der Bewegungsverben (im engeren Sinne, d. h. mit einem involvierten Mitspieler):

	+ Ortswechsel (*sein*-Perfekt)	− Ortswechsel (*haben*-Perfekt)
+ kontrolliert (passivierbar)	*laufen, gehen, hüpfen*	*tanzen, hampeln*
− kontrolliert (nicht passivierbar)	*stürzen, fallen*	*zittern, wackeln*

In diesem Zusammenhang ist interessant, dass wir auch bei gedanklichen Prozessen und Gefühlen gerne Bewegungsmetaphern wie *geistige Beweglichkeit* oder *Gemütsbewegung* nutzen. Auch in der Theorie dient Bewegungs- und Ortssemantik in lokalistisch geprägten Ansätzen wie etwa dem Jackendorfs 1990 „als Muster auch für nicht-räumliche Konzepte" (Löbner 2003a: 230). So können als den Bewegungsverben verwandt die Verben des Besitzwechsels (auch

Verben des Gebens), Verben der Positionierung *(stellen)* und Fixation *(stecken)* gelten (vgl. z. B. Jackendorf 1990: 12). Sie können als kausativ überbaute Bewegungsverben aufgefasst werden. Bewegungsverb *sinken:* become (y be LOC), Positionierungsverb: *senken:* x cause (become (y be LOC)).

Sie gehören damit wiederum der großen Gruppe der kausativen Verben an (vgl. Wunderlich 1997), die in Kausation und Prozess zerlegbar sind. Diese verbintern mögliche Bedeutungsstruktur strukturiert auch unseren Wortschatz insgesamt. Beispiele, die eine im Lexikon strukturierte Verbindung aus Kausation, Zustandswechsel und Zustand zeigen, sind etwa (vgl. auch Löbner 2003a: 215) die folgenden:

Kausation	Zustandswechsel	Zustand
geben	*bekommen*	*haben*
öffnen	*sich öffnen*	*offen sein*
töten	*sterben*	*tot sein*

Alle Strukturen können oft zusätzlich kombinatorisch ausgedrückt werden, z. B. *tot machen*. Auch eine systematische Lücke in einer solchen Trias von Kausation – Zustandswechsel – Zustand im Lexikon kann in vielen Fällen durch serielle Verben *(gehen, kommen)* oder Proverben *(machen)* geschlossen werden: *legen – zu liegen kommen – liegen*.

3.3.3.2. Andere semantische Verbklassen

Einen weiteren großen Bereich semantischer Verbklassen bilden die von Harras 1996 und Winkler 1996 weniger nach merkmalssemantischen, sondern mehr nach interaktionalen Situationsmodellen und Gebrauchskriterien ermittelten sog. kommunikativen Verben (*löchern, erörtern, flehen, ausspionieren, telefonieren, fragen, abhören, drängeln* etc.), für die z. B. Möglichkeiten der Subklassifizierung (nach Sprechakt *bitten* oder medialem Kanal *telefonieren* etc.) ausgelotet werden sowie Grenzen der Subklassifizierungen. So finden wir keine Verben, die flüsterndes drängendes Fragen oder telefonisches Lügen bezeichnen (Winkler 1996: 273).

Kleinere Klassen, die sich mit letzteren Verben überschneiden, haben aufgrund von syntaktischem Verhalten und semantischen ‚Gültigkeitsphänomenen' in der Forschung viel Beachtung gefunden, z. B. verba dicendi (des Sagens) im engeren Sinne und einige verba sentiendi (innerer und äußerer Wahrnehmung / Empfindung, z. B.

fühlen, denken, sehen), die auch als Verben der propositionalen Einstellung (vgl. Bäuerle 1991) bekannt sind. Sie nehmen Sätze als Ergänzungen. Eine Unterklasse der letzteren stellen die faktiven Verben dar, die den propositionalen Gehalt der Ergänzung als wahr präsupponieren, sprich als Fakt gelten lassen. *Sie bedauert, dass das Wetter schlecht ist* → Das Wetter ist schlecht. Zu verwandten Gültigkeitsphänomenen im Bereich sog. extensionaler und intensionaler Verben vgl. Fabricius-Hansen 1991.

Die verba sentiendi im weiteren Sinne oder Psychverben (z. B. *mögen, trauen, wundern, gefallen*) fallen u. a. durch die sehr unterschiedlichen Kasusmuster ihrer EXP/STIM-Rollen-Struktur auf. Nach Primus (2003: 96):

er mag dich	Exp / Nom	Stim / Akk
ich traue dir	Exp / Nom	Stim / Dat
das wundert ihn	Exp / Akk	Stim / Nom
du gefällst ihm	Exp / Dat	Stim / Nom

Das hat zu verschiedensten syntaktischen und – auf semantischer Ebene – rollenhierarchieorientierten, protorollenorientierten, ereignisstrukturorientierten oder auch lexikalisch-idiosynkratisch orientierten Ansätzen geführt (Kurzüberblick in Pittner 1994 und Primus 2003). Weitere Ansätze (Wegener 1999 und Klein / Kutscher 2002, letztere im Zusammenhang mit einer Protorollentheorie) begründen einen großen Teil der Linkingphänomene, indem sie sie auf die diachron zugrundeliegende physische Grundbedeutung zurückführen. Denn tatsächlich liegt vielen Psychverben eigentlich ein physisches Verb zugrunde, als wenig (vgl. (i)) bis hoch lexikalisierte Metapher (vgl. (ii)); (i) *ausrasten*, (ii) *vergessen* (= *loslassen*) über germ. *geta, ahd. *gezan* (*bekommen*, vgl. engl. *get*) mit der Umkehrung des semantischen Gehalts durch ahd. *fir-* (*ver-*) (Primus 2003: 101).

Die Klassifizierung der sog. symmetrischen Verben *(ähneln)* würde auf die gleiche Rolle der Aktanten abheben. Ein isoliertes Merkmal läge dagegen etwa bei der Annahme einer Klasse wie ‚Intensivierungsverben' vor (*vergrößern, beschleunigen* etc.), das quer zu szenischen Inhaltsklassen verliefe. Letztlich zählen natürlich auch die Aktionsarten (interne Ereignisstruktur, etwa statisch, inchoativ, vgl. Kap. 3.3.3.4.1.), die ebenfalls quer zu ‚szenischen' Inhaltsklassen verlaufen, zu semantischer Klassenbildung.

Bei der Klassenbildung finden wir in der Forschung also die verschiedensten Kriterien: semantische Merkmalskomplexe, die mit der vorstellbaren ‚Szene' verknüpft sind, Gebrauchsaspekte, Gültigkeits- und Referentialitätskriterien, temporale Verläufe und sehr spezifische Einzelmerkmale.

3.3.3.3. Modalverben und verwandte Konstruktionen

Zunächst zu formalen Aspekten: Die geschlossene Klasse der Modalverben besteht im engsten Sinne aus den Lexemen *wollen, können, dürfen, sollen, müssen*. Auch *mögen*, meist in Konjunktiv-II-Formen *möchte* etc. vorkommend, denen teils schon eine Infinitivbildung zugesprochen wird *(möchten)*, wird dazugezählt. Sie alle bilden periphrastische Formen i.d.R. mit Infinitiven: *will sehen, hat sehen wollen* (vgl. Kap. 3.2.1.). Das Partizip II kommt am ehesten in Vollverbgebrauch bzw. vollverbähnlichem Gebrauch vor *(Er hat ein Eis gewollt)* oder in Zustandsprädikaten: *Das war gekonnt* – beim Passiv obligatorisch. Passivierbarkeit liegt, bis in seltenen halbwegs akzeptablen Fällen von *wollen* und *können,* nicht vor, außer bei *mögen* (in der lieben-Lesart). *Mögen* steht auch insofern dem Paradigma ferner, als auch Vollverbgebrauch ohne potenziell hinzusetzbares Verb existiert – zu sehen an der reinen Objekteinbettung: *Er mag ihn.* ??*Er mag ihn haben.* vs. *Er kann/soll/muss/will/darf ihn haben.*

Zu den semantischen Aspekten: Alle Modalverben haben zwei Lesarten (vgl. Vater 2001: 81): 1) Kommentar zum Wahrheitsgehalt der Proposition = subjektive bzw. epistemische Lesart, 2) Bestandteil der Inhaltsfunktion = objektive bzw. deontische Lesart

> *Peter soll Fußball gucken.*
> Lesart 1: Es ist wahrscheinlich, dass Peter Fußball guckt.
> Lesart 2: Es ist notwendig, dass Peter Fußball guckt.

Lesart 1 entspricht Wahrscheinlichkeitslesarten für das Zutreffen der im eingebetteten Verb ausgedrückten Sachverhaltsbeschreibung, was subjektiv vom Sprecher eingeschätzt wird. Dieses Schlussverfahren aus Wissensbeständen beim Sprecher wird auch inferentiell genannt.

Lesart 2 entspricht Lesarten der Verpflichtung, die durch die Modalverbklasse grob gesprochen von Drang über Möglichkeit bis Zwang (d.h. mit unterschiedlicher modaler Stärke, vgl. Duden-Grammatik 2005: 562) abgedeckt werden und ‚objektiv' im Modalverb ausgedrückt sind. Solche Lesarten werden auch als nicht-inferentiell bezeichnet.

Unseres Erachtens bildet die Grundlage für das Verstehen der Gültigkeitsaspekte der Modalverbkonstruktionen folgende Annahme: Das Modalverb, das mit dem Vollverb ein *gemeinsames grammatisches* Prädikat bildet, blockiert die Wahrheitswertzuordnung (wahr oder falsch) für das untergeordnete, im Vollverb ausgedrückte semantische Prädikat. Daher kann – wie bei *werden* (Kap. 3.2.2.2.2.4.) – eine Modalverbkonstruktion von Sprechern für eine Wahrscheinlichkeitslesart (und daraus möglicherweise auch abgeleitet futurische Lesart) benutzt werden, wenn im Überprüfungsraum – *ad oculos* – des Sprechers (Hier-jetzt-ich-Origo) das ‚Vollverb-Ereignis' nicht überprüfbar ist, d.h., der Sprecher kann nicht feststellen, ob das Ereignis passiert. Wenn das Vollverbereignis jedoch überprüfbar ist, erhalten wir bei Benutzung der Modalverbkonstruktion i.d.R. eine Beschränkung auf eine (subjektinterne oder -externe) Volitionslesart (*können* z.B. kann dann nur noch als Erlaubnis oder Fähigkeit interpretiert werden, *sollen* nur noch als äußerer Zwang/ Verpflichtung etc.); mit *werden* kann diese Lesart nicht realisiert werden.

Er soll zuhause sein.
Er will zuhause sein.

Lesart 1: Kein *In-der-Wohnung-sein*-Ereignis ad oculos überprüfbar wahr oder falsch (*zuhause* entspricht nicht dem Ort des Sprechers/ Hörers): Wahrscheinlichkeit des Ereignisses kann ausgedrückt werden. Lesart 2: *In-der-Wohnung-sein*-Ereignis findet ad oculos im Überprüfungsraum statt oder nicht statt (*zuhause* entspricht dem Ort des Sprechers): Verpflichtungs- bzw. Volitionslesart für das Satzsubjekt ist obligatorisch.

Weitere Sichtweisen, nämlich eine Fundierung von Modalverbbedeutungen in Grammatikalisierungsprozessen, entwickelt Diewald 1999. Zu Schlussverfahren aus dem sog. Redehintergrund vgl. Kratzer 1978 und 1991; zur Unterscheidung in extra- bzw. intrasubjektiv bezüglich des Subjekts des Satzes vgl. IdS-Grammatik 1997; zu quasi temporalen Bedeutungen des Modalverbsystems vgl. Bech 1949, Lyons 1977, Öhlschläger 1989; zu frühen illokutions- und handlungsorientierten Ansätzen vgl. Ehlich/Rehbein 1972, Calbert 1975, hier werden in etwas unterschiedlicher Weise epistemische Modalverbverwendungen vergleichbar der indirekten Rede auf zugrundeliegende quotationelle Systeme zurückgeführt.

Am Rande des verbalen Modalparadigmas sind – konstruktionsspezifisch – diverse auch als Vollverben realisierbare Lexeme angesiedelt. Üblicherweise wird *brauchen* (mit *zu*+Infinitiv oder reinem Infinitiv) so eingeschätzt; wie die Modalverben kann es zumindest in der gesprochenen Sprache präteritopräsentisch flektiert werden *(er brauch das nicht)*. Auch *werden* wird aufgrund potenziell modaler Lesarten und der Inf.-Einbettung im Aktiv dazugerechnet (periphrastisches Futur mit modalen Lesarten (zu dieser Diskussion vgl. Kap. 3.2.2.2.4.)). Weiterhin sind die *haben*+*zu*- und *sein*+*zu*-Infinitive zu nennen (Kap. 3.2.3.2.): *Er hat es zu reparieren* (soll / muss reparieren) – *Es ist zu reparieren* (soll / muss / kann repariert werden). Auch eines der seriellen Verben des Deutschen, *gehen* (seriell in *arbeiten gehen*), kann (allerdings als Substandard) mit *zu*-Infinitiven modal werden *(Das geht wirklich nicht mehr zu reparieren)* (kann nicht repariert werden). Ähnlichkeiten haben auch die sog. Halbmodale bzw. Anhebungsverben (Raisingkonstruktionen): *scheint zu, droht zu, verspricht zu*. Auch sie können verbale Cluster bilden, die wie ein gemeinsames Prädikat funktionieren (Kap. 3.2.3.5.).

3.3.3.4. Ereignisstruktur: von zeitlich über aktional bis perspektivisch

Die Ereignisstruktur von Verben bzw. Prädikaten (vgl. die Folgekapitel) wird in der Forschung unter verschiedenen Gesichtspunkten – teils in Mischung – betrachtet: 1) nicht-deiktisch zeitliche Struktur: a) Aspektmarkierung durch die infinitivische Flexion (Kap. 3.2.3.4.), b) klassische Aktionsarten inklusive der klassischen Vendlerklassen durch verblexikalische Semantik und kombinatorische Effekte mit weiteren Satzteilen, 2) unter aktionalen Gesichtspunkten, vor allem nach rollenspezifischer Beteiligung des Subjektaktanten: Tätigkeit, Vorgang, Zustand, 3) unter Kriterien der Aktionalität und der morphosyntaktischen Kodierung durch Kasus (transitiv, intransitiv, ergativ), 4) Perspektivierung von Vorgang und Zustand im Passiv im Gegensatz zur aktivischen Tätigkeit der Ausgangsstruktur. Aufgrund der starken Schnittstellen der vier Systematiken handeln wir sie sukzessive unter dem Label Ereignisstruktur ab.

Ein früher, sehr bemerkenswerter Ansatz, diese ereignisstrukturellen Phänomene mit einer Verbklassifizierung samt Hilfsverbselektion zusammenzuschauen, findet sich bei Brinkmann (1950/51: 118 ff.).

3.3.3.4.1. Aktionsarten

Die Aktionsart des Verbs (in der engl. Forschung: *lexical aspect, aktionsart* oder auch unter *aspect* subsumiert) ist – im Unterschied zu Aspekt – Teil der lexikalischen (nicht flexivischen) Bedeutung des Verbs und legt die interne zeitliche Verlaufsstruktur des Ereignisses fest. Zu weiteren, modalen Aktionsarten vgl. Helbig / Buscha (1991: 73 f.); zu einer historischen Skizze der Aktionsartbetrachtung seit Aristoteles vgl. Rapp (1997: 16 ff.). Teils wird unterschieden in durch Affigierung entstandene Eigenschaften (Aktionsarten) und ohne Affigierung bestehende (Verbalcharakter), vgl. IdS-Grammatik (1997: 1861). Wir fassen beides unter Aktionsart zusammen.

Traditionell wurden (neben statisch und dynamisch, s. u.) vor allem zwei große Klassen unterschieden: durativ (dauernd oder Perspektive auf nur ein Ereignis: *schlafen, blühen, stricken, leben, sitzen, suchen*) und resultativ / perfektiv (Perspektive auch auf Anfangs- oder Folgeereignis: *einschlafen, er- / verblühen, verstricken, töten, sterben, setzen, finden*). Wenn in der Forschung durativ monoperspektivisch aufgefasst wird, entspricht die Durativ- / Perfektivunterscheidung dem Unterschied zwischen untelisch (nicht grenzbezogen) vs. telisch (grenzbezogen); vgl. auch Fabricius-Hansen 1991. Allerdings existieren auch Auffassungen – z. B. bei Mani / Pustejovsky / Gaizauskas (2005: 7) –, die bei Durativität nur das Merkmal dauerhaft implizieren. Dort werden telische Verben, die ein akkumulierendes (,ansammelndes') Ereignis (z. B. *bauen*: Stein auf Stein auf Stein etc. mit graduellem ,Fertigwerden') ausdrücken, als durativ aufgefasst.

Perfektiva werden oft subklassifiziert in inchoativ / ingressiv (Beginn des Ereignisses mitbezeichnend, z. B. *einschlafen, erblühen*) und egressiv (Ende des Ereignisses mitbezeichnend, z. B. *totschlagen, verblühen*). Die Bezeichnung transformativ (manchmal auch inchoativ) wird gern auch für Zustandswechsel jeglicher Art verwendet.

Weitere traditionell bekannte Aktionsarten sind: punktuelle (kurz und einmalig wie *niesen, krachen*) und iterative (kurz und mehrmalig *klopfen, knattern*).

Auf der Wortbildungsebene ist mit dem Zuwachs morphologischer Komplexität von Verben (Präfix- und Partikelverben) mindestens eine Gleichheit, meist aber eine Zunahme von Perfektivität (Resultativität, Telizität) verbunden: *schütten < verschütten < ausschütten*. Auf der Ebene der Syntax werden – in an Vendler orientierter neuerer Forschung unter dem Stichwort Kontextsensitivität (Pustejovsky 1991/2004: 372) – ähnliche Phänomene beobachtet. Kontextsensitivität spielt vor allem bei Adverbialen und Objekten eine Rolle: *einen Kuchen essen* (telisch) vs. *essen* (atelisch). *Einen Kuchen* wäre ein typisches Beispiel für ein inkrementelles Thema (s. Protopatiens Kap. 3.3.2.1.), an dem der Fortgang der Handlung abzulesen ist: der Kuchen schwindet nach und nach, bis er weg ist (accomplishment, s. u.). Insofern werden die Aktionsarten als spezifisch verbimmanentes Phänomen für schwierig erachtet (Helbig/Buscha 1991: 74) oder bestritten und häufig nicht Verben, sondern Prädikaten und größeren Strukturen bzw. Situationen zugerechnet. Jedoch ist Aktionsart, gerade weil sie mit dem syntaktischen Kontext spezifisch interagiert, da nicht alle Verben alle Kontexte bzw. Konstruktionen zulassen *(*am finden sein)*, durchaus auch verbspezifisch (zu dieser Abwägung auch Thieroff 1992: 35).

Eine grundlegende Unterscheidung, auf der die meisten Verbklassenmodelle fußen, die die Ereignisstruktur berücksichtigen, ist die Unterscheidung in statisch vs. dynamisch (aus sprachtypologischer Sicht vgl. Lehmann 1992). Statisch bezeichnet einen homogenen Zustand, dynamisch ein Ereignis, das mit Veränderungen mindestens im Sinne einer Körnigkeit/Granuliertheit – Vendler ((1967) 2005: 22) verweist am Beispiel von *laufen* auf die Granuliertheit/Strukturiertheit in „successive phases" durch die Beinbewegung – oder im Sinne einer Endbezogenheit verbunden ist (vgl. auch Engelberg 2000). Die Grenzziehung ist problematisch, wie Thieroff (1992: 34) am Beispiel eines gleichmäßigen Ton-Ereignisses (etwa durch *pfeifen* zu bezeichnen) zeigt. Wir kristallisieren zwei grobe Tendenzen in der Forschung, Ereignisstrukturen nach dieser Unterscheidung zu modellieren, aus (vgl. v. a. Thieroffs Darstellung verschiedener Modelle (1992: 34 ff.)):

Tendenz 1: temporal: Zum einen sind die Modelle – wie z. B. die Vendlerklassen – stark auf die inhärente Strukturierung in Anfangs-, Fortgangs- und Endstrukturen ausgerichtet (wie auch schon in den schon oben besprochenen Aktionsarten). Hinzu kommt die Verbindung dieser Substrukturen mit der Substrukturierung in Wahrheitsintervalle.

Tendenz 2: aktional: Zum anderen werden diese Modelle teils mit der Involviertheit von Aktanten (+/−agentisch) verbunden: oft mit der Zuordnung von nicht-agentisch und statisch, während auf der dynamischen Seite nicht-agentische Vorgänge einerseits und (agentische) Tätigkeiten andererseits, z. B. in der Verbindung aus belebt und Bewegung bzgl. eines Objekts, unterschieden werden. Diese Tendenz zeigen sowohl Teile der an Vendler orientierten Theorien wie auch traditionellere Modelle der Grammatik des Deutschen.

Zu Tendenz 1: Die minimal angenommenen vier Aktionsarten (Vendlerklassen): stative, activity, accomplishment und achievement werden mittels der drei Merkmale (i) telisch (resultativ / grenzbezogen, d. h. sie markieren Grenzen anderer Ereignisse, vgl. Löbner 2003b: 210), (ii) dynamisch (wahrnehmbar fortschreitend / granuliert / nicht telische Veränderungen (vgl. auch Engelberg 2000: 305)) und (iii) durativ (von einer gewissen Dauer / nicht punktuell) unterschieden. Die wesentlichen Einteilungen fassen wir angelehnt an Mani / Pustejovsky / Gaizauskas (2005: 7) zusammen. (Der Terminus activity hat in dieser Einteilung nichts mit agentisch zu tun und lässt sich auch auf nicht agentische ‚activities' übertragen):

	telisch	dynamisch	durativ	
stative	–	–	+	*wissen, haben*
activity	–	+	+	*gehen, malen*
accomplishment	+	+	+	*bauen, zerstören*
achievement	+	+	–	*bemerken, gewinnen*

Vendler ((1967) 2005: 23) und die verwandten Ansätze beziehen neben der reinen Zeitstruktur wahrheitswertsemantische Aspekte mit ein, die für die vier Klassen mit einschlägigen Tests über Zeitadverbiale zu verbinden sind (Mani / Pustejovsky / Gaizauskas 2005: 6): Jedes zeitliche Subintervall eines Zustandes entspricht diesem Zustand. Zustände können demnach relativ zu jedem beliebigen Zeitpunkt ihrer Existenz evaluiert werden. Bei einer activity entspricht jedes granulierte Subintervall („successive phase", s. o.) dieser activity. – Ein Bein zu heben, wäre bei *laufen* nicht grob genug granuliert. Test: *Er lief für eine Stunde.* ***Er lief in einer Stunde.* (*in* entspricht nicht *ab dann*, sondern immer: *innerhalb*) *Er hörte auf, zu laufen.* Bei accomplishments entspricht nicht jedes Subintervall dem gesamten accomplishment. – Wenn bei *übermitteln* der Empfänger die Nachricht noch nicht hat, ist sie noch nicht übermittelt, das dem Verb inhärente Resultat (Partizip Perfekt: *übermittelt*) noch nicht eingetreten. Test: *Er übermittelte die Nachricht für eine Stunde. Er übermittelte sie in einer Stunde. Er hörte auf, die Nachricht zu übermitteln. Achievements sind punktuelle, nicht-kumulative Ereignisse, d.h., sie sind nicht unterbrechbar. *Er hörte auf, das Buch zu finden. (Leiss 1992: 48 spricht hier von einer unteilbaren Verbalsituation.)

Die Klasse der Zustandsverben oder -prädikationen kann weiter aufgeteilt werden. Eine prominente Subklasse sind die Individuenprädikate: *ähneln, kennen*. Solche Einzelverben sind in dieser Klasse selten, häufiger finden wir komplexere Prädikationen: *Intelligent/ braunäugig sein* etc. Im Gegensatz zu den Stadienprädikaten, d.h. anderen Zuständen sowie allen anderen Aktionsarten, sind sie niemals temporal restringiert, sondern bilden permanente Eigenschaften auf Individuen ab. *Dieser Hund kennt seinen Namen*. – Solange es den Hund gibt, gilt, dass er seinen Namen kennt. (Bei stabiler – nicht etwa durch Demenz veränderter – Definition des Individuums.)

Zu Tendenz 2: Als Beispiel für ein stark subjektorientiertes aktionales Modell findet sich die folgende Einteilung, mit Proverb-Tests nach Helbig/Buscha (1989: 69).

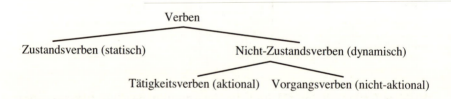

Zustandsverben wären z.B. *sein, wohnen, haben*. Sie sind nicht bzw. sehr schlecht mit einem Proverb wie *geschehen* oder *tun* aufgreifbar *(Er wohnt hier. *Was tut er?)*. Vorgangsverben, wie *werden, fallen, rollen*, können mit *geschehen* aufgegriffen werden, nicht oder schlecht jedoch mit *tun* oder *machen*. Tätigkeitsverben, wie *singen, sagen, lesen*, implizieren als einzige dieser Klassen ein AGENS und können mit *tun/machen* aufgegriffen werden. Die Subjektorientiertheit zeigt sich auch bei Helbig (1992: 159 ff.), der statisch vs. dynamisch nach Subjekt in Bewegung und Subjekt ohne Bewegung unterscheidet. Schwierig ist stets die Definition von Vorgang. Bei Helbig/ Buscha 1991 und Helbig 1992 etwa sind hierfür nur Zustandsänderungen des Subjekts vorgesehen. Dieses semantische Kriterium trifft sich mit der Einteilung von Brinkmann (1950/51: 119 f.), der die

Vorgänge nach der Hilfsverbselektion von *sein* im Perfekt bestimmt (jedoch nicht immer vom Zustandspassiv unterscheidet). (Das ist auch ein Klassenmerkmal der sog. ergativen Verben, Kap. 3.3.3.4.3.). Verben wie *regnen* (bei Brinkmann als Witterungsverben in einer Klasse), *brennen* oder *gluckern* sind zwar mit Granuliertheit, jedoch ohne Zustandsveränderung und mit *haben* im Perfekt schwer zu klassifizieren. Mithilfe der drei Klassen und einer Unterscheidung in telisch / atelisch deuten sich jedoch systematische Züge des verbalen Lexikons und der unter Verbbeteiligung geschehenden Grammatikalisierungen zumindest ansatzweise an. Das betrifft das gemeinschaftliche Vorliegen semantischer Primitiva wie Zustand, Vorgang und Tätigkeit innerhalb der Semantik einzelner Verben wie in den Kausativa: *geben* x cause (become (y have z)) sowie auch den Zusammenhang mit dem Hilfsverbsystem des Deutschen.

3.3.3.4.2. Das Hilfsverbsystem und der Zusammenhang mit den Aktionsarten

Die Verben, die im Deutschen nicht nur als Vollverben fungieren, sondern im Satz auch dazu dienen, zusammengesetzte (periphrastische) Prädikate zu bilden, sind semantisch simple Verben oben genannter Klassen: die Zustandsverben *sein* und *haben* (für Perf. / Plusq. sowie Zustandspassive von *werden*- und *bekommen*-Passiv sowie in modalen Konstruktionen mit *zu*), weiterhin die Vorgangsverben *werden* (für Vorgangspassiv sowie für futurische und modale Lesarten) und *bekommen* (für Rezipientenvorgangspassiv). Anders als das im Englischen etwa systembildend ins Verbparadigma einbezogene *to do* hat das Deutsche kein Hilfsverb aus der Klasse der Tätigkeitsverben mehr (vgl. Bartsch 1980: 32). Jedoch können wir regional sowie in manchen umgangssprachlichen Fällen *tun* noch finden: *Tu du mal schön spülen* (zur *tun*-Periphrase vgl. auch Schwarz 2004). Das Mitwirken der zustands- bzw. vorgangsorientierten Semantik der Hilfsverben an den periphrastischen Prädikaten wird heute oft angenommen, vgl. etwa Abraham 1991, Klein 1999; zur Grammatikalisierung der Hilfsverben aus Vollverben im Sprachwandel vgl. Abraham 1991 und Diewald 1997. Weiterhin kennt das Deutsche *lassen (lasse machen / geschehen / sein)*, das in Kombination mit *tun / machen*-Verben oft mediale Diathesen bildet *(lasse mir die Haare schneiden)*. Nicht zuletzt aufgrund der Kombinierbarkeit mit infinitivischen Verbformen aller Klassen ähnelt *lassen* den Modalverben. Wir ordnen dieses anscheinend multifunktionale Element in der untenstehenden Tabelle nicht ein. Letztlich verteilen sich auch prominente Vertreter der seriellen Verben, nämlich drei +/– Bew.-Verben sowie ein Psychverb, auf die Klasseneinteilung: *gehen* (auch in modalen Konstruktionen mit *zu* und futurischen Lesarten), *kommen* (auch in futurischen Lesarten) und *bleiben* (auch für passivische Konstruktionen angenommen, vgl. Engelberg 2000: 80 f.) sowie *lernen*. Beispiele: *essen gehen, kaputt gehen; arbeiten kommen, zu liegen kommen; liegen bleiben, (von der Polizei) gesperrt bleiben* (ebd.) sowie *kennen/laufen/lieben lernen*. Da für die Bedeutung/Funktion aller erwähnter Verben auch die Telizität wichtig ist, notieren wir sie in der folgenden Übersicht hinzu.

	Hilfsverben	serielle Verben
Tätigkeit	*tun* (synchron nicht) (atelisch)	*gehen, lernen* (mögl. telisch)
Vorgang	*werden, bekommen* (telisch)	*kommen, (gehen)* (telisch)
Zustand	*sein, haben* (atelisch)	*bleiben* (atelisch)

3.3.3.4.3. Transitivität, Intransitivität, Ergativität

Die Konzepte *Transitivität, Intransitivität, Ergativität* beschreiben Eigenschaften von Verben bezüglich ihrer Argumentstruktur und den damit verbundenen semantisch-syntaktischen Eigenschaften. Zu einer semantischen Motivation der Unergativa (nicht ergativen Intransitiva) und Unakkusativa (ergativen Intransitiva) sowie einem Kurzüberblick zur Genese dieser Klassifikation vgl. Kaufmann (1995: 163 ff.). Als Transitivität wird meist die Eigenschaft von Verben, ein passivierbares Akkusativobjekt als fakultatives oder obligatorisches Komplement zu erfordern, angesehen. Intransitivität ist die Unfähigkeit von Verben, ein AkkO zu erfordern. Sog. Ergativität ist ein Spezialfall der Intransitivität. In Ergativsprachen/Absolutivsprachen haben das Subjekt eines intransitiven Satzes und das Objekt eines transitiven Satzes den gleichen morphologischen Kasus: Absolutiv. Der morphologische Kasus Ergativ dient ausschließlich zur Markierung von Subjekten transitiver Sätze (vgl. Ura 2001: 347). In Nominativsprachen/Akkusativsprachen (vgl. auch Leiss 1992: 89 ff.)

wie dem Deutschen trägt das pro Satz ranghöchste Argument immer den Kasus Nominativ. Die Ausnahme für das Deutsche bilden die so genannten ergativen (auch unakkusativisch genannten) Verben (vgl. auch Fanselow 1992). Hier erscheint das rangniedrigste Argument im Nominativ. Ein thematisch ranghöheres Argument (wenn vorhanden) erhält den Dativ. Für die Klassenbildung finden folgende Kriterien Beachtung (vgl. auch Wöllstein-Leisten et al. 1997: 100 ff. sowie Fanselow 1992):

	transitiv	intransitiv	ergativ
Argumentstruktur	i. w. S. agentisch obl. / fak. AkkO mit u. ohne DatO *Leo liest einen Roman. Leo isst. Leo gibt mir das Buch.*	nicht notwendig agentisch kein AkkO mit u. ohne DatO *Inka hilft mir. Inka rülpst. Die Blume blüht.*	nicht agentisch kein AkkO mit u. ohne DatO *Er wächst / stolpert. Mir wird (es) kalt. Fehler geschehen.*
Passiv	mit Kasuskonversion *Der Roman wird gelesen*	wenn, nur unpersönliches *Es wird gearbeitet*	kein Passiv *Es wird gewachsen*
PII-Attribut zum Subj. zum AkkO	nur zum AkkO **der gelesene Leo der gelesene Roman*	nicht möglich **die gearbeitete Inka*	nur zum Subjekt *der gewachsene Baum*
Perfekt	mit *haben* *Leo hat ihn gelesen.*	mit *haben* *Inka hat gearbeitet.* bei dir. kontr. Bew. *sein*: *Inka ist gelaufen.*	mit *sein* *Der Baum ist gewachsen.*
er-Nomina	oft nomina agentis *Leser, Geldgeber* oder nomina instrumenti *Wecker, Bohrer*	oft nomina agentis *Helfer, Läufer* oder nomina actionis *Rülpser, Seufzer*	i. d. R. keine **Wachser, *Gescheher* (Ausnahme: *Ausrutscher*)

Nicht alle Verben lassen sich vollständig mit dieser Klassifikation erfassen: Zum Beispiel direktionale Kontrollbewegungsverben scheren beim Perfekt aus der Klassifikation aus, ansonsten sind sie klar intransitiv. Mittelverben / Pseudotransitiva (z. B. *enthalten, haben, beinhalten, umfassen*) entsprechen den Kriterien für Transitivität nur teilweise: sie haben ein nicht passivierbares AkkO, sind Zustandsprädikate (und zwar *haben*-Relationen, vgl. auch Leiss' „Inklusionsbeziehungen" 1992: 103 ff.) und haben daher ein thematisch rangniedriges Subjekt (kein AGENS). Einige Verben entsprechen den Kriterien für Ergativität nur teilweise: einige Empfindungsverben, wie: Mich *friert / hungert*. Mich *juckt* es / die Nase, sowie die Wetterverben und ähnliche: Es *regnet / qualmt / gewittert*.

3.3.3.4.4. Diathesen: Passiv

Diathesen sind Valenzrahmenveränderungen des Verbs, die z. B. beim (i) Applikativ oder (ii) Faktitiv / Kausativ am Verb markiert *(fallen* zu (i) *befallen* oder (ii) *fällen)* oder analytisch bei klassischen Passiven (z. B. mit Hilfsverb + Vollverb-P-II *wird befallen)* hergestellt werden oder auch unmarkiert *(zerbrechen – zerbrechen)* – je nach Ableitungsrichtung Kausativ oder Antikausativ – bleiben; Intransivierungen (antikausativ) können auch reflexiv *(sich öffnen)* vorgenommen werden. (Dazu und zu weiteren Diathesen vgl. Wunderlich 1993: 730 ff.)

Aktivische Diathesen zeichnen sich durch Veränderung des Kasusrahmens aus, der dabei entweder (i) erweitert wird oder sich (ii) umordnet, ohne verringert zu werden. Durch eine Erweiterung wird (außer beim Benefaktiv) ein thematisch ranghöheres Argument hinzugefügt. (i) *Der Baum fällt*. Faktitiv: *Du fällst den Baum*. (ii) *Sie pflanzt die Blumen auf das Beet*. Applikativ (mit i. d. R. obligatorischem AkkO): *Sie bepflanzt das Beet mit Blumen*.

Die passivischen Diathesen (auf das *lassen*-Medium oder die mediale Reflexiv-Konstruktion mit *sich* gehen wir dabei nicht ein) zeichnen sich durch obligatorische Verringerung des Kasusrahmens aus. Ein rangniedriges Kasus-Argument (AkkO oder DatO) des Aktivsatzes erscheint im Passivsatz im ranghöchsten Kasusslot (Nominativ / Subjekt). Dabei wird das Subjektargument des Aktivsatzes aus dem Kasusrahmen ‚verdrängt' und kann nur mit Präpositionalkasus *(von-*PP) realisiert werden. Die strukturellen Grundlagen dieses Valenzrahmenwechsels sind umstritten, wobei unter anderem einerseits die ihrem Vollverb- bzw. Kopulagebrauch entsprechenden Selektionseigenschaften und Aktionsarten der Hilfsverben *(werden, bekommen, sein, haben)* in Betracht gezogen werden sowie der Verlust derselben bei ihrer Auxiliarisierung im Sprachwandel (vgl. etwa

Abraham 1991). Andererseits (vergleichbar Burzio 1986) wird die Morphologie des Partizip II des Vollverbs oft mit einer Nichtzuweisung / Blockierung von Agensrolle, Nominativ und Akkusativ (*werden*-Passiv) in Verbindung gebracht. (Vgl. auch Wunderlich 1993: 739 sowie zur Interaktion mit den Hilfsverben Haider 1984: 27 f., Zifonun 1992, Kap. 3.2.3.1.) Die in der Passivforschung oft benutzten *von*-PP-Tests bilden jedoch einen Widerspruch zur Annahme einer Agensblockierung. Zur syntaktischen Strukturbildung sind neben Transformationsanalysen zunehmend statische Analysen wie small clause-Analysen oder Kopula+Adjektiv-Analysen gängig (Molnárfi 1996, Rapp 1996). Semantisch perspektivieren die Hilfsverben Vorgänge und Zustände. Auch das ist umstritten, wie unten unter *sein*-Passiv skizziert (zur perspektivischen Motivierung der Kombinatorik der Passive in Figur-Grund- und szenischen Konzepten – PII-Morphologie, Aktionsart und Argumentstruktur einbeziehend – vgl. Zifonun 1992 sowie dort auch zu textorganisatorischen Aspekten; zu einer textorganisatorischen Thema-Rhema-Strukturen verwandten grammatischen Analyse des Passivs auch in typologischer Hinsicht vgl. Leiss 1992: 101).

In der Regel sind nur agentische Verben der Passivbildung zugänglich (vgl. Duden-Grammatik 2005: 553 f.). Kaufmann (1995: 168) weist darauf, dass sogar bei statischen Verben das Merkmal belebt des Subjekts das Passiv ermöglicht *(auf den Plätzen wird immer gestanden)*. Dieses Merkmal gehört zu den Protoagensmerkmalen. Allerdings sind auch agentische Konstruktionen nicht passivierbar, wenn Teilidentitätsbeziehungen vorliegen (**Ihr Arm wurde von ihr gehoben*. Petra + Petras Arm). Zu ähnlichen Restriktionen vgl. Zifonun 1992 und unter dem deiktisch-szenischen Gesichtspunkt der „Standortkonkurrenz" Leiss (1992: 103 f.).

***werden*-Passiv / Vorgangspassiv:**

Aktiv: *Sie gibt ihm den Zuschlag*. Passiv: *Der Zuschlag wird ihm (von ihr) gegeben*. Ist kein AkkO im Aktivsatz vorhanden, wird ein unpersönliches Passiv ohne Subjekt realisiert: *Mir wird (von dir) geholfen*.

***sein*-Passiv / Zustandspassiv des *werden*-Passivs:**

Das Zustandspassiv entspricht systematisch dem Perfekt des Vorgangspassivs *(Ihm ist der Zuschlag gegeben worden)* ohne *worden*: *Der Zuschlag ist ihm (vom Auktionator –* PP entfällt meist*) gegeben* und wird durch die so gegebene paradigmatische Ableitbarkeit oft auch von anderen Zustandsprädikaten *(ist verschuldet)* unterschieden. Das Zustandspassiv drückt nach verbreiteter Auffassung ein Resultat eines im Vorgangspassiv ausgedrückten Vorgangs aus (vgl. Helbig/Buscha 1991: 175). Redder (1995: 68) stellt die Perspektivierung der „situativen Nachgeschichte eines Geschehens" infolge der Resultativität in den Vordergrund. Thieroff (1995: 84) führt dagegen die Resultativität auf die Telizität des Vollverbs zurück und weist auf nicht-resultative Lesarten bei nicht telischen Vollverben: *Er ritt auf einer Eselin und war begleitet von einem Diener.* Zu einer kritischen Sicht auf die Ansiedelung von Vorgangs- und Zustandssemantik in den Passivformen vgl. auch Leiss (1992: 174 ff.). Rapp 1996 favorisiert anstelle einer Passiv- eine Kopula+Adjektiv-Analyse.

bekommen-Passiv / sog. Rezipientenpassiv / Dativpassiv

Aktiv: *Petra schenkt ihm Blumen.* Passiv: *Er bekommt/kriegt von Petra Blumen geschenkt.* Deutlich schlechter als bei dreiwertigen Verben ist das *bekommen*-Passiv bei zweiwertigen mit fakultativem DatO, unmöglich bei obligatorischem. *??Ich bekomme geholfen.* **Ich bekomme geschadet.* Dagegen ist bei freien Dativen das *bekommen*-Passiv teils gut möglich. *Er bekommt von ihm das Auto vor die Tür gestellt.* (Zu Subklassifikationen vgl. Abraham 1991: 130 f.)

haben-Passiv / Zustandspassiv des *bekommen*-Passivs:

Sehr selten sind *haben*-Konstruktionen, die aus dem Perfekt des *bekommen*-Passivs unter Tilgung von *bekommen* abgeleitet und als Resultat eines im *bekommen*-Passiv ausgedrückten Vorgangs gelesen werden können. Die für Passivbildungen generell typische Realisierung des Aktivsubjekts als *von*-PP lässt jedoch auf einen Passivtyp schließen. Aktiv: *Der Frisör schneidet Petra die Haare.* Passiv: *Petra hat die Haare (vom Frisör) geschnitten.* (Vgl. auch Altmann/Hahnemann 1999: 112 f.) Die vorgestellten Passive in Synopse:

	Vorgang	Zustand
AkkO → Subj	*werden*	*sein*
DatO → Subj	*bekommen*	*haben*

3.4. Verbstellung: Stellungsfelder im deutschen Satz

Das Feldermodell zeigt uns unter anderem die Distribution des Prädikats. Vgl. zu dem hier gezeigten Stand und detaillierteren Analysen Wöllstein-Leisten 1997, Altmann / Hahnemann 1999; zur Entstehungsgeschichte des Modells Dürscheid 2000 sowie Rehbein 1992.

Satztyp	Vorfeld	Linke Satzklammer	Mittelfeld	Rechte Satzklammer	Nachfeld
(i) Verbzweit	*Die Katze*	*hat*	*heute Hunger*	*gehabt,*	*als ich da war*
(ii) Verberst		*Mach*	*die Dose*	*auf*	
(iii) Verbletzt		*dass*	*ich die Dose*	*aufgemacht hätte*	

Die Verteilung des Prädikats auf die Satzklammern und der phrasalen, d.h. vom Prädikat aus erfragbaren Satzteile auf die Felder zeigt die zentrale Bedeutung des Prädikats für den Satz, wobei komplexere Modelle die innerhalb des Prädikats wiederum zentrale Bedeutung des Finitums als Kopf der Gesamtstruktur herausarbeiten. Die Verteilung der Verbpartikeln bei Partikelverben (solche Trennverben gelten auch als Pseudokomposita) in der Rechten Satzklammer (RSK) spricht generativer Theorie zufolge dafür, dass die Verbletztstellung die grundlegende Struktur für das Deutsche ist. *Mach die Dose auf* wäre dann über eine Bewegungstransformation abzuleiten aus *die Dose aufmachen*. Das Deutsche gilt in der generativen Tradition daher als SOV-Sprache (mit Subjekt-Objekt-Verb-Serialisierung) im Gegensatz zum Englischen (SVO-Sprache); funktionale Grammatiken sehen dies anders (vgl. Rehbein 1992: 525, 528). Die Klassifikation von Sätzen nach Stellung des Finitums ist meist mit weiteren Satztypen ((i+ii) Hauptsatz, (iii) Nebensatz) sowie auch meist mit bestimmten Satzmodustypen ((i) Aussage u. Ergänzungsfrage, (ii) Ja / Nein-Frage sowie Aufforderung) verbunden, aber nicht notwendigerweise. Zu weiteren Möglichkeiten vgl. Grewendorf (1991: 20 f.). Die Funktion topologischer Regularitäten wird unter der Perspektive der Informationsstruktur (u.a. generativ), der textuellen Thema-Rhema-Struktur (Textlinguistik) und der mentalen Prozessierung des Hörerwissens (Funktionale Pragmatik) modelliert.

4. Literatur

Abraham, W. (1991) Aktionsartsemantik und Auxiliarsystem im Deutschen. In: Feldbusch, E. / Pogarell, R. / Weiß, C. (Hg.) Neue Fragen der Linguistik: Akten des 25. Linguistischen Kolloquiums, Paderborn 1990. Bd. 1: Bestand und Entwicklung. Tübingen: Niemeyer, 125–133
Adelung, J. C. (1782) Umständliches Lehrgebäude der Deutschen Sprache zur Erläuterung der Deutschen Sprachlehre für Schulen. Bd. I. Leipzig: Breitkopf [nachgedruckt durch Olms, Hildesheim, 1971]
Altmann, H. / Hahnemann, S. (1999) Syntax fürs Examen. Opladen / Wiesbaden: Westdeutscher Verlag
Amrhein, J. (1996) Die Semantik von *werden*. Grammatische Polysemie und Verbalkategorien Diathese, Aspekt und Modus. Trier: WVT
Arens, H. (1974) Sprachwissenschaft. Der Gang ihrer Entwicklung von der Antike bis zur Gegenwart. Zweite, durchgesehene und stark erweiterte Auflage. Freiburg / München: Alber
Askedal, J. O. (2001) Interlinguale Valenzdivergenzen im Bereich indirekter Objekte: Deutsch vs. Norwegisch. In: Thielemann, W. / Welke, K. (Hg.) Valenztheorie. Einsichten und Ausblicke. Münster: Nodus, 235–253
Ballweg, J. (1988) Die Semantik der deutschen Tempusformen. Düsseldorf: Schwann
Bartsch, W. (1980) Tempus, Modus, Aspekt: die systembildenden Ausdruckskategorien beim deutschen Verbalkomplex. Frankfurt / Main: Diesterweg
Bäuerle, R. (1991) Verben der propositionalen Einstellung. In: Stechow, A. v. / Wunderlich, D. (Hg.) Semantik / Semantics. HSK 6. Berlin / New York: de Gruyter, 709–722
Bausch, K.-H. / Grosse, S. (Hg.) (1987) Grammatische Terminologie in Sprachbuch und Unterricht. Düsseldorf: Schwann
Bech, G. (1949) Das semantische System der deutschen Modalverba. Travaux du Cercle Linguistique de Copenhague 4, 3–46
Bech, G. (1955 / 1983) Studien über das deutsche Verbum infinitum. Tübingen: Niemeyer
Bierwisch, M. (1983) Semantische und konzeptuelle Repräsentation lexikalischer Einheiten. In: Růžička, R. / Motsch, W. (Hg.) Untersuchungen zur Semantik (studia grammatika XXII). Berlin: Akademie, 61–99
Bittner, A. (1996) Starke „schwache" Verben, schwache „starke" Verben. Deutsche Verbflexion und Natürlichkeit. Tübingen: Stauffenburg
Blume, K. (2004) Nominalisierte Infinitive: eine empirisch basierte Studie zum Deutschen. Tübingen: Niemeyer
Bondzio, W. (2001) Wortbedeutung und Circonstants. In: Thielemann, W. / Welke, K. (Hg.) Valenztheorie. Einsichten und Ausblicke. Münster: Nodus, 157–168
Bredel, U. / Günther, H. (2000) Quer über das Feld das Kopfadjunkt. Bemerkungen zu P. Gallmanns Aufsatz *Wortbegriff und Nomen-Verb-Verbindungen*. In: Zeitschrift für Sprachwissenschaft 19 / 1, 103–110

Bredel, U./Lohnstein, H. (2003) Die Verankerung von Sprecher und Hörer im verbalen Paradigma des Deutschen. In: Hoffmann, L. (Hg.) Funktionale Syntax. Die pragmatische Perspektive. Berlin/New York: de Gruyter, 122–154

Bredel, U./Primus, B. (2007) Komma & Co. Zwiegespräch zwischen Grammatik und Performanz. In: Zeitschrift für Sprachwissenschaft 26, Jubiläumsheft 2007, 81–131

Brinkmann, H. (1950/51) Die Wortarten im Deutschen. Zur Lehre von den einfachen Formen der Sprache. Wirkendes Wort 1, 65–79 (Wieder abgedruckt in: Moser, H. (Hg.) (1962/1965) Das Ringen um eine neue deutsche Grammatik. Aufsätze aus drei Jahrzehnten (1929–1959). Darmstadt: Wissenschaftliche Buchgesellschaft)

Bühler, K. (1934) Sprachtheorie. Die Darstellungsfunktion der Sprache. Jena: Fischer

Büring, D. (1992) Linking: Dekomposition – Theta-Rollen – Argumentstruktur. Hürth-Efferen: Gabel

Burzio, L. (1986) Italian Syntax. A Government/Binding Approach. Dordrecht: Reidel

Bybee, J. (1985) Diagrammatic iconicity in stem-inflection relations. In: Haiman, J. (Hg.) Iconicity in Syntax. Proceedings of a Symposium on Iconicity in Syntax. Stanford, June 24–26, 1983. Amsterdam/Philadelphia: Benjamins, 11–47

Calbert, J. P. (1975) Toward the Semantics of Modality. In: Calbert, J. P./Vater, H. (Hg.) Aspekte der Modalität. Tübingen: Narr

Croft, W. (1998) Event Structure in Argument Linking. In: Butt, M./Geuder, W. (Hg.) The Projection of Arguments: Lexical and Compositional Factors. Stanford: CSLI Publications (CSLI lecture notes 83), 21–63

Diedrichsen, E. (2002) Zu einer semantischen Klassifikation der intransitiven *Haben-* und *Sein*-Verben im Deutschen. In: Katz, G./Reinhard, S./Reuter, P. (Hg.) Sinn & Bedeutung VI, Proceedings of the Sixth Annual Meeting of the „Gesellschaft für Semantik", Universität von Osnabrück, 37–52

Diewald, G. (1997) Grammatikalisierung: Eine Einführung in Sein und Werden grammatischer Formen. Tübingen: Niemeyer

Diewald, G. (1999) Die Modalverben im Deutschen: Grammatikalisierung und Polyfunktionalität. Tübingen: Niemeyer

Dohnhauser, K. (1986) Der Imperativ im Deutschen. Hamburg: Buske

Donatus, A. (1982) Donatus Ortigraphus. Ars Grammatica. Herausgegeben von J. Chittenden. Turnholti: Brepols

Dowty, D. R. (1979) Word Meaning and Montague Grammar. The Semantics of Verbs and Times in Generative Semantics and in Montague's PTQ. Dordrecht: Reidel

Dowty, D. R. (1991) Thematic proto-roles and argument selection. In: Language 67, 547–619

Duden-Grammatik (2005) Duden. Die Grammatik. Unentbehrlich für richtiges Deutsch. 7., völlig neu erarbeitete und erweiterte Auflage 2005. Herausgegeben von der Dudenredaktion. Mannheim [u.a.]: Dudenverlag

Duden (¹⁷1973) Duden. Rechtschreibung der deutschen Sprache und der Fremdwörter. 17., neu bearbeitete und erweiterte Auflage. Mannheim/ Wien/Zürich: Bibliographisches Institut, Dudenverlag

Dürscheid, C. (2000) Syntax. Grundlagen und Theorien. Wiesbaden: Westdeutscher Verlag

Ehlich, K. (1979) Verwendungen der Deixis beim sprachlichen Handeln. Linguistisch-philologische Untersuchungen zum hebräischen deiktischen System. Teil 1 u. 2 (Forum linguisticum. Bd. 24). Frankfurt/ Main/Bern/Las Vegas: Lang

Ehlich, K. (1986) Interjektionen. Tübingen: Niemeyer

Ehlich, K. (1999) Der Satz. Beiträge zu einer pragmatischen Rekonstruktion. In: Redder, A./Rehbein, J. (Hg.) Grammatik und mentale Prozesse. Tübingen: Stauffenburg, 51–68

Ehlich, K./Rehbein, J. (1972) Einige Interrelationen von Modalverben. In: Wunderlich, D. (Hg.) Linguistische Pragmatik. Frankfurt/Main: Athenäum, 318–340

Ehrich, V./Vater, H. (1989) Das Perfekt im Dänischen und Deutschen. In: Abraham, W./Janssen, T. (Hg.) Tempus – Aspekt – Modus. Die lexikalischen und grammatischen Formen in den germanischen Sprachen. Tübingen: Niemeyer, 103–132

Eisenberg, P. (1992) Adverbiale Infinitive: Abgrenzung, Grammatikalisierung, Bedeutung. In: Hoffmann, L. (Hg.) Deutsche Syntax. Ansichten und Aussichten. Berlin/New York: de Gruyter, 206–224

Eisenberg, P. (1998) Grundriss der deutschen Grammatik. Das Wort. Stuttgart: Metzler

Eisenberg, P. (1999) Grundriss der deutschen Grammatik. Der Satz. Stuttgart: Metzler

Engel, U. (1996) Deutsche Grammatik. 3., korr. Aufl. Heidelberg: Groos

Engelberg, S. (2000) Verben, Ereignisse und das Lexikon. Tübingen: Niemeyer

Eroms, W. (2001) Gelöste und ungelöste Fragen der verbalen Valenz. In: Thielemann, W./Welke, K. (Hg.) Valenztheorie. Einsichten und Ausblicke. Münster: Nodus, 11–25

Fabricius-Hansen, C. (1989) Tempus im indirekten Referat. In: Abraham, W./Janssen, T. (Hg.) Tempus – Aspekt – Modus. Die lexikalischen und grammatischen Formen in den germanischen Sprachen. Tübingen: Niemeyer, 155–182

Fabricius-Hansen, C. (1991) Verbalsemantik. In: Stechow, A. v./Wunderlich, D. (Hg.) Semantik/Semantics. HSK 6. Berlin/New York: de Gruyter, 692–709

Fabricius-Hansen, C. (1999) „Moody time": Indikativ und Konjunktiv im deutschen Tempussystem. In: Zeitschrift für Literaturwissenschaft und Linguistik 113, 119–146

Fanselow, G. (1992) „Ergative" Verben und die Struktur des deutschen Mittelfelds. In: Hoffmann, L. (Hg.) Deutsche Syntax. Ansichten und Aussichten. Berlin/New York: de Gruyter, 276–303

Forsgren, K.-Å. (1992) Satz, Satzarten, Satzglieder: Zur Gestaltung der deutschen traditionellen Grammatik von K. F. Becker bis K. Duden 1830–1880. Münster: Nodus

Fries, N. (1996) Flexionsmorphologie und Syntax des Imperativs im Deutschen und im Neugriechischen. In: Sprache Pragmatik 42, 1–68

Fries, N. (2001) Wie finit ist der Imperativ und wie infinit darf er sein? Oder auch: Wie infinit ist der Imperativ und wie finit muss er sein? In: Sprachtheorie und germanistische Linguistik 10/2. Debrecen, 115–145

Fuhrhop, N./Teuber, O. (2000) Das Partizip 1 als adjektivischer Infinitiv. In: Bittner, A./Bittner, D./Köpcke, K.-M. (Hg.) Angemessene Strukturen: Systemorganisation in Phonologie, Morphologie und Syntax. Hildesheim/Zürich/New York: Olms, 173–190

Fujinawa, Y. (1999) Perspektivisch bedingte Markiertheiten von Infinitivkonstruktionen mit *zu*. In: Spillmann, H. O./Warnke, I. (Hg.) Internationale Tendenzen der Syntaktik, Semantik und Pragmatik: Akten des 32. Linguistischen Kolloquiums in Kassel 1997. Frankfurt/Main [u.a.]: Lang, 137–146

Gallmann, P. (1999/2000) Wortbegriff und Nomen-Verb-Verbindungen. In: Zeitschrift für Sprachwissenschaft 18/2, 269–304

Glinz, H. (1970) Deutsche Grammatik. Satz – Verb – Modus – Tempus. Frankfurt/Main: Athenäum

Golonka, J. (1995) Zu den syntaktischen Funktionen der Infinitiv-Konstruktionen mit *zu* im Deutschen. In: Convivium 1995, 133–151

Grewendorf, G. (1991) Aspekte der deutschen Syntax: eine Rektions-Bindungs-Analyse. Tübingen: Narr

Grewendorf, G. (1995) Präsens und Perfekt im Deutschen. In: Zeitschrift für Sprachwissenschaft 14/1, 72–90

Grundzüge (1981) = Autorenkollektiv unter Leitung von K. E. Heidolph, W. Fläming und W. Motsch (Hg.) Grundzüge einer deutschen Grammatik. Berlin: Akademie

Haider, H. (1984) Was zu haben ist und was zu sein hat. Bemerkungen zum Infinitiv. In: Papiere zur Linguistik 30, 23–36

Hamburger, K. (1957/1968) Die Logik der Dichtung. Zweite, stark veränderte Auflage. Stuttgart: Klett

Harras, G. (1996) Zwischen Intentionalität und Konvention: Bedeutungskonzepte für kommunikative Handlungen. In: Grabowski, J./Harras, G./Herrmann, T. (Hg.) Bedeutung, Konzepte, Bedeutungskonzepte. Theorie und Anwendung in Linguistik und Psychologie. Opladen: Westdeutscher Verlag, 67–87

Heim, I./Kratzer, A. (1998) Semantics in Generative Grammar. Oxford: Blackwell

Helbig, G./Buscha, J. (1991) Deutsche Grammatik. Ein Handbuch für den Ausländerunterricht. Berlin: Langenscheidt

Helbig, G. (1992) Probleme der Valenz- und Kasustheorie. Tübingen: Niemeyer

Helbig, G./Schenkel, W. (1973) Wörterbuch zur Valenz und Distribution deutscher Verben. 2., überarb. u. durchges. Aufl. Leipzig: VEB Bibliographisches Institut

Hennig, M. (2000) Tempus und Temporalität in geschriebenen und gesprochenen Texten. Tübingen: Niemeyer
Hentschel, E. / Weydt, H. (1994) Handbuch der deutschen Grammatik. Berlin / New York: de Gruyter
Heringer, H.-J. (1984) Neues von der Verbszene. In: Stickel, G. (Hg.) Pragmatik in der Grammatik. Jahrbuch 1983 des Instituts für deutsche Sprache. Düsseldorf: Schwann, 34–64
Hoffmann, L. (1996) Satz. In: Deutsche Sprache 24, 193–223
IdS-Grammatik (1997) Zifonun, G. / Hoffmann, L. / Strecker, B. et al.: Grammatik der deutschen Sprache. 3 Bde. Berlin / New York: de Gruyter
Jackendoff, R. (1990) Semantic Structures. Cambridge / MA: MIT Press
Jacobs, J. (1994) Kontra Valenz. Trier: WVT
Kaufmann, I. (1995) Konzeptuelle Grundlagen semantischer Dekompositionsstrukturen: Die Kombinatorik lokaler Verben und prädikativer Komplemente. Tübingen: Niemeyer
Klein, K. / Kutscher, S. (2002) Psych-Verbs and Lexical Economy. In: Theorie des Lexikons. Arbeiten des SFB 282, Nr. 122
Klein, W. (1994) Time in Language. London / New York: Routledge
Klein, W. (1999) Wie sich das deutsche Perfekt zusammensetzt. In: Zeitschrift für Literaturwissenschaft und Linguistik 113, 52–85
Kloeke, W. v. L. (1982) Deutsche Phonologie und Morphologie. Merkmale und Markiertheit. Tübingen: Niemeyer
Knobloch, C. (1998) Wie man „den Konjunktiv" erwirbt. Siegener Papiere zur Aneignung sprachlicher Strukturformen, Heft 2
Köller, W. (1997) Funktionaler Grammatikunterricht. Tempus, Genus, Modus: Wozu wurde das erfunden? Baltmannsweiler: Schneider Hohengehren
Köpcke, K.-M. / Panther, K.-U. (2002) Zur Identifikation leerer Subjekte in infinitivischen Komplementsätzen – ein semantisch-pragmatisches Modell. In: Folia Linguistica XXXVI, 3–4, 191–218
Kotin, M. L. (1987) Wortbildung und Bedeutungsentwicklung (am Beispiel der diachronischen Untersuchung von Verben mit dem Präfix *ge-*). In: Das Wort 1988 / 89, 18–24
Kratzer, A. (1978) Semantik der Rede. Kontexttheorie – Modalwörter – Konditionalsätze. Königstein / Taunus: Scriptor
Kratzer, A. (1991) Modality. In: Stechow, A. v. / Wunderlich, D. (Hg.) Semantik / Semantics. HSK 6. Berlin / New York: de Gruyter, 639–650
Kuroda, S. (1998) Zur Struktur der *lassen*-Konstruktion. In: Strässler, J. (Hg.) Tendenzen europäischer Linguistik. Akten des 31. Linguistischen Kolloquiums, Bern 1996. Tübingen: Niemeyer, 129–133
Lasser, I. (2002) The roots of root infinitives: remarks on infinitival main clauses in adult and child language. Linguistics 40 / 4, 767–796
Lehmann, C. (1992) Deutsche Prädikatsklassen in typologischer Sicht. In: Hoffmann, L. (Hg.) Deutsche Syntax. Ansichten und Aussichten. Berlin / New York: de Gruyter, 155–185
Lehmann, C. (2002) Thomas von Erfurt. In: Pfordten, D. v. d. (Hg.) Große Denker Erfurts und der Erfurter Universität. Göttingen: Wallstein, 45–73

Leiss, E. (1992) Die Verbalkategorien des Deutschen. Ein Beitrag zur Theorie der sprachlichen Kategorisierung. Berlin [u.a.]: de Gruyter
Lenerz, J. (1997) *Werden* und das deutsche Futur. In: Dürscheid, C./Ramers, K.-H./Schwarz, M. (Hg.) Sprache im Fokus. Festschrift für Heinz Vater zum 65. Geburtstag. Tübingen: Niemeyer, 399–412
Lenz, D. (1994) Probleme der Kategorisierung deutscher Partizipien. In: Zeitschrift für Sprachwissenschaft 12/1, 39–76
Löbner, S. (2003a) Semantik. Eine Einführung. Berlin: de Gruyter (Titel der Originalausgabe 2002: Understanding Semantics)
Löbner, S. (2003b) Verbbedeutungen. Projektbericht 2000–2002. Theorie des Lexikons. SFB 282, 209–230
Lohnstein, H. (2000) Satzmodus – kompositionell. Zur Parametrisierung der Modusphrase im Deutschen. Berlin: Akademie
Lohnstein, H./Wöllstein-Leisten, A. (2003) Status als Aspektmarker. Ms. Köln
Lyons, J. (1977) Semantics. Vol. 2. Cambridge [u.a.]: Cambridge University Press
Mani, I./Pustejovsky, J./Gaizauskas, R. (Hg.) (2005) The Language of Time. A Reader. Oxford/New York: Oxford University Press
McCawley, J. D. (1968) Concerning the Base Component of a Transformational Grammar. In: Foundations of Language 4, 243–269
Melanchthon, P. (1854) Grammatica Latina Philippi Melanchthonis. Haganoae, 1525. Grammatica Latina Philippi Melanchthonis. Haganoae, 1526. In: Bindseil, H. E. (Hg.) Corpus Reformatorum. Vol. XX. Brunsvigae, 246–336
Molnárfi, L. (1996) Der strukturelle Dativ. Zur syntaktischen Begründung des Dativpassivs im Deutschen. In: Jahrbuch der Ungarischen Germanistik 1996, 101–117
Müller, C. (2003) Schulgrammatik und schulgrammatische Terminologie. In: Bredel, U./Günther, H./Klotz, P./Ossner, J./Siebert-Ott, G. (Hg.) Didaktik der deutschen Sprache. Ein Handbuch. Bd. 2. Paderborn: Schöningh UTB, 464–475
Müller, G./Rohrbacher, B. (1989) Eine Geschichte ohne Subjekt. Zur Entwicklung der pro-Theorie. In: Linguistische Berichte 119, 3–52
Neef, M. (1996) Wortdesign. Eine deklarative Analyse der deutschen Verbflexion. Tübingen: Stauffenburg
Newmeyer, F. J. (1986) Linguistic Theory in America. Orlando: Academic Press
Nikula, H. (2001) Zum Problem der semantischen Valenz. In: Thielemann, W./Welke, K. (Hg.) Valenztheorie. Einsichten und Ausblicke. Münster: Nodus, 281–294
Öhlschläger, G. (1989) Zur Syntax und Semantik der Modalverben des Deutschen. Tübingen: Niemeyer
Oubouzar, E. (1997) Zur Ausbildung der zusammengesetzten Verbform „haben" + Part. II vom Althochdeutschen bis zum Frühneuhochdeutschen. In: Quintin, H./Najar, M./Genz, S. (Hg.) Temporale Bedeutungen, temporale Relationen. Tübingen: Stauffenburg, 69–82

Pakkanen-Kilpiä, K. (2004) Zur Verwendbarkeit des Partizips II als Attribut. Frankfurt/Main [u.a.]: Lang
Pancheva, R. (2003) The aspectual makeup of Perfect participles and the interpretations of the Perfect. In: Alexiadou, A./Rathert, M./Stechow, A. v. (Hg.) Perfect Explorations. Berlin/New York: Mouton de Gruyter, 277–306
Pfefferkorn, O. (2005) Die periphrastischen Futurformen im Mittelhochdeutschen. In: Sprachwissenschaft. Bd. 30/3, 309–330
Pittner, K. (1994) Psychologische Verben und ihre Argumentstrukturen: drei Erklärungsansätze zur syntaktischen Variabilität der Experiencer-Rolle. In: Sprache und Sprachen 14/15, 96–101
Plank, F. (1984) Zur Rechtfertigung der Numerierung der Personen. In: Stickel, G. (Hg.) Pragmatik in der Grammatik. Jahrbuch 1983 des Instituts für deutsche Sprache. Düsseldorf: Schwann, 195–205
Plank, F. (1986) Über den Personenwechsel und den anderer deiktischer Kategorien in der wiedergegebenen Rede. In: Zeitschrift für germanistische Linguistik, 1986, 14, 284–308
Platon (1993) Sophistes. In: Sämtliche Dialoge in deutscher Übersetzung VI, O. Apelt (Hg.). Meiner: Hamburg [Nachdruck]
Platzack, C./Rosengren, I. (1998) On the subject of imperatives: A minimalist account of the imperative clause. In: The Journal of Comparative Germanic Linguistics 1, 177–224
Primus, B. (1997) Satzbegriffe und Interpunktion. In: Augst, G./Blüml, K./Nerius, D./Sitta, H. (Hg.) Zur Neuregelung der deutschen Orthographie. Begründung und Kritik. Tübingen: Niemeyer, 461–486
Primus, B. (1998) Dekomposition semantischer Rollen und gespaltene Intransitivität. In: Zaefferer, D. (Hg.) Deskriptive Grammatik und allgemeiner Sprachvergleich. Tübingen: Niemeyer, 105–148
Primus, B. (2003) Synchrone und diachrone Konstruktionsvariation bei psychischen Verben. Projektbericht 2000–2002. Theorie des Lexikons. SFB 282, 95–108
Pustejovsky, J. (1991/2004) The Generative Lexicon. In: Davis, S./Gillon, B. S. (Hg.) Semantics. A Reader. Oxford/New York: Oxford University Press, 369–393
Rapp, I. (1996) Zustand? Passiv? – Überlegungen zum sogenannten „Zustandspassiv". Zeitschrift für Sprachwissenschaft 15, 231–265
Rapp, I. (1997) Partizipien und semantische Struktur: Zu passivischen Konstruktionen mit dem 3. Status. Tübingen: Stauffenburg
Rapp, I. (2001) The attributive past participle: Structure and temporal interpretation. In: Féry, C./Sternefeld, W. (Hg.) Audiatur Vox Sapientiae. A Festschrift for A. v. Stechow. Berlin: Akademie, 392–410
Rathert, M. (2003) Morpho-phonology of the past participle in German: where is the place of ge-? In: Zybatow, L. (Hg.) Europa der Sprachen: Sprachkompetenz – Mehrsprachigkeit – Translation. Akten des 35. Linguistischen Kolloquiums in Innsbruck 2000. Teil II: Sprache und Kognition. Frankfurt/Main [u.a.]: Lang, 109–114

Redder, A. (1992) Funktional-grammatischer Aufbau des Verb-Systems im Deutschen. In: Hoffmann, L. (Hg.) Deutsche Syntax: Ansichten und Aussichten. Berlin / New York: de Gruyter, 128–154

Redder, A. (1995) Handlungstheoretische Grammatik für DaF am Beispiel des sogenannten „Zustandspassivs". In: Dittmar, N. / Rost-Roth, M. (Hg.) Deutsch als Zweit- und Fremdsprache: Methoden und Perspektiven einer akademischen Disziplin. Frankfurt / Main: Lang, 53–74

Redder, A. (1999) „werden" – funktional-grammatische Bestimmungen. In: Redder, A. / Rehbein, J. (Hg.) Grammatik und mentale Prozesse. Tübingen: Stauffenburg, 295–336

Rehbein, J. (1992) Zur Wortstellung im komplexen deutschen Satz. In: Hoffmann, L. (Hg.) Deutsche Syntax. Ansichten und Aussichten. Berlin / New York: de Gruyter, 523–575

Rehbein, J. (1999) Zum Modus von Äußerungen. In: Rehbein, J. / Redder, A. (Hg.) Grammatik und mentale Prozesse. Tübingen: Stauffenburg, 91–139

Reichenbach, H. (1947) Elements of symbolic logic: New York / London: MacMillan

Richter, H. (1982) Zur Systematik der Personendungen des deutschen Verbs. In: Detering, K. / Schmidt-Radefeldt, J. / Sucharowski, W. Sprache beschreiben und erklären. Akten des 16. Linguistischen Kolloquiums, Kiel 1981. Bd. 1. Tübingen: Niemeyer, 179–188

Ringmann, M. (1905) Die Grammatica Figurata. Faksimiledruck. Herausgegeben mit einer Einleitung von F. R. v. Wieser. Straßburg: Heitz

Ross, J. R. (1973) Nouniness. In: Fujimura, O. (Hg.) Three dimensions of linguistic theory. Tokio: TEC, 137–257

Schlobinski, P. (2001) *knuddel – zurueckknuddel – dich ganzdollknuddel*. Inflektive und Inflektivkonstruktionen im Deutschen. In: Zeitschrift für germanistische Linguistik 29 / 2, 192–218

Schwarz, C. (2004) Die tun – Periphrase im Deutschen. http://www.freidok.uni-freiburg.de/volltexte/1759/pdf/tun-Periphrase.pdf [Oktober 2006]

Shigeto, M. (2004) Entwicklung der periphrastischen Verbalstrukturen und Partizip Präsens im Frühneuhochdeutschen. In: Mattheier, K. J. / Nitta, H. (Hg.) Sprachwandel und Gesellschaftswandel – Wurzeln des heutigen Deutsch. Studien des japanischen Arbeitskreises für Frühneuhochdeutschforschung. München: Iudicium, 121–130

Storrer, A. (2003) Ergänzungen und Angaben. In: Ágel, V. et al. (Hg.) HSK Dependenz und Valenz 1. Berlin / New York: de Gruyter, 764–780

Teuber, O. (1999) *fasel beschreib erwähn* – Der Inflektiv als Wortform des Deutschen. In: Butt, M. / Fuhrhop, N. (Hg.) Variation und Stabilität in der Wortstruktur. Untersuchungen zu Entwicklung, Erwerb und Varietäten des Deutschen und anderer Sprachen. Hildesheim [u. a.]: Olms, 7–26

Tesnière, L. (1959) Éléments de syntaxe structurale. Paris: Klincksieck

Thieroff, R. (1992) Das finite Verb im Deutschen. Tempus – Modus – Distanz. Tübingen: Narr

Thieroff, R. (1995) Das „sogenannte" Zustandspassiv. Anmerkungen zu A. Redder: Handlungstheoretische Grammatik für DaF am Beispiel des sogenannten „Zustandspassivs". In: Dittmar, N./Rost-Roth, M. (Hg.) Deutsch als Zweit- und Fremdsprache: Methoden und Perspektiven einer akademischen Disziplin. Frankfurt/Main: Lang, 75–86

Ura, H. (2001) Case. In: Baltin, M./Collins, C. (Hg.) The Handbook of Contemporary Syntactic Theory. Oxford: Blackwell, 334–373

Vater, H. (1975) „Werden" als Modalverb. In: Calbert, J./Vater, H. (Hg.) Aspekte der Modalität. Tübingen: Narr, 71–148

Vater, H. (1991) Einführung in die Zeitlinguistik. Hürth-Efferen: Gabel

Vater, H. (2001) *Sollen* und *wollen* – zwei ungleiche Brüder. In: Vater, H./Letnes, O. (Hg.) Modalität und mehr/Modality and more. Trier: WVT, 81–100

Vendler, Z. (2005) Verbs and Times. In: Mani, I./Pustejovsky, J./Gaizauskas, R. (Hg.) The Language of Time. A Reader. Oxford/New York: Oxford University Press, 21–32

Vennemann, T. (1987) Tempora und Zeitrelation im Standarddeutschen. In: Sprachwissenschaft 12, 234–249

Weber, H. (2002) Partizipien als Partizipien, Verben und Adjektive – Über Kontinuität und Fortschritt in der Geschichte der Sprachwissenschaft. In: Murguía, A. (Hg.) Sprache und Welt – Festgabe für E. Coseriu zum 80. Geburtstag. Tübingen: Narr, 201–224

Wegener, H. (1999) Zum Bedeutungs- und Konstruktionswandel bei psychischen Verben. In: Wegener, H. (Hg.) Deutsch kontrastiv. Tübingen: Stauffenburg, 171–210

Weinrich, H. (1964) Tempus – Besprochene und erzählte Welt. Mainz: Kohlhammer

Weisgerber, L. (1957/58) Der Mensch im Akkusativ. In: Wirkendes Wort 8, 193–205

Welke, K. M. (1988) Einführung in die Valenz- und Kasustheorie. Leipzig VEB: Bibliographisches Institut

Wierzbicka, A. (1996) Semantics. Primes and Universals. Oxford/New York: Oxford University Press

Wiese, B. (1994) Die Personal- und Numerusendungen der deutschen Verbformen. In: Köpcke, K.-M. (Hg.) Funktionale Untersuchungen zur deutschen Nominal- und Verbalmorphologie. Tübingen: Niemeyer, 161–191

Wiese, B. (2004) Unterspezifizierte Stammparadigmen: Zur Systematik des Verbablauts im Gegenwartsdeutschen. Vortrag bei der 30. GGS-Tagung, 21.–23. Mai 2004, am IdS Mannheim. http://www.ids-mannheim.de/gra/personal/wiese.html [Oktober 2006]

Winkler, E. (1996) Kommunikationskonzepte und Kommunikationsverben. In: Grabowski, J./Harras, G./Herrmann, T. (Hg.) Bedeutung, Konzepte, Bedeutungskonzepte. Theorie und Anwendung in Linguistik und Psychologie. Opladen: Westdeutscher Verlag, 256–276

Winkler, M. (2001) Valenzen in Kategorialgrammatik und Logik. In: Thielemann, W./Welke, K. (Hg.) Valenztheorie. Einsichten und Ausblicke. Münster: Nodus, 191–216

Wöllstein-Leisten, A./Heilmann, A./Stepan, P./Vikner, S. (1997) Deutsche Satzstruktur. Grundlagen syntaktischer Analyse. Tübingen: Stauffenburg

Wotjak, G. (2001) Valenztheorie im Aufwind? Versuch einer Bilanz. In: Thielemann, W./Welke, K. (Hg.) Valenztheorie. Einsichten und Ausblicke. Münster: Nodus, 27–64

Wratil, M. (2005) Die Syntax des Imperativs. Eine strukturelle Analyse zum Westgermanischen und Romanischen. Berlin: Akademie

Wunderlich, D. (1992) A Minimalist analysis of German verb morphology (Theorie des Lexikons. Arbeiten des Sonderforschungsbereichs 282, Nr. 21). Düsseldorf

Wunderlich, D. (1993) Diathesen. In: Jacobs, J./Stechow, A. v./Sternefeld, W./Vennemann, T. (Hg.) Syntax. HSK 9.1. Berlin/New York: de Gruyter

Wunderlich, D. (1997) Cause and the Structure of Verbs. In: Linguistic Inquiry 28, 27–68

Wurzel, W. U. (1993) Inkorporierung und „Wortigkeit" im Deutschen. In: Tonelli, L./Dressler, W. U. (Hg.) Natural Morphology. Perspectives for the Nineties. Pavia: Unipress, 109–125

Zeller, J. (1994) Zur Syntax des Tempus: zur strukturellen Repräsentation temporaler Ausdrücke. Opladen: Westdeutscher Verlag

Zifonun, G. (1992) Das Passiv im Deutschen: Agenten, Blockaden und (De-)Gradierungen. In: Hoffmann, L. (Hg.) Deutsche Syntax: Ansichten und Aussichten (Jahrbuch 1991 des Instituts für deutsche Sprache). Berlin/New York: de Gruyter, 250–275

Zimmermann, I. (1988) Die substantivische Verwendung von Adjektiven und Partizipien. In: Bierwisch, M./Motsch, W./Zimmermann, I. (Hg.) Syntax, Semantik und Lexikon: R. Růžička zum 65. Geburtstag. Berlin: Akademie, 279–311

Zybatow, T. (2000) Temporale Eigenschaften der Verben und das Perfekt. In: Dölling, J./Pechmann, T. (Hg.) Prosodie – Struktur – Interpretation; Linguistische Arbeitsberichte der Universität Leipzig 74, 229–248

Ursula Bredel / Cäcilia Töpler (Köln)

D Supplemente

Es gibt zehn Wortarten, und alle zehn machen Ärger.
(Mark Twain. Die schreckliche deutschen Sprache)

D1 Grenzgänger: Problemfelder aus didaktischer Sicht

1. Motivation und Zielsetzung
2. Grenzziehung, Grenzüberschreitung und Grenzgänger: Problembereiche bei der Wortartenkategorisierung
3. Grenzen ziehen: Gründe und Hintergründe für unterschiedliche Systeme zur Wortartenklassifikation
4. Formen der Grenzüberschreitung und Grenzgänger
5. Zum Umgang mit Grenzgängern in der Deutschdidaktik
6. Zitierte Literatur

1. Motivation und Zielsetzung

Wenn sich Lehrer oder Studienanfänger der Germanistik mit Wortarten befassen, tun sie das im Allgemeinen vor dem Hintergrund der sog. „Schulgrammatik", d.h. sie operieren mit den Wortartenbezeichnungen, die in den Richtlinien der KMK 1982 vorgegeben sind. Wenn sie sich im Studium oder im beruflichen Alltag des schulischen Deutschunterrichts mit anderen Grammatiken auseinander setzen oder das vorliegende Handbuch konsultieren, müssen sie zunächst die dort verwendeten Termini und Kategorien an die ihnen bekannten Wortartenbezeichnungen anschließen und verstehen, wie die jeweiligen Kategorien definiert sind. Für das Wort „*zehn*" im obigen Twain-Zitat beispielsweise hält die „Schulgrammatik" nach KMK eine eigene Wortartenbezeichnung, das „Zahlwort", bereit, während in den meisten Grammatiken und auch in diesem Handbuch Zahlwörter zu den Adjektiven gerechnet werden. Das Wort „*es*" im selben Zitat würde vermutlich als Personalpronomen eingestuft. Auf die durchaus sinnvolle Frage eines Schülers, für welches Nomen *es* in diesem Satz denn stehe, findet ein Rat suchender Lehrer in verschiedenen Referenzgrammatiken des Deutschen und auch in diesem Handbuch zwar durchaus Antworten, er muss dafür aber komplexe grammatische Analysen nachvollziehen und neue, feinere Kategorien entwickeln. Wer zu dieser Anstrengung bereit ist, kann daraus durchaus Gewinn ziehen: Am Beispiel der Wortartenteinteilung lassen sich sehr gut allgemeine Einsichten in die Methodik grammatischer Analyse und in die Probleme sprachlichen Kategorisierens gewinnen, die auch auf andere grammatische Themenbereiche übertragbar sind. Diese Einsichten sind eine wertvolle Grundlage für den Umgang mit induktiven Ansätzen in der Grammatikdidaktik, also Ansätzen, bei denen Schüler eigenständig Kategorien aus sprachlichem Material entwickeln.

In der Praxis der Lehreraus- und -weiterbildung muss dieses Bewusstsein für Methoden und Probleme beim Kategorisieren sprachlicher Einheiten meist erst geschaffen und geschärft werden. Gerade Studienanfänger erwarten häufig, dass „die Sprachwissenschaft" (oder „der Duden") eine feste und „richtige" Menge an Wortarten vorgibt und festlegt, woran diese zu erkennen sind. Abgrenzungsprobleme und Grenzgänger werden dann als Mängel des betreffenden Wortartensystems bewertet. Die Tatsache, dass verschiedene Grammatiken des Deutschen sich in Zahl und Art der Wortarten unterscheiden, wird als verwirrend empfunden. Nach meiner Erfahrung in der universitären Lehrerausbildung besteht im günstigen Fall der Wunsch, man möge als „Spezialistin" festlegen, welches nun das „richtige" Wortartensystem ist, und dieses erklären. Im ungünstigen Fall senkt die Frustration über die vermeintliche „Uneinigkeit" der Grammatiker die Bereitschaft, sich überhaupt weiter mit dem Gebiet zu befassen (nach dem Motto: Wenn die Grammatiken sich nicht einigen können, welche und wie viele Wortarten es gibt, brauche ich das auch nicht zu wissen). Ziel dieses Beitrags ist es deshalb, an eingängigen und für die Wortartenkategorisierung im Schulunterricht relevanten Problemfeldern zu erläutern, warum es nicht nur eine, sondern mehrere sinnvolle Einteilungen für Wortarten geben kann und welche „Grenzgänger" man bei der Wortartenklassifikation im schulischen Grammatikunterricht besonders im Auge behalten muss. Es geht mir dabei nicht darum, wissenschaftliche Kontroversen über die Zuordnung einzelner Fälle nachzuzeichnen und eigene Positionen dazu zu entwickeln – dies ist ja Aufgabe der Spezialartikel, in denen ausführlich Abgrenzungsprobleme, typische „Grenzüberschreitungsphänomene" und terminologische Alternativen genannt sind. Vielmehr richtet sich mein Beitrag primär an Lehrer und Lehramtsstudierende, die sich unter didaktischer Perspektive mit der Kategorisierung von Wortarten beschäftigen und hierfür das vorliegende Handbuch zu Rate ziehen. Für diese Zielgruppe möchte ich an Fallbeispielen typische Probleme der Wortartenbestimmung diskutieren und dabei transparent machen, warum unterschiedliche Grenzen gezogen werden und weshalb selbst innerhalb ein und desselben Kategoriensystems bestimmte sprachliche Einheiten nicht eindeutig zugeordnet werden können, sondern sich als „Grenzgänger" erweisen.

2. Grenzziehung, Grenzüberschreitung und Grenzgänger: Problembereiche bei der Wortartenkategorisierung

Das Wörterbuch der deutschen Gegenwartssprache (WDG)[1] definiert „Grenzgänger" als „jmd., der häufig eine Grenze passiert". Heringer 1989 überträgt das Konzept metaphorisch auf den Bereich der grammatischen Kategorisierung und erörtert entsprechende Phänomene im Bereich der Wortarten exemplarisch an den Kategorien „Präposition" und „Substantiv". Ich möchte die Metapher in meinem Artikel aufgreifen und dabei zunächst zwei grundlegende Probleme bei der Diskussion um Kategoriengrenzen unterscheiden:

1) *Das Problem der Grenzziehung:* Die Grenzgänger-Metapher impliziert, dass es festliegende Grenzen gibt, zwischen denen ein Wort oder eine Gruppe von Wörtern häufig wechselt, anders gesagt, dass das betreffende Gebiet durch feste Grenzen in Teilgebiete unterteilt ist. Das Problem der Grenzziehung besteht nun genau darin, dass man diese Grenzen nach unterschiedlichen Gesichtspunkten und unter Verwendung verschiedener formaler und funktionaler Kriterien ziehen kann. Deshalb unterscheiden sich verschiedene Referenzgrammatiken in der Zahl der angenommenen Wortarten, ihrer Benennung und den relevant gesetzten Bestimmungsmerkmalen.[2] Dass als Konsequenz davon dieselbe sprachliche Einheit in verschiedenen Grammatiken unterschiedlichen Kategorien zugeordnet wird, macht es aber – in der Metapher der Kategoriengrenzen gedacht – noch nicht zum Grenzgänger. Denn nicht die Einheiten passieren eine Grenze, sondern die Grenzen sind anders gezogen bzw. die Gebiete anders benannt. Wir werden dieses Problem und seine Ursachen in

---

[1] Ich beziehe mich auf die Online-Version, die unter www.dwds.de verfügbar ist.
[2] Vgl. z.B. Sitta 1984 und die Hinweise in den jeweiligen Spezialartikeln dieses Handbuchs.

Abschnitt 3 besprechen. Dabei soll auch klar werden, warum bestimmte Einheiten besonders häufig von Kontroversen und Konflikten bei der Festlegung von Kategoriengrenzen betroffen sind.

2) *Das Problem der Grenzüberschreitung:* Die Metapher des „Grenzgängers" konturiert den Aspekt, dass bestimmte Wörter häufig eine bestimmte Kategoriengrenze passieren oder in mehreren Funktionen in mehreren Gebieten „tätig" sind. Hier gibt es individuelle Grenzwechsler, die im Zuge von Grammatikalisierungs- oder Lexikalisierungsprozessen neue Funktionen in einem anderen Gebiet ausüben. Es gibt aber auch Gruppen von Einheiten, die unter systematisch beschreibbaren Prozessen die Grenze wechseln. Hierzu gehören die durch Konversion erzeugten Substantivierungen (z.B. *das Laufen*), aber auch die von Heringer 1989 behandelten substantivierten Adjektive (z.B. *ein Armer, die Armen*), die sich durch spezielle morphologische und syntaktische Eigenschaften von anderen Substantiven unterscheiden. Und schließlich gibt es Wortarten, deren Einheiten prinzipiell in mehreren Funktionen tätig sein können. In Abschnitt 4 möchte ich die verschiedenen Typen von Einzelgängern und Grenzgängern an einschlägigen Beispielen herausarbeiten.

Hinter beiden Problemfeldern stehen Grundfragen der Kategorisierung sprachlicher Einheiten, die hier nur exemplarisch und stark vereinfachend abgehandelt werden. Zur Vertiefung empfehle ich generell die Einleitung und die Artikel B1, B2 und B3 dieses Handbuchs und verweise im Einzelfall auf die Spezialartikel zu den einzelnen Wortarten sowie auf weitere Literatur.

3. Grenzen ziehen: Gründe und Hintergründe für unterschiedliche Systeme zur Wortartenklassifikation

Dass sich verschiedene Grammatiken zum Gegenwartsdeutschen bei der Einteilung von Wortarten erheblich unterscheiden, wurde eingangs erwähnt und ist als Problem natürlich bereits hinlänglich bekannt (z.B. Bergenholtz/Schaeder 1977, Sitta 1984, Schaeder/Knobloch 2000, Müller 2003). Wenn man exemplarisch die Einteilungen in Helbig/Buscha 1994, GDS 1997 und Duden-4 (2005) vergleicht, so fällt schnell ins Auge, dass sich auch keine dieser Grammatiken mit den sog. „Schulwortarten" nach KMK 1982 in Deckung bringen lässt.

Diese Unterschiedlichkeit hat mehrere Ursachen. Die wichtigste davon wurde – in verschiedenen Formulierungen – in der Literatur zum Thema immer wieder benannt, ich möchte exemplarisch Knobloch (1986, 38) zitieren: „Es gibt nicht *eine* ‚richtige' Einteilung der Wortarten, sondern viele mögliche. Welche Klassifikation jeweils angemessen ist, bestimmt sich im Grund genommen aus dem *Ziel*, das der Klassifizierende verfolgt."[3]

Zwei Beispiele: (1) Wer eine Wortarten-Klassifikation anstrebt, mit der sich nicht allein sprachliche Einheiten des Deutschen, sondern auch Einheiten anderer Sprachen zuordnen lassen, muss auf das Kriterium der Flektierbarkeit verzichten und auf übereinzelsprachlich anwendbare Eigenschaften, meist semantischer oder funktionaler Natur, zurückgreifen[4]. (2) Wer eine Wortartenklassifikation für die maschinelle Sprachverarbeitung entwickelt, wird sich eher an syntaktischen und distributionellen Eigenschaften[5] orientieren, weil diese besser für Verfahren der automatischen Sprachanalyse zugänglich sind als semantische und funktionale Eigenschaften. Für die Zwecke der maschinellen Sprachanalyse ist es weiterhin wichtig, dass alle Einheiten eines zu verarbeitenden Textes einer Klasse zugewiesen werden können. In anderen Anwendungsbereichen hingegen – hierzu zählt auch der schulische Grammatikunterricht – kann man durchaus mit diesen und jenen nicht klassifizierbaren Einzelgängern und „Randgruppen" leben.

Eine Besonderheit bei der Wortartenklassifikation besteht darin, dass schon die Grundeinheit der Klassifikation, das „Wort", in unterschiedlicher Weise verstanden werden kann (vgl. B1). Auch hier können für verschiedene Zielsetzung mehrere, voneinander abweichende Präzisierungen zweckmäßig sein. Ein Beispiel: Das sog. Wortartentagging ist ein automatisches Verfahren, bei dem jeder Einheit eines Textes genau eine Wortartenkategorie zugeordnet wird. Wenn ein digitales Textkorpus mit Wortartentags annotiert ist, kann ein Suchwerkzeug beispielsweise gezielt nach dem Adjektiv *modern* suchen, ohne dass auch Treffer für die homographe Verbform *modern* ausgegeben werden. Für das Wortartentagging wird man die Grundeinheit „Wort" möglichst eng an graphische Eigenschaften

---

[3] Hervorhebungen im Original.
[4] Vgl. dazu Kaltz 2000, Knobloch/Schaeder 2000 sowie die jeweiligen sprachtypologischen Ausführungen in den Einzelartikeln dieses Handbuchs.
[5] Vgl. die Klassifikation in Bergenholtz/Schaeder 1977 oder das Stuttgart-Tübingen-TagSet STTS (Thielen & Schiller 1996), das inzwischen von vielen Programmen zur automatischen Wortartenerkennung und -anntotation genutzt wird.

binden, also „Wort" als Einheit zwischen zwei Spatien verstehen. Dies hat natürlich auch Auswirkungen auf das gewählte Kategoriensystem: Beispielsweise benötigt man eine Kategorie für abtrennbare Verbpartikeln (also für *an* in *das Schnitzel brennt an*), wenn man bei der Suche für Belege mit dem Verb *anbrennen* auch wirklich alle relevanten Treffer finden möchte. In fast allen anderen Kontexten würde man hingegen *anbrennen* als Grundeinheit der Wortartenbestimmung betrachten und die weitere Analyse der Komponenten dem Bereich der Wortbildung zuordnen.

Eine zweite Ursache für unterschiedliche Grenzziehungen liegt darin, dass die Wortarten in Grammatikforschung und Grammatikographie eingebunden sind in Kategoriensysteme, mit denen Generalisierungen über sprachliche Formen und Funktionen formuliert werden. Die Leitlinien für die Kategorisierung werden dabei bestimmt durch eine Modellvorstellung von grammatischen Strukturen und Prozessen, einem sog. Grammatikmodell (z. B. Dependenzgrammatik, Funktionale Grammatik, Generative Grammatik, Konstruktionsgrammatik). In einem Grammatikmodell stehen Wortartenkategorien also nicht für sich, sondern bilden ein System von Kategorien für elementarere Einheiten (Phoneme, Morpheme) und komplexere Einheiten (Phrasen, Sätze, Diskurse). Wegen dieser Einbindung in ein theorieabhängiges System ist es nicht ohne weiteres möglich, Wortartenkategorien aus verschiedenen Systemen aufeinander abzubilden oder gar zu mischen. Man kann verschiedene Grammatikmodelle zwar in Bezug auf Kriterien wie Beschreibungs- und Erklärungsadäquatheit (im Hinblick auf eine Einzelsprache oder im Hinblick auf mehrere Sprachen) vergleichen. Da verschiedene Grammatiktheorien aber unterschiedliche Prioritäten setzen und verschiedene grammatische Phänomenbereiche fokussieren, wäre es der Erforschung von Funktion und Struktur natürlicher Sprachen wenig zuträglich, sich auf eine „richtige" Modellvorstellung festzulegen. Als Preis für diese Pluralität muss man lernen, mit unterschiedlichen Kategoriensystemen und – daraus resultierend mit alternativen Vorschlägen zur Grenzziehung – umzugehen.

Dass sich Wortartenkategorien aus verschiedenen Systemen nicht ohne weiteres aufeinander abbilden lassen, heißt aber nicht, dass sich keine Bezüge zwischen ihnen herstellen lassen. In einigen Fällen unterscheiden sich die Systeme gerade dadurch, dass sie für bestimmte Gruppen von Grenzgängern neue Kategorien oder Subklassen einführen. Ein Beispiel: In fast allen Grammatiken und auch in diesem

Handbuch wird angenommen, dass typische Adjektive in drei syntaktischen Funktionen auftreten können: in attributiver Funktion (1), in adverbialer Funktion (2), in prädikativer Funktion (3)

(1) das **gute** Wetter in Spanien
(2) Hier kann man sich **gut** erholen.
(3) Gern wären wir **gut**, anstatt so roh.

Weil die attributive Verwendung von Adjektiven, wie in (1), als besonders charakteristisch gilt, werden die Adjektive zu den flektierbaren Wortarten gerechnet, denn in dieser Funktion passen sie sich in den Kategorien Numerus und Genus dem Bezugsnomen an; zusätzlich spielt die Kategorie des Determinativs eine Rolle[6]. Nun gibt es aber Einheiten wie *quitt* und *schade,* die prinzipiell nur prädikativ gebraucht werden können (z.B. *Das ist schade* und *Wir sind quitt*). In der Schulgrammatik und in den meisten wissenschaftlichen Grammatiken werden sie den Adjektiven zugeordnet; allerdings können sie nicht attributiv verwendet und damit auch nicht flektiert werden *(*die quitten Freunde).* Die Grammatik der deutschen Sprache GDS nimmt deshalb – ebenso wie dieses Handbuch (vgl. Artikel C2) – eine eigene Kategorie „Adkopula" an.

Ein anderes Beispiel: Wir haben bereits in der Einleitung darauf hingewiesen, dass bestimmte Verwendungen des Pronomens *es,* wie in (4), nicht die Eigenschaft eines Personalpronomens aufweisen, auf ein im Vor- oder Nachtext genanntes Wissenselement bezogen zu sein, wie dies z.B. beim typischen Personalpronomen in Satz (5) der Fall ist.

(4) **Es** gibt zehn Wortarten.
(5) **Das Auto**$_{[i]}$ war nagelneu und **es**$_{[i]}$ hatte ein Schiebedach.

Die Grammatik von Helbig/Buscha 1994, die dem Pronomen „*es*" ein gesondertes Kapitel widmet[7], unterscheidet das „Prowort es", wie es im Satz (5) auftritt, von der Verwendung als „formales Subjekt" in (4). Weiterhin unterscheiden sie die als „Korrelat (Platzhalter)" bezeichnete Verwendungsweise, die sich an den Sätzen (6) und (7) verdeutlichen lässt.

(6) **Es**$_{[i]}$ ist ihm nicht gelungen, **die Wortart zu bestimmen**$_{[i]}$.
(7) **Es**$_{[i]}$ hat sich gestern **ein Unfall**$_{[i]}$ ereignet.

---
[6] *Das gute Wetter* vs. *ein gutes Wetter;* vgl. Artikel C2 dieses Handbuchs.
[7] Helbig-Buscha (1994: Kapitel 6, 393–400).

Im Fall von Beispiel (6) ist relativ einsichtig, was mit der „Platzhalter"-Funktion gemeint ist: Das *es* steht im Hauptsatz als Platzhalter-Element für den Infinitivsatz, der die Valenzstelle des Subjekts einnimmt. Wenn diese Stelle nicht durch einen Infinitivsatz, sondern durch eine Nominalgruppe im Nominativ gefüllt ist, wie in (6'), wird das *es* überflüssig, wie (6') zeigt:

(6') Die Bestimmung der Wortart ist ihm nicht gelungen.

Der Unterschied zwischen Falltyp (4) und Falltyp (7) erschließt sich erst auf den zweiten Blick: In Satz (4) nimmt *es* formal eine Stelle im Valenzrahmen des Verbs ein. Im Satz (7) hingegen hat *es* nur eine syntaktische Platzhalterfunktion für die eigentliche Subjektstelle, nämlich *der Unfall*. Dies erkennt man auch daran, dass das *es* wegfällt, sobald das Vorfeld durch das Subjekt selbst (7') oder ein anderes Satzglied (7") besetzt ist:

(7') **Ein Unfall** hat sich gestern ereignet.
(7") Gestern hat sich **ein Unfall** ereignet.

Am Beispiel der verschiedenen Verwendungsweisen von *es* lässt sich besonders gut zeigen, wie die Bestimmung von Wortarten die Bestimmung komplexerer Kategorien, z.B. der Satzglieder, beeinflusst. Denn bei einer Satzgliedanalyse wäre im Satz (4) *es* als Subjekt zu bestimmen. Im Gegensatz dazu lautet das Subjekt in Satz (7) *der Unfall*, in Satz (6) nimmt der Infinitivsatz *die Wortart zu bestimmen* die Subjektstelle ein. Man sieht also, dass die Verfeinerung von Kategorien auf der Wortartenebene nicht nur interessant für Grammatiktheoretiker ist, sondern dass solche Unterschiede auch für einfach erscheinende Grammatikanalyseaufgaben wie das Bestimmen des Subjektes von Sätzen relevant werden können. Nur wer die Unterschiede zwischen den verschiedenen Verwendungsweisen erkennt, kann verstehen, warum gerade das Bestimmen der Subjektstelle hohe Anforderungen an die Analysekompetenz stellt[8].

Der Fall des Pronomens *es* zeigt, dass in verschiedenen Grammatiken nicht nur unterschiedlich feine Unterscheidungen gemacht werden. Es kommt auch vor, dass zwar sehr ähnliche Falltypen unter-

---

[8] Aus diesem Grund plädiert z.B. Menzel in seiner Grammatikwerkstatt dafür, bei der Satzgliedanalyse mit den Adverbialen zu beginnen (Menzel 1999: 46 f.) und die wesentlich komplizierte Bestimmung des Subjekts in die Sekundarstufe zu verlagern. Eine Werkstatteinheit zu Subjekten, die auch die verschiedenen Formen von „es" mit einbezieht, findet sich in Menzel (1999: 78 ff.).

schieden werden, dieselben Falltypen aber unterschiedlich benannt sind. Die Verwendungsweise von *es* in Beispiel (4), bei HB-94 als „formales es" bezeichnet, wird im Handbuchartikel zu den Pronomina C19 (Abschnitt 5.2.4) in Anlehnung an Zifonun (1995) als „verbgesteuertes es" bezeichnet; in der GDS findet sich der Terminus „fixes es" (vgl. GDS, B1, S. 38). Die Duden-Grammatik verwendet die Bezeichnungen „Pseudoaktant" / „unpersönliches es" / „formales Subjekt" (Duden-4, S. 830). Man sieht an diesem Beispiel: Selbst wenn ein bestimmtes Gebiet in verschiedenen Grammatiken ähnlich eingegrenzt ist, können identische oder sehr ähnliche Kategorien unterschiedlich benannt sein. Sehr viel häufiger findet sich aber der umgekehrte Fall: gleich lautende Termini bezeichnen in verschiedenen terminologischen Systemen unterschiedliche Kategorien. Problematisch sind insbesondere die Wortarten, die in diesem Handbuch als „Partikeln " bezeichnet werden: Intensitätspartikeln, Gradpartikeln, Negationspartikeln, Modalpartikeln, Konnektivpartikeln (vgl. die Erläuterung zur Einteilung in A). Als erstes ist wichtig zu erkennen, dass die im Handbuch gegebene Definition des Terminus „Partikel" nicht mit der übereinstimmt, die sich in früheren Auflagen der Duden-Grammatik und auch in vielen Schulgrammatiken noch findet. In dieser „schulgrammatischen" Verwendung bezeichnet „Partikel" alle nicht flektierbaren Wortarten, also auch die Adverbien, Präpositionen, Junktoren. Dieses Handbuch, aber auch andere Grammatiken wie der aktuelle Duden-4, die GDS und Helbig-Buscha 1994 verwenden den Terminus in einer eingeschränkten Bedeutung. Vorsicht ist auch angesagt bei der Benennung der verschiedenen Partikelsubklassen: Die in diesem Handbuch und in der GDS als Modalpartikel (C14) bezeichnete Kategorie heißt bei Helbig-Buscha 1994 „Modalwort", im aktuellen Duden-4 „Kommentaradverb". Umgekehrt wird in der Dudengrammatik der Terminus „Modalpartikel" synonym zum Terminus „Abtönungspartikel" verwendet, der auch in diesem Handbuch und in der GDS eingeführt ist. Wichtig für den Rat suchenden Grammatiknutzer ist es deshalb, sich an den Phänomenen und den Beispielen zu orientieren und sich über diese die terminologischen Entsprechungsbeziehungen zu erschließen. Die wortartenbezogenen Artikel dieses Handbuchs enthalten jeweils Hinweise auf alternative Benennungen und unterstützen damit die Orientierung und Hilfe bei der Rekonstruktion von Bezügen zwischen verschiedenen Terminologien.

4. Formen der Grenzüberschreitung und Grenzgänger

Im vorigen Abschnitt ging es um das Problem, dass die Kategoriengrenzen in verschiedenen Ansätzen zur Wortarteneinteilung unterschiedlich gezogen werden. Aus diesem Grund ist ein und dieselbe Einheit, z.B. das Wort *zehn* im Satz *Es gibt zehn Wortarten*, nach der „schulgrammatischen" Einteilung nach KMK als Zahlwort zu bestimmen, während sie in diesem Handbuch und in anderen Grammatiken (GDS, Helbig/Buscha 1994, Duden-4) als Subklasse zu den Adjektiven gerechnet wird. Dennoch handelt es sich bei „*zehn*" nicht um einen Grenzgänger, denn nicht die Einheit überschreitet eine Wortartengrenze, sondern die Grenzen sind in den verschiedenen Grammatiken anders festgelegt. In diesem Abschnitt geht es nun um Einheiten, die bei festliegenden Abgrenzungskriterien, also in ein und demselben Kategoriensystem, die Grenzen wechseln. Dabei möchte ich zwei Fallgruppen unterscheiden: Bei Fallgruppe A gibt es bestimmte Grenzübergänge, die systematisch für ganze Gruppen von Einheiten offen stehen. Bei Fallgruppe B geht es um individuelle Grenzüberschreitungen einzelner Wörter. Aus didaktischer Sicht erscheint mir die Differenzierung zwischen den beiden Fallgruppen sinnvoll, weil Grenzüberschreitungsphänomene vom Typ A als systematische Prozesse des Wortartenübergangs bzw. als Resultat systematischer Überschneidungen in Form oder Funktion verstanden und erlernt werden müssen, während Grenzüberschreitungen vom Typ B den Status von Ausnahmen haben. Dennoch ist die Trennung der Fallgruppen insofern künstlich, als individuelle Grenzgänger natürlich stets auch Hinweise auf die Durchlässigkeit bestimmter Grenzen und auf Präferenzen für bestimmte „Abwanderungsrichtungen" liefern.

Im Folgenden werde ich die beiden Fallgruppen an möglichst eindeutigen Beispielen erläutern. Mein Ziel ist es, den Blick für Typen von Grenzüberschreitungsphänomenen zu schärfen, um entsprechende weiterführende Hinweise auf Abgrenzungsprobleme und Grenzgänger in den einzelnen Artikeln des Handbuchs besser einordnen zu können.

Zur Fallgruppe A rechne ich Phänomene der Grenzüberschreitung, von denen systematisch ganze Gruppen von Einheiten betroffen sind. Hierfür gibt es zwei Ursachen:

- Grenzüberschreitungen, die durch den Wortbildungsprozess der Konversion bedingt sind, werden unter (1) besprochen.
- Grenzwechselphänomene, die darauf zurückgehen, dass Einheiten systematisch mehrere Funktionen ausüben können, die für jeweils unterschiedliche Wortarten als charakteristisch gelten; Beispiele hierfür werden in (2) erläutert.

1) Unter „Konversion" versteht man ein Wortbildungsverfahren, bei dem neue Wörter allein durch Wortartenwechsel gebildet werden. Ein typisches Beispiel ist die Konversion von Verben zu Substantiven, indem verbale Infinitive substantiviert werden (z.B. *lachen → das Lachen*). Im Deutschen sind speziell die Möglichkeiten, Einheiten anderer Wortarten durch Konversion in Substantive zu überführen, nahezu unbegrenzt – der Übergang ist offen für Pronomina *(das Es)*, für Adverbien *(das Hier und Jetzt)* und Konjunktionen *(ohne Wenn und Aber)*. Besonders produktiv ist aber die Konversion von verbalen Infinitiven zu Nomina und von Adjektiven zu Nomina. Die Konversion von Adjektiven zu Nomina, z.B. von *schön* zu *die Schöne,* ist für die Grenzgängerproblematik deshalb besonders interessant, weil das Genus des dabei entstehenden Wortbildungsprodukts in Abhängigkeit vom natürlichen Genus des Eigenschaftsträgers *(der Schöne – die Schöne)* variiert. Damit fehlt diesen Bildungen ein wesentliches Merkmal von Substantiven, nämlich das Vorhandensein eines „inhärenten" Genus, das nicht unbedingt mit dem natürlichen Geschlecht des bezeichneten Objekts übereinstimmen muss (vgl. *das Kind*). Auch im Hinblick auf die Flexionseigenschaften unterscheiden sich die nominalisierten Adjektive von anderen Nominalisierungen, indem sie – genau wie die Adjektive – in Abhängigkeit vom Determinativ verschiedene Paradigmen ausbilden *(der Schöne – ein Schöner; das Wahre – ein Wahres)*. Ein ähnlicher Fall von systematischen Grenzüberschreitungen liegt vor beim Übergang von den Verben zu Adjektiven, indem die Formen von Partizip I oder II attributiv oder adverbial verwendet werden *(kochen → kochend, gekocht*[9]*)*. Auch dieser Übergang wird meist[10] der Wortbildungsart „Konversion" zugerechnet.

---

[9] Attributiv verwendet z.B. in: *Das kochende Wasser; das hart gekochte Ei;* adverbial verwendet z.B. in *Ich traf ihn kochend in der Küche; Er isst das Ei nur gekocht.*
[10] Donalies (2002: 139) hingegen analysiert die Bildung *kochend* als (explizite) Derivation aus dem Verbstamm *koch* und dem Derivationssuffix *-end*.

Wenn eine Wortartenklassifikation disjunkt sein soll, d. h. jede Einheit zu genau einer Klasse gehört, dann muss für solche Fälle festgelegt werden, welcher Wortart die bei den Wortbildungsprozessen entstehenden Produkte, die Konvertate, zugeordnet werden. Hier finden sich im Detail unterschiedliche Auffassungen: Meist werden substantivische Konvertate *(das Lachen, das Es)* zu den Substantiven gerechnet, mit Ausnahme der aus Adjektiven gebildeten Konvertate vom Typ *die Schöne, der Schöne, ein Schöner,* die wegen ihrer Besonderheiten bezüglich Genus und Flexion den Adjektiven zugeordnet werden[11]. Die GDS (Kap. B1, S. 28) unterscheidet terminologisch zwischen der Kategorie des Substantivs, die ein inhärentes Genus und ein substantivisches Flexionsparadigma besitzt, und der weiter gefassten Kategorie des Nomens, die über die Fähigkeit bestimmt ist, als Kopf einer Nominalphrase fungieren zu können, und zu der entsprechend dann auch nominalisierte Adjektive und andere Nominalisierungen gerechnet werden können. Die Partizipien werden meist den Verben zugeordnet, obwohl gerade das Partizip I *(lachend)* typischerweise eher attributiv oder adverbial verwendet wird und insofern, funktional und vom Flexionsparadigma her gesehen, eher den Adjektiven nahe steht.

2) Zur Fallgruppe A gehören auch Wortarten, deren Einheiten systematisch mehrere Funktionen ausüben können, die als charakteristisch für unterschiedliche Wortarten angesehen werden. Diese Fähigkeit zum „Multitasking" besitzen beispielsweise viele Adjektive: Wie wir in Abschnitt 3 an den Beispielsätzen (1) und (2) illustriert haben, können sie sowohl in attributiver als auch in adverbialer Funktion auftreten. Auch viele Adverbien können in mehreren Funktionen auftreten, u. a. attributiv (in 8) und adverbial (in 9)[12]:

(8) Das Haus **dort** gehört meinem Vater.
(9) Er wohnt **da**.

Von der Grenzgängerproblematik sind diese Fälle deshalb betroffen, weil jeweils eine dieser Funktionen als primär angesehen wird und somit für die Wortartenklassifikation ausschlaggebend ist: Bei den Adverbien wird die adverbiale Funktion als primär gesetzt, bei den

---

[11] Vgl. das Kapitel V, Abschnitt 3.2.3. Auch Helbig-Buscha (1994: 249 ff.) unterscheiden zwischen Substantivierungen von Adjektiven *(das Rot)* und substantivisch gebrauchten Adjektiven *(die Schöne, der Schöne).*
[12] Vgl. den Handbuchartikel C4 zur Wortart „Adverb"; die Beispiele sind aus diesem Artikel entnommen.

Adjektiven die attributive Funktion. In der Grenzgängermetaphorik gedacht sind Adjektive also primär über ihre attributive Verwendbarkeit bestimmt, können aber auch jederzeit die Grenze wechseln und im adverbialen Gebiet adverbiale Funktion ausüben. Umgekehrt sind Adverbien primär im adverbialen Gebiet aktiv, sie können aber ebenfalls die Grenze passieren und attributiv verwendet werden. Diese Überschneidung der Funktionsbereiche macht die Abgrenzung zwischen Adjektiven und Adverbien notorisch schwierig.

In den meisten Grammatiken, und auch in den KMK-Richtlinien[13], wird ein Merkmal als zentral für die Unterscheidung gesetzt, das allerdings nur in der attributiven Funktion überhaupt sichtbar wird: Adjektive sind flektierbar *(das schöne Haus – die schönen Häuser)*, während Adverbien zu den unflektierbaren Wortarten zählen *(das Haus dort – die Häuser dort)*. Erfahrungsgemäß ist es aber nicht einfach zu motivieren, warum die Festlegung der Wortart in diesem Fall nicht für die Funktion in einem konkreten Kontext, sondern für das gesamte Funktionsspektrum zu treffen ist. Schließlich kann die Wortartenzuordnung in anderen Fällen ja auch nur im konkreten Verwendungskontext erfolgen, z.B. ist *bis* in Satz (10) als Präposition, in (11) aber als Subjunktor zu klassifizieren.

(10) Der Zug fährt **bis** Dortmund.
(11) Ich warte noch, **bis** wir in Dortmund angekommen sind.

Bei der Unterscheidung von Adverbien und Adjektiven wird dieses Prinzip aufgehoben, d.h., das Wort *gut* in Satz (2) ist ebenso als Adjektiv zu klassifizieren wie in Satz (1), obwohl es in (2) nicht flektiert werden kann. In der Didaktik der Wortarten muss dies als Ausnahme explizit gemacht werden.

Zur Fallgruppe B gehören individuelle Grenzgänger, also Einzelfälle, die in Bezug auf ein bestimmtes Kategoriensystem als Ausnahmen beschrieben werden müssen. Hier lassen sich drei Typen unterscheiden:

1) In fast jeder Wortartenkategorie gibt es einzelne Einheiten, die nicht alle Eigenschaften aufweisen, die für eine Wortart charakteristisch sind, d.h., die – in der Metapher der Kategoriengrenzen gedacht – an der Peripherie angesiedelt sind. Typische Beispiele für diese Gruppe sind Adjektive wie *lila* oder *klasse,* die, zumindest in

---

[13] KMK (1982: 16), vgl. dazu auch im Abschnitt 5, Spiegelpunkt 3.

der Schriftsprache, auch in attributiver Stellung nicht flektiert werden *(die lila Bluse, der klasse Typ)*. Trotz dieser Einschränkungen in der Flexion weisen sie aber typische syntaktische und semantische Merkmale von Adjektiven auf und werden deshalb allgemein den Adjektiven zugerechnet. Diachronisch gesehen neigen diese Einzelfälle dazu, sich in ihren Eigenschaften dem Kern anzunähern; im konkreten Fall bilden einige dieser Adjektive Flexionsformen *(die lilane Bluse, der orangene Pullover)* aus, die zumindest im gesprochenen Deutsch nicht unüblich sind.

2) Im Zuge von Prozessen der sog. „Grammatikalisierung" kommt es immer wieder dazu, dass einzelne Einheiten einer Kategorie in einer anderen Kategorie neue Funktionen übernehmen. Ein Beispiel für solche individuellen Funktionserweiterungen sind Adjektive wie *absolut, echt,* die in Sätzen wie (11) und (12) als Intensitätspartikel fungieren (vgl. die Einteilung in C9, Abschnitt 2).

(11) Das ging **absolut** daneben.
(12) Das ist eine **echt** coole Bar.

Diachronisch gesehen neigen diese Grenzgänger dazu, sich auszudifferenzieren und als zwei homonyme Einheiten verschiedenen Wortarten anzugehören. In der Zeit des Übergangs sind diese Arten von Grenzgängern aber nur schwer eindeutig zuzuordnen.

3) Einzelne Einheiten einer Kategorie bilden Mehrworteinheiten mit anderen Einheiten und büßen dabei genuine Bestimmungsmerkmale ihrer Kategorie ein. Hierzu gehören die in der Rechtschreibdidaktik als „Desubstantivierung" beschriebenen Prozesse, bei denen ein Substantiv wie *das Heim* in bestimmten Verbindungen wie *er fährt heim, er kommt heim* typische Substantivmerkmale verliert: Es ist nicht flektierbar, nicht artikelfähig und kann in der Regel nicht alleine das Vorfeld besetzen, d.h., Sätze wie *Heim kam er erst gegen 12 Uhr* sind stark markiert. Von derartigen Prozessen sind nicht nur Substantive betroffen, sondern auch Präpositionen *(mitnehmen, anknüpfen)*, Adverbien *(hinabsteigen, daherreden)*. Für diese Art von Grenzgängen existieren Bezeichnungen wie „Verbpartikeln" (Duden-4, 706 ff.), „trennbare Verbteile" (Helbig-Buscha 1994, Kap. 1.11) oder „abtrennbare Verbpräfixe" (GDS, 51). Diese Kategorien richten sich allerdings nach einem orthographischen Kriterium, nämlich, ob der betroffene Grenzgänger in Infinitiv und Partizip II mit dem Verb zusammengeschrieben wird oder nicht. Zur Frage, welcher Wortart

die betreffenden Einheiten in den Positionen angehören, in denen sie vom Verb getrennt auftreten *(er steigt **hinab**; er fährt **heim**)*, gibt es in verschiedenen Grammatiken unterschiedliche Auffassungen.

Für die Wortartenklassifikation machen beide Fallgruppen Probleme, weil die jeweiligen Einheiten synchron nur einen Teil der für eine Wortartenkategorie charakteristischen Merkmale aufweisen. Bei der Fallgruppe A lässt sich eine Zuordnung durch generelle Vereinbarungen regeln (z. B. adverbial gebrauchte Adjektive zählt man zu den Adjektiven und nicht zu den Adverbien; das Partizip I rechnet man zu den Verben). Man sollte sich dennoch bewusst sein, dass man die Entscheidungen in diesen Fällen auch anders treffen könnte. Größere Probleme machen die individuellen Grenzgänger der Fallgruppe B, bei denen Einheiten im Zuge von Prozessen der Grammatikalisierung und der Monoverbierung mit der Zeit ihre funktionalen und auch syntaktischen Eigenschaften verändern und somit in der Übergangsphase nur schwer der einen oder anderen Kategorie zuzuordnen sind. Aus didaktischer Sicht kann man aber aus der Not eine Tugend machen, wenn man sich von der Vorstellung befreit, eine Wortartenklassifikation müsse unbedingt vollständig und disjunkt sein, d.h., alle sprachlichen Einheiten müssten sich restfrei genau einer Wortartenkategorie zuordnen lassen. Für den Grammatikunterricht können gerade die Fälle systematischer und individueller Grenzüberschreitungen ein sehr guter Ausgangspunkt sein, um wesentliche Eigenschaften von Sprache (funktionale Ausdifferenzierung, Grammatikalisierung) aufzuzeigen und Methoden sprachlicher Analyse zu erproben. Ideen hierzu enthält Kapitel D2 dieses Handbuchs.

5. Zum Umgang mit Grenzgängern in der Deutschdidaktik

Die Ausführungen in Abschnitt 3 sollten deutlich gemacht haben, warum aus Sicht der Grammatikforschung wenig fruchtbar wäre, sich auf die eine und richtige Wortartenklassifikation festzulegen. Anders verhält es sich im Hinblick auf den schulischen Grammatikunterricht. Hier ist Einheitlichkeit wünschenswert, damit sich Schüler nach einem Schul- oder Lehrerwechsel nicht jedes Mal auf andere Benennungen und Definitionen für grammatische Kategorien einlassen müssen. Diesem Wunsch nach terminologischer Vereinheitlichung sollten die KMK-Richtlinien (KMK 1982) Rechnung tragen[14], die inzwischen die terminologische Grundlage für die meisten „Schulgrammatiken" und Lehrbücher liefern. Als Deutschlehrer sollte man allerdings den Status dieser Konventionen und die damit verbundenen Einschränkungen und Probleme kennen:

1) Die KMK-Richtlinien liefern kein System von Wortartenkategorien, sondern lediglich Benennungskonventionen in Gestalt einer Liste von Termini. Explizit wurde „auf eine durchgängige Kommentierung ebenso verzichtet wie auf Beispiele" (KMK 1982, 13). Zu den Termini gibt es also keine Definitionen. Die Liste enthält – mit Ausnahme des Kommentars zur Einordnung der adverbial gebrauchten Adjektive (s.u.) – keine expliziten Vorgaben, nach welchen Kriterien Wörter den einzelnen Termini zugeordnet werden sollen. Um die Liste für schulische Zwecke handhabbar zu machen, müssen in sog. „Schulgrammatiken" die Termini erst präzisiert werden, d.h., es müssen Kriterien für deren Bestimmung angegeben werden.

2) Bei der Präzisierung der Termini sind die Schulgrammatiken aber natürlich nicht frei. Schließlich bestand das Ziel der Liste ja gerade darin, einheitliche Kategorien zur Wortartenbestimmung zu etablieren. Wenn nun verschiedene Schulgrammatiken dieselben Termini in unterschiedlicher Weise bestimmen, konterkarieren sie dieses Streben nach Einheitlichkeit. Die meisten der ausgewählten Termini haben eine lange Traditionen in der Diskussion um die Einteilung von Wortarten (vgl. B2 und Knobloch / Schaeder 2000). Gute Schulgrammatiken nutzen nach bestem Wissen und Gewissen die semantischen, syntaktischen und morphologischen Kriterien, die in dieser Tradition für die entsprechenden Kategorien im Gespräch sind; gerade in den Grenzfällen, wie sie in Abschnitt 4 besprochen wurden, verzichten sie aber meist auf eindeutige Aussagen der Zuordnung.

3) Man sollte sich der Möglichkeit bewusst sein, dass verschiedene Schulgrammatiken denselben KMK-Terminus unterschiedlich ausdeuten, sodass gerade Grenz- und Einzelgänger verschieden eingeordnet sein können. Müller (2003, 466), der ebenfalls auf dieses Problem hinweist, nennt als Beispiel eine Schulgrammatik, in der adverbial gebrauchte Adjektive wie *gut* in Satz (2) zu den Adverbien gerechnet werden. Nun ist die Abgrenzung zwischen Adverbien und

---

[14] Der tabellarische Vergleich grammatischer Termini in ausgewählten Lehrwerken in Kleineidam (1983, 38 ff.) vermittelt einen Eindruck über die terminologische Heterogenität, die mit Einführung der KMK-Liste beseitigt werden sollte.

Adjektiven wegen der in Abschnitt 4 bereits erläuterten Funktionsüberschneidung tatsächlich schwierig. Man hätte prinzipiell die Zuordnung auch anders treffen können; in der Grammatik von Helbig-Buscha 1994 beispielsweise werden adverbial gebrauchte Adjektive als sog. „Adjektivadverbien" tatsächlich den Adverbien zugeordnet (Helbig-Buscha 1994, Kap. 4). Die KMK-Richtlinien schließen sich in dieser Frage aber eindeutig der Auffassung der meisten deutschen Grammatiken an, adverbial gebrauchte Adjektive den Adjektiven zuzuordnen, auch wenn deren Formen in dieser Funktion nicht flektierbar sind[15].

4) Die meisten Schulgrammatiken unterscheiden zehn Hauptwortarten: Nomen, Verb, Adjektiv, Numerale, Artikel, Pronomen, Adverb, Präposition, Konjunktion und Interjektion. Häufig liest man deshalb auch von den zehn Schulwortarten oder der „Zehn-Wortarten-Klassifikation"[16]. Allerdings enthält die KMK-Liste nur neun dieser Wortarten – der Terminus „Interjektion" wird nicht genannt. Dies mag dadurch begründet gewesen sein, dass es sich bei den Interjektionen (→ C10) um Einheiten handelt, denen auch in anderen Klassifikationen ein Sonderstatus eingeräumt wird (z.B. „Satzäquivalente" in Helbig-Buscha (1994, 529 ff.) oder „interaktive Einheiten" in der GDS (GDS, 62 ff.). Andererseits stellt sich damit natürlich die Frage, wo die Interjektionen und auch die Responsive wie „ja", „nein" und „doch" eingeordnet werden sollen. Damit, dass die meisten Schulgrammatiken „unter der Hand" die Interjektionen einführen, wurde die Lücke teilweise geschlossen. Dennoch ist es nicht möglich, auf der Basis der KMK-Kategorien alle lexikalischen Einheiten nach konsistenten Merkmalen eindeutig und vollständig in das vorgegebene Kategoriensystem einzuordnen.

Abschließend möchte ich ein paar generelle Anmerkungen zum Umgang mit den KMK-Wortarten im schulischen Grammatikunterricht machen: Zunächst ist es wichtig, sich der Grenzen, Lücken und Problemfälle der Wortartenzuordnung im Allgemeinen und der schulgrammatischen Einteilung im Besonderen bewusst zu werden. Zu den in Kapitel 4 erörterten Fallgruppen finden sich in den Ein-

---

[15] In der Anmerkung zur Wortart „Adverb" findet sich in der KMK-Liste dazu folgender Kommentar: „Adverb: Darunter sind im Deutschen Adverbien wie ‚sehr', ‚schon' ‚gestern' zu verstehen, nicht aber die adverbial verwendeten unflektierten Adjektive" (KMK 1982, 16).
[16] Z.B. in der für die Lehramtsstudiengänge konzipierten Einführung Volmert (2000: 129 f.).

zelartikeln zu den Wortarten jeweils weitere Beispiele für systematische und individuelle Grenzüberschreitungsphänomene. Wer an einem deduktiven und systematisch orientierten Grammatikunterricht festhält und entsprechende Klassenarbeiten oder Tests aufsetzt, sollte diese Grenzgänger kennen und die damit verbundenen Schwierigkeiten berücksichtigen. Es wurde immer wieder darauf hingewiesen, dass sich Wortartenkategorien sehr gut als Prototypenkategorien beschreiben lassen[17]: Es gibt Einheiten, die über alle charakteristischen Eigenschaften der Kategorie verfügen, und somit als prototypische Vertreter der Kategorie zu ihrem Kernbereich gehören. Es gibt aber in fast allen Kategorien auch Einheiten, die nur einen Teil der Bestimmungsmerkmale aufweisen und somit an der Peripherie angesiedelt sind. Unter curricularem Aspekt ist es sicher sinnvoll, zunächst mit den prototypischen Vertretern zu beginnen und sich allmählich den weniger eindeutigen Fällen zuzuwenden. Aus vielen Artikeln dieses Handbuchs ist implizit oder explizit[18] die Unterscheidung in Einheiten des Kernbereichs und randständigen Kategorienmitgliedern ersichtlich und kann hierbei die Auswahl erleichtern. Von der Beschäftigung mit systematischen und individuellen Grenzgängern und Grenzbewohnern (= peripheren Einheiten) ausgehend, können dann auch feinkörnigere grammatische Kategorien auf verschiedenen Analyseebenen (Partikeln, Phrasen, verschiedenen Formen von Mehrwortlexemen) sowie sprachliche Prozesse der Grammatikalisierung und der Monoverbierung thematisiert werden. Konzepte zur didaktischen Umsetzung mittels sog. „didaktischer Pfade" finden sich in Kapitel D2. Hierbei kann auch mit „entdeckenden", induktiven Methoden gearbeitet werden, bei denen die Schüler und Schülerinnen selbst an der Aufstellung der Kategorien mit Grenzgängerphänomenen konfrontiert werden[19]. Je nach Klassenstufe können an Hand solcher Einheiten auch Reflexionen über generelle Ziele und Methoden der Wortartenklassifikation und Ursachen für Abgrenzungsprobleme verschiedener Art thematisiert werden. Hierzu sollte dieser Artikel erste Anhaltspunkte liefern.

---

[17] Vgl. z. B. Heringer 1989, Sommerfeldt 1990.
[18] Explizit wird eine Unterscheidung von Kern und Peripherie beispielsweise in Artikel C9 (Intensitätspartikeln) vorgenommen.
[19] Ein Beispiel für eine induktiv aufgebaute Unterrichtseinheit, die sich mit der Klassifikation von Adjektiven und Adverbien und deren Abgrenzungsproblematik beschäftigt, findet sich in der „Grammatikwerkstatt" (Menzel 1999, 56 ff.).

6. Zitierte Literatur

Bergenholtz, H. / Schaeder, B. (1977) Die Wortarten des Deutschen. Versuch einer syntaktisch orientierten Klassifikation. Stuttgart: Klett

Duden-4: Duden: Die Grammatik (2005^7) Mannheim: Bibliographisches Institut, Dudenverlag

GDS: Zifonun, G. / Hoffmann, L. / Strecker, B. et al. (1997) Grammatik der deutschen Sprache. 3 Bände. Berlin. New York: de Gruyter

Helbig / Buscha 94: Helbig, G. / Buscha, J. (1994^{16}) Deutsche Grammatik. München: Langenscheidt

Heringer, H. J. (1989) Grammatische Grenzgänger. In: Buscha, J. / Schröder, J. (Hg.) Linguistische und didaktische Grammatik. Beiträge zu Deutsch als Fremdsprache. Leipzig: VEB Verlag, 56–64

Kaltz, B. (2000) Wortartensysteme in der Linguistik. In: Booij, G. / Lehmann, C. / Mugdan, J. (Hg.): Morphologie: Ein internationales Handbuch zur Flexion und Wortbildung. 1. Halbband. Berlin / New York: de Gruyter, 693–707

Kleineidamm, H. (1983) Vereinheitlichung der grammatischen Terminologie als schulpraktisches Problem fremdsprachlicher Fächer in Lehrwerken. In: Raasch, A. (Hg.) (1983) Grammatische Terminologie. Vorschläge für den Sprachunterricht. Tübingen: Narr, 29–44

KMK (1982) Verzeichnis grundlegender grammatischer Fachausdrücke. Abgedruckt in: Raasch, A. (Hg.) (1983) Grammatische Terminologie. Vorschläge für den Sprachunterricht. Tübingen: Narr, 13–18

Lübke, D. (2000) Schulgrammatik Deutsch: Vom Beispiel zur Regel. Berlin: Cornelsen

Menzel, W. (1999) Grammatikwerkstatt. Theorie und Praxis eines prozessorientierten Grammatikunterrichts für die Primar- und Sekundarstufe. Seelze-Velber: Kallmeyersche Verlagsbuchhandlung

Müller, C. (2003) Schulgrammatik und schulgrammatische Terminologie. In: Bredel, U. et al. (Hg.) Didaktik der deutschen Sprache. Ein Handbuch. 2. Teilband. Paderborn u.a.: Ferdinand Schöningh, 464–475

Knobloch, C. (1986) Wortarten in der Schulgrammatik. Probleme und Vorschläge. In: Der Deutschunterricht, Heft 2 / 1986, 37–49

Schaeder, B. / Knobloch, C. (1992) (Hg.) Wortarten. Beiträge zur Geschichte eines grammatischen Problems. Tübingen: Niemeyer

Schaeder, B. / Knobloch, C. (2000) Kriterien für die Definition von Wortarten. In: Booij, G. / Lehmann, C. / Mugdan, J. (Hg.) Morphologie: Ein internationales Handbuch zur Flexion und Wortbildung. 1. Halbband. Berlin / New York: de Gruyter, 674–792

Schoebe, G. (2003) Elementargrammatik mit Rechtschreibung und Zeichensetzung. München: Oldenbourg

Sitta, H. (1984) Wortarten und Satzglieder in deutschen Grammatiken. Ein Überblick. Beiheft zu Praxis Deutsch 68, 1–16

Sommerfeldt, K.-E. (1990) Zum System der deutschen Wortarten – Kern und Peripherie der Wortart „Substantiv". In: Zeitschrift für germanistische Linguistik, 11 / 1, 12–20

Thielen, C./Schiller, A. (1996) Ein kleines und erweitertes Tagset für das Deutsche. In: Feldweg, H./Hinrichs, E. W. (Hg.) (1996): Lexikon und Text: Wiederverwendbare Methoden und Ressourcen zur linguistischen Erschließung des Deutschen. Tübingen, Niemeyer, 193–204

Zifonun, G. (1995) Minimalia Grammaticalia: Das nicht-phorische es als Prüfstein grammatischer Theoriebildung. In: Deutsche Sprache 23, 39–60

Angelika Storrer (Dortmund)

D2 Didaktik der Wortarten

1. Die Probleme des aktuellen Grammatikunterrichts
2. Richtlinien, Standards, Reduktionsformen
3. Wortarten im Grammatikunterricht
4. Literatur

1. Die Probleme des aktuellen Grammatikunterrichts

Wortarten spielen im mutter- wie im fremdsprachlichen Unterricht eine große Rolle. Traditionell sind die Kategorien der Schulgrammatik durch das griechisch-lateinische System bestimmt, also durch das Raster anderer Sprachen, das schwer übertragbar ist. Man denke nur an die im Fremdsprachenunterricht lange dominierende Grammatik-Übersetzungsmethode mit ihren Bestimmungen oder die lateinorientierte Tempussystematik. Die Humboldt-Rezeption wie der Strukturalismus mit ihrer stärker einzelsprachlichen Orientierung sind nicht ohne Einfluss geblieben, haben daran aber wenig geändert. Die oberflächliche kommunikative Ausrichtung hat ebenfalls nicht zu einer Neuorientierung geführt. „Kommunikativ" bedeutete, dass in einem „integrativen Unterricht" einzelne grammatische Fragestellungen an die Textbetrachtung oder die Erarbeitung von Textformen angehängt wurden, ohne die Funktionalität wirklich zu behandeln. Damit war für Reden und Schreiben wie für die literarische Textanalyse nichts gewonnen. Mit den externen Zielsetzungen wie Beherrschung der Orthographie, Optimierung der Textkompetenz, Bezug auf situativ aufgetretene Problemlagen der Kommunikation wurden die grammatischen Zusammenhänge fragmentiert und ein Wissen über Sprache – so wie der Mathematikunterricht auf ein Wissen um mathematische Objekte wie Mengen, Operationen, Zahlen etc. aus ist – gar nicht angestrebt.

> „Die schulische Grammatik erarbeitet keine komplette Systematik der Sprache, zum einen weil dies kein Grammatikkonzept kann, zum anderen weil ihr Entscheidungspunkt nicht die Linguistik oder die Übernahme eines Systems ist, sondern die didaktische Frage: Wie können Kinder systemische Zusammenhänge generativ konstruieren? Sie entscheidet nicht unter dem Gesichtspunkt der fachwissenschaftlichen, also linguistischen Systematik, sondern dem der lerntheoretischen Ergiebigkeit." (Bartnitzky 2005: 16)

Was mit einer „kompletten Systematik der Sprache" gemeint sein kann, ist ebenso unklar wie die „didaktische Frage". Auch wenn meist differenzierter argumentiert wird, so ist doch die Aversion gegen systematische Erklärungen („Linguistisierung"), wie allein die Sprachwissenschaft sie bietet, in der Didaktik seit den siebziger Jahren stark verbreitet und hat zu breiter grammatischer Unkenntnis geführt. Natürlich konnten Menschen immer schon ohne grammatische Beschreibungssprache Sprachen lernen: Der primäre Spracherwerb ist ein mediales Lernen, ein Lernen im Medium, am Medium Sprache, ein Prozess mentaler Konstruktion sprachlichen Wissens, der in eine funktionierende kommunikative Praxis eingebettet ist. Unproblematisch ist nur der Erstsprach(en)erwerb bei maximaler Nutzung der Gehirnplastizität und er führt zu Sprechkompetenz, nicht zu Wissen über Sprache in jener Distanziertheit und Reflexivität, die Schrift und Textualität erfordern. In der gut ausgebildeten Muttersprache liegt aber die Grundlage für weitere Sprachen, für die unterrichtliche Verständigung im Lernprozess, für Paraphrasen des noch Unverstandenen, für grammatische Hinweise zur Funktionalität. Die übliche Konfrontation von Lernen mit Erwerben führt zur Ausblendung relevanter begrifflicher Anteile: Beim Lernen (ahd. *lernēn* ,etwas verfolgen') ist es die Eigenaktivität des Lerners, beim Erwerben (ahd. *(h)werban* ,sich drehen, wenden, sich um etw./jmd. bemühen', dann auch als Transaktion) der Anteil Anderer, der über den Diskurs ins Spiel gebracht wird.

Vom medialen Lernen zu trennen ist das schultypische, vom Gegenstand distanzierte, ihn objektivierende kognitive Lernen, das ein „Know-that" zur Folge hat. Seine Resultate werden nicht bruchlos auf sprachliche Fähigkeiten transferiert – schon gar nicht bei jüngeren Schülern der Primarstufe, die auf mediales Lernen (mit poetischen Texten, Liedern, Sprachspielen etc.) angewiesen sind. Sie können allenfalls in einen stark geplanten, Mittel, Wirkungen und Folgen bedenkenden Sprachgebrauch eingebracht werden. Differenziertes Reden und insbesondere Schreiben kann die Fähigkeit, sprachliche Zusammenhänge zu sehen, Äußerungsstrukturen zu erkennen und aufbauen zu können, sprachliche Probleme antizipieren und bearbeiten zu können, nutzen. Unbewusstes Imitieren birgt die Gefahr der Analogiebildung und kann (besonders im fremdsprachlichen Unterricht) zu Fehlern und falschen Routinen führen. Bewusstmachen von grammatischen Regularitäten ist für kompliziertere Bereiche, die sich nicht einfach in der Praxis von selbst erschließen, sehr wichtig, zumal wenn der Praxiszugang bei Zweit- und Fremdsprachenlernern unzureichend ist und muttersprachliches

Wissen als Basis genutzt werden kann. Das setzt auch gezieltes Üben[1], Langzeittraining und gute Sprachmodelle (Sprecher, Texte) voraus, ferner, dass Lehrer eine gewisse Vertrautheit[2] mit dem erstsprachlichen Hintergrund (Türkisch, Russisch etc.) haben, um die muttersprachliche Basis sinnvoll einbeziehen zu können.

Das, woran gelernt werden kann, sind möglichst authentische oder doch realitätsnahe Beispiele und Sprachdaten, die bei geschickter Präsentation und guten Erläuterungen (auch ohne elaborierten Regelmechanismus) die Lerner Erfahrungen in Sprache machen lassen. Zusätzliche Daten können auch durch grammatische Operationen (Ersetzen, Verschieben, Weglassen, Umschreiben), wie sie aus dem amerikanischen Strukturalismus geläufig sind, geliefert werden; Glinz hat sie im Grammatikunterricht heimisch gemacht, Menzel nutzt sie extensiv in seiner „Grammatik-Werkstatt" (1999). Allerdings wird oft übersehen, dass diese Operationen eine Reihe Voraussetzungen auf Lernerseite haben:

- Konstitution einer Fragestellung auf der Basis von Sprachwissen
- Wissen, was die Operationen leisten und was nicht
- Wahl der geeigneten Operation
- Nachdenken über Erfolg oder Nichterfolg und die Veränderungseffekte (Beobachten als reflektiertes Wahrnehmen)
- Einordnen des Ergebnisses in das Sprachwissen

Es ist wie bei den klassischen Experimenten: Die Interpretation ist immer theoriegeleitet, das Experiment selbst spricht nicht. Bilder und Vorstellungen von Prozessen fundieren die Wissensverarbeitung. Wenn gewisse grammatische Konzepte schon da sind, können Möglichkeiten und Grenzen der Operationen erkannt und auch andere, analytische Methoden genutzt werden. Nur ausgebildetes Wissen und grammatische Grundausstattung erlauben eine erfolgreiche Suche. Ohne eine Verankerung in einem Wissenszusammenhang sind die Ergebnisse flüchtig, Widersprüchliches kann nicht bearbeitet, die Grenzen der Methode können nicht erkannt werden. Das Anwenden operativer Verfahren ist nicht schon kreativ, die richtige Deu-

---

[1] Der Sinn einer Übung muss den Lernenden einsichtig gemacht werden, so dass das Sprachbewusstsein gefördert wird. Das spricht gegen Lückentexte oder Transformieren (Aktiv-Passiv, Infinitivkonstruktionen), solange nicht erarbeitet wird, welche Modifikationen (Gewichtung, Thematizität etc.) sich ergeben.
[2] Schon Strukturwissen ist sehr hilfreich.

tung ist es und sie setzt gerade auf Lehrerseite viel Wissen und Unterstützungskompetenz voraus.[3]

Eine wirkliche Reflexion über Sprache ist in den ersten Schuljahren allenfalls anzubahnen (meist im Rahmen des Schrifterwerbs). Reflexives Lernen, das sich der eigenen Bedingungen und des eigenen Zugangs versichert, finden wir eher im Sekundarbereich. Solche Reflexionsprozesse sind auch die Bedingung für sinngerechtes Übersetzen und Paraphrasieren, das im Unterricht ein Bewusstsein schaffen kann für die Eigenarten und spezifischen Möglichkeiten der Formen und Sprachen, aber für Anfänger viel zu schwierig ist. Sie können aber ein Bewusstsein davon ausbilden, was den Eigenwert einer Form ausmacht. Hier ist der Rückgriff auf Formen entdeckenden Lernens besonders sinnvoll; der prozessuale Charakter der Ausbildung von Wissen wird so deutlich.

2. Richtlinien, Standards, Reduktionsformen

Es ist minimal, was die Programme für grammatischen Unterricht vorsehen – und die Praxis (nicht zuletzt von eher literaturwissenschaftlich Ausgebildeten) ist weit entfernt davon, der Sache durch niveauvolle Formbestimmungen und Funktionsanalysen gerecht zu werden. Zunächst ist es eine Frage der Bildung, ein konsistentes Wissen über Aufbau, Gebrauch und Entwicklung der deutschen Sprache zu haben. Dass viele diese Sprache als mündliche in Grundzügen problemlos erwerben, spricht nicht dagegen. Denn alles andere – bis hin zu fachlichem, präzisen, anschaulichen, textuell angemessenem Gebrauch – muss gelernt werden. Der Unterricht könnte und sollte auch ganz praktisch die Kompetenzen entwickeln, da heute ein größerer Teil jeder Klasse das Deutsche nicht hinreichend beherrscht. Der Ausbau des Sprachwissens muss zugleich durchlässig sein für Perspektiven auf andere Sprachen, sei es die in der Schule gelehrten Fremdsprachen oder eine Erstsprache, die nicht das Deutsche ist und weiter entwickelt werden sollte. Glinz, der die Grammatikdidaktik über Jahre stark beeinflusst hat, argumentiert gegen eine „Zurückdrängung der Systematik" und für die Entwick-

---

[3] Da hilft es wenig, neben dem Entdecken das Lernen der Lehrenden zu propagieren (Menzel 1999: 17) – realistisch betrachtet ist Erkenntnis im Unterricht doch oft Nachvollzug und Einordnen von Erkanntem, auch wenn wir uns Entdeckungen wünschen.

lung einer „geeigneten Detail-Stufung" (2003: 433), aber auch gegen einen „Lehrplan" oder „Stoffplan" (2003: 432). Das ist als Konzept schwer verständlich. Bei den Verben soll dies herauskommen:

> „Beweglichkeit im Gebrauch aller Verbformen, grammatische Zeit und wirkliche Zeit, ständige Festigung der korrekten Lautungen und Schreibungen, Entwicklung des Wortschatzes überhaupt. Zugleich erste Klärung des Aufbaus der Propositionen / clauses." (2003: 433)

Beweglich muss man schon sein. Vorgesehen ist wenig Verbspezifisches: Es geht um Phonetik (über das Vorlesen von Texten) und Graphemik (über auftretende Fehlschreibungen), Klärung des Satzkonzepts[4], aber kaum um die Funktionalität des Verbs. Ähnlich bei den anderen Wortarten:

> „*Erträge:* Festigen der Großschreibung der Nomen und damit ein Stück Klärung des Wortschatzes überhaupt. Gefühl für die verschiedenen Formen der begleitenden Adjektive (das generelle Formulieren der Regularitäten bei diesem Aufbau ist recht anspruchsvoll und daher, wenn überhaupt, erst in oberen Schuljahren sinnvoll). Gefühl für die Pronomen und ihre Funktionen, in den oberen Klassen ein Stück Klärung der Prozesse der „Referenz". Einblick in besondere Gebrauchsmöglichkeiten des Komparativs (eine *größere Summe* ist in aller Regel kleiner als eine *große* Summe)." (2003: 434)

Grammatik bleibt Magd der Orthographie (statt beide systematisch miteinander zu verzahnen). Es wird an ein Gefühl appelliert, was bei Zweitsprachlernern problematisch ist. Wie die Referenz der (weit gefassten) Pronomina zu klären ist, ist ebenso wenig ersichtlich wie der Grund, aus dem bei Adjektiven der Komparativ[5] zentral gestellt wird, der in den Bereich des Vergleichens und der Adjunktoren gehört, vor allem aber eine Klärung der Funktionsweise von Adjektivtypen erfordert, somit auch Satzsemantik.

Ziel muss sein, Analysewerkzeuge für Gespräche und Texte zu vermitteln, die Einzelheiten im Zusammenhang und Zusammenhänge als durch Einzelelemente konstituiert erkennen lassen.

Zeitweise wurde gefordert, den Grammatikunterricht auf situative Anlässe und die Methoden auf grundlegende Operationen und ein kategoriales Grundgerüst zu beschränken (Böttcher / Sitta 1978) – auch eine Verfahrensweise, die kein konsistentes Bild vom Funktionieren der Sprache erzeugt und im übrigen viele Lehrkräfte völlig

---

[4] Zeitlichkeit ist auf der Satzebene systematisch zu verorten.
[5] Zum Summenbeispiel wäre präziser zu sagen: aus *x ist größer* folgt nicht: *x ist groß*.

überfordert. So war auch dieses Konzept ein Beitrag zur Verdrängung eines systematischen Unterrichts.

Für die Schule bedarf es also eines durchgängigen Programms, das Wissen über Sprache mit der Entwicklung von Sprachwissen und sprachlichen Kompetenzen verknüpft und die faktische Mehrsprachigkeit systematisch berücksichtigt. Tabelle 1 fasst zusammen, was derzeit vorgesehen ist.

Ein konsistenter grammatischer Ansatz ist in den Richtlinien und Standards nicht erkennbar. Traditionelle, dependentielle und strukturalistische Zugänge erscheinen in den Texten (wie auch in der Terminiliste der Kultusminister von 1982) vermischt und auf unklare Weise mit kommunikativen Betrachtungsweisen, die allerdings nicht handlungstheoretisch fundiert sind, verbunden. Die immer wieder geforderte „Integration" in andere Unterrichtsfelder soll eine „Elementarisierung" vermeiden. Faktisch führt sie zu unsystematischen Einzelstunden, die überwiegend im Dienst der Orthographie stehen, und einen analytischen Zugang, ein Bild von Sprache ausschließen.

Die Übersicht zeigt, dass in der Primarstufe neben dem Wortbegriff die Hauptwortarten im Vordergrund stehen, rudimentär werden Satzfunktionen angesprochen. In der Sekundarstufe wird das Fundament der Grundschule so erweitert:

- Die zum Teil noch eingedeutschte Terminologie wird durch lateinisch geprägte Termini ersetzt („Einzahl" → „Singular"), was lästiges Umlernen impliziert, in der Morphologie wird aber weiter deutsch terminologisiert;
- Kasus und Verbformen werden explizit behandelt;
- Aus der „Restklasse" werden die Wortarten Konjunktion, Präposition, Adverb geholt, alles andere bleibt dort und wird in der Schule nicht behandelt, evtl. als Adverb eingeordnet;
- Objekt, Adverbiale Bestimmung und Attribut werden als neue „Satzglieder" eingeführt, wobei das Satzgliedkonzept weiter zwischen Form (Wort, Wortgruppe, (Glied-)Satz) und Satzfunktion oszilliert;
- Für die syntaktische Bestimmung werden die Termini „Hauptsatz, Gliedsatz, Satzgefüge, Satzreihe" eingeführt, ferner die in der Primarstufe (unterminologisch) schon genutzten Proben und Frageverfahren komplettiert und benannt.

Didaktik der Wortarten

PRIMARSTUFE	SEKUNDARSTUFE I	
Wort: Silbe; Wortstamm, Wortbaustein; verwandte Wörter / Wortfamilie	√ √ Flexion; abgeleitetes Wort, zusammengesetztes Wort	
Nomen: Einzahl / Mehrzahl; Fall; Geschlecht	Singular / Plural; Nominativ / Genitiv / Dativ / Akkusativ √	
Verb: Grundform / gebeugte Form; Gegenwarts-, Vergangenheitsformen	Infinitiv / Partizip I / Partizip II Aktiv / Passiv Indikativ / Konjunktiv / Imperativ Tempus: Präsens / Präteritum / Perfekt / Plusquamperfekt / Futur	WORTEBENE
Bestimmter / unbestimmter Artikel	√	
Adjektiv: Grundform, Vergleichsstufen	√	
Pronomen	√	
(Andere Wörter: Restklasse)	Präposition	
	Konjunktion	
	Adverb	
	(Andere Wörter: Restklasse)	
Subjekt, Prädikat	√ Objekt, Adverbiale Bestimmung Attribut	
	Hauptsatz, Gliedsatz, Satzgefüge, Satzreihe	
Aussageform / Frageform / Ausrufesatz	√	SATZEBENE
Wörtliche Rede	√	
Satzzeichen: Punkt, Komma, Ausrufezeichen, Fragezeichen, Doppelpunkt, Redezeichen	√	
	Proben: Klangprobe, Umstellprobe, Einsetzprobe, Weglassprobe, Ergänzungsprobe, alle Arten von Frageverfahren	

Tabelle 1: Übersicht zu Richtlinien / Bildungsstandards 2003 (Sekundarstufe I), 2004 (Primarstufe)

Das ist als grammatischer Wissensbestand für 10 Jahre Unterricht dürftig und beschränkt sich in der Praxis auf bloßes Kategorisieren ohne erklärenden Charakter.

Aus der Sekundarstufe II wurden Grammatik und Sprachreflexion lange fast vollständig herausgehalten. Mittlerweile hat sich dies etwas geändert. Die Schüler sollen nach den NRW-Richtlinien:

i. Strukturen der Sprache als System und Funktion ihres Gebrauchs in Texten und Kommunikationssituationen kennen lernen und beschreiben können;
ii. Sprache als Ergebnis von ontogenetischen, historischen und interlingualen Entwicklungsprozessen verstehen;
iii. Sprachvarietäten untersuchen und angemessen verwenden können;
iv. Über das Verhältnis von Sprechen, Denken und Wirklichkeit nachdenken;
v. sich die durch die Informations- und Kommunikationstechnologien bewirkte Veränderung im Denken, Wahrnehmen und Kommunizieren bewusst machen.

Der Zugang zur Sprache soll funktionsorientiert an Texten und Situationen erfolgen (i), es wird aber (anders als für den Literaturunterricht) nicht im Detail spezifiziert, wie ein solcher Unterricht aussehen soll – unklar bleibt, wie man sich das Verhältnis von Struktur und Gebrauch vorzustellen hat. Punkt (ii) ist sprachtheoretisch äußerst anspruchsvoll, konkret wären Projekte aus den Bereichen Spracherwerb oder Sprachwandel denkbar. Die Untersuchung von Sprachvarietäten (iii) wäre sicher sinnvoll, über Normierung und Angemessenheit müsste Genaueres gesagt werden. Sprachrelativität (iv) wird in der Schule öfter behandelt, inwieweit das angesichts des dafür notwendigen Wissens über Sprache(n) und der Komplexität der philosophischen Fragestellung sinnvoll ist, mag man bezweifeln. Auch Punkt (v) bedarf der Konkretisierung und ist nur in Teilaspekten (z. B. Chat, Nutzen von Netz und Datenbanken) zu thematisieren. Konkrete Grammatik- oder Sprachanalyse wird nicht vorgeschlagen, als sei mit den Sekundar I-Themen alles gesagt; gleichwohl wird auch für die Sekundarstufe II auf operationale Verfahren zur Untersuchung sprachlicher Strukturen verwiesen, ohne dass deutlich ist, was damit gemacht werden soll. Die Kenntnis grammatischer Terminologien wird angesprochen, aber es wird nicht ausgeführt, worin sie bestehen soll und woran man sich orientieren könnte. So muss nicht erstaunen, dass die meisten Studienanfänger von Sprache wenig wissen und kaum über geeignete Termini verfügen.

3. Wortarten im Grammatikunterricht

Sprachlernen ist zu größeren Anteilen das Lernen der wichtigen Wörter einer Sprache und ihrer Verwendung und Kombinatorik in Äußerungen. Kann ein Wort einer Kategorie zugewiesen werden, die eine bestimmte Grundfunktionalität, formale Anforderungen und kombinatorische Möglichkeiten impliziert, so ist damit ein praktisches Wissen höherer Stufe erreicht. Erleichternd kann es sein, wenn ein positiver Transfer von Wortarteigenschaften der Erstsprache auf eine Fremdsprache möglich ist. Allerdings müssen für den Vergleich sehr genau sprachspezifische Formmerkmale und funktionale Äquivalenzen ins Verhältnis gesetzt werden. Folgende Punkte sind zu beachten:

- Wortarten sind einzuführen und einzusetzen im Rahmen grammatischer Erklärungszusammenhänge, mit den Kategoriennamen müssen diese Zusammenhänge abgerufen werden können;
- Die didaktische Rede von Wortarten muss an die Systematik grammatischer Theorien rückgebunden sein, in denen sie verortet sind – das bedeutet nicht, dass diese Theorien als solche auch im Unterricht zu lehren sind, sie müssen den Prozess didaktischer Vermittlung durchlaufen, um Wissen über Sprache in schulangemessener Form und Sprache weitergeben zu können, der bloße Rückgang auf das Alltagswissen ist keineswegs ausreichend;
- eine Lokalisierung in Erklärungszusammenhängen macht die Einführung anderer Konzepte zwingend, dies sind Wort / Wortstruktur, Wortgruppe / Phrase, Satz / kommunikative Einheit, Satzfunktionen;
- eine Fundierung im sprachlichem Handeln zeigt den funktionalen Beitrag von Wörtern zur Äußerungsbedeutung sowie zu Gespräch und Text.

Im Zentrum des Unterrichts stehen Funktionseinheiten, d.h. Mittelkonfigurationen, die eine Funktion realisieren. Eigenständig funktional sind Wörter wie *du, wir, hier, Paula*. Andere wie *heutig, wegen, weil, ein, und, nicht, sogar* bedürfen syntaktischer Einbindung, um ihre Funktionalität im Rahmen einer Wortgruppe wie *[die Tafel]*, *[dort drüben]*, *[hat gesagt]* zu entfalten. Wortarten bilden nicht den Ausgangs- oder Zielpunkt eines funktional-erklärenden Grammatikunterrichts, sie leisten nur einen Teilbeitrag zu einem Verständnis von Sprache. Die kleinsten Handlungseinheiten liegen Wörtern voraus: Elementare Prozeduren (Zeigen, Nennen, Lenken, Operieren, Malen), die in Wörtern abgebunden sind, gehören zur Vermittlung von Wörtern und ihrer Klassifizierung hinzu.[6] Größere Handlungseinheiten werden mit Wörtern und Wortgruppen realisiert. Die Illokution (Versprechen, Bitten, Fragen) ist schon eine große Einheit, komplexer sind Handlungsverkettungen und -sequenzen, etwa beim Erzählen. Wörter sind also nicht die grundlegende funktionale Einheit, sie sind oft selbst funktional komplex *(Licht+er, Haus+tür, weg+fahren, des+halb)*. Wenn Wörter kommunikativen Sinn erst in der Äußerung entfalten, gehört der Äußerungsaufbau notwendig zur Wortbetrachtung und Wortartklassifikation hinzu. Grundlegend sind diese Möglichkeiten syntaktischer Einbindung[7] von Wörtern oder funktionalen Wortgruppen:

- Der Ausdruck trägt zur Funktion eines anderen Ausdrucks bei; dies ist die syntaktische Prozedur der Integration (z.B. Determination mit *der, meine*; Restriktion mit *rotes, kleiner:* **meine** *Schule,* **kleine** *Haie*).
- Der Ausdruck verbindet sich mit einem funktional ungleichartigen, um eine Funktionalität höherer Stufe zu erzielen; dies ist die der Satzbildung als Aufbau eines Gedankens (Szenarios) zugrunde liegende Prozedur der Synthese (Verbindung von Subjektion *(Paula, sie)* und Prädikation *(schläft, tanzt):* **Sie schläft**).
- Der Ausdruck schließt Einheiten unter einem funktionalen Dach zusammen (Koordination mit *aber, und: Paula* **und** *Hannes*).
- Der Ausdruck wird nicht funktional integriert, sondern für eine sekundäre Verarbeitung installiert *(die* **leichtsinnige** *Silke hat – seltsamerweise – die Schule geschmissen)*.

Zwischen den syntaktischen Funktionseinheiten (Wortgruppe, Satz) und dem lexikalischen Repertoire vermittelt das Wortartkonzept.

Die Rede von Wortarten setzt einen Wortbegriff schon voraus. Sprache wird im Rahmen einer kommunikativen Praxis erlernt, Äu-

---

[6] Eine Ordnung der elementaren Mittel unter funktionalem Aspekt bietet das Konzept von Feldern und Prozeduren (Ehlich 2000²) (→ A1).
[7] Zu syntaktischen Prozeduren: Hoffmann 2003.

ßerungsbestandteile werden nur punktuell Gegenstand der Verständigung, so dass ein konsistentes Konzept von Wort oder Silbe oder Satz sich erst im Vorschulalter allmählich und dann besonders unter dem Einfluss der Schriftlichkeit ausbildet. Wirklich zweisprachige Kinder können in der Bildung solcher Konzepte Vorteile aus der Sprachenkonfrontation haben: Man kann etwas so (in der L1, zu Person A) oder auch anders (in der L2, zu Person B) sagen, sogar bei Partnern ähnlicher Kompetenz mischen. Inwieweit zwei Ausdrücke nicht dasselbe bedeuten, was man mit Sprachenwechsel und Mischung erreichen kann, welche besonderen Zugänge die eine oder die andere Sprache bietet, zeigt sich dann nach intensiveren Spracherfahrungen. Es wird ein Sprachwissen ausgebildet, auf das später in angebahnter Reflexion zurückgegriffen werden kann.

Das Wort muss als Einheit des mündlichen und schriftlichen Äußerns vermittelt werden, die eine spezifisch lautliche (Lautmuster und Intonationsmuster sowie potenzielle Akzentstelle(n)) sowie eine graphisch abgegrenzte Gestalt (für Kinder in gedruckten Texten, in ihrer Umwelt auch auf Plakaten, Schildern etc. gegenwärtig) hat und aus verschiedenen Formen bestehen kann.

Die Schreibung im Deutschen ist sensibel für Wortstämme.[8] Die Konfrontation mit der Schriftgestalt, die im Schriftgebrauch eingeschlossene reflexive Komponente unterstützen den Erwerb des Wortkonzepts. Mündlich kann der Wortbegriff spielerisch verfestigt werden.

Zum Einstieg[9] bieten sich Eigennamen an, eigenständig verwendbare Ausdrücke wie *ja* oder *nein*. Mit Namen verbindet sich ein zentrales Funktionsmoment einer Wortart, des Substantivs (in der Schule derzeit als Nomen eingeführt). Das Nennen als Basisprozedur kann in Benennungsspielen (Tiere, Spielzeug etc.) in der Primarstufe eingeführt werden. Dabei soll erkannt werden, dass Personen oder Dinge einen eigenen Namen bekommen, mit dessen Gebrauch nur sie aufgerufen werden. Das funktioniert aber nur für die Menschen, die den Namen und die Zuordnung kennen. Fälle von Mehrfachbenennung können diskutiert, Problemlösungen selbst gesucht werden:

---

8   Beispielsweise notiert die Orthographie einen Umlaut mit Vokalzeichen + diakritischem <">.
9   An dieser Stelle möchte ich nur das Prinzip vorstellen, nicht die Methodik, die auf Alter, Unterrichtsbedingungen, Klassenstruktur, Vorwissen, Erstsprachen etc. genauer abgestimmt sein muss.

- Übergang zu Kombinationen von Vornamen: Vereindeutigung durch einen weiterer (Vor-)Namen *(Karl + Josef)*;
- Übergang zu Kombinationen mit Familien-/Gruppennamen: Bezug soll durch eine Mitgliedschaftskategorie *(Paula + Schmidt-Knebel)* gesichert werden;
- Übergang zu Gattungsnamen: Schließlich können gleichartige Dinge oder Lebewesen unter einem Namen angesprochen werden, der sie auf der Basis geteilter Eigenschaften bündelt *(Tisch, Ball)* und (im Verbund mit einem Determinativ) den Gegenstand identifizierbar macht *(dieser Tisch, mein Ball)*;
- Übergang zu Stoffnamen: Eine komplexere Möglichkeit, die später einzuführen ist, besteht darin, Dinge nach dem Stoff, aus dem sie sind, an dem sie teilhaben, zusammenzufassen *(Milch, Stahl)* – später, weil dann auch die typische Kombination mit Maßausdrücken *(drei Liter Milch)* als Möglichkeit des Gegenstandsbezugs aufgezeigt werden kann; der Bezug auf den bloßen Stoff blockiert die Determination *(Fisch mag sie nicht)*.

Es sollen von Anfang an Form-Funktions-Zusammenhänge entwickelt werden, statt mit (oft schwer verständlichen und speicherbaren) Definitionen zu arbeiten, die zu totem Kategorisierungswissen werden, das für ein grammatisches Verständnis nicht genutzt werden kann. Im Zweit- oder Fremdsprachenunterricht verschärft sich die Problematik eines formzentrierten Vorgehens dadurch, dass die Ausdrücke nur auf der Basis einer gewissen Funktionsäquivalenz zwischen Sprachen ins Verhältnis gesetzt werden können. Daher sollte dieser Unterricht so früh wie möglich metakommunikativ-reflexive Phasen enthalten, in denen funktionale und grammatische Zusammenhänge verdeutlicht werden – am besten in der Muttersprache.

Ein zentraler Funktionskomplex der Sprache ist die Gegenstandskonstitution, die an bestimmte Mittel gebunden ist; ihren Zusammenhang muss der Unterricht längerfristig sichtbar machen. Welche Mittel im Deutschen – autonom oder über die syntaktische Prozedur der Integration – eingesetzt werden, ist in Abb. 1 dargestellt.

Dies ist die den elementaren Unterricht leitende Sachanalyse, die die Wortarten Nomen/Substantiv (mit Unterarten: Gattungsname, Eigenname – der Stoffname wird zunächst ausgeblendet), Pronomen (bzw. Anapher und Sprecher-/Hörerdeixis), bestimmter und unbestimmter Artikel, possessives Determinativ, Adjektiv, Präposition und Relativum umfasst. Einer integrativen Verbindung mit einem

Didaktik der Wortarten

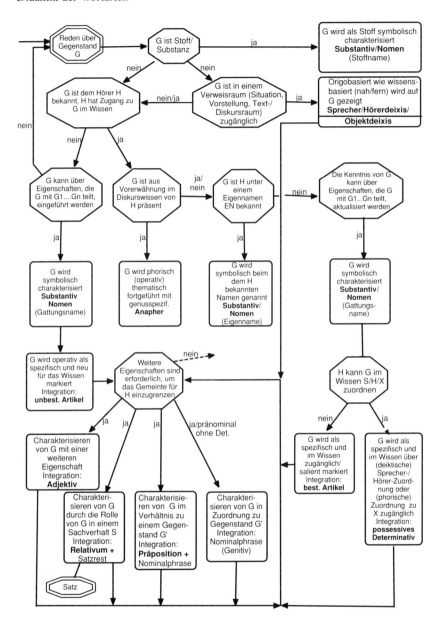

Abbildung 1: Elementare Gegenstandskonstitution und Mittel des Deutschen

Mittel, das die Funktionalität stützt, bedürfen Eigenname und pronominale Formen nicht; sie sind autonom verwendbar, können ihre Funktion in einem Zug realisieren. Präposition (+ Wortgruppe) und Relativum (+ Satz) sind in verschiedener Hinsicht komplex. Präpositionen relationieren symbolisch und erfordern eine komplexe Wissensverarbeitung (Was wird womit in welcher Hinsicht ins Verhältnis gesetzt, um zu lokalisieren, zu temporalisieren etc.; inwiefern werden Dinge in ihrer Materialität und Territorialität relationiert *(auf der Straße gehen)*, wie wird dies auf Institutionen *(auf das Gymnasium gehen)*, auf Zeitintervalle *(vor drei Stunden)* übertragen?). Das Relativum setzt ein (wenigstens rudimentäres) Satzkonzept voraus.

Eine didaktische Analyse wird im Blick auf Verstehensschwierigkeiten, Altersangemessenheit und Programmatik des Primarunterrichts einen eigenen Weg gehen müssen. Die curriculare Sequenzierung stelle ich in Form didaktischer Pfade dar. Ein *didaktischer Pfad* beschreibt einen in der Sache begründeten und im Schwierigkeitsgrad sich allmählich steigernden Zugang zu einem sprachlichen Funktionskomplex. Grundprinzip ist: funktional eigenständige Einheiten in ihrem Gebrauch spielerisch nachvollziehbar machen, sie dann erst in ihre Bestandteile zerlegen und deren Formen zu erkunden. Damit ist noch nichts über die Beschreibungssprache gesagt, die zunächst einen sparsamen, aber konsequenten Gebrauch von Termini beinhalten sollte. Außerdem muss noch bestimmt werden, welche Landschaft der Pfad durchqueren soll. Grundsätzlich ist an authentischen, kontextreichen Sprachdaten zu arbeiten, lange induktiv und mediales Lernen ermöglichend (englischer Park), erst im Sekundarbereich werden daneben auch gepflegtere, die Systematik und Kohärenz fördernde, Landschaften (französischer Park) durchschritten (kognitives Lernen) und zum Ende hin wird dann auch die reflektierende Position (reflexives Lernen) eingenommen. Überall aber sind auch Trainingsplätze für das unvermeidliche Üben, ohne das kein Zugang zu irgendeiner Sprache möglich ist, und für Sprachspiele.[10] Die Verbindung mit der Eigenproduktion wie mit der Analyse (poetischer und alltäglicher) Texte sollte durchgängig bestehen.

Für die Mühen des Anfangs ist ein ganz auf Induktion, auf mediales Lernen angelegter Weg vorgesehen, der das Beobachtete, Ent-

---

[10] Zur Methode verweise ich auf den Fremdsprachendidaktiker Butzkamm, bes. (2004).

deckte gleich praktisch wieder umsetzt. Dies mit einer weitgehend informellen Beschreibungssprache, denn in der Primarstufe wird weitgehend an und im Medium gelernt. Spiele, Lieder, Rätsel etc. haben einen wesentlichen Anteil an der Erarbeitung.

Für den Einstieg in die Gegenstandskonstitution, die auch Vorbedingung für ein Verständnis der Subjektion ist, schlage ich den didaktischen Pfad in Abb. 2 vor. Er geht aus von den Eigennamen für Personen, Lebewesen und dann auch für Orte etc. Sie sind Kindern vertraut und funktionieren eigenständig; sie lassen sich in elementare Sätze einbauen, aus elementaren Sätzen gewinnen *(Paula geht in die erste Klasse. Ayşe ist ihre beste Freundin. Ihr Hund heißt Josie. Sie wohnen in Glückstadt.)*. Die Vermittlung von Vertrautheit mit Namen und ihrem Gebrauch ist von eigenem Wert. Methodisch können mit Namen viele Sprachspiele gemacht werden. Sinnvoll ist auch ein Vergleich mit Namen aus anderen Sprachen, wie sie im Klassenraum zu finden sind. Damit ist eine erste Unterkategorie des Substantivs / Nomens[11] verfügbar. Die typische Prozedur des Nennens kann in Sprachspielen vergleichsweise einfach erarbeitet werden.

In Spielen und mit poetischen Texten wären dann die ersten Unterkategorien des Pronomens[12], die Sprecher- und die Hörerdeixeis (-zeigwörter) zu erarbeiten.

Es kann später (Weg 2) gezeigt werden, wie man sich auf bekannte Gegenstände ohne Eigennamen bezieht, indem man sie einer Art zuordnet: *Dies ist ein Stuhl und das ist – obwohl er etwas anders aussieht – auch ein Stuhl ... Ist dies auch ein Stuhl? Warum nicht?* usw. Arten (Gattungen) sind sprachlich schon benannt, solche Benennungen bilden ein Wortnetz / Wortfeld. Diese Namen kennt in der Regel, wer eine Sprache kann. An dieser Stelle verbinden sich Grammatik und die wichtige Wortschatzarbeit.

In einigen Sprachen (Türkisch, slawische Sprachen) genügt der Gattungsname, um einen zugänglichen Gegenstand aufzurufen. Im Deutschen wird der Zugang markiert *(die Schule – okul*[13]*; der Tisch – masa)*. Grundlegend für den Gegenstandsbezug ist der bestimmte

---

[11] Besser wäre: *Substantiv*, während Nomen für den Kopf der Nominalgruppe reserviert bliebe, ich folge hier dem Schulüblichen.
[12] Wie die Tradition sprechen die Schulprogramme weiter vom „Pronomen", funktional lassen sich Sprecher- / Hörerdeixis (1. / 2. Person) und Anapher (Fortführer) unterscheiden.
[13] Im Folgenden gebe ich türkische Beispiele.

Artikel (→ C6), der funktional im Zusammenhang mit dem Nomen einzuführen und in seiner Formabstimmung zu verdeutlichen ist (Weg 4). Der funktionale Zugang geht aus von Verwendungen, in denen Gegenstände, für die kein Eigenname verfügbar ist, zugänglich sind: Dinge, die in der Klasse sind, in Büchern abgebildete Personen etc. Es lassen sich beispielsweise Beschreibungsspiele machen; das, was in vorgetragenen Texten bekannt ist, kann markiert werden etc.

Wortgruppen aus Artikel und Nomen sind immer wieder in verschiedenen Formen (Genus / Kasus / Numerus) vorzuführen, damit die Abstimmung induktiv gelernt werden kann, die vielen Kindern keineswegs selbstverständlich ist. Vor allem ist das schwer fassbare Genus des deutschen Substantivs hier in seinen Auswirkungen erfahrbar, ähnlich wie später in der Fortführung mit einer Anapher. Der bestimmte Artikel wird funktional vermittelt, als Ausdruck, der dem Hörer verdeutlicht, dass er einen Zugang zu dem (mit dem Substantiv benannten) Gegenstand G schon haben sollte (G ist vorerwähnt, allgemein bekannt, springt ins Auge). Mit der Ausgliederung des Gattungsnamens (Weg 3) umfasst die Kategorie Nomen / Substantiv zwei Untertypen. An Nomen und Artikel werden die Veränderungen ihrer Form in der Gruppe herausgearbeitet und es können in einem Text entsprechende Gruppen herausgesucht werden.

 Der unbestimmte Artikel (Weg 5, 6) ist insofern einfach, als in vielen Sprachen kompensatorisch ein Zahlwort genutzt werden kann, aber nicht muss: *eine Puppe – (bir[14]) bebek*.

 Dieser Artikel wird über den fehlenden Wissenszugang zu einer Person oder einem Ding beim Hörer erklärt. Ganz informell könnten Entsprechungen in anderen Sprachen gesucht werden, die über ein differenzierteres System verfügen können (wie Ukrainisch und Russisch, → C6).

 Weg 7 erschließt Nominalgruppen mit Adjektiven und führt über eine Ausgliederung aus der Funktionseinheit zur Funktion des Adjektivs, die in der Kombination mit dem Nomen zu klären ist, später erst kommt der prädikative Gebrauch (9). Ansatzpunkt ist die Möglichkeit, mit dem Adjektiv den Bezugsbereich des Gemeinten einzuschränken (Restriktion): *Wie kann ich noch genauer sagen,*

---

[14] Im Türkischen wie auch das Adjektiv unflektiert, zeigt keine Kongruenz, steht unmittelbar vor dem Nomen.

Didaktik der Wortarten

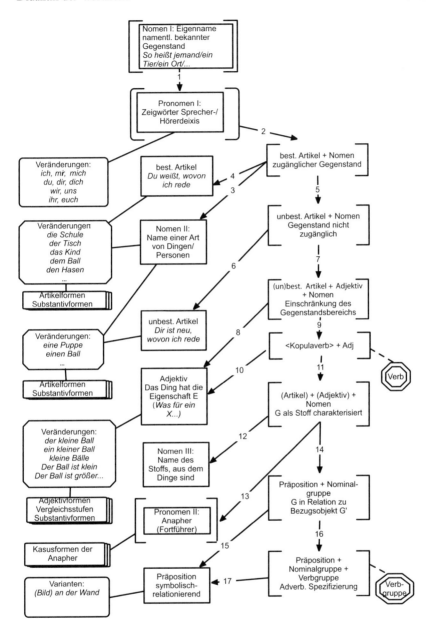

Abbildung 2: Didaktischer Pfad: Elementare Gegenstandskonstitution

welche Person, welches Ding ich meine?[15] Im Rahmen der Gruppenflexion sind beispielhaft (nicht analytisch) die Paradigmen des deutschen Adjektivs vorzuführen, um induktive Zugänge anzubahnen.

Die Komplettierung des Substantiv-/Nomenkonzepts setzt einen ersten Zugang zu Stoffnamen voraus (Weg 11), der sehr behutsam und spielerisch erfolgen muss und von den Formeigenschaften das Fehlen des Artikels und das Fehlen des Plurals einbringen kann. Grammatisch-systematische Erklärungen müssen auf die Sekundarstufe (dort im Zusammenspiel mit dem Fachunterricht) verschoben werden.

Strikt im Textzusammenhang ist die Anapher (Weg 13), mit der das Pronomen (3. Person) kategorial komplettiert wird, einzuführen. Anaphern führen ein Thema fort, markieren für den Hörer/Leser Bekanntes und Präsentes. Zu bedenken ist, dass eine Sprache wie das genuslose Türkisch keine Anapher besitzt und in der Fortführung mit Zeigwörtern arbeitet.

Übungen sollten, weil die Genusproblematik ins Spiel kommt, zunächst mit Personennamen gemacht werden, bei denen die Genuszuweisung unproblematisch ist (maßgeblich ist Sexus), dann erst mit Artikel-Nomen-Gruppen. Andere Fälle könnte man für induktives Lernen anbieten (alle Fälle haben allerdings Ausnahmen). Die wichtigsten Fallgruppen zeigt Tab. 2.

Hier sollte mit den vier ersten, grundlegenden Typen begonnen werden. Später können produktive Bereiche der anderen Gruppen und Felder dem Lernen zugänglich gemacht werden. Induktiv werden die Bereiche 10 und 11 (solange das grammatische Konzept fehlt) vermittelt.

Schwierig ist auch der Ausbau durch (vorgestellte, nachgestellte) Nominalphrasen im Genitiv *(Peters Heft, das Kleid ihrer Schwester)* sowie durch Erweiterungsnomina *(Inspektor Schulz)* und Präpositionalgruppen. Die Prozedur der Restriktion nutzt nominale Einheiten, die innerhalb der Nominalgruppe durch eine Präposition angeschlossen sind oder durch den Genitiv gekennzeichnet sind, ferner kann mit einem Relativsatz ein Sachverhalt einschränkend angelagert werden. Das sind Themen (frühestens) für die Endphase der Grundschule bzw. die Sekundarstufe. Die Genitivvarianten werden oft gar

---

[15] Es versteht sich, dass die irreführende Kategorisierung „Wiewort" zu meiden ist, man kann nach den Eigenschaften fragen, die das Adjektiv angeben hilft (Was für ein X ist das?).

1	Sexus ⇒ Genus	der kleine Peter, die kleine Anna, ...
2	-e ⇒ Femininum	die Hos-e, Nas-e, Vas-e, ...
3	-ø ⇒ Maskulinum	der Kopf-ø, der Fuß-ø, der Berg-ø, ...
4	-el, -en, -er ⇒ Maskulinum	der Ärm-el, der Trott-el, der Kump-el, ... der Rück-en, der Brat-en, der Schlitt-en, ... der Lehr-er, der Maur-er, der Dien-er, ...
6	-ei, -in, -heit, keit, -schaft, -ung, -a, -ade, age-, ette-, -ie, -ik, -tät, -tur ⇒ Femininium	die Abt-ei, Freund-in, Dumm-heit, Süßig-keit, Vater-schaft, Acht-ung, ... Aul-a, Fass-ade, Et-age, Tabl-ette, ... die Lotter-ie, Polit-ik, Pie-tät, Kul-tur, ...
7	-or, -ig, -ling, -eur, -ör, -tient, -ant, -ier, -ist ⇒ Maskulinum	der Dokt-or, Profess-or, ... der Kön-ig, Feig-ling, Fris-eur, Lik-ör, ... der Pa-tient, Fabrik-ant, Offiz-ier, Terror-ist, ...
8	-chen, -lein, -nis, -tel, -tum, -ett,	das Mäd-chen, Fräu-lein, Büb-le, Gedächt-nis, ... das Vier-tel, Eigen-tum; Son-ett, ...
9	Ge- ⇒ Neutrum	das Ge-müse, Ge-wächs, Ge-häuse, ...
10	Felder	der Apfel, der Pfirsich – die Banane / Birne / Kiwi / Zitrone / Apfelsine ...; der Opel, der VW, der Mercedes, der BMW ... ...
11	Nominalisierter Infinitiv ⇒ Neutrum	Das Lesen, das Schreiben, das Singen, ...

Tabelle 2: Genuszuweisung: Übersicht

nicht im Unterricht behandelt – sie bieten sich aber an für eine Sprachen-Konfrontation, zumal der deutsche Genitiv formal noch ganz gut markiert ist.

Im Türkischen wird die Determination (→ C6) u.a. über das Zahlwort *bir*, den Kasus (bestimmter Akkusativ) und die Stellung geleistet. Definitheit realisiert auch die Konstruktion pränominaler Genitiv + Nomen mit Possessivsuffix. Es könnte aber auch mit dem Englischen verglichen werden (Sächsischer Genitiv).

Die Präpositionen sind im Zweitspracherwerb – zumal für Lerner türkischer Erstsprache – recht schwierig (vgl. Grießhaber 1999, als kontrastives Lehrwerk empfehlenswert: Aksoy u. a. 2002). Türkisch nutzt das Kasussystem, nominale Ausdrücke und die (wenigen) Postpositionen. Raumstrukturierungen im umfassenden Sinn werden von Schülern erst zum Ende der Grundschulzeit beherrscht. Auf dem Weg vom spezifizierenden Adverbial mit Bewegungsverben bis hin zu lokalen Verwendungen in Nominalgruppen den Gebrauch der Präpositionen und ihre Kasusforderung zu erfahren, ist sehr wichtig. Neben poetischen Texten bieten sich Raum- und Wegbeschreibungen, Reiseberichte etc. an. Üblicherweise werden Präpositionen erst in der Sekundarstufe ausführlich behandelt, vorher kann allenfalls Material für mediales Lernen gegeben werden. Das gilt auch für den Relativsatz, der grammatisch nicht ganz einfach ist. Zum einen muss ein gewisses Verständnis des Satzes da sein (Formeigenschaften: flektiertes Verb, Subjekt, Kongruenz), dann die Spezifik des Relativums und seiner Formabstimmung im Deutschen (woher bezieht es Numerus, Genus einerseits, Kasus andererseits) erschließbar sein. Das Relativum ist integraler Teil des Relativsatzes und in spezifischer Funktion (Akkusativ-, Dativkomplement, Supplement) darin verankert, entsprechend ist der Kasus bestimmt. Zugleich ist es auch formal (Genus, Numerus) an den Kopf der zugehörigen Nominalgruppe angeschlossen. Im Türkischen haben wir pränominale (nicht-kongruierende) Attributausdrücke, und den Relativsätzen entsprechen am ehesten Verbalnomina wie die Partizipien auf *-an/-en, -diği* und erwartungsbezogenes *-eceği* (vgl. Ersen-Rasch 2001: 217 ff., Johanson 1971, 1999)

(1) Çalışan adam V-Part N ‚der Mann, der arbeitet / gearbeitet hat'
(2) İstediğim su V-Part-Poss N ‚das Wasser, das ich will / wollte').

Ein Sprachvergleich ist hier nicht einfach, die Strukturen sind andererseits so verschieden, dass ein negativer Transfer nicht unbedingt zu erwarten ist.

Später könnten dann die anderen Attributsätze (eingeleitet mit *dass, ob, wer*) behandelt werden. Wie Formen der engen Apposition und das Nomen invarians werden sie in der Schule meist ausgeblendet.

Der über die Restriktion gebahnte Weg kann schließlich auch für die Installation von Einheiten genutzt werden, die an der Gegenstandsposition (formal: an der Nominalgruppe insgesamt) weitere Prädikationen oder Sachverhalte (appositiver Relativsatz) anlagern (Abb. 3). In einigen Sprachen verbinden sich damit Modifikationen der Form (Pausierung, Tonverlauf, verwendbares Relativum, Kommasetzung). In der Mittelstufe könnte diese Form konfrontativ (z. B. im Verhältnis zum Englischen) behandelt werden. Ferner kann als weiterer Typ der Restriktion der Ausbau durch ein Adverb *(das Haus dort)* einbezogen werden (Abb. 3); das Adverb ist zunächst im Aufbau der Verbgruppe anzusprechen und dort als Wortart einzuführen. Die sog. weiterführenden Relativsätze bilden kein gängiges Schulthema, sie müssten ggf. im Anschluss an Nebensätze behandelt werden.

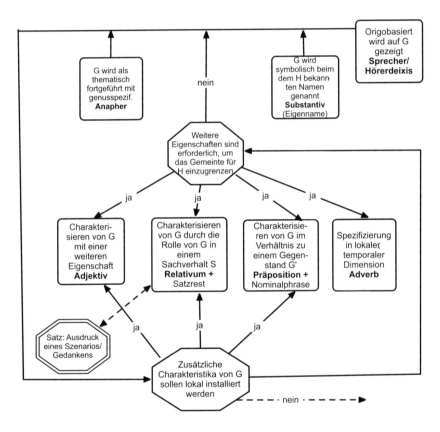

Abbildung 3: Installation appositiver Attribute in der Nominalgruppe

Parallel zur Thematisierung der Gegenstandskonstitution ist der für die Satzbildung bzw. die Darstellung von Gedanken / Szenarios zentrale Bereich des Verbalkomplexes mit der für das Deutsche typi-

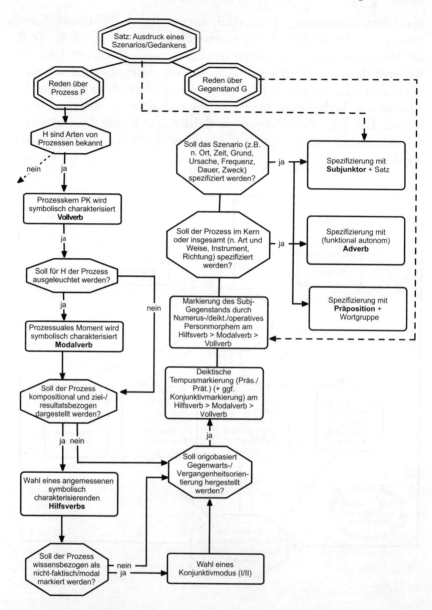

Abbildung 4: Konstitution von Prozess und Prozesskern

schen Klammer *(hat ... gesagt, macht ... blau)* einzuführen (Abb. 4), ferner der Aufbau der Verbgruppe mit Komplementen (Objekten) und die Satzstruktur. Das Kennenlernen der verschiedenen Subkategorien des Verbs, der Verbformen und Modi ist im Grammatikunterricht ein wichtiger Schritt. Zu zeigen ist etwa, wie die prozessuale Dynamik in sprachlicher Gliederung zugänglich gemacht werden kann, welche Momente der subjektiven Vorgeschichte des Handelns diskursiv transparent gemacht werden können *(ich wollte sagen, du darfst aufatmen)*, was genau im verbalen Modalsystem zu fassen ist. Dies kann keineswegs in einem Schritt geschehen, wie es hier in der Schematisierung erscheinen mag; wie andere grammatische Gegenstände erfordern auch diese in der Abfolge Schleifen, in denen Früheres aufgegriffen und vertieft werden kann, so dass sich über die Jahre ein Bild der Grammatik einstellen kann. Der inferentielle Gebrauch *(das kann nicht sein, es muss geregnet haben)* ist aus didaktischen Gründen später zu behandeln.

Die wichtigsten Etappen verdeutlicht Abb. 5, die zeigt, wie schrittweise über den Verbkomplex und die Verbgruppe in die Satzstruktur eingeführt wird. Dabei geht es weniger um Vollständigkeit, die in diesem Feld ohnehin nicht zu haben ist; der Weg über symbolische Prozeduren (Charakteristikum der Handlungsart) wird als einziger beschritten, andere (etwa über das Zeigen) bleiben ausgeblendet. Wichtiger ist, was behandelt wird, in seiner Funktionalität zu zeigen und en passant Lernen oder Befestigung der Formen anzustreben.

Adverb und Präposition sind also Elemente zweier didaktischer Pfade. Es scheint einfacher, beide im Rahmen ihrer primären Funktion und im Kontext des Aufbaus der Verbgruppe einzuführen.

Wenn ein tragfähiges Satzkonzept gegeben ist, kann der Konjunktor als exemplarische Form der Verknüpfung von Funktionseinheiten eingeführt werden, zunächst am Beispiel der Verkettung von Sätzen. Hier muss dann auch die Möglichkeit einer Nebeneinanderstellung (Juxtaposition), die mündlich durch Pause und progredientes Tonmuster, schriftlich durch Kommasetzung gekennzeichnet werden kann, besprochen werden.

Später wird die Koordination nominaler Einheiten anzuschließen sein. Die Schüler sollten auch hier das Spektrum der Möglichkeiten erfahren können (Was alles lässt sich funktional zusammenschließen? Welche semantischen Verhältnisse können markiert werden, etwa mit

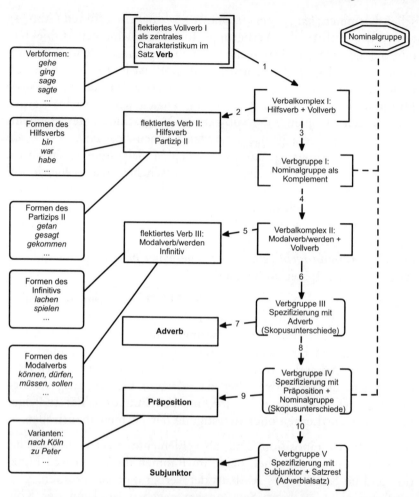

Abbildung 5: Didaktischer Pfad: Prozesskern- und Prozesskonstitution

aber, denn, obwohl)?. Die schwierige Frage: Was geht (warum) nicht? könnte hier ausnahmsweise mal gestellt werden.

Das didaktische Prinzip für die Erarbeitung eines brauchbaren Wortartenkonzepts ist der Ansatz bei Funktionseinheiten, ein Lernen über die Funktion, dem die Formbetrachtung folgt. Das Lernen sollte sich soweit möglich auf authentische Sprachdaten beziehen und Schüler entdecken und experimentieren lassen; allerdings bedarf es klarer Vorgaben und systematisierender Erarbeitung, um die komplexen Phänomene auf den Begriff zu bringen und ein Bild von sprachlichen Zusammenhängen zu vermitteln.

Das Prinzip der Pfade im funktionalen Grammatikunterricht besteht darin, von ganzen Funktionseinheiten auszugehen und auf der Formseite die Elemente einer Wortgruppe auszugliedern und in ihrer Funktionalität und ihren grammatischen Eigenschaften (z.B. Kongruenz) zu vermitteln. Die Wortgruppe ist die zentrale Einheit der Grammatik. Mit Wortgruppen beziehen wir uns auf Personen *(mein Hund Pit)* und Dinge *(der Unterricht in der Grundschule)*, auf Ereignisse und Handlungen *(langsam fahren)*, Eigenschaften *(schön und bunt)* und Umstände *(wegen des schlechten Wetters)*. Im Deutschen sieht man den Zusammenhang gut an der Formabstimmung in der Nominalgruppe. Kasus und Numerus (Singular; Plural) sind oft nur am Artikel (ggf. im Zusammenspiel mit einem Adjektiv) ablesbar. Es sind solche Gruppen, die an verschiedenen Satzpositionen realisiert werden können, insbesondere vor dem flektierten Verb im Aussagesatz (Vorfeldposition). Sie tragen Satzfunktionen wie Subjekt, Satzprädikat, Objekt bzw. Komplement (Ergänzung), Supplement (Angabe), Adverbial etc. Nur im Grenzfall sind sie auf ihren Kopf – auf ein Wort – reduziert *(**Milch** schmeckt **allen**, **Paula** trinkt **sie** gern)*. Der Unterschied zwischen Wortgruppe und Satzfunktion („Satzglied") muss im Unterricht deutlich werden, was derzeit oft nicht der Fall ist. Ein kompletteres Bild der Sprache kann etwa am Beispiel des Ausdrucks von Zeit vermittelt werden, wenn man sieht, dass Zeitlichkeit im Deutschen am Verb, aber auch an adverbialen Formen, sogar an nominalen, festzumachen ist. Temporalität wäre natürlich auch ein schönes Thema für kleine Sprachenvergleiche.

Sinnvoll ist ein Grammatikunterricht, wenn er wirklich zu Einsichten über systematische Zusammenhänge führt, dazu müssen gemeinsam tragfähige Erklärungen für das, was man in den Texten und Diskursen findet, gesucht werden.

4. Literatur

Aksoy, A./Grießhaber, W./Kolcu-Zengin, S./Rehbein, J. (1992) Lehrbuch Deutsch für Türken – Türkler için Almanca ders kitabı. Hamburg: Signum

Bartnitzky, H. (2005) Grammatikunterricht in der Grundschule. Berlin: Cornelsen

Butzkamm, W. (2004) Lust zum Lehren, Lust zum Lernen. Tübingen: Francke
Ersen-Rasch (2001) Türkische Grammatik. Ismaning: Hueber
Glinz, H. (2003) Geschichte der Didaktik der Grammatik. In: Bredel, U. et al. (Hg.) Didaktik der deutschen Sprache. Bd. 1. Paderborn: Schöningh, 423–437
Grießhaber, W. (1999) Die relationierende Prozedur. Münster: Waxmann
Hoffmann, L.: Gewichtung: ein funktionaler Zugang zur Grammatik. In: Der Deutschunterricht 4 1995, 23–37
Hoffmann, L. (1993) Thema und Rhema in einer funktionalen Grammatik. In: Eisenberg, P./Klotz, P. (Hg.) Sprache gebrauchen – Sprachwissen erwerben. Stuttgart: Klett, 135–149
Hoffmann, L. (2000) Formulieren: ein Fall für die Grammatik. In: Deutschunterricht 4, 2000, 6–20
Hoffmann, L. (2003) Funktionale Syntax. Prinzipien und Prozeduren. In: Hoffmann, L. (Hg.) Funktionale Syntax. Berlin/New York: de Gruyter, 18–121
Hoffmann, L. (2005a) Reflexionen über die Sprache: de Saussure, Bühler, Chomsky. In: Kulturwissenschaftliches Institut Essen. Jahrbuch 2004. Bielefeld: transcript, 79–111
Hoffmann, L. (2005b) Universalgrammatik. In OBST 69 (2005) Paradigms lost, 101–131
Hoffmann, L. (2006) Funktionaler Grammatikunterricht. In: Becker, T./Peschel, C. (Hg.) Gesteuerter und ungesteuerter Grammatikerwerb. Hohengehren: Schneider, 20–45
Humboldt, W. v. (1903–1936) Gesammelte Schriften. Bd. 13. Berlin: Behr
Johanson, L. (1971) Aspekt im Türkischen. Vorstudien zu einer Beschreibung des türkeitürkischen Aspektsystems. Uppsala: Almquist/Wiksell
Johanson, L. (1991) Zur Wiedergabe weiterführender Relativsätze im Türkischen. In: Johanson, L./Rehbein, J. (Hg.) Türkisch und Deutsch im Vergleich. Wiesbaden: Harrassowitz
Kovtun, O. (2003) Zur unbestimmten Determination im Deutschen im Vergleich zum Russischen und Ukrainischen. In: Hoffmann, L. (Hg.) Funktionale Syntax. Berlin/New York: de Gruyter, 335–347
Lewis, G. I. (2000^2) Turkish Grammar. Oxford: University Press
Menzel, W. (1999) Grammatik-Werkstatt. Seelze-Velber: Kallmeyer
Müller, C. (2003) Schulgrammatik und schulgrammatische Terminologie. In: Bredel, U. et al. (Hg.) Didaktik der deutschen Sprache. Bd. 1. Paderborn: Schöningh, 464–475
Zifonun, G./Hoffmann, L./Strecker, B. et al. (1997) Grammatik der deutschen Sprache. Berlin/New York: de Gruyter

Ludger Hoffmann (Dortmund)

E Anhang

E1 Sachregister

(Zentrale Stellen sind **halbfett** gesetzt.)

Abfolgedeixis 503, 507, 517
Ablativ 63, 255, 257, 605, 631
Abtönungspartikel (auch: Modalpartikel) 10, 12, 16, **117 ff.**, 224, 233, 251 f., 350, 358, 360 ff., 366, 379, 525, 527, 555, 557, 563, 913
– Abtönungspartikel, modal abschwächende **551 ff.**
Accessibility Theory 269, 277
AcI-Konstruktionen 710, 714, 722, 857
additive particles 358
Adjazenzpaar 135 f.
Adjektiv 4 ff., 12, 14 ff., 23, 28 ff., 30, 38, 41, 51 f., 60, 95 ff., 102, 106, 111 f., 125, 127, **143 ff.**, 191, 197 ff., 202, 218 f., 225 ff., 230, 233, 248, 251, 256, 258, 295, 306, 308 ff., 312, 322, 324, 326, 330, 335, 338 ff., 360 ff., 399 ff., 445, 447, 450 f., 453 f., 456, 458, 547, 550 f., 561, 608 f., 611 f., 614, 618 ff., 622, 640, 658, 662 f., 666, 669 ff., 673 f., 694, 697, 699 ff., 708, 719, 727, 731, 744, 749 f., 793, 801, 803, 805, 807, 809 f., 826, 861, 889 f., 905, 909, 915 ff., 929, 931, 936 f., 940 ff., 945, 949
– Adjektiv, interrogatives 451, 558
– Adjektiv, intersektives 230
– Adjektiv, qualitatives 144, 154, 160, 163
– Adjektiv, relationales 144, 147 ff., 410
– Adjektiv, relatives (vs. absolutes) 144
Adjektivadverb 144, 158, 226, 419, 921
Adjektivprädikat 171, 179
Adjunktor 15, **189 ff.**, 358, 366, 505, 765, 929
Adjunktorphrase **193**, 196, 218
Adkopula 16 f., 28, **143 f.**, **149**, 159, 170, 173 f., 176, 235, 251, 361 f., 409, 557, 826, 911
Adpronomina 610, 618

Adverb 4, 12, 16 f., 24, 28, 32, 34, 37 f., 59, 64, 68 f., 79, 96 f., 99, 101 f., 104, 107, 110, 117, 120, 125, 144, 158, 161, 177, 182, 192, 192, 199 f., 202, 219, **223 ff.**, 294, 304, 335, 339, 357 ff., 361, 365, 367 f., 397, 402, 404 ff., 419, 424 f., 438, 445 ff., 451 f., 456, 458 ff., 463 f., 484, 525 ff., 535, 547, 553, 555, 557, 563, 570, 580, 588, 659, 668 f., 688, 693 ff., 708, 727 ff., 733 ff., 737, 740, 745 f., 748, 750, 755, 760, 762, 766, 773 f., 811, 913, 915 ff., 920 ff., 930 f., 941, 945 ff.
– Adverb, direktionales 224, 227, 235, 245 f., 251 ff., 258, 460, 642, 649 ff., 696
– Adverb, direktives → Adverb, direktionales
– Adverb, duratives 224, 252 f., 460
– Adverb, finales 224, 252 f., 460
– Adverb, frequentatives 224, 252 f.
– Adverb, interrogatives / Frageadverb 234, 247, 251, 447 ff., 458 ff.
– Adverb, kausales 224, 227, 231, 250, 252 f., 254, 460, 463, 733, 748
– Adverb, konzessives 246
– Adverb, lokaldeiktisches 230, 240 f., 328, 584, 586, 592, 596, 669, 692 f., 696 f.
– Adverb, lokales 14, 224, 227, 230 f., 235, 238 f., 240 ff., 250, 252 f., 255, 258, 460, 547, 584, 586, 657, 669, 676, 695, 733, 745, 748, 945
– Adverb, qualitatives 248
– Adverb, quasideiktisches 14, 225, 227, 243 f., 255
– adverb, scalar 357
– Adverb, temporaldeiktisches 224, 230, 242, 246, 497, 503, 507, 584, 586, 591, 596, 668 f., 837 f.

- Adverb, temporales 224, 231, 235, 246, 250 ff., 547, 733, 748, 945
- Adverb der Art und Weise 172, 252, 255, 774
- Adverbial 28, 32, 101 f., 112, 144 f., 147 f., 155, 158 ff., 165 f., 172, 177, 179 ff., 195, 207 ff., 211, 214, **223 ff.**, 229 ff., 235, 238, 249 f., 253, 257 f., 358, 366 f., 400, 404 f., 418, 424, 446, 459, 463, 529, 547 f., 563, 566, 570, 592, 630, 640 ff., 671, 676, 688, 697, 709, 713, 715 f., 718 f., 728, 733 f., 737, 745, 761, 765, 767 f., 771, 774 ff., 808, 810, 846, 864, 867 ff., 882 f., 911 f., 915 ff., 919 ff., 930 f., 944, 948 f.
- Adverbialsatz 208 f., 211, 214, 592, 771, 948
- adverbium circumstantiae (Umstandswort) 228
- adverbium qualitatis 228
- Adverbphrase 226, 405, 728
- Affirmation 410, 437 f.
- Akkusativ 153 f., 158, 175, 181, 193, 257, 279, 310 ff., 340, 346, 507, 516, 593, 612, 617, 638, 642, 685 f., 712 ff., 723, 739, 746, 827, 829, 857, 864, 867, 871, 886 f., 889, 931, 943 f.
- Akzent 2 f., 34, 41, 73, 117, 144, 199, 204, 224, 226, 233, 247 f., 278, 322, 335, 342, 359, 362 f., 365 ff., 470. 476, 526, 531, 539 f., 572, 574, 591, 680 ff., 684, 702, 762, 805, 935
- alienable / inalienable 332, 347
- Allquantor 473, 533, 697
- Ambiguität 3, 364, 369, 371, 392, 712, 722
- Anadeiktika / Anadeiktikon → Anadeixis
- anadeiktisch → Anadeixis
- Anadeixis **242**, 252, 266, **276**, 329 f., **587**, 597, 683, 691, 693, 697
- Analepse 197, 266, 269, 271, 282, **499**, 666
- Analyse, didaktische 938
- Anapher 7, 15 f., 191, 252 f., **265 ff.**, 307, 309, 331, 366, 488, 589, 603, 606, 611 ff., 616, 658, 668, 673, 677, 679 f., 682 ff., 689 f., 707, 721 ff., 936 f., 939 ff., 945
- Anapher, assoziative 271, 284
- Anapher, reflexive 252, 685, **707**, 721 ff.
- Anapher, demonstrative **275 ff.**
- Anapher, direkte **271**, 273, 276, 282, 284, 286
- Anapher, indirekte **284 ff.**, 288
- Anapher, lexikalische 266, 269, 274 f., **281 ff.**, 286
- Anaphorik → Anapher
- anaphorische Kette 277, 316
- Angabe (Satzfunktion) → Supplement
- Anhebungsverb 857, 880
- Anker, referentieller **271**, 281, 284 ff., 301, 314, 331, **604 ff.**, 614 f., 622 f., 625
- Antezedens / Antezedent 265, 267. 269 ff., 281, 283 f., 286 f., 602 f., 679 f., 685, 687, 695, 708, 711, 713 f., 720, 723, 778, 841 f.
- antonymia 657, 660, 664
- Antwortpartikel 376, 528 f., 531
- Apposition / appositiver Gebrauch 170, 207 ff., 211, 213, 280 f., 311 f., 316, 321, 593, 694 f., 718 f., 734 ff., 747, 750, 775, 944 f.
- Argument (eines Prädikats) 28 f., 37, 97, 106, 109, 171, 299, 332, 376, 399, 405, 415, 476, 497, 509, 593, 601 ff., 606, 611, 622 ff., 642, 707 ff., 712 f., 715 ff., 723, 742, 767, 852 f., 855 ff., 862, 864, 869 f., 886 f., 870, 888 f.
- Aristotelische Kategorien 95, 793
- arthron 295, 340, 658, 694
- article, emotional / honorific 340
- articulus 64, 295
- Artikel 4, 15, 29, 36, 68 f., 96, 152, 157, 174, 217, 267, **293 ff.**, 388, 445 ff., 458, 592, 594, 596, 606, 609 f., 618 f., 621, 635, 639, 641, 658, 663, 671 f., 674, 690 f., 694, 700 f., 727 f., 730 f., 750 ff., 798, 801, 808, 864, 921, 931, 936 f., 940 ff., 949
- Artikel, anamnestischer 329, 339
- Artikel, bestimmter (definiter) 15, 185, 217, 253, 275 ff., 284, 286, 294 ff., 298, 300 f., 304 ff., 308, 310 f., **312 ff.**, 323,

329, 332, 337 ff., 347, 458, 606, 618, 621, 637, 658, 674, 690 f., 694, 700, 730 f., 936 f., 939 f., 941
- Artikel, unbestimmter (indefiniter) 15, 157, 217, 280, 287, 293 f., 296, 299 f., 302 f., 308 ff., 312, 315, **320 ff.**, 333, 335, 337, 339 ff., 346, 387 f., 607, 609, 619, 621, 671, 674, 700 f., 931, 936, 940 f.
- Artikel, spezifischer 338
Artikel und Aspekt **305 ff.**, 320
artikelartiges Pronomen → Pronomen, artikelartiges
Artikellosigkeit 312, 320, **324 f.**, 341
Artikelsprachen 337, 350
Artikelwort → Determinativ
Aspekt 104, 230, 256, 258, 304 f., 320, 342, 347, 350, 845, 852, **854 f.**, 880 f.
Aspektdeixis 206, 507, 584 f., 595, 668 f., 693
Assertion 364, 369, 371 ff., 374 ff., 471, 475, 535, 596
aszendent 28 f.
Atemporalis 838
Attribut / Attribution 4, 28 ff., 41, 98, 144 f., 147 f., 154, 157, 160 f., 165 ff., **170**, 172, 174, 177, 182 f., 191, 213, 223, 233, 238, 251, 294 f., 308 ff., 317 f., 320, 332, 340 f., 367 f., 399 ff., 404, 410, 463, 486, 561, 566, 605 f., 614, 617 f., 623 ff., 630, 667, 672, 687 f., 699, 715, 728, 730 f., 737 f., 742 ff., 749 ff., 775, 801, 807 ff., 852, 887, 911, 915 ff., 930 f., 944 f.
- Attribut, restriktives vs. appositives / explikatives 170, 217, 223, 317, 320, 330, 333, 338, 694 f., **734 ff.**, 737, 747
„attributive" (essentielle) vs. „referentielle" Gebrauchsweise 299 f.
Aufforderungsmodus 126, 132 f., 365 f., 474, 560, 859
Aufmerksamkeitsausrichtung 327, 583 f., 691
Ausruf 126, 436, 520
Aussagemodus 560, 562
Außenfeld, rechtes 562
Äußerungsakt 495 ff., 500, 508, 519
Auxiliar 28 f., 305, 307, 888

Balanceform 592
Basisprozedur 7, 225, 935
Begleiter 293, 295
Beiwort / Beywort 143 f., 227
Bereichsadjektiv 166, 410, 412, 414, 416
Bereichs-Intensifikator 399, 402, 408 f., **414 ff.**, 418
Betrachtzeit 837 f., **846 f.**
Bewertungsadjektive 165, 414 f.
Bewertungsmechanismus 542
Beziehungswort 629
Bezugnahme (→ auch: Referenz) 129 f., 578 f., 589 f., 647, 669, 679 f., 682, 684, 697, 699
Bindungsdomäne 711, 713 f., 719 f., 722 f.
Bindungstheorie, generative 266, 269

c-command 368
Centering Theory **269**, 277
cognitive linguistics → Kognitive Linguistik
Computerlinguistik 641
Construction Grammar 9, 489
Converb 489

d-Relativum 727 f., 744 f., 752 ff.
Dativ 145, 152 ff., 175, 193, 243, 257, 275, 310 ff., 454 ff., 613, 617, 619 f., 638 f., 674, 678, 685 f., 712 f., 715, 723, 730 f., 733, 738, 801 f., 809, 867, 872, 887, 890, 931, 944
Default-Genus 807 f.
Default-Regel 300
definite description 301
Definitheit 145, 280 f., 286, 295, 300 f., 303, 305 f., 308, 314, 321, 324, 327 f., 332, 337 ff., 346 ff., **621**, 779, 943
Definitheitsinduktion 621
Definitheitskongruenz 621
Definitionsgenitiv 605
degree word 397
deiktisch → Deixis; Zeigfeld
- paradeiktisch 589 f., 592, 594, 680
deiktische Ferne 6, 236, 240, 245, 327, 497, 678, 692, 835 ff.
deiktische Nähe 240, 245, 327, 497, 585 f., 691, 835 ff.

deiktische Prozedur → Prozedur, deiktische
deiktischer Ausdruck → Deixis
Deixis 225, **239 ff.**, 268 ff., 327 f., 337 f., 341, 577 ff., 603, 668 f., 674, 676 ff., 683, 690, 741, 752, 808, 813
- Deixis, anaphorische 270
- Deixis, imaginative 240, 587 f.
- Deixis, lokale **238 ff.**, 255, 258, 328, 584, 668, 733
- Deixis, situative **239**, 597 f., 596
- Deixis, temporale **246**, 497, 584, 586, 668 f.
Deixis ad oculos et aures 270
Deixis am Phantasma 270, 586, 588, 839 f.
Deixis ins Leere 588
Dekomposition 26, 862 f.
Demonstrativpronomen → Demonstrativum
Demonstrativum 97, 266, 276 f., 282, 288, 294, 308, 341, 577, 580, 589, 607 f., 657, 659 f., 664, 668, 673 f., 677, 690 f., 692 f., 694, 697, 727 ff., 729, 731, 743, 751 f., 754
Denotat, Denotatbereich 334, 336, 409 f., 412 f., 473, 578, 603 f., 606, 608, 612, 614 f., 620, 668, 685, 689, 699, 708, 718, 861
Dependenzgrammatik 634, 641, 827, 910
Derivation 9, 24, 29, 34, 98, 105 f., 109, 112, 148, 150, 176, 256, 635, 801, 803 ff., 915
Derivationsaffix 106, 801
deskriptive Prädikate 834
Desubstantivierung 918
deszendent 28
Determinans (→ auch: Determinativ) 218, 293, 805
Determination 8, 11, 27, 182, 218, **294**, 307, **312 f.**, 317, 328, 331, 342, 347, 350, 446, 699, 803 ff., 813, 934, 936, 943
Determinationsfolie 218
Determinativ 14 f., 144, 152, 157, 166, 181, 218, 293, 267, **294 ff.**, 366, 387, 446, 449, 488, 592, 601 ff., 607 f., 619, 621 f., 663, 668, 670 f., 674, 676, 687,

690 f., 700 f., 798, 805, 808, 811, 911, 915, 936 f.
- Determinativ, deiktisches 294, 302, 311, **327 ff.**
- Determinativ, interrogatives 15, 294, 310, **335 ff.**, 343 f., **446 ff.**, 453, 465 f., 469, 471, 474 f.
- Determinativ, possessives 294, 308 ff., 312, **331 ff.**, 339 f., **347 ff.**, 601 ff., 608, 610 ff., 619 ff., 936 f.
- Determinativ, quantifizierendes 293 f., 312, **332 ff.**, 700, 744
Determinativflexion 306, 674
Determinativkomposition 805
Determinativphrase 306 f.
Determinativpronomen 607
Determinator → Determinativ
Determinatum 28, 805
determiner → Determinativ
Dialogwort 525
didaktischer Pfad 922, **936 f.**, 941, 947 f., 949
Dimensionsadjektiv 144, 151, 164, 402, 410
Dingwort 791, 793
Direktiv → Aufforderungsmodus
discourse marker 123, 527
Disjunktion 62, 485, **510 f.**, 567
Diskursdeixis 240, 275, 587 f.
diskursive Kohärenz 541
diskursive Prädikate 593, 834
Diskurswissen 518, 551, 937
Distanzdeixis 337, 592, 659, 678
Distanzform → Distanzdeixis
Distanzopposition 837, 839
Distinktheit, morphologische 610
Distribution → Distributionsanalyse
Distributionsanalyse 4 f., 23, 36 f., 92, 122 f., 151, 369, 402, 404, 518, 559, 605 f., 619 f., 641 f., 643 f., 648, 711 f., 719 f., 891, 909
Divergenz 430 f., 506, 514
domain adverb 225
Doppelperfekt 847
Doppelplusquamperfekt 847
D-Pronomen 275, 729 ff., 739, 744

Echo-w-Fragen 450, 466
Echo-w-Sätze 463, 466
egressiv 881
Eigenname 14 f., 54, 64, 210, 217 f., 234, 297, 299, 306, 311, 317, 325, 338 ff., 390, 601, 618, 635, 660, 735, 753 f., 796 f., 808 f., 811 ff., 818, 935 ff.
Eigenschaftswort → Adjektiv
Einzigkeit 298, 300 ff., 311, 315, 322
Elativ 154
Ellipse 277, 296, 610, 620
Emotionalität / emotionaler Abgleich 121, 178, 277, 340, 420, 424 f., 433 f., 570. 686, 784
Endophora 270
Enklise 312, 321, 675, 682
Entscheidungsfrage 465, 528, 547, 562, 566
Entscheidungsfragemodus 465, 470, 528, 547, 562, 566
Ereigniszeit 225, 837 f., **846 f.**
Ergänzung (Satzfunktion) → Komplement
Ergänzungsfrage → W-Frage
Ergänzungsfragemodus 247, 335, 450, 547, 675, 891
Ergativität 886, 888
Erweiterungsnomina 942
es
– *es,* fixes 279, 913
– *es,* unpersönliches 887, 913
– *es,* verbgesteuertes 913
„essentielle" vs. „referentielle" Gebrauchsweise **299 f.**
eventualities 234
Existenzimplikatur 473, 476
Existenzquantor 300, 452, 457, 460, 462, 472
Existimator 117
Exklamativ / Exklamativmodus 126, 336, 449, 452, 464 f., 520, 787
Exophora 270
Expansion 256
Explikation 234 ff., 494
Extension (Gegensatz: Intension) 39, 216, 390, 662 f., 795, 861, 877

Farbadjektiv 155
Feld (funktionales Feld i. S. von Bühler, Ehlich) 5, **6 f.**, 9, 25, 191, 225, 242, 270, 328, 434 f., 484, 488, 492, 497, 507 f., 634 ff., 645, 680, 752, 934
Feldtranspositon (vgl. auch → Transposition) 230, 435, 507 f., 590, 752, 807 f., 818
Feldwert 297
figure-ground 489
finites Verb → Verb, finites
Finitheit 16, 28, 350, 834, 858, 867 f.
Focus particles → Gradpartikel
Fokusausdruck 362, **364 ff.**, 374, 376
Fokusexponent 368, 370
Fokusgrenze 368
Fokusakzent → Gewichtungsakzent
Fokuspartikel → Gradpartikel
Fokussierung 121, 239, 253, 265, 269, 284, 288, 364, 435, 475 ff., 515, 573, 583, 669, 671, 692
Frage → Echo-W-Frage, Entscheidungsfrage, Informationsfrage, rhetorische Frage, W-Frage
Frageadverb 234, 247, 251, 447 ff., 459
Frageartikel 447 f.
Frageoperator 446
Fragepronomen → Interrogativum, W-Pronomen
Fragesatz → Entscheidungsfragemodus, Ergänzungsfragemodus, W-Fragesatz
– Fragesatz, multipler 469
Fregeprinzip → Kompositionalitätsprinzip
freie Angabe → Angabe
Funktionale Pragmatik 495, 509, 634, 648, 828
funktionale Universalien 9
Funktionsverb 306, 312, 632, 864
Funktionsambiguität → Ambiguität
Futur 779, 836 f., **847 ff.**, 853, 862, 872, 879 f., 885 f., 931

Gattungsbezeichnung → Gattungsname
Gattungsname 14 f., 205, 217, 319, 791, 793, 812 f., 936 f., 939 f.
Gebärdensprache 258

Gegenstandskonstitution 14 f., 936 f., 939, 941, 945
Gelenkartikel 320, 340
Generative Grammatik 22, 266, 268, 271 f., 405, 453, 471, 493, 496, 611, 634, 641, 798, 868, 874, 891
generischer Gebrauch 209, 283 f., 302, 304, 314 f., 317, 320 f., 326 f., 339 ff., 689, 735
Genitiv 29, 61, 152 ff., 157, 182, 193, 226, 294 f., 301, 306, 309 ff., 317, 330 ff., 339, 346 f., 349, 451, 456 f., 486, 529, 533, 586, 593, 605, 608 f., 611, 613 ff., 622 f., 638 f., 674 f., 685 ff., 691, 712, 715, 719, 730 f., 738, 749, 808 f., 812, 867, 931, 942 f.
Genitivattribut 317, 605, 618, 687, 715, 730 f., 749, 812
Genus 14, 29, 60 f., 145, 152, 157, 174 f., 181, 273 f., 279, 295, 306 ff., 328, 331 f., 339, 451, 454 ff., 459, 608, 612, 614, 616 f., 665, 672, 674, 679 f., 682 f., 688, 690, 692, 695, 711, 722, 727, 730, 732, 736 f., 740 f., 744 f., 750, **788 ff.**, 911, 915 f., 937, 940, 942 ff.
Genusambivalenz 175
Genuszuweisung 805, 807, 942 f.
Getrennt- und Zusammenschreibung 31, 805, 817
Gewichtung 34, 123, 224, 233, 248, 253, 335, 511, 521, 533, 680, 682, 809
Gewichtungsakzent / Fokusakzent 224, 335, 359, 362, 365 f., 369, 574, 680, 682
Gliederungssignal 489, 527
Gliedkonjunktion 189
Gradadverb 397, 461
Gradpartikel 12, 17, 119, 122, 162, 226, 230, 233, **357 ff.**, 397 f., 402, 527, 541, 557, 560, 563, 569, 672, 913
– Gradpartikel, additive / inklusive 358, 368, 372 f., 375 f., 379
– Gradpartikel, exklusive / restriktive 359 f., 375 f.
– Gradpartikel, identifizierende 359, 379

– Gradpartikel, skalierende 357 ff., 372 f., 377, 409
Graduativer Zusatz 397
Graduierung 11, 150, 164, 357, 411
Grammatikalisierung 6, 21, 28, 30, 32, 107, 111, 118, 120 f., 124, 128 f., 133, 157, 230, 303, 313, 337, 339, 50, 400, 405, 419, 508, 530, 536, 620, 636, 721, 731, 752, 764 f., 770, 818, 854, 870, 879, 885, 908, 918 f., 922
Grammatikalisierungspfad 124, 243, 337, 339, 421
Grammatikunterricht 906, 909, 921 f., 925 ff., 929, 933 f., 945
Grammis 445, 448, 455, 562, 572
Grenzwert-Intensifikator **399**, 408 f., 415, 417 f.

Handlung / Handlungsmuster 6, 10, 127, 130, 191, 221, 225, 234 f., 238, 240, 246, 248 f., 258, 269 f., 285, 304, 315, 347, 371 f., 424, 429 ff., 437, 450, 471, 474 f., 483, 486, 488, 491, 494 ff., 501 ff., 509 ff., 514, 517 ff., 537, 541 f., 551, 577, 579 ff., 583 f., 587, 594, 624, 635, 658, 663, 669 f., 676, 689, 697, 708, 719, 723, 769 f., 772 f., 781, 795, 798, 806, 808, 811, 816 f., 825, 828, 842 f., 845, 853 f., 857, 859 f., 866, 874, 879, 882, 930, 934, 947, 949
Hantierungsgrammatik 815 f.
Hauptakzent 2, 34, 278
Hauptwortarten 2, 28, 33, 159, 173, 228, 634, 657, 663, 670, 797 f., 811, 821, 930
Heischemodus 560
Heterosemie 125, 128, 133
Hilfsverb 13, 16, 160, 256, 312, 367, 563, 635, 828, 845 f., 850, 855, 857, 865, 880, **885 ff.**, 946, 948
Homonymie 379, 547
Hörerdeixis 593, 937, 941, 945
Horizont 478 f., 689, 694, 697
Hutkontur 368
Hyperonymie 267
Hypotaxe → Subordination

Illokution 122 f., 134, 275, 344, 475, 483, 491, 495 ff., 500, 513, 518, 535, 537, 769, 783, 879, 934
Illokutionsstopper 491
Illokutionstransmitter 491
Imperativ 6, 63, 238, 344, 434, 469, 803, 824, 831, 841, 849, **858 ff.**, 931
Imperativsatz → Aufforderungsmodus
Implementierung 209, 213, 320
Implikatur 136, 300, 302, 363 f., 369, 371 ff., 473, 476, 514, 529, 549, 552, 636
inalienable → alienable
Indefinitheit 280, 293, **299 f.**, 320, 322 ff., 337, 340 f., 343, 346, 697, 702
Indefinitpronomen → Indefinitum
Indefinitum 15 f., **387 ff.**, 554, 674, 699, 701
Indexikalität 239, 578 f., 664, 844 f.
Indikativ 778 f., 824, 830 f., 833, 835 f., **840 ff.**, 848, 862, 931
indirekte Rede 843 ff., 879
Indirektheit 132, 200, 206, 271, 284 ff., 450, 467, 471, 736, 760, 785, 843 ff., 879
Individuenbereich 390, 392, 395
Individuenkonstante 398 ff.
Individuenprädikat 855, 872, 884
Individuenvariable 389, 391
Infinitiv 23, 29 f., 64, 275, 280, 440, 466, 468, 672, 714 f., 762, 765, 798, 806, 824, 830 f., 835, 848 f., 851, 853 ff., 878, 880, 885, 912, 915, 918, 931, 943, 948
– Infinitiv, kohärenter 858
Infinitivkonstruktion 714, 762, 765, 927
Infinitivpartikel 366
Infinitivsatz 912
Inflektiv 824, **858 ff.**
Informationsfrage 471, 475
Installation **8**, 13, 254, 316, 945
Integration 7, 9, 11 ff., 14 f., 17, 234 f., 268, 309, 328, 429, 492, 514, 672, 936 f.
Intensifier 397, 421, 720
Intensifikator 397 ff., 410, 413 ff.
Intension 395, 795, 861, 873
intensionale Prädikate / Verben 217, 877

Intensitätspartikel 5, 14 f., 71, 75, 119, 127, 226, 230, 233, 358, 378, **397 ff.**, 558, 563, 913, 918, 922
interaktive Einheiten 25, 429, 921
Interjektion 4, 6, 25, 97, 131, 358, **425 ff.**, 538 f., 859 f., 911
Interrogativum 15 f., 247, 249, 309 f., 335, 343 ff., **445 ff.**, 536, 608, 658 f., 665, 727 ff., 740 f., 751, 754
Interrogativadverb → Adverb, interrogatives
Interrogativphrase → W-Phrase
Interrogativpronomen → Interrogativum
Intonation 191, 253, 294, 343, 429, 465 f., 502, 513, 563, 735, 768, 805, 835, 935
Intransitivität 307, 663, 686, 709, 832, 880, 886 ff.
Irrealis 841 f.
Irrelevanzkonditional 740 ff., 787
iterativ 132, 224, 460, 508 f., 881

Junktor 196, 392, 483, 557, 761
Juxtaposition 14, 347, 490, 947

Kasus 14, 28 f., 60 ff., 96, 152 ff., 157, 174, 193 f., 224, 234, 306, 309 f., 312, 328, 331 f., 338, 340, 346, 451, 455 f., 459, 461 ff., 488, 612 ff., 629, 632 ff., 637 ff., 648, 651, 658, 673, 690, 722, 727, 730 f., 737 ff., 749, 753, 762, 787, 801, 809, 811, 825 ff., 857, 865, 867 f., 880, 886 ff., 930, 940, 943 f., 949
Kasusflexion 689, 802, 809
Kasusgrammatik 634, 866, 874
Kasushierarchie 738 ff., 750, 753
Kasusneutralisierung 226
Kasusrektion 189, 193, 460, 850
katadeiktisch / Katadeixis 330, 587, 693, 697
Katalepse 197, 499 f., 508
kataphorisch / Kataphorik 679, 684 f., 752
Kategorialgrammatik 22, 395
Kategoriengrenzen 635, 907 f., 914, 917
Kausalsatz 781
Klitikon 2, 338, 378

KMK-Richtlinien (Wortarten / Termini der KMK) 905, 908, 914, 917, 920 f.
Kognitive Linguistik 1, 9, 489, 814
Kohärenz 43, 171, **284 ff.**, 489, 527, 541, 857
Kohäsion 3, 14, 42, 764
Kollektivum 792, 801, 805
Kollusion 235
Kollustration 16, 235
kommunikative Minimaleinheit 127, 428, 483, 494, 526, 767, 769, 787, 930
Komparandum 198
Komparans 198
Komparation **146 ff.**, 168, 173, 182, 198, 201, 224, 403, 409, 498
Komparativ 146, 154 f., 163, 197 ff., 202, 334, 408 f., 415, 498, 699, 929
Komplement (Satzfunktion) / Ergänzung 14, 32, 191, 193, 200, 207 ff., 213, 225, 234 f., 247, 252 ff., 279, 281, 306 f., 336, 341, 407, 472, 564, 572 f., 592, 617, 620, 630, 661, 730 f., 743, 749, 771, 856, 864 ff., 868, **869 ff.**, 877, 886, 944, 948 f.
– Komplement, fakultatives 405, 642, 650, 869, **871**, 886, 890
– Komplement, obligatorisches 250
Komplementierer 467 f., 592, 751
Komplexanapher **275 f.**, 286, 288
Komposition 9, 24, 26 f., 31, 38 f., 46, 146, 180, 183, 229, 458, 466, 485, 676, 694, 701, 712, 720, 803, 805, 829, 862 f., 874, 886
Kompositionalitätsprinzip 393, 829, 848
Konfiguration 251
Konjunktion → Konjunktor, Subjunktor
Konjunktionaladverb 525, 527, 542
Konjunktiv 773 f., 779, 786, 824, 829, 831, 833, 837, **840 ff.**, 848, 855, 878, 931, 946
Konjunktor 7, 12, 14, 16, 125, 131, 191 f., 195 f., 224, 358, 367, **483 ff.**, 525 f., 760 f., 763, 781, 947
– Konjunktor, additiver / adversativer / alternativer / restriktiver / explikativer / inkrementiver / kausaler 505
– Konjunktor, erwartungsbearbeitender 506, **515 ff.**

– Konjunktor, verstehensbearbeitender 498, 506, **514 ff.**
– Konjunktor, wissensbearbeitender 506, **508 ff.**
Konnektivadverb 527
Konnektivität 487, 489, 597
Konnektivpartikel 12, 14, 119, 210, 360 ff., 366, 378, 488, 492, **525 ff.**, 761, 913
Konnektor 483, 485, 489 ff., 507, 510, 525 f., 528 f., 531, 592, 761, 764, 766 ff., 777
Konnexion 11, 13 f., 492, 527 f.
Konsekutivsatz 763, 784 ff.
Konstituentengrammatik 493
Konstruktionsgrammatik → Construction Grammar
Kontaktstellung 366, 368
Kontiguitäts-Anapher 271, 284
Kontrastakzent 684
Kontrastfolie 237
Kontrastmarker 530 f.
Konvergenz 123, 430 f., 509, 519
Konversationsmaxime 363
Konversion (→ auch: Wortartenwechsel) 98, 106, 160, 179, 438, 803, 806, 837, 908, 915
Konzessivsatz 765, 783, 785
Koordination **8 f.**, 11, 13, 16, 194 ff., 238, 406, 485 f., 489, 492 ff., 518, 520, 763, 872, 930 f., 947
Kopf / Kern (head) einer Phrase 4, 28 f., 157, 159, 173, 223, 226, 228, 233, 251, 306 ff., 310, 326, 328, 331, 335, 338, 405 f., 611, 615, 625, 641, 671, 810 f., 817, 827, 891, 916, 939, 944
Kopplung 428, 490, 498, 511, 513 f.
Kopula(verb) 17, 29, 106, 160, 162, 170 f., 889 f.
Koreferenz 271 f., 281, 283 f., 286 f., **707 ff.**, 711, 713 ff.

Lallwörter 439 f.
Lambdaabstraktion 394
langue 7
lassen-Diathese 709
Lautbild 795
Lehrplan 929 ff.

Lenkfeld **6**, 191, 271, 424, **434 f.**, 440, 512, 859
Lernen, kognitives 926
Lernen, mediales 926
Lernen, reflexives 928
Lexem 3, 22 f., 25, 30, 36, 39 ff., 74, 98 f., 100 ff., 107 ff., 122, 124, 130, 133, 147, 149 f., 159, 163, 165 ff., 170, 174 f., 179, 181, 229, 360, 362, 378, 470, 498, 657, 813, 868 f., 874, 878, 922
Linking 458, 620, 865 ff., 872
Lokativ 240, 258

Malfeld **6**, 191, 257, 271, 435
Mehrfachnegation 570
MENSURATIV 625
mentale Prozesse / mentale Verarbeitung 1, 8, 10, 225, 242, 250, 255, 268, 281, 424, 430 ff., 487 f., 494, 496 f., 499, 502, 506, 511, 514 f., 519, 528, 531, 541, 581, 583, 587 ff., 592, 633, 645, 647 ff., 667, 669, 680, 813, 840, 842, 862, 891, 926
Meronymie 285 f.
Metasprache 67, 77 f.
Metonymie 64, 261
Mitspieler **10 ff.**, 234 f., 313, 315, 824, 842, **864 ff.**, 871, 873 ff.
Mittelfeld 126, 128, 208, 247, 252 f., 362, 492, 515, 520, 526, 547, 684, 768, 891
Modaladverb 398, 459, 547
Modalpartikel 12, 17, 117, 119, 130, 230 f., 233, 253, 255, 406, 526 f., **547 ff.**, 557 f., 913
– Modalpartikel, assertive **549 ff.**
Modalverb 12, 16 f., 133, 255, 367, 772, 828, 832, 848, 850, 857, **878 ff.**, 946, 948
Modalwort → Modalpartikel
Monoflexion 157, 174, 181, 801
Monoverbierung 919, 922

Nachfeld 209, 248, 254, 309, 366, 562 f., 891
Natural semantics 796, 814
NcI 857

Nebensatz 15, 229, 486, 491, 563, 694, 727, 729, 734, 740 f., 753, 765, 767, 773, 775, 787, 891
Negation 11, 13 f., 17, 150, 298, 358, 372, 375, 377, 380, 390 f., 393, 410, 437 f., 485, 505 f., 511, 515 f., 553, 561, **564 ff.**, 701 f., 780
Negationspartikel 12, 17, 119, 127, 224, 233, 253, 344 f., 358, 370, 388, 530, **547 ff.**, 674, 768, 913
Neufokussierung 269, 284, 288, 583
Nichtflektierbarkeit 25, 633, 745
Nomen 5, 12, 14, 27 f., 56, 59 f., 79, 84, 95 f., 100, 102, 112, 143 ff., 147, 169, 170, 172, 180, 183, 191, 226, 251, 258, 293, 295, 306, 308 f., 324 f., 327, 330 f., 333 f., 338, 340 f., 346, 349, 451, 453 ff., 574, 589, 634 f., 641, 643, 657, 660 f., 663 f., 677, 679 f., 682, 684, 687 f., 695, **791 ff.**, 825 f., 855, 905, 921, 931, 935 ff., 940 ff.
nominale Klammer 180, 309, 810
Nominalisierung 29, 338, 856
Nominalklammer → nominale Klammer
Nominalphrase 4, 63, 157, 174, 179 ff., 196, 203, 205, 226, 271, 293, 299, 303, 306, 308 ff., 312, 324, 330 f., 338, 340, 342, 368, 387, 435, 452, 460 ff., 508, 561, 602, 605, 614, 663, 695, 728, 735, 762, 791, 799, 801, 808 ff., 817, 867, 916, 937, 942, 945
Nominativ 61, 145, 153 f., 157, 181, 193, 310 ff., 341, 612, 615 f., 619, 674, 681 f., 712 f., 718, 738 f., 802, 827, 856 f., 867 f., 871, 886 ff., 912, 931
Nukleus → Kopf
Nullartikel 293, 802, 804, 808
Numerale 96 f., 658, 663, 674, 697, 699, 921
Numerus 16 f., 29, 60, 96, 152 ff., 157, 174, 181, 273 f., 279, 295, 297, 306, 310, 312, 328, 331 f., 340, 348, 451, 454 f., 459, 461 f., 593, 602, 608, 611 f., 615, 617, 673, 679, 689, 695, 722, 727, 730, 732, 736 f., 740 f., 744, 747, 750, 801, 809 ff., 824 f., **832 ff.**, 849, 858, 868, 911, 940, 944, 946, 949

Obersatz 695, 766 ff., 778, 781 f., 786
Objektdeixis 15 f., 267, 270, 276 f., 311, 446, 449, 507, **577 ff.**, 683, 685, 690, 692, 697, 741, 752, 754, 937
OBJEKTIV 624
onoma 64, 792 ff., 825, 861
Onomatopoetika 427, 438, 440
Operationsfeld **6**, 15, 17, 191, 225, 271, 437, 488, 514 ff., 592, 636, 669, 708 f., 734, 752, 798, 803, 809, 811 f., 818, 824
Operator-Skopus-Struktur 485, 520
Optativ 841 f.
Organonmodell 795
Orientierung 15, 236, **239 ff.**, 269, 276 f., 308, 316, 327, **379 ff.**, 589, 594, 667 ff., 678 ff., 734, 807, 816, 839, 946
ORIGINATIV 624
Origo 225, 236, **239 ff.**, 244, 246, 327, **581 ff.**, 588 f., 668 f., 879
Origo-Versetzung 588
Orthographie 2, 429, 672, 925, 929 f.

paradeiktisch 589 f., 592, 594, 680
Para-Konjunktion → Konnenktivpartikel
paraoperativ 503, 507, 517 f., 541, 595, 636, 752
Parataxe (vgl. auch → Satzreihe, Koordination) 486
Parenthese 211, 254, 423, 742
partes orationis 24, 55 f., 59 f., **73 ff.**, 83, 825
Partikel 79, 120, 124, 172, 223, 379, 397, 486, 527, 556, 913
– particle, scalar 357
PARTITIV 346, 463, 625
Partizip I 5, 23, 41, 148, 166, 178, 182, 230, 849, **851 f.**, 854 f., 915 f., 919, 931
Partizip II 5, 23, 29, 34, 36, 149, 158, 167, 179, 361 f., 563, 845, **851 ff.**, 878, 889, 918, 931, 948
Passiv 279, 709, 773, 852, 865, 870, 878, 880, 885, **887 ff.**, 927, 931
Perfekt / Präsensperfekt 29, 149, 167, 827, 836 f., **845 ff.**, 851 ff., 855, 883, 885, 887, 889 f., 931

Person 11, 63, 95 ff., 101, 104, 112, 266, 271, 279, 287 f., 295, 306, 315, 348, 366, 391 f., 454 f., 459, 589 f., 594, 607, 611 ff., 615 ff., 620, 660 f., 665, **667 ff.**, 682, 689 f., 699, 711 f., 719, 722 f., 733, 736, 750, 824 f., 827, **831 ff.**, 841, 849, 858, 868, 939, 942
Person(al)deixis 15, 253, 312, **577 ff.**, 603, 611 f., 658, 668, 678, 685, 687
Personalpronomen → Anapher (≈ 3. Person), Persondeixis (≈ 1., 2. Person), Pronomen
Phorik (→ auch: Anapher) 589
Phrase 15, 17, 24, 27 f., 39, 44, 97, 125, 295, 306 f., 405, 498, 593, 933
Platzhalter 360, 911 f.
Plural 112, 153 f., 174 f., 217, 301, 310 ff., 326, 341, 349, 452, 529, 589, 590, 612 f., 614, 621, 641, 665, 674, 678, 680 f., 689, 695, 699 f., 711, 730, 792, **801 ff.**, 809, 831, **833**, **836**, 931, 949
Plural-Anapher 275
Plusquamperfekt / Präteritumperfekt 836 f., **845**, 847, 931
Polysemie 125, 128, 133 f., 136 f., 360, 379, 412, 419, 707
Positiv 146 f., **154 f.**, 199 f., 202, 403, 409
POSSESSIV 622 f.
Possessivpronomen → Possessivum
Possessivum 15 f., 266, 331, 593, **601 ff.**, 659, 687 f.
Possessor 332, 347 ff., 603 f., 606 ff., 611 ff., 620, 622 f.
Possessum 332, 349, 603 f., 607 f., 611 f., 616, 621, 623
Postposition 32, 629
Potentialis 829, 841 ff.
Prädikat 23, 28 ff., 37, 43, 148, 158, 171 f., 203, 206, 210 ff., 215, 217, 227, 229 f., 251, 280 f., 299, 315, 317, 326, 330, 334 f., 388 ff., 393 ff., 399, 402, 404, 409, 411, 413, 470 ff., 334, 388 ff., 393 ff., 399, 402, 404, 409, 411, 413, 470 ff., 497, 510, 566, 593, 767, 771, 792, 809, 811, **835**, 827, 834, 850, 853,

855, 861 ff., 869, 872, 874, 878 f., 882, 884 f., 888, 890 f., 931, 949
Prädikatenlogik 393 ff.
Prädikation 10, 14, 99, 101, 105, 109, 148, 160, 163, 166 f., 170, 177, 223, 236, 238, 247 f., 251, 280 f., 298, 308, 313 f., 316 ff., 322 f., 327, 333, 347, 371, 409, 472, 496, 678, 825, 832, 840, 849, 861 ff., 873, 875, 884, 934, 944
Prädikativ(um) 23, 28, 144 f., 149, 155, 158 ff., 167, 170 ff., 176, 179 ff., 182 f., 191, 200, 207, 223, 234, 251, 280, 297, 299, 320 f., 326, 340, 409, 617, 619 f., 682, 712, 797, 808, 811, 813, 864, 868, 911, 940
Prädikativkomplement → Prädikativ
Prädikatskonstante 389 f., 392, 395
Präfixverb 34, 38
Pragmatik 9, 191, 239, 266, 269, 306, 466, 471, 488, 495, 504, 509, 516, 634 f., 648, 828, 891
Präposition 12, 17, 38, 63, 68 f., 74, 189, 193 f., 224 ff., 227 f., 245, 312, 326, 347, 367 ff., 456, 458 ff., 486, 507, 514, 591, 569 f., 605, 612, 614, **629 ff.**, 676, 682 f., 692, 716 f., 727 ff., 733 f., 738, 745 ff., 762, 764 f., 797, 805, 808, 810, 812, 818, 861, 867 f., 930 f., 936 ff., 941 ff.
Präpositionaladverb 226, 458, 734
Präpositionalkasus 193, 738, 867, 888
Präpositionalobjekt 459, 630, 641, 697, 728, 746, 808, 812, 868
Präpositionalphrase 5, 16, 96, 101, 193, 226 f., 251, 301, 309, 326, 347, 368, 403 f., 458, 461, 463, 551, 571, 573, 605, 630 f., 633, **640 ff.**, 651, 682, 716, 728, 734, 765, 808, 810, 818, 864, 867
Präsens 824 ff., 827, 829 f., 833, **835 ff.**, 847, 855
Präsensperfekt → Perfekt
Präsupposition 298, 363 f., 368, 371 ff., 472 f., 476, 502, 511, 678, 783
Präteritopräsentia 832, 880
Präteritum 16, 112, 540, 824, 831 ff., **835 ff.**, 847, 855, 931
Präteritumperfekt → Plusquamperfekt
Pro-Adverb 447, 459

Pro-Drop-Sprache 16, 349, 593, 751 f.
Pro-Form 741
Pronomen 12, 16, 59, 62 ff., 68 f., 74, 78, 191, 266 f., 272, 276 f., 279, 283, 295 f., 307 f., 311, 331, 387, 445 f., 448 f., 453, 589, 601, 609 ff., 640, **657 ff.**, 711, 727, 731 f., 735, 760, 911, 921, 992, 931, 936, 939, 941 f.
– Pronomen, artikelartiges 296, 446, 449, 453 f., 456 f., 459, 671
Pronominaladjektiv 670
Pronominaladverb 32, 447, 458 ff., 659, **696 f.**, 728, 733 f., 745 f., 750
pronominale Flexion 153, 674
Pronominalisierung 271 f.
Proposition 6 f., 9, 30, 98, 129 ff., 134 f., 223, 231 ff., 247, 250, 252, 255, 298, 307, 313, 350, 437, 472 f., 475, 483, 488, 495 ff., 503, 509 ff., 518 f., 526, 529 ff., 535, 539, 553, 589, 591, 675 f., 684, 686, 692, 694, 734, 740, 742 f., 767 ff., 774, 778, 780 f., 785, 830, 833 f., 840 ff., 849, 862, 877 f., 929
Proterm (→ auch: „Pronomen") 12, 16, 28, 266, 273, 365, 387 f., 393, 446, 601 f., 606, 608, 610 ff., 615 ff., 663, 670, 672, 685, 687 f.
Protermphrase 193 f.
Prototypentheorie 635, 645
Protowörter 35
Prozedur **6 ff.**, 12, 14, 191, 225, 234 f., 240, 255, 266, 269 ff., 306, 327 f., 331, 424, 429 ff., 434 f., 438, 483, 488, 490 ff., 494 ff., 503, 506 ff., 511 ff., 515 f., 518, 520, 528, 531, 533, 538, 541, 577, 579, 582 f., 589, 591, 635 f., 649, 667 ff., 680, 697, 708, 798, 803, 806, 809, 812, 818, 824, 859, 934 ff., 939, 942, 947
Prozedur, deiktische 6, 14, 16, 43, 191, 206, 214, 225, 240 ff., 255, 270, 276, 288, 327 f., 331, 337, 496, 577, **580 ff.**, 668 ff., 803, 824, 836, 839 f.
– Prozedur, operative **7**, 191, 438, 490, 492, 494, 496, 499 f., 509, 511, 513, 518, 520, 708
– Prozedur, phorische 271 f., 287, 289

- Prozedur, symbolische **6**, 191, 228, 236 f., 239, 244, 246 f., 255, 313, 322, 328 f., 335, 436, 469, 507, 533, 590, 667, 669, 697, **798**, 803, 809, 812, 947
- Prozedur, syntaktische → Installation, Integration (Determination, Expansion, Kollusion: Explikation, Kollustration, Konfiguration, Restriktion, Spezifizierung), Koordination, Synthese

P-set 300 ff.

QUALITATIV 624
Qualitativsupplement 200, 204, 207, 213
Quantifikativum 15 ff., **387 ff.**
quasideiktisch 14, 225, 227, 243 f., 255

Rangierpartikel 119, 357, 359, 525
Rattenfängerkonstruktion 468
Rededeixis 240, 588, 596 f.
Redehintergrund 551 f., 778, 785, 879
Rederaum 240, 308, 587 f.
referentielle Verankerung → Anker, referentieller
Referenz (→ auch: Bezugnahme) 27, 41 ff., 99, 163, 167, 208, 265, 267, 269 ff., 277 ff., 283 f., 286 ff., 294, 304, 324, 340, 496, 578 f., 589, 604, 623, 664, 707 ff., 711, 713 f., 734, 744, 799, 800, 807, 832, 836 ff., 846 f., 870, 929
Referenzzeit 838, 846 f.
Reflexivum 266, 593, 607 f., 685 ff., **707 ff.**
Reflexivpronomen → Reflexivum
Reformulierung 511, 513
Rektion 189, 332, 460, 629, 634 ff., 638 f., 642, 740, 747, 753, 827, 850 f., **867 ff.**, 875
Rektionskompositum 179, 806
Relation, grammatische / semantische 30, 39, 162, 622 ff., 713 f.
Relationsmarker 614
Relativadverb 694 f., 727, 729, **733 f.**, 745, 748, 766, 773
Relativpartikel 755 ff.
Relativpronomen → Relativum

Relativsatz 14, 311, 316, 330, 593, 623, 728, **734 ff.**, 942, 944
Relativsatz, appositiver vs. restriktiver 316, **734 ff.**
Relativsatz, freier **735 ff.**
Relativum 7, 15 f., 266, 276, 311, 486, 592, 607, 658, 694 f., 699, **727 ff.**, 760, 936 ff., 944
Responsiv **437 f.**, 513, 528 ff., 547, 921
Restriktion 14, 238, 493, 813, 934, 940, 942, 944 f.
Resumptivum 751
Rezipientenpassiv 890
Reziprokanapher 673, 680
rheinische Verlaufsform 855
rhema (griech.) 64, 126, 227, 792, 824 f., 861
Rhema (vs. Thema) 247, 271, 274, 277, 280 ff., 284, 288, 335, 342 f., 510, 533, 684 f., 889, 891
rhetorische Frage 465, 536
Richtlinien (Schule) 767, 905, 920 f., 928, 930, 932

Salienz 268, 303
Satzadverb 120, 229, 232, 358, 530 f., 563, 735
Satzadverbial **231 f.**, 358, 366, 418, 529, 547 f., 566, 569 f., 768, 771
Satzadverbialsatz 208 f., 211, 214, 771
Satzakzent 531
Satzfunktion / Satzglied 3, 23 f., **28 f.**, 30, 125, 128, 225, 228, 235, 365 ff., 405, 483, 499, 508, 510, 529, 610, 630, 633, 681 f., 685 f., 693 f., 728, 730 f., 737, 740 f., 743, 748 f., 759, 761, 786, 799, 804, 809 ff., 827, 912, 930, 933, 949
Satzgefüge → Subordination
Satzglied → Satzfunktion
Satzreihe (vgl. auch: → Koordination, Parataxe) 486, 930 f.
Scharnier-Konjunktiv 841, 843
Schulgrammatik 24, 631, 657 f., 662, 905, 911, 913, 920 f., 925
Schulwortarten 908, 921
Schwachton 36, 854
Selektor 206
semantic maps 489

semifinit 824, 849, 858
septem artes liberales 73, 76
Serialisierung 180, 873, 891
Sexus 273, 732, 942 f.
shifting 489
Silbe 2 ff., 9, 33 f., 257, 309, 338, 614, 773, 854, 931, 945
Singular 61, 104, 112, 153 f., 259, 279, 301, 310 ff., 324 ff., 330, 334, 339 f., 349, 452, 454 ff., 462, 589 f., 611 ff., 616, 618, 620, 641, 665, 681, 695, 700 f., 711, 730 ff., 736, 741, 801 f., 809, 831, 833, 835 f., 858, 930 f., 949
Skopus 126 ff., 233, 238, 247, 252 f., 298, 359, **369 ff.**, 401 f., 404, 418, 453, 461, 464, 467, 469, 472 f., 485, 516, 518, 520, 529, 547, 555, 561, **563 ff.**, 768, 772 f., 777, 780, 948
sloppy identity 272
Sortenplural 801
Sozialdeixis 590
Spatium 3, 25 f., 30
Spezifikationsanapher 283, 288
SPEZIFIKATIV 624 f.
Spezifizierung 17, 39, 97, 224 f., **233 ff.**, 243, 247, 249 ff., 255, 257 ff., 330, 676, 776, 945 f., 948
Sprache
– Sprache, agglutinierende 2, 39
– Sprache, flektierende 76, 79, 677, 766
– Sprache, isolierende 27, 39, 808, 810
– Sprache, polysynthetische 2, 27, 258
– Sprache, synthetische 808 f.
Spracherwerb 23, 26, 35, 328, 926, 932, 943
Sprachwandel 124, 230, 590, 885, 888, 932
Sprachwissen 6, 215, 236, 313 f., 318, 321 f., 927, 930, 935
Sprecher-Origo → Origo
Sprechhandlung (→ auch: Handlung) 269, 430 f., 437, 450, 474, 483, 494 ff., 501, 503, 518, 537, 583 f., 658, 669 f., 676, 769, 781
Sprechhandlungsensemble 498, 503
Sprechzeit / Sprechzeitraum 196, 239, 243, 584, 594, 596, **837 f., 846 f.**
Stadienprädikat 884

Stamm 3, 227, 242, 343 f., 512, 612 ff., 687, 798, 803 f., 806, 808 f., 830 f., 834, 854
Starkton 35 f.
Steigbügel (bootstrapping) 36
Steigerung → Komparation
Steigerungspartikel 119, 357 f., 397
Stellungsglied 365 f.
Stellvertreter 295, 579, 589, 607, 657, 662, 679
Stellvertreterpronomen 607
Stoa / Stoiker **66 ff.**, 75, 227, 295, 793, 825
Stoffname / Substanzbezeichnung / Substanzname 14 f., 324 f., 346, 791 f., 801, 804, 813, 936 f., 942
Strukturalismus 22, 634, 925, 927
Subjekt 10, 172, 195, 223, 233, 249, 277, 303, 321, 342, 367, 499, 510, 566, 593, 603, 617, 675, 677, 681 f., 684 ff., 707, 709 ff., 713 ff., 719, 722 f., 732, 748 f., 751, 767, 792, 808, 812, 825, 827, 832, 834, 840, 846, 852, 856 ff., 861 ff., 867 f., 870 f., 884, 886 ff., 891, 911 ff., 931, 944, 949
Subjektargument → Subjekt
Subjektion 10, 14, 16, 236, 496, 862, 934, 939
SUBJEKTIV 624
Subjunktor 7, 12, 15 f., 191 f., 199, 208, 214, 224, 229, 242, 360, 367, 486, 488, 490 ff., 496 f., 505, 518, 525 f., 592, 728, **759 ff.**, 917, 946, 948
– Subjunktor, finaler **782 ff.**
– Subjunktor, kausaler 770, **780 ff.**
– Subjunktor, konditionaler 742 f., 763, 771, 774, **778 ff.**, 785, 787, 841
– Subjunktor, konsekutiver 773, **784 ff.**
– Subjunktor, konzessiver 533, 763, 765, 771, **783**
– Subjunktor, temporaler 214, 242, 533, 745, 763, 770 f., **775 ff.**, 779
Subordination / Satzgefüge / Hypotaxe 192, 212, 486, 489, 703, 747, 763, 780, 930
subordinierende Konjunktion → Subjunktor

Substantiv 4, 12, 14 f., 28, 30, 38, 52, 54,
    64 f., 83, 95 ff., 105, 112, 149 f., 152,
    157 ff., 163, 165, 173 ff., 181, 183, 191,
    226, 228 f., 251, 256, 258, 266 f., 312,
    326, 332, 335, 338, 348, 399 f., 404 f.,
    410, 419, 602 ff., 609 f., 612, 614 ff.,
    621 ff., 625, 631, 640, 663 f., 666,
    670 ff., 680, 685, 688, 696 ff., 727,
    791 ff., 825 ff., 831, 852, 907 f., 915 f.,
    918, 935 ff., 939 ff.
Substantivierung 4, 181, 297, 319, 792,
    798 f., 908, 916, 918
Substantivvalenz 812
Substanzname / Substanzbezeichnung →
    Stoffname
Superlativ 146, 154 f., 163, 309, 408, 415,
    419
SUPERLATIV 625
Supinum **849 ff.**
Supplement (Satzfunktion) / (freie) An-
    gabe 43, 191, 200, 204, 207, 209, 211,
    213, 225, 231, 247, 251, 254, 405, 570,
    573, 743, 749, 767 f., 856, 864, **871 ff.**,
    944, 949
Symbolfeld **5 ff.**, 15, 191, 225, 229, 244,
    255 f., 270, 308, 313 f., 328, 344, 435,
    440, 496 f., 507, 520, 580, 636, 651,
    796, 798, 799, 803, 807, **810 ff.**, 824
Symbolfeldausdruck, purer 798
syndesmos **66**, 69, **487**
Synonymie 267
Synsemantika 43, 127, 369
Syntax, prozedurale 496
Synthese 7, 9, 11 ff., 16 f., 496, 954
Szenario 9 f., 11 ff., 15, 17, 225, 234 f.,
    237, 253, 315, 853, 859, 934, 945 f.

Tätigkeitsverb **884 ff.**
Tätigkeitswort → Verb
telisch / atelisch 304, 881 f., 883, 885 f.
Tempus 104, 158, 256, 258, 303, 342,
    350, 775, 797, 824 f., **832 ff.**, 854, 931
Termini (Wortarten) der KMK →
    KMK-Richtlinien
Textdeixis 240, 587 f.
Textraum 236, **240**, 246, 276, **587 f.**, 597
Thema / thematisch 236, 251 ff., 268,
    271, 276 f., 281 ff., 287 f., 299 f., 305,
314, 322, 339, 342 f., 505, 510, 528,
    540, 636, 642, 668 f., 713, 736, 744,
    889, 891, 927, 937, 942, 945
Themafortführung / Kontinuität 265 f.,
    276 f., 280, 282 ff., 287, 315
thematische Hierarchie 867
t-Marker 831, 837, 840, 846 f.
Tonmuster 9, 247, 947
Tonsprache 429
Topikzeit 837
Transformationsgrammatik → Genera-
    tive Grammatik
translatif 629, 634
Transposition 5, 156, 162, 176, 507 f.,
    590, 595, 752, 803, 807 f., 818

Umgebungsrahmen 4
Umrisswort 663, 667, 699, 729
Umstandswort (→ Adverb) 223, 230
Unbestimmtheit, semantische 669, 698 f.
Universalien 9, 794
Universalkonjunktor 494, 508

Valenz 151, 207, 235, 641, 682, 686, 740,
    812, 828, 856, 861, **864 ff.**, 888, 912
Valenzgrammatik 234 f., 827
Verb 4 ff., 10, 16 f., 28 f., 56, 64, 66, 74,
    79, 95 ff., 100, 103, 106, 109, 112, 143,
    158, 173, 178, 183, 234 f., 256, 258,
    338, 670, 738 ff., **823 ff.**, 918, 921, 931,
    941, 948
- Verb, ergatives 880, **885 ff.**
- Verb, finites 16, 28, 350, 468, 490, 492,
    525, 534, 538, 540 f., 562 ff., 571, 574,
    593, 679, 693, 715, 722, 727, 759, 761,
    765, **824 ff.**, 832 ff., 840, 845 f., 847 f.,
    850, 858, 864, 867 ff., 891
- Verb, infinites 5, 12, 29 f., 33, 37, 64,
    126, 275, 280, 440, 468, 510, 672,
    714 f., 747, 762, 765, 798, 806, **824 ff.**,
    830 ff., 846, 848 ff., 853 ff., 864, 868,
    873, 878, 880, 885, 912, 915, 918, 927,
    931, 943, 948
- Verb, inchoatives / ingressives 877, 881
- Verb, intransitives 686, 709, 832, **886 ff.**
- Verb, schwaches 828, **831 ff.**
- Verb, starkes 828, **831 ff.**, 858
- Verb, transformatives 881

Sachregister

- Verb, transitives 717, 721, 852, 880, **886 ff.**
- verbum sentiendi 876 f.
Verbaladjektiv **148**, 178
Verbalaspekt → Aspekt
Verbgruppe 207, 228, 230 f., 234 f., 304, 483, 494 f., 497, 499, 566, 768, 941, 945, 947 f.
Verbgruppenadverbiale 225, 563, 566
Verbvalenz → Valenz
Vergleichssubjunktor **774 f.**
Verhältniswort → Präposition 629
Verweisobjekt **582 ff.**, 588 f., 592, 594, 696, 813
Verweisraum 6, 225, 236, 239, 327, 583, **587 f.**, 667, 835, 838 ff., 846 f., 854, 937
Volitiv 551 f., 782, 830, 841 ff.
Vollverb 16, 710, **828**, 865, 872, 878 ff., 885, 888 ff., 946, 948
Vorfeld 157, 207 ff., 214, 224, 233, 247 f., 251 f., 276, 278 f., 321, 362, 365, 406 f., 418, 461 ff., 467, 483, 492, 515, 526, 538, 562, 742, 761, 769, 786, **891**, 912, 918, 949
Vorgangspassiv 885, 889 f.
Vorgangsverb 874, **884 f.**
Vorstellungsraum 212, 236, 239 f., 246, 313, 323, 328 f., **587 f.**, 594, 636, 648 f., 839 f., 842, 844, 846 f.
VSO-Sprachen 256, 679

Wackernagel-Position 126, 362
W-Adverb 192, 446, 448 f., 451 f., 458 f., 729, 740, 755
Wahrnehmungsraum 239, 327, **581**, **587**, 648 f., 667, 690 f., 839 ff., 844, 846 f.
W-Determinativ → Determinativ, interrogatives
Wechselpräposition 629, 631
Wertigkeit / Stelligkeit → Valenz
W-Frage 450, 466 ff., 471 ff., **474 f.**
W-Fragesatz **465 ff.**, 471, 473, 476, 740
Wissensrahmen **313 ff.**, 321 ff., 328 f., 331, 335
Wissensverarbeitung → mentale Prozesse
W-Objektdeixis (→ auch: Interrogativum) 446, 449, 676

Wort **7 ff.**, **21 ff.**, 493, 930, 934 f.
- Wort, grammatisches / syntaktisches 4, 23, 25, 27, 30, 40 ff.
- Wort, phonologisches **2 ff.**, 6, 14, 27, 33, **40 ff.**
- Wort, prosodisches 27, 31, **33 f.**
- Wort, psychologisches 26, **35 ff.**
- Wort, typologisches 23, 27, 37 ff., **95 ff.**
Wortakzent 34, 762
Wortartentagging 909
Wortartenwechsel (→ auch: Konversion) 106, 803, 806, 915
Wortform **3 ff.**, 7, **22**, 25, 29 f., 34, 39 ff., 154, 294, 458, 493, 673, 675, 688, 707 f., 710, 712, 718, 808 f., 811
Wortfuge 805
Wortgruppe 15, 17, 32, 56, 233, 566, 930, 933 f., 938, 946, 949
W-Phrase / Interrogativphrase 335 f., 446, 452 f., 463 ff., 467 ff., 472 f., 475
W-Pronomen (→ auch: Interrogativum) 447, 451, 457, 459, 463, **675 f.**, 731, 744, 868
W-Relativum 727 f., 741, 744, 754
Wunschmodus 560

X-bar-Syntax 24

Zahladjektiv 322, 326, 335
Zahlwort 309, 322, 341, 699, 905, 940, 943
Zeigwort → Deixis
Zeigen, gestisches 239, 241, 227
Zeigen, sprachliches **6 f.**, 9, 15, 17, 239 ff., 270, 276, 496, **578 ff.**, 658, 666, 669, 678, 690 ff., 934, 947
Zeigfeld **6**, 9, 15, 191, 225, 240, 242, 268, 270, 440, 496, 507, 577, 579 ff., 589, 752, 839
Zeitwort → Verb
Zirkumposition 629 f., 635, 637
zusammengesetztes Verweiswort 226
Zustandspassiv 149, 167, 179, 851, 885, **889 f.**
Zustandsverb 828, 873 f., **884 f.**
Zweifelderlehre 270, 636

E2 Sprachenregister

Albanisch 332, 338, 340
Althochdeutsch (ahd.) 112, 226, 241, 244, 305, 308 f., 399, 507 f., 511 f., 514, 516, 575, 608 f., 674, 693, 752, 830 f., 852, 877, 926
Arabisch 57, 79 f., 337, 340, 722, 747 f., 750 f.
Avar 257

Bairisch 307, 695, 800
Baskisch 337, 339, 749
Bemba 242
Bulgarisch 306, 337, 341 f., 469

Cayuga 103 ff.
Chinese Pidgin English 256
Chinesisch / Mandarin 16, 82, 86, 102 f., 105, 256, 303, 429, 675, 720 ff.
Creole 256

Dänisch 772
Dialekte, deutsche 199, 202, 307, 311, 379, 420, 467, 575, 620, 639, 695, 697, 727, 729, 746, 800
Dutch → Niederländisch

Englisch 99, 102 ff., 107 f., 112, 122, 181 ff., 202, 208, 223, 225, 228, 230, 234, 252, 255 f., 331, 337 f., 358, 364, 378, 404, 458, 470, 527, 605, 616, 621, 625, 629, 651, 676, 680, 685, 687 ff., 690, 698 f., 701, 718, 721 f., 735 f., 747 ff., 752, 771 f., 774, 776, 779, 799, 808, 810 f., 885, 891, 943, 945
Estnisch 337

Farsi 337, 350
Finnisch 334, 349, 378
Französisch 83, 180 ff., 200, 208, 337 f., 419, 439, 527, 536, 542, 575, 590, 621, 625, 675 f., 681, 687 f., 689, 691, 693, 696, 698, 701

Frühneuhochdeutsch 202
Ful / Fulani 337, 721

Gebärdensprache 258 f.
Gotisch (got.) 305, 308 f., 514, 608, 691, 852
Griechisch (Altgriechisch) 8, 53, 56 ff., 63 ff., 67, 69 f., 75 f., 78 f., 83, 144, 223, 227, 229, 257, 265, 267, 297, 304, 306, 308, 339, 341, 350, 423 f., 487, 577, 629, 633, 657, 660 f., 664, 675, 677, 694, 701, 747, 793, 797, 824
Griechisch (Neugriechisch) 431, 437, 749
Grönländisch 749

Hatam 348
Hausa 96, 99 ff., 104, 107, 257
Hawaianisch 337
Hebräisch 80, 83, 337, 341, 578, 721
Hindi 337, 720

Isländisch 305, 341, 621, 723
Italienisch 21, 332, 337, 348, 419, 621 f., 681, 748

Japanisch 6, 242, 337, 378, 453, 585 ff., 590, 650, 720, 722
Javanisch 337
Jiddisch 337

Katalanisch 337
Kobon 108
Kölsch 311
Koreanisch 720, 723
Kurdisch 337
Kwakwala (Nordamerika) 258

Latein 180 ff., 223, 255, 257, 295, 308, 337, 419, 423, 425, 487, 617, 629, 631, 657, 660 ff., 664, 702, 793, 797, 808 f., 811, 824, 826, 836 f.
Lettisch 337
Litauisch 676

Madagassisch 340, 679, 720
Makah 258
Makedonisch 337, 342
Mandarin → Chinesisch
Marathi 257
Maya 259, 350
Malayalam 720
Mekeo 348
Mittelhochdeutsch (mhd.) 112, 145, 181, 202, 241 f., 256, 308 ff., 311, 313, 326, 399, 507, 511, 514, 520, 609, 617, 671, 674, 685, 693, 696, 701
Mundari 109

Neuhochdeutsch (nhd.) 112, 145, 180, 575, 609, 617, 619, 730, 831
Ngiyambaa (Australien) 258
Niederländisch 98, 102, 104, 107, 111, 605
Norwegisch 350, 621, 772, 779

Ostkuschitisch 106

Persisch → Farsi
Pidgin 256
Polnisch 337, 609, 616 f., 621, 625, 749

Quechua 98, 100 f., 104, 107, 337

Russisch 337, 343 ff., 348 f., 651, 675 f., 686, 721 f., 796, 927, 940

Sanskrit 666
Somali 106
Spanisch 337, 542, 642, 664, 670, 681, 687, 721

Tagalog 104 ff., 338, 340
Tamilisch / Tamil 337, 536, 676
Telugu 337
Thailändisch 43, 720
Tonga 98 ff., 103 ff., 107, 110, 113, 338
Tschechisch 337, 651
Türkisch 106, 242, 256 f., 288, 337, 341 f., 349, 615, 620, 636, 651, 721, 927, 939 f., 942 ff.
Tuscarora 99, 104, 107

Ugaritisch 337
Ukrainisch 337, 342 ff., 346, 348 f., 940
Ungarisch 106, 326, 337, 615, 625, 696, 749
Uto-Aztekisch 258

Vietnamesisch 429, 720
Wambon 99, 101 f., 104, 107

Wik-Munkan 255

Yoruba 257

!Xû 107

E3 Bibliographie zu den Wortarten (Auswahl)[1]

Bibliographien zur deutschen Grammatik

Eisenberg, P. / Gusovius, A. (1988²) Bibliographie zur dt. Grammatik 1965–1986. Tübingen: Narr
Eisenberg, P. / Wiese, B. (1995³) Bibliographie zur dt. Grammatik 1983–1994. Tübingen: Stauffenburg
Frosch, H. / Schneider, R. / Strecker, B. / Eisenberg, P. (2003⁴) Bibliographie zur dt. Grammatik 1994–2002. Tübingen: Stauffenburg
http://hypermedia.ids-mannheim.de/pls/public/bib.ansicht (Stand: 8.3.2006).

Allgemeine Literatur

Admoni, W. (1982⁹) Der deutsche Sprachbau. München: Beck
Aichinger, K. F. (1754) Versuch einer teutschen Sprachlehre […]. Frankfurt / und Leipzig [Reprint: Hildesheim (1972): Olms]
Aikhenvald, A. Y. (2002a) Typological parameters for the study of clitics, with special reference to Tariana. In: Dixon, R. M. W. / Aikhenvald, A. Y. (Hg.), 42–78
Anderson, J. M. (1997) A Notional Theory of Syntactic Categories. Cambridge: University Press
Baerentzen, P. (1998) Zur Definition der Wortarten im Deutschen. In: Harden, T. / Hentschel, E. (Hg.) Particulae particularum: Festschrift zum 60. Geburtstag von Harald Weydt. Tübingen: Stauffenburg, 31–42
Baker, C. L. (1975) The Role of Part-of-Speech Distinctions in Generative Grammar. In: Theoretical Linguistics 2, 113–131
Baker, M. C. (2003) Lexical Categories: Verbs, Nouns, and Adjectives. Cambridge: University Press
Bartels, G. / Pohl, I. (Hg.) (1993) Wortschatz – Satz – Text. Frankfurt: Lang
Bechert, J. / Schmid, W. P. (1973) Skizze einer allgemeinen Theorie der Wortarten. In: Indogermanische Forschungen 78, 207–212
Behaghel, O. (1928) Deutsche Syntax Bde. I–IV. Heidelberg: Winter
Bergenholtz, H. (1976) Grammatik im Wörterbuch: Wortarten. In: Germanistische Linguistik 1–3 / 83, 19–72

---

[1] Ich danke C. Knobloch und B. Schaeder für die freundliche Erlaubnis, ihre Bibliographie in Knobloch, C. / Schaeder, B. (Hg.) (2005) Wortarten und Grammatikalisierung. Berlin / New York: de Gruyter in diese Bibliographie einbeziehen zu können.

Bergenholtz, H./Schaeder, B. (1977) Die Wortarten des Deutschen: Versuch einer syntaktisch orientierten Klassifikation. Stuttgart: Klett
Best, K.-H. (1980) Überlegungen zu einigen Problemen morphologisch orientierter Wortartenmodelle. In: Kwartalnik neofilologiczny (Warschau) 27, 23–42
Biber, D./Johansson, S./Leech, G./Conrad, S./Finegan, E. (2000) Longman Grammar of Spoken and Written English. London: Longman
Böhm, R. (1998) Notional Grammar, Wortklassen und Dependenz. Bremen: Bremer Linguistisches Kolloquium. Bd. 7
Booij, G. E./Lehmann, C./Mugdan, J. (Hg.) (2000) Morphologie. Ein internationales Handbuch zur Flexion und Wortbildung 1. Halbbd. HSK 17.1. Berlin/New York: de Gruyter
Booij, G. E. (2005) The Grammar of Words. Oxford: University Press
Braunmüller, K. (1985) Überlegungen zu einer Theorie der sog. Nebenwortarten. In: ZGL 13, 278–294
Brinkmann, H. (1950) Die Wortarten im Deutschen. Zur Lehre der einfachen Formen der Sprache. In: Wirkendes Wort 1950 1, 65–79
Brinkmann, H. (1971^2) Die Deutsche Sprache. Düsseldorf: Schwann
Brøndal, V. (1948) Les parties du discours: Partes orationis. Études sur les catégories linguistiques. Kopenhagen: Munksgaard
Bühler, K. (1999/1934) Sprachtheorie. Stuttgart: Urban & Fischer [UTB Bd. 1159]
Busse, D. (1997) Wortarten und semantische Typen. In: Dürscheid, C. et al. (Hg.) Sprache im Fokus. Festschrift für Heinz Vater. Tübingen: Niemeyer, 219–240
Carnochan, J. (1967) Word classes in Igbo. In: Lingua 17, 1–23
Charitonova, I. J. (1977) Zur Frage von Zentrum und Peripherie einer Wortart im Deutschen. In: Helbig, G. (1977), 28–38
Colombat, B. (Hg.) (1988) Les parties du discours. Paris [Langages 92]
Comrie, B. (1991^2) Language Universals and Linguistic Typology. Oxford: Blackwell
Coseriu, E. (1987) Über die Wortkategorien („partes orationis"). In: Coseriu, E. Formen und Funktionen. Studien zur Grammatik. Tübingen: Narr, 24–44 [Reprint unter dem Titel „Zum Problem der Wortarten" in Schaeder, B./Knobloch, C. (Hg.) (1992), 366–386]
Coseriu, E. (2004) On Parts of Speech (Word Categories, ‚partes orationis'). In: Logos and Language. Journal of General Linguistics and Language Theory 2., 47–62
Croft, W. (1991) Syntactic categories and grammatical relations. The cognitive organization of information. Chicago: University of Chicago Press
Croft, W. (2001) Radical Construction Grammar. Oxford: University Press
Croft, W. (2003^2) Typology and Universals. Cambridge: University Press
Crystal, D. (1967) Word classes in English. In: Lingua 17, 24–56
Daniels, F. J. (1967) Word classes in Japanese. In: Lingua 17, 57–87
Darski, J. (1996) Die Wortarten des Deutschen. Ein neuer Ansatz. In: Studien zur deutschen und niederländischen Sprache und Kultur. Festschrift für Jan Czochralski. Warszawa: Universität Warschau, 39–59

Dixon, R.M.W./Aikhenvald, A.Y. (Hg.) (2002) Word. A Cross-Linguistic Typology. Cambridge: University Press
Dixon, R.M.W./Aikhenvald, A.Y. (2002a) Word: a typological framework. In: Dixon, R.M.W./Aikhenvald, A.Y. (Hg.), 1–41
Dokulil, M. (1968) Zur Frage der Konversion und verwandter Wortbildungsvorgänge und -beziehungen. In: TLP 3, 215–239
Dudenredaktion (Hg.) (2005) Duden. Die Grammatik. Mannheim: Dudenverlag
Ehlich, K. (2000²) Funktional-pragmatische Kommunikationsanalyse – Ziele und Verfahren. In: Hoffmann, L. (Hg.) Sprachwissenschaft. Ein Reader. Berlin/New York: de Gruyter, 183–202
Eisenberg, P. (2006³) Grundriß der deutschen Grammatik. Bd. 1: Das Wort. Stuttgart: Metzler
Eisenberg, P. (2006³) Grundriß der deutschen Grammatik. Bd. 2: Der Satz. Stuttgart: Metzler
Emonds, J. (1986) Les parties du discours en grammaire générative. In: Recherches linguistiques de Vincennes, Nr. 14/15, 53–154
Engel, U. (2004) Deutsche Grammatik. München: Iudicium [Neubearbeitung]
Erlinger, H. D./Knobloch, C./Meyer, H. (Hg.) (1989) Satzlehre – Denkschulung – Nationalsprache: Deutsche Schulgrammatik zwischen 1800 und 1850. Münster: Nodus
Evans, N. (2000) Word classes in world's languages. In: Booij, G. E./Lehmann, C./Mugdan, J. (Hg.) (2000), 708–732
Faendrich, C. (1993) Wortart, Wortbildungsart und kommunikative Funktion: am Beispiel der adjektivischen Privativ- und Possessivbildungen im heutigen Deutsch. Tübingen: Niemeyer
Flämig, W. (1977) Zur grammatischen Klassifizierung des Wortbestandes im Deutschen. In: Helbig (Hg.) (1977), 39–52
Forsgren, K. A. (1977) Wortdefinition und Feldstruktur: Zum Problem der Kategorisierung in der Sprachwissenschaft. Göteborg: Acta Universitatis Gotheburgensis
Garde, P. (1983) Présupposés linguistique de la théorie des parties du discours. In: Les parties du discours. Cercle linguistique d'Aix-en-Provence. Travaux 1, 1–8
Gardiner, A. H. (1951²) The theory of speech and language. London: Oxford University Press
Gasser, H. (1984) Wortart oder Lexemklasse oder …? Zu Fragen grammatischer Begriffsbildung. In: Deutsche Sprache 12, 41–53
Givón, T. S. (1979) On Understanding Grammar. New York: Academic Press
Givón, T. S. (1993) English Grammar. A Function-Based Introduction. Amsterdam: Benjamins
Givón, T. S. (2001) Syntax. Vol. 1–2. Amsterdam/Philadelphia: Benjamins
Glinz, H. (1957) Der deutsche Satz. Wortarten und Satzglieder wissenschaftlich gefaßt und dichterisch gedeutet. Düsseldorf: Schwann
Glinz, H. (1957a) Wortarten und Satzglieder im Deutschen, Französischen und Lateinischen. In: Der Deutschunterricht 9, Heft 3, 13–28

Groot, A. W. de (1948) Structural Linguistics and Word Classes. In: Lingua 1, 427–500
Halteren, H. van (Hg.) (1999) Syntactic wordclass tagging. Dordrecht: Kluwer
Hartmann, P. (1956) Wortart und Aussageform. Heidelberg: Winter
Haspelmath, M. (2001) Word classes and parts of speech. In: Baltes, P. B. / Smelser, N. J. (Hg.) International Encyclopedia of the Social and Behavioral Sciences. Amsterdam: Pergamon, 16538–16545
Heger, K. (1985) Flexionsformen, Vokabeln und Wortarten. Heidelberg [Abhandlungen der Heidelberger Akademie der Wissenschaften, Phil.-hist Klasse 1 / 1985]
Heidolph, K. E. / Flämig, W. / Motsch, W. (Hg.) (1981) Grundzüge einer deutschen Grammatik. Berlin: Akademie
Heine, B. / Kuteva, T. (2002) World Lexicon of Grammaticalization. Cambridge: University Press
Helbig, G. (1968) Zum Problem der Wortarten, Satzglieder und Formklassen in der deutschen Grammatik. In: Růžička, R. (Hg.) Probleme der strukturellen Grammatik und Semantik. Leipzig, 55–85 [Reprint. In: Schaeder, B. / Knobloch, C. (1992), 333–364]
Helbig, G. (Hg.) (1977) Beiträge zur Klassifizierung der Wortarten. Leipzig: Bibliogr. Institut
Helbig, G. (1977a) Zu einigen Problemen der Wortklassifizierung im Deutschen. In: Helbig, G. (Hg.) (1977), 90–118
Helbig, G. / Buscha, J. (2001) Deutsche Grammatik. Ein Handbuch für den Ausländerunterricht. München: Langenscheidt [Neuausgabe]
Hempel, H. (1962) Wortklassen und Bedeutungsweisen. In: Moser, H. (Hg.) Das Ringen um eine deutsche Grammatik. Darmstadt, 217–254
Hengeveld, K. (1992) Parts of speech. In: Fortescue, M. / Harder, P. / Kristoffersen, L. (Hg.) Layered Structure and Reference in a Functional Perspective. Amsterdam: Benjamins, 29–56
Hennig, M. (2006) So, und so, und so weiter. Vom Sinn und Unsinn der Wortartenklassifikation. In: Zeitschrift für germanistische Linguistik 34, 409–431
Hentschel, E. / Weydt, H. (1995) Die Wortarten im Deutschen. In: Ágel, V. / Brdar-Szabó, R. (Hg.) Grammatik und deutsche Grammatiken. Tübingen, 39–60
Herbermann, C. P. (1981) Wort, Basis, Lexem und die Grenze zwischen Lexikon und Grammatik: Eine Untersuchung am Beispiel der Bildung komplexer Substantive. München: Fink
Hermann, E. (1928) Die Wortarten. Berlin [Reprint. In: Schaeder, B. / Knobloch, C. (1992), 151–205]
Herrmann, W. (1989) Die Wortarten im Koreanischen. In: Zeitschrift für Phonetik, Sprachwissenschaft und Kommunikationsforschung 42, 729–737
Hoffmann, L. (1996) Satz. In: Deutsche Sprache 3, 193–224
Hoffmann, L. (1997) Wortarten und interaktive Einheiten. In: Zifonun, G. / Hoffmann, L. / Strecker, B. et al. Bd. 1. 1997, 21–67
Hoffmann, L. (Hg.) (2000^2) Sprachwissenschaft. Berlin / New York: de Gruyter

Hoffmann, L. (Hg.) (2003) Funktionale Syntax. Berlin/New York: de Gruyter
Hoffmann, L. (2003a) Funktionale Syntax: Prinzipien und Prozeduren. In: Hoffmann, L. (Hg.), 18–121
Hoijer, H. (1967) Word classes in Navaho. In: Lingua 17, 88–102
Honey, P. J. (1956) Word classes in Vietnamese. In: BSOAS 18, 534–544
Hopper, P. J./Thompson, S. A. (1984) The iconicity of the universal categories „noun" and „verb". Amsterdam: Benjamins
Hopper, P. J./Thompson, S. A. (1984a) The Discourse Basis for Lexical Categories in Universal Grammar. In: Language 60, 703–752
Huddleston, R./Pullum, G. K. (2002) The Cambridge Grammar of the English Language. Cambridge: University Press
Hundsnurscher, F. (2006) Wortart und Satzkonstitution. In: Dietrich, W. et al. (Hg.) (2006) Lexikalische Semantik und Korpuslinguistik. Akten der Geckelergedenktagung. Tübingen: Narr, 209–222
Jäger, L. (1979) Wortart und Satzteil: Problemgeschichtliche Anmerkungen zum Satzbegriff der Syntax des Deutschen von K. F. Becker bis H. J. Heringer. In: Germanistische Linguistik 5–6/79, 41–70
Jeep, L. (1893) Zur Geschichte der Lehre von den Redetheilen bei den lateinischen Grammatikern. Leipzig
Jellinek, M. H. (1913/14) Geschichte der neuhochdeutschen Grammatik von den Anfängen bis auf Adelung. 2 Bde. Heidelberg: Winter
Jespersen, O. (1940) Word classes and ranks. In: The Journal of English and Germanic philology, 197–200
Joly, A. (1976) Le débat sur les parties du discours à l'époque classique. In: Zeitschrift für Phonetik, Sprachwissenschaft und Kommunikationsforschung 29, 464–467
Juilland, A./Roceric, A. (1972) The linguistic concept of word: An analytic bibliography. Paris: Gravenhage
Kaltz, B. (1983) Zur Wortartenproblematik aus wissenschaftsgeschichtlicher Sicht. Hamburg: Buske
Kaltz, B. (2000) Wortartensysteme in der Linguistik. In: Booij, G. E./Lehmann, C./Mugdan, J. (Hg.) (2000), 693–707
Kaznelson, S. D. (1974) Sprachtypologie und Sprachdenken. Berlin: Akademie, München: Hueber
Kempgen, S. (1981) „Wortarten" als klassifikatorisches Problem der deskriptiven Grammatik: Historische und systematische Untersuchungen am Beispiel des Russischen. München: Sagner
Knobloch, C. (1986) Wortarten in der Schulgrammatik: Probleme und Vorschläge. In: Der Deutschunterricht 38/2, 37–50
Knobloch, C. (1988) Die Sprache als Technik der Rede: Beiträge zu einer Linguistik des Sprechens. Frankfurt/Bern/New York/Paris: Lang
Knobloch, C. (1988a) Das Wortartenproblem in Sprachpsychologie und Spracherwerbsforschung. In: Knobloch, C. (1988), 131–161
Knobloch, C. (1988b) Wortarten und Satzglieder in der deutschen Grammatik zwischen Adelung und Becker. In: Knobloch, C. (1988), 89–130

Knobloch, C. / Schaeder, B. (1992) Wortarten – Beiträge zur Geschichte eines grammatischen Problems. Ein Vorwort. In: Schaeder, B. / Knobloch, C. (Hg.) (1992), 1–42

Knobloch, C. (2000) Kriterien für die Definition von Wortarten. In: Booij, G. E. / Lehmann, C. / Mugdan, J. (Hg.) (2000), 674–692

Knobloch, C. / Schaeder, B. (Hg.) (2005) Wortarten und Grammatikalisierung. Perspektiven in System und Erwerb. Berlin / New York: de Gruyter

Koschmieder, E. (1965) Beiträge zur allgemeinen Syntax. Heidelberg: Winter

Krámský, J. (1969) The word as a linguistic unit. The Hague / Paris: Mouton

Kubrakova, E. S. (1989) The parts of speech in word formation processes and in the linguistic model of the world. Leipzig, 10–12

Kupfer, P. (1979) Die Wortarten im modernen Chinesischen. Zur Entwicklung und Etablierung einer grammatischen Kategorie im Rahmen der chinesischen Linguistik. Diss. Bonn

Kurylowicz, J. (1973 / 1936) Dérivation lexicale et dérivation syntaxique. Contribution à la théorie des parties du discours. In: Esquisses Linguistiques I. München, 41–50

Lagarde, J.-P. (1988) Les parties du discours dans la linguistique moderne et contemporaine. In: Langage 92, 93–107

Langacker, R. W. (1987) Nouns and verbs. In: Language 63 / 1, 53–94

Lehmann, C. (1982) Nominalisierung: Typisierung von Propositionen. In: Seiler, H. / Lehmann, C. (Hg.) Apprehension: Das sprachliche Erfassen von Gegenständen Teil I: Bereich und Ordnung der Phänomene. Tübingen, 66–83

Lehmann, C. (1985) On Grammatical Relationality. In: Folia Linguistica 19, 67–109

Lemarechal, A. (1989) Les parties du discours: Sémantique et syntaxe. Paris

Luukkainen, M. (1984) Wortarten als grammatisch-didaktisches Problem, unter Berücksichtigung der Beziehungen zwischen Lexik und Grammatik. In: Germanistisches Jahrbuch für Nordeuropa 5, 12–15

Luukkainen, M. (1988) Von der Lexik zur Grammatik: Überlegungen zu den Begriffen Wortart, Satzglied und Satz im Rahmen eines aktionalen Sprachmodells. Helsinki: Suomalainen Tiedeakatemia

Lyons, J. (1991) Towards a „notional" theory of the „parts of speech". In: Lyons, J. Natural language and universal grammar: Essays in linguistic theory. Vol. I. Cambridge, 110–145

Mager, C. M. (1841) Die grammatischen Kategorien. In: Pädagogische Revue, Heft 7, 321–371 [Reprint in: Schaeder, B. / Knobloch, C. (1992), 99–150]

Magnusson, R. (1954) Studies in the theory of the parts of speech. Lund / Copenhagen

Marty, A. (1950) Satz und Wort. Eine kritische Auseinandersetzung mit der üblichen grammatischen Lehre. Bern: Francke

Matthews, P. H. (1991^2) Morphology. Cambridge: University Press

Matthews, P. H. (2002) What can we conclude? In: Dixon, R. M. W. / Aikhenvald, A. Y. (Hg.), 266–281

Mayerthaler, W. (1982) Das hohe Lied des Ding- und Tunwortes bzw. Endstation „Aktionsding". Eine Wortartstudie im Rahmen der Natürlichkeitstheorie. In: Papiere zur Linguistik 2, 25–61
Meier, G. F. (1979) Wortklassen als Basis jeder Grammatiktheorie: Zur Methodologie der Wortklassifikation in asiatischen und europäischen Sprachen. In: Zeitschrift für Phonetik, Sprachwissenschaft und Kommunikationsforschung 32, 24–35
Meillet, A. (1909/1903) Einführung in die vergleichende Grammatik der indogermanischen Sprachen. Leipzig/Berlin: Teubner
Moskal'skaja, O. I. (1975) Zur Wortartentheorie. In: Helbig, G. (Hg.) (1977), 138–147
Mühlner, W./Sommerfeldt, K.-E. (Hg.) (1993) Wortarten und Satztypen des Deutschen und Russischen. Frankfurt/Bern: Lang
Naes, O. (1962) Versuch einer allgemeinen Syntax der Aussagen. In: Moser, H. (Hg.) Das Ringen um eine deutsche Grammatik. Darmstadt, 280–334
Neide, J. G. C. (1797) Über die Redetheile. Ein Versuch zur Grundlegung einer allgemeinen Sprachlehre. Züllichau
Nelson, K. (1974) Concept, word, and sentence. In: Psychological Review 81/4, 267–285
Newman, S. (1967) Word classes in Yokuts. In: Lingua 17, 182–199
Ossner, J. (1988) Wortarten: Form- und Funktionsklassen. In: Schlieben-Lange, B./Ivo, H. (Hg.) (1988), 94–117
Otto, E. (1928) Die Wortarten. In: Germanisch-Romanische Monatsschrift XVI. Jg., 417–424 [Reprint in: Schaeder, B./Knobloch, C. (1992), 197–205]
Palmer, F. R. (1967) Word classes in Bilin. In: Lingua 17, 200–209
Paul, H. (1975[9]/1880) Principien der Sprachgeschichte. Tübingen: Niemeyer
Paul, H. (1920) Deutsche Grammatik. Bde. I–V. Tübingen: Niemeyer
Payne, T. E. (1997) Describing Morphosyntax. Cambridge: University Press
Plank, F. (1984) 24 grundsätzliche Bemerkungen zur Wortartenfrage. In: Leuvense Bijdragen 73, 489–520
Poitou, J. (1984) Zur Kritik an der Theorie der Wortklassen. In: OBST Osnabrücker Beiträge zur Sprachtheorie 27, 119–130
Pospelov, N. S. (1977) Die Wortarten der russischen Sprache der Gegenwart vom Standpunkt ihrer grammatischen Kombinierbarkeit. In: Helbig, G. (Hg.) (1977), 148–156
Quirk, R./Greenbaum, S./Leech, G./Svartvik, K. (1991[9]) A Comprehensive Grammar of the English Language. London: Longman
Rauh, G. (2000) Wi(e)der die Wortarten! Zum Problem linguistischer Kategorisierung. In: Linguistische Berichte 184, 485–507
Rauh, G. (2001) Wortarten und grammatische Theorien. In: Sprachwissenschaft 26, 21–39
Rauh, G. (2002) Word Classes as Prototypical Categories. In: Scholz, S. et al. (Hg.) Language Context and Cognition. Papers in Honour of Wolf-Dietrich Bald's 60th Birthday. München: Langenscheidt-Longman, 259–270
Redder, A. (2005) Wortarten oder sprachliche Felder, Wortartenwechsel oder Feldtransposition? In: Knobloch, C./Schaeder, B. (Hg.), 43–66

Robins, R. H. (1952) Noun and verb in universal grammar. In: Language 28, 289–298
Robins, R. H. (1966) The development of the word class system of the European grammatical tradition. In: Foundations of Language 2, 3–19 [Reprint in: Schaeder, B./Knobloch, C. (Hg.) (1992), 315–332 sowie in Hoffmann, L. (Hg.) (2000²), 452–470]
Robins, R. H. (1967) Word classes in Yurok. In: Lingua 17, 210–229
Robins, R. H. (1986) *The technê grammatikê of Dionysius*. Trax in its historical perspective: The evolution of the traditional European word class systems. In: Swiggers, P./van Hoecke, W. (Hg.) (1986), 9–17
Römer, C. (2006) Morphologie der deutschen Sprache. Tübingen: Francke [UTB 2811]
Ross, J. R. (1972) The category squish: Endstation Hauptwort. In: Peranteau, P. et al. (Hg.) Papers from the 8th Regional Meeting of the Chicago Linguistic Society. Chicago, 316–328
Sandmann, M. (1962) Substantiv, Adjektiv/Adverb und Verb als sprachliche Formen. Bemerkungen zur Theorie der Wortarten. In: Moser, H. (Hg.) (1962) Das Ringen um eine neue deutsche Grammatik. Darmstadt, 186–216 [Reprint in: Schaeder, B./Knobloch, C. (1992), 221–251]
Sandmann, M. (1979²) Subject and Predicate: A contribution to the theory of syntax. Heidelberg: Winter
Sapir, E. (1921) Language. New York: Harcourt, Brace & Co [dt. Ausg. 1961 Sprache. München: Hueber]
Sasse, H.-J. (1993) Das Nomen – eine universale Kategorie? In: Sprachtypologie und Universalienforschung 46/3, 187–221
Schachter, P. (1985) Parts-of-speech-systems. In: Shopen, T. (Hg.) Language typology and syntactic description. Vol. I. Cambridge, 3–61
Schaeder, B. (1999) Internationalismen im Bereich der Fachsprache der Grammatik – am Beispiel der Wortarten. In: Der Deutschunterricht 3/1999, 38–49
Schaeder, B./Knobloch, C. (Hg.) (1992) Wortarten. Beiträge zur Geschichte eines grammatischen Problems. Tübingen: Niemeyer
Schlieben-Lange, B./Ivo, H. (Hg.) (1988) Wortarten. Zeitschrift für Literaturwissenschaft und Linguistik 76. Göttingen: Vandenhoek und Ruprecht
Schlieben-Lange, B. (1988a) Das neue Interesse an den alten Wortarten. In: Schlieben-Lange, B./Ivo, H. (Hg.) (1988), 7–12
Schmid, W. P. (1970) Skizze einer allgemeinen Theorie der Wortarten. Mainz: Verlag der Akademie
Schmid, W. P. (1986) Eine revidierte Skizze einer allgemeinen Theorie der Wortarten. In: Swiggers, P./van Hoecke, W. (Hg.) (1986), 85–99
Schmidt, W. (1964) Die deutschen Wortarten aus der Sicht der funktionalen Grammatik betrachtet. In: Wissenschaftliche Zeitschrift der Pädagogischen Hochschule Potsdam. Gesellschafts- und sprachwissenschaftliche Reihe, Sonderheft, 3–22 [Reprint in: Schaeder, B./Knobloch, C. (1992), 295–314]
Schmidt, W. (1966) Lexikalische und aktuelle Bedeutung. Berlin: Akademie

Schmidt, W. (1973⁴/1965) Grundfragen der deutschen Grammatik. Eine Einführung in die funktionale Sprachlehre. Berlin: Volk und Wissen
Schoemann, G. F. (1862) Die Lehre von den Redetheilen nach den Alten. Berlin
Seiler, H. (1974) Die Prinzipien der deskriptiven und etikettierenden Benennung. In: Seiler, H. Linguistic Workshop III. Arbeiten des Kölner Universalienprojekts 1973/4. München: Fink, 2–54
Seiler, H. (1986) Apprehension: Language, Object, and Order. Tübingen: Narr
Seiler, H. (1987) Determination: A functional dimension for interlanguage comparison. Tübingen: Narr, 301–328
Seiler, H./Premper, W. (Hg.) (1991) Partizipation. Das sprachliche Erfassen von Sachverhalten. Tübingen: Narr
Seiler, H. (2000) Language Universals Research: A Synthesis. Tübingen: Narr
Sitta, H. (1984) Wortarten und Satzglieder in deutschen Grammatiken: Ein Überblick. In: Praxis Deutsch, Beiheft 68, 1–16
Slotty, F. (1929) Wortart und Wortsinn. In: Travaux du Cercle Linguistique 1. Prag, 93–106 [Reprint in: Schaeder, B./Knobloch, C. (1992), 207–220]
Sölch, H. (1974) Das Problem linguistischer Terminologie, dargestellt am Beispiel der Wortarten. Diss. Mainz
Sommerfeldt, K.-E. (1990) Zum System der deutschen Wortarten: Kern und Peripherie der Wortart Substantiv. In: Zeitschrift für Germanistik 1, 12–20
Sommerfeldt, K.-E. (1993) Probleme bei der Wortartenklassifikation des Deutschen. In: Bartels, G./Pohl, I. (1993), 1–12
Sørensen, H. S. (1958) Word classes in modern English, with special reference to proper names. With an introductory theory of grammar, meaning and reference. Copenhagen
Stachowiak, F. J. (1978) Some universal aspects of naming as a linguistic activity. Tübingen: Narr, 207–228
Stepanowa, M. D./Helbig, G. (1981²) Wortarten und das Problem der Valenz in der deutschen Gegenwartssprache. Leipzig: VEB
Sütterlin, L. (1923⁵) Die deutsche Sprache der Gegenwart. Leipzig: Voigtländer
Swiggers, P./van Hoecke, W. (Hg.) (1986) Mot et parties du discours/Word and word classes/Wort und Wortarten. Leuven: University Press
Telegdi, Z. (1958) Bemerkungen zu einigen Theorien bezüglich der Wortarten. In: Acta Linguistica Scientiarum Hungaricae Tom VIII, 1–40
Trubetzkoy, N. S. (1977⁶/1939) Grundzüge der Phonologie. Göttingen: Vandenhoek & Ruprecht
Uhlenbeck, E. M. (1952) The study of wordclasses in Javanese. In: Lingua 3, 322–354
Uhlenbeck, E. M. (1981) Productivity and Creativity: Some remarks on the dynamic aspects of language. In: Geckeler, H. et al. (Hg.) Logos Semanticos. Studia Linguistica in Honorem Eugenio Coseriu. Bd. 3: Semantik. Berlin: de Gruyter, Madrid: Editorial Gredos, 165–174

Ungeheuer, G. (1980) Lamberts semantische Tektonik des Wortschatzes. In: Brettschneider, G./Lehmann, C. (Hg.) Wege zur Universalienforschung. Sprachwissenschaftliche Beiträge zum 60. Geburtstag von Hansjakob Seiler. Tübingen: Narr, 87–93

Untermann, J. (1978) Zu semantischen Problemen des Verbums. In: Seiler, H. (Hg.) Language-Universals. Tübingen: Narr, 229–248

Vater, J. S. (1799) Über den Gebrauch und Missbrauch der Kategorien zur Auffindung der Redetheile. In: Vater, J. S. Übersicht des Neuesten, was für Philosophie der Sprache in Teutschland gethan worden ist, in Einleitungen, Auszügen und Kritiken. Gotha, 118–128

Vater, J. S. (1970/1801) Versuch einer allgemeinen Sprachlehre. Stuttgart-Bad Cannstatt: Frommann

Vennemann, T./Jacobs, J. (1982) Sprache und Grammatik. Darmstadt: Wissenschaftliche Buchgesellschaft

Vogel, P. M. (1996) Wortarten und Wortartenwechsel. Zu Konversionen und verwandten Erscheinungen im Deutschen und in anderen Sprachen. Berlin/New York: de Gruyter

Vogel, P. M. (2000) Grammaticalization and part-of-speech-systems. In: Vogel, P. M./Comrie, B. S. (2000), 259–284

Vogel, P. M./Comrie, B. S. (Hg.) (2000) Approaches to the typology of word classes. Berlin/New York: de Gruyter

Walter, H. (1981) Studien zur Nomen-Verb-Distinktion aus typologischer Sicht. München: Fink

Weigand, E. (1980) Wortarten als grammatische Kategorien. In: Akten des 14. Ling. Koll. Bd. 1. Tübingen: Niemeyer, 197–209

Weinrich, H. (2003^2) Textgrammatik der deutschen Sprache. Unter Mitarbeit von M. Thurmair, E. Breindl und E.-M. Willkop. Hildesheim/Zürich/New York: Olms

Wesemann, M. (1978) Etwas Altes etwas neu: ein Beispiel zur Wortartenklassifikation nach syntaktischen Kriterien. In: Kopenhagener Beiträge zur germanistischen Linguistik 13, 52–67

Whorf, B. L. (1956) Language, Thought, and Reality. Selected Writings of B. L. Whorf. Cambridge: MIT Press [dt.: Sprache, Denken, Wirklichkeit. Beiträge zur Metalinguistik und Sprachphilosophie. Reinbek: Rowohlt, 1963]

Wierzbicka, A. (1987) The semantics of grammar. Amsterdam/Philadelphia: Benjamins

Wyk, E. B. van (1967) Word classes in Northern Sotho. In: Lingua 17, 230–261

Zemb, J. M. (1980) Comment définir les parties du discours? In: Centre de recherches sur l'analyse et la théorie des savoirs section de sémantique (Hg.) Sémantique, Codes, Traductions. Lille: PUL, 25–79

Zifonun, G./Hoffmann, L./Strecker, B. et al. (1997) Grammatik der deutschen Sprache. Berlin/New York: de Gruyter

Zimmermann, H. (1979) Wortart und Sprachstruktur im Tibetischen. Wiesbaden: Harrassowitz